# 무깟디마

이슬람 역사와 문명에 대한 기록

The Muqaddimah

지은이 **이븐 칼둔**(Ibn Khaldun, 1332~1406)은 튀니지 출생이다. 학자였던 부친의 영향으로 어린 시절부터 코란 암송, 하디스, 샤리아, 피끄흐, 아랍어학 등 다양한 학문을 접했다. 수학, 논리, 철학을 배웠고 이븐 루시드(Ibn Rushid), 이븐 시나(Ibn Sina)의 저서를 탐독하여 아리스토텔레스의 사상, 철학, 의학 등을 배웠다. 그는 문명의 개념을 포괄적으로 정리했고, 베두인 부족사회의 '아싸비야'를 왕권 성립의 핵심 요소로 간주했다. 그는 『무깟디마(*al-Muqaddimah*)』를 통해 최초로 역사를 학문으로 정립했다고 평가받는다. 토인비는 『무깟디마』가 자신의 역사관에 큰 영향을 준 바 있다고 술회했다.

옮긴이 **김정아**(金姃娥)는 한국외국어대학교 아랍어과와 통번역대학원을 졸업하고 동 대학에서 「자히즈의 『수전노』 연구」로 문학박사학위를 받았다. 주요 관심 분야는 중세아랍문학으로 『천일야화』, 『마까마』에 관한 연구와 번역 중이다. 번역본으로는 『수전노』, 『한 밤의 지도』가 있다. 한국외국어대학교 외국문학연구소 학술연구교수다.

## 무깟디마 이슬람 역사와 문명에 대한 기록

초판 1쇄 발행 2020년 3월 17일
초판 2쇄 발행 2022년 5월 5일
지은이 이븐 칼둔
옮긴이 김정아
펴낸이 박성모
펴낸곳 소명출판
출판등록 제13-522호
주소 서울시 서초구 서초중앙로6길 15, 1층
전화 02-585-7840 팩스 02-585-7848
전자우편 somyungbooks@daum.net 홈페이지 www.somyong.co.kr

값 48,000원
ⓒ 김정아, 2020
ISBN 979-11-5905-476-1 03910

# 무깟디마

## 이슬람 역사와 문명에 대한 기록

The Muqaddimah

이븐 칼둔 지음 | 김정아 옮김

한국외국어대학교 중동연구소 2020 총서

## 일러두기

1. 이 책은 『무깟디마』 불락판(알아르깜(al-Arqam)출판사, 베이루트)을 저본으로 아랍어에서 한국어로 번역했다. 맞춤법은 아랍어 원음에 가깝게 표기했다. 특히 아랍어의 'kh' 음은 한국어의 가장 가까운 'ㅋ' 음으로 표기했다. (예 : 이븐 칼둔, 칼리파) 국내에서 널리 알려진 단어는 통용되는 그대로 표기했다. (예 : 바쓰라→바스라, 멕카→메카)

2. 전문용어는 아랍어 발음대로 기록하고 주를 달았다. (예 : 아싸비야, 칼람, 바얀, 무타칼리문, 무으타질라 등)

3. 아랍어 정관사 al의 경우 단어의 처음에 나올 때는 생략하고 중간에 나올 때는 표기했다. 그러나 동일인명임을 알리기 위해 처음 나오는 정관사를 표기해 준 경우도 있다. 단, 로마자 표기에는 al을 생략하지 않았다. (예 : 바얀(al-Bayān), 일므 알바얀('ilm al-Bayān))

4. 서명은 역서가 있거나 잘 알려진 경우는 한글로 표기했고, 그 밖의 경우는 한글과 로마자를 병기 혹은 로마자만 썼다. 단, 두번째 나오는 경우는 한글로 표기했다. (예 : 『천일야화』, 『무깟디마(al-Muqaddimah)』, al-Muqaddimah)

5. 이슬람에서는 예언자, 예언자의 교우와 부인, 성자 등 주요 인물의 인명이 거론될 때마다 찬양의 경구를 붙인다. 이를 모두 번역하면 가독성을 해칠 수 있으므로 처음만 번역하고 이후로는 *로 대신했다.

이슬람사상 최고의 역사가
중세 최고의 지성
현대 역사학·사회학·경제학의 대부

　동서양을 막론하고 이븐 칼둔에 대한 평가는 칭송과 찬사 일색이다. 14세기의 인물 이븐 칼둔은 『무깟디마』에서 이슬람 역사를 바탕으로 마그립의 문명사를 체계적으로 정리하고 최초로 역사를 학문으로 정립시켰다. 그는 역사적인 시각으로 사건을 비판했고, 오류를 감지할 수 있는 통찰력과 판단력의 중요성을 일깨웠다. 그것은 새로운 학문의 시작이었고, 역사학자들에게는 과거에 대한 깊은 반성과 미래에 대한 진취적 동기를 부여했다. 특히 그는 '아싸비야'로 호명되는 사회·정치적 실재를 사용해서 왕권을 설명했고, 법의 목적은 문명을 보전하는 것이라고 단언했다.

　이 책은 아랍어로 쓰인 『무깟디마』를 한국어로 번역한 것이다. 이 번역본에는 한국 독자에게 낯선 아랍어 인명, 지명, 이슬람 관련 용어 등이 많이 등장한다. 이를 해결하기 위해 가급적 많은 주를 두었다. 이븐 칼둔의 문장은 만연체고, 아랍어는 함축된 의미를 지니고 있어 번역문이 원문보다 길어진다. 하지만 이 번역본에서는 원문을 가급적 나누지 않고 그대로 옮겼다. 한국 독자에게 14세기의 석학 이븐 칼둔의 글을 고스란히 만나볼 수 있는 기회라고 생각했기 때문이다. 2005년부터 시작한 번역은 여섯 해를 지나서야 마칠 수 있었다. 이븐 칼둔이 『무깟디마』를 집필하는데 걸린 시간보다 더 오래 걸렸으니 역자의 부족함을 고백하지 않을 수 없다.

　국내에서 아랍어를 한국어로 번역하는 작업의 역사는 일천하다. 그러

나 1400년이란 유구한 역사의 아랍·이슬람 문명이 빚어낸 고전은 넘쳐
나고 아랍문학 전문가들의 의지는 충만하다. 그러므로 아랍어에서 번역
된 좋은 작품은 계속 탄생되리라 기대한다.

　끝으로 이 책을 세상에 내기까지 도움을 주신 모든 분들께 진심으로 감
사의 인사를 전하고 싶다.

　슈크란.

2020년

김정아

# 차례

---

## 제1권
## 우주의 문명은 자연스러운 것이다

---

### 제1부   인간의 문명일반과 이에 관련된 여러 부문들

## 제2부  베두인 문명, 야만 민족, 여러 부족들에 대한 상황과 설명

## 제4부　지방과 도시 그리고 나머지 문명사회에서 발생하는 조건들. 이에 관련된 선결사항과 후결사항

---

**제5부**　**생계 수단, 이윤과 기술의 다양한 양상 그리고 이 모든 것에
반영되는 상황과 몇 가지 문제**

## 제6부  다양한 종류의 학문과 다양한 종류의 교육방법. 이와 관련된 제반사항, 머리말, 꼬리말

# 은혜로우시고 자비로우신
# 알라의 이름으로

알라의 은총을 구하고 알라의 자비를 찬양하는 종 압둘 라흐만 븐 무함마드 븐 칼둔 알하드라미는 말한다.

힘이 있고 강하신 알라께 감사를. 그분의 손에는 왕권과 주권이 있다. 그분에게는 아름다운 이름들과 속성이 있다. 그분은 전지全知하신 분이니 비밀스러운 대화나 침묵으로 그분을 속일 수 없다. 그분은 전능全能하신 분이니 하늘과 땅의 그 어떤 것도 그분을 약하게 만들지 못한다. 그분은 흙에서 혼을 불어넣어 우리를 탄생시켰고 우리가 이 땅에서 종족과 민족을 이루어 거주하도록 하셨으며 땅에서 일용할 양식을 얻도록 하셨다. 우리는 어머니의 자궁과 집을 거처로 삼았고, 매일의 양식으로 생명을 이어왔으며, 세월과 시간을 보내왔다. 약속된 운명의 날은 우리에게 반드시 온다. 그러나 그분만은 남고 불변한다. 그분은 죽지 않고 살아 계신 분이다. 우리의 주인이자 보호자이고 토라와 복음서[1]에 기록되어 있는 아랍 민족의 예언자 무함마드에게 기도와 평안이 있기를! 모든 일요일이 모든 토요일의 뒤를 따르기 전에, 토성과 물고기자리[2]가 분명하게 구분되기 전에

---

1    토라는 『구약성서』 처음의 다섯 권 「창세기」, 「출애굽기」, 「레위기」, 「민수기」, 「신명기」를 말하고, 복음서는 『신약성서』 처음의 네 권 「마태복음」, 「마가복음」, 「누가복음」, 「요한복음」을 가리킨다.
2    아랍인은 물고기자리의 등에 일곱 번째 땅이 있고 토성과 물고기자리는 아주 먼 거리라고 생각한다.

우주는 그분의 탄생을 위해 격렬하게 요동쳤고 비둘기와 거미[3]도 그분의 진실성을 증명했다. 그분의 가족과 그분을 사랑했던 교우들 그리고 먼 곳까지 영향을 미치고 명성을 떨쳤던 그분의 추종자들에게 알라의 축복이 있기를! 사람들은 예언자 무함마드를 지지함에 있어 하나가 되었고 적들 앞에서는 분열했다. 알라의 축복이 그분[4]과 그들에게 있기를! 다행으로 이슬람에 연결된 이들과 불운을 가져오는 불신의 고리를 끊은 자들에게. 그분과 그들에게 많은 축복이 있기를!

역사학은 여러 민족과 종족을 대상으로 이루어지는 학문이라서 낙타를 타는 사람이나 여행객도 역사학에 연결되어 있고 시장의 장사치나 무명씨도 역사학을 알려 하고 왕과 지도자들 역시 역사학을 알고자 경쟁한다. 식자들이나 그렇지 못한 사람이나 모두 역사학을 이해하는 데 동등하다. 왜냐하면 역사학은 외관상으로는 아주 먼 과거에 발생한 전쟁과 왕조[5]에 대한 정보, 그와 관련된 선현의 말씀과 속담, 많은 축하연에서 자유분방하게 행해지는 이야기들에 지나지 않는다. 우리는 이를 통해 세상사에서 어떻게 여러 상황이 반전되는지, 어떻게 왕조들이 영토를 확장하는지, 어떻게 사람들이 땅에서 살다가 이주했고 떠돌게 되었는지를 알 수 있기 때문이다. 그러나 내면적으로 역사학이란 의견과 조사, 사물들에 대한 설명과 상세한 원칙 그리고 여러 사건이 어떻게 발생했는지에 대한 지식과 심오한 이유가 있기 때문이다. 그러므로 역사학은 철학에 근원을 둔 학문의 일부로 간주될 만하다. 탁월한 역사가들은 이슬람 역사에서 전쟁에 관한 정보를 수집하고 기록하여 책으로 묶었다. 그런데 초대받지 않은 손님들이 붓

---

3    예언자 무함마드가 메카에서 메디나를 향해 가던 중 아부 바크르와 함께 동굴에 피신했는데 이때 동굴 입구에 비둘기가 둥지를 틀고 거미가 거미줄을 쳐 예언자를 공격하던 무리들로부터 안전하게 피신했다는 이야기가 전해진다. 코란 al-Tauba 참조.
4    예언자 무함마드를 가리킨다.
5    아랍·이슬람 역사에서 우마위야조, 압바스조를 '왕조'로 번역하는 것은 등가성이 완벽하지 못하다. 그러나 이 책에서는 가독성을 위해 왕조라는 용어를 사용했다.

을 들어 영웅을 음해하고 상상의 이야기가 더해진 이야기를 기록했다. 이 것은 많은 사람에게 영향을 주었고 후대 사람들은 그 길을 따랐다. 그들은 들은 대로 우리에게 전했고 사건의 원인이나 정황을 자세히 살피지 않았으며 거짓을 가려내지도 않았다. 그들은 면밀히 조사하지 않고 주의 깊게 읽지도 않았으므로 정보에 대한 오류와 허황된 기록은 해를 가져왔고, 기록의 출처를 의심 없이 맹신하는 것은 인류의 후손에게 고질병이 되었으며 이런 불청객들의 활약이 커지면서 인류의 무지함은 더더욱 커지게 되었다. 하지만 진리의 권위에 그 어느 것도 저항할 수 없고, 거짓은 사악함이 지닌 회색 시각은 추방되는 법이다. 옮겨 적는 이는 그대로 기록할 뿐이지만 예리한 통찰력을 지닌 자는 일단 기록을 보면 옳게 비판하고 제대로 된 지식은 그런 통찰력을 도와 기록된 것을 바르게 고치고 다듬는다.

이렇게 사람들은 정보를 기록했고 이 세상의 여러 민족과 왕조에 대한 역사를 모으고 책으로 만들었다. 그들은 명성과 신뢰를 잃었고, 최근의 기록으로 앞선 역사가들의 기록을 대체했다. 제대로 된 역사서를 저술하는 이의 수는 열 손가락에 꼽힐 정도밖에 없다. 예를 들면 이븐 이스하끄,[6] 따바리,[7] 이븐 알칼비,[8] 무함마드 븐 우마르 알와끼드,[9] 사이프 븐 우마르 알아사디,[10] 마스우디[11] 그리고 그 밖에도 대중과 구별되는 유명인 몇 사람

---

6    Muḥammad ibn Isḥāq(703~768), 우마이야 시대와 압바스 시대에 걸쳐 활동했던 역사가다. 최초의 아랍 역사가로 간주되며, 『예언자 무함마드의 전기(Sirah Rasūllah)』를 썼다.

7    Abū Jaʿfar Muḥammad ibn Jarīr al-Ṭabarī(839~923), 타바리스탄(현재의 이란) 출신이다. 초기 이슬람 역사와 코란 주석서에 대한 해설서를 썼다. 주요 저작으로는 『코란 해석서』, 『예언자들과 왕들의 역사(Taʾrīkh al-Rusūl wa al-Mulūk)』가 있다.

8    Ibn al-Kalbī(737~819), 쿠파 출신의 아랍 역사가로 생의 대부분을 바그다드에서 지냈다. 고대 아랍의 역사와 가계도에 관한 정보를 수집했고, 이와 관련 140편에 달하는 저작을 남겼다.

9    Muḥammad bn ʿumar al-Wāqidī(747~823), 하디스 전승가, 역사학자로 Kitab al-Maghazi를 썼다.

10   Saif bn ʿumar al-ʾAsadī(815년 사망), 따바리에게 지대한 영향을 준 역사학자이자 하디스 전승가이다.

11   al-Masʿūdī(896~956), 역사학자이자 지리학자로 '아랍의 헤로도토스'라 불린다. 그

이 있다. 마스우디와 와끼디의 책에도 비난받을 만한 결점이 있다는 것은 알 만한 사람들 사이에서는 이미 알려진 일이다. 그들의 업적은 전문적으로 정보를 수용하고, 기록된 순나를 체계적으로 분류하여 따르고, 선배 사학자들의 전통을 이은 것이 전부이다. 안목이 있는 비평가는 스스로 역사가들의 인용이나 견해의 진위를 가려내는 균형감을 지녀야 한다. 왜냐하면 문명사회에는 결국 정보로 귀결되는 여러 상황에 따른 속성이 있고, 서술된 역사적 정보와 전통이 있기 때문이다. 그러므로 이런 사람들이 기록한 역사 대부분은 포괄적인 방법을 취하고 있다. 왜냐하면 이슬람 초기의 두 왕조[12]가 지리적으로 광범위했고 역사가들이 자료를 취하고 버리는 데 있어서도 광범위하게 다루었기 때문이다. 이슬람 이전의 왕조와 민족 그리고 일반적인 사항에 대해 완벽하게 이해하고 기록한 역사가들 중에 마스우디와 그의 뒤를 잇는 역사가들이 있다.

그 이후 역사가들은 많은 제약을 두었고, 멀리 있는 대상에 대해 일반적이고 포괄적인 기술을 하지 않았다. 따라서 역사가들은 자신과 동시대에 발생한 사건들만을 역사 연구와 기술의 대상으로 제한했고, 지리적으로도 자신이 사는 곳의 정보만 다루었으며 자신이 사는 도시와 왕조의 사건만을 다루었다. 스페인의 역사가이자 스페인 우마이야 왕조의 역사가인 아부 하얀과 까이라완[13] 지역의 왕조와 이프리끼야[14]의 역사가 이븐 알라피끄가 그렇게 활동했다.

그 이후 등장한 역사가들은 제약에 얽매이고 지성이 부족하거나 선배들을 모방하는 우둔한 자들이었다. 이런 자들은 선례를 모방할 뿐 상황에

---

는 청년 시절 아시아와 아프리카 지역을 여행했고, 수집한 자료를 토대로 방대한 역사서 『황금 목초지와 보석 광산(*Murūj al-Dhahab wa Ma'adin al-Jawāhir*)』을 집필했다. 그는 최초로 역사와 지리학을 연결시킨 학자라는 평을 받는다.

12 우마이야 왕조(661~750)와 압바스 왕조(750~1258)를 의미한다.

13 튀니지 중북부의 도시. 800~909년까지 베르베르인의 이슬람 왕조인 아글랍 왕조의 수도였다.

14 중세사에서 이프리끼야는 현재의 리비아, 튀니지, 알제리의 해안에 해당되는 지역이다.

따라 세월이 변하고 여러 민족과 인종의 관습이 변했다는 중요한 사실을 간과했다. 따라서 그들은 고대 왕조와 사건들의 실상에 관한 정보를 획득했지만, 그들의 기록은 원료가 부족한 형상이고 칼집에서 벗어난 칼날이며 최근의 것과 오래전의 것을 구별할 줄 모르는 무지함과 같았다. 그 이유는 기원을 알지 못한 채 사건만 보고 근본을 고려하지 않은 채 종류만 취급하며 그 종류의 여러 갈래를 조사하지 않았기 때문이다. 자신들이 다루고 있는 다양한 주제에서 주요 인물들을 등장인물로 반복해서 언급하는데, 그 이유는 사건의 기원에 대해 언급했던 앞선 이가 없기 때문이다. 또한 역사서에서 신세대의 일을 무시하는 이유는 그들에게 그 일을 설명해 줄 사람이 없기 때문이다. 따라서 그들의 역사서는 세부적 사안에 대해서는 설명하지 않았다. 그들은 어떤 왕조를 언급할 때 그 왕조에 대한 정보를 모두 덧붙여 서술하는데 이는 그들에게 전달된 내용이 사실이든 아니든 무조건 덧붙였기 때문에 나온 결과이다. 그들은 왕조의 기원에 대해서 관심을 갖지 않았고, 그 왕조의 흥망을 가져온 이유에 대해서는 언급하지 않았다. 그러나 본인은 여러 왕조의 원칙과 관직의 상황이 궁금했으므로 무엇 때문에 여러 왕조들이 서로 경쟁하고 차례로 왕조를 계승하게 되었는지 조사하게 되었고, 여러 왕조들이 서로 대항하거나 조화를 이루게 만든 원인을 연구하게 되었다. 우리는 이 모든 것을 이 책의 서문에서 다룰 것이다.

반면 어떤 역사가들은 역사의 기록을 지나치게 축소했다. 그들은 계보와 정보를 생략한 채 왕들의 이름을 기록하고 그들의 치세를 인노 숫자로 표시하는 걸로 만족했다. 이븐 라시끄[15]가 *Mizān al-ʿamal fī Tārikh al-*

---

15  Ibn Rashīq al-Qayrawānī(1000~1071), 1016년 까이라완의 왕자 알무잇즈 븐 바디스의 환심을 얻어 까이라완으로 이주했다. 1051년 바누 힐랄의 까이라완 침공으로 정세가 불안해지자 시실리의 마자르로 피신했고 평생을 그곳에서 저술활동을 하다 1070년경 사망한다. 대표작으로 *Kitab al-ʿUmda fi mahasin al-shiʿr wa al-ādāb*이 있다.

*Duwwal*에서 바로 이런 방식으로 기록했고 떠돌이 학자 중에 그를 모방한 자도 있었다. 그들의 주장은 제안이라고 할 만한 것이 못되고 신빙성도 없고 전달할 가치도 없다. 그들의 자료는 유용성을 상실했고, 그들은 역사가들이 인정한 견해와 관행을 지키지 않았다. 나는 다른 이의 저술을 탐독할 때면 과거와 현재의 밑바닥까지 샅샅이 조사했고 어리석은 낮잠이나 깊은 잠에 들지 않도록 늘 깨어 있었으며 돈 한 푼 없는 상태에서도 이 책을 쓰는데 전념했다. 그래서 나는 역사서를 한 권 썼다. 이 책에서 나는 여러 세대에 걸쳐 발생한 상황을 가리고 있던 베일을 걷어내고 역사적인 정보와 성찰을 한 장 한 장 배열했다. 이 책에서 나는 왕조와 문명의 발생 원인을 보여주고 오늘날 마그립[16]에 거주하는 여러 민족에 관한 정보를 밝히며 왕조의 수명이 길건 짧건 간에 왕족과 그 추종자들의 선조에 대한 정보를 토대로 역사를 기록했다. 그들은 아랍인과 베르베르인이다. 그들은 마그립이라는 이름으로 알려지던 때부터 오랫동안 그곳에서 거주했기 때문에 아랍인과 베르베르인을 제외한 그 지역은 상상할 수도 없을 정도이다. 그곳의 거주자들은 두 종족 이외 다른 이들에 대해서는 알지 못한다. 나는 기록의 내용과 방향을 개선시켰고 그것을 학자들과 전문가들의 이해를 구하기 위해 내어 놓았다. 나는 이 책에서 장을 나누고 배열할 때 흔치 않은 방법을 취했고, 여러 면으로 놀라운 견해와 창조적인 방법을 고안했다. 나는 문명과 도시의 상황에 대해 그리고 인간사회에 나타나는 어려움과 당신의 관심을 끌 인간 존재의 약점과 그 이유 등에 대해서도 설명했다. 그리고 왕족들이 어떻게 왕조의 문에 들어섰는지 서술했다. 결과적으로 당신은 맹신과 단절하고 과거와 미래에 있을 전쟁과 종족들의 상황을 알게 될 것이다.

---

16  아랍어로 '해가 지는 곳' 혹은 '서쪽'이라는 의미의 마그립은 2019년 현재의 지리를 적용해 보자면 모로코, 알제리, 튀니지, 리비아 등의 아틀라스 산괴(山傀)와 해안 평야를 포함하는 지역을 말한다.

나는 서론[17]과 세 부분으로 이 책을 꾸몄다.

서론은 역사학의 장점과 역사학이 제시하는 방법에 대한 조사와, 역사학자들이 범하는 실수를 담고 있다.

제1부는 하나의 문명에서 왕권, 통치자, 직업, 생계, 기술, 학문이 보여주는 면모를 서술하고 그 원인을 제시한다.

제2부는 천지창조에서 현재까지 아랍인의 역사와 종족, 왕족들을 다룬다. 여기에는 그들과 동시대에 존재했던 유명한 민족과 왕조들, 예를 들면 나바뜨인, 페르시아인, 이스라엘인, 콥트인, 그리스인, 비잔틴인, 투르크인, 유럽인 등이 있다.

제3부는 베르베르족과 그 일부인 자나타족[18]의 역사를 다루고, 그들의 기원과 종족 특히 마그립에 있었던 왕가와 왕조들을 다룬다.

그 이후 나는 마슈리끄[19]로 향했는데 그 이유는 그곳의 불빛을 발견하고 카바[20]참배, 메디나 방문이라는 종교적 의무와 관습을 수행하기 위해서였다. 그리고 그 지역의 비아랍계[21] 왕조와 투르크계 왕조들에 대한 정보 중 부족한 부분을 채워 그 정보를 이 책에 담았다. 나는 이 책에 그러한 정보를 언급한 세대와 동시대인에 대해 언급하고, 여러 도시와 변방의 군주 그리고 여러 지역의 민족에 대해 언급했는데 요약하는 방법과 달성하기 쉬운 목표를 설정했으며 개괄적인 이유의 장을 제시한 뒤, 세부 정보를 서술하는 방식을 택했다. 이 책은 천지창조에 관한 정보를 포괄적으로 담았는데 그런 정보는 찾기 힘든 지혜로부터 나온 것으로 매우 어려운 작

---

17 여기서 언급하는 '무깟디마'는 본 역서의 서론에 해당되는 부분인데 본서의 제목 '무깟디마'와 혼동을 피할 목적으로 '서론'으로 번역했다.

18 베르베르부족의 주요부족 중 하나로 중세에는 중부 마그립(현재의 알제리)에 거주했다.

19 아랍어로 '해가 뜨는 곳' 혹은 '동부'라는 의미이다. 주로 이집트를 가리키지만, 이 책에서는 사우디아라비아까지 포함하고 있는 것으로 보아 마그립의 반대 개념으로 사용했을 수도 있다.

20 메카 대사원의 중앙에 있는 입방체 모양의 신전으로 무슬림들의 정신적 중심지이다.

21 비아랍인종 중에서도 특히 페르시아를 지칭한다.

업이었다. 이 책은 여러 왕조에서 발생한 사건의 원인을 분명하게 밝히고 지혜를 담는 그릇이자 역사를 보관하는 창고가 되었다.

이 책은 도시민과 베두인[22]을 가리지 않고 아랍인과 베르베르인에 관한 정보를 포괄적으로 담고 있으며 그들과 동시대에 살았던 위대한 왕조들에 대해서도 살펴보았다. 최초의 상황과 그 이후에 발생한 사건들 중에서 기억하고 교훈으로 삼을 만한 것을 언급했다. 그래서 나는 이 책을 "충고의 서,[23] 아랍인과 페르시아인과 베르베르인 그리고 동시대의 위대한 군주들에 관한 총체적 역사서"라고 칭했다.

나는 여러 종족과 왕조의 기원, 고대 민족들의 연대, 과거 수 세기 동안 종교집단에서 발생했던 처분과 변화의 원인에 대해서 빠짐없이 언급하였다. 왕조와 종파, 도시와 시골, 강자와 약자, 다수와 소수, 학문과 기술, 소득과 손실, 일반적인 상황의 반전, 유목생활과 정주생활, 현실과 미래 등 문명에서 발생하는 모든 것을 기록했다. 나는 문명의 개념을 포괄적으로 정리했고 문명의 존재 이유와 증거를 명확히 밝혔다. 따라서 이 책은 낯선 지식과 베일에 가려져 있던 지혜를 내용으로 하는 유일한 것이다. 비록 내가 이 모든 것을 기록했지만 여러 시대의 학자들과 견주어 보면 나는 부족하고 이 주제를 다루기에 모자람이 크다는 것을 깨달았다. 나는 지식이 풍부한 학자들이 이 책을 읽고 '이 정도면 되었다' 하는 평가보다는 비판 어린 눈길로 보아주길 바라고 잘못된 것은 수정해 주길 바란다. 학자들의 견해는 풍족하지 못하고, 비난을 깨닫는 것은 보호를 의미하고, 형제[24]의 관용은 희망이 될 것이다. 나는 진정으로 우리의 작업이 알라께

---

22　베두인의 어원인 아랍어의 바드우(badw)는 도시가 아닌 곳에 거주하는 사람들을 지칭한다. '도시에 사는 사람'이라는 의미의 하다르(ḥaḍar)와 대응 개념이다. 도시라고 할 수 없는 작은 오아시스에서 농업을 하는 이도 베두인이다. 그러나 일반적으로 동물을 사육하면서 이동 생활을 하는 사람들, 즉 아랍계 유목민을 가리켜 '베두인'이라고 부른다.

23　아랍어로 'ibar'는 '훈계', '경고', '충고'라는 의미다.

24　이슬람에서는 모든 무슬림을 형제라고 말한다.

수용되길 간구한다. 우리는 알라만으로 만족하나니 승리는 그분에게 의탁하는 자에게 있느니라.[25]

나는 이 책의 목적을 수행했고, 안목이 있는 자들을 위해 불 밝히고자 하는 곳에 등불을 비추었다. 이 책은 여러 학문과 그 방법들을 명확하게 했고, 지식의 범위와 분야를 확장시켰고, 울타리를 공고히 했다. 나는 이 책을 정복자이고 명예로운 이맘이자 술탄인 그분의 보물창고에 선물했다. 그분은 오래전부터 다음과 같은 찬양을 받았다. 그것은 절제와 복종, 미덕과 찬양받을 성실함, 선량함과 곧음의 관용, 갓난 여아의 목에 있는 목걸이보다 더한 아름다움, 돕겠다는 강한 의지와 진지함, 새로운 명예와 물려받은 명예, 사람들이 원칙으로 생각하는 왕권, 큰 관용, 인간 지각의 범위 내에서 여러 학문과 이득의 조합 등이다. 날아가기 쉬운 지식과 성스러운 아야트[26]를 정리하여 확고히 만드는 분이기도 하다. 또한 인간적인 지각의 덕택에 예리하고 논리적인 사상과 이성적이고 옳은 견해, 이론과 신뢰로 반짝이는 설득력, 명확하게 갈 길을 밝혀 주시는 알라의 불빛, 알라의 달콤한 축복, 망대에서 고난을 감시하고 감추어진 친절을 보임, 절대적이고 관대한 자비 등의 주인이다. 이 모든 것으로 부패한 시절을 바로 잡고 관습에서 비롯된 오류를 바로 세웠다. 이슬람을 거부하는 자들의 노력이나 의심은 결코 그분의 정당성을 해칠 수 없었다. 믿는 자의 아미르[27]이신 아부 파리스 압둘 아지즈여, 마린족의 후손으로 위대하고 성스러운 술탄이자 우리의 군주이신 믿는 자의 아미르 아부 알하산이여![28] 그들(마린족)은 이슬람을 새롭게 했고, 옳은 자들을 위해 방법을 채택했으며

---

25 　코란 3장 173절.

26 　코란의 구절을 지칭한다.

27 　지도자, 지휘관, 장군, 왕자, 고관 등의 의미로 사용된다.

28 　아부 알하산은 1331년부터 1351년까지 마그립을 통치했던 마린 왕조의 술탄이다. 그는 아부 사이드 오스만 2세와 아비시니아인 어머니 사이에 출생한 탓에 검은 피부에 대한 강박관념이 있었다. 그는 모로코의 '검은 술탄'으로 불렸고 그의 아들이 아부 파리스이다.

부패한 자들의 탐욕을 없앴다. 알라는 이슬람 공동체 움마를 보호했고, 이슬람의 포교를 승리로 이끌어 주며 희망을 전했다. 나는 이제 그들에게 있어 왕권의 집산지이고 군주의 옥좌인 페스[29]의 까라윈 모스크[30]에서 학문의 부름에 답하며 그들의 보물창고에 그것을 보냈다. 페스는 올바른 인도引導가 이루어지는 본부이고, 교육의 본산이며 성스러운 비밀의 공기가 널리 퍼진 본고장이자 고결한 파리스 가문의 본향이다. 파리스 가문은 본디 지식 전파에 앞장섰고, 지식에 대해 지대한 관심을 보였고 배려했다. 그 가문은 지식과 교육의 토양을 비옥하게 하고 그 뿌리를 공고히 했다. 그 가문은 서책을 많이 보유하고 문명화된 관습에 힘입어 지식과 문학 활동에 전념했으며, 그 가문의 빛나는 시각에서 비롯된 것 중에는 천성으로 물려받은 결과물이 있다. 알라께서는 우리로 하여금 그 가문이 내린 축복에 감사하도록 하셨고, 우리에게 그 가문의 축복받은 행운이 풍족하게 되도록 하셨으며 우리가 그 가문에 봉사할 수 있도록 명했고, 우리가 그 가문이 개최한 경주에서 승자가 되도록 했고, 그 가문의 일가가 되는 것을 허락했고 그 가문의 보호를 받게 했다. 그분은 우리의 작업이 순수하여 부정이나 의심과 같은 결점과는 무관하게 만들었다. 우리는 알라만으로 만족하나니 승리는 그분에게 의탁하는 자에게 있느니라.[31]

---

29  모로코 북부의 도시이다. 이븐 칼둔의 시대에는 마그립 지역의 학자들이 모여 학문을 토론하는 문화와 학문의 집합지였다. 까라윈 모스크과 까라윈 대학이 있다.
30  모로코의 주요 도시 페스에 있다. 까라윈 모스크에 부속된 대학은 859년 설립된 세계 최초의 대학이다.
31  코란 3장 173절.

# 서론
## 역사학의 장점, 역사학의 방법에 대한 평가,
## 역사학자들이 범하는 오류와 착각을 지적하고, 그 이유를 언급하다

역사학은 고견과 유용성을 모아 놓은 고결한 목적의 학문임을 알아야 한다. 역사학은 우리에게 과거 여러 민족의 속성과 예언자들의 언행 그리고 왕조들의 군주가 처했던 다양한 상황을 알려준다. 따라서 누구든 원하는 자는 역사학에서 종교와 세속적인 상황에 관해 얻을 만한 득이 있을 것이다. 역사학은 많은 자료와 다양한 지식, 예리한 시각과 철저한 조심성을 필요로 한다. 마지막의 두 가지 요소를 통해 역사학자는 진리에 도달할 수 있고 실수와 오류를 피할 수 있다. 왜냐하면 역사학자가 전해 오는 역사적인 정보를 액면 그대로 믿고 관습의 원리·정치의 법칙·문명의 속성·인간사회에서 발생하는 여러 가지 상황들을 제대로 판단하지 못하거나 혹은 고대의 자료를 평가하는 당시나 비슷한 시기의 자료와 비교하지 않는다면, 그는 아마도 진리의 길에서 벗어나 실족하고 그 길에서 멀어지게 될 것이기 때문이다. 이런 일은 역사학자, 코란 주석가, 전승가[1]들이 이야기나 사건을 전할 때 자주 발생했다. 그들은 전해오는 이야기를 들은 그대로 수용했고, 그런 일화들이 생긴 상황의 근원을 고려하지 않았으며 그와 유사한 다른 것들과 비교하지 않았고 역사적인 정보를 전달함에 있어 지혜의 잣대로 샅샅이 훑어보지 않았으며 사물의 특성을 숙지하지 않았으며, 역사에 대한 시각과 통찰력으로 판단하지 않았다. 결과적으로 그들은 진리와 동떨어

---

1    예언자 무함마드의 언행인 하디스를 전달하는 자를 말한다. 전승은 이스나드(권위의 사슬)를 전하는 이의 신앙심, 학식, 인품 등을 고려하여 그 신빙성을 평가받는다. 무슬림들이 가장 신뢰하는 하디스는 부카리와 무슬림 두 학자의 『싸히흐』다.

져 망상과 오류의 사막을 정처 없이 떠돌게 되었다. 특히 역사적 이야기에서 재물과 군인들의 수를 통계로 나타내는 것이 대표적 경우인데, 이런 통계는 거짓된 정보이고 황당한 진술이므로 그런 통계를 언급할 경우에는 그 통계의 근본적인 배경을 잘 살피고 상식에 비추어 생각해야만 한다.

마스우디를 비롯한 많은 역사학자들은 이스라엘 후손의 군대를 언급할 때 모세*가 황야에서 이스라엘의 군인 수를 헤아렸다고 기록했는데, 당시 무기를 소지할 수 있는 사람 중 20세 이상의 수가 6십만 명이나 혹은 그 이상이었다는 것이다.

문제는 마스우디가 이집트와 시리아 지역에 그렇게 많은 수의 이스라엘 군인이 있었을까 하는 의문을 한 번도 품지 않았다는 것이다. 왜냐하면 어느 왕국이나 보유하고 유지할 수 있는 군인의 수는 그 이상으로는 도저히 불가능한 최대 병력이라는 것이 있기 때문이다. 이와 같은 사실은 이미 잘 알려진 관례나 익숙한 상황을 통해서 알 수 있다.

그다음으로 그런 대규모의 군대는 하나의 단위로 진군하거나 전투를 치르기 어려운데, 그 이유는 땅의 넓이가 진군하기에는 협소하기 때문이다. 만약 그 군대가 전투대형을 취한다면 그 거리는 가시거리의 두 배 혹은 세 배가 될 것이다. 그러므로 어떻게 양 진영의 군대가 맞서 싸우거나 한 진영 내 다른 전열에서 무슨 일이 벌어지는 지조차 알 수 없는 상황에서 승리할 수 있겠는가? 오늘날에도 이런 사실은 알 수 있다. 그러므로 과거는 한 방울 한 방울씩 떨어지는 물방울처럼 현재와 닮아 있다.

페르시아의 영토와 왕국은 이스라엘인들의 영토보다 광대했다. 이런 사실은 파리스² 왕국의 일개 관리였던 느부갓네살³이 그들의 왕국과 권력을 장악하여 그들의 종교·정치적 중심지였던 예루살렘을 파괴시킨 것을 통해 알 수 있다. 일설에 의하면 그는 왕국의 국경 서쪽 지역의 지도자였다고

---

2    현재 이란의 중남부 지명.
3    신바빌로니아(칼데아 제국)의 왕(재위 기원전 605~562).

한다. 따라서 그들의 왕국은 이라크의 두 지역,[4] 쿠라산, 강 너머의 지역,[5] 아브왑[6]이었고 이스라엘인의 영토보다 훨씬 광대했다. 그럼에도 페르시아 군인의 수는 그렇게 많지 않았으며 그 정도의 수에 근접하지도 않았다. 사이프의 기록에 따르면 페르시아 군대가 가장 집중적으로 배치된 까디시야[7]에는 12만 명이 있었는데 그들은 모두 수행원을 거느리고 있었기 때문에 그 수를 합치면 20만 명 이상이었다고 한다. 또 아이샤[8]와 주흐리[9]에 의하면 루스툼[10]이 까디시야에서 사이드[11]와 대적해 전쟁을 치렀던 루스툼의 군인 수는 6만 명 정도였고, 그들 모두 수행원을 거느렸다고 했다.

마찬가지로 만약 이스라엘 군인의 수가 그렇게 많았다면 그들의 통치 범위는 훨씬 넓고 그 영토는 광대했을 것이다. 왜냐하면 어떤 왕조를 보호하고 유지하는 군대의 규모는 그 왕조의 지배를 받는 행정 단위와 지역의 크기에 비례하기 때문이다. 첫 번째 책의 '왕국의 장'에서 명백하게 다루게 되겠지만 이스라엘인의 영토는 요르단 지방, 시리아의 팔레스타인, 메디나 지방, 그리고 히자즈[12] 지방의 카이바르 지역뿐이었다.

학자들의 말에 따르면 모세와 이스라엘 사이에는 네 명의 조상이 있었

---

4   아랍인의 이라크와 페르시아인의 이라크를 말한다.
5   시르다랴 강과 아무다리야강(옥수스강)의 사이에 위치한 지역이다. 현재의 우즈베키스탄, 타지키스탄 그리고 카자흐스탄 남서부를 포함한다. 주요 도시로는 사마르칸트와 부하라가 있다. 트란스옥시아나로 불리기도 한다.
6   아브왑은 카스피해에 위치한 국가로 그곳의 가장 유명한 도시는 밥 알아브왑이다.
7   바그다드 남부의 지명. 635년 그곳에서 무슬림 군대와 페르시아 군대의 전투가 벌어졌던 역사적 일화가 있다.
8   예언자 무함마드의 부인 중 한 사람으로 제1대 정통 칼리파 아부 바크르의 딸이다. 예언자 무함마드의 사후 알리와 전쟁을 벌일 정도로 정치적 힘을 지닌 무슬림 여성 지도자였다. 무슬림들은 그녀야말로 천국에서도 예언자 무함마드의 곁에 함께 할 부인이라고 여기며 존경한다.
9   8세기의 역사학자.
10   사산조 페르시아 군대의 장군.
11   페르시아와 결전을 벌였던 무슬림 장군.
12   히자즈는 현 사우디아라비아의 서쪽 지역을 말한다.

다고 한다. 모세는 아므람의 아들이고, 아므람은 야쓰후르의 아들이며, 야쓰후르는 고핫의 아들이고, 고핫은 레위의 아들이고, 레위는 야곱, 즉 이스라엘 알라의 아들이다.[13] 이는 『토라』에 나오는 모세의 계보다. 이스라엘과 모세 사이의 기간은 마스우디의 말을 통해 알 수 있다. "이스라엘이 그의 자식들과 부족민들과 함께 이집트로 들어가서 요셉에게 왔을 때 그들의 수는 70명이었다. 그들이 모세*와 함께 황야로 떠날 때까지 이집트에 머문 기간은 220년이었다. 그동안 콥트인의 왕인 파라오는 그들을 속민으로 다루었고 후대 파라오에게 물려주었다." 따라서 한 사람의 후손들이 4세대 만에 그렇게 많은 수로 증가했을 가능성은 희박하다. 이와 같은 군인의 숫자는 솔로몬과 그 이후의 시대에 있었으리라고 생각할 수도 있겠으나 그 가능성도 희박하다. 솔로몬과 이스라엘 사이에는 11명의 조상밖에 없기 때문이다. 솔로몬은 다윗의 아들이고, 다윗은 이새의 아들이고, 이새는 오벳의 아들이고, 오벳은 보아스의 아들이고, 보아스는 살몬의 아들이고, 살몬은 나손의 아들이고, 나손은 아미나답의 아들이고, 아미나답은 람의 아들이고, 람은 헤스론의 아들이고, 헤스론은 베레스의 아들이고, 베레스는 유다의 아들이고, 유다는 야곱의 아들이다. 한 사람의 후손이 11세대 만에 그렇게 많은 수로 늘어 날 수 있다는 것은 불가능하다. 실제로 수백 혹은 수천 명 정도까지는 가능할 수도 있다. 하지만 수백 혹은 수천 명을 넘어선다는 것은 불가능한 일이다. 오늘날 우리가 관찰할 수 있는 일이나 당시에 알려진 사실과 비교한다면 당신은 그들의 주장이 헛된 것이고 그들의 인용이 거짓임을 알게 될 것이다. 이스라엘인의 수에 관한 확실한 기술에 의하면 솔로몬의 군대는 1만 2천 명에 달했고 솔로몬 소유의 말 1천 4백 필이 궁전의 문간에 있었다고 한다. 이것이 정확한 것일 것이다. 따라서 사람들이 흔히 전하는 황당한 보고를 그대로 신뢰해서는 안 된다. 솔로몬* 시대에

---

13   모세의 계보는 레위, 고핫, 아므람, 모세로 이어진다. 따라서 이 부분은 오류로 보인다.

그의 왕국은 최고로 평화를 누렸고, 그 영토도 최대한 확장되었다.

이와 같이 우리는 자신이 사는 시대나 혹은 가까운 시대의 왕조가 보유한 군대에 대해 말할 때나 무슬림이나 기독교도의 병력에 관해 언급할 때 혹은 세금 통계, 정권의 지출, 화려한 생활을 하는 이들의 경비지출, 부자들의 치부의 규모를 거론할 때도 그 숫자를 지나치게 과장하고 상식적인 선을 넘어 흥미위주의 유혹에 굴복한다는 것을 발견할 수 있다. 당신이 담당 관리에게 군대의 수를 직접 물어보거나 부자들의 재산을 실사하거나 혹은 낭비벽이 심한 자들의 지출 내역을 살펴보면 그 숫자는 사람들이 떠들어대는 것의 1/10에 불과하다는 것을 알게 될 것이다. 이는 흥미위주의 사고를 선호하고, 부풀려 말해도 괜찮을 것이라는 안일한 생각과 평론가나 비평가들이 제기하는 비판을 무시하는 데서 빚어진 결과이다. 심지어 이는 자신의 실수와 의도에 대해 스스로 비판하거나 무엇인가를 보고할 때 스스로에게 절제와 공정함을 요구하거나 탐구와 조사를 통해서 내용을 다시 확인하는 일이 없도록 만든다. 이런 역사학자들이 허위에 찬 진술을 늘어놓으며 말잔치를 벌이고 코란 구절을 냉소한다. "그들은 무익한 이야기로 아는 것 없이 사람들을 알라의 길에서 탈선하게 한다."[14] 이야말로 악행이다.

역사학자들의 허황된 진술 중에는 예멘과 아라비아 반도의 왕들이었던 톱바 왕조에 관한 것이 있다. 전해지는 바에 따르면 톱바 일족은 예멘을 근거지로 이프리끼야 지방을 약탈하곤 했고 수많은 베르베르인들을 학살했다고 한다. 그들은 베르베르인들이 떠들어대는 말을 듣고 '바르바라'라고 하는 말이 무엇이냐고 물었다고 한다. 이는 훗날 그들을 지칭하는 이름이 되어 그들은 '베르베르'란 호칭으로 불리게 되었다는 것이다. 그들이 마그립을 떠날 때 힘야르족의 일부를 그곳에 남겨 두었는데, 그들이 그곳에 살면서 원주민들과 섞여 그 후손이 씬하자족[15]과 쿠타마족이

---

14    코란 31장 6절.
15    중세 마그립에 거주했던 가장 큰 부족 중 하나였다. Znaga로 불리기도 한다. 그 의미는

되었다고 한다. 이런 이야기를 기초로 따바리와 주르자니, 마스우디, 이븐 칼비, 빌리유는 씬하자족과 쿠타마족이 힘야르족에 속한다고 기록하였다. 하지만 베르베르의 계보학자들은 그런 주장을 일축한다.

마스우디에 의하면 이프리끼야 이전에 그들의 왕 중 이드아르가 마그립을 약탈하여 복속시켰다고 한다. 그는 솔로몬과 동시대인이었는데 마스우디는 그를 계승한 아들 야시르에 관해서도 언급한 바 있다. 즉 그가 마그립 지방의 '모래 강'까지 갔으나 거대한 모래 구름 때문에 그곳에서 길을 잃고 돌아왔다는 것이다. 마찬가지로 툽바 가문의 마지막 왕이며 페르시아인 카얀 왕조의 야스타으시프와 동시대인 아스아드 아부 카립은 모술과 아제르바이잔을 통치했다고 한다. 그는 투르크인들과 싸워 이겼고 적을 모두 죽였다. 그의 공격은 2차, 3차에 걸쳐 계속되었다. 그 뒤 그는 세 명의 아들을 각각 파리스 지방과 트렌스옥시아나에 있는 투르크 민족령인 소그드 지방 그리고 룸 지방으로 보냈다고 한다. 맏아들은 사마르칸트까지 달하는 지역을 차지하고 사막을 건너 중국까지 갔는데 그보다 앞서 사마르칸트를 공격하러 간 둘째를 만났다. 형은 아우보다 먼저 중국에 들어갔고, 두 형제는 중국인들을 약탈하고 전리품을 챙겨 함께 돌아왔다고 한다. 그들은 힘야르족 일부를 중국에 남겨두었고 아직까지도 그들은 그곳에 거주한다고 한다. 셋째는 콘스탄티노플을 점령하고 룸 지방을 복속한 뒤 귀환했다는 이야기다.

하지만 이 주장은 진실과 멀고, 망상과 잘못된 추정에 근거하고 있다. 이는 이야기꾼들이 꾸며낸 이야기에 가깝다. 왜냐하면 툽바 왕조의 영역은 아라비아 반도에 한정되어 있었고 그들의 근거지는 예멘의 도시 '사나'였기 때문이다. 지리적으로 볼 때 삼면이 바다에 접하고 있는 아라비아 반도는 남으로는 인도양, 동으로는 페르시아만이 인도양으로부터 뻗어 바스

---

베르베르어로 '오아시스의 사람들'이다. 이 이름은 현재에도 북아프리카에서 매우 흔한 이름이다. 씬하자족의 원류는 사하라 북부이다.

라를 향하고 있으며 서쪽으로는 홍해가 인도양에서 뻗어 나와 이집트의 수에즈 쪽으로 향한다. 이는 지도에서 확인할 수 있다. 따라서 누군가 예멘에서 마그립으로 가려면 수에즈를 통과하지 않고는 갈 방법이 없다. 그리고 홍해에서 지중해까지의 거리는 이틀이나 혹은 이틀도 채 걸리지 않는 거리였다. 이런 상황에서 위대한 군주라면 그 지역을 장악하고 가는 것이 마땅한 것이었을 것이다. 그러나 당시는 불가능한 일이었을지도 모른다. 왜냐하면 시리아 지역에는 아말렉인과 가나안인이, 이집트에는 콥트인이 있었으며 훗날 이스라엘인들이 시리아를 점령하고 아말렉인이 이집트를 장악했기 때문이다. 그러나 툽바 왕조가 이들 민족들과 싸웠다거나 이곳 중 어느 한곳이라도 점령했다는 기록은 어디에도 없다.

게다가 예멘에서 마그립에 이르는 거리도 매우 멀어서 만약 군대가 그곳으로 가려면 군대가 필요한 식량과 행렬의 가축에게 먹일 사료 등 보급 물품이 많이 필요했을 것이다. 병사들이 타지를 행군하려면 그곳에서 곡식과 가축을 징발하고 자신들이 통과하는 지방을 약탈하기 마련이다. 그들은 고향에서 보급품을 충분히 가져갈 수도 있겠으나 그 짐을 수송할 많은 동물을 구하는 것은 쉽지 않기 때문이다. 그들이 통과 지역에서 필요한 물품을 징발하기 위해서는 그 지역을 점령하고 복속시켜야 한다. 이처럼 대규모 군대가 어떤 지역을 통과하면서 그곳 주민의 저항 없이 평화롭게 보급품을 제공 받는다는 것은 너무나도 비현실적이고 불가능한 추정이다. 따라서 이상의 사실들은 앞에서 언급한 역사학자들의 기록이 허구이거나 어리석은 추정임을 입증한다.

앞에서 언급한 건널 수 없는 '모래 강'에 관한 것도 마그립에서는 결코 들어본 적이 없다. 왜냐하면 그곳에는 오랜 세월에 걸쳐 여행객이나 약탈자들에 의해서 개척된 길들이 여러 방향으로 있기 때문이다. 그런데도 사람들은 이야기의 내용이 신기하고 흥미롭기 때문에 그런 기록을 수용하고 후대에 전한다.

툽바인들이 마슈리끄의 여러 지역과 투르크인의 땅을 약탈했다는 주장에 관해 살펴보면 군대가 경유하는 지역이 마그립으로 가기 위해 수에즈를 통과하는 노선에 비해 더 넓고 거리도 더 멀었다. 더욱이 페르시아와 비잔틴 민족이 투르크인 영토까지 가기 전에 있다. 툽바인들이 페르시아나 비잔틴 영토를 점령했다는 이야기는 전해진 바가 없다. 그들은 바레인과 히라[16] 사이에 위치한 이라크, 티그리스와 유프라테스 사이에 위치한 메소포타미아의 변경지대에서 페르시아인들과 전투를 벌인 적은 있다. 그곳은 두 민족이 경계하는 곳이다. 이 전투는 툽바족 중에 이드아르와 카얀 왕조의 카이카우스 사이에서 벌어졌다. 정상적인 상황이라면 툽바인들이 페르시아의 땅을 통과하지 않고 투르크나 티베트 지방을 공격한다는 것은 불가능하다. 왜냐하면 투르크인 영토까지 여러 민족들이 가로놓여 있고, 이미 언급했듯이 먼 거리로 인해 많은 식량과 사료가 필요하기 때문이다. 따라서 이에 관한 모든 기록은 황당하고 비정상적인 것이다. 설령 이런 기록이 '옳은 것'이라 해도 거기에는 불명예만 있을 뿐이다. 더욱이 그 기록이 '옳은 것'이 아닌 형태로 전달되었다면 이는 더욱 의심스러운 것이다. 이븐 이스하끄[17]는 야쓰리브와 아우스족과 카즈라즈족[18]에 관해 이렇게 언급했다. 최후의 툽바인들이 마슈리끄를 향해서 이동했다. 이때 이라크와 페르시아를 거쳐 갔다. 하지만 그들이 터키와 티베트에서 약탈했다는 것은 사실이 아니다. 왜 그렇게 했겠는가? 당신은 그런 주장을 그대로 믿으면 안 되고, 우선 정보를 면밀히 검토해야만 명백하게 이해하게 될 것이다. 알라께서는 정답으로 인도하신다.

---

16  현재의 바레인과 페르시아만 서남해 일대를 포함하는 지역이다. 히라는 페르시아의 아랍인 왕국이었던 라흠 왕국의 수도이다.
17  예언자 무함마드의 전기를 기록한 8세기의 유명한 학자.
18  야쓰리브에 있던 아랍계 부족.

장

이것보다 더 황당하고 근거 없는 추정이 낳은 것은 '새벽의 장'[19]에 나오는 구절 "그대는 보지 못했는가, 주님이 아드를 어떻게 하셨는지, 지주초桂들의 이람을?"에 대한 주석이다. 주석가들은 '이람'을 기둥들이 있는 도시의 이름으로 해석했다. 그들의 해석에 따르면 아드 븐 우스 븐 이람에게 샤디드와 샷다드라는 아들이 두 명 있었다. 그는 두 아들을 후계자로 삼았는데 샤디드가 죽자 샷다드가 왕이 되었고, 그곳의 수장들은 그에게 복속되었다. 그가 천국에 대한 설명을 듣고 "나도 그와 비슷한 것을 건설하겠다"고 선언하고 3백 년에 걸쳐 아덴의 사막에 '이람'이라는 도시를 세웠으며 그 자신은 9백 년을 살았다고 한다. 이람은 거대한 도시였다. 그곳에는 은으로 만든 성채와 에메랄드와 히야신스 보석으로 만든 기둥이 있었으며 수없이 많은 나무와 쉬지 않고 흐르는 강이 있었다. 도시가 완공되자 그는 백성들과 함께 그곳으로 향했다. 그가 하루 낮과 밤을 지냈을 때 알라께서 하늘로부터 굉음을 보내자 사람들은 모두 죽었다.

이는 따바리, 싸을라비, 자마크샤리[20] 등 코란의 주석가 다수에 의해 언급된 바 있다. 그들은 예언자 무함마드의 교우 중 일원이던 압둘라 븐 킬라바의 전언에 근거해서 다음과 같은 이야기를 전했다. 어느 날 압둘라가 낙타를 찾으러 길을 나섰다가 한 도시를 발견하고 자신이 지니고 올 수 있을 만큼의 재물을 그곳에서 가져왔다. 그 사건이 무아위야에게 전해졌고 그는 압둘라를 불러 직접 이야기를 들었다. 그는 점술사 카압 알아흐

---

19    코란 89장.

20    Abu al-Qasim Maḥmūd ibn 'Umar al-Zamakhshari(1074~1144)는 페르시아계 무슬림 학자이다. 그는 생의 대부분을 바그다드에서 보냈으며 쇠퇴했던 무으타질라 학파의 주장을 부활시켰다. 그는 페르시아어로 작품을 쓰기도 했으나 아랍어 구사 능력이 탁월했고 또한 아랍어에 대한 지식이 독보적이었으며 슈우비야 운동을 반대했다. 그의 *al-Kashshāf*는 코란 주석서로, 그는 이 책에서 언어학적 지식으로 코란의 구절들을 분석했다. 한 동안 메카에서 거주하며 연구한 까닭에 '알라의 이웃(Jār Allah)'라고도 불린다.

마르에게 그 도시에 관해 물어보았다. 카압은 "그것이 바로 지주가 있는 이람입니다. 전하의 통치기간에 어떤 인물이 이람에 들어 갈 겁니다. 그자는 혈색이 붉고 키가 작으며 눈썹과 목에 점이 있는데 자신의 낙타를 찾으러 나선 길일 것입니다"라고 답했다. 그러자 무아위야는 이븐 킬라바를 보고 "옳다. 그가 바로 저 자다"라고 말했다 한다.

그러나 이후 그 도시에 관해 어떤 이야기도 전해지지 않는다. 그 도시가 건설되었다고 하는 아덴의 사막은 예멘 중부에 위치하는데, 그곳에는 사람들이 살았고 길잡이들이 사방으로 길을 개척했던 곳이다. 그럼에도 불구하고 그 도시에 관해서 아무런 기록도 전해지지 않고 어떤 정보통이나 부족도 그 도시에 관해 언급한 적이 없었다. 만약 코란의 주석가들이 그 도시 역시 다른 고대 유적지처럼 사라져버렸다고 했다면 이 이야기는 더 그럴 듯하게 되었겠지만 그들은 그 도시가 아직도 존재한다고 말하고 있다. 그들 중 일부는 아드족이 다마스쿠스를 소유했었다는 사실에 근거해 그 도시가 바로 다마스쿠스라고 주장하기도 한다. 또 다른 이들은 마법사나 주술사들이 수작을 부려 그 도시가 보이지 않는다는 터무니없는 주장을 하기도 한다. 이 모든 것은 옛날이야기라고 하는 것이 더 적합할 것이다.

코란주석가들이 이런 주장을 하게 된 이유는 '기둥'이란 낱말의 이으랍 때문인데, 그들은 '이람'의 형용사로 이으랍을 주었다. 그들은 '이람'을 기둥으로 해석해서 건물의 일부로 이해되었다. 주석가들은 이븐 알주바이르[21]의 코란 낭송에 영향을 받아 그 구절을 탄윈이 없는 연결형으로 이해했고, '이람의 아드'라고 읽었다. 그 이후 이런 이야기들을 전했는데 이는 참으로 어리석은 이야기이고 거짓이나 우스개에 가까운 것이다. 하지만 여기서 기둥이라는 것은 천막을 지탱하는 장대를 지칭할 수 도 있다. 그러므로 내가 이 말을 기둥으로 이해한 것은 그들을 일반적인 건물이나 기

---

21  692년 사망, 우마이야조가 칼리파위를 계승한 사건에 분개한 무슬림 지도자.

등을 소유한 부족이라고 묘사하는 것과 관련되어 있으니 전혀 이상할 것이 없다. 왜냐하면 아드족은 강성한 부족으로 유명했기 때문이다. 하지만 만약 이람을 어느 특정 도시에 있는 건물이나 그 밖의 것으로 이해한다면 원문과 다른 해석이 될 것이다. 이븐 알주바이르가 낭독했던 것처럼 만약 그 구절이 '그 부족'에 연결되는 것이라면 이는 키나나족의 꾸라이시, 무다르족의 일리야스, 니자르족의 라비아 등과 같이 말할 수 있을 것이다. 즉, '이람의 아드'라는 구절에 대해서도 그렇게 볼 수 있고, 이를 어리석은 이야기의 근거로 삼을 이유도 없다. 코란에 그처럼 옳은 것과는 거리가 먼 것이 수록될 리가 없다.

역사학자들이 전하는 또 다른 사실과는 거리가 먼 이야기 중에는 라시드[22]가 바르마키[23] 가문을 파멸시킨 이유와 관련된 것이 있다. 그의 여동생 압바사와 마왈리[24]인 자으파르 브 야흐야 브 칼리드에 관한 이야기다. 라시드는 포도주를 마시는 자리에 그 두 사람과 함께 하기를 즐겼다. 그는 두 사람이 결혼은 하되 잠자리는 같이 하지 못하도록 하고 자신의 술자리에는 함께 하기를 원했다. 압바사는 자으파르를 사랑하게 되었고 그와 은밀한 시간을 가지길 원했으며 마침내 그와 동침하게 되었다. 당시 자으파르는 취해 있었다고 전해진다. 압바사는 임신했고 이 사실은 라시드에게 전달되어 극도의 분노를 사게 되었다. 이 일화는 압바사의 종교, 가문, 고귀한 지위와는 전혀 어울리지 않는 것이다. 왜냐하면 그녀는 압둘라 브 압바스[25]의 후손으로 그 선조와 압바사의 간극은 불과 4세대 뿐이기 때문이다. 압둘라의 후손들은 무슬림 세계에서 대단히 명예롭고 위대한 인물들로 간주된다. 압바사는 무함마드 알마흐디[26]의 딸이고, 마흐디

---

22   압바스 왕조의 제5대 칼리파(재위 786~809).
23   압바스 왕조에서 실질적인 영향력을 행사한 페르시아 가문이다.
24   아랍 무슬림 보호자의 보호를 받는 비아랍인 개종 무슬림을 말한다.
25   예언자 무함마드의 교우 중 한사람으로 619년에서 688년까지 생존 인물이다.
26   압바스 왕조 제3대 칼리파(재위 775~785).

는 아부 자으파르 압둘라 알만쑤르[27]의 아들이고, 만쑤르는 무함마드 알 삿자드의 아들이고, 무함마드는 칼리파 알리[28]의 아들이다. 알리는 코란 주석가인 압둘라 븐 압바스의 아들이고 압둘라는 예언자 무함마드*의 삼촌인 압바스의 아들이다. 따라서 그녀는 칼리파의 딸이고, 누이였으며, 위대한 왕권 예언자와 그 교우들의 후손, 이슬람의 지도자, 계시의 빛, 천사들의 강림지 등 이 모든 것으로 울타리를 친 존재였다. 그녀는 진정한 아랍정신으로 간주되는 베두인 시대와 이슬람의 평화로운 시대에 가까이 있었고, 사치의 관습과 간통의 죄악이 가득한 초지와는 멀리 떨어져 있었다. 그녀에게서 정숙함을 찾지 않는다면 누구에게서 찾겠는가? 만약 그녀의 가문에 청결과 순결함이 존재하지 않는다면 과연 어디서 그런 것을 찾을 수 있겠는가? 그러므로 어떻게 그녀가 자으파르 븐 야흐야와 같은 사람과 함께하여 아랍인의 고귀한 혈통을 페르시아인 마왈리의 피로 더럽힐 수 있단 말인가? 그녀의 조상 중 일원인 예언자의 삼촌이자 고귀한 꾸라이시 부족의 압바스가 자으파르의 페르시아인 조상을 노예로 데려와 종으로 삼았다. 자으파르의 유일한 목적은 자신과 아버지의 하이에나 같은 기질을 합쳐 아랍인 주인에게 자신들을 귀족의 지위로 승격시켜달라고 요구하는 것이었다. 그런데 어떻게 고귀한 정신과 높은 자존심의 소유자인 라시드가 자신의 누이와 페르시아인 마왈리를 혼인시키려 했겠는가? 만약 사물을 자세히 관찰하는 사람이 이 이야기를 객관적으로 평가하고 자신이 살고 있는 시대의 위대한 군주의 딸과 압바사의 경우를 비교해 본다면, 자신의 집안이 통치하는 왕조의 관리인 마왈리에게 그런 일을 했다는 것은 있을 수 없는 일이고 그것은 뻔뻔한 거짓의 산물임을 알게 될 것이다. 과연 누가 압바사나 라시드보다 고결하단 말인가?

바르마키 가문이 파멸한 원인은 그들이 압바스 왕조의 실질적인 권한을

---

27 압바스 왕조 제2대 칼리파(재위 754~775).
28 4명의 정통 칼리파 중 마지막 칼리파(재위 656~661).

행사하는 데 있어 지나친 탐욕을 보였고 세금을 수탈했기 때문이다. 그들의 횡포가 얼마나 심각했던지 칼리파 라시드가 필요한 경비조차 구할 수 없을 정도였다고 한다. 그들은 라시드의 직무를 빼앗고 칼리파의 권력을 공유하려 했다. 칼리파 라시드는 국사를 처리하면서 그들에게 불평 한마디 할 수 없게 되었다. 그들의 권력은 점점 커졌고 그 명성도 높아갔다. 그들은 요직을 바르마키 가문의 사람들에게 주었고, 이 자들은 압바스 왕조의 고관이 되어 결과적으로 바르마키 가문의 사람만이 재상, 서기, 군사령관, 집사 등 왕조의 문·무관이 되었다. 라시드의 궁전에는 문·무관을 포함 25명의 고관들이 있었는데 그들 모두가 야흐야 븐 칼리드의 자식들이었다. 그들은 아랍인 왕족들과 경쟁했고 아랍인 왕족을 강제로 축출하기도 했다. 그들이 이런 만행을 저지를 수 있었던 것은 그들의 아버지인 야흐야가 있었기 때문이다. 그는 라시드가 왕자였을 때부터 칼리파가 된 이후까지 칼리파의 보호자였다. 라시드는 야흐야에게서 교육받고 성장했다. 그는 그를 아버지라고 부르곤 했다. 그런 까닭에 권력은 바르마키 가문을 향하게 되었고, 그 가문의 사람들은 안하무인이 되었다. 영예와 명성은 모두 그 가문의 것이 되었고, 모든 이들이 그들을 바라보았으며 노예들은 그들에게 복종하게 되었다. 변경의 통치자와 수령들도 앞 다투어 그들에게 선물을 바쳤고 세금으로 거두어진 돈은 바르마키 가문에 연줄을 대는 것이 되었고 그 가문의 금고로 들어갔다. 그들은 시아파와 예언자의 친척들 중 중요 인물들과 관계를 맺었고, 이들에게 아따[29]를 주었으며 고귀한 가문이지만 재물이 없는 사람들을 모았고 포로들을 풀어 주었다. 결국 _그들은 칼리파가 얻지 못했던 민심을 얻었고, 찾아온 사람들에게 상과 선물을 베풀었다. 그들은 주요 도시의 근교나 평야에 있던 촌락과 영지까지 장악했다. 바르마키 가문은 압바스 왕족들을 불안하게 하여 고위층의 적개심

---

29    부자가 빈자에게 하사하는 선물이나 재물을 말한다. 혹은 주군이 군인에게 하사하는 급여를 칭하기도 한다.

을 유발시켰으며 고위 관리들의 분노를 불러 일으켰다. 따라서 질투와 시기가 시작됐고 중상모략의 전갈이 그 국가의 부드러운 침상으로 기어 들어갔다. 자으파르의 외삼촌 가문인 까흐따바 가문이 바르마키 가문을 베어내기 위한 음모를 주도했다. 까흐따바 가문 사람들은 뼈가 산산조각 나는 정도의 질시를 느꼈고 그들이 혈연이나 인척이라는 사실은 아무 소용이 없었다. 게다가 왕국의 주군이 바르마키 가문을 질투하기 시작했고, 자신을 속박하고 오만하게 행동한 것에 대한 불만도 커졌으며, 바르마키 가문이 보여준 작은 허풍들에 대한 잠재적인 반감 등이 복합적으로 드러났다. 그들에 대한 반감은 점점 더 심해져갔다. 그들에 관한 이야기는 아부 딸립의 아들 알리, 그의 아들 하산 그리고 하산의 아들 하산, 그의 아들 압둘라 그리고 압둘라의 아들인 야흐야에게서도 발견된다.

바르마키 가문에게 적개심을 품은 왕조의 주요 인사가 가수에게 노래를 부르게 했는데 그 내용은 다음과 같다.

인도 여인이 약속을 지켜

한 번이라도 스스로 결정해서

우리를 구해준다면

스스로 행동하지 않는 자는 무능력자가 아닐까.[30]

칼리파 라시드는 가수의 이 노래를 듣고 "나야말로 무능력한 사람이다"라고 말했다. 이런 방법으로 혹은 그 밖의 은밀한 방법으로 바르마키 일가를 시기하던 이들은 라시드의 질투심을 부추겨서 그 가문에게 벌을 내리게 만들었다. 알라만이 인간의 욕망과 불운으로부터 피할 수 있는 우리의 은신처이다.

---

30  우마이야 시대의 시인으로 선정적인 연시를 주로 노래했던 우마르 븐 아비 라비야의 시
    중 한 구절이다.

라시드가 술친구들과 너무나 어울리고 술에 중독되었다는 식의 거짓된 이야기에 대해 말하자면 그것은 라시드를 해하고자 하는 의도에서 비롯된 이야기이다. "저희는 그에 대하여 해함을 모르나이다."[31] 이는 칼리파가 해야 했던 의무 즉, 정의로 통치하고 종교적인 책무를 다한다는 것과 관련한 라시드의 태도와는 크게 다르다. 그는 종교학자나 성직자들과 어울리기를 즐겼고 그가 토론을 즐겨 벌인 이들 중에는 파딜 븐 이야드, 이븐 알삼마크,[32] 우마리가 있고 서신을 자주 교환한 이로는 수프얀 알싸우리가 있다. 이런 학자들의 설교를 들으면서 라시드는 눈물을 보이고 카바를 순례할 때에도 메카에서 기도문을 올렸다. 그는 신앙심이 깊은 사람이었으며 예배시간을 엄수했고 아침 예배 때에는 이른 시간에 참석했으며, 따바리와 그 밖의 사람들의 말에 따르면 그는 매일 백 번씩 부복하며 예배를 드렸다고 한다. 라시드는 어느 해에는 불신자들과 투쟁을 벌였고 그다음 해에는 메카를 참배했다. 어느 날 그는 광대 이븐 아부 마리암을 꾸짖었다. 그 이유는 그가 기도하는 도중에 입을 가볍게 놀렸기 때문이다. 이븐 아부 마리암은 라시드가 "나를 창조하신 그분을 어찌 모시지 않을 수 있겠습니까?"[33]라고 기도하는 것을 듣고 이렇게 답했다. "왜 그런지 나는 정말 모르겠네요." 이 말 때문에 라시드는 웃음을 흘려버렸다. 하지만 곧이어 그는 이븐 아부 마르얌을 성난 눈길로 보면서 "기도 중에 농담을 하느냐? 코란과 이슬람에 대해서는 조심하고 또 조심하라! 그 밖의 것들에 대해서는 네가 하고 싶은 대로 해도 좋다"라고 나무랐다고 한다.

라시드는 학식이 높고 소박한 생활을 했다고 한다. 그의 시내는 그린

---

31  이때 왕이 여자들에게 말하길, "너희가 요셉을 유혹했느뇨?" 하시니 "알라여! 저희를 보호하여주소서 저희는 그(요셉)에 대하여 해함을 모르나이다"라고 대답하니 통치자의 아내가 말하기를, "지금 사실이 밝혀졌습니다. 제가 그를 유혹하였으며 그는 실로 정직한 가운데 있습니다" 하더라. 코란 12장 51절. 라시드가 의롭고 믿음이 있는 인물이라는 의미이다.

32  『천일야화』 11권 16번째 이야기에 칼리파 라시드와 이븐 알삼마크의 이야기가 등장한다.

33  코란 36장 22절.

것을 덕목으로 여겼던 초기 무슬림 선조들의 시대와 가까웠다. 그와 조부인 아부 자으파르 알만쑤르 사이의 기간은 길지 않았다. 조부가 죽었을 때 그는 소년이었다. 아부 자으파르는 칼리파가 되기 전부터 학식이 높고 신앙심이 깊은 인물이었다. 라시드의 아버지인 마흐디는 왕국의 공금으로 가족의 의복 비를 지출하지 않으려 했던 만쑤르의 검소함을 이미 깨닫고 있었다. 어느 날 마흐디가 아버지에게 왔더니 그는 재단사들과 가족들의 낡은 옷을 깁는 것에 대해 의논하고 있었고 이에 마흐디는 마음이 불편해져 "오 믿는 자들의 아미르[34]시여! 금년에는 제 돈으로 가족의 의복 비를 내겠습니다"라고 말하자 만쑤르는 흔쾌히 허락했다고 한다. 그는 아들인 마흐디가 의복 비를 내는 것은 허락했지만 무슬림의 공금으로 자신과 일가의 의복 비를 충당하는 것은 결코 허용하지 않았다.

라시드는 이렇듯 검소하고 공과 사를 구분하는 칼리파 조상들의 시대와 매우 가까운 시대의 인물이다. 그는 자라면서 이런 행동을 보고 배웠고 이는 자연스레 그 자신의 성격과 습관이 되었다. 그런 인물이 어떻게 술중독자가 되고 공공연히 포도주를 마셨겠는가? 이슬람이 도래하기 이전에도 아랍인 귀족들은 포도주 마시는 일을 피했다는 것은 알려진 바다. 포도는 그들이 재배하는 작물이 아니었기 때문에 그들 대다수는 포도주를 마시는 것을 비난받을 일로 여겼다. 라시드와 그의 조상들은 종교적 혹은 세속적으로도 세간의 비난을 야기할 일을 철저히 피했고, 칭송받을 행동만을 지향했으며 아랍인의 덕성을 자신들의 성품으로 간직했다.

라시드는 대추야자로 만든 음료수를 먹곤 했다. 이는 이라크 학파의 유권해석에 따른 것이다. 그들의 파트와는[35] 명백하다. 포도주에 관해서는

---

34 '믿는 자의 아미르'는 칼리파를 지칭한다. 본디 아미르는 왕자, 부족의 장, 군 지휘관이란 의미이다.
35 무슬림사회에서 사건에 대한 판단이나 무슬림 개인이 질문하는 것에 대한 의견이다. 파트와는 법적인 판결이 아니기 때문에 지키지 않는다 해도 법적 제재를 당하지는 않는다. 그러나 무슬림사회에서 파트와는 관습상 큰 권위를 지니고 있다. 파트와를 제시하는 이

라시드가 관심을 보인 적이 없으며 어처구니없는 견해를 수용한 적도 없다. 그는 무슬림들의 가장 큰 죄악으로 간주되고 금지되는 음주를 할 사람이 아니었다. 압바스 왕조 초기의 군주들은 모두 의복이나 장신구 혹은 음식에 지나친 사치를 한 인물이 없었다. 그들은 여전히 이슬람의 질박함과 베두인의 강인함을 유지하고 있었다. 그런데 그들이 어떻게 적법을 벗어나 불법을 저지르고 정당함을 벗어나 부당함을 행했겠는가? 따바리나 마스우디 그 밖의 역사가들은 압바스 왕조나 우마이야 왕조의 초기에 재임했던 군주들은 말을 탈 때도 혁대에 간단한 은장식을 했고 칼을 차고 안장만 했을 뿐이라고 전하며 말을 탈 때 금장식을 했던 최초의 군주는 라시드 이후 여덟 번째 칼리파인 무으탓즈 븐 알무타왁킬이라고 전하고 있다. 칼리파들의 의복도 이와 마찬가지로 검소했다. 그런데 어떻게 그들이 마시던 음료수에 대해서 당신들이 다른 생각을 할 수 있는가? 이런 사실을 분명하게 이해하려면 베두인의 검소함과 용맹스러움을 생활의 근본으로 삼았던 왕조 초기의 삶을 제대로 이해할 필요가 있다. 이에 대해서는 제1권의 주제로 설명할 것이다. 알라께서는 우리를 올바른 길로 인도하신다. 이와 유사한 이야기는 마으문의 친구인 판관 야흐야 븐 아크삼에 관한 것이 있다. 어느 날 그는 밤늦도록 마으문과 술을 마셨는데 만취한 나머지 향료 풀 더미에 묻혀 버렸다고 한다. 이런 시가 있다.

> 오! 모든 백성의 왕이신 나의 주인이시여!
> 내게 술을 주셨던 분은 잘못을 범하셨네,
> 나는 술 따르는 이를 대수롭지 않게 생각하여
> 내게 술을 따르게 하였네.
> 하지만 나는 이제 이성과 신앙을 빼앗겨 버렸네.

---

를 무프티라 부르는데, 주로 샤리아 법학자들이고 파트와의 종류에는 할랄(허용), 하람(금지), 무스타힙(권장할만한 것), 마크루흐(권하지 못할 것) 등이 있다.

이븐 아크삼과 마으문에게 적용되는 것은 라시드에게도 마찬가지의 경우다. 그들이 마신 것은 금지되어 있지 않았던 대추야자 주스였다. 술에 취한 다는 것은 그들에게 있을 수 있는 일이 아니었다. 마으문과 그의 친교는 이슬람이라는 종교 내에서 빚어진 참된 우정이었다. 그가 마으문의 집에서 함께 잠을 잤다는 것은 사실이었다. 마으문의 장점과 그가 교우들에게 보여주는 친밀함에 대해 전해 오는 바에 따르면, 어느 날 밤 마으문이 목이 말라 조심스레 일어나서 물주전자를 더듬어 잡았다는 것이다. 야흐야 븐 아크삼을 깨울까 조심했던 것이다. 그 두 사람은 함께 아침 예배를 드렸다는 것도 사실이다. 그런데 어찌 그 두 사람이 술을 마셨다는 이야기가 있을 수 있겠는가? 또한 야흐야 븐 아크삼으로 말하자면 그는 예언자 무함마드, 알라의 축복과 구원이 함께하길,[36] 의 언행록인 하디스의 전달자가 아니던가!

이맘 이븐 한발과 판관 이스마일은 그를 칭찬했고 티르미디는 그의 언행록을 근거로 저서인 『자미으al-Jāmi'』를 출간했으며 암송가 무즈니는 부카리[37]가 이 책보다는 야흐야 븐 아크삼의 언행록에 근거하여 암송한다고 말한 바 있다. 따라서 야흐야 븐 아크삼을 모독하는 것은 그들 모두를 모욕하는 것이다. 음탕한 자들은 그가 미소년을 좋아한다고 비난하였는데 이는 알라를 모독하는 것이고 종교학자에 대한 모함이다. 그들은 허황된 이야기를 정보 삼아 근거로 제시하는데 그런 이야기는 아마도 그의 적들이 만들어냈을 법하다. 왜냐하면 그는 군주와 친교를 나누는 사이였기 때문에 많은 사람들에게 시기의 대상이었다. 사실 학문과 종교에서 그의 지

---

36  이슬람에서는 예언자 무함마드나 그의 교우 혹은 이슬람에서 중요인물로 간주되는 자를 거명한 후 축복의 경구를 두는 게 일반적이다. 본서에서는 가독성 저하를 우려해 처음에만 해석하였고 이후로는 *표시했다.

37  부카리(810~870), 페르시아의 부카라 출신의 순니 이슬람 학자이다. 그는 하디스를 수집하여 『싸히흐』를 편집하였는데 순니 무슬림들은 이것을 가장 권위 있는 하디스로 간주한다.

위는 이런 일을 하는 것과 거리가 멀었다. 이븐 한발은 일찍이 그와 관련한 이런 소문을 들었을 때 "맙소사! 말도 안 된다. 누가 그런 말을 한단 말인가?" 하며 그런 소문을 철저히 무시하였다. 판관 이스마일은 그를 찬양한 바 있는데 이런 소문을 듣자 이렇게 말했다. "그의 정직함이 사람들의 시기심과 거짓으로 모함 받지 않도록 알라께서 금지하시길! 야흐야 븐 아크삼은 사람들이 비난하는 미소년과의 관계에 있어 알라 앞에서 가장 떳떳한 사람이다. 나는 이미 그의 심중을 알아보려 한 바 있는데 그는 알라를 가장 공경하고 경외심을 지닌 사람이라는 걸 알 수 있었다. 하지만 그는 장난기가 있고 성격이 너무 좋은 탓에 사람들에게 그런 이야기를 듣게 되었다." 이븐 힙반[38] 역시 확신에 차서 그런 이야기의 대부분은 사실이 아니므로 그에 관한 소문은 신경 쓰지 말라고 언급하였다.

이와 비슷한 이야기로 『이끄드*al-'iqd*』의 저자인 이븐 압둘 랍비가 소개한 바구니 이야기가 있다. 마으문이 하산 븐 사홀의 딸 부란과 밤을 보내게 된 이야기라고 한다. 그는 어느 날 밤 바그다드 골목을 걷던 중 어느 집 테라스에서 내려뜨린 바구니를 발견했다. 그 바구니는 명주실 타래 줄에 연결되어 도르래에 달려 있었다. 그는 바구니 안에 타고 그 도르래를 당겼더니 바구니가 움직여 위로 올라갔고 어떤 방에 도착했다. 이븐 압둘 랍비는 마으문이 도착한 방 가구의 장식과 건물의 형태 그리고 아름다운 광경을 묘사했다. 그런데 갑자기 커튼 뒤에서 여인이 나타났는데 그녀의 미모는 더할 나위 없이 아름다웠다. 그녀는 마으문을 반겨 맞으며 술친구가 되어달라고 요청했고 그 두 사람은 아침이 될 때까지 술을 마셨다. 그리고 그는 아침에 친구들이 기다리고 있는 궁전으로 돌아갔다. 그는 그 여인을 사랑하게 되었고 그녀의 아버지에게 딸과 결혼을 허락해달라고 했다는 것이다. 하지만 그는 신앙심이 깊고 학식도 높은 이였다. 항상 올바

---

38  965년 사망, 그의 본명은 무함마드 븐 수프얀 아부 하팀이고 *Kitāb al-Majrūḥin*의 저자다.

른 길로 인도된 압바스 왕조의 초대 칼리파들이 조상들의 생활 방식을 계승하고 이슬람의 지주였던 4대 정통칼리파의 정신과 생활을 실천했던 것처럼 그 역시 이를 계승했고 더욱이 이슬람 법학자들을 늘 지근에 두고 존경하며 알라께서 정해주신 법을 지키고 기도를 생활화했던 사람인데 어떻게 그런 일이 있을 수 있단 말인가? 그가 어떻게 불량배처럼 밤거리를 배회하고 모르는 집에 들어가 마치 베두인 연인들이 하는 밤의 밀회를 했다는 이야기가 말이 되는 것인가? 그런 이야기 속의 인물이 하산 븐 사흘의 딸이라는 것 역시 부적합한 일이고 그녀의 가문이 지니고 있는 올바름과 정숙함에 전혀 들어맞지 않는 것이다.

이런 이야기는 무수히 많고 역사학자들의 책에 항상 널려 있다. 그런 이야기가 만들어지고 또 사람들이 그런 이야기를 들으려 하는 이유는 금지된 쾌락에 열중하고 여성의 감추어진 베일 안을 들추어 보려는 심리에서 출발한다. 사람들은 과거의 사람들이 그런 쾌락을 즐겼다고 하면서 자신이 현재 그런 쾌락을 즐기는 것을 합리화시킨다. 따라서 그들은 그런 종류의 정보에 열중하는 것처럼 보이고 기록서 한 장 한 장을 넘기면서 그런 이야기들을 찾아내려 애쓴다. 만약 사람들이 과거의 용례를 다른 것이나 과거 사람들이 지녔던 완벽함에서 추구했더라면, 그들이 알았다면,[39] 그들에게 축복이 더했으리라.[40] 나는 언젠가 한 왕자에게 노래와 악기 연주에 정신을 파는 것은 옳지 않다고 비판한 적이 있다. 나는 그에게 "그런 일은 당신이 해야 할 일이 아니며 당신의 지위에 어울리지 않는다"라고 말했다. 그러자 그는 당대 최고의 가수이자 악기 연주에도 탁월했던 이브라힘 븐 알마흐디[41]를 언급했다. 그래서 나는 "어째서 당신은 그의 아버지나 형을 생각하지는 않습니까? 그가 그런 일에 탐닉했기 때문에 형

---

39  코란 2장 102절 참조.
40  코란 3장 110절. 만일 성서의 백성들이 믿음을 가졌더라면 그들에게 축복이 더했으리라.
41  칼리파 마흐디의 아들.

이나 부친과 같은 지위에 오르지 못했다는 것을 모르십니까?"라고 답했다. 하지만 그 왕자는 나의 직언을 무시하고 귀를 닫아버렸다. 알라께서는 원하는 자만을 바른길로 인도하신다.

많은 역사가들이 수용한 황당한 기록 중에는 까이라완[42]과 카이로의 시아파 칼리파들인 우바이드 가문에 관한 것도 있다. 역사가들은 우바이드 가문이 알리의 혈통이라는 사실을 부인하고 자으파르 알싸디끄의 아들인 이맘 이스마일의 혈통을 비방했다. 그들은 압바스 왕조 칼리파들 중에서 위약한 자들에 관해 날조된 이야기에 지나치게 의존했다. 그들은 칼리파들에게 적대시했던 이들을 비방하고, 그들의 적에게 악담을 퍼부으면서 아첨했다. 우리는 그들이 언급했던 이야기들 중 일부를 지적하여 논할 것인데 그들은 사실에 근거한 물증을 인지하지 않는다. 그들의 주장은 거짓이고 우리는 그런 거짓된 주장을 거부해야 한다. 그들은 모두 시아 왕조의 시작에 대해 동일한 견해를 보인다. 즉, 아부 압둘라 알무흐타십[43]이 쿠타마에 가서 무함마드 가문 즉, 알리의 후손을 받아들여달라고 요구했다. 그 소식은 널리 퍼졌고 압둘라 알마흐디와 그의 아들인 아부 알까심에 대한 그의 염려도 알려졌다. 두 사람은 위협을 느껴 칼리파의 통치령인 마슈리끄에서 도망쳐 상인행색으로 이집트를 통과하여 알렉산드리아를 빠져나왔다. 이 소식은 이집트와 알렉산드리아의 통치자였던 이사 알나으샤리에게 전해졌다. 그는 두 사람을 잡지 못했고 그 두사람은 마그립으로 도망갔다. 무으타딧드는 까이라완에서 이프리끼야의 통치자인 아글

---

42  튀니지 중북부에 있는 도시. 이곳을 거점으로 이슬람 제국은 마그립(아프리카 북서부)에 대한 공격을 개시했고 지배권을 확립했다. 800년경 아글랍 왕조의 초대 왕이 마그립의 수도로 삼았으며, 그 뒤 11세기까지 파티마 왕조의 정치적인 중심지로 이슬람 제국의 행정·상업·종교·학문의 중심지였다.

43  911년 사망. 그의 본명은 아부 압둘라 후세인 븐 아흐마드 븐 자카리야이다. 이라크의 쿠파 출신으로 압바스 왕조의 행정관으로 활동했다. 예멘과 북 아프리카 특히 쿠타마 베르베르족 사이에서 이스마일파를 선전하고 그들의 정당성을 주장했다. 그의 가르침은 파티마 왕조의 설립에 큰 영향을 주었다.

랍 가문과 시질마사[44]의 통치자인 이븐 미드라르에게 두 사람을 체포하라고 종용하였다. 따라서 미드라르 가문 출신인 시질마사의 통치자 일야사우는 자신의 영토에 있던 두 사람의 은신처를 덮쳤고 칼리파의 환심을 사기 위해 두 사람을 감금했다. 이 사건은 까이라완에서 시아 가문이 아글랍 가문을 평정하고 등장하기 이전의 일이다. 이후 그들은 마그립과 이프리끼야 그리고 예멘에서 선교[45]를 했고 그다음은 알렉산드리아, 이집트, 시리아 그리고 히자즈에까지 이르게 되었다. 이렇게 우바이드가의 파티마 왕조는 압바스 왕조와 함께 현재의 바스라해변 지역인 이슬람 왕국을 분할했고 압바스 왕조의 본고장까지 입성하여 그들을 성가시게 하고 그들의 국사 중 일부를 담당하였다. 그들의 주장은 바그다드에서 압바스 왕조의 칼리파들을 통제하고 있던 마왈리 다일람의 수하였던 바사시리의 토후를 통해 이미 나타난 바 있는데, 이는 바사시리와 비아랍인 토후들 간에 있었던 알력이었다. 바사시르는 일 년 내내 금요예배의 연설 때마다 그들에게 자신의 주장을 설파했다. 압바스 왕조는 우바이드 가문의 파티마 왕조의 직위와 그들의 왕국으로 인해 계속해서 골치를 썩었다. 바다 너머 우마이야 왕조의 통치자들은 그들을 성가시게 했고 전쟁을 도발하기도 했다. 그러니 어떻게 가문의 혈통에 대한 주장을 위해 거짓말을 할 수 있겠는가? 카르마티의 경우를 생각해보라. 그의 가계는 거짓된 주장으로 꾸며진 것이 없다. 어떻게 그의 주장이 사라졌고 또 어떻게 그를 추종하던 무리가 흩어졌는가? 그들의 사악함과 교활함은 이내 드러났고 그들의 종말은 비참했다. 그들은 결국 비운의 쓴맛을 보았다. 만약 우바이드가의 파티마 왕조가 이와 동일한 상태에 있었다면 비록 시간이 조금 흐른 뒤라도 분명 진실은 알려졌을 것이다.

---

44    마그립 남부의 지역으로 오늘 날에는 '타필랄트'라고 불린다.
45    원문에 있는 'da'wah'는 주장, 요구, 선교의 의미이다. 이스마일파의 선교 참조.

한 사람의 성품, 자신은 사람들에게 자신의 성품을 감췄다고 생각할 지라도 결국에는 알려진다.

그들의 왕조는 약 270년간 계속되었다. 이 왕조의 영토에는 이브라힘이 살았던 곳과 그가 기도했던 장소, 사도 무함마드의 고향이며 그의 무덤이 있는 곳, 순례자의 순례 장소와 천사들이 하강한 곳이 있다. 그 이후 그들의 권력은 멸망하였다. 그들의 추종자들은 그 왕조의 존속 내내 절대적인 충성과 헌신을 다하였고 그들은 자으파르 알싸디끄의 아들인 이맘 이스마일의 가계를 절대적으로 신봉했다. 이 왕조가 멸망하고 영향력이 사라진 이후에도 사라진 왕조의 후손의 이름을 부르며 혁신을 주장했던 시도가 수차례 있었다. 그들은 이 왕조가 유일하게 칼리파의 정통 후손이 될 자격이 있다고 주장한다. 심지어 그들은 이 왕조의 선조들의 이름을 후손들에게 명명할 정도였다. 만약 그들이 선조에 대해 단 한번이라도 의구심을 품었다면 이 왕조를 지지하는데 수반된 위험을 모면할 수도 있었을 것이다. 그러므로 그런 혁신의 주체는 자신이 옳다고 생각하는 한 자신의 일에 거짓이나 사기를 치지 않고 자신이 추구하는 쇄신에 의구심을 품지 않으며 거짓을 행하지 않는 것이다.

놀라운 주장은 판관이자 무타칼리문[46] 셰이크인 아부 바크르 알바낄라니가 한편으로 치우친 주장을 믿고 근거가 부족한 견해를 편다는 것이다. 그런데 만약 그가 이런 견해를 보이는 까닭이 이슬람교를 배신하는 것이고 라피디야[47]에 깊숙이 뿌리를 두고 있는 것이라면, 성녕 ㅗ런 연유에서 비롯된 것이라면 우바이드가의 파티마 왕조의 정통성을 주장하는 그들의 주장은 명분이 없다. 그들의 불신 문제와 관련하여 알라 앞에서는 아

---

46  이슬람 신학자. 연설, 변증법 혹은 알라의 말씀을 연구한다는 의미의 '칼람'을 하는 이들을 말한다.
47  알리의 후손만이 칼리파가 되어야 한다는 극단주의파.

무 소용없는 그들의 후손만이 칼리파 직위를 획득해야 한다는 주장도 명분이 없다. 따라서 이미 알라께서 노아에게 그 아들과 관련하여[48] 이렇게 언급했다. "그는 선행을 행하지 아니하니 그대의 가족 가운데 있지 아니하니라. 그대가 알지 못하는 것으로 내게 구하지 마라."[49] 또한 예언자 무함마드*께서는 파티마에게 "오 파티마야. 깨우쳐라! 나는 알라 앞에서는 네게 도움이 되지 못할 것이다"라고 말했다.

한 사람이 어떤 문제를 알았을 때 혹은 어떤 일에 확신을 지닐 때는 반드시 그 일을 극복해야 한다. 알라는 진리를 말씀하셨다. 그분은 옳은 길로 인도하신다. 그들(우바이드가의 파티마 왕조의 사람들)은 여러 왕국이 그들에 대해 관여하는 입장에 놓여 있었다. 그들은 파티마 왕조의 정통성을 주장하는 이들의 세력이 확산되는 것을 염려하는 주변의 억압적인 관찰 하에 있었다. 따라서 그들의 탈주는 여러 차례 반복되었고, 그들의 지도자는 은신처에 숨어버렸다. 그러므로 거의 그들을 알아볼 수 없었다. 한 시인은 이렇게 노래했다.

> 만약 그대가 어느 날 내 이름이 무엇인가 묻더라도
> 그대는 모를 것이다.
> 내가 어디 있는지 묻더라도
> 그들은 내가 있는 장소를 모를 것이다.

심지어 우바이드 알라 알마흐디의 선조이자 이맘 이스마일의 아들이었던 무함마드는 '숨은 이맘'[50]이라고 명명될 정도였다. 그의 추종자들은 그가 해하려는 자들로부터 도망쳐 숨었다는 사실에 동의한 바 있기 때문

---

48  노아의 아들 가나안은 불신자였다.
49  코란 11장 46절.
50  제3부 27장 이맘위의 문제에 관한 시아파의 이론 참조.

에 그런 명명이 가능했다. 따라서 압바스 왕조의 추종자들은 그들(우바이드가의 파티마 왕조)의 가계를 비난할 때 이런 사실을 지적했다. 압바스 왕조의 추종자들은 나약한 압바스 왕조의 칼리파들에게 알리의 자손인 우바이드가의 파티마 왕조야말로 가짜라는 견해를 제시하면서 아첨을 떨었다. 그리고 압바스 왕가는 이런 견해에 흡족해 했다. 또한 적들과의 전쟁에서 실권을 쥐고 있는 왕자들은 그런 견해를 명분으로 내세워 자신과 왕조의 군주를 방어했다. 실상 그들의 군주는 쿠타미의 베르베르족이 우바이드가의 주장에 동의하여 압바스 왕조로부터 시리아, 이집트 및 히자즈 지역을 강탈했을 때 그들과 맞서 싸우고 저항하는데 역부족이었고 수치스러운 존재였다. 심지어 바그다드의 판관들도 우바이드가의 파티마 왕조가 알리의 자손가문이라는 주장을 부정한다고 공식적으로 표명했다. 사회 지도급 인사들이 주도한 이 표명에 참여한 자 중에는 샤리프 알라디와 그의 동생 쿠르타다와 이븐 알바뜨하위가 있었고 학자로는 아부 하미드 알이스파라야니와 꾸드리, 싸이마리 그리고 이븐 알아크파니, 아비 와르디 그리고 시아파 법학자 아부 압둘라 븐 알누으만이 있었다. 그 밖에도 바그다드의 지도층이 있었다. 이 일은 까디르의 시절인 460년의 일이다. 당시 그들의 표명은 바그다드에서 사람들 간에 회자하던 것을 듣고 그것에 근거하여 이루어졌다. 그런 표명에 참여한 이들 대부분은 우바이드가의 파티마 왕조 가계를 비방하던 압바스 왕조의 추종자들이었다. 이후 정보를 전달하는 자들은 들은 대로 이 일을 후세에 전달했고 진실은 그 이면에 존재했다. 까이라완의 아글랍가家와 시질마사의 미드라르가家에게 보낸 무으타디드가家의 편지는 우바이달라에 대한 염려가 주 내용이었고, 우바이드가家는 파티마 왕조의 알리 혈통의 정확성에 대해 가장 신뢰성이 있고 명백한 증거라는 것이다. 따라서 무으타디드가야 말로 모든 방면에서 예언자 무함마드 가문의 족보를 가장 잘 알고 보존하고 있다고 할 수 있다.

왕조와 정부는 다양한 학문과 기술이 만든 것을 모아 놓은 세상의 시장이다. 부유浮遊하는 지혜가 등장하고 산더미처럼 많은 이야기와 정보들이 들끓는다. 이런 시장에서 잘 팔리는 것은 다른 곳에서도 잘 팔린다. 따라서 기존의 왕조가 불의, 편견, 나약한 이성, 헛소리 등을 멀리하고 단호하게 옳은 길만 걷는다면 그 시장에는 순금이나 순은 같은 것이 등장한다. 그러나 만약 그 왕조가 이기적인 목적과 질투심에 눈이 멀거나 잔혹하고 불의에 찬 거간꾼들에 의해 움직인다면 값어치 없는 싸구려나 불량금속과 같은 것들이 등장할 것이다. 그러므로 안목을 지닌 비평가들은 잘 살피고 선별하여 주위를 둘러보고 제대로 된 판단을 내려야 할 것이다. 이와 비슷한 이야기이면서 사실 더 심각한 이야기가 있는데 그것은 마그립의 가장 왼쪽 지역에서 아버지의 대를 이어 이맘이 되었던 이드리스 븐 이드리스 븐 압둘라 븐 하산 븐 알하산 븐 알리 븐 아부 딸립에 대해 알리의 혈통임을 의심하고 공격하는 이들이 쑥덕거렸던 일이다. 그들은 부친 이드리스의 사후에 유복자인 아들에 대해 시기와 질투에 찬 악의적 추측을 유포했다. 즉, 그가 가문의 마왈리인 라시드의 아들이라는 것이다. 알라께서 그들에게 벌을 내리고 추방하실 것이다. 그들은 얼마나 어리석은 자들인가? 그들은 이드리스가 베르베르 여인과 혼인하여 마그립에 입성부터 임종까지 사막에서 거주했다고 주장하는데, 사막생활에서 그런 일이 있었다 한들 절대 은폐될 수 없다는 것을 알아야 한다. 그곳에는 조금이라도 미심쩍은 일이 성립될 은밀한 장소가 없다. 집들은 나지막하고 경계가 없어서 그곳 여인들은 이웃집에서 볼 수 있는 시야 내에 있었고 또 이웃에서 들을 수 있는 범위 내에서 생활했다. 더욱이 라시드는 주군의 사망 이후에 이드리스 가문의 웃어른들과 추종자들의 추천으로 여성들을 돌보는 직무를 맡았다. 마그립의 베르베르족들은 대개가 아버지 이드리스의 사망 이후 그의 아들 이드리스에게 충성을 맹세한 바 있다. 그들은 자발적으로 아들 이드리스에게 복종했고 그를 위해 죽음을 마다하지 않을 것과 적군의 침공 시에는 그를 위해 죽음의 바다에 뛰어들 것을 맹세했다. 만약 그들에게 이런 미심쩍은 사건이 일어났거나, 그들이 그런 소문이라도 들었다면 혹은 비밀스런 적이나 의심스러운 위선자들로부터라도 이런 말을 들었다면 그들 중 누구라도 용납하지 않았을 것이다. 맹세컨대 이런 주장은 이드리스 가문의 적인 압바스 왕조와 이드리스 가문의 용병이었던 아글랍 왕조[51]에서 지어낸 것이다. 그들은 바로 이프리끼야에 있던 관리들이다. 아버지 이드리스가 발크 전투 이후 마그립으로 도주했을 때 하디는 이미 아글랍 왕조에게 이드리스를 찾아내서 감시하라고 명한 바 있다. 그러나 그들은 이드리스를 잡지 못했고 결과적으로 그는 마그립으로 도망갈 수 있었다. 그곳에서 그는 입지를 굳혔고 자신의 주장을 펼쳤다. 이후 압바스 왕조의 라시드는 그 왕조의 가신이며 알렉산드리아의 총독이었던 와디흐가 시아파를 후원하고 자신을 배반한 채 이드리스를 마그립으로 피신시키는 일을 주도했다는 사실을 알게 되었다. 그 결과 라시드는 와디흐를 죽였고 부친의 마왈리이었던 샤마크에게 이드리스 살해 계획을 주문했다. 샤마크는 이드리스 측에 가담하고 자신의 주군 왕조였던 압바스 왕조와 결별하는 행보를 보였다. 이드리스는 그를 포용했고 늘 그와 함께 할 정도로 가까이 지냈다. 샤마크는 그와 단 둘이 있게 되자 그를 독살했다. 압바스 왕조에서는 이드리스의 사망 소식을 듣고 반색을 표했다. 그 이유는 라시드가 이드리스의 죽음으로 인해 마그립에서 알라위파[52]의 주장이 더 이상 발전하지 못하고 알라위파의 뿌리가 근절되기를 간절히 희망했기 때문이다. 그런데 사망한 이드리스가 유복자를 남겼다는 소식이 들리자 그들은 다시 희망이 사라지는 예감을 받았다. 알라위

---

51    튀니지와 동부 알제리, 즉 이프리끼야 지방을 지배했던 왕조(800~909).

52    시리아에 거주하는 시아파의 소수 종파이다. 함단 알하사비(968년 사망)가 만들었고 그 당시 알라위파는 알렙포에서 큰 영향력을 행사하고 있었다. 시아파의 몰락과 함께 운명을 했다.

파의 주장은 이미 그 지역에서 보편적으로 수용되었고 시아파는 등장하여 자리 잡았으며 그 왕조는 이드리스의 아들인 이드리스를 중심으로 쇄신을 꾀하게 되었다. 이런 사실은 압바스 왕조에게는 가장 큰 타격이었다. 결국 실패와 노쇠라는 두 가지 요소는 아랍 왕조로 하여금 그렇게 먼 지역을 통치하고픈 야욕을 포기하도록 했다. 라시드가 마그립에서 자리를 잡고 베르베르족을 통치했던 이드리스 1세에 대해 할 수 있었던 것은 책략으로 그를 독살하는 것뿐이었다. 그래서 그들은 이프리끼야에 있던 그들의 가신이자 해당 지역의 토후였던 아글랍가*에 도움을 구했다. 이는 이드리스가*로부터 비롯된 틈을 메우고 그들이 압바스 왕조에게 끼친 병폐를 종식시켜 그들이 더 이상 뿌리를 깊이 내리기 전에 근절하라는 내용이었다. 칼리파 마으문과 그 이후의 칼리파들은 이런 내용의 서신을 아글랍가에 전했다. 그러나 아글랍가는 마그립의 베르베르족을 통치하기에는 힘에 부쳤다. 또한 아글랍가는 자신들의 지도자가 우선 필요했다. 왜냐하면 비아랍계 권력은 칼리파제에 일격을 가했고, 그들은 칼리파제를 통제하는 말 잔등에 바람같이 올라타고 있는 상태였으며 압바스 제국의 인사문제, 세금, 법률 등을 폐기하고자 그들의 목적을 세우고 칼리파제에 영향을 미치고 있었기 때문이다. 압바스 시대의 한 시인은 이를 다음과 같이 노래했다.

> 칼리파는 새장에 들어 있네.
> 와시프와 부가 사이에서
> 그 두 사람이 그에게 말하는 것만 말하네.
> 마치 앵무새 마냥

그런 까닭에 아글랍의 토후들은 발생할 지도 모를 중상모략의 소요 사태를 두려워했고 변명을 늘어놓았다. 때로는 마그립과 그곳의 백성들을 얕잡아 보았으며 때로는 이드리스의 탈주와 그의 후손이 그 자리를 계승한다는 것에 공포심을 느끼기도 했다. 그들은 이드리스가 국경을 넘었다는 소식을 압바스 왕조에 전했다. 그들은 상납용 공물과 선물 그리고 고액의 세금을 내는데 이드리스가 그려진 동전을 활용했다. 즉, 그들은 압바스 왕조에게 이드리스의 위력이 대단함을 보여주고 그가 지닌 가시의 날카로움을 부각시켜 겁을 주며 이드리스의 권력에 대응할 때의 상황을 과장하고 결국 그에게서 안식처를 찾을 수밖에 없다는 주장을 하면서 은근히 협박했다. 때로는 이드리스의 가계가 위조된 것이라고 했던 것처럼 그의 족보를 비방하기도 했는데 그들은 그것이 진실인지 아니면 거짓인지를 생각하지도 않은 채 이 사안을 가볍게 다루었다. 왜냐하면 바그다드는 너무 멀었고, 압바스 왕조의 자손이나 그들의 비아랍인 노예처럼 이성적 판단이 모자랐고 귀가 얇아 누구의 말이라도 수용했기 때문이다. 그들의 이런 끈질긴 태도는 아글랍가의 종말이 올 때까지 지속되었다. 이드리스 가계에 대한 불명예스러운 말들은 시끄럽게 울려댔다. 비방자들 중 일부는 이런 말에 귀 기울였는데, 그 이유는 경쟁할 일이 생겼을 때 상대를 이기기 위한 구실로 이런 말을 쓸 수 있다고 생각했기 때문이다. 알라께서 그들을 추한 자로 만들었으니 샤리아[53]의 의도에서 이탈한 그자들에게 과연 무엇이 남아 있겠는가? 그들은 실제로 일어난 일과 사람들의 생각으로 추정해낸 것의 차이를 구별하지 못했다. 이드리스는 아버지의 침대 위에서 태어났다. 그 아이는 바로 그 침대의 소유자이다. 예언자 무함마드*의 후손들은 이런 부노녁한 일이 신심 깊은 무슬림의 상녕과는 거리가 먼 일이라고 했다. 왜냐하면 알라께서는 그들의 모든 더러움을 제거하고 깨끗하게 정화시켰기 때문이다. 이드리스의 침대는 불결함이 제거된 순결한 것이었고, 한 치의 오염도 없는 것이었다. 이는 모두 코란에 근거하고 있다. 따라서 이에 위배

---

53  계시된 이슬람 성법으로 코란과 순나를 바탕으로 한다.

되는 것을 믿는 자는 자신의 죄를 고백하는 것이며 현재 있는 곳에서 불신의 문으로 들어가는 것이다. 사실 나는 이드리스와 관련된 의심을 막고 시기를 방어하기 위해 이런 반응을 보이는데 적잖은 과장을 했다. 이는 내가 그들에게 적대심을 보이는 이로부터 직접 그들의 가계에 대한 흉문을 들었기 때문이다. 그이는 무함마드가*의 후손으로부터 등을 돌리고 그들의 가계에 의심을 품은 마그립의 일부 역사가들이 주장하는 것을 전달했다. 진정 이드리스가*의 진실은 그런 불명예와는 거리가 멀고 그런 결점과는 무관하다. 그러나 이러 저러한 논란은 분명 존재했다. 나는 진정으로 바라건대, 그런 논란을 일삼는 자들이 최후 심판의 날 나와 토론하길 바란다. 사실 그들의 가계를 비난하는 사람들 다수는 이드리스의 후손이 무함마드의 가계에 포함되는 것을 시기한 것이라는 사실을 인지해야 한다. 이런 고귀한 가계에 후손이라고 주장하는 것은 모든 지역의 민족과 세대에 걸쳐 고귀한 가문임을 말한다. 그러므로 의심이 있을 수도 있다. 이드리스 후손의 가계는 페스와 마그립 도처의 주민들에게 알려져 있었고, 이드리스가의 명성은 그 누구도 도달할 수 없는 정도였다. 그 이유는 선조로부터 민족과 종족을 계승했기 때문이다. 페스의 창건자인 그들의 선조 이드리스의 집은 바로 그들의 집들과 이웃해 있고, 그의 모스크는 그들의 진영과 골목에 접해 있고, 그의 칼은 위대한 모스크의 미나레[54] 위 부분에 꽂혀 있다. 이뿐만 아니라 그의 영향력은 대단해서 수차례에 걸쳐 그에 대한 소식만으로도 극도의 긴장감이 조성되었다. 따라서 이 가계의 후손은 알라께서 그들을 선호했으며 마그립에 거주했던 그들의 선조가 지닌 고매한 왕권과 선지자적인 명예를 도와주셨다고 생각했다. 이드리스 가계는 그런 추측과는 거리가 멀었고 이드리스 후손 중 누구도 그런 일에 연관되지 않았음에도 사도 무함마드*의 가계에 대해 이렇듯 불손한 억측을 전개한 이유는 비방

---

54  모스크에 부속된 탑으로 이곳에서 하루 다섯 번 기도 시간을 알려준다. 멀리서도 모스크를 쉽게 찾을 수 있게 하는 '이슬람의 상징물'로 간주된다.

을 일삼는 그들의 가계가 이드리스 가계처럼 알라께서 선택하셨다는 명백한 증거를 지니지 못했기 때문이고 시기심이 발동한 것이다. 사람들은 자신의 가계를 신뢰하지만 지식, 생각, 확신, 전달의 체계에는 차이가 있기 때문이다. 사람들이 이런 사실을 알게 되면 입맛을 다시게 된다. 만약 사람들이 그들의 고귀함을 의심하는 일에 반응을 보였다면 그것은 그들 자신이 오합지졸이고 시기심에 사로잡힌 하층민이었기 때문일 것이다. 그러므로 사람들은 가능성을 지니고 있는 생각, 거짓말, 떠도는 비방에 집착하게 된다. 그런데 이 일은 그들 자신에게도 잘못을 가져다주는 것이다. 마그립에는 후세인 가문 출신의 이드리스 후손이라는 것이 확실하게 입증되는 소위 우리가 고귀한 가문이라고 알고 있는 가문이 없다. 현존하는 그들 중 큰 세력은 야흐야 알하우티미 븐 무함마드 야흐야 알와탐 븐 알까심 븐 이드리스 븐 이드리스의 후손으로 페스에 정착한 이므란의 후손들이 있다. 바로 그들은 그곳에서 일가의 지도자이고 그들의 할아버지격인 이드리스의 집에서 살고 있다. 고매한 알라께서 원하신다면 이드리스 가문에 대해 우리가 언급하는 것에 따라 그들에게는 마그립 백성들에 관한 전통적인 통치권이 있다.

마그립 법학자들의 빈약한 주장은 이런 악의적인 말에 덧붙여 무와히둔 왕조의 군주 이맘 마흐디를 비방했는데, 그가 요술과 눈속임으로 술수를 부린다는 것이다. 특히 그가 신의 유일성을 주장하고 앞선 세대의 인물들을 비난한 점을 들었다. 사람들은 이 사안과 관련된 그의 주장을 모두 거짓이라고 했고 심지어 그가 무함마드의 가문 출신이라는 것도 단지 그의 주장일 뿐이라고 떠들었다. 사실 마그립의 법학자들이 그를 공격한 것은 내면에 감추어둔 시기심 때문이다. 그들은 자신들이 학문과 파트와 그리고 종교에 있어서 그와 견줄 만한 반대세력이라고 생각했다. 하지만 이후 그는 그들을 능가했고, 그의 견해는 수용되었으며 사람들은 그에게 귀 기울였고 점차 추종세력이 많아졌다. 법학자들은 그를 시기했다. 그의 주장을 거짓이라 하고 그의 이론을 불명예스럽게 함으로써 그에 대한 분노를 표현했다. 그들은 마흐디의 적인 람투나 왕가에서 존경받았다. 그 왕조는 지식을 전달하는 자에게 명망을 허락하고 슈라[55]의 일원으로 임명했기 때문이다. 그 왕조의 전역에 학자들의 영향력이 미쳤다. 그들은 이런 이유로 왕조의 추종자가 되었고 왕조의 적을 상대로 전쟁을 치렀다. 따라서 그들은 자신들의 칼리파에게 비난을 퍼붓고 적대감을 보인 마흐디에 대해 적개심을 보인 반면 람투나를 추종하고 그들 국가의 아싸비야[56]를 추종했다. 그러나 마흐디는 그들에게 동조하지 않았고 그들의 신념에 동의하지도 않았다. 왕조의 백성에게 적개심을 보이고 그 왕조의 법학자들이 보인 판단에 견해를 달리했던 그 사람에 대해 당신들은 어떤 생각을 하는가? 그는 자신의 백성들에게 그들에 대항하는 성전을 촉구했다. 결과적으로 그는 왕조를 뿌리 채 뽑았고 고위층을 하층민으로 만들어버렸다. 당시 그의 권력은 무소불위였고 용기는 충만했으며 추종자는 최대한 보호했다. 그러나 그를 따르던 추종자들 중에 셀 수 없이 많은 사람들이 전투에서 희생되었다. 추종자들은 그에게 목숨을 바칠 것을 맹세했다. 그들은 그를 죽음으로부터 보호하려고 자신을 희생했다. 그들은 마흐디의 주장을 부각시킬 의도로 자신의 목숨을 희생하는 것이 지고하신 알라 가까이 가는 것이라고 했다. 결국 마흐디는 권력을 장악했고, 그 왕조의 두 해변[57]을 점령했다. 그는 억제와 금욕을 행했고 역겨움을 참아내며 세상사로부터 마음을 비운 상태였다. 결국 사망할 때까지 그는 이 세상의 행운

---

55 상담이나 자문을 하는 모임이다. 코란과 예언자 무함마드는 무슬림들에게 중요사안을 결정할 때 영향력이 있는 자들과 상담하도록 권고하였다. '슈라'는 코란에서 칭송할 만한 행위와 관련 세 번 언급되었다. '슈라'는 이슬람 국가에서 정부정책 결정을 위한 위원회이기도 하다.

56 al-'aṣabiyyah는 아랍어로 '부족주의', '연대의식'을 뜻한다. 이븐 칼둔은 본서에서 아싸비야를 왕조의 성립에 가장 중요한 요소로 간주하고 이를 통해 북아프리카 왕조들의 흥망성쇠를 설명했다. 『무깟디마』의 가장 중요한 키워드로 간주된다.

57 현 아프리카의 북서쪽과 스페인을 지칭한다.

과 기쁨이라고는 맛보지 않았다. 사람들이 의지했을 법한 후손도 없었다. 나는 알고 싶을 뿐이다. 그가 의도했던 바가 알라의 뜻이 아니었는지? 그래서 그는 일생 동안 이 세상의 행복을 누리지 못했었는지? 만약 그의 의도가 옳지 않은 것이었더라면 그의 일은 완성되지 못했을 것이고 그의 주장은 달성되지 못했을 것이다. 이것이 알라께서 자신의 종들에게 적용하신 율법이다.[58]

그의 가계가 무함마드의 후손이 아니라고 주장하는 그들의 주장은 근거가 없다. 설혹 그가 무함마드의 후손이라고 사칭했다할지라도 그런 비방을 무효로 할 만한 어떤 증거도 없다. 왜냐하면 사람들은 그들의 가계를 신뢰하기 때문이다. 심지어 그들은 지도자의 능력이 그의 부족에게만 존재한다고 말한다. 이 책의 제1부에서 밝힌 바에 따르면 이 말은 옳다. 마흐디는 마쓰무다의 지도자였고 그의 백성들은 그를 따르고 복종했다. 그들은 마흐디와 그의 부족이 지닌 아싸비야에 복종한 것이다. 그는 알라의 명으로 간주되었던 포교를 끝마쳤다. 그러니 여러분은 명심해야 할 것이다. 마흐디의 권력은 단지 파티마의 가계에만 의존한 것은 아니고 사람들은 그런 이유로만 그를 따른 것은 아니었다. 그들이 그를 추종한 것은 하르그와 마쓰무다 부족의 아싸비야 때문이며 그런 아싸비야 내에서 그의 지위는 매우 공고했다. 사람들이 그토록 연구를 했건만 파티마가의 가계는 불분명하다. 마흐디와 그의 부족들에게는 아직도 파티마의 가계가 살아 있고 전통으로 남아 있다. 파티마가의 제1대 선조는 도망쳤고, 하르그와 마쓰무다 부족의 옷을 입고 등장했다. 마흐디가 파티마가의 후손이라는 그의 주장은 아싸비야에 해를 끼치지 않았다. 왜냐하면 이런 사실은 부족민에게 알려지지 않았기 때문이다. 이렇게 해서 많은 일이 발생했고, 제1대 선조는 감춰져 있다.

---

58   코란 40장 86절.

바질라[59]의 지도자 중 아르파자와 자리르의 이야기를 보라. 어떻게 아르드 출신인 아르파자가 바질라 부족의 일원이 되었는지? 심지어 우마르 시절 그들의 지도자였던 자리르와 경합을 벌이기까지 했는지? 여러분은 알라를 위해서 이런 일을 이해해야 한다. 알라께서는 옳은 길로 인도하신다.

이런 실수에 관해 오랜 논의를 하느라 이 책의 본래 목적에서 벗어난 감이 있지만 정확한 지식을 지니고 있는 사람들이나 역사학자들 중 상당수가 이런 이야기나 주장을 수용하고 또 잘못된 곳에서 발을 빼지 못하는 것이 사실이다. 더욱이 생각이 짧고 유추의 능력이 부족한 사람은 이런 실수를 배우고 따라 하기도 한다. 이런 사람들은 연구나 검토를 하지 않고 액면 그대로 수용하는 까닭에 엉뚱한 이야기가 글에 끼어들게 된다. 결국 역사학은 황당하고 혼란스러운 것이 될 정도이니 역사학을 관찰하는 자는 혼란스럽게 되고 역사학을 일반적인 측면으로 간주하게 된다.

이 시대의 역사학자들은 정치원리, 사물의 성질, 민족, 지역, 시대에 따라 그 생활방식, 성품, 관습, 교파, 학파, 주요 상황 등이 어떻게 변화하는가를 숙지해야 한다. 그리고 오늘날의 상황도 포괄적으로 숙지해야 한다. 역사학자는 과거와 현재 사이의 유사성과 차이점을 비교하고 어떤 상황에서 유사함과 차이가 발생하는지 그리고 그 원인은 무엇인지 알아야 한다. 더불어 역사학자는 왕조와 종교의 기원과 그 등장의 원리, 이유, 그 존재의 주장, 이 모든 것을 지탱했던 사람들의 상황과 역사를 제대로 인식해야 한다. 각각의 사건이 발생한 이유에 대해 지식으로 완벽하게 무장하고 각 사안의 기원을 인식할 수 있는 정도가 되어야 한다. 그 이후의 단계는 자신이 알고 있는 원칙과 근거에 따라 전승되어온 기록이나 보고를 면밀히 검토하고 조사해야 한다. 만약 그런 기록이나 보고가 역사학자 스스로 정한 요구들을 모두 충족시키면 그것은 옳은 것이라 할 수 있지만 그

---

59 예멘의 부족.

렇지 않다면 역사학자는 이를 그른 것으로 간주하고 과감히 버려야 한다.

　바로 이런 이유로 고대인들은 역사학을 높이 평가했고 따바리나 부카리 혹은 그 이전의 학자인 이븐 이스하끄[60]와 그 밖의 종교학자들이 역사학의 가치를 인정하고 수용한 것이다. 하지만 대다수 역사학자들은 역사학의 비밀이라 할 수 있는 바로 이 점을 망각했고 결과적으로 현재의 역사학은 그런 지위를 지니지 못하게 되었다. 확고한 지식이 없는 역사학자는 물론이거니와 일반인들도 역사를 공부하고 역사에서 지식을 얻는 것은 쉽고 간단한 일이라고 생각하게 되었다. 결과적으로 떠돌이 가축이 양 떼에 섞이게 되었고, 껍질이 속살과 섞이게 되었으며, 거짓이 진실에 섞이게 되었다. 최후의 결과는 알라께 달려있다.

　역사학의 감춰진 함정은 민족과 종족의 상황이 시대와 시간에 따라 변화하는데서 비롯된다는 사실을 간과하는 일이다. 이는 철저히 은폐된 병이라서 오랜 시간이 지난 뒤에야 나타나고 몇몇 사람을 제외하고는 이를 인지하지 못한다. 세상과 민족, 관습, 교파 등의 상황은 항상 하나의 형태로 고정되거나 항구적인 방식으로 지속되지 않는다. 이런 진리는 개인, 시대, 도시에서도 마찬가지이고 지역, 지방, 시대와 왕조도 역시 마찬가지이다. "이것이 알라의 율법으로 그분의 종들에게 행하셨던 것이다."[61] 고대 페르시아인, 시리아인, 나바뜨인, 툽바인, 이스라엘인, 콥트인 등은 과거에 실존 민족들이다. 그들은 왕조체제 · 지방행정 · 정치 · 기술 · 언어 · 전문용어 · 종족의 후손과 동참하는 방법에 있어 자신들만의 특별한 조건에 따랐다. 그들이 전 세계에 남긴 역사적 유적이 이 섬을 입증하고 있다. 그들은 후대의 페르시아인, 비잔틴인, 아랍인에 의해서 계승되었다. 옛날의 조건들은 변화했고 이전의 관습은 유사한 것이 되기도 하였으며 어떤 것은 분명히 차이가 있거나 완전히 다른 것이 되기도 했다. 그리고 이슬람이 출

---

60　767년 사망, 예언자 무함마드의 전기를 집필한 학자.
61　코란 40장 85절.

현했다. 모든 조건은 새로운 환경에 처했고 이는 한 세대에서 다음 세대로 전달되어 오늘날 우리에게도 익숙한 형태를 취하게 되었다. 그 이후 아랍 왕조와 아랍인의 시대는 종말을 고했다. 아랍인의 힘을 모아 아랍 왕국을 건설했던 초기의 아랍 세대는 사라져 버렸다. 마슈리끄에서는 투르크인과 같은 비아랍계 민족, 마그립에서는 베르베르인, 북방에서는 유럽 기독교도가 권력을 장악했다. 그들이 사라지면서 민족 전체도 사라졌고 과거의 조건과 관습도 변화했다. 그들은 망각의 대상이 되었다.

조건과 관습이 변화한 가장 큰 이유는 종족의 관습이 군주의 관습을 추종하기 때문이다. 지혜로운 말씀은 이렇게 전한다. "백성은 군주의 종교를 따른다." 권력을 소유한 자가 현재의 왕조를 장악하면 그들은 전 왕조의 관습을 따르고 대부분의 관습과 체계를 취한다. 그러나 자신들의 종족이 지니고 있는 관습도 완전히 무시할 수는 없다. 따라서 신왕조와 구왕조의 관습에 약간 차이가 있다. 이후 다른 왕조가 들어서면 왕조의 관습은 신왕조의 관습과 혼합되고 또 다른 차이를 낳는다. 이때 신왕조와 이전의 왕조 사이의 차이는 첫 번째 왕조와 두 번째 왕조 사이의 차이보다 더 크게 된다. 이런 방식으로 차이는 점점 더 커지고 결국 완전히 다른 관습과 조건이 생긴다. 다양한 민족과 종족들이 왕권과 정부를 계승하는 일이 계속되기 때문에 관습과 조건의 변화는 계속될 것이다.

유추와 모방은 인간의 자질이지만 그 폐해는 당혹스러운 일을 만들 수도 있고 원래의 의도를 잊어버릴 수도 있으며 본래의 뜻에서 멀어질 수도 있다. 실수가 없을 수는 없다. 그러므로 과거의 역사에 대해 많이 공부한 사람도 시대의 흐름에 따라서 상황의 변화를 인지하지 못할 수 있다. 그는 자신이 알고 있는 것을 최우선으로 역사적 자료에 적용하고 직접 관찰하고 얻은 기준에 따라 판단한다. 그러나 실제 둘의 차이는 크기 때문에 실수하게 된다.

이에 관해서는 역사가들이 핫자즈에 대해 전한 것을 보면 알 수 있다.

그의 아버지는 교사였다. 오늘날 교육은 생계를 위한 기술 중 하나이고 자부심과는 거리가 멀다. 교사는 약하고 불쌍하고 뿌리가 단절된 자다. 생계 때문에 일하는 많은 기술자들이 자신과 어울리지 않는 지위를 갈망하고 그것이 가능하다고 믿는다. 그러나 그들은 자신의 욕망으로 자멸한다. 그들이 붙들고 있던 줄이 끊어지면 파멸의 나락으로 떨어질 수도 있다. 그들은 자신의 바람이 불가능하다는 것을 모를 뿐 아니라 자신은 생계를 해결하기 위해 일하는 기술자이고 직업인이라는 사실을 알지 못한다. 그들은 이슬람 초기, 우마이야 조와 압바스 조까지만 해도 '가르친다는 일'이 현재의 위치와 달랐다는 것을 알지 못한다. 그 시대에 학문은 기술이 아니었다. 학문은 사람들에게 거리에서 들은 바를 전달하는 것이었고 종교와 관련된 문제를 말로 전하는 방식으로 가르치는 것이었다. 따라서 고귀한 가문의 사람들, 아싸비야를 공유하고 이슬람의 가르침을 관장하는 사람들이 코란과 순나를 가르쳤고 학문은 그런 정보를 전승해주는 것이지 결코 기술적인 교육이 아니었다. 코란은 무슬림들의 경전이었고 예언자*에게 계시된 것이었다. 코란은 그들의 안내자였고 이슬람은 그들의 종교였고 그들은 이슬람을 위해 투쟁하고 전사했다. 그들은 여러 민족 가운데 이슬람에 정통했고 스스로 명예로워졌다. 그들은 사람들을 이슬람에 도달하게 하고, 이슬람 공동체 움마를 위해 이슬람을 이해하려 했다. 그들을 비난하는 이들도 그들을 막지 못했다. 따라서 이런 사실은 예언자*가 교우 중 가장 중요한 인물들을 아랍인 대표단과 함께 파견해 이슬람의 경계외 종교법 중에 자신을 통해 계시된 것을 그들에게 가르치도록 했다는 것으로 알 수 있다. 그는 처음에 열 명의 교우를 보냈고 또 다른 사람들도 보냈다. 이슬람이 확고하게 정착되었을 때 종교사회의 뿌리도 고착되었다. 그래서 멀리 있는 민족들도 무슬림의 손에 의해 이슬람에 귀의하게 되었다. 시간이 흘렀고 이슬람사회의 상황은 변했다. 수많은 사건이 있었고 이에 따른 파트와가 코란과 순나를 근거로 생겼다. 그런 규범은 사람들이 잘못을 범하지 않도록 하기 위해 필요했다. 그리고 학문은 학습을 필요로 하는 습관이 되었다. 이제 학문은 기술과 직업으로 발전하게 되었다. 이에 대한 논의는 제6부 제2장 학문과 교육부분에서 언급할 것인데 아싸비야와 왕권을 소유했던 사람들은 이제 통치와 권력에 주력하게 되었고, 학문의 전달자는 다른 사람들이 하게 되었다. 따라서 학문은 생계를 해결하기 위한 하나의 직업이 되었고 권세가나 부자는 더 이상 학문이나 교육을 하지 않게 되었다. 이제 교육은 위약한 사람들의 직업이 되었고 교육자는 통치자와 부자들이 하찮게 보는 위치에 처하게 되었다. 핫자즈 븐 유수프의 아버지는 싸끼프 부족의 귀족 출신으로 그 부족은 아랍인의 아싸비야를 소유했고 꾸라이시 부족에 필적할 정도의 명예를 지녔다. 핫자즈가 당시 코란을 가르친 것은 오늘날 생계를 위해 '가르치는 것'과는 차원이 다르다. 그것은 언급했던 것처럼 이슬람 초기의 '교육'이었다.

이런 오류 중에는 비판적인 사람이 역사서를 읽으면서 허황된 생각을 하는 경우도 있다. 독자들은 판관이 전쟁에서 군대를 지휘하는 것을 읽으면서 자신도 그런 판관이 되고 싶다고 생각한다. 아마도 그 이유는 이 시대의 판관의 지위가 과거의 판관과 비슷하다고 생각하기 때문일 것이다. 그들은 스페인의 군주 히샴을 통치했던 이븐 아부 아미르와 세비야의 군주였던 이븐 압바드를 생각할 때, 그들의 아버지가 판관이었다는 말을 들으면 그 직위가 오늘 날의 직위와 비슷한 것이라고 생각할 뿐이다. 그들은 이 책의 5부 7장 '판관' 부분에서 우리가 다루게 될 '판관'이라는 직책에 영향을 끼친 관습의 변화를 깨닫지 못한 것이다. 이븐 아부 아미르와 이븐 압바드는 스페인의 우마이야 왕조를 운영했던 아랍 부족이었고, 그들은 또 우마이야 조의 아싸비야를 지녔던 인물들이었으며 그들이 담당했던 직책의 중요성은 이미 알려졌다. 그들이 소유했던 지도력과 권력은 판관이라는 직책에서 비롯된 것이 아니다. 고대의 판관은 왕조와 가신 중에서 아싸비야를 소유한 사람에게만 허락된 직책이었고 이는 오늘날 마그립에서 재상을 임용하는 기준과 비슷하다. 고대의 판관은 군대의 원정에 동행하고 누구도 모방할 수 없는 중요한 임무를 수행해야 하므로 판관이라는 직책은 아싸비야를 소유하고 그 정신을 제대로 적용할 수 있는 인물에게만 허락되었음을 알아야 할 것이다. 사람들은 이런 이야기를 들으면 오해를 하거나 상황을 잘못 판단하기도 한다. 오늘날 스페인의 위약한 아랍인들이 그런 오류를 범하기 쉽다. 그 이유는 스페인에서 아싸비야는 오래전에 사라졌고 스페인의 아랍 왕조도 붕괴되었으며 결과적으로 스페인은 베르베르인의 아싸비야로부터 더 이상 영향을 받지 않게 되었다. 그들은 아랍인의 계보는 보호하지만, 아싸비야와 협력으로 자신들의 영광을 되살릴 능력은 오래전에 상실했다. 사실 그들은 압제의 노예가 되고 굴욕에 길들여져 수동적인 마왈리와 같이 되었다. 그들은 자신들의 가계가 왕조와 섞였고, 그것이 그들의 권력이라고 생각한다. 당신은 전문가와 기술자들 중에 권력을 획득하려고 노력하는 자를 발견한다. 그러나 부족의 상황과 아싸비야, 서부 해안의 왕조들을 잘 아는 사람들 그리고 여러 민족과 부족들 간에 권력을 장악하는 방법을 아는 사람들은 그런 오류를 범하지 않는다.

이런 종류의 오류는 역사가들이 왕조에 대해 언급할 때 왕조의 군주들을 나열하는 경우에도 발생한다. 그들은 군주의 이름, 가계, 부친, 모친, 부인, 별명, 인장, 판관, 시종, 재상들을 언급한다. 이 모든 것은 우마이야와 압바스 조의 역사가들의 전통인데 그들이 이렇게 나열하는 이유가 무엇인지는 알지 못한다. 그 당시 역사가들은 왕가를 위해 역사를 기록하고, 그 왕조의 후손들은 조상의 생애와 상황을 알고 싶어 한다. 그들은 선조의 전철을 밟고 모방하려 한다. 그래서 그들은 이전 왕조의 후손 중에 누구를 하인으로 삼았는지 또 하인과 가신의 후손에게 어떤 지위와 직위를 주었는지 등의 관습까지도 모방하려 한다. 판관은 왕조의 아싸비야를 공유했고 재상처럼 매우 중요했다. 당시의 역사가들은 이 모든 것을 기록했다. 이후 여러 왕조들이 등장했고 시대 간 거리는 더 벌어졌다. 역사를 통해 알고자 하는 대상이 군주들 개인으로 집약되었다. 왕조의 권력과 지배는 여러 왕조 간의 상호관계에 대한 관심으로 중요해졌고, 사람들은 통치권을 장악할 정도로 강한 민족과 반대의 민족들에 관해 관심을 집중했다. 그러므로 오늘날 어떤 저자가 고대 왕조의 군주와 그의 후손, 부인, 인장에 새겨진 조각, 별명, 판관, 재상, 시종에 대해서 언급하면서 그들의 근원, 가계 상황 등을 알지 못한다면 그것은 무의미한 일이다. 이런 식으로 역사를 기록한다면 그들은 선배 저자들의 의도를 무시하고 역사 기록의 목적을 망각한 것이다. 강력한 영향력으로 군주를 통치하는 실세였던 재상들에 대한 언급을 보자. 예를 들면 핫자즈, 무할랍 가문, 바르마키 가문, 사흘 븐 누바크트 가문, 카푸르 알아크시디, 이븐 아부 아미르 등을 들 수 있다. 이들의 역사적 중요성은 군주 이상이라서 그들의 생애와 상황을 기록하는 것은 중요한 일이다.

이 장을 끝내기 전에 한 가지 중요한 사실을 언급해보자. '역사는 한 시대 혹은 한 종족의 사건을 다루는 것'이라는 사실이다. 지역, 종족, 시대에 관한 전반적인 상황에 대한 서술은 역사가들의 기본이다. 역사가의 목표는 이 기본에서 출발하고 역사적 지식은 그로부터 명확성을 확보할 수 있다. 그래서 사람들은 역사가를 역사서술의 독보적인 존재로 간주하곤 한다. 마치 마스우디가 『황금 목초지와 보석광산』을 저술한 것과 같다. 마스우디는 이 책에서 동시대인 330년대[62]의 마그립과 마슈리끄의 여러 민족과 지역의 상황에 대해 언급했다. 또한 여러 교파와 관습, 지방, 산, 바다, 왕국, 왕조들을 자세히 소개하고 묘사했다. 그는 이런 소개에서 아랍인과 비아랍인 집단들을 구분해서 설명했다. 결과적으로 그의 책은 당대와 후대 역사가들의 기본서가 되었고 역사적 지식의 대부분을 검증할 수 있는

---

62  940년을 말한다. 히즈라 원년인 610년을 더한 경우다.

믿을 만한 자료가 되었다. 그의 뒤를 이어 바크리는 도로와 왕조들에 대해서만 다루었다. 그 이유는 그 당시 민족과 종족들에게 큰 변화가 없었기 때문이다. 오늘날로 말하자면 8백년 대 말[63]인데, 우리가 목도하듯이 마그립의 상황은 이미 크게 변했다. 마그립의 원주민이었던 베르베르인들은 11세기에 마그립으로 들어온 아랍인들로 교체되었고 아랍인은 베르베르인을 정복하고 그들의 토지를 장악했다. 이런 상황은 14세기 중반까지 동쪽과 서쪽의 이슬람 문명에서 계속되다가 역병이 휩쓸고 간 결과로 민족들은 황폐해졌다. 뿐만 아니라 문명의 장점들도 말끔히 지워져버렸다. 그 역병은 수명이 다해 노쇠기에 들어선 왕조들을 덮쳐 세력을 약화시켰다. 왕조의 권위는 약화되어 실제 상황은 고사 직전이었고 왕조의 붕괴 직전이었다. 인구는 감소하고 그 땅위의 문명도 쇠퇴해서 도시와 기술은 황폐되고 곳곳의 도로와 안내판도 지워지고 빈집이 속출하고 왕조와 부족들은 쇠퇴하고 거주지는 완전히 바뀌었다. 마슈리끄의 경우도 마그립처럼 역병이 창궐했다. 하지만 그 피해 정도는 문명의 발달 정도에 비례했다. 그것은 이 세상의 존재가 모호함과 위축을 부르고 또 이에 답하는 것 같았다. 알라께서는 이 땅과 그 위의 모든 이를 상속받았다. 만약 상황이 변하면 그것은 이 세상의 모든 창조가 근본적으로 바뀌고 모든 세계가 변화할 것이다. 이것은 마치 새로운 창조이자 부활이고 완전히 새로운 세상과 같은 것이다. 따라서 마스우디가 그 시대에 대해 역사서에서 기록하고 설명했던 것처럼 현재 신이 창조한 세상, 지역, 종족들의 상황, 교파들에 따라 변화된 교리와 관습에 대해 기록할 사람이 필요하다. 그리고 이것은 미래의 역사가들이 모방할 근원이 되어야 할 것이다.

　나는 이 책에서 마그립에 대해서 가능한 많은 것을 논의할 것이다. 그것이 옳은 것이건 마그립의 역사에 따라 분류된 것이건 아니면 암시적이

---

63　원문의 8백년대 말에 히즈라 원년인 610년을 더하면 1410년이 넘는다. 이븐 칼둔이 1410년 사망한 것을 고려하면 이 부분에는 오류가 있다고 보인다.

건 간에 그렇게 할 것이다. 나의 의도는 마그립을 전문적으로 다루는 데 있으므로 마그립의 종족과 민족의 상황 그리고 그곳의 왕조와 주민들을 주요 대상으로 삼을 것이다. 나는 마슈리끄와 그 민족들의 상황에 대해서는 언급하지 않을 것인데 그 이유는 내가 아는 바가 없기 때문이고 전해 받은 지식도 원하는 것을 다루기에는 부족하기 때문이다. 마스우디가 자신의 글에서 언급했듯이 마그립의 여러 지역을 여행하고 그곳에 정주하며 전체적인 그림을 제시했음에도 마그립의 전체 상황에 대해서는 논의가 충분하고 완전하다 할 수 없다. 알라야말로 모든 지식의 최종 창고이고 인간은 그저 무력하고 부족하다. 인간이 자신의 무지함을 인정하는 것은 종교적으로 분명한 의무이고 알라의 도움을 받는 자는 자신이 가야 할 길을 쉽게 찾아 그의 노력이 성공할 것이다. 이제 우리는 이 저작의 목표에 도달할 수 있도록 알라의 도움을 간원한다. 알라께서 바른 길로 인도하고 도움을 주실 것이다.

이제 이 책에 아랍어에 존재하지 않는 문자 표시 방법에 대한 언급만을 남겨두고 있다.

인간의 발화 작용은 후두에서 나오는 소리가 변화된 것임을 인지하라. 이 변화는 소리가 목젖을 두드리거나 혀의 양 측면, 입천장, 목구멍, 어금니에 부딪히고 또 입술과 접촉하면서 발생한다. 그 접촉의 다양한 방식에 의해 소리는 변한다. 결국 소리는 듣기에 따라 다른 것이 되고 마음속에 있는 것을 지시하는 단어는 소리를 조합하게 된다. 모든 민족이 말할 때 같은 소리를 내지는 않는다. 한 민족의 소리는 다른 민족의 것과 다르다. 당신이 알다시피 아랍어의 소리에는 28개의 문자가 있다. 히브리 인들은 우리의 언어에 존재하지 않는 음을 지니고 있고 반대로 우리의 언어는 그들에게 존재하지 않는 음이 있다. 마찬가지로 유럽의 기독교도, 투르크인, 베르베르인 그리고 그 밖의 비아랍인들에게도 이런 현상은 나타난다. 글을 아는 아랍인들은 들리는 음들을 표현하기 위해 개별적으로 분리된 문자를 사용하며 우리가 언급했듯이 그것은 알리프$^{'alif}$, 바$^{Ba'}$, 짐$^{Jim}$, 라$^{Ra'}$, 따 $^{Ta'}$를 포함해 28개의 문자다. 만약 자신들의 언어에 없는 음들의 경우 아예 그 표기를 무시하거나 표기한다 해도 정확성에 문제가 있다. 일부 서기들은 우리 언어를 표기할 때 일치하는 문자가 없으면 그 문자의 앞이나 뒤에 오는 것을 사용해서 표현한다. 그러나 이것은 권장할 만한 방법이 아니고 오히려 원래의 뜻을 변경시킨다. 특히 우리의 책은 베르베르인과 일부 비아랍 민족들의 역사도 다루고 있다. 그들의 이름과 지명이나 단어 중에는 우리의 글쓰기와 일반적인 문자 법에서는 찾을 수 없는 음이 있다. 그럴 때 우리는 그런 음을 표시하기 위해 특수한 표시를 사용할 수밖에 없는데 그 이유는 가장 흡사한 문자를 대신 쓰는 것은 효용면에서 권장할 만하지 않기 때문이고, 만약 그렇게 한다 해도 만족할 만한 표기가 될 수 없다고 생각하기 때문이다. 나는 이 책에서 그런 음들을 가장 가까운 두 개의 음으로 표기하였다. 그러면 독자들이 두 문자의 중간 음기를 취하고 비교적 정확한 음을 생산해낼 수 있을 것이라고 생각하기 때문이다. 내가 취한 이 방법은 코란학자들로부터 취한 것이다. 예를 들자면 칼라프가 읽은 '씨라뜨$^{al-Sirat}$'를 들 수 있다. 여기서 ṣ는 ṣ와 z의 중간으로 발음되고, ṣ라는 문자로 표기하고 그 안에 작은 글씨로 z를 표기했다. 그들은 이렇게 두 문자의 중간 음기를 취했다. 마찬가지로 나도 두 문자의 중간 음기를 사용해야 하는 경우의 문자를 이렇게 표기했다. 예를 들면 베르베르인들에게 있어 중간의 k는 우리의 k와 j 혹은 q의 중간 음이다. 만약 '불룩킨$^{Dulukkin}$'이라는 이름을 쓸 경우, k의 아래에 점을 찍어 j와의 유사성을 표시하거나 k의 위에 점을 두 개 찍어 q와의 유사성을 표시했다. 이는 나타내고자 하는 음이 k와 j 혹은 q의 중간 음이란 것을 표시하기 위해서이다. 우리에게 없는 이 음가가 베르베르어에서는 흔한 것이다. 이 밖의 경우에도 나는 이 책에서 두 발음의 중간이 되는 음을 이런 방식으로 표기했다. 이 책을 읽는 독자들은 그것이 중간 음이라는 것을 인지하고 그에 따라 발음할 수 있도록 했다. 그래서 우리는 그 음가를 충분히 표시할 수 있게 되었다. 만일 우리가 그 음가를 두 문자 중 하나로만 표기했더라면 원래 그 음의 발화지점을 우리의 언어에 있는 발화 지점으로 변화시켰을 것이다. 그러므로 잘 기억하라. 알라께서는 축복과 우수함으로 옳은 것과 함께 하신다.

# 제1권

---

## 우주의 문명은
## 자연스러운 것이다*

\*     이븐 칼둔의 『무깟디마』는 『충고의 서, 아랍인과 페르시아인과 베르베르인 그리고 동시
      대의 위대한 군주들에 관한 총체적 역사서』의 제1권으로 서문에 해당된다. 『충고의 서,
      아랍인과 페르시아인과 베르베르인 그리고 동시대의 위대한 군주들에 관한 총체적 역
      사서』는 총 7권으로 구성되어 있다.

# 권두언

# 베두인, 정주민, 정복, 획득, 생계, 기술 등이
# 문명에 미치는 영향과 그 이유

역사의 진실은 문명이라는 인간사회에 관한 정보라는 사실을 인지하라. 문명의 본질에 영향을 주는 것에는 야만성과 사회성, 아싸비야, 인간집단 상호 간 다양한 종류의 정보 등이 있다. 이러한 방식으로 출현하는 것은 왕권과 왕조들 그리고 왕권과 왕조의 여러 단계가 있다. 인간이 활동하고 노력해서 얻으려하는 것은 획득, 생계, 학문, 기술이고 문명의 본질에서 발생하는 제도도 있다. 그러나 거짓이 극한에 달하면 역사적 정보는 왜곡된다. 여기에는 피할 수 없는 이유가 있다. 첫 번째 이유는 특정 견해와 학파만을 추구하는 당파성이다. 만약 인간의 영혼이 정보를 수용할때 공평하다면 그 정보에 비판적 검증을 가해서 진실인지 허구인지를 분명히 밝힐 것이다. 그러나 편견과 특정 파벌에 치우쳐 있다면 그는 만족스러운 것만 받아들일 것이다. 편견이나 당파성은 비판적인 능력을 흐리게 하고 결과적으로 거짓을 수용하고 전달하게 만든다. 역사적인 정보에 거짓이 불가피하게 섞이는 두 번째 이유는 정보 전달자에 대한 신뢰에 있다. 이것은 전달자의 됨됨이를 통해서 검증할 수밖에 없다. 세 번째 이유는 정보를 기록하고 전달하는 이가 그 목적을 알지 못하는 것에 있다. 많은 전달자들은 그가 보거나 들은 것의 진정한 의도를 알지 못하고 자신의 생각이나 추정한 것을 전달한다. 그러므로 거짓이 발생할 수밖에 없다. 네 번째 이유는 진실에 대한 망상이다. 이러한 경우는 많다. 그 까닭은 대부분 전달자를 맹신하기 때문에 생긴다. 다섯 번째 이유는 상황이 현실에 얼마나 적용되는지를 잘 알지 못하는 것에 있다. 여러 가지 상황은 왜 곡되거나 조작되기 때문에 비록 전달자가 자신이 본대로 상황을 전달해도 그것은 진실이 아닌 것이다. 여섯 번째 이유는 많은 경우, 사람들이 권세가나 지위가 높은 사람들을 칭송하고, 찬양하며 상황들을 미화시켜 그들의 명성을 퍼뜨리기 때문에 발생한다. 이런 방식으로 유포된 정보는 진실이 아니다. 인간의 영혼은 칭송을 갈구하고, 인간은 현세의 지위와 부를 탐닉한다. 거짓이 불가피하게 개입되는 일곱 번째 이유는 앞서 언급한 이유들보다 훨씬 더 중요한데, 바로 문명에서 발생하는 다양한 상황의 성질에 대한 무지함에 있다. 각각의 사건들이 본질인지 파생된 결과인지를 불문하고 사건 자체는 상황이 반영하는 나름대로의 고유한 성질을 가질 수밖에 없다. 만약 이러한 정보를 전해들은 이들이 어떠한 사건과 상황들의 고유한 성질과 그 의도를 제대로 파악한다면 정보를 면밀히 조사할 때에 진실과 거짓을 구별하게 될 것이다. 이것은 비판적인 검토를 할 때에 가장 효과적인 방법이다.

일반적으로 전해들은 자는 실제로는 불가능한 정보를 순순히 수용하고 다른 이에게 전달하며 심지어 그것이 권위 있는 근거를 가지고 있다고 생각한다. 마스우디가 알렉산드로스에 관해 언급한 것이 바로 이런 예다. 알렉산드로스가 알렉산드리아를 건설할 때 바다 괴물들이 방해했다는 이야기가 있다. 그는 커다란 목재 상자 안에 유리 상자를 넣고 그 안에 직접 들어가서 바다 속으로 잠수했다. 그는 자신이 본 악마와 괴물의 모습을 기록했다. 그리고 그 괴물의 모습대로 금속 조각상을 만들어 건설 장소의 맞은편에 세워두었다. 그러자 괴물들이 물에서 나와 그 조각상을 보고 도망쳤고, 그는 알렉산드리아 건설을 완수할 수 있었다는 이야기다. 이긴 이야기에는 도저히 있을 수 없는 옛날이야기와 같은 사건들이 있다. 알렉산드로스가 유리 상자에 들어가고 파도와 싸웠다고 하는 것이다. 군주는 그러한 모험을 직접 감행하지 않는다. 그런 행동을 직접 하는 군주가 있다면 그는 파멸의 길로 들어서 반란을 초래하고 백성들은 다른 사람을 군주로 모실 것이다. 그것이 그의 종말이 된다. 백성은 그가 모험을 끝내고 돌아올 때까지 결코 단 한순간도 기다리지 않는다. 게다가 진느[1]는 특정한 형체와 모습을 취하지 않는 것으로 알고 있다. 진느는 다양한 형태로 변할 수 있다. 여러 개의 머리가 있다는 얘기는 괴물의 흉측함을 나타내는 것이지 사실은 아니다.

이 모든 것이 그 이야기의 의심스러운 점이지만 생존법과 관련된 허구성이 가장 비현실적이다. 사람이 물속에 들어가면, 게다가 상자 안에 들어가면 자연적으로 호흡에 필요한 공기가 매우 희박하게 될 것이다. 사람의 생기[2]는 산소 부족으로 금세 뜨거워진다. 그러면 폐의 체액과 심장의 생기 간 균형을 맞추기 위한 찬 공기가 부족하여 즉시 사망하게 된다. 사람들이 찬 공기가 차단된 욕탕에서 사망하는 이유도 바로 이것이다. 내부의 공기가 부패로 인해 덥거나 공기 순환이 되지 않는 깊은 우물, 혹은 지하에서 사람들이 죽는 이유도 이 때문이다. 그러한 곳으로 내려간 사람은 즉시 사망한다. 같은 이유로 물고기가 물을 떠나면 죽게 되는데 폐의 균형을 맞추기 위해 사용되는 공기가 충분하지 않기 때문이다. 물고기는 극도의 열기를 띄고 있지만 물은 냉기로 균형을 유지시켜 준다. 그러나 지상의 공기는 열기이므로 물고기가 물 밖으로 나오면 물고기의 생기는 열기를 만나 즉시 죽는다. 급사나 그와 비슷한 일들도 이러한 이유에서 발생한다.

마스우디가 전하는 또 다른 불가능한 기록은 로마에 있는 찌르레기 동상에 관한 것이다. 찌르레기들은 1년의 어느 날이 되면 올리브를 물고 그 동상에 모여들어 주민들이 올리브유를 채취한다는 것이다. 보라! 이것은

---

1    코란이나 아랍 이야기에 언급되는 초자연적인 피조물이다. 초자연적인 능력을 지녔으며 인간사에 관여하고 인간에게 해를 끼치거나 도움을 준다. 천일야화에 주요인물로 등장한다.

2    아랍어로는 정신으로 표기되어 있으나 문맥 의미상 생기로 표현했다.

기름을 채취하는 자연적인 과정과는 거리가 먼 허황된 이야기이다.

또 다른 불가능한 이야기는 바크리가 전한 것이다. 이는 '성문이 많은 도시'라 불리는 것의 건설에 관한 것이다. 그 도시의 둘레는 30일을 걸어야 될 거리 이상이고, 1만 개의 성문이 있었다고 한다. 하지만 도시의 기능은 백성의 안전과 보호를 목적으로 생긴 것이다. 앞으로 언급하겠지만[3] 이렇게 큰 도시에 백성의 안전과 보호가 있을 수는 없다.

마스우디가 기록한 일화 중에 '구리의 도시'라는 것도 있다. 이것은 무사 이븐 누사이르[4]가 마그립을 공격할 때 점령했던 시질마사 사막에 있는 것으로 모든 건물이 구리로 만들어진 도시이다. 이 도시는 성문을 굳게 닫아 놓아 그 안에 들어가려면 사람들은 아래부터 성벽 꼭대기까지 기어 올라가 손뼉을 치면 자연스레 그 안에 내려갈 수 있게 된다고 한다. 그러나 일단 들어가면 나올 수 없다는 것이다. 이 모든 것은 불가능한 이야기이며 이야기꾼들이 지어낸 옛날이야기에 불과하다. 시질마사 사막을 횡단한 여행자나 안내인들은 많다. 그러나 그들 중 누구도 그러한 도시가 있다고 말한 적은 없다. 이야기에 나오는 상황들 역시 말이 안 되고, 도시 건축이나 계획의 조건들과도 맞지 않다. 당시 금속은 흔하지 않아서 사람들이 사용하는 집기나 가구를 만들 정도밖에는 없었다. 구리로 도시를 건설했다는 것은 불가능하고 비현실적인 일이다. 이러한 이야기들은 많은데 문명의 본질을 알아야 그것을 비판적인 시각으로 볼 수 있다. 그것이 역사적 정보를 비판적으로 검토해서 진실과 거짓을 분간하게 하는 가장 신뢰할 수 있는 방법이다. 이는 이야기를 전달하는 전달자의 사람됨에 의존하는 방식보다는 한결 낫다. 정보 자체가 가능한 것인가의 여부를 확인하기 전까지는 전달자의 됨됨이에 의존해서는 안 된다. 만약 정보 자체가 불가능한 것이라면 전달자의 됨됨이를 생각할 필요도 없고 생각해도 아

---

3   4부 5장.
4   716년 사망. 우마이야 왕조의 이프리끼야 총독이었다.

무런 이득이 없기 때문이다. 역사적 정보를 비판적인 시각으로 다루는 학자들은 그 정보 자체에 불가능한 의미가 있는가, 이성적으로 납득하기 힘든 면이 있는가 하는 점을 판단했다. 그러나 샤리아와 관계된 정보를 전달함에 있어서 전달자의 됨됨이는 매우 중요했다. 왜냐하면 이와 같은 종교적인 정보의 대부분은 예언자 무함마드가 무슬림에게 이행하도록 한 의무이므로 만약 그가 그러한 의무를 부과한 것이 사실이라고 판명되면 무슬림은 그 내용을 불문하고 반드시 이행해야 하기 때문이다.

그러한 정보의 현실성에 관한 문제는 반드시 정보의 신뢰성과 정확함을 확인해야 해결된다. 그러므로 그러한 정보가 실제 일어날 가능성을 고려해야만 한다. 이것은 정보 전달자의 됨됨이를 알아보는 것보다 선행되는 것이다. 단지 사건을 아는 것으로 얻는 이득은 정보 전달자의 됨됨이가 중요하지만 올바른 정보에서 얻는 이득은 그러한 됨됨이를 통해서 뿐 아니라 제대로 현실에 적용될 수 있는가에 관한 검증을 통해서 얻을 수 있다.

사실이 이렇다면 역사적 정보가 가능한 것인가에 대한 여부를 판별하는 법칙은 바로 인간의 사회, 즉 문명에 대하여 탐구하는 것을 의미한다. 우리는 문명 자체에 수반되어 나타나는 상황, 기대하지 않았으나 나타나는 상황, 결코 나타날 수 없는 상황을 구분해야만 한다. 우리가 이렇게 할 수 있다면 의심할 바 없는 논리적인 입증을 통해서 역사적인 정보에 진실과 거짓을 구분하는 법칙을 알게 될 것이다. 그렇게 되면 문명의 상황에 관한 이야기를 듣게 되더라도 판단에 따라 취사신택할 수 있게 될 것이다. 결국 우리는 옳은 잣대를 가지게 되고, 역사가는 그 잣대를 이용해서 자신이 기록하는 정보에 대해 진리와 정확성을 심게 될 것이다. 바로 이것이 이 책의 제1권의 목적이다.

이 목적은 그 자체로 독립적인 학문과 같다. 이는 인류문명과 인간사회라는 주제를 지니고, 문명에 부가되는 방해요소와 문명의 본질이 지닌 여러 상황을 명백하게 설명하기 때문이다. 이러한 이유로 이 학문은 실제적인 학문이건 혹은 이성적인 학문이건 간에 여타 학문들과 관계를 맺는다.

이런 목적에 대한 논의가 새롭고 매우 유용한 것이라는 사실을 인지하라. 이미 이 학문에 대한 연구는 시작되었고 심화되고 있다. 이 학문은 수사학의 일부는 아니다. 수사학은 논리학의 한 분야이기 때문이다. 수사학의 주제는 대중을 설득하여 특정한 의견을 수용하거나 거부하도록 하는 것과 관련되어 있다. 이 학문은 정치학도 아니다. 정치학은 도덕적, 철학적 요구에 부응하여 가정이나 도시를 관리하는 것에 관한 학문이고, 대중이 인류를 보전하도록 설득하는 목적을 지니고 있기 때문이다. 따라서 그 주제는 위의 두 분야와 흡사해 보이지만 실제는 그렇지 않다.

이것은 독창적으로 성장한 학문이다. 나는 이 문제에 대하여 다른 이가 이러한 관점으로 언급한 것을 본적이 없다. 사람들이 이 문제에 대해 주의를 기울이지 않았기 때문일까? 그렇게 생각할 이유는 없다. 사람들은 이 주제에 관해 이미 많은 저술을 했는데, 단지 우리에게 전해지지 않은 것 일수 있다. 왜냐하면 여러 종류의 학문이 과거에 존재했고, 여러 민족에게 많은 현자가 있었는데도 우리에게 전해지지 않은 지식이 전해진 것보다 훨씬 더 많기 때문이다. 예를 들어 칼리파 우마르*가 페르시아인들을 정복할 때에 모두 없애라고 명했던 페르시아의 서적들은 지금 어디에 있는가? 칼데아인,[5] 시리아인, 바빌로니아인들의 학문은 지금 모두 어디에 있으며 그들이 이룩한 학문적 영향과 결과는 또 어디에 있는가? 그 이전에 존재했던 콥트인들의 학문은 어디에 있는가? 오직 한 민족의 학문만이 전해지는데 그것은 바로 그리스인들의 학문이다. 이는 칼리파 마으문의 관심과 노력의 결과이다. 그는 많은 번역가를 양성했고, 번역을 위해 큰 대가를 치렀다. 그리스를 제외한 다른 민족들의 학문 중에 우리에게

---

5    구약성경에 갈데아 인과 동일하다.

전해지는 것은 하나도 없다.

각각의 사실이 이성적이고 자연적이었다면 모든 상황을 고려하고 연구할 가치가 있다. 이해할만하고 실질적인 모든 것은 특정 학문이어야 한다. 그러나 철학자들은 학문의 성과에 더 관심을 치중한듯한데, 그 성과라는 것은 여러분이 보듯이 역사적인 정보일 뿐이다. 학문이 다루는 문제가 본질적이건 특수한 것이건 간에 고귀한 것이다. 하지만 학문의 성과는 부실한 역사적 정보를 바로 잡는 것에 있다. 이런 이유로 학자들이 이 주제를 회피했다. 알라께서는 가장 잘 아신다. 너희가 아는 것은 미량에 불과하니라.[6]

현재 우리의 관심 대상인 이 학문에 관해 학자들이 자기 분야에서 문제를 논의하던 중 뜻하지 않게 이 부분을 다루었다는 것도 알게 되었다. 개중에는 그 주제와 토의 사항에 대해 우리가 논의하는 방법과 동일한 유형의 것도 있다. 예를 들면 철학자와 학자들은 예언에 대한 논의에서 인류는 생존을 위해서 서로 협력해야 하고, 통치와 억제력을 행사할 수 있는 누군가를 필요로 한다고 했다. 또한 피끄흐[7]의 원리에 대한 언급과 언어에 대한 논의도 있다. 사람은 자신의 의도를 표현할 수단을 필요로 하는데, 이는 인간이 표현을 통해서 상호협력과 사회의 속성을 수행하기 때문이다. 법학자들은 간통이 계보를 섞어버리고, 종을 파멸시키며 살인 역시 인간의 종을 파괴하고, 불의는 문명의 파괴와 종의 파멸을 가져온다고 주장했다. 궁극적으로 법의 목적은 문명을 보존하는 데 있고 그들은 이와 관련된 문제를 논의했다. 따라서 이 사실은 우리가 언급한 낱낱 사례에서 명백하게 밝혀졌다.

산발적이긴 해도 현자들의 말씀에서 이 주제와 관련된 언급을 찾아볼 수 있다. 그들은 이 주제를 충분히 논의하지는 않았다. 예를 들면 마스우

---

6    코란 17장 85절.
7    이슬람 법학을 의미한다. 특히 의례의 준수, 이슬람의 다섯 기둥 및 법 제정을 다룬다.

디가 전했던 올빼미 이야기에서 무바단[8]의 말 중에 바흐람 븐 바흐람[9]에게 이렇게 전하는 내용이 있다. "오, 왕이시여! 왕권의 영예는 오로지 샤리아를 준수하고, 알라께 복종하고, 알라의 명령을 따르는 것으로 완성됩니다. 샤리아는 오로지 왕권에 의해서만 집행되고, 강력한 왕권은 오직 백성들을 통해서 선출되며 백성들은 오직 재화로 생존할 수 있습니다. 재화를 획득하는 유일한 방법은 경작이며 경작은 오직 정의를 통해서만 실현됩니다. 정의는 알라께서 창조하신 창조물들을 측량하는 저울입니다. 알라는 그를 위해 가치를 주셨으니 그가 바로 군주입니다." 아누 쉬르완[10]도 이러한 맥락에서 말을 했다. "왕권은 군대 덕에 존재하고, 군대는 재화 덕에, 재화는 세금 덕에, 세금은 경작을 통해, 경작은 정의를 통해, 정의는 관리들의 개선을 통해, 관리들의 개선은 재상의 강직함을 통해 존재하니 이 모든 것의 우선은 군주가 백성의 상황을 직접 살피고 가르침으로써 가능하다. 그래야 군주는 백성을 지배할 수 있고 그렇지 않으면 백성이 그를 지배하게 된다."

아리스토텔레스가 저술한 『정치학』에도 이와 관련된 부분이 있다. 그러나 그 부분은 충분하지 못하며 체계적으로 증명되지 않은 채 다른 내용들과 섞여 있다. 아리스토텔레스는 그 책에서 무바단이나 아누 쉬르완의 말을 빌려 언급하였다. 그는 자신의 진술을 쉽게 이해시키기 위해 원형의 형태로 개념을 배열하고 상세하게 전개했다. 즉, "세상은 정원이고, 왕조는 그 정원의 울타리이다. 왕조는 권력이고, 규범[11]은 권력을 통해서 이루어진다. 군주는 규범을 통해 통치하고, 왕권은 군대에 의해 지탱되는 제도

---

8   페르시아의 법학자, 조로아스터교의 사제를 의미한다.
9   페르시아 사산조의 군주(재위 276~293).
10  사산조의 군주였던 호스로우 1세(재위 531~579).
11  원문에는 'al-sunnah'라고 기록되어 있다. 순나는 예언자 무함마드가 무슬림에게 부과한 의무와 규범의 총칭이다. 여기서는 아리스토텔레스의 주장이므로 이슬람의 용어보다는 일반적인 '규범'으로 번역했다. 그러나 이후 이슬람과 관련된 문장의 맥락에서 나오는 경우는 순나 그대로 표기했다.

이다. 군대는 재화에 의해 유지되는 조력자들이다. 재화는 백성들에 의해 수집되는 자양분이다. 백성은 정의에 의해 보호받는 하인들이고, 정의는 친숙한 것이며 그것을 통해 세상은 존속한다. 세상은 정원이고 ……." 그리고 그는 다시 처음의 주장으로 돌아간다.

이것은 정치적 지혜를 담은 여덟 개의 문장으로 서로 연결되어 있고, 하나의 끝이 다음의 시작으로 이어진다. 이것은 하나의 고리를 이루고 있어 분명한 시작과 끝이 없다. 저자는 그가 생각한 것에 대해 자부심을 느꼈고, 그로 인한 유용한 결과를 강조했다. 여러분이 이후 등장하게 될 왕조와 왕권에 관한 부분에서 우리의 논의를 주의 깊게 살펴본다면 위의 문장들보다 철저한 연구와 깊은 이해를 얻고, 검증된 자료를 바탕으로 상세한 해설을 보게 될 것이다. 우리는 아리스토텔레스의 가르침이나 무바단의 가르침이 아닌 알라의 도움으로 이러한 사실을 인식하게 되었다. 여러분은 이븐 알무깟파으[12]가 자신의 논저에서 정치적 주제들을 다루며 우리가 제기하는 문제에 대해서도 언급하고 있다는 사실을 발견할 것이다. 그러나 그는 우리가 증명했던 것처럼 입증하지는 않았다. 그는 단지 유려한 문장과 수사학자의 화려한 문체로 간단히 언급했을 뿐이다. 이와 마찬가지로 판관 아부 바크르 알따르뚜시[13]도 역시 『군주의 등불*Kitāb Sirāj al-Mulūk*』에서 같은 견해를 표명했다. 그는 이 책을 여러 장과 절로 나누었는데, 이것은 우리가 이 책에서 제시한 장과 절이나 문제들과 흡사하다. 그러나 그는 자신이 의도한 바의 목적대로 성취하지 못했고 문제들을 정확하게 짚고 넘어가지 못했으며 충분히 나무시도 못했고 분명한 증거를 제시하지도 못했다. 그는 특정한 문제에 대해 개별 장을 두었으나 그 내용은 많은 이야기와 전승, 부즈루즘하라와 무바단과 같은 페르시아의 현인들 혹은 인도의 성자들이 했던 단편적인 말씀들을 기록했고, 다니엘이나 헤르

---

12  759년경 사망으로 추정된다. 압바스 왕조의 유명한 문학자이자 번역가이다.
13  스페인 출신의 판관으로 12세기 초의 인물.

메스 혹은 여타의 위인들의 격언을 넣었다. 따라서 그 내용은 전승된 자료들을 모아 놓은 것일 뿐이다. 그는 진실을 밝혀내지 못했고, 자연스러운 증명을 하기위해 장막을 걷지도 못했다. 오히려 그의 글은 인용과 교훈과 같은 체제를 지니고 있다고 할 수 있다. 그것은 마치 목표의 주변을 맴돌기는 하지만 명중시키지는 못하는 격이다. 그는 자신의 의도를 깨닫지 못했고, 문제들을 철저하게 입증시키지도 못했다.

우리는 알라께서 준 영감을 받았다. 알라께서 우리를 인도하여 하나의 학문으로 보냈고, 우리가 그 진리를 발견하고 보여줄 수 있도록 했다. 만약 내가 이 학문이 다루는 문제점을 철저하게 파악하고 그것이 여타 학문들과 다른 면이 무엇인가를 보여주는 데 성공한다면 그것은 알라께서 인도했기 때문이다. 만약 내가 논지를 흐리거나 이 학문의 주제를 다른 학문들의 주제와 섞어버린다면 그것을 올바르게 고치는 임무는 비평가들의 몫이다. 다만 그 길을 개척한 것은 나의 공적일 것이다. 알라께서는 원하는 자를 자신의 빛으로 인도하신다.

이제 우리는 이 책에서 인간사회에서 인간에게 영향을 주는 문명의 다양한 상황들에 대해 명확하게 밝힐 것이다. 이는 특수 계층과 대중이 가진 다양한 지식의 진정한 본질을 제시하고 혹여 있을 오류나 의혹은 완벽히 제거할 것이다. 이를 통해 우리는 왕권, 획득, 학문, 기술 등에 대해 다룰 것이다. 인간은 그에게 주어진 독특한 자질로 인해 다른 생물체들과 구별이 되는데, 그중에는 사고의 산물인 학문과 기술이 있다. 사고력은 인간을 동물들과 구별시키고, 여타 피조물보다 우수한 존재로 명예롭게 만든다. 또한 그중에는 억제력과 강제력을 필요로 하는 것이 있는데, 모든 동물들 가운데에 오직 인간만이 억제력과 강제력 없이는 존재할 수 없다. 이 문제에 관해 벌과 메뚜기에 관해서도 논의가 있었으나 비록 벌과 메뚜기가 인간과 비슷한 능력을 가지고 있다 하더라도 그것은 본능적인 것이지 심사숙고에 의한 결과는 아니다. 알라께서는 인간으로 하여금 생활과 존속을 위해 식량을 필요로 하도록 하고 생계수단을 희망하고 추구하도록 한다. 알라께서 말씀하셨다. "우리의 주님은 모든 만물을 창조하시고, 각각에게 기능을 주신 분이시라"[14] 또한 그중에는 문명이 있다. 이것은 인간이 필요한 것을 획득하고 사람들과 더불어 살기 위해 도시나 촌락에 모여 함께 거주하는 것을 의미한다. 앞으로 우리가 다루게 되겠지만 인간은 생계를 위해 본성적으로 협동을 지향한다. 문명에는 베두인 문명과 정주 문명이 있는데 베두인 문명은 벽지나 산, 초원이나 황무지의 촌락, 사막 부근 등에서 보인다. 또한 정주문명은 성벽과 같은 방어 기능을 갖춘 도시, 촌락, 읍, 소규모 공동체 등에서 보인다. 이처럼 문명은 여러 가지 상황을 지니고 있고 사회조직과 같이 문명에 영향을 미치는 요소들이 있다. 이 책은 다음의 여섯 개의 부로 구분된다.

> 1. 인간의 문명 일반, 지구상에 존재하는 문명의 종류와 문명권
> 2. 베두인 문명 – 그 부족과 야만 민족들에 관한 논의
> 3. 왕조, 칼리파제, 왕권, 정부 관직에 관한 논의
> 4. 도시 문명과 지방도시
> 5. 기술, 생계, 획득 및 그 다양한 면모
> 6. 학문 – 습득과 연구

나는 이 책에서 베두인 문명에 대해 먼저 논의했다. 왜냐하면 뒤에서 명확해지겠지만 베누인 문명이 다른 어떠한 것보다도 선행하는 것이기 때문이다. 동일한 이유로 왕권에 대한 논의도 지방과 도시에 대한 논의 앞에 두었다. 생계가 학문보다 앞서 논의된 이유는 생계가 필수적이고 자연적인 것에 비해 학문은 사치이고 필요에 의한 것이기 때문이다. 필수적

---

14    코란 20장 50절.

이고 자연적인 것이 사치스러운 것보다는 먼저 다루어져야 마땅하다고 생각한다. 나는 기술과 획득을 동시에 다루었는데, 그 이유는 뒤에서 분명하게 하겠지만 문명에서 기술은 획득에 내포되는 것이기 때문이다. 알라께서는 옳고 도움을 주신다.

# 제1부

## 인간의 문명일반과 이에 관련된 여러 부문들[1]

## 서론 1

인간의 사회조직은 필수적인 것이다. 철학자들은 이를 '인간은 본질적으로 사회적이다'라고 표현했다. 이는 인간에게는 반드시 사회조직이 필요하다는 이야기다. 철학자들은 이러한 사회조직을 도시화라고 표현했다. 이는 문명이기도 하다. 이것은 알라께서 인간을 식량에 의해서만 존속할 수 있게 창조했다는 것으로써 명백히 설명된다. 알라는 인간에게 식량을 갈구하는 본능을 주셨고, 그것을 획득할 수 있는 힘도 주셨다. 그러나한 개인의 힘은 자신이 필요한 만큼의 식량을 충족시키기에는 약해서 생존에 필요한 식량을 확보할 수 없다. 우리는 최소한의 필요 식량, 예를 들면 하루치 필요한 밀이라도 곡식을 빻고, 반죽하고, 굽는 과정을 거쳐야만 먹을 수 있다. 그런데 이 세 종류의 과정은 그릇과 도구들을 필요로 하고, 대장장이, 목수, 옹기장이와 같은 이들의 기술이 있어야만 완성된다. 누군가가 이러한 과정 없이 곡식을 날것으로 먹는다 해도 그러한 곡식을 얻기 위해서는 농사를 짓고, 수확하고, 탈곡하는 것과 같은 작업을 해야만 한

---

1    앞에서 언급한 제1부 소제목과 일치하지 않으나 원문대로 번역했다.

다. 이러한 작업은 앞서 언급한 것보다 더 많은 종류의 도구와 기술을 요구한다. 이 작업 전부 혹은 그 일부라도 개인이 할 수 없는 일이다. 따라서 인간은 동료들과 협력하지 않으면 식량을 확보할 수 없다. 이렇게 협력하면 사람들은 자신에게 필요한 분량보다 더 많은 양의 식량을 확보할 수 있다. 개인은 신변의 안전을 위해 동료들의 도움을 필요로 한다. 왜냐하면 지고하신 알라께서 모든 동물에게 고유한 성질과 힘을 주셨을 때 야수에게는 인간보다 더 강력한 힘을 주었기 때문이다. 예를 들자면 말은 사람보다 훨씬 강하고 마찬가지로 나귀나 소도 그렇다. 사자나 코끼리도 인간의 힘보다는 몇 배나 강하다.

공격성은 동물들에게 본능적인 것이다. 알라께선 각각의 동물에게 공격을 방어하기 위한 신체 기관을 부여하셨다. 인간에게는 이것 대신에 사고할 수 있는 능력과 손을 주셨다. 인간은 사고하는 능력을 이용하고 손으로 기술을 터득할 수 있으며 동물들이 방어를 위해서 소유한 신체 기관 대신 손을 이용한 기술로 도구를 사용하게 되었다. 예를 들자면 투창은 적을 찌를 뿔을 대신하고, 칼은 상처를 내는 발을 대신하며, 갑옷은 두꺼운 살가죽을 대신한다. 그 외에도 다른 것이 있는데 이는 모두 갈레노스[2]의 『신체 기관의 효용』에 나와 있다. 인간은 이런 동물 특히 맹수의 힘에 대항할 수 없다. 대다수 인간은 이러한 동물을 혼자만의 힘으로 방어할 수 없다. 동료의 도움을 받지 않고서는 방어 도구들을 제대로 이용할 수도 없는데 그 이유는 도구의 종류가 많고, 도구를 사용하기 위해서는 수많은 기술과 이에 수반되는 물건이 필요하기 때문이다. 따라서 인간은 동료들과 협력해야만 한다. 만약 협력이 없다면 인간은 식량을 획득할 수 없고, 따라서 생명을 유지할 수도 없다. 왜냐하면 알라는 인간의 생존을 위해서는 반드시 식량이 있어야 하도록 만들었기 때문이다. 인간이 무기를 잃어버리면 동물

---

2    129년부터 199년까지 생존했던 인물로 그리스 출신의 의학자이고 철학자이다.

의 먹이가 되어 본래의 수명보다 일찍 죽게 되고 결과적으로 인간은 멸종된다. 그러나 인간들이 상호 협조하면 자양분을 제공하는 식량과 방어를 위한 무기를 획득하게 되고 결과적으로 인류가 존속되며 인류의 종이 보존되도록 하는 알라의 현명한 계획이 달성된다. 사회조직은 인류에게 필수불가결한 것이다. 사회조직이 없다면 인류의 존재는 불완전한 것이다. 왜냐하면 알라께서 희망하는 것은 세계를 인류의 지구로 만들고, 바로 그 인간을 알라의 대리인으로 지상에 두려고 했기 때문이다. 이것이 지금 우리가 토론하고 있는 학문의 대상인 문명의 의미이다.

이런 말을 하는 것은 이 특정한 학문에서 연구 대상을 확실히 해 두기 위해서다. 이것은 특정 분야에 종사하는 학자의 의무는 아니다. 논리학에서 이미 확정된 바에 의하면 학자가 자기 학문의 대상을 확증해야 할 필요는 없다는 것이다. 하지만 논리학자들이 그렇게 해서는 안 된다고 금지하는 것은 아니다. 그러므로 자신이 다루는 학문의 대상을 확증하는 일은 전적으로 자신이 결정해야 할 일이다. 알라의 은총이 성공을 주기를.

우리가 언급했듯이 인류가 사회조직을 만들고, 이 세상에 문명을 세우면 사람들은 인간의 동물적 본성인 '공격성'과 '불의'를 제어하기 위해 서로를 공격하지 못하도록 하는 특정한 방해물을 반드시 필요로 하게 된다. 인간을 야수의 공격으로부터 방어하기 위해 만들어진 무기는 인간의 공격을 막아내기에는 적절치 못하다. 왜냐하면 인간은 모두 그러한 무기를 소유하고 있기 때문이다. 인간 상호 간의 공격을 방어하기 위해서는 이와는 다른 것이 필요하다. 또한 인간 이외의 다른 동물늘은 인간의 지삭과 영감을 지니고 있지 못하다. 따라서 그러한 방해물은 인간들 가운데 한 사람이어야만 하며 사람들을 제압하는 힘과 권위를 지녀야만 한다. 그래야 누구든 서로를 공격할 수 없게 된다. 이것이 바로 '왕권'의 의미다. 여러분에게 왕권이란 인간에게 자연스러운 것이고 절대적으로 필요한 것이라는 사실을 명백하게 밝혔다. 철학자들이 언급한 대로 이것은 벌이나 메뚜기와 같은 동물 일부에게도 존재할 수도 있다. 그들 사이에서도 통치자와 우두머리에 대한 복종이 있다. 그들의 지도자는 본능적으로 일반의 무리와는 구분된다. 그러나 인간이 아니라면 이러한 것은 본능적인 성향과 알라의 인도에 따른 결과로써 존재할 뿐 사고와 정치의 결과로서 생긴 것은 아니다. '우리의 주님은 모든 만물을 창조하시고 각각에게 기능을 주신 분이시라.'[3]

철학자들은 더 나아가 논리적인 증거를 제시하며 예언을 확증하고, 예언이 인간의 고유한 특성임을 입증하려고 한다. 따라서 그들은 이 주장을 끝까지 증명하려고 한다. 인간은 억제력을 지닌 권위를 반드시 필요로 한다고 주장한다. 이러한 권위는 알라가 정하고 한 사람을 통해서 계시된 종교법을 통해서 이루어진다고 말한다. 그 사람은 알라의 인도에 의해서 특별히 부여된 자질을 지니고 있어 다른 인간들과는 명백히 구별된다. 이러한 자질로 인해 사람들은 그에게 복종하고 따른다. 이렇게 함으로써 인간들 사이에 하나의 권위가 존재하는 것은 인정할 수밖에 없으며 사실이다. 철학자들의 이러한 주장은 여러분이 보다시피 증명할 수 있는 것은 아니다. 인간의 존재와 생명은 예언이 존재하지 않아도 권위를 지닌 어떤 이가 스스로 명령을 내리거나 아싸비야를 통해 실현될 수도 있기 때문이다. 성스러운 계시를 받아 경전을 소유하고 예언자를 추종하는 이들은 경전을 지니지 못한 마기승[4]들에 비해 수적으로 적다. 마기승들은 이 세상에서 다수다. 그들은 단지 생존하는 데에 그치는 것이 아니라 왕조와 유적지까지 지니고 있었고, 이 시대에도 북쪽과 남쪽의 굽어진 지역에 그런 곳이 있다. 인간의 삶이 다양한 탓에 억제하는 이가 없는 무정부 상황이 발생할 수도 있으나 인류문명에서 이는 불가능할 것이다. 그러므로 이런 사실은 여러분에게 예언이 필연에 의해 존재한다고 주장한 철학자들

---

3    코란 20장 50절.
4    이교도.

의 주장이 옳지 않음을 보여준다. 왜냐하면 예언은 논리에 의해서 존재하는 것이 아니고, 예언의 필요성은 이슬람 공동체의 초기 무슬림들의 이론처럼 종교법을 인지하는 것에 의해 존재하기 때문이다. 알라께서 은총을 베풀어 성공을 주시기를.

## 서론 2 | 지구상 문명 지역과 그곳의 대양, 하천, 기후대에 관해서

세계에 대해 언급한 철학자들의 책에 지구의 형태는 공 모양이고 물로 둘러싸여 있으며 그것은 마치 물에 떠 있는 포도알과 같다고 언급되었음을 인지하라! 물은 지구의 일부만 차지하고 있는데, 그것은 알라가 지구상에 생명을 창조하고 인간이 그곳을 다스리고 그곳에 문명을 세우기를 희망했기 때문이다. 지구 아래에 물이 있을 거라는 엉뚱한 생각을 하는 사람들이 있을 수도 있는데 그것은 옳지 않다. 지구 아래라고 한다면 그것은 지구의 중앙을 의미하고, 그곳은 중력에 의해 모든 것들이 끌려 들어가는 중심이기 때문이다. 모든 외면을 둘러싸고 있는 물이라는 것은 지구의 위를 의미한다. 그러므로 지구의 어떤 부분을 아래라고 말할 때는 지구의 다른 지역과 연관해서 이해해야 할 것이다. 지구에서 물이 빠져나간 부분은 원구 모양인 지구 표면의 1/2이다. 원구 형태인 지구의 주위는 물로 둘러싸여 있는데 이것을 우리는 '둘러싸인 바다'라고 부른다. 혹은 두 번째 'l' 발음을 강하게 읽어 '라블라야'라 부르거나 외래어 이름인 '우끄야누스'라고 하기도 한다. 사람들은 초록 바다와 검은 바다가 있다고 말한다. 인류문명에 적합한 지표면에는 거주 가능한 지역보다는 불모지가 많다. 이러한 불모지는 남쪽이 북쪽보다 더 많다. 따라서 지구상에서 거주 가능한 지역은 공 모양의 표면 위에서 북쪽에 더 많이 분포되어 있다. 남쪽으로는 적도까지 뻗어 있고 북쪽으로는 북극권을 나타내는 순환

선과 그 너머로 바다와 경작지를 분리하는 산들이 뻗어 있다. 그 산들 가까이 야으주즈와 마으주즈 댐[5]이 있다. 이러한 산들은 동쪽[6]을 향해 있다. 이 산들은 동쪽과 서쪽으로부터 둘러싸는 순환선의 두 지점에서 물의 근원을 향해 도달한다. 사람들은 육지 부분이 지구 전체의 반이나 약간 못 미치고 거주 가능한 지역은 전체의 1/4에 달한다고 말했다. 이는 다시 일곱 개의 기후대로 나뉜다. 적도는 지구를 서에서 동으로 반분한다. 그것은 지구의 둘레를 나타내는데 지구에서 가장 긴 선이다. 이는 마치 황도와 천구 적도가 천구에서 가장 긴 선인 것과 같다. 황도는 360도로 나뉘고, 1도는 25파르쌍[7]이다. 1파르쌍은 1만 2천 큐빗, 즉 3마일이다. 왜냐하면, 1마일은 4천 큐빗이기 때문이다. 1큐빗은 24지척이며, 1지척은 보리알 여섯 개를 한 줄로 늘어 놓은 길이와 같다. 천구를 반분하는 천구 적도와 평행하는 지구상의 적도는 두 극점으로부터 90도 떨어져 있다. 적도의 거주지는 북위 64도까지만 포함하는데 사실 그 지역도 추위와 얼음 때문에 거주할 수 없는 불모지다. 이는 마치 남쪽이 더위 때문에 불모지인 것과 같다. 앞으로 이에 관해 모두 설명할 것이다. 알라께서 원하신다면.

거주지와 그 경계, 그곳에 위치한 도시, 늪, 산, 바다, 강, 불모지, 사막 등에 관한 정보를 제공한 이에 대해 언급하자면 『지리학』을 저술한 프톨레마이오스[8] 이후 『로저Roger의 서』의 저자가 있다. 이들은 거주지를 일곱 지역으로 나누었고 그것을 일곱 기후대라고 불렀다. 일곱 기후대의 경계는 인위적인 것으로 동서로 뻗어 있다. 기후대의 위도상 거리는 같으나 경도

---

5  the Gog and Magog이라 불린다. 창세기 10 : 2에 등장하고 종말론에도 등장하는 어구로 사람들이나 지역을 나타내기도 한다. Dam of Gog and Magog에 대해서는 요한계시록 20장 8절 참조.

6  이븐 칼둔은 『무깟디마』 전체에서 마그립, 마슈리끄로 지역을 구분하여 사용하고 있는데 여기에서는 그대로 번역하기에 적절하지 않다. 지리를 설명하는 이 부분에서만은 마슈리끄를 동, 마그립을 서로 번역했다.

7  옛 페르시아의 거리 단위로 약 5.5km를 말한다.

8  그리스의 지리학자. 2세기의 인물.

상의 거리는 다르다. 제1기후대는 제2기후대보다 길고, 제2기후대는 제3기후대보다 더 길고, 나머지도 같은 형식이다. 따라서 제7기후대가 가장 짧다. 육지에서 물이 빠져나가고 생긴 지역의 형태가 원형이기 때문에 그렇게 되었다. 그들은 일곱 개의 기후대를 각각 서에서 동으로 연결된 열 개의 지역으로 분할하고, 그 지역 각각의 일반적인 상태와 문명에 대해서도 설명했다.

## 바다

지리학자들은 둘러싸인 바다로부터 제4기후대의 서쪽에서 뻗쳐 나간 것이 바로 그 유명한 지중해라고 한다. 지중해가 시작되는 곳은 탕헤르[9]와 따리파[10] 사이의 12마일 정도의 좁은 해협으로 '주까끄'[11]라고 부른다. 지중해는 여기에서 시작되어 동으로 흐르며 6백 마일의 폭으로 넓어진다. 그 끝은 제4기후대의 제4지역의 끝인데, 시작점에서부터 그곳까지의 거리는 1천 1백 6십 파르쌍이다. 바로 그곳에서 시리아 연해를 만나고, 시리아 연해의 시작 부분이 탕헤르이고 그다음으로는 이프리끼야와 바르까[12]를 거쳐 알렉산드리아에 이른다. 북쪽으로 콘스탄티노플의 해안에 접하고 베네치아, 로마, 프랑스, 스페인을 거쳐 다시 탕헤르 맞은 편 지중해의 따리파로 이어진다. 지중해는 로마해 혹은 시리아해라고도 불리며, 많은 섬이 있고 그곳에는 사람들이 거주한다. 그중에 프레타, 키프로스, 시칠리아, 마요르카, 사르데냐, 다니아와 같은 섬도 있다.

지리학자들은 지중해의 북쪽으로 또 다른 두 개의 바다가 두 해협을 걸

9    지브롤터 해협에 접하며 스페인 남단에 위치한 모로코 북단의 항구다.
10   안달루스의 도시. 술탄 아부 알하산 알무라이니가 지휘했던 무슬림군의 전투로 유명한 지역이다.
11   현재는 '지브롤터 해협'으로 불린다.
12   리비아 북방의 지역.

처 갈라진다고 했다. 그 하나는 콘스탄티노플 맞은편에 있는 바다인데, 이 바다는 화살이 도달할 정도의 좁은 폭으로 시작하여 사흘거리를 지나 콘스탄티노플까지 이른다. 그곳으로부터 폭 4마일로 넓어지고 길이 6십 마일로 흐르는데, 콘스탄티노플 해협이라고 불린다. 그 이후 폭 6마일 정도의 지역을 지나 흑해로 들어간다. 이 바다는 그 지점에서부터 동쪽으로 흘러 헤라끌레이아[13]를 거쳐 카자르인의 지방에서 끝난다. 이 바다의 시작점에서부터 계산하면 길이가 1천 3백 마일이다. 이 바다의 두 해안에 접해서 비잔틴, 투르크, 불가르, 러시아 민족들이 거주한다. 지중해의 두 해협에서 나온 또 다른 바다는 베네치아만[14]에 있다. 북쪽에서 비잔틴 영토로부터 시작해서 산에서 끝나고 서쪽으로 굽어 베네치아 지방을 거쳐 아퀼레이아[15]까지 뻗어 있는데, 시작점에서부터 1천 1백 마일의 길이이다. 그 두 해안에는 베네치아와 비잔틴을 비롯한 여러 민족들이 거주하고 있으며 이를 베네치아만이라고 부른다. 지리학자들은 둘러싸인 바다의 동쪽에 또 하나의 거대한 바다가 있는데, 적도 북방 13도에 위치하고 있다고 했다. 그것은 남쪽으로 흘러 제1기후대로 들어간 이후 서쪽으로 흘러 제1기후대의 제5지역에 있는 아비시니아인과 흑인들의 지방, 그리고 밥 알만답[16]에 도달한다. 이는 시작한 곳에서부터 4천 5백 파르쌍에 달하고 중국해, 인도해, 아비시니아해라고 불린다. 그 남쪽은 이므룰 까이스[17]가 시에서 언급한 바 있는 흑인과 베르베르인들의 지방이다. 그런데 여기서 베르베르인은, 마그립의 베르베르족과는 다르다. 이 바다는 모가디슈, 쑤팔라, 와끄와끄 지방[18] 그 너머로의 불모지가 있는 다른 민족들의 영토

---

13  소아시아 북서쪽에 위치한다. 오늘날의 흑해 주변의 고대 도시.
14  아드리아해.
15  이태리 동북부의 도시.
16  아시아(예멘)와 아프리카(지부티)를 가르는 해협으로 홍해에서 인도양으로 건너가는 지점에 위치한다.
17  이슬람 이전의 유명한 시인.
18  모가디슈는 동아프리카 해안에 위치하고 있고, 수팔라는 모잠비크의 수도이다.

에 접한다. 북으로는 중국과 접한 곳에서 시작하고, 동인도와 서인도를 거쳐 아흐까프, 그리고 자비드 등의 도시가 있는 예멘 해안에 접하고 흑인과 베자족[19]이 있는 지역에서 끝난다.

지리학자들은 인도양에서부터 두 개의 바다가 나온다고 언급했다. 하나는 인도양이 끝나는 곳인 밥 알만답에서 갈라져 나온다. 그 바다는 좁게 시작하나 서쪽으로 기운 채 북으로 흐르면서 점점 넓어져 제2기후대의 제5지역에 위치한 꿀줌[20]에 도착하는데, 출발지로부터의 길이는 1천 4백 마일이다. 이를 꿀줌해 혹은 수에즈해라 부른다. 그곳에서 이집트 푸스따뜨까지는 사흘거리이다. 홍해는 동쪽으로 예멘, 히자즈, 제다 등에 접하고, 그 끝에는 미디안, 아일라, 파란 등이 있다. 서쪽으로는 상이집트, 아이다.[21] 수아킨, 자일라 등과 접하고, 그것이 시작되는 곳에 에티오피아가 있다. 그것은 꿀줌에서 끝난다. 아리쉬[22]에서 지중해로 나갈 수 있고, 홍해와 지중해 사이는 엿새 거리다. 이슬람 이전과 이슬람 시대의 많은 군주가 그 사이를 통과하는 길을 파고 싶어 했으나 실현하지는 못했다. 인도양에서 나온 두 번째 바다는 페르시아만이라고 불리며 신드 지방[23]과 예멘의 아흐까프 사이의 지역에서 나온 것이다. 그것은 서쪽으로 기울어 북으로 흐르는데, 제2기후대의 제6지역에 있는 바스라 해안의 우글라에서 끝나며, 시작점에서부터 4백 4십 파르쌍의 거리고, 페르시아만[뿌]이라고 불린다. 동쪽으로는 서인도, 마크란, 카르만, 파르스의 해안과 접하며 우블라에서 끝난다. 서쪽으로는 바레인, 야마마, 오만, 쉬흐르와 접하다가, 시작점인 아흐까프에 도착한다. 페르시아반과 꿀줌 사이에는 아라비아 반도

---

19   이집트 동남부와 수단에 거주하는 유목 부족.
20   수에즈 지방.
21   홍해변 이집트 도시. 중세에는 마그립에서 메카를 향할 때 성지 순례객들이 거쳐 갔던 항구로 그 중요성을 지니고 있다.
22   이집트의 도시.
23   파키스탄에 해당된다.

가 있다. 아라비아 반도는 남으로는 인도양, 서로는 홍해, 동으로는 페르시아만으로 둘러싸여 있다. 그것은 시리아와 바스라 사이의 지역인 이라크와 연결되며, 시리아와 이라크 사이의 거리는 1천 5백 마일이다. 이라크에는 쿠파, 까디씨야, 바그다드, 키쓰라의 궁전, 히라 등이 있다. 그 너머로는 투르크와 카자르와 같은 비아랍 민족들이 있다. 아라비아 반도는 서쪽의 히자즈, 동쪽의 야마마와 바레인, 남쪽의 인도양 연안의 예멘 등으로 둘러싸여 있다.

그들은 이 거주 지역에 다일람족[24]이 사는 북쪽에 단절된 또 다른 바다가 있다고 했다. 주르잔해 혹은 따바리스탄해라고 불린다. 그 길이는 1천 마일이며 폭은 6백 마일이다. 그 서쪽으로는 다일람족의 영토와 아제르바이잔이 있고, 동쪽으로는 투르크족의 거주지와 호레즘이 있으며, 북쪽으로는 카자르족, 알란족의 지방이 있다.

이상이 지리학자들이 언급한 유명한 바다다.


## 강

지리학자들은 문명지에 수많은 강이 있다고 주장했다. 그중 가장 큰 네 개의 강을 언급했는데, 나일강, 유프라테스강, 티그리스강, 자이훈강이라고도 불리는 발크[25]강이다. 나일강은 남위 16도 제1기후대의 제4지역 안에 있는 커다란 산에서 시작한다. 이것은 꾸므르산이라고 불리며, 그보다 더 높은 산은 없다고 알려져 있다. 그 산에는 샘물이 많이 솟아 나오는데, 일부는 그곳의 호수로 흘러가고 다른 일부는 다른 호수로 들어간다. 이두 개의 호수에서 여러 개의 강이 나와 적도에 있는 하나의 호수로 들어가고 이것은 그 산으로부터 열흘 거리에 있다. 그 호수에서 두 개의 강이

---

24   카스삐해 남부에 거주하는 민족.
25   아프가니스탄 북방의 지명이고 고대 그리스인들은 옥수스라고 불렀다.

갈라져 나오는데, 하나는 북쪽으로 가서 누바족의 땅을 지나 이집트를 지나간다. 이집트를 지나간 뒤 이 강은 여러 개의 지류로 갈라지고, 이는 모두 운하로 불리며 알렉산드리아 근처에서 지중해로 흘러 들어간다. 이 강은 이집트 나일강이라고 불린다. 이집트 나일강은 동쪽으로는 상이집트, 서쪽으로는 오아시스들과 면해 있다. 또 다른 강을 살펴보자면 그것은 서쪽으로 흘러서 둘러싸인 바다로 들어가는데, 이 강은 수단 나일강이라고 불리며 수단 부족들이 그 연안에 살고 있다.

유프라테스강은 제5기후대의 제6지역에 위치한 아르메니아에서 시작한다. 이 강은 남쪽으로 흐르며 비잔틴 영내를 거쳐 말라키아와 만비즈를 흐르고 다시 씨핀, 락까, 쿠파 등의 도시를 거쳐 바스라와 와시뜨 사이에 있는 바뜨하에 도달한 뒤 인도양으로 들어간다. 많은 강들이 그 강으로 흘러 들어오고 또 많은 강들이 그 강에서 흘러나와 티그리스강으로 들어간다.

티그리스강도 아르메니아에 있는 킬라트 지방의 여러 샘물에서 시작된다. 그 강은 남쪽으로 모술, 아제르바이잔, 바그다드를 통과하여 와시뜨에 이른다. 그곳에서 여러 개의 강이 갈라지나 모두 바스라 호수로 들어갔다가 페르시아만으로 유입된다. 티그리스강은 유프라테스 동쪽으로 흐르고 있다. 많은 강이 여러 방향에서 그곳으로 합류한다. 유프라테스강과 티그리스강 사이에 위치한 지역 중 상부가 모술 반도이고 유프라테스 양안에서는 시리아와 접하고 티그리스강에서는 아제르바이잔과 접한다.

자이훈강이고 불리는 옥수스강은 제3기후대의 제8지역에 위치한 발크 지역의 여러 샘물에서 시작된다. 이 강은 남에서 북으로 흐르는데, 거기에 큰 강들이 합류하며 쿠라산을 거쳐 제5기후대의 제8지역에 있는 쿠와리즘을 지나 주르자니아 호수가 있는 아랄호로 들어간다. 그 폭과 길이는 모두 한 달 걸리는 거리다. 투르크인의 땅에서 나오는 파르가나와 샤슈[26] 강

---

26 타슈켄트.

들도 그곳으로 들어온다. 옥수스강의 서쪽에는 쿠라산과 쿠와리즘이 위치하고, 동쪽에는 부카라, 티르미드, 사마르칸드가 있다. 그 너머에 투르크, 파르가나, 카즈라지야, 그리고 비아랍계 민족들의 지역이 있다. 이 모든 것이 프톨레마이오스의 저작과 샤리프의 『로저의 서』에서 언급한 것들이다. 그들은 거주 지역에 있는 산과 바다와 강들을 모두 지도에 그려 넣었고 자세히 설명했으므로 더 이상 부연할 필요는 없다. 왜냐하면 우리의 관심은 베르베르족의 고향인 마그립과 아랍인들의 고향인 마슈리끄에 있기 때문이다. 알라께서 우리의 성공을 도우시기를.

### 서론2 보충 지구의 남반구보다 북반구에 더 많은 문명이 존재하는 이유

우리는 직접 보았거나 전승에 의존해 거주 지역의 제1, 제2기후대가 다른 기후대에 비해 훨씬 소수의 문명을 가지고 있다는 것을 알고 있다. 제1, 제2기후대의 거주지에는 여러 군데 황무지와 사막이 있고 그 동쪽에 인도양이 있다. 이 기후대에는 주민의 수도 많지 않고, 도시와 마을도 많지 않다. 그러나 제3, 제4기후대나 그다음의 기후대들은 상황이 다르다. 그곳에는 황무지가 적고 사막은 적거나 아예 없다. 그곳의 민족과 주민의 수는 많고 도시와 읍들도 많다. 문명은 제3, 제6기후대 사이에 자리 잡고 있으며, 그 남쪽은 공터나 다름없다. 철학자들은 그 이유가 남쪽에서는 태양이 천정天頂에 가까이 지나가서 지나친 더위 때문이라고 주장한다. 우리는 이러한 주장을 증명해 보고자 한다. 왜냐하면 이런 증명을 통해 문명이 제3, 제4기후대에서 가장 발달하고, 제5, 제6, 제7기후대로 연결되는 이유를 분명히 알 수 있기 때문이다. 천구의 남극과 북극이 수평선에 위치하면 천공을 둘로 나누는 거대한 원이 된다. 그것은 가장 커다란 원이며 동에서 서로 달리고 천구 적도라고 불린다. 상부의 천구는 매일 동에서 서로 한 번 회전하고 그 천구에 둘러싸인 여러 개의 천구도 회전한다.

이 회전은 관찰로 알 수 있다. 반면 상부의 천구 아래에 있는 천구들의 별들은 반대, 즉 서에서 동으로 움직이며, 그 운동의 주기는 별들의 운동 속도에 따라 다르다. 천구들 내부의 별들의 경로와 평행해서 달리는 거대한 원이 있는데, 그것은 상부 천구에 속하며 그 천구를 둘로 나눈다. 이것이 황도인데 12궁으로 나뉘어져 있다. 천구 적도는 반대되는 두 지점에서 황도와 만나는데, 그곳은 백양자리의 처음과 천칭자리의 처음이다. 천구 적도는 황도대를 둘로 나누는데, 그 반쪽은 춘분 선에서 북쪽으로 향해 있고 그곳은 백양자리의 시작에서 처녀좌의 끝까지이다. 다른 반쪽은 춘분 선에서 남쪽을 향해 나와 있는데, 천칭자리의 시작에서 쌍어자리의 끝까지이다. 천문학 관측에 의하면, 적도는 일곱 기후대 가운데 제1기후대의 시작에 있으며 모든 문명은 그 북쪽에 위치한다. 북극은 거주 지역에서 서서히 올라가다 북위 64도에 이르면 끝나는데, 거기에서 문명이 끝나고 그곳이 제7기후대의 마지막이다. 지평선상의 위도가 90도에 달하면 그곳은 극점과 천구적도 사이인데, 극점이 천정이 되고 천구적도는 지평선상에 위치하게 된다. 12궁 가운데 여섯 개는 지평선 위에 남는데, 이는 북방의 궁들이다. 나머지 남방의 여섯 개의 궁은 지평선 아래에 있다. 문명은 북위 64도와 90도 사이의 지역에서는 불가능하다. 그 이유는 더위와 추위 사이의 시간적 간격이 지극히 멀어 양자가 적절히 섞이지 못하기 때문이다. 따라서 그곳에는 생장이 있을 수 없다. 태양이 적도상에서 백양자리와 천칭자리의 시작점에 있을 때 정점에 위치하고 그다음 정점에서 하강하여 큰게사리와 마살자리의 시작점에서 저점에 이른다. 태양이 천구 적도에서 가장 낮게 내려가는 것은 24도다. 북극이 지평선상에서 오르면 천구 적도는 북극의 상승에 따라 정점에서 내려간다. 남극도 세 가지 거리에 의해 내려간다. 기도 시간을 중시하는 학자들은 이것을 위도라고 부른다. 천구 적도가 정점에서 내려갈 때 북방에 있는 궁들은 큰 게자리에 이를 때까지 점진적으로 상승한다. 남방의 궁들은 마갈자리에 이를 때까지 내려가는데, 우리가 앞에서 설명했듯이 12궁의 두 쪽이 적도지평선을 중심으로 위와 아래 양쪽으로 기울어져 있기 때문이다. 북방의 지평선은 계속 올라가다 가장 멀리까지 도달하는데 그곳은 큰 게자리의 시작이 천정에 있는 곳이다. 이곳이 북위 24도며 히자즈와 그 주변 지역이다. 이는 큰 게자리의 시작점이 북극의 상승에 따라 정점에 도달한 채 적도의 지평선에 있는 천구 적도에서 기울어진 경사다. 북극이 24도보다 더 많이 올라가면 태양은 정점에서 하강하고, 북극이 64도로 올라갈 때까지 계속 하강한다. 이때 정점에서부터 태양의 하강은 남극이 지평선에서 하강하는 것과 마찬가지이다. 그런 지역은 열기가 없는 기간이 길고 추위와 냉기가 극심해서 생장이 멈춘다. 태양은 정점이나 정점 부근에 있을 때 지구에 수직으로 빛을 보낸다. 태양이 정점에 있지 않을 때는 지구로 보내는 빛이 둔각이나 예각이 된다. 햇빛이 직각을 이루면 빛은 강하고 널리 퍼지지만 둔각이나 예각일 때는 그렇지 않다. 따라서 태양이 정점이나 정점 근처에 있을 때 열기는 다른 지점에 있을 때보다 강렬한데, 햇빛은 열기와 더위의 원인이기 때문이다. 적도상에서 정점은 백양자리와 천칭자리에서 일 년에 두 차례 있다. 그곳에서 태양의 기울기는 크지 않다. 열기가 약화되면 태양이 큰 게자리와 마갈자리의 시작점에서 하강의 저점에 도달하고 다시 정점으로 상승한다. 수직으로 비치는 햇빛은 그곳의 지평선 위로 내리쬐고 오래 지속된다. 공기는 열기로 불타고 그 정도는 심하다. 적도와 태양은 위도 24도 사이에 위치한 지역에서 일 년에 두 번씩 정점에 이르고 이는 되풀이된다. 이때 햇빛은 적도에서처럼 지상으로 강하게 내려온다. 과도한 열기는 공기를 건조하게 하고 과도한 열기로 물과 수분은 건조해지며 생장은 광물, 동물, 식물에서 파괴된다. 생장은 수분 없이 존재할 수 없기 때문이다. 큰 게자리의 시작점은 위도 25도나 그 이상의 지점에서 정점으로부터 하강하고 태양도 정점에서 하강한다. 따라서 열기도 점차 완화되고 생장도 가능하다. 이런 상태는 햇빛의 부족과 태양광

선의 둔각으로 인해 추위가 극심해질 때까지 지속된다. 그러면 생장은 축소되고 파괴된다. 과도한 열기가 생장을 파괴하는 것은 엄청난 추위가 파괴하는 것보다 더 크다. 왜냐하면 추위의 영향으로 동결되는 것보다 열기가 건조에 미치는 영향이 더 빠르기 때문이다. 그러므로 제1, 제2기후대에서는 문명이 약간만 존재한다. 제3, 제4, 제5기후대에서는 문명이 중간만큼 존재하는데, 그것은 빛의 양이 줄어 열기가 온화해지기 때문이다. 그러다가 제6, 제7기후대에서는 확연히 줄어든 열기로 많은 문명이 존재한다. 추위가 생장에 미치는 영향은 열기에 비해 그만큼 치명적이지 않다. 추위가 심해져 건조화가 나타나고, 탈수 현상이 초래될 때 비로소 파괴력이 나타나는데 바로 제7기후대 너머의 지역이 그렇다. 이런 모든 것을 통해 문명이 북반구에 더 많고 풍부한 이유가 설명되었다. 알라께서 더 잘 아신다.

이런 사실들을 근거로 철학자들은 적도와 그 너머의 지역에 사람이 거주하지 않는다고 주장했다. 그러나 인간의 관찰과 지속적인 전승에 근거하면 이에 반박하는 주장도 있다. 이러한 주장에 대해 그 증거는 어떤 결론을 제시할까? 분명한 것은 철학자들이 그곳에 문명이 완전히 없다고 말한 것은 아니라는 사실이다. 그들의 논증은 과도한 열기로 인한 생장력의 파괴가 너무 커서 그곳에서 문명은 불가능하거나 가능하더라도 아주 미미할 것이라는 말이다. 사실 그렇다. 적도와 그 너머 지역에는 문명이 있다고 해도 매우 적다고 전해져 왔다. 이븐 루시드[27]는 적도가 중앙에 있기 때문에 적도 너머의 남쪽도 북쪽의 경우와 마찬가지라고 주장했다. 따라서 북반구에 거주지가 있는 만큼 남반구도 그렇다는 것이다. 생장의 파괴라는 점을 고려해보면 그의 주장이 불가능하지는 않다. 그러나 남반구는 물로 덮여 있어 북반구처럼 생장이 가능하지 않기 때문에 남쪽의 적도

---

27    1126~1198. 스페인 출신의 아랍인 철학자이고 의학자였다. 그는 서구에서는 아베로스
      (Averroes)라고 알려져 있다.

너머 지역의 그러한 상황은 불가능하다. 많은 양의 물이 남반구에 있으므로 대칭성은 불가능하다는 것이다. 문명은 점진적으로 이루어지지만 그 점진적인 행보는 문명이 존재하는 곳에 해당되지 문명이 존재하지 않는 곳에는 아예 해당되지 않기 때문이다. 문명이 존재할 수 없다는 주장은 전승의 내용에 반대되는 것이지만 알라께서는 가장 잘 알고 계신다.

이 모든 언급을 끝냈으니『로저의 서』의 저자가 행했던 것처럼 지구의 지도를 그려 보자.

## 지구의 지도를 그리기 위한 세부사항

철학자들은『로저의 서』저자의 언급에 따라 북에서 남에 이르기까지 일곱 개의 지역으로 문명을 구분 지었으며, 각각의 지역을 기후대라고 명명하였음을 인지하라. 그러므로 지구상의 문명은 모두 이 일곱 개의 기후대로 구분된다. 각 기후대는 서쪽에서 동쪽으로 그 길이에 따라 하나씩 구분된다. 그 첫 번째 기후대는 적도에 접한 채 약간 남쪽으로 치우쳐서 서쪽에서 동쪽으로 흐른다. 그 이면에는 불모지와 사막 그리고 약간의 거주지만이 존재한다. 그 북쪽에 접한 채 제2기후대가 시작하여 제3기후대, 그리고 제4, 제5, 제6, 제7기후대가 전개되는데, 제7기후대는 북반구의 문명지 중 최후의 것을 의미한다. 제7기후대의 이면에는 황량한 빈 터와 불모지만이 존재하고 이러한 지역은 둘러싸인 바다에 이를 때까지 그 상태로 유지된다. 이것은 남쪽의 제1기후대의 이면이 처한 상황과 동일하다. 하지만 북쪽의 공터는 남쪽의 공터보다 훨씬 적다. 그리고 밤과 낮의 시간이 이런 기후대들을 지나게 되는데 그 이유는 천구 적도로부터 태양이 기울어지고 북극점이 지구의 지평선에서 상승하기 때문이다. 그러므로 밤과 낮의 시작점도 그와 마찬가지가 된다. 밤과 낮의 길이는 제1기후대의 마지막 부분에서 끝나게 된다. 태양은 밤이면 마갈자리의 시작 부분에 달하고 낮이면 큰 게자리의 시작 부분에 달하게 되며 그 두 자리 간 거리는 13시간에 달한다. 이와 마찬가지로 태양이 제2기후대의 마지막에 도달하면 낮의 길이는 태양이 큰 게자리의 시작 부분에 도달할 때 끝나게 된다. 이런 현상은 여름에는 반대로 일어나며 13시간 30분 정도 걸린다. 마찬가지로 가장 긴 밤의 길이는 겨울에는 그 반대편에서 태양이 마갈자리의 시작 부분에 도달할 때이다. 밤과 낮이 가장 짧은 때는 13.5도 이후에 시간적으로 24시간이 지났을 때이다. 바로 그것이 천구가 완벽한 상황에 처했을 때이다. 이와 같이 진행되어 제3기후대 마지막에 도달하면 북쪽을 지나서 밤과 낮은 14시간 만에 끝이 난다. 제4기후대 마지막에 도달하면 14시간 30분이 걸린다. 제5기후대 마지막에서는 15시간, 그리고 제6기후대 마지막에 도달하면 15시간 30분이 걸린다. 제7기후대 마지막에 도달하면 16시간이 된다. 그리고 그곳에서 문명은 분리된다. 따라서 이런 기후대들은 밤과 낮에 있어서 각 기후대마다 30분씩 더 길게 늘어진다. 그 시작은 남쪽에서였지만 그 끝은 북쪽에서 끝나게 된다. 그리고 이런 거리는 일정한 간격을 띈다.

이런 기후대들의 위도에 대해 언급하자면 그것은 태양의 정점과 천구적도 사이의 거리를 나타내는 것이다. 천구 적도는 적도의 정점을 의미하는데 남극이 해당 지방의 지평선에서 하강하고 북극은 상승하는 형태이고, 이는 3척의 거리인데 앞에서 언급한 것처럼 위도라 불리는 것과 동일하다. 지리학자들은 일곱 개의 기후대의 길이를 서쪽에서 동쪽을 향해 동일하게 열 개의 지역으로 구분하였다. 그들은 각 기후대에 속한 각 지역의 지방, 도시, 산, 강을 모두 포괄적으로 언급하였고, 지형 간의 서리노 계산하여 명시하였다. 이제 우리는 선대의 지리학자들이 이루어 놓은 것을 다시 언급하려 한다. 우리는 각 기후대의 각 지역에 있는 유명한 지방, 강, 바다를 중심으로 다룰 것이다. 이러한 작업을 돕기 위해 *Nuzhat al-Mushtāq*[28]에 언급

---

28   이 책의 정식 명칭은 *Kitab Nuzhat al-Mushtāq fi 'Ikhtirāq al-'afāq*이고 '수평선을 관통하고자 하는 자의 즐거운 여행'으로 번역된다.

된 것을 참조할 것이다. 이 책은 이드리스[29]가 유럽 기독교도인 시칠리아의 군주 로저 2세를 위해 지은 것으로, 당시 이드리스 가문은 말라가[30]의 군주를 떠나 유럽 기독교도인 시칠리아의 군주의 보호하에 정착했다. 6세기 중반 이 책을 저술한 그는 마스우디, 이븐 쿠르다디바, 하우깔리, 꾸드리, 이븐 이스하끄 알무낫짐, 프톨레미[31]와 그 밖의 학자들이 쓴 책을 모은 것으로 알려져 있다. 우리는 이제 제1기후대에서 시작하여 제7기후대까지 다룰 것이다. 알라께서는 위대하시고 축복과 더불어 우리를 감싸주신다.

## 제1기후대

이곳의 서쪽에 프톨레미가 가장 긴 길이를 측정하기 시작했던 카나리아 제도가 있다. 카나리아 제도는 제1기후대의 일부가 아니고 둘러싸인 바다에 있고 여러 개의 큰 섬이 모여 있다. 그중 유명한 세 개의 섬이 있는데, 사람들의 말을 빌자면 그곳에는 주민들이 거주했으나 그곳을 지나다니던 유럽 출신의 선박들이 주민들을 죽이거나 전리품을 마그립해안 지역에 팔았다고 한다. 그들은 술탄의 사람이 되었다. 그들이 아랍어를 습득하게 되자 술탄에게 자신들이 약탈한 장소인 섬들의 상황을 자세히 보고하였다는 것이다. 섬의 주민들은 수 세기에 걸쳐 경작을 하고 있었다. 그들은 철 기구를 사용하지는 않았고 보리를 주식으로 삼고 염소를 가축으로 키웠다. 전투 시에는 돌을 뒤 쪽으로 던졌다고 한다. 그들은 태양을 숭배했는데, 종교라는 개념은 알지 못했고 포교도 경험해 본 적이 없다. 이

---

29　Abu Abd Allah Muḥammad al-Idrisi al-Qurtubi al-Hasani al-Sabti(1099~1165). 그는 무라비뚠 왕조의 시대에 세우타에서 출생했다. 여행가이고 지리학자이다.

30　스페인 남부 안달루시아에 있는 주.

31　Claudius Ptolemy(90~168). 이집트 거주의 로마 시민. 수학자, 지리학자, 천문학자이자 시인이었다. 다수의 과학서를 지필했는데 그중 세 작품은 이슬람과 유럽 학문에 큰 영향을 주었다. 첫째, *Almagest*로 알려진 천문학서, 두 번째는 *Geography*로 그리스 로마 세계의 지리에 관한 지식을 담고 있다. 세 번째 *Apotelesmatika*는 천문학서이다.

러한 섬들의 위치가 발견된 것은 순전히 주변의 바다를 경유하는 선박의 출현 때문이었다. 사실 이런 선박들은 바람을 따라 운행하는 것으로 바람이 지나가는 지방을 따라가며 어디로 향하게 되는지 알게 된다. 이렇게 선원들은 항해의 방향을 간파하고 있었으므로 그들이야말로 바다에서 배의 지도자라 할 수 있다. 지중해의 경계와 그 주변의 지방들은 있는 모습 그대로 해변 상황들과 더불어 기록되었다. 또한 풍향이 달라질 때의 항로 역시 그러한 기록에 그림으로 첨부되었다. 사람들은 이것을 나침반[32]이라 불렀다. 따라서 뱃길을 나서는 사람들은 이것에 전적으로 의존하게 되었다. 하지만 이 모든 것이 대서양에서는 존재하지 않았다. 그러므로 선박들은 대서양을 관통하지 않았다. 왜냐하면 해변의 시아에서 일단 배가 사라지면 안전하게 귀환하는 경우가 드물었기 때문이다. 둘러싸인 바다의 공기와 바다 표면에서 발생하는 수증기를 면밀히 관찰하여 선박의 항로를 결정하였는데, 수증기가 너무 멀리서 발생하면 지구 표면을 빗겨 간 태양광선은 선박의 위치를 추정할 수 없게 했다. 그러므로 제대로 된 항로 안내가 어렵고 그런 정보에 의존하기도 쉽지 않았다.

이 기후대의 제1지역에는 우리가 앞에서 언급한 것처럼 꾸므르산으로부터 시작되는 나일강의 교차점이 있다. 이것은 수단의 나일강으로 불린다. 이 강줄기는 둘러싸인 바다로 흘러 그곳에 있는 아르구인섬[33]을 지나간다. 바로 이 강을 따라 살라, 타크루르, 가나 등의 도시가 펼쳐진다. 이 도시들은 오늘날 수단 민족의 말리 왕국에 속해 있다. 바로 그들의 지방을 향해 마그립 상인들이 여행을 했는데 북쪽 근방의 람투나 시방과 씬하자족의 무리와 사막을 배회하는 이들이 있다. 한편 이 강의 남부에는 한 무리의 수단 족속이 살았는데, 사람들은 이들을 린리누라고 불렀고 그들에게는 종교가 없었다. 특이하게도 그들은 얼굴과 관자놀이를 태운 모습

---

32  아랍어로 칸바스. 영어로 compass이다.
33  Mauritania의 서해안에 위치한 섬.

을 하고 있었다. 가나족과 타크루르족은 그들을 심하게 질투했고, 그들에게 모욕감을 주는 공격을 하고 그들을 잡아 상인에게 팔았다. 결과적으로 그들은 서부로 흘러들었고 모두 노예가 되었다. 남부에서 그들의 거주지 후면에는 문명이 존재하지 않았고 그곳의 거주민은 단지 말을 할 줄 아는 동물에 가까운 상태의 비인간으로 묘사되었다. 그들은 사막과 동굴에 거주하며 풀을 뜯어 먹고 익히지도 않은 채 곡식을 먹었다. 그들은 서로를 잡아먹었을 가능성도 있고 사람이라고 할 수 없는 정도였다. 수단 지역의 과일은 서부 사막에 위치하고 있는 여러 개의 성에서 나오는데, 예를 들자면 타와트, 타크다라린, 와르칼란이 있다. 가나 지방은 바누 살리흐로 알려진 알리 가문이 지배권을 장악하고 있었다. 『로저의 서』의 작가는 그가 살리흐 븐 압둘라 븐 하산 븐 알하산이라고 주장했다. 하지만 이 살리흐가 압둘라 븐 하산의 자손인지는 알려지지 않았다. 이 왕조는 소멸하여 오늘날 말리 술탄의 가나가 되었다.

제1기후대의 제3지역에 위치하고 있는 이 지방의 동쪽에 쿠쿠 지방이 있는데, 그 지역의 몇몇 산에서 흘러나오는 강변에 위치하고 있다. 그 강이 서쪽으로 흐르면 제2지역의 사막 지대를 통과한다. 당시 쿠쿠의 지배권은 독자적이었고 이후 말리의 술탄이 그 지역을 장악했고 자신의 왕국으로 통합시켰다. 오늘날 이 지역은 반란으로 황폐화되었고 베르베르의 역사를 대신하는 말리 왕국을 언급할 때 다룰 것이다. 쿠쿠 지방의 남쪽에는 수단 민족의 일부인 카누마족이 있었다. 그 이후에는 쿠쿠의 북쪽에 있는 나일강변에 완가라 왕조가 있었다.

완가라와 카누마 지방 동쪽에 이 기후대의 제4지역에 있는 루바 지역과 연결되어 있는 타지라와 자가와타 지방이 있었다. 그곳에는 이집트의 나일강이 적도의 시작점에서부터 북쪽의 지중해를 향해 흐르고 있다. 이 강의 근원은 꾸므르산이다. 이 산은 위도 16도에 위치하고 있다. 일부 학자들은 꾸므르를 발음할 때 모음을 다르게 발음했다. 그들은 'ㄲ'과 'ㅁ'에

'ㅏ' 모음을 붙여서 발음했는데 그 이유는 하늘의 달이 유난히 환해서 그렇다는 것이다.[34] 그러나 야꾸뜨의 책 *al-Mushtarak*에서는 'ㄲ'에 '우'를 'ㅁ'에 '으'를 붙여 발음하고 있는데, 이는 인도 부족의 습관과 관련이 있다. 이븐 사이드 역시 그렇게 언급하고 있다. 바로 이 산에서부터 열 개의 샘이 분출되어 다섯 개씩 두 개의 호수에 집결되는데 양자의 거리는 6마일이다. 그 두 개의 호수에서 각기 세 개씩의 강이 흘러나온다. 이 강들은 모두 그 호수의 북쪽에서 갈라지는 반대편의 산 아래에 있는 하나의 물줄기로 합류된다. 그 물은 두 개의 줄기로 다시 갈라지는데, 서쪽에서 출발한 것은 약간 서쪽으로 기울어진 채 수단 지역을 향해 흐르다 종국에는 둘러싸인 바다로 들어가고 동쪽에서 출발한 것은 북쪽으로 흘러 아비시니아와 누바 지역 그리고 양자의 사이 지역을 통과한다. 또한 위쪽에는 이집트가 있는데 결국 이 물줄기는 세 지역을 흘러 알렉산드리아와 라시드, 빈아트에 도달하여 지중해로 접어든다. 지중해에 도착하기 이전 염분기가 있는 호수 하나가 제1기후대의 중앙에 있다. 이 강변에는 누바, 아비시니아 지역, 그리고 수단에 접해 있는 여러 개의 오아시스가 있는 지역들이 있다. 누바 지역에는 '단깔라'라는 도시가 있는데 이 도시는 이 강의 서쪽에 있고 그다음에 있는 도시는 알와 그리고 빌라ㄲ이다. 이 두 개의 도시 다음에 빌라ㄲ 북쪽으로 6일 거리에 자나드 산이 있다. 이 산은 이집트 쪽에서 보면 높고 누바 쪽에서 보면 낮다. 나일강은 그 지역을 가로질러 거대하고 깊은 심해를 이룬다. 따라서 어떤 선박도 그곳을 한 번에 운행할 수 없으므로 수단 선박의 뱃짐을 운송할 때 반드시 상 이집트인 아스완 지방으로 옮겨진다. 이렇게 해서 상 이집트의 뱃짐은 갑판에서 자나드 상부의 기지로 간다. 자나드에서 아스완까지는 꼬박 12일이 걸린다. 그곳의 서쪽에 있는 오아시스들은 나일강변을 따라 있는데 현재는 파괴

---

34  일부 학자들은 '꾸므르산'을 '까마르산'이라고 발음했다. 아랍어로 '까마르'는 달을 의미한다.

되었다. 이 오아시스들과 더불어 고대문명의 유적지가 있다.

이 기후대의 중앙에 제5지역이 있는데, 이는 나일강 유역에 있는 아비시니아 지역에서 시작하고 적도의 후면에서 출발하여 누바 지역을 향해 간다. 그곳에는 거대한 나일강이 이집트를 향하고 있다. 많은 사람들은 그들의 상상력에 바탕을 둔 채 그 강은 꾸므르의 나일강에서 비롯된 것이라고 했다. 하지만 프톨레미는 자신의 지리서에서 이 강은 꾸므르의 나일강에서 비롯된 것이 아니라고 언급한 바 있다. 이 기후대의 제5지역의 중앙을 향하다 보면 중국 쪽에서 들어온 인도양이 끝난다. 이 기후대는 대부분이 제5지역을 뒤덮는다 해도 과언이 아니다. 따라서 그 지역에는 초입에 위치하고 있는 군도에 꽃피었던 문명을 제외하고는 남아 있는 문명이 없다. 사람들의 표현을 빌자면 군도의 섬은 천 개에 달한다고 한다. 남부의 해안에 꽃핀 문명이 최후의 문명이라고도 하고 혹은 북쪽 해안에 있던 것이라고도 한다. 하지만 제1기후대의 문명은 동쪽에 있는 중국 지방과 예멘 지방의 것이 유일한 것이다.

이 기후대의 제6지역은 인도양에서 북쪽으로 향하는 거대한 두 개의 바다 사이에 놓여 있다. 하나는 홍해이고 다른 하나는 페르시아해다. 이 두 개의 바다 사이에 아라비아 반도가 있다. 이 지역은 예멘 지방과 인도양 해변 동부에 있는 샤흐르 지방 그리고 히자즈 지방과 야마마 지방과 제2기후대에서 언급하겠지만 두 개의 바다를 향하고 있는 곳들 그리고 그 밖의 지역 등을 포함한다. 이 바다의 서쪽 해안에는 아비시니아 지방과 접해 있는 잘리아 지방이 있는데, 그곳은 상 이집트의 남단에 있는 알라끼산과 인도양에서 더 낮은 쪽으로 내려온 홍해 사이에 위치하고 있으며 아비시니아 지방의 북쪽 지역에 있다. 잘리아 지방의 아래 밥 알만답 만灣이 있는데 그곳에서 수면이 내려간 바다는 남쪽에서 북쪽까지 예멘 해안과 함께 뻗치면서 인도양의 중앙에 있는 만답산과 경쟁적으로 좁아지는데 그 길이가 12마일이다. 이런 이유로 그곳은 폭이 3마일 정도 좁아지게 된다. 그래서 밥 알만답이라 불린다. 그곳에서 예멘의 선박들은 이집트 근처에 있는 수에즈해안까지 운항한다. 밥 알만답의 아래로 사와키나섬과 다흘라카섬이 있다. 그리고 밥 알만답의 서쪽 맞은편에 수단 민족인 베자족[35]의 지역이 있다. 이는 이미 언급되었다. 밥 알만답의 동쪽에는 예멘의 티하마 부족[36]이 있다. 그곳에서부터 해안가를 따라 야으꿉 지방이 있다. 잘리아 지방의 남쪽과 그 서쪽 해안을 따라 베르베르 촌락이 서로서로 어깨를 나란히 대고 연달아 있다. 그 남쪽은 제6지역의 마지막 부분을 향하고 있다.

그 지역의 동쪽에 잔즈[37] 지방이 있고 그다음으로 수팔라 지방이 있는데, 이 지방은 이 기후대의 제7지역의 남부 해안에 펼쳐져 있다. 남부 해안에 있는 수팔라 지방의 동쪽에 와끄와끄 지방이 있는데 이 기후대의 제10지역 마지막 부분에 연결된다. 이곳이 둘러싸인 바다의 시작되는 부분에 접한다는 의미다.

그곳에 분포되어 있는 군도에 대해 말하자면, 가장 큰 섬은 실론 섬으로 그 형태는 둥글고 그곳에는 매우 유명한 산이 있다. 지구상에 그보다 더 높은 산은 없다고 알려져 있다. 그 섬은 수팔라의 반대에 위치한다. 그 다음으로는 까므르섬이 있는데 이는 길쭉하게 생긴 모양으로 수팔라 앞에서 시작하여 동쪽으로 뻗어 있는데 매우 큰 각도로 북으로 휘어져 있으며 중국의 남부와 맞닿은 해변과 가깝다. 그 섬 남쪽의 바다에 와끄와끄섬이 있다. 또한 와끄와끄섬 동쪽에 실란섬[38]이 있다. 이 바다에는(인도양) 많은 섬이 있다. 그 섬들에는 여러 종류의 향료가 있고, 금광과 에메랄

---

35    아랍어로는 '붓자'이다. 아프리카의 유목민으로 이집트 남동쪽에서 수단을 거쳐 에리트레아까지의 산악 지대에 거주하는 민족이다.
36    아라비아 반도의 남서쪽과 남부의 해안을 지칭하는 지역.
37    잔즈(Zanj)는 아랍어로 흑인의 땅을 의미하며, 중세 아랍의 지리학자들은 동아프리카 해안과 그곳의 거주민을 '잔즈'라고 불렀다.
38    신라.

드가 풍부하고 주민들은 대개가 조로아스터교를 믿으며 많은 왕이 있다고도 한다. 이런 군도의 문명 상황은 매우 경이로운 것이다. 제1기후대 제6지역에 있는 이 바다의 북쪽 해안에는 전부가 예멘 지방이다. 꿀줌 바다에서 보면 자비드 지방과 마흐잔 지방 그리고 예멘의 티하마가 있다. 그다음으로 자이드 이맘의 본거지인 사으다 지방이 있다. 그런데 사으다 지방은 인도양에서 남부로, 페르시아만에서 동부로 멀리 있다. 그다음으로 도시 아덴이 있고 그 북쪽에 싸나가 있다. 두 도시 너머 동쪽으로 아흐까프와 자파르가 있다. 자파르 다음으로 정주문명의 도시 마우투가 있다. 그리고 남쪽의 인도양과 페르시아 걸프 사이에 시흐르 지방이 있다. 제6지역은 제1기후대 중부 지역에서 유일하게 바다로 덮이지 않은 곳이다. 또한 제9지역의 극히 일부가 물로 덮이지 않았다. 제1지역의 대부분은 중국 지방의 남부가 차지한다. 중국의 유명한 도시 중에는 카니쿠[39]가 있고 그 동쪽 맞은편에 방금 언급한 실란섬이 있다. 이것이 제1기후대와 연관한 마지막 언급이다. 알라께서는 위대하시고 그분의 덕으로 모든 것이 이루어진다.

### 제2기후대

제2기후대는 제1기후대의 북쪽에 연결되어 있다. 둘러싸인 바다에 위치하고 있는 이 기후대로부터 서쪽의 맞은편에 카나리아 제도에 속해 있는 두 개의 섬이 있다. 제2기후대의 제1지역과 제2지역에 그것도 가장 남쪽에 있는 것이 까누리아 지역[40]이다. 그다음으로 동쪽을 향하면 가나지역의 최남단이 있다. 그다음으로 수단의 자가와 지방이 있다. 그 두 지역의 가장 아랫부분에 니스트라 사막이 있는데, 이는 서에서 동으로 걸쳐 연결

---

39    중국의 광저우를 말한다.
40    9세기에서 19세기까지 번성했던 세푸 왕조로 차드호 주변에 위치했다.

되어 있고 모로코와 수단을 왕래하는 상인들이 통행하는 사막 지대로 알려져 있다. 그곳에는 복면 씬하자족의 지역도 있는데 그들은 대다수가 카줄라, 람투나, 미스라타, 람타, 와리카 지역 사이를 왕래하던 자들이다.

이 사막의 길 위에 동쪽으로 팟잔 지역이 있고 그다음으로 베르베르족의 일원인 아즈카르의 영역이 있으며 동쪽 길을 따라가다 보면 제3지역의 가장 높은 지역을 향하게 된다. 그다음으로 이 지역에는 수단족 출신인 키와르족의 영토가 있다. 그리고 바자우의 영토 일부가 포함되어 있다. 제3지역의 북단에는 왓단 지역의 나머지 영토가 있다. 그 영토의 동쪽에 '내륙의 와하'라 불리는 산타리야[41] 지역이 있다.

제4지역의 상부에 바자우의 나머지 영토가 있다. 이 지역의 중앙과 상 이집트에 제1기후대에서 시작하여 바다로 종결되는 나일강의 경계가 막고 있다. 따라서 이 지역에서는 가로막고 있는 두 개의 산 사이를 통과하게 되는데, 그 두 개의 산은 다름 아닌 서쪽에 있는 와하 산과 동쪽에 있는 무깟담 산이다. 이 지역의 최고 상부에는 아스나, 아르만타 지방이 있으며 이 지역의 경계는 아스유뜨, 까우스 그리고 쑬에 연결된다. 바로 이 지점에서 나일강은 두 개의 협곡으로 갈라진다. 그중 오른쪽 협곡은 아훈[42]에서 왼쪽 협곡은 달라쓰에서 끝난다. 그 두 개의 협곡 사이에는 하 이집트의 거주지역이 있다.

무깟담 산의 동쪽에 아이답사막이 있는데 이 사막은 제5지역에서 홍해를 향해 끝나게 된다. 이는 북쪽에서 보자면 남쪽에 있는 인도양에서 하강하는 꿀줌 바다인 것이다. 이 지역의 동쪽 측면에 히자즈 지역이 있는데 이는 얄람람 산에서 야쓰리브까지 걸쳐 있다. 히자즈 중부에 알라께서 영예롭게 만드신 메카가 있다. 그리고 메카의 해안에 도시 제다가 있는데 이 바다의 서쪽 측면에 있는 아이다브 지역과 마주보고 있는 형국이다.

---

41 산타리야(Santariyah)는 이집트의 '시와 오아시스'를 말한다. 그곳에 오라클 신전이 있다.
42 상 이집트의 파이윰 지방에 있는 마을 명.

제2기후대의 서쪽에 있는 제6지역의 서쪽에 나즈드 지방이 있고 나즈드의 남단에 타발라,[43] 자라슈가, 그리고 북쪽에 우카즈가 있다. 이 지역의 나즈드 지방 아래쪽에 히자즈 지방의 나머지 부분이 있고 동쪽에 있는 바로 그 지역에 나즈란, 카이바르 지방이 있고 또한 그 아래에는 야마마가 있다. 동쪽에 있는 나즈란의 반대편에 사바으, 마으립, 그리고 시흐르 지역이 있다. 제6지역은 페르시아해에 가서야 끝나는데, 이는 인도양에서 북쪽으로 향하는 바다이다. 이 지역에서 서쪽으로 꺾어지면 제6지역의 동쪽과 북쪽 사이를 가로지르는 삼각지대가 있다. 그곳의 상부 지역에 도시 깔하트가 있는데, 이 도시는 시흐르의 해안에 있다. 그리고 해안을 따라 그 아래쪽에 오만 지방이 있다. 그다음에 바레인 지방이 있으며 제6지역의 마지막 부분에 하자드가 있다. 이 기후대의 서쪽에서 가장 상부에 있는 제7지역에 페르시아해의 일부가 포함되어 있다. 이 바다는 제6지역에 있는 페르시아해의 일부와 연결되어 있다. 인도양은 제7지역의 상부 전체를 관통한다. 그리고 바로 그곳에 신드[44] 지방에서부터 마크라나 지방까지 있으며 그 반대편에 따으바란 지방이 있는데 이곳은 신드에도 속해 있다. 따라서 신드 지방은 그 전체가 제7지역 서쪽에 연결되어 있는 형국이다. 그곳과 힌드[45] 지방 사이에는 사막지대가 있으며 그곳에는 힌드 지방에서 나온 강줄기가 흐르고 있다. 그 강줄기는 남쪽에 있는 인도양으로 흘러들어 간다. 힌드 지방의 앞은 인도양 해안에 위치하고 동쪽으로 그 맞은편에는 발하라 지방이 있다. 그리고 그 아래로 그들의 위대한 우상의 지방인 물탄이 있다. 그다음에 신드의 가장 아래 지역이 있고 그다음으로 시지스탄 지방의 가장 위 지역이 있다.

이 기후대의 서쪽에 제8지역이 있고 바로 그곳에 힌드에서 비롯된 발

---

43  예멘에 있는 지명.
44  인더스강의 삼각주 지역, 서파키스탄, 카라치를 가리킨다.
45  인도를 가리킨다.

하라 지방의 일부가 있다. 그리고 발하라 동쪽 맞은편에 깐다하르가 있고 그다음에는 마니바르가 있다. 인도양 해안의 가장 높은 지역과 마니바르 지방 아래에 카불이 있다. 그다음 동쪽으로 보면 대서양까지 뻗어 까누즈가 있는데 그곳은 이 기후대의 마지막 부분인 안쪽 캐쉬미르와 바깥쪽 캐쉬미르 지역 사이를 의미한다.

제9지역의 서쪽에 힌드의 가장 끝이 포함되는데 그곳은 제9지역의 동쪽으로 뻗어 나가서 결국 그 상층부가 제10지역에 연결된다. 그 지역의 가장 아래쪽에 중국의 일부가 있는데 그곳에 시구나[46]가 있고 제10지역에 있는 중국은 그 전체가 둘러싸인 바다에 접하고 있다. 알라와 그의 사도는 모든 것을 가장 잘 알고 계신다.


## 제3기후대

제3기후대는 제2기후대의 북쪽과 연결되어 있다.

제3기후대의 제1지역 중 윗부분 1/3 가량이 다라나산이다. 이 산은 둘러싸인 바다에서는 지역의 서쪽에 있고 그 밖의 지역에서는 동쪽까지 뻗어 있다. 이 산에는 베르베르족이 거주하고 있는데 그들의 수가 워낙 많아서 그들을 창조하신 분 이외에는 그 수를 헤아리지 못할 정도이다. 이 산과 제2기후대 사이에 있는 지역과 둘러싸인 바다에 접하고 있는 지역에 다이아몬드 광이 있다. 그 동쪽으로 접해 있는 곳이 수스와 눌 지방이다. 농쪽으로 다르아 지방이 있다. 그다음으로 시질마사가 있고 니스타라 사막의 일부가 차례로 있다. 이 사막에 관해서는 제2기후대에서 언급한 바 있다. 이 산은 제1지역에 위치하고 있는 이 지방 전체를 굽어보고 있는 형국이다. 서쪽에서 보자면 이 산에는 맞은편에 있는 말라위야 와디까지는

---

46  중국의 광동성을 지칭하는 것으로 추정된다.

길이 적고 그 이후로부터는 산이 끝날 때까지 길이 많다. 그 지역에 거주했던 민족은 다수인데, 마싸미다, 힌타타,[47] 타이남라쿠, 카드미와 그리고 마쉬쿠라가 있다. 그리고 신하카 부족이 있는데 그들이 바로 씬하자족이다. 그들이 이 지역에 거주하는 마싸미다의 마지막 부족이다. 그리고 이 지역의 마지막 지역에 거주했던 이들은 자나타 부족이었다. 이 지역의 양편 안쪽으로 우라사 산이 있는데 이것은 쿠타마산이기도 하다. 그 밖의 거주했던 베르베르족들에 관해서는 그들의 지역에 가서 다음에 소개하기로 한다. 다라나산[48]은 이 지역의 서쪽에서 모로코의 끝을 굽어보고 있다. 이 지방은 그 산의 양쪽 안쪽에 위치하고 있다. 모로코의 남쪽에 마라케시, 아그마트, 타달라 지방이 있다. 모로코와 접하고 있는 둘러싸인 바다의 해안에 리바트와 살라가 있다. 마라케시의 북쪽에 페스, 미크나사, 타잔 지방이 있고 쿠타마 성채도 있다. 이 모든 곳을 아울러 그곳 사람들의 관습에 따라 모로코라 부른다. 그곳에서부터 둘러싸인 바다 해안에 두 개의 지방이 있다. 그것은 아실라[49]와 아라이쉬다. 이 지방 동쪽 길에 마그립의 중부 지방이 있고 그 중앙은 틸미산이다. 지중해 해변에 후나이나, 오란, 알제 지방이 있다. 지중해는 제4기후대의 서쪽에 있는 탕혜르 만에서부터 흘러나온 둘러싸인 바다에서 나오고 동으로 흘러서 시리아 지방에서 끝나기 때문이다. 그러므로 점점 좁아지는 만囊에서 멀리 가지 않아 남쪽과 북쪽으로 넓게 펼쳐지고 곧 제3기후대와 제5기후대로 접어든다. 제3기후대 해안 이후로는 알제에 연결이 된다. 그 지방의 동쪽 해안에 베자이아[50] 지방이 있고 그 지방의 동쪽에는 콘스탄틴이 있다. 제1지역의 마지막 부분이자 이 지방 남쪽에 중부 마그립의 남부를 향해 높이 솟아 있는 곳이 바로

---

47   모로코에 거주했던 유명한 부족.

48   아틀라스산.

49   모로코 서부 테투안 주의 대서양 연안에 있는 도시로 고대 페니키아-카르타고의 질리라
      는 취락이 있던 곳에 건설되었다.

50   알제리 베자이아 주의 도시로 지중해 연안의 항구이다.

아쉬라 지방이다. 그리고 마실라 지방, 자부 지방이 있다. 자부의 본거지는 바스카라인데 이곳은 우리가 앞에서 지나 왔던 다라나와 연결되어 있는 아우라스산 아래에 있다. 이것이 제1지역의 동쪽 끝에 있다.

이 기후대의 제2지역은 제1지역의 위에 있다. 다라나산은 제2지역 남부의 1/3 정도를 차지하고 서에서 동쪽으로 향하다가 두 갈래로 나뉜다. 지중해가 그 북쪽에서 상당한 거리까지 뒤덮는다. 다라나산 남부의 서쪽은 전체가 사막이다. 또한 동쪽은 가다미스 지방이다. 다라나산 남쪽의 지역에서 동쪽으로 가다 보면 왓단 지역이 나오는데, 이 지역의 나머지 부분은 제2기후대에 위치한다. 다라나산과 지중해 사이에 위치한 다라나산의 북쪽은 우라사 산과 타빗사 그리고 우바수 지방이다. 그리고 해변에 부나 지방이 있다. 이런 지방들의 동쪽으로 가다 보면 이프리끼야 지방이 있다. 그리고 해안에 튀니스, 수사, 마흐디야 등의 도시가 펼쳐진다. 이 도시들의 남부, 즉 다라나산 아래 자리드 지방이 있다. 자리드 지방에는 투자르, 카프사, 나프자와가 있다. 이 지역들과 해변 사이에 까이라완과 와슬라타 산, 수브유띨라 산이 있다. 이 지역의 동쪽으로 따라불루스[51] 지방이 지중해에 펼쳐진다. 이 지역의 남쪽 맞은편에 둠마르라 산과 나끄라 산이 있는데, 다라나산과 연결되어 있는 하와라 부족들이 있는 곳이다. 이곳은 우리가 남부의 마지막 지역에서 언급했던 구다미스의 반대편이다. 이 지역의 동쪽에 수와이까 븐 마슈쿠라가 바다 위에 있다. 그리고 남쪽의 왓단 지역에 아랍인들의 지역이 있다.

이 기후대의 제3지역에 다라나산이 걸쳐 있다. 그 산은 이 지역의 마지막 부분에서 북쪽으로 향하다가 지중해까지 뻗쳐 있다. 그리고 그곳을 아우싼 곳이라고 부른다. 이곳의 북쪽에 있는 지중해는 이 지역과 다라나산 사이에서 점점 좁아지기 전까지는 엄청난 양의 물줄기로 흐른다. 이것은

---

51  레바논 북부의 가장 큰 도시.

남쪽에서는 다라나산의 뒤쪽이고 서쪽에서는 왓단 지역의 나머지 일부분이다. 그리고 왓단의 나머지 지역에 아랍인 거주지가 있다. 그다음으로 자윌라 븐 알카땁과 사막 그리고 동쪽에 있는 이 지역의 마지막까지는 황무지가 계속된다. 그 산과 서쪽의 바다 사이에 수르타 지방이 바다에 접해 있다. 그리고 황무지가 있는데 그곳에 아랍인들이 유랑하고 있다. 그다음으로 아즈다비야[52] 지방이 있고 그 산 중턱쯤에 바르까[53] 지방이 있다. 그다음으로 그곳에 바다에 접해 딸마사가 있고 그 산의 중턱 동쪽에 하입과 루와하 지역이 우리가 언급하고 있는 제3지역의 끝부분까지 펼쳐져 있다.

제3기후대의 제4지역 중 서쪽 상부에 바르끼끄 사막이 있고 그 사막의 저지대에 하입과 루와하 지방이 있다. 이 지역에 포함된 지중해는 그곳에서 남쪽으로 한동안 풍부한 물길을 보이다가 남쪽의 상부 경계를 압박한다. 그 부분과 제4지역 마지막 사이의 영토에는 아랍인들이 방랑하는 황무지가 있다. 그곳에서 동쪽으로 길을 가다보면 파이윰 지방이 나타나는데 그곳은 제2기후대의 제4지역에 위치해 있는 상 이집트에서 출발하고 라훈을 통과하는 나일강의 여러 방수지역 중 하나이다. 파이윰 지방의 물줄기는 하나의 호수로 흐르도록 되어 있다. 그 지방에서 동쪽으로 가다보면 이집트 지방이 나오고, 그곳의 유명한 도시는 제2지역의 마지막 부분에 있는 상 이집트의 딜라스를 통과하는 제2의 협곡 위에 있다. 이 협곡은 이집트 아래 지역에서 두 번째 지류로 갈라지는데 그 지점은 샨뚜프와 자프티라는 두 협곡에서다. 그중 오른쪽은 꾸르무뜨로부터 또 다른 두 개의 협곡으로 갈라진다. 결국 모든 협곡의 물줄기는 지중해로 흘러들어 온다. 이 협곡 서쪽의 입구에 알렉산드리아가 있고 중앙의 입구에 로제타[54] 지

---

52   리비아 북동쪽의 도시.
53   리비아 동부 지방.
54   이집트의 지중해 연안의 항구도시.

방이 있으며 동쪽의 입구에 다미에타[55]가 있다. 이집트와 카이로 그리고 바로 이 해변 사이에 하 이집트 지역이 있는데 이곳은 모두가 문명으로 가득한 곳이다.

제3기후대의 제5지역에 시리아 지방이 있다. 나는 시리아 지방의 대부분 지역을 묘사할 것이다. 홍해는 그 지역의 남서쪽에서 끝나고, 그곳이 수에즈다. 홍해의 수로는 인도양에서 시작하여 북쪽을 향하다가 구부러져 서쪽을 향해 간다. 따라서 이 지역에 홍해의 구부러진 일부가 있고 그 물줄기는 수에즈를 향해 서쪽에서 끝난다. 바로 이 지역의 수에즈 뒤로 파란이 있고 그다음으로 시나이 산, 마드얀의 아일라가 차례로 있고 제일 마지막에 하우라우가 있다. 그곳으로부터 해변을 따라 남쪽으로 가면 히자즈 지방이 있다. 제5지역의 북쪽에 지중해 일부가 눈에 들어온다. 거기에 푸르마, 아리쉬가 있고 그 가까운 지점에 꿀줌 지방이 있다. 그 지역은 양 쪽 사이가 점점 좁아지고 시리아 지방을 향하면서 넓어지는 문 모양을 하고 있다. 이 문의 서쪽에는 식물이 자라지 않는 불모의 땅이 있다.

그 땅은 이스라엘의 후손이 이집트를 벗어난 이후 시리아 지방으로 들어가기 전 40년 동안 거주하던 곳으로 그 이야기는 코란에 언급되어 있다. 이 지역에 포함되어 있는 지중해의 한 부분에 키프러스(사이프러스) 섬의 일부가 있고 그 나머지는 앞으로 우리가 다룰 제4기후대에 속해 있다. 수에즈 바다로 접어들기 위해 좁아지는 경계에 도달하면 이 지역(제5지역)에 포함된 지중해의 일부 해안에 아리쉬 지방이 있다. 그곳은 이집트의 거주지 중 경계에 속한다. 그리고 아스깔란이 있다. 아리쉬와 아스깔란 사이에 수에즈 바다 경계가 있다. 그다음으로 이 지역에 포함된 지중해의 일부는 제4기후대를 향해 굽어지는데 그 지점이 트리폴리와 가자 지방이다. 지중해는 그곳에서 끝난다. 이 지중해의 일부는 시리아 지역 해안 대

---

55    이집트 북부 지중해 연안의 항구도시.

부분에 해당된다. 그 동쪽으로 가자와 아스깔란이 있고 그곳에서 왼쪽으로 굽어져 북쪽을 향하면 카이사레아[56]가 있다. 그다음으로 앙카, 수루 그리고 시돈[57]이 있고 그 바다는 제4기후대의 북쪽을 향해 굽어진다. 이 지역에 있는 지중해의 일부 해안의 맞은편에 거대한 산이 있다. 이 산은 홍해의 아일라 해변에서 북쪽으로 가다가 동쪽으로 꺾어져서 이 지역 너머로 이어지는데 루캄 산[58]이라고 불린다. 그 형상은 마치 이집트와 시리아 사이를 가로막고 있는 장벽처럼 보인다. 성지 순례자들이 이집트에서 메카로 향할 때 반드시 통과해야 하는 아까바는 루캄 산의 끝자락에 있다. 북쪽을 향하면 사르라 산에 아브라함*의 무덤이 있다. 이 산은 위에서 언급한 루캄 산과 아까바 북쪽으로 연결되어 있으며 동쪽으로 향하다가 약간 구부러져 있다. 그 동쪽에 히즈르 지방과 싸무드, 타이마으의 거주지가 나오고 다우마트 알잔달이 있는데 바로 그 지역이 히자즈의 북쪽이다. 그 위로 라드와 산이 있고 그곳에서 남쪽을 향하면 카이바르 성채가 있다.

사르라 산과 홍해 사이에 타북 사막이 있다. 또한 사르라 산의 북쪽으로 루캄 산에 가까운 예루살렘이 있다. 그리고 요르단, 타바리야 지방이 있다. 타바리야의 동쪽에 가우르 저지대가 아드리아트를 향하고 있다. 그곳에서 동쪽으로 다우마 알잔달이 있고 이는 이 지역의 마지막 지역이자 히자즈 지방의 마지막 부분이기도 하다. 루캄 산의 좁은 길에서 이 지역의 북쪽으로 향하면 다마스쿠스가 나온다. 이 도시는 시돈과 바다 면에서 본 베이루트의 맞은편에 있다. 루캄 산은 두 도시 사이를 가로막고 서 있다. 다마스쿠스의 동쪽으로 가다보면 바알벡이 나온다. 그다음 북쪽으로 힘스가 나오는데 이곳은 루캄 산의 잘려진 부분이자 이 지역의 제일 마지막 부분이다. 바알벡과 힘스 동쪽에 팔미라와 베두인 거주지가 이 지역

---

56  팔레스타인의 고대항구이자 행정도시. 이스라엘의 하이파 남쪽 지중해 연안에 있다.
57  레바논의 지중해 연안에 있는 고대도시.
58  루캄 산은 아마누스(Amanus) 산으로도 불린다.

마지막까지 이어진다.

이 기후대의 상부에 있는 제6지역에 베두인 아랍인의 거주지가 있는데 그곳은 나즈드의 아래고 아르즈 산과 쌈마만 산의 사이에 있는 야마마의 아래다. 제6지역의 하부에 히라와 까디시야 그리고 유프라테스의 늪지대가 있다. 그다음으로 동쪽에 바스라가 있다. 이 지역의 페르시아해는 압바단과 우블라 지방에서 끝나는데 이곳은 이 지역의 북쪽 하부에 해당된다. 티그리스강의 입구는 압바단에 있는데 이미 티그리스강이 여러 개의 지류로 나뉘어 유프라테스에서 뻗어 나온 지류들과 섞이고 난 뒤의 상황이다. 그 이후 모든 물줄기가 압바단에서 모이고 결국 페르시아해로 유입된다. 제6지역에 포함되어 있는 페르시아해는 동쪽에서 보자면 그 상부가 넓고 끝으로 갈수록 점점 좁아지고, 그 좁은 끝 부분이 제6지역의 북쪽 경계로 가면 점점 더 좁아지는 형국이다. 이 바다의 서쪽 면에 바레인 하부와 하자르, 아흐사으가 있고 그 바다의 서쪽에 아크땁, 쌈만 그리고 야마마의 나머지 지역이 있다. 또한 그 바다의 동쪽에 페르시아해안의 상부가 있는데, 이는 이 지역의 동쪽 마지막 부분이고 이 바다에서 동쪽으로 뻗어 나간 경계상의 동쪽 지역이다.

그 뒤로 이 지역의 남쪽에 꾸프스산이 있는데, 이 산은 카르만에서 뻗어져 나온 것이다. 후르무즈 북부 해안에 시라프 지방이 있고 나지람 지방 역시 이 바다의 해안에 위치해 있다. 이 바다의 동쪽에 이 지역의 마지막과 후르무즈 북쪽을 향해 파르스 지방[59]이 있다. 사부라, 다라바즈르다, 나사, 이스타크라, 샤히잔, 시라즈 이 모든 곳이 그 지역의 주요 지명이다. 파르스 지방 북쪽을 향해 바다의 끝에 도달하면 쿠지스탄 지방이 나온다. 그곳에는 아흐와즈, 투스타르, 사다, 사부르, 수스, 람 후르무즈와 그 밖에도 이름난 곳이 더 있다. 아랏잔은 파르스와 쿠지스탄의 경계에 위치한다.

---

59    이란의 문화 중심 도시.

쿠지스탄 지방의 동쪽에 아크라드 산이 있는데 이 산은 아스파에 연결되고 또 그곳에는 사람들의 거주지와 정착지가 있으며 그 지역 후면에 파르스의 영토가 있고 라숨이라 불린다.

제7지역 중에 서남부에 꾸프스산의 나머지 부분이 있다. 그 산의 남쪽과 북쪽으로 이웃해 있는 곳이 카르만 지방과 마크란 지방이다. 그곳의 도시로는 루단과 시라잔, 지라프트, 야즈다쉬르 그리고 바흐라즈가 있다. 카르만 지방의 아래에서 북쪽을 향한 곳에 파르스 지방의 일부가 있는데 그곳은 이스파한 지방 경계까지 접해 있다. 이 지역의 한쪽 경계에 있는 이스파한은 이 지역의 서쪽과 북쪽 사이에 있다. 카르만 지방과 페르시아 지방으로부터 동쪽에 시지스탄, 쿠히스탄이 있다. 쿠히스탄은 시지스탄의 북쪽에 있다. 제7지역의 중부에 위치하는 카르만과 파르스 그리고 시지스탄과 쿠히스탄 사이에 거대한 사막이 중앙에 위치한다. 그 사막은 험난하기 짝이 없고 길도 없다. 시지스탄의 도시 중에는 바스트, 따크가 있다. 쿠히스탄은 쿠라산 지방의 일부이고 쿠라산의 유명한 도시에는 사라크수가 있다. 쿠히스탄은 제7지역의 마지막 부분에 있다.

제8지역에 터키 민족의 영토 줄흐가 있다. 이 지역은 서쪽으로는 시지스탄에 연결되어 있고 남쪽으로는 인도의 카불에 연결되어 있다. 줄흐의 북쪽에 가우르산이 있고 그 주요 지역은 인도의 항구도시 가즈나다.

가우르산의 북쪽 끝자락에 아스타라바드 지방이 있고 그 북쪽에서 제8지역의 서쪽을 향해 하라 지방이 있는데 이곳은 쿠라산의 중부다.

하라 지방에 인접해서 아스파라인, 카샨, 부샨즈, 마르우, 루디, 딸리깐, 주자잔 등이 있다. 그곳에서 쿠라산은 아무다리아[60] 강을 향해 끝이 난다. 쿠라산에 있는 아무다리야강변 서쪽에 발크가 있다. 동쪽에는 티르미드가 있다. 발크는 터키 왕국의 옥좌였다. 아무다리야강은 한 국가를 벗어나

---

60    아무다리야강의 옛이름은 옥수스(Oxus)강 혹은 자이훈(Jayhun)강이다. 중앙아시아에서 가장 긴 강이다.

고 인도(힌드)와 접해 있는 바다크샨의 경계와 이웃한다. 이 강은 제8지역
의 남쪽으로부터 흘러나와 동쪽에서 이 지역의 끝까지 도달하고 그 부근
에서 구부러져 이 지역의 중앙을 향해 서쪽으로 흐른다. 그곳을 카르납강
이라고 부른다. 그리고 쿠라산을 지날 때까지 북쪽을 향하게 된다. 그곳을
지나 제5지역의 쿠와르짐 호수로 향하게 된다. 이 지역의 중앙에서 수류
의 흐름이 남쪽에서 북쪽으로 꺾어지는 곳에 동쪽에서는 쿳탈 지방과 와
크쉬 지방에서부터 오는 다섯 개의 큰 강과 역시 동쪽의 붓탐 산에서부터
오는 다른 강들도 있다.

　이 다섯 개의 강에서 흘러나온 물줄기가 와크샵강이 된다. 이는 제8지
역의 남쪽과 동쪽 사이 지역인 티베트 지방으로부터 흘러나온다. 이 강은
서쪽으로 흐르다 북쪽을 향해 구부러지고 제8지역 북쪽에서 가까운 제9
지역을 향해 간다. 그 강줄기를 따라가다 보면 제8지역의 남부 중앙에서
뻗어저 나온 큰 산을 만나게 되고 북쪽으로 구부러진 채 동쪽을 향하면
제8지역 북쪽과 가까운 제9지역으로 나가게 된다. 따라서 티베트 지방 너
머 제8지역의 동남쪽을 향하고 터키와 쿳탈 지방 사이를 가로지르게 된
다. 제8지역의 동쪽 중앙에 있는 유일한 길을 제외하고는 길이 없는데 파
들 븐 야흐야가 그곳에 댐을 건설하고 문을 세웠다. 이는 마치 야으주즈
마으주즈 댐과 같은 것이었다. 그러므로 와크샵강이 티베트 지방에서 흘
러나가면 이 산이 그 앞에 버티고 있게 될 것이고 강물은 그 밑으로 계속
흘러 와크쉬 지방에 도달할 때까지 멀고도 긴 여정을 계속하게 된다. 그
리고 아부다리야상을 향해 흘러가는데 그 지점이 바로 발크의 국경이다.
그다음에는 북쪽에 있는 티르미드로 가다가 아래로 떨어지듯 흐르다가
주자잔 지방을 향하게 된다.

　가우리 지방의 동쪽으로 가우리 지방과 아무다리야강 사이에 쿠라산
의 나산 지방이 있다. 아무다리야강의 동쪽에 영토 대부분이 산악지대인
쿳탈 지방과 와크쉬 지방이 있다. 그곳의 북쪽은 붓탐 산인데 아무다리

야강 서쪽의 쿠라산에 걸쳐 있다. 이 산맥은 동쪽으로 뻗어 있는데 그 너머로 티베트 지방이 있는 거대한 산에 연결되어 있고 그 산 아래로 와크샵강이 흐르는데, 이는 이미 언급한 바 있다. 이 산이 파들 븐 야흐야의 문까지 연결되고 아무다리야강은 이 산맥 사이를 흘러간다. 또한 그 강에는 여러 개의 강들이 흘러들어오는데 그중에는 와크쉬 지방의 강이 있다. 이 강은 동에서 흘러 티르미드 아래를 지나 북쪽을 향한다.

발크강은 그 발원지가 주자잔인 붓탐산맥에서 흘러나와 서쪽으로 흐른다. 이 강변의 서쪽으로 쿠라산의 아미드 지방이 있다. 그 강의 동쪽에는 수그드 지방과 터키 지방의 아스루샤나가 있다. 그 동쪽에는 파르가나의 땅인데 동쪽으로 이 지역의 마지막까지 차지한다. 터키 지방 전체가 파르가나의 영토를 소유하고 있고 붓탐산맥은 그곳의 북쪽까지 뻗어 있다.

제9지역의 서쪽에 티베트 영토가 이 지역 중앙까지 있다. 그 남쪽으로 인도 지방이 있고 동쪽으로는 중국이 이 지역의 끝까지 걸쳐 있다. 티베트 지방에서 북쪽으로 그리고 이 지역의 하부에 카즐라지야 지방이 터키 지방에서부터 이 지역의 동북쪽으로 끝까지 달한다. 그 서쪽으로 연결되어 있는 곳이 파르가나 영토인데 이 곳 역시 동쪽으로 제9지역의 끝까지 달한다.

제10지역의 남부는 그 전체가 중국의 나머지 영토고 중국의 북부에 해당된다. 그리고 북쪽에는 타카르구르 지방 일부가 있다. 그 동쪽으로 터키의 키르카이라 지방이 이 지역의 동쪽 끝까지 이어져 있다. 키르카이라 지방의 북쪽으로 터키의 카트만 지방이 있다. 이곳에 접하고 있는 둘러싸인 바다에 야꾸트(루비)섬이 있는데, 이 섬에는 둥그런 형태의 산이 하나 있다. 이 산은 험준하기가 그 무엇과도 견줄 바 없어 길도 없고 아래에서 산 정상으로 올라가기가 무척 어려운 곳이다. 그 섬에는 독사와 루비가 많다. 주민들은 알라가 주신 영감으로 루비를 캤다.

제9지역과 제10지역의 주민들은 쿠라산과 그 산 너머까지 거주하는 이들로 그 수를 헤아릴 수가 없다. 그들은 떠돌이 무리로 낙타, 염소, 소, 말 등의 가축을 식용이나 탈것으로 항상 몰고 다녔다. 그들 중 아무다리야강 주변에 거주하는 무슬림이 있는데 이들은 불신자들을 공격하여 그들을 인근 지방에 노예로 팔아버리곤 하는데, 불신자들 중에는 조로아스터교도들도 포함되어 있다. 그들은 쿠라산, 인도, 이라크까지도 진출한다.

### 제4기후대

제4기후대는 북쪽에서 제3기후대에 연결되어 있다.

제4기후대의 서쪽에 있는 제1지역에는 긴 형태의 둘러싸인 바다가 있는데, 이 바다는 제1지역의 남쪽에서 북쪽을 향하고 연안의 남쪽에 탕헤르가 있다. 탕헤르의 북쪽에 이 바다에서부터 지중해에 이르기까지 점점 좁아지는 형태의 운하가 있는데 12마일 거리이고 따리프와 알헤시라스[61] 사이의 북쪽으로, 마자즈 성채와 세우타[62] 사이의 남쪽으로 향한다.

이 물줄기는 동쪽으로 계속 가다가 이 기후대의 제5지역의 중앙에 가서야 끝난다. 물 흐름은 점점 더 그 폭이 넓어지는데 제1지역부터 제4지역 전 지역과 제5지역의 대부분에 흐르고, 양안의 한쪽으로는 제3지역과 제5지역에 접하는데 이는 앞으로 자세히 언급할 것이다. 사람들은 이 바다를 시리아 바다라고 부른다. 그곳에는 여러 개의 섬이 있으며 그중 가장 큰 섬이 서쪽에 있는 이비사[63]섬이다. 그다음으로 유르까, 미노르까,[64] 사르데냐,[65] 시칠리아인데 이 중에 시칠리아섬이 가상 크나. 펠로폰네소

---

61  알헤시라스(Algeciras), 스페인 남부 안달루시아 지방의 카디스 주에 있는 항구도시다. 아랍어로는 al-Jazirah al-Khaḍrā로 '초록색 섬'이라는 뜻이다.

62  세우타(Ceuta), 지중해 지브롤터 해협 입구에 해당하는 모로코 북부해안에 위치한 스페인 영토다. 아랍어로는 Sabtah다.

63  스페인 발레아레스 주에 있는 섬.

64  스페인 발레아레스 주에 있는 섬.

65  이탈리아의 지역명이자 섬 이름이다.

스, 크레타, 사이프러스도 있는데 이런 섬들에 관해서는 해당 지역을 언급할 때 다루기로 한다. 제4기후대의 제3지역의 끝부분과 제5기후대의 제3지역에서 베니스 운하는 지중해에서 빠져나가고 북쪽으로 흐르다가 이지역의 중앙에서 구부러져 서쪽으로 흐르다가 제5기후대의 제2지역에 가서 끝난다. 제5기후대의 제4지역의 동쪽에서 콘스탄티노플 운하는 지중해로부터 빠져나간다. 운하는 북쪽으로 화살 하나 거리의 좁은 폭으로 흐르면서 이 지역의 제일 마지막 지역으로 흐른다. 그다음에 제6기후대의 제4지역으로 향해 폭이 넓어진다. 그 곳에서 흑해로 들어가 제5지역의 동쪽과 제6기후대의 제6지역을 향하게 된다. 역시 이 부분도 해당 기후대에 가서 언급하겠다. 지중해는 탕헤르 운하에서 둘러싸인 바다로부터 나가다가 제3기후대를 향해 가면서 그 폭이 넓어진다. 이 운하의 남쪽에 탕헤르가 있고 두 개의 바다가 합쳐지는 지점이다. 그다음으로 지중해 연안에 세우타가 있고 까따운, 바디수가 있다. 이 바다는 이 지역에서 동쪽으로 일부분 흐르고 제3지역으로 빠져나간다. 이 지역의 문명지 다수가 북쪽과 그 운하의 북쪽에 모여 있다. 그것은 모두가 스페인을 의미한다. 문명지 중에는 둘러싸인 바다와 지중해 사이에 위치하는 도시들이 있는데 동쪽에는 지중해 연안에 헤시라스, 말라가,[66] 무네카, 메리아[67]가 있다. 둘러싸인 바다 인근이자 이 도시들의 북서쪽으로 샤리쉬가 있고 라블라가 있고 반대편에 카디스섬[68]이 있다. 샤리쉬의 동쪽에 라블라와 세비야가 있고, 이스타자, 코르도바, 마딜라가 있고 그라나다, 자얀, 웁바다 등의 도시가 있고 그다음으로 이디야쉬, 바스타가 있다. 산타마리아 북쪽 둘러싸인 바다 연안의 서쪽으로 실브[69]가 있고 산타마리아와 실부의 동쪽에 바

---

66    스페인 남부 안달루시아 지방 말라가 주의 도시.
67    스페인 남부 안달루시아 지방의 도시.
68    스페인 남부 안달루시아 지방 카디스 주의 항구도시.
69    포르투갈에 있는 도시.

다호스[70]와 마리다, 에부라[71]가 있고 가피끄와 트루히요가 있고 칼라트라
바[72]가 있다. 둘러싸인 바다 해안의 도시들 북서쪽으로 리스본이 타루스
강 연안에 접해 있다. 그 동쪽으로 샨타리누와 마우지야가 타루스강 연안
에 있다. 그다음으로 알칸타라[73]가 있다.

샤라트 산은 이 지역의 서쪽에서 시작되어 동쪽으로 향하다가 메디나
셀리에서 끝난다. 이 산 북쪽에 탈라비라가 푸리나의 동쪽에 있고 그다음
에 톨레도, 히자라 오아시스가 있다. 그리고 이 산의 초입과 리스본 사이
의 지역에 칼마리야 지방이 있다. 이곳이 바로 스페인 서부다. 스페인 동
부는 알메리아를 지나 지중해에 접하고 있는데, 카르타헤나, 알리칸테, 데
니아, 발렌시아, 토르토사 등지가 동쪽의 이 지역 끝 부분까지 펼쳐져 있
다. 그리고 그 북쪽으로 로르카, 세구라, 바사, 칼라트라바가 있다. 그다음
으로 동쪽에는 마르시야, 발란시야북쪽으로 자티바가 있고 주카르, 토르
토사, 그다음에 타라고나가 이 지역의 마지막에 있다. 이 도시들의 북쪽에
는 민잘라의 영토와 무와리다가 있고, 그 서쪽에는 세구라, 톨레도가 있
다. 그다음으로 토르토사의 북동쪽에는 프라가가 있다. 메디나셀리의 동
쪽으로 칼라타유드가 있고 사라고사, 레리다가 북동쪽으로 이 지역의 끝
까지 펼쳐져 있다.

이 기후대의 제2지역은 북서쪽 일부를 제외하고 대부분이 바다. 그
곳에는 피레네산이 있는데 그 의미는 '좁은 길이 있는 산'이다. 그곳의 길
은 제5기후대 제1지역의 마지막에서 시작되어 그곳까지 이르렀다. 그 길
은 지역의 경계와 둘러싸인 바다의 남농쪽 경계에서 시작하여 남쪽으로
흐르다 동쪽으로 굽어지고 제4기후대로 들어가고 제1지역으로부터 구부

---

70　스페인 남서부 엑스트레 마두라 지방의 주로 포르투갈과 국경을 이룬다.
71　포르투갈 중남부 에부라 주의 도시.
72　스페인의 도시.
73　스페인 서부 엑스트레마두라 지방 카세레스 주의 도시.

러지고 제2지역으로 향하게 된다. 그곳에 길의 일부가 남고 나머지는 연결된 대륙에 도달한다. 그곳은 가쉬쿠니야라고 불린다. 그곳에 지로나[74]와 카르카손느가 있다. 이 지역의 지중해 해안에 바르셀로나와 나르본 등이 있다. 그 지역을 흘러갔던 바다 위에 많은 섬이 있다. 대다수 섬은 너무나 규모가 작은 탓에 사람이 거주하지 않는다. 서쪽에 사르다니야섬이 있고 그 동쪽에 제법 큰 규모의 시칠리아섬이 있다. 전해지는 말에 의하면 섬 둘레가 7백 마일이라고 한다. 그곳에는 도시가 많이 있는데 유명한 것으로는 사라큐스,[75] 팔레르모, 트라파니, 마차라, 메시나가 있다. 시칠리아섬은 이프리끼야와 마주보고 있다. 그리고 그 사이로 아우두샤와 말타섬이 있다.

이 기후대의 제3지역은 서북쪽의 세 개 지역을 제외하곤 모두 바다로 덮여 있는데 세 개 지역이란 칼라브리아 영토와 롬바르디 영토의 중부 그리고 베니스 지방을 말한다.

이 기후대의 제4지역 역시 바다로 덮여 있다. 다수의 섬이 있고 그 대부분이 사람이 살지 않는 곳이다. 제3지역과 마찬가지다. 그중 사람이 거주하는 섬은 북서쪽에 있는 펠로폰네소스섬과 크레타섬이다. 크레타섬은 제4지역 중앙에서부터 남쪽과 동쪽 사이에 걸쳐 장방형의 모양을 하고 있다.

이 기후대의 제5지역은 남쪽과 서쪽 사이 거대한 삼각형 모양이 바다로 채워져 있다. 그 삼각형의 서쪽 변은 북쪽에 있는 이 지역의 마지막까지 가서 끝나고 남쪽 변은 이 지역의 2/3 정도까지 가서 끝나며 이 지역의 동쪽에는 1/3 정도만이 남아 있다. 남쪽 변은 그곳의 북쪽에서 서쪽을 향해 바다와 함께 구부러진다. 그 삼각형의 남쪽 반은 시리아의 북쪽이고, 삼각형의 중앙에는 루캄 산이 있는데 북쪽의 시리아 끝까지 뻗어 있고 그곳에서 구부러져 북동 지역까지 펼쳐지는데 구부러진 지점을 기점으로

---

74  스페인 카탈로니아 북서쪽의 도시.
75  이태리 남부의 도시.

그 이후 부분은 실실라 산이라고 불린다. 그곳에서 제5기후대까지 뻗어나간다. 그 구부러진 곳에서 자지라 지방의 일부 지역 너머 동쪽으로까지 펼쳐진다. 또한 구부러진 곳에서 서쪽으로 연결된 산들이 있는데 그 산들은 지중해 바깥쪽까지 가고 종국에는 북쪽에 있는 이 지역의 마지막까지 가서 끝난다. 여기 펼쳐진 여러 개의 산 사이에 '두룹'이라 불리는 곳이 있다. 그곳은 아르메니아 지방을 향해 가면서 넓이가 확장된다. 이 지역의 여러 산과 실실라 산 사이에 영토가 있는데, 우리가 이미 언급한 바 있는 그 남쪽에는 시리아의 북부와 루캄 산이 있고 이 산은 남쪽에서 북쪽까지 지중해와 이 지역의 경계 사이를 가로막고 서 있다. 그곳의 해안가에 안따르뚜스 지방이 제1지역의 남쪽에 있는데 이곳은 가자와 제3기후대 해안 도시인 트리폴리와 인접해 있다. 안따르뚜스 북쪽에 자블라 그리고 라디키야 그리고 이스칸다루나[76] 그리고 살루키야 그다음으로 북쪽에 로마 지방이 있다.

바다와 이 지역의 끝 사이에 놓여 있는 아마누스산으로 말하자면 이 지역의 남서쪽에 있는 시리아에 위치한다. 그곳에는 철옹성과 같은 요새가 있는데, 그것은 이 시대에 '청년 암살단'이라 알려진 이스마일 암살단의 성채이다. 그것은 미스야프 요새라고도 불렸는데 안따르뚜스의 맞은편에 있다. 아마누스산의 동쪽에 위치한 이 요새의 맞은편, 힘스[77]의 북쪽에 살람야 지방이 있다. 그리고 아마누스산과 그 바다 사이에 미스야프의 북쪽에 안티오크 지방이 있다. 그 앞으로 아마누스산의 동쪽에 마아르라가 있고 그 동쪽에 마라가 있고 안티오크 북쪽에 마씨싸가 있다. 그리고 아다나가 있고 그다음으로 시리아의 끝자락에 타라수스가 있다. 아마누스산의 서쪽 안티오크를 마주보며 킨나스린과 아인자르바가 있다. 아마누스산의 서쪽에 있는 킨나스린 맞은편으로 알렙포가 있다. 아인자르바의

---

76    터키 남부의 도시.
77    고대 에메시, 시리아의 중심도시.

맞은편에는 시리아 끝의 만비즈가 있다. 두룹 지역의 오른쪽으로 두룹과 지중해 사이에 로마 지방이 있다. 그곳은 이 시대의 투르크멘 인에게 속해 있고 그곳의 통치자는 이븐 오스만이다. 그 바다의 해안에 안티오크 지방과 알라야 지방이 있다. 한편 아르메니아는 두룹 산과 실실라 산 사이에 위치하고, 그곳에는 마르아쉬, 말라뜨야, 마아르라가 이 지역의 북쪽 끝까지 펼쳐있다. 아르메니아의 제5지역에서 자이한 강과 사이한 강이 흘러나와 자이한 지방을 지나 남쪽으로 흐르고 두룹을 너머 따라수스 그리고 마씨싸를 지나 북서쪽으로 빠져서 살루끼야의 남쪽인 지중해까지 도달한다. 사이한 강은 자이한 강과 나란히 흐르는데 마아르라와 마르아샤의 반대편에 있고 두룹산맥 너머 시리아 지방까지 도달한다. 그다음에 아인 자르바를 지나 자이한 강을 통과하여 북쪽으로 꺾어지고 마씨싸 지방에 이르러서는 자이한 강과 섞이게 된다. 메소포타미아 지방은 루캄 산의 굽이가 감싸고 있는데 실실라 산까지 이른다. 그 남쪽에 라피다 지방과 라까 지방이 있다. 그리고 하르란과 사루즈, 루하, 나시빈, 수마이사트가 펼쳐지고, 실실라 산 북쪽의 아미드와 이 지역의 북동쪽 끝이 있다. 그곳의 중앙에 유프라테스강과 티그리스 이 흐른다. 두 개의 강은 제5기후대에서 흘러나와 남쪽으로는 아르메니아를 흘러 실실라 산을 넘어 흐르는데 유프라테스강은 수마이사뜨와 사루즈 서쪽을 지나 동쪽으로 방향을 바꾼다. 그리고 라피다와 라까 인근 지역을 지나 제6지역으로 빠져나간다. 티그리스강은 아미드 동쪽에서 흐르다 곧 동쪽으로 방향을 틀고 이내 제6지역으로 빠져나간다.

이 기후대의 제6지역의 서쪽에 메소포타미아의 북서 지방이 있다. 그 지방의 동쪽으로 이라크 지방이 있는데 이 지방은 이 지역 경계 가까운 곳에서 끝난다. 이라크의 끝자락에서 이스파한산이 이 지역의 남부에서부터 하강한 듯 우뚝 서 있고 서쪽으로 향해 있다. 이 지역의 북쪽 중앙을 향해 달리다 서쪽을 향하고 제6지역에서 벗어나게 된다. 이 산은 제5지역에서 실실라 산에 연결된다. 따라서 제6지역은 동, 서 두 지역으로 나뉘는데 남서부에 제5지역에서 유입된 유프라테스강의 출구가 있고 그 지역의 북부에 티그리스강의 출구가 있다. 유프라테스강으로 말하자면 그 상층부가 제6지역으로 뻗어나가고 까르끼스야를 통과한다. 그곳에서 샛강이 북쪽을 향해 뻗어 나가고 메소포타미아 지방을 흐르며 그 지방의 여러 지역으로 뻗어 나간다. 까르끼스야로부터 그리 멀지 않은 지점을 통과한 후 남쪽으로 꺾어져 카부르 근처를 흐르다 라히바의 서쪽을 향한다.

그곳에서 또 다른 샛강이 흘러나와 남쪽으로 향하다가 쿠파의 시피야누에서 주춤한다. 그리고 동쪽으로 꺾어져 여러 지류로 갈라진다. 그중 일부는 쿠파를 다른 일부는 까쓰르 븐 후바이라를 그리고 또 다른 일부는 자미아인을 통과한다. 모든 지류가 이 지역의 남부에서 제3기후대로 나간다. 그곳에서 히라의 동부와 까디시야로 스며든다. 유프라테스강은 라히바에서 동부로 흘러나가 이라크 지방에 위치한 히트를 지나 그 북쪽에서 자브를 통과하고 두 지역의 남쪽에 있는 안바르를 지나 바그다드에 이르러서 티그리스강으로 흘러든다. 티그리스강은 제5지역에서 이 지역으로 유입된 후 동쪽으로 흐르다 이라크산과 연결된 실실라 산 맞은편을 지나 북쪽에 있는 이븐 우마르 섬을 통과하고 모술과 타크리트 지방을 지나 하디싸에 이르러서는 남쪽으로 향한다. 하디사 지방은 이 지역의 동부에 위치하고 있으며 마찬가지로 그곳에는 자부 카비르와 자부 싸기르도 있다. 티그리스강은 남쪽으로 향하다가 까디시야 서쪽에서 바그다드를 향해 흐르는 것으로 종착지를 의미한다. 왜냐하면 그곳에서 유프라테스강과 섞이기 때문이다. 그다음 자르자라야 서쪽에서 남부로 흐르다가 이 지역에서 빠져나와 제3기후대로 유입된다. 결국 그곳에서 여러 개의 지류로 갈라지고 그 이후 하나로 모여 압바단 지역에 이르러서야 페르시아해로 흘러든다. 티그리스강과 유프라테스강 사이에 바그다드에서 두 개의 강이 합쳐지기 이전에 있는 곳이 메소포타미아다. 다른 강이 바그다드에서 분리된 이후 티그리스강과 섞이는데 이것은 지역의 북동쪽에서 온 것으로 바그다드를 마주보는 나흐라완 지방까지 흐르다 바그다드를 마주보는 동쪽으로 흐르고 다시 남쪽으로 향한다. 그리고 제3기후대로 빠져나가기 전에 티그리스강과 섞인다. 이 강과 이라크산, 페르시아산 사이에 잘루라 지방이 있다. 이 지방 동쪽에 산악지대가 있는데 그곳에 훌루완과 사이마라가 있다. 서부 지역에 대해 살펴보자면 그곳에는 산이 하나 있는데 동쪽으로는 페르시아산에서부터 시작하여 이 지역의 끝까지 뻗쳐 있다. 이 산은 샤흐라주라산이라 불리며 두 부분으로 나뉘어 있다. 작은 부분의 남쪽에 카완잔이 있는데 이스파한의 북서쪽에 있다. 이 지역은 '홀루스' 지방이라 불리는데 그곳의 중부에 나하완다가 위치하고 또 북쪽에는 샤흐라주라가 있다. 그 서쪽으로는 앞에서 언급한 두 개의 산과 맞닿아 있고 이 지역의 제일 끝에 이르러서는 동쪽으로 디나와루가 있다. 두 번째로 작은 부분에 아르메니아의 경계가 있고 그중심지는 마라가다. 이 지역은 이라크산을 마주보는 곳이고 '바리야'라 불린다. 그곳은 아크라드의 거주지고 티그리스강 유역에 있는 자부 카비르와 자부 싸기르이기도 하다. 이 지역의 끄트머리 동쪽에는 아드라바이잔 지방이 있고 그곳에는 타브리즈와 반다 칸이 있다. 이 지역(제6지역)의 북동쪽에 나이띠쉬 바다[78]가 있는데 그것은 카자르 바다이기도 하다.

이 기후대의 제7지역 중 남서쪽은 홀루스 지방 대부분을 차지하고 있다. 그곳에는 하마단과 가즈빈[79]이 있고 그 지방의 나머지 부분은 제3기후대에 있다. 그곳에 이스파한이 있다. 서쪽에서부터 이스파한을 둘러싸고 제3기후대까지 걸쳐져 있는 산이 있는데 이 산은 제6지역에서 제4기후대를 향해 구부러지고 동쪽으로는 이라크산까지 도달한다. 홀루스 지방으로 둘러싸인 곳이 이 지역 동부를 차지한다. 이 산은 제3기후대부터

---

78  흑해.
79  이란의 가즈빈 주의 도시.

북쪽에 이르기까지 이스파한에 둘러싸이고, 제7지역으로 빠져나와서 동쪽으로는 훌루스 지방으로 둘러싸인다. 바로 그 아래 까샨이 있고 다음으로는 꿈무가 있다. 이 산은 뻗어 나오던 중반부에서 서쪽으로 약간 구부러지다 원을 그리며 돌아오고 북동쪽을 향하다 제5기후대로 빠져나간다. 이 산이 구부러지고 원을 그리듯 뻗어나가는 지역 중 동쪽에는 라이 지방이 있고 그 구부러지는 지점에서 다른 산이 시작하여 서쪽으로 뻗쳐 결국 이 지역(제7지역)의 끝까지 간다. 이 산의 남쪽에는 가즈빈 지방이 있고 북쪽과 라이산 한쪽 면은 이 산에 연결되어 있고 북동쪽으로 향하다 제7지역의 중부까지 달하고 제5기후대로 향하게 되는데 그곳에 이런 산들과 따바리스탄 바다[80] 사이에 따바리스탄이 있다.

제5기후대로 접어든 후 그 남부의 반 정도 되는 지점에서 라이산을 만난다. 라이산은 서쪽으로 구부러진 지점에서 하나의 산을 만나는데 이 산은 동쪽으로 연결되어 약간 남쪽으로 구부러지다 서쪽에서 제8지역으로 들어가게 된다. 라이산과 이 산 사이에는 주르잔 지방이 있다. 즉 두 개의 산 사이에 있는 그곳에는 바스탐이 있다. 이 산의 후면에 이 지역(제7지역)의 일부가 있다. 그곳에는 페르시아와 쿠라산 사이 사막의 일부가 포함되고, 카샨의 동부다. 그 산의 제일 끝에 아스타라바드가 있다. 동쪽에서 이 지역의 경계에 해당되는 이 산의 끄트머리에 쿠라산의 니사부르가 있다. 그 산의 남부 그리고 사막의 동부에 니사부르가 위치하고 그다음에 마르우, 알샤, 히잔이 있다. 그 북쪽과 주르잔의 동쪽에 마흐리잔과 카자루나, 타우스가 이 시역 동쪽 끝까지 있다. 이 모는 지역이 바로 그 산 북쪽이다. 이 지역의 북쪽에 나사 지방이 있고, 그 지역의 북동쪽에서 그곳을 둘러싸는 곳에 고립무원의 사막이 있다.

이 기후대의 제8지역 서쪽에 있는 아무다리야강은 남쪽에서 북쪽으로

---

80　카스피안해.

흐른다. 그 강의 서쪽 유역에 쿠라산 지방의 람문과 아물루가 있고 쿠와리즈마 지방의 자히리야와 주르자니야가 있다. 그 지역의 남서쪽은 아스타라바즈 산이 둘러싸고 있는데, 이 산은 제7지역에서부터 있었다. 이 산은 서쪽에서부터 이 지역을 벗어나고 남서쪽을 둘러싸고 있는데 헤라트지방[81] 일부가 그곳에 속해 있다. 이 산은 제3기후대에서 헤라트와 자우자잔 사이를 지나 붓툼 산까지 이어진다. 이 지역(제8지역) 동쪽으로는 아무다리야강이 흐르고 그 강의 남쪽에 부하라[82] 지방이 있다. 그다음으로는 수그드 지방이 있는데 그곳의 수도는 사마르칸트다. 그다음으로는 우스루샤나 지방이 있다. 그곳의 쿠잔다는 동쪽으로 이 지역의 끝까지 닿아 있다. 사마르칸트와 우스루샤나의 북부에 이을라끄의 영토가 있다. 그 영토는 이을라끄의 북쪽의 샤스[83] 동쪽으로 이 지역의 끝까지 펼쳐진다. 남쪽에선 제9지역의 일부도 차지하는데 나머지 영토는 파르가나 지방이다. 제9지역의 일부를 차지하는 곳에서 샤스강이 흘러나와 제8지역을 횡단하고 결국 제8지역에 있는 강의 출구에서 아무다리야강으로 합류하는데 그 북쪽은 제5기후대를 향하고 있다. 이을라끄 지방에서 티베트 지방 투쿰의 제3기후대의 제9지역에서 흘러온 또 다른 강이 이 강과 함께 섞이고 이 강은 제9지역의 출구에 앞서 파르가나강과 합쳐진다. 샤스강이 흐르는 길목에 자브라구나산이 있는데 이 산은 제5기후대에서 시작되어 동쪽을 향하다가 다시 남쪽으로 구부러져 제9지역으로 빠져나가고 그 지점은 바로 샤스로 둘러싸여 있다. 이 강은 제9지역에서 샤스와 파르가나에 둘러싸이고 그곳에서 남쪽으로 향하다가 제3기후대로 진입한다. 샤스강과 이 지역의 중부에 위치하고 있는 이 산의 끝머리 사이에 위치한 것이 파라브이다. 또한 이 지방과 부하라, 쿠와리즈마 사이에 사막이 펼쳐져

---

81    아프가니스탄 서부의 도시.
82    우즈베키스탄 부하라 주의 도시.
83    타슈켄트로 추정된다.

있다. 이 지역(제8지역)의 동북쪽에 쿠잔다가 있고 그곳에 이스비잡과 타라즈 지방[84]이 있다.

이 기후대의 제9지역 서쪽에 파르가나와 샤스 지방 다음으로 남쪽에는 카즐라지야가 있고 북쪽에는 칼리지야가 있다. 제8지역의 동쪽 전부는 키마키야다. 이곳은 제10지역의 모든 영토에서 꾸끼야산에 연결되어 있는데, 그 산은 이 지역의 동쪽 끝까지 이어져 있다. 그곳에는 둘러싸인 바다의 일부가 있고 야으주즈와 마으주즈 산이 있다. 그곳에 거주하는 민족 모두가 터키 백성이다.


### 제5기후대

제5기후대의 제1지역은 남쪽과 동쪽 일부를 제외하고 물로 덮여 있다. 왜냐하면 둘러싸인 바다가 서쪽에서 제5, 제6, 그리고 제7기후대로 그 지역을 둥그렇게 둘러싼 형태로 진입해 있기 때문이다. 제1지역의 남부에서 발견되는 것은 스페인 지방으로 연결되는 삼각형 모양으로 스페인에 닿아 있다. 그 양면은 바다와 접해 있고 그 두 곳은 마치 세 개의 각으로 둘러싸인 두 개의 변과 같다. 그곳에 스페인 서부의 일부분이 포함되는데, 제1지역의 남서쪽에 있는 그 바다와 접한 사으유루 지방이다. 그 지방의 동쪽으로 살라망카가 있고 그 북쪽에 사모라[85]가 있다. 살라망카의 동쪽에 아빌라는 남부 끝까지 뻗쳐 있고 그 동쪽으로 카스티야가 있다. 또한 ㄱ 영토 내에 세고비아가 있다. 그 도시 북쪽에 레온과 부르고스가 있고 그 도시의 후면 북쪽에 갈리시아가 삼각형태의 한 면에 연결되어 있다. 그 삼각형태의 땅 서쪽면 제일 끝에 있는 둘러싸인 바다 해안에 산티아고 지방이 있는데 그 의미는 '성자 야곱'이다. 스페인 동쪽에 그리고 이

---

84    카자크스탄 잠빌주의 도시.
85    스페인 북서부 카스티야 레온 지방의 도시.

지역(제1지역)의 남부 경계에 시뜰리야가 있는데 이곳은 카스티야 지방의 동쪽이다. 그 북쪽과 동쪽에 우에스카와 팜플로나[86] 지방이 있다. 팜플로나 서쪽에 카스티야 지방이 있고 그다음으로 나지자 지방이 있는데 이곳은 카스티야와 바르가스트 지방 사이다. 이 삼각형의 땅 중앙에 거대한 산이 솟아 있는데 둘러싸인 바다와 동북쪽의 반대편에 위치하고 있다. 이 산은 동쪽에서 보면 팜플로나에서 그 바다와 접하고 있는데, 우리는 앞에서 이 부분을 제4기후대의 지중해 남부와 연결되기 이전에 이미 언급한 바 있다. 이 산은 동쪽에서 보면 스페인 지방에 하나의 장벽이 되는데 그 산길에는 여러 개의 문이 있고 유럽의 가스코뉴[87] 지방까지 이어져 있다. 그중에는 제4기후대의 바르셀로나와 나르본 지방이 지중해변에 있고 그 북쪽에 게로나와 카르카손이 있고 제5지역에 툴루즈[88]가 게로나의 북쪽에 있다. 이 지역(제1지역)의 동쪽에 바로 피레네 지방 뒤편 동쪽으로 예각 형태의 삼각형 모양의 땅덩어리가 있다. 이 지역은 피레네산과 연결되는 그 초입부가 둘러싸인 바다와 접하고 있는데 그 해안에 바욘[89]이 있다. 이 땅덩어리의 끝자락이자 제1지역의 북동쪽에 유럽의 푸아투[90]가 제1지역 끝까지 펼쳐져 있다. 제2지역의 서부에 가스코뉴가 있고 그 북쪽에 반투와 부르주가 있다. 이 두 지역은 이미 언급한 바 있다. 가스코뉴 지방의 동북쪽에 지중해의 일부가 포함되어 있는데 그 일부는 약간 동쪽을 향해 어금니처럼 이 지역(제1지역)에 유입되었다. 가스코뉴 지방은 서쪽에서 지중해 만에 들어와 있다. 이 땅의 북쪽에 제노바가 있고 그 북쪽에 알프스산이 있다. 그 북쪽에 부르고뉴 지방이 있고 지중해에 있는 제노바의 바깥쪽의 동쪽에 다른 한 면이 있다. 그 두 지역 사이에 이 바다가 육지로 들

---

86  스페인 북동부 나바라 주의 도시. 아랍어로는 반발루나(Banbalunah)이다.
87  프랑스 남서부 도시.
88  프랑스 미디피레네 지방의 도시.
89  프랑스 남서부 아키텐 지방 피레네 자틀랑티크수의 도시.
90  프랑스 서부 지역.

어간 만이 있다. 그 서쪽에 니스가 있고 그 동쪽에 유럽 왕좌이자 그들의 위대한 로마 교황의 거처인 로마가 있다. 그곳에는 거대한 건물과 웅장한 구조물 그리고 일반적인 형태의 교회들이 펼쳐져 있었는데, 역사적으로 유명한 것들이었다. 놀랄만한 광경은 그곳의 한가운데 동에서 서로 흐르는 강이 넓게 펼쳐져 있는데 그 강변에 구리로 지은 궁전이 있다. 그 안에 그리스도의 제자 베드로와 바울의 교회가 있는데 그 두 사람이 그곳에 묻혀 있다. 로마 지방의 북쪽에 아끄란씨싸 지방이 이 지역의 끝까지 걸쳐 있다. 이 지역의 남쪽에 있는 지중해의 한 쪽에 로마가 있고 동쪽에 나폴리가 있다. 그곳에 연이어 유럽 지방 중 칼라브리아가 있다. 그리고 그 북쪽에 베니스만의 한 면이 제3지역에서 이 지역 서쪽으로 유입되어 있다. 베니스의 한 면은 이 지역의 1/3 정도에서 끝나고 베니스의 대부분이 이 지역의 남쪽 즉, 그 지방과 둘러싸인 바다 사이에 있다. 그 북쪽에 제6기후대의 아퀼레이아 지방이 있다.

 이 기후대의 제3지역에는 서쪽으로 베네치아만과 지중해 사이에 칼라브리아 지방이 있고, 제4기후대에 있는 지중해에 접한 육지는 두 개의 만 사이 반도의 형태인데 지중해에서 흘러와 이 지역의 북쪽에 도달한다. 칼라브리아 지방의 동쪽이 안키라다인데 그곳은 베네치아 운하와 지중해 사이의 만에 위치한다. 이 지역의 한 부분이 제4기후대의 만과 지중해에 진입해 있다. 지중해에서 흘러온 베네치아 운하는 그 지역의 동쪽에서 둘러싸인 채 북쪽을 향하다가 북쪽 지역의 마지막 지역에 평행하며 서쪽으로 방향을 튼다. 제4기후내로 세속 가면 거대한 산이 있는데 이 산은 북쪽으로 강줄기와 함께하다가 제6기후대에서 서쪽으로 흘러 독일 민족들의 터전인 아퀼레이아 지방의 북쪽에 있는 운하의 반대편에서 끝난다. 이 운하와 산 사이에 위치한 북쪽에 베네치아 지방이 있다. 그 산과 바다가 서쪽으로 계속 가면 그 운하의 한 측면이 하라와야 지방과 독일 인들의 지역에 맞닿는다.

이 기후대의 제4지역에는 지중해의 일부가 포함된다. 그것은 제4기후 대에서 유입된 것으로 북쪽으로 나가는데 그 모양이 만과 곶이 어울린 형태이다. 제4지역의 동쪽 경계에도 지중해의 일부가 있다. 그곳에서 북쪽으로 나가면 콘스탄티노플 해협이 나오고 그 남쪽을 지나 다시 북으로 진행하면 제6기후대로 진입하게 된다. 그곳에서 동쪽으로 방향을 바꾸면 제5지역의 흑해가 나온다. 제6기후대 제4지역의 일부가 그 전에 있고 제6지역의 일부가 그 후에 있다. 콘스탄티노플 지방은 이 운하의 동쪽에 있는데 이 지역 경계의 북쪽이다. 그곳에는 비잔틴 제국의 권좌였던 위대한 도시로써 수많은 전설이 있는 거대한 건물의 유적지가 있다. 지중해와 콘스탄티노플 해협 사이에 마케도니아 지방이 있는데 그곳은 그리스인의 거주지였고 그들이 왕국을 건설할 수 있었던 근원지였다. 이 해협의 동쪽으로 이 지역의 경계까지 가다보면 바투스의 영토가 나온다. 현재는 투르크멘의 영토라 생각된다. 그곳은 오스만 제국이고 그중심지는 부트사다. 터키 민족이 점령하기 이전 그곳은 로마의 영토였고 여러 민족들이 그들을 점령하고 결국 터키 민족의 땅이 되었다. 이 기후대의 제5지역에 서남쪽에 걸쳐 바투스 영토가 있다. 그곳에서 북쪽에 제5지역 경계까지 암모리움 지방이 있는데 암모리움의 동쪽에 까바낍강이 있다. 이 강은 유프라테스강까지 뻗쳐지는데 그 지역의 한 산에서 시작되어 남쪽으로 흐르다 제2지역에서부터 제4기후대까지 도착 직전에 유프라테스강과 섞인다. 그곳에는 제5지역의 서쪽경계에 강의 발원지가 있고, 그다음으로 자이한강이 있다. 이는 우리가 앞에서 언급한 바 있다. 유프라테스강의 동쪽에 티그리스강의 발원지가 있고 계속 흐르다 보면 바그다드에 도착해서 다른 강과 합류하게 된다. 제5지역의 남동쪽이자 티그리스강이 시작되는 산 뒤편으로 마야파리끼나 지방이 있다. 까바낍강은 이 지역에서 두 개로 나뉜다. 하나는 남서쪽으로 흐르는데 그곳에 바투스 영토가 있고, 그 영토의 맨 아랫부분이 이 지역 북쪽까지 펼쳐진다. 까바낍강이 시작되는 그

산의 후면에 암모리움이 있는데 이는 이미 언급한 것이다. 그 나머지 영역을 제3지역의 북동과 남동쪽이 차지한다. 바로 그곳의 남쪽에 티그리스강과 유프라테스강의 발원지가 있다. 북쪽에는 바일라깐 지방이 암모리움과 연결되어 까바낍 산 후면에 있는데 그곳은 무척 광활하다. 그곳의 마지막 지점에 유프라테스강의 발원지가 있고 카르샤나 지방이 나타난다. 북동쪽에 흑해의 일부가 유입되어 있는데 이 바다는 콘스탄티노플해협까지 뻗어나간다.

제6지역의 남동부에 걸쳐 아르메니아 지방이 이 지역의 동쪽 너머까지 계속 연결되어 있다. 그곳에 남서부에 걸쳐 요르단 지방이 있고 그 북쪽에 타플리스와 두바일이 있다. 요르단 동쪽에 킬라트와 바라다아가 있다. 그 남부에 동쪽으로 약간 굽어져서 아르메니아가 있다. 그곳에서부터 아르메니아 지방의 출구가 제4기후대를 향해 있다. 그곳에 아르마라 불리는 쿠르드의 산 동쪽에 마라가 지방이 있다. 우리는 이미 제6지역에서 이곳을 언급한 바 있다. 이 지역에 아르메니아 지방은 아제르바이잔 지방과 경계를 이룬다. 이 지역의 동쪽 경계에 아르다빌 지방이 카스피해의 일부 연안에 접해 있고 제7지역의 동쪽으로 진입해 있다. 그리고 이곳은 카스피해라고 불린다. 그 해안에 접해서 이 지역의 북쪽으로 카자르 지방 일부가 포함되고 그곳의 주민은 투르크멘 민족이다.

카스피해의 북쪽경계에서 제5지역을 향해 서쪽으로 서로 이어지는 몇 개의 산이 있다. 이 산들은 그곳을 지나 구부러져 마야파리끼나 지방에 둘러싸이고 이미드에 이르리시 제4지역으로 나가고 시리아 북쪽에 위치한 실실라 산까지 연결되고 그곳에서 아마누스산에 이어진다. 이 지역의 북쪽에 있는 산들 사이에 양쪽으로 들어오는 문과 같은 산길이 여러 개 있다. 그 남쪽에는 아부왑 지방이 동쪽으로 연결되어 결국 카스피해까지 뻗어 있고 이 지방에 데르밴드가 있다. 한편 아부왑 지방은 서쪽에서 그 남부 지방이 아르메니아 지방에 연결된다. 아부왑의 동쪽과 남부 아제르바이잔 사이에 잡 지방이 있고 이곳은 카스피해까지 연결된다. 여러 개의 산 북쪽에 이 지역의 일부가 있고 그 서쪽에 사리르 왕국이 있는데, 그 왕국에서 보자면 북서쪽에 해당된다. 해당되는 이 지역은 모두가 흑해의 일부다.

이 바다는 콘스탄티노플 해협까지 뻗어 있다. 이 역시 우리가 이미 언급한 것이다. 흑해의 일부를 둘러싸고 있는 곳이 사리르 지방이다. 그곳에 인접해서 아트라바주이다 지방이 있다. 아부왑산과 이 지역의 북부 사이에 있는 사리르 지방은 동쪽으로 그 지방과 카자르 영토 사이에 있는 하지즈 산까지 가서 영토가 끝난다. 그리고 그 경계에 도시 술이 있다. 하지즈 산의 너머로 카자르영토의 일부가 있는데 이 지역은 카스피해에 속하는 이 지역의 북동쪽과 북쪽경계에까지 뻗쳐 있다.

이 기후대의 제7지역 서부 전체가 카스피해로 덮여 있다. 그러나 육지한 조각이 제4지역의 남부에서 나왔는데 그 육지에 따바리스탄 지방과 다일람 산이 있고 카즈원 지방까지 뻗쳐 있다고 언급한 바 있다. 그곳의 서쪽에 제4기후대의 제6지역에 있는 육지가 연결되어 있다. 그 땅의 북쪽에 제6지역의 동쪽에 있는 한 조각 땅덩이가 있다. 이 지역에서 발견된 것은 이 지역의 서북쪽에 있는 한 조각 땅이고 그곳에는 이 바다의 지류인 볼가강이 흐른다. 또한 이 지역의 동쪽에 이 바다의 일부가 있는데 그것은 터키 민족인 굿즈 인의 영역이다. 이 영역은 제8지역 내 남쪽에 있는 산으로 둘러싸여 있다. 이 산은 서쪽을 향하다가 다시 북쪽을 향하고 갈라지는데 그곳을 시야흐산이라 부른다. 이 강은 서쪽으로 가다가 제6기후대 제6지역에까지 도달하고 그다음 제5기후대의 제6지역을 향해 남쪽으로 돌아온다. 이 측면이 사리르 지방과 카자르 지방 사이에 있다. '시야흐' 산이라 불리는 경계가 제6지역과 제7지역에서 카자르 영토에 연결되어 있다.

제5기후대의 제8지역 전체는 터키 민족인 굿즈 인의 영역이다. 그곳의 서남쪽에 아랄해가 있다. 그곳에는 아무다리야강이 흐르고 그 길이는 3백 마일에 달하는데, 아랄해에는 이 지역에 흐르는 여러 개의 강이 모두 흘러들어온다. 그 지역의 동북쪽에 아르우나 호수가 있는데 그 길이는 4백 마일에 달한다. 그 호수의 물은 매우 깨끗하기로 유명하다. 이 지역의 북쪽에 미르가르산이 있고 그 의미는 '눈의 산'이다. 왜냐하면 그 산에는 일 년 내내 눈이 녹지 않기 때문이다. 미르가르산은 이 지역 경계에 있고 아르우나 호수의 남쪽에 매우 단단한 돌로 이루어진 돌산이 하나 있는데 그곳에는 풀 한포기 자라지 않아 아르우나라 불리고 그곳을 둘러싸고 있는 곳을 호수(작은 바다)라고 불렀다. 그 호수의 북쪽에 있는 미르가르산에 여러 개의 강이 있는데 너무나 많아서 그 수를 헤아릴 수 없으며 결국 그 강들은 양쪽에서 흘러와 그 호수에 합류한다.

이 기후대의 제9지역에 아르크스 지방이 있는데 이는 터키족의 굿즈 지방 서쪽 그리고 키마키야 지방 동쪽에 해당된다. 제8지역 동쪽 경계를 에워싸고 있는 것이 꾸끼야산인데 이 산은 야으주즈와 마으주즈로 둘러싸여 있다. 그곳은 남쪽에서 북쪽을 향해 불쑥 솟아 있는 형국인데 제10지역 입구를 향해 구부러져 있다. 제4기후대의 제10지역 경계로 유입된 부분은 그곳에서 이 지역 경계 북쪽을 향해 둘러싸인 바다로 에워싸인다. 그리고 반에 못 미치는 정도가 제4기후대 제10지역의 서쪽으로 구부러진다. 이 지역의 도입부에서 여기까지는 키마키야 지방을 둘러싸게 되고, 그다음에 제5기후대의 제10지역으로 나가 서쪽을 향해 그 경계까지 뻗어나간다. 이 지역의 남부에 서쪽을 향한 장방향의 땅덩이가 남아 있는데 이것은 키마키야 지방의 경계 바로 이전까지이다. 그다음에 동쪽에서 제9지역으로 나가고 계속 진행하다가 북쪽을 향해 근처에서 구부러지고 제6기후대의 제9지역까지 계속 진행한다. 바로 그곳에 우리가 언급하게 될 그 댐이 있다. 이 지역의 북동쪽에 꾸끼야산이 둘러싸고 있는 한 조각의 영토는 남쪽을 향한 장방형인데 그것은 바로 야으주즈와 마으주즈 지방의 일부이다.

이 기후대의 제10지역에는 야으주즈와 마으주즈의 영토가 있는데 이 지역은 모두 연결되어 있다. 둘러싸인 바다의 일부를 제외하고 이 지역은 그 남쪽에서 북쪽까지 모두 물에 잠겨 있다. 단 꾸끼야산을 남쪽과 서쪽으로 갈라놓는 한 덩어리 땅은 제외된다. 따라서 그 지역을 제외하고는 모두가 야으주즈와 마으주즈의 영토다. 알라께서 가장 잘 아신다.

## 제6기후대

제6기후대의 제1지역은 반 이상이 바다로 덮여 있다. 북동쪽으로 원모양을 하고 동쪽에서 남쪽으로 진행되다가 남쪽 가까운 곳에서 끝난다. 이 지역에는 양쪽의 가운데에 육지가 한 덩어리 있는데 둘러싸인 바다의 동남쪽에 작은 규모의 망처럼 하고 있다. 길이와 폭이 넓어지는 곳이 있는데 그곳은 모두 바리따니야[91]다. 양쪽 측면 사이에 입구이자 이 지역(제1지역)의 동남쪽에 사키스 지방이 있는데 이곳은 제5기후대의 제1, 제2지역에서 우리가 언급했던 빈투[92]지방과 연결되어 있다.

이 기후대의 제2지역은 그 북서쪽에서 둘러싸인 바다로 유입되었다. 그 서쪽에 제1지역의 바리따니야의 동부 지역의 북쪽 절반보다 더 큰 장방형 땅덩어리가 있다. 이 바다는 그 지역의 서에서 동으로 향한 북쪽의 다른 바다에 연결되어 있다. 제2지역의 서쪽 반에서 넓어지고, 잉글랜드섬의 땅 한 덩어리가 그곳에 있다. 잉글랜드섬은 여러 개의 도시를 포함하고 있는 광활하고 거대한 섬으로 그곳에는 거대한 왕권이 존재하고 그 나머지부분에 해당되는 영토는 제7기후대에 속한다.

한 덩어리 땅의 남쪽에 그리고 이 지역의 서쪽 절반에 해당되는 그 섬에 노르망디와 아플라다쉬 지방[93]이 있는데 모두 그 땅에 연결되어 있다.

---

91 　원문에는 바리따니야(Baritaniya)로 표기되어 있는데 이는 영국을 지칭한다. 그러나 위치상 영국보다는 프랑스의 지명 브르타뉴(Brittany)로 추정된다.
92 　프랑스 서부의 푸아투 지방으로 추정된다.
93 　벨기에의 플란테르(Flanders)를 말한다.

그다음으로 프랑스가 이 지역의 남서쪽에 걸쳐 있다. 프랑스 지방의 동쪽으로 바르구니야 지방이 있다. 이 모든 곳은 유럽 민족의 영토다. 이 지역의 동부 절반에 독일이 있다. 이 지역의 남부에 아퀼레이아 지방이 있고 북쪽에 부르군디[94] 지방이 있고 그다음으로 라흐위카[95]와 작센 지방이 있다. 동북부에 위치한 둘러싸인 바다 연안에 프리지아[96]가 있는데 이 모든 곳은 독일 민족들의 영토다.

제6기후대의 제3지역 서남쪽에 남보헤미아 지방이 있고 북쪽에는 작센 지방이 있다. 또한 제3지역의 동남쪽에는 헝가리가 북쪽에는 폴란드가 있다. 두 지방 사이에 발와따 산이 우뚝 솟아 제4지역 안쪽으로 깊게 뻗쳐 있다. 그 산은 서쪽을 지나 북쪽으로 구부러져 있고 이 지역의 서쪽 절반 끝인 작센 지방에 가서야 멈춘다.

이 기후대의 제4지역의 남쪽에 자쑬리야가 있고 북쪽으로 그 영토 아래 러시아 지방이 있다. 그 두 지역을 갈라놓는 것이 제1지역에서부터 시작된 발와따 산으로 동쪽의 절반에 이르러서야 멈춘다. 자쑬리야의 동쪽에 자르마니야 지방이 있다. 그 지역의 동남쪽에 콘스탄티노플이 있다. 콘스탄티노플의 도시는 지중해에서 비롯된 만의 마지막에 있는데 그곳은 흑해에 연결된다. 따라서 이 지역의 동남부에 만에 연결된 흑해의 일부가 있다. 그 두 지역 사이에 마시나흐 지방이 있다.

제6기후대의 제5지역에는 제4지역의 마지막 부분에 있는 흑해의 남쪽이 연결되어 계속 진행하다 동쪽으로 빠져나와 이 지역 전체를 통과한다. 제6지역 일부에서 1천 3백 마일의 길이와 6백 마일의 폭으로 흐르게 된다. 제5지역의 바일라까니 영토에 연결되어 있는 흑해의 히라끌리야 지방 서쪽에 장방형의 육지가 이 바다의 서쪽에서 동쪽으로 있는데 그곳은

---

94 프랑스와 스위스에 속하는 옛 지명.
95 프랑스 북동부의 국경 지방으로 추정된다.
96 네덜란드와 독일에 속하는 지역의 옛 이름.

이 지역의 남쪽에 있는 흑해의 후면에 위치한다. 또한 그 동쪽에 라니야 지방이 있고 그곳의 수도는 흑해에 위치한 사우탈리다. 이 지역의 흑해 북서쪽으로 타르칸 영토가 있고 그 동쪽으로는 러시아 지방이 있다. 이 모든 곳이 해안에 위치한다. 러시아 지방은 이 지역에 있는 타르칸 지방에 동쪽으로 접해 있고 제7기후대 제5지역에 있는 타르칸의 북쪽 그리고 이 기후대의 제7지역에 있는 타르칸의 서쪽으로 둘러싸여 있다.

제6지역의 서쪽에 흑해의 나머지가 있다. 이 바다는 북쪽으로 약간 구부러지는데, 그곳과 제6지역의 북쪽 사이에 쿠마니야 지방이 있다. 또한 이 지역의 남쪽에서 북쪽으로 넓게 펼쳐진 곳이 있는데 제5지역의 남쪽 끝에 위치해 있는 알라니[97] 지방의 나머지 영토다. 이 지역의 동쪽에 카자르[98] 영토의 연결 부분이 있다. 그곳의 동쪽에 바르따스 영토가 있고 북동쪽에 불가리아 민족의 영토가 있다. 또한 남동쪽에 빌자르[99] 영토가 있고 그 너머에 시야흐쿠흐산의 일부가 있는데 그 산은 제7지역에 있는 카자르해와 더불어 굽은 형태를 하고 있다. 시야흐쿠흐산은 카자르해와 서쪽에서 갈라지고 그 바다는 결국 시야흐쿠흐산의 일부 영토를 넘어 제5기후대의 제6지역으로 들어간다. 그곳에서 아부왑산과 연결되고 그 산에 카자르 지방의 일부가 포함된다.

이 기후대의 제7지역 남부에 카스피해와 갈라진 이후의 시야흐산이 있는데 그곳은 이 지역 서쪽경계까지 뻗쳐 있는 카자르 영토의 일부에 해당된다. 또한 그곳의 동쪽에 이 산의 동북쪽에서 넘어간 카스피해의 일부가 있다. 북서쪽에 있는 시야흐산의 뒤로 바르따스의 영토가 있고 이 지역의 동쪽에 샤흐라브와 야크냐의 영토가 있는데 그곳의 주민은 터키족이다.

---

97　흑해 연안 스텝 지역에 거주하는 이란계 유목민으로 알라니 족, 혹은 알란 족으로 불린다.
98　6세기 말 근대 유럽 러시아의 남동부에 걸쳐 상업제국을 이룩한 부족 연맹체. 터키어를 사용한다.
99　코카서스 북쪽에 위치한 중세도시.

제8지역의 남쪽 전부는 자울라크 영토인데 그곳 주민들 역시 터키 민족이며 북쪽에서 서쪽으로 보면 문타나 영토가 있고 그곳의 동쪽은 소위 야으주즈와 마으주즈가 댐 건설 이전에 파괴한 곳이다. 문타나 영토에 세계에서 가장 큰 강 중 하나인 볼가강의 발원지가 있다. 그 강은 터키 지방을 통과하여 제5기후대의 제7지역에서 카스피해에 합류한다. 그 강은 굽이굽이 많은 굴곡을 보이는데, 세 개의 샘물이 있는 문타나 영토의 산에서 흘러나와 하나의 강에서 합쳐지고 서쪽으로 진행하다가 이 기후대의 (제6기후대) 제7지역 끝까지 가서 제7기후대의 제7지역을 향해 북쪽으로 구부러진다. 결국 이 강은 남쪽과 마그립 사이를 유유히 흐르다가 제6지역에 이르러 제7지역에서 빠져나오고 서쪽으로 그리 멀리 가지 않아 다시 남쪽으로 방향을 틀고 제6기후대의 제6지역으로 돌아간다. 그 강의 한 지류는 서쪽으로 흐르다 그곳의 흑해로 흘러들어간다. 이 강은 불가리아 지방의 북쪽과 동쪽 사이에 있는 곳을 지나 흐르고 제6기후대의 제7지역에서 빠져나가 다시 남쪽을 향하고 시야흐산을 통과하여 카자르 지방을 흐르고 제5기후대의 제7지역을 향해 빠져나간다. 그곳에서 이 지역의 남서쪽에서 발견되는 한 조각 영토에 접해 있는 카스피해에 합류한다.

이 기후대의 제9지역의 서쪽에 터키족 카프샤크의 지방이 있는데 그들은 킵차크인이다. 샤르카스 지방의 주민들 역시 킵차크인이다. 그곳의 동쪽에 야으주즈 지방이 있는데 그 두 지방은 둘러싸인 쿠피야산으로 분리된다. 이 부분은 이미 앞서 언급했다. 그 산은 제4기후대의 동쪽에 위치한 둘러싸인 바다에서 시작하여 그 바다와 더불어 이 기후대의 북쪽경계까지 향하고 그곳에서 서쪽으로 갈라져 북쪽으로 구부러진다. 그 산은 제5기후대의 제9지역에 진입하고 다시 그 첫 번째 길로 돌아와 이 기후대의 남부에서 북부를 향해 마그립 쪽으로 구부러진다. 그 중앙에 알렉산더가 건설한 그 댐이 있다. 그다음 제7기후대의 제9지역을 향해 계속 진행하다가 북쪽에 위치한 둘러싸인 바다를 만날 때까지 남쪽을 향해 진행한다. 그 후 그 바다와 같은 방향으로 서쪽으로 굽어지고 제7기후대의 제5지역을 향하게 된다. 그곳에서 그 지역의 서쪽에 있는 둘러싸인 바다의 일부에 연결된다. 제9지역의 중앙에 알렉산더가 건설한 바로 그 댐이 있다. 코란에서 그것에 대해 언급한 것은 옳은 것이다. 압둘라 븐 쿠르다디야는 자신의 지리서에서 칼리파 와씨끄가 꿈에서 그 댐이 열리는 것을 보고 몹시 두려운 나머지 그는 번역가 살람을 파견하여 그 댐을 조사하도록 했고, 살람은 칼리파에게 소식을 전했다고 했다. 압둘라 븐 쿠르다디야는 이 이야기를 길게 묘사하였는데 사실 이는 이 책의 목적은 아니다.

이 기후대의 제10지역에는 마으주즈 지방이 속해 있는데 이곳은 둘러싸인 바다의 일부에 접해 있는 그 지역 끝까지 뻗쳐 있다. 여기서 둘러싸인 바다는 북쪽에서 동북쪽을 향해 장방형으로 둘러싸여 있는데, 특히 동쪽이 약간 넓은 형태로 둘러싸여 있다.


## 제7기후대

둘러싸인 바다는 야으주즈와 마으주즈로 둘러싸인 쿠피야산에 연결될 때 북쪽에서부터 제5지역의 중앙부에 이르기까지 대부분이 물로 넘쳐났다. 따라서 제1지역과 제2지역은 그 대부분의 영토가 제2지역에 위치한 잉글랜드섬을 제외하고는 물로 넘쳐났다. 잉글랜드섬의 앞부분에 북쪽을 향해 구부러진 굴곡이 있고 그 섬의 나머지 부분은 제6기후대의 제2지역에 있는 원형의 바다 조각에 접해 있다. 그 섬에서 이 바다에 있는 육지로 교차하는 폭은 12마일이다. 제2지역 북쪽에 있는 이 섬의 후면에 라슬란다섬이 서에서 동을 향해 장방형으로 있다.

이 기후대의 제3지역은 그 대부분이 바다로 덮여 있으며 제6기후대의 제3지역에서 언급한 바 있던 폴란드 영토에 연결되어 있다. 폴란드 영토는 이 지역의 북쪽에 있으며, 이 지역을 덮고 있는 바다에 접하고 있다. 폴란드 영토의 서쪽에 원형의 넓은 곳이 있는데 이곳의 남쪽에 있는 관문은 육지와 연결되어 있다. 그 남쪽은 폴란드 지방까지 도달한다. 또한 그곳의 북쪽에는 노르웨이섬이 서에서 동을 향해 장방형으로 있다.

이 기후대의 제4지역 북부는 서에서 동까지 둘러싸인 바다에 덮여 있다. 그리고 그곳의 남부는 육지로 노출되어 있다. 즉 그곳의 서쪽에 터키 족의 끼마자크 영토가 있고 그 영토의 동쪽에 따스트[100] 지방이 있다. 그리고 라슬란다[101] 영토가 제4지역 끝까지 동쪽으로 펼쳐져 있는데 그곳은 1년 내내 눈이 있고 주민의 수가 적었다. 한편 이곳은 제6기후대 제4지역 과 제5지역에 있는 러시아 지방과 연결되어 있다.

이 기후대의 제5지역의 서쪽에 러시아 지방이 있는데 앞서 우리가 언급한 바 있던 꾸끼야산에 연결되어 있는 둘러싸인 바다의 일부를 향해 북쪽에서 끝이 난다. 한편 그 동쪽에는 카마니야 영토와 연결되어 있고, 카마니야 영토는 제6기후대의 제6지역에 있는 흑해 바다의 일부 연안에 있다. 또한 러시아 지방은 이 지역에 있는 따르미소해에 가서야 끝나는데 따르미소해의 물은 남, 북의 여러 산들에서 흘러나온 많은 강물이 흘러들어오는 단물이다. 이 지역(제5지역)의 동북쪽에 투르크만 족의 타타르의 영토가 이 지역 경계까지 펼쳐져 있다.

남서쪽에 있는 제6지역에 카마니야 지방이 연결되고 바로 그 중앙에 아쑤르 소해가 있는데 그 소해는 단물로 유명하고 동부에 있는 여러 산에서 시작된 여러 개의 강물이 그곳으로 흘러들어온다. 그 소해는 여름의 며칠을 제외하고는 추위가 너무나 강해서 항상 얼어붙은 상태이다. 카마니야 지방 동쪽에 러시아 지방이 있는데 이곳의 시작은 제6기후대의 북동쪽으로 제5지역에 위치한다. 이 지역(제6지역)의 동남쪽에 불가리아 영토의 나머지가 있는데 불가리아 영토의 시작은 제6기후대에 있다. 이 기

---

100  핀란드의 타바스트랜드(Tavastland)로 추정된다.
101  위치상 에스토니아로 추정된다.

후대의 제6지역 북동쪽에 그리고 불가리아 영토의 나머지 부분 중앙에 볼가강의 한 굽이가 있고 서에서 동으로 연결되어 있다.

이 기후대의 제7지역 서쪽에 터키 민족의 야크나크 영토의 나머지가 있다. 그 시작은 제6지역 이전에는 동북쪽에 있으나 이 지역에선 서남쪽에 있다. 야크나크의 영토 나머지는 이 지역의 위쪽에서 제6기후대로 빠져나간다. 동쪽에 수흐랍 영토의 나머지 부분이 있고 그다음에 냄새나는 영토[102]의 나머지가 이 지역 동쪽 경계까지 펼쳐져 있다. 이 지역 북쪽 경계에 꾸끼야산이 서쪽에서 동쪽으로 연결된 채 있다.

이 기후대의 제8지역 서남쪽에 냄새나는 영토가 연결되어 있다. 그 동쪽에 파인 곳이 있는데 그곳은 정말 놀라울 따름이다. 그 구멍은 끝없는 심연이고 광활한 구역으로 그 바닥에 도달하는 것이 불가능하다. 낮에는 담뱃불이 밤에는 불빛이 있는 것을 보면 사람이 사는 곳이다. 그곳에는 남쪽에서 북쪽을 가르는 강이 있을 것이다. 이 지역(제8지역)의 동쪽에 그 댐과 이웃하는 황폐화된 지방이 있고 그 북쪽 끝에 동에서 서쪽으로 연결된 꾸끼야산이 있다.

이 기후대의 제9지역 서쪽에 카프샤크 지방이 있는데 그곳 주민들은 킵차크인이고 그 너머에 꾸끼야산이 이 지역 북쪽에서 둘러싸인 바다로 굽어진다. 그 바다는 그 지역 중앙에서 남쪽으로 다시 동쪽으로 가다가 제6기후대의 제9지역에서 나간다. 그다음 지역 중앙에 야으주즈와 마으주즈댐이 있다. 우리가 이미 언급한 바 있지만 이 지역의 동쪽에 있는 해안의 꾸끼야산 너머에 야으주즈 영토가 있다.

제10지역은 전체가 바다로 덮여 있다. 이것이 지리와 7개의 기후대에 관한 마지막이다. 알라께서 전 세계의 사람들을 위해 하늘과 땅을 창조하시고 밤과 낮을 구별하셨다!

---

102  공기 오염이나 지리적인 이유, 예를 들면 주변보다 낮은 지대 등으로 그 지역에 냄새가 심해서 붙은 이름으로 추정된다.

# 서론 3

우리는 이미 지구상의 남쪽은 극도로 덥고 북쪽은 극도로 추운 까닭에 지구의 중앙부에 문명지가 위치한다고 밝힌 바 있다. 남쪽과 북쪽의 양극 지역은 추위와 더위의 극한 지역이다. 따라서 양쪽의 극한 지역에서 지구의 중앙부를 향해 서서히 내려오면 그곳은 온대 지역이 된다. 제4기후대가 가장 온대의 문명지이고 그 양쪽으로 제3기후대와 제5기후대가 온대 지역에 가까이 연결되어 있고, 그 양쪽으로는 제2기후대와 제6기후대가 온대 지역에서 약간 떨어져 있지만 지리적으로는 접한 상태이다. 제1기후대와 제7기후대가 가장 멀리 있다. 그러므로 학문, 기술, 건축, 의복, 식량 과일 심지어 동물까지 모든 것이 중앙에 있는 세 기후대에서 온화한 성격을 보인다. 그곳에 거주하는 주민은 신체, 피부색, 성격, 종교 그리고 예언에 이르기까지 가장 온화하다. 우리는 남쪽이나 북쪽 기후대에서 예언에 대한 이야기를 들을 수 없었다. 그 이유는 예언자와 사도들 역시 그들의 성정에 있어 가장 완벽한 사람들이기 때문이다. 코란에는 다음 구절이 있다. "너희는 인류의 선을 위해 일으켜진 백성이니라."[103] 예언자들이 알라로부터 가져온 메시지를 가장 잘 수용하기 위해 그렇다는 것이다. 이런 기후대의 주민은 가장 온화한 이들이다. 그들은 거주형태, 의복, 식량, 기술 등 모든 것에서 가장 중도의 것을 취한다. 그들은 돌로 집을 짓고, 기술로 장식을 하고, 다양한 도구와 기구를 최고의 수준에 이르게 한다. 그들에게는 금, 은, 철, 동, 납, 주석과 같은 자연광물이 있는데, 거래 시에 금과 은이라는 가장 고귀한 보물을 사용한다. 그들은 일반적인 성정에서도 난폭함이나 과도함과는 거리가 멀다. 그런 이들이 바로 마그립, 시리아, 예멘, 두 개의 이라크, 인도, 신드, 중국에 거주하고, 마찬가지로 스페인에도 거주한다. 이런

---

103  코란 3장 11절.

거주지 인근에는 유럽인과 갈리시아인, 로마와 그리스인도 있다. 이런 사람들과 함께 살거나 그들과 가까이 사는 이도 있다. 이런 예로 이라크와 시리아가 가장 온화한 지역이라 할 수 있다. 왜냐하면 모든 지역에서 가장 중앙에 위치하기 때문이다. 그러나 온화한 지역에서 멀리 떨어진 기후대는 주로 제1기후대, 제2기후대, 제6기후대, 제7기후대를 말하는데 그곳의 주민들은 성정에 있어서도 온화함과는 거리가 멀다. 그들은 찰흙이나 수수대로 집을 지었고, 곡물과 풀로 식량을 삼았으며, 나뭇잎이나 동물의 가죽으로 자신들에게 맞춰 통으로 꿰맨 옷을 입거나 대다수는 벗고 산다. 그들의 거주지에서 생산되는 과일이나 양념은 이상한 성분이고 극단적인 맛이다. 그들은 거래 시 금·은을 취급하지 않고 동, 철, 동물의 가죽 등을 이용한다. 그것이 거래에 사용할 가치가 있다고 생각했기 때문이다. 그들의 성정은 멍청한 동물에 가까웠다. 전해지는 바에 따르면 제1기후대에 거주하는 흑인들 다수는 동굴이나 덤불에 거주하고 풀을 먹고 산다고 한다. 그들은 야만적이고 인간적 면모가 없으며 서로 잡아먹는다는 말도 있다. 슬라브족도 그런 종족이다. 그 이유는 그들이 온후함과는 거리가 멀고 기질과 천성은 멍청한 동물의 것과 가깝기 때문이다. 그런 면에서 보자면 그들은 인간적인 면과는 거리가 멀다. 그들의 종교적 상황도 마찬가지다. 그들은 예언을 알지 못했고 샤리아의 준수도 알지 못했기 때문이다. 그들 중 온후한 면을 지닌 자들도 있었으나 극히 드문 경우다. 예를 들자면 예멘에 이웃해 있는 이티오피아가 그런 경우인데 그들은 이슬람 도래 이전부터 기독교인이었고 이 시대에도 그렇다. 말리, 쿠쿠[104] 그리고 마그립의 이웃인 타크루르족도 있는데 그들은 이 시대에는 무슬림이다. 그들이 이슬람에 귀의한 것은 13세기의 일이라고 한다. 북쪽의 슬라브족과 유럽족 터키 민족 중 기독교에 귀의한 이들과 마찬가지다. 남쪽과 북쪽의 다른 거주민들

---

104  아랍어로 kuku이고 수단의 한 지방의 민족명이다.

은 종교나 학문을 알지 못하고 그들의 상황은 인간과 거리가 멀고 야수의 상태에 가깝다할 수 있다. 코란에는 다음과 같은 말씀이 있다. "그분은 너희가 아직 모르는 것을 창조하실 것이다."[105] 이 말씀은 예멘, 하드라마우트, 아흐까프, 히자즈의 나라들, 야마마와 제1기후대와 제2기후대에 있는 아라비아 반도에 이웃하는 주민의 존재를 부정하는 것은 아니다. 왜냐하면 아라비아 반도는 삼면이 바다로 둘러싸여 있어 습기가 반도의 열기에 영향을 주어 건조함이나 열기의 극한 상태를 완화시켜 준다. 이렇게 바다의 수분으로 인해서 그 지역은 어느 정도 온화하게 되었다. 일부 계보학자들은 인간의 자연적 천성에 대한 지식 없이, 공상을 발전시켜 흑인은 노아의 아들 함의 후손이고, 그들이 검은 탓은 노아의 저주 때문이라고 생각하기도 한다. 그 저주는 노아가 아들에게 피부색으로 자신의 영향력을 표현하길 원했고 그래서 알라께서 그 후손에게 부여한 것이라는 해석이다. 계보학자들은 이와 관련해서 전설에 가까운 수준의 이야기를 전한다. 노아가 아들 함에게 저주를 내린 것은 토라에도 등장한 바 있다. 그러나 어디에도 검은 색에 대한 언급은 없다. 노아는 함의 자손이 그의 형제 자손의 종이 되라고 저주했다. 함이 검은 이유를 이렇게 주장하는 것은 열기와 추위라는 자연 조건과 그 두 성질이 공기에 미치는 영향에 대해 무지한 결과이다. 공기뿐 아니라 그곳에 거주하는 동물의 성질에도 영향을 끼친다는 사실에 대해서도 무지한 것이다. 피부색이 검다는 것은 남부의 열기가 증가하여서고, 이는 그들이 거주하는 땅의 공기에서 비롯된다. 그러므로 태양이 매년 두 차례 천정에 위치하고, 두 차례의 간격은 가까우므로 태양의 정점의 위력은 여러 계절 동안 오래 나타난다. 빛이 많아지고 태양의 열기가 주민들을 강하게 뒤덮고 그들의 피부는 극도의 열로 인해 검게 된다. 북쪽에 있는 이 두 지역의 반대에는 제7기후대와 제6기후대가 있는데 그곳의 주민

---

105   코란 16장 8절.

들은 북쪽의 과도한 냉기가 가져온 공기의 영향으로 피부가 하얗게 된다. 그러므로 그곳은 시야에서 보아도 태양이 지평선에 늘 위치하거나 그 인접한 위치에 있고, 태양은 천정에 위치하는 적이 없고 그 근처에도 도달하지 못한다. 그곳은 열기가 부족하고 냉기가 계절 내내 뒤덮는다. 그래서 그곳 주민의 피부색은 희게 되고 털이 적고 매우 가늘게 된다. 그 과도한 냉기는 주민들의 눈동자 색을 푸르게 만들고 피부를 창백하게 하고 머리카락을 황금색으로 만든다. 그 양극 지대 사이 중간에 세 기후대가 있는데 그것은 제5기후대, 제4기후대, 제3기후대를 칭한다. 그곳에는 온대 지방의 온화함이 있는데 이것은 축복받은 중도의 기질을 의미한다. 특히 제4기후대는 온대 중에서도 가장 중앙에 있고 이에 대해서는 우리가 앞에서 언급한 바 있다. 그곳의 주민은 신체와 성정 면에서도 온화한데 그 원인을 공기의 기질에서 찾을 수 있다. 그 양쪽으로 제3기후대와 제5기후대가 접해 있는데 만약 양 기후대가 중앙에 있는 제4기후대와 접하지 않았더라면 남쪽으로는 극한의 더위에 더욱 접하고 북쪽으로는 극한의 추위에 더욱 치우쳤을 것이다. 두 지역은 극단적인 비온대가 되지는 않았다. 그러나 4개의 기후대는 비온대가 되었고 그 거주민의 신체나 성질도 그렇게 변했다. 제1기후대와 제2기후대의 주민은 열기로 인해서 피부가 검게 변했고 제7기후대와 제6기후대의 주민은 냉기로 인해 피부가 하얗게 되었다. 남쪽에 있는 제1기후대와 제2기후대의 주민은 하바쉬(에티오피아인), 잔즈,[106] 수단(흑인)이라 부른다. 이 이름은 피부가 검은 민족의 동의어로 사용된다. '하바쉬인'이라는 이름은 특히 메카와 예멘의 반대편 주민에게 한정되고, 잔즈는 인도양 반대편 거주민에게 한정되어 있다. 이런 이름은 그들이 흑인의 후손이기 때문이거나 함이나 다른 누구의 후손이기 때문에 명명된 것은 아니다. 우리는 온대인 제4지역에 거주하는 흑인들로부터 비온대인 제7기

---

106  아프리카 동부의 해안과 그 거주민을 가리킨다.

후대의 거주민인 백인까지 발견했다. 이런 사실을 종합해보면 피부색의 결정은 공기의 성분과 기질에 기인한다. 이븐 시나는 의학에 관한 자신이 지은 시에서 이렇게 노래했다.

> 더위가 흑인의 피부를 바꾸어서 결국 그들의 피부는 검게 되었고
> 슬라브족은 백인의 피부를 갖는다. 그들의 피부는 부드럽게 되었다.

북쪽 거주민은 피부색과 관련된 명명이 없다. 백인이라는 것은 그런 이름을 명명한 이들에게 단지 색일 뿐이었다. 그들에게 하얗다는 것은 특별한 것이 아니었고 따라서 '백인'이란 호칭으로 표현하지 않았다. 우리는 북쪽에서 터키족, 슬라브족, 위구르족, 카자르족[107]과 알린족, 유럽기독교도 중 다수, 야으주즈와 마으주즈의 주민들을 발견했고 그들은 다양한 이름으로 불리는 종족들이다. 중앙에 있는 제3기후대의 주민들, 그 신체와 성정이 온화한 거주민은 자연적으로 풍부한 문명생활을 하게 되는데, 그들은 거주 조건, 거주지, 생활, 기술, 학문과 지도자, 왕권 등 모든 면에서 풍요롭다. 그들은 예언, 왕권, 왕조 종교법과 다양한 학문, 대도시, 지방, 건축, 관상술, 세련된 기술, 온화한 여러 조건의 삶을 누린다. 자신에 관한 정보를 우리에게 알려준 이 지역의 주민들은 아랍인, 로마인, 페르시아인, 이스라엘 후손, 그리스인, 인도인, 신드인, 중국인이다. 계보학자들은 이런 민족이 각각의 특징과 징표로 차이를 보이며 그 원인이 후손에게 있다고 생각했다. 그들은 남부 주민 전체를 함의 후손인 흑인이라 생각했고 그래서 그들의 피부색이 그렇게 결정되었다고 주장했다. 이렇게 어리석은 이야기를 계속 이어갔다. 그들은 북쪽의 주민 전체와 야벳의 후손 대부분이 그리고 온건한 지대주민들 대부분이 다양한 학문, 기술, 종파, 종교법, 정치, 왕

---

107  7세기에서 10세기에 거쳐 카스피해 인근에 거주했던 주민.

권을 보유했고 그들을 셈의 후손이라 생각했다. 계보학자들의 이런 주장, 즉 피부색이 혈통에 근거한다는 것이 설혹 맞는다 해도 그것은 일반적 유추에 의한 결과가 아니다. 그것은 단지 사실에 대한 보고일 뿐이다. 남부 주민을 흑인이라 명하고 하바쉬인이라 불리는 기원을 그들의 계보에서 찾고 검은 피부를 지닌 함의 후손에서 찾는다는 것은 이치에 맞지 않는다. 그들의 오류는 여러 민족의 특징이 혈통에 의해서만 결정된다는 것인데 사실은 그렇지 않다. 여러 민족과 종족을 구분하는 것 중 일부는 혈통이 결정한다. 아랍인이나 이스라엘 후손, 페르시아인 같은 경우이다. 그러나 지리적 조건이나 신체적 특징도 그 구분의 원인이 된다. 마치 잔즈, 에티오피아인, 슬라브족, 흑인과 같은 경우이다. 혹은 관습이나 외부적 지표, 혈통이 결정적 원인인 경우도 있다. 아랍인이 그렇다. 그 밖에도 여러 민족의 상황이나 특징이 원인이 되는 수도 있다. 그러므로 북쪽이나 남쪽의 특정 주민에 대해 그들의 주장을 일반화시키고, 그들이 누구의 자손이기 때문에 피부색이 그렇다고 말하는 것은 잘못이다. 이것은 피조물인 존재의 자연적 성질이나 지리적 성질을 무시한 것이다. 물리적 조건과 환경이 후손에게 영향을 주어 변화를 가져온다는 사실을 간과한 것이다. 그 모든 조건이 변하지 않고 그대로 있는 것은 아니다. 알라는 자신의 종에게 이런 방법으로 대한다. 당신은 알라의 방법에서 어떤 변화도 찾지 못할 것이다. 알라와 그의 사도는 가장 잘 알고 현명하시다. 그는 은혜롭고 자비로운 주인이시다.


## 서론 4 | 기후가 인간의 성격에 영향을 미친다

우리는 흑인이 경박하고 변덕이 심하며 감정의 기복이 심하다는 것을 알고 있다. 그들은 음률이 있으면 춤을 추며 열광하고, 항상 우둔한 자로 묘사된다. 그 이유는 철학자들의 견해 때문이다. 철학자들은 기쁨과 즐거움을 동물적 기운이 확산된 결과로 보고 슬픔을 동물적 기운의 위축과 집약의 결과라고 판단했다. 열기는 공기와 증기에 퍼지고 그러면 공기와 증기는 밀도가 희박해져 부피는 증대된다. 그래서 취객은 표현할 수 없는 기쁨과 즐거움을 맛본다. 그 이유는 취객의 가슴 속에 있는 기운의 증기가 본능적 열기에 의해 지배당하기 때문이다. 본능적 열기는 술의 힘에 의해 그 기운 속에서 발생하는 것이다. 기운이 팽창하면 사람은 기쁨을 느낀다. 뜨거운 욕탕의 경우를 들 수 있다. 사람들이 욕탕의 공기를 들이마시면 공기 속의 열기가 기운 속으로 들어가고 그러면 몸이 더워지고 기쁨을 느끼게 된다. 그들 중 다수는 기쁨에서 나온 노래를 흥얼거리는 경우도 있다. 흑인들은 더운 지역에 거주했다. 열기가 그들의 기질을 지배하고 그들의 존재 근원에 있었다. 그들은 거주 지역과 신체에 반응하는 열기를 자신들의 기운 안에 지니고 있었다. 제4기후대에 거주하는 사람들의 기운과 비교해 볼 때, 그들의 기운은 훨씬 더 뜨겁고 확산되어 있다. 결과적으로 그들은 다른 이들보다 빨리 기뻐하고 많이 즐거워한다. 그들이 쉽사리 흥분하는 이유는 바로 이런 까닭이다. 마찬가지로 해안 지방의 거주민들은 남방의 주민들과 약간 닮아 있다. 그들이 거주하는 곳의 공기는 바다 표면에서 반사하는 태양의 빛으로 인해 매우 덥다. 일반적으로 그들은 추운 기후나 산이 많은 지역에서 거주하는 이들에 비해 열기에 많이 노출되기 때문에 쉽게 기뻐하고 경박하다. 이런 현상은 제3기후대에 있는 섬 지역 주민들에게도 나타나는데 그들의 거주지는 해안 근처의 평야나 산의 남쪽에 위치하여 열기가 많기 때문이다. 다른 예로 이집트를 들 수 있다. 이집트는 언급한 섬 지역과 동일한 위도 혹은 그 근처에 위치해 있다. 이집트 인들의 특징은 즐거움, 경박함, 미래를 걱정하지 않는 것 등이다. 그들은 한 달 분의 식량도 비축하지 않고 대부분을 시장에서 구입한다. 이와는 반대로 모로코의 페스는 구릉들로 둘러싸여 있기 때문에 그곳의 주민들은 우울하고 장래에 대해 많이 걱정하는 것으로 보인다. 페스의 거주민들은 2년 치의 식량을 비축하고도 혹여나 부족할까 불안해하며 매일 아침 시장으로 식량을 구하러 나간다. 만약 여러분이 여러 기후대와 지방에서 나타나는 이런 현상에 관심을 기울인다면 다양한 형태의 기후가 그곳 거주민들의 성격에 어떻게 영향을 미치는지 발견하게 될 것이다.

마스우디는 흑인들이 보이는 경박성과 다혈질적인 기질의 원인을 연구하고 설명하려 했다. 하지만 그는 갈레누스와 야으꿉 븐 이스하끄 알킨디[108]의 견해를 인용하며 흑인들의 지능이 부족한 이유는 이성적 판단이 부족하기 때문이라고만 설명하였다. 그러나 이는 부족해 보이고 입증되지 않은 주장일 뿐이다. 진정으로 알라께서는 바른 길로 인도하고자 하는 대상을 올바른 길로 인도하신다.

## 서론 5 | 문명의 차이에 따라 발생하는 식량의 풍족과 결핍 그리고 그것이 인간의 신체와 성격에 미치는 영향

모든 온대 지역에 식량이 풍부한 것은 아니고, 그곳의 거주민들이 모두 편한 생활을 하는 것은 아니라는 것을 인지하라. 온대 지역 중 일부는 햇볕이 따스하고 식물이 자라기 좋은 조건이며 풍요로운 문명이 존재한다. 거주민들은 곡식, 빵과 함께 먹는 양념, 밀, 과일, 등이 풍부해서 안락한 삶을 영위한다. 일부 지역의 토양은 척박하기 그지없어 씨앗이나 풀이 전혀 성장할 수 없는 곳도 있다. 그런 곳의 거주민들은 생활이 무척 힘들다. 히자즈와 남부 예멘의 주민들이 그런 경우이고, 베르베르인과 수

---

108 Ya ʿqūb ibn Isḥāq al-Ṣabāḥ al-Kindi. 칼리파 마으문(재위 813~833)과 무으타씸(재위 833~842) 치하의 이라크에서 활약한 철학가이자 학자다. 그는 아리스토텔레스의 사상을 계승한 여러 철학적 문제뿐 아니라 점성술, 의학, 인도의 산수 등 다양한 분야에 관심을 가졌다.

단의 흑인들의 거주지 중간에 있는 사막이나 마그립사막에 거주하는 복면 씬하자족이 그런 경우이다. 그들은 모두 곡식이나 양념이 부족하고 그들이 얻을 수 있는 식량은 동물의 젖과 고기뿐이다. 사막을 이동하는 아랍인 역시 이와 비슷한 처지이다. 그들은 구릉의 거주지에서 곡식과 양념 등을 취하지만, 이것은 특정 시기에만 가능하고 또 수비대들의 감시하에서만 가능한 것이다. 그들은 재물이 없어서 제한적으로 식량을 구입한다. 그들은 안락하고 풍요로운 삶과는 동떨어진 채 필요한 만큼의 물건도 구하지 못하고 때로는 그보다 더 열악한 경우도 있다. 그들의 식생활은 거의 동물의 젖이고 그것이 밀을 대신하는 최고의 양식이다. 이런 상황에도 불구하고, 곡식과 양념이 풍족하지 않은 사막의 거주민들이 먹거리가 풍족한 구릉지의 거주민들에 비해 신체도 건장하고 성격도 좋다. 혈색이 더좋고 몸은 더 깨끗하며, 기골이 훌륭하고 성격은 극단적이지 않고, 이해력이나 지각도 높은 수준이다. 이런 사실은 그들 중 여러 종족이 실제로 보여주었다. 이와 관련해서 아랍인과 베르베르인 사이, 복면 씬하자족과 구릉의 거주민들 사이에는 큰 차이가 있다. 이 문제를 조사하고 연구한 자들은 이 사실을 잘 알고 있다. 이런 현상이 발생하는 이유는 다음과 같다. 과도한 음식과 부패, 혼합, 그 안에 있는 수분이 인간의 신체에 부패한 잉여물질을 발생시키고 그것은 몸을 부적절하고 비대하게 만들기 때문이다. 피부색은 어두워지고 얼굴 모양도 보기 싫게 변하는데, 그 이유는 신체가 비대해졌기 때문이다. 부패한 증기가 뇌로 올라가면 수분이 마음과 사고력을 뒤덮고 따라서 우둔하고 부주의하며 전반적으로 온화함과는 거리가 먼 조급증이 나타난다. 이런 현상은 사막이나 척박한 지역에 사는 동물, 예를 들면 영양, 들소, 타조, 기린, 야생나비 등과 구릉이나 해안의 평야, 비옥한 목초지에 사는 것들을 비교해보면 알 수 있다. 동물이 지닌 털의 광택, 아름다움, 형태의 탁월한 모습, 사지의 균형 감각, 기민함 등을 비교해보면 같은 동물이라도 거주 지역에 따라 커다란 차이가 있음을 발견하게 된다. 영양은 염소에 비교되고 기린은 낙타에, 야생 나귀와 들소는 집에서 기르는 나귀나 소에 비교된다. 이들 동물이나 가축 간에도 차이가 있다. 그 이유는 역시 구릉에 있는 풍부한 식량이 가축의 몸속에 부패한 잉여물질을 발생시키고, 체액을 부패시키기 때문이다. 반대로 척박한 지역에 사는 동물들의 굶주림은 동물들의 몸집과 형태를 보기 좋게 개량시킨다. 이 현상은 인간에게도 적용된다. 한 곳에 거주하며 농업을 하거나 목축 생산물이나 각종 먹거리가 풍부한 비옥한 지역의 거주민은 우둔한 정신과 흉한 육체를 지니고 있다. 풍부한 먹거리를 지닌 베르베르인들이 그 대표적인 예다. 반대로 보리나 수수만을 먹고 검소하게 사는 마쓰무다족[109]에 속하는 베르베르인, 수스강 부근에 사는 주민들, 그리고 기마라족[110]은 그 반대이다. 이들은 지적 능력이 탁월하고 매우 아름다운 신체를 가지고 있다. 풍부한 먹을거리를 소유한 마그립의 주민들과 버터를 먹어보지도 못하고 겨우 수수를 주식으로 하는 스페인의 주민들 간에도 같은 현상이 나타난다. 스페인 무슬림들은 총명하고 기민하여 지식을 민감하게 받아들인다. 다른 이들과는 비교가 안 될 정도이다. 이런 비교는 마그립의 농촌에 거주하는 사람들과 도시 거주민들 간에도 가능하다. 도시 거주민들은 빵과 함께 먹는 양념을 많이 사용하고, 삶 자체도 풍요롭다. 그들은 음식을 익혀서 조리하고 다른 재료들과 혼합하여 부드럽게 만들어 먹기 때문에 거침은 순화되고 부드러워진다. 그들의 주된 음식은 양고기와 닭고기며, 버터는 맛이 떨어진다고 반기지도 않는다. 결과적으로 도시 거주민의 신체는 거친 생활을 하는 사막 거주민들에 비해 나약해진다. 늘 굶주려 있는 사막의 거주민들은 비대한 사람이건 마른 사람이건 몸속에 잉여 물질을 쌓아 놓지 않는다.

　이런 풍요로움은 신체에만 영향을 미치는 것이 아니라 종교와 신앙의

---

109　베르베르족의 일파이고 모로코에 거주한다.
110　모로코의 거주 부족.

상태에도 큰 영향을 미친다는 것을 인지하라. 사막에서 검소한 생활을 하는 거주민이나 혹은 정주지역 거주민 중에 쾌락을 절제하고 굶주림에 익숙한 사람들은 풍요롭고 사치스럽게 사는 사람들보다 신앙심이 깊다. 실제로 대·소도시에서 신앙심이 깊은 주민의 수는 매우 적다. 도시 거주민의 대부분은 냉정하고 주의력이 떨어지며 비종교적인 사람들인데, 그 이유는 그들의 식습관, 즉 많은 고기와 양념, 정제된 밀을 먹는 것과 관련이 있다. 신앙심이 깊고 금욕적인 생활을 하는 사람들은 검소한 식생활을 하는 사막의 주민 중에 찾아볼 수 있다. 하지만 도시에 사는 주민들도 사치와 풍요로움의 정도에 따라 서로 차이를 보인다. 중요한 것은 거주 지역이 사막이건 정주 지역이건 도시이건 간에 풍요로운 생활을 하고 맛있는 음식만을 찾아 먹는 사람들은 가뭄이나 기근과 같은 자연재해가 올 경우 다른 사람들보다 빨리 죽는다는 것이다. 예를 들어, 마그립의 베르베르인, 페스와 카이로의 주민들이 그렇다. 반면 황야나 사막에 거주하는 아랍인들이나, 대추야자를 주식으로 삼는 주민들, 보리와 올리브유가 주식인 오늘날의 이프리끼야 주민들, 혹은 수수와 올리브를 주식으로 삼는 스페인의 주민들은 그렇지가 않다. 가뭄이나 기근이 와도 여타 지역보다 죽은 사람이 적고 굶주려 죽는 사람이 발생해도 그 수가 많지 않은데, 이런 일은 드문 경우가 아니다. 그 이유는 다음과 같다. 풍요로운 삶에 젖어 사는 사람들, 특히 버터와 같은 조미식품에 익숙한 사람들의 위장은 신체가 필요로 하는 수분보다 더 많은 수분을 흡수해서 그 적정선을 초과하게 된다. 이런 식습관을 지닌 자들이 갑자기 음식의 양이 줄고, 양념이 없는 음식, 그들에게 익숙하지 않은 거친 음식 등을 섭취하게 되면 신체에서 가장 약하지만 가장 중요한 부분으로 간주되는 위장은 건조해지고 위축된다. 위장이 이렇게 되면 곧바로 병에 걸리거나 급사한다. 따라서 굶주림으로 사망한다 해도 그 사망 원인은 과거의 포만감에 익숙해진 식습관 때문에 죽은 것이지 굶주림 때문에 죽은 것은 아니다. 버터나 우유, 조미된 식품이 없는 식생활에 익숙한 사람들은 기본적인 수분을 항상 적정 범위 내에 머물게 하고 그 이상으로 증가하지 않게 한다. 기본적인 수분은 모두 자연식에서 섭취하는 정도다. 그들의 위장에는 음식 섭취량의 변화가 있다 해도 건조해지거나 다른 변화가 발생하지 않는다. 따라서 그들은 과식이나 조미식품으로 인해 죽게 되는 상황을 피하는 것이다. 여러분이 가장 기본적으로 인지해야 할 점은 그런 음식에 길들여지느냐 아니면 먹지 않느냐 하는 것이 '습관의 문제'라는 점이다. 특정 음식을 먹는 것이 습관이 된 사람은 그것에 익숙해져서 그런 음식을 포기하거나 다른 음식으로 바꾸는 것이 고통스럽다. 독이나 하제처럼 음식물이라고 하기 어려운 것이나 극도로 자극적인 것의 경우는 예외다. 하지만 영양분이 있고 음식으로 적당한 것이라면 어느 것이나 습관적인 음식이 된다. 어떤 이가 밀 대신 동물의 젖과 야채를 사용해서 만든 음식에 익숙해지면 그는 그 음식에서 영양분을 얻고 밀을 더 이상 필요로 하지 않게 된다. 이런 현상은 굶주림에 단련되고 음식 없이 지낼 수 있는 사람들에게도 나타난다. 종교계의 수행자에 관한 보고에도 이런 현상이 있었고 이런 사람들은 놀라운 일을 한다. 아마도 이에 관한 지식이 없는 사람은 믿기 어려울 것이다. 이런 현상을 이해하는 열쇠는 습관에 있다. 사람의 영혼이 어떤 것에 익숙해지면 그것은 영혼의 성질이 되어버린다. 왜냐하면 인간의 영혼은 다양한 색이 될 수 있기 때문이다. 점진적인 훈련으로 인간의 영혼이 배고픔에 익숙해지면 그것은 영혼의 자연적인 성질이 되는 것이다. 의사들은 배고픔이 죽음을 초래한다고 하지만 한 사람이 갑작스럽게 굶거나 음식으로부터 완벽히 차단되지 않는 한 그 주장은 타당하지 않다. 만약 그렇게 된다면 그 사람의 위장은 치명적인 질병에 걸리게 될 것이다. 그러나 사람이 음식의 양을 점진적인 훈련을 통해 서서히 감소시킨다면 수피 수사[111]가 하듯이

---

111 수피즘은 이슬람교의 신비주의적 교파이다. '수피'라는 용어는 아랍어 수프(Sūf : 양모)에서 비롯되었다.

죽음의 위험은 없다. 그러한 점진성은 반드시 필요한 것이고 훈련을 중지할 때도 마찬가지이다. 본래의 식습관으로 갑작스럽게 돌아가면 죽음을 맞이할 수도 있다. 그러므로 훈련을 시작하는 과정과 마찬가지로 종료할 때도 점진적으로 해야 한다. 우리는 40일 혹은 그보다 더 오랫동안 아무런 음식을 먹지 않았던 사람을 직접 본 적이 있다. 우리의 셰이크들이 술탄 아부 알하산[112]의 모임에 참석했을 때 알헤시라스와 론다[113] 출신의 두 여자가 이미 그곳에 와 있었다. 두 여인은 몇 년간 음식을 먹지 않았다고 했는데, 그들을 면밀히 조사해 본 결과 사실로 밝혀졌다. 이 여자들은 죽을 때까지 그렇게 생활했다. 우리가 알고 있는 사람들 중에는 염소의 젖만 먹고 사는 이들이 있었는데, 그들은 아침이나 낮에 염소의 젖에 직접 입을 대고 빨아먹곤 했고 그렇게 15년 동안 살았다. 그들 이외에도 이러한 생활을 한 사람들은 많이 있다. 이는 부정할 수 없는 사실이다.

어떠한 경우든 배고픔은 과식보다 신체에 더 좋다는 사실을 인지하라. 이미 언급했듯이 배고픔은 신체와 정신 건강에 좋은 영향을 준다. 이는 다양한 종류의 음식이 신체에 어떠한 영향을 미치는가를 통해 알 수 있다. 예를 들어 힘이 세고 몸집이 큰 동물의 고기를 먹는 자는 힘이 세고 몸집이 큰 종족으로 성장하는데 이는 황야의 주민과 정주 지역의 주민들을 비교해보면 알 수 있다. 낙타의 젖과 고기를 주식으로 삼는 사람들은 식생활로 인해서 성격에도 영향을 받는다. 그들은 낙타처럼 조심스럽고 인내하고 많은 짐을 옮길 수 있게 된다. 그들의 위장은 낙타의 위장처럼 건강하고 절대 허약해지지 않으며 설혹 나쁜 음식을 먹어도 쉽게 탈이 나시 않는다. 그들은 변을 보려고 익지 않은 콜로신스[114]나 썩은 홍당무, 등대

---

112  마린 왕조의 군주(재위 1331~1351).
113  알헤시라스는 스페인 남부의 항구 도시이고 론다는 스페인 남부 안달루시아 지방 말라가 주에 있는 도시다.
114  지중해가 원산지인 식물로 열매는 매우 쓰고 특히 하제로 사용된다.

풀과 같은 하제를 먹어도 위장이 상하지 않는다. 그러나 부드러운 음식을 먹는 식습관으로 인해 위장이 나약해진 정주 지역의 주민들이 그러한 것을 먹으면 즉시 피해를 보게 될 것이다. 이런 하제들은 독성이 강하기 때문이다. 농학자들의 언급과 경험이 많은 학자들이 관찰한 바에 따르면 낙타의 똥을 땔감으로 불을 지펴 삶은 사료를 먹은 닭이 알을 낳으면 그 알에서 나온 병아리는 보통 크기보다 크고, 그런 음식을 먹이지는 않았지만 부화하려는 달걀 표면에 낙타 똥을 발라주기만 해도 큰 병아리가 나온다는 것이다. 이와 같은 예들은 아주 많다. 이제 우리는 음식이 신체에 영향을 준다는 사실을 확인했으니 굶주림도 신체에 영향을 준다는 것은 의심할 여지가 없는 사실이다. 왜냐하면 서로 상반된 이 두 가지 현상은 같은 과정을 거치기 때문이다. 음식이 신체의 생존에 영향을 주는 것과 동일한 과정으로 굶주림은 신체와 정신을 파괴하는 부패한 잉여물과 혼합된 수분으로부터 몸을 정화시키는 데 영향을 미치기 때문이다. 알라께서 가장 잘 아신다.


## 서론6 │ 선천적이거나 혹은 수행으로 초자연적 지각 능력을 지닌 자들의 다양한 종류 그리고 영감과 꿈에 대한 선 논의

알라께서는 특정 개인을 선택하여 계시를 주고 선호하였고 알라를 인지할 수 있도록 그들에게 자질을 부여했다. 알라께서는 그들을 자신과 자신의 종을 연결하는 방편으로 삼았다. 이런 종류의 사람들은 인류에게 좋은 것이 무엇인지 알려 주고 인류가 올바른 길로 인도되도록 격려한다. 그들은 인류가 지옥의 불길에 닿지 않도록 막아 주고 구원에 이르는 길을 보게 하는 것이 자신의 일이라고 믿는다. 알라께서 그들에게 부여한 지식과 그들이 말로써 보여주는 초자연적 힘과 정보는 보이지 않는 세계가 존재한다는 것을 입증하고 알라는 오로지 특정한 사람들을 통해서만 이러한 것을 알려주는데 알라의 가르침이 없으면 그들은 도저히 그것을 알 수 없다. 예언자 무함마드*는 "실로 나는 알라께서 내게 가르쳐 주신 것만을 알 뿐이다"라고 했다. 이러한 사람들이 제시하는 정보는 본질적으로 진실한 것이고 예언의 실체가 설명되면 분명해질 것이라는 점을 인지하라.

이러한 종류의 사람들이 보이는 징표는 그들이 영감을 느끼는 상태에 있을 때 주변 사람들에게는 없는 것처럼 혼자만의 상태에 있다는 것이다. 코는 골지만 졸도나 무의식의 상태에 있는 것처럼 보이는데 사실은 그 어느 것도 아니다. 사실 이는 그들이 깨달음을 통해 영적인 왕국과 만나는 것이다. 이런 느낌이 그들에게는 적절한 것이지만 일반 사람들의 지각으로는 전혀 감지할 수 없는 것이다. 이것은 계시를 전달받는 사람이 듣고 이해할 수 있는 어떤 음성의 형태나 혹은 알라의 말을 전달하는 사람의 형태 혹은 인간이 지각할 수 있는 어떤 수준을 의미한다. 이후 이러한 상태는 그로부터 떠나지만 그는 계시된 내용을 기억하게 된다. 예언자 무함마드*가 계시에 관해 질문을 받자 그는 이렇게 대답했다. "그것은 때로 종이 울리는 것처럼 들리는데 그럴 때 나는 강한 충격을 받는다. 나는 그것이 사라진 뒤에도 들은 것을 기억한다. 어떤 때에는 천사가 사람의 형태로 나타나 말을 하는데 나는 그의 말을 기억한다." 이러한 과정에서 영감을 인지한 사람은 묘사하기 어려운 긴장과 몰입을 체험한다. 하디스에 이런 구절이 있다. "영감을 얻는 것은 긴장을 통해서다." 무함마드의 부인 아이샤는 "그분은 매우 추운 날 계시를 받곤 했는데 계시가 끝난 뒤 이마에는 땀방울이 맺혀 있었다"라고 전했다. 코란에는 "내가 너에게 중요한 메시지를 보내리라"[115]고 한 알라의 말씀이 있다. 계시를 받는 사람이 이런 상태를 보이기 때문에 우상 숭배자들은 예언자를 미친 사람이라고 비난

---

115   코란 73장 5절.

한다. 또 그들은 이렇게 말한다. "그는 진느의 추종자이다." 그들은 그의 외적인 상태만을 보고 오해한 것이다. "알라께서 이들을 방황하게 두시니 누구도 인도하지 못한다."[116]

그가 영감을 받았음을 확인할 수 있는 또 다른 징표는 그들이 계시를 받기 전부터 선량하고 결백하며 전적으로 죄악과 더러움을 멀리하는 사람이라는 것이다. 이것이 바로 무류성[117]이 의미하는 바이다. 그들은 선천적으로 비천한 행동을 멀리하고 죄가 전혀 없는 자처럼 보이며, 비천한 행동은 그들의 본성과 반대로 보인다. 예언자 무함마드*는 소년시절 카바 신전 건축을 위해 삼촌 압바스와 함께 돌을 날랐다. 그는 자신의 겉옷에 돌을 담고 몸이 노출되었다. 게다가 장막이 그를 덮쳐 그의 겉옷을 찾을 수 없었다. 그는 그 차림새로 연회에 가야만 했는데, 그 연회는 결혼식을 겸한 뒤풀이까지 있었다. 그는 그곳에서 해가 뜰 때까지 잠들었다. 그곳은 놀이에 취한 사람들의 유희로 가득했다. 하지만 알라께서는 그로 하여금 유희를 멀리하게 하셨다. 그는 본성의 의지대로 먹어서는 안 되는 음식은 입에 대지 않았다. 결과적으로 예언자 무함마드*는 양파와 마늘을 가까이 하지 않았다고 전해진다. 그분은 말했다. "나는 너희들이 구원받지 못한 것으로부터 구원받았다."

예언자*가 카디자[118]에게 처음 계시의 상황에 대해 말한 부분을 주목하라! 그녀는 그의 경험을 알고 싶어 했다. 그녀는 그에게 "나를 당신과 당신의 망토 사이의 것으로 하십시오"[119]라고 말했다. 그가 그렇게 행했고 계시는 끝났다. 카디자는 말했다. "그분은 천사이지 악마가 아닙니다." 그 의미는 악마는 여성을 가까이 하지 않는다는 것이다. 카디자는 무함마드에

---

116  코란 13장 33절.
117  아랍어로 al-'iṣmah이다. 어떤 오류도 존재하지 않는다는 뜻이다.
118  예언자 무함마드의 첫 번째 부인이자 최초의 여성 무슬림 신자다.
119  여성이 남성에게 안아 달라고 하는 표현이다.

게 가장 좋아하는 옷의 색을 물었다. 그러자 무함마드*는 말했다. "흰색과 녹색이다." 카디자는 말했다. "그분은 천사입니다. 흰색과 녹색은 선과 천사의 색입니다. 반면 검은색은 악과 악마의 색입니다."

영감을 느끼는 사람의 또 다른 징표로는 기도와 자선과 순교를 통해서 종교와 신앙을 널리 전파한다는 사실이다. 아부 바크르[120]와 카디자는 무함마드의 그러한 행위야말로 진실성을 입증하는 증거라고 말했다. 그들은 무함마드가 소명을 받았음을 보여주는 증거로 그의 성격과 그가 처했던 상황 이외에 어떤 것도 더 필요하지 않았다. 헤라클리우스[121]가 예언자로부터 무슬림이 되라는 권고의 편지를 받았을 때, 그는 그 나라에 있던 꾸라이시 부족의 사람들을 불러 무함마드의 인물 됨됨이를 물어 보았다.[122] 그의 질문 중 하나는 무함마드가 그들에게 명하는 것이 무엇인가 하는 것이었다. 아부 수프얀은 이렇게 답했다. "기도, 구휼, 자선, 순결입니다." 헤라클리우스는 다른 질문도 던졌는데, 그의 대답은 모두 비슷했다. 헤라클리우스는 "네 말이 모두 진실이라면 그는 분명히 예언자고 지금 내가 두 발로 딛고 있는 이 땅을 그가 취하게 될 것이다"라고 말했다. 헤라클리우스가 언급한 바 있는 순결은 무류성을 의미한다. 그가 예언자의 진실성을 가늠하는 증거로 기적을 언급하지 않고 종교, 신앙의 전파, 무류성을 중시했다는 사실은 중요하다. 이 일화는 언급된 성질들이 예언의 징표라는 것을 입증한다.

또 다른 징표는 영감을 받은 자들이 백성들에게서 얻는 신뢰다. 『싸히흐』에는 이런 말이 있다. "알라께서 백성 중에 탁월한 자만을 예언자로 보내신다." 또 다른 전해지는 이야기는 이렇다. "백성 중에 행운이 있다." 따

---

120  예언자 무함마드의 교우 중 한 사람으로 무함마드의 사후(死後) 제1대 정통 칼리파가 되었고, 무함마드의 부인 중 가장 영향력이 컸던 아이샤의 아버지이다.

121  예언자 무함마드의 시대에 비잔틴의 황제(610~641).

122  헤라클리우스의 왕국에 거주하던 꾸라이시 부족민 중에는 아부 수프얀도 있었다.

라서 통치자는 올바른 사람들을 위해 그들을 있어야 할 자리에 배치시켰다. 아부 수프얀은 "무함마드가 꾸라이시 부족 사이에서 어떤 지위인가?"라는 헤라클리우스의 질문에 대해 무함마드는 백성들로부터 신뢰를 얻고 있다고 답했다. 헤라클리우스는 이렇게 말했다. "사도들이 내려올 때마다 그들은 백성들의 신뢰를 얻는다." 그렇게 백성으로부터 신뢰를 얻는 사람이야 말로 강력한 아싸비야와 힘을 발휘하고 이교도의 해를 당하지 않도록 자신을 보호하며 주인의 말씀을 전달하고 알라의 의도대로 종교와 종단을 완성하는 것이다. 또 다른 징표로는 영감을 받은 이들이 진실성을 입증하는 경이로움을 실행한다는 것이다. 경이로움은 인간의 능력 이상의 일을 가리키며 '기적'이라고도 불린다. 이는 인간의 능력이 아니고 인간의 능력 범위를 넘는 것이다. 어떻게 이런 것이 일어나고 어떻게 예언자의 진실성을 입증하는가에 대해서는 다양한 견해가 있다.

무타칼리문[123]은 '인간의 자발적 행위'라는 주장에 근거하여 "기적은 예언자의 행동을 통해서가 아니라 신의 능력으로 발생한다"고 말한다. 무으타질라 학파[124]의 주장에 따르면, 인간의 행동이 자신의 의지로 이루어진다고 주장하지만, 기적은 인간이 행할 수 있는 행동을 넘어선 것이다. 무타칼리문 대부분은 예언자가 행하는 기적은 알라의 뜻으로 사람들에게

---

123 아랍어로 칼람(Kalām)은 연설, 변증법으로 해석되고 신학을 칭한다. 칼람을 연구하는 하는 사람들이란 뜻으로 '무타칼리문'이라 말한다.

124 무으타질라(Muʻtazillah)는 아랍어 Iʻtazala(떠나다, 물러나다)에서 파생되어 그런 행위를 하는 사람이라는 뜻이다. 4대 정통 칼리파 알리가 예언자의 교우 주바이르(Zubayr)와 딸하(Ṭalḥāh)와 내란을 치렀다. 무으타질라는 이에 대한 논쟁과 카와리지파의 흑과 백을 구분하는 견해에서 영향을 받아 생겼다. 중죄를 범한 무슬림의 신자(信者) 여부에 대해 카와리지파는 중죄를 범한 사람은 더 이상 신자가 아니므로 사형에 처해야 한다고 주장했다. 반면 하산 알바쓰리(Ḥasan al-Baṣrī)는 그런 자는 신자이지만 위선자라 정의했다. 이에 대해 와씰 븐 아따으(Waṣīl bn ʻAṭā)는 '그런 자는 신자도 비신자도 아닌 중간 상태'라고 했다. 바로 이 답으로 그가 스승인 하산 알바쓰리에게서 '떨어져 나온 이', 무으타질라의 기원이 되었다.

보내는 경고[125]일 뿐이라고 주장한다. 그것은 기적이 일어나기 전에 예언자가 자신의 진실성을 입증하는 방편이다. 따라서 기적이 발생하고 그가 진실한 자라는 알라의 계시가 내려오면 그런 기적이 표시하는 것은 예언자의 진실성을 확고하게 한다. 이런 특징을 지니는 기적은 경이로움과 그것을 알리는 경고의 조합이며 따라서 경고도 기적의 일부다. 무타칼리문은 기적의 본질이 한 가지라고 주장했다. 그들은 그것이 그 자체의 의미라고 주장했다. 경고는 예언자가 행하는 기적과 성자가 행하는 기적 사이에 위치한 하나의 지류다. 그러므로 그 두 가지를 믿을 필요는 없다. 경고의 존재는 동의할 때만 발견되는 것이다. 신들림의 존재를 인정하는 사람들의 주장은 이렇다. 경고가 신들림과 연관되어 발생한다는 것이 입증되어도 경고는 단지 성자의 성질을 보여주는 증거이지 예언자의 성질을 보여주는 증거는 아니라는 것이다. 아부 이스하끄를 비롯한 학자들이 경이를 신들림의 일종으로 간주하지 않는 이유가 바로 이것이다. 그들은 성자의 경고와 예언자의 경고를 혼동하지 않았다. 우리는 이미 여러분에게 양자 간의 차이를 언급했는데, 성자의 경고는 예언자의 경고와는 다른 것이다. 그러므로 혼동하지 마라. 아부 이스하끄의 주장에 불분명한 점도 있지만 예언자와 성자가 행하는 경이로움은 분명 다른 것이고 성자가 예언자의 경이로움을 수행할 수 없다는 것은 확실하다. 무으타질라는 성자가 기적이나 신들림을 행한다는 의견에 반대한다. 경이는 신앙을 지닌 자의 행위가 아니고 그들의 행위는 습관적인 것이기 때문이라는 것이다.

거짓말쟁이가 사기를 치며 기적을 행하는 것은 불가능하다. 아샤리 학파[126]의 주장에 따르면 기적이 지닌 본질은 진실과 정도를 확인하는 것이

---

125  아랍어로 '도전'이라는 의미다.

126  아부 알하산 알리 븐 이스마일 알아샤리(874~936). 예언자 무함마드 시대에 유명했던 아부 무사 아샤리의 후손이다. 아샤리는 바스라 출신으로 무슬림 아랍 이론가이자 이슬람을 이론으로 정착시킨 아샤리파의 창시자이다. 그는 바그다드에서 무으타질라의 스승인 줍바이(915년 사망)의 제자로 지내며 무으타질라 이론에 심취했다. 912년 무으타

기 때문이다. 그러므로 만약 그렇지 않은 상황에서 기적이 발생하면 오히려 사람들의 의심을 사고, 정도는 원래에서 벗어나게 될 것이며 진실은 거짓이 되고 만다. 더 나아가 사실은 허구가 되고 본질은 본질이 아닌 것이 될 것이다. 따라서 알라께서 불합리한 일을 만든다는 것은 불가능하다. 무으타질라 학파의 견해에 따르면, 그런 증거를 의심으로 여기고 정도를 일탈로 여기는 것은 추한 일이고 따라서 알라는 그런 일을 하지 않는다는 것이다. 철학자들은 경이가 예언자의 의무와 관련된 능력 밖의 것이라고 해도 그것은 예언자의 행위임에는 분명하다고 말했다. 이런 주장은 필연적인 인과 법칙에 근거한다. 사건의 발생은 여러 원인에 따라 상호 발생하는 것이고 결국 사건이 발생한 조건은 그 자체의 논리가 빚어낸 필연에 의한 것이지, 그런 사건이 선택에 의해 발생하지는 않는다는 것이다. 그들의 주장에 따르면 예언자의 영혼은 경이를 발생케 하는 자체적 특수성을 지니고 있기 때문에 그런 능력으로 경이로움을 일으키고 또 이에 필요한 여러 요소들을 복종하게 한다. 알라께서 주신 자질로 예언자가 다른 사람들에게 도움을 주고 모든 인간들을 향해 옳은 것을 이야기하는 사람이라는 것이다. 경이로움은 경고의 유무를 떠나 예언자가 행하는 것이고 그러한 경이는 그가 이 세상에서 활동하고 예언자만이 지닐 수 있는 영혼을 갖추고 예언자로서의 진실성을 지니고 있음을 입증하는 것이라고 한다. 그러나 경이가 예언자의 진실성을 보여주는 명백한 계시로 내려온 것은 아니다. 그러므로 경이의 증거가 확실하게 있지 않다는 그들의 증거는 무타칼리문의 태도와 동일하다. 그들은 경고가 기적의 일부가 아니며 신들림을 구분하는 기준도 아니라고 했다. 그들은 기적이 기술과 같지 않은 것은 예언자가 천성적으로 선행을 수행하고 악행을 기피하기 때문이라

---

질라파를 떠나 자신만의 이론을 심화시켰고 1백여 권의 저작을 했으나 현재 전해지는 것은 몇 권밖에 없다. 아샤리는 그리스와 인도의 이론에 영향을 받아 신의 절대성을 특이한 원자론으로 옹호하려 했다. 그는 신이 매초마다 모든 것을 창조한다고 주장했다.

고 했다. 예언자는 경이를 통해서 악행을 할 수는 없다. 하지만 주술사는 반대로 사악한 행동을 하고 또 실제 사악한 목적을 지니고 있다. 기적이 신들림과 다른 것은 예언자의 경이가 승천, 고체를 통과하는 것, 죽은 자의 소생, 천사와 대화, 공중 비상처럼 희귀한 특질을 지니고 있다는 점에 있다. 성자의 경이는 예언자가 행하는 기적을 행하지 못한다. 단지 그들이 할 수 있는 것은 예를 들자면, 적은 것을 많게 늘린다든가 미래에 대해 조언하는 정도이다. 예언자는 성자의 경이를 행할 수 있으나 성자는 예언자의 경이나 그와 흡사한 것들을 행할 수 없다. 이 모든 사실들은 수피들이 신비주의적 수행과 몰입에 대한 경험을 적은 글에도 나타나 있다.

그러므로 우리의 예언자에게 계시된 코란이 가장 위대하고 가장 고귀하며 가장 분명한 기적이라는 점을 인지하라. 경이는 예언자가 계시받는 것과는 별개고 기적은 예언자의 진실성을 보여주는 증거다. 코란은 그 자체가 계시이고 그 자체가 경이로운 기적이다. 코란은 자체가 증기이며 계시와 연관되어 발생하는 여타의 기적과는 달리 외부적인 근거를 필요로 하지 않는다. 왜냐하면 코란은 그 자체로 증명할 것과 증명될 것을 모두 포함하고 있기 때문이다. 코란은 가장 중요한 증거다. 이것이 의미하는 바는 무함마드의 말에서 찾을 수 있다. "예언자들은 인류에게 자신이 예언자임을 증명해 보이는 징표들을 각각 부여받았다. 그래서 나는 부활의 날 가장 많은 추종자들이 있기를 희망한다." 이 말은 그에게는 기적이 계시의 형태로 등장했고 계시는 분명한 것이므로 많은 백성들이 이것을 진실로 믿고 그를 진정한 예언자로 생각한다는 것이다. 그리고 그들이 무함마드*의 추종자이자 무슬림이다.

## 예언의 진실에 대한 해석

이제 우리는 여러 학자들의 해석을 토대로 예언의 진실에 대해 설명할 것이다. 그다음으로 주술, 꿈, 점, 기타 초자연적 지각 방식에 대해 언급할 것이다.

알라께서 우리와 바로 당신을 인도하심을 인지하라. 이 세계에는 모든 피조물들이 있고 질서와 법칙이 있다. 이런 질서와 법칙에는 끊임없는 방식으로 원인과 결과의 연관성, 피조물 간의 연결, 하나의 존재가 다른 존재로 변화함을 보여준다. 이 세계에서 볼 수 있는 놀라움은 이에 그치지 않고 무궁무진하다. 신체, 감각의 세계에서 시작하여 우선 가시적 원소의 세계가 어떻게 점진적으로 흙에서 물로, 물에서 공기로, 공기에서 불로 바뀌는지를 살펴보겠다. 각각의 원소는 다음 단계로 상향하거나 하강할 준비가 되어 있고 어떤 경우에는 실제로 변화하기도 한다. 상위 원소는 그에 선행하는 하위 원소에 비해 더 작아져서 결국 천체의 세계에 도달한다. 천체의 세계는 그 어느 곳보다도 작다. 이것은 서로 연결된 다양한 층위로 구성되어 있고 운행을 통해서 그 실체를 감지할 수 있다. 어떤 사람들은 천체의 운행을 통해 천체를 측량하고 그 위치에 관한 지식을 얻고 그 너머에 존재하는 천체에 영향을 줄 본질의 존재에 대해서도 알게 된다. 다음으로 창조의 세계를 살펴보라! 광물에서 시작하여 점진적으로 식물·동물로 어떻게 진행하는지를 보라. 광물의 최종 단계는 식물의 최초 단계인 풀이나 씨 없는 식물과 연계되어 있고 식물의 최종 단계, 즉 야자수와 포도나무는 동물의 최초 단계, 즉 달팽이나 조개 등 촉각만 있는 것들과 연계되어 있다. 이런 피조물에 있어 '연계'라는 단어는 각 집단의 최종 단계가 그다음 집단의 최초 단계로 변화되어야 하기 때문에 특정한 준비를 마치고 있다는 것이다. 동물의 세계는 더욱 확대되고 동물의 종은 수없이 많아져서 창조의 점진적 과정은 생각하고 의견을 말할 수 있는 인간에 이르러서야 끝나게 된다. 인간의 단계는 느끼고 깨달을 수 있는 능력의 세계에서부터 진행된 것인데 초기 단계인 이것은 실제로 생각하고 의견을 말하는 정도는 아니다. 이 지점에서 우리는 인간의 최초단계에 도달하고 바로 여기까지 우리가 관찰할 수 있는 범위이다.

이제 우리는 다양한 세계에서 서로 다른 다양한 종류의 영향력을 발견하게 된다. 감각의 세계에는 원소와 천체의 운행이 미치는 영향력이 있고 창조의 세계에는 성장과 지각의 움직임이 미치는 영향력이 있다. 당신은 이러한 것들이 신체에 영향을 준다는 사실을 알게 될 것이다. 이는 정신적인 것이며 피조물에 연계되어 있다. 그 이유는 각각의 세계는 존재상 서로서로 연계되어야 하기 때문이다. 이 정신적인 것은 지각력이 있고 움직이는 영혼이다. 영혼의 상부에는 지각력과 운동력을 부여하고 또 영혼과 연결되어 있는 다른 존재가 반드시 있어야 한다. 그것의 본질은 순결한 지각과 순수한 지성인데 바로 천사들의 세계이다. 우리는 영혼의 자질을 성장시켜 찰나에 천사의 일부가 될 수 있게 인간성을 벗어버리고 천사성으로 바뀔 준비를 해야 한다. 앞으로 설명하겠지만 이것은 실제로 영혼의 정신적 본질이 완벽해진 이후에 발생한다. 이미 설명한 것처럼 존재의 질서들이 그렇듯이 영혼은 다음 단계와 연결되어 있다. 영혼은 상하로도 연계되어 있는데, 가장 아래에는 육체와 연계되어 감각이 있고 그 감각을 통해 실제적인 지각력을 획득하게 된다. 가장 위로는 천사의 단계와 연결되어 있고 거기서 영혼은 초자연적인 지각력을 획득한다. 따라서 여러 가지 사건의 세계는 시간을 초월한 천사들의 지각 내에 손재한다. 이는 손재의 질서가 가져온 결과고 또한 손재의 세계 내에 있는 본질과 여러 가지 힘들이 상호 연결되어서 나타난 결과다.

인간의 영혼은 눈을 통해 볼 수 없지만 신체에 미치는 영향은 분명하게 나타난다. 신체의 모든 부분들은 조합을 이루거나 독자적이거나 간에 영혼과 모든 부분들이 발휘하는 힘의 기관이다. 인간의 동작을 예로 들어보면, 때리는 것은 손으로, 걷는 것은 발로, 말하는 것은 혀로 하게 된다. 이러한 동작들의 총체적인 결합은 신체에 의해 이루어진다. 인간의 감각력은 여러 개의 층으로 이루어져 있는데 점진적으로 상승하면 최고의 능력인 사고력의 단계에 도달하고 우리는 그것을 '이성력'이라고 부른다. 이런 과정으로 시각, 청각 등의 여러 기관들을 지니고 있는 외적인 감각력은 내적인 감각력으로 전진하게 된다. 최초의 내적인 감각은 공통 감각인데, 감각의 대상에 대해 청각, 시각, 촉각 혹은 그 밖의 감각으로 하나의 상황을 인식하는 능력이다. 이는 외적인 감각력과 구별된다. 그 이유는 감각의 대상이 외적인 감각만으로는 동시에 모여지지 않기 때문이다. 공통 감각 다음이 상상이다. 그것은 감각의 대상을 외적인 물질로부터 추상화한 것으로 영혼 속에 형상화하는 힘이다. 이 두 가지 능력이 활동하는 기관은 뇌의 앞부분이다. 이 부분의 앞 부위는 공통 감각을 담당하고 뒤 부위는 상상을 담당한다. 특히 상상은 평가력과 기억력으로 전진한다. 평가력에 대한 예를 들자면 자이드의 적개심, 아므르의 우정, 아버지의 자비, 늑대의 야수성과 같은 개별적 특질과 연관되어 있다. 기억력은 상상이건 실제건 간에 지각되는 모든 대상의 저장 장소다. 이는 마치 우리가 일정 기간 물건을 보관해 두는 창고와 같다. 이 두 가지 능력이 활동하는 곳은 뇌의 뒷부분이며 이곳의 앞 부위는 평가력을 담당하고 뒤 부위는 기억력을 담당한다. 이 모든 능력이 사고력으로 전진하는데 그 기관은 뇌의 중앙에 있다. 이는 생각을 하고 이성적 판단을 향하게 하는 힘이다. 영혼은 바로 이 힘에 의해서 항상 움직여지는데 그 이유는 영혼에 사고를 향한 본질적 욕망이 있기 때문이다. 영혼은 인간적인 것이 되고자 하는 경향과 그런 힘을 깨닫는 것에서 자유로워지고 가장 높은 정신적인 집단에 동화되어 이성적 판단의 세계로 나가기를 원한다. 영혼은 신체 기관의 도움 없이 이 모든 것을 감지함으로써 정신적 세계의 최초 단계로 가고자 한다. 영혼은 끊임없이 그 방향으로 움직이고 있다. 그것은 인간적인 모든 것을 벗어내고 알라께서 부여한 최초의 본능과 자연성의 도움으로 최고 단계인 천사성을 향할 수도 있다.

## 인간의 영혼의 종류

인간의 영혼은 세 종류가 있다. 첫 번째 종류는 정신적 지각에 도달하기에는 본능적으로 약하다. 따라서 이는 감각과 상상을 향해 아래로 향하고 기억과 공상을 통해 관념을 형성하는데, 이는 사람들이 신체에서 사고하기 위해 형상적이고 신뢰적인 지식을 효용화할 수 있는 한정된 규칙과 질서에 의한 것이다. 이것은 모두 상상력이고 그 범위는 한정되어 있다. 그 이유는 그것이 출발한 길을 통해서 갈 수 있는 범위는 일차적 인식의 세계일 뿐 그 이상을 초과할 수 없기 때문이다. 만약 그런 지식이 잘못된 것이라면 그다음에 있는 것들도 모두 잘못된 것이다. 이것이 인간의 신체적인 지각의 범위이다. 학자들의 깨달음은 여기에서 끝나고 그들은 이를 굳건히 믿고 있다.

두 번째 종류는 사고 활동으로 이성과 지각을 향하고 있는데, 이때 지각은 신체적인 기관들을 필요로 하지 않는다. 이런 영혼의 지각은 인간의 원초적인 지각 범위라고 할 수 있는 일차적 인식의 세계를 넘어 내면을 목도할 수 있는 공간에서 유영한다. 그것은 시작과 끝이 없고 제한도 없다. 이는 성자, 신비주의 학문을 수행하는 자, 그리고 신성한 지식을 갖춘 이들의 지각이다. 이것은 축복받은 이들이 사후 연옥에서 획득하는 것이다.

세 번째 종류는 천성적으로 육체적, 정신적으로 인간성에서 벗어나 최고 단계에 있는 천사성으로 전환되는 영혼이다. 이런 영혼은 실제로 찰나라도 천사가 되어 최상위 집단을 보고 그 순간에는 영혼의 말과 신의 음성을 듣는다.

## 계시

알라는 이런 예언자들에게 계시를 받는 순간 인간성을 떨쳐버릴 수 있는 힘을 선천적으로 부여하였다. 알라는 그들이 인간성을 지녔던 내내 겪어왔던 육체적 방해와 제약보다 한 수 위에 그들을 배치했고 그들의 본성에 무류성과 정직성을 부여했다. 알라는 그의 마음에 신에 대한 경배 심을 집중시켰는데, 이는 그들의 모습에서 발견된다. 이렇게 해서 그들은 원할 때 인간성에서 나와 그 위의 세계를 향해 나아가는데, 이는 후천적인 습득이나 기술로 이루어지는 것이 아니고 선천적인 기질에 의한 것이다. 예언자들은 인간성을 떨쳐버리고 그런 방향으로 전진하며 천사라는 최고 집단을 받아들이면 그들로부터 모든 것을 습득한다. 그들은 그렇게 배운 것을 인간적인 지각력의 단계로 가져오고 그것을 신앙생활에 적용한다. 때로 그것은 예언자의 귀에 소음의 형태로 들리는데 마치 불분명한 말과 같다. 그가 자신에게 전달된 의미를 취하고 그 의미를 가슴으로 깨닫고 이해하기 전까지 소음은 그치지 않는다. 어떤 경우에는 예언자에게 계시를 전하는 천사가 인간의 모습을 하고 나타나 말을 하는데, 예언자는 그의 말을 이해하게 된다. 천사의 전갈을 배우고 그것을 인간의 지각 수준으로 가져와서 전달된 내용을 이해하는 것이다. 이 모든 것이 찰나적 순간의 일처럼 보인다. 그것은 시간적 흐름 속에서 순차적으로 발생하는 것이 아니고 동시에 일어난다. 따라서 아주 빠르게 지나간 것처럼 보인다. 그렇게 계시가 들린다. 왜냐하면 계시는 가장 빠른 언어로 나타나기 때문이다.

여러분이 인지해야 할 것은 다음과 같다. 첫 번째 단계는 소음의 상태인데 이때 예언자들은 알라의 사도 단계는 아니다. 두 번째 단계는 천사가 인간의 모습을 하고 말을 한다. 이것은 예언자들의 계급이 알라의 사도임을 의미한다. 따라서 두 번째 단계는 첫 번째보다 더 완벽하다. 이것이 예언자 무함마드*가 하디스에서 언급한 바이다. 전승에 의하면 예언자 무함마드*는 하리쓰 븐 히샴이 계시에 대해 묻자 설명했다고 한다. 그가 "계시는 어떻게 오는가?" 하고 묻자 예언자는 이렇게 답했다. "어떤 때는 계시가 종소리처럼 들린다. 그런 경우는 무척 고통스럽다. 나는 몰입하게 되고 그가 말한 것을 내 마음으로 깨닫는다. 때로는 그가 인간의 모습으로 나타나 말을 한다. 나는 그가 말하는 것을 깨닫게 된다." 그런데 계시를 처음 접하는 것이 가장 힘들다. 왜냐하면 그것은 내재적인 힘에서 행동으로 나아가는 출발점이고 그다음이 어렵기 때문이다. 계시를 받은 자가 인간성에 잠시 머물게 될 때 계시는 들리는 것으로 그 특징을 나타낸다. 들리는 것이 아닌 그 밖의 것으로는 어려운 상황이다. 그러나 계시가 반복되고 많이 접하다 보면 그러한 접촉이 쉽게 느껴진다. 그리고 인간성의 지각 상태로 상승했을 때 계시의 모든 것이 확연하게 나타나는데, 가장 분명하게 오는 것은 사물을 보는 시각이다. 계시를 받는 자의 첫 번째 단계의 깨달음은 과거의 형태로 오고 두 번째 단계에서는 현재의 형태로 오는데 수사법적 표현으로 명쾌하게 실현된다. 그것은 바로 계시의 두 가지 상황에서 대표적으로 나타나는 언어다. 따라서 계시의 첫 번째 상태는 소음으로 나타나고 언어가 아니지만 계시를 내리는 자와 받는 자가 상호 소통 가능하다. 그가 전달해주는 소식, 즉 이해와 마음으로 깨닫는 것은 계시의 끝에 나타난다. 따라서 계시의 소멸과 분리에 부응하여 계시가 끝나고 분리되는 형상을 본다는 것은 다름 아닌 과거를 깨닫는 것이다. 천사는 두 번째 상황에서 인간의 모습으로 나타나 말을 한다. 언어는 계시받는 자가 마음으로 깨닫는 것을 수반한다.

일반적으로 계시의 상태는 항상 어렵다는 것을 인지하라. 그 어려움에 관해 코란은 이렇게 언급하고 있다. "곧 우리의 알라는 그대에게 중요한 메시지를 보내리라."[127] 또 아이샤는 이렇게 말했다. "계시를 받는 것은 혹

---

127  코란 73장 5절.

독했다.", "그에게 계시가 내려질 때 몹시 추운 날이었는데도 그는 영혼의 분리를 느끼고 심지어 땀을 많이 흘렸다." 계시를 받는 순간 그는 의식을 잃거나 몰입한 상태를 경험했는데 그 이유는 이렇다. 계시는 천사적 지각을 획득하고 영혼의 말을 듣기 위해 자신이 지닌 인간성을 탈피하는 것을 의미한다. 그러므로 이는 고통을 유발한다. 그것은 본질이 고유한 본질에서 분리되어 현 단계에서 다른 단계로 변화하는 것을 의미하기 때문이다. 예언자 무함마드*가 계시를 처음 받았을 때 숨 막히는 듯했다고 말한 것도 그 이유에서이다. "그리고 그(가브리엘)는 견딜 수 없을 정도로 나를 숨 막히게 했다. 나를 놓아주면서 말하기를 '읽으라'고 했다. 나는 '읽을 수 없습니다'라고 했다. 그는 두세 번 이렇게 말했다." 이는 하디스에 기록되어 있다. 계시가 반복되고 어느 정도 익숙해지면 이전보다 편안함을 느낄 수도 있다. 코란의 초기 구절들, 즉 메카에서 무함마드에게 계시된 장들이 메디나에서 계시된 것들보다 짧은 이유도 바로 이런 이유에서다. 바라아장(제9장)[128]에 타부크의 공격에 대해 어떻게 언급되었는지 살펴보라. 바라아장은 전부 혹은 대부분이 그가 암낙타 위에 앉아 행진 중이었을 때 계시되었다. 물론 이 일은 그가 메카에서 이미 몇 개의 장을 계시받고 또 다른 때에 나머지 장을 계시받은 일이 있은 이후다. 따라서 제일 마지막은 그가 메디나에서 빛에 관한 구절을 계시받은 것이다. 이 일은 메카에서 라흐만장(제55장), 자리야트장(제51장), 무다씨르장(제74장), 두하장(제93장), 알라끄[129]장(제96장)과 그 밖의 것들이 계시된 이후이다. 이는 메카의 장과 메디나의 장을 구별하는 기준이기도 하다. 알라는 올바른 것으로 인도하신다. 이것이 바로 예언에서 얻을 수 있는 것이다.

---

128  타우바장이라고도 불린다.
129  원본에는 al-falaq로 표기되어 있다. 표기상 오류로 보인다.

## 주술

　인간의 영혼에 있는 특이한 자질 가운데 하나가 주술이다. 우리는 이미 인간의 영혼이 인간성보다 위에 있는 정신성으로 변환될 가능성이 있다고 언급하였다. 인간에게 이러한 변환의 가능성이 있다는 사실은 선천적 자질로 그런 가능성을 실현하는 예언자들을 통해 알 수 있다. 그들은 후천적인 자질을 습득할 필요가 없고 지각이나 신체적 활동에 의존할 필요도 없다. 이는 이미 입증된 사실이다. 눈 깜빡하는 것보다 더 짧은 찰나적 순간에 본능에 따라 인간성이 천사성으로 전환된다.

　만약 인간의 본질에 그러한 성질이 있다면 이성적인 분류에 따라 이와 다른 종류의 인간도 있을 수 있다. 그는 첫 번째 부류의 인간인 예언자의 완벽함과는 반대로 부족한 존재이다. 이런 초자연적인 현상과의 접촉을 실현하는 데 있어 하등의 도움을 받지 않는 것은 도움을 받는 것과 반대이고 따라서 이 둘은 완전히 다르다. 존재의 세계를 분류한 바에 의하면, 언제든 희망할 때면 자신의 이성에 따라 사고를 할 수 있는 능력을 선천적으로 지닌 인간의 존재가 있다. 여기서 이성적인 힘이라는 것은 본질적으로 초자연인 것을 지각하는 힘이 되기에는 역부족을 의미한다. 그런 취약함으로 인해 이성적인 힘이 초자연적인 것과 접촉하는 일이 어렵게 되면 감각적이건 상상적이건 간에 어떤 특정의 대상, 예를 들면 투명한 물건이나 동물의 뼈, 혹은 운율을 맞춘 말, 혹은 새나 동물이 표현하는 것에 연결된다. 그는 그런 종류의 감각적이거나 상상적인 것을 지속하려 한다. 그가 의도하는 거듭남은 외부로부터의 도움을 필요로 한다. 이런 자가 초자연적인 지각의 출발점을 이룰 수 있도록 하는 능력이 주술이다. 그들의 영혼은 천성적으로 열등하여 완벽해질 수는 없다. 그러나 보편적인 것보다 특수한 것을 훨씬 더 잘 인지하고 그래서 특수한 것을 인식하는 기관인 상상력이 매우 발달된다. 수면 중이나 깨어 있을 때나 간에 그들의 상상력은 특수한 것들이 지배한다. 특수한 것들은 상상력이 존재하는 상태로 눈앞에 있으며 언제라도 활동할 수 있다. 상상력은 이런 것들을 항상 비추는 거울과 같다. 주술사는 이성적인 것들을 지각할 때 완벽하지 못하다. 왜냐하면 그가 받는 계시는 악마로부터 온 것이기 때문이다. 이런 종류의 사람은 도달 가능한 최고의 단계에 이르기 위해 감각에서 주의를 돌리려고 사즈으나[130] 대구가 있는 주문을 사용한다. 이런 방법으로 그는 초자연적인 것과의 완전하지 못한 접촉을 수행한다. 신들린 듯 움직이고 외부적인 것의 도움으로 갑자기 영감을 받아 말하기 시작한다. 때로 진실을 말하는 경우도 있다. 하지만 대부분 거짓을 말한다. 왜냐하면 주술사는 자신의 지각적인 본질과 상충되고 조합되지 않는 외부적인 것으로 자신의 부족함을 보충하기 때문이다. 그는 진실과 거짓을 모두 말하므로 그를 믿을 수 없다. 그는 의심과 가설을 도피처로 삼기도 한다. 말 그대로 그가 초자연적인 지각을 통해 승리를 열망하고 그에게 묻는 사람들을 기만하려고 하기 때문이다. 이런 사즈으로 주문을 외는 사람을 주술사라 하는데 주술사는 그런 부류의 사람들 중 가장 높은 단계에 있다. 예언자는 이렇게 말한 바 있다. "이것은 주술사들의 사즈으에서 온 것이다." 따라서 예언자는 사즈으를 주술사들의 특유한 전유물로 언급했다. 또한 그는 이븐 싸야드에게 그의 상태에 대해 조사하려고 이렇게 물었다. "어떻게 너에게 이런 일이 일어났느냐?" 이븐 싸야드는 답했다. "내게 진실과 거짓을 말하는 자가 나타납니다." 이에 예언자께서는 말씀하셨다. "그 일이 너를 혼돈스럽게 만들었다." 이 말씀인 즉 예언은 진실만을 말하고 거짓은 다루지 않기 때문이라는 것이다. 왜냐하면 예언은 예언자의 본성이 아무것도 동

---

130 사즈으는 산문 내 운이 있는 형태를 말한다. 운문의 운율과 비교되는 산문 내 운은 화자가 한 호흡 내에서 할 수 있는 길이의 것으로 주로 구나 문장이 사용된다. 암송하기 쉽고 듣기에도 즐겁다. 김정아, 「하마다니의 『마까마』 연구-사즈으를 중심으로」, 『아랍어와 아랍문학』 23-1, 아랍어문학회, 2019 참조

반하지 않은 혹은 어떤 외부적인 도움도 필요하지 않은 순수 상위의 계층에 있는 천사와 접하는 것이기 때문이다. 반면 주술사는 결여된 취약성으로 인해 외부의 관념에 의존하는데, 그런 관념은 그의 지각 속에 있는 것으로 그가 향하고자 하는 초자연적 지각과 뒤섞인다. 그가 혼란에 빠지면 그에게 남는 것은 거짓뿐이다. 따라서 그가 이런 행동을 예언으로 한다는 일은 불가능하다. 주술의 최고 상위 계층은 바로 사즈으를 읊는 형태이다. 왜냐하면 사즈으의 의미는 비밀스럽게 들리고 보이는 것보다는 훨씬 경미하기 때문이다. 이런 의미의 경미함은 초자연적인 접촉과 지각에 가까워졌고 자신의 취약성을 인지하는 것과는 멀어졌음을 가리킨다.

어떤 이들은 이런 주술이 악마들이 불길에 싸인 채 돌팔매질 당했던 사건과 관계 있는 것으로 예언의 시대 이래로 끊겼다고 주장하였다. 그 사건은 코란에 명시된 것처럼 그들이 천기누설을 하는 것을 막기 위해서였다. 주술사들은 악마로부터 천기를 감지하였으나 그 이후 주술은 쓸모없는 것이 되었다. 그것은 예언을 표시하는 아무런 증표도 보여주지 못했다. 주술사의 지식이라는 것은 악마로부터 온 것처럼 또한 그들의 영혼에서 비롯된 것이기 때문이다. 코란의 구절은 악마가 천기 중 특정한 한 가지만 멀리하도록 하였음을 언급했는데, 그것은 바로 예언의 임무와 관계 있다. 그 밖의 것에 대해서는 막지 않았다. 또한 주술의 단절은 예언자가 계실 때만 효력이 있었고 그 이후는 과거에 행해졌던 것처럼 되돌아갔다. 바로 이것이 명백함이다. 왜냐하면 이런 초자연적 감각은 모두 예언의 시대에 조용히 소멸되었기 때문이다. 이는 마치 태양이 떠있는 동안 달빛과 불빛이 소멸되는 것과 같다. 예언이야 말로 모든 빛이 두려워하고 도주하는 가장 위대한 빛이기 때문이다.

일부 학자들은 예언이 예언자 당대에 존재하고 그 이후 단절되었다고 주장한다. 이렇게 해서 각각의 예언이 발생했는데 예언의 존재는 반드시 천체 우주의 섭리가 필요한 것은 아니기 때문이다. 예언의 완벽성은 그런 섭리가 완벽해지는 곳에 존재한다. 그러한 섭리가 완벽하지 못한 상태는 부족하나마 자연의 존재를 필요하게 된다. 바로 이것이 의미하는 바가 주술이다. 그러므로 완벽한 상태가 되기 이전에 부족한 상태가 존재하고 따라서 하나이건 여럿이건 간에 주술사의 존재를 필요로 하게 된다. 하지만 일단 그런 상태가 예언자의 존재로 인해 완벽해지면 자연성을 보이는 상태는 종결된다. 그다음에는 아무것도 존재하지 않는다. 이런 견해는 천체의 상태가 외부적 영향을 필요로 한다는 주장에 의거한다. 그 상태는 확실하지 못한다. 따라서 상태는 자체의 특수한 기관을 이용해 그러한 영향을 필요로 할 수도 있고, 만약 그런 기관의 일부가 부족해도 다른 것을 요구하지 않고 그들이 주장하는 것처럼 그런 영향을 가져와 부족을 채우려 하지도 않는다.

예언자와 동시대에 거주하는 주술사는 예언자의 진실성과 예언자가 행하는 기적을 잘 알고 있다. 사람들이 꿈에서 어떤 영혼의 힘을 느끼듯이 주술사에게 예언적인 영혼의 힘이 있기 때문이다. 주술사의 이성적 힘은 꿈보다 훨씬 강하다. 이것을 막을 수는 없다. 예언의 능력을 지니고 싶은 주술사의 욕망은 거짓을 취한다. 움마야 븐 아불 쌀라트가 예언자가 되고 싶은 욕망에 휩싸여 그랬던 예가 있다. 마찬가지로 이브 싸야드, 무사일리마 등 여러 인물이 있다. 믿음이 넘쳐나고 그들이 보여주었던 욕망이 단절되면 그들은 최선의 믿음에 순종한다. 예를 들면 뚤라이하 알아사드, 수와드 븐 까립이 경우다. 두 사람은 이슬람 정복전쟁 당시 선한 믿음으로 발자취를 남긴 것이 사실이다.

## 꿈

꿈에 대해 말하자면 그것은 정신적 본질에 존재하는 이성적 영혼이 사건의 상像을 보는 것이다. 영혼은 정신적인 것이지만 사건의 상은 영혼 내에 실제로 존재한다. 모든 정신적 본질이 그런 것과 같다. 영혼은 육체적인 물질과 신체적 지각으로부터 자유로워진 후 정신적인 것으로 변한다. 그런 상태는 꿈에서 잠깐 볼 수 있는 형태로 영혼에 나타나는데 잠자는 자는 미래의 지식을 획득하고 이와 관련된 지각으로 회귀하게 된다. 만일 이런 지식 습득이 상상 속의 이미지와 모방을 사용하여 혼합한다면 미약하고 불분명한 경우다. 그렇게 되면 그런 모방을 위한 해몽이 필요하다. 그러나 이런 과정이 강력하고 모방이 필요 없으면 해몽도 필요 없고 해석도 필요 없다. 왜냐하면 그 과정에는 상像이 없고 상상에서 벗어났기 때문이다. 영혼에 그러한 일별이 발생하는 이유는 영혼이 정신적 본질이나 육체적 지각에 의해 완벽해진다는 사실 때문이다. 영혼의 본질이 궁극적으로 순수한 유산이 되고 영혼의 존재가 완전하게 되면, 영혼은 하등에 속하는 육체적 기관의 도움을 받을 필요 없이 지각할 수 있는 정신적 본질이 된다. 그러나 그런 종류는 영상이 존재함에도 불구하고 가장 높은 단계에 있는 천사들의 종류보다는 아래에 있다. 육체적 지각이나 그 어떤 것도 천사들의 본질만큼 완성되지 못한다. 인간의 경우 영혼이 육체 안에 머무는 경우에만 정신의 세계를 경험할 준비가 된다. 그런 준비에는 성자들처럼 특수한 경우가 있는가 하면 인간에게 일반적으로 공통된 것도 있는데 그것이 바로 꿈이다.

예언자에게 있어 이런 준비는 인간성을 정신세계에서 최고 높은 단계에 있는 순수한 천사성으로 전환하는 것이다. 이런 준비는 계시가 발생될 때마다 반복되고 예언자가 육체적 지각의 수준으로 되돌아 갈 때는 순환 상태와 유사한 상황에서 발생한다. 다만 꿈꾸는 것은 계시에 비해 열등하다. 이런 유사성으로 인해 이슬람 법학자는 예언의 46번째를 꿈이라 했다. 혹은 43번째나 70번째 부분이라고도 했다. 물론 이러한 숫자가 그 본질을 의미하지는 않는다. 70이라는 숫자를 언급한 것을 보아 수많은 단계가 있음을 알 수 있다. 아랍인에게 70은 많은 수를 의미한다. 일부 아랍인은 46번째라는 의미가 매우 중요하다고 여긴다. 왜냐하면 계시는 그 시작에 있어 꿈의 형태로 6개월간 나타났는데 이는 반년을 뜻하기 때문이다. 메카와 메디나에서 받은 예언의 기간은 모두 23년간이다. 따라서 23년 중 6개월은 1/46이 되는 것이다. 하지만 이는 현실적으로는 거리가 먼 이야기이다. 왜냐하면 예언자에게 그런 계시가 있었다 할지라도 그분 이외의 다른 예언자들 누구도 이 기간 동안 계시를 받은 자가 없기 때문이다. 예언의 기간 중 꿈의 기간 비율이 그렇게 주어져도 예언의 현실성까지 인정될 수는 없다. 만약 우리가 이제까지 언급한 것을 명확하게 밝히면 당신은 그 의미가 천성적으로 인간에서 예언자의 반열로 향하는 전환기의 초기 준비 기간을 가리킨다는 것을 알게 될 것이다. 오랜 준비는 인간에게 일반적인 현상이다. 그것이 현실화되는 것을 방해하는 여러 요소가 있는데 가장 큰 장애물이 외적 감각이다. 그래서 알라는 인간을 창조할 때 인간의 본질적 기능의 하나인 수면을 통해 그와 같은 외적 감각의 베일이 벗겨지도록 했다. 베일이 제거되면 영혼은 진리의 세계에서 희망하던 것을 깨닫고 어떤 경우에는 보고 있는 것을 일별하기도 한다. 그러므로 예언자 무함마드*는 꿈을 꾸는 행위를 '기쁜 소식'[131]이라고 했다. 그는 이렇게 말했다. "예언에는 기쁜 소식만이 있다." 그들이 물었다. "알라의 사도시여! 기쁜 소식은 무엇입니까?" "올바른 인간이 보는 올바른 꿈이다."

수면으로 외적 감각의 베일이 제거되는 것에 대해 알아보자. 그것은 이성적 영혼이 육체적이고 동물적 정신으로부터 지각하게 된 것으로 이 정

---

131  아랍어로 al-mubashshirāt라는 용어이다.

신은 갈레노스나 다른 학자들의 해부학 서적에 언급되어 있듯이 좌심방에 있는 희박한 증기를 의미한다. 그것이 동맥과 정맥에서 혈액과 함께 퍼지고 감각, 동작, 다른 신체적 행동을 가능하게 한다. 희박한 증기는 뇌로 올라가 뇌에 있는 냉기에 의해 조절되다가 뇌의 내부에 있는 능력들을 완성시킨다. 이성적 영혼은 바로 이러한 증기처럼 정신을 통해서 지각하고 행동한다. 양자는 연결되어 있는데, 그것은 희박한 것이 밀도가 촘촘한 것에 영향을 줄 수 없다는 창조론의 영향 때문이다. 육체적 물질 가운데 가장 희박한 것이 동물적 정신이다. 따라서 그것은 육체성과는 명백히 구분되는 본질이고 이성적 영혼이 미치는 영향에 매우 민감하게 반응한다. 이성적 영혼은 이렇게 동물적 정신을 매개체로 신체에 영향을 미친다. 우리는 이성적 영혼을 지각하는 방식에 두 가지가 있다고 언급한 바 있다. 오감을 통한 외적 지각과 뇌의 힘을 통한 내적 지각이다. 이런 지각은 모두 이성적인 영혼으로 하여금 선천적으로 준비된 정신세계보다 높은 단계의 것을 인지하는 일을 멀리하게 한다. 외적 감각은 육체적인 것이므로 피로로 인한 침체, 절망 혹은 많은 활동으로 인한 정신적 고갈 등에 영향을 받는다. 알라는 인간이 감각적으로 휴식에 대한 욕구를 느끼게 창조하였고 그렇게 함으로써 완벽한 형상을 지각하도록 했다. 이는 동물적 정신이 모든 외적 감각에서 나와 내적 감각으로 들어가 이루어진다는 것을 의미한다. 밤의 냉기는 바로 이런 과정이 일어나도록 하는 것이다. 자연의 열기는 신체의 가장 깊숙한 곳으로 들어가고, 외부에서 내부로 이동한다. 그리고 신체에 고루 퍼지는데 그것은 바로 동물적 정신이다. 이것이 신체의 내부로 들어간다. 인간이 밤에 잠을 자는 이유다. 영혼은 외적 감각에서 나와 내적 힘으로 돌아간다. 감각의 방해가 영혼에 미치는 영향은 경미하게 되고 영혼은 기억력에 존재하는 형상으로 돌아간다. 이 형상들은 정리와 분해의 과정을 통해 상상적인 상을 뜨게 된다. 우리는 대부분 이런 모습들에 익숙하다. 그 이유는 영혼이 방금 감각에 익숙한 대상물에서 나왔기 때문이다. 그 이후 상상적 모습들은 외적 감각의 총체인 공통 감각으로 전달되고 오감에 의해 인식된다. 때로 영혼은 내적인 힘과 겨루어 그 정신적 본질로 향하기도 한다. 그렇게 되면 영혼은 정신적 지각에 도달하며 선천적으로 그렇게 생겼기 때문에 사물의 본질에 내재하는 것에 연관된 형상을 인식한다. 상상은 지각적인 현상을 포착하여 익히 잘 알려진 범위 내에서 현실이나 모방을 그 대표로 만든다. 이때 모방은 해석을 필요로 한다. 지각적인 형상은 기억력 속에 존재하는 현상들을 정리하고 분해하는데 이는 혼란스러운 꿈이 지각하는 그 꿈을 깨닫기 이전이다. 싸히흐에 따르면, 예언자는 이렇게 말했다. "꿈에는 세 가지가 있다. 그것은 알라로부터 오는 꿈, 천사로부터 오는 꿈, 그리고 사탄으로부터 오는 꿈이다."[132] 이런 구분은 우리가 앞서 언급한 것에 기인한다. 분명한 꿈은 알라로부터 온 것이고 해몽을 해야 하는 모방적인 꿈은 천사로부터 온 것이지만 혼란스러운 꿈은 사탄으로부터 온 것이다. 사탄은 악한 존재이므로 그것은 전혀 쓸모없다. 이것이 꿈의 진정한 의미와 어떻게 수면 중에 꿈이 발생하는가에 대한 설명이다. 꿈은 인간의 영혼이 지니고 있는 특수한 자질이며 이는 인간에게 공통된 것이다. 누구도 꿈으로부터 자유로울 수 없고 잠에서 깬 뒤 꿈에서 본 것이 깨어 있을 때 발생하는 것이라는 경험을 한 번 아닌 여러 차례 하게 된다. 영혼이 수면 중 초자연적인 지각을 얻는다는 것은 분명하다. 그런데 이런 일이 수면의 세계에서 가능하다면 다른 상태에서도 가능하다. 왜냐하면 지각의 본질은 하나고 그 특질은 각기 상황에서 존재하기 때문이다. 알라께서 우리를 진리로 인도하신다.

---

132 부카리(al-Bukhārī)의 『타으비르(al-Ta'bīr)』, 알라로부터 오는 꿈의 장(6984).

## 초자연적인 현상에 관한 정보

이렇듯 인간에게 일어나는 일 대부분은 의도하지 않은 채 혹은 자신의 의지로 통제할 수 없는 상태에서 발생한다. 영혼이 무엇인가를 간절히 원하면 수면 중에 그런 지각의 순간을 일별하게 되고 의도하지 않았는데도 실제로 그것을 보게 된다. 종교적 수행자들의 지침서 중 *al-Ghāyah*와 그 밖의 책에는 꿈에서 자신이 원하는 것을 보기 위해 잠들기 직전에 외우는 말에 대한 언급이 있다. 이러한 것을 꿈말[133]이라고 한다. 마슬라마[134]는 *al-Ghāyah*라는 책에서 완전한 본성의 꿈말이라고 부르는 것에 대해 언급했다. 이는 사람이 잠들 때 비밀의 공간과 목적을 향하는 진실을 떠올리고 입 밖으로 소리 내어 말하는 비아랍어로 된 단어이다. "타마기스 바으단 야스왓따 와그다스 나우파나가디스."[135] 그 이후 원하는 것을 말하면 꿈속에서 나타난다는 것이다. 알려진 바에 의하면 사람이 소량의 식사를 하고 읊조리는 수행을 며칠 밤낮으로 계속하면 한 사람이 그에게 나타나 '내가 너의 진정한 본성이다'라고 말을 하게 되고 그러면 자신이 진정으로 원하는 것에 대한 정보를 그 사람에게 설명을 한다는 것이다. 이런 주문을 이용해서 나 자신도 꿈을 꾸고 그 꿈에서 나에 대해 간절히 알고 싶었던 것을 알아낸 적이 있다. 그러나 꿈을 꾸고자 하는 의도가 곧 꿈을 꾼다는 것을 입증하는 것은 아니다. 꿈말은 꿈을 꾸게 하기 위해 영혼의 준비된 상태를 만들어주는 것이다. 만약 그런 준비 상태가 강하면 영혼이 희망하는 것을 얻을 수 있을 것이다. 사람은 원하는 것을 마음에 두고 준비할 수는 있지만 이것이 자신이 준비한 것을 실현하게 된다는 증거는 아니다. 무언가를 준비하는 능력과 발생에 대한 능력은 별개의 문제이다. 그

---

133  ḥālūmiyyh, 아랍어로 '꿈'에서 파생된 용어이다.
134  스페인의 학자로 10세기의 인물이다.
135  이 주문은 아랍어로 보인다.

러므로 이와 유사한 경우에 대해서도 잘 알고 고려해야 한다. 알라는 지혜와 아심으로 충만하시도다.[136]

## 장

우리는 어떤 일이 발생하기 전에 예언하는 사람들을 발견한다. 이들은 선천적 자질을 지녔고 그런 자질로 인해 다른 사람들과 구별이 된다. 그들은 예언을 위해 특별한 기술을 쓸 필요가 없고 점성술이나 그 밖의 도움을 필요로 하지도 않는다. 그들이 예언을 지각하는 것은 선천적으로 부여받은 자질이다. 이런 종류의 사람에는 점쟁이가 있다. 예를 들면 그릇에 담아 놓은 물을 응시하거나 거울처럼 투명한 물체를 응시하는 사람들, 동물의 심장이나 간, 뼈 등을 관찰하는 사람들, 새나 야수에게서 징조를 읽어 미연에 방지하는 사람들, 자갈, 곡식의 낱알, 혹은 대추야자 씨 같은 것을 던지는 사람들이 있다. 이 모든 일이 인간 세상에서 발생하는데 누구도 이를 거부하거나 무시할 수는 없다. 마찬가지로 미친 사람들의 입에서 예언이 이루어지기도 한다. 지금 막 잠에 들거나 숨이 끊어지기 시작하는 사람들도 그렇다. 또한 수피로서의 종교적 수행을 행하는 사람들도 신의 은총에 힘입어 초자연적인 것에 관한 지각력이 있다는 것은 널리 알려진 사실이다.

이제 우리는 이런 지각에 대해 이야기하고자 한다. 우선 점에 대해서부터 시작하자. 그다음 하나하나 끝까지 언급할 것이다. 우리는 인간의 영혼이 어떻게 초자연적인 것을 지각하는가에 대해 간략하게 소개할 것이다. 그것은 우리가 앞서 언급한 것처럼 정신적 세계에 힘으로 존재하는 정신의 본질이다. 그 힘은 육체와 그 상태를 이용하여 행동으로 변한다. 이것

---

136 코란 6장 73절.

은 인간 각각의 개인에게 인지된 일이다. 그리고 그 힘에는 물질과 형상이 있다. 이런 영혼의 형상은 그 힘의 존재를 완성시켜 주는데, 그것은 바로 지각과 이성의 눈이다. 따라서 영혼의 형상은 처음에는 힘에 존재한다. 그 때 영혼의 형상은 통합적 상이나 부분적 상을 수용하고 지각할 준비가 되어 있는 상태이다. 그다음 성장을 거쳐 육체와 더불어 힘이 아닌 행동에 존재하게 된다. 그 후 육체가 느끼는 감각이 깨어나고 그런 형상을 익숙하게 만들어 내고 보편적인 관념에서 그런 지각을 추출하게 된다. 한 번 두 번 이런 일이 계속 반복되면서 그 형상들을 이성적으로 만들게 된다. 결국 행동을 이용하여 지각과 이성적 지각력을 갖추게 되고 영혼의 형상은 그 본질을 완성하고 그 영혼은 최초에 있었던 것처럼 남아 있게 된다. 그런데 이성적 지각력을 지니게 된 그 형상들은 지각을 갖춤으로써 하나씩 하나씩 꼬리에 꼬리를 물고 연결된다. 그러므로 우리는 막 태어난 아이에게는 지각할 능력이 없다는 것을 안다. 왜냐하면 이성적 지각력을 지닌 형상들은 본질의 눈이고 그것은 아직 완성되지 않은 지각과 이성이기 때문이다. 뿐만 아니라 그것은 보편적인 것을 추출하는 작업조차 아직 완성되지 않은 상태다. 그런 형상들의 본질이 행동에 의해 완성되면 육체에 내재된 한두 종류의 지각을 획득하게 된다. 그 첫째는 육체의 기관을 이용해서 지각하는 것이다. 이는 육체적 지각력을 의미한다. 둘째는 그 본질을 이용해서 지각하는 것이다. 그것은 육체와 감각에 침잠함으로써 육체를 선점하고 가려져 있다. 어쩌면 감각은 외부에서 내부로 침잠하고 어느 순간 육체의 베일이 제거될 수도 있다. 인간에게 절대적으로 필요한 수면의 형태이거나 아니면 점쟁이와 같은 일부 사람들과 수피들과 같은 종교적 수련자들에게만 존재하는 특수형태건 간에 이는 사실이다. 그다음 본질로 향하게 되는데 그 본질 위에는 상위 계층인 천사가 있다. 천사의 영역과 그들의 영역 사이는 앞서 우리가 살펴본 것처럼 연계되어 있다. 바로 그런 본질들이 정신적인 것이다. 그리고 그런 정신적인 세계는 순수한 지각과 행동에 의한 이성이 있다. 거기에는 통과했던 것처럼 존재의 형상과 실체가 있다. 그런 형상들로부터 무언가가 명백하게 드러나고, 순수한 지각은 형상들로부터 지식을 습득하게 된다. 지각된 형상들은 상상으로 전달되고 그다음에는 습관적인 형태로 행동으로 전달되며 그다음 감각은 지각한 것을 가지고 되돌아오고 결론적으로 느낀 것을 말하게 되는 것이다. 바로 이것이 초자연적인 것을 지각하기 위한 영혼의 준비를 설명한 것이다. 이제 예언의 기타 종류를 설명하기로 한 것으로 되돌아가 보자.

그릇에 담긴 물, 거울과 같은 투명한 물체를 응시하는 사람들, 동물의 간, 심장, 뼈 등을 관찰하는 사람들, 자갈이나 대추야자 씨를 던지는 사람들, 이 모두가 점쟁이의 부류에 속한다. 그러나 이들은 선천적으로 앞날을 말하는 부류 중 가장 약한 것도 사실이다. 왜냐하면 점쟁이는 감각의 베일을 제거할 때 많은 도움을 필요로 하지 않기 때문이다. 그들은 모든 것이 하나의 종류인 감각적 지각력이 차단되면 점치는데 영향을 받는다. 그들에게 있어 감각적 지각력의 최고의 것이 시각이다. 따라서 점을 칠 때는 자신의 지각력을 발휘할 수 있어 보이는 아주 사소하고 단순한 것이라도 눈으로 읽어낼 수 있는 것에 전념한다. 그들은 눈에 보이지 않는 것을 알아내고자 거울의 표면을 관찰하는데, 그들과 거울 표면 사이에 가려진 베일이 있는 것으로 보인다. 마치 그들의 지각인 여러 가지 형상들이 구름에 표현되어 있는 것과 같다. 그러므로 그들은 의도대로 지각하게 된다. 그들은 이렇게 해서 자신이 지각한 것에 대해 언급하게 된다. 거울과 그 거울을 통해 지각되어진 여러 형상들은 사실 그들이 순간에 지각하는 것은 아니다. 그것은 그들의 지각력 중 다른 종류가 성장한 것이다. 즉 그것은 영혼적인 것이지 시각으로 지각하는 것이 아니다. 알려진 대로 이것은 감각을 깨닫기 위한 영혼적 지각이 형태화된 것이다. 예를 들자면, 동물의 심장이나 간에서 그리고 그릇에 담긴 물에서 점쟁이의 눈에 무언가가 보이는 것이다. 점쟁이들 중에는 향을 피워 감지하는 데 몰두하고 지각력을 끌어낼 준비를 하기 위해 강력한 의지를 보이고 그 후 자신이 지각한 것을 말하는 자도 있다. 그들의 주장에 따르면 그들은 공기 중에 퍼지는 연기에서 여러 가지 형상들을 보게 되는데 그런 형상들은 그들에게 방향의 지시나 예시를 통해 지각이 향하는 것을 알려 준다. 감각으로부터 그런 것이 배제된 이들은 첫 번째 부류보다 훨씬 가볍다. 세상은 그야말로 경이로움의 천지다.

'자즈르'는 초자연적인 힘에 의해 말을 하는 사람들이 마음속에 새나 동물을 떠 올리고 어떤 생각이 나타나는 것을 말하는 것이다. 이는 영혼의 힘으로 보이거나 들리는 것에 대한 생각을 불러온다. 그 힘은 상상적인 것인데 우리가 살펴보았던 것과 마찬가지로 강력하다. '자즈르'는 보고 들은 것을 이용해서 상상의 힘을 일으킨다. 그렇게 되면 어느 정도 지각하게 된다. 마치 상상의 힘이 수면 중에 활동하는 것과 같다. 오감이 무뎌진 상태에서 상상의 힘은 깨어 있을 때 보이는 것들 가운데 끼어들고 이해한 것들을 모은다. 결국 상상의 힘은 상像을 낳는다. 미친 사람들의 논리적 영혼은 육체에 약하게 부착되어 있다. 대부분 그들의 기질이 부패해 있고 동물적 정신이 위약하기 때문이다. 결과적으로 그 영혼은 감각에 스며들지 못하고 감각에 완전 몰입되지도 못한다. 그런 위약함과 부족함이 육체에 부착된 정신에 영향을 미치기 때문이다. 육체에 붙어 있는 사탄의 정신이 위약함과 부족함의 고통을 인간의 영혼에 부착되도록 밀어붙일 수도 있다. 그 영혼이 이를 막기에는 너무 약하다. 그래서 미친 사람은 그 힘에 홀리게 된다. 일단 홀리게 되면 영혼의 본질이 부패되어 기질까지 부패되었건 아니면 육체에 부착되어 있던 악마적 영혼이 기질을 부패시켰건 간에 전반적으로 육체의 감각을 잃게 된다. 그리고 영혼의 세계를 지각하고 몇몇 형상들을 사진 찍듯 간직하고 상상의 활동을 펼치게 된다. 그런 상태에서 그가 내뱉는 것은 자신의 논리적 의지에서 비롯된 것은 아닐 것이다.

이런 사람들의 지각은 진실과 거짓이 섞여 있다. 왜냐하면 그런 지각은 어떤 형태로든 연계성을 획득하지 못하기 때문이다. 그들이 일단 감각을 잃어버리면 외부적 이미지의 도움이 없이는 불가항력이다. 그러므로 이런 지각에는 거짓이 개입되기 마련이다. 점쟁이들은 바로 이런 종류의 지각에 연결되어 있다. 그들에게는 천사의 세계로 연계되는 능력이 없다. 그들은 개념에 자신들이 향하고 있는 명령을 섞어버린다. 자신들이 상상한 연계와 지각의 원칙에 따라 명령에 자신의 생각과 평가를 넣는다. 그들은 바로 이런 과정을 통해 초자연적 앎을 불러내지만 거기에 진실은 없다. 이상이 점쟁이와 초자연적 지각을 획득하는 것에 대한 이야기이다.

마스우디는 『황금 풀밭과 보석 광산』에서 이런 지각 획득에 대해 언급한 바 있다. 하지만 그는 제대로 설명하지 못했다. 분명한 것은 그가 전문적이고 정확한 지식을 지니지 못한 채 점쟁이나 그 밖의 부류의 사람들로부터 들은 것을 전달했다는 사실이다.

이런 초자연적 지각은 모든 인간에게 존재한다. 아랍인들은 무슨 사건이 일어날지 알고 싶을 때 점쟁이를 찾곤 했다. 그들은 분쟁이 생겨도 초자연적 지각을 통해 그 진실을 알고자 점쟁이에게 도움을 구했다. 문인들의 저술에는 그런 일에 관한 기록이 많이 있다. 자힐리야 시대[137] 아랍문학에서 찾아볼 수 있는 유명한 이들로는 시끄 븐 안마르 븐 니자르와 사띠흐 븐 마진 븐 갓산이 있다. 특히 사띠흐는 항상 망토로 몸을 둘러싸듯 싸고 있었으며 뼈는 없고 해골만 있었다. 그 두 사람에 관한 유명한 일화 중에는 라비아 븐 무다라의 꿈 해몽이 있다. 두 사람이 알려준 정보는 다음과 같다. 예멘에 하바쉬 왕권이 들어선다는 것과 그 이후 무다라 왕권이 들어설 것이라는 것, 꾸라이시 부족에게서 무함마드의 예언이 등장할

---

137  이슬람 이전 시대로 '무지의 시대'로 번역된다.

것이다. 사띠흐는 키스라 압둘 마시흐에게 갔을 때 무바단이 꾼 꿈을 해
석해주었는데 그 내용은 예언에 관한 것과 페르시아 왕권의 패망에 관한
것이었다. 이 이야기들은 매우 유명하다. 아랍인들 사이에는 점쟁이들이
많이 있었고 시에 이런 점쟁이들에 대해 언급이 많았다.

> 한 시인이 노래했다 :
> 나는 야마마의 점쟁이에게 말했지. 나를 치료해 주시오!
> 정녕 당신이야말로 의사처럼 나를 치료해 주었소.

> 또 다른 시인은 이렇게 노래했다 :
> 나는 야마마의 점쟁이가 그를 판단하게끔 했다.
> 나즈드의 점쟁이에게도 부탁하여 그 두 사람이 나를 치료해 주었다.
> 두 사람은 내게 말했다. 알라께서 당신을 치료해 주셨다.
> 우리가 한 것이 아니다.

여기서 야마마의 점쟁이는 라바흐 븐 이즐라이고 나즈드의 점쟁이는
아블라끄 알아사디를 말한다.

어떤 이는 깨어 있는 상태를 수면으로 혼동하고 자신이 알고자 했던 것
에 대해 무의식중에 말하는데 이런 과정을 통해 자신이 알고자 했던 것에
대해 초자연적 지각을 얻기도 한다. 이는 깨어 있는 상태에서 수면으로
가는 과도기로 인간이 언어를 선택할 능력을 상실하는 순간에 발생하는
현상이다. 이런 사람은 강제로 말하는 것처럼 보이고 절정에 도달해서는
자신의 말을 그냥 듣고 이해하게 된다. 마찬가지로 참수되는 자들은 머리
가 몸에서 떨어져 나갈 때 이와 같은 말을 내뱉는다. 우리는 전횡을 일삼
는 포악한 통치자가 감옥의 죄수를 처형하면서 그들이 죽음에 접하는 순
간 내뱉는 말을 통해 자신의 미래를 알고자 했다는 이야기를 들은 바 있

다. 마슬라마는 *al-Ghāyah*에서 이와 비슷한 이야기를 소개한 바 있다. 참 기름이 가득 든 통에 사람을 넣고 40일 동안 무화과와 아몬드만 먹이면 그자의 살은 없어지고 머리의 혈관과 두개골의 봉합선만 남는다. 그런 다 음 그를 기름통에서 꺼내 공기 중에 말리면 그는 미래와 관련된 모든 질 문에 답하게 된다는 것이다. 이는 잔혹한 마술의 일부이지만 이로써 인간 세계에 경이로움을 이해하게 된다.

수행으로 초자연적 지각을 얻으려는 사람들도 있다. 이들은 고행을 통 해 죽음을 맞으려 시도한다. 그는 자신의 신체에 존재하는 모든 능력을 의도적으로 죽이고 그 능력이 여러 방법으로 영혼에 미치는 영향력도 없 애버린다. 그런 후 신을 찬양하는 암송으로 영혼에 영양분을 제공하면 영 혼의 성장을 통해 능력이 커진다. 이는 정신의 통일과 오랜 금식으로 이 룩된다. 죽음이 육체를 압도하고 감각에 드리워졌던 베일이 제거되면 인 간의 영혼은 자신의 본질과 본질의 세계를 보게 된다는 것은 분명한 사 실이다. 이런 사람들은 사망 이후 겪게 될 세계를 미리 체험하고자 인위 적으로 이런 행위를 하고 자신의 영혼이 초자연적 세계를 목도하게 한다. 이런 이들 중에는 마술사들이 있는데 그들은 초자연적인 세계를 보고 여 러 세계에서 행동하려고 이런 행위를 연마한다. 이들 중 대다수가 남쪽과 북쪽의 비온대 지역에서 거주하는데 특히 인도에 많다. 그들은 요기라 불 리고 이런 수련법에 관해 다수의 저작을 가지고 있는데 수행에 관한 그들 의 일화는 경이로울 뿐이다.

수피들의 경우 그들의 수행은 종교적이고, 비난받을 의도의 것과는 거 리가 먼 행위다. 수피들은 정신을 집중해서 오직 신을 받아들일 생각만 하고 그렇게 함으로써 신을 알고 신의 유일성을 체험하고자 한다. 수피들 은 정신 집중, 금식, 신을 찬양하는 암송에 몰두하여 어떤 경지에 도달하 고자 한다. 영혼이 암송을 발전시키면 신을 아는 경지에 가깝게 되고 암 송을 제대로 하지 않으면 그것은 악마의 것이 된다. 수피가 초자연적인 지식이나 행동을 얻는 것은 우연이지 의도된 것은 아니다. 만약 의도된 것이라면 수피는 신이 아닌 초자연적 직관을 얻으려 수행한 것이다. 일부 수피들은 말했다. "영적 지식을 위한 영적 지식을 선호하는 자는 존재의 두 번째 단계에 서게 된다."[138] 그들의 헌신은 신에게 가까이 가려는 것이지 그 외의 의도는 없다. 그러나 그가 수행 도중에 초자연적 지각을 획득하게 되면 그것은 의도적이 아닌 우연한 결과다. 다수의 수피들은 초자연적 지각을 얻는다 해도 기뻐하지 않는다. 그들은 오직 본질을 깨닫기 위해 신에게 가까이 가고자 할 뿐 그 밖의 것은 원하지 않는다. 수피들이 초자연적 지각을 본다는 것은 이미 알려진 사실이다. 그들의 이런 체험이나 마음을 읽는 것을 '직관' 혹은 감각적 지각의 장막을 걷는 '제거'라 부르고 그들에게 일어난 일을 '신의 은총'이라 부른다. 그들은 이런 것을 부정하지는 않는다. 그러나 아부 이스하끄 알이스파라이니 교수와 아부 무함마드 븐 아비 자이드 알말리크 교수는 예언자의 기적이 다른 것들과 혼동됨을 두려워하여 이런 사실을 부정한 바 있다. 하지만 무타칼리문은 도전 al-taḥaddī에 근거하여 이것이 예언자의 기적과는 차이가 있다고 주장했다. 이는 충분하다. 싸히흐에 이미 명시된 바에 따르면 알라의 사도*가 말했다. "너희 중에 전승가들이 있을 것이다. 그들 중에 우마르도 있다."[139] 사도의 교우에게도 그런 일이 일어났다. 매우 유명한 일화로 우마르*의 말과 관련된 것이다. 하루는 우마르가 말했다. "사리야여! 그 산을!" 여기서는 사리야 븐 주나임을 말한다. 정복전쟁을 치르던 당시 그는 무슬림 군대의 대장이었는데 전쟁터에서 난관에 봉착해 있던 차였다. 근처에는 산이 하나 있었는데 그 산에는 사리야에게 오는 보급품이 있었다. 메디나의 한 사원에서 연설을 하던 우마르 앞에 그 광경이 나타났다. 그러자 그는

---

138    Tafsīr al-Fakhri al-Rāzī, al-Mashhūr biltafsīr al-Kbīr wa Mafātīḥ al-Ghaybb, Dār al-Fakhr,p.8 참조.

139    부카리의 하디스, "우마르 븐 알카띱의 미덕" 중 3689.

이렇게 말했다. "사리야여! 그 산을!" 그러자 전쟁터에 있던 사리야가 그 소리를 듣고 그곳에서 우마르를 보았다고 한다. 이 일화는 너무나도 유명하다. 이런 예는 아부 바크르*가 딸 아이샤*에게 충고할 때도 등장한다. 아부 바크르는 아이샤에게 과수원에서 대추야자 열매를 가져 다 주고 시간이 지난 후 자신의 임종 시에 아이샤에게 대추야자를 수확하라고 말했다. 따라서 아이샤를 제외한 다른 상속자들은 그 대추야자를 얻을 수 없었다. 그는 말했다. "그들은 너의 두 형제와 두 자매이니라." 아이샤는 물었다. "아스마으 뿐입니다. 다른 자매는 누구입니까?" 아부 바크르는 말했다. "빈트 카리자가 뱃속에 품고 있는 아이가 딸임을 알 수 있다." 그리고 실제로 그러했다. 이 일화는 『무왓따아*al-Muwaṭṭa'*』의 '허용되지 않은 선물의 장'에 실려 있다. 이런 일은 예언자의 교우들과 그들의 뒤를 잇는 신앙심 깊은 자들에게 많이 발생했다. 그러나 수피들은 예언자의 시대에는 이런 경험을 하기가 어렵다고 말했다. 왜냐하면 예언자의 현존 시 수피 수행자들은 그런 상태를 유지하지 못하기 때문이다. 그들은 수피 수행자가 메디나에 오면 그곳에 있는 한 초자연적인 경험을 할 수 없다고 말했다. 알라께서는 우리를 진리로 안내하신다.


장


이런 수피 수행자 중에는 이성적인 사람보다는 광인에 가까운 바보들이 있다. 그러나 그들은 성자의 단계와 신뢰받는 자의 단계에 도달한 자들이다. 그들에 관해 연구하고 신비로운 체험도 겪은 이들이 이를 알아냈다. 수피들이 전하는 초자연적인 것에 관한 정보는 매우 놀라운 것들이다. 왜냐하면 수피들은 어떤 구속도 받지 않기에 그렇게 말할 수 있고 그들이 전하는 정보 중에는 실로 경이로운 것들이 있기 때문이다. 이슬람 법학자들은 수피들에게 법적 책임이 없다는 것을 알기 때문에 그들이 초자연적이고 신비로운 단계에 도달한다는 사실 자체를 대부분 부인한다. 성자가되는 것은 오직 신을 숭배하는 것만으로 가능하다는 것이다. 하지만 이것은 틀린 말이다. 성자가 되는 것은 신을 숭배하는 것으로만 가능한 것이 아니라 다른 방법도 있다. 알라의 탁월한 능력은 진실로 원하는 자에게 베풀어진다. 만약 인간의 영혼이 존재성에 고착되어 있다고 인정되면알라는 그 영혼에게 받기 원하는 모든 선물을 준다. 이런 사람들을 이성적이지 않다고 지적하거나 광인처럼 그 영혼이 부패했다고 할 수는 없다.문제는 그들에게 법적 책임의 근거가 되는 지성이 결여되어 있다는 사실인데, 지성은 인간의 영혼에 있는 특수한 자질 중 하나이고 인간에게 필수적인 지식이다. 인간은 지식으로 사고력을 강하게 하고 삶을 알고 가정을 꾸리는 방법도 깨닫는다. 만약 그가 삶을 꾸리고 가정을 운영하는데뛰어나다면 돌아올 삶을 더 좋게 만들려고 법적 책임을 받아들이는데 변명이 남아 있지 않다. 그러나 인간이 지성이라는 자질을 결여했다고 영혼 전체가 없는 것은 아니고 자신이 처한 현실을 잊은 것도 아니다. 그에게 지성이 결여된 것은 사실이지만 어떻게 생활하는 가에 대한 현실적 지식은 존재한다. 이것은 불가능하지 않다. 알라께서는 영적 지식을 위해 자신의 종을 선택할 때 법적 책임을 지는 것을 판단의 기준으로 두지 않는다. 이것이 사실이라면 이런 자들의 상태는 동물에 가깝고 영혼이 부패한광인의 말과 섞여 있다는 것을 알아야 한다. 이 두 부류를 구별할 수 있는특징이 있는데, 바보의 경우 원칙적으로 신을 찬양하는 암송과 신을 숭배하는 일을 게을리하지 않는다는 것이다. 하지만 그들은 법적 책임을 지는자가 아니므로 샤리아의 규율을 준수하지 않는다. 광인의 경우 근본적으로 이런 면모가 없다. 또 다른 특징은 바보는 그 상태로 태어났고 어려서도 그런 상태였지만 광인은 나이가 든 후 자연적으로 육체에 장애를 얻어정신에 이상이 온 것이라는 점이다. 사고를 당한 후 그들은 이성적 영혼의 부패와 광기에 사로잡히게 된다. 또한 바보는 사람들 사이에서 선하게 혹은 악하게 많은 활동을 하지만 법적 책임을 지지 않기 때문에 허락도 필요하지 않다. 그러나 광인은 그런 활동을 하지 않는다. 이 장은 이런 설명으로 끝났다. 알라께서는 옳은 곳으로 인도하신다.

## 장

일부 사람들은 감각적 지각에서 이탈되지 않은 상태로 초자연적 지각이 가능하다고 주장 한다. 이들 중에는 점성사가 있는데 그들은 별이 알려주는 징후, 천구상 별의 위치, 별이 다른 요소에 미치는 영향, 서로 마주보는 별의 성질이 혼합되어 얻게 되는 결과와 그런 혼합이 대기에 미치는 영향 등을 토대로 말한다. 점성사는 초자연적 지각과는 상관없고 별의 영향과 대기의 상태가 변화할 것이라는 추측과 평가를 할 뿐이다. 더욱이 이런 추측은 프톨레마이오스가 언급했듯이 별의 영향력이 개인에게 미치는 방법도 알 수 있다는 내용이다. 알라께서 원하신다면 우리는 점성술의 쓸모없음에 대해 명백히 밝힐 것이다. 비록 그것이 추측과 평가고 우리가 언급하는 것과 아무 관계가 없다 해도 말이다.

이런 이들 중에는 사람들이 초자연적인 힘을 빌어 미래를 알기 위해 '모래 점'이라 불리는 것을 고안한 사람들이 있다. 그런 이름이 붙은 이유는 재료가 모래이기 때문이다. 이 기술을 습득한 자들은 점의 형태를 보고 사람들이 점괘를 믿도록 만든다. 그들은 네 줄이 각기 다르게 짝을 이루거나 홀을 이루고 그 조합은 16개의 형태가 되도록 만든다. 모든 줄이 짝이거나 홀이면 두 개의 조합이 되고 한 줄에 두 개의 홀이 있으면 4개의 조합이 되고 두 줄에 홀이 있으면 6개의 조합이 되고 세 줄에 홀이 있으면 4개의 조합이 되기 때문이다. 이들은 16개의 조합을 구별할 수 있는 이름을 붙이고, 별을 보고 점을 칠 때와 마찬가지로 그 조합을 길조와 흉조로 구분한다. 그들은 16개의 조합을 자연적인 징표라고 주장한다. 마치 천구 상 12

개의 탑과, 4개의 지팡이와 같은 것이다. 그들은 각 조합을 특정한 원소의 세계가 존재하는 것을 증명해 주는 선과 징표로 만들었다. 그들은 점성술을 모방해서 하나의 기술을 고안해냈다. 그러나 점성술의 판단은 프톨레마이오스가 주장하듯 자연현상에서 비롯된 것이고 모래 점은 자연현상에서 비롯되었다는 징표가 없다. 프톨레마이오스는 원소의 세계에 별과 천체의 위치가 주는 영향에 대해 별자리의 생성과 합을 언급했을 뿐이다. 그들은 그 근원이 고대의 예언에 있다고 주장한다. 아마도 그들은 모래 점의 근원을 다니엘 혹은 이드리스*의 예언에서 찾았을 것이다. 그들은 예언자 무함마드*의 말씀을 근거로 제시하기도 하는데, 그 이유는 "예언자가 선을 그었다. 누가 그분께서 그은 선에 동의하는가?"라는 문구 때문이다. 하지만 하디스에는 그들의 주장처럼 '모래에 선을 그은 것'이라는 증거가 있지는 않다. 하디스가 전하는 의미는 예언자가 선을 그었고 바로 그때 그에게 계시가 내렸다는 것이다. 일부 예언자들에게 그런 일이 발생하는 것이 불가능한 것은 아니다. 선은 예언자에게 '계시를 내려주는데 도움을 준 올바른 것'이라는 의미다. 예언자는 습관적으로 선을 긋고 그 때 계시를 받곤했다. 하지만 계시가 오직 선을 긋는 것만으로 이루어졌다고 생각하는 것은 틀리다. 이것이 하디스의 진정한 의미고, 알라께서는 가장 잘 아신다.

만약 그들이 주장하는 대로 종이 혹은 모래나 밀가루에 의존하여 초자연적인 능력을 이끌어내기를 원한다면 그들은 네 개의 줄에 맞추어 점을 찍고 네 번을 반복하면 된다. 그렇게 하면 16개의 열이 생기게 될 것이다. 그런 다음 점을 짝 맞추어 찍고 각각의 줄의 나머지 부분에 일정한 규칙을 적용하여 점을 찍으면 계속 이어지는 횡선에 네 개의 조합을 적용하게 되고 또 한편으로는 다른 네 개의 조합을 만들게 된다. 결국 여덟 개의 조합이 하나의 횡선 상에 나타나게 된다. 각 두 개의 조합은 그 아래로 하나의 조합을 형성하고 마찬가지로 네 개의 조합은 그 아래로 새로운 두 개의 조합을 형성한다. 그 후 두 개의 조합은 그 아래로 다른 하나의 조합을 만들어 낸다. 바로 이 다섯 번째 조합은 첫 번째 조합과 더불어 제일 마지막인 16번째 조합이 되는 것이다. 그들은 각각의 선에서 행운과 불운을 읽어 내고 심사숙고하여 결론을 도출하고 여러 가지 점괘를 혼합하여 결국 나타나는 여러 현상을 표지로 알려주는데 그 대부분이 아주 기이한 판단이라 볼 수 있다. 이런 기술은 문명사회에 수없이 많이 있었고 이에 관한 저술도 많이 있으며 선조와 후손들 사이에서 유명한 표식이 되었다. 초자연적인 것은 그런 기술로 지각되는 것이 절대 아니고, 감각세계에서 정신세계로 돌아 갈 수 있는 본능적인 능력이 내재된 인간만이 지각할 수 있다. 광인들이나 이런 종류의 사람들을 금성 인이라고 부른다. 그들이 이런 이름으로 불리는 데는 태생부터 초자연적인 것을 지각하도록 되어 있었다는 주장과 더불어 금성의 지시가 그들의 탄생을 요구했다는 설에 기인한다. 어쨌거나 미래를 예측하는 방법 중 선이나 그 밖의 다른 것으로 점치는 사람은 이런 특성을 지닌다. 이런 작업 즉, 점이나 뼈 혹은 그 밖의 것들을 이용하여 점을 치는 것의 최종 목표는 감각을 사용하여 어느 순간 정신세계로 영혼을 귀향시키기 위한 것이다. 바로 이것이 우리가 앞서 언급한 대로 작은 조약돌로 문을 두드리고 동물의 심장을 관찰하고 투명한 거울을 응시하는 것과 같은 장에 속한다. 만약 그렇게 하지 않으면 이런 기술을 이용하여 초자연적인 것을 인지함을 목표로 했다거나 그런 기술이 도움을 준다 할지라도 말이나 행동이 모두 헛것이 되었을 것이다. 알라께서는 바른 길로 인도하고자 하는 대상만을 올바른 길로 인도하신다. 초자연적인 것을 지각하는 이들에게 본능적으로 부여된 본능적 징표는 그들이 그러한 존재를 인지할 때나 하품, 기지개 혹은 감각적으로 오는 초자연적인 징표처럼 자연적인 상태에서 벗어날 때에야 보인다. 그리고 이들에게 존재하는 징표는 다른 것처럼 그 강약의 차이가 있다. 따라서 이런 징표가 선천적으로 존재하지 않는 사람은 초자연적인 것을 지각하는 것과는 하등의 상관이 없다. 그런 자는 거짓을 말하는 것이다.

장

일부 사람들은 초자연적인 것을 추출하기 위해 규칙을 만드는 경우도 있다. 그 규칙은 영혼의 영적 지각에서 비롯된 첫 단계가 아니고 그렇다고 프톨레마이오스가 주장했듯이 별의 영향에 근거를 둔 추측에서 비롯된 것도 아니다. 뿐만 아니라 점쟁이들이 시도하는 억측과 평가에서 비롯된 것도 아니다. 그것은 완전한 오류고 이성적으로 약한 사람들에게 쳐놓은 올가미일 뿐이다. 나는 여러 저자들이 언급한 천성적으로 초자연적 지각을 지닌 자들이 열광하는 특성에 대해서만 언급할 것이다. 일부 사람들이 만들어 놓은 규칙 중에는 '히삽 알님$^{\text{ḥisāb al-nīm}}$'이라 불리는 것이 있다. 이는 아리스토텔레스의 『정치』 마지막 편에 언급되어 있는데 그 내용은 전쟁에서 승자와 패자에 관한 것이다. 그 방법은 이렇다. 전쟁을 치르는 양 진영 통치자의 이름을 이용해서 이름의 알파벳이 의미하는 수를 계산한다. 아랍어 알파벳순으로 각 문자가 지닌 수를 일 단위, 십 단위, 백 단위, 천 단위까지 일부터 천을 계산한다. 그 작업이 끝나면 각 합을 9로 나누고 나머지는 그대로 둔다. 나머지 숫자들을 살펴보고 두 숫자의 합이 다르면, 예를 들어 두 개가 모두 짝수이거나 두 개가 모두 홀수이면 둘 중 적은 수를 지닌 자가 승자가 되는 것이다. 두 숫자 중 하나는 짝수고 나머지가 홀수면 많은 수를 지닌 자가 승자가 되는 것이다. 그러나 만약 두 수가 동일하고 두 수 모두 짝수면 전쟁의 상대가 승자이다. 만약 두 수가 동일하고 두 수 모두 홀수면 전쟁을 시작한 사람이 승자이다. 사람들 사이에서 이와 관련 널리 알려진 시구가 있다.

둘 다 짝수거나 홀수면 그중 작은 수가 이기고
짝수와 홀수가 각각 나오면 그중 큰 수가 이기고
두 수가 짝수고 동일하게 나오면 상대가 승리하고

두 수가 홀수고 동일하면 먼저 하자고 한 사람이 승리한다.

사람들은 9로 나눈 나머지 수가 무엇인지를 알아보기 위해 규칙을 만들었는데, 네 개의 줄에 일 단위부터 천 단위의 문자들을 모으는 것이다.

예를 들어 알리프$^{alif}$는 숫자 1을 지칭하고 야$^{ya}$는 10단위의 1이므로 숫자 10을 지칭하고 까프$^{qaf}$는 100단위의 1이므로 100을 지칭하고 쉰$^{shin}$은 1,000단위의 1이므로 1,000을 지칭한다. 그러나 1,000이 넘어가면 문자가 지칭하는 규칙이 사라진다. 왜냐하면 쉰$^{shin}$이 아랍어 알파벳의 마지막 문자이기 때문이다. 그런 다음 바로 이 네 개의 문자를 그 열의 순서대로 잘 추려내면 네 자음을 지닌 한 단어를 조합해낼 수 있는데 그것이 바로 이끄쉬$^{yqsh}$다. 이후 그들은 일 단위부터 백 단위까지 의미하는 문자들을 가지고 동일한 방법을 취했다. 이때 천 단위를 생략하게 되는데 그 이유는 2의 경우 해당사항이 없기 때문이다. 결국 2를 의미하는 알파벳 세 개를 얻게 되는데, 그것은 바$^{ba}$, 카프$^{kaf}$, 라$^{ra}$다. 바는 1단위의 2를 가리키고, 카프는 10단위의 2, 즉, 20을 말한다. 라는 100단위의 2를 가리키므로 200을 지칭한다. 그들은 세 자음으로 된 하나의 단어를 선을 그어 만든 열의 정돈된 순서로 만들었는데, 그것은 바로 바크르$^{bakr}$였다. 이제 동일한 규칙으로 3을 지칭하는 알파벳을 모았고 결국 잘라사$^{jalasa}$라는 단어가 탄생되었다. 이런 규칙을 그대로 적용하여 아랍어 알파벳의 제일 끝까지 이어나갔다. 그리고 9개의 단어가 등장했다(이끄쉬$^{'iqsh}$, 바크르$^{bakr}$, 잘라사 $^{jalasa}$, 다미트$^{damit}$, 힌쓰$^{hinth}$, 와쓰크$^{waskh}$, 자가드$^{zaghad}$, 하프즈$^{hafz}$, 따드그$^{tdgh}$이다). 이 단어의 배열은 숫자의 배열에 기인한다.

따라서 1은 이끄쉬, 2는 바크르, 3은 잘라사 이런 순서로 9(따드그)까지 진행된다. 만약 그들이 9로 이름을 지우고자 할 경우 단어 각각의 문자를 주의 깊게 보면 문자가 의미하는 숫자가 보이므로 그 숫자를 제 위치에 넣기만 하면 된다. 그다음 이름의 문자 대신 그 숫자를 취하면 된다. 만약 9

에 더하게 될 경우 그들은 그 문자에서 나머지 것을 취한다. 그들은 이런 방식으로 다른 이름을 만들어내고 우리가 이미 언급한 바 있는 행운과 불운의 산출 규칙을 유심히 관찰하고 따른다. 이런 규칙의 비밀은 명백하다. 십 단위의 숫자 각각에서 9를 배제하는 것이다. 10단위의 수를 각 열마다 모으면 되는데 결과적으로 십 단위 수들은 2, 20, 200, 2,000 모두 차이 없이 2를 의미한다. 마찬가지로 3, 30, 300, 3,000 모두가 3이 되는 것이다. 이런 숫자들은 계속 이어서 10단위의 숫자로만 위치하게 된다. 모든 문자는 1단위, 10단위, 100단위, 1,000단위의 모든 단어에 있는 10단위를 지칭하게 된다. 그래서 단어의 수는 1단위, 10단위, 100단위를 지칭하는 것을 제외하고는 각기 문자를 대표하게 된다. 각 단어의 글자 수는 문자를 대신하고 문자의 끝까지 그렇게 진행된다. 바로 이런 규칙으로 점을 치는 일은 고대로부터 사람들 사이에서 널리 행해졌다. 우리가 만나본 셰이크들 중 일부는 이 규칙과 관련하여 다른 아홉 개의 단어들이 있고 그것들 역시 연이어 순서대로 이루어졌다고 주장했다. 그들은 우리가 앞서 보았던 것과 마찬가지로 9를 제거해 나감으로써 일정한 규칙을 만들어 아홉 개의 단어를 제시하는데 이는 다음과 같다. 아랍'arab, 야스꾸크yasquk, 자즐라뜨jazlaṭ, 무두쓰muduṣ, 하프haf, 타흐둔taḥdhn, 이쉬'ish, 카그khagh, 타다즈taḍaẓ이다. 이상 아홉 개의 단어들은 연속된 숫자로 각기 단어마다 그 규칙에 따르는 숫자들로 조합되어 있다. 그 단어는 삼자근, 사자근, 그리고 이자근도 있다. 이런 숫자들은 여러분이 보듯이 그렇게 일반적인 어근은 아니다. 그러나 우리의 셰이크들은 이런 지식과 관련하여 마그립의 한 셰이크의 주장을 그대로 인용한 바 있는데 그가 바로 아부 알압바스 븐 알빈나으다. 그는 주술, 문자의 비밀, 점성술과 관련 여러 가지 주장을 한 바 있다. 셰이크들은 일정한 규칙에 의해 숫자를 제거하는 방식으로 만들어낸 단어들로 작업하는 것이 이끄쉬 단어들로 만들어내는 작업보다 훨씬 더 옳은 것이라고 평가한다. 알라께서는 이 원리의 방법을 더 잘 알고 계신다.

이 모든 것이 초자연적인 것을 지각하는 방법이다. 그러나 이것은 명백한 증거가 있는 것도 아니고 그렇다고 현실성이 입증된 것도 아니다. 면밀히 조사하는 이들의 이런 계산법이 실려 있는 이 책은 아리스토텔레스의 주장에 근거하지 않는 것이다. 오히려 명백한 증거나 현실적 입증과는 거리가 먼 견해에서 기인했다. 만약 당신이 확고한 근거를 가지고 있는 사람이라면 이 문제를 면밀히 조사해야 할 것이다.

초자연적인 것을 도출해 내기 위한 인위적 법칙과 관련해서 '자이라자 al-Zāirajah'[140]라 불리는 것이 있다. 자이라자는 마그립의 유명한 수피 중 아부 알압바스 사이디 아흐마드 알삽티의 이론에 근거한다. 그는 무와히딘 왕조의 아부 야으꿉 알만수르 시대에 마라케쉬에서 7세기 말에 생존했던 인물이다. 그것은 아주 기이한 방법이다. 다수의 전문가들은 수수께끼 같은 작업을 함으로써 초자연적인 성질에 푹 빠져 있었다. 그들은 수수께끼의 상징을 들어내고 모호함을 명확하게 밝히도록 애썼다. 그들이 작업할 때 나타나는 형태는 이렇다. 우선 내부에 커다란 원이 그려지고 그 주변의 원에는 천체, 기원, 존재, 정신적인 요소, 존재와 과학의 여러 종류에서 비롯된 그 밖의 여러 가지 요소가 배치된다. 각각의 원은 황도 십이궁, 여러 요소 아니면 그 밖의 것을 상징하는 부분으로 구분되어 있다. 각 부분의 선은 중앙을 중심으로 선회한다. 사람들은 그런 선을 '현'이라 부른다. 각 현에는 여러 위치에 따라 문자가 있는데 그중에는 당시 마그립의 수학자들이 사용하던 지맘 암호[141]와 자이라자 내부에서 서로 인지하고 있는 구바르 암호도 있다. 여러 개의 원 사이에는 학문의 명칭들과 우주의 주제들이 있다. 그 원의 표면에 있는 표에는 가로 세로에 걸쳐 바둑판모양

---

140  자이라자에 관해서는 제6부의 제29장 문자의 비밀에서 상세히 다루고 있다. 자이라자의 세계에서 통용되는 규칙은 수학과 과학에 근거하는 듯 보이지만 초자연적 해석을 요구하므로 이해하기가 어렵다.

141  특수한 형태를 보이는 수로 보인다.

으로 많은 바이트[142]가 표시되어 있다. 그 표에 표시된 바이트의 수는 가로에 55개, 세로에는 131개가 있다. 그 표의 일부는 빽빽하게 숫자나 문자로 표시되어 있다. 다른 편에는 텅 빈 바이트들도 있다. 바이트의 위치를 숫자로 표시하는 이유는 알려지지 않았고 빈 곳과 빽빽한 바이트를 두는 이유에 대해서도 알려지지 않았다. 자이라자의 여백은 따윌[143]과 'l' 압운을 사용한 시 구절이 쓰여 있고 그 내용은 특정 질문에 대한 답을 자이라자를 통해 구하는데 거쳐야 하는 과정에 대한 묘사이다. 그러나 시 구절의 의미는 수수께끼와 같고 확실하지 않다. 자이라자의 일부에는 세비야 출신 마그립의 위대한 점쟁이 말리크 븐 와하입의 시 구절이 쓰여 있다. 그는 람투니야 왕조에 살았던 인물이다. 그 시는 다음과 같다.

> 위대한 피조물의 질문, 금을 내고 떠올랐던 의심들
> 성실하게 풀어야 하는 것.

이것은 그들이 애용하던 시 구절로 그 내용은 자이라자나 그 밖의 것에서 질문의 답을 구하기 위한 방법에 관한 것이다. 따라서 답을 도출해내려면 그 질문을 연속되지 않은 문자로 기록하고 그때 떠오르는 황도 12궁과 그 도度를 골라 자이라자의 현에 대입시킨다. 이 작업은 그 시작 위치에서 중심을 향해 계속되고 중심을 지나 처음 시작점의 반대편 자리까지 이어진다. 그리고 대입된 현의 위치에 해당되는 문자들과 그에 해당되는 숫자들을 표시하고 나열한다. 문자들은 고유의 숫자로 환산되고 자이라자만의 규칙에 의해 일 단위는 십 단위로, 십 단위는 백 단위로 바꾸고 그 반대로도 계산한다. 이제 여러 개의 수를 원래의 질문을 구성하는 문자들과 함

---

142  고대 아랍시의 운율 단위를 말한다.
143  고대 아랍시에 사용되는 운율의 일종이다. 아랍어로 따윌은 '길다'라는 의미이므로 이 운율은 장운을 의미한다.

께 놓고 해당 별자리의 삼궁의 현에 있는 모든 것을 더한다. 이때 시작점에서 중심으로 향하되 해당 영역을 초과하지 않아야 한다. 숫자들을 먼저 계산하고 다음으로 다른 문자에 그 수를 더한다. 그리고 이 작업의 근원이자 규칙인 바이트의 문자들을 분해한다. 사실 그것은 앞서 언급했던 말리크 븐 와하입의 바이트다. 이제 바이트의 문자들을 한 쪽으로 배치하고 황도 12궁의 근간에서 솟아오르는 별의 도度만큼을 곱한다. 그들은 황도 12궁의 근간을 가장 마지막 단계까지의 거리고 산술기술자들이 생각하는 근간의 반대라고 생각한다. 왜냐하면 산술기술자들은 이것을 첫 번째 단계까지의 거리라고 생각하기 때문이다. 그다음 과정은 '가장 위대한 근간' 혹은 '근원적인 주기'라 불리는 다른 수만큼을 곱하는 것이다. 그리고 얻은 수를 잘 알려진 규칙과 언급된 과정, 숫자의 주기에 의해 마방진에 넣는다. 일부 문자를 골라내고 다른 것을 떨어뜨린다. 이제 남은 문자들을 바이트의 문자들과 대응시켜 질문의 문자들로 바꾸어 넣는다. 그다음 '주기'라고 알려진 숫자로 그 문자들을 나눈다. 한 번의 주기가 끝날 때마다 문자를 지워나가고 이런 과정의 반복 끝에 특정 문자가 남는다. 그것은 연결되지 않은 문자들로 앞서 언급했던 말리크 븐 와하입의 바이트와 동일한 운율과 압운을 지닌 시 구절이 된다. 우리는 자이라자를 어떻게 사용하는가에 대해 '여러 가지 학문의 장'에서 자세히 언급할 것이다.

우리는 유명한 이들이 자이라자를 사용해서 초자연적인 세상에 접근하려고 시도하는 경우를 많이 보았다. 그들은 질문과 해답의 일치가 현실적으로도 일치하는 것이라고 생각한다. 하지만 그렇지 않다. 왜냐하면 이미 언급했듯이 초자연적인 것을 기술적인 접근으로 인지할 수는 없기 때문이다. 질문과 해답의 일치는 답이 곧바로 나오고 질문에 일치하는 것과 같은 수사적인 일치나 의미상의 일치가 불가능하지는 않다. 또한 질문의 문자와 현의 문자들을 분리하는 기술로 이런 일치가 발생하기도 한다. 마방진에 숫자의 조합을 부과된 수로 곱해서 이입시키고 규칙에 따라 마방진에서 문자들을 추출하고 나머지를 버리고 한정된 주기만큼 반복하는 등의 과정을 거쳐 바이트에 기록된 문자와 대응되는 결론을 도출하는 이 작업이 불가능한 것은 아니다. 명석한 사람들은 이런 것들 간의 상관관계를 발견할 수도 있다. 그래서 미지의 것에 대한 정보를 얻을 수도 있다. 이들 간의 관계는 영혼이 알고 있는 지식을 통해 미지의 것을 얻게 되는 이유기도 하다. 또한 그 방법이기도 하다. 특히 수련수사들에게는 그렇다. 수련은 이성에게 유추의 힘을 부여하고 사고의 폭을 넓혀준다. 이에 대한 설명은 이미 여러 차례 한 바 있다.

이런 의미에서 자이라자는 대부분 수련자에게 적합하다 하겠다. 그리고 자이라자는 삽티가 공헌한 결과물이다. 나는 사흘 븐 압둘라의 공헌이 빚어낸 것을 접한 적이 있다. 실로 그것은 이상한 과정과 경이로운 작동이었다. 내가 본 것은 그 과정을 통해 얻은 답이 운율을 지닌 비밀을 간직한 채 바이트에 기록된 문자들과 정확히 상응하고 운율과 압운이 일치했다. 이는 바이트의 문자와 대응되는 문자를 없애버리는 다른 과정들을 발견했다는 것을 증명한다. 이런 경우 그 답은 운문의 형태가 아니다. 이와 관련된 주제를 다룰 때 더 자세한 설명을 보게 될 것이다. 많은 사람들이 이 과정을 신뢰하고 원하는 것에 대한 효용성을 인정하는 데에 이해가 부족한 것은 사실이다. 그래서 그들은 이 과정의 건전성을 부정하고 그것이 술책이나 망상의 결과라고 생각한다. 그들은 이 과정을 행하는 자가 자신이 바라는 대로 지은 시 구절의 문자를 질문과 현의 문자에 넣고 아무런 관계나 규칙도 없이 과정을 이행하고 결과적으로 시의 바이트가 나오면 이것이 체계적인 방법으로 얻어낸 답이라고 착각한다고 생각한다. 그러나 이런 생각은 존재와 알려진 것 사이의 관계와 지각과 이성 사이의 관계를 제대로 이해하지 못하는 데서 온 잘못이다. 이런 사람들은 자신이 이해할 수 없는 것을 모두 부인하는 것으로 자신의 지각 범위를 한정 짓는다. 이에 대해 제대로 답하기 위해 우리는 이 과정이 기술적으로 수행되었음을 목도했고 그 과정에서 제대로 된 규칙이 적용되었다는 것을 밝히는 것으로 충분하다. 지성적이고 현명한 사람이나 이 과정을 직접 접해본 사람은 이에 대한 의심이 있을 수 없다. 숫자는 가장 분명한 것이라서 이와 관련된 작업 중 다수는 이해하기 어렵다. 왜냐하면 숫자의 관계를 설명하는 것이 매우 어렵고 은밀하기 때문이다. 이제 여러분에게 설명한 것의 예시를 들어보기로 하자. 만약 당신에게 디르함을 취하라 하고 디르함 앞에 삼 팔스를 두라한다. 그리고 앞에 둔 팔스로 새 한 마리를 살 수 있다 가정하고 그 새의 가격과 동일한 가격으로 디르함을 새 구입에 다 쓰라 한다면, 디르함과 팔스로 모두 몇 마리의 새를 구입할 수 있겠는가? 당신은 그 답을 아홉 마리라고 말할 것이다. 왜냐하면 당신은 일 디르함이 이십사 팔스고 삼 팔스는 1/8디르함이며 1은 1/8의 여덟 배라는 것을 알고 있기 때문이다. 따라서 각 디르함의 1/8로 새 한 마리를 사게 된다. 이 말은 일 디르함에 새 여덟 마리를 산다는 것이다. 왜냐하면 일은 1/8의 여덟 배이기 때문이다. 여덟에다 새 한 마리를 더하는데 그 새는 처음의 팔스로 구입한 새다. 그러면 아홉 마리가 된다. 이제 당신은 어떻게 감춰진 답이 숫자 사이의 관계의 비밀을 통해 명확하게 밝혀지는지 알 수 있다. 이것이 알려지지 않은 초자연적인 세상에 대한 답이다. 분명한 것은 이들 간에 관계가 존재하고 그것은 알려진 것으로부터 미지의 것을 발견하는 것이라는 사실이다. 이것은 존재의 세계와 지식에서만 발생한다. 미래의 존재계는 그 발생 원인이 알려지지 않으면 그에 대한 신뢰할 만한 정보도 있을 수 없다. 그것은 알 수 없는 초자연이다. 이제 이 사실을 명확히 알았으니 자이라자는 질문의 문자로부터 답의 문자를 도출해낸다는 사실도 인정해야 할 것이다. 왜냐하면 당신이 보았듯이 그 과정은 이미 주어진 문자의 배열에서 다른 문자의 배열을 도출해내기 때문이다. 그 비밀은 양쪽의 서로 다른 문자의 배열 간의 관계에 있다. 따라서 그 관계의 비밀을 아는 이는 그 규칙에 따라 답을 도출하기가 쉬워질 것이다. 그 답은 문자의 조합이라는 의미면에서 볼 때 질문을 부정하거나 긍정할 것이다. 하지만 이 과정으로 모든 것을 알아낼 수는 없다. 그것은 인간에게 베일로 가려져 있다. 알라는 지식으로 자신에게 효용성을 허락했다. "알라는 모든 것을 아시며 너희는 모르노라."[144]

---

144  코란 2장 216절.

# 제2부

# 베두인 문명, 야만민족, 여러 부족들에 대한 상황과 설명[1]

## 1장 | 베두인과 도시민은 자연스러운 것이다

종족과 세대 간 상황이 다른 것은 그들이 생계를 믿는 차이에서 비롯된다는 것을 기억하라. 사람들은 사회생활을 하며 생계를 꾸려나가기 위해 협동하고, 편의용품이나 사치품을 찾는 것보다 먼저 생활에 꼭 필요한 물품을 얻는 것부터 시작한다. 어떤 이는 채소나 곡식을 경작하는 농경 생활로 생계를 꾸리고 또 어떤 이는 양, 소, 염소, 벌, 누에 등을 기르고 그 생산물로 이득을 얻는 목축업으로 생계를 꾸려나간다. 이렇듯 농경이나 목축으로 생계를 잇는 사람들은 베두인 문명의 주인공들인데 그 이유는 베두인 생활에서만 넓은 경작지와 목초지의 운용이 가능하기 때문이다. 이는 도시생활에서는 불가능한 일이다. 따라서 이런 이들의 생활을 베두인 생활이라고 규정하는 것은 적당하다. 생활과 문명에 필요한 것, 즉 식량과 거주지 그리고 난방 문제 해결을 위해 그들이 사람들과 협동해서 얻는 것은 단지 생존을 해결할 정도지 풍족한 생활까지 해결할 정도는 아니다.

---

1    이븐 칼둔은 이 장에서 '문명화의 근원'으로 알려진 사회학 관련 문제들을 다루고 있다.

만약 주변 여건이 개선되어 사람들이 필수품 이상의 재물을 얻고 안락함을 누리게 되면 사람들은 휴식과 여유를 원하게 된다. 이렇게 되면 그들은 생필품 이상의 것을 구하기 위해 협동하고 많은 음식과 의복을 소유하는 것에 자부심을 느낀다. 그들은 집을 더 넓히고 크고 작은 도시 건설 계획을 실행에 옮긴다. 그러면 안락함과 여유가 생기고 그 이후에는 과도한 사치를 누리는 것이 습관처럼 된다. 그들은 음식을 차릴 때에도 고급 요리를 준비하고 의복을 준비할 때도 비단, 능라 같은 고급옷감을 이용해 사치스러운 옷을 입고 건물을 더 높이 짓고 성채를 건설하며 건물 내부를 고급스럽게 장식하는 일 등에서 기쁨을 느낀다. 이런 과정을 거쳐 의·식·주의 고급화는 점점 심해진다. 그들은 성곽과 저택을 건설하고 수도를 설치하고 더 높은 성채를 짓는 일에 몰두한다. 이런 건물들은 점점 더 고급스럽고 정교하게 장식된다. 그들은 의복, 침대, 식기, 도구 등 생활에 쓰이는 물건을 최상의 품질로 만든다. '도시민'이란 도시와 근교에 사는 사람들을 의미하는데 그들 중 일부는 기술을 생계수단으로 택하고 또 어떤 이는 상업을 생계수단으로 택하기도 한다. 도시민은 베두인에 비해 많은 수입을 얻고 더 안락한 생활을 누린다. 그들은 필수품에 만족하지 않고 안락함을 누리는데 그들의 생계수단도 지닌 재산에 비례한다. 이제까지의 설명으로 베두인과 도시민이 필연적으로 존재하는 자연의 일부라는 사실이 명백해졌다.

## 2장 | 아랍 종족의 천성은 자연스럽다

우리는 앞에서 베두인이 농경과 목축으로 자연적인 생계를 꾸리는 자들이라고 언급했다. 그들은 의·식·주 모든 면에서 꼭 필요한 것을 얻는 정도에 만족하고 편리함이나 사치와는 거리가 먼 생활을 했다. 그들은 가축의 털, 나무, 진흙, 돌로 거주지를 만들고 가구를 들이지도 않았다. 그들의 목표는 그늘과 피난처지 그 이상은 아니었다. 그들은 동굴에 거주하기도 했고, 음식도 약간 조리하거나 아니면 불에 닿기만 한 정도의 것을 그대로 먹었다. 이렇듯 경작생활로 생계를 꾸리는 자들은 거주지를 이동하는 것보다 정착해 사는 것이 더 나아서 소규모 공동체로 촌락 혹은 산간에 거주한다. 그들은 대부분이 베르베르인과 비아랍인이다. 양, 소와 같은 동물로 생계를 꾸리는 이들은 목초지가 필요한데 동물들이 마실 물과 먹을 풀을 찾으려면 이동생활을 하는 것이 더 낫다. 삶의 터전을 이동하는 것은 그들에게 가장 타당한 일이라 할 수 있다. 이런 자들은 목부라고 불리는데 '양과 소를 기르며 사는 자'라는 뜻이다. 그들은 사막 깊숙한 곳에서 양질의 목초를 구할 수 없기 때문에 사막 깊숙이 들어가지는 않는다. 예를 들면 베르베르인, 투르크인, 투르코만인, 슬라브인 등이 이 경우다. 낙타로 생계를 꾸려나가는 사람들은 많이 이동하는 편인데 사막 깊숙이까지도 이동한다. 낮은 산이나 구릉에 있는 목초와 덤불만으로는 낙타가 살기에 부족하기 때문에 사막의 덤불과 소금기 있는 물을 낙타에게 주기 위해서 사막 깊숙이 들어간다.

그들은 사막에서 낙타가 새끼를 낳기 적당한 곳을 찾는데 그 이유는 낙타가 새끼를 낳을 때면 예민해져서 따뜻한 곳이 필요하기 때문이다. 따라서 낙타 유목민은 어쩔 수 없이 사막 깊숙이 들어가게 된다. 가끔은 수비대가 그들을 구릉에서 쫓아내기도 하는데 그러면 그들은 더 깊은 사막으로 들어간다. 결과적으로 그들은 가장 야만적이고 거친 사람들이다. 그들은 길들여지지 않은 야수와 같고 이런 이들이 바로 아랍인[2]이다. 이런 의미에 해당되는 이들로는 서부의 유목 베르베르인과 자나타족이 있고 마

---

2  이븐 칼둔은 '아랍인'이라는 용어를 도시 밖에 거주하며 동물을 키우는 것을 업으로 삼고 천막에 거주하며 상황에 따라 거주지를 옮기는 이들로 도시에 사는 정주민과는 반대의 개념으로 사용하고 있다.

슈리끄에는 쿠르드족, 투르코만족, 투르크족 등이 있다. 하지만 아랍인이 야말로 사막의 깊숙한 곳까지 들어가고, 가장 거친 이들인데, 그 이유는 다른 이들은 양, 소를 키우며 사는 반면 아랍인들은 오직 낙타만을 키우며 살기 때문이다. 이제까지의 설명으로 베두인은 자연과 더불어 살아갈 수밖에 없다는 사실을 명백하게 밝혔다.

## 3장 | 베두인은 도시민보다 앞서 등장하고 사막은 문명과 도시의 근원이자 조력자다

우리는 앞에서 베두인이 생활에서 최소한의 필수품에 만족하고 그 이상의 것을 원하지 않는 반면 도시민은 관습적으로 편의용품이나 사치품을 필요로 한다는 것을 언급했다. 필수품이 편의용품과 사치품보다 시간적으로 앞선다는 것은 의심할 여지가 없다. 왜냐하면 필수품이 근본인 반면 사치품은 그 가지에 불과하기 때문이다. 이런 이유로 베두인은 도시민보다 시간적으로 앞서게 되는데 그 이유는 처음에는 인간이 필수품부터 찾기 때문이다. 그런 필수품이 획득되면 비로소 안락과 사치를 추구한다. 거친 사막생활은 부드러운 도시생활보다 선행하는 단계다. 우리는 베두인이 궁극적으로 원하는 것이 도시에 사는 것이라는 사실을 알게 된다. 베두인은 노력 끝에 목표를 달성하고 사치스러운 상황과 관습을 받아들일 정도가 되면 편안한 여유로움을 즐기고 도시의 굴레에 자신을 가두게 된다. 이런 현상은 모든 베두인 부족들이 마찬가지다. 하지만 도시민은 불가피한 이유가 있거나 다른 도시민처럼 사치를 누릴 수 없는 경우에만 사막생활을 그리워할 뿐 그 외에는 그렇지 않다.

베두인이 도시민보다 선행하고 그 근원이라는 증거는 한 도시의 주민을 대상으로 조사를 해보아도 알 수 있다. 우리는 도시민 대부분이 도시 부근의 촌락에 거주했던 베두인임을을 알 수 있다. 도시 부근의 촌락에 거주했던 자들이 부유해지고 도시에 정착하면 도시생활에서 구할 수 있는 편안함과 사치스러움을 누리게 된다. 이는 도시생활이 사막생활에서 비롯되었고 사막생활이 도시생활의 기반이라는 사실을 의미한다. 베두인과 도시민은 각각 다양한 인종적 상황을 보인다. 어떤 씨족은 다른 씨족보다 더 크고 어떤 부족은 다른 부족보다 크고 어떤 도시는 다른 도시보다 더 크고 어떤 도시의 주민은 다른 도시의 주민보다 더 많다.

베두인 생활은 도시생활보다 선행하고 이는 또 도시생활의 기반이며 사치와 안락의 관습인 도시생활은 필수품만으로 만족하는 관습으로 회귀하는 것을 결코 원치 않는다는 것이 명백해졌다. 알라께서 가장 잘 아신다.


## 4장 | 베두인은 도시민보다 선하다

그 이유는 최초의 자연상태에서 인간의 영혼은 선과 악의 영향을 쉽게 받아들이기 때문이다. 무함마드*는 말했다. "모든 신생아는 자연상태로 태어난다. 단지 부모가 그를 유대인, 기독교인 혹은 불신자로 만드는 것이다."[3] 따라서 인간의 영혼은 선과 악이라는 두 개의 특성 가운데 먼저 영향을 받는 한 쪽으로 인해 다른 한 쪽과는 멀어진다. 선한 습관이 먼저 선한 사람의 영혼에 들어가면 그 영혼은 그런 습성을 획득하고 악과는 멀어져 악행을 하지 않는다. 마찬가지로 악한 사람은 악한 습관에 먼저 물든 결과이다. 도시민은 사치스런 습관, 세속적인 욕망의 추구, 세상에서 명성을 얻는 것 등에 많은 관심을 둔다. 그들의 영혼은 비난받을 만한 성질과

---

3    부카리가 장례식에서 인용한 구절이다. 『싸히흐』1358, 2658 참조.

사악함으로 물든다. 그런 것을 가까이 할수록 선함의 길에서 멀어진다. 당신은 결국 그런 자가 모든 자제심을 잃고 무례의 정도를 넘어서 사람들이 모인 자리나 어르신들, 여성들이 있는 곳에서 상스러운 언행을 하는 것을 보게 될 것이다. 그는 이미 상스러운 말과 행동이 습관으로 되어 이런 무례를 자제하지 못한다. 물론 베두인도 도시민처럼 현세적인 문제에 관심을 보일 수 있지만 그들의 관심은 필수품에 한정되고 결코 사치품이나 탐욕, 쾌락을 추구하지 않는다. 그들은 도시민과 비교해 볼 때 사악한 방식이나 비난 살 만한 일을 훨씬 적게 한다. 그들은 최초의 자연상태와 가깝고 도시민의 영혼에 영향을 주는 사악한 관습과는 멀리 있다. 그런 까닭에 그들은 도시민보다 쉽게 올바른 길로 인도될 것이 분명하다. 이후의 설명에서도 알 수 있겠지만 도시문명은 문명의 최후 보루고 타락으로 향하는 지점이고 악의 끝이자 선에서 가장 멀리 있다. 분명한 것은 베두인이 도시민보다 선함에 더 가까이 있다는 것이다. 그렇다고 해서 위의 주장이 부카리의 『싸히흐』에 명시된 것을 반대하는 것은 아니다. 그 책에는 핫자즈와 살라마 븐 알아크와으의 대화가 실려 있다. 핫자즈는 살라마가 베두인의 거처로 나가려 한다는 이야기를 듣고 이렇게 물었다. "당신은 등을 돌린 것입니까? 아랍화가 되었습니까?" 살라마는 대답했다. "아니오. 하지만 알라의 사도*께서 내가 베두인이 되도록 허락하셨습니다." 히즈라[4]는 이슬람 초기에 메카의 주민들이 예언자*와 더불어 있고 그를 돕고 조력하여 보호하도록 부여된 것임을 인지하라! 아랍화가 반드시 베두인 주민이 되라는 것을 의미하는 것은 아니었다. 왜냐하면 메카의 주민은 베두인 주민을 도와주고 보호하며 예언자*의 아싸비야 정신으로 실천했기 때문이다. 그들은 베두인 주민 이외의 사람들을 아랍화된 베두인으로 대우하지도 않았다. 무하지룬[5]들은 아랍화가 되는 것으로부터 알라께 피신처를 구하곤 했

---

4    예언자 무함마드가 622년 메카에서 메디나로 이주한 것.
5    히즈라를 감행한 무슬림들을 말한다.

다. 그것은 바로 베두인의 삶을 사는 것이다. 그렇게 하면 히즈라를 꼭 해야 할 필요도 없었다. 사으디 븐 아부 왁카스의 하디스에 따르면 예언자*는 메카에서 병중에 이렇게 말씀하셨다. "나의 교우들이 히즈라를 감행했을 때 인색함으로 고통을 받았으나 결코 그들을 온 곳으로 돌려보내지 않았다."[6] 이 의미는 결국 무하지룬들을 그 도시에 거주하도록 받아들이고 그 도시에서 떠나지 않도록 했으며 그렇게 함으로써 그들은 또 다시 히즈라를 치르지 않게 되었다는 것이다.

전해오는 말에 따르면 예언자는 무슬림의 수가 적은 까닭에 히즈라를 필요로 했던 정복전쟁 이전에만 그렇게 했다고 한다. 정복전쟁 이후 무슬림의 수가 많아진 까닭에 무슬림들은 자부심을 갖게 되었다. 알라께서는 예언자를 사람들로부터 보호해주셨다. 그러므로 히즈라는 그 이후로 잊혀졌다. 예언자*의 말씀은 "정복전쟁 이후에는 히즈라를 하지 말라"이었다.

전해오는 말에 따르면 정복전쟁 이후 무슬림이 된 자는 히즈라를 면해주었다고 한다. 이슬람에 귀의한 자의 의무인 히즈라가 면제되었다는 것이다. 하지만 정복전쟁 이전에는 히즈라가 의무로 실행되었다. 모든 사람들이 이구동성으로 동의한 바는 히즈라가 예언자 무함마드의 서거 이후에 잊혔다는 것이다. 그 이유는 예언자의 교우들은 그 당시 히즈라의 실행에 대해 서로 다른 견해를 보였고 도시에서 거주하는 데서 취할 수 있는 이득을 제외하곤 다른 이득이 없었기 때문이다. 핫자즈가 살라마에게 했던 말, '베두인의 거처로 간다니 등을 돌린 것이냐?'던 의미는 우리가 위에서 언급했던 유산으로 내려온 기원을 지적함으로써 도시를 떠나는 것에 대한 반대였다. 따라서 그 답은 "결코 그들을 온 곳으로 돌려보내지는 않았다"고 '네가 아랍화되었다'는 그가 히즈라를 행하지 않는 베두인 아랍인이 되었다는 것이다. 이에 살라마는 두 가지 사건과 관련된 것을 부

---

6  부카리의 『싸히흐』 3936 참조.

정하며 답했다. '예언자*께서 내가 베두인이 되도록 허락하셨다'는 것이다. 이는 쿠자이마와 아나크 아부 부르다의 맹세와 같은 것이 되었다. 핫자즈는 살라마가 도시의 거처를 떠나는 것에 대해서만 반대한 것이었다. 그래서 예언자 무함마드* 사후에는 히즈라를 의무로 행하지 않고 그에 대한 관심도 잊혀 졌다는 것을 알려준 것이다. 살라마는 자신이 베두인의 거처로 옮기는 것을 예언자로부터 허락을 받았다고 답한 것이다. 이 일화를 모두 종합해 볼 때 핫자즈는 '아랍화'라는 표현을 사용했던 베두인에 대해 특히 비난하려 했다는 증거는 없다. 왜냐하면 히즈라의 합법성은 예언자*의 지지와 그의 보호를 말하려는 것이지 베두인을 비난하려는 것은 아니다. 따라서 '아랍화'라는 표현을 하며 '히즈라'라는 의무를 그만둔 것에 대한 비난이 '아랍화' 자체를 비난한다는 증거는 아니다.

## 5장 │ 베두인은 도시민보다 용감하다

이렇게 말하는 이유는 도시민이 휴식을 취하고 여유를 즐기는 데 익숙하기 때문이다. 도시민은 평안과 사치에 빠져 자신의 재물과 생명보호를 태수나 통치자 혹은 수비대에게 일임했다. 그들은 성벽이 있는 성채에서 거주하면 안전하다고 확신했다. 그래서 어떤 소란이 일어나도 불안해하지 않고 평온을 유지한다. 그들은 태평하게 생활했고 무기를 지니지도 않았다. 그들은 이런 방식으로 여러 세대 동안 살았기 때문에 마치 아버지에게 모든 것을 의지하는 아이들과 같다. 본래 지니고 있던 선천적 자질을 잃어버리고 이를 대체하는 새로운 성격을 갖게 되었다. 반면 베두인은 사회공동체에서 멀리 산재해 있다. 그들은 변경지대나 수비대와 먼 곳에 흩어져 거친 삶을 산다. 그들의 거주지에는 성벽이나 성문이 없다. 그들은 스스로를 방어해야 하고 자신 이외의 그 누구에게도 의지하지 않는다. 항상 무기를 지니고 길을 걸을 때도 사방의 주위를 경계한다. 그들은 무리와 함께 있거나 말이나 낙타 위의 안장에 앉아 있을 때에만 잠깐 잔다. 그들은 항상 멀리서 들리는 동물의 울음이나 작은 소리에도 민감하게 반응한다. 사막을 홀로 다니는 경우에도 용감하게 행동하고 자신을 굳건히 믿는다. 그들의 용기는 성품이 되었고 담대함은 천성이 되었다. 그들은 용기를 내어야 할 경우에는 용기를 내고 호령한다. 도시민들이 황야 한가운데서 그들과 같은 무리가 되거나 동행하는 경우 도시민들은 그들에게 전적으로 의지하고 아무 일도 하지 않는다. 이런 사실은 우리가 관찰하여 확인된 바인데, 도시민들은 처음 가는 지역에 대한 모든 정보, 예를 들면 방향이나 물이 있는 장소 등에 대해서도 베두인에게 의존하고 갈림길이 나와도 그들의 판단을 따를 뿐이다. 그 이유는 우리가 앞에서 설명한 대로이다. 인간은 관습과 익숙함에 큰 영향을 받을 뿐 선천적인 자질에 크게 의존하지 않는다. 인간은 그런 조건에 길들여지고 이는 인간의 새로운 성격과 습성이 되어 종국에는 이런 성격이 기존의 천성을 대체하게 된다. 만일 이 점을 연구한다면 이런 현상을 여러 곳에서 발견하게 될 것이고 우리의 관찰이 옳다는 사실을 깨닫게 될 것이다. 알라께서는 원하는 것을 창조하신다.


6장 │ 도시민은 법률에 의존하고 결과적으로 용기와 저항 정신을 잃는다


이렇게 말하는 이유는 모든 이가 자신의 일을 통제하고 지배하지 않기 때문이다. 백성을 관장하는 지도자와 군주의 수는 그 밖의 사람들의 수보다 적다. 대부분 인간은 타인의 기질에 영향을 받기 마련이다. 그 기질이 친절하고 공정하면 판단을 할 때 고통받지 않고 거부나 저항도 없다. 이

런 친절과 공정한 지도자 아래서 백성들은 용기를 내거나 두려워하며 자부심을 지니고 통치자의 불의가 없음을 굳건히 신뢰한다. 결국 그런 자부심은 자연적 기질이 되고 그 밖의 것은 알지 못한다.

하지만 지배자의 기질과 통치방식이 폭력적이고 위협적이면 백성들의 용기는 파괴되고 저항력도 사라진다. 우리가 설명할 것이지만 억압받는 사람의 영혼에는 무력함과 나태함이 생기기 때문이다. 우마르*는 사으드[7]*에게 그런 폭력적인 지배를 금지시켰다. 자흐라 븐 자위야가 전쟁노예인 갈리누스를 몰래 훔쳤다. 당시 그 가격은 7만 5천 금화에 달했다. 사으드는 까디시야 전투에서 갈리누스의 행방을 추적했고 자흐라를 죽이고 다시 찾아왔다. 결국 사으드는 그에게서 갈리누스를 빼앗은 것이다. 이때 우마르가 이렇게 말했다. "어째서 내 허락이 떨어질 때까지 기다리지 않았는가?" 그러자 사으드는 우마르에게 서신을 써서 허락을 구했다. 이에 우마르는 사으드에게 이런 내용의 답신을 썼다. "당신은 자흐라처럼 행동하는구려. 그는 이미 위험한 짓을 했소. 이제 당신에게 남은 것은 전쟁의 잔재와 부러진 화살 그리고 다친 마음뿐이라오!" 그리고 우마르는 그에게서 갈리누스를 빼앗아 가버렸다.

만약 법률이 처벌만 앞세워 강제로 시행된다면 그것은 용기를 완전히 파괴한다. 왜냐하면 자신을 방어할 수 없는 사람에게 벌을 내리면 그는 치욕을 느끼게 되고 치욕감은 용기를 없애버리기 때문이다. 만약 법이 인성과 지식을 교육할 목적이었고 어린 시절부터 그런 법을 적용한다면 백성들은 두려움과 복종에 길들여진다. 이렇게 성장한 사람은 약간씩 정도의 차이는 있지만 자신의 용기에 의지하지도 않고 자신을 신뢰하지도 않게 된다. 야만적인 아랍 베두인들이 법의 제약을 받는 이들보다 훨씬 용감하다는 것을 발견할 수 있다. 우리는 법과 그 지배에 의존하는 사람들

---

7    까디시야 전투에서 무슬림 유대인의 수장이었다.

이 기술, 학문, 종교적인 면에서 인성 교육과 지식 교육을 받을 때 용기를 상실한다는 것도 발견한다. 그들은 적대적인 행위에 대해서 어떤 경우에도 자신을 방어할 수 없다. 이런 이들 중에는 스승이나 셰이크에게 배우고 연구하는 학생들, 장엄한 집회에서 인성 교육과 지식 교육을 열망하는 이맘 등이 있다. 이들은 이런 상황에서 저항력과 용기를 잃게 된다.

예언자의 교우들은 이슬람과 샤리아의 법률을 엄수했지만 결코 용기를 잃지 않았고 오히려 강인한 용기를 지니고 있었다는 사실이 위의 주장을 전면적으로 부정하는 것은 아니다. 왜냐하면 입법자[8]께서 무슬림들에게 종교를 주었을 때 그들은 바라고 두려워하는 과정을 통해 내부에서 나온 억제력을 지니게 되었기 때문인데, 이것은 기술적인 교육이나 학문적 교육에 의한 것은 아니다. 오히려 그것은 구두로 전달받은 종교적 규범과 샤리아에 근거한 것인데, 그들은 신앙에 대한 믿음이 확고한 채 샤리아를 준수하였다. 그 결과 그들의 용기는 사라지지 않고 교육이나 권위의 발톱에 상처받지도 않았다. 칼리파 우마르*는 '샤리아의 교육을 받지 않은 사람은 알라의 교육을 받지 않은 것'이라고 말하며 모든 사람이 각자 자신의 내부에서 나오는 자제력이나 억제력을 갖게 되기를 희망했다. 그리고 그는 무함마드*가 인류의 공익을 가장 잘 알고 있는 사람이라고 확신했다.

이후 사람들에게 끼치는 종교의 영향력은 점차 줄어들었고, 사람들은 억압적 법률을 채택하기 시작했다. 샤리아는 학문의 한 분야가 되었고 교육과 훈육을 통해 얻는 기술이 되었다. 사람들은 정주생활을 하기 시작했고 법률에 순응하게 되었으며 그들의 용기는 없어지기 시작했다.

법률이 사람의 용기를 파괴한다는 것은 명백한 사실이 되었다. 왜냐하면 그 억제력이 외부로부터 오는 것이기 때문이다. 하지만 샤리아의 법률은 용기를 파괴하지 않는데, 그 이유는 억제력이 내부로부터 오는 것이기

---

8    예언자 무함마드를 지칭한다.

때문이다. 국가적·교육적 법률은 도시민에게 영향을 주고 그들의 영혼을 약하게 만들고 재갈을 물린다. 따라서 그들이 어리거나 성인이거나 간에 영향을 받게 된다. 반면 베두인은 정부의 법률, 훈계, 교육에서 멀리 떨어져 살고 있으므로 도시민과는 다른 상황에 있다. 이와 관련해서 무함마드 븐 아부 자이드가 자신의 저서 'Aḥkām al-Muʿallimīn wa al-Mutaʿallimīn 에서 이렇게 말했다. "자고로 교육자는 학생을 교육하는 데 있어서 세 대 이상의 회초리를 때리는 일을 해서는 안 된다." 그는 이 문장을 판결에서 인용하였다. 일부 사람들은 계시의 시작을 언급한 하디스에 '그 순간에 숨이 막히는 느낌이 있다'고 기록된 사실을 주장했다. 그 하디스는 물론 약한 것이었다.[9] 결국 숨이 막히는 느낌을 받는 것이 적절한 증거가 될 수는 없다. 왜냐하면 교육과는 상관이 없기 때문이다. 알라께서는 현명하고 아는 것이 많다.


7장 | 아싸비야를 지닌 부족들은 사막과 같이 거친 환경에
　　　 거주한다


알라께서 인간의 본성에 선과 악을 부여하셨다는 사실을 인지하라! 그분은 이렇게 말씀하셨다. "나는 그에게 두 개의 길을 보여주었다."[10] 또 이렇게도 말씀하셨다. "영혼 속에 선함과 더불어 악함도 불어넣었다."[11] 인간이 관습을 개선하지 못하거나 종교를 모범 삼아 자신을 개선하지 못한다면 악은 인간에게 가장 가까이 있는 것이다. 알라의 은총을 받은 사람

---

9　하디스가 약하다는 것은 그 하디스를 전승한 학자 혹은 전승의 사실 여부에 대한 신뢰가
　　낮다는 의미다.
10　코란 90장 10절.
11　코란 91장 8절.

들을 제외한 다수의 사람들은 그런 상태에 있다. 인간의 품성에는 불의와 상호 침해의 기질이 있다. 형제의 재산을 탐하는 사람이 자신을 제지하는 억제력을 발휘하지 못하면 결국 형제의 재산을 빼앗게 될 것이다. 시인은 이렇게 노래했다.

> 불의는 인간의 품성이라네. 만약 당신이 고결한 사람을 발견한다면,
> 그 사람에게는 불의를 억제하는 힘이 있을 것이다.

도시의 사람들은 서로 적대시하고 국가는 지배하에 있는 백성에게 상호 공격이나 침해를 금한다. 그들은 강제력과 정부당국의 통치에 의해 상호 간 불의를 실행하지 못한다. 하지만 군주가 불의를 행하는 경우는 예외다. 도시 외부로부터의 공격에는 성벽으로 방어한다. 적이 한밤중에 기습하거나 낮에 주민들이 적의 공격을 방어하기 어려운 경우, 도시가 무방비에 있을 때가 그렇다. 만약 도시가 저항할 만큼 준비가 되어 있으면 국가의 도움으로 수비대가 방어할 수도 있다.

베두인사회에서는 족장과 지도자가 이런 억제력을 행사하는데 이는 부족민들이 그들에게 보여주는 깊은 존경과 숭배에서 비롯된다. 외부의 적으로부터 베두인의 촌락을 방어하는 것은 용맹함으로 무장한 부족의 청년단이다. 그들이 방어전을 펼 때는 그 집단이 얼마나 긴밀하게 상호관계를 이루어 내느냐에 따라 성공이 결정된다. 이런 상호관계는 그들에게 활력을 강화해주고 적에게는 두려움을 주기 때문이다. 자신의 가족과 집단에 대한 애정은 그 무엇보다도 중요하다. 인간의 본성에는 혈족이나 친척에 대한 사랑과 연민이 있는데, 이는 알라께서 인간의 영혼에 심어 주신 것이다. 그것은 서로를 돕고 지탱하며 적에게는 더 큰 공포심을 준다. 이와 관련하여 코란에 유수프의 형제들과 관련된 구절이 있다. 이때 그들이 말하길, "만일 늑대가 그를 삼킨다면 저희는 한 형제로서 손실한 사람

이 되나이다".[12] 그 의미는 아싸비야를 지닌 자에게는 그 누구도 공격할 생각을 하지 않는다는 것이다.

하지만 일족이 없는 사람의 경우는 동료에게 그런 애정을 느끼지 못한다. 전투의 날 악의 기운이 밀려오면 그런 자들은 슬슬 도망치고 자기 목숨만을 구하려 한다. 그것은 자기가 다른 이의 도움을 받지 못하고 버려질 수 있다는 두려움 때문이다. 그러므로 그런 사람들은 사막과 같은 거친 환경에서는 살 수가 없다. 그럴 경우 그는 적의를 품은 민족에게 희생당할 것이다.

만약 사람들의 거주지가 항상 방어와 군사적 보호를 받을 필요가 있다는 것이 분명하다면, 예언, 왕권의 확립, 선교 등을 비롯한 인간의 모든 활동도 마찬가지이다. 인간의 성품에는 완고함이 있기 때문에 그 완고함을 꺾기 위해서는 투쟁을 해야만 목표에 도달할 수 있다. 이미 언급했듯이 인간은 투쟁하기 위해서 아싸비야를 반드시 지니고 있어야만 한다. 알라 께서는 가장 옳은 길로 인도하신다.


## 8장 │ 아싸비야는 혈연집단이나 그와 같은 집단에서 나온다

소수의 경우를 제외하고 혈연관계는 인간에게 본성적인 것이다. 이런 관계는 자신의 친척과 혈연에 대한 애정을 낳고 그들이 피해를 보거나 상처를 입는 경우 그들을 돕고 치유하기 위해 노력한다. 자신의 혈족이 부당한 대우나 공격을 받으면 그 역시 수치심을 느끼고 어떤 피해를 보더라도 그들을 보호하려 한다. 이것은 인간의 천성인데 인류의 역사가 지속되는 한 계속되었다. 만약 서로 돕는 개인 사이에 혈연이 긴밀하면 그것은

---

12  코란 12장 14절.

매우 밀접한 연대를 초래한다. 이들 간의 연대는 확고한 것이며 외적인 개입 없이 그 자체만으로도 형성된다. 그러나 만약 그 관계가 소원한 것이면 부분적이지만 연대감은 망각되거나 약간만 남는다. 만약 자신과 혈연관계인 사람이 부당한 대우를 당하면 그 자신이 느끼는 수치심을 떨치기 위해 내면에 있는 연대감이 그를 충동질하여 어려운 형편에 처한 친척을 돕게 한다. 피보호자와 동맹자의 경우도 이런 범주에 속한다. 피보호자가 동맹자에게 보이는 애정은 이웃이나 친척 그리고 혈족이 부당하게 대우받는 경우에 느끼는 수치심이나 모멸감의 일종이다. 왜냐하면 보호자와 피보호자의 관계 역시 혈족이나 그와 같은 상황의 긴밀함을 발생시키기 때문이다. 이런 맥락에서 예언자*의 말씀을 이해하게 될 것이다. "너희의 혈연적 유대를 연결하는 계보를 숙지하라!" 이 말씀의 의미는 혈연적유대가 있으면 사람 사이에 긴밀함이 생기고 그것이 다시 상호 간의 도움과 애정을 낳을 때 비로소 계보가 유용하게 된다는 것이다. 그 이상은 없다. 계보는 관념적인 것이지 현실적인 것은 아니다. 계보의 유용성은 혈연적 유대감을 파생시킨다. 만약 혈통이 같다는 것이 명백하다면 설명한 대로 이는 인간의 본성적인 애정을 일으킬 것이다. 하지만 이것은 아주 오래전의 일이고 이제는 상상 속에서만 약하게 존재할 뿐이다. 공동의 혈통이 가지고 있는 유용성은 사라져버렸고 그에 몰두하는 일 역시 쓸모없고 우스운 일이 되었다. 사람들은 "계보를 알아봐야 아무 이득도 없고 그것을 몰라도 아무 해가 없다"라고 말한다. 계보라는 것은 공동의 혈통임이 명백하지 않다면 학문의 한 부류일 뿐 관념적 이득도 없고 아싸비야가 야기하는 애정도 쓸모없는 것이 된다는 의미다. 그렇게 되면 그것은 아무 쓸모도 없다. 전지전능하신 알라께서 가장 잘 알고 계신다.

# 9장 | 순수한 혈통은 사막의 아랍인이나 그와 유사한 거친 사람들에게 있다

　이렇게 말하는 이유는 가난과 감당하기 어려운 조건, 열악한 거주지 등은 베두인의 삶에서만 볼 수 있는 특징이고 그들은 낙타에 의지해서 삶을 꾸리기 때문이다. 앞에서 살펴보았듯이 낙타는 사막의 덤불을 먹고 사막에서 출산하는 습관이 있기 때문에 베두인은 사막에서 거친 생활을 할 수밖에 없다. 사막에서 생활하는 것은 고난의 연속이고 굶기를 밥 먹듯 하지만 베두인들은 이런 환경에 익숙하다. 베두인은 여러 세대에 걸쳐 사막에서 자란 탓에 사막생활의 습관은 그들의 선천적 자질이 되었다. 어떤 민족도 그들의 환경을 공유하려 하지 않고 그들의 생활 방식에 흥미를 느끼지 않는다. 반면 그들 중에 누구라도 그런 악조건에서 벗어나는 길을 발견하면 절대 그 길을 포기하지 않으려 한다. 따라서 그들의 계보가 다른 것과 섞이거나 오염되지 않았다는 것은 믿을 만하다. 그들은 계속 순수성을 보존해 왔다. 예를 들자면, 꾸라이시,[13] 키나나, 싸끼프,[14] 바누 아사드,[15] 후다일, 그들의 이웃인 쿠자아 등 무다르족[16]에 속하는 부족들이 그렇다. 그들은 농경이나 목축을 할 수 없는 척박한 곳에서 거칠고 힘든 생활을 영위해 왔다. 그들은 시리아나 이라크의 비옥한 경작지 혹은 곡식의 생산지로부터 멀리 떨어져 살았다. 그들의 계보는 얼마나 그 순수성을 잘 보존했겠는가? 그들은 어떤 면에서도 섞이지 않았으므로 그들에게 계보의 혼합이란 존재하지 않았다. 많은 사람들이 거주하는 목초지나 구릉지에 살던 아랍인으로는 라큼, 주담, 갓산, 따이, 쿠다아, 이야드 등과 같은

---

13　예언자 무함마드의 출신 부족으로 북 아랍계 키나나족의 지족이었다. 5세기 초 메카에 정착하였고 이후 상권을 장악했고 이슬람 제국에서 귀족층을 형성하였다.
14　무함마드 시대의 아랍 부족. 현재의 사우디 아랍에 해당되는 따이프 지역에 거주했다.
15　'사자의 후손'이라는 의미로 이라크의 부족이다.
16　무다르족은 북부 아랍에 거주했던 아드난 부족의 주요 부족 중의 하나이다.

힘야르[17]와 카흘란[18] 계통의 부족이 있다. 이들에게는 여러 집단이 유입되었고 계보는 섞였다. 심지어 계보학자들은 그들이 속하는 가문에 대해서도 다른 의견을 내어 놓는다. 그들이 비아랍인과 섞였기 때문이다. 그들은 가문이나 집단의 혈통을 순수하게 보존하려 애쓰지 않았다. 우마르*는 이렇게 말했다. "너희의 계보를 숙지하도록 하여라. 흑인 나바뜨인처럼 되어서는 아니 된다. 만약 너희 중 누구라도 어느 부족 사람이냐는 질문을 받으면 상세히 자신의 부족과 씨족 그리고 어느 마을 소속인지까지도 답해야 할 것이다." 오직 순수 아랍인만이 그런 것에 신경을 쓴다. 비옥한 지대에 거주하는 아랍인은 경작지와 목초지를 구하기 위해 경쟁을 벌였다. 그러므로 계보의 혼합은 더욱 심각해졌다. 사람들은 초기 이슬람 시대부터 거주 지역으로 자신의 정체성을 나타내었다. 그들은 시리아에 있던 킨나스린, 다마스쿠스, 혹은 아와심 지역 출신 군인이라는 식으로 자신을 나타냈다. 이후 이런 관습은 스페인으로 옮아갔다. 아랍인들이 계보에 대한 중요성을 무시한 것은 아니고 정복 이후 특정 지역에서 거주를 했으므로 그 지명으로 알려지게 된 것이다. 그들은 군주 앞에서 신분을 말할 때 계보와 함께 어느 지역 출신이라는 것을 밝혔다. 훗날 정착한 아랍인은 페르시아인, 비아랍인들과 섞였고 결국 순수한 혈통은 사라졌고 혈통의 열매인 아싸비야도 소멸되었다. 그 뒤 부족들이 점차 없어지고 더불어 아싸비야도 사라졌다. 그러나 베두인은 순수한 혈통을 보존하면서 과거의 상태를 계속 유지했다. 알라께서는 지상과 그 위의 모든 이를 상속받았다.

---

17    힘야르 왕국은 현 예멘의 위치한 기원전 110년경 건설되었다. 이후 주변의 사바, 카따반, 하드라마우트 등을 차례로 정복했다.
18    사바 왕조의 주요 부족.

# 10장 │ 계보가 혼합되는 일은 어떻게 발생하는가?

한 사람이 다른 혈통의 사람에게 의지하는 것은 분명한 사실임을 인지하라! 이런 경우는 그가 다른 이에게 호감을 느끼는 경우, 양자 간 동맹과 보호관계가 생긴 경우, 혹은 죄를 짓고 자신이 속한 집단으로부터 도망치는 등의 여러 가지 이유가 있기 때문이다. 그런 이는 자신이 추종하게 된 집단의 사람들과 동일한 혈통처럼 알려지게 되고, 그 집단의 복수나 배상 등에 관한 권리와 의무, 애정 문제와 같이 공통 혈통이 파생시키는 사안에서도 그 집단의 일원과 동등하게 대우받으며, 그는 진정으로 같은 혈통의 일원처럼 인식된다. 왜냐하면 누군가가 어느 집단에 속한다는 것은 그가 그 집단의 규제와 조건에 따른다는 것을 의미하기 때문이다. 시간이 흐르면서 원래 그가 속했던 혈통은 망각되고 그가 다른 집단 소속이었다는 사실을 알고 있던 사람들도 죽게 되면 대부분의 사람들은 그런 사실이 있었다는 것조차 기억하지 못하게 된다. 이런 과정을 거쳐 계보는 한 부족에서 다른 부족으로 끊임없이 옮겨지고 사람들은 다른 혈통에 속한 사람들과 밀접한 관계를 갖게 된다. 이것은 이슬람 전후에 아랍인이나 비아랍인 모두에게 발생한 현상이다. 문디라 가문이나 여타 가문의 사람들을 보라. 분명 이런 일이 발생했음을 알 수 있다. 그중에는 바질라 가문과 아르파자 븐 하르사마와 관련된 사건이 있다. 우마르는 다수의 보호자였는데, 그 사람들이 우마르에게 아르파자를 사면해달라고 간청했다. 그들은 아르파자가 그들의 일가임을 내세웠다. 우마르가 아르파자에게 그들의 주장을 언급하며 물었다. 이에 아르파자는 이렇게 답했다. "믿는 자들의 지도자시여! 믿어주십시오. 저는 아즈드 가문의 사람입니다. 하지만 저는 제 가문에서 문제가 있어 이제는 그들 가문의 사람이 되었습니다." 어떻게 아르파자가 바질라 가문에 섞이게 되었는지를 잘 보아라. 아르파자는 바질라 가문 사람들의 옷을 입고 그들의 가계에 속한다고 주장하고 심지어는 그들의 지도자로 천거되기까지 했다. 만약 몇 사람이라도 아르파자와 가까이 지내며 그런 사실을 알고 있지 않았더라면, 만약 그들이 그런 사실조차 무시하고 넘어갔더라면, 세월이 흐르고 모든 것은 서서히 망각되고 아르파자가 다른 부족 출신이었다는 사실은 송두리째 존재하지 않았던 양 사라졌을 것이다. 그러므로 알라께서 창조하실 때의 비밀을 잘 이해하고 기억해두라! 이런 일은 이 시대에도 무수히 많다. 물론 그 이전에도 그랬지만. 알라께서는 축복과 덕 그리고 관대함을 베푸시며 가장 올바른 길로만 인도하신다.

## 11장[19] | 지도력은 아싸비야를 지닌 집단의 몫이다[20]

여러 부족에 속한 씨족들은 공통된 하나의 계보에 속해 있어도 각자의 아싸비야가 있고 자신이 직접 속한 씨족의 계보가 공통의 계보보다 훨씬 강한 유대감을 지니고 있음을 인지하라! 예를 들면 친구, 가족, 형제가 그렇다. 그러나 사돈의 팔촌인 경우 결속감이 비교적 약해진다. 따라서 이런 사람들은 자신들이 속한 특정 계보에 집착하고, 그들 이외의 사람들은 공통의 계보에 동참할 뿐이다. 친족이나 씨족 간에 움트는 연민은 공통의 계보에도 나타나지만 자신이 직접 속해 있는 씨족 내에서는 더 강하다. 이들에게 있어 지도력은 하나의 기원에 존재할 뿐 모든 것에 존재하지는 않는다. 지도력은 정복에 의해서 나타나고 그런 기원에서 나온 아싸비야는 작고 큰 유대관계보다 더 강하다. 왜냐하면 타 부족을 정복하는 원동력은 아싸비야고 지도력은 그 아싸비야를 소유한 부족에게 있기 때문이다. 그 지도력이 피지배자 부족의 특정가문에 계속 머물러야만 하고 그런

---

19  이 장은 여타 본에는 누락되어 있다.
20  이븐 칼둔은 이 장에서 아싸비야, 베두인, 야만생활, 종교 등을 지도력과 연관시켜 생각한다.

지도력이 그들에게 기인했으며 정복 당시 그들만의 유대를 포기한 채 여타의 다른 유대와 혼합되었다면 그들에게 그토록 강인한 지도력은 갖추어질 수가 없다. 그러므로 지도력은 위에서 언급한 기원에 있는 것이다. 이것이 바로 위에서 언급한 정복의 비밀이다. 왜냐하면 대중의 모임과 아싸비야는 여러 존재의 섞임과 같은 것이기 때문이다. 그리고 여러 존재의 섞임은 여러 요소가 완벽하게 균형을 잡는 경우에는 적절하지가 않다. 반드시 여럿 중 하나가 정복자가 되어야 하고 그렇지 않으면 그런 존재의 구성은 결코 이루어질 수가 없다. 바로 이것이 아싸비야에서 정복의 조건이 내재하고 있는 비밀이다. 또 다른 비밀로는 이미 우리가 언급한 대로 특정한 한 기원에 지도력이 계속 유지된다는 것이 있다.

## 12장 │ 아싸비야를 지닌 부족의 지도력은 다른 혈통의 사람들에게는 존재하지 않는다

그 이유는 앞에서도 언급했듯이 지도력이 오로지 정복을 통해서만 존재하고 정복은 아싸비야를 통해서만 존재하기 때문이다. 사람들에 대한 지도력은 개별적인 아싸비야보다 더 강력한 아싸비야에서 생성된다. 왜냐하면 개별 아싸비야는 지도자가 이끄는 아싸비야의 우월성을 인식하면 그에게 복종하고 그를 추종하기 때문이다. 그러나 공통의 혈통을 지닌 집단을 추종하게 된 자에게는 자신만의 혈통에서 생성된 아싸비야가 없다. 그는 단지 그들에게 의지해 있을 뿐이다. 그가 이런 집단과 맺을 수 있는 가장 강력한 관계는 피보호자와 동맹자의 관계이다. 어떤 이가 다른 집단의 사람들과 긴밀한 관계를 맺고 그들과 섞이게 되면서 원래는 그가 그들에게 의존해 있는 관계였다는 사실이 망각되고 마침내 그들과 동일한 혈통을 지닌 사람으로 간주되는 경우도 있다. 그러나 그런 일이 발생하기 전에 어떻게 그 사람 본인이나 그의 조상 중 한 사람이 지도력을 장악하겠는가? 지도력은 아싸비야를 통해 획득한 지배력을 소유한 특정가문에 계승되는 것이기 때문이다. 그가 다른 부족 출신으로 이 부족에 몸을 의탁한 사람이라는 것이 알려지면 지도력을 장악하는데 장애가 될 것이다. 그가 다른 부족에 의존한 상황일진대 어떻게 그에게 지도자의 자리가 계승될 수 있겠는가? 모름지기 '지도력'이라함은 그것을 소유할만한 자에게 계승되는데, 이는 앞에서 설명했듯이 지도력이 아싸비야에서 나오기 때문이다. 여러 부족이나 집단의 지도자들은 특정 계보를 선호하는데 그 이유는 특정 계보에 속한 사람들이 대대로 용감함, 고귀함, 명성 등의 덕목을 소유했기 때문이다. 그들은 자신이 그런 계보에 속한다고 주장하지만 그런 주장이 오히려 자신의 지도력과 고귀함에 흠집을 낼 비난을 초래한다는 사실을 알지 못한다. 이 시대에도 이런 사람들이 많다. 그런 사람들 중에는 바누 아미르 출신의 히자즈 사람들로 알려진 유명한 이들도 있다. 그들은 바누 술라임이었다가 바누 알샤리드로 되었는데 그들의 조상이 바누 아미르의 목부였다. 그러다가 아미르 가문에 섞이고 그 가계의 일원이 되더니 급기야는 그들의 지도자가 되었고 사람들은 그를 히자르라고 부르게 되었다.

다른 경우로는 바누 압둘 까위 븐 알압바스 븐 타우진의 양자가 있다. 사실 그들은 압바스 븐 압둘 무딸립 가문 출신으로 고명한 압둘 까위 가계의 일원이 되기를 희망했다. 그래서 그는 압바스 븐 아띠야 아부 압둘 까위라고 이름을 사칭했다. 아무도 압바스 가문의 일원이 마그립으로 유입된 것을 알아채지 못했다. 그는 그 왕조의 초기부터 알라위 가문의 초대를 받아 이드리스 일가와 우바이드 일가인 적들과 함께 거주했다. 과연 압바스가의 후손이 시아 알라위 가문의 사람이 될 수 있었겠는가?

마찬가지로 압둘 와히드 가문 출신으로 틸미산의 군주인 자야냐의 후손이 까심 븐 이드리스의 후손이라고 주장하기도 했다. 이 주장의 근거는 그들이 까심의 혈통이라고 알려졌기 때문이다. 그들은 자나타족의 언어로 까심가※ 어느 계열의 까심이라고 구분해서 부르기 시작했다. 그 이후 그들은 자신들의 까심가는 바로 까심 븐 이드리스 혹은 까심 븐 무함마드 븐 이드리스라고 주장하기에 이르렀다. 만약 그것이 사실이었다면 까심은 자신의 통치령에서 벗어나 그들에게서 피난처를 찾은 것이었으리라. 그러니 어떻게 그가 그들의 거주지인 사막에서 그들을 통제하고 지배권을 장악할 수 있었겠는가? 사실 이름을 까심으로 쓰는 것 자체가 옳지 않다. 왜냐하면 이드리스 가문에 까심은 너무도 많았기 때문이다. 그러므로 사람들은 바로 그 계보에 속해 있는 그들의 지도자 까심이라고 착각하게 된다. 사실 그들이 그걸 일부러 원했던 것은 아니다. 그들이 지배권과 왕조의 영예를 위해 획득한 것은 아싸비야로 인한 것이었지 알라위 가문이나 압바스 가문 혹은 그 밖의 어느 가문의 계보에 입양된 것에 기인한 사안은 아니었다. 오히려 의도적으로 군주에게 가까이 했던 사람들은 공격의 대상이었다. 우리는 귀족 출신인 야그마라신 븐 자야나에 대한 이야기를 들은 바 있다. 물론 자신에 대한 계보의 의심 섞인 풍문에 대해 그는 부정했다. 그는 자나타족의 언어로 이렇게 언급했다. "현세와 왕권은 칼로 정복하여 얻은 것이지 계보로 인해 얻은 것은 아니다. 왕권의 유용성은 내세에서 알라께 의지하는 것이다."

13장 │ 아싸비야를 공유하는 사람들에게는 근원적이고 실질적인 가문과 고귀함이 있고 그 밖의 사람들은 비유적인 의미의 가문과 고귀함이 있을 뿐이다

고귀함과 명망은 개인적 차이다. '가문'이란 조상 가운데 고귀하고 유명한 인물이 있다는 의미이다. 그가 유명한 조상의 후손이라는 사실은 동시

대 사람들에게서 그의 위상을 높여 주는데, 그 이유는 유명한 조상의 자질로 인해 후손인 그의 위상과 고귀함이 동료들 사이에서 존경을 불러오기 때문이다. 사람들은 본디 후손이 잘 성장하고 가문의 계보를 이어가기를 바란다. 예언자*께서 말씀하셨다. "사람은 근본을 중시한다. 자힐리야 시대의 우수성은 이슬람 시대의 우수성으로 대물림된다." 이 뜻은 명망이란 혈통에 귀속된다는 것이다. 우리는 앞에서 공통 혈통의 특성은 아싸비야와 그로 인해 생기는 애정과 보살핌에 있다고 설명한 바 있다. 아싸비야가 두려울 정도로 강하고 그 토대가 순수할 때 혈통의 이점은 가장 잘 드러나고 더 큰 효력을 낸다. 고귀한 조상이 많이 있다면 후손은 부가적인 이점을 얻게 된다. 이렇게 해서 명망과 고귀함은 혈통의 결과를 존속시키기 위해 아싸비야를 공유한 사람들 간에 확실하게 자리 잡는다. 한 가문의 고귀함은 아싸비야가 얼마나 강한가에 비례한다. 왜냐하면 고귀함은 아싸비야의 비밀이기 때문이다. 도시와 멀리 떨어져 사는 사람들은 비유적인 의미에서나 겨우 그런 명문가에 속할 수 있다. 그들이 가문을 가지고 있다고 해도 이는 허망한 주장일 뿐이다. 만약 도시 거주민 중 자신이 명망 있는 가문 출신이라고 주장한다면 조상 중 누군가가 훌륭한 자질을 지녔거나 아니면 좋은 사람들과 교류했거나 그것도 아니면 고결하려고 노력했다는 이야기다. 그러나 이것은 아싸비야의 진정한 비밀이라고 불리는 '명망'과는 다르다. 아싸비야는 혈통에서 생기는 것이고 위대한 조상이 있음을 의미한다. 따라서 도시민들의 경우 '명망'이나 '가문'이라는 용어는 단지 비유적인 의미에 불과하다. 어쩌면 훌륭한 일을 한 조상이 한둘 정도 있을 지도 모른다. 하지만 이것을 진정한 의미의 '명망'이라고 할 수는 없다. 만약 비유적 의미의 '명망'이나 '가문'이라는 것이 진실로 고착된다면 그 본디의 상태에 대해 의심받게 될 것이다.

가문에는 아싸비야와 개인적인 자질을 통해 최초의 고귀함이 있게 된다. 그 뒤에 가문의 사람들이 정주생활을 하면서 아싸비야가 사라지고 고귀함도 소멸된다. 그들은 그저 그런 사람들과 섞이고 과거의 명망에 대해 약간은 의혹을 품지만 그래도 자신은 훌륭한 가문에 속한다고 생각한다. 그러나 아싸비야는 완전히 소멸된다. 다수의 도시 거주자들은 자신의 뿌리가 아랍계 혹은 비아랍계 귀족가문 출신이라고 생각한다.

이스라엘인들은 이런 환상을 가장 많이 지닌 자들이다. 그들은 원래 세상에서 가장 위대한 가문에 속했다.

첫째, 아브라함*에서 시작하여 그들에게 종교와 종교법을 가져온 모세에 이르기까지 수많은 예언자와 사도들이 그들의 조상이었다. 둘째, 그들은 알라가 그들에게 약속했으며 아싸비야를 통해 제시한 왕권을 가지고 있었다. 그러나 그들은 이 모든 것을 잃었고 치욕과 고난을 겪으며 지상에서 유배의 생활을 하는 운명을 이어갔다. 수천 년 동안 그들은 불신자의 노예가 되어 흩어져 살았다. 가문에 대한 그들의 환상은 아직도 끝나지 않았다. 당신은 그들이 이렇게 말하는 것을 들을 것이다. "그는 아론의 집안 출신이다.", "그는 여호수아의 후손이다.", "그는 갈렙의 후손이다.", "그는 유다 지파에 속하는 자다." 그들의 아싸비야는 이미 소멸되었고 오랜 세월 동안 치욕을 당했음에도 말이다. 도시에 흩어져 거주하는 이들 중 다수는 이와 비슷한 어리석음을 저지른다.

아부 알왈리드 븐 루시드[21]는 이 점에서 오류를 범했다. 그는 아리스토텔레스의 책을 요약한 『수사학』에서 "명망은 오래전에 도시민들에게 있었다"고 한 바 있는데 이는 바로 우리가 언급한 점들을 반영하지 않은 것이다. 남에게 경외심을 불러일으키고 복종케 하는 집단에 속해 있지도 않은 사람이 도대체 얼마나 오래 도시에 거주해야 그런 명망을 얻을 수 있는 것인지 나는 알고 싶다. 이븐 루시드는 명망을 '조상들이 얼마나 많은

---

21  아부 알왈리드 븐 루시드(1126~1198), 아랍계 스페인 철학자. 신학, 의학, 법학, 철학 등에 조예가 깊었다. 무와히둔 왕조의 의사였다. 그는 아리스토텔레스의 저작에 대한 주해서를 집필했다.

가'를 기준으로 이해했다. 그러나 수사학은 영향력을 미치는 사람들 즉 결정권을 지닌 자들을 설복할 때 사용되는 것이며 권력이 없는 사람들에 대해서는 관심을 기울이지도 않는다. 권력이 없는 사람은 다른 사람을 움직일 수 없고 누구도 그들의 견해에 귀 기울이지 않는다. 도시민들이 바로 이런 부류에 속한다. 이븐 루시드는 아싸비야를 직접 경험해 본 적이 없고 아싸비야와 관련된 상황과 익숙하지도 않은 채 성장했다. 따라서 그는 가문이나 명망에 대한 문제를 다루면서 오직 조상들의 숫자에 의존하는 입장을 보였고 아싸비야의 실체와 사람들이 품고 있는 아싸비야의 비밀에 관해서는 언급하지 못했다. 알라께서 가장 잘 알고 계신다.

## 14장 │ 피보호자와 추종자가 가문의 고귀함을 지니는 것은 보호자의 덕이지 자신의 혈통 때문은 아니다

앞에서도 언급했듯이 고귀함이란 아싸비야를 소유한 사람에게만 있는 것이다. 아싸비야를 소유한 사람이 다른 혈통에 속한 사람을 추종자로 받아들이거나 노예나 종으로 두고 긴밀한 관계를 맺게 되면 앞에서 설명한 대로 피보호자와 추종자들은 주인의 아싸비야를 공유하게 되고 그것을 자신의 아싸비야인 것처럼 생각한다. 그들은 그 집단에서 특별한 지위를 유지하면서 주인의 혈통에도 조금씩 스며든다. 예언자*께서 말씀하셨다. "그 민족의 주인은 그들에게서 나왔다." 그가 노예였건 추종자 혹은 동맹자이었건 상관없이 그 자신의 혈통과 출생은 주인의 아싸비야에 전혀 도움이 되지 않는다. 왜냐하면 주인의 아싸비야는 그 사람의 혈통과 전혀 관계가 없기 때문이다. 그가 다른 혈통의 사람들과 긴밀하게 접촉하고 과거에 자신과 아싸비야를 공유했던 사람들과 소원해지면서 정작 자신의 아싸비야를 잃게 된다. 이렇게 그는 새로운 집단의 일원이 되고 그 안에서 자신의 지위를 공고하게 한다. 만일 그의 조상들 다수가 이 새로운 집단에 속해서 아싸비야를 공유했다면 그는 비교적 고귀함과 가문의 이점을 누릴 수 있겠지만 그렇다 해도 그것은 피보호자나 추종자로서의 지위에 걸맞은 정도지 결코 주인과 동일한 고귀함을 누릴 수 없고 어떤 경우건 그보다는 열등한 위치를 취할 수밖에 없다.

왕조에 속하는 가신이나 시종들이 바로 이런 경우다. 그들이 얻는 고귀함은 주종관계 속에 굳게 자리 잡고 왕조를 위해 헌신적 봉사를 하며 많은 조상들이 그 왕조의 비호를 받았던 경우다. 압바스 왕조에서는 투르크 출신의 가신들, 그 이전의 바르마키 가문과 나우바크트 가문이 어떻게 가문의 고귀함을 얻고 왕가와의 확고한 관계를 통해 자신의 영광과 명성을 높였는가를 목도하지 않았는가? 자으파르 븐 야흐야 븐 칼리드는 최고 가문의 명성을 누렸지만 그것은 결국 라시드와 그 가족의 가신이었기 때문이지 자신의 페르시아 혈통 때문은 아니었다. 다른 가신들도 마찬가지다. 그들은 특정 왕가의 보호를 받는 확고한 관계를 지니고 그 왕가의 충실한 가신이나 추종자가 되어 가문과 명성을 동시에 얻고 그 이점을 누릴 수 있었다. 그들의 본래 혈통은 왕가의 혈통이 아니므로 은폐되고 사라졌고, 그들의 지위와 영광은 본래의 혈통과는 무관한 것이었으므로 현재 왕가의 가신이자 추종자의 지위를 중요하게 여겼다. 왜냐하면 그것에 가문과 고귀함을 만들어내는 아싸비야의 비밀이 있기 때문이다. 이렇듯 가신이 고귀한 명성을 얻는 것은 오직 주군의 고귀함 덕분이었고 그의 가문 역시 주군에게서 비롯된 것일 뿐 그 자신의 혈통과 출생은 아무런 영향을 주지 못했다. 그가 누리는 영광은 특정 왕가와 맺은 관계에서 비롯되었고, 그가 왕가의 추종자로서 긴밀한 관계를 맺고 그런 교육을 받았기 때문이다. 그의 원래 혈통이 그의 왕조와 긴밀한 관계를 맺고 있었어도 그런 관계가 소멸되고 그가 이미 다른 왕조의 추종자나 가신이 된다면 원래의 혈통은 그 아싸비야를 상실하므로 그에게는 무용지물이다. 반면 아싸비야를 소유하는 새로운 관계는 그에게 유용하다. 이것은 바르마키 가문에게 적용될 수 있다. 전해지는 바에 따르면 그들의 조상은 페르시아의 조로아스터교 신전의 수문장이었고 페르시아의 명문 가문이었다. 그러나 그들이 압바스 왕조의 가신이 된 이후 원래의 혈통은 더 이상 중요하게 간주되지 않았다. 압바스 왕조에서 그들의 고귀함이나 명성은 그 왕조의 가신이자 추종자이기 때문이었다. 이 밖의 다른 모든 주장은 근거도 없고 무례한 자들이 떠들어대는 비현실적인 환상일 뿐이다. 존재는 우리가 언급한 것을 사실이라고 확인시켜 준다. "알라 앞에서 가장 크게 영광을 받을 자는 가장 의로운 자다."[22]

## 15장 | 한 혈통은 4세대까지만 그 명망을 지속할 수 있다

입자들로 이루어진 세계는 생성하고 부패하는데 이는 세계 자체로부터 기인된 것이 아니고 세계의 여러 가지 상황으로부터 기인된 것도 아니라는 사실을 인지하라! 광물과 식물, 인간과 동물 그리고 그 밖의 모든 것은 생성하고 부패한다. 여러 가지 상황에 영향을 미치는 것 특히 인간에게 영향을 주는 것도 마찬가지이다. 여러 학문은 성장하고 소멸된다. 기술도 마찬가지이다. 인간에게 부과된 여러 면을 고려해 볼 때 인간이라는 존재 역시 생성과 부패의 과정을 따른다. 인간은 그 누구도 아담에서부터 자신의 시대까지 계속 연계되어 온 명망을 유지한 적이 없다. 단 한 사람의 예외가 있다면 예언자*인데 이는 알라의 특별한 은총이자 덕이 많은 성품을 보호하기 위한 선처가 그에게 해당되었기 때문이다. 사람들이 전하는 바에 의하면 고귀함은 외부의 상태에서 시작되는 것이다. 처음에는 지도력이나 고귀함과는 거리가 먼 진부하고 비천한 상태였다. 그 의미는 모든 명망이

---

22   코란 49장 13절.

이전에는 없었던 상태에서 생긴다는 것이다. 사실 모든 일이 다 그렇다.

명망은 4대 만에 종말에 달한다. 가문에 영광을 가져온 사람은 그런 업적을 이루는 과정이 어렵다는 것을 알기 때문에 영광의 존재와 존속의 이유인 타인과는 대별되는 차이를 보존하려 한다. 그의 아들은 아버지와 직접 접촉을 하고 그에게서 듣고, 그 영광을 누린다. 어떤 일을 접할 때 실제로 경험을 통해 배운 사람과 단지 학습으로 배운 사람 간에는 차이가 크다. 아들은 그런 점에서 아버지보다 한 수 아래다. 그러다가 3대째는 단지 모방하는 것에 만족하고 특히 '전승'에 대부분 의존한다. 어떤 일을 노력하여 처리하는 사람에 비해 전승에 의존하는 사람들이 열등하므로 그도 2대에 비해 한 수 아래일 수밖에 없다. 이렇듯 4대가 되면 모든 면에서 선조에게 뒤진다.

그는 가문의 영광과 명예를 보존했던 자질을 상실하고 어쩌면 경멸할 수도 있다. 그는 그런 영광이 노력과 고통 끝에 획득한 것이라는 것을 알지 못하고 오히려 그런 결과는 집단의 노력과 개인의 자질이 애쓴 결과가 아니라 혈통 때문에 주어진 선물이라고 생각한다. 사람들은 그에게 존경의 태도를 보이지만 그는 그런 존경심이 어떤 과정으로 획득되었는지 전혀 알지 못한다. 그는 그런 모든 영광이 자신의 혈통이 가져다 준 자연스런 선물로 여긴다. 그는 아싸비야를 신봉하는 사람들에게 자신의 우월감을 강조하며 실제로 자신이 그들보다 우월하다고 생각한다. 그는 그들이 끊임없이 복종할 것이라고 확신하지만 구체적으로 그 복종이 가능하게 된 자질들에 대해서는 제대로 알지 못한다. 그는 사람들을 비천하게 여기고, 그들은 그를 경멸하다가 반란을 일으키고, 우리가 말한 대로 아싸비야에 따라 행동하며 그와 그의 가족으로부터 지도권을 빼앗아 지도자로서의 자질을 지녔다고 판단되는 방계의 친족에게 넘겨준다. 방계의 가족은 성장하고, 원래의 지도자 가족은 퇴락하여 그 가문의 영광은 무너져버린다. 이는 왕가의 경우이지만 부족과 대신들 그리고 아싸비야를 소유하는 모든 이들과 도시민들 가운데 가문을 가진 사람들의 경우도 마찬가지이다. 어떤 가문이 쇠락하면 동일 혈통의 다른 가문이 성장한다. "알라께서 원하실 때 너희를 제거하시고 새로이 창조하시니라. 그것이 알라께는 대단한 일이 아니니라."[23]

한 가문의 명망이 4대까지만 유지된다는 이론은 대부분의 경우에 해당되고 가끔은 4대도 채 못 미치는 때도 있다. 물론 어떤 가문은 쇠락한 상태로 5, 6대까지 유지되는 경우도 있다. 가문의 영광을 직접 획득한 세대, 그다음은 창설자와 개인적인 접촉을 한 세대, 전승에 의존하는 세대, 그리고 마지막으로 가문의 영광을 파괴하는 세대로 나뉜다. 또한 명망이 4대로 표현된 구절은 찬양과 칭송에도 표현된 적이 있다. 무함마드*는 '고귀한 아들의 고귀한 부친, 그의 고귀한 조부, 그의 고귀한 증조부, 즉 아브라함의 아들 이삭, 그의 아들 야곱, 그의 아들 요셉'이라고 했는데 이 역시 요셉의 시기에 와서 영광이 한계에 도달했음을 지적한 말이다. 토라에는 이런 구절이 있다. "나 여호와 너의 하나님은 강하시고 질투하시는 분이거늘 나를 미워하는 자의 죄를 갚되 아비로부터 아들에게로 삼대 혹은 사대에 이르게 된다." 이는 하나의 혈통에서 조상의 명망이 4대까지 미친다는 것을 의미한다. 『노래의 서*Kitāb al-'aghānī*』[24]에 이런 대목이 있다. 페르시아 왕이 누으만에게 말했다. "아랍 부족 중에 여타 부족보다 명문가의 부족이 있는가?" 누으만은 그렇다고 말하자 페르시아 왕은 어떤 부족이냐고 묻는다. 그러자 누으만이 대답했다. "3인의 조상이 연속해서 지도자이고 4대째에 와서 쇠락한 집안이 그런 경우입니다. 이런 가문은 그 부속의 명문가라 할 만합니다. 예를 들면 후다이파 븐 바드르 알파자리 가문이 있는데 그들은 까이스 부족에 속합니다. 또한 샤이반 가문에도 두 명의 조

---

23    코란 14장 19, 20절.
24    10세기의 문인 아부 알파라즈 알이스파하니가 편집한 책으로 백과사전적 형식의 시와 노래 모음집이다.

상이 있습니다. 킨다 부족[25] 중에 아시아스 븐 까이스 가문이 있고 타밈 부족[26] 중에 하집 븐 주라라 가문 그리고 까이스 븐 아씸 알만카리 가문이 있습니다. 이 모든 사람들이 결집하여 그들의 부족 중에 한 사람을 추종하고 그에게 통치자의 권력과 명예를 실어주었습니다. 그 결과 그들의 통치자는 후다이파 븐 바드르였고 그다음으로 누으만과 인척이었던 아시아스 븐 까이스였고 그다음으로 비스탐 븐 까이스 븐 샤으반이었고 그다음이 하집 븐 주라라였습니다. 그다음으로 까이스 븐 아씸이 있습니다. 그들은 모두 연설시 수사학을 애용했고 운이 있는 산문에 중점을 둔 채 연설했습니다." 그러자 페르시아 왕이 다시 말했다. "그들 모두가 그런 지위를 누리기에 적합한 인물들이었구나. 이 가문들은 바로 하심가의 후손 이후로 아랍인들 사이에 언급되던 그런 가문들이었다. 또한 그들과 더불어 하리스 븐 카읍 알야마니 출신의 두브얀 가문도 있구나." 이 모든 것은 명망이 4대에 달한다는 사실을 보여준다. 알라께서 가장 잘 알고 계신다.

## 16장 | 야만 민족은 다른 민족보다 정복 능력이 더 크다

우리가 제3장에서 언급했듯이 베두인 생활은 그 원천에 용기가 있다는 것을 주지하라! 야만적인 집단은 다른 집단보다 훨씬 용감하다. 그러므로 그들은 지배권 획득에 뛰어나고 다른 민족의 수중에 있는 지배권을 빼앗는 데에도 능숙하다. 동일한 종족이라도 그 상황은 시간에 따라 다르다. 비

---

25  고대 아랍 부족 중 하나다. 킨다족은 남부 아랍의 하드라마우트 서부지역에서 유래했다. 5세기 말엽 킨다 왕조의 창건자 후즈르 아킬 알무라르의 지휘 아래 아랍 중부와 북부로 이동했다. 여기에서 이들은 다양한 부족들을 하나의 연합체로 만드는 데 성공했다. 이슬람 시대에서도 킨다족의 후손들은 권력을 누렸으며, 이들 중 한 부류는 스페인에서 매우 큰 영향력을 행사했다. 이슬람 이전 시대의 유명한 시인 이므룰 까이스(540년경 죽음)도 킨다 부족 출신이었다.
26  아랍의 최대 부족 중 하나로 그들의 연원은 이슬람 이전으로 돌아간다.

옥한 평야에 정착하여 편한 삶을 누리고, 그런 생활에 익숙해지면 사람들은 기존의 야만적 습성이나 베두인 생활에서 보였던 습관을 잊고 이에 비례해서 용맹함도 줄어든다. 동물들의 경우도 마찬가지여서 영양, 들소, 나귀 등은 인간과 접촉하면서 본래의 야수성을 상실하고 활력과 난폭성도 변화한다. 그 결과 동물들의 걸음걸이, 가죽과 털까지도 이런 영향을 받게 된다. 야만적인 생활을 하던 사람들이 사교적인 사람으로 변하는 것도 마찬가지이다. 그 이유는 익숙함과 관습이 인간의 성질과 성격을 변화시키기 때문이다. 만약 두려움이 없고 용감한 민족이 지배권을 장악할 경우이고 구성원의 수, 무력, 아싸비야가 비슷한 경우라면 베두인의 습관에 뿌리를 두고 거친 생활을 하는 집단이 지배권을 획득할 것이다. 이런 점을 고려하여 무다르족을 보라! 그들보다 앞서 힘야르족, 카흘란족이 있었다. 또 이라크의 비옥한 평원에 거주하던 라비아족을 보라! 무다르족에게는 베두인 생활의 관습이 남아 있었으나 다른 집단들은 무다르족보다 먼저 풍요롭고 사치스러운 생활을 했다. 사막생활의 경험은 무다르족이 다른 집단을 지배하는 힘을 기를 수 있는 여러 가지 조건을 제공했다. 그들은 다른 집단이 소유했던 것을 탈취했다. 베두인의 성품이 지배권의 장악을 위해 얼마나 칼날을 날카롭게 갈았겠는가? 그들은 상대 부족들의 손에 있던 것을 취해서 갈기갈기 찢어버렸다. 이것이 바로 따이 부족, 아미르 븐 싸으싸아 부족 그리고 그들 이후로는 술라임 븐 만쑤르 부족의 경우다. 무다르족과 야마니족의 경우처럼 오랫동안 베두인의 습성을 보존한 부족들은 세속적 풍요와 사치의 옷을 쉽게 걸치지 않았다. 그런 습성이 그들의 부속 아싸비야를 얼마나 단단하게 결속시켰던지 그들은 사치할 꿈조차 꾸지 못했다. 그들은 사치와 관련된 일조차 하지 않았다. 베두인 습성이 기저에 깔려 있는 부족은 숫자나 무력이 비슷한 경우 상대 부족을 정복할 가능성이 훨씬 크다.

## 17장 │ 아싸비야의 궁극적인 목표는 왕권이다

이런 주장은 아싸비야가 보호의 기능뿐 아니라 상호방위와 공격 행위 등 사회적 활동을 가능하게 하기 때문이다. 인간은 본성적으로 모든 사회 조직 내에서 억제력과 통치력을 지닌 자를 필요로 하고 이를 통해 서로를 공격하지 못하도록 제어한다. 그런 사람은 반드시 아싸비야를 이용해 다른 이들을 지배하는 권력을 행사해야 한다. 만약 그렇지 못하면 그의 지배력은 효과를 내지 못한다. 그런 지배권이 바로 왕권이고 이는 지도력을 넘어선 것이다. 지도력은 어느 집단에서 지도자가 되거나 다른 이로부터 복종을 받는 것을 의미하지만 그렇다고 해서 다른 이에게 자신의 지배를 강요할 정도의 힘은 아니다. 그러나 왕권은 지배권과 강제적인 지배력을 의미한다. 만약 아싸비야를 지닌 자가 남에게 복종을 요구하는 지위에 오르거나 우두머리가 되어 추종자를 갖게 되면 지배권과 강제력에 이르는 길을 발견하게 될 것이다. 왜냐하면 모든 사람은 그런 권력을 얻고자 하기 때문이다. 이때 그는 아싸비야의 도움 없이는 바라는 바를 성취할 수 없다. 왕권을 아싸비야의 궁극적인 목표라 하는 까닭이 여기에 있다.

하나의 부족 안에 여러 가문이 있고, 그들 각각의 아싸비야가 있다면 그 모든 아싸비야보다 강력한 아싸비야가 존재해야 한다. 그 강력한 아싸비야는 다른 것을 압도하는 힘이 있어 나머지를 다 통합하여 한층 강력한 아싸비야를 만들게 될 것이다. 그렇지 못하면 사분오열되어 내분이 일 것이다. "알라께서 서로를 견제하도록 하여 인류를 보호하지 않았다면 이 지구는 멸망했을 것이리라."

만약 강력한 아싸비야가 그 범위 내에 있는 모든 사람들을 확실히 지배하게 되면 그 아싸비야는 무관한 아싸비야의 소유자들까지 지배하려 든다. 이럴 때 만약 두 아싸비야가 비슷한 힘이거나 한 쪽의 도전을 다른 쪽이 방어할 정도가 되면 양자는 적이 되어 자 부족을 관할하게 된다. 두 아싸비야는 각기 영역과 집단에 대해 지배권을 유지하는데, 지구상에 산재해 있는 모든 부족이나 민족들이 그런 예다. 만약 한 아싸비야가 다른 아싸비야를 압도하면 압도된 아싸비야는 승리한 쪽에 합쳐지고 승리한 쪽의 지배력이 더 커지게 된다. 그러면 승리한 아싸비야는 더 큰 목표로 지배권과 장악력을 키우려 한다. 이런 과정을 거쳐 그 아싸비야는 왕조의 지배력과 동등해질 정도로 세력을 키운다. 만약 왕조가 노쇠해지고 그 아싸비야를 공유하는 자들이 왕조를 방어하지 않으면 새로운 아싸비야의 지배력은 왕조의 권력을 탈취하고 파괴시킨다. 그렇게 되면 완전한 왕권을 획득하게 되는 것이다. 아싸비야의 지배력은 지배왕조의 노쇠기와 함께 하는 것은 아니다. 지배왕조가 상황을 호전시키려고 다른 아싸비야의 집단에게 도움을 요청하는 것은 위험을 자초하는 행위다. 이 경우 지배왕조는 새롭고 강력한 아싸비야를 보유한 집단을 가신으로 택하고 왕조는 그들을 이용해서 자신의 목적을 달성한다. 이는 완전한 장악력을 지닌 왕권이라 볼 수 없으며 그 대표적인 예가 압바스 왕조에 있던 투르크, 쿠타마와 함께 했던 씬하자와 자나타, 라위가와 압바스가 출신인 시아 왕조와 더불어 했던 함단 가문이다.

　왕권이 아싸비야의 목표라는 점은 명백해졌다. 그 목표를 성취하게 되면 그 아싸비야를 대표하는 부족은 처한 상황에 따라 왕권을 바로 탈취하거나 지원하는 두 가지 방법을 결정해서 왕권을 획득하게 된다. 만약 아싸비야가 목표를 성취하던 중 장애물을 만나면 알라께서 운명을 결정하실 때까지 그 위치에서 멈춰 있다.

# 18장 │ 왕권의 장애물은 부족민이 사치와 안락함에 안주하는 것이다

　그 이유는 한 부족이 아싸비야의 도움으로 어느 정도 지배권을 장악하면 재물을 획득하게 되고, 결과적으로 번영하고 풍요로운 삶을 누리던 이들의 생활을 따르게 되기 때문이다. 그들이 그런 상태를 유지하는 정도는 지배권의 크기와 왕조에서 그들이 차지하는 위치에 비례한다. 만약 왕조가 강력해서 아무도 그 권력을 탈취하거나 공유할 수 없다면 우리가 언급한 그 부족은 왕조의 지배에 복종하고 왕조가 하사하는 재화와 부여한 세금에 만족하게 될 것이다. 그들은 왕권을 탈취하려는 희망을 감히 품지 않을 것이다. 그 부족의 주민들은 안락함과 풍족한 생활에 안주하고, 지배 왕조의 그늘 아래서 편한 생활을 영위하며 건물, 의복 등에서 왕가의 관습을 따르는 일에 관심을 기울인다. 그들은 이런 것을 점점 더 중요하게 여기고 또 그런 모습에 자부심을 느끼고 사치를 탐닉한다. 결국 그들은 베두인 생활의 강인함과 용맹함을 잊어버리고 아싸비야도 약해진다. 그 부족민들은 알라께서 부여한 충만함에 도취되고 후손들은 스스로를 돌보거나 자력으로 일을 처리할 능력을 잃게 된다. 그들은 아싸비야에 필수적인 요소를 경멸하고 이런 태도는 그들의 천성으로 자리 잡는다. 그들의 아싸비야와 용기는 여러 세대가 지나면서 소진되고 결국 완전히 없어진다. 그들은 파멸하게 된다. 그들이 누리는 사치와 재화의 정도가 커질수록 왕권이 아니라 파멸에 가까워지는 것이다. 그들이 사치와 안일함에 빠지는 것은 지배력을 불러오는 아싸비야의 위력을 파괴한다. 일단 아싸비야가 파괴되면 부족은 더 이상 보호와 상호 방위를 수행하지 못하고, 필요한 것을 스스로 해결하지 못하게 되어 결국 그 부족은 다른 부족에게 통합된다. 이렇게 해서 사치는 왕권의 가장 큰 장애물이라는 것이 명백해졌다. 알라께서는 원하는 자에게 왕권을 허락하신다.

## 19장 │ 부족민들의 지나친 겸손과 복종은 왕권 획득에 장애가 된다

이는 지나친 겸손과 복종의 자세가 아싸비야의 강인한 정신을 파괴하기 때문이다. 사람들은 자신을 방어하기 어려울 정도로 약해지기 전까지는 지나친 겸손을 택하지 않는다. 하지만 그 정도로 약해지면 대적하거나 요구를 주장할 때 약해지기 마련이다. 이스라엘인들의 경우가 그 대표적인 예라 하겠다. 모세*는 그들에게 시리아로 가서 지배자가 되라고 권고했고 알라께서 그런 운명을 결정해 주셨노라고 말해주었다. 그러나 이스라엘인들은 그렇게 하기에는 너무 나약했다. 그들은 이렇게 말했다. "그곳에는 거인들이 살고 있다. 그들이 그곳을 떠나기 전까지 우리는 그곳에 들어가지 않겠다."[27] 그들은 '우리의 아싸비야를 사용하지 말고 알라의 능력으로 그 거인들을 내쫓으시오. 그러면 그것은 당신의 기적이 될 것이다. 모세여!'라고 말한 것이다. 모세가 주장을 굽히지 않자 그들은 반란을 일으켜 이렇게 말했다. "너와 네 주님이 가서 싸워라!"[28] 그렇게 한 이유는 그들이 너무 약해져서 저항과 요구를 하는 것이 불가능했기 때문이다. 코란의 구절에 언급된 것처럼 그들은 너무 오랫동안 이집트에 있던 콥트인들에게 복종하며 지냈고 그런 습관에서 비롯된 지나친 겸손과 복종이 천성으로 자리 잡았고 아싸비야를 완전히 상실했기 때문이다. 그들은 모세가 말했던 내용, 즉 시리아는 그들의 영토가 될 것이고 예리코에 살던 아말렉인들은 그들의 제물이 될 것이며 이 모든 것이 알라의 결정이라는 말을 믿지 않았다. 그들은 그런 일을 감당할 능력이 없었고 지시받은 일을 처리하기에는 역부족이었다. 이미 유순함은 그들의 천성으로 자리 잡았고, 그들은 어떤 주장을 하기에는 자신들이 너무 약하다는 사실을 인지하고 있었다. 그들은 자신들의 예언자가 한 말을 믿지 않았고 또 그 명령

---

27   코란 5장 22절.
28   코란 5장 24절.

도 따르지 않았다. 그래서 알라께서 그들에게 벌을 내려 시리아와 이집트 사이의 사막에서 40년간 떠돌게 하셨다. 그 기간 동안 그들은 문명과 접촉하지 못했고 도시에도 정착하지 못했고 다른 백성들과도 섞이지 못했다. 이런 이야기는 코란에 등장하는데, 시리아의 아말렉인 그리고 이집트의 콥트인이 그들을 사취했고 그들은 이에 저항하기에는 너무 약하다고 했다. 코란 구절의 맥락을 보아 이해할 수 있는 것은 그들이 사막에서 거주하는 것은 치욕과 억압 그리고 폭력에 희생된 결과라는 것과 그로 인해 그들의 아싸비야는 완전히 소멸된 한 세대가 사라지고 난 이후 법률이나 억압을 모르고 겸손과 비굴함이라는 낙인과 무관한 신세대가 나타난다는 것이다. 이런 과정을 거쳐 새로운 아싸비야가 생기고 이 새로운 세대는 자신들의 주장을 제시하고 더 나아가 지배권을 획득하는 것도 가능해졌다. 이로써 한 세대가 40년이라는 세월에 걸쳐 사라지고 새로운 세대가 등장함으로써 그 기간이 그런 일을 하는데 최단 기간임을 알려준다. 지혜롭고 전지전능하신 분을 찬미하라!

이로써 아싸비야가 의미하는 바는 명백해졌다. 아싸비야는 자신을 방어하고 적에게 저항하고 자신을 보호하고 자신의 주장을 강하게 내세우게 한다. 하지만 아싸비야를 상실한 자는 유약해져 더 이상 자신을 보호할 수가 없다. 공납과 세금에 관한 문제도 이 장에서 다룰 필요가 있는데, 그 이유는 공납과 세금 역시 부족민에게 지나친 겸손을 강제로 요구하기 때문이다. 한 부족이 공납을 행한다는 것은 그들이 지나치게 겸손해서 굴복하고 있다는 사실을 인정할 때 발생한다. 일반적으로 공납과 세금은 자부심을 가진 사람은 도저히 견딜 수 없는 억압이자 겸손을 넘어 비굴함의 상징이다. 즉, 그들은 자기 방어를 하지 못할 정도로 아싸비야가 약해진 상태이다. 타인의 억압을 스스로 방어할 수 없을 정도로 위약한 아싸비야의 소유자가 어떻게 저항하고 자신의 주장을 강요할 수 있겠는가? 그들은 쉽게 복종하는데, 지적했듯이 복종은 장애물이다. 이와 관련하여 예언자*께서는 일부 안싸리들[29]의 집에서 쟁기 날을 보고는 이렇게 말씀하셨다. "이곳 백성들의 집에 침입한 것은 겸손을 지나 비굴함밖에 없구나." 이것은 공물을 상납하는 것이 비굴함을 수반한다는 사실을 지적한다. 공물을 상납하는 자의 비굴함은 압제의 천성이 빚어낸 복종과 간교한 술수와 함께 존재한다. 그러므로 만약 비굴함의 올가미에 갇혀서 공물을 상납하는 부족을 보게 된다면 그 부족이 왕권을 획득할 것이라고 기대하지 마라.

여기 명백하게 볼 수 있는 사실이 있다. 마그립의 자나타 부족이 그 당시 왕권을 장악했던 부족에게 공물을 상납했다고 주장하는 자들은 오류를 범한 것이라는 것이다. 그것은 당신이 알고 있듯이 사악한 오류다. 만약 그런 일이 있었다면 그 부족은 왕권을 획득할 수 없었을 것이고, 더불어 왕조를 세우고 완성하지도 못했을 것이다. 샤히라바즈가 압두 알라흐만 븐 라비아를 내려다보며 왕권과 관련된 질문을 했다. 그러자 압두 알라흐만이 대답했다.

"오늘의 저는 당신의 복속입니다. 당신과 함께하니 당신을 환영할 따름입니다. 알라의 축복은 저와 당신에게도 함께 하지요. 제가 당신께 상납하는 인두세는 당신이 거두신 승리의 결과고, 이는 당신께서 좋아하시는 것을 실행하는 것입니다. 그러나 인두세 상납으로 저희를 비천하게 여기지는 마십시오. 또한 저희를 당신의 적으로 간주하지도 마십시오." 이로써 충분히 설명했다. 만약 공납이라는 치욕을 받아들이는 부족이 있다면 그 부족은 왕권을 장악할 수 없는 것이다.

---

29    그들은 메디나에 거주하던 이들로 무슬림이 된 자들이다. 예언자 무함마드가 메카에서 메디나로 이주할 때 함께 했던 무리들을 '무하지룬'이라 부르는 것과 대비된다.

## 20장 │ 왕권의 징표는 그에게 칭송할 만한 자질이 있는가에 의해 결정된다

　우리가 이미 언급한 것처럼 왕권은 고유의 사회적인 속성 때문에 인간에게 본질적인 것으로 간주된다. 인간의 본능적 기질과 이성적이고 논리적인 사고력을 바탕으로 인간은 선함에 더 기울어져 있다. 왜냐하면 악함은 인간의 내면에 있는 동물적 기질이 표현되는 것이기 때문이다. 정말 제대로 된 인간이라면 그는 선함과 그런 자질에 더 기울어져 있다. 그런데 왕권과 정치는 인간에게만 있는 고유한 것이고 동물에게는 없는 것이다. 따라서 선한 자질이 왕권과 정치에 적합한 것이라면 선함도 정치에 적합한 것이다. 영광은 자체로 건설되고 현실화되는 토대를 지니고 있으며 그 토대가 바로 아싸비야와 부족 집단이라는 것을 앞에서 설명했다. 그런 토대가 완벽하게 존재하기 위해서는 개인의 자질이 필요하다. 만약 왕권이 아싸비야의 목표라면 개인의 자질은 부차적인 목표다. 왜냐하면 왕권을 완벽하게 하는 부차적인 요소가 없다면 그것은 마치 사지가 잘린 사람이거나, 벌거벗고 사람들 앞에 서는 형국과 같기 때문이다. 하지만 아싸비야를 지니고 있어도 칭송받을 만한 자질이 없다면 그것은 가문의 명망에 결점으로 작용한다. 더욱이 명망 중에 최고봉이라 할 수 있는 왕권을 획득할 사람에게 그런 자질이 결여되어 있다면 두말할 필요도 없다.

　정권과 왕권은 신이 인간을 위해 주신 '보증'과 같은 것이므로 그것을 소유한 자는 신의 대리인으로 인간들에게 종교법을 집행해야 한다. 인간을 다스리는 신의 법률이 선과 복지를 목표로 한다는 사실은 종교법을 통해서 확인된 바 있다. 반면 인간의 법률은 무지함과 사탄이 빚어낸 것이고 신의 예정설과 권세에 위반된다. 신은 선과 악을 모두 창조하고 또 그 미래를 예정했으니 그분 이외에 창조자는 있을 수 없다. 인간에게 권력을 보증하는 아싸비야를 획득한 자, 신의 창조물을 다스리고 신의 법률을 집행하기에 적절한 선한 자는 바로 인간세상에서 신의 대리인이자 보증인이 될 준비가 되어 있는 자이다. 그분은 그럴 만한 자격을 갖춘 것이다.

선한 자질을 알려주는 증거는 첫 번째 증거인 아싸비야보다 더 믿을 만하다. 이렇게 선한 자질은 아싸비야를 소유한 자에게 왕권이 있을 것임을 보여준다는 것이 분명해졌다. 아싸비야를 소유하고 많은 나라와 민족을 지배하게 되면 선함과 선한 자질을 겸비하고자 많은 노력을 한다는 것도 알 수 있다. 예를 들자면 관용, 용서, 약자에 대한 포용심, 환대, 백성을 긍휼하게 여기는 것, 구휼, 역경을 견뎌내는 것, 백성과의 약속을 지키는 것, 명예 보전을 위한 재산 기증, 샤리아에 대한 존경심, 학자들이 옳다고 규정한 일을 따르며 그르다고 규정한 일을 삼가는 것, 종교인을 존경하고 그들의 축복을 얻으려는 노력, 노인과 교사를 존경함, 진실을 입증하려는 노력, 스스로를 돌볼 수 없는 약자들을 공정하게 대우하고 그들에게 지속적으로 자비를 베푸는 것, 진실에 대한 복종, 빈자를 겸허하게 대하는 것, 탄원자의 이야기 경청·기만·교활한 술책·사기·의무 회피 등을 금하는 것 등이 있다. 이런 항목들이야말로 지도자가 갖춰야 할 자질인 것이다. 이는 알라께서 위정자에게 아싸비야와 지배력에 상응하여 허락하신 것이다. 반대의 경우도 있는데 알라께서 어느 민족의 왕권을 거두려 하실 때는 왕권의 소유자에게 백성들의 비난을 살 온갖 악행을 저지르게 한다. 그는 덕으로 쌓은 정치를 완전히 잃고 왕권을 행사할 수 없을 정도로 서서히 소멸되고 결국 그 대신 다른 이가 왕권을 행사하게 된다. 이는 그에게 최악의 불명예인네 그 이유는 그에게 내려순 왕권과 그동안 그가 누렸던 부귀영화를 모두 잃게 되는 것이기 때문이다. "우리가 한 고을을 멸망시키고자 했을 때 안이한 생활을 영위하던 그들에게 명령을 내렸으되 그들에게 실현되어 우리는 그들을 멸망하게 했느니라."[30] 당신이 역사를 좀 더 면

---

30    코란 17장 16절.

밀히 검토해 본다면 이미 과거에 이런 일이 여러 민족에게 일어났음을 알 수 있을 것이다. 알라께서는 원하고 선택한 대로 창조하신다. 지도자로서의 완벽한 자질, 즉 아싸비야를 지닌 부족들이 탐내어 서로 경쟁하고 왕권을 향유할 만한 자격이 있다는 것을 입증해 주는 그런 자질은 바로 학자, 예언자의 후손, 명문가의 자제들, 상인과 외지인들을 존경하는 것이고 또한 모든 사람들에게 각자의 적절한 지위를 부여하는 것임을 인지하라! 여러 부족과 아싸비야를 지닌 자들 그리고 씨족들이 고귀함을 두고 서로 다투거나 아싸비야를 놓고 경쟁하고 영광을 실현하는 데 동참하는 이들을 존경하는 것은 자연스런 일이다. 이는 영광을 실현하고자 하는 열망, 존경받는 사람들에 대한 경외심, 그들과 같은 대우를 받고자 하는 희망 등에서 비롯된다. 하지만 자신을 중요한 존재로 만들 만한 아싸비야를 소유하지 못한 사람들, 기대할 만한 영광과 능력이 없는 사람들로 말하자면 그들이 왜 아싸비야를 소유한 자를 존경하는지 의심을 가져 볼만하다. 그들에게서 얻고자 하는 것은 영광을 얻는 것, 개인적 자질을 완성하는 것, 정치적 권위를 얻기 위해 노력하는 것 등이다. 왜냐하면 경쟁자를 존경할 수 있다는 것은 자신의 부족뿐 아니라 경쟁자 혹은 상대방까지 모두 배려하는 정치적 지도력이 완성되었을 때만 가능하기 때문이다. 외지인을 존경한다는 것은 정치적 지도력이 완성되었음을 의미한다. 종교인들은 종교 때문에 존경받고, 학자들은 종교법의 조항을 규정하는 큰일을 하는 사람이므로 존경받는다. 상인은 경제적인 효용성이 최대한 확산되기 바라기 때문에 존경받는 것이다. 하지만 외지인을 존경하는 것은 관용의 표현이다. 또한 모든 이에게 적절한 지위를 부여하는 것은 공평함이 그 근원이고 공평함은 정의로움을 뜻한다. 아싸비야를 지닌 자가 공평함을 소유하게 되면, 그들은 정치적 지도력을 갖추게 되고 왕권을 행사할 시기가 되었음을 의미한다. 그들이 정치적 지도력을 갖추었기에 알라는 이제 그들에게 권력을 주신다. 마찬가지로 알라가 어떤 부족으로부터 왕권을 거두고자 하면 왕권을 행사하는 그 부족이 제일 먼저 잃게 되는 것은 존경심이다. 어떤 민족이 '존경심'을 잃어버리면 그것은 곧 그들이 선한 덕성을 잃어버렸다는 증거고 왕권도 소멸될 것이라는 점을 예상하라! "알라께서 그 백성에게 고난을 주려 하실 때는 어느 누구도 막아낼 수 없으니."[31]

## 21장 │ 야만적인 민족이 왕권을 획득하면 최대한 효용을 거둔다

우리가 이미 언급한 대로 이런 민족은 완벽한 지배력과 통제력으로 다른 집단을 복속시키는 데 탁월하기 때문이다. 이런 민족의 구성원들은 다른 민족과 투쟁할 힘이 있는데, 그 이유는 그들이 동물의 세계에서 볼 수 있는 맹수와 같은 존재기 때문이다. 예를 들면 베두인, 자나타족 혹은 쿠르드족, 투르크민족, 복면 씬하자족[32] 중에 그 유사한 집단들이 있다.

이런 야만적 민족들은 정착해서 농사를 짓고 살만한 고향이나 꼭 머물러야 하는 고정된 장소가 없다. 그들에게는 모든 지역이나 장소가 같아서 자신이 현재 있는 곳이나 주변 지역을 소유하는 것에 만족하지 않고 자신이 속한 세상의 경계선에서 멈출 줄 모른다. 그들은 먼 지역으로 거침없이 몰려 나가고 다른 민족들을 지배한다. 이와 관련하여 우마르*가 한 이야기를 살펴보라. 그때 사람들은 이라크 지방의 사람들을 선동하였다. 그러자 그가 이렇게 말했다.

"히자즈 지방은 너희가 잠깐 음식을 구하는 곳이지 거처는 아니다. 히자즈의 주민들은 그곳을 경영하고 살 수 있다. 코란의 낭송가가 읽은 구절 중에 알라께서 약속하신 것을 저버리고 떠나는 이들에 대한 것이 있었

---

31    코란 13장 11절.
32    씬하자 부족은 마그립에서 가장 광범위하게 거주했던 베르베르 부족 연합이다. 그들 중 복면을 한 일족을 복면 씬하자라고 부른다.

는가? 그들은 알라께서 그 책(코란)을 통해 너희에게 약속해주신 땅을 곧 보게 될 것이다."

"알라께서 복음과 진리의 종교를 모든 종교 위에 있도록 하셨으니 불신 자들이 또한 증오하더라."[33] 이는 이전의 베두인들이 처했던 상황으로 여겨진다. 예를 들자면 타바바아, 힘야르가 있다. 어떻게 그들이 한번은 예멘에서 마그립으로 이동하고 또 한번은 이라크 지방과 더 나아가 인도 지방으로 이동했겠는가? 아랍 베두인을 제외하곤 그 어떤 민족도 그렇게한 적이 없다. 마찬가지로 마그립의 베일을 쓴 족속들이 왕권을 획득하고 제1지역에서 거침없이 몰려나가 수단의 인근에 있던 자신들의 지역에서 안달루스 왕조가 경영하던 제4지역과 제5지역까지 영토를 확장한 적이 있다. 이것이 바로 야만적인 민족들에 관한 언급이며 결과적으로 그들의 왕조는 매우 광범위하였다.

"알라만이 밤과 낮을 운용하신다."[34]

## 22장 | 어떤 민족이 아싸비야를 간직하는 한 사라진 왕권은 반드시 그 민족 내의 다른 씨족으로 이양된다

그 이유는 그 민족이 자신의 강한 힘으로 다른 민족을 정복한 뒤에 왕권을 획득하기 때문이다. 그 민족의 일원이 군주가 되면 소수의 사람만이 왕조와 직접 연관을 맺는 것이지 그 민족의 구성원 모두가 그렇게 되는 것은 아니다. 이는 경쟁하는 사람들이 너무 많고 높은 지위를 바라는 다수가 질투하기 때문이다. 일단 왕조의 중심인물이 된 사람들은 편안함, 사치, 풍족한 생활에 젖어 든다. 그들은 동시대의 친구들과 사람들을 종으로

---

33  코란 9장 33절.
34  코란 73장 20절.

만들고 왕조가 추진하는 여러 가지 업무에 그들을 이용한다. 하지만 정권과 멀리 있어 그런 일에 동참하지 못하는 자들은 왕조 권력의 그늘에 있게 된다. 그들은 혈통 때문에 그 일에 참여하기는 하지만 왕조가 노쇠해도 이에 영향을 받지 않는다. 그들은 사치나 사치를 만드는 원인에서 멀리 있기 때문이다. 만약 세월이 흘러 권좌에 있던 모든 이들이 젊음을 잃고 노쇠해지면 왕조 역시 활력을 잃게 된다. 그들은 세월의 희생양이 되고 그들의 강인함은 안락함에 탐닉한 결과 소진되고 그들의 생기는 사치로 인해 고갈된다. 이렇듯 그들은 도시화와 정치적 지배력의 본질이라는 한계에 이른다. 시인은 이렇게 노래했다.

"누에는 비단실로 고치를 짠다. 모순되게도 그 한가운데서 죽는다."

그 순간에 같은 민족 내의 다른 이들은 아싸비야를 강하게 유지하고 있으니, 그들의 탐심이 낳은 지배력은 보존되고 전쟁에서 그들은 연승의 깃발을 올린다. 그들은 집단 내에서 우월한 세력의 저지 때문에 시도하지 못했던 왕권을 향한 야망을 높이고 자신들의 지배력이 인정되고 투쟁력이 강대해지면 결국 권력을 장악한다. 그러나 그들 역시 전임자들과 같은 과정을 거치게 되고 자민족 출신이지만 왕권에서 멀리 떨어져 지내는 다른 씨족의 손에 쫓겨난다. 이런 과정을 겪어 왕권은 어느 특정한 민족 내에서 그 민족 전체의 아싸비야의 힘이 파괴되어 소멸할 때까지 혹은 그 집단들이 모두 멸망할 때까지 존속한다. 알라께서는 이 세상의 일을 이런 방식으로 처리하시다. "그대 주님 앞의 내세는 의로운 자들을 위해 있느니라."[35]

이런 사실은 여러 아랍 민속늘 사이에서 일어난 일들을 보아도 알 수 있다. 아드와으족[36]의 왕권이 무너지자 그들의 형제인 싸무드족[37]이 그 왕

---

35   코란 43장 35절.
36   아드 븐 키나드가 족장이었던 고대 아라비아 반도 남부의 부족이다. 현재의 위치는 예멘 동부와 오만 서부 그리고 아라비아해에서 도파르산까지의 위치에 있었다. 그들은 최초로 낙타를 키웠으며 고대 무역의 중심 부족이었다.
37   고대 아라비아 남부와 남서부의 비옥한 지역에 최초로 거주했던 부족으로 장신에 거구

권을 장악했고, 그다음에도 역시 형제격인 아말렉족이 그들의 왕권을 이어받았다. 아말렉족의 왕권은 형제인 힘야르족[38]이 이어받았으며 힘야르족의 왕권은 그 형제이던 톱바족이 장악했다. 마찬가지로 그들의 왕권은 다시 아드와족[39]이 장악했고 나중에 무다르족이 이어받았다. 페르시아인들 역시 마찬가지 경우이다. 카얀 왕조의 지배력이 무너지자 사산 왕조가 그 뒤를 이었고 마침내 알라께서는 그들 모두를 무슬림이 정복하게 만들었다. 그리스인의 경우도 마찬가지인데, 그들은 형제인 로마인들에게 정복되었다. 마그립의 베르베르족의 경우도 이와 같다. 마그라와인[40]의 왕권이 붕괴되자 씬하자족[41]이 왕권을 찬탈했고 그 뒤를 이어 복면 씬하자족이, 그 이후에는 마쓰무다족[42]이 왕권을 이어나갔다. 그 후 자나타족이 계승하게 되었다. 이것이 알라께서 그의 종과 피조물을 다루는 방식이다.

이 모든 것의 근원은 아싸비야에 있다. 물론 아싸비야는 여러 세대를 거치며 상이하게 변한다. 사치는 왕권을 약화시키고 파멸하는데 이 부분은 앞으로 자세히 다룰 것이다. 한 왕조가 무너지면 그 왕조의 아싸비야 중 일부였던 다른 아싸비야의 집단이 권력을 획득한다. 그 이유는 사람들이 기존의 아싸비야에 순종하고 복종적이기 때문이고 또 그 아싸비야가 다른 아싸비야보다 우월하다는 사실에 익숙해져 있기 때문이다. 그런 아

---

라는 신체적 특징을 지니고 있다.

38  고대 남서 아라비아 반도 해안 지대에 있던 사바 왕국의 부족.

39  고대 에티오피아 왕국의 부족.

40  모로코와 알제리 중서부에 거주했던 베르베르 부족.

41  마그립 일대의 베르베르인 부족 중 가장 큰 규모의 부족이다. 처음에는 사하라 북부에 있었으나 이슬람이 유입된 이후 수단과 니제르까지 그 영역을 넓혔다. 9세기 중엽부터 그들은 리프산맥과 모로코의 아틀랜틱해안으로 거처를 옮겼다. 씬하자족 중 일부가 알제리아 동부의 쿠타마에 자리 잡고 파티마 왕조의 건립에 큰 역할을 했다. 씬하자 왕조는 12세기까지 이프리끼야 지방을 통치했다.

42  모로코의 광범위한 지역에 거주했던 베르베르 부족이다. 그들은 정주생활과 농업을 시도했으며, 10세기에 씬하자족과 자나타 부족이 마쓰무다 부족의 영토를 침공했고, 12세기에는 아랍 베두인 부족인 바누 힐랄족의 침공이 이어졌다.

싸비야는 멸망하는 왕조와 긴밀한 관계를 지니고 있던 사람들에게만 존재하는데 그것은 아싸비야의 힘이 관계의 긴밀함에 따라 다르기 때문이다. 이렇게 해서 세상의 거대한 변화인 종교의 변혁이나 문명의 소멸 등이 발생하거나 알라께서 의도하시는 다른 일들이 발생한다. 왕권은 한 집단에서 다른 집단으로 즉, 알라께서 그런 변화를 일으키도록 하시는 집단으로 옮겨간다. 무다르족이 여러 민족과 왕조를 지배하고 그들의 손에서 왕권을 찬탈했을 때도 이런 일이 발생한 것이다.

## 23장 │ 피정복민은 표현이나 의복, 직업 등 제반의 관습에서 정복민을 모방한다

그 이유는 인간의 영혼이 자신보다 우월한 사람이나 자신을 굴복시키는 사람을 완벽하다고 생각하기 때문이다. 그런 자를 위대하다고 생각하게 되는 이유는 여러 가지가 있다. 그의 외모가 완벽하다고 생각하는 경우도 있고 혹은 그에게 복종하는 것은 자신의 영혼이 정복한 이의 완벽함에 동화되는 것이라고 잘못 생각하는 경우도 있다. 일단 그런 잘못된 생각이 굳으면 그것은 신념이 되고 그렇게 되면 그 사람은 승리자의 모든 방식을 받아들이고 그와 닮으려 한다. 이것이 '모방'이다. 당신은 승자의 우월함이 아싸비야나 강력하게 굽히지 않는 성격 때문이 아니라 그가 지닌 관습이나 방식 때문이라고 생각할 수도 있다. 이것 역시 지배력의 개념을 잘못 이해했기 때문이며 그 결과는 앞의 경우와 마찬가지로 모방이 될 것이다. 이렇게 피정복민은 의복, 수레, 무기 등 모든 면에서 승자를 모방한다는 사실을 확인할 수 있다. 아이가 아버지를 모방하려는 것을 보라. 아이들이 그렇게 하는 것은 아버지를 완벽하다고 생각하기 때문이다. 대부분의 지역에서 사람들이 그들을 지배하는 수비대나 정부군의 제복에 얼마나 영향을 받는지 보라! 그 이유는 그들이 바로 자신을 지배하는 이들이기 때문이다. 심지어 이웃민족의 지배를 받는 민족도 동화와 모방을 얼마나 심각하게 연출하는지 살펴보면 지금 우리가 논하고 있는 점을 분명히 알 수 있다. 오늘날의 스페인이 그런 경우이다. 스페인의 무슬림들은 복장, 문장, 관습 면에서 갈리시아 사람들과 무척 닮았고 심지어는 벽과 공장과 집 안의 그림까지 비슷하게 꾸몄다. 안목이 있는 관찰자들은 그것이 바로 다른 사람의 지배를 받고 있다는 징표라고 결론 내린다. 우리는 "대부분의 사람은 통치자의 종교를 따른다"는 말의 뜻을 이런 점에서 이해해야 할 것이다. 이 말은 현재 논의 중인 주제와 관련된 것이다. 통치자는 백성 위에 군림하고 백성들은 그를 모방한다. 왜냐하면 이는 마치 아이가 부모를 모방하고 학생이 스승을 모방하는 것과 같이 그에게서 완벽함을 보기 때문이다. 알라께서는 자신의 종들 위에 군림하신다.

## 24장 | 한 민족이 정복당하면 그 민족 이외의 왕권은 급속히 소멸된다

이렇게 말하는 이유는 아마도 그들이 스스로의 일을 조절할 수 없게 되거나 혹은 노예처럼 되어 다른 사람들의 이용물이 되고, 다른 사람에게 의존하는 처지가 되면 그들의 정신이 게을러지게 되기 때문인 듯하다. 그들의 희망은 작아지고 성욕도 감퇴된다. 문명의 발달은 강력한 희망과 그 희망이 인간의 동물적 힘 속에 창출하는 에너지에 의해 이루어진다. 희망과 그 희망이 자극해서 생기는 힘이 정신적 게으름으로 없어지고 아싸비야가 패배의 충격으로 사라질 때 문명은 쇠퇴하고 경제활동으로 이익을 추구하려는 노력은 서서히 빛을 바랜다. 결국 그들은 자신을 빙어할 수 없게 된다. 그들은 자신을 지배하려는 자에게 희생물이 되고 그들을 잡아

먹으려는 누구에게나 쉽게 제물이 된다. 그들의 왕권이 이미 목적지에 도달했건 아니건 간에 결과는 마찬가지다.

여기서 진정으로 기억해 두어야 할 또 하나의 비밀은 인간이 지도자가 될 수 있는 것은 알라께서 그를 자신의 대리인으로 만들었기 때문이라는 사실이다. 지도자가 자신의 지도력을 박탈당하고 아무런 힘도 행사할 능력이 없게 되면 무기력 증세는 깊어져서 먹고 마시는 것조차 귀찮게 된다. 이는 인간의 성품에 있는 한 면모이다. 우리는 포획된 맹수에게서 이런 현상을 볼 수 있다. 사람에게 포획된 뒤에 그들은 암수가 어울리는 것조차 하지 않는다. 자신의 일을 통제할 능력을 상실한 집단은 점점 약화되고 마침내 소멸하게 된다. 오로지 알라만이 존속할 뿐이다.

이런 예는 페르시아 민족에게서 찾아볼 수 있다. 과거 페르시아인들은 세상에 넘쳐날 정도로 많았다. 수비대가 아랍인과의 전쟁에서 패배했을 때도 그 수는 많았다. 사이드 븐 아비 왁까스[43]가 크테시폰 동쪽에 있던 그들의 수를 계산했더니 호주 3만 7천 명을 포함 13만 7천 명이었다고 한다. 그러나 페르시아인들이 아랍인의 지배를 받자 긴 시간이 흐르지도 않았는데 마치 존재하지도 않았던 것처럼 그들은 사라졌다. 이는 그들이 어떤 박해를 받아서가 아니다. 왜냐하면 당신도 이미 알고 있듯이 이슬람의 지배는 정의로움에 그 바탕을 두고 있기 때문이다. 따라서 '해체'는 인간의 본성에 내재해 있는 것으로 일단 사람들이 자신의 일에 통제력을 상실하면 다른 사람의 도구로 전락하게 된다.

그런 이유에서 흑인들은 대부분 쉽게 노예가 된다. 그들은 인간적인 면모에서 부족하기 때문이고 우리가 이미 언급한 대로 외지의 동물들과 가까운 모습을 지니고 있다. 혹은 마슈리끄의 투르크 용병들, 스페인의 갈리시아와 유럽인들로 구성된 이단자들이 보여준 것처럼 노예생활의 올가

---

43　예언자 무함마드와 동시대의 인물로 순례기간에 병이 나자 예언자께서 손수 그를 위해 기도했다는 기록이 있다.

미에서 꼼짝 못하지만 언젠가는 고위 관직을 얻거나 재물이나 영광을 차지할 수 있다는 희망을 품는 자들도 있다. 일반적으로 왕조는 노예를 필요로 하기 마련이고 이런 자들은 신분상승의 희망을 품었으므로 노예가 되는 것을 수치스럽게 여기지 않는다. 지고하신 알라께서는 가장 잘 알고 성공을 부른다.

## 25장 | 베두인은 평원 지대만 장악한다

베두인은 야만적 기질을 발휘해 다른 집단을 약탈하고 재앙을 가져온다. 그들은 전투를 벌이지도 않고 위험한 상황에 빠지지도 않으며 약탈 후 사막의 거처로 물러간다. 자신을 방어하는 경우를 제외하고는 공격이나 전투를 하지 않는다. 그들은 공격하기 어려운 지세는 공격하지 않고, 통과하기 쉽고 공격이 쉬운 장소를 찾는다. 따라서 주변이 험준한 산으로 둘러싸인 곳에 거주하는 부족들은 베두인의 공격을 당해서 재앙을 겪을 일이 없다. 베두인은 상대를 공격하려고 험준한 산을 오르거나 위험한 습격을 시도하지 않는다. 하지만 그들은 평원 지대에서는 약탈을 일삼았고 수비대가 없거나, 왕조가 노쇠해질 기미만 보이면 언제라도 그곳을 약탈했다. 그들은 그런 곳에서 급습하고 약탈과 공격을 되풀이했다. 결국 그곳의 거주민들은 베두인에게 완전히 항복하고 그 이후 그 지역에 대한 통제권과 지배권의 변화로 원주민들의 운명도 변화한다. 즉 그들의 문명은 소멸된다. 알라께서는 그의 피조물에게 힘을 주신다. 그분은 유일하고 전능하신 분이다. 그분 이외에 다른 주님은 없다.

# 26장 | 베두인이 장악한 지역은 급속히 파괴된다

그 이유는 그들이 야만적 관습에 깊이 뿌리를 내리고 있는 거친 민족이기 때문이다. 이런 야만성은 그들의 성격과 자질이 되었다. 그것은 권위의 올가미로부터 자유롭고 정치적 복종을 거부한다는 것을 의미하므로 그들은 그런 기질을 기쁘게 누린다. 이런 기질은 문명을 거부한다. 그들에게 있어 가장 일반적인 상황은 유랑과 이동이다. 이것은 문명을 초래하는 정착에 대한 반대이고 부정이다. 예를 들어보자. 그들은 솥을 받치는데 돌이 필요하면 건물을 파괴하고 그곳에서 돌을 꺼내 쓴다. 그들은 거처로 사용할 천막을 세우기 위해 장대가 필요하면 지붕을 뜯어 나무 장대를 꺼내 쓸 것이다. 그들의 성격 자체가 문명의 토대를 의미하는 건축물을 거부하고 그들에게 있어 이런 현상은 매우 일반적인 것이다.

그들은 다른 이의 것을 약탈하는 특질을 지니고 있다. 그들의 창이 꽂히는 자국을 따라가면 그곳에 그들의 양식이 있다. 그들은 남의 물건을 빼앗아도 죄책감을 느끼지 않는다. 재물, 물건, 도구에 그들의 눈길이 닿으면 바로 빼앗는다. 그들이 지배력과 왕권을 획득하면 백성들의 재산을 보호할 정치가 무력화되고 따라서 문명은 황폐화된다.

그들은 기술자, 수공예 장인들을 강제로 부려 필요한 물건을 만들도록 하기 때문에 그런 것들이 얼마나 가치 있는 것인지 알지 못하고 그들에게 보상을 하지도 않는다. 노동에 관해서는 이후 우리가 따로 다루겠지만, 노동은 이윤의 원천이므로 노동을 인정하지 않고 보상이 없으면 사람들은 이윤을 얻고자 하는 희망도 갖지 않게 된다. 따라서 노동을 하고자 하는 의욕도 줄어든다. 도시민은 흩어지고 문명은 쇠퇴의 길로 접어든다.

그들은 법률에 관심을 기울이지 않고, 백성들의 부패를 금지하거나 외부의 침략으로부터 백성들을 보호하려 하지 않는다. 그들이 오직 관심을 두는 것은 징세를 통해 얻는 재물뿐이다. 재물만 얻으면 그 외의 것은 관심 밖이다. 예를 들면 백성의 형편을 보살피고, 그들의 이익을 고려하며, 그들이 악행을 저지르지 않도록 강제권을 동원하는 등의 일에는 전혀 관심이 없다. 그들은 백성에게 벌금을 부과하기도 하는데 이는 조금이라도 세금을 더 얻기 위해서고 늘 그렇게 해왔다. 이런 일은 부패를 막거나 그런 일을 벌이는 자를 통제하는 일에 전혀 기여하지 않는다. 결과적으로 악행이 늘어나게 되는데, 그 이유는 얻는 이익이 크기 때문이다. 따라서 베두인의 지배하에 있는 백성들은 법의 보호도 없이 혼란한 상태로 산다. 이런 혼란 상태는 인류를 파괴하고 문명을 파괴한다. 그 이유는 앞에서도 언급했듯이 왕권의 존재는 인간의 천성적 자질이고 그것이 인간과 사회 조직을 유지하기 때문이다. 이와 관련해 제1부에서 언급했다. 또한 모든 베두인은 지도자가 되려고 경쟁하고 다른 이에게 권력을 내어주려는 사람은 거의 없다. 이런 현상은 그 상대가 아버지, 형제 혹은 부족의 어른이라도 예외는 아니다. 만약 권력을 양도한다면 그것은 체면상 그런 것이거나 외부로부터 피할 수 없을 정도의 압력을 느낄 때만 발생하는 드문 경우다. 따라서 그들 중에는 많은 수의 수령과 귀족들이 있고, 피정복민들은 세금과 법률에 있어 여러 명의 권력자에게 속하게 되니 문명은 파괴되고 소멸된다. 아으라비 알와피드는 압둘 말리크가 핫자즈에 대해 질문했을 때 "그의 시대에 옳은 정치와 훌륭한 문명이 있었다"고 말했고 압둘 말리크는 이렇게 말했다. "나는 그를 홀로 사악한 자의 반열에 두었다."

  베두인이 다른 집단을 정복했을 때 그곳의 문명은 어떻게 몰락되었고 정주지에서 인구가 감소하고 황폐해지는가를 살펴보라. 베두인이 거주하는 예멘은 소수의 도시를 제외하고는 폐허의 상태다. 이라크 지방의 페르시아 문명도 마찬가지로 황폐해졌고 현재의 시리아도 마찬가지다. 이프리끼야, 마그립 지역은 5세기 초 힐랄족과 술라임족이 발을 들여놓은 이래로 350년간 투쟁해 왔다. 그 결과 그곳에 있던 평원은 모두 황폐화되었다. 그 이전에 수단과 지중해 사이의 전 지역은 문명지였는데, 기념비적인 건축물 혹은 촌락의 흔적과 같은 문명의 유적들을 통해서 확인된다. 지고하신 알라께서 가장 잘 알고 계신다.


## 27장 │ 베두인은 예언자와 성자를 통한 종교적 의미 혹은 종교적 감화를 통해서만 왕권을 획득할 수 있다

그 이유는 그들의 야만적인 기질로 인해 어떤 민족보다 타인에게 복속되는 것을 혐오하고 싫어하기 때문이다. 그들은 건방지고 오만하고 야심이 많고 지도자가 되려고 서로 경쟁하지만 이 모든 에너지를 하나로 뭉치기는 어렵다. 하지만 예언자나 성자의 가르침에 따라 종교에 귀의하면 그들은 어느 정도 억제력을 발휘하게 된다. 자만과 경쟁심이 사라지고 복속과 통합도 가능하다. 종교는 그들의 오만함을 없애주고 질투와 시기를 억제하도록 한다. 그들 중 예언자나 성자가 나타나서 알라의 명령을 이행하라고 명하고, 비난받을 만한 기질을 일소하고 칭찬받을 만한 덕성을 발달시켜 그들의 힘을 하나로 결집시키고 진리에 도달하도록 하면, 그들은 통합의 바탕 위에 지배력과 왕권을 획득하게 된다. 그들은 올바른 인도 아래 종교적 진리를 수용하는 일에는 가장 빠른 속도를 보인다. 그 이유는 그들의 천성이 타락한 습관이나 비열한 자질에 감염되지 않았기 때문이다. 그들에게 단점이 있다면 '야만성'인데 이것 역시 종교에 귀의하고 난 이후에는 쉽게 해결할 수 있는 문제다. 그들의 천성이 최초의 자연적 상태에 머물러 있고 영혼에 각인을 남기는 나쁜 습관이나 버릇과는 거리가 멀었기 때문이다. 그러므로 "모든 피조물은 천성을 갖고 태어난다"라는 말이 있는 것이다. 이는 하디스에 있는 구절이다. 우리는 이미 이에 관해 살펴보았다.[44]

---

44  이 부의 4장에서 살펴보았다.

# 28장 │ 베두인은 왕권과 가장 거리가 먼 민족이다

그 이유는 베두인이 다른 민족보다 가장 사막생활에 익숙하고 또 사막 깊숙이까지 들어가기 때문이다. 그들은 소박하고 거친 생활에 익숙하므로 구릉지에서 수확하는 곡식을 원하지 않는다. 그들은 다른 이의 도움 없이도 생활할 수 있고 서로 복종하는 것이 어려워서 그들 간의 통제는 익숙하지 않기 때문에 거칠게 살 뿐이다. 그들의 지도자는 방어를 위해서 아싸비야가 필요하다. 따라서 지도자는 친절로 그들의 반감을 불식시키려 노력해야만 한다. 그렇지 않으면 그들의 아싸비야와 충돌하게 되고 결국 양쪽 모두 파멸하게 된다. 왕조의 정치는 압제를 통한 억제력이 지속되어야 한다. 그렇지 못하면 그 정치는 계속 유지될 수 없다.

앞에서 언급했지만 베두인은 타인의 소유물을 약탈하는 기질이 있고, 분쟁을 조정하거나 싸움을 억제하려는 노력은 하지 않는다. 만약 그들이 어떤 민족을 정복하고 지배한다면 그들이 추구하는 왕권의 목표는 소유물을 약탈해서 이익을 취하는 것이다. 그들은 세금을 늘리고 불법행위에 대한 처벌도 벌금을 부과해 수익 증진을 꾀한다. 하지만 그런 방법은 범죄 억제에 효과적이지 않고 오히려 범죄의 증가를 가져올 뿐이다. 그 이유는 불법을 계속 자행해도 이익을 얻고 약간의 벌금만 내면 되기 때문이다. 이렇게 불법 행위는 증가하고 결국 문명은 파괴된다. 따라서 그런 민족은 상호 간 투쟁으로 혼란에 빠진다. 문명은 유지될 수 없고 급속하게 혼란스러워진다.

사실 베두인의 기질은 왕권과는 거리가 멀다. 그러나 그들이 종교적 감화로 기질이 정화되는 변화를 거친 이후에는 왕권의 진정한 주인이 된다. 이는 이슬람을 신봉하는 아랍계 왕조들이 입증하는 사실이다. 종교가 내외적으로 문명의 발전을 위해 종교법과 규정을 왕권의 지도력과 결합시켰을 때 다수의 칼리파는 이를 준수하고, 왕권과 왕조는 위대하고 강력해졌다. 루스툼[45]은 무슬림들이 예배를 드리기 위해 모여 있는 것을 보고 이렇게 말했다. "우마르가 내 간을 삼키고는 개떼에게 예의를 가르치는구나."

이후 아랍인 중 일부는 수세대에 걸쳐 왕조와 단절되었고 종교를 무시했다. 그들은 정치를 잊어버리고 황야로 돌아갔다. 그들은 야만생활의 과거로 돌아갔다. 칼리파가 인종상 아랍인이라는 사실을 제외하고 그들에겐 더 이상 왕족이라는 호칭은 남아 있지 않았다. 칼리파 체제가 붕괴되고 사라지자 그들의 손에서 정치적 권력은 완전히 떠나갔다. 비아랍인들이 권력을 장악했고 아랍인들은 왕권이나 정치는 모른 채 베두인으로 사막에 거주하게 되었다. 아랍인 대부분은 과거에 왕권을 소유했었다는 사실 혹은 그들이 가장 강력한 왕권을 행사했던 민족이었다는 것조차도 알지 못했다. 아드, 싸무드, 아말렉, 힘야르, 툽바 등의 부족들이 세웠던 왕조들이 이런 사실을 입증하고 그 뒤 이슬람 시대에는 우마이야, 압바스 왕조와 같이 무다르족이 건설한 왕조들이 그런 경우이다. 아랍인들은 자신의 종교를 망각하고 정권에서 점점 멀어졌고 원래의 사막생활로 돌아갔다. 물론 오늘날 마그립에서 보듯이 그들이 군소 왕조에 대해 지배권을 행사하는 경우도 있으나 이미 설명했듯이 그들의 지배는 정복된 지역의 문명을 파괴하는 결과를 초래했다. "알라께서는 당신의 뜻대로 권능을 주신다."


29장 │ **베두인 부족들은 도시민에게 지배당한다**


우리는 이미 앞에서 베두인 문명이 도시문명보다 열등하고 그 이유는 베두인에게 문명의 필수요소가 결여되어 있기 때문이라고 언급했다. 그들은 자신들의 거주 지역에서 농사를 짓지만 그 규모나 질이 미미하고 대

---

45　페르시아의 유대인 장군으로 까디시야 전투를 이끌었다.

부분이 수공업에 의존한다. 그들에게는 농사나 그 밖의 일로 생계를 유지하는 데에 필요한 물건을 만드는 목수, 재단사, 철공 기술자 등이 없다. 그들에게는 화폐가 없었고 그 대신에 추수한 수확물과 동물 혹은 동물의 젖이나 양모, 낙타의 털과 가죽 등이 있었다. 도시민들은 그런 물건이 필요하므로 베두인들에게 디나르나 디르함의 화폐를 내고 구입한다. 베두인은 생필품을 해결하기 위해 도시민을 필요로 하지만 도시민들은 편의와 사치를 위해 베두인을 필요로 한다. 따라서 그들이 베두인으로 살면서 왕권을 획득하지 못한 채 도시를 지배하지 못하는 한 그들은 계속 도시민을 필요로 한다. 그들은 도시민의 이익을 위해 활동하고 도시민이 그들에게 복종을 요구하면 그에 따른다.

도시에 통치자가 있다면 베두인들은 그 통치자의 지배에 따르고 굴복한다. 만약 도시에 통치자가 없으면 일부 주민들은 나머지 사람들에 대해 정치적 지도력과 통제권을 반드시 행사해야 한다. 이는 자신들이 속한 문명이 공격을 받지 않도록 하기 위해서다. 그런 지도자는 베두인들을 자신에게 복종하도록 만들고 자신의 이익을 위해서 일하도록 만든다. 그는 돈을 주거나 그들이 도시에서 필요한 물건을 나누어 주는 방법을 취하는데, 그 문명은 계속 유지된다. 그 자신이 충분한 무력을 가지고 있는 경우라면 그냥 복종을 강요하기도 한다. 가끔 그들을 분열시키고 어느 한 집단의 지지를 받아 다른 집단을 제압하기도 한다. 베두인들이 살던 곳을 떠나 마음대로 다른 지역으로 가는 경우는 흔치 않은데 그 이유는 다른 베두인들이 이미 다른 곳을 모두 점거하고 외부인의 접근을 허락하지 않기 때문이다. 따라서 그들은 도시민에게 복종하지 않고는 달리 생존할 방법이 없고 결과적으로 도시민의 지배를 받게 된다. 알라께서는 자신의 종복 위에 군림하시는 정복자이시고 그분은 유일한 정복자이시다.

# 제3부

## 일반적인 왕조, 왕권, 칼리파위, 정부의 관직 그리고 이에 수반되는 사항들. 관련된 기본 법규와 보충적 제의들[1]

1장 | 왕권과 일반적인 왕조의 힘은 한 부족과 그 부족의 아싸비야를 통해서만 획득된다

이것은 앞에서 언급한 대로 동료를 위해 투쟁할 때 아싸비야를 통해서만이 공격과 방어가 가능하기 때문이다. 왕권은 고귀하고 달콤한 것이고 이 세상의 선과 육체적 탐욕과 영혼의 기쁨을 가져다 주는 것이다. 왕권을 차지하기 위한 경쟁은 치열하고, 왕권 획득은 물리적인 방법을 통해서는 가능하지만 자발적으로 양도되는 경우는 극히 드물다. 왕권 획득의 투쟁은 불화에서 시작되어 전쟁과 살생과 정복전쟁을 초래한다. 이 모든 것은 아싸비야의 지지 없이는 불가능하다. 하지만 대중은 이런 사실을 망각하는데 그 이유는 왕조가 처음으로 세워질 당시를 잊어버리기 때문이다. 그들은 도시에서 성장했고 수세대에 걸쳐 그곳에서 살았으므로 왕조의 초기에 알라께서 어떤 일에 도움을 주었는지 알지 못한다. 왕조를 건립

---

1   이븐 칼둔은 이 부에서 이른바 '사회정치학'이라 불리는 것을 다루고 있다.

한 사람들의 영향력은 강력했으므로 대중은 자연스럽게 그들에게 복속되었다. 이들은 왕조 초기에 권력을 장악할 때 아싸비야가 영향을 끼쳤다고 생각하지 않았다. 그만큼 대중은 왕조 초기의 상황이나 왕조의 건설자가 어떤 난관을 극복했는지에 대해서도 알지 못했다. 특히 스페인의 주민들은 아싸비야와 그 영향력에 대해 완전히 망각했는데 그 이유는 너무 오래전의 일이기 때문이기도 하고 자신들의 왕권이 멸했고 부족들도 소멸해서 그들은 더 이상 아싸비야의 능력을 필요로 하지 않게 되었기 때문이기도 하다. 알라께서는 원하는 바대로 하실 수 있는 능력의 소유자이시고 그분은 모든 것을 가장 잘 알고 계신다. 또한 우리를 항상 생각하고 가장 탁월한 수탁자이시다.

## 2장 | 왕조가 확고하게 정착되면 아싸비야 없이도 존속할 수 있다

그 이유는 이렇다. 일반적으로 왕조가 처음 생길 때에는 사람들을 복종시키는 것이 어렵기 때문에 지배력을 강화해서 강제적으로 복속시킨다. 새 왕조의 정부는 낯설고 사람들은 왕조의 지배에 익숙하지 않아 쉽게 길들여지지 않는다. 하지만 일단 그 왕조에서 왕권을 행사할 만한 가문이 지도력을 장악하고 왕권이 계승되고 그런 세월이 오래 지속되면 왕조 초기의 상황은 기억에서 사라지고 그 가문은 지도자의 자리를 확고하게 점유한다. 따라서 백성들은 그들에게 복종하는 것을 당연하게 여기고 심지어는 그런 것을 일종의 '믿음'처럼 생각하게 된다. 사람들은 신앙을 위해 투쟁하듯이 그들을 위해 투쟁한다. 그래서 군주들은 권력을 유지하기 위해 더 이상 아싸비야의 필요성을 느끼지 못하게 된다. 백성들의 복종은 마치 '대체'나 '반대'가 허락되지 않는 알라의 경전과 같은 것으로 간주되었다. 이는 그들의 신앙에 의거한 말씀처럼 이맘제와 관련한 말씀에서도 나타난다. 이것은 마치 법적 구속력이 있는 것처럼 효력이 있다. 상황이 이렇게 되면 군주들은 정부나 왕조에 대한 장악력을 계속 유지할 목적으로 동일한 아싸비야의 보호 아래서 성장한 마왈리나 추종자들 혹은 혈통이 다른 부족 출신 가신의 도움을 받는다.

이런 일이 압바스 왕조에서 발생했다. 아랍인들의 아싸비야는 칼리파 무으타씸[2]과 그의 아들 와씨끄[3]의 시대에 파괴되었다. 이후 그들은 페르시아인, 투르크인, 다일람인,[4] 셀주크인 및 여타 민족 출신의 가신들로부터 도움을 받아 왕조를 지탱하려고 했다. 그렇지만 이런 비아랍인 가신들은 왕조의 각 지방을 점령하게 되었고 왕조의 영향력은 점점 축소되어 바그다드 인근 지역에만 국한되었고 그러다가 다일람인들이 그 지역마저 점령해버렸다. 칼리파는 그들의 통제를 받게 되었고 그 이후 다일람인들은 지배권을 상실하고 셀주크인들이 그곳의 권력을 장악해서 칼리파를 실질적으로 지배했다. 이후 타타르인들이 그곳을 점령하고 셀주크인들은 통제력을 잃게 되었다. 그들은 칼리파를 죽이고 왕조의 흔적을 모두 지워버렸다.

마찬가지로 마그립의 씬하자족도 500년 혹은 그 이전부터 자민족의 아싸비야를 파괴했다. 이후 씬하자족이 경영하던 왕조는 마흐디야, 비자야, 칼리아 등 여러 부족의 힘을 빌어 축소되며 연명하였다. 결국 그 지역은 왕권 차지의 각축장이 되었고 급기야 알라의 결정이 내려져 그 왕조는 소멸하고 무와히둔 조가 아싸비야에서 비롯된 강력한 무력을 이용해서 그곳을 차지하였다. 그들은 이전 왕조의 잔재를 모두 없애버렸다.

이와 같은 일이 스페인의 우마이야 왕조에서도 일어났다. 아랍인의 아싸비야가 없어지자 군소제후들이 권력을 장악했고 왕조의 영토를 분할

2   재위 833~842.
3   재위 842~847.
4   현재 이란의 길람 지방에 해당되는 페르시아의 지방에 거주민.

장악하였다. 그들은 우마이야 왕조의 영역을 분할하고 각자는 분할된 영토를 지배하며 오만 방자해지기 시작했다. 그들은 마슈리끄에서 압바스 왕조와 비아랍인들 간에 일어난 일을 알게 되자 자신들도 이를 따라 스스로를 왕이라 칭하고 왕의 문장을 사용했다. 하지만 그 누구도 그들의 이런 불손함을 나무라거나 그 상황을 바꿀 수 없었고 스페인에는 아싸비야로 뭉친 집단이나 부족이 존재하지 않게 되었다. 그런 상태로 시간은 흘러갔고 이븐 샤리프는 이렇게 시를 읊었다.

> 내가 스페인 지방을 저어하게 된 까닭은
> 그곳에 무으타씸 가문 대신 들어선 허접한 가문들 때문이다.
> 그들은 자기 자리가 아닌 것을 꿰차고 앉아 왕 노릇을 한다.
> 마치 고양이가 사자의 형상을 하겠다고 한껏 허풍을 떠는 꼴이다.

제후들은 가신, 추종자, 이프리끼야 연안지대에서 스페인으로 들어온 자나타 부족 그리고 베르베르 부족들의 도움으로 권력을 유지하려 했다. 그들은 스페인의 우마이야 왕조가 정권의 말기에 이런 이들을 지지기반으로 권력을 유지했던 것을 모방했다. 아랍인의 아싸비야가 약해지자 이븐 아부 아미르가 그 왕조를 차지하였다. 새로운 이주자들은 위대한 국가를 건설했고 그들은 스페인의 일부를 장악했다. 그들은 자신이 분할했던 왕조의 왕권에 대항할 강력한 왕권을 획득했지만 그리 오래 가지는 못했다. 람투나 부족[5]의 강력한 아싸비야를 지닌 무라비뜨인이 바다를 건너와 스페인에 왕국을 건설했다. 이들은 군소제후들을 몰아내고 아싸비야를 소멸한 이후 힘을 잃은 그들의 흔적을 모두 지워버렸다.

결국 아싸비야로 인해 왕조의 초석이 놓이고 초기 왕권 수립의 과정에

---

5    베르베르족에 속하는 유목민 부족.

서 왕조를 방어할 수 있는 자생력이 발생한다고 할 수 있다. 타르투쉬[6]는 이렇게 주장한 바 있다. "절대왕조의 방위력은 군대에서 비롯되는데 그들은 급여를 받는 이들이다." 이는 그의 저서 『왕들의 등*Sirāj al-Mulūk*』에 언급된 바 있다. 물론 그의 주장은 일반적인 왕조의 건립 초기에 관해서는 다루고 있지 않다. 그는 특히 왕조의 초기 건립이 이미 진행되고 왕권이 제능력을 발휘하여 왕조를 통치하는 가문의 권력이 강화된 이후에 최후의 상황을 맞은 왕조에 대해 전문적으로 언급하였다. 그러므로 통치자는 왕조가 오랜 역사를 지니고 노쇠하게 되면, 마왈리와 수공업자들의 힘을 빌어 왕조를 유지시키는 형국으로 변환시키고 그들을 부리며 그 대가로 급여를 지불한다. 그리고 그들은 왕조를 방위한다. 하지만 여러 군소 왕조의 상태에 도달하게 되면 우마이야 왕조의 결함처럼 또한 아랍인의 아싸비야가 소멸한 것처럼 각 지방의 호족들이 지역의 통치자로 대신 군림하게 된다. 이런 일이 이얄라 알무스타인 븐 후딘과 그의 아들 무잣파르 때에 사라쿠스타 가문에서 일어났다. 가장 큰 문제는 그들에게 아싸비야가 조금도 남아 있지 않았기 때문에 300년 이후로 아랍인의 사치는 극에 달했고 결국 멸망하였다는 사실이다. 그리고 그들의 혈족 중 다른 부족의 일원이 왕권을 대신 취하고 통치하게 되었다. 사실 그 왕조는 왕조건국 이래로 독재 통치를 하였으며 이런 독재 통치는 아싸비야가 남아 있던 때에도 계속되었다. 결국 왕권은 급여를 제공하는 일꾼들의 손에 맡겨지게 되었다. 타르투쉬의 주장은 이에 근거하는 것으로 왕조의 초기 이후로 왕권을 이어가는 방법에 대해서는 이해하지 못했고 단지 아싸비야가 중요하다는 사실만을 이해했던 것으로 보인다. 그러므로 당신은 그의 주장을 이해하고 알라의 비밀을 이해하라.

"알라께서는 당신의 뜻대로 권능을 주신다.[7]

---

6    타르투쉬(1059~1127), 스페인 무슬림으로 위대한 이슬람 법학자이다.
7    코란 2장 247절.

## 3장 | 왕족들은 아싸비야가 없어도 왕조를 재건할 수 있다

왕족들의 아싸비야는 여러 민족에게 큰 힘을 발휘하는데 그들의 권력을 지지하던 변방의 거주자들이 그 가문에 복종하기 때문에 이런 일이 가능하다. 통치 가문의 일원이 통치와 권력의 근거지를 떠나 먼 곳의 거주민들과 합류하면 그들은 그의 명령을 수행하고 그의 통치를 지원한다. 그들은 그의 왕조가 단단한 기반 위에 건설될 수 있게 도와주고 그가 통치자로서 권리를 인정받고 소속 가문으로부터 권력을 이양받기를 기대한다. 그들의 이런 행동에 대해 통치자는 왕권의 서열에 따라 그들을 주요 관직에 등용시키고 정부 소유의 토지를 하사한다. 그렇지만 그들은 통치자의 지배권에 참여해서 권력을 행사하지 않는다. 그런 이유는 그들이 그의 아싸비야에 동참하고 있고 그와 그의 가문이 지니고 있는 재물과 권력에 굴복하고 있기 때문이다. 그들은 신앙의 강령을 준수하듯 그와 그의 가문에 순종한다. 만약 그들이 지배권에 조금이라도 참여하려 한다면 땅은 요동치게 될 것이다.

이런 일이 모로코의 이드리스 왕조와 이프리끼야의 우바이드가[8]에서 발생하였다. 당시 그들이 마슈리끄에서 멀리 철수하자 그들의 세력은 칼리파 궁의 본거지로부터 멀어졌고 결국 그들은 압바스 왕조의 후손에게 칼리파위를 요구하기에 이르렀다. 이 일은 압두 마나프 일가의 권력이 강성해진 이후다. 즉 처음에는 우마이야 왕조였고 그다음에는 하심가였다. 그들은 마그립에서 이탈하여 자신들의 권리지분을 요구했고, 베르베르족이 그들에게 충성을 다하며 그들의 명을 받았고 그 이후로는 아우르바족, 이드리스 왕조의 마길라족, 카타마족, 씬하자족, 우바이드의 추종자인

---

8    이들은 파티마(909~1171)가 4대 정통칼리파 알리의 혈통과 가계의 후예임을 주장하고 예언자 무함마드의 딸이자 알리의 아내였던 파티마의 이름을 국명으로 정했다. 그러나 순니들은 그들을 단지 '우바이드를 추종하는 자'로 명명한다.

하와라족이 그러했다. 그들은 자신들의 왕조를 건립하였고 또 그들이 충성을 맹세한 부족의 명령에 따라 그들의 아싸비야를 발휘하여 왕조의 기초를 닦았다. 그들은 마그립 압바스 왕가로부터 분리되어 나왔고 역시 이프리끼야로부터도 같은 수순을 밟았다. 물론 그 왕조의 수명은 그리 오래 가지 못했고 우바이드가는 이집트, 시리아, 히자즈 지방까지 통치하였다. 결국 그들의 행위는 이슬람 왕국들을 사분오열시키는 결과를 초래하였다. 하지만 그 왕조를 추종하던 베르베르족은 우바이드 왕조에 충성을 맹세하고 그들의 왕권에 복종하였다. 사실 그들은 하심가가 꾸라이시족과 무다르족을 정복하여 강력하게 되고 왕권을 획득했을 당시에 앞 다투어 하심가에게 복종했었다. 그렇게 획득된 왕권은 그리 오래 가지 못했고 아랍 왕조는 자신의 혈족에 의해 멸망하게 되었다.

"알라께서 명령하는 곳에 그분의 명령을 막아낼 수 있는 것은 아무것도 없다."[9]


4장 │ 강한 권력과 왕권을 지닌 왕조는 예언이건 진실된 포교이건 그 기초를 종교에 두고 있다


그 이유는 왕권이 지배력에서 기인하기 때문이다. 지배력은 아싸비야와 하나의 바람이 모이는 것에서 비롯된다. 알라께서 자신의 종교를 세우기 위해서 도움의 손을 내밀 때에야 그들의 마음은 하나로 모일 수 있다. 코란에 의하면 "너희는 지상의 모든 것을 사용하여도 그들의 마음에 사랑을 주지 못하니라"[10]라고 했다. 이런 현상의 비밀은 만약 마음이 잘못된 탐욕에 빠져 현세적인 것에 집착하면 사람들 사이에 질투와 이견이 발생

---

9   코란 13장 41절.
10  코란 8장 63절.

한다는 사실에 있다. 만일 그들이 진리를 추구하고 현세를 거부하고 잘못된 욕망을 배척하며 알라를 향해 가까이 간다면 그들은 하나로 통합되고 더 이상의 질투는 없으며 이견도 사라지고 상호 간의 협력과 지지가 커질 것이다. 결과적으로 우리가 설명하듯 국가의 영토는 확장되고 왕조는 강력해진다.

5장 | 왕조 초기의 포교는 다수의 지지자가 있는 아싸비야와는 다른 힘을 왕조에게 실어준다

앞에서도 언급했듯이 그 이유는 종교적 감화가 아싸비야를 공유하는 이들 간에 경쟁과 질투를 없애고 진리로 집중하게 하기 때문이다. 일단 사람들이 자신에 대해 이상적인 통찰력을 가지게 되면 그들을 막지 못한다. 그들은 하나로 통합되고 그들의 요구 역시 하나로 통합된다. 그들은 목표 달성을 위해 죽음도 불사한다. 그들이 목표물로 정한 왕조의 사람들은 자신들보다 수적으로 우세할지라도 아무 문제가 되지 않는다. 왜냐하면 상대는 그릇된 욕망을 가지고 있고 위약하며 죽음을 두려워하는 자들이다. 따라서 그들은 비록 수적으로 우세할지라도 종교적 감화로 무장한 이들을 당해내지 못한다. 그들은 소수의 이들에게 제거된다. 그 이유는 그들에게 만연한 사치와 위약한 정신 때문이다.

이런 일은 초기 이슬람 시대의 정복전이 진행될 때 아랍인들에게도 나타났다. 까디시야[11]와 야르무크[12]에 있던 무슬림군의 수는 각기 3만 명 정도였고 까디시야에 있던 페르시아군은 이보다 훨씬 많은 12만 명이었고 야르무크에 있던 헤라크리우스 장군 휘하의 군대는 40만 명에 달했다고

---

11  바그다드 남부의 지명.
12  시리아와 요르단 접경지대에 있는 강의 이름.

한다. 이는 와끼디의 주장이다. 하지만 아랍인은 두 군대를 정복하고 그들의 소유물을 모두 탈취했다.

람투나 왕조와 무와히둔 왕조에서도 이런 일은 발생했다. 마그립 지역에는 그들에게 저항하는 수많은 부족들이 있었다. 이 부족들은 그 수와 아싸비야라는 면에서는 앞서 있었다. 하지만 종교적 감화가 바탕이 된 집단은 우리가 언급한 대로 이성적인 통찰력과 죽음을 불사하는 힘을 배가시키므로 어느 누구도 그들을 제어할 수 없다.

이런 사실은 종교적인 감화가 변해서 소멸되는 상황에도 나타난다. 지배 왕조는 어떻게 파멸되는가를 보면 알 수 있다. 지배력은 종교적 감화가 가져오는 힘없이 오로지 아싸비야에만 의존하게 된다. 결과적으로 왕조는 자신이 통치하던 집단들, 즉 그와 동등하거나 혹은 더 우월한 세력의 집단에게 정복당한다. 어떤 왕조가 자신보다 더 강한 아싸비야를 지니고, 더 깊은 뿌리를 황야생활에 둔 집단을 정복할 수 있는 이유는 종교석 감화로 힘을 얻었기 때문이다.

이런 일이 무와히둔 왕조와 자나타족 사이에 발생했다. 자나타족은 베두인의 야성이 강했고 가장 거친 부족이었다. 그들의 이런 역량은 전투 시 가장 잘 나타난다. 무슬림들은 그들과 전투를 치를 때 마흐디의 영향을 내세워 포교를 먼저 하였고 포교의 영향이 이 전투의 큰 부분을 차지하게 하였다. 아싸비야와 베두인의 습성 면에서 자나타족이 그들보다 한 수 위였는데 포교라는 종교적 힘이 작용하지 않았다면, 자나타족은 왕국 전역에서 정권을 탈취했을 것이다. 알라께서는 모든 일을 결정하시는 분이다.

이는 모든 일에는 아싸비야가 반드시 필요하기 때문이다. 이와 같은 사실은 "알라께서는 자기 민족의 보호를 받지 못하는 예언자를 보내시지 않았다"라는 하디스의 구절에서도 알 수 있다. 다른 사람들보다 월등한 예언자들의 경우가 이럴진대 일반 사람들의 경우는 어떻겠는가? 그들이 아싸비야 없이 지배권을 장악한다는 것은 어려운 일이다.

수피에 관한 서적 『샌들을 벗다*Khal'u al-Na'layn*』의 저자인 수피의 셰이크 븐 까이스에게 이런 일이 일어났다. 그는 스페인 지방에서 진리를 전하며 포교하였는데 그 시기는 마흐디에 관한 포교가 있기 직전이었고 당시 그를 따르던 추종자들은 '무라비뚠'이라 불렸다. 그의 일은 순조로웠다. 왜냐하면 람투나 부족은 무와히둔 왕조와의 문제로 이미 골치를 앓고 있었다. 어느 부족도 이븐 까이스에게 이런 일을 요구한 적은 없었다. 결국 무와히둔 왕조가 마그립을 장악한지 얼마 지나지 않아 그는 무와히둔 왕조의 사람이 되었고 포교활동을 시작할 수 있었다. 사람들은 아르키쉬 요새에 있던 이븐 까이스의 거처에서부터 그를 추종하여 따랐고 그는 험준한 요새에서 나오게 되었다. 이것이 바로 안달루스에서 토착민을 향한 최초의 포교였으며 이븐 까이스의 이런 포교활동은 '무라비뚠의 혁명'이라고 불리게 되었다.

법학자와 평민 출신 중에 악습을 개혁하려는 혁명가들도 마찬가지 경우에 해당된다. 종교인들은 정의롭지 못한 관료들에게 악습의 개혁과 폐지를 요구하면서 자신들의 이런 행동을 알라께서 보상할 것이라고 굳게 믿고 있었다. 그들은 다수의 추종자와 동조자를 얻지만 한편으로는 죽음을 각오하고 실제로 그들 중 다수는 역모를 범했다는 죄명으로 처형되었다. 그 이유는 알라께서 그들에게 그런 행동을 하라고 '운명'을 허락한 것이 아니기 때문이다. 알라께서는 능력이 있는 사람에게만 그런 행동을 명하신다. 무함마드*는 이렇게 말했다. "너희 중 누군가 악행을 보거든 자신의 손으로 악행을 바로 잡아야 한다. 만약 불가능하거든 자신의 혀로 바로 잡아야 한다. 만약 그렇게도 할 수 없다면 자신의 마음으로라도 바로 잡아야 한다." 통치자와 왕조는 이미 확고한 기반을 지니고 있으므로 부족이나 가문들의 아싸비야에 기초한 강력한 도전이 아니고서는 기존 왕조의 기반을 흔들 수 없다.

예언자들*도 포교를 할 때는 집단이나 가문에 의존할 수밖에 없다. 알라께서 원하신다면 그를 돕겠지만 그런 일들은 세상의 관행에 따라서 이루어지는 것이다. 알라께서는 모든 것을 다 알고 계신다.

만약 정도를 걷는 이가 이런 방식으로 종교 개혁을 시도할 때도 그가 아싸비야의 지지를 얻지 못한다면 고립될 것이고 결국은 파멸할 것이다. 누군가가 정치적 지도력을 목표로 종교 개혁을 한다면 그런 자는 장애물을 만나고 죽음을 맞는 것이 당연하다. 종교적 개혁은 알라의 승인과 지지 그리고 알라에 대한 진실된 헌신과 무슬림에 대한 선량한 의도의 충고를 통해서만이 완성될 수 있는 것이다. 누구라도 무슬림이라면 그리고 통찰력이 있는 자라면 이런 사실에 의심의 눈길을 보내지 않을 것이다. 종교와 관련해 이런 경향은 바그다드에서 따히르의 정변al-Fitnah이 일어나고 아민이 살해되고 마으문이 쿠라산에서 이라크에 도착하는 일이 늦어지던 시기에 처음으로 시작되었다. 그 이후 후세인 가문 출신의 알리 븐 무사 알리다가 권력을 장악했다. 압바스의 후손들은 그를 부정하고 마으문에게 복종하는 것을 그만두고 그 자리에 다른 인물을 대체해야 한다고 주장했다. 결과적으로 바그다드에서 소요가 발생하였고 바그다드는 사악한 무리들의 손아귀에 떨어졌다. 그들은 도적과 범죄자들이었고, 귀족과 부유층을 강탈하는 자들이었다. 그들은 노상강도짓을 자행했고 그들의 손은 사람들에게서 약탈한 것으로 가득 찼다. 그들은 이런 약탈품을 시장에 나가 공공연히 팔았다. 그들의 일족은 독재 권력자가 되었으니 누구도 그들에게 대항하지 않았다. 종교 지도자들은 이런 범죄적 행위를 억제하고 그들의 악행을 막았다. 결국 바그다드에서 칼리드 알두르유스라고 알려진 이가 봉기하여 사람들을 선동하고 이런 악행의 종식을 주장했다. 사람들이 그의 주장에 동의하여 악행을 일삼던 자들을 살해하고 그들을 지배하게 되었다. 그리고 악행을 범했던 이들은 그의 손에 구타와 처벌을 당했다. 그 이후 바그다드에서 사흘 븐 살라마 알안싸리라고 알려진 흑인이 봉기한 사건이 발생했다. 그는 '아부 하팀'이라고 불렸는데 자신의 목에 책을 걸고 다니며 사람들에게 "권력은 정의로운 것이어야 하고 사람들의 인정을 받지 못하는 것은 종식시켜야 한다"라고 주장했다. 그는 항상 코란과 순나에 근거하여 모든 일이 이루어져야 한다고 말했다. 사람들은 그를 추종하였는데 그 추종세력은 하심의 후손들 중 상하를 막론하고 광범위하였다. 그는 따히르 성에 내려왔고 디완을 접수하였으며 바그다드를 여기저기 둘러보았다. 그는 순찰대를 두려워하는 자들을 돕고 보호의 미명하에 자행되는 불의를 금지하였다. 순찰대와 보호자는 주로 범죄자 집단이 담당하였기 때문이다. 칼리드 알두르유스가 그에게 말했다. "나는 지도자(술탄)를 탓할 마음은 없다." 그러자 사흘이 이렇게 말했다. "그러나 나는 코란과 순나에 위배되는 행위를 범한 자는 모두 처형할 것이다." 이때가 201년이었다. 이브라힘 븐 마흐디가 그와 그 일족을 정복하자 그의 정권은 급속도로 쇠약해졌고 이내 멸망했다.

　망상에 빠진 자들이 진리를 추구한답시고 스스로 나섰지만 그들은 아싸비야가 필요하다는 것을 알지 못했다. 그들은 자신이 추진하는 일이 어떤 끝을 보게 될지 예측하지 못했다. 그 이후 이런 일이 벌어졌다. 그런 자들에게 필요한 것은 이렇다. 만약 그들이 정신이 올바르지 못한 자라면 치료를 받아야 할 것이고, 광폭하거나 술에 취한 자라면 매질을 당하거나 처형당해야 할 것이고, 거짓을 일삼는 자라면 그들을 조롱하며 어릿광대로 취급하면 될 것이다.

이들 중 일부는 파티마가의 '기다려지는 지도자'와 관련 자신이 장본인이라거나 혹은 그의 대변인이라고 주장한다. 그러나 이런 자들은 파티마가의 그 일에 대해 아는 바가 없다. 이런 표절자들 중 다수는 망상에 빠진 자, 정신병자 혹은 거짓말을 하는 자들과 같다. 그들은 이런 포교를 권력 장악의 목표로 이용한다. 그들은 내심 가득 권력에 대한 욕망을 채웠고 이는 일반인들이 권력을 생각하는 것과는 상당히 차이가 있는 것이다. 결과적으로 그들은 그런 희망을 품는 까닭에 이런 일을 벌인다고 생각하지만 파괴로 얻게 된 것에 대해서는 생각을 하지 않는다. 결국 그들은 이내 발생한 정변으로 살해된다. 금세기 초에 타우바드리라고 불리는 수피의 일원이 수스지역에서 나왔고 그는 그곳 해안가에 있던 마사 사원에 거처를 정했다. 그는 파티미가의 '기다려지는 지도자'가 대중을 속였다고 주장했다. 사람들은 그곳에서 파티마가의 '기다려지는 지도자'를 간절히 기다리는 마음이었다. 그리고 그 사원은 바로 수피 포교의 근원지가 되었다. 결국 베르베르 부족이 그곳을 진격했다. 지도자들은 이런 정변이 발생하는 지역이 확산되는 것을 두려워했고 결국 대규모의 전투가 발생하여 우마르 알사키스와이가 침상에 있던 그를 살해하였다.

금세기 초에 압바스라는 사람이 기마라 부족에서 출현했다. 그 부족민 중에 가장 어리석고 비천한 자들이 그의 불길한 주장을 믿었고 그는 지방도시인 바디스를 무력으로 침공했다. 그 역시 40일 만에 피살되었고 앞선 이들과 마찬가지로 파멸의 길을 걸었다.

이와 같은 사례들은 부지기수다. 그들의 오류는 아싸비야의 중요성을 미처 깨닫지 못한 것에 있다. 만약 그들이 사람들을 기만했다면 실패하는 것이 마땅하고 자신의 죄 값을 치르게 될 것이다.

## 7장 | 각각의 왕조는 일정한 범위의 속주와 영토만을 소유한다

그 이유는 왕조를 건립하고 경영하는 집단과 민족이 왕조의 지배하에 있는 영토에 분산되어야 하기 때문이다. 그들은 이런 형태를 취함으로써 적의 공격을 방어하고 세금 징발이나 금지령을 포함한 왕조의 법령을 시행하게 된다. 여러 집단과 민족이 변경과 속주 지역에 분산되어 있으면 그 수는 점점 줄어들 것이다. 왕조의 속주들은 왕조의 변경이나 영토의 국경이 되고 왕조의 중심을 아우르는 형국을 하게 될 것이다. 만약 이때 그 왕조가 국경 너머로 팽창하면 확대된 영토는 방어할 틈도 없이 적국이나 인접국의 공격을 받게 될 것이다. 그렇게 되면 그 왕조는 피해를 입게 되는데, 왕조에 대항하는 반항이나 왕조에 대한 경외심이 줄어드는 현상이 발생하게 될 것이다.

만약 왕조를 지탱하는 집단의 사람이 너무 많아서 그 사람들이 변경까지 분산되었음에도 그 수가 줄어들지 않는다면 왕조는 그 세력을 유지한 채 최대한 팽창할 수 있게 된다. 이런 현상이 생기는 이유는 아싸비야가 자연적 힘에서 비롯되기 때문이다. 모든 행동은 힘에 의해서 발생되고 그 힘은 그런 행동의 내용을 이루고 있다. 그리고 왕조는 변경보다는 중앙에서 더 강한 힘을 발휘한다. 왕조의 팽창이 극에 달하면 그 이후는 힘이 약해지는 차례다. 이것은 중앙에서 발산되는 불빛이나 수면에 돌을 던져 동그라미가 확산되는 현상과 같은 것이다. 왕조가 노쇠해지면 변경으로부터 무너지기 시작한다. 왕조의 중심부는 알라께서 왕조 전체의 붕괴를 허락하실 때까지 존재하다가 결국 무너진다. 만약 왕조의 중심부터 정복당하는 경우라면 변방이 무사하다 한들 아무런 의미가 없다. 결국 한꺼번에 분해된다. 왕조의 중심부는 생기가 솟아나오는 심장과 같다 하겠다. 만약 그 심장이 유린당하면 손과 발 모두 피괴된다.

이런 현상은 페르시아의 사산 왕조의 파멸에서 찾아볼 수 있다. 그 왕조의 중심은 마다인[13]이었는데 무슬림들이 그곳을 점령하자 페르시아 제국 전체가 파괴되었다. 페르시아의 군주 야즈디가르드에게 제국의 변방이 건재한 것은 아무 소용이 없었다.

반면 시리아를 지배하던 비잔틴 제국의 경우 제국의 중심부는 콘스탄티노플에 있었는데, 무슬림들이 시리아를 점령하자 비잔틴인들은 중심부인 콘스탄티노플로 퇴각했다. 그들은 시리아를 빼앗겼지만 큰 피해를 입지 않았고 알라께서 그들에게 제국의 종말을 허락할 때까지 그 제국의 통치는 이어졌다.

다른 예는 초기 이슬람 시대 아랍인들의 상황이었다. 대규모의 아랍인 집단은 인접한 시리아, 이라크, 이집트 등지를 급속도로 점령했다. 그 이후 서부 인도, 아비시니아, 이프리끼야, 마그립을 점령했고 후에는 스페인까지 점령했다. 이런 팽창으로 그들의 수는 줄어들고 결국 없어지게 되었다. 더 이상의 팽창이 불가능할 때 무슬림 제국은 최대 영토를 얻은 것이다.

후대 왕조들의 상황도 같았다. 각 왕조는 지지자들의 수가 많고 적음에 영향을 받았다. 영토 팽창으로 그 수가 적어지면 정복과 팽창의 힘도 사라진다. 이것이 알라께서 피조물을 처리하는 방식이다.


## 8장 | 왕조의 세력, 영토 확장, 왕국의 수명은 왕조 지지자들의 다수와 비례한다

이렇게 말하는 이유는 왕권이 아싸비야를 통해서만 존재하기 때문이다. 아싸비야를 대표하는 사람들은 왕조의 지배를 받는 속주와 지방에 있는 수비대인데, 왕조에 속하는 부족과 집단의 사람들이 많을수록 영토와

---

13  이라크의 고대도시 크테시폰(Ctesiphon)을 가리킨다.

속주는 더욱 광범위하고 왕권도 이에 비례한다.

이런 예는 알라께서 아랍인들의 중요성을 이슬람 아래 통합했을 때 출현했던 이슬람 왕조에서 나타난다. 예언자*가 마지막으로 치렀던 타북 원정[14]에 참여한 무슬림군의 수는 이미 11만 명으로 그들은 무다르와 카흐딴 출신의 기병과 보병들이었다. 그 원정이 있은 후부터 예언자*가 사망할 때까지 무슬림으로 개종한 이들의 수를 합치면 그 수는 더욱 커진다. 따라서 이들이 다른 민족의 왕권을 찬탈하려고 출정했을 당시에는 그들을 막을 방법이 없었다. 그들은 그 당시 세계에서 가장 강력한 두 국가 페르시아와 비잔틴을 비롯하여 마슈리끄의 투르크인, 서부의 유럽 기독교도와 베르베르인, 스페인의 고트족 영토까지 앗아갔다. 그들은 히자즈에서 출발해 서쪽으로는 수스까지 도달했고 예멘을 출발해 북으로는 투르크인들의 영토까지 도달했으며 일곱 기후대 전역을 장악하였다.

씬하자 왕조와 무와히둔 왕조 그리고 파티마 왕조(우바이둔가*)를 보라. 쿠타마족은 씬하자 왕조와 무싸미다 왕조보다 더 많이 파티마 왕조를 지지했던 이들이었다. 파티마 왕조는 가장 위대했고 그 영토는 이프리끼야, 마그립, 시리아, 이집트 그리고 히자즈에까지 달했다. 그다음으로는 자나타 왕조를 보라. 그들의 수는 무싸미다 왕조보다 적었고 그들의 왕권은 무와히둔 왕조의 왕권만큼 강하지 못했다. 그 이유는 왕권 장악 초기 이래로 무싸미다 왕조 백성의 수보다 적었기 때문이다. 이 시대의 두 자나타 왕조 즉, 마린 왕조와 압두 알와디 왕조의 상황을 고려해보라. 왕권 장악 초기에 마린 왕조의 수는 압두 알와디의 수보다 많았고 그들의 왕조는 당시 존재했던 여러 왕조 중 가장 강력한 왕권과 가장 광대한 영토를 지니고 있었다. 그들은 자신들의 영토 확장을 위해 정복 행위를 했다. 일설에 의하면 왕조 초기에 마린 왕조 백성의 수는 3천 명에 달했고, 압두 알

---

14  630년 말에 있었던 원정으로 타북은 아라비아 반도 서북쪽에 위치한 지명이다.

와디 왕조 백성의 수는 1천 명에 달했다고 한다. 그 왕조는 사치가 대단했으나 그들을 추종하는 이의 수가 왕조 구성원의 수보다 많았다.

왕조 초기에 지배력을 장악한 사람들의 수는 왕조의 팽창과 그 세력에 비례한다. 왕조의 수명 역시 그런 비례의 법칙에 따르는데 이 세상에서 발생하는 만물의 수명도 기질의 강도에 달려 있기 때문이다. 왕조의 기질은 아싸비야에 그 토대를 두고 있어 만약 아싸비야가 강하면 왕조의 기질도 강할 것이고 그 왕조는 긴 수명을 누리게 된다. 이미 언급한 대로 이는 그 구성원의 많고 적음에 달려 있는 것이다. 거대한 왕조들이 오랜 세월을 견디는 이유는 왕조의 붕괴가 변경에서부터 시작되고 왕조의 중심부는 그런 변경과 멀리 있기에 가능한 일이다. 그 지역이 차례로 하나씩 무너지는 데는 시간이 걸리기 마련이다. 왕조의 속주가 많고 각 속주가 붕괴되는데 시간이 필요하기 때문에 거대 왕조는 오랜 시간 왕조의 생명을 유지할 수 있다.

아랍인의 이슬람 왕조에서 그들이 어떻게 오랜 시간을 버텼는지 보라! 이슬람권의 중심부에 위치했던 압바스 왕조와 스페인의 우마이야 왕조가 다 이런 경우다. 그들은 이슬람력 4세기(서기 10세기) 이후에야 붕괴 되었다. 우바이드 왕조의 수명은 280년 가까이에 달했다. 씬하자 왕조는 우바이드 왕조의 영예를 모방한 이래 이프리끼야 지방의 통치자 불키나 븐 자이리의 손에 떨어졌는데 그때가 358년이다. 무와히둔 왕조가 씬하자 왕조를 정복했던 때는 557년이다. 무와히둔 왕조는 270년간 계속되었다. 이렇듯 왕조의 수명은 그 지지자들의 수가 결정한다. 이것이 바로 자신의 종을 창조하신 알라의 법칙이다.

## 9장 │ 다수의 부족과 집단이 거주하는 광활한 지역에서 하나의 왕조가 강성해지기는 어렵다

그 이유는 여러 부족과 집단의 요구가 서로 다르기 때문이다. 서로 다른 요구의 이면에는 각각의 아싸비야가 존재한다. 어떤 왕조가 아싸비야를 지녔다 해도 그 왕조의 지배하에 있는 여러 집단들이 왕조에 대항할 만한 힘을 지녔다고 느끼면 반란을 일으킨다. 초기 이슬람 시대부터 오늘에 이르기까지 이프리끼야와 마그립에서 발생한 일련의 사건들을 보라. 그 지역의 주민들은 베르베르인으로 여러 부족들과 연대를 취했다. 이븐 아부 사르흐가 그들을 정복하고 마그립에 거주하던 유럽 기독교도들을 정복했지만 결과적으로는 아무 소용없는 일이 되었다. 왜냐하면 그들은 반란과 배교를 반복해서 결국 무슬림은 그들을 대량 학살할 수밖에 없었다. 그들이 이슬람에 귀의하여 종교적으로 확고히 정착하기까지는 오랜 시간이 필요했고 그러는 동안 그들은 여러 차례 반란과 이탈 그리고 종교적 이견을 보였다. 이븐 아부 자이드가 말했다. "마그립에서 베르베르족은 12차례에 걸쳐 반란을 일으켰었다. 이슬람은 무사 븐 누사이르의 통치시기를 제외하고는 그곳에 정착하지 못했다. 이것은 우마르가 '이프리끼야는 그곳 주민들이 흩어져 있는 곳이며 즉 여러 집단이 존재한다'라고 했던 말을 시사한다."

그들은 복종을 모르는 이들이었다. 그러나 당시 이라크와 시리아의 경우는 이와 확연히 달랐다. 그곳의 수비대는 페르시아인과 비잔틴인이었고 주민 모두가 도시에 거주했다. 무슬림들이 권력을 장악하자 그들은 어느 누구도 반란을 꾀하지 않았다. 마그립의 베르베르인들은 수없이 많은 부족으로 이루어져 있다. 그들 모두는 베두인이고 집단이나 가문에 속해 있었다. 한 부족이 멸망하면 다른 부족이 그 자리를 차지했는데 그 부족은 이전 부족과 마찬가지로 다루기 힘들고 반항적이었다. 따라서 아랍인들이 이프리끼야와 마그립 지방에서 왕조를 건립하기까지는 오랜 시간이 걸렸다.

이스라엘 민족의 시대에 시리아에서도 이런 상황이 전개되었다. 그곳에는 다양한 아싸비야를 지닌 큰 부족들이 거주하고 있었는데, 예를 들면 팔레스타인과 가나안 부족, 에서의 후손, 미디안의 후손, 롯의 후손, 로마인, 그리스인, 아말렉인, 기르가시인 그리고 자지라와 모술 부근의 나바뜨인 등이 있었다. 이스라엘의 후손들은 그곳에서 왕조를 수립하기 어려웠고 왕권을 공고히 하는 것도 어려워서 그 왕권은 계속 위험에 빠졌다. 여러 부족의 저항심은 이스라엘인들에게도 영향을 미쳐서 그들은 자기 왕조에 저항하고 반란을 일으켰다. 그들은 왕권을 지속적으로 확고하게 유지할 수 없었다. 처음에는 페르시아인이 다음에는 그리스인 그리고 마지막으로 로마인이 그들을 차례로 정복했고 결국 뿔뿔이 흩어졌다. 알라께서 그들에게 종말을 부여하셨다. 이와 반대로 아싸비야가 존재하지 않는 지역에서는 왕조를 수립하기가 용이하다. 그곳에는 반란이 거의 일어나지 않고 따라서 국가는 안정될 것이고 그 왕조는 강력한 아싸비야가 필요하지도 않다. 오늘날의 이집트와 시리아가 그런 경우다. 거기에는 부족이나 아싸비야가 존재하지 않는다. 우리가 앞에서 언급했듯이 시리아는 아싸비야의 본산이 아니었던 것처럼 보인다. 이집트에서의 왕권은 확고하게 뿌리를 내리고 있다. 왜냐하면 이집트에는 부족의 세력이나 반란자들이 거의 없기 때문이다. 이집트에는 술탄 한 사람과 백성이 있을 뿐이다. 이집트 왕조에는 투르크 출신의 군주들과 그 집단이 있었다. 그들은 권력을 하나씩 계승하고 통치권은 한 계파에서 다른 계파로 이전되었다. 단지 칼리파라는 명목상의 직위는 바그다드의 압바스 가문의 일원에게만 주어졌다.

바로 이런 일이 이 시대 스페인에서 발생하고 있다. 술탄 븐 알아흐마르의 아싸비야는 왕조의 초기에는 강력하지 않았고 그다지 성공적이지도 않았다. 사실 그 가문은 우마이야 왕조를 지지했던 아랍 가문 중 하나였다. 그러나 스페인 백성들은 아랍 왕조가 그곳에서 멸망하고 람투나 출신 베르베르족이었던 그들의 군주와 무와히둔 왕조가 그곳을 통치하자 분노를 표출하기 시작했다. 그들에 대한 분노는 너무 컸고 결국 그들의 마음은 새 통치자에 대한 증오로 가득 찼다. 무와히둔 왕조의 군주들은 왕조의 말기에 자신들의 권력을 보여주고 마라케시를 점령함으로써 왕조를 공고히 할 수 있었다. 그 이전 왕조의 아싸비야를 주도하던 구성원들 중 남은 자들이 결집된 곳은 여러 아랍인 가문의 본산이기도 했다. 이들의 본거지는 도시가 아니었다. 그들은 아싸비야를 공고히 뿌리내렸고 이븐 후드, 이븐 알아흐마르, 이븐 마르다니쉬와 그 밖의 사람들이 대표적 인물들이다. 이븐 후드는 권력을 찬탈하고 마슈리끄에서 압바스 왕조의 칼리파위를 요구하였다. 그는 사람들이 무와히둔 왕조에서 이탈하도록 선동하였다. 무와히둔 왕조는 백성들과의 약속을 지키지 않았고 그래서 그들은 무와히둔 왕조를 축출했다. 결국 이븐 후드는 스페인에서 독자적 정권을 창출하였다. 그다음으로 이븐 알아흐마르가 권력을 잡았고 포교와 관련하여 이븐 후드에게 반대 의견을 내놓았다. 그는 이프리끼야의 무와히둔 왕조의 군주 이븐 아부 하프스를 선전하였다. 이븐 알아흐마르는 친족의 아싸비야를 약간 이용하여 이 모든 것을 이룩하였고 사람들은 그들을 '족장'이라고 불렀다. 스페인에서 그는 혈연 집단이 부족한 상황을 타개하려고 더 많은 사람들을 필요로 하지 않았다. 그 이후 그는 바다를 건너온 자나타 부족 족장들의 도움으로 유럽인에 대항했다. 그들은 이븐 알아흐마르와 힘을 합쳐 군대를 결속했다. 그 이후 자나타 부족의 마그립의 통치자는 스페인 전 지역을 정복하고자 하는 희망을 품었다. 그러나 이븐 알아흐마르와 협력했던 자나타 부족의 족장들은 이에 반대했다. 마침내 그의 정권이 공고하게 되었고 사람들은 그의 통치에 순응하게 되었다. 그의 후손은 이 시대에도 그의 뒤를 계승하고 있다. 지지집단의 큰 도움 없으면 목적을 달성하지 못했다라고 생각하지 말 일이다. 처음에 지지집단이 있었을지라도 그 규모는 매우 작았고 분명 더 많은 지지자가 필요한 상태였을 것이다. 그러나 스페인 지역은 부족이나 집단들이 절대적으로 부족한 상태였고 따라서 그들을 정복하는 데 있어 아싸비야가 많이 필요하지 않았다. 알라께서는 만물의 절대자임을 보여주실 것이다.[15]

## 10장 │ 왕권의 속성 중에는 영광을 독점하는 것이 있다

앞에서도 설명했듯이 왕권은 아싸비야의 기반 위에 존재하고, 강한 집단이 약한 집단을 통합하면서 생기는 합성물이다. 제일 강력한 아싸비야는 그 밖의 것들을 지배하고 장악하며 궁극적으로 가장 강력한 아싸비야가 전체가 되기도 한다. 이런 경로로 사회조직, 인간에 대한 지배권, 왕조 등이 생성되는 것이다. 부족을 장악하는 아싸비야의 비밀은 사물에 존재하는 기질과 같다. 기질은 여러 가지 원소에서 비롯되는데 만약 여러 원소가 동일 비율로 배합되면 근본적으로 우세한 기질은 존재하지 않는다. 하나의 원소가 여타의 것들보다 우세하고 그 지배력을 발휘하면 전체로 통합된 하나가 될 수 있다. 이와 마찬가지로 여러 부족의 아싸비야도 그중 하나가 다른 것들보다 우세해야만 전체를 아우르고 통합하여 다양한 집단들을 통합하는 아싸비야를 창출하게 된다. 다양한 집단들이 우세한 아싸비야의 영향 아래로 들어가게 된다. 이렇듯 창출된 최고의 아싸비야는 부족 내에서도 지도력을 소유하는 이에게 돌아가는데 그런 이들 중에 한 사람이 지도자가 된다. 그는 근본적으로 다른 이들을 지배하는 상황으로 출발하기 때문에 여러 아싸비야들을 대표하는 존재가 된다. 일단 그가 지도자로 임명되면 동물적 속성이 오만과 자부심을 조성하기 때문에 자신의 지도력과 권력을 다른 이들과 나누려 하지 않는다. 그는 인간의 본성

---

15   코란 3장 97절.

중 하나인 이기적 가치관을 내보인다. 정치란 한 사람의 통치를 원하게 되어 있다. 만약 여러 사람들이 서로 다른 통치를 한다면 그 결과는 국가의 파멸을 초래한다. "만일 그 안에 알라 외에 다른 신들이 있었다면 그들은 붕괴하였으리라."[16] 그래서 여러 아싸비야의 자부심은 절단되고 통치권에 여러 사람이 참여함으로써 그들을 제어하던 고삐가 풀리고 결국 그들의 아싸비야는 된서리를 맞게 된다. 지도자가 가능한 한 전권을 수행하고 그 누구도 정권에 간섭하지 않게 해야 한다. 왕권을 수행하는 자는 영광을 독점하고, 다른 이들이 지도력에 참여하는 것을 제어해야 한다. 여러 왕조의 왕권도 초기에 이런 형태로 완성될 수 있었다. 분명 아싸비야의 방어력과 그 권력에 힘입어 왕조의 제2, 제3세대까지는 이런 일이 매듭지어야 하겠다. 그러나 이런 일은 왕조가 있는 한 언제나 있기 마련이다. 이것이 알라의 율법으로 이것은 그분(알라)의 종들에게 행하셨던 것이다.[17]

## 11장 | 왕권의 속성 중에는 사치가 있다

그 이유는 한 민족이 왕권을 소유했던 다른 민족을 장악하고 그들의 재물을 차지하고 번영과 안정을 누리게 되기 때문이다. 사람들은 물질의 풍요로움에 길들여지고, 최소한의 필수품만 사용하던 검소한 생활에서 벗어나 사치와 풍요가 넘치는 안락한 생활을 하게 된다. 그들은 자연스럽게 선조들의 관습을 따르게 되고 사치품은 더 많은 수요로 인해 발전하게 된다. 사람들은 의식주에서도 사치하게 되고 사치스러운 생활에 자부심을 느끼며 고급 음식, 화려한 의복, 사치스러운 탈 것을 더욱 선호하며 심지어 이를 두고 다른 민족들과 경쟁한다. 새로운 세대는 사치를 부리는 데

---

16    코란 21장 22절.
17    코란 40장 85절.

있어서 선조들보다 더 적극적이고 그런 현상은 왕조 말기까지 계속된다. 왕조의 영역이 크면 클수록 사람들의 사치는 그 정도가 더 심해진다. 이런 점을 고려해보면 한 왕조의 한계는 그 왕조의 국력과 전임 왕조의 관습이 결정하게 된다. 이것이 알라께서 자신의 피조물에게 행하는 율법이고 알라께서는 가장 잘 아신다.

## 12장 | 왕권의 속성 중에는 안정과 평정이 있다

그 이유는 한 민족이 왕권을 획득할 때는 오직 지배력과 왕권을 장악하려는 목적을 향해 전력을 기울이기 때문이다. 일단 이런 목적을 달성하면 더 이상은 노력을 하지 않게 된다. 시인은 말했다. "나와 그녀 사이에 운명을 걸고 기울인 노력에 경이를 표한다. 그러나 우리 사이가 끝나자 운명은 고요해졌다."[18] 일단 사람들은 왕권을 획득한 이후에는 그동안 했던 귀찮고 피곤한 일들을 더 하려 들지 않는다. 사람들은 휴식을 취하고 평정과 안정된 삶을 선택한다. 그들은 왕권의 열매라 할 수 있는 건축물, 주거형식, 의복 등에서 사치와 안락함을 누리려 한다. 그래서 그들은 성채나 수로를 건설하고 정원을 만들고 현세의 생활을 즐긴다. 그들은 입는 것, 먹는 것 그리고 살림에 쓰이는 도구와 가구 등에서 더 고급을 추구하고 이런 생활태도는 다음 세대에게 전달된다. 이런 추세는 알라께서 자신의 명령을 공포할 때까지 계속된다. 알라는 선량한 통치자이시고, 알라께서 가장 잘 아신다.

---

18  아부 까시르의 까씨다 중에서 발췌했다. 까씨다는 이슬람 이전부터 아라비아 반도에 존재했던 아랍시로 정해진 형태가 있는 장시가 대부분이다. 산문의 내용에 해당되는 운문을 삽입하는 이런 형식은 아랍산문의 전통이다. 천일야화와 같은 민담뿐 아니라 서한문, 역사서, 마까마와 같은 문학 작품에서도 널리 쓰였다.

## 13장 | 왕권의 속성상 왕조는 영광을 독점하고 사치와 안정된 생활을 한 이후 노쇠기에 접어든다

　그 이유는 다음의 몇 가지로 설명된다. 첫째, 우리가 언급했듯이 왕권의 본질에는 영광을 독점하려는 성질이 있다. 왕조의 영광이 집단에서 공동의 것이고 집단의 모든 구성원이 영광을 획득하기 위해 노력하는 한 그들은 다른 집단보다 우세하고 자신의 소유물을 보호하려는 열망은 적극적이다. 그들은 명예를 목표로 삼는다. 그런 영광을 위해 목숨을 걸어도 좋다고 생각한다. 그들은 심지어 명예를 상실하느니 죽는 것이 낫다고 생각한다. 그러나 만일 그들 중 한 사람이 모든 영광을 독점하고 자신이 속한 집단의 아싸비야를 무시하고 사람들에게 무례하게 굴고 사람들의 입에 재갈을 물리고 재물을 독점한다면 사람들은 더 이상 명예를 목표로 삼지 않고 게을러지고 낙심한 상태에서 유순하고 굴종하게 된다. 그들의 2세대는 바로 이런 상황에 직면한다. 그들은 자신이 국가에 봉사하고 그 대가로 봉급을 받는다고 생각할 뿐 다른 생각은 하지 않는다. 그러므로 어느 누구도 국가를 위해 목숨을 내어 놓으려고 하지 않는다. 결과적으로 왕조는 약화되고 아싸비야의 약화로 인한 왕조의 노쇠기에 접어든다.

　둘째, 이미 서술했듯이 왕권의 본질에는 사치를 추구하는 성질이 있다. 일이 많아지면 지출도 증가해서 수입으로는 그 지출을 감당하기 어렵다. 가난한 사람은 망하고, 낭비벽이 있는 사람들은 사치품 구입에 자신의 수입을 모두 써버린다. 사람들의 이런 세태는 한 세대에서 그다음 세대로 가면 갈수록 더 악화되어 사치품을 구입하는 데 드는 비용이 수입보다 훨씬 많은 지경에 이른다. 군주는 침략과 전쟁을 하는데 소비된 비용을 백성들에게 요구하지만 사실 그들에게는 그럴 능력이 없다. 군주는 그들에게 벌금을 부과하고 재산을 몰수한다. 군주는 그렇게 기둔 재물을 독자지하거나 혹은 자식이나 왕조의 지지자에게 물려준다. 왕조의 이런 상황은 사람들을 약하게 만들고 백성들의 허약함은 결국 군주를 허약하게 만든다. 왕조에서 사치품을 과도하게 사용하면 사람들은 필요한 사치품을 구입하는 데 수입을 모두 쓰고도 모자라게 된다. 그러면 군주는 그 차액을 막아주려고 봉급을 올려준다. 징세 수입은 한정되어 있고 어떤 증감도 없다. 만약 세수를 증가시킨다 해도 그 한도가 있는 법이다. 새로운 사치품과 이를 구입하기 위한 막대한 지출 때문에 사람들에게 지급해야 할 증액된 봉급을 기존의 세금으로 할당한다면 수비대의 수는 봉급을 인상하기 전보다 줄어들 것이다. 왕조의 사치는 더욱 심해지고 봉급은 인상되고 수비대의 수는 더욱 감소할 것이다. 이런 상황이 계속되면 결국 군대는 최소 규모로 축소된다. 결과적으로 왕조의 수비대와 군대는 약해지니 이웃 왕조나 현 왕조의 지배를 받던 집단이나 부족이 허약해진 왕조를 공격하게 된다. 알라께서는 피조물에게 운명적 파멸을 허락하신다. 사치는 사람의 성격을 타락시킨다. 이는 사치를 통해 영혼이 사악하고 갖가지 불순한 생각에 물들고 그런 습관을 지니게 되기 때문이다. 이에 관해서는 도시문화 부분에서 상세히 설명할 것이다. 사람들은 왕권을 표시하는 선한 자질을 상실하고 사악한 자질을 얻는다. 이는 퇴보의 표시이니 알라께서 피조물을 위해 계획하신 바다. 왕조는 멸망의 징후를 보이고 치유 불능의 고질병인 노쇠로 사망하게 된다.

셋째, 앞에서 설명했듯이 왕권은 본질적으로 안정을 추구한다. 사람들이 일단 안정과 휴식에 익숙해지고 그런 것을 특성으로 삼게 되면 새로운 세대는 안락함과 사치와 안정의 환경 속에서 성장하기 마련이다. 이전에 보였던 야만성은 약화되고, 강인한 용맹으로 왕권을 장악했던 베두인의 관습들, 예를 들면 강탈, 사막에서 말이나 낙타를 타는 일, 황야를 여행할 때 길을 찾는 능력 같은 것을 완전히 잊어버린다. 그들과 도시 거주민들 간에는 문화와 집단의 상징 문장 이외에는 차이가 없게 된다. 그들의 전투력은 약화되고 용맹함은 사라진다. 이런 상황이 왕조에 초래하는 결과는 '노쇠'다.

왕조의 백성들은 계속해서 사치에 심취하게 되고 모든 방면에서 도시 문화, 휴식, 안정, 섬세함 등을 추구하는 정도는 더욱 깊어진다. 그들은 사막생활의 강건함과 용맹함과는 거리가 먼 사람이 되었고 과거의 덕성을 모두 잊어버리게 된다. 그들은 스스로를 방어하던 용맹함이라는 자질을 망각하고 수비대가 있는 경우라면 전적으로 자신들의 안위를 수비대에게 일임한다. 이와 같은 일은 당신이 소유한 책에 기록된 여러 민족의 역사에서도 잘 나타나 있으므로 지금 내가 말하는 것이 옳은 것이고 의심의 여지가 없다는 것을 알게 될 것이다.

사치와 안락함의 추구로 인해 노쇠해가는 왕조의 군주는 왕가의 일원이 아니라도 용감하고 강한 사람이라면 그런 자를 자신의 지지자 혹은 추종자로 선택한다. 군주는 그들이 전쟁을 견뎌내고 고난과 곤궁함을 버텨내는 군사의 적임자라고 생각한다. 물론 이는 왕조의 노쇠함을 치유하는 단기적인 치유책이 될 수도 있겠으나 그것마저도 알라께서 왕조에 대해 최종적인 결말을 명하실 때까지만 가능하다.

이것이 마슈리끄의 투르크 왕조[19]에서 벌어졌던 상황이다. 그 군대의 대부분은 투르크 출신의 마왈리이었다. 군주는 새로 끌려온 백인 노예 중에서 기병과 보병을 선택했다. 군주의 보호하에 안락한 환경에서 성장한 전 세대의 백인 노예의 자식들과 비교한다면 그들은 전투에 임하는 자세도 용감했고 고난을 극복하려는 정신도 빛났다.

이런 현상은 이프리끼야의 무와히둔 왕조에서도 발생했다. 그 왕조의 군주들은 자나타족과 아랍인 중에서 군인을 선발했다. 군주의 동족은 사치와 안락함에 빠져 그만큼 용감함을 보이지 못했다. 군주는 그런 동족을 배제하고 용감한 군인들을 다수 기용함으로써 왕조는 노쇠의 수레를 멈추고 새로운 생명력을 찾게 되었다.

---

19  이집트의 맘루크 왕조를 말한다.

# 14장 | 왕조들도 개인처럼 자연적인 수명이 있다

의사와 점성사의 주장에 의하면 한 사람의 자연적인 수명은 백이십 년이라는 것을 기억하라. 이것은 점성사가 '대월년'이라 부르는 것이다. 동일 세대에 있는 사람이라도 그 수명은 별들의 합에 따라 다른데 대체로 백이십 년 전후라는 것이다. 특정한 별들이 합을 이룰 때 태어난 사람은 백 년의 수명을 온전히 다 채우지만 그렇지 못한 경우에는 오십 년, 팔십 년, 혹은 칠십 년 등 별들의 합이 보여주는 징후에 따라 경우의 수는 다양하다. 무슬림들의 수명은 하디스에 명기된 대로 육십 년에서 칠십 년 사이다. 백이십 년이라는 자연 수명을 넘겨서 사는 것은 그 사람의 별이 진기한 형태이거나 천체에서 특이한 위치에 있는 경우이다. 노아*의 경우가 그랬고 아드족과 싸무드족에 속하는 소수가 그랬다. 왕조들의 수명도 마찬가지이다. 별들의 합에 따라 왕조들의 수명은 다르지만 일반적으로 왕조의 수명은 삼 세대다. 한 세대는 중년까지 도달하는 평균 연령이 사십 년인데 그때쯤 성장이 끝나고 성숙기에 도달한다. "그가 성년이 되고 나이 사십이 되면"[20]을 고려해도 그렇다. 그러므로 우리는 성숙기까지의 사십 세를 기준으로 하는 한 개인의 나이를 한 세대의 수명으로 이야기한다.

우리가 이런 주장을 하는 데 도움을 주는 것은 이스라엘의 자손들이 광야에서 사십 년 동안 체류했다는 것이다. 그 기간은 이집트에서 치욕 없이 그런 사실을 전혀 알지도 못하는 새로운 세대가 성장하는 기간을 말한다. 이런 까닭에 한 개인이 중년까지 도달하는 평균 수명을 한 세대의 기간과 동일한 사십 년으로 보고 있다.

우리는 이미 앞에서 한 왕조의 수명이 삼 세대를 넘지는 않는다고 했다. 왜냐하면 제1세대는 여전히 베두인 생활의 특징인 거침, 어려운 상황에서

---

20 코란 46장 15절.

비롯된 야만성, 용맹함, 약탈적인 기질 그리고 영광을 공유하는 것 등을 보존하고 있기 때문이다. 그러므로 그들은 아싸비야의 힘을 보존했고 날카로우며 다른 이를 두렵게 만드는 존재이다. 사람들은 그들에게 복종했다.

왕권의 배경과 풍요로운 환경에서 자란 제2세대는 베두인의 환경이 아닌 도시문명을 누리게 되었고 가난하고 힘든 삶이 아닌 사치와 풍요로운 삶을 누리게 되었으며, 모든 사람이 왕조의 영광을 공유하던 상황이 아닌 한 사람이 영광을 독점하는 상황을 맞이했다. 그 결과로 나머지 사람들은 나태함과 나약함의 포로가 되어 영광을 추구하려는 정신을 잃게 되었고 심지어는 자신들의 자부심을 망각하고 겸손한 복종자로 길들여진다. 하지만 그들은 여전히 과거의 덕목을 기억하고 있는데 그 이유는 그들이 제1세대와 직접 접촉했던 세대이기 때문이다. 그들은 여전히 선조들의 용맹함과 영광을 추구하던 일 그리고 자신을 방어하고 보호하는 노력 등을 기억하고 있다. 그들이 과거의 덕목을 일부 망각한다 해도 그 모든 것을 전부 잃어버리는 것은 아니다. 그들은 제1세대의 상황으로 돌아가고자 하는 희망을 품거나 혹은 아직도 그런 상황이라는 착각 속에서 살고 있다.

제3세대로 말하자면, 그들은 베두인 생활이나 그 강인했던 시절을 아예 존재하지 않았던 것처럼 망각한다. 그들은 굴욕적인 소질을 지닌 채 지내므로 명예나 아싸비야를 잃어버린 지 오래다. 그들은 그저 안락한 삶에 물들고 사치는 절정에 달한다. 그들은 항상 보호해 줄 누군가를 원하는 부녀자처럼 왕조에 의지하고 아싸비야를 완전히 잃게 된다. 사람들은 자신을 방어하고 보호하고 자신의 주장을 펼치는 것도 잊어버린다. 그들은 집단의 문장, 의복, 승마술, 고급문화 등을 내걸고 남들에게 멋지게 보이려 하지만 그들 대부분은 전쟁터의 후방에 있는 여자들보다 용감하지 못하다. 만약 누군가 나타나서 그들에게 무리한 요구를 해도 그들은 이를 막아낼 힘이 없다. 따라서 군주는 이런 위약한 인물이 아닌 용감한 사람을 원하고 결국 다수의 마왈리를 고용한다. 이들이 왕조를 수비하는 데 일조하는 것은 사실이나 그것 역시 알라께서 왕조의 붕괴를 허락하실 때까지이고 결국 왕조는 지금까지 소유했던 모든 것과 더불어 사라진다. 이 모든 것을 종합해보면 왕조의 수명은 3세대 동안 지속된다 할 수 있다.

그러므로 제4세대에서는 선조들의 명성이 완전히 사라진다. 영광과 가문의 명예가 흘러가듯이 그런 가문의 명예도 소실되는 것이다. 그리고 그 기간에는 네 사람의 조상이 있다. 이제까지 언급한 것을 토대로 우리는 명확하고 충분하며 자연스러운 증거들을 제시할 수 있다. 단지 바람이 있다면, 당신이 공정한 사람이라면 진실을 간과하지 않을 것이라는 것이다.

이미 앞에서 서술했듯이 3세대의 수명은 백이십 년 간 지속된다. 왕조의 수명은 몇 년의 가감이 있지만 적의 공격을 받지 않는 경우를 제외하면 일반적으로 이 정도다. 왕조의 노쇠함이 지속될 때 왕조 권력을 주장하는 세력이 등장하지 않을 수도 있지만 설령 그런 세력이 출현해도 방어할 방법이 없다. "그 기간이 이르면 그들은 단 한 시간도 유예하거나 앞당길 수 없느니라."[21]

그러므로 한 왕조의 수명은 개인의 경우처럼 성장, 정체 그리고 쇠퇴하는 것이다. 사람들이 "왕조의 수명은 백 년이다." 라고 하는 말은 바로 이 뜻이다. 그러므로 지나간 세월의 지식을 근거로 당신이 원했던 가계도상 선조의 숫자를 명확하게 밝혀주는 방법을 택하라. 만약 당신이 조상의 수를 너무 많이 생각했다면 말이다. 당신은 어떤 가계의 시조부터 줄곧 내려온 세월을 알고 있다. 그러니 그 세월을 백 년 단위로 끊고 세 명의 선조로 계산해보라. 이런 계산법이 선조들의 수와 맞아 떨어지면 옳게 계산한 것이다. 만약 한 세대라도 모자라면 가계도의 세로축에 하나가 더해져 선조의 숫자가 틀린 것이다. 만약 같은 경우로 남는다면 하나가 빠진 것이다. 그러므로 만약 당신이 한 가계의 과거를 알고 있다면 조상들의 수를 가지고 그 세월을 계산해보라. 옳은 답이 나오길 희망한다. 알라만이 밤낮을 운용하신다.[22]

---

21  코란 7장 34절.
22  코란 73장 20절.

# 15장 | 왕조는 베두인 생활에서 도시 생활로 변이된다

왕조의 생로병사에서 이런 단계의 존재는 자연스러운 것임을 숙지하라. 왕권 획득을 가능하게 하는 지배력은 아싸비야 그리고 이에 수반되는 용맹함과 약탈의 습성에 의해 성취된다. 대체로 이런 것은 베두인 생활을 제외하고는 있을 수 없다. 그러므로 왕조의 제1단계는 '베두인 생활'이라 규정할 수 있다. 왕권을 일단 획득하면 기회도 많이 생기고 편안함을 누리게 된다. 도시문화는 여러 형태의 사치와 이를 가능하게 하는 세련된 기술의 발달을 의미한다. 예를 들자면 음식, 의복, 건물, 가재도구 등에서의 사치를 말한다. 사람들은 이런 종류의 것들을 기술적으로 개선시키고 결국 탐욕과 향락의 종류는 늘어나고 사치스러운 생활을 즐기는 방법과 수단이 발전되고 사람들은 이에 익숙해진다. 왕권을 확립하는 도시생활의 첫 단계는 반드시 베두인 생활을 거치게 되어 있고, 왕권의 확립 이후에는 안락함이 그 뒤를 따르기 마련이다. 왕조의 주인공들은 도시생활의 단계에서 이전 왕조의 상황을 모방한다. 그들은 이전의 상황을 보고 따른다.

이런 일이 아랍인의 정복시기에 발생했다. 그들은 페르시아와 비잔틴을 정복하고 그 곳의 아이들을 종으로 부렸다. 당시 아랍인들은 도시문화를 겪지 못했던 터라 어떤 이가 그들에게 쿠션을 주자 그 용도를 몰라 그냥 천 뭉텅이로 알았다는 일화가 있다. 페르시아 왕의 보물 중에서 꺼낸 장뇌를 밀반죽의 소금으로 사용했다는 일화도 있다. 이와 비슷한 일들에 대한 이야기는 많다.

아랍인들은 이전에 왕조에서 주역으로 일했던 사람들을 종으로 삼고 그들을 부리기 시작했다. 그들은 기술이 좋은 장인들을 선발했고 그 이후로는 그런 기술을 직접 배우게 되었다. 아랍인들의 생활 범위는 넓어지고 다양한 문화를 접하게 되었다. 그들은 문화생활을 즐기는 데 있어 최고에 달했고 도시생활의 단계, 음식, 음료수, 의복, 건물, 무기, 가재도구, 음악,

물품, 가구 등에서 사치를 즐기게 되었다. 또한 그들은 축제, 연회, 결혼식과 같은 행사에서도 지나친 사치를 부렸다. 마스우디나 따바리 혹은 그 밖의 사람들이 칼리파 마으문과 하산 븐 사흘의 딸인 부란의 혼인에 대해 언급한 것을 보라. 칼리파가 청혼하려고 배를 타고 품므 알실흐에 있는 하산의 집에 도착했을 때 부란의 아버지가 마으문을 모시고 온 일행에게 내린 선물이나 마으문이 그녀에게 준 선물과 결혼 비용에 대한 언급에 대해 살펴보면 그것은 놀랄만한 규모였다. 결혼식 날 하산 븐 사흘은 마으문을 모시고 온 일행을 위해 따로 연회를 준비했고 제1급 손님에게는 개암 한 덩어리를 토지소유권이 기록된 종이에 싸서 나누어 주었다. 손님들이 받은 선물은 그 날의 운이나 당시의 상황에 따라서 달랐다. 제2급 손님에게는 1만 디나르를 주었고 제3급의 손님들에게는 1만 디르함을 주었다. 그 외에도 그는 마으문이 자신의 집에 머무는 동안 이보다 몇 배의 비용을 지출했다. 마으문 역시 부란에게 결혼식 밤에 1천 개의 루비를 마흐르[23]로 주었다. 그는 하나가 1백만(1만은 1과 2/3라틀[24]) 라틀의 무게가 나가는 용연향의 촛불로 불을 밝혔고 금실로 짜고 진주와 루비로 장식한 카펫을 깔았다. 마으문은 이를 목도하고 이렇게 말했다. "알라께서 아부 누와스[25]와 한판 전쟁을 치르시길, 아부 누와스가 포도주의 기능에 대해 언급할 때 알라께서는 모르는 척하셨던 게야." "젊은이와 노인 모두 포도주의 기포에서 비롯된다. 땅 위에 있는 진주 조약돌은 금으로 만든 것이구나." 결혼식 날 밤의 연회를 위해 1백 4십 마리의 나귀가 하루에 세 번씩 1년 내내 장작을 날랐는데 그 많은 장작은 이틀 사이에 모두 소비된 것으로 추정된다. 종려나무 가지에 기름을 발라 불을 밝히고 뱃사공들은 고위

---

23  결혼 때 신랑이 신부 측에 주는 돈이나 선물.

24  라틀은 무게 단위이다. 영국은 449.28그램, 시리아는 3.202그램, 베이루트는 2.566그램으로 정하고 있다. *Measuring the Medieval Islamic Economy* 참고.

25  압바스 시대의 천재적 시인으로 주시(酒詩)가 유명하다. 페르시아 출신으로 슈우비야 세력의 일원이었다.

급 손님들을 연회에 참석하도록 바그다드에서 마으문의 거처가 있는 도시의 왕궁으로 실어 나르기 위해 티그리스강변으로 모시라는 명령을 받았는데 그런 명령을 수행하려고 대기하던 배의 수만 3만 척이었고 하루 종일 사람들을 실어 날랐다고 한다. 이와 비슷한 예는 너무나도 많다. 이런 유사한 일이 톨레도의 마으문 븐 디 알눈의 결혼식에서도 있었다.

베두인 생활의 초기 단계에 있는 모든 사람은 총체적으로 이런 생활을 영위할 수가 없다. 왜냐하면 그럴 이유나 명분이 없었기 때문이다. 그들은 순수하고 단순한 까닭에 그런 사치에 반대했다.

도시문화는 언제나 이전의 왕조에서 다음의 왕조로 전달된다. 페르시아인들의 도시문화는 아랍인들이 세운 우마이야와 압바스 왕조로 전달되었고 스페인의 우마이야 왕조의 도시문화는 오늘날 마그립 지방의 무와히둔 왕조와 자나타 왕조에게 전달되었다. 마찬가지로 압바스 왕조의 도시문화는 다일람 왕조, 셀주크 투르크, 이집트의 투르크, 이란과 이라크 지방의 타타르인들에게 전달되었다. 왕조가 크면 클수록 도시문화는 더욱 발달되었다. 그 이유는 도시문화 자체가 사치로 인해 생긴 것이고 사치는 부와 번영의 결과물이며 부와 번영은 왕권에서 발생하고 그 왕조의 영토에 비례하기 때문이다. 따라서 왕권의 정도는 도시문화에 전적으로 비례한다. 문명과 왕조들을 면밀히 살펴보면 이것이 옳다는 것을 알게 될 것이다. "알라께서는 지상과 지상에 있는 모든 이의 상속자이시고 그분은 최선의 상속자이시다."

## 16장 | 왕조의 초기에는 사치가 힘을 더해준다

그 이유는 한 부족이 왕권을 획득한 이후 사치를 누리면 자손이 번창해서 그 집단의 규모가 커지기 때문이다. 또한 마왈리와 추종자들도 많아진다. 그들의 후세대는 번영과 안락한 환경 속에서 자라고 왕조는 많은 세력을 얻는다. 사람들의 수가 늘어나면서 많은 수의 집단이 생긴다. 제1세대와 제2세대가 지나가고 왕조가 노쇠기에 접어들면 그 추종자와 마왈리들은 왕조와 왕권을 확고하게 유지하는 일을 스스로 하지 못한다. 그들은 한 번도 자신의 힘으로 권력을 가져보지 못했고 오직 왕가의 사람들에게 의존해서 살았기 때문이다. 나무에 뿌리가 없어지면 가지도 버티지 못하고 점차 시들게 된다. 왕조도 이와 같아서 더 이상 세력을 유지할 수 없게 된다.

이런 사실은 이슬람 시대의 아랍 왕조에서 발생했던 사건을 통해서도 알 수 있다. 예언자와 정통 칼리파 시대에 아랍인들의 수는 십오만 명 정도의 무다르족과 까흐딴족이었다. 왕조의 사치는 절정에 달했고 인구도 빠른 속도로 증가했다. 칼리파들은 많은 수의 마왈리와 추종자들을 소유했고 따라서 인구는 원래의 몇 배가 되었다. 아모리움[26]을 정복할 때 칼리파 무으타씸이 그 도시를 포위하면서 투입한 사람의 수는 구십만 명이었다고 한다. 만약 동서로 멀리 있던 변경지대의 무슬림 수비대의 규모를 생각해보고 군주와 마왈리의 휘하에 있던 군인들의 수를 생각해본다면 그 숫자를 부정할 수는 없다.

그런 여건 속에서 그들의 자손은 성장하였다. 그러나 무슬림 역사상 정복 초기에는 아랍인구의 수가 그 정도에 달하지 못했고 그 근처에 가지도 못했다. 알라는 박학한 창조자시다.

---

26    비잔틴제국의 도시였다.

## 17장 | 왕조의 여러 단계와 각 단계에 따른 상황의 상이함과 사람들의 특성

하나의 왕조는 여러 단계를 거쳐 새로운 국면을 맞이한다. 왕조는 각 단계에서 특정한 상황을 맞게 되고 왕조의 추종자들은 다른 단계에는 있지 않았던 특성을 획득하게 된다. 왜냐하면 이 특성은 그들이 처한 특수한 상황의 결과이기 때문이다. 하나의 왕조가 통과하는 단계는 대개 다섯 단계 안쪽이다.

제1단계 : 이 단계는 모든 저항을 이겨낸 희망찬 승리의 단계로써 이전 왕조로부터 왕권을 탈취하고 권력을 장악하는 때다. 이 단계에서 군주는 백성의 모범이 되고 왕조의 영광을 누리며 세금을 징수하며 백성의 재산과 영토를 보호한다. 군주는 매사에 있어 백성을 배제하지 않고 혼자 영광을 독점하지도 않는다. 왜냐하면 그의 무기인 지배력은 아싸비야에 의해 발생한 것이고 아직도 아싸비야가 존재하기 때문이다.

제2단계 : 이 단계에서 군주는 백성에게 독재를 행하고 그들을 배제한 채 자신의 왕권을 주장하고 어떤 이와도 왕권을 공유하려 하지 않는다. 왕조의 군주는 새로운 추종자와 마왈리를 모은다. 군주는 어떤 대가를 치르더라도 아싸비야를 공유하는 동일 혈통의 추종자들이 자신과 동등하게 왕권을 행사하려는 것을 용납하지 않는다. 군주는 그들을 권력에서 배제하고 그들이 권력에 접근하는 것을 원천적으로 차단한다. 군주는 모든 권력을 장악하고 그동안 이룬 모든 영광을 자기 가문에게만 부여한다. 왕조 건립 초기의 사람들이 권력을 획득하기 위해 노력했던 것보다 더 심하게 다른 이들을 배척하고 지배한다. 왕조 초기의 백성들은 이방인들을 방어하려 했고 아싸비야를 공유했던 추종자들은 그들을 지원했다. 그러나 이제 군주는 친족들을 멀리하고 혈연관계로 묶이지 않은 소수의 새로운 추종자를 측근으로 삼는다. 따라서 군주는 매우 어려운 상황을 맞이하게 된다.

**제3단계** : 이 단계는 왕권의 결실 단계다. 군주는 재물을 축적하고 기념비적인 건물을 건축하거나, 명성을 얻고 싶은 인간의 본성에 따라 획득한 것을 즐기고 안정되고 여유로운 삶을 누린다. 군주는 능력껏 세금을 거두고 왕조의 수입과 지출을 감독하고 예산을 세우고 이를 상세히 기록하는데 전력을 다한다. 거대한 건물을 세우고, 대형공사를 벌이고, 대도시나 고층 구조물을 건설한다. 타민족이 파견한 귀족 대표단이나 부족들에게 선물을 하사하고 왕조의 백성에게도 재물을 베푼다. 그 밖에도 군주는 추종자에게 재물과 관직을 내려 그들을 부유하게 만든다. 그는 군대를 사열하고 병사들에게 봉급을 매달 동일하게 지급한다. 이런 지출의 결과 그들은 사치스런 장식과 복장, 무기, 외모 등에 탐닉하게 된다. 군대의 이런 장식과 위용은 선린관계의 나라들에게는 경쟁심을 심어주고 적국에게는 겁을 준다. 이 단계의 특성은 군주가 독재를 행하는 마지막 단계라는 점이다. 왜냐하면 이전 여러 단계에 속하는 군주들은 독자적인 견해를 지니고 권력을 강화해서 후손에게 선례를 보이기 때문이다.

**제4단계** : 이 단계는 만족과 평화의 세월이다. 군주는 전임 군주들의 전통을 수용해 그들의 전철을 따르고 그들의 방식을 최대한 좋은 방향으로 모방한다. 군주는 이런 답습과 모방을 멈추면 자신의 권력이 파멸된다고 생각하고 전임자들이야말로 영광을 이루고 보존하는 데 혜안이 있었다고 생각한다.

**제5단계** : 이 단계는 낭비와 소비의 세월이다. 군주는 전임 군주들이 쌓아 놓은 재물을 탐욕을 채우고 향락을 즐기는 데 사용한다. 측근에게 베푸는 선물도 그 도가 너무 지나칠 정도가 된다. 군주는 사악한 친구와 딤니[27]를 고용하여 왕조의 중대사를 일임하는데, 그들은 그런 일을 할 위인이 아니고 심지어는 일의 순서도 모르는 초보자들도 섞여 있었다. 군주는

---

27  이슬람 왕조에서 '보호받는 백성'을 의미한다.

전임 군주에게 봉사했던 마왈리와 추종자들을 배척했기 때문에 이제 그들도 군주를 도우려 하지 않는다. 군주는 병사들의 봉급을 용도가 아닌 곳에 사용하며 쾌락을 추구하고 군 사열도 하지 않고 그들과 사이에 장벽을 두므로 병력은 감소된다. 군주는 조상들이 쌓아 놓은 명성을 추락시킨다. 이 단계에서는 왕조의 노쇠가 나타나고 왕조는 회복 불가능한 고질병 환자가 되어 치유가 어렵다. 궁극적으로 왕조는 파멸된다. 알라는 자비롭고 베푸는 분이시다.

## 18장 │ 한 왕조의 유물은 왕조 본래의 권력에 비례한다

그 이유는 유물이 왕조를 탄생시킨 힘에서 비롯된 것이고 왕조의 유적은 그 권력에 비례하기 때문이다. 한 왕조의 유물로는 건물이나 거대한 구조물 등이 있는데 이는 그 왕조의 본래 권력과 비례한다. 왜냐하면 이런 유물은 많은 노동자와 일사불란한 노동 그리고 협력 등이 있어야만 완성되기 때문이다. 왕조가 거대하고 광활하고 수많은 속주와 백성을 거느리고 있다면 많은 노동자를 각 지역으로부터 차출할 수 있고 거대한 건축물을 완공할 수 있다.

코란에 언급되어 있는 아드족과 싸무드족의 건축물을 본 적이 없는가? 또한 페르시아인들이 남긴 위대한 건축물, 페르시아 왕의 궁전을 보라. 칼리파 라시드는 그것을 파괴하려 했지만 결국 역부족임을 깨달았다. 이 사안과 관련하여 그가 야흐야 븐 칼리드에게 조언을 구했다는 이야기는 유명하다. 건물을 세우는 것보다 파괴하는 것이 더 쉬운 것임이 자명한데도 한 왕조가 건축한 구조물을 다른 왕조에서 파괴하지 못했다면, 그것은 매우 흥미롭다. 그리고 이는 두 왕조 사이에 커다란 차이점을 보여준다.

다마스쿠스에 있는 왈리드 왕국, 코르도바에 있는 우마이야 모스크, 그 도시의 강에 위치한 아치형 다리, 카르타고로 물을 끌어 들이기 위해 건축된 수도교의 아치들, 마그립의 셰르셀에 있는 유적, 이집트 피라미드 그리고 우리가 아직도 볼 수 있는 많은 건축물을 보라. 이것들은 모두 여러 왕조의 강성함과 유약함의 결과라는 것을 알아야 한다.

고대 인류의 이런 작업은 뛰어난 토목기술과 수많은 노동자의 협력으로 이루어졌다는 것을 기억하라. 우리는 보통 사람들이 상상하는 것처럼 고대인의 신체가 우리보다 더 장대했기 때문에 그런 구조물을 세울 수 있었다는 망상을 하면 안 된다. 고대와 현재 사이의 기념물과 유적이 상이한 것이지 사람이 다른 것은 아니었다. 이야기꾼들은 이런 주제를 이야깃거리로 삼아 부풀리기 일쑤였다. 이야기꾼들은 아드, 싸무드, 아말렉 사람들에 관해 거짓에 가까운 허풍으로 옛날이야기를 지어냈다. 그런 과장 담 중 하나가 시리아에서 이스라엘 사람들과 전투를 치렀던 가나안(아말렉) 사람 아낙의 아들인 아우즈에 관한 것이 있다. 이야기꾼들의 전언에 따르면 그의 키는 얼마나 컸는지 바다에서 물고기를 잡아 일어서서는 태양에 구워 먹었다고 한다. 여기서 우리는 이야기꾼들이 얼마나 인간에 대해서 그리고 천체에 대해서 무지한지를 알 수 있다. 그들은 태양이 열이고 태양에 가까이 갈수록 더 뜨겁다고 생각했다. 하지만 태양열은 그 빛에 의한 것이고 그 빛은 지상에 가까울수록 지구 표면에서의 반사로 인해 더 강해진다는 사실을 몰랐던 것이다. 따라서 지상의 열기는 태양에 가까울 때보다 몇 배나 강하다. 빛이 반사되는 범위를 지나면 열기라곤 전혀 없고 추위만 있다. 구름이 있는 곳이 그렇다. 태양 자체는 뜨겁지도 차갑지도 않으며 빛을 내뿜는 비합성 물질일 뿐이다. 마찬가지로 아우즈 븐 이나끄의 경우가 있는데, 그는 이야기꾼에 의해 어떤 때는 아말렉 사람으로 어떤 때는 가나안 사람으로 묘사되었다. 어쨌든 여기서 아말렉과 가나안 사람은 모두 이스라엘의 후손이 시리아에서 정복전을 치를 때 그들의 포로였다. 그는 당시 이스라엘 사람 중 가장 키가 크고 커다란 체구의 인물이었지만 우리의 체구와 비슷한 정도였다. 예루살렘에 있는 그의 집 문을 보면 알 수 있다. 만약 그의 체구가 너무나도 커서 그 문이 부서졌다면 현 상태로 보존하는 일은 불가능했을 것이다. 그러므로 어떻게 아우즈 븐 이나끄와 그 당시 사람들 간에 체격 차이가 그렇게 크다고 할 수 있겠는가?

이야기꾼들의 오류는 과거 민족들의 유물이 너무나도 거대해서 이에 대한 경외심 때문에 생긴 것일 뿐 그들은 각각의 왕조들이 지녔던 통합과 협력의 상태까지는 이해하지 못했다. 또한 그들은 사회 전반의 짜임새와 토목기술이 결합되어 거대한 건축물이 된다는 사실을 이해하지 못했다. 따라서 그들은 그런 기념물들은 과거의 사람들이 거구였고 거대한 힘과 에너지의 소유자였기 때문에 가능하다고 생각했다. 하지만 이는 사실이 아니다.

마스우디는 자의적인 이론을 근본으로 삼았던 철학자의 견해를 인용하며 이렇게 주장한바 있다. 알라께서 세상을 창조했을 때 육체의 기질인 자연은 완벽한 힘의 상태였다. 그래서 인간의 수명은 가장 길고 육체적 힘 역시 가장 강성했다. 이는 자연에 순응하고 자연법칙을 완성하기 위함이었다. 죽음에 이르게 되는 경우는 자연적인 힘이 소진되어서이고 자연의 힘이 강하면 수명은 연장된다. 따라서 선조들의 세상에서는 수명을 주어진 대로 다하고 육체적 힘도 강성하고 완벽했다. 그러나 일부 요소가 부족해지면 꾸준히 상태를 악화시키고 결국 세계의 철저한 파멸까지 도달하게 되었다. 바로 이것이 자의적인 이론이라는 의견이다. 여기에는 자연적이거나 이론적 이유가 없다. 비록 자연적인 결함이나 증빙할 만한 이유는 없지만 우리는 선조들의 거주지와 그들이 거주했던 곳의 문과 도로 등을 목도함으로써 이를 알 수 있다. 예를 들면 그들이 거주했던 건물이나 건축했던 구조물, 가옥과 거주지 등에서 발견되는 가옥과 출입문은 매우 작고 협소하다. 특히 단단한 바위 암석에 조각을 해서 만든 싸무드족의 주거지는 인상적이다. 예언자*는 그것이 그들의 집이라고 지적한 바 있다. 또한 그분은 그들이 물을 이용하는 것을 금지하였고 물로 반죽한 것을 버리고 물을 쏟아버리라고 명하셨다. "스스로에게 죄를 지은 자들이 거주하는 곳에는 들어가지 마라. 단 그들에게 상처를 준 이유가 너희에게 상처를 주고 그들이 통곡하는 경우는 예외다." 아드족의 땅, 이집트, 시리아, 동과 서의 나머지 땅도 이와 마찬가지이다. 바로 이런 진실이 우리가 이제까지 언급했던 것이다.

왕조가 남긴 문화유산 중에는 결혼식과 연회도 있는데 이에 대해서는 이미 부란의 결혼식 축하연과 핫자즈와 이븐 디 알눈의 경우에서 설명한 바 있다.

이밖에도 다른 문화유산으로는 선물이 있다. 선물은 그 왕조의 국력에 비례한다. 이런 현상은 왕조가 말기에 달할 때까지도 계속된다.

왕가의 사람들은 그들의 왕권과 정복 능력에 비례하여 멸망의 시기를 맞이한다. 왕조의 멸망 시 그들은 더 이상 자신들의 위치를 지속시킬 수 없다. 이런 현상은 꾸라이시족의 대표단이었던 아부 디 야잔에게 베풀어졌던 환대와 선물에서도 나타난다. 그들에게 얼마나 많은 금·은덩이와 남·여 노예, 그리고 용연향의 향수가 하사되었는지 보라! 압둘 무딸립에게는 그보다 몇 배나 되는 선물이 하사되었다. 비록 당시 그의 권력이 기마부대의 독재 하에서 예멘 지역의 전권을 장악할 정도였다는 점을 감안하더라도 이는 놀랍다. 그는 자신의 부족이 그 지역에서 왕권을 이어받았고 이라크와 페르시아, 힌드, 마그립 지역의 부족을 모두 정복했다고 확신하고 있었다. 또한 이프리끼야 지역의 씬하자 부족 역시 자나타 부족의 왕족 대표단이 방문하면 그들에게 재물과 의복을 바리바리 실어 선물했다. 이븐 알라끼끄의 역사서에 보면 이런 정보가 가득하다. 마찬가지로 바르마키 가문이 사람들에게 선물과 급여를 베풀고 돈을 어떻게 썼는지 보아도 알 수 있다. 그들이 가난한 사람들을 도와줄 때 선물의 정도는 엄청난 것이어서 선물을 받은 자에게 영원한 재산이 되고 고위관직과 같은 영화가 되었다. 그런 선물은 짧은 기간에 다 쓸 수 있는 정도가 아니었다. 이런 것에 관한 정보는 많이 기록되어 있다. 그 모든 것이 왕조가 지닌 권력의 정도에 비례한다. 이것은 우바이드가의 군 지휘관 자우하루 알싸끌리 알 카땁이 까이라완에서 천냥의 재물을 준비해 이집트로 정복전쟁을 치르러 갔을 때의 상황이다. 오늘날도 한 왕조가 준비하는 선물은 이 정도다.

## 마으문 시절 바그다드 주재 재무청의 수입

아흐마드 븐 무함마드 븐 압둘 하미드의 기록에 따르면 칼리파 마으문 시절 왕국의 전역에서 바그다드 주재 재무청으로 들어간 품목은 다음과 같다.

곡물[28] 2천 7백만 디르함 2회, 8십만 디르함, 나즈란[29] 지방의 천으로 제작한 의류 2백 벌, 봉인용 진흙 2백 4십 라틀.

킨카르[30] : 1천 1백 디르함 2회, 6십만 디르함.

쿠리디즐라 : 2천만 디르함, 8백 디르함.

훌루완[31] : 4십만 디르함 2회, 8십만 디르함.

아흐와즈 : 2만 5천 디르함 1회, 설탕 3만 라틀.

파리스 : 2천 7백만 디르함, 장미수 3만 카루라, 흑유 2만 라틀.

마크란 : 4백만 디르함 2회, 2십만 디르함, 예멘산 의류 5백 벌, 대추야자 2만 라틀.

마란 : 4십만 디르함 1회.

신드 : 1천 1백만 디르함 2회. 5십만 디르함, 힌드제 목재 1백 5십 라틀.

---

28  아랍어 원본은 ghalat aswad이다. 아랍인은 초록을 '검은'이라고도 하는데 그 이유는 멀리서 보면 그렇게 보이기 때문이다. 이것은 곡물을 의미한다.

29  이라크의 쿠파와 와시뜨 사이에 있는 지명.

30  카르마신과 하마단 사이의 지방. 도둑들의 소굴이라고도 불렸다.

31  이라크 변경에 위치한 지방.

시지스탄 : 4백만 디르함 2회, 마아야나 지방의 천으로 제작한 의류 3백 벌, 사탕 2십 라틀.

쿠라산 : 2천 8백만 디르함 2회, 은 2천 나크라,[32] 바라딘 4천, 남자노예 1천두, 의복 2만 벌, 과실열매 3만 라틀.

주르잔 : 1천 2백만 디르함 2회, 비단 1천 시카.[33]

꾸마스 : 1백만 디르함 2회, 5십만 은괴.

따바르스탄, 루반, 나하와나드 : 6백만 2회와 3십만 디르함, 타바리산(産) 카펫 6백 개, 겉옷 2백 벌, 의류 5백 벌, 머리 수건 3백 장, 은 솥 3백 개.

알라이 : 1천 2백만 디르함 2회, 꿀 2만 라틀.

하마단 : 1천 1백만 디르함 2회, 3십만 즙을 짠 종류의 과육 1천 라틀, 꿀 2천 라틀.

바스라와 쿠파 사이의 지방 : 1천만 디르함 2회. 7십만 디르함.

마사브단과 알디나르 : 4백만 디르함 2회.

샤흐라주르 : 6백만 디르함 2회, 7십만 디르함.

모술과 주변 지방 : 2천 4백만 디르함 2회, 흰 꿀 2백만 라틀.

아제르바이잔 : 4백만 디르함 2회.

자지라와 그 주변 : 3천 4백만 디르함 2회, 남자노예 1천두, 꿀 1만 2천 부대, 설탕 10, 의류 20벌.

아르마니아 : 1천 3백만 디르함 2회, 조각된 목재(막대기) 20, 자큼[34] 5백 3십 라틀, 소금에 절인 수리마히[35] 1만 라틀, 청어 1만 라틀, 노새 2백 마리, 숙련공 30명.

낀나사르인 : 4십만 디나르, 기름 1천 짝.

---

32    금이나 은을 측량하는 단위로 추정된다.
33    의복이나 직물 등을 길이로 자르는 단위이다.
34    아주 쓴맛의 열매를 맺어 '악마의 나무'라고 불리고 그 열매는 '지옥의 음식'이라 불린다. 코란에도 언급되어 있다.
35    생선 종류.

다마스쿠스 : 4십만 디나르, 2만 디나르.

요르단 : 9만 7천 디나르.

팔레스타인 : 3십만 디나르, 1만 디나르, 기름 3십만 라틀.

이집트 : 1백만 디나르, 9십만 디나르, 2만 디나르.

바르카 : 1백만 디나르 2회.

이프리끼야 : 1천 3백만 디르함 2회, 카페트 1백 2십장.

예멘 : 3십만 디나르 7만 디나르.

히자즈 : 3십만 디나르.

　다수의 역사학자들은 스페인 지방에 대해 확신에 찬 어조로 언급한 바 있는데, 압둘 라흐만 알나쓰르는 5십억 디나르를 세 차례나 자신이 소유한 재무청에 남겨주었다는 것이다. 결국 총합계는 5십만 낀따르[36]였다. 나는 라시드 시절에 재무청으로 귀속되던 재정규모가 매년 7천 5백 낀따르에 달한다는 것도 알고 있다. 이런 사실이 여러 왕조들 간에 상대적으로 존재한다고 간주해보라. 현재 당신이 그와 유사한 현상을 볼 수 없다고 해서 엄연한 사실을 부인하면 안 된다. 만일 그것을 부인할 경우 당신이 얻을 수 있는 것은 매우 한정적이 될 것이다. 사람들은 과거 왕조들에 관한 이런 이야기들을 듣고도 믿지 않았는데 이는 옳지 않다. 세상과 문명이 처한 상황은 동일한 것은 아니다. 저급이나 중급의 문명을 겨우 아는 사람이 그 이상의 문명에 대해 알 수는 없다. 우리가 압바스, 우마이야, 파티마 등의 왕조에 관해 전해 오는 정보를 검토했을 때 의심할 여지가 없는 사실로 간주되는 것과 오늘날 소규모 왕조들을 비교해보면 차이가 있는 경우를 발견하게 될 것이다. 그런 차이는 왕조와 문명이 지닌 본래의 힘 차이에서 비롯된다. 앞에서도 언급했듯이 어떤 왕조의 모든 유물

---

36　100라틀.

은 그 왕조의 본래의 힘에 비례한다. 우리는 이런 사실을 부인할 수 없다. 왜냐하면 그런 다수의 정보는 잘 알려져 있고 명백한 사실이기 때문이다. 뿐만 아니라 그중 일부는 부단한 전승에 의해 알려진 것이고 다른 일부는 건축물이나 그 밖의 것들을 직접 관찰함으로써 습득된 정보이다. 그러므로 전승으로 전해지듯 여러 왕조들의 국력은 많은 차이가 있었다는 사실을 기억하라. 마린 왕조의 술탄 아부 이난의 시대에 딴자 출신의 유명한 여행가 이븐 바뚜따[37]가 마그립으로 돌아왔다. 그는 20년 전에 동방으로 여행을 떠났고 이라크, 예멘, 인도 등 다수의 국가를 여행했다. 그가 인도의 수도인 델리에 도착했을 때 그곳의 군주는 술탄 무함마드 샤[38]였는데, 그곳에서 이븐 바뚜따는 당시 델리의 지도자였던 파이루자주를 만나게 되었다. 그는 이븐 바뚜따의 업적을 높이 평가했고 그를 말리키 법학파의 판관으로 임명했다. 이븐 바뚜따는 마그립으로 돌아와서 술탄 아부 이난과도 교류하게 되었다. 그는 여행 중에 겪은 여러 가지 일과 다른 지방에서 본 놀라운 것들에 대해 이야기하곤 했는데 이야기의 대부분이 인도의 군주에 관한 것이었다. 그 이야기를 듣는 사람 중 어떤 이는 반드시 기이하다고 생각했을 법한 이야기도 있었다. 예를 들자면 인도의 군주는 여행을 떠나기에 앞서 그 도시에 사는 남녀노소 주민의 수를 세어 그들이 6개월간 먹고 지낼 식량을 자신의 재산으로 미리 지불한다는 것이다. 군주가 여행에서 돌아와 시내로 진입하는데 마침 축제의 날이어서 군중이 도시 인근까지 나와 있었고 여행에서 돌아오는 군주의 행렬 주변을 배회하였다. 그러자 그는 투석기를 설치해서 금화와 은화가 든 주머니를 사람들에게 던져주고 궁전으로 들어갔다고 한다.

　이런 이야기에 대해서 사람들은 이븐 바뚜따가 거짓을 말하는 것이라

---

37　1304~1377, 아시아, 이프리끼야 그리고 유럽까지 여행했던 여행가로 『여행』이라는 저서를 남겼다.

38　재위 1325~1351.

고 했다. 하지만 어느 날 나는 술탄을 섬기던 유명한 재상 파리스 븐 와르다르를 만날 수 있었다. 나는 그 이야기를 소개하며 나라 안 백성들은 모두 이븐 바뚜따가 거짓을 말하는 것으로 여기고 있고 나 또한 그렇다고 말했다. 그러자 그 재상은 이렇게 말했다. "이보시게! 당신이 직접 보지 못했다고 해서 왕조에서 일어난 일에 대한 이야기를 부정한다면 마치 감옥 안에서 자란 재상의 아들처럼 될 것이오. 군주의 명으로 수감된 채 여러 해 감옥에서만 지내게 된 재상이 있었소. 그는 아들을 감옥에서 키웠는데 그 아들이 이성을 지닐 나이가 되자 아버지에게 자신이 먹는 고기에 대해 물어보았소. 그러자 아버지는 '이것은 양고기다'라고 답했고 아들은 그것이 무엇이냐고 재차 물었소. 아버지가 양에 관해 상세히 설명하자 아들은 '아버지! 그건 쥐처럼 생겼나요?'라고 물었다오. 아버지는 아들의 말을 부정하면서도 '도대체 양이 쥐와 무슨 상관이 있단 말인가?' 하고 궁금하게 여겼소. 하지만 소고기와 낙타고기에 대해 설명할 때도 같은 일이 반복되었소. 아들은 감옥에서 쥐를 제외하고는 어떤 동물도 본 적이 없었으므로 모든 동물이 쥐와 같은 종류라고 믿고 있었기 때문이라오."

우리가 이 책의 초반에서 언급했듯이 사람들을 놀라게 할 목적으로 과장과 허풍이 발생하기도 하지만 사람들은 자신이 경험하지 못한 일에 대해서 좀처럼 믿지 않으려 한다. 따라서 인간은 어떤 사물의 근본을 살펴보고 자신의 판단에 의존하되 올바른 이성과 곧은 본능으로 가능한 것과 그렇지 않은 것을 구분해야 할 것이다. 가능한 것이라면 그것을 수용하고 그 밖의 모든 것들을 부정해야 할 것이다. 여기서 가능하다고 하는 것은 이성적으로 가능한 것을 모두 의미하는 것은 아니다. 가능함의 범위가 너무 포괄적이면 현실적으로 결정할 수 없다. 우리의 의도는 어떤 특정한 사물에 내재된 가능성을 말한다. 우리가 어떤 사물의 기원, 종류, 차이, 크기, 강도 등을 자세히 살펴보면 그 사물의 상태와 정황에 따라 그 가능성의 유무를 알 수 있다. 그리고 가능한 것을 제외한 모든 것을 불가능이라 결론 내린다. "이렇게 말하라! '주여 제게 지식을 더하여 주십시오.'"[39] "당신은 은혜를 베푸는 가장 은혜로운 분이십니다."[40]

## 19장 | 왕조의 통치자는 아싸비야를 공유한 동족에 대항할 마왈리와 추종자를 원한다

왕조의 통치자는 동족의 도움을 받아야만 권력을 장악할 수 있다고 앞에서 언급한 것을 기억하라. 이때 통치자가 속한 부족은 왕조 건설의 지지자이자 조력자다. 통치자는 그들을 이용하여 왕조의 반란을 꾀하는 자들과 투쟁하고 또 그들을 왕조의 관직에 배치하고 재상이나 징세 관으로 임명한다. 왜냐하면 그들의 도움은 지배권 확보에 결정적 역할을 하기 때문이다. 이들은 정권창출에 동참하고 통치자의 주요 업무에도 참여한다. 앞에서 언급했듯이 이런 현상은 왕조의 제1단계에서만 나타난다. 제2단계가 되면 통치자는 독재를 행하고 모든 영광을 독식하려 하며 서서히 그들을 주요 업무에서 배제한다. 사실상 그의 동족은 적이 되어버린다. 왕조의 통치자는 그들이 권력을 장악하는 것을 허용하지 않고 정권에 참여하는 것도 막아버린다. 이제 통치자는 동족이 아닌 자신만의 사람들을 선택하고 그들에게 동족 출신 기존의 지지자들에게 맞설 힘을 부여한다. 그들은 통치자의 측근에 있던 어떤 이보다 통치자와 가깝게 지내게 되고 그의 최측근이 되어 총애를 받고 고위직에 오른다. 그들은 목숨을 바쳐 통치자의 동족이 과거의 권력이나 지위를 되찾기 위해 노력하는 것을 막는다. 그렇게 되면 통치자는 전적으로 자신이 선택한 후자의 측근만을 보살핀다. 통치자는 그들을 선호하고 영광을 누리게 허락하고 과거 동족들에게 부여했던 것과 같이 많은 재화를 하사

---

39   코란 20장 114절.
40   코란 7장 151절.

한다. 그뿐 아니라 통치자는 그들에게 재상, 장군, 징세관 등 왕조의 주요직책을 주고 왕조의 통치자만 누렸던 특권이자 기존의 동족 출신 측근들에게 조차 허락하지 않았던 군주의 호칭을 부여한다. 통치자는 그들이야말로 자신의 최측근이자 가장 진실한 조언자라고 여기기 때문이다. 하지만 이런 현상은 왕조의 붕괴를 알리는 신호탄이고 고질적인 질병의 엄습을 알리는 표시다. 이는 곧 왕조의 지배기반인 아싸비야의 상실을 의미한다. 왕조 건립에 함께 기여했던 동족 출신의 측근들은 통치자의 변심과 심지어 자신들을 적대시하는 태도에 심하게 상처받고 결국 그들은 통치자의 멸망을 바라게 된다. 이런 상황은 왕조에 불길한 기운을 가져오고 왕조는 고질적인 질병에서 벗어날 가망을 잃게 된다. 우마이야 왕조의 상황을 생각해보라. 그들이 전쟁과 통치를 위해 어떻게 아랍인들을 활용했는지를 생각해보라. 예를 들면 우마르 븐 사아드 븐 아부 왁까스,[41] 우바이둘라 븐 지야드 븐 아부 수프얀,[42] 핫자즈 븐 유수프[43] 마할랍 븐 아부 수프라, 칼리드 븐 압둘라 알카스리, 이븐 후바이라, 무사 븐 누사이르, 빌랄 븐 아부 부르다 븐 아부 무사 알아샤리, 나쓰르 븐 사야르와 같은 사람들이 그 예이다. 압바스 왕조도 초기에는 이런 아랍인을 활용했다. 그러나 압바스 왕조는 영광을 독점하고 아랍인들의 관직 진출을 막으려 했기 때문에 재상의 직책은 바르마키 가문과 바누 사흘 븐 누바크트, 바누 따히르 그다음에는 바누 부와이흐 그리고 터키인 마왈리, 예를 들면 부가, 와시프, 아타미샤, 바키나크, 이븐 뚤룬과 그의

---

41  Saʿad ibn Abī Waqqās(595~664)는 예언자 무함마드의 교우 중 한 사람이다. 17번째로 이슬람에 귀의한 그는 636년 페르시아 정복 전에서 수훈을 세워 널리 알려졌으며 616년과 656년 두 차례에 걸쳐 중국으로 외교단을 이끌고 방문했다.

42  Ziyad ibn Abī Sufyān은 현 사우디아라비아에 위치한 따이프 출생으로 바누 푸까임(Banu Fuqaim)족 소속이다. 662년 무아위야가 칼리파를 계승하자 지야드는 그에게 충성을 서약했고, 664년 무아위야는 지야드를 형제로 맞이했다. 지야드 아부 수프얀은 바스라의 통치자로 임명되었고 이후 우마이야 왕조의 정복 전쟁 에 큰 기여를 했다. 673년 그가 죽자 무아위야는 그의 아들 우바이둘라 븐 지야드를 그의 후임으로 임명했다.

43  al-Ḥajjaj bn Yūsuf(661~714)는 현 사우디아라비아에 위치한 따이프 출신으로 우마이야 왕조의 정치 행정가였다.

자손들과 같은 비아랍인들에게 돌아갔다. 왕조는 결국 왕조를 건립한 사람들이 아닌 다른 이들의 손아귀에 넘어갔고 왕조의 명예 역시 다른 이들에게 넘어가버렸다. 이것이 바로 알라께서 자신의 종들을 처리하시는 방법이다. 알라께서 가장 잘아신다.

## 20장 | 왕조의 가신과 추종자의 상황

왕조의 가신과 추종자들은 통치자와 얼마나 오랜 관계를 맺고 있었는가에 따라 처하는 상황이 다르다는 것을 숙지하라. 그 이유는 다음과 같다. 아싸비야의 목표인 공격과 방어는 같은 혈통을 지닌 사람에 의해서만 가능하다. 앞에서 언급했듯이 혈족이나 가까운 친척들은 도움을 주지만 외국인이나 국외자는 그렇게 도움을 주지 않는 게 당연하다. 그런데 예속관계, 동맹관계 등도 혈연관계와 같은 효력을 발휘한다. 혈연관계는 자연적인 것이지만 그에 따른 단점도 있다. 반면 양자 간에 긴밀한 관계를 만드는 것은 사회성이 유발되는 집단관계, 우호적인 교제, 오래된 친밀함, 혹은 같은 유모나 교사의 교육을 함께 받은 경험, 생사고락을 함께 한 친구관계 등이 있다. 이런 식으로 양자 간의 긴밀한 관계가 유지된다면 결과적으로 애정과 협력을 기대할 수 있는데 이런 사실은 사람들을 관찰해보면 알 수 있다. 이와 유사한 현상은 주군과 가신의 관계에서도 발생한다는 것을 고려하라. 양자 간에는 혈연관계가 그러하듯 밀접한 관계를 유지 강화시키는 특수한 상황이 있다. 비록 이들이 혈연관계는 아니지만 그와 동일한 결과가 존재한다. 어떤 부족이 왕권을 획득하기 이전부터 자부족과 추종자 무리 사이에 그런 밀접한 관계를 유지한다면 양자 간 관계의 뿌리는 더욱 공고해지고 상호 간의 신뢰는 한층 깊어지며 그 관계 역시 더욱 돈독해진다. 그 이유는 다음의 두 가지다.

첫째, 어느 집단이 왕권을 획득하기 이전 그들은 하나의 집단으로 존재한다. 따라서 혈연관계와 주종관계는 미미한 점을 제외한다면 거의 차이가 없다. 추종자의 지위는 근친이나 혈족의 지위와 같다. 하지만 그들이 왕권을 확립한 이후에 추종자들을 선택했다면 이야기는 다르다. 그들은 이미 왕권을 획득했기 때문에 주군과 가신 간에 엄격한 구별이 생길 것이고 근친과 가신 추종자 간에도 구분이 생길 것이다. 일단 왕권이 확립되었기 때문에 지위상의 구별이나 차별은 필수적인 것이다. 이런 경우 추종자의 상황은 외국인과 같다. 통치자와 추종자 간의 긴밀한 접촉은 점차 없어지고 협력도 약해진다. 이는 통치자가 왕권을 획득한 이후에 추종자가 된 사람은 그 이전에 추종자가 된 이들에 비해 통치자와의 관계가 약하다는 것을 의미한다.

둘째, 당대의 사람들은 통치자가 왕권을 획득하기 이전부터 추종자였던 사람들에 대해 너무 오래전 일이라 그들 사이의 긴밀한 관계가 어떻게 생겨났는지 모른다. 그들이 혈연관계일 것이라고 추정하는데 그럴 경우 아싸비야는 강화된다. 하지만 왕권이 확립된 이후에 추종자가 된 이들에 대해서는, 당대의 사람들이 직접 목도한 경우이기 때문에 그 관계를 잘 안다. 혈족관계의 연원이 분명하기 때문에 혈연관계도 분명히 구분된다. 이 경우의 아싸비야는 왕권 확립 이전부터 존재했던 관계에 의해 발생한 아싸비야보다 약하다.

당신이 발견하게 될 왕조와 지배권에서도 이런 부분을 고려하라. 왕권 획득 이전에 발생한 주종관계는 왕권 획득 이후에도 주종 간에 더욱 강력하고도 긴밀한 관계를 맺어 가신들은 주군의 자식, 형제, 친족들과 대등한 지위를 얻게 된다. 반면 왕권이나 지배권이 확립된 이후에 형성된 주종관계는 전자만큼 긴밀한 관계가 되지 못한다. 이는 이미 목격된 사실이다. 왕조가 말기에 이르면 군주는 이방인들을 고용하고 그들을 가신으로 받아들인다. 그러나 이들은 왕권 확립 이전의 추종자들이 누리는 영광을 똑

같이 누릴 수 없다. 그들은 이제 막 왕조의 가신으로서 지위를 얻은 것이고 왕조의 붕괴도 곧 닥칠 상황이다. 따라서 그들은 왕조에서 낮은 지위나 비천한 지위를 얻는 경우도 있다. 군주는 그들을 새로운 가신으로 택해 기존에 있던 가신들을 견제하려고 하기 때문에 기존의 가신들은 거만해진다. 그들은 왕조의 통치자가 누리는 명예를 누리고 왕조의 통치자에게 복종하지 않을 뿐 아니라 어떤 경우는 통치자에게도 자 부족이나 친족을 대할 때처럼 행동한다. 통치자와 기존의 가신들은 오랜 시간 긴밀한 관계를 유지했고 함께 성장했고 또 기존의 가신은 통치자의 조상, 왕족의 어른, 원로들과도 긴밀한 관계를 맺고 있었다. 그런 이유로 기존의 가신은 자부심에 부푼 나머지 군주에게조차 불손한 태도를 보이게 된다. 따라서 군주는 그들을 견제할 목적으로 다른 가신을 택하게 된다. 하지만 군주가 이들을 새로운 세력으로 활용하는 기간이 짧기 때문에 그들은 기존의 가신들처럼 영예를 누리지 못하고 이방인으로서의 지위를 유지할 뿐이다. 이는 왕조 말기의 현상이다. 왕조의 초기부터 함께 해온 많은 자들은 '추종자'나 '가신'이라 불리고, 최근에 추종자가 된 이는 '시종'이나 '조력자'라 불린다. 알라께서는 믿는 자들의 보호자시다.


## 21장 │ 왕조에서는 통치자를 격리시키고 통제하는 일이 발생한다


만약 왕조 건립에 공을 세운 특정 가문이나 씨족이 왕권을 확립하거나 그 가문이 왕권을 독점하고 부족 내 다른 집단들이 왕권에 참여하려는 것을 배제하거나 혹은 그 가문의 자손들이 지명의 형식으로 한 명씩 차례로 왕권을 계승하면 왕조의 재상이나 신하들이 왕권을 통제하는 경우가 발생한다. 이런 일이 발생하는 이유 대부분은 그 가문의 자손이나 씨족의 허약한 자가 부친의 직위를 계승하거나, 측근과 시종들의 추대로 군주가 되었기 때문이다. 이런 군주는 실질적으로 왕권을 수행할 능력이 없으므로 그의 부친이 군주로 재위했을 때의 재상이나 측근 혹은 가신 중의 일원이 그의 후견인이 되거나 자 부족의 일원이 후견인이 되어 왕권을 수행하게 된다. 이들은 위약한 통치자를 보호해주는 것처럼 보이지만 종국에는 군주를 통제하고 '보호'를 빌미로 왕권을 장악하려 한다. 이런 자들은 어리거나 위약한 군주를 다른 사람과 격리시키고 군주가 사치와 쾌락에 물들게끔 한다. 군주는 국사에 흥미를 보이지 않고 자신의 직위를 완전히 망각하게 된다. 그는 쾌락과 사치에 빠진 군주 대신 왕권의 실질적인 주인이 된다. 그는 어린 군주가 침상에 앉아 있거나, 국사가 결정된 뒤 악수나 하고 백성들에게 공포심을 주는 연설문을 낭독하게 하거나 베일 뒤에서 여성들과 있도록 유도한다. 군주는 이런 행위가 바로 왕권을 행사하는 것이라고 믿는다. 어린 군주는 국사를 해결하고 권력을 행사하고 직접 왕권을 행사하는 것 그리고 군대·재정·변경 방위를 감독하는 업무 등 이 모든 것이 재상의 권한에 속하는 것이라고 생각하고 이런 일들을 모두 재상에게 위임한다. 재상은 왕조의 지배자로서 면모를 갖추게 되고 왕권의 주인이 된다. 그는 자신의 가족과 자식에게 왕권을 물려준다. 마슈리끄에서는 부와이흐 왕조나 투르크인들의 왕조, 이크시드 왕조의 카푸르 등이 이와 같은 좋은 예고 스페인에서도 만쑤르 브 아미르[44]의 경우가 있었다.

원래의 지배자가 격리되어 왕권을 빼앗긴 상황을 타파하려는 시도 끝에 성공하는 경우도 있다. 이런 경우 군주는 자신을 통제하는 실세 인물을 살해하거나 직위에서 해제한다. 하지만 이런 경우는 흔하지 않다. 왜냐하면 일단 왕조가 재상이나 가신의 손으로 넘어가면 그런 상태로 계속되는 것이 일반적이기 때문이다. 원래의 지배자가 그런 상황을 벗어나는 예는 극히 드물다. 원래의 지배자는 사치와 풍요로운 환경에서 성장하고 그

---

44   스페인 우마이야 왕조의 재상으로 왕조의 실세였다.

런 생활에 계속 안주하게 된다. 그는 오래전에 남성다운 생활을 하던 시절을 망각했고 유모들의 손에 길들여져 성장했기 때문이다. 그는 지배권을 찾으려는 희망조차 갖지 않는다. 그는 권력을 행사하거나 지도자의 특권을 누리는 것이 어떤 것인지 알지 못하기 때문에 그가 추구하는 것이라곤 오직 허세와 쾌락과 사치다. 지배자의 가문이 백성들에 대한 통제권을 독점으로 장악하고 있을 때 가신과 추종자들은 지배권을 확보하고 그 이후에는 지배자의 가문을 배제한다. 이런 현상은 앞에서 이미 설명했듯이 왕조에 필연적으로 발생한다. 왕조에 나타나는 위의 두 가지 질병은 아주 예외적인 일부 경우를 제외하고는 치유되기 어렵다. "알라는 당신의 뜻대로 권능을 주신다."[45] "알라는 전지전능하시다."[46]

## 22장 │ 통치자를 지배하는 자들은 왕권을 나타내는 특별한 칭호를 취하지 않는다

이유는 아래와 같다. 왕조 초기에 왕권과 지배권을 획득하면 자신의 부족과 아싸비야의 도움으로 추종세력을 얻게 되면 그는 왕권과 지배권의 소유자로서 자질을 지니게 된다. 이런 자질은 이후에도 지속되는데 이를 통해 왕조의 정체성과 지속성이 보장된다.

실질적으로 통치자를 조정하는 자가 왕권을 습득한 부족, 혹은 추종자들이 지녔던 아싸비야를 소유했다면 그의 아싸비야는 여전히 통치자 가문의 아싸비야에 종속적이고 그에 속하는 일부를 구성하는 것이지 그 자신이 왕권의 소유자로서의 자질을 보이는 것은 아니다. 그는 공개적으로 왕권을 탈취하려고 하지는 않지만 왕조의 행정에 관계된 명령, 결정, 해결, 조약, 결론,

---

45    코란 2장 247절.
46    코란 5장 123절.

반대 등의 실질적인 권력을 장악하려 한다. 그는 왕조의 백성들에게 자신이 통치자를 대신해 행동하지만 실질적으로 배후에서 통치자의 정치에 영향을 준다는 인상을 풍긴다. 그는 왕권을 나타내는 상징, 문장, 칭호를 사용하지 않고, 간혹 자신이 왕의 전권을 행사하는 경우가 있어도 백성들의 비난을 피하려고 의도적으로 조심한다. 왜냐하면 그가 통치자를 좌지우지하며 권력을 행사하는 것이 사실이라 해도 그는 통치자와 통치자의 선조들이 왕조 건립 초기부터 자신들을 같은 부족으로부터 보호하려고 설치해 놓은 장막 뒤에 있기 때문이다. 그는 통치자의 대리인을 자처하며 악행을 한다.

만약 그가 왕권의 특권을 직접 취하게 되면 통치자의 아싸비야를 대표하는 사람들이나 부족은 그를 제거하려 할 것이다. 왜냐하면 그는 통치자로서의 자질을 지니고 있지 못하고 백성에게 복종을 강요할 만한 풍모를 지니지 않았기 때문이다. 따라서 그가 이런 시도를 한다면 그것은 즉시 그의 몰락을 가져올 것이다. 바로 이런 일이 압둘 라흐만 븐 알나씨르 븐 아부 아미르에게 일어났다. 그는 히샴과 그 가문의 일가가 칼리파라는 칭호를 얻는 데 동참하고픈 강한 욕망에 사로잡혔다. 그는 아버지와 형제들이 실질적으로 권력을 행사하며 국가 대소사를 결정하고 협정을 맺고 의식을 관장하는 정도에 만족하는 것으로는 자신의 탐욕을 해소할 수 없었다. 결국 그는 히샴에게 칼리파 직위를 내어 놓으라고 요구했고 그러자 마르완 일가와 꾸라이시 일가가 그런 그의 행동에 시기심을 품게 되었다. 이들은 칼리파 히샴의 삼촌인 히샴 무함마드 븐 압둘 잡바르 븐 알나씨르와 뜻을 합쳐 그를 몰아냈다. 결론적으로 이 사건은 아미르 왕조[47]와 그들의 칼리파 알무아야드를 보좌하던 지지자들의 멸망을 초래했다. 그 칼리파 왕조에서 다른 이가 통치자 자리를 차지했고 왕조의 마지막까지 정권을 유지했다. 알라는 최선의 상속자시다.

---

47    중세 스페인의 발렌시아에 있었던 왕조.

왕권은 인간에게 자연스러운 것이다. 우리가 앞에서 설명했듯이 인간
은 생존을 위해 식량과 생활필수품을 획득해야 했기 때문에 사회라는 제
도와 협동이 절대적으로 필요했다. 일단 인간이 그런 조직을 만들게 되
면 상호관계 속에서 자신이 필요한 요구를 충족시키는 행위를 할 수밖에
없다. 인간에게는 불의와 상호침략과 약탈이라는 동물적 본성이 있기 때
문에 사람들은 필요한 것을 획득하려고 손을 뻗칠 것이다. 상대는 그렇
게 뻗쳐 오는 손길을 막으려 할 것이고 이때 나타는 것이 분노, 경멸 등이
다. 결국 양측 간에는 투쟁이 발생하고 그런 투쟁은 혼란, 유혈사태, 영혼
의 말살을 초래하고 그것은 곧 인류의 멸망을 의미한다. 그러나 창조자는
인류가 존속하도록 특별한 배려로 보살폈다. 인간은 자신들을 분리시켜
놓는 지배자 없이 혼란스런 상태에서는 살 수 없다. 인간은 자신들을 억
제하는 어떤 사람을 절실히 필요하게 되는데 그런 존재가 바로 지배자다.
이런 인간의 본성으로 인해서 그 지배자는 권위를 발휘하는 강력한 군주
가 된다. 이미 앞에서 언급했듯이 이런 상황에서 반드시 필요한 것이 아
싸비야다. 모든 공격과 방어는 아싸비야 없이는 성공할 수 없다. 이럴 때
왕권은 고귀한 위치에 있는 것이며 그 필요성도 반드시 지켜져야만 하는
하나의 제도로 자리 잡게 된다. 그러나 이미 언급한 대로 이런 것은 아싸
비야가 없다면 완성되기 어렵다. 아싸비야에는 여러 종류가 있다. 일반적
으로 모든 아싸비야는 그것을 추종하는 세력과 가문에 대한 권력과 지배
권이 있지만 그렇다고 각각의 아싸비야가 모두 왕권을 확보하는 것은 아
니다. 사실상 왕권이란 백성을 통치하고 세금을 징수하며 원정군을 파견
하고 변경지역을 보호하는 자에게 허락되는 것이지 그저 다른 사람보다
강한 힘이 있는 자에게 허락되는 것은 아니다. 이것이 왕권의 의미고 왕
권에 대해 널리 알려진 진실이다. 일부 집단의 아싸비야는 변경의 방위나

세금의 징수 혹은 원정군 파견 등과 같은 일을 제대로 하지 못하는 경우도 있다. 이럴 때 왕권은 불완전한 것이며 진정한 의미의 왕권이라 할 수 없다. 이런 예는 까이라완 지방의 아글랍 왕조에서 베르베르 군주들에게서 많이 발생했다. 마찬가지로 압바스 왕조 초기 비아랍인 군주들에게서도 발생했다. 한 집단의 아싸비야가 여타의 아싸비야를 통제하거나 모든 사람들을 장악하기에는 부족한 경우도 있는데, 이는 그들의 아싸비야보다 상위에 다른 통치가 있는 경우다. 이것 역시 불완전한 왕권이다. 하나의 왕족에 복속되어 있는 지방의 태수나 소집단의 수령들이 행사하는 권력이 그 좋은 예이다. 대부분 이런 상황은 영토가 광대한 왕조에서 나타난다. 지방이나 변경의 지배자들이 중앙 왕조의 권력에 예속되지만 그와 동시에 자기 영내의 백성을 통치하는 경우다. 예를 들자면 파티마 왕조의 씬하자족, 우마이야 왕조의 자나타족, 파티마 왕조의 자나타족이 이런 경우이다. 또한 압바스 왕조의 비아랍인 통치자와 이슬람이 도래하기 전 유럽 왕조에 속했던 왕들과 베르베르인 태수들도 마찬가지이다. 물론 알렉산더대왕과 그리스 민족에 속해 있던 페르시아 출신의 왕들과 그 밖의 많은 예가 있다. 알라께서는 자신의 종위에 계시는 지배자시다.

## 24장 │ 통치자의 악한 성품은 왕권에 해롭고 다수의 경우 이로 인해 왕권은 파멸된다

피지배자들은 지배자가 갖춰야 할 중요한 요소로 그 사람 개인이나 좋은 몸매, 잘난 얼굴, 좋은 풍채와 같은 외모 혹은 수려한 필체, 예리한 사고력을 꼽지 않는다는 것을 알아야 한다. 백성들이 중요하게 여기는 것은 지배자와 피지배자 사이의 상호관계이다. 왕권과 권력을 행사하는 지배자의 권위는 결국 지배자와 피지배자 간의 상호관계에서 비롯된다. 권력의 진실은 군주가 백성을 지배하고 백성들의 문제를 처리할 때에 현실화된다. 백성이 있어야 군주가 있을 수 있고 군주가 있어야 백성이 있을 수 있다. '지배권'이라 불리는 것은 군주가 백성들과의 상호관계를 통해 발휘하는 성질을 말한다. 이는 군주가 백성을 지배한다는 것을 의미한다. 만약 그런 지배권 및 속성이 선하면 권력의 목적은 가장 완벽하게 이루어질 것이다. 그런 지배권이 선하고 유익한 것이라면 백성의 이익은 증진되겠지만 만약 그것이 악하고 부당하다면 백성에게 해를 끼치고 파멸을 가져오게 된다.

군주의 지배권이 선하다는 것은 그의 성정이 온후함을 말한다. 만약 군주가 억압과 폭력을 사용하고 함부로 형벌을 가하고 백성의 잘못을 찾아내어 그 죄를 세기 시작한다면 백성들은 처벌을 두려워하고 비천한 마음을 품게 되며 거짓을 말하고 사기를 치고 기만을 일삼게 되어 결국 이런 성질이 백성의 성품이 될 것이다. 그들의 마음과 성품은 비천함과 악함으로 타락할 것이다. 이런 백성들은 전쟁터에서 또는 적을 막아야 하는 일선에서 군주를 배신하기 쉽다. 국가 수비의 타락은 백성의 의욕 저하를 초래하고 급기야 그들은 군주를 시해하려는 음모를 꾸미게 된다. 왕조는 쇠퇴하고 왕조를 보호하는 울타리도 망가진다. 만약 군주가 백성들에게 계속 압제를 가한다면 우리가 앞에서 언급한 대로 아싸비야는 파괴되고 수비대의 약화로 인해 왕국을 보호하던 울타리도 파괴될 것이다. 만약 군주가 온후한 정책을 펴고 백성의 결점을 포용한다면 백성은 군주를 신뢰하고 그에게서 안식처를 찾으려 할 것이다. 그들은 진정으로 군주를 사랑하고 전쟁터에서 그를 위해 기꺼이 목숨을 바치려 할 것이다. 그렇게 되면 지배자의 권력은 모든 곳에서 확실하게 행사된다. 선량한 지배권이라 함은 백성에게 친절과 보호를 베푸는 것이다. 왕권의 진정한 의미는 군주가 백성을 보호할 때에 실현된다. 백성에게 친절하고 선량하다는 것은 백성의 생활에 관심을 가지고 다정하게 대하는 것이다. 이는 군주가 백성들에게 사랑을 보여주는 근본이다.

예리하고 명석한 사람이 친절한 경우는 흔치 않고 보통의 사람들이 친절하다는 것을 인지하라. 군주의 예민함은 백성들에게 능력 이상의 것을 요구하는데, 그 이유는 군주가 백성들은 미처 인식하지 못하는 것을 알고 있고, 어떤 일을 시작할 때 이미 그 일의 결과를 예견할 만큼 명석하기 때문이다. 결국 백성들은 파탄에 빠진다. 무함마드*는 "너희들 가운데 가장 약한 자와 보조를 맞추라"라고 말했다.

이런 까닭에 무함마드*는 군주가 지나치게 명민하지 않아야 한다는 조건을 달았다. 그분은 지야드 븐 아부 수프얀의 이야기를 들어 설명했다. 당시 지야드는 우마르에 의해 이라크에서 제거된 상태였다. 지야드가 물었다. "믿는 자들의 아미르시여! 왜 저를 제거했나이까? 제가 부족해서입니까? 아니면 제가 반역자입니까?" 우마르는 말했다. "그 두 가지 이유 중 하나라면 너를 제거하지 않았을 것이다. 나는 네가 백성들에게 지나친 요구를 하는 것이 싫었다." 군주가 지나치게 명민하면 안 된다. 지야드 븐 아부 수프얀, 우마르 븐 알아스가 그런 예이다. 만약 군주가 그런 조건이라면 전제적인 통치를 하고 더욱이 백성들에게 천성적으로 할 수 없는 일을 하도록 강요하기 때문이다. 이 책의 마지막 부분에서 이와 관련해 언급할 것이다. 알라께서는 자비의 주인이시다.

결론적으로 군주의 지나친 명민함은 정치 지도자로서는 결함이다. 이는 지나치게 생각이 많기 때문이다. 마치 우둔한 자가 지나치게 완고하다는 것과 같다. 인간의 모든 품성 중에서 극단은 비난받아야 하는 것이며 중용이야말로 칭찬받을 것이다. 낭비와 인색함의 중간인 관대함 혹은 만용과 비겁함 사이의 용기도 이와 같으니 인간의 다른 품성도 그렇다. 이런 까닭에 지나치게 영리함은 악마의 자질로 묘사되고 그런 자는 '악마'나 '악마 같은 자'로 불린다. 알라께서는 원하는 대로 창조하고 그분은 강력한 능력을 지니고 모든 것을 알고 계신다.

왕권의 본래 의미는 인류에게 필수적인 사회를 만드는 것이고 그 목적은 지배력과 강제력인데 이런 성질은 분노와 야만성에서 비롯된다. 다수의 경우 군주는 올바른 길에서 벗어나는 통치를 하고, 그런 통치의 희생자인 백성은 고난을 겪게 된다. 군주는 자신의 목적과 욕구를 위해 백성의 희생을 강요하고, 이는 백성들의 한계치를 벗어난 것이기 때문이다. 백성들이 겪는 파멸과 고난은 각 세대가 보여주는 의지에 따라 다르다. 백성들은 군주에게 복종하기를 꺼려하고 아싸비야가 혼돈스럽게 되고 이는 곧 혼란과 유혈사태를 부른다. 따라서 모든 사람이 수용하고 군주의 통치에 복종하는 정치 법칙을 기준으로 삼아야 한다. 페르시아인들이나 다른 민족들에게는 이미 그런 규범이 존재했다. 이런 규범에 근거해 정치를 하지 않는 왕조는 정치를 제대로 펼치지 못한다. "이전에 지나갔던 알라의 순나."[48]

만약 왕조의 지식인과 지도층이 이런 규범을 만들었다면 그것은 이성적인 정치제도일 것이다. 만약 입법자[49]를 통해 알라가 제정한 것이라면 이는 현세와 내세에서 모두 유용한 종교적인 정치제도일 것이다. 왜냐하면 인간은 현재의 안녕만을 목적으로 삶을 추구하지 않기 때문이다. 이 세상의 모든 것은 보잘 것 없고 쓸모없으며 결국은 죽고 소멸된다. 알라께서 말씀하셨다. "우리가 너희를 헛되이 창조하였다고 생각하였느냐?"[50] 인간이 목적하는 바는 종교인데 종교는 인간을 내세의 행복으로 인도한다. "그 길은 하늘과 대지에 있는 모든 것을 소유하신 알라의 길이라."[51] 그

---

48    코란 33장 38절.
49    예언자 무함마드를 지칭한다.
50    코란 23장 115절.
51    코란 42장 53절.

러므로 종교법은 인간이 신을 섬기고 타인과 교류할 때에도 적용된다. 이것은 인간의 사회조직에 자연적으로 존재하는 왕권의 경우에도 마찬가지이다. 종교법은 왕권을 종교의 과정으로 둠으로써 모든 입법자의 감독 아래 머물도록 한다.

왕권이 백성에게 압제, 정복, 아싸비야적인 권력의 부정을 목적으로 행사하는 모든 것은 불의고 적대행위이자 비난받아 마땅한 일이다. 그리고 이런 상황이라면 정책이나 정치적 결정 역시 비난받을 법하다. 왜냐하면 그것은 알라의 빛이 아닌 환영에 불과한 것이기 때문이다. "알라로부터 빛을 받지 못한 자 그에게는 빛이 없느니라."[52] 왜냐하면 입법자는 인간의 이득을 인지하고 있기 때문이다. 비록 인간이 내세의 일들을 현세에서 볼 수 없지만 부활의 날 인간의 행위는 그것이 왕권과 관련이 있든 없든 간에 모두 자신에게 돌아오게 될 것이다. 예언자*는 말했다. "너희의 행위가 너희에게 되돌아 올 것이다." 정치적 법률은 현세적 이득만을 고려한다. "그들은 현세의 외형만을 안다."[53] 하지만 입법자가 인류에 대해 걱정하는 것은 내세에서의 안녕까지다. 현세와 내세에 관련된 모든 상황에서 대중이 샤리아의 규범에 응하도록 하는 것이 최종 목적이어야 한다. 이런 통치를 할 수 있는 자는 샤리아를 다루는 이들인데, 그들은 바로 예언자들이며 그다음으로는 예언자들의 뒤를 이은 칼리파들이다.

이상의 논의로 칼리파위에 대한 의미가 명백해졌다. 자연적 왕권이란 대중들이 자신의 목표와 욕망에 따라 행동하도록 하는 것이고, 정치적 왕권이란 현세의 이익을 획득하고 피해를 막아내는 이성적 통찰력에 근거하여 대중이 행동하도록 만드는 것이다. 또한 칼리파위는 대중이 현세와 내세에서 조화롭고 이득을 얻는 삶을 누릴 수 있도록 고려하고 종교적 통찰에 따라 행동하도록 한다. 입법자는 현세의 모든 조건은 내세의 이익

---

52    코란 24장 40절.
53    코란 30장 7절.

을 고려한다고 보고 있다. 사실상 칼리파는 입법자를 대리하여 종교를 보호하고 현세의 정치를 행한다. 그러므로 이를 잘 이해하고 앞으로 논의할 때 명심하라. 알라는 박학한 현인賢人이시다.


## 26장 | 이슬람 공동체는 칼리파위를 규제하는 법률과 조건들에 대해 서로 다른 견해를 보인다

우리는 위에서 칼리파위의 진정한 의미를 밝힌 바 있다. 칼리파위는 종교를 보전하고 현세에서 정치적 지도권을 행사한다는 점에서 입법자를 대신한 것이다. 이 직위는 '칼리파위' 혹은 '이맘위'라고 불리고 이를 행하는 사람을 '칼리파' 혹은 '이맘'이라고 한다. 이맘이라고 칭하는 이유는 예배를 올리는 이맘을 비유한 것이다. 그러므로 칼리파는 대 이맘으로 불린다. 칼리파라고 칭해지는 이유는 이슬람 공동체 내에서 예언자의 후계자를 비유한 것이다. 따라서 '절대적인 칼리파', '알라의 사도의 칼리파'라고 불리기도 한다. 알라의 후계자를 칭하는 것에 대해서는 다양한 견해가 있다. 따라서 '알라의 칼리파'라는 것은 일부 사람들이 다음과 같은 코란의 말씀 중 인간을 위한 대중적 칼리파에서 가져 온 것이었다. "이 세상에 칼리파를 둘 것이다."[54] 또한 그분이 말씀하시길 "알라께서 너희를 이 세상에 보내서 그분의 대리인으로 두었다."[55] 대중은 이에 반대했다.[56] 왜냐하면 코란 구절은 그런 의미가 아니었기 때문이다. 아부 바크르는 칼리파로 추대되었을 때 이런 표현을 금한 바 있다. "나는 알라의 칼리파(계승자)가 아니다. 다만 알라의 사도*의 칼리파일 뿐이다." 왜냐하면 칼리파(계승자)

---

54   코란 2장 30절.
55   코란 6장 60절.
56   대중은 '알라의 칼리파' 즉, '그분의 대리인'이라는 표현을 반대한 것으로 보인다.

가 된다는 것은 초자연의 진리지 현실에서는 아니기 때문이다.

　이맘위는 필수다. 사도의 교우와 추종자들은 이맘위가 종교법에 의해 필수적이라는 사실에 합의했다. 왜냐하면 예언자 무함마드*가 사망했을 때 교우들은 아부 바크르*에게 충성을 맹세하고 자신들의 모든 일을 그의 권한에 두었기 때문이다. 이후에도 사정은 마찬가지였다. 무슬림들은 한 번도 무정부 상태를 겪은 적이 없다. 이는 이맘위가 필수라는 점에 대한 '합의'에 따른 것이다. 일부 사람들은 인간이 이성적으로 이맘위의 필수성을 깨달은 것이라고 주장했다. 그 근거는 합의 역시 이성적인 판단에 따른 것이기 때문이다. 이 주장에 의하면 이성적 판단에 따른 이맘위가 필연적인 이유는 이렇다. 인간은 사회라는 조직을 필요로 하고 혼자 사는 것이 불가능한데 하나의 사회 조직에서는 서로 다른 목적이 충돌하고 투쟁이 필수적이기 때문이라는 것이다. 이런 상황에서 억제력을 발휘하는 자가 없다면 대립은 분란을 가져오고 결국 인간은 파괴와 파멸을 자초하게 된다. 인류의 보존은 샤리아의 목적 중 하나다. 이 의미는 명백하다. 즉, 현자들은 인류에게 예언자가 있어야 한다고 본 것이다. 우리는 그런 주장의 병폐를 지적한 바 있다. 그와 같은 주장이 타당성을 얻으려면 '억제력을 발휘하는 자'는 알라가 내려 준 샤리아를 통해서 존재하고 대중은 그를 신앙과 종교적인 신념으로 여기며 복종한다는 사실이 입증되어야 한다. 그러나 이는 용인될 수 없다. 왜냐하면 억제력을 발휘하는 자는 샤리아가 없어도 왕권의 능력과 권력의 압제를 통해 존재할 수 있기 때문이다. 이런 사실은 경전이 없고 포교도 없었던 조로아스터교나 그 밖의 경우에서 확인할 수 있다. 혹은 이렇게 말할 수도 있다. 불화를 없애기 위한 방법으로 각자가 이성적 판단으로 불의를 금해야 한다는 사실을 깨닫는 것만으로도 충분하다. 그러므로 불화를 없애기 위해서는 반드시 샤리아나 이맘의 존재가 있어야 한다는 그들의 주장은 옳지 않다. 불화를 없애려면 이맘과 같은 지도자가 존재하거나 사람들이 불화나 침해를 피하려고 마음먹을 때도 문제는 해결된다. 따라서 샤리아를 통해서만 그 해결책이 있다는 그런 전제조건을 내세우는 그들의 주장은 받아들이기 어렵다. 이는 이맘위의 필요성이 샤리아를 근간으로 한 합의에서 나온다는 것을 알려준다.

일부 사람들은 극단적으로 이맘위는 이성의 관점으로 혹은 샤리아의 관점으로도 꼭 필요한 것은 아니라고 주장한다. 이런 주장을 하는 사람들은 무으타질라파의 아쌈과 카와리지파[57]의 일부이다. 그들은 샤리아를 실현하는 것만이 필수적인 것이라고 생각했다. 그러므로 만약 이슬람 공동체가 정의 실현과 지고하신 알라의 영을 준수하는 것에 대해 합의하면 이맘위도 필요하지 않다는 것이다. 그들은 이런 주장을 펴면서 왕권의 횡포와 지배와 현세를 즐기는 것을 삼가려 한다. 왜냐하면 그들은 샤리아가 권력과 권력자들을 비난하고 이런 것을 근절하려는 목적을 가지고 있다고 생각하기 때문이다.

샤리아는 왕권 자체를 비난하거나 왕권의 행사를 금하지도 않음을 인지하라. 단지 왕권이 독재, 불의, 혹은 탐욕과 같은 폐단을 가져올 때만 비난한다. 폐단은 금지되었어도 왕권에 수반되어 발생한다는 사실은 의심의 여지가 없다. 샤리아는 정의와 공정함, 종교적 의식의 수행과 종교적 방어를 찬양하며 이런 덕목에는 반드시 보상이 있을 것이다. 그런데 이 모든 폐단은 왕권에 부수되는 것이다. 만일 샤리아가 왕권을 비난한다 해도 이는 일부에 대해서일 뿐이지 왕권 자체를 비난하지 않고, 왕권과 완전한 이별을 고하지도 않는다. 그것은 권력을 행사하는 사람의 탐욕과 분노를 비난하지만 그 목적은 그러한 특성을 완전히 금지하는 것은 아니다.

---

57 657년 씨핀전투 이후 무슬림 간의 분쟁을 해결하기 위해 소집된 중재 회의 중에 전쟁의 양 당사자인 알리와 무아위야 진영 모두에게 반대하고 회의장을 나간 데에서 비롯되는 명칭의 이슬람 학파이다. '카라자'는 아랍어로 '나가다'라는 의미이고, '카와리지'는 '반대자들'이라는 의미이다.

왜냐하면 그러한 특성은 필연적이기 때문이다. 궁극적인 목적은 그러한 특성이 적절히 사용되기를 바라는 것이다.

다윗\*과 솔로몬\*은 그 누구와도 비교할 수 없을 정도의 강력한 왕권을 소유했었고 그들은 신성한 예언자이자 알라가 창조한 인간들 중에 가장 고귀한 존재였다. 우리는 이렇게 반박한다. 이맘위의 필요성을 부정함으로써 왕권을 폐지하려는 시도는 당신들에게 결코 도움이 되지 않는다. 왜냐하면 샤리아를 준수하는 것이 필수적이라는 사실에 대해 당신은 이미 동의하고 있기 때문이다. 샤리아는 아싸비야와 권력을 통해서만 실현될 수 있고 아싸비야는 그 본질상 왕권을 필요로 한다. 이맘을 두지 않는다 해도 왕권은 획득할 수 있다. 그런데 당신은 바로 그 왕권을 기피하려는 것이다. 만약 이맘위의 필요성이 무슬림의 합의를 통해서 인정되었다면, 이는 모든 무슬림의 선택에 의거하는 공동체의 의무인 것이다. 모든 사람은 이맘위가 확립되도록 노력해야 하고 아래의 코란 구절에 따라 이맘에게 복종해야 한다. '알라께 복종하라. 또한 사도와 그대들 가운데 권력 있는 자에 복종하라!'[58]

이맘이 되기 위한 조건은 네 가지가 있다. 지식, 정의, 능력, 그리고 감각과 육체의 건강함이다. 이는 판단과 행동에 영향을 주기 때문이다. 다섯째 조건으로는 꾸라이시 혈통을 말하기도 하지만 이 부분에 대해서는 의견이 일치하지 않는다.

지식에 대한 조건은 자명하다. 왜냐하면 지고하신 알라에 대한 법지식이 있어야 그 법을 집행할 수 있기 때문이다. 만약 지식이 없다면 법을 제대로 집행하지 못하게 된다. 그의 지식은 그가 무즈타히둔[59]이 되지 않고

---

58    코란 4장 59절.
59    무즈타히둔은 '이성을 지니고 독자적으로 판단하는 자'라는 의미다. 이슬람 법을 해석하는 데 있어 이성을 지니고 독자적으로 판단하는 것을 '이즈티하드'라고 부른다. 무즈타히둔은 이를 행하는 자를 뜻하며, 순니에서는 4대 법학파의 창시자에게 그 자격을 부여한다.

는 인정받지 못한다. 모방은 결함이 되며 이맘에게는 여러 가지 조건의 완벽함이 요구된다.

정의가 필요한 이유는 이맘이 종교적 직위로서 성실을 조건으로 하는 다른 직위들을 관장하기 때문이다. 이맘이 금지된 행동을 했을 때 그의 정의로움이 무효화된다는 점에 대해서는 이견이 없다. 하지만 그가 종교의 해석에 창조성을 발휘했을 때에도 정의가 무효화되는가에 대해서는 이견이 있다.

능력은 이맘이 규제를 가하고 혜안으로 전쟁을 수행할 수 있어야 함을 의미한다. 그는 사람들을 전투에 투입시킴에 있어 책임을 져야 하고 또한 아싸비야와 열악한 상황에 대한 지식을 가지고 있어야 하며 정치적 의무를 다할 만큼 강해야 한다. 이 모든 전제조건이 충족되어야 그는 종교를 보호하고 성전聖戰을 주도하며 샤리아를 유지하고 공공의 이익을 창출할 수 있다.

광인, 맹인, 농아와 같은 신체기관 및 감각의 결함이나 장애, 혹은 수족과 생식기 불구와 같이 행동에 지장을 주는 결함이 없는 건강함은 이맘의 전제조건이 된다. 왜냐하면 그러한 결함은 이맘이 책무를 수행하고 완수하는 데 영향을 미치기 때문이다. 외관상의 결함, 예를 들면 사지 중 하나만 없어도 이맘이 건강한 육체를 가져야 한다는 조건에 부합되지 않는다. 신체기관의 상실은 행동의 장애를 가져온다. 여기에는 두 가지 종류가 있을 수가 있다. 첫째는 전쟁포로나 그와 비슷한 일을 당해서 활동의 장애가 있는 경우인데, 온전한 신체가 이맘의 조건인 것처럼 자유로운 활동도 이맘에게 필요한 조건이다. 둘째는 이맘을 보좌하던 자가 권력을 장악하여 이맘에게 불복하거나 반대하는 것은 아니지만 결과적으로는 이맘을 유폐시키는 경우가 있다. 이렇게 되면 초점은 권력을 장악한 그에게로 옮겨진다. 만약 그가 이슬람의 정의에 근간한 올바른 정책을 수행한다면 그의 결정은 수용될 수도 있다. 그렇지 못할 경우 무슬림은 그를 제어하고 그가 만든 해로운 상황을 없애 줄 만한 다른 이에게 도움을 구하고 결국 칼리파의 행동은 수행된다.

꾸라이시의 혈통에 관한 문제는 아부 바크르를 칼리파로 결정한 사끼파의 날[60] 무함마드의 교우들이 한 합의에 그 기초를 둔다. 꾸라이시 가문을 이맘 위의 전제조건으로 거론하는 이유는 사아드 브 웁바다가 아부 바크르에게 충성을 맹세하면서 염려했던 것 때문이다. 사람들은 예언자*의 말씀 "꾸라이시 부족 출신 이맘들이 있다"를 예로 들면서 이렇게 말했다. "우리 중에 아미르가 있고 또 너희 중에 아미르가 있다." 예언자*께서 충고하셨다. "우리는 너희들의 선을 위해서 선하게 행동하고 너희의 그릇된 행로를 뛰어 넘는다. 만약 아미르 직위가 너희에게 있었더라면 너희에게 이런 충고를 하지 않았을 것이다." 그러자 그들이 안싸르[61]를 위해 구실을 둘러댔다. 그리고 그들의 말을 빌미로 내세웠다. "우리 중에 아미르가 있고 또 너희 중에 아미르가 있다." 그들은 사아드의 충성 맹세를 염려했던 것을 번복하였다. 『싸히흐』에도 역시 이와 관련된 말씀이 있다. "이 세상에서 이런 권력은 더 이상 꾸라이시 출신의 전유물이 아니다." 이와 비슷한 증거의 말씀은 더 있다. 그러나 꾸라이시의 권력이 약화되고 사치와 안일한 풍조에 빠져 방만한 지출로 그들의 아싸비야가 서서히 사라졌을 때 왕조는 이미 영토의 팽창기에 들어섰고 꾸라이시족은 칼리파의 직위를 세습적으로 지켜내기에 역부족이었다. 급기야 비아랍인들이 꾸라이시족을 지배하게 되었고 왕조의 행정과 외교의 주역이 되었다. 다수의 법학

---

60  무함마드의 사망 직후 무슬림 지도자들이 모인 집의 이름이다. 632년 6월 8일 무함마드가 사망하자 안싸르들은 향후 무슬림의 지도자를 논의하기 위해 싸끼파에 모였다. 안싸르 소속의 카즈라즈 부족과 아우스 부족이 참석했다. 하지만 무하지룬이나 메카에서 이주해 온 무슬림들은 그 모임을 알지 못했고 무함마드의 교우인 아부 바크르, 우마르는 뒤늦게 모임을 알고 참석했다. 격한 토론 끝에 그들은 아부 바크르에게 충성을 맹세하기로 결론을 내렸다. 그중 일부는 무함마드의 사촌이자 사위인 알리를 지도자로 추대했지만 이 견해는 수용되지 않았다. 이븐 이스하끄의 시라 참조.
61  안싸르는 아랍어 '돕다'라는 동사에서 비롯되어 '돕는 자'라는 뜻을 지닌다. 예언자 무함마드가 메카에서 메디나로 이주할 때 이를 도왔던 메디나의 사람들을 지칭한다.

자들은 이런 상황을 의심하기 시작했고, 종국에는 꾸라이시족이 이맘이 되기 위한 조건에 포함되는 것을 거부하기에 이르렀다. 그리고 그들은 이 사안과 관련 외부로 표출되는 여러 가지 현상을 주장하였다. 예언자*의 말씀을 예로 들 수 있다. "만약 건포도를 지닌 하바셔 출신의 노예가 너희를 통치하여도 너희들은 경청하고 복종하여라."[62] 이것이 이 사안과 관련 정당성을 제공하는 구실은 아니다. 이 구절은 경청과 복종의 긍정적 반향을 주제로 하는 과장의 일종으로 인용되었다고 볼 수 있다. 이런 예는 우마르의 말씀에도 있다. "만약 살림이 후다이파의 보호자로 살아 있었더라면 나는 그에게 권한을 위임했을 텐데" 혹은 "그에 관해서 나는 의혹이 생겼을 때" 또한 예언자의 교우들의 이론이 그런 주장을 뒷받침하지 않았다는 것을 당신이 알았다 해도 이 사안과 관련해서는 아무런 이득이 없는 것이다. 따라서 대중의 보호자는 그들 중에 나오는 것이 마땅하다. 꾸라이시의 살림은 주종관계의 아싸비야를 획득한 상태였다. 이는 혈통이 이맘직의 선행조건이어야 한다는 상황에서도 이득이 되는 일이다. 우마르가 칼리파의 권력에 자부심을 지녔을 당시 그는 칼리파가 되는 선행조건이 존재하지 않는 것처럼 행동했다. 그는 칼리파가 되기 위한 선행조건들을 더 많이 두기 위해 살림에게 향했고 우리가 언급할 것이지만 혈통이야 말로 아싸비야를 위해 매우 중요하고 유용한 것이라고 주장하기에 이르렀다. 그는 혈통의 순수성을 제외한 그 어느 것도 필수 조건이 아니라고 보았다. 따라서 혈통의 유용성은 비록 그 출발이 아싸비야에 있다 해도 주종관계 속에서 획득된다. 이는 우마르로부터 무슬림들의 견해를 도출해 내고 사람들이 그를 비난하지 않고 그들의 권력을 세습시키려고 욕심을 부렸기 때문이다.

꾸라이시 혈통이 이맘이 되기 위한 전제조건이라는 것을 부정하는 사람

---

62    통치와 관련된 부카리의 『하디스』 이맘에 대한 경청과 복종의 장 참조.

들 중에는 판관 아부 바크르 알바낄라니가 있다. 그의 시대에 꾸라이시 부족의 아싸비야는 사라지고 없었고 비아랍인 통치자들이 칼리파위를 독점했다. 따라서 그는 당시 칼리파의 상황을 목도했고 카와리지의 견해에 동의했던 그는 꾸라이시 혈통을 이맘의 전제조건에서 배제했다. 그러나 비록 꾸라이시가 무슬림들의 권력을 수행하기에 매우 약해졌다 할지라도 대중은 꾸라이시 혈통을 전제조건으로 고수했다. 하지만 이런 주장을 하는 이들은 이맘이 되기 위한 조건 중에 능력 즉, 자신의 의무를 수행할 수 있는 힘이 필요하다는 점에 대해서 답변해야 할 것이다. 만약 아싸비야의 소멸과 더불어 이맘의 권력도 사라진다면 그의 능력도 사라지게 되는 것이고 또한 만약 능력이라는 조건이 파기된다면 그것은 지식과 종교라는 것에 대해서도 악영향을 미치게 될 것이다. 그렇게 된다면 이맘위를 지탱하는 모든 조건도 무의미해지고 이는 학자들의 합의에 배치되는 것이다.

이제 이런 논리에 근거하여 이맘 위를 올바르게 지키는 데 있어 혈통이 조건으로 되는 것에 대해 이야기해 보자. 우리의 견해는 이렇다. 모든 종교법은 반드시 특정의 목적과 그 자체만의 철학이 있다. 만약 우리가 이맘이 되기 위한 조건으로 꾸라이시의 혈통을 조사하고 예언자 무함마드*가 마음에 둔 의도를 찾아본다면 예언자 무함마드*는 예언자의 직계혈통이라는 축복만을 생각한 것이 아님을 알게 된다. 그런 직계의 관계가 꾸라이시의 후손에게 존재하고 그것이 축복임에는 분명하지만 당신이 이미 인지하고 있듯이 그런 축복이 샤리아의 목적에서 비롯된 것은 아니다. 따라서 혈통이 이맘이 되기 위한 조건이 되려면 샤리아의 목적인 공익이 되어야 한다. 만약 우리가 이를 철저히 연구하고 분류해도 공익이란 단지 자부족민을 보호하고 그들의 요구에 응대했던 아싸비야라고 표현하는 것밖에 다른 답안을 찾지 못할 것이다. 아싸비야의 존재는 이맘 직위를 누가 획득해야 하는가에 대한 견해차를 사라지게 했다. 무슬림사회는 그에게 의존하고 그 역시 그들과 우호적인 관계를 수립한다. 꾸라이시 부족은 무다르 부족의 한 집단이었고 그들의 근본은 무다르 부족 중에서도 지배력이 강했다. 꾸라이시 부족은 무다르 부족의 영예를 지키는 주요 집단으로 수적으로도 다수였고 아싸비야가 강했으며 명예를 지킬 줄 아는 고귀한 부족이었다. 아랍인은 꾸라이시 부족을 명예와 자랑으로 간주했으며 그들의 지배와 통치에 복종하였다. 따라서 만약 통치 권력이 그들 이외의 다른 집단에 의해서 장악되었더라면 사분오열의 이견이 대두되었을 것이다. 무다르 부족에 속해 있던 여러 부족 중에 꾸라이시 부족 이외의 그 어떤 부족도 발생되었을 법한 이견을 다스리고 조정해낼 능력이 없었다. 그런 일이 발생했다면 대중은 흩어지고 그들의 주장도 서로 달랐을 것이다. 예언자 무함마드*는 아랍인들의 합심을 강력히 희망하면서 바로 이런 점을 경고한 바 있다. 그러나 사람들의 반목은 커졌고 사분오열 현상도 농후해졌다. 이는 모두 친족관계와 아싸비야 그리고 자부족 방어 개선 등을 목적으로 하고 있었다. 당시 꾸라이시 부족은 아랍사회에서 자신들이 원하는 대로 대중을 통치하는 능력이 있었으므로 만약 꾸라이시 부족이 권력을 장악했다면 그들은 어느 누구도 두려워하지 않고 견해의 차이를 보이지 않았을 것이다. 왜냐하면 그들은 대중을 보호하고 방어하며 오류를 범하지 않도록 막아주는 보호자였기 때문이다. 그러므로 꾸라이시의 혈통이 이맘이 되기 위한 조건이 된 것이다. 그들은 물론 강력한 아싸비야의 소유자였고 무슬림사회를 체계적으로 정비하고 의견의 일치를 도출해 내는 일도 손색없이 수행하였다. 만약 그들이 의견을 조율하고 결정하면 무다르 부족 전체의 의견으로 받아들여졌고 따라서 아랍인 대중은 그들의 의견에 복종했다. 꾸라이시 부족을 제외한 여러 부족들은 종교집단의 명령에 복종했고 꾸라이시의 군대는 정복전쟁 당시 그랬던 것처럼 원정대의 출정을 감행했다. 그 이후 아랍인의 아싸비야는 차츰 희미해졌다. 꾸라이시 부족의 수가 대규모였고 그들이 아랍인의 역사를 몸소 기록했던 무다르 부족의 심장부를 제압하고 정복했음을 잘 알려주는 자료가 있다. 이븐 이스하끄는 자신의 저서 *al-Siyar*와 여러 지면을 통해 이런 사실을 기록한 바 있다. 만약 꾸라이시의 후손만이 이맘이 되어야 한다는 것이 꾸라이시가 지닌 아싸비야의 우수성과 함께 이견을 불식시키려는 의도로 주장되었다면, 그리고 우리가 입법자인 무함마드*는 어떤 한 세대, 기간, 민족에게만 유리한 특별법을 만들지 않았다는 것을 알았다면 우리는 꾸라이시의 후손 역시 이맘이 되기 위한 경쟁을 치렀으리라는 사실도 알게 될 것이다. 우리는 이 모든 것을 고려해 볼 때 꾸라이시가寒의 권리를 주장하는 배경에는 '꾸라이시의 후손'보다는 아싸비야의 존재가 더 중요한 것이었음을 알게 된다. 따라서 우리는 무슬림들의 제반 사안을 관장하는 지배자는 반드시 동시대인들을 강력하게 이끌 수 있고 강력한 아싸비야를 소유한 집단 출신이어야 한다는 것을 조건으로 제시한다. 그래야만 그 집단 이외의 사람들이 그들을 모범삼아 뒤따르고 왕조의 방어책 향상을 위해 동일한 정책을 펼칠 수 있다. 그렇지만 꾸라이시 부족이 광대한 지역에 분포되어 있었음은 이런 전제조건과는 관련이 없다. 또한 이슬람의 포교는 꾸라이시 부족에게는 아주 일반적인 것이었고 아랍인의 아싸비야는 그들에게 신뢰받기에 충분한 것이라는 사실도 알 수 있다. 그들은 여러 부족을 지배하였고 그들이 그렇게 할 수 있었던 가장 큰 원인은 강력한 아싸비야로 무장했기 때문이며 이로써 동시대의 모든 지역을 통치할 수 있었다.

알라께서 비밀스레 간직한 칼리파위가 어떤 것이었는가를 잘 생각해 본다면 한 치의 애매함도 있을 수 없다. 왜냐하면 알라는 칼리파를 자신의 대리인으로 삼아 자신의 종들의 일을 처리하도록 한 것이다. 칼리파는 신도들에게 이득을 확신하게 했고 유해함을 금했다. 알라는 직접 계시를 통해 그런 임무를 그에게 부여하셨다. 이맘 이븐 알카띱[63]이 샤리아의 법

---

63  1301~1373, 이슬람 법학자이자 코란의 권위 있는 해설가.

규 다수가 남자와 여자에게도 동일하게 적용된다고 한 것을 보지 않았는가? 그런데 이는 기록되어 있지는 않다. 다만 유추를 통해서 그렇다는 것이다. 여자가 하등의 권력을 가지지 못하는 이유가 바로 이 때문이다. 알라를 섬기는 의무는 각자가 자신의 의지대로 수행함으로 예외가 되지만 그 외에는 남자가 여자를 통제하는 것이다. 여자가 알라를 섬기는 의무에 충실해야 한다는 것은 유추에 의해서가 아니라 경전에 명시된 내용에 의한 것이다. 더욱이 존재의 세계는 칼리파가 되기 위해 아싸비야의 필요성을 보여준다. 한 민족이나 종족에 대해 지배권을 장악한 사람만이 그러한 임무를 수행할 수 있기 때문이다. 종교법의 요건들이 존재적 요건에 배치되는 경우는 거의 없다. 알라는 지고하시고 가장 잘 아신다.

## 27장 │ 이맘위 문제에 관한 시아파의 이론

'시아'는 '교우'고 '추종자'라는 말임을 기억하라. 또한 이는 고대와 현대의 이슬람 법학자들과 무타칼리문의 지식에 근거하여 '알리와 그의 자손들*을 추종하는 자'라는 의미기도 하다. 그들의 이론은 이맘직위는 이슬람 공동체(움마)의 전망을 책임지는 대중의 이익에서 비롯되는 것이 아니라는 데 동의한다. 이맘위를 수행하는 자는 이슬람 법학자들의 임명에 의해 이루어지고 더욱이 이맘위는 이슬람의 기둥이고 이슬람의 근간에 해당되는 것이다. 예언자는 이맘의 임명을 부정하거나 이슬람 공동체에 그의 임명을 위임하지 않고 이슬람 공동체를 위해 직접 이맘을 임명해야 한다. 이맘은 크든 작든 어떤 죄도 짓지 않는 무결점의 사람이어야 한다. 시아파의 이론에 따라 그들이 인용하고 해석한 텍스트를 기준으로 알리*는 예언자 무함마드가 임명한 이맘이다. 순나를 다루는 대석학이나 샤리아의 전달자도 그 원문을 알지 못하지만 그 텍스트의 대부분은 상상의 것 혹은 샤리아 전달 방법에 대한 비방 혹은 그들의 부패한 해석과는 거리가 먼 것이다. 시아에게 있어 이 원문은 보이는 것과 감추어진 것, 즉 이렇게 2개의 부분으로 분류되어 있다. 우선 보이는 것은 이런 말씀이 있다. "내가 그 자의 주인이었던 까닭에 알리는 그의 주인이다."[64] 사람들은 말했다. "이런 주인의 자리는 왜 알리에게만 해당되는 것인가?" 그러자 우마르가 알리에게 말했다. "당신은 모든 믿는 이의 주인이 되었다." 다른 전승에 의하면 이런 구절이 있다. 예언자 무함마드는 말했다. "당신들이 한 최고의 결정은 알리다." 이맘 직을 수행함은 알라의 법에 따라 판단하는 것을 의미하고 판단이란 알라께서 우리에게 코란의 구절로 명시한 바 있는 '권위 있는 자'를 의미한다. "알라께 복종하고 선지자와 너희 가운데 책임이 있는 자들에게 순종하라."[65] 그러므로 알리만이 사끼파의 날 이맘위에 관한 중재자였다. 또 다른 전승에는 이런 구절도 있다. "나(무함마드)에게 평생 동안 충성을 맹세한 자 만이 나를 계승할 것이다." 알리만이 유일하게 무함마드에게 충성을 맹세한 바 있다.

한편 시아의 주장에 따르면 감추어진 것은 예언자*가 계시를 받을 때 사람들의 모임에서 바라아 장을 읽기 위해 알리를 보내셨다는 것이다. 사실 무함마드는 처음에 아부 바크르를 보냈었다. 그런데 예언자*가 계시를 받은 내용은 "당신들 중에……" 혹은 "당신 부족 중 한 사람이"라는 것이었다. 그래서 다시 그는 알리를 보내게 되었다. 사람들은 이렇게 말했다. "이것은 다른 이보다도 알리가 선호되었음을 알리는 증거다. 알리보다 선호된 이는 알지 못한다. 물론 아부 바크르와 우마르의 경우 침략전쟁에서 알라의 부르심을 받아 앞에 나아갔다. 우사마 븐 자이드도 한 번 그랬고 우마르 븐 아스도 그랬다. 이 모든 것이 알리 이 외에는 칼리파 직책에 적합한 이가 없음을 명백히 보여주는 증거다. 그러므로 이런 여러 가지 증

---

64    Ghadīr Khumm의 유명한 하디스 구절.
65    코란 4장 59절.

거 중에서 어느 것이 알려지지 않은 것이고 또 어느 것이 그들의 해석과
거리가 있는 것인가?"

그들 중에는 이런 텍스트가 알리를 지명하고 그에게 대표성을 준다고
생각하는 이들이 있다. 마찬가지로 알리에서 시작되어 그다음 사람에게
로 임무는 맡겨졌고 그들이 바로 이맘직을 수행한 자들이었다. 그들은 알
리를 우선으로 여기지 않았을 당시 아부 바크르와 우마르에게도 공손하
게 행동하였다. 그러나 이 텍스트의 뜻에 따라 알리를 지도자로 인지하고
나서는 앞선 두 사람의 이맘직 수행을 평가 절하하였다. 그들은 두 사람
에 대해 비방과 중상을 가하지는 않았다. 비방과 중상은 우리에게 또 그
들에게도 있을 수 없는 것이었다.

한편 그들 중에는 이런 증거가 인간적 관계로 알리를 임명한 것이 아니
라 자질의 탁월함으로 임명된 것이라고 주장하는 이도 있다. 그들은 자질
에 적절한 직위를 부여하지 않는 것도 큰 실수라고 주장한다. 바로 그들
이 자이디야파이다. 그들은 아부 바크르나 우마르라는 두 선대 칼리파로
부터 결코 자유롭지 못하고 알리가 그 두 사람보다 더 낫다고 말하지만
그 두 사람의 칼리파의 업적을 낮게 평가하지도 않았다. 그러나 그들은
가장 탁월한 이의 존재와 더불어 선호되는 자의 이맘직을 강조했다.

알리 이후 칼리파의 전제조건에 대한 시아의 견해 내지 주장과 인용은
다양해졌다. 시아 중 일부는 텍스트에 명기된 것을 근거로 파티마의 후
손이 가장 정통성 있다고 주장했는데 그들은 이맘의 지식이 전제조건이
어야 하고 신뢰할 수 있는 자를 이맘으로 임명해야 한다고 주장했다. 또
어떤 이들은 파티마의 후손을 중시하는 것은 동일하지만 여러 셰이크들
의 선출을 받아야 한다고 주장했다. 그리고 이맘이 되기 위한 전제조건으
로 학식이 있어야 하고 절제하는 생활을 해야 하며 아량이 넓고 관대하
며 용감하고 자신의 이맘직을 널리 선전할 수 있는 자라고 못 박았다. 바
로 이런 이들을 자이디야파라고 부르는데 그 까닭은 이런 개념의 소유자

인 자이드 븐 알리 븐 알후세인 알삽티의 이름에서 유래한다. 사실 그의 형인 무함마드 알바키르는 그의 견해와는 상반되게 이맘의 전제조건으로 '나감al-Khurūj'을 주장한 바 있다. 그는 이 주장을 적용하여 자신의 부친이자 시아파의 제4대 이맘인 알리 자인 알아바딘은 이맘이 아니라는 결론을 도출해냈다. 왜냐하면 그는 나가지 않았고 그런 준비조차 없었기 때문이다. 그는 그럼에도 와실 븐 아따으[66]가 주장한 바 있는 무으타질라의 이론을 비난하였다. 아부 바크르와 우마르의 이맘 직위가 언급되면서 그 두 사람의 이맘직에 대한 평가도 있었다. 그는 결코 두 사람의 이맘으로부터 자유롭지 못했다. 일부 사람들은 그를 거부했고 신뢰하지도 않았다. 이들은 '거부하는 자rafidah'로 불렸다. 어떤 이들은 알리 사후 그의 두 아들 중 형인 무함마드 븐 알하나피야를 추종하여 그의 후손을 이맘의 적통이라고 주장하기도 한다. 이들은 그의 고향인 키산kisan'을 내세워 '키산파'로 불린다. 또 다른 그룹으로는 '굴라al-ghulat'가 있는데, 이들은 이맘직의 전제조건으로 신성神性에 대한 믿음과 이성을 강력하게 주장하였다. 그들의 주장에 따르면 인간은 신성의 자질을 지닌 것으로 묘사되고 알라는 인간적인 내재에서 문제를 해결한다는 것이다. 이것은 예수*에 대한 기독교의 교의와 일치하는 의견이다. 알리*는 이미 이런 주장을 하는 자들을 불태운 바 있다. 무함마드 븐 알하나피야는 이런 주장을 듣자 무크타르 븐 아부 우바이다에게 화를 냈고 이에 알무크타르는 무함마드에게 저주의 말을 표현하고 그로부터 자유로워졌다. 마찬가지로 자으파르 알싸디끄* 역시 이런 주장을 들었다. 그들 중에는 이렇게 말하는 이도 있었다. "이맘의 완벽성은 그분(알리) 이외 그 누구에게도 존재하지 않는다. 만약 그가 사망한다면 그의 영혼이라도 다른 이맘에게 전이될 것이고, 이는 이맘의 완벽성을 추구하기 위함이다. 이는 바로 윤회를 의미한다."

---

66　Wāsil ibn 'aṭā'a(700~748)는 이슬람 법학자로 '무으타질라'의 창시자이다. 아라비아 반도에서 태어났고 압둘라 븐 무함마드 븐 알하나피야의 지도하에 수학했다.

이런 '굴라' 그룹 중에는 여러 이맘 중 단 한 사람만을 신뢰하고 그 이외의 사람은 이맘으로서 인정하지 않는 이들이 있다. 그 이유는 그가 그들에 의해 임명된 자이기 때문으로 우리는 이들을 '와끼피야'라고 부른다. 그들 중 일부 인사는 그 이맘이야 말로 살아 있는 분이며 결코 사망하지 않았다고 말한다. 그들은 카디르의 이야기[67]를 인용하고 있다. 전해지는 이야기에 의하면 알리*는 구름 속에 존재하고 천둥은 그의 목소리라는 것이다. 이븐 알하나피야에 대해서도 그는 히자즈 지방에 있는 라드와 산에 있다고 했다. 시인은 이렇게 노래했다.

실로 꾸라이시가의 이맘들은 진리의 승자고,
네 사람이다.
알리와 그의 세 아들은 무함마드의 후손이고,
한 치의 불분명함도 없다.
한 손자는 믿음과 신앙심의 후손이다.
다른 손자는 카르발라[68]에서 사라졌다.
다른 손자는 깃발을 흔들며 진군할 때까지 결코 죽음을 맛보지 않을 것이다.
그는 그들 사이에서 한동안 사라져 보이지 않았다.
라드와에서 꿀과 물을 지닌 채.

이와 마찬가지로 이맘위를 극단적으로 주장하는 이들은 여러 명의 이맘 중에 12명의 이맘만이 정당성을 부여받았다고 말한다. 바로 이런 주장을 한 이는 무함마드 븐 알하산 알아스카리인데 그의 별칭은 마흐디(바른 길로

---

67    전설 속의 인물.
68    카르발라는 이라크 중심에 있는 시아파의 성스러운 도시다. 알리의 둘째 아들 후세인이
      이 전투에서 무아위야 진영에게 패하고 죽었다.

인도하는 자)이다. 그는 할라 지역[69]에 있는 그들의 집 지하 저장고에 들어왔다. 그의 어머니와 함께 체포되었을 때 홀연히 그곳에서 사라졌고 그는 다른 시간대로 나갔다. 그러므로 지상은 정의로 가득하다. 그들은 마흐디에 관해서 *Kitab al-Tirmidhi*에 실제 일어난 이야기를 지적한다. 이제 그들은 그를 기다리고 그런 이유로 그를 '기다려지는 이'라고 부른다. 그들은 일몰 예배를 마친 뒤 매일 밤 그가 사라진 장소인 지하 저장고의 문가에서 그가 나타나기를 기대한다. 그들은 먼저 탈 것을 정렬하여 준비하고 그의 이름을 부르며 박수를 치고 그가 그곳에서 탈출하기를 고대한다. 이런 행사는 밤이 깊어지고 별이 총총 서로 얽힐 때까지 계속되다가 끝을 맺고 사람들은 다음 날 밤을 기약하며 돌아간다. 그들은 이런 행위를 이 시대까지도 하고 있다.

와끼피야의 사람들은 이렇게 말한다. "사망한 그 이맘은 현세의 삶으로 돌아온다." 따라서 그들은 코란에 언급되어 있는 '동굴 속 사람들 이야기'에서 일어난 일을 인용한다. 그 이야기는 이렇다. 한 사람이 어느 마을을 지나가고 있는데 마침 사람들이 도살하라고 명을 내린 암소의 뼈로 이스라엘 자손을 구타하여 죽이는 사건이 발생했다. 이렇게 예언자의 기적처럼 발생한 바 있는 기적을 예시로 들곤 했다. 하지만 그들이 이런 이야기를 인용하는 것은 기적과 관련되지 않은 부분에서는 결코 옳게 받아들여지지 않는다. 이런 주장을 하는 이들 중에 사이드 알후마이리가 있는데 그의 시는 다음과 같다.

> 흰머리가 나고 이발사가 머리를 염색하라 하면
> 젊은 날의 기쁨은 사라지고 더 이상 존재하지 않는다.
> 그러니 일어서라!
> 우리의 잃어버린 청춘을 위해 울어보자!

---

69  바그다드에 위치한 지명.

한번 가버린 것은 돌아오지 않는다.

모든 이가 종말의 날까지.

최후 심판의 날까지 이 세상의 삶은 그러하다.

나는 이것이 진정한 믿음이라고 믿는다. 나는 최후 심판의 날에 대해 추호도 의심을 품지 않는다. 알라는 인간이 흙으로 돌아간 후에 삶을 얻었다고 말씀하셨다.

이렇듯 시아의 이맘들은 이런 글과 이런 사람들의 절대적 지지를 받았다. 그들은 시아의 이맘들을 언급하지는 않은 채 그들이 시아의 이맘들을 필요로 하는 이유만을 쓸 데 없이 주장한다. 한편 키산파에 대해 말하자면 그들은 무함마드 븐 알하나피야 이후 그의 아들 아부 하심에게로 이맘직이 계승되는 정통성을 주장하는 이들이다. 그래서 그들은 하심의 사람들이라고도 불린다. 그들 중에는 아부 하심 이후 그의 형제인 알리 그리고 알리의 아들 하산 븐 알리에게로 이 직위가 계승되어야 한다고 주장을 하는 이들이 있다. 그러나 이 무리에 속하는 다른 이들은 아부 하심이 시리아 지역의 사르라에서 사망했을 당시 무함마드 븐 알리 압둘라 븐 압바스에게 권한을 이임했으며 무함마드는 아들 이브라힘 알마으루프에게 이맘직을 이임했고, 이브라힘은 '관대한 자'라는 별칭을 지닌 형제 압둘라 븐 알하라시야에게 또한 그는 '만쑤르'라는 별칭을 지닌 형제 압둘라 아부 자으파르에게 이맘직을 물려주었다고 주장한다. 이런 전통은 성문화되어 그의 후손에게 대대손손 이어졌다. 이것이 하심파의 주장이자 이론이고 이는 압바스 왕조에 존재한다. 하심파의 일원 중에는 아부 무슬림[70]과 술레이만 븐 카시르, 아부 살라마 알칼랄 그리고 압바스 왕조의 시아파에 속해 있던 그 밖의 사람들이 있다. 아마도 그들은 이 사안에 대한 그

---

70  755년 사망. 750년 우마이야 왕조의 패망과 압바스 왕조의 건립에 힘쓴 페르시아의 혁명가.

들의 권리가 압바스로부터 그 기원을 두고 있다고 주장할 수도 있다. 왜냐하면 그야말로 충성을 맹세했던 그 시간에 생존해 있던 인물이며 삼촌계의 아싸비야를 최초로 계승한 자기 때문이다.

자이디야파에 대해 언급하자면 그들은 고유의 이론과 주장을 지니고 있었는데, 그것은 이맘위는 권력을 지닌 자의 선택에 의해서지 명문화된 텍스트를 근거로 삼지 않는다는 것이다. 따라서 그들은 알리의 이맘직을 주장하였고 알리 이후에는 그의 아들 하산 그다음은 그의 형제 후세인 그리고 그의 아들 알리 자인 알아비딘 이후에는 그의 아들 자이드 븐 알리에게 이맘직이 계승된다는 것이다. 바로 그의 이름을 따서 '자이디야파'라 부르게 되었다. 그는 쿠파에서 이맘직을 주장하며 출발하였고 쿠파에 있는 쿠나사 지역에서 십자가형에 처해졌다. 자이디야파의 사람들은 이맘직위가 그의 아들 야흐야에게 계승되었고 그는 쿠라산으로 향했으며 자우자잔 지역에서 살해되었다고 말했다. 그 이후 이맘직은 무함마드 븐 압둘라와 이븐 하산 븐 알하산 알십뜨에게 계승되었다는 것이다. 사람들이 전하는 바에 의하면, 순수한 영혼의 소유자였던 그는 히자즈에서 벗어났는데 그의 별칭은 '마흐디'였다고 한다. 결국 만쑤르의 군대가 그에게 들이 닥쳤고 그는 살해되었다. 그는 형제인 이브라힘에게 직위를 이양했다. 바스라에서 이브라힘과 더불어 이사 븐 알리가 세력을 결집하였고 만쑤르는 그들의 세력을 치기 위해 군대를 바스라로 보냈고 그들을 상대로 한 전투에서 승리를 거두었다. 이브라힘과 이사는 살해당했고 결국 자으파르 알싸디[77]가 이 모든 소식을 전하게 되었으며 이 전투는 만쑤르의 자비심과 관대함이 부족함을 보여주는 계기가 되었다.

또 다른 이들의 주장은 이렇다. 무함마드 븐 압둘라 알나프시 알자키야 이후의 이맘은 무함마드 븐 알까심 븐 알리 븐 우마르라는 것이다. 우마르는 자이드 븐 알리의 형제인데 무함마드 븐 알까심은 탈리칸에서 출발하여 나갔다가 체포되었고 무으타씸 진영으로 끌려 들어갔다. 결국 그는 감옥에서 생을 마쳤다. 한편 자이디야파의 다른 사람들은 이렇게 주장했다. "야흐야 븐 자이드는 이사의 형제고 이사는 만쑤르가 명한 야흐야의 처형에 이브라힘 븐 압둘라와 함께 참석했던 자다. 이후 이맘직은 야흐야 븐 자이드의 후손에게 계승되었고 언급하게 되겠지만 이는 흑인 가계와 연관이 있다."

자이디야파의 또 다른 이들의 주장은 이렇다. "무함마드 븐 압둘라 이후의 이맘은 그의 형제 이드리스고 그는 마그립 지역으로 도주했다가 그곳에서 생을 마감했다. 그의 사후 이맘직은 아들 이드리스에게 전해졌으며 그는 '페스'라는 도시를 계획하고 건설한 인물이다. 이후 그의 후손들이 마그립 지역에서 왕위를 계승했고 그곳에서 소멸되었다."

그 이후 자이디야家의 권력은 불규칙적으로 유지되었다. 그중에는 타브리스탄을 소유했던 포교자 하산 븐 자이드 븐 무함마드 븐 이스마일 븐 알하산 자이드 븐 알리 븐 알후사인 알씹뜨가 있다. 그 형제가 바로 무함마드 븐 자이드이다. 그 이후 다일람에서 알나씨르 알우뜨루슈가 포교의 뒤를 이었고 그곳의 백성들이 그의 이슬람 선교에 넘어갔다. 바로 그의 이름이 하산 븐 알리 븐 알하산 븐 알리 븐 우마르다. 우마르는 자이드 븐 알리의 형제로 결국 그의 아들은 따바리스탄에서 하나의 왕조를 건설하였다. 다일람에서 자이디야가의 후손들은 바그다드 칼리파의 직위를 독점하고 권력을 장악하였다.

자이디야파에게 있어 이맘직은 알리로부터 그의 아들 하산 그리고 하산의 동생인 후세인에게 계승되는 것이다. 그 이후 그의 아들 알리 자인 알아비딘에게로 그 이후에는 알리의 아들 무함마드 알바키르에게로 그 이후 무함마드의 아들 자으파르 알싸디끄에게 계승되는 것이다. 바로 여기서 두 갈래로 나뉜다. 그들에게 이맘으로 알려진 이스마일(자으파르의 장남)에게 이맘직이 계승되어야 한다는 주장을 하는 이들이 있다.[71] 그들은 '이스

---

71  자으파르 알싸디끄의 장남 이스마일은 762년 아버지보다 먼저 죽었다. 사람들은 그가 아버지보다 일찍 사망하지 않았다면 아버지의 직위를 계승했을 것이라고 생각했다.

마일파'라고 불린다. 다른 갈래는 무사 알카딤(자으파르의 3남)에게 이맘직
이 계승되어야 한다고 주장한다. 그들은 이맘 중 12명까지만 인정하고 이
맘은 다른 시간으로 이동이 가능하고 초자연적인 존재라고 생각한다.

　이스마일파에 대해 말하자면 그들은 이스마일이 부친인 자으파르로부
터 이맘직을 계승받았고 그 정통성은 문서에도 보장되어 있다고 주장한
다. 그들에게 있어 문서상 정통성의 장점은 '만약 이스마일이 아버지보다
일찍 사망하지만 않았더라면'이라는 가정하에 진행된다. 이는 마치 하룬
과 무사*의 이야기와 마찬가지이다. 그들의 주장은 이렇다. 이맘위는 이스
마일에게서 그의 아들 무함마드 알마크툼에게 계승되었을 것이다. 그 이
가 바로 감춰진 제1대 이맘이다. 왜냐하면 그들은 이맘의 권력이 부재하면
숨는다고 믿기 때문이다. 하지만 그의 선교는 외부적으로 지속된다. 만약
이맘에게 권력이 생기면 그는 공공연하게 선교할 것이다. 그들은 무함마
드 알마크툼 이후 그의 아들 자으파르 알싸디끄로 또 그 이후에는 그의 아
들 무함마드 알하빕으로 이맘직이 계승된다고 주장한다. 무함마드는 마지
막으로 감춰진 이맘이다. 그 이후 그의 아들 우바이드 알라 알마흐디에게
로 계승된다는 것인데 그의 부름은 종국에 아부 압둘라에게로 나타났다.
사람들은 그의 부름에 따랐고 결국 시질마사의 감옥에서 그를 탈출시켰
다. 그는 까이라완과 마그립을 통치했고 그의 아들은 이집트를 통치했다.

　이들은 이스마일을 이맘으로 주장하는 교리에 근거해 '이스마일파'로
불린다. 이들은 이맘이 감춰진 내재적 존재라고 주장하는 교리에 근거해
'내재파'라고도 불린다. 또한 이들은 이단의 내용을 포함한 주장으로 '이
단파'라고도 불린다. 그들은 고답적인 연설과 새로운 연설을 병행했는데
하산 븐 무함마드 알삽바흐가 11세기 말 그의 연설을 통해 이스마일파의
정통성을 주장하고 선교했다. 그는 시리아와 이라크 지역에 성채를 소유
했으며 이집트의 맘룩조와 이라크의 만룩조가 파멸할 때까지 계속 선교
활동을 했으나 결국 자취를 감췄다. 삽바흐의 연설은 샤흐라스타니의 *al-*

*Milal wa al-Naḥl*에 언급되어 있다.

12이맘파에 대해 언급하자면 그들은 이맘이라는 직명을 가장 늦게 사용한 이로 무사 알카딤 븐 자으파르 알싸디끄를 들었는데, 그 이유는 그의 형 이스마일이 아버지가 생존해 계실 때 사망했고 그래서 그가 이맘직을 계승하게 되었다는 것이다. 그들은 그렇게 무사의 이맘직 정통성을 명시했다. 그 뒤로 그의 아들 알리 알리다가 계승했는데 마으문이 리다에게 전권을 위임하였으나 그는 마으문 생전에 사망한 까닭에 권력을 수행하지 못했다. 이후 그의 아들 무함마드 알타키 그리고 그 후에는 무함마드의 아들 알리 알하디 그다음으로 알리의 아들 무함마드 알하산 알아스카리 그다음으로 무함마드 알하산 알아스카리의 아들 무함마드 알마흐디 알문타다르에게로 계승된다는 것이다.

시아파의 교리 중 이들 각기는 커다란 차이가 있는 것이 사실이다. 하지만 이 모든 것이 그들의 이론이다. 시아파에 대해 좀 더 깊숙한 이해를 구하고자 하는 사람은 이븐 하즘[72]의 책과 샤흐라스타니[73]의 *al-Milal wa al-Naḥl*을 반드시 읽어볼 필요가 있다. 알라께서는 원하는 자에게 빛을 밝혀 주시고 원하는 자에게 올바른 길을 보여주신다. 그분은 가장 지고하신 분이다.

---

72  이븐 하즘(994~1064)은 스페인의 코르도바 출신 안달루스의 철학자, 문학가, 법학자 역사학자다. 자히리학파의 선구자였고 400여 편의 작품을 썼으나 현재 전해지는 것은 40편뿐이다. 대표작으로는 *The Ring of the Dove*가 있다.

73  Tāj al-Dīn Abū al-Fatḥ Muḥammad ibn ʿAbd al-Karīm al-Shahrastānī(1086~1153)는 페르시아 출신 역사학자이자 종교학자이다. 대표작 *al-Milal wa al-Naḥl*는 종교를 과학적으로 접근했다는 평을 받는다.

## 28장 | 칼리파위가 왕권으로 변질되다

왕권은 아싸비야의 자연적 목표임을 인지하라. 왕권은 앞에서 언급한 것처럼 선택에 의해 발생하는 것이 아니고 존재의 필수와 배치에 의해 발생한다. 샤리아와 종교 그리고 대중이 관계하는 모든 일은 아싸비야를 필요로 한다. 아싸비야 없이는 어떤 주장도 완성될 수 없음을 앞에서 언급한 바 있다. 아싸비야는 종교의 필수요소이고, 아싸비야가 존재해야만 알라의 명령을 수행하는 일이 완성된다. 싸히흐에 따르면, "알라께서는 자신의 백성을 보호하지 않는 예언자를 보내신 적이 없다"고 했다. 우리는 무함마드*가 아싸비야를 비난하고 우리에게 아싸비야를 거부하고 버리라고 말했던 것을 알고 있다. 그는 이렇게 말했다. "알라는 너희들에게 이슬람 이전 시대의 자만심과 조상에 대한 자부심을 없애버렸다. 너희는 아담의 자손이고 아담은 흙에서 만들어졌다." 지고하신 알라는 이렇게 말했다. "알라에게 가장 고귀한 자는 너희 가운데 알라를 가장 두려워하는 자이니라."[74] 우리는 무함마드*가 왕권과 왕권의 주인을 비난했다는 사실도 알고 있다. 그 까닭은 왕권을 지닌 자들이 행운을 지나치게 바라고 무절제하게 낭비하며 알라의 길에서 이탈했기 때문이다. 그는 모든 무슬림 간에 우애를 권하고 불화와 분열을 엄중하게 경고했다.

무함마드는 현세의 모든 것이 내세로 우리를 인도하는 수단이라고 여겼다는 것을 인지하라. 이 수단을 잃어버린 자는 도착지를 상실한 것이다. 그의 의도는 인간의 특정한 행동을 금지하고 억제하거나 혹은 무시하고 송두리째 제거하려는 것은 아니었다. 그가 의도한 바는 그런 힘이 올바른 목적에 사용되길 바라는 것이었다. 따라서 모든 의도가 궁극적으로 올바른 것으로 이루어지고 인간의 모든 행위가 같은 방향을 향하게 되길 바

---

74   코란 49장 13절.

랐다. 예언자*께서 말씀하셨다. "알라와 그의 사도에게로 이주했던 이는 결국 알라와 그의 사도에게로 이주한다. 또한 자신이 몸담고 있는 현세와 결혼할 여성에게로 이주했던 자는 결국 그가 이주했던 곳으로 이주한다."[75] 무함마드는 분노를 무조건 억제하라고 한 것은 아니다. 그의 의도는 인간에게서 분노를 어느 정도는 덜어내자는 것이었다. 만약 인간이 아예 분노하지 않으면 진리가 승리하는데 꼭 필요한 '분노'의 힘도 없다. 그렇게 되면 성전聖戰도 없을 것이고 알라의 말씀을 영광되게 하는 것도 불가능할 것이다. 무함마드는 단지 사탄이 사용하는 분노와 비난받아 마땅한 분노를 겨냥하여 비난한 것이다. 만약 분노가 알라를 위해 사용된 것이라면 그런 분노는 찬양받을 만하다. 이렇게 찬양받을 만한 분노가 예언자*의 천성 중 하나다.

욕망에 대해서도 마찬가지다. 그가 욕망을 억제하라고 한 것은 무조건 욕망을 완진히 제거하라는 것은 아니었다. 인간에게서 욕망을 완전히 제거한다면 실제로 모자라는 사람이 될 것이다. 그의 의도는 공익을 위해 사용되는 욕망은 필요하고, 이런 욕망은 인간이 신의 명령에 순종하는 종이 되기 위해서도 필요하다는 것이다. 그는 아싸비야에 대해서 이렇게 비난한 바 있다. "너희의 혈육도 최후 심판의 날에는 아무 도움이 되지 않을 것이다."[76] 하지만 이는 자힐리야 시대[77] 상황처럼 아싸비야가 가치 없는 일에 이용되는 것을 경고하는 것이었다. 왜냐하면 이는 이성적인 행동과는 거리가 멀고 영원의 세계인 내세에서는 무의미한 것이기 때문이다. 진리를 위하고 알라의 명령을 수행하기 위한 아싸비야는 존중받아 마땅한 것이다. 만약 그런 아싸비야가 없다면 종교법도 무용한 것이다. 우리가 언급했듯이 아싸비야 없이 종교법의 수행은 완성되지 못하기 때문이다. 왕

---

75  부카리의 *Bad' al-Waḥy*.
76  코란 60장 3절.
77  이슬람 도래 이전의 시기

권에 대해서도 마찬가지다. 그는 왕권을 비난했지만 진리를 위한 것 혹은 대중에게 신앙을 받아들이도록 하거나 공익을 추구하는 데 사용되는 왕권에 대한 견해는 아니었다. 그가 비난한 왕권이란 이미 앞에서 언급했듯이 쓸모없는 일을 위해 지배권을 확보하려거나 인간의 이기적인 목적과 욕망을 탐닉하는데 사용되는 왕권을 말하는 것이었다. 만약 왕이 백성을 지배하는데 성실하고 백성이 알라를 숭배하고 알라의 적과 투쟁하도록 한다면 그런 왕권은 아무 비난받을 이유가 없다.

술레이만*은 이렇게 말한 바 있다. "주님께서 내 후세에게는 베풀지 않을 왕권을 내게 주셨다." 이는 그 자신이 예언과 왕권에 있어 능력이 없지 않음을 인지했을 때 한 말이었다.

한편 우마르 븐 알카땁이 무아위야*를 만났을 때는 무아위야가 이미 왕권의 호사에 심취해서 시리아 지역을 향할 때였다. 그의 의복은 수도 없이 많고 장신구 또한 다양했지만 그 자신은 이를 부인하였다.

우마르가 물었다. "무아위야여! 페르시아의 왕이 되었는가?" 그가 답했다. "믿는 자들의 지도자시여! 저는 적을 향해 마주 보고 있는 해안에 있습니다. 제가 성전에 걸맞는 옷을 갖추어 입음으로써 군사들의 명예를 드높이는 것은 반드시 필요한 일입니다." 우마르는 침묵을 지켰다. 그는 무아위야가 진정으로 진리와 종교를 염두에 두었어야 한다고 느꼈지만 무아위야의 잘못을 추궁하지 않았다. 만약 그 의도가 근원적으로 왕권을 거부하는 것이었다면 무아위야가 페르시아의 왕을 모방하여 사치를 부리는 것에 대한 그의 답변이 우마르를 설득시키지 못했을 것이다. 오히려 우마르는 무아위야가 그런 사치 행각에서 벗어나도록 촉구했을 것이다. 우마르가 페르시아 왕을 지적한 것은 바로 왕권을 장악한 페르시아 왕들이 헛되고 정의롭지 못하며 어리석고 알라를 부정하는 행동을 저지른 점을 의도했다. 그러나 무아위야의 대답은 페르시아 왕의 어리석음을 의미한 것이 아니라 알라의 뜻을 받들어 성전을 치르기 위한 방편이었음을 밝혔으므로 우마르는 질책 없이 침묵하였다. 따라서 예언자의 교우인 우마르는 왕권, 왕권에 부속된 여러 상황 그리고 왕권의 관습을 망각하는 일을 부정하였지만 이는 혹시라도 초래할 수 있는 어리석음을 경고하기 위함이었다.

알라의 사도*께서 임종 시에 아부 바크르를 자신의 대리인으로 임명했고 가장 중요한 종교활동인 예배를 인도하도록 했다. 사람들은 그를 칼리파로 모시는 것에 이견을 보이지 않았다. 칼리파란 일반 대중이 샤리아의 법규를 준수하도록 관리하는 사람이다. 그 당시 왕권에 대해서는 언급이 없었다. 그 이유는 왕권을 쓸모없는 것으로 여겼고 불신자들이나 이슬람의 적들을 위한 강령이라고 생각했기 때문이다. 아부 바크르는 자신의 의무를 수행함에 있어 전임자의 관습과 전통을 따라 충실했고 알라가 원하시는 대로 했다. 그는 모든 아랍인이 이슬람으로 통합되도록 했고 배교자들과 전투를 벌였다.

이후 그는 우마르를 후계자로 임명했고 우마르 역시 아부 바크르의 전례를 따라 배교자들과 투쟁했다. 그는 배교자들에게 승리했고 아랍인이 세속적인 재산과 왕권을 소유하도록 했고 아랍인들은 그렇게 했다. 이후 칼리파위는 오스만과 알리*에게로 차례로 계승되어다. 그들은 모두 왕권을 배척했고 왕권의 방식과는 거리를 두고 있었다.

확언컨대 그들이 그럴 수 있었던 것은 이슬람의 초심을 유지하고 아랍인들의 야성을 유지했기 때문이다. 아랍 민족은 여타 민족에 비해서 현세의 쾌락과 사치와는 거리가 멀었는데 이는 재물이 풍족해도 금욕적인 정신을 유지하라고 주장하는 그들의 종교 때문이다. 또한 그들은 거칠고 혹독한 환경에서 생활하는 베두인의 태도에 길들여 있기 때문이다.

굶주림을 참는 것과 관련해서는 무다르족을 능가할 민족은 없다. 히자즈 지방에서 무다르족은 농업이나 목축업 관련 생산물이 없는 지역에서 거주했다. 그들은 비옥한 평야에서 먼 곳에 거주했으므로 그런 경작물을 취득하는 것은 불가능했다. 비옥한 경작 지역은 라비아족이나 예멘족이 독점하고 있었다. 하지만 그들은 이런 상황을 잘 받아들였다. 그들은 전갈, 딱정벌레 등을 먹고 낙타의 털에 피를 넣어 돌로 빻아 요리한 '일히즈'라는 것도 자랑스레 먹곤 했다. 식사나 주거에 관해서는 꾸라이시족도 비슷한 처지였다.

아랍인의 아싸비야는 예언자 무함마드*를 통해 알라께서 그들에게 영광스레 내려준 이슬람 안에서 더욱 굳건해졌다. 그들은 페르시아인과 비잔틴인들을 공격했고 알라께서 그들에게 약속하고 정해주신 땅을 요구했다. 그들은 페르시아인과 비잔틴인들의 왕권을 거두고 세속적인 재산도 압수했다. 그들은 엄청난 부를 축적하였는데 한 사람의 기병이 몇 차례의 공격에서 약탈한 것이 금화 3만 전 정도였다. 그들은 대단한 재물을 쌓았지만 생활은 소박하게 유지했다. 우마르는 하나 있는 겉옷이 헤어졌는데도 가죽으로 꿰매 입었고, 알리는 "금은보화야! 다른 사람에게 가서 유혹하라. 나는 아니다"라고 말하곤 했다. 아부 무사[78]는 닭고기를 먹지 않으려 했는데 그 이유는 당시 닭고기가 귀했기 때문이다. 그들에게는 곡물을 켜는 체의 존재가 아예 없어서 베두인은 겨가 붙은 채로 밀알을 먹었다. 하지만 그들의 부는 이제껏 그 누구도 지녀본 적이 없을 정도였다.

마스우디는 이렇게 기록했다. "오스만 시대에 무함마드의 교우들은 토지와 재물을 갖게 되었다. 오스만이 살해되던 날 그의 창고에는 15만 디나르와 1백만 디르함이 있었다. 와디 알쿠라, 후나인 등지에 있던 그의 영지는 10만 디나르에 달했다. 뿐만 아니라 많은 낙타와 말이 있었다. 주바이르[79]가 사후 남긴 재산은 이렇다. 그의 영지의 1/8이 5만 디나르 정도였고 1천 두의 말과 1천 명의 여자노예가 있었다. 딸하[80]가 이라크에서 얻는 수입은 하루에 1천 디나르였고, 샤라아 지방에서 얻는 수입은 더 많았다.

---

78  예언자 무함마드의 교우들 중 한 사람.
79  예언자 무함마드의 교우들 중 한 사람. 오스만이 살해당한 뒤 알리 진영에 대항했다. 656년 사망.
80  예언자 무함마드의 교우들 중 한 사람. 알리 진영에 대항했다.

압둘 라흐만 븐 아우프[81]의 마구간에는 1천 두의 말이 있었고 그 외에도 1천 두의 낙타와 1만 두의 양이 있었다. 그가 사망할 때 그의 영지의 1/4의 가치는 8만 4천 디나르에 달했다. 자이드 븐 사비트[82]는 영지나 다른 재산 외에도 도끼로 조각낸 금과 은이 10만 디나르에 달했다. 주바이르는 바스라에 집을 지었는데 이집트, 쿠파, 알렉산드리아에도 각기 집을 지었고 메디나에 있던 원래 집은 수리했다. 그는 회반죽, 벽돌, 티크 나무 등을 사용했다. 사이드 븐 아부 왁까쓰는 아끼끄에 저택을 지었는데 웅장한 규모였으며 꼭대기에는 발코니를 설치했다. 미크다드는 메디나에 집을 지으면서 집의 안과 밖에 회칠을 했다. 야을라 븐 무납비흐는 5만 디나르와 30만 디르함 그리고 토지를 재산으로 남겨 놓았다.”

당시 사람들의 소득은 이 정도였다. 그들의 종교는 재화 축적을 금하지는 않았고, 전리품은 합법적인 재산으로 간주되었다. 그들은 재산을 함부로 낭비하지 않았고 이미 앞에서 언급했듯이 그들이 닥친 상황에 따라 계획적인 지출을 했다. 세속적인 재산 축적은 비난받아 마땅하지만 그들에게는 비난이 돌아가지 않았다. 그 이유는 비난은 낭비와 계획 없이 지출하는 것에 돌아가야 마땅하기 때문이다. 그들의 소비는 항상 계획 하에 실행되었고 진리를 위해 쓰였다. 많은 재산의 축적은 그들이 진리의 길을 걷고 내세를 얻는데 도움이 되었다. 그러나 아랍인의 야성과 초심은 점차 사라지게 되었다. 앞에서 지적했듯이 아싸비야가 초래하는 왕권의 본성이 그 본모습을 보이기 시작했고 이후 지배와 압제가 등장했다. 초기 무슬림들에게 왕권이란 사치나 부의 축적과 같은 것이었다. 그들은 지배권을 쓸데없는 일에는 사용하지 않았으며 왕권을 사용하여 종교의 목적이나 진리의 방법에서 벗어나는 일을 하지 않았다.

---

81  예언자 무함마드의 교우들 중 한 사람. 오스만을 칼리파로 모시는데 큰 공을 세웠다. 652년경 사망.
82  예언자 무함마드의 서기.

아싸비야의 결과라 할 수 있는 알리와 무아위야 사이의 정변이 발생했을 때에도 그들이 취한 방법은 진리를 추구하고 독자적인 판단을 고려하는 것이었다. 그들은 절대로 세속적인 목적을 위해 투쟁하지 않았고 무가치한 것을 주장하거나 적개심으로 행동하지도 않았다. 이를 의심의 눈으로 보는 자도 있는데 특히 배교자들은 더욱 그럴 것이다. 그들 간의 견해 차이는 '어디에 진리가 있는가?'를 각자 판단하는 것에 있었고 서로 투쟁을 벌인 것도 이 점 때문이었다. 비록 알리가 옳았다 해도 무아위야의 의도가 그렇게 우매한 것은 아니었다. 그도 진리를 의도했지만 단지 실수를 범한 것이었다. 각자 목적에 관해 나름대로의 의견을 지니고 있었다.

왕권의 본성은 한 사람이 모든 영광을 독점하고 선점하는 것이다. 무아위야는 자신과 백성을 위해 이런 왕권의 본성을 드러내는 것을 마다하지 않았다. 왕권이란 아싸비야가 본성의 결과로 가져오는 것이다. 우마이야 일가와 그 추종자들은 진리추구에 있어 무아위야와 같지는 않았지만 그들은 무아위야 주위에 있었고 그를 위해서 죽음도 불사하는 자들이었다. 만약 무아위야가 그들을 다른 방향으로 유도하거나 그들의 의사와는 달리 모든 권력을 장악하려 했다면 자신이 했던 말을 위반하는 것이었을 것이다. 그는 추종세력을 결속시키는 것이 가장 중요하다고 생각했다. 우마르 븐 압두 알아지즈*는 까심 븐 무함마드 븐 아부 바르크를 볼 때마다 이렇게 말했다. "만약 내게 능력이 있었다면 나는 그를 칼리파에 명했을 것이다." 만약 그가 칼리파위를 그에게 물려주길 원했더라면 그는 그렇게 행했을 것이다. 하지만 그는 우리가 언급했듯이 당시 세도가였던 우마이야가※를 두려워했다. 따라서 그는 권력이 우마이야 가문에서 떠나가도록 할 수 없었고, 이는 이견의 결과로 초래되는 분쟁이 일어나지 않기 위해서였다. 이 모든 것은 아싸비야의 산유물인 왕권을 놓고 투쟁이 야기된다는 것을 보여준다. 누군가 왕권을 장악하고 모든 것을 소유하게 되었을 때, 만약 그가 왕권을 진리를 위해 다양한 방법으로 사용한다면 이를 반대할 수가 없다. 솔로몬과 그의 아버지 다윗*은 이스라엘인들의 왕권을 독점했고 그들이 얼마나 큰 역할을 했는지 당신은 잘 알고 있다. 마찬가지로 무아위야도 자신이 그동안 했던 말을 위배하게 될까 두려워 후계자로 야지드[83]를 임명했고 우마이야 일족 역시 자신들의 권력이 다른 가문으로 넘어가는 일을 바라지 않았다. 만약 무아위야가 야지드가 아닌 다른 사람을 후계자로 지명했더라면 우마이야 일족은 격렬하게 반대했을 것이다. 그들은 야지드가 적당한 사람이라고 생각했고 누구도 그에 대해 의구심을 품지 않았고 무아위야는 야지드 이외의 인물은 생각하지도 않았다. 만약 그가 야지드의 사람됨을 알았다면 그를 후계자로 임명하지 않았을 것이다. 알라께서 무아위야가 그렇게 하는 것을 금하셨기를!

　마찬가지로 마르완 븐 알하캄[84]과 그의 아들의 경우도 있다. 그들 역시 왕이었지만 하찮은 인간이나 압제자들이 왕권에 대해 보인 태도와는 다른 면모를 지녔다. 그들은 성심껏 진리에 부합하려고 노력했다. 하지만 불가피한 예외도 있었는데, 예를 들면 자신이 과거에 말했던 그 어떤 것보다 중요하다고 생각하던 것에 위배되는 상황을 맞게 될까 두려움이 생긴 경우였다. 그런 태도를 보였다는 것은 그들이 초기 무슬림들의 태도를 따르려 노력했다는 것을 증명한다. 어느 왕은 압둘 말리크의 업적을 내세워 왕들의 족적에 있어 정당성을 주장한 바 있다. 마르완에 대해 말하자면 그는 우마이야 왕조에서 조상을 추종하는 무리 중 최고였다. 그는 공평하고 정의롭기로 유명하다. 그다음으로 권력은 아들 압둘 말리크에게 이양되었다. 우마이야 왕조의 백성들은 자신들이 있어야 할 장소에서 종교적으로 모범적 삶을 살았다. 그들의 중심이 되어준 이가 바로 우마르 븐 압둘 아지즈였다. 그는 앞선 네 명의 칼리파와 무함마드의 교우였던 이들이 걸었던 길을 성실히 따랐으며 결코 태만한 태도를 보이지 않았다. 우마이

---

83　우마이야 왕조의 제2대 칼리파(재위 680~683).
84　우마이야 왕조의 제4대 칼리파(재위 684~685).

야 왕조의 후기 그들은 세속적인 목표와 의도에서 왕권의 본질을 남용했고 선조들이 보여준 행동의 지침 즉, 목적을 충분히 검토하고 진리에 의존한다는 것을 잊어버리게 되었다. 그 결과 사람들은 우마이야 왕조를 비판하고 우마이야 왕조 대신 압바스 진영의 선전을 수용하게 되었다. 압바스 가문의 사람이 권력을 계승했고 그 일가의 성실성은 대단했다. 그들은 가능한 한 진리 실현을 위해 여러 방식으로 왕권을 행사했다. 칼리파 하룬 알라시드의 후손들이 압바스 왕조의 초기 군주들을 계승했는데 그들 중에는 선한 인물도 있고 악한 인물도 있었다. 이후 그들의 후손이 권력을 계승하고, 그들은 왕권을 사치스럽게 즐겼다. 그들은 무가치한 세상사에 관여하고 이슬람 본래의 정신을 망각했다. 알라는 그들을 황폐하게 만들었고 아랍인은 완전히 권력을 상실하게 되었다. 아랍인이 아닌 다른 이들이 권력을 장악하게 되었다. 알라께서는 티끌만큼도 부당하지 않다.

칼리파와 왕들의 전기에는 그들이 진실이나 허망된 것에 보였던 태도가 기록되어 있는데 이를 읽고 자세히 관찰한 자라면 누구라도 지금 여기서 언급하고 있는 말이 옳다는 사실을 알게 될 것이다. 마스우디는 우마이야 가문이 처한 상황과 관련 아부 자으파르 알만쑤르에 관해 이렇게 이야기한 바 있다. 하루는 만쑤르의 삼촌들이 어느 모임에 참석하여 우마이야 가문에 대해 언급하였다. "압둘 말리크는 전례를 찾아보기 힘든 독재자였고, 술레이만은 근심만 많던 이였으며 우마르는 맹인들 가운데 있는 외눈박이와 같다. 따라서 그 부족의 진정한 지도자는 히샴이었다." 그러자 만쑤르가 이렇게 말했다. "우마이야가의 집권이 아직 계속되고 그들이 술탄으로 실력 행사를 하며 알라께서 그들에게 선사해 주신 직책을 유지하고 있다. 따라서 그들은 정권을 획득한 반면에 정권의 사악함은 물리쳤다. 그러나 정권은 그들의 후대에 이르러 타락했고 타락한 자들의 목표는 탐욕이었다. 더욱이 그들은 무지하게도 알라께 불복하는 죄를 범하였고 칼리파위의 고매함을 더럽히고 지도자가 갖추어야 할 진리를 가볍게 여겼고 정치력을 약화시켰다. 따라서 알라께서 그들의 영예를 거두시고 그들에게 굴욕과 불명예를 내리고 축복을 회수하셨다."

그런 뒤 압둘라 븐 마르완이 나타났다. 그는 압바스 가문을 피해서 멀리 갔었는데 누비아왕과 일화를 이렇게 말했다. "내가 그곳에 머물고 있을 때 그들의 왕이 오셨다. 그는 왕에게 합당한 카펫을 펼쳐놓았는데도 땅에 자리 잡고 앉았다. 그래서 내가 그분께 '맨 바닥에 앉는 이유가 있느냐?'고 물었다. 그러자 그는 '나는 통치자다. 모든 통치자에게는 알라께서 부여해 주신 위대함을 더욱 명백하게 보이기 위한 방법이 있다'고 말했다. 그는 또 말했다. '너희들은 어째서 코란에 금한다고 기록된 술을 마시느냐?' 그래서 내가 답했다. '이는 우리의 종과 추종자들이 무지함에 기인하여 감히 그런 짓을 행한 것입니다.' 그가 물었다. '너희들은 어째서 금기인 곡식을 재배하느냐?' 내가 답했다. '우리의 종과 추종자들이 무지한 까닭입니다.' 그가 물었다. '너희들은 어째서 코란에 금한다고 기록된 금과 비단으로 의복을 걸치느냐?' 내가 답했다. '왕권이 우리의 손에서 떠나 외국인들의 손에 들어갔고 그들이 우리의 종교를 받아들였으나 우리를 증오하는 까닭에 비단 옷을 입은 것입니다.' 그러자 그는 땅에 손을 짚은 채 고개만 끄덕였다. 그리고 이렇게 말했다. '우리의 종과 추종자들과 외국인들이 모두 우리의 종교를 받아들였다.' 그리고 그는 고개를 들어 나를 향해 말했다. '네가 언급한 것과 다르다! 오히려 너희들이 알라께서 금하신 것을 직접한 것이다. 너희들이 행한 것으로 인해 알라께서는 너희들에게서 영광을 앗아가시고 너희의 죄로 인해 굴욕과 불명예를 내리신다. 진실로 말하건대 끝이 없는 엄청난 처벌이 너희에게 있을 것이다. 나는 내 나라에 있는 너희가 고통을 받는 것, 그리고 너희와 더불어 내가 함께 고통을 받게 될 것도 두렵기만 하다. 그러나 손님에 대한 환대는 소홀히 할 수 없으므로 너희가 필요한 것은 모두 취하라. 그리고 내 영토에서 떠나라.'"
결국 만쑤르는 크게 감탄하였고 머리를 끄덕였다.

칼리파위가 왕권으로 어떻게 변화되었는가는 명백해 졌을 것이다. 초기 정부의 형태는 칼리파제였고 모든 사람은 자제력을 지니고 있었다. 그것이 곧 이슬람이었다. 세속적인 모든 것에 이슬람의 영향이 미쳤고 설령 그 결과로 자기 자신에게 해가 오거나 파멸이 된다 해도 그 정신은 지켜졌다. 오스만의 집 주위로 군사들이 포위했을 때 하산, 후세인, 압둘라 븐 우마르, 이븐 자으파르와 몇 사람들이 와서 오스만을 방어하겠다고 말했다. 하지만 오스만은 이런 제안을 거절하고 무슬림끼리 칼을 빼는 것은 옳지 않은 일이라고 거절의 이유를 밝혔다. 그는 무슬림 간의 분열을 걱정했고 비록 자신이 희생되는 한이 있더라도 화합을 통한 무슬림 공동체의 보전을 바랐다. 알리에게도 이런 일이 있었다. 알리가 칼리파로 즉위한 직후 무기라[85]는 알리에게 말했다. 사람들이 그에게 충성을 맹세하고 상황이 안정될 때까지는 주바이르, 무아위야, 딸하의 직위를 그대로 두고 그 뒤에 자신이 원하는 대로 해도 좋을 것이라고 말했다. 이는 물론 왕권을 강화하기 위한 정략이었다. 그러나 알리는 그의 말을 받아들이지 않았다. 그가 생각하기에 그런 정략은 이슬람이 금하고 있는 '기만'이기 때문이다. 무기라는 이튿날 아침 일찍 와서 이렇게 말했다. "제가 어제 방어책을 냈습니다만 다시 잘 생각해보니 그것은 진실하지도 옳지도 않은 방책이었습니다. 당신의 생각이 옳았습니다." 이에 알리가 대답했다. "나는 그렇게 생각하지 않네. 나는 어제 자네가 좋은 충고를 했고 오늘 또 나를 속이고 있다는 것을 알고 있지. 진리를 지키려는 나의 마음이 자네의 좋은 충고를 받아들일 수 없게 만든다네." 이렇듯 초기 무슬림들은 세속적인 것을 희생해가면서까지 종교의 가르침에 충실했다. 우리는 종교를 희생시켜 세속을 추구한다. 우리의 종교는 남아 있지 않고 희생해서 구한 것 역시 남아 있지 않다.

여러분은 정부의 형태가 어떻게 왕조제로 바뀌었는지를 보았다. 그렇

---

85　꾸라이시 부족 내 바누 마크줌 씨족장. 부족 내 전투 담당이었던 마크줌 씨족은 부유했다.

지만 왕조제의 시대에서도 칼리파제에 있었던 특징들, 즉 이슬람과 이슬람의 교리, 진리에 대한 추종 등은 여전히 남아 있다. 다만 바뀐 것은 과거에는 이슬람이 억제력을 발휘했지만 이제는 아싸비야와 칼이 억제력을 발휘한다는 것이다. 무아위야, 마르완, 그의 아들인 압둘 말리크 등의 우마이야 왕조의 칼리파들 그리고 라시드에 이르는 압바스 왕조 초기 칼리파들과 그의 일부 후손들의 시대가 그랬다. 그 뒤 칼리파제의 고유한 특징들이 사라졌고 이름만 남았다. 정권의 형태는 문자 그대로 왕조제가 되었다. 지배권은 그 본래의 목적에 달했고 강권력의 사용, 욕망과 쾌락의 무절제한 충족 등을 목표로 하게 되었다.

우마이야조의 칼리파 압둘 말리크의 후계자들, 압바스조의 라시드 이후 칼리파들의 경우가 그랬다. 그때까지는 아랍인들의 아싸비야가 완전히 사라지지 않아서 칼리파라는 이름이 남아 있었다. 점차 칼리파제와 왕조제는 혼합되었고 그 경계선이 불분명하게 되었다. 이후 아랍인의 아싸비야가 붕괴되고 아랍종족의 부재와 점진적 파괴 등으로 결국 칼리파위는 정체성을 상실했고 정부의 형태는 순수한 왕조제로 바뀌었다. 이런 형태를 보여주는 가장 대표적인 예가 마슈리끄에 있던 비아랍계 통치자들의 경우이다. 그들은 외형적으로 칼리파에게 복종하는 것 같으나 사실은 칼리파의 축복만을 받으려 했다. 그들은 실질적인 왕권의 소유자였고 그에 따른 칭호와 특권 역시 그들의 소유였다. 칼리파는 아무런 힘도 없었다. 서부의 자나타 통치자들, 우바이딘과 함께였던 씬하자족, 마그라와족과 야프란의 후손들 역시 스페인에 있던 우마이야 칼리파들과 이런 관계였고 까이라완 지역의 우바이딘도 마찬가지였다.

우리가 명백하게 알게 된 것은 다음과 같다. 초기에는 칼리파위가 왕권 없이 존재했으나 점차 칼리파위의 고유한 성격에 다른 것들이 혼합되어 혼란을 가져오고 궁극적으로는 왕권의 근간이었던 아싸비야가 칼리파위의 아싸비야와 분리되고 오직 왕권만이 존재하게 되었다.

# 29장 | 복종서약의 의미

'바이아$^{bay'ah}$'란 복종을 맹세하는 것임을 알아야 한다. 이것은 서약을 하는 사람이 아미르와 맺는 계약으로 서약을 하는 사람 자신을 포함 무슬림 대중에 대한 사무 감독권을 그에게 위임하고 그의 권위에 도전하지 않고 좋고 나쁘고를 불문하고 그의 명령에 따를 것이란 의미다.

사람들이 아미르에게 복종서약을 할 때 이 서약을 확실히 하는 의미로 서약하는 자의 손을 아미르의 손 위에 놓는다. 이것은 마치 판매자와 구매자가 하는 행동과도 같다. '바이아'의 동사 원형인 '바아$^{ba'a}$'도 '판매하다'라는 의미이다. 그러므로 '바이아'는 악수를 의미하게 되었다. 언어적으로 혹은 종교적으로 그런 뜻으로 간주된다. 예언자*에게 복종을 서약한 것이 하디스에도 명시되어 있다. 아까바의 밤에 나무 아래서 행해진 복종서약[86]으로 '바이아'라는 단어가 언급되었으며, 여기에서 칼리파에게 복종을 서약한다는 것이 유래되었다. 칼리파들은 이런 서약을 하도록 종용하고 맹세하도록 한다. 따라서 이런 행위는 완벽한 복종서약으로 불린다. 실질적으로 이런 서약은 강압적인 것이 대다수였다. 왕이 강압적으로 복종의 맹세를 요구하면 신하들은 왕의 이런 태도를 거절하고 복종서약을 치부로 간주한다. 그리고 이맘의 불운이 발생하였다.[87]

오늘날 널리 알려진 복종서약은 페르시아의 군주에게 하던 방식으로, 군주에게 인사할 때 땅이나 군주의 손이나 발 혹은 옷의 아래 자락에 입맞춤을 한다. 이런 행위는 '바이아'라고 명명되었는데 이는 복종을 약속하는 비유적 표현이다. 인사에서 이렇게 복종을 표현하고 예를 차리는 것은 복종의 필연적인 산물이다. 이런 예법은 널리 퍼져 원래 악수하던 인사법이 사라지고 이제는 보편적인 관습이 되었다. 군주가 악수를 한다는

---

86    이 서약은 코란 48장 18절에 언급되어 있다.
87    아부 자으파르 알만쑤르 시대에 있었던 사건.

것은 자신을 낮은 존재로 격하시키고 왕좌의 권위 혹은 지도력에 해를 가져온다는 것을 의미한다. 그러나 일부 군주는 자신을 낮추어 신하나 유명한 종교계 인사와 악수를 하는 경우도 있다. 복종서약에 있는 관용적 의미를 이해하라. 이는 인간에게 자신이 모시는 군주와 이맘에게 의무를 다해야 한다는 것을 확실하게 해준다. 복종서약을 할 때 경박하게 굴어서는 안 된다. 군주와 대면할 때는 이 점을 반드시 기억해야 한다. 알라께서는 가장 영예로운 분이시다.

## 30장 | 계승

이제까지 이맘위에 대해서 그리고 이맘위가 공익을 지니고 있을 때 샤리아를 준수하는 것으로 간주된다는 것에 대해서 언급했다. 이맘위의 참된 의미는 세속적 혹은 종교적 사무에서 무슬림들을 감독하는 데 있다. 칼리파는 그들의 보호자고 관리인이다. 그는 일생동안 백성을 돌본다. 칼리파는 죽은 이후에도 백성을 돌보아야 했기 때문에 자신이 이맘직을 계승한 것처럼 또 누군가에게 이맘직을 계승해주고 백성이 자신을 믿고 따랐던 것처럼 자신의 후임자도 백성의 신뢰를 받을 수 있는 자를 골라야 할 것이다. 칼리파의 후계자 임명은 종교법의 일부로 간주되며 이슬람 공동체의 '합의'에 의해 이루어진다. 일단 합의가 이루어지면 이는 합법적으로 간주된다. 아부 바크르*는 무함마드의 교우들이 있는 좌중에서 우마르*를 자신의 후계자로 임명했고, 그들은 이 임명을 합법적인 것이라고 간주하고 우마르에게 복종하는 것을 의무라고 생각했다.

마찬가지로 우마르는 슈라에서 여섯 명에게 권한을 계승하였다.[88] 그리

---

88  여섯 사람은 알리 븐 아부 딸립, 오스만 븐 아판, 사이드 븐 아부 왁카스, 압둘 라흐만 븐 아우프, 알주바이르 븐 알아왐, 딸하 븐 우바이둘라를 지칭한다.

고 열 명의 나머지 인물이 있다.[89] 그는 이들이 무슬림을 위해 일할 사람을 선출하도록 했고 결국 서로 권한을 위임하여 압둘 라흐만 븐 아우프에 이르게 되었다. 우마르는 성실히 책무를 다했고 무슬림들을 관찰한 결과 무슬림들이 오스만과 알리를 전적으로 따른다는 것을 발견하였다. 오스만의 복종서약은 여타 무슬림들에게 지대한 영향을 미쳤다. 이렇게 해서 오스만의 권력은 온전히 행사되기 시작했고 무슬림들은 그에 대한 복종을 의무로 삼게 되었다. 예언자의 교우들은 모두가 제1차, 제2차[90] 권한 이행 시기에 참석하였다. 그리고 어느 누구도 선출된 칼리파를 거부하지 않았다. 이는 그들 모두가 올바른 선출에 동의하였고 그들이 준수해야 하는 이슬람법을 숙지하고 있었으며, '합의'는 알려진 그대로 정당성을 입증하는 것이었음을 증명한다.

이 문제에 관한 이맘의 권위에 대해 회의적인 시각은 용납될 수 없다. 설사 자신의 아버지나 아들에게 계승한다 할지라도 마찬가지다. 왜냐하면 그에게는 살아 있는 동안 무슬림의 사무를 감독하는 것이 의무로 부여되었기 때문이다. 그는 자신의 사후 발생할 수도 있는 상황에 대해서도 조치를 취해야 할 의무가 있다. 그는 전임자가 자기 아들이나 아버지를 지명하는 것에 대해 비판하는 사람들 혹은 아버지가 아니고 아들만을 지명하는 것을 비판하는 사람들과는 다른 견해를 보인다. 그가 하는 일에 의구심을 품어서는 안 된다. 특히 후계자 선정에 특정한 이유가 있을 때, 예를 들면 공공의 이해 증진이나 위험 발생 억제를 목적으로 하는 경우 이맘의 지위에 대한 의심은 있을 수 없다. 실제로 무아위야가 아들인 야지드를 임명

---

89    알라의 사도*께서 천국에 있는 자들이라고 극찬한 이들로 아부 바크르, 우마르, 오스만, 알리, 딸하, 주바이르, 압둘 라흐만 븐 아우프, 사아드 븐 아부 왁카스, 사이드 이븐 자이드 이븐 우마르 이븐 나필, 아부 우바이다 븐 알자라흐다.

90    제1차 시기는 아부 바크르의 시기에서 우마르로 이행되는 것을 의미하고 제2차 시기는 우마르의 시기에서 여섯 명의 권한 대행으로 이행되는 것을 의미한다. 제2차 시기에서 오스만이 선출된다.

했던 것이 그 경우다. 사람들은 그의 결정에 '합의'로 지지했고 현재 우리가 언급하고 있는 후계자의 적합성에 대한 정당성을 획득할 수 있었다. 무아위야가 아들인 야지드를 선택한 이유는 그렇게 함으로써 백성들 간에 단합과 화목이 가능해 공익을 얻을 수 있다고 생각했기 때문이다. 당시 권력을 장악하고 있던 우마이야 일족이 야지드 이외의 인물은 만족해하지 않았다. 권력의 지배층이었던 꾸라이시 일족과 종교인들 모두가 일치된 견해를 보였다. 이는 무아위야가 임명된 동기 중 가장 큰 것이다. 무아위야의 성실함 그리고 그가 무함마드의 교우 중 한 사람이었다는 것은 다른 설명의 가능성을 배제한다. 예언자의 교우들이 모두 참석하여 그의 칼리파 계승에 대해 침묵을 지키는 것은 이것을 의심 없이 기정사실로 수용한다는 것이다. 그들은 무작정 인내하고 복종하는 그런 사람들은 아니다. 또한 무아위야는 진리를 수용하기 이전에 명예와 영광을 취하는 그런 사람이 아니다. 그들 모두는 진실로 그런 사람들이고 무슬림들의 정의는 그들이 오류를 범하는 것을 막아 주었다. 압둘라 븐 우마르는 합법적이건 금기된 것이건 간에 함부로 권력을 휘두르는 것을 망설이는 사람이었고 이는 널리 알려진 사실이다. 우마르의 시대에 무슬림 대중이 그에게 동의를 보이는데 다른 이견이 없었으나 단지 이븐 알주바이르는 예외의 인물이다.

무아위야 이후 진리를 추구하고 이에 부응하려 했던 칼리파들 역시 이와 같은 결정을 내렸다. 예를 들자면 우마이야 왕조의 칼리파 압둘 말리크와 술레이만이 있고 압바스 왕조의 삽파흐, 만쑤르, 마흐디, 라시드 그 밖에도 무슬림의 공익 창출에 대한 배려와 성실함으로 알려진 칼리파들이 있다. 그들이 아들이나 형제를 자신의 후계자로 선택했다고 해서 비난할 수가 없었고 그들의 행위가 4명의 정통 칼리파들이 취했던 '순나'에서 벗어났다고 볼 수도 없다. 왜냐하면 그들은 왕권 없이 종교의 영향력만을 발휘했던 정통 칼리파들과는 달랐기 때문이다. 초기 이슬람 시대에는 모든 사람들의 마음속에 참는 힘을 키우고 있어서 사람들은 오직 이슬람의 적합한 사람을 선호하고 지명했다. 무아위야 이후 아싸비야는 왕권을 목표로 하게 되었다. 종교의 억제력은 약화되고 대신 정부와 집단의 억제력이 강화되었다. 그런 상황에서 아싸비야의 주체인 집단의 지지를 얻지 못하는 인물이 후계자로 지명되면 그 지명은 거부될 것이다. 그런 지명은 곧 무력화되고 공동체는 분열되고 반목으로 치닫게 될 것이다.

한 사람이 알리*에게 물었다. "무슬림들은 왜 아부 바크르나 우마르가 칼리파로 선출되었을 때에는 이의를 제기하지 않았는데 오직 당신의 선출에 대해서는 이견을 보이는 겁니까?" 알리가 답했다. "그 이유는 이렇다네. 아부 바크르와 우마르는 나 같은 사람을 곁에 두고 있었지만, 나는 자네 같은 사람들을 곁에 두고 있기 때문이지!" 그는 이슬람의 억제력을 지적한 것이다. 마으문이 알리 븐 무사 븐 자으파르 알싸디끄를 후계자로 임명하고 '리다al-Riḍa'[91] 라고 칭했을 때 어떻게 압바스 일족이 거부하였는지 보지 않았던가! 그들은 마으문에게 했던 복종서약이 무효라고 선언하고 그의 숙부인 이브라힘 븐 알마흐디에게 복종을 서약했다. 이후 혼란과 분열이 생기고 왕래가 끊기고 다수의 반란과 이탈자가 생겨 정권이 붕괴될 상황에 놓였다. 마으문이 쿠라산에서 바그다드로 돌아와 이 사태를 해결할 수 있었다. 후계자의 문제를 살펴볼 때 우리는 위에서 언급한 대로 칼리파위와 왕권 간에 존재하는 차이를 고려해야만 한다. 물론 시대가 바뀌고 그에 따른 다양한 문제, 부족, 아싸비야도 변화한다. 그 변화의 차이는 공공의 이익에도 변화를 주고, 서로 다른 공공의 이익은 그에 맞는 법률을 필요하게 된다. 알라께서는 당신의 종에게 관대하시다.

군주권의 부자 상속에 대해 언급하자면 이는 이슬람이 본래 의도하는 바가 아니다. 군주권의 계승이란 알라가 원하는 인물을 내세워 임명하는 것이기 때문이다. 후계자를 지명할 때는 종교적 의도와 상충될 가능성을

---

91  동의, 만족, 승인의 의미다.

경계하면서 가능한 한 선의로 임해야 한다. 왕권이란 알라께서 원하는 자를 통해 가져다주신다. 여기 진실을 명백하게 보여주기 위해 반드시 짚고 넘어가야 할 몇 가지 사실들을 언급하였다.

첫째, 야지드의 칼리파 재위시절 얼마나 사악한 일이 발생했는지 살펴보기로 한다. 당신은 이미 무아위야*와 야지드에 대해 익히 알고 있다고 생각한다. 무아위야는 그런 방면에서 가장 정의롭고 가장 일처리를 잘하는 사람으로 간주된다. 실제 그는 생애 내내 노래 듣는 일을 비난하고 그런류의 잡기에 빠지는 것을 멀리하고 조심했다. 그는 잡기에 흥미가 없었다. 따라서 이런 종류에 대한 그의 견해는 사뭇 달랐다. 그러나 야지드가 사악함이 가득한 탐닉의 사건을 주도하자 원로들은 야지드와 다른 견해를 보였다. 그들 중에 어떤 이는 야지드에게 반대하거나 그에게 복종 맹세를 했던 것은 무효라고 선언하기도 했다. 후세인과 압둘라 븐 알주바이르가* 바로 그런 장본인 이었고 그 밖에도 이 두 사람과 뜻을 함께하는 이들이 있었다. 또 어떤 이들은 정변이 발생하고 다수의 외국인들이 야지드에게 충성을 맹세하는 일로 살상을 당하자 야지드를 칼리파로 인정하는 것을 거부하기도 했다. 왜냐하면 그 당시 야지드의 권력은 우마이야의 후손을 하나로 결속시켜 주는 집단과 꾸라이시 출신의 법학자들에게서 비롯되었기 때문이다. 그의 권력은 전체 무다르족의 아싸비야를 대변했다. 따라서 이것은 그 어떤 종류의 권력보다 막강한 권력이었다. 이에 대적할 자는 아무도 없었다. 바로 이런 이유로 사람들은 야지드에게 반기를 드는 일을 그만 둘 수밖에 없었다. 그들은 야지드가 지도력을 획득하고 자신들은 그에게서 벗어나 휴식을 취하게 되길 바라며 기도했다. 바로 이것이 무슬림 대중에게 일어난 일이었다. 야지드에게 반대하는 두 집단은 각기 자의적 판단을 내렸고 양자 중 어느 쪽도 거부되지 않았다. 그들이 목표하는 바는 경건함과 진리의 승리였다.

둘째, 예언자*로부터 칼리파의 권한을 임명받는 것과 이에 대한 시아의 권리 요구, 즉, 예언자의 후손인 알리*가 칼리파위를 계승해야 한다는 것이다. 이것은 결코 옳지 않은 것이었고 전승의 대가 중 누구도 그런 주장을 하지 않았다. 『싸히흐』에 언급된 바에 의하면 예언자께서 유언을 기록하려고 잉크와 종이를 찾았으나 우마르는 이 일을 막았고 따라서 실질적으로 칼리파위 계승에 대한 유언은 언급이 없었다는 것을 명백하게 보여준다. 마찬가지로 우마르*가 칼리파위를 계승하는 것에 대해 비방과 의문이 일었을 때 했던 말도 그러하다. "칼리파의 계승자를 임명하라! 나보다 더 선한 분이셨던 아부 바크르가 이미 칼리파를 임명하신 바 있으니", "칼리파의 계승자를 임명하지 말 것이다! 나보다 더 선한 분 예언자*께서는 칼리파의 계승자를 임명하지 않으셨으니 그대로 두라." 마찬가지로 압바스에게 한 알리*의 말은 이렇다. 압바스는 알리에게 예언자께 가서 두 사람과 칼리파 계승에 관한 문제를 물어보자고 제안했다. 이에 알리는 거절하며 이렇게 말했다. "우리가 칼리파위를 계승받지 못하게 된다면 우리는 결코 계승 문제에 희망을 품을 수 없다." 이는 알리가 예언자께서 유언을 하지 않았고, 누군가를 지목해서 임명하지도 않았다는 사실을 알고 있었다는 걸 명백히 보여준다. 이맘위에 대해 알고 있는 이런 의구심은 비록 그것이 무슬림들의 주장처럼 이슬람의 기본 원칙에서 비롯된 이맘의 존재라고는 하지만 실제로는 그렇지가 않다. 이는 창조론을 위임하는 대중이 이익을 구하는 것에서 비롯된 것이다. 만약 이맘위의 존재가 이슬람의 기둥[92]에서 비롯된 것이라면 이맘위의 업무는 예배의 업무일 것이다. 또한 아부 바크르가 예배 때 예언자의 대리인이었던 것처럼 이맘 역시 대리인이 되었을 것이다. 예배의 업무가 널리 알려졌던 것처럼 이 역시 널리 알려졌을 것이다.

예언자의 교우들이 아부 바크르에 대해서 그가 예배를 드릴 때 예언자의 대리인이 되었던 것과 관련하여 주장하는 바는 이렇다. 알라의 사도*께서

---

92 이슬람의 다섯 기둥으로는 샤하다(신조 암송), 쌀라트(1일 5회 기도), 자카트(구휼세), 싸움(라마단 금식), 핫지(성지순례)가 있고 이 외에도 권장하고 지향할 만한 여러 기둥이 있다.

는 이슬람을 위해 진력을 다한 아부 바크르에게 크게 만족하셨다. 이는 유언이 있지 않았음을 보여주는 증거다. 또한 이는 이맘위와 이맘을 임명하는 문제가 오늘날처럼 아주 중요한 것은 아니었음을 보여주기도 한다. 일반적으로 볼 때 결속과 분열을 결정짓는 아싸비야가 그런 정도의 의미로 간주되지 않았다는 사실을 입증하기도 한다. 왜냐하면 이슬람의 힘은 사람들의 마음을 하나로 결속시키는 비범함을 보여주고, 사람들은 이슬람을 위해서 기꺼이 목숨을 내 놓기도 하기 때문이다. 이 모든 것은 그 당시 사람들이 승리를 위해 천사들이 오는 것을 직접 목도하고, 하늘의 계시가 사람들에게 여러 차례 반복되고, 사건이 발생할 때마다 그들에게 알라의 말씀이 매번 새롭게 있는 일들을 겪었기 때문이다. 따라서 사람들은 아싸비야가 그렇게 절실하게 필요로 하지 않았다. 인간은 굴종과 복종의 성질을 가지고 있다.

그들은 놀라운 기적과 사건들에 흥분했고 천사의 강림이 반복되자 두려워 말을 잃었다. 칼리파, 왕권, 계승, 아싸비야 등의 문제는 이런 놀라운 사건 속에 점차 잊혀졌다. 그러나 기적이 사라지면서 그런 시절이 끝나고 기적을 직접 보았던 세대가 사라지면서 사람들의 성품도 점차 변하고 기적이 주었던 인상은 희미해지며 일상생활이 반복되었다. 아싸비야와 일상적 관습이 중시되며 장단점이 있는 제도들이 나타났다. 왕권, 칼리파제 그리고 계승 문제가 사람들의 주장대로 매우 중요한 문제로 대두되었다. 이는 전례가 없던 일이다. 예언자* 시대에 칼리파는 그렇게 중요한 직위나 사안은 아니었음을 기억해 보라! 칼리파의 계승은 아예 존재하지도 않았다. 그러다가 그 중요성은 정통 칼리파 시대에 점차 부각되었는데, 그 당시는 왕조 방위, 성전, 무함마드 사후 일부 부족의 이탈, 정복전 등이 벌어지는 상황이어서 어쩔 수 없었다. 정통 칼리파들은 스스로 후계자를 임명할 수도 안할 수도 있었다. 우마르*는 이에 대해 언급한 바 있다.[93] 그리

---

93  우마르는 말했다. "칼리파의 계승자를 임명하라. 나보다 더 선한 분이셨던 아부 바크르가 이미 그렇게 하신 바 있다. 원한다면 굳이 계승자를 임명할 필요가 없다. 나보다 더 선

고 오늘날 이 문제는 왕조의 방위나 공익을 실천하는 문제와 관련하여 최고의 중요 사안으로 대두되었다. 이 부분에서 아싸비야가 일정 역할을 맡게 되었다. 아싸비야는 사람들이 사분오열되고 약화되는 것을 억제하는 요인이었다. 이는 단결과 화합의 원천이고 이슬람 종교법의 목적과 통치를 관할하는 것이다.

셋째, 이슬람 역사에서 예언자의 교우들과 추종자들 간에 발생했던 전쟁이다. 알아야 할 것은 그들의 이견이 종교적인 사안에만 해당되었다는 것이다. 이런 견해차는 옳은 증거와 감각으로 독자적 판단을 낳았는데, 이렇듯 독자적 판단을 하는 이들은 서로 다른 견해를 보이기 마련이다. 따라서 우리는 독자적인 판단으로 빚어진 문제에 있어 진실은 양측 주장 중 하나라고 말할 수 있다. 이런 일을 겪어 보지 못했던 사람은 실수를 범한 것이다. 만약 '합의'에 의해 임명되지 않은 자라면 모든 것이 그에게 상처로 될 가능성을 안고 있는 것이다. 실수는 그런 상처로 나타나지 않는다. 우리가 만약 모든 이가 옳다고 말한다면 그리고 독자적 판단을 하는 모든 것이 옳다고 한다면 그것은 실수와 죄를 부정하는 것이다. 예언자의 교우들과 추종자들 간에 있었던 견해의 차이는 단지 관념적이고 종교적인 사안에 있어 각자 독자적인 판단을 해서 초래된 것일 뿐이다. 이슬람의 역사상 발생했던 이런 사건들을 보자면 알리와 무아위야 그리고 주바이르 간에도 있었고 아이샤[94]와 딸하 사이에도 있었다. 또한 후세인과 야지드 사이에도 있었고 이븐 알주바이르와 압둘 말리크 간에도 있었다.

알리의 사건을 언급하자면 이렇다. 오스만이 살해되자 사람들은 여러

---

한 분이셨던 예언자*가 그렇게 하셨도다."

94　아이샤는 제1대 정통 칼리파 아부 바크르의 딸로 예언자 무함마드와 혼인했다. 예언자는 생전에 12명의 아내를 두었으나 특히 아이샤는 '천국에서도 예언자와 함께 할 부인'이라는 칭송을 받을 만큼 인정받았다. 아이샤는 예언자의 사후 낙타전쟁의 주역이 되어 정치에 참여했으나, 그 전쟁 패배 이후 하디스 기록 및 전파에 힘썼다. 예언자가 12명의 아내를 둔 것은 여러 부족을 규합하는 과정에서 정략결혼의 필요성 때문이었다.

갈래로 분열되기 시작했다. 그들은 알리에게 복종서약을 하지 않았다. 알리에게 복종서약을 했던 이들도 있었고 사람들이 모일 때까지 태도를 보류했던 이들도 있었다. 병영도시의 사람들은 오스만이 살해된 대가를 요구하며 알리에게 서약하는 것을 거부하였고 권력은 혼란의 더미 속에서 방치된 상황이었다. 결국 무슬림들의 슈라가 이 일을 해결하게 되었고, 슈라의 의원들은 알리가 오스만의 죽음 이전 승승장구하는 것에 대해 침묵을 지켰던 것은 알리의 성정이 본래 부드럽고 참을성이 있는 자였기 때문인 것으로 평가하였다. 또한 그에게 어떤 편견도 보이지 않았다. 반면 무아위야는 알리가 그렇게 침묵했던 것에 대해 비난하였다. 이후 사람들의 견해는 갈라졌고 알리는 자신에게 복종을 서약하는 사람들의 수나 정도가 제법 효력이 발생할 정도가 되었다고 판단했다. 알리에 대해 복종서약을 미루었던 사람들은 메디나에 집결하였다. 그곳은 예언자*의 거처이자 교우들의 고향이었다. 그들은 오스만의 피 값[95]을 요구하는 주장을 일단 멈추고 집결된 그곳에서 의견의 일치를 보았다. 그리고 알리에게 복종서약을 하게 된다. 한편 알리에 대한 서약이 아직 효력을 발생하지 않았다고 생각했던 다른 이들도 있었다. 왜냐하면 이슬람 법학자들과 예언자의 교우들 가운데도 이에 대해 이견을 보이고 있기 때문이었다.

알리에 대한 복종서약에는 소수의 사람들만이 참석하였고 이슬람 법학자들의 의견 일치를 제외하면 이에 동의하는 자도 많지 않았다. 당시 무슬림들은 혼란에 빠졌고 우선 오스만의 피 값을 요구하였고 그다음에야 새로운 이맘 선출에 동의하는 것이 순서라고 여겼다. 이런 태도를 보인 사람은 무아위야, 우마르 븐 알아스, 믿는 자들의 어머니인 아이샤, 주바이르와 그의 아들 압둘라, 딸하와 그의 아들 무함마드, 사으드, 사이드, 누으만 븐 바쉬르, 무아위야 븐 카디즈 등이었다. 그 밖에도 메디나에서

---

95    아랍 베두인 부족의 관습으로 가문의 일원이 살해당했다고 판단되면 반드시 가해자나
      그 부족에게 보복의 형태로 피 값을 요구한다.

알리에게 서약하는데 뒤로 물러서 있었던 교우들과 같은 태도를 취한 자들이 있다. 그러나 그들의 제2세대들은 모두 알리에게 복종서약을 하는 일에 동의했고 이를 전체 무슬림을 위해 필수적인 일로 간주하였다. 알리는 자신에게 주어진 책무를 곧바로 수행하였고 무아위야를 비롯 자신에게 반대하는 자들의 주장을 '틀린 것'으로 몰았다. 전해지는 바에 의하면, 특히 딸하와 주바이르는 알리에 대한 복종서약 이후에도 알리에게 대적했다고 한다. 양 진영 모두 죄나 잘못을 멀리하려고 노력함에도 이 사안은 독자적 판단을 서로 주장하는 선례로 남게 되었다. 결국 제2세대들이 제1세대의 이견을 누르고 '합의'를 도출해 내었고 이는 널리 알려진 사실이다. 알리*는 낙타 전투[96]와 씨핀 전투에 대한 질문을 받자 이렇게 말했다. "내 영혼은 그분의 손에 있었고 그곳에 있던 사람들 중 누구도 죽지 않았다. 그분의 심장은 천국에 들어가는 것조차 어려울 정도로 순수했다." 이는 양쪽 진영을 모두 표현해준다. 이 말씀은 따바리와 그 밖의 사람들에 의해 인용되었다. 따라서 그들의 '정의'에 대해 일말의 의심도 품지 마라. 더욱이 이와 관련해 비방을 해서도 안 된다. 그들은 모두 이미 당신이 알고 있는 자들이다. 그들의 말씀과 행동은 무슬림들의 귀감이고 그들의 '정의'는 정통 무슬림(순니파)의 시각에는 완벽한 것이다. 그러나 무으타질라[97]는 알리와 대적한 자에게 관심을 보이지 않았고 진실된 자라면 그 누구도 그 쪽을 향하지 않는다고 말한다.

만약 당신이 정의로운 눈으로 본다면, 오스만에 대해 그리고 그 이후의 교우들에 대해 이견을 보인 모든 사람들을 용서할 것이다. 당신은 이것이 정변이고 알라께서 이 정변을 통해 이슬람 공동체 움마에 지대한 영향을

---

96  656년 예언자 무함마드의 부인 아이샤와 알리 간의 전투로 아이샤가 낙타 위에 앉아 전투를 지휘했다고 해서 '낙타 전투'라 불린다.

97  바스라와 바그다드에서 번성한 이슬람교의 학파로, 8세기 우마이야조에서 시작되어 9세기 무렵 압바스조 치하에서 절정기를 맞이하였으나 정치적 이유로 박해를 받아 쇠퇴하였다.

미쳤다는 것을 알고 있다. 알라께서 무슬림의 적뿐 아니라 그 적들의 소유물, 땅과 집을 모두 앗아 가셨고 무슬림들은 바스라, 쿠파, 시리아, 이집트의 경계인 도시에 거주하게 되었다. 이런 도시에 거주했던 아랍인 다수는 미개했고 예언자*의 교우들과 많은 교류를 하지 않았으며 그들의 가르침에 따르거나 개선될 여지가 없었다. 더욱이 그들은 자힐리야 시대의 거칠음, 부족 아싸비야, 자신을 부풀려 자랑하는 일이나 믿음과는 거리가 멀었다. 그러다 무슬림 왕조가 들어서자 이 아랍인들은 꾸라이시, 키나나, 싸끼프, 후다일, 히자즈 주민, 야쓰립 출신의 무하지룬과 안싸리의 통치를 받게 되었다. 그들은 오만한 태도를 보이고 예언자의 언행을 비난했으며 자신들이야 말로 우수한 가문이고 수적으로도 다수라고 자평했다. 특히 이런 일은 페르시아나 로마와 충돌이 있을 때 바크리 븐 와일 부족, 압둘까이스 븐 라비나 부족, 예멘 출신의 킨다와 아즈드 부족, 타밈족 그리고 무다르 출신의 까이스 부족 등이 그러했다. 그래서 그들은 꾸라이시 부족을 비웃고 심지어 그들에게 대적하기도 했다. 그들은 복종에 소극적이었고 부당하고 정의롭지 못한 변명을 늘어놓았으며 상대를 자극하고 비방을 일삼고 몫을 나눔에 있어 공평하지 않았다. 사실 전해 내려온 기록은 이를 부풀렸고 메디나에서 이 모든 것은 종결되었다. 그들은 바로 당신이 알고 있는 이들이다.

그들은 오스만을 중요한 인물로 간주했다. 그는 소식을 전해줄 인물을 대도시로 보냈다. 예를 들자면 이븐 우마르, 무함마드 븐 무살라마, 우사마 븐 자이드 등을 보냈다. 그들은 각 도시의 수장들을 부정하지 않았고 그들을 비방하지도 않았다. 하지만 대도시의 주민들로부터 쏟아져 나오는 비방과 비난은 끊이지 않았다. 추하고 섬뜩한 비방이 계속 발전되었다. 왈리드 븐 우크바는 이런 비난의 표적이 되었는데 그 이유는 그가 쿠파에서 술을 마셨다는 것 때문이었다. 오스만이 특사로 보낸 사람이 이를 증언하였고 오스만은 이 책임을 물어 그를 해임하였다. 이후 대도시의 주민은 메디나로 입성하였고 그들은 행정 관료의 해고를 요구하게 된다. 그들은 아이샤, 알리, 주바이르, 딸하 등에게도 불만을 토로하였고 결국 오스만은 일부 관료를 해고하였다. 이런 일은 끊이지 않고 계속되었고 쿠파에 있던 사이드 븐 알아스가 당도하기에 이른다. 그가 돌아가자 그들은 길을 막고 그를 격리시켰다. 이후 오스만과 메디나에서 함께 했던 교우들 사이의 견해 차이가 널리 알려졌다. 그들은 오스만이 사이드 븐 알아스를 고립시키는데 소극적인 태도를 취한 점을 들어 몹시 분노했다. 그들은 오스만이 행한 그 밖의 업무에 대해서도 부정적인 태도를 보였다. 오스만은 독자적인 판단에 의거하여 업무를 행했고 그들 역시 독자적인 판단으로 이를 비난하였다. 그 후 한 무리의 군중이 결집되어 메디나에 도착했다. 그리고 그의 죽음에 대한 이견을 가슴 속에 간직한 채 오스만에게 '공정함'을 요구하게 된다.

이들은 바스라, 쿠파, 이집트 등에서 온 자들이다. 이런 일을 진행하는 데 있어 그들에게 동조했던 이는 알리, 아이샤, 주바이르, 딸하와 그 밖의 인물이 있다. 그들은 사건이 진정되고 오스만이 그들의 견해를 수용하도록 다각도로 시도하였다. 결국 오스만은 그들의 의견을 일부 수용하여 이집트의 행정 관료를 해임하였고 그들 역시 일보 후퇴하였다. 그리고 그들은 돌아갔다. 하지만 이미 그들은 날조된 책으로 무장한 상태였다. 그들의 주장에 의하면 이집트의 행정 관료가 자신들을 살해할 것이라는 것이다. 오스만은 맹세코 그런 일의 가능성을 부정했으나 그들은 이렇게 반응했다.

"마르단은 당신의 서기고 그 역시 우리를 해칠 수 있다." 그러자 마르단이 자신의 무관함을 맹세하였다. 오스만은 더 이상 자신의 통치가 불가능하다고 선언했다. 그들은 오스만의 집을 에워싸고 하룻밤을 지낸 뒤 일단의 무리가 집결되자 오스만을 살해했다. 그리고 정변의 서막이 올랐다.

따라서 이들 가가은 자신들의 행위를 정당화시킬 구실과 명분이 있었다. 이들은 모두 종교적 업무에 지대한 관심을 지니고 있었고 종교에 수반되는 것 중 그 어느 것도 놓치지 않았다. 그래서 이들은 이런 사안을 관찰하고 독자적인 판단을 하게 되었다. 알라께서는 이들의 상황과 형편을 모두 알고 계신다. 우리는 그들의 신뢰할 수 있는 미덕과 여러 상황 등을 종합해 볼 때 그들을 '선한 자'라고 생각한다.


## 후세인 븐 알리의 살해

야지드의 도덕적 악행이 사회 전반에 걸쳐 드러났을 때 시아파는 쿠파에 있던 예언자 가문의 사람들을 대표단으로 보냈다. 이는 후세인이 그들에게 오도록 하기 위해서였고 결국 그들은 후세인의 명을 실행하게 된다. 후세인은 그럴 능력이 있다면 야지드에 맞서 대항하는 것이 야지드의 악행을 일소하기 위해 필요하다고 생각했다. 그는 이런 능력이 자신이 속해 있는 가문과 권력의 감화를 받은 자신의 영혼에서 비롯된다고 믿었다. 그의 가문은 사실 그가 생각했던 것처럼 번창하고 있었다. 권력은 알라께서 축복하신 실수다. 왜냐하면 무다르족의 아싸비야는 꾸라이시에게 있었고 꾸라이시의 아싸비야는 압두 무나프에게 있었기 때문이다. 압두 무나프의 아싸비야는 비록 그것이 우마이야 후손에게 있다 해도 꾸라이시족과 백성들이 대세를 이루어 이를 인지하고 있으므로 부인하지 못하는 사실이었다. 사실 초기 이슬람 시대 사람들은 기적이나 예언, 그리고 무슬림의 승리를 위해 반복되었던 천사들의 하강 등으로 무척 당황하고 있었는데 이런 것들이 모두 사람들의 기억 속에서 잊혀졌다. 이제 사람들은 관습에 젖은 행위를 무시하고 관심 밖으로 돌렸고, 자힐리야 시대의 아싸비야와 억제력도 사라지고 잊혀졌다. 아싸비야는 고작 방위를 위한 수단으로 남아 있었고 종교적 행사나 이에 참여하는 이들의 성전에서만 그 빛을 발해 이득을 생산했다. 아싸비야에서 종교는 심판자였고 관습은 배제되었다. 그러다가 예언자의 명령과 경이로운 기적은 중단되었고 통치는 관습에 따르는 것이 되었다. 따라서 아싸비야는 과거에 그랬던 것처럼 과거의 사람들이 하던 대로 되었다. 그리고 무다르족은 우마이야 후손에게 가장 잘 복종하는 최고의 심복이 되었다.

이제 당신은 후세인의 오류를 명백하게 알게 되었을 것이다. 그러나 현세의 일에 있어 그는 아무런 잘못을 범하지 않았다. 샤리아에 의한 통치와 관계해서도 그는 잘못을 범하지 않았다. 왜냐하면 그는 자신의 생각에 따라 행동했기 때문이다. 그가 생각건대 자신에게는 그럴 능력이 있다고 믿었다. 이븐 알압바스, 이븐 알주바이르, 이븐 우마르, 그의 형제였던 이븐 알하나피야와 그 밖의 사람들이 그가 쿠파를 향했던 사실을 비난하였다. 그들은 후세인의 이러한 잘못을 인지했다. 그러나 그는 알라께서 원하시는 바를 제대로 수행하기 위한 길을 떠나는 것을 저어하지 않았다.

히자즈 지방에 있었던 예언자의 교우들, 시리아와 이라크에서 야지드와 함께 했던 이들, 그리고 그들을 추종했던 인물들 중에 후세인을 제외한 다른 이들은 야지드가 악행을 범했다 해도 그에게 반항하는 것은 타당하지 않다고 생각했다. 왜냐하면 그런 반항이야 말로 무슬림사회에 혼란과 피를 불러온다는 사실을 알고 있었기 때문이다.

그러므로 그들은 모두 야지드에게 반항하는 행동에 소극적 태도를 보였으며 후세인에게 동조하여 뒤따르지 않았다. 그러나 그들은 후세인을 부정하지 않았고 그가 악행을 저질렀다고 비난하지도 않았다. 왜냐하면 그는 무즈타히둔(독자적 판단을 하는 자)이었고 여러 무즈타히둔의 표본이었기 때문이다.

'후세인과 다른 의견을 보인 이들은 범죄자고, 그들은 후세인의 승리를 거둬들였다'라고 말하는 잘못을 범해선 안 된다. 왜냐하면 예언자의 교우 다수가 그런 입장을 취했기 때문이다. 그들은 야지드와 함께 했고 그에게 빈항하여 반기를 드는 것이 불가능하다고 생각하였다. 반면 후세인은 그들을 증인으로 소환하여 자신이 카르발라 전투에서 탁월한 능력과 진실된 마음으로 전투에 임했음을 증명했다. 그는 이렇게 말했다. "자비르 븐 압둘라, 아부 사이드 알쿠드리, 아나스 븐 말리크, 사흘 븐 사이드, 자이드 븐 아르깜, 그 밖의 인물들에게 물어보라!" 그는 그들이 자신의 승리를 방해하였다고 비난하지 않았다. 그는 자신의 행동에 대해 독자적 판단을 한 것처럼 그들에 대해 독자적 판단을 하였다. 마찬가지로 비록 그가 독자적 판단에 의해 행동하는 자라 할지라도 그를 살해한 것이 옳은 일이었다고 말하는 잘못을 범해선 안 된다. 이는 샤피이 학파[98]와 말리키 학파[99]가 포도주를 마시는 행위에 대해 하나피 학파와 견해가 다른 것을 보면 알 수 있다. 일이란 그렇지 않다는 것을 인지하라! 비록 후세인이 그들이 내린 독자적인 판단과 이견을 가졌다 해도 그를 살해한 것은 독자적인 판단에서 비롯된 것은 아니었다. 오히려 그를 살해한 결과로 야지드와 그의 교우들이 각기 흩어지게 되었다. '만약 야지드가 악했더라면'이라고 말하지 마라. 그에게 대항하는 것은 결코 간단한 일이 아니었다. 그들에게 그의 행위는 옳은 것으로 간주된다. 명심하라! 악행에서 빚어진 결과라 해도 그것은 적법한 것이었음을. 그들에게 있어 부당함에 대항하는 것도 정의로운 이맘과 함께여야 한다는 것은 그가 내건 조건에서 나온 것이다. 그런데 우리가 지금 다루고 있는 이 문제에 있어 이런 조건은 실종되었다. 따라서 후세인이 야지드와 함께 투쟁하는 것은 가능하지 않다. 야지드를 대신해서 투쟁하는 것도 가능하지 않다. 단지 이런 투쟁은 야지드의 악행을 확신하는 데서 비롯된 것일 뿐이다. 후세인은 바로 이런 투쟁을 벌인 대표적인 순교자다. 그는 옳았고 독자적인 판단에 의해 행동을 한 것이며 야지드와 함께했던 교우들 역시 옳았고 그들 나름의 독자적 판단을 한 것일 뿐이다.

판관 아부 바크르 븐 알아라비 알말리키는 이 문제와 관련해서 잘못을

---

98  이맘 알샤피이의 이름을 따라 성립된 순니의 지류학파이다. 네 개의 정통 이슬람 학파중 하나이다.
99  말리크 븐 아나스가 세운 이슬람 법학파로 네 개의 정통 이슬람 학파 중 하나이다.

범한 바 있다. 그는 자신의 저서 *al-'awāṣim wa al-Qawāṣim*에서 이렇게 말했다. "후세인은 자신의 조부가 만든 법에 의해 살해되었다."

하지만 이는 공정한 이맘이라는 조건을 경시한 채 빚어진 오류다. 이맘위를 수행함에 있어 그 당시 후세인보다 더 공정한 자가 누구란 말인가?

이븐 알주바이르는 압둘 말리크 븐 마르완에게 대항할 때 자신을 후세인에게 비교했다. 하지만 권력을 행사함에 있어 그의 잘못은 후세인보다 더 컸다. 왜냐하면 아사드의 후손[100]은 자힐리야 시대와 이슬람 시대에 우마이야 후손[101]의 적수가 아니었기 때문이다. 알리에게 대항했던 무아위야처럼 이븐 주바이르의 경우에 이를 적용시킬 수는 없다. 여기서 잘못은 상대방에 있음을 보여준다. 알리에게 대항했던 무아위야의 경우는 우리가 '합의'라는 대목에서 답을 얻었지만 이븐 알주바이르의 경우는 '합의'를 찾아볼 수 없기 때문이다.

야지드에 대해 언급해 보자면 그가 악행을 범한 것은 사실이다. 이븐 알주바이르와 관계하고 있는 압둘 말리크는 가장 정의로운 자였다. 그의 공정함은 얼마나 대단했던지 말리크는 그의 행위를 근거로 정당성을 주장하였고, 이븐 압바스와 이븐 우마르는 히자즈 지방에서 함께했던 이븐 알주바이르를 단념하고 그에게 복종서약을 하게 된다. 예언자의 교우 다수는 이븐 알주바이르에게 한 복종서약의 효력이 발생하지 않았다고 생각했다. 왜냐하면 마르완과 같은 권력을 지닌 자가 참석하지 않았기 때문이다. 하지만 이븐 알주바이르의 생각은 달랐다. 모든 이는 명백하게 독자적 판단을 하고 어느 한 쪽의 편을 들고 있지는 않지만 존재하는 진실에 감화받았다. 이븐 알주바이르의 죽음은 법적인 근거와 상치하지 않는다. 그는 자신의 의도대로 진리를 추구한 것에 대한 보상으로 순교자가 되었다.

예언자의 교우와 추종자들의 선조들이 행한 행위로 인해 그가 이런 짐

---

100  압둘라 븐 알주바이르의 가문이다.
101  압둘 말리드 븐 마르완의 가문이다.

을 지게 된 것이다. 그들은 최고의 무슬림들이었다. 만약 우리가 그들을 비방한다면 누가 정의롭다 할 수 있겠는가? 예언자*께서 말씀하셨다. "사람들의 선한 마음이 나를 따르기로 결정하였다. 그 이후 두 번 세 번에 걸쳐 그들이 오염되었고 그리고 거짓이 널리 퍼졌다."[102] 그는 선함을 주장했고 이는 그가 계승한 제1세대가 정의의 지배를 받았음을 의미한다. 그러므로 그들에게 일어난 일에 관해 한 치의 의심도 당신의 가슴속에 두어 혼란스럽게 하지 마라! 그들이 추구했던 것은 진리의 의미론이었고 그들이 그런 일을 했던 최초의 사람이었으므로 그들이 취한 방법은 당신에게 불가능했다. 그들은 명백한 증거가 있는 사안에 한해서만 이견을 보였고, 전투에 나가 살상을 하는 것도 성전을 해야 하는 경우나 진실을 꼭 보여야 하는 경우에만 그렇게 했다. 그들이 서로 이견을 보였다는 사실은 이슬람 공동체에서 후세대에게 축복임을 믿어야 한다. 이는 사람들이 그들 중 그를 선택한 자를 모방하고 그로 하여금 이맘이 되고 길잡이가 되도록 하기 위해서다. 그러므로 이런 상황을 이해하라. 알라께서 당신의 피조물과 존재에게 허락하신 지혜를 명백히 밝히고 모든 것이 알라께 귀속되는 운명이라는 것을 잘 기억하라. 지고하신 알라께서는 가장 잘 알고 계신다.

## 31장 │ 칼리파위의 종교적 기능

칼리파는 '입법자의 대리인으로서 종교를 수호하고 현세의 정치를 하는 자'라는 것이 분명해졌다. 입법자인 무함마드는 두 가지 일을 모두 관여하고 수행했다. 종교에 관해서 보자면, 칼리파는 대중에게 종교법이 부과하는 의무가 무엇인지를 알려주고 대중이 종교법을 확신하도록 만든

---

102  부카리의 기록, 예언자 교우의 미덕의 장. 3651.

다. 현세의 정치에 관해서 보자면, 인류문명의 이익을 책임지는 것이었다. 우리는 앞에서 문명이란 인류에게 필수불가결한 것이며 인류가 멸망하지 않으려면 공익을 보전하는 것 역시 중요하다고 지적한 바 있다. 또한 왕권과 그 공격성은 공익을 획득하기 위해 충분한 목적을 지니고 있다는 것도 지적했다. 왕권이 종교법에 의해 성립된 것이라면 공익을 보다 잘 이해할 수 있기 때문에 그와 같은 왕권은 훨씬 완벽한 것이 될 것이다. 만약 왕권의 소유자가 무슬림이라면 칼리파의 통제하에 분류되고 그 부수적인 것이 된다. 무슬림이 아닌 민족에 의해서 세워진 왕권은 독립적으로 존재하는 것이다. 어떤 경우든 왕권은 하부에 직위와 직책들을 두어 특정한 기능을 수행하도록 하고 왕조의 성원들에게 관직을 부여한다. 통치권을 장악하고 있는 군주가 지시하는 대로 각자 자기 직책의 임무를 수행한다. 그러므로 이를 통해 군주의 권력은 완벽하게 실현되고 통치의 질은 향상된다. 앞서 지적한 것처럼 칼리파위가 왕권을 포괄한다 해도 그 종교적 행위는 무슬림 칼리파만이 지니는 기능과 직책에 관계한다. 따라서 우리는 이처럼 칼리파위에만 한정되는 특수한 종교 직책을 먼저 언급하고 왕권의 기능에 대해서도 언급하기로 한다.

종교법과 관련된 모든 종교 직책 중, 예를 들자면 예배, 무프티, 판관, 성전, 시장 감독관 등은 위대한 이맘, 즉 칼리파의 관할하에 있다. 칼리파는 포괄적 근원이어서 모든 직책은 나무의 가지와 같고 결국 그 아래에 있다. 그 이유는 칼리파위는 광범위한 시야를 지니고 있고, 종교와 세속의 모든 상황에서 발생하는 행동에 대해 종교법을 집행하기 때문이다.

예배를 인도하는 권리는 여러 직책 중에서도 가장 높은 것이어서 왕권보다 우위다. 무함마드의 교우들은 아부 바크르*가 예언자의 대리인으로 예배를 인도했던 사실에서 추론하여 아부 바크르를 정치적인 사안에서도 무함마드의 대리인으로 지명했다는 사실이 이를 입증한다. 그들은 이렇게 말했다. "알라의 사도*는 그를 이슬람에 합당한 인물로 생각했다. 그럴진대 우리가 세속적인 일에 그를 합당하지 않다고 할 이유가 있겠는가?" 만약 예배가 정치보다 더 높지 않다고 한다면 교우들의 유추는 옳지 않은 것이다.

만약 이 진술이 옳다면 메디나에 있는 사원에는 두 종류가 있다는 사실을 알아야 한다. 첫째 종류의 사원은 많은 사람들로 붐비고 웅장하며 예배도 여러 차례 있다. 다른 종류의 사원은 첫째와 달리 그 지역민들이 애용하고 대중적 예배도 없는 경우다. 첫째 사원의 운영 권한은 칼리파에게 있거나 이에 상응하는 군주, 장관, 법관에게 귀속된다. 따라서 이슬람 사원은 이맘에게 하루 다섯 차례의 예배와 금요 예배, 양대 축제 예배,[103] 일식과 월식 예배, 기우제 예배 등의 직무를 위임한다. 이런 예배를 인도하도록 하는 것은 초심과 신중한 판단에서 비롯된 것이고 동시에 대중의 이익 추구에 있어 이맘의 직위가 경시되지 않도록 하기 위해서다. 금요 예배를 의무라고 말하는 사람은 위에서 열거한 모든 예배도 의무라고 주장할 지도 모른다. 따라서 금요 예배와 그 밖의 행사 예배에 있어 이맘의 역할은 의무가 된다. 다음으로 지역민들이 드나드는 사원에서 행해지는 관계 업무는 전적으로 이웃이 주축이 되고 또 이웃에 관한 것이다. 그러므로 칼리파의 견해나 군주의 견해 등을 필요로 하지 않는다.

예배 인도 권한을 위임받은 사람에 관한 조건에 관해서는 법학서에 기록이 있고 마와르디나 그 외의 사람들이 저술한 *al-Aḥkām al-Sulṭānīyah*에도 기록되어 있다. 그러므로 우리가 더 이상 언급하지는 않겠다. 초기의 칼리파들은 예배의 인도 권한을 타인에게 이양하지 않았다. 어떤 칼리파는 모스크에서 예배를 드리다 비방을 당한 일도 있는데 이는 비방하려는 자들이 예배시간을 노린 것이다. 이는 칼리파들이 예배를 직접 지도했고 다른 이에게 이양하지 않았음을 보여주는 증거이기도 하다. 이런 관습은

---

103  라마단 금식 기간 마지막에 있는 '이드 알피뜨르(단식 종료제)'와 희생제인 '이드 알아드하(대축제)'를 말한다.

우마이야 시대에도 이어졌으며 그들은 예배를 인도하는 일이 타인에게 양도할 수 없는 특권이자 직무라고 생각했다.

압둘 말리크는 수문장에게 이렇게 말했다고 한다. "나는 네가 세 가지의 경우를 제외하고는 항상 내 집 문에 장막을 치도록 명하겠다. 첫째는 음식을 지닌 자다. 음식을 가져오다 지체하면 부패하기 때문이다. 둘째, 예배 시간을 알리는 '아잔'을 하러 가는 자다. 이는 알라를 부르는 행위이기 때문이다. 세 번째로 우편 배달원이다. 소식이 늦으면 일을 그르칠 수 있기 때문이다."

종교나 세속적인 면에서 백성을 불평등하게 다스리거나 거칠게 다루는 성격이 왕권의 본질 중 일부로 표면화되자 군주는 자신을 대신하여 예배를 인도할 사람을 선출했다. 하지만 군주들은 가장 큰 축제로 간주되는 두 번의 예배와 금요 예배처럼 특정 시기에 혹은 집단으로 예배를 드리는 경우의 예배를 인도하는 권한은 그대로 유지했다. 이는 군주가 자신의 지위를 과시하려는 의도에서 비롯된다.

무프티의 직책에 대해 말하자면 칼리파는 학자나 교사들의 자질을 살펴서 해당 직책에 적합한 인재를 임명하며 그들이 직무를 제대로 수행할 수 있도록 도와준다. 그리고 그 직책에 합당하지 못한 사람이 임명되지 않도록 주의한다. 왜냐하면 무프티의 직책은 무슬림 공동체의 공익과 관련된 것이기 때문이다. 따라서 칼리파는 자격 미달의 사람을 무프티에 임명해서 백성에게 해를 끼치지 않도록 주의해야 할 것이다. 교사들은 종교적인 지식을 확산시켜 학생들을 바로 이끄는 책무가 있고 그런 목적 하에 모스크에서 수업을 한다. 그곳이 군주의 관할하에 있는 가장 중요한 곳이거나 군주가 예배를 인도하는 곳이라면 교사는 수업을 해도 좋다는 군주의 허락을 받아야 한다. 하지만 보통의 모스크라면 굳이 허락을 받을 필요는 없다. 교사나 무프티는 자기억제력을 지녀야 하고 사람들이 옳지 않은 일을 하지 않도록 이끌어야 하며 올바른 길을 추구하는 사람들을 그른 길로 인도하거나 바른 길로 인도받기를 원하는 사람들을 그 길에서 멀어지게 하는 일이 없도록 해야 한다.

판관은 칼리파의 관할하에 있는 직책 중 하나다. 이 직책은 사람들 간에 소송을 처리하고 분쟁이나 분열을 해결할 목적으로 만들어졌다. 판관이 결정을 내릴 때는 코란과 '순나'에 언급된 샤리아의 법규를 따르게 된다. 이 직책은 칼리파위의 관할에 속한다. 초기 이슬람 시대 칼리파들은 직접 판관의 직무를 수행했고 다른 사람에게 판관의 직무를 허용하지 않았다. 최초로 판관을 임명한 칼리파는 우마르*였다. 그는 메디나에 아부 알다르다를 판관으로 임명했고 바스라에는 슈라이흐를, 쿠파에는 아부 무사 알아샤리를 임명했다. 아부 무사를 임명할 때 그는 판관의 직무에 관한 모든 규정을 기록한 편지를 썼는데 훗날 이 편지는 유명해졌다.

그는 편지에서 이렇게 말했다. "판관의 직위는 명확히 규정된 종교의 의무이고 대중의 순나다. 그러므로 그대에게 제출된 탄원서를 정확히 이해하도록 하라. 왜냐하면 효력이 없는 말은 도움이 되지 않기 때문이다. 그대의 법정에서는 만민을 평등하게 대우하라. 귀족이 그대에게 편파적인 판결을 기대하지 않도록 하고 약자들도 그대의 공정함에 희망을 품도록 하라. 원고는 반드시 증거를 제시해야 하고 피고는 반드시 서약을 해야 한다. 무슬림끼리 합의는 가능하지만 그 합의가 금지된 것을 용인하거나 허용된 것을 금지해서는 안 된다는 사실을 명심하라. 만약 이미 잘못된 판결을 내렸으나 오늘이라도 그 잘못을 깨달으면 이성적으로 처음 판결을 철회하라. 왜냐하면 정의가 가장 우선이고 무가치한 것을 고집하는 것보다는 철회가 낫기 때문이다. 코란이나 순나를 적용하기 어려운 경우라면 그대는 마음속에서 끊임없이 생각하라. 유사한 사건들에 관해서 연구하고 유추를 통해 상황을 판단하라. 어떤 이가 증명 여부조차 불확실한 문제로 고소하면 우선 그에게 시간을 주도록 하라. 만약 그가 그 시간 내에 증거를 제출하면 그의 주장을 수용해야 할 것이나 그렇지 못하면 그에게 반대되는 결정을 해도 무방하다. 그렇게 하면 그대에게 있는 한 떨기 의심을 털어내고 어두움을 밝혀주는 첩경이 될 것이다. 무슬림은 서로 증인이 될 수 있으나 편파적인 자, 위증을 했던 자, 혹은 가문이나 주종관계로 의심을 받는 자는 안 된다. 알라께서는 서약을 한 증언을 수용하고 증거를 제시한 자가 위험에 빠지게 하지 않는다. 소송을 다룰 때는 절대로 피곤하거나 짜증내는 태도를 보이지 않도록 하라. 정의의 장소에서 정의를 세우는 일을 통해 알라께서는 그대에게 큰 보상을 주시고 그대의 명성 또한 높아질 것이다."

칼리파들이 비록 판관이라는 책무를 타인에게 양도했지만 그것은 본디 칼리파의 임무였다. 다만 그가 정치적인 업무, 성전, 정복전쟁, 변경 방위, 수도 방어로 분주해서 그렇게 된 것이다. 이런 업무는 너무나도 중요해서 칼리파 이외의 다른 사람이 수행할 수 없다. 칼리파는 사람들 간에 발생하는 송사를 판단할 권리가 있었는데 자신들의 업무 부담을 덜고자 판관의 직무를 타인에게 위임했다. 하지만 그들은 혈통이나 주종관계로 아싸비야를 공유하는 사람들만을 대상으로 그 직책을 위임했다. 칼리파 자신과 가깝지 않은 사람들에게 판관의 직책을 위임하지는 않았다.

이 직책의 규정과 조건들은 이슬람 법학서에 명시되어 있었는데 군주의 통치 규정서가 전문적으로 이를 다루고 있다. 칼리파 시대의 판관은 단지 송사를 해결했지만 그 뒤 칼리파나 군주들이 주요 정책에 전념하게 되면서 차츰 다른 업무까지 맡게 되었다. 판관의 직무는 송사의 판결 이외에도 정신 이상자, 고아, 파산자, 정박아 등에게 금지되어 있는 재산 관리를 통해 무슬림들의 권리를 행사하는 것이 있다. 또한 유언의 집행, 유산의 헌납, 보호자가 없는 여성들의 혼인도 그들의 직무에 포함되었다. 이밖에도 공공 도로와 건물의 관리, 증인과 변호인과 대리인들을 살피고 그들이 공정하게 일처리를 했는지, 그들의 지식수준은 어떤지도 알아보아야 했다. 이런 모든 것이 판관의 직무가 되었다.

과거의 칼리파들은 판관에게 불법을 감독하는 직무도 위임했는데 이는 군주의 권력과 정의로운 판단이라는 두 가지 요소가 함께 섞여 있는 일이었다. 또한 소송하는 양측 중에서 범법자를 통제하기 위해서는 강력한 권력과 권위가 필요했다. 범법자를 통제하는 일은 판관이나 다른 사람에게도 역부족인 것처럼 보인다. 판관은 증거와 관련 보고서, 기타 자료들을 조사하고 진실이 명백해질 때까지 판결을 연기하고 소송인들 사이에 화해를 중재하고 증인이 서약하게 한다. 이는 판관이 해야 할 일보다 더 광범위한 일이다.

  압바스 왕조의 무흐타디 시대까지 초기의 칼리파들은 이런 일들을 직접 처리했다. 초기 칼리파들이 판관에게 그런 직무를 하도록 한 것은 우마르*가 판관 아부 이드리스 알쿨라니에게 여러 직무를 위임한 것과 마찬가지고, 마으문이 야흐야 븐 아크삼에게, 무으타씸이 아흐마드 븐 아부 두와드에게 직무를 위임한 것과도 같은 일이다. 칼리파는 판관에게 여름에 치르는 전투에서 성전의 지휘권도 부여했다. 이와 같은 일은 야흐야 븐 아크삼이 마으문 시절 사이파 지방에서 로마 영토로 출정할 때 일어났다. 안달루스 지방에서 우마이야 후손인 압둘 라흐만 알나씨르의 판관 문다르 븐 사이드에게도 일어났다. 이런 직책에 대한 임명은 칼리파나 혹은 칼리파로부터 권한을 위임 받은 재상 그리고 지배권을 지닌 군주에게 있었다. 경찰은 압바스 왕조, 스페인의 우마이야 왕조, 이집트와 마그립 지방의 파티마 왕조 시대에 범죄의 단속과 형벌을 집행했다. 이때의 경찰은 종교법이 관여하는 직책 중 하나였다. 이는 판관의 직무보다 조금 더 광범위했다. 경찰은 용의자를 법정에 세우고 범죄 발생 이전에 단속하고 적절한 처벌을 하고 신체에 족쇄를 채우거나 절단하는 형벌을 실행하고 미수범을 교화하는 일 등을 담당했다.

  경찰과 불법 감독관의 본기능은 칼리파의 권력이 망각된 왕조들의 시대를 맞이하면서 점차 잊혀졌다. 불법감독관의 직무는 군주에게 귀속되었으므로 칼리파로부터 그런 권한을 위임받았는가는 상관이 없었다. 경찰의 기능은 둘로 구분되었다. 첫째는 용의자 처리, 형벌 부과, 규정에 따른 신체 절단 형 집행 등이 있다. 이런 왕조들은 종교법을 기준으로 삼지 않고 정치에만 의존하여 직무를 수행하는 관리를 두었다. 이들은 최고 감독관(왈리) 혹은 경찰(슈르따)이라고 불렸다. 경찰의 다른 기능은 종교법에 규정되지 않은 처벌을 하는 일과 종교법에 규정된 형벌을 가하는 일이다. 이것은 오늘날에도 그대로다.

이 직책은 왕조의 아싸비야를 공유하는 사람들로부터 멀리 떠났다. 왜냐하면 칼리파 시대에는 그 직책의 임무가 종교적인 것이기 때문에 이것이 종교행사의 기능 중 하나로 간주되었고 그래서 그 직무를 수행할 수 있는 사람은 그들과 아싸비야를 공유하고 있는 사람뿐이었다. 이런 이들은 아랍인이나, 동맹, 노예, 수공업자로 연을 맺은 마왈리를 의미했다. 이들은 전적으로 신뢰받고 능력을 인정받은 자들이었다.

칼리파위의 본래의 성격은 퇴색되었고 왕권과 통치권의 성격을 띠게 되었다. 더불어 종교적인 기능과는 멀어졌다. 칼리파위는 왕권의 칭호나 의식이 아닌 것으로 변질되었고 그 때문에 이는 아랍인들로부터 완전히 멀어졌다. 왕권은 투르크인이나 베르베르족이 장악했다. 칼리파가 통괄하던 직책들도 그 성격이나 아싸비야의 면에서 본래의 성격을 상실하게 되었다. 아랍인들은 종교법이 그들의 종교인 이슬람에 기반을 둔 것이고 예언자는* 그들 중 한 사람이었으며 그가 제정한 종교법은 아랍 민족들 간의 신앙이요 행동방법으로 생각했다. 그러나 비아랍인들은 그렇게 생각하지 않았다. 비아랍인들이 이런 직책에 대해서 약간의 호의라도 비쳤다면 그건 그들이 이슬람을 신봉하게 되었을 때뿐이었다. 따라서 그런 직책은 아랍인 출신이 아니어도 과거 칼리파 왕조에서 그런 직책에 대해 잘 알고 있는 사람에게 위임되었다. 아랍인은 수백 년간 익숙해진 왕조의 사치스런 생활에 영향을 받고 사막에서 거주하던 시대와 그 시대에 그들이 지녔던 강인함을 망각했다. 그들은 도시문화의 사치스런 관습에 빠져 온순한 성정과 부족한 자제심을 지니게 되었다. 칼리파제 이후의 왕조들에서 이런 직책은 도시의 약한 주민들이 관여하는 전유물이 되었다. 그들은 명예로운 가문이 아닌 가문 출신으로 도시문화에 젖어 있었다. 그들은 왕권의 아싸비야와 거리가 멀고 다른 사람들의 보호를 받아야 하며 사치와 우유부단에 빠져 도시민들처럼 질시의 대상이 되었다. 왕조에서 그들이 받는 존경의 정도는 그들이 무슬림 공동체를 관리하고 샤리아의 법규를 준수하는 것과 관련이 있다. 실제로 그들이 이런 정도의 존경을 유지하는 것은 그들이 샤리아를 근거로 판단을 할 수 있기 때문이다. 그들이 왕족 위원회의 자리를 유지하는 것은 종교직에 대한 존경심 덕이었다. 그들은 그 위원회에서 아무런 결정권이 없다. 설사 그들이 결정에 참여한다 해도 그것은 형식적인 것이지 실질적인 것은 아니다. 실질적인 결정권은 그 결정을 행사할 능력이 있는 자에게 있다. 따라서 그런 능력이 없는 사람에게는 아무 결정권이 없다. 그들은 오직 종교법에 관해서만 결정권을 지니고 있으며 이 범위 내에서 그들의 결정은 수용된다.

일부 사람들은 진실이 이면에 존재한다고 생각할 지도 모른다. 법학자나 판관들을 슈라에서 방출시킨 군주의 행위는 독선적인 것이라고 할 수도 있다. 무함마드*도 "학자는 예언자의 상속인이다"라고 말한 바 있다. 하지만 실제는 그가 생각했던 것처럼 그렇지 않다는 것을 인지하라. 왕권과 통치권은 문명의 본질상 필연적인 것이다. 법학자나 학자들에게 권력을 부여하는 것은 문명의 필연적인 요청이 아니다. 왜냐하면 슈라의 결정권은 아싸비야를 소유한 자의 것이고 그는 아싸비야로 권력을 행사하고 일을 할 것인가 말 것인가를 결정한다. 아싸비야를 지니지 못한 사람, 자신의 일조차 해결할 능력이 없는 사람, 자신을 방어할 수 없는 사람들은 타인에게 의존한다. 그러니 그들이 어떻게 슈라에 참여하고 그곳에서 존경받을 수 있겠는가? 종교법에 관한 지식에서 비롯된 그들의 조언은 꼭 필요한 사안에 한해서만 그 가치를 인정받는다. 정치에 있어서 그들의 조언은 쓸모가 없다. 왜냐하면 그들이 아싸비야를 지니지 못하고 아싸비야의 조건과 법칙을 알지 못하기 때문이다. 그럼에도 법학자와 학자들을 예우하는 것은 군주나 태수의 입장에서는 선심을 쓰는 행위이며 이는 그들이 이슬람에 대해 깊은 관심이 있다는 사실과 어떤 형식으로든 이슬람에 관계된 인물을 존경한다는 것을 보여주기 위해서다. "학자는 예언자의 상속인이다"라는 무함마드*의 말씀에 대해 말하자면 그것은 이 시대의 법학자 대부분이 이슬람을 신봉하는 방법론과 무슬림 간의 상호 교류 및 거래의 방법론에 관한 말씀을 통해 이슬람법을 해석하고 있다는 사실을 뜻한다. 이것은 대 법학자들의 목표지만 어떤 경우는 언급을 자제하기도 한다. 우리의 조상*, 종교인, 엄격한 무슬림들 역시 이슬람법을 해석하고 교리에 따라 실현할 수는 있다.

　말씀의 전달 없이 이슬람법을 대표하는 자는 바로 상속자 중 하나다. 이는 마치 꾸샤이리의 서한에 있는 사람들과 같다. 따라서 지식인과 상속자의 자질을 지닌 자는 바로 추종자들의 법학자, 아랍의 선조, 4명의 정통 칼리파, 그리고 그들의 순나를 추구하고 답습했던 이들과 같다. 만약 4명의 정통 칼리파 중 한 사람이라도 양자 중 하나만을 취해야 한다면, 신을 숭배하는 자가 법학자보다 상속인이 될 권리가 있다. 왜냐하면 예배를 관장하는 자는 상속을 받았지만, 예배를 관장하는 자가 아니었던 법학자들은 아무런 상속도 받지 못했기 때문이다. 단지 그들은 무슬림의 행동 지침과 그 방법론을 명시해서 우리에게 알려주는 말씀의 소유자일 뿐이다. 그리고 그들이 바로 이 시대의 대다수 법학자들이다.

## 공증인

이는 판관에게 소속되고 판관의 업무에서 비롯된 종교적 지위다. 이 직책의 주된 임무는 판관의 허가 아래 소송인의 주장에 동의 혹은 반대되는 증언을 하는 것이다. 그들은 명문화된 증명서, 분쟁 등을 다루며 사람들의 권리를 보호하기 위해 그들의 소유권이나 채무를 비롯한 기타내용을 기록한다. 이 직책에 필요한 전제조건은 종교법에 의거한 공정함, 흠잡을 곳 없는 품행 그리고 기록할 줄 알아야 한다는 것 등이 있다. 더불어 법률적인 지식도 있어야 한다. 이런 조건과 경험 그리고 훈련이 요구되기 때문에 이 직책을 수행하는 사람은 특히 진실한 사람이어야 하며 진실성은 이 직책을 수행하는 자에게 반드시 요구되는 특별한 자질이자 조건이다.

판관은 반드시 공증인이 될 사람의 여건과 생활 방식을 자세히 조사하고 그들이 진실성의 조건을 충족하였는지 확인해야 한다. 판관은 사람들의 권리를 보호할 책임이 있으므로 맡은 바를 소홀히 해서는 안 된다. 이 모든 것에 대해 그가 책임을 져야 한다. 만약 어떤 이가 공증인 직책에 합당하다고 여겨지면 그자는 임명되고 그가 초래하는 이득은 포괄적이고 공공의 것이 된다. 이는 도시가 크고 도시민들의 상황이 매우 비슷하기 때문이다. 송사를 시작한 사람들은 자신의 주장과 증거의 신빙성을 인정받기 위해 공증인에게 의뢰할 수밖에 없다. 도시 전역에는 공증인 사무실이나 이 일을 위한 특정 장소가 있다. 공증문서가 필요한 사람들은 공증인을 선정하여 문서에 공증 내용을 기재한다.

'공정'이라는 이 용어는 '공증인'이라는 직위와 '샤리아적 공정함' 사이의 융합을 가리키게 되었다. 지고하신 알라께서 가장 잘 알고 계신다.

## 시장 감독관과 조폐소

시장 감독관 역시 종교직으로 무슬림에게 부여된 하지 말도록 권하는 일을 삼가도록 하는 직책이다. 이런 임무에 적합한 자가 임명되어야 하고, 임명받은 사람은 그와 같은 의무를 수행해야 한다. 시장 감독관은 자기 일을 도와 줄 사람을 고용할 수 있다. 그는 위법사항을 조사하고 그 경중에 따라 비난이나 교정조치를 하며 사람들이 도시에서 공익에 부합되게 살도록 한다. 도로를 막거나 짐꾼이나 뱃사람의 과적을 금지하는 것 등이 있다. 건물이 붕괴될 위험이 있는 곳은 건물주에게 알려 번화한 공공도로에서 행인들이 겪게 될지도 모를 위험을 방지한다. 학교나 그 밖의 곳에서 교사들이 어린 학생들에게 가하는 체벌도 감독한다. 그의 권위는 분쟁이나 탄원에만 국한되지 않는다. 그가 알게 되는 모든 종류의 사무를 살피고 결정한다. 이렇듯 제반 업무가 그에게 먼저 보고된다. 그에게는 법적인 소송에 관해서는 권한이 없지만 식료품이나 도량형을 비롯하여 일반 생활에서 일어날 수 있는 사기사건에 대한 관할권이 있다. 채무상환을 연기하는 자에게 독촉하는 일, 증언의 청취, 법적 효력이 없는 안건들도 다루어야 한다. 지극히 일반적이고 단순한 것들이어서 판관이 담당하지 않는 그런 업무들은 모두 그의 직무에 속한다. 이런 모든 일이 시장 감독관의 직무를 맡은 사람이 처리해야 하는 것이다.

시장 감독관은 판관에게 예속되어 있다. 다수의 시장 감독관은 이집트와 마그립 지방의 파티마 왕조나 안달루스의 우마이야 왕조와 같은 무슬림 국가에서 판관의 권한에 속해 있었다. 판관은 시장 감독관을 선택 임명할 권리가 있었다. 후일 군주의 직책이 칼리파위에서 분리되었고 정치적인 문제 제반에 대한 통제권을 지니게 되었다. 그리고 시장 감독관의 자리도 군주가 임명하는 별도의 관직이 되었다.

조폐소는 사람들이 사용하는 화폐에 관한 업무를 담당하는 곳이다. 이는 화폐를 세어 거래할 때 발생 가능한 위조화폐나 저질화폐의 유통을 방지하고 화폐와 관련된 모든 업무를 관장한다. 이 직책은 화폐에 군주의 상징을 찍어 진품임을 표시한다. 그 상징은 철로 만든 반지인데 상부에 특정 문양이 음각되어 있다. 정해진 중량을 재고난 뒤 디나르 표면에 철로 만든 반지를 올려놓고 그 문양이 화폐에 박힐 때까지 망치로 두드린다. 이것은 왕조의 통치하에 거주하는 해당 지역민들 사이에서 통용되는 화폐로 그 모양과 정련 방식이 양질의 화폐임을 나타내는 표시다. 화폐의 모양과 정련 방식은 그 기준이 딱히 정해져 있지 않고 독자적 판단에 의거한다. 만약 특정 지역 주민들이 화폐의 정련 기준에 대해 어떤 결정을 하면 그들은 그것을 '기준' 혹은 '표준'이라 부른다. 그들은 사용되는 화폐를 기준 화폐와 비교한 뒤 만약 기준 화폐의 정련 방법이나 모양에 못 미치면 위폐라 부른다.

이 모든 일을 관장하는 일은 조폐소 책임자의 몫이다. 이런 면을 감안해서 조폐소의 책임자 직책은 종교직이고 칼리파위에 속하는 직이다. 이는 판관의 일반 업무에 속한다. 이후 이 직책은 시장 감독관과 마찬가지로 현재에는 독립된 직책이 되었다.

이상으로 언급한 것들이 칼리파위에 속하는 직책들이다. 이중 일부는 아직 남아 있고 일부는 없어진 것도 있다. 또한 칼리파가 아니라 군주에게 속하게 된 직책들도 있다. 예를 들면 아미르나 재상 혹은 전쟁과 징세에 관련된 관직들이 그러하다. 이것들에 관해서는 성전에 관한 직책들을 언급한 이후 적당한 부분에서 언급할 것이다. 성전에 관한 직책은 성전이 쓸모없는 것이 되면서 자연스레 그 직책도 무용지물이 되었다. 소수의 일부 왕조에서는 성전을 수행하고 그 법규를 군주의 권한 아래 두었다.

또한 칼리파의 후손은 칼리파가 될 수 있는 자격이나 재무청에서 재물을 받을 권한이 있었는데 그들의 지위 역시 칼리파위가 없어지면서 사라졌다. 일반적으로 칼리파위와 관련된 직책들은 왕권이나 정치권력 아래로 유입되었다. 오늘날 왕조 전반에서 이런 현상이 보인다.

# 32장 | '믿는 자들의 아미르'라는 칼리파의 별칭, 이 칭호는 정통 칼리파 시대에 만들어졌다

그 이유는 다음과 같다. 무함마드의 교우들*과 모든 무슬림들이 아부 바크르*에게 충성을 서약할 때 그들은 그를 알라의 사도*의 대리인이라고 불렀다. 이 호칭은 그가 죽을 때까지 사용되었다. 아부 바크르 이후 우마르가 충성 서약을 받을 때 사람들은 그를 알라의 사도*의 '대리인의 대리인'이라고 불렀다. 그들은 이런 호칭을 부담스러워했다. 왜냐하면 그 호칭이 장황할 뿐 아니라 소유격이 계속 연결되기 때문이다. 그 이후 칼리파들의 호칭은 점점 더 길어지고 결국 부정확하게 될 것이 자명했다. 그래서 그들은 칼리파에게 적절한 다른 호칭으로 대체하려고 했다.

당시 사람들은 군사 지휘관을 아미르라고 불렀다. 자힐리야 시대 사람들은 예언자*를 '메카의 아미르' 혹은 '히자즈의 아미르'라고 부르곤 했다. 또한 교우들은 사이드 븐 아부 왁까쓰를 '믿는 자의 아미르'라고 부르곤 했는데 이는 그가 까디시야 전투에서 보여준 지도력에 기인한 것이고 그 당시 그들은 대다수가 무슬림이었다.

무함마드의 교우들 중 일부 인사들이 우마르*를 '믿는 자의 아미르'라고 불렀고 사람들은 이 호칭을 선호하고 결국 이를 호칭으로 정하게 된 것이다. 전해 오는 바에 따르면 처음으로 우마르를 '믿는 자들의 아미르'라고 부른 사람은 압둘라 븐 자흐슈라고 한다. 다른 설에 의하면 우마르 븐 알아스, 무기라 븐 슈으바가 처음으로 그 호칭을 우마르에게 사용했다고도 한다. 여러 대표단이 보낸 전령이 메디나에 입성했다. 그는 우마르를 찾는 중이었는데 "믿는 자들의 아미르는 어디에 계십니까?"라고 물었고, 이에 교우들이 그 호칭을 듣고 보니 그럴 듯하다는 생각이 들었다. 그들은 "네가 제대로 호칭을 사용했구나. 정말로 그분께 합당하다. 그분이야말로 진정 믿는 자들의 아미르이다"라고 말하고 그들도 그렇게 부르기 시작했다. 그에 대한 별칭은 이렇게 해서 사람들 사이에 퍼져 나갔다. 우마르 이후의 칼리파들도 각기 그런 별칭을 얻게 되었다. 하지만 우마이야 왕조에는 누구에게도 그런 별칭이 없었다.

시아는 알리에게 칼리파위의 자매격인 이맘위의 정당성을 강조하려는 듯 이맘이라는 칭호를 썼다. 시아가 알리에 대해 이런 별칭을 사용한 것은 아부 바크르 이후 예배를 인도하는 이맘의 적통성이 알리에게 있다는 자신들의 논리를 펼쳐 보이기 위한 것이었다. 그래서 그들은 알리에 대한 이 별칭에 집착했고 그들은 알리 이후, 칼리파위를 계승 받는 자에게 이 별칭도 계승되어야 한다고 생각했다. 그들은 한동안 알리의 칭호를 '이맘'으로 사용했다. 그러다가 그들이 왕조의 권력을 장악하게 되자 알리 이후의 지도자에게 '믿는 자들의 아미르'라는 별칭을 쓰기 시작했다. 압바스가의 시아가 했던 것이 이러했다. 그들은 자신들의 예배 인도자들에게 이맘이란 칭호를 썼으며, 그래서 알라의 소명을 받은 이브라힘 역시 이맘이라 불렸다. 그들은 전쟁 시에도 그의 명령에 의해 깃발을 꽂았다. 그의 형제인 삽파흐가 '믿는 자들의 아미르'라 불리는 상황은 끝났다. 이렇게 이프리끼야 지방에서는 라피다(반대하는 자)들이 이스마일의 후손 출신의 예배 인도자에게 '이맘'이라는 호칭을 계속 사용했고 이 상황은 우바이둘라와 마흐디에 이르러서야 끝이 났다. 역시 그들도 그를 이맘이라 불렀으며 그 이후에는 그의 아들 아부 알까심에게 이 호칭을 사용했다. 그들은 이 두 사람 이후의 지도자에게도 '믿는 자들의 아미르'라는 호칭을 사용해야 한다는 확신을 갖고 있었다. 마찬가지로 마그립 지방의 이드리스 왕조에서는 이드리스와 그의 아들 이드리스에게 이맘이란 호칭을 사용하곤 했다. 이 일은 그렇게 되었다.

칼리파들은 '믿는 자들의 아미르'라는 호칭을 계승했고 히자즈, 시리아, 이라크 지방의 군주들도 그 호칭을 사용했다. 이 지역들은 아랍인들의 고향이자 이슬람 왕조, 이슬람 학자 그리고 정복전의 중심지였다. 압바스 왕조가 번영의 극에 달했을 때 칼리파는 다른 사람과 구분되는 또 다른 별칭을 사용하게 되었다. 압바스 왕조의 칼리파들은 자신들의 명칭에 특별하고 고유한 별칭을 붙여 시장에서 쉽게 들리는 이름들과는 구분하였다. 그들은 별칭을 삽파흐(관용을 베푸는 자), 만쑤르(승리자), 마흐디(바른 길로 인도하는 자), 하디(지도자), 라시드(영도자)라고 불렀다. 그들은 이런 관행을 왕조말기까지 계속했다. 이런 관행은 이프리끼야와 이집트의 파티마 왕조에까지 영향을 미쳤다. 마슈리끄의 우마이야 왕조는 그런 별칭을 사용하지 않았고 그들은 초심을 잃지 않고 소박함을 지키려고 했다. 왜냐하면 그때까지도 그들에겐 아랍인의 정신과 투쟁의식이 있었고 베두인의 특징을 간직한 채 도시민의 특징을 그다지 보이지 않았기 때문이다. 스페인의 우마이야 왕조 역시 조상들의 전통을 따라 별칭을 사용했다. 그들은 자신들의 부족함을 인식하고 있었는데 아랍인과 이슬람의 본류인 히자즈 지방을 장악하는 데 역부족이고 아싸비야의 중심인 칼리파위의 본거지로부터 지리적으로 멀다는 것도 익히 알고 있기 때문이다. 이렇듯 이슬람의 본류에서 먼 곳의 지배자였던 그들은 압바스 왕조의 위협으로부터 자신들을 방어하는 데 전념했다. 마침내 10세기 초 우마이야 왕조의 압둘라흐만 알나쓰르[104]가 등장했다. 이로써 마슈리끄의 칼리파체제가 어떤 장벽에 부딪혀 있는지, 또 압바스 가문의 마왈리들이 어떻게 왕조를 장악하고 칼리파를 폐위하거나 교체하고 살해하거나 장님으로 만들었는지가 알려졌다. 압둘 라흐만 3세는 마슈리끄와 이프리끼야 지방의 칼리파들이 취했던 방식을 이어 스스로를 '믿는 자들의 아미르'라고 칭했고, '나씨르 리딘 알라'[105]라는 별칭도 취했다. 그 이후에도 후계자들이 이를 계승해서 이는 관행이 되었다.

이런 상황은 아랍의 아싸비야 정신이 완전히 파괴되고 칼리파위의 영

---

104 나쓰르 븐 무함마드 븐 알아미르 압둘라 븐 무함마드 븐 압둘 라흐만 2세이다.
105 '알라의 종교를 보호하는 자'라는 뜻이다.

향이 상실될 때까지 계속되었다. 비아랍인 마왈리들이 압바스 왕가를 장악하고 그 추종자들이 카이로의 파티마 왕조를 장악하였고 씬하자족은 이프리끼야 지방을 점령했고 자나타족은 마그립 지방을 스페인의 '제후들'은 우마이야 왕조를 점령하게 되었다. 이렇게 무슬림 제국은 해체되고 '술탄'이라는 호칭으로 불리던 마슈리끄와 서부의 군주들은 다른 호칭을 취하기 시작했다.

마슈리끄의 비아랍계 군주들로 말하자면, 칼리파들이 그들에게 명예와 고위직을 표시하는 특별한 존칭을 하사했다. 이런 존칭을 통해서 그들은 여전히 칼리파에게 복종하고 경외심을 표현할 수 있었다. 비아랍계 군주들의 별칭을 예로 들자면 이렇다. 왕조의 고귀함, 왕조의 조력자, 왕조의 근간, 왕조의 영광, 왕조의 승리, 왕권의 법칙, 왕조의 장엄함, 왕권의 보물 등이다. 파티마 왕조에서도 이런 일이 일어나 씬하자의 수령들이 이런 호칭을 취했다. 비아랍인 마왈리들이 실질적으로 칼리파위를 대신하게 되었을 무렵 그들은 이런 호칭에 만족하고 예의상 칼리파의 호칭을 사용하지는 않았다. 이는 우리가 앞에서 언급한 것과 마찬가지로 새로이 통치권을 장악한 이들의 전형적인 수법이라 할 수 있다.

그러나 이후 마슈리끄의 비아랍인들이 왕권을 강화하고 왕조와 정부에서의 지위가 높아지자 칼리파체제의 아싸비야는 점차 사라지다 완전히 없어졌다. 그렇게 되자 비아랍인들은 칼리파의 왕권을 표시하는 칭호 '나씨르' 혹은 '만쑤르'와 같은 호칭을 기존의 호칭과 함께 사용했다. 이는 그들이 더 이상 올가미에 얽힌 예속인도 추종자도 아니라는 사실을 보여주는 것이다. 특히 그들은 이슬람을 의미하는 '종교'라는 단어에 소유격을 붙여 별칭을 사용했는데, 예를 들자면, '쌀라흐 딘[106](종교의 선善)', '아사드 알딘(종교의 용맹함)', '누르 알딘(종교의 빛)'이 있다.

---

106  '쌀라흐 딘'은 국내에서 '살라딘'으로 알려져 있다. 이는 일본어, 영어 등의 제3언어를 통한 번역의 결과라 하겠다.

부족적인 아싸비야를 지닌 까닭에 칼리파위를 대신할 수 있었던 스페인의 제후들은 칼리파의 호칭을 사용했다. 그들은 나씨르, 만쑤르, 무으타미드(의지할 수 있는 자), 무답파르(승리하는 자) 등과 같은 칼리파에게만 허용되던 칭호를 사용했다. 이에 대해 이븐 아부 샤르프가 이렇게 비아냥거렸다.

> 스페인 지방에서 내게 기쁨을 주는 것은
> 그곳에 있는 '의지할 수 있는 자'라는 이름들과 '조력자'라는 이름이다.
> 왕국의 주인에게만 사용되는 칭호들이 제자리가 아닌 곳에 널려 있구나.
> 마치 고양이가 사자의 형상을 하고 허풍을 떠는 꼴이다.

씬하자족은 파티마 왕조의 칼리파들이 하사한 호칭인 '왕조의 승리', '왕조의 영예'를 사용하는 것으로 만족했으나 훗날 칼리파와의 관계가 멀어지면서 이를 망각하고 '술탄'이라는 호칭을 사용하게 되었다. 마그립 지방에 있던 미그라와족의 경우가 그랬다. 그들은 유목민의 관습과 정신에 의거해 '술탄'이라는 호칭을 사용했다.

칼리파의 권위가 없어지고 영향력이 무력화되자 마그립 지방에서 베르베르족의 람투나 왕조의 군주 유수프 븐 타쉬핀[107]이 출현해서 지중해 남북 두 해안의 지배자가 되었다. 그는 선량하고 보수적인 성품의 인물로 종교의식을 위해 칼리파의 권위에 복종하려 했다. 그는 세비야의 압바스 왕조의 칼리파 무스타드히르에게 의사전달을 위해 두 명의 대사를 파견했다. 압둘라 븐 알아라비와 그의 아들 판관 아부 바크르였다. 그들의 임무는 무스타드히르에게 복종을 서약하고 이븐 타쉬핀을 마그립의 군주로 임명해달라고 청하는 것이었다. 결국 이븐 타쉬핀은 마그립의 군주로

---

107 람투나 왕조의 영토 확장에 앞장섰던 군주(재위 1061~1106)이다.

임명되었고 의상과 깃발에 칼리파의 문양을 사용할 수 있다는 허락을 받았다. 칼리파는 이븐 타쉬핀을 예우하여 '무슬림들의 아미르'라고 칭했고 이븐 타쉬핀은 이를 자신의 호칭으로 삼았다. 달리 전해지는 바에 의하면, 그는 그 이전부터 칼리파위를 존경하고 예우하는 차원에서 '믿는 자의 아미르'라고 불렀다고 한다. 이때가 바로 그의 부족인 무라비뚠족이 이슬람으로 개종하고 순나를 추종하기 시작했을 때였다.

한편 그의 뒤를 이어 마흐디가 등극했다. 그는 이슬람법의 의미를 해석함에 있어 마그립의 일족들이 아샤리의 이론을 적용하지 않고 선조들의 전통을 따른 것을 비난하며 그 자신은 아샤리의 이론을 채택하면서 진리 추구를 주창했다. 특히 그가 중시 여겼던 부분은 아샤리 이론에서 매우 유명한 것으로 '체련(형체를 부여하는 것)'에 관한 것이었다.

그는 자신의 추종자들을 무와히드(알라의 유일성을 믿는 자)라고 불렀다. 그는 각 시대에 '죄가 없는 이맘'이 반드시 존재하고 그의 존재로 인해 세상의 질서가 유지된다고 주장한 알리의 추종자들이 주장하는 견해를 받아들였다.

마흐디는 시아가 칼리파를 부르는 호칭에 따라 처음에는 이맘이라 불렀다가 이맘의 죄 없음을 강조하려고 이맘 뒤에 '마으쑴(죄가 없는 이맘)'이라는 표현을 첨가했다. 그의 추종 세력들이 시아의 선조 이론을 채택하면서 '믿는 자의 아미르'에서 멀어졌다. 이는 그 당시 마슈리끄에서 칼리파 일족 중 젊은 세대와 세상 물정 모르는 사람들이 시아에 섞여서 나타난 현상이다.

다음으로 압둘 무으민이 '믿는 자의 아미르'라는 칭호를 계승받았다. 그 이후로는 압둘 무으민의 후손이 칼리파위를 계승했고 그들 이후로는 아부 하프스 가문이 뒤를 이었다. 그들은 모두 자신들의 셰이크를 '마흐디'라고 불렀다. 그는 권력을 지닌 자였으며 그 이후 누구보다도 더욱 선구자적인 인물이었다. 꾸라이시 부족의 아싸비야는 점점 약화되다 소멸되었다.

마그립에서 왕조의 권력이 쇠퇴하고 자나타족이 대두되기 시작했을 때 그들의 지배자들은 베두인 생활의 단순한 방식을 택했고 람투나 왕조의 전례를 따라서 칼리파에게 경외감을 표시하면서 '믿는 자들의 아미르'라는 호칭을 사용했다. 자나타족의 후대 지배자들은 '믿는 자들의 아미르'라는 호칭을 사용했는데 이것은 왕권의 목표와 그 방법 및 특징에 일치되는 것이었다. 알라께서는 모든 일을 완벽하게 하신다.

## 33장 │ 기독교 교황과 총주교 그리고 유태인의 사제라는 호칭에 관한 설명

종교집단에서 예언자의 부재 시 누군가는 그 집단을 돌보고 사람들이 종교법을 준수하도록 해야만 한다. 예언자가 사람들에게 부과했던 의무들을 준수하게 만든다는 점에서 보면 그런 자는 예언자를 대신하는 존재다. 인간사회에서는 반드시 정치적 지도력이 필요하다는 점을 이미 언급했듯이 인류는 자신의 이익을 창출하고 해악을 억제하는 누군가를 필요로 하는데 그런 이가 '군주'라고 불리는 사람이다.

이슬람에서 성전聖戰은 합법적인 것인데, 무슬림은 대중에게 이슬람을 포교해야 하며, 자발적이던 강제적이던 간에 사람들을 무슬림으로 만들어야 하기 때문이다. 따라서 칼리파와 왕권은 이슬람 안에서 하나로 통합되어 있다.

이슬람이 아닌 다른 종교집단의 경우, 그들은 포교를 의무로 삼지 않고 성전도 방어할 때를 제외하고는 적법하지 않았다. 그러므로 다른 종교집단에서 종교적 업무를 수행하는 이는 군주의 정치와는 무관하다. 왕권은 종교와는 무관하게 우연히 어떤 사람에게 주어진다. 즉 왕권은 아싸비야가 만들어내는 것이다. 왜냐하면 그들의 경우는 이슬람의 경우처럼 타민족에 대한 지배권을 의무로 간주하고 있지 않기 때문이다. 그들에게는 자신들의 사적인 영역 내에서 종교를 확립하는 의무만이 있다.

그러므로 모세와 여호수아*가 죽은 뒤 이스라엘 자손들은 약 4백 년 동안 왕권에 전혀 관심을 보이지 않았다. 그들의 관심사는 자신들의 종교를 확립하는 것이었다. 그들은 종교 책임자를 '코헨'이라 불렀다. 그는 마치 모세*의 대리인과 같이 이스라엘 사람들의 예배와 미사를 담당했다. 그들은 아론*의 후예만이 이 직무를 수행할 수 있다는 조건을 달았다. 모세에게는 후손이 없었으므로 인간사회의 자연적인 특성인 정치를 하기 위해 그들은 70명의 원로를 선출하여 그들에게 통치권을 부여했다. 코헨은 종교적 서열로는 가장 높았지만 통치권은 없었다. 이런 상태는 이스라엘 사람들 사이에서 아싸비야의 본질이 완전히 드러나고 모든 권력이 군주의 것으로 될 때까지 계속되었다. 이스라엘 사람들은 알라께서 모세*를 통해 밝혀주었듯이, 알라로부터 물려받은 예루살렘과 그 주변 지역에서 가나안 사람들을 내쫓았다. 그들은 블레셋(팔레스타인), 가나안, 아람, 에돔, 암몬, 모압 등의 종족과 투쟁했다. 이 기간 동안 그들의 지도자는 원로들이었다. 그들은 이렇게 약 4백 년간 살았다. 그들에게는 왕권이 없었다. 그들은 다른 민족들로부터 침략을 받았고 결국 예언자 사무엘을 통해서 알라께 탄원하여 그들의 왕을 보내달라고 간청했고 사울이 그들의 왕이 되었다. 그는 타민족들을 제압하고 블레셋 민족의 장군 골리앗을 죽였다. 사울의 뒤를 이어 다윗*이 왕이 되었고 그다음에는 솔로몬*이 있었다. 그의 왕국은 번영하여 영토는 히자즈 지방 그리고 그 너머 예멘과 비잔틴의 국경까지 이르렀다. 솔로몬*이 죽은 뒤 계보는 두 개의 왕조로 나뉘었는데 우리가 앞에서 언급했듯이 이는 왕조의 아싸비야가 초래한 결과였다. 이 중 하나가 열 개의 부족으로 이루어져 나블루스 지방에 세워졌고 다른 왕조는 유다와 벤야민 두 부족으로 이루어져 예루살렘과 시리아에 세워졌다.

그 이후 바빌론의 왕 느부갓네살이 그들의 왕권을 탈취했는데, 먼저 열 개의 부족을 장악한 뒤 예루살렘에 있던 유다의 후손들마저도 병합했다. 그리고 그들의 왕권은 일천 년 동안 계속되었다. 그들의 성전은 파괴되고 토라는 불타버렸으며 종교는 멸절되었다. 그는 사람들을 이스파한과 이라크로 추방했는데, 예루살렘에서 추방된 지 70년 뒤 페르시아의 카얀 왕조의 군주가 그들을 고향으로 귀환시켰다. 그들은 성전을 재건하고 종교를 복원했다. 하지만 그들은 사제들만 두었고 왕권은 페르시아 왕에게 있었다. 그 이후 알렉산드로스와 그리스인이 페르시아를 정복하고 유태인도 그리스의 지배하에 들어갔다. 그리스인의 권력이 약해지자 유태인은 고유의 아싸비야를 바탕으로 그리스인들에게 저항하여 그들의 속박에서 벗어났다. 유태인의 왕권은 하스몬 가문의 사제에게 위임되었다. 하스몬 가문은 그리스인과 전쟁을 벌여 그들의 정권을 무너뜨렸지만 로마인이 다시 그들을 정복해서 유태인은 로마의 지배하에 들게 되었다. 로마인은 하스몬 왕조 마지막 후예들의 근거지이자 하스몬 가문과 혼인 관계에 있던 헤롯왕의 후손들이 거주하던 예루살렘을 향해 되돌아갔다. 그들은 그곳을 오랫동안 포위했고 무력으로 정복했다. 그들은 사람들을 죽이고 도시를 파괴하고 방화를 범했다. 그들은 예루살렘을 파괴했고 유태인을 로마나 그보다 더 먼 곳으로 추방했다. 이것이 제2차 성전파괴이며 유태인은 이를 '추방'이라고 부른다. 그들은 그 이후에도 왕권을 소유하지 못했는데 이는 아싸비야를 상실했기 때문이다. 그들은 로마인과 후계자들의 지배를 받았고 그들의 종교적인 업무는 '코헨'이라 불리는 사제가 담당했다.

그 이후 메시아*는 유태인에게 토라의 일부 종교법을 폐지하고 종교를 가지고 왔다. 그는 미친 사람을 고치고 죽은 자를 살리는 놀라운 기적을 보였다. 많은 사람들이 그에게 모여들었고 그를 믿기 시작했다. 그의 추종자들 중에 가장 큰 집단이 '사도'라고 불리는 12명의 제자였다. 그는 이 중 몇 사람을 여러 지역으로 파견했고 그곳에서 그들은 그의 종교를 선전했다. 그 당시는 로마제국 최초의 황제인 아우구스투스의 시대였고 하스몬 가문과 혼인관계였지만 결국 그들로부터 왕권을 탈취한 유태인의 왕 헤롯의 시대였다. 유태인들은 예수를 시기하고 그를 거짓말을 하는 자로 치부했고 헤롯왕은 예수를 비방하는 내용의 서한을 로마 황제 아우구스투스에게 보냈다. 결국 로마 황제는 예수의 사형을 허락했고 코란에 명기된 사건들이 발생했다. 사도들은 여러 무리로 분리되었다. 대다수의 사도들은 로마지역에 입성해 기독교를 전파했는데 그들 중 가장 큰 인물은 베드로였다. 그는 로마 황제의 수도인 로마를 거처로 삼았다. 사도들은 예수*에게 계시된 복음을 기록했고 그들의 전승에 의해 서로 다른 네 종류가 생겼다. 마태는 예루살렘에서 히브리어로 복음을 썼는데 세베대의 아들인 요한이 이를 라틴어로 번역했다. 누가는 로마의 몇몇 귀족을 위해서 라틴어로 복음서를 썼고 세베대의 아들 요한은 로마에서 복음서를 썼다. 베드로는 라틴어로 복음서를 썼는데 자신의 제자인 마가도 이 일에 관계시켰다. 이 네 종류의 복음서는 서로 다르다. 그것들은 모두 계시만 있는 것이 아니고 예수의 말과 사도들의 말이 섞여 있고 전체가 설교와 일화들로 이루어져 있다. 하지만 종교법에 관한 것은 매우 적었다. 그 당시 사도들은 로마에 모여 기독교 공동체의 규율을 제정했다. 그들은 그것을 베드로의 제자인 클레멘트에게 맡기고 마땅히 지침이 될 만한 서적들의 명단을 함께 주었다.

유태인의 옛 종교법에 속하는 책 중에는 토라 5권, 여호수아, 사사기, 룻기, 유디스기, 열왕기 4권, 이븐 고리온이 지은 마카비서 3권, 에스라, 에스더와 하만의 이야기, 신뢰할 수 있는 욥의 이야기, 다윗*의 시편, 다윗의 아들 솔로몬*의 책 5권, 대소 예언자들의 예언서 16권, 여호수아 서書가 있다.

사도들이 받아들인 예수*의 종교법에 관한 책 중에는 4복음서, 14개의 서한으로 된 바울의 서, 7통의 서한과 8번째 서한인 사도행전 등으로 구성된 합동서한Katholika, 종교법을 포함하고 있는 클레멘트의 서, 세베대의 아들 요한의 계시를 담은 계시록 등이 있다.

기독교의 율법에 대한 로마 제국의 태도는 때에 따라 달랐다. 그들은 어떤 때는 기독교 신도들을 우대했고 어떤 때는 박해하고 추방하고 처형까지 행했다. 콘스탄티누스가 나타나서 기독교를 받아들였지만 그런 상황은 계속되었다.

기독교의 지도자이자 종교적 제반의식을 관장하는 사람이 총주교이다. 기독교도들에게 있어 그는 종교적 수장이자 메시아의 대리인이다. 그는 자신의 특사와 대리인들을 먼 곳에 사는 기독교도들에게 파견했는데 이들은 '주교'라 불렸고 총주교의 대리인이다. 예배를 주관하고 종교적인 문제에 관한 제반 결정을 하는 사람은 사제이다. 그리고 세속을 떠나 신앙을 위해서 은거하는 사람을 '수도사'라 한다. 수도사는 주로 수도승의 거처에 은거한다.

사도들의 수장이자 예수의 제자 중 가장 연장자인 베드로는 로마에서 기독교를 확고하게 뿌리 내리도록 힘썼다. 그러던 중 제5대 황제인 네로가 그를 죽였고 이후 그를 대신해서 아리우스가 로마 교구를 맡게 되었다.

전도사 마가는 알렉산드리아, 이집트, 마그립 등지에서 기독교를 포교하며 7년을 보냈다. 그 이후 총주교 아나니아스가 있었는데 그는 그곳의 초대 총주교였다. 그는 함께 할 12명의 사제들을 임명했고 총주교가 사망하면 12명의 사제 중 한 명이 그 자리를 채우고 일반신도 중 한 사람이 12번째 사제가 되도록 했다. 이렇게 총주교직은 사제들에게 귀속되었다.

종교의 규율 및 조항에 관해서 기독교도들 간에 이견이 발생하자 그들은 기독교의 진리를 해방시키기 위해 니케아에 모였는데 그때가 콘스탄티누스 황제의 시대였다. 318명의 주교들은 기독교의 유일한 교의에 합의했고 이를 문서로 남겨 '니케아신경'이라고 이름 짓고 이것이야말로 모든 것의 근본 원칙이라고 했다. 문서로 남긴 원칙 중에는 기독교회의 수장인 총주교를 임명할 때 마가의 제자 아나니아스가 결정했던 것처럼 사제들의 독자적인 판단에 맡기지 않는 다는 것이 있었다. 그들은 그와 같은 규정을 폐지시켰다. 총주교는 보다 큰 집단에서 나와야 하며 신도들의 지도자와 수장들에 의해 선출되게 했고 이후로는 이 방법이 계속 유지되었다. 이후 기독교의 기본 교리에 대한 이견이 있었고 이를 규정하기 위한 의회가 수차례 개최되었으나 이 규칙에 대해서는 아무런 이견이 없었다. 따라서 그것은 여전히 같은 방식으로 유지되었다. 총주교는 주교를 항상 자신의 대리인으로 임명했다.

주교는 총주교를 아버지라고 부르고 그를 존경했다. 이런 호칭은 오랫동안 호칭의 혼란을 가져왔다. 들리는 바에 의하면 알렉산드리아의 총주교를 구분해서 불러야 했고 따라서 총주교는 '아버지들 중의 아버지'란 의미에서 교황이라고 불리게 되었다. 지르지스 븐 아미드가 자신의 책『역사』에서 주장한 바에 의하면 이 칭호는 이집트에서 처음 사용되었다고 한다. 이후 이 칭호는 우리가 앞에서 언급한 것처럼 기독교인들에게 가장 중요한 교구, 즉 사도 베드로가 관리하던 로마교구를 담당하는 이의 전유물이 되었다. 그리고 이 칭호는 현재까지도 로마 교구에서만이 사용한다.

그 이후 기독교도 사이에서 기독교 교리와 그들이 믿고 있는 예수에 대해 이견이 등장했다. 그들은 몇몇으로 나누어져 각기 기독교 군주들의 지원을 받아 대립 양상을 계속했다. 결국 이 집단들은 세 교파로 정리되었고 그 밖의 교파들은 크게 주목을 끌지 못했다. 이들은 멜키트파, 야곱파, 네스토리우스파이다. 이후 각 교파는 각각의 총주교를 두었다. 오늘날 소위 '교황'이라고 불리는 로마의 총주교는 멜키트파의 견해에 의한 것이다. 로마는 유럽인에 속하며 그들의 왕권은 그 지방에 존재한다. 이집트에 있는 기독교도들의 총주교는 야곱파의 견해에 속한다. 아비시니아 사람들은 이 교파를 따르며 이집트의 총주교는 그곳에 그들의 종교를 수립할 목적으로 주교를 파견한다. 이 시대에 '교황'이라는 칭호는 로마의 총주교에게만 해당되었다. 야곱파 교도들은 자신들의 총주교를 '교황'이라 부르지 않는다. 교황이라는 단어는 'b' 두 개가 아래에서부터 하나가 되어 발음되고 그 발음은 강조의 음이다. 교황은 유럽인에게 한 군주에게 복속하라고 권유하고 의견이 갈라질 때도 그 한 사람에게만 의존하라고 말한다. 이는 그들이 사분오열로 어려움을 겪는 것을 막기 위함이다. 교황의 목표는 군주로 하여금 가장 강력한 아싸비야를 가지고 모든 백성들에 대한 지배권을 확립하도록 하는 데 있다. 백성들은 그런 군주를 황제라고 부른다. 교황은 직접 왕관을 황제의 머리 위에 씌워 주고, 이를 inbarazur라 부른다. 그 문자는 dhal과 za 사이에 있다. 이는 머리 위에 왕관을 씌워주고 축복을 내리는 것이니 '왕관이 씌워진 자'라고 불렸다. 아마도 그 의미가 inbarazur일 것이다. 이것이 '교황'과 '사제'라는 두 단어에 대한 요약이었다. 알라는 당신의 뜻에 따라 방황시키기도 하고 옳은 길로 인도하시기도 한다.[108]

## 34장 | 왕과 군주의 서열 그리고 그 호칭

군주란 과중한 업무를 처리해야 하는 약한 인간이라서 반드시 동료들의 도움을 구하게 된다는 사실을 인지하라. 만약 그가 생활에 필요한 물자나 자신의 임무를 수행하기 위해 동료들의 도움을 필요로 한다면 알라께서 그에게 돌보라고 위탁하신 인간들, 즉 그와 동일한 종인 인간들을 정치로 다스리는 일에 대해서도 고려해야 할 것이다. 그는 적으로부터 자신의 백성을 보호해야 하고 백성을 통제하는 규율을 시행함으로써 내부에서 상호 적대행위가 발생하는 것을 막아야 한다. 도로를 개선하여 백성의 재산이 위험에 처하는 것도 막아야 한다. 이를 위해서 그는 백성에게 공공의 이익 추

---

108 코란 35장 8절.

구를 권유하고 백성의 생활에 필요한 식량 혹은 도량형과 같이 거래에 필요한 방법에서 거짓이 난무하지 않도록 통제해야 한다. 특히 사람들이 인색해지거나 사치에 빠지지 않도록 경고하고 위조지폐를 사용하지 못하도록 조폐사무소도 감독해야 한다. 그는 군주 자신이 만족할 만한 수준까지 백성을 복종시키는 정치를 함으로써 백성들이 아니라 군주만이 영광을 독점한다는 것을 보여주기도 한다. 이것은 심리적 효과를 크게 거두는데 사람들을 장악할 수 있는 기대 이상의 결과를 가져온다. 현자들은 이렇게 말했다. "산을 움직이는 것이 사람들의 마음을 움직이는 것보다 더 수월하다."

군주는 동일 혈통의 사람들, 성장배경이 같은 사람들, 왕조에 오래 봉사한 추종자들로부터 도움을 얻는 것이 적당하다. 왜냐하면 군주와 그런 사람들은 쉽게 조화로울 수 있기 때문이다. 이런 도움으로 군주가 처한 난관을 해결하는 것은 가능하다. 지고하신 그분께서 말씀하셨다. "저의 가족 중의 한 사람을 서의 보완자로 하여 주소서. 아론은 저의 형제이니 그로 하여 저를 강하게 하고 그를 저의 일에 함께하도록 해주소서."[109]

군주에게 도움을 요청받은 사람은 칼이나 붓을 들어 의견을 표하고 지식을 사용한다. 혹은 사람들이 군주의 업무를 방해할 정도로 몰려들어 힘들게 하는 것을 차단함으로써 군주에게 도움을 주기도 한다. 군주는 왕권을 지키기 위해 전력을 다해 방어하고 능숙함을 발휘하여 왕권 유지의 면모를 보인다. 군주가 도움을 요청할 때는 한 사람에게만 할 수도 있고 여러 사람에게 할 수도 있다. 하지만 한 사람에게 군주의 도움 요청이 있을 경우라도 그 한 사람은 여러 사람과 함께 돕기도 한다. 마치 붓이 서한, 연설, 법문서, 토지 거래 계약서, 계산서 등에 각각 사용되는 것과 같은 이치다. 군주는 수거된 세금의 최종 주인이자 관료들의 봉급과 군인들의 연금을 나누어 주는 장본인이다. 마찬가지로 칼도 전쟁을 치르는 경우에만 관

---

109  코란 20장 29~32절.

여하는 것이 아니라 경찰과 우편배달, 항구 행정에도 관여한다.

이슬람사회에서의 관직들은 칼리파위에 종속되어 있음을 인지하라. 이는 칼리파위가 종교적, 세속적 성격을 모두 지니고 있기 때문이다. 샤리아의 법규는 모든 관직에 관계하고 관직 각각의 업무까지도 관여하는데 이는 샤리아가 인간의 행위 모두를 관여하고 있기 때문이다. 법학자들은 군주와 술탄의 지위에 대해 관심을 지니고 있다. 칼리파를 통제하는 경우는 술탄이라 부르고 칼리파에게서 권위를 위임받은 경우는 재상이라고 부른다. 법학자들은 법, 재정, 정치에 관한 군주의 권한에 대해서 관심을 보인다. 이런 권한은 절대적이거나 제한적이다. 또한 그들은 군주의 퇴위를 유발시키는 요인에 대해서 그리고 재상, 세리, 행정관과 같이 군주나 술탄에게 예속된 모든 관직에 대해서도 관심을 보인다. 법학자들은 이 모든 것에 대해 반드시 관심을 보여야 하는데 그 이유는 이미 언급했듯이 이슬람사회에서 칼리파란 종교법에 의해서 규정된 직책이며 그것이 술탄과 군주의 지위를 결정하기 때문이다. 우리는 왕과 군주에 속한 직책들 그리고 그 서열에 대해 논의할 때, 문명의 본질상 인간생활에 필수적이라 해도 종교법에서 필수는 아닐 수도 있다는 점을 밝혀둔바 있다. 따라서 그것은 이 책의 주제가 아니다. 우리는 그에 관해 상세히 다룰 필요성을 느끼지 못한다. 그것은 행정에 관한 책에서 이미 상세하게 기록되어 있다. 예를 들면, 판관 아부 알하산 알마우라디의 책이나 그 밖의 책들이 있다. 우리는 이 책에서 칼리파가 관할하는 직책을 개별화해서 언급하는 목적이 군주가 관할하는 직책과의 차이점을 분명히 하려는 것이지 그 직책의 법적인 규율을 구체화하고 연구하려는 것은 아니다. 이는 이 책의 목표가 아님을 밝혀둔다. 우리는 인류문명의 본질상 불가피하게 생기는 현상만을 논의할 것이다. 알라는 전능하시다.

## 재상제도

이는 정부 정책과 왕권계급의 어머니다. 왜냐하면 그 명칭이 '도움'을 의미하기 때문이다. 재상제도라는 어휘가 '원조援助'에서 기인되었다면 그 것은 '도움'이고, '책임'에서 기인되었다면 이는 무거운 짐을 의미한다. 하지만 그 어느 쪽에서 나왔건 간에 이 어휘는 절대적인 도움을 의미한다. 우리는 이 장의 도입부에서 군주의 여건과 그 행동이 네 분야를 넘지 않는다고 언급한 바 있다. 첫째, 공동체의 보호에 관한 사항이다. 이는 군대, 무기, 전쟁, 방위와 침공에 관한 제반사항에 대한 감독에 관한 것이다. 이 모든 것에 대한 책임자는 재상으로, 마슈리끄의 옛 왕조가 그랬고 마그립 에서는 현재까지도 그러하다. 둘째, 시공간적으로 군주와 먼 거리에 있는 사람들에게 군주의 서신을 전하는 일, 그리고 군주와 접촉이 없는 사람들에게 명령을 전달하고 감독하는 일, 이 모든 것에 대한 책임을 지는 것이 서기의 임무다. 셋째, 세금의 징수와 지출, 이런 업무에 관련된 제반사항을 점검하는 일이다. 이 모든 것을 책임지는 징세 재무 담당관을 오늘날 마슈리끄에서는 재상이라고 부른다. 넷째, 군주의 일을 방해할 정도로 다수의 탄원자들이 오는 것을 방지하는 일이 있다. 이 일의 책임자는 문을 지키는 시종(하집al-Hajib)이다. 군주의 정무는 이 네 가지를 초과하지 않는다. 왕권과 정부의 각 정책이나 계급도 이 중 하나다. 그러나 이 중 가장 중요한 것은 군주의 수하에 있는 모든 사무를 전반적으로 돌보는 것이다. 따라서 이는 군주와 항상 직접 접촉하고 군주의 왕권이 미치는 모든 활동에 참여함을 말한다. 특정한 집단의 사람이나 방면에 관련된 업무는 일정 직책 없이도 가능하다. 예를 들면 변경에서 군사를 지휘하는 것, 특정한 세금의 관리, 음식 감독이나 조폐소 감독 등이 있다. 특수한 업무의 감독은 전반적인 감독에게 종속되며 그의 직책도 그런 직책보다 아래에 있다.

이슬람 이전에는 이와 같은 방식이 계속되다가 이슬람이 출현하고 칼리파에게 권력이 부여되었다. 그러자 왕권의 형태는 사라지고 모든 기능도 사라졌다. 그러나 조언이나 자문을 하는 직책은 본질적인 것이므로 유지되었을 뿐이다. 예언자 무함마드*는 교우들에게 자문을 구했고 일반적이건 특수한 것이건 간에 그들과 상의했다. 특히 여러 특정 사안에 관해서는 아부 바크르와 의논했다. 페르시아, 비잔틴, 아비시니아의 왕조와 그 상황을 잘 알고 있던 아랍인들은 아부 바크르를 가리켜 예언자의 재상이라고 불렀다. 재상ʷᵃᶻīʳ이라는 단어는 본디 무슬림사회에서는 존재하지 않았는데 그 이유는 이슬람이 단순하고 소박한 색채를 띠고 있어서 왕권에 속한 직책을 없애버렸기 때문이다. 이렇게 해서 우마르는 아부 바크르와 상의했고, 알리와 오스만은 우마르와 더불어 상의했다. 무슬림에게 징세, 지출, 계산 기록에 관한 업무는 아예 직책이 존재하지 않았다. 당시 무슬림은 글을 쓰고 계산을 할 줄 모르는 문맹의 아랍인이었기에 문서 기록과 계산을 하기 위해서 외국인 마왈리를 개별적으로 혹은 집단으로 고용했다. 이들은 재능이 있는 자들이었는데 사실 그 수가 그리 많지는 않았다. 아랍인 귀족들 역시 문서기록과 산술에 능하지 못했다. 그들은 문맹이었다. 초기 무슬림들은 서신의 전달과 행정 운영을 위해서도 따로 직책을 두지 않았다. 그 이유는 그들이 문맹이었기 때문이기도 하지만 전달할 문서의 비밀을 지키는 것이 용이할 정도로 사람들 간의 신뢰가 강했기 때문이다. 그들의 정치는 서기를 필요로 할 정도가 아니었다. 왜냐하면 칼리파위는 종교적인 것이지 정치적인 것은 아니었기 때문이다. 더욱이 서기는 전문성을 갖추지 못한 상태였고 칼리파 역시 전문적인 서기를 필요로 하지 않았다. 사람들은 각자 자기가 표현하고자 하는 바를 최고의 표현력으로 유창하게 표현할 수 있었지만 그것을 글로 옮기지 않았을 뿐이다. 칼리파는 글을 쓸 줄 아는 이를 항시 옆에 두고 필요한 경우에는 그에게 글로 옮기도록 했다. 칼리파에게 탄원하러 온 자를 문전박대하는 것은 샤리아에서 금했던 일이고 실제로 그들은 그런 일이 일어나지 않도록 했다.

칼리파위가 왕권으로 변화되고 군주의 형식과 호칭이 생기자 왕조가 처음으로 한 일은 대중이 군주에게 접근하는 것을 막는 것이었다. 그들은 우마르, 알리, 무아위야, 아므르 븐 알아쓰와 그 밖의 인물에게 일어났던 암살을 우려했기 때문이다. 그리고 백성들이 군주의 주위에 몰려 군주가 국사를 처리하는데 방해를 할 수도 있다는 두려움도 있었다. 군주는 이런 문제를 담당하는 이를 선택해서 '시종'이라고 불렀다. 압둘 말리크는 시종을 임명하면서 이렇게 말했다.

"너에게 내 방문 앞에서 시종으로서 모든 이들의 입장을 막는 권한을 부여하노라. 단 세 가지 경우는 그 예외이니, 첫째, 예배를 알리는 무앗진이다. 그는 알라의 부름을 전하기 때문이다. 둘째, 전령이다. 그는 신속히 소식을 전해야 하기 때문이다. 셋째, 음식을 나르는 이다. 그는 음식이 상하지 않도록 해야 하기 때문이다."

그 이후 왕권은 더욱 비대하고 복잡해졌다. 부족이나 집단의 일을 상담해주는 자문관과 보좌관이 생겼고 이들을 재상이라 불렀다. 산술적 문서의 기록은 마왈리가 담당했다. 공적인 문서를 기록할 때는 군주의 비밀이 누설되어 정치생명에 타격이 생길 것을 우려해 특별한 서기가 임명되었다. 서기는 재상만큼 중요하지는 않았다. 서기는 오로지 글로 기록되는 사항에 관해서만 관여했고 구두로 논의되는 문제와는 무관했기 때문이다. 당시에는 말이 중요한 위치를 차지하고 있었고 아랍어가 훼손되지 않은 상태였다. 따라서 재상직은 최고의 직위였다. 이런 상황은 우마이야 왕조 내내 유지되었다. 재상에게는 위임된 모든 업무, 상담, 방어와 공격에 관한 감독권이 있었다. 또한 이런 업무에 속하는 군사 업무, 봉급 배분 등도 그의 임무였다.

압바스 왕조가 출현 했을 때 왕권은 더욱 비대해지고 복잡해졌다. 왕권과 관련된 직책은 많아졌고 그 위상도 높아졌다. 재상직도 더욱 중요하게 되었다. 그는 칼리파를 대신하여 행정 책임자가 되었고 왕조 안에서 그의 직책은 더욱 부각되었다. 사람들은 재상에게 복종했고 노예들은 그에게 복속했다. 산술적 문서를 담당하는 기관을 감독하는 업무도 재상에게 위임되었다. 그 이유는 그가 군인들에게 봉급을 배분하는 업무를 하기 때문이었다. 따라서 그는 재화를 징발, 분배하는 일을 감독했다. 그 외에도 붓을 놀려 일하는 사람들을 감시하는 일과 공문서 관리도 했다. 이는 군주의 비밀을 보호하고 수려한 문체를 유지하기 위해서였다. 당시 일반 대중이 말하는 구어口語는 이미 상당히 훼손되었다. 군주의 문서에는 인장이 찍혀서 다른 이가 볼 수 없도록 했는데 그 인장도 재상이 간수했다. 이렇게 해서 재상이라는 직책은 칼과 붓을 다루는 일 그리고 일반적 재상의 역할을 모두 담당하게 되었다. 칼리파 알라시드의 치세에 자으파르 븐 야흐야는 술탄이라고 불렸다. 이는 왕조에 대한 그의 통제력과 감독권을 단적으로 보여주는 것이다. 재상의 직책 중 포함되지 않은 하나는 칼리파의 시종직이었는데 이는 재상이 그런 직책을 거부했기 때문이다.

이후 압바스 왕조에서는 군주의 독재정치가 전개되었다. 때로는 재상이 독재를 휘둘렀고 때로는 군주가 독재를 행했다. 재상이 통제력을 장악했을 때는 샤리아의 법규에 부합하기 위해 자신을 칼리파의 대리인으로 삼을 필요를 느꼈다. 당시 재상은 군주가 업무를 장악하고 있는 '집행 재상'과 재상이 군주의 실권을 장악한 '위임 재상'으로 나뉘었다. 재상의 이런 실권 점령이 계속되자 결국 비아랍인들이 권력을 장악하게 되었고 칼리파의 정체성은 없어졌다. 권력을 빼앗은 자들은 칼리파위에 속한 호칭에 관심을 보이지 않았고 재상과 같은 호칭을 갖는 것도 거부했다. 그들이 그렇게 생각한 까닭은 재상을 자신들의 하인이라고 여겼기 때문이다. 따라서 그들은 아미르나 술탄과 같은 호칭을 사용했다. 압바스 왕조를 장악한 이들은 스스로를 '아미르 중의 아미르' 혹은 '술탄'이라 칭했고 거기에다 칼리파가 하사한 호칭들을 부가했다. 재상이라는 호칭은 칼리파를 개인적으로 모시는 이의 차지가 되었다. 압바스 왕조 말기까지 그런 상황은 계속되었다.

　이런 상황이 지속되는 동안 아랍어가 많이 훼손되었다. 극소수의 사람들만이 순수 아랍어를 사용했는데 이는 하나의 기술 내지 특기로 전락했다. 그런 직책은 낮은 것으로 간주되었다. 재상은 순수 아랍어를 사용하는 것 자체를 하찮게 여겼다. 그들은 비아랍인이었고 따라서 화술이나 문체에 있어 유창한 아랍어 수사를 구사할 수 없었기 때문이다. 그들은 유창한 아랍어 지식과 순수 아랍어를 구사할 수 있는 자를 선발하여 부리는 것으로 만족했다. 아미르는 전쟁이나 군대 혹은 이에 연관된 일을 하는 사람들에게 주어진 호칭이었지만 모든 직위 중 가장 높은 것이 되었다. 따라서 군주의 대리인으로서 혹은 독자적 권력으로 모든 업무를 장악했다. 그리고 이런 상황은 계속되었다.

　마침내 투르크계 왕조가 이집트에 출현했는데 그들은 재상이라는 직책이 최고위직으로 간주되던 상황이 끝났다고 생각했다. 그것은 유폐된 칼리파를 위한 시중의 직책으로 간주되었다. 재상은 예속된 직책이고 무기력한 직책으로 전락했고 왕조에서 고위직의 사람들은 재상이라는 호칭을 싫어하게 되었다. 현재 법무와 군대의 수장은 스스로 집정이라는 호칭을 취하고 시중이라는 이름은 원래의 의미로 남아 있게 되었고 재상이라는 호칭은 그들에게 있어 징세 담당자를 칭하게 되었다.

　스페인의 우마이야 왕조는 초기에는 재상이라는 호칭을 원래의 의미대로 사용했다. 그러다가 재상의 업무를 나누고 각 부문별 재상을 두게 되었다. 회계 담당 재상, 공문서 담당 재상, 민원 담당 재상, 변경지역 주민 담당 재상 등으로 구분했다. 이 모든 재상들을 위해 하나의 가옥을 마련하고 재상들은 카펫에 앉아 군주가 지시한 바를 담당 부문별로 나누어 일했다. 그런데 여러 재상들과 칼리파 사이에 연락 업무를 담당하는 재상도 별도로 있었다. 그는 군주와 항상 직접 만날 수 있는 지위라 여러 재상들 중에 가장 고위직이었다. 그에게는 '시종'이라는 호칭도 부여되었다. 우마이야 왕조 말기까지 이런 상황이 지속되었고 시종의 기능과 지위는 다른 관직들에 비해 높았다. 심지어 제후들이 그 호칭을 받아들이면서 당시 그들 대다수는 시종이라 불리게 되었다.

이후 이프리끼야와 까이라완 지방에서 시아파 왕조(파티마 왕조)가 출현했다. 이 왕조를 건국한 이들은 자신들의 뿌리를 베두인 생활에 내린 사람들이었으므로 처음에는 관직과 그 기능을 중요하게 생각하지 않았고 적절한 호칭을 쓰지도 않았다. 하지만 왕조가 서서히 도시문화를 수용하게 되자 앞의 두 왕조(우마이야 왕조와 압바스 왕조)의 전통에 따라서 관직의 호칭들을 사용하게 되었다. 이는 왕조의 역사가 증명한다. 후일 출현한 무와히둔 왕조도 베두인 생활을 바탕으로 하는 왕조였던 터라 처음에는 그런 기능과 호칭의 사용을 무시했지만 나중에는 기존의 직함과 호칭들을 수용했다. 처음에는 재상이라는 호칭을 원래의 의미대로 사용했다. 이후에는 스페인의 우마이야 왕조의 전통을 따랐다. 군주를 곁에서 모시면서 사람들의 접근을 차단하고, 알현하는 이들이 적절한 형식의 인사, 공손한 어투 그리고 예절을 제대로 갖추었는지 감독하는 사람을 재상이라 불렀다. 한편 시종직은 그 지위가 높아졌고 오늘날까지도 그렇게 간주되고 있다.

마슈리끄의 투르크 왕조로 말하자면 그곳에는 대표단이 군주를 알현할 때 궁정에서 적절한 인사법과 어법 그리고 예절을 갖추었는지를 살피고 감독하는 자를 의전관<sup>dawidar</sup>이라고 불렀다. 그는 멀리서 혹은 가까이서 군주가 필요한 정보를 알려주는 정보통과 비밀 서기를 감시하는 업무를 담당한다. 이 상황은 오늘날까지도 이어진다. 알라께서는 원하는 자를 보호해주신다.

## 시종제도

이미 언급했듯이 이 호칭은 우마이야 왕조와 압바스 왕조에서 군주를 대중으로부터 격리하고 일정 시간에만 대중이 군주를 알현할 수 있도록 하는 직책에게 부여되었다. 당시 이 직위는 기능상 여타 직능보다 아래에 있었고 종속적인 것이었다. 재상은 자신의 생각대로 시종의 일을 통제할 수 있었다. 압바스 왕조 내내 그런 상황이 유지되었고 오늘날에도 계속되고 있다. 이집트에서 이 직위는 '집정관'이라 불리는 고위 관리에게 예속되어 있다.

스페인의 우마이야 왕조의 경우 시종은 군주를 개인적 만남이나 대중적 만남으로부터 보호하는 일을 한다. 그는 군주와 재상들을 연결하는 중재자였다. 이 왕조에서 시종직은 고위직으로 간주되었고 대표 인물로는 이븐 하디드가 있다. 후일 이 왕조가 다른 이들에게 넘어갔을 때 정권을 장악한 자들은 이 호칭의 고매함을 높이 사 자칭 '시종'이라 칭했다. 만쑤르 븐 아부 아미르와 그 후손이 대표적 예이다. 그들은 왕권의 외형적인 면모를 차용했고 그다음으로 제후의 단계가 도래했다. 그들은 이런 호칭을 남겨 두지 않았다. 정권을 장악한 이들은 그런 호칭이 자신들이 취하기에는 지나치게 고귀한 것으로 간주하였기 때문이다. 하지만 제후라는 호칭을 사용한 이후 그들 중 가장 강력한 자는 '왕'이라는 용어를 사용했다. 왕권을 장악한 이는 '시종'이라는 호칭과 칼과 붓을 의미하는 '두 재상'이라는 호칭을 반드시 취했다. 그들이 사용한 '시종'은 군주를 개인이나 대중으로부터 격리시키고 보호한다는 의미이고 '두 재상'은 칼과 붓의 기능을 뜻하는 것이다.

마그립과 이프리끼야 지방의 왕조에서는 그들이 지니고 있던 베두인 습성으로 인해서 시종이라는 호칭이 언급되지 않았다. 이 호칭은 이집트의 파티마 왕조에서는 존재했을 수도 있는데 그것은 그 왕조가 강성해지고 도시문화를 수용한 이후의 일이고 그것도 미미한 정도였다. 무와히둔 왕조의 경우 직책 기능의 특성화와 이에 따른 특정 호칭이 사용되는 도시문화가 그 왕조의 후기에 나타났다. 그들은 재상이라는 호칭만 사용했고 이는 군주의 개인적인 사무를 관할하는 서기에게 부여되었다. 대표적 인물로는 이븐 아띠야와 압둘 살람 알쿠미가 있다. 그 호칭을 받은 자는 산술적 문서의 취급은 물론이고 재정업무도 관할했다. 후일 재상이라는 호칭은 이븐 자미으나 다른 이들처럼 무와히둔 왕가의 친족들에게 주어졌다. 당시 이 왕조에서 시종이라는 호칭은 널리 알려져 있지 않았다.

이프리끼야 지방의 하프스 왕조에서는 자문과 조언을 담당하던 재상이 왕조 최고의 직책을 맡았다. 그는 무와히둔 왕조의 '셰이크'라고 불렸다. 그에게는 행정부의 감독권과 군사 지휘권이 있으며 부기와 재무업무 역시 그가 담당했다. 이 업무를 담당하는 사람은 '재무관'이라 불렸고 그는 수입과 지출을 장악했다. 회계업무, 세금징수, 체납자 처벌 등도 그의 업무였다. 이 직책을 맡을 수 있는 조건은 그가 무와히둔 왕가 출신이어야 한다는 것이었다. 그들은 붓을 다루는 자도 연락 담당과 비밀 유지의 기능을 수행하는 직책으로 간주했다. 왜냐하면 사람들은 전문적으로 글을 쓰는 지식을 지니지 못했고 공식적인 교신을 위해 적절한 언어를 구사할 수도 없었기 때문이다. 이 직책을 담당하는 자는 특정 가문의 후손이어야 한다는 조건은 없었다. 이 왕조에서 군주는 왕권 확대와 자신의 왕궁에 있는 다수의 기술자들을 위해 왕궁의 사무를 총괄할 시종이 필요했다. 시종은 봉급, 수당, 의복 등을 분배하고 주방이나 축사 그 밖의 사무 운영에 필요한 경비를 집행한다. 그의 업무 중에는 왕실 창고 관리와 왕실에서 필요한 것을 징세관에게 요청하는 것도 포함되어 있다. 만약 그가 글을 쓸 줄 안다면 기록 문서에 서명하는 일도 부가적으로 했다. 하지만 다른 이에게 그 일을 시키는 경우도 있다. 이런 상황은 계속되었다. 군주는 대중을 멀리했고 시종이 평민과 관리들과 군주사이에 중계 역할을 담당했다. 왕조 후기에는 칼과 전쟁에 관한 업무도 시종의 일이 되었고 그 이후 조언과 자문도 하게 되었다. 이렇게 시종의 직책은 최 고위직이 되었고 모든 직책의 기능을 아우르게 되었다. 하프스 왕조의 제12대 군주 이후 한동안 군주의 왕권은 타인의 손으로 넘어갔고 군주는 격리되었다. 이후 그의 손자 술탄 아부 알압바스가 다시 왕권을 획득했다. 그는 군주를 대중과 격리시키는 전통을 일소하고 군주를 보호한다는 미명하에 존재했던 시종직을 폐지했다. 군주는 다른 이의 도움 없이 스스로 정사를 처리했고 이런 상황은 오늘날까지 계속되었다.

마그립 지방의 자나타족 왕조들 중 가장 위대한 마린 왕조에서는 시종직의 잔재를 찾아볼 수 없다. 재상은 전쟁과 군대의 지휘권을 지니고 있었다. 회계 담당과 서신 왕래 담당자처럼 붓의 직책은 그런 일에 소질이 있는 사람이 담당했는데 어떤 경우에는 그런 일에 탁월한 소질을 보이는 가문에게 독점으로 주는 경우도 있었다. 한 가문이 독점하는 경우도 있고 다른 가문과 공유하기도 한다. 군주가 거처하는 집무실의 문을 대중으로부터 격리하는 것을 담당하는 직위가 있었다. 이 직위는 '방문객을 막는 자'라고 불렸는데, 그 의미는 군주의 거처 문 앞에서 군주의 명을 수행하면서 함부로 입장하려는 자를 제어하고 군주가 내린 처벌을 부과하고 군주를 향한 모든 공격도 제어하고 감옥에 있는 죄수나 포로를 관리하고 군주에게 함부로 다가서거나 공격하려는 자들을 통제하는 일을 하는 자라는 것이다. 따라서 군주가 거처하는 문은 전적으로 그의 책임과 통제하에 있다. 백성들이 공공 기관의 경계선에서 멈추어 서는 행위를 하는 것은 모두 그의 존재를 의식하고 있기 때문이다. 따라서 이 직위는 작은 재상과 같았다.

압둘 와디 왕조의 경우 그들에게서는 도무지 이런 호칭들의 잔재를 찾아볼 수가 없었다. 또한 이 왕조의 베두인 기질로 인해 여러 직위의 기능상 변별력도 존재하지 않았다. 하지만 '시종'이라는 직위의 호칭은 군주의 거처에서 군주와 관련된 특별한 일들에 관계하는 자에게 쓰였다. 하프스 왕조의 경우가 그랬던 것과 마찬가지라 할 수 있다. 하프스 왕조의 경우처럼 회계와 문서 기록 담당의 업무도 그가 하였다. 이 왕조는 이전 왕조의 관행을 답습했고 백성들은 그런 일을 감내해야 했는데 이는 왕조 건립 초기부터 계속되어 왔던 일이다.

오늘날 스페인에서는 회계, 군주의 사무, 재무 담당자를 대리인이라 부른다. 재상의 임무는 과거와 같고 여기에 문서작성이 추가되었다. 군주는 모든 문건에 직접 서명하므로 다른 왕조와는 달리 별도의 서명관은 없다.

이집트의 투르크 왕조에서 시종은 투르크인인 정권의 실세 중 행정관이 맡았다. 이 직책은 여러 사람에게 주어지며 그들은 도시거주자들에게 법을 준수하도록 종용하는데 이 직책은 집정보다 낮은 직책이다. 집정은 왕족과 일반 대중 모두에 대해서 절대적인 사법권을 행사할 수 있기 때문이다. 종종 그들은 관리의 임명권을 행사하고 소액의 봉급을 분배하기도 한다. 그의 명령은 군주의 그것과 동일 효력이 있다. 따라서 그는 절대적으로 군주를 대표한다고 할 수 있다. 하지만 시종은 송사가 발생한 경우 다양한 계층의 대중과 군인에 대해서만 사법권을 행사한다. 그리고 법 준수를 거부하는 자에게는 강제권을 행사할 수 있다.

투르크 왕조에서 재상은 지세, 관세, 인두세 등 각종 세금을 징수한다. 그는 정부의 지출을 위해 세금을 할당하고 봉급을 책정하기도 한다. 그는 징세에 직접 관여하는 관리를 임명하고 제명하는 일도 했는데 그 대상은 다양한 지위와 종류의 사람들이었다. 회계문서와 징세 업무 담당 재상은 반드시 콥트인 출신이어야 한다는 관습이 있었다. 그들이 이집트에서 옛날부터 그 일에 전문가였기 때문이다. 군주는 필요한 경우에는 지배층인 투르크 귀족이나 그 후손 중에서 재상을 선출하기도 했다. 오직 알라만이 자신의 지혜를 이용해서 이런 일을 제대로 관리하고 꾸려 나가신다. 최초의 사람들과 최후의 사람들에게 오직 그분만이 주인이시다.

## 재무-징세청

이 직위는 왕권을 위해 필수적임을 인지하라. 이 직위는 징세를 행하며 수입과 지출을 계산하여 왕조의 권리를 지켜준다. 징세청은 모든 병사의 이름을 기록하고 통계 내어 그들의 봉급을 결정하고 적당한 시기에 수당을 지급한다. 이는 징세 담당자와 왕조의 시종이 정한 규정에 의거한다. 이런 업무의 내용은 모두 기록되는데 수입과 지출에 관한 상세사항은 회계 원리에 근거한다. 이 업무는 회계에 전문지식이 있는 사람만이 다룰 수 있고 그 장부는 '디완'이라고 불린다. 디완은 재무 담당자들이 근무하는 장소를 뜻하기도 한다. 전해지는 바에 따르면 이런 호칭의 근원은 다음 이야기에 있다고 한다. 하루는 페르시아 왕이 디완에서 근무하는 서기들을 보고 있노라니, 그들이 마치 서로 토론하듯 계산을 하고 있는 것을 발견했다. 그가 말했다. "디와누후! 이는 페르시아어로 '미친자들'이란 뜻이었으며, 그들이 업무를 보던 장소가 그 이름으로 불리게 되었다. 여기서 어미인 '누후'가 탈락되었다. 그 이유는 그 단어가 빈번히 사용되었고 이런 경우 어미의 탈락은 발음을 쉽게 하기 때문이다. 그래서 '디완'이 되었다." 훗날 이것은 세법과 계산을 포함한 세무 관련 책이 되었다. 또 다른 이야기는 '디완'이 페르시아어로 '악마'라는 것이다. 사람들은 서기들을 '악마'라고 불렀는데, 서기들은 재빠른 이해력을 통해 불분명하고 어려운 것도 척척 이해했기 때문이다. 그들은 무질서하고 마구잡이의 일도 재빠르게 처리하는 능력을 보였다. 그 이후 '디완'은 그들이 근무하는 장소를 의미하게 되었다. 따라서 '디완'은 공식 업무를 교환·소통하는 책임자인 서기를 칭하거나 군주의 궁전에 위치한 그들의 특정 장소를 칭한다. 이에 대해 후에 다시 설명할 것이다.

이 직위는 한 사람이 모든 사무를 감독하는 경우도 있고 각 분야마다 감독관이 따로 있는 경우도 있다. 이는 마치 어떤 왕조에서 군대, 봉토, 급여회계나 그 밖의 업무에 대한 감독이 별도로 구성되는 것과 같다. 징세 직책은 왕조에서 군주의 지배력이 확고해졌을 때 그리고 왕권의 다양한 면모와 행정력에 대한 관심이 있을 때 발생한다는 것을 기억하라.

이슬람 왕조의 역사에서 디완을 처음으로 만든 이는 칼리파 우마르*였다. 그 이유는 아부 후라이라[110]가 바레인에서 재물을 가져왔기 때문이라고 한다. 그 돈의 액수가 너무 커서 사람들은 분배를 시도했고 그것을 수당으로 분배하는 방법을 고안하려고 했는데 이때 칼리드 븐 알왈리드[111]가 디완의 필요성을 지적했다고 한다. "나는 시리아의 군주들이 디완을 가지고 있는 것을 보았다." 우마르는 그의 제안을 수용했다. 다른 일설에 의하면 우마르에게 디완을 소개한 이가 흐르무잔[112]이었다고 한다. 그는 원정군이 디완 없이 파견되는 것을 보고 이렇게 말했다고 한다. "디완이 없으면 병사가 없어진들 어떻게 알겠습니까? 병사가 자신의 임지를 이탈하거나 병사들에게 지급되어야 할 돈을 가지고 도망을 칠 수도 있으니 이런 사항들을 정확하게 디완에 기록해 두어야 합니다." 우마르가 '디완'의 뜻이 무엇이냐고 물었고 그는 답했다. 이에 우마르는 우카일라 븐 아부 딸립, 마크라마 븐 나우팔, 주바이라 븐 무트입 등 꾸라이시족의 서기였던 이들에게 명하여 무슬림 군대의 디완을 작성토록 했다. 이 디완은 족보별로 기록되고 예언자*의 친척들을 중심으로 이들과 친분의 정도에 따라 기록되었다. 이것이 군대 디완의 시작이다. 주하이르[113]가 사이드 븐 알무사압[114]의 말을 인용한 바에 따르면 그때가 이슬람력 20년 1월이라고 했다.

---

110  678년경 사망한 예언자의 교우로 바레인 총독을 역임했다.
111  642년 사망한 장군.
112  7세기 페르시아의 총독.
113  al-Zuhair(1186~1258), 카이로의 아이읍 왕조 때 활약했던 아랍 시인으로 시집 『디완』이 있다.
114  637년 출생. 하디스의 대가. 우마이야조 칼리파 알왈리드에게 충성 맹세를 거부했다. 그는 아부 후라이라의 하디스 전승을 목적으로 그의 딸과 결혼할 정도로 하디스 연구에 몰두했다.

토지세와 일반 세금의 디완에 대해 언급하자면 이슬람 이전에 해당 지역에 있던 사람들이 그대로 남아 있었다. 따라서 이라크의 디완에는 페르시아인, 시리아에는 비잔틴인이 남아 있었다. 디완에서 일하는 서기들은 이 두 인종 출신이었다. 압둘 말리크 븐 마르완이 즉위하고 왕권 확립이 이루어지는 시기에 백성은 거친 베두인 생활로부터 세련된 도시문화로 전이되고, 문맹에서 탈문맹으로 전이되었다. 아랍인과 그들의 마왈리 사이에 글쓰기와 셈하기에 재주가 있는 자들이 등장하기 시작했다. 압둘 말리크는 당시 요르단 지방 총독이었던 술레이만 븐 사이드에게 명하여 시리아 디완에 아랍어를 사용하도록 했고 술레이만은 1년 뒤 임무를 완성했다. 압둘 말리크의 서기였던 사르준은 이런 상황을 파악하였다. 그는 로마의 서기들에게 말했다. "이 직종이 아닌 다른 직종에서 일을 해 생계를 해결하도록 하라. 왜냐하면 알라께서 너희들에게 이 직종을 금하셨기 때문이다."

이라크의 디완은 핫자즈가 자신의 서기였던 살리흐 븐 압둘 라흐만에게 책임을 맡긴 경우다. 살리흐는 아랍어와 페르시아어가 모두 가능했는데 그의 전임 서기 자단 파루크에게서 페르시아어를 배웠다. 자단이 압둘 라흐만 븐 알아슈압이 이끄는 전쟁에서 사망하자 핫자즈는 자신의 서기로 살리흐를 임명했다. 그리고 그에게 디완에 쓰이는 언어를 페르시아어에서 아랍어로 바꾸라고 명령했고, 그는 이 명령을 실천했고 페르시아인 서기들을 제압했다. 이 직책은 압바스 왕조에 와서 그와 같은 업무를 통괄하는 자가 겸직하게 되었다. 바르마키 가문, 사흘 븐 누바크트 가문과 그 밖의 압바스 왕조의 재상들이 그랬던 것과 마찬가지였다. 이 직책은 왕권의 여러 기능 중 중요한 것으로 간주된다. 그것은 왕권의 근간을 이루는 세 가지 기둥이라 할 수 있는데, 왕권은 군대, 재물 그리고 멀리 떨어져 있는 이들에게 연설을 전달하는 수단이 필요하기 때문이다. 군주는 칼과 붓 그리고 재정에 관한 업무의 조력자를 필요로 하며 이런 업무를 담당하는 이는 왕권의 기능상 중요한 부분이다. 이는 스페인의 우마이야 왕조나 그 이후의 제후들에게서도 찾아볼 수 있다. 무와히둔 왕조에서 이런 직책을 맡은 이는 왕족 출신이었는데 그는 세금을 징수하고 이 일과 관련된 관리나 직원들을 감독·통제하고 때가 되면 능력별로 그들에게 돈을 분배하는 일을 했다. 그는 절대적인 권한을 독자적으로 행사했다. 이런 자를 재무관이라 불렀다. 간혹 무와히둔 왕족이 아니었지만 그 직책에 해박한 사람이 임명되는 경우도 있었다.

이프리끼야 지방에서 하프스 왕조가 정권을 잡고 있을 때 스페인에서 일단의 귀족들이 이주해 왔다. 그들 중에는 스페인에서 이런 종류의 일에 종사하던 사람들도 있었다. 예를 들면 그라나다 부근에 있는 성채의 영주였던 사이드 가문이 있었는데 이들은 아부 알후세인 가문으로 알려져 있다. 그들은 스페인에서 세무 책임을 담당했다. 그들과 무와히둔 왕족들은 교대로 이 직책을 맡았다. 훗날 회계사와 서기가 이 직책을 전담하게 되었고 무와히둔 왕족들은 이 직책을 그만두게 되었다. 군주의 시종직이 점점 커지고 그의 권한이 왕조의 모든 분야로 확대되자 재무관의 직위는 중요하지 않게 되었다. 재무관은 시종에게 소속되어 징세 업무만을 담당했고 이전 왕조에서 소유했던 권력을 잃어버렸다.

오늘날 마린 왕조에서는 봉급과 지세 담당 회계를 한 사람이 하고 있다. 이 직위를 담당한 자는 회계 전반을 감사하고 그의 디완에 의존해서 일을 하는데 그의 권위는 군주나 재상의 권위에 뒤를 잇는다. 그의 서명은 토지세와 봉급에 관한 회계가 정확하게 되었음을 의미한다. 이상이 왕조의 직책과 기능들인데 지위가 높고 전반적인 감독권을 지니고 있고 군주와 직접적으로 접촉한다.

투르크계 왕조에서 이런 직위들은 그 종류가 다양했다. 급여 담당 디완(관청)의 책임자는 '병무관'이라고 불리고 재무 담당자는 '재상'이라고 불렀다. 재상은 왕조의 전반적인 세금 징수를 관할하는 디완을 감독하는데 이는 재무 방면의 직위 중 수장이다. 그 이유는 투르크인들은 재정 감독 사무에 종사하는 사람들을 많이 두었기 때문이다. 이는 그들의 왕조가 확장되고 그들이 강력한 권력을 행사하기 위해 필요한 조치였다. 비록 능력이 있어도 혼자서 막대한 재정과 세금 업무를 모두 담당할 수 없었다. 따라서 재상은 전반적으로 감독자의 임무를 행한다. 이런 직위에도 불구하고 그는 군주와 아싸비야를 공유하는 귀족이나 왕조에서 군부를 통솔하는 자 그리고 군주의 마왈리 다음의 자리를 차지했다. 재상은 그에게 귀속되어 '궁정대신'으로 불렸다. 그는 그 왕조에서 군부의 고위 아미르 중 한 사람이었다. 그 왕조에서 여러 직위가 그에게 종속되어 있다. 그것은 모두 재정과 회계 문서에 관한 것이고 그 권한은 특정 부분에만 한정되어 있다. 예를 들자면 특별 감독관이 있는데 그는 군주의 개인 재정을 관리하는 사람이다. 그는 군주의 토지, 토지세 중 군주의 몫, 무슬림 대중이 아닌 이들에게 할당된 과세지를 관할하는데 궁정대신의 감독을 받는다.

만약 재상이 군 출신이라면 궁정대신은 그를 감독할 수 없다. 특별감독관은 군주의 노예 출신으로 재물 창고관이라 불리는 군주의 재정 감독관으로부터 감독을 받는다. 이렇게 두 직책이 군주의 사적인 재산을 관리한다. 우리는 마그립 지방의 상황을 살펴본 이후 마슈리끄 지방의 상황을 명시했다. 알라께서는 모든 일을 주도하시고 그분 이외 주님은 없다.


## 문서청

이 직위는 왕권의 필수적인 것은 아니었다. 따라서 이 직위가 없었던 왕조도 다수 있다. 베두인 생활에 그 뿌리를 두었던 왕조들이 그런 경우인데 이들은 도시문화의 세련미와 기술의 발달과는 거리가 멀기 때문이다. 하지만 이슬람 왕조에서는 아랍어와 의도하는 바를 표현하는 수사법의 중요성으로 인해 이 직위가 필요했다. 많은 경우 글쓰기는 말로 표현하는 것보다 수사적인 탁월함을 더욱 잘 표현할 수 있어 이 직위가 절대적으로 필요했다. 아미르의 서기는 아미르의 친척 혹은 그 부족 출신의 주요 인물이었다. 칼리파나 시리아와 이라크에 있던 예언자의 교우들 중 주요 인물들도 그런 인물들만을 채용했다. 그 이유는 서기가 친척이나 부족민 출신이면 그들을 믿을 수 있고 비밀을 유지할 수 있다고 생각했기 때문이었다. 당시 아랍어는 그 순수성을 잃고 부패되어 있었고 아랍어를 능숙하게 구사하는 것이 일종의 기술로 전락했으므로 압바스 왕조에서 서기는 고위직이었다. 서기는 아무런 제약을 받지 않고 문서를 발부하고 그 문서의 끝부분에 자신의 이름을 썼으며 군주의 인장으로 봉했다. 그 인장에는 군주의 이름이나 왕조의 문장이 각인되어 있었다. 서기는 인장을 붉은 흙과 물을 섞어 만든 소위 인장용 진흙 위에 찍은 후 문서를 접어서 풀을 붙인 뒤 양쪽을 봉했다.

압바스 왕조 이후부터는 문서가 군주의 이름으로 발부되었지만 문서의 처음이나 끝에 서기는 자신의 서명을 했고 서명 구절이나 위치는 서기 자신이 선택했다. 이후 이런 직책은 위상을 잃게 되었다. 왕조에서 다른 직책을 맡은 이들이 군주의 신뢰를 얻거나 재상이 그 직책을 장악했기 때문이다. 이후 서기의 서명은 효력을 잃고 서기의 상관이 서명을 하게 되었다. 서기가 자신만의 알려진 서명을 하는 경우도 상급자의 서명이 있어야 문서의 효력이 있었다. 하프스 왕조 후기의 상황이 그러했는데 시종의 직위가 상승해서 권력을 수행하는 대리인이 되고 그 이후 권력을 장악하게 되었다. 서기의 서명은 효력을 잃었지만 여전히 문서에 쓰이긴 했다. 이는 선조 때부터 세습된 관습을 따른 것이다. 시종이 서기에게 서명의 초안을 알려주고 자신이 원하는 문구를 선택해 알려 주면 서기는 그의 명령에 따라 정해진 문구를 쓴다. 만약 군주가 정권을 장악하고 있다면 군주가 직접 정사를 관장하고 서기에게 서명을 하도록 한다.

서기가 하는 일 중에는 기록이 있는데 이는 군주가 회의석상에서 판결을 내릴 때 군주의 곁에서 가장 간결하면서도 탁월한 수사법으로 기록하는 것이다. 어떤 경우는 이런 판결이 그대로 공포되고 또 어떤 때는 그 전형의 예를 따라 서기가 기록한 뒤 청원한 사람에게 넘겨진다. 특히 기록하는 사람은 수사법을 구사함에 탁월한 능력이 있어야 하고 또 그런 능력으로 기록의 임무를 수행해야 한다. 자으파르 븐 야흐야는 칼리파 라시드의 곁에서 기록하고 그 기록문을 청원자에게 돌려주었다. 문장가들은 그의 기록문을 얻기 위해 경쟁을 벌이곤 했고 그런 기록문에서 자으파르의 탁월한 수사법과 문체를 배우려 했다. 사람들의 말에 의하면 자으파르가 쓴 기록문은 한 편당 일디나르에 거래되었다고 한다. 다른 왕조에서도 사정은 마찬가지였다.

이런 직책을 수행하는 이는 상류계급에서 선출되어야 했고 겸손하고 박식한 인물이어야 했으며 무엇보다도 탁월한 수사법을 쓸 수 있는 재능의 소유자여야만 했음을 인지하라. 서기는 군주가 회의나 접견 도중 다루게 될 수도 있는 주제와 관련된 지식이 풍부해야 한다. 게다가 가끔은 군주의 말벗이 되어야 하는 경우도 있으니 예절 바르고 좋은 성품의 소유자여야 한다. 그 외에도 서기가 갖추어야 할 자격에는 탁월한 수사법을 표현하고자 하는 말에 제대로 적용할 줄 알아야 한다는 것이 있다.

일부 왕조에서 이 직책을 무관에게 위임하는 경우도 있는데, 이는 그 왕조가 아싸비야의 소박함을 중시하는 반면 학문을 중시하는 것과는 거리가 먼 경우다. 군주는 왕조의 각종 직책을 아싸비야를 공유한 이들에게 하사한다. 그 결과 재무직, 무관직, 서기직도 그런 인물들이 차지한다. 무관직의 경우는 학식이 없어도 가능하지만 재무직과 서기직은 탁월한 수사법과 회계 능력을 요구한다. 서기나 재무가 필요하면 그에 맞는 계층에서 인재를 선출하고 일을 맡긴다. 그러나 서기는 군주와 아싸비야를 공유하는 사람들에게 속해 있고 서기의 견해는 그들의 견해를 따르기 마련이다. 오늘날 마슈리끄의 투르크 왕조가 그런 경우로, 서기는 문장가가 맡는다. 그러나 그 문장가는 군주와 아싸비야를 공유하는 사람들 중에서 임명된 '다위다르'라 불리는 아미르에게 속해 있다. 군주는 그에게 의존하고 그를 전적으로 신임한다. 군주가 서기에게 의존하는 부분은 수사법과 정확하게 표현한 문체 그리고 이에 따른 제반 문제에 관해서이다. 군주가 다양한 계층에서 선출한 서기가 갖추어야 할 조건들은 매우 많다. 그런 조건을 가장 잘 갖춘 자에 대해 서기 압둘 하미드가 동료 서기에게 보낸 서신은 다음과 같다.

### 서기 압둘 하미드가 동료 서기들에게 보낸 서신

알라께서 서기 일을 하는 그대들을 보호하시고 그대들을 높은 자리에 두시고 또한 바른 길로 인도하시기를 기원합니다. 전능하고 영광이신 알라께서는 사람들을 예언자들, 사도들, *그리고 존경 받는 왕들 다음에 여러 종류로 만드셨습니다. 사실 그들은 비슷해 보이지만 다양한 종류의 기술과 직업으로 나뉘어 생활하고 생계를 꾸려갑니다. 알라께서는 그대들을 교양과 지식 그리고 판별력을 지닌 세 집단으로 만드셨습니다. 그대들은 칼리파를 위해 칼리파의 장점을 더욱 빛내고 그의 권력을 강화시킵니다. 알라께서는 그대들의 충고를 이용해서 인류를 위한 통치권에 이익을 추구하고 왕국들을 문명화 시킵니다. 그대들이 없다면 군주는 아무 일도 할 수가 없습니다. 그대들이 아니면 그 누구도 군주에게 힘이 될 수 없습니다. 군주에게 있어 그대들의 위치는 군주가 들을 수 있는 귀이고, 볼 수 있는 눈이고, 말할 수 있는 혀이고, 상대를 거꾸러트릴 수 있는 손입니다. 알라께서는 그대들이 탁월한 기술을 즐기도록 만드셨습니다. 또한 그대들에게 내려주신 은덕을 거둬들이지 않습니다. 기술자들 중 어느 누구도 그대들처럼 축복받은 선함과 탁월한 자질을 지니지 못했습니다.

서기들이여! 그대들이 이 서신에 언급된 것처럼 자질을 갖추었다고 합시다. 그렇다면 서기는 스스로를 위해서 이런 덕성이 필요하고 군주는 그런 서기가 필요합니다. 군주는 서기를 신임하여 임무를 주니 서기는 온유해야할 때는 부드러움을, 판단이 필요할 때는 분별력을, 앞서야 할 때는 진취적인 기상을, 움츠려야 할 때는 움츠릴 줄 알아야 합니다. 또한 그는 겸손과 정의와 공평함을 신조로 삼고 비밀은 끝까지 지키고 고난이 닥쳐와도 충성을 다하고 다가올 재난도 미리 알고 있어야 합니다. 서기는 모름지기 매사를 적절한 자리에 배치할 줄 알아야 하고 불행도 이겨낼 줄 알아야 합니다. 서기는 다양한 학문을 숙지해서 그것에 능통해야 합니다. 능통하지 못한 경우라면 적어도 필요한 정도는 알고 있어야 합니다. 서기는 이성적으로 판단하는 본능과 교양을 쌓아서 얻은 장점 그리고 경험을 통한 감각으로 일이 닥치기 전에 알아야 하고 어떤 일이 발생하기 전에 결과를 예측해야 합니다. 그러므로 서기는 매사에 준비하고 갖추어 놓고 그 격식과 형식을 준비해야 합니다. 그대들 서기여! 다양한 종류의 지식을 경쟁하여 습득하고 종교를 총체적으로 이해하십시오. 그다음에 아랍어를 학습하십시오. 그러면 그 아랍어는 교양 있는 화술이 될 것입니다. 다음으로 서체를 발전시키십시오. 그러면 서체는 여러분의 글에 큰 역할을 할 것입니다. 그리고 시를 낭송하십시오. 시의 희귀한 표현이나 의미를 익히도록 하십시오. 아랍인의 전쟁과 비아랍인의 전쟁, 사건들, 인물들의 전기를 배우십시오. 이 모든 것이 그대들의 업무에 도움이 될 것입니다. 산술적 생각의 끈을 느슨하게 하지 마십시오. 그것은 지세 장부에 꼭 필요한 것이기 때문입니다. 고급이건 아니건 모든 욕망을 멀리하고 쓸데없고 비열한 모든 것을 버리십시오. 그런 것은 수치스럽고 서기를 망치는 것이기 때문입니다. 그대들의 기술을 보잘 것 없는 것들로부터 멀리하십시오. 중상과 비방 그리고 무지한 자들의 행동으로부터 자신을 보호하십시오. 오만과 우둔과 자만을 경계하십시오. 그것은 미움이 아닌 적개심을 초래합니다. 알라께서 여러분에게 주신 기술을 사랑하고 여러분의 선배 중에 재능과 공정함 그리고 덕성을 지녔던 이들처럼 행동하라고 서로 충고하십시오.

그대들 중에 한 사람이 곤란을 겪게 되면 그 문제가 해결되어 제자리를 찾을 때까지 그를 위로하고 친절하게 대해 주십시오. 만약 그대들 중 한 사람이 늙어 퇴직한 후 친구들을 만나게 되면 그를 찾아가 공손하게 인사하고 조언을 구하십시오. 그의 풍부한 경험과 해박한 지식의 혜택을 누리십시오. 그대들은 자식이나 형제보다 필요한 때에 도움을 주는 동료들에게 더욱 감사한 마음을 가지십시오. 만약 일을 하다가 칭찬을 듣는다면 그 일을 한 이가 칭찬받게 하고 비난을 듣는다면 그 탓은 자신의 것으로 돌리십시오. 그대들은 실수를 하거나 상황이 변화되면 지칠 수도 있다는 것을 알고 있어야 합니다. 서기 집단에게 비난을 가하는 일은 코란 낭송가에게 비난을 가하는 것보다 더 위협적입니다. 그런 비난은 그대들에게 가장 치명적입니다. 그대들 모두에게는 스승이 있을 것입니다. 스승은 자신의 모든 것을 그대들에게 주었으므로 스승을 전적으로 신뢰해야 합니다. 그에게 충성하고 감사를 표하며 인내심을 보이고 선량하게 대하고 좋은 말을 할 것이며 비밀을 보장하고 명령을 수행함으로써 그렇게 해야 합니다. 그가 하는 일에 관심을 보이고 언제나 그가 그대들을 필요하면 선의로 응대해야 할 것입니다. 좋을 때나 나쁠 때나 부유할 때나 가난할 때나 행복할 때나 불행할 때나 항상 그대들의 의무를 기억하십시오. 이런 기질을 통해 편안한 삶을 누리게 되고 이 고귀한 일을 하는 사람도 그런 기질을 지닌 자입니다.

그대들 중에 누군가가 관직에 임명되거나 혹은 알라의 창조물과 부양가족을 돌보는 문제를 다루게 되면 알라를 경외하는 마음으로 그 일에 임하고 그에게 복종하십시오. 이는 약자의 동무가 되고 부당한 일을 당한 이에게 공정하게 하기 위해서입니다. 알라의 창조물은 알라께서 보살펴야 할 부양가족입니다. 알라께선 그들을 사랑하시고 자신의 부양가족으로 생각하여 친절을 베푸십니다.

그리고 정의로운 판정을 내리고, 고귀한 가문을 존경하고, 전리품을 더 늘리고, 국가를 문명화시키고, 백성들에게 친절하게 대하여 해를 끼치는 일을 하지 않도록 해야 할 것입니다. 그대들은 관청에서 부드럽게 행동하고 겸손해야 할 것입니다. 장부를 기록하고 송사의 당사자를 소환할 때에도 친절을 베푸십시오.

타인과 일을 하게 되면 그의 성격을 잘 살펴보아야 합니다. 일단 그 사람의 성격에서 장단점을 알게 되면 장점은 발전시키고 부드러운 계책과 좋은 방법으로 더욱 좋게 만들고 단점은 고칠 수 있도록 도울 수 있습니다. 조련사가 동물의 습관을 파악하면 동물의 천성을 감각적으로 깨닫게 된다는 사실을 그대들은 이미 알고 있습니다. 만약 그 동물이 달리려는 본성이 있다면 조련사는 그 동물의 등에 탈 때 동물을 흥분시키지 않으려고 조심하게 될 것이고 만약 발길질을 하는 동물이라면 앞발을 조심할 것이고 그 동물이 멀리 달아나는 것이 염려된다면 머리를 조심할 것입니다. 또한 그 동물이 쇠고집이라면 아무 곳이나 들이대는 성질을 제어해야 할 것입니다. 그런데도 계속 진정이 되지 않는다면 고삐를 살짝 늦추어야 할 것입니다. 동물을 다루는 방법에 대한 설명은 사람을 대하고 시험하고 통제하는 이에게는 하나의 기준이 됩니다. 서기는 예의범절이 깍듯하고 기술이 탁월하며 세련된 상태로 사람들과 대면하는데 사람들은 이웃에게 하듯 그에게 가까이하기도 하지만 그와 경쟁을 벌이기도 합니다. 또한 사람들은 그를 이해하기도 하지만 그의 권위를 두려워하기도 합니다. 그는 동료와 주위 사람들에게 친절하게 대해야 할 것이고 그들이 필요한 것을 주어야 할 것입니다. 바른 대답을 하지 못하고 옳은 것을 알지 못하고 남의 말을 이해하지도 못한 채 주인이 이끄는 대로만 하는 동물을 다루는 조련사보다 반드시 사람들에게 많은 애착을 가지고 주의를 기울여야 할 것입니다. 매사에 친절을 기본으로 하십시오. 가능한 한 심사숙고하십시오. 알라께서 허락하신다면 그대들은 공격성, 감당하기 어려운 짐, 거친 사람들에게서 안전하게 될 것이며 다른 사람들과 화합하고 우정과 사랑을 얻게 될 것입니다.

그대들 중 누구도 자신의 지위나 의복, 탈것, 음식, 음료, 가옥, 하인 그리고 그 밖의 지위나 능력에 관한 것들에 있어 적절한 범위를 넘지 마십시오. 알라께서는 그대들을 선호하시어 그대들에게 고귀한 기술을 부여하셨으니 그대들은 봉사를 소홀히 하면 안 되는 알라의 종입니다. 또한 그대들은 낭비해서는 안 되는 관리입니다. 내가 그대들에게 언급한 모든 것에 관해서 의지를 갖고 삼가십시오. 낭비와 사치가 초래할 참담한 결과를 항상 경계하십시오. 낭비와 사치는 가난을 초래하고 치욕스런 종말을 가져올 것입니다. 낭비와 사치를 일삼는 자는 이런 결과를 얻게 될 것이고 특히 서기와 예의범절이 반듯한 사람들은 더욱 그러합니다.

이 세상에서 발생하는 일은 그 모습이 흡사합니다. 그래서 몇 가지 일들은 다른 일을 예견하게 해 줍니다. 그러니 그대들이 경험했던 과거를 지금 결정해야 할 일의 지침으로 삼으십시오. 그 이후 가장 분명하고 가장 신뢰할 수 있으며 최상의 결과를 가져올 만한 방법을 따라 가십시오. 또 그대들이 명심해야 할 것은 말로써 일을 그르치는 경우가 있다는 것입니다. 이런 자는 자신의 지식과 생각하는 능력을 제대로 사용하지 못하는 이들입니다. 그러므로 그대들 각자는 자신의 집무실에서도 필요 이상의 말을 삼가십시오. 또한 어떤 의견을 제시하고 답을 낼 때도 간결하게 하십시오. 자신의 정당성을 주장할 때도 포괄적인 견해를 취하십시오. 이렇게 하는 것이 그대들의 일을 처리하는 데 도움이 되고 수 없이 많은 일거리를 막아줄 것입니다. 그대들은 알라께 겸허하게 자신을 낮추고 올바른 길로 인도해 주십사 간구하시오. 그래야만 육신과 정신 그리고 소양을 해치는 잘못을 막을 수 있습니다. 만일 그대들 가운데 누구라도 일을 탁월하게 잘하는 것이 자신의 업무 처리 능력이 탁월하기 때문이라고 생각하거나 혹은 그렇게 말한다면 그것은 영광이고 고귀하신 알라의 뜻을 거스르는 일입니다. 만약 그렇게 한다면 알라께서는 그를 스스로에게만 의존하도록 내버려 두실 것이고 결국 그는 자신이 업무에 부적합한 인물이라는 것을 깨닫게 될 것입니다.

그대들 중 누구도 자신이 몸담고 있는 분야에서 동료들보다 업무를 포괄적으로 이해하고 어려운 일도 더 잘할 수 있다고 말하지 마십시오. 이성적 사고를 잘하는 사람이라면 자아도취의 감정을 등 뒤로 던져버리고 동료들의 지능과 업무처리 방법을 높이 평가할 것입니다. 어쨌든 양쪽 모두는 잘못 생각하지 않는 자를 지켜주시는 알라의 은총을 인지해야 합니다. 자화자찬을 하지 말고 자기 친구와 동료와 가족들을 이겨서도 안 됩니다. 알라의 은덕은 모든 이에게 베풀어지는 것입니다. 따라서 그분의 전능함 앞에 겸허하며 그분의 영예로움에 자신을 낮추고 그의 은총을 찬미해야 합니다.

나는 이 서한에서 "충고를 수용하는 사람은 성공한다"라는 오래된 격언을 말하려 합니다. 바로 이 충고가 이 서한에서 알라에 대한 언급 다음으로 중요한 본질입니다. 그래서 나는 이 구절을 서한 말미에 두고 이 서한을 끝맺으려 합니다. 알라께서 우리를 다스리셨으니, 그대들 학생과 서기들도 앞서 많은 이들이 도움과 지도 편달을 해주신 것처럼 해주시길 바랍니다. 이 모든 것이 알라의 권한이고 그분의 손에 달려 있습니다.

알라의 자비와 축복이 그대들에게 있기를!


## 경찰

오늘날 이프리끼야에서는 경찰 수뇌를 '치안관'이라 부르고 스페인에서는 '시장'이라 부르고 터키 왕조에서는 '총독'이라고 부른다. 경찰은 왕조에서 군부의 수뇌에게 속해 있는 직책이고 군부의 수뇌는 필요한 상황이 발생하면 업무 수행을 위해 경찰을 활용한다.

경찰의 원조는 압바스 왕조 때로 거슬러 올라간다. 당시 그 직책의 임무는 첫째로 범죄를 조사하는 것이고 두 번째는 처벌의 집행이었다. 종교법은 범죄 혐의에 대해서는 견해를 지니고 있지 않지만 법적 처벌은 가능하다. 반면 정치는 범죄의 조사와 처벌 집행에 대한 견해를 지니고 있고 이는 치안관을 통해 이루어진다. 그는 정황적 증거와 자백 강요 등을 통해 공공의 이익을 우선시한다. 판관이 손을 떼고 난 후 처벌을 집행하는 사람을 '경찰청장'이라고 불렀다. 때에 따라 그는 살인죄와 법적인 처벌에 관해서는 절대적인 권한을 행사하고, 판관의 권한을 행사하기도 했다. 사람들은 이 직책을 고위직으로 여겼고 그래서 군 최고지휘관과 마왈리 출신의 고위인사가 이 직책을 맡았다. 그렇다고 해서 그의 직권이 모든 계층의 사람들에게 미치는 것은 아니다. 하층민이나 용의자들에게 그의 명이 섰고, 그는 부랑자와 오합지졸들을 다스렸다.

스페인의 우마이야 왕조에서 경찰의 명성은 대단했다. 경찰은 대경찰과 소경찰로 구분되었다. 대경찰의 권한은 상류층과 하류층에 모두 미쳤다. 그에게는 권력층까지도 법의 심판을 받게 하는 권한이 있었고, 부정한 일을 범한 자이면 고관의 친척뻘이 된다 해도 처벌할 수 있었다. 그러나 소경찰은 평민들에 대해서만 권한을 행사할 수 있었다. 대경찰의 책임자가 앉는 의자는 왕궁의 문 가까이에 놓여 있고 그의 가까이에는 일을 처리할 때를 제외하고는 자리를 항상 지키는 몇몇 사람이 있었다. 대경찰 책임자는 왕조의 고관들이 주로 맡았고 이 직책은 재상이나 시종의 후보가 될 정도였다.

마그립의 무와히둔 왕조에서 경찰은 총체적 권한을 행사할 수는 없었지만 상당한 영향력을 지니고 있었다. 따라서 그 직책은 왕실의 중요 인사에게 맡겨졌다. 경찰직의 권한이 정부의 고관들에게까지는 미치지 않았다. 오늘날에는 그 직책의 본질이 변질되어 무와히둔 왕족의 독점에서 벗어났으며 왕실의 추종자들도 이 직책을 맡게 되었다.

현재 서부의 마린 왕조에서는 왕가의 베두인 가문과 추종자들이 이 직책을 계승한다. 마슈리끄의 투르크 왕조에서는 투르크 출신 인사나 그 이전의 왕조였던 쿠르드 왕조의 후손들에게 맡겨진다. 사람들은 그들을 선출할 때 이런 점을 고려했다. 즉 그들이 법을 집행할 때 얼마나 강직하고 지속성을 보이는가 하는 점이다. 이는 도시에서 공공의 이익을 고려할 때 했던 것과 마찬가지로 정치적인 경계선을 분명히 긋는 것과 더불어 부패를 척결하고 부정행위를 금지하며 불법을 행하는 자들을 엄단하기 위해서이다. 알라께서는 밤과 낮을 변화시킨 가장 위대하신 분이다. 알라께서 가장 잘 알고 계신다.


## 제독

제독은 마그립과 이프리끼야의 여러 왕조에서 주요 관직이었다. 이 직책은 군부의 수장에게 속해 있고 여러 상황에서 그의 명령 하에 있다. 제독은 '말란드'라고 불리고 '란'에 강세가 있으며 이는 유럽 언어에서 차용되었다. 유럽인의 언어에서 이 단어는 제독을 가리키는 전문용어이다. 제독직은 이프리끼야와 마그립에서 주로 나타나는데 이는 이 두 지방 모두가 지중해 남부 해안에 위치하기 때문이다. 이 남부 해안에 베르베르인의 통치령이 세우타[115]에서 알렉산드리아 그리고 시리아까지 미치고 있다. 그 북부 해안은 스페인과 유럽, 슬라브, 비잔틴 그리고 시리아까지 이어진다. 그 해안에 누가 거주하느냐에 따라 이 바다를 '지중해' 혹은 '시리아해'라고 부른다. 지중해의 양쪽 해안에 거주하는 주민들은 다른 해안에 거주하는 주민들보다 바다의 상황에 큰 관심을 보였다. 비잔틴인, 유럽 기독교도, 고트족 등은 지중해 북부 연안에 거주했다. 많은 전쟁과 교역이 바다와 배에서 이루어졌고 그들은 항해와 해상 전쟁에 능숙했다. 비잔틴인이 이프리끼야로 진출하고 고트족이 마그립 지방으로 진출한 것처럼 이들 민족은 남부 해안을 장악하려고 했다. 그들은 배를 타고 건너와 베르베르인들을 제압하고 굴복시켰다. 그들은 큰 도시들을 점령했는데, 예를 들면 카르타고, 수바이틸라, 잘룰라, 미르나트, 시르샬, 탕헤르 등이 있다. 카르타고의 이전 주민들은 로마인과 전쟁을 벌였다. 그들은 전쟁 수행

---

115 이프리끼야 북부, 지브롤터 해협 연안에 있으며 스페인의 자치 도시이다.

을 위해 군대와 장비를 잔뜩 실은 배를 보냈다. 따라서 항해는 지중해 양쪽 해안의 주민에게 일반적인 생활의 관습이었고 그것은 예나 지금이나 마찬가지이다.

무슬림이 이집트를 장악했을 때 칼리파 우마르 븐 알카땁은 아므르 븐 알아스\*에게 편지를 써서 자신에게 바다를 설명해 달라고 요청했다. 그러자 아므르는 이렇게 답을 썼다. "송충이가 나무를 기어 다니는 것처럼 바다는 약한 피조물들이 배를 타고 다니는 위대하고 거대한 것입니다." 따라서 그는 당시 무슬림들에게 항해를 금하도록 충고했다. 우마르에게 거짓을 고하고 항해를 한 것 때문에 처벌을 받은 자들을 제외하고는 아랍인 중 그 누구도 항해를 하지 않았다. 바질라의 수장 아르파자 븐 하르사마 알아즈디가 이런 경우였다. 그가 오만을 침공했을 때 칼리파 우마르에게 그의 침공이 바다를 통해서 이루어졌다는 사실이 전해지자 칼리파 우마르는 그를 받아들이기를 거부하고 매우 거칠게 질타했다. 하지만 이런 상황은 무아위야 시대까지만 계속되었고 그 이후 무슬림들은 항해와 바다에서의 성전이 가능하게 되었다. 이렇게 무슬림에게 항해가 금지되었던 까닭은 아랍인들은 유목민이었고 따라서 항해에 능숙하지 못했기 때문이다. 반면 비잔틴인과 유럽의 기독교도들은 본디 바다에서 생활하였고 항해에 길들여지면서 자랐기 때문에 바다에 익숙했다.

아랍인에게 왕권이 정착되고 군주의 명성이 자리를 잡게 되자 외국인들이 아랍인의 노예가 되고 아랍인의 수하에 놓이게 되었다. 이들은 자신들의 기술을 빌미로 통치자인 아랍인 가까이 있게 되었다. 또한 아랍인은 항해의 필요성으로 외국 민족들을 곁에 두고 이용했다. 아랍인은 바다와 해양문화에 대한 훈련과 경험을 쌓았고 이에 대한 지식과 정보를 새롭게 만들었다. 결국 그들은 바다에서 성전을 원했다. 일반 선박과 성전 전용 선박을 건조했고 함선에는 병사와 무기들을 실었다. 바다 건너에 있는 이교도들과의 성전을 위해 전사들을 보냈다. 이런 일은 특히 시리아, 이프리끼야, 마그립, 스페인이 그 예로서 지중해와 가장 근거리에 있는 곳에서 발생했다. 칼리파 압둘 말리크는 이프리끼야 총독인 하산 븐 알누으만에게 튀니스에 조선소 건설을 권고했는데 이는 그곳에서 항해용 장비들을 생산하기 위해서였고 궁극적인 그의 의도는 성전에 있었다. 그곳에서 시칠리아의 정복이 지야다 알라 알아왈 븐 이브라힘 븐 알아글랍의 시대에 아사드 븐 알푸라트의 지휘하에 발생했다. 또한 카우사라Qawsarah의 정복 역시 그의 시대에 발생했는데 이는 무아위야 븐 후다이즈가 무아위야 븐 아비 수프얀의 시대에 시칠리아를 공격했던 일 이후의 상황이다. 결국 그곳은 이븐 알아글랍과 그 왕조의 지휘관이었던 아사드 알푸라트의 손에 의해 정복되었다.

그 이후 이프리끼야의 파티마 왕조의 함대와 스페인의 우마이야 왕조의 함대는 계속 공격을 이어갔고 해안 지역은 파괴되었다. 압둘 라흐만 알나쓰르[116]의 시대에 스페인의 함대는 2백 척 혹은 그 정도의 규모에 달했고 이프리끼야 함대도 그와 같은 정도였다. 스페인의 제독은 이븐 루마히스이고 배가 정박하고 출항한 항구는 비자야와 알마르야였다. 각 지방에서 함선들이 몰려들었고 배를 이용하는 지방들은 함대를 보냈는데 그 함대들의 지휘는 전투, 무기, 병사 등과 관련된 일을 감독하는 사령관과 돛이나 노와 관련된 일을 감독하는 사령관이 담당했다. 그런데 후자의 사령관은 선박이 항구에 닻을 내리는 일도 담당했다. 대규모 공격이나 군주의 주요 관심사를 위해서 모든 함대가 집결할 때에는 지정된 항구에 모였다. 군주는 최정예 병사들과 마왈리들을 배에 태우고 한 사람의 사령관이 그들을 지휘했다. 이 사령관은 왕국에서 최고위층 출신으로 모든 작전의 책임을 졌다. 군주는 그들을 출정시키고 그들이 정복전을 승리로 이끌고 전리품을 가지고 돌아오기를 기다렸다.

---

116 스페인 우마이야 왕조를 건립한 인물(재위 929~961).

이슬람 왕조 시대에 무슬림들은 지중해 전역을 장악했다. 그들의 세력은 대단한 것이어서 기독교 민족들은 지중해 전역에서 무슬림 함대에 대항할 수 없었다. 무슬림들은 정복전을 치를 때 파도를 타고 등장했고 그들에겐 정복전과 노획물에 대한 많은 일화가 있다. 그들은 해안에 인접한 섬들, 예를 들면 미우리카, 마누리카, 야비사, 사르다니야, 시칠리아, 카우사라, 마타, 크레타, 키프로스와 비잔틴인과 유럽 기독교도의 거주지인 해안지역 다수를 소유했다. 아부 알까심 알시이[117]와 그 후손들은 마흐디야에서 범선을 출발시켜 제노바의 섬들을 침공 한 뒤 전리품을 획득했다. 제후들 가운데 일원이었던 데니아 지방의 제후 무자히둔 알아미리는 405년 함대를 이끌고 사라다냐 섬을 정복했고 이후 기독교도가 그 섬을 탈환했다. 그때 무슬림들은 지중해의 대부분을 장악했다. 그들의 함대는 지중해에서 끊임없이 왕래했고 무슬림 군대는 함대를 몰고 시칠리아에서 출항하여 북쪽의 대륙을 향했다. 그들은 유럽 기독교도 군주들을 공격했고 그곳의 주민과 건물을 학살하고 파괴했다. 파티마 왕조를 지지했던 시칠리아의 지배자 아불 후세인 가문의 시대에 발생했던 것과 마찬가지의 일이다. 기독교 민족들은 지중해 동북방 즉, 기독교도와 슬라브 인들이 거주하는 지역과 로마의 여러 섬 방향으로 이동했고 그 범위를 넘지 않았다. 반면 무슬림 함대는 사자가 먹이를 공격하듯 그들을 낚아챘다. 지중해의 대부분 지역은 무슬림 함대가 장악했고 그들은 평화롭게 혹은 전쟁을 치르며 지중해의 해상을 다녔지만 기독교 선박은 그곳을 항해하지 못했다.

그러다가 파티마 왕조와 우마이야 왕조가 쇠퇴하게 되었다. 기독교도들은 지중해 마슈리끄에 있는 섬들에 손길을 뻗쳤는데 예를 들면 시칠리아, 크레타, 말타가 있다. 그 이후 그들은 이 시기에 시리아 연안을 침공했고 트리폴리, 아스칼론, 티레, 악카를 장악했고 시리아해안의 도시들을 장악했

---

117　파티마 왕조의 제2대 칼리파(재위 934~946).

다. 그들은 예루살렘을 정복하고 그곳에 자신들의 종교를 공고히 하고 선교를 위해 교회를 세웠다. 그들은 트리폴리의 카즈룬 가문을 장악하고 카비스와 사파키스를 정복한 뒤 그곳 주민들에게 인두세를 부과했다. 그들은 파티마 왕조의 근거지였던 마흐디야를 불루킨 븐 지리의 후손들로부터 빼앗았다. 그들은 11세기에 지중해를 차지했다. 이집트와 시리아는 함대에 관한 흥미를 서서히 잃다가 결국 그 흥미는 완전히 사라졌다. 무슬림들은 역사에 기록된 것처럼 파티마 왕조 시대에 해군에 대해 지나치게 많은 관심을 보였지만 그 이후에는 관심을 보이지 않았다. 제독이라는 직책은 그곳에서 무용지물이 되었고 이프리끼야와 마그립 지방에만 남게 되었다. 현재 서부 지중해 서쪽은 거대한 함대를 소유하고 있고 군사력도 매우 강하다. 따라서 그 누구도 그곳을 넘보지 않는다. 람투나 왕조에서 함대의 제독직은 까디스 반도의 수장이었던 마이문 가문이 맡았는데 압둘 무으민이 그 직책을 취했다. 그들의 함대는 지중해 양안에 1백 척에 달했다.

12세기에 무와히둔 왕조는 번영을 누렸고 양쪽 해안을 장악했다. 그들은 과거 어느 때보다도 완벽하고 거대하게 함대를 운영했다. 그 함대의 제독은 아흐마드 알씨낄리였다. 그는 사루이크슈의 자리바섬 거주민 출신이다. 그는 해안가의 기독교도들의 포로가 되어 그들에게서 성장했다. 시칠리아의 군주가 그를 기용했다. 그리고 그 군주가 사망하자 후계자인 그의 아들은 몇 가지 사건으로 인해 그에게 분노했다. 그는 생명의 위협을 느낀 나머지 튀니스로 가서 압둘 무으민가※ 출신인 그곳의 지도자의 보호하에 지냈다. 그는 마라케시로 건너가서 무와히둔 왕조의 칼리파 유수프 븐 압둘 무으민[118]에게서 환대를 받았다. 칼리파는 그에게 많은 선물을 하사했고 함대의 지휘권을 주었다. 결국 그는 함대를 이끌고 출항해서 기독교 민족들을 상대로 성전을 치렀고 무와히둔 왕조의 역사상 중요하

---

118　재위 1163~1184.

게 기억될 만한 많은 업적들을 남겼다. 그 시대에 무슬림 함대는 현재까지도 전무할 정도로 대규모였다.

당시 이집트와 시리아의 군주였던 쌀라흐 알딘 유수프 븐 아이윱[119]은 기독교 민족들로부터 시리아해안의 항구들을 되찾고 예루살렘을 정화시키는 작업에 착수했다. 이교도들은 자신들이 점령하고 있는 예루살렘 인근 지역으로부터 함대들을 계속 파견해 무기와 식량을 지원했다. 알렉산드리아의 함대는 그들에게 대항할 수 없었다. 왜냐하면 기독교 민족들은 오랜 시간 마슈리끄 지중해를 장악했고 그들의 함대는 수없이 많았지만 무슬림들은 앞에서 언급했던 것처럼 그곳에서의 세력이 장기간 약화되었기 때문이다. 이런 상황에서 쌀라흐 알딘은 압둘 카림 븐 문키드—샤이자르[120] 지방의 지배자인 문키드 가문 출신—를 마그립 지방의 무와히둔 왕조의 군주인 야으꿉 알만쑤르[121]에게 사신으로 파견했다. 당시 샤이자르 지방은 마그립의 통치하에 있었는데 그는 야으꿉 알만쑤르에게 시리아의 항구에서 기독교도를 구원하러 온 함대와 이교도의 함대를 방어할 목적으로 함대를 파견해 달라고 요청했다. 그는 사신에게 그런 내용의 서신을 보냈다. 알 파딜 알바이사니의 글 서문을 보면 "우리의 주 알라께서 우리에게 성공과 믿음의 문을 열어주셨다"로 시작되는데 이는 이마드 알아스파하니의 책 *al-Fatḥ al-Qudsi*의 구절을 인용한 것이다. 하지만 만쑤르는 분노하여 사신단을 홀대했다. 결국 그는 사신단의 요청을 거부한 채 사신을 쌀라흐 알딘에게 돌려보냈다.

이 일화는 마그립 지방의 군주들이 주로 함대를 보유하고 있었고 기독교도들이 지중해 마슈리끄 연안을 장악하고 있었다는 것 그리고 그 당시

---

119  1138~1193, 이집트에서 시리아, 메소포타미아에 이르는 광대한 영토를 소유한 아이윱 왕조의 창시자이다. 그는 십자군 원정대에 맞서 이슬람 세계를 지켜낸 위대한 인물이다. 유럽인들은 그를 '살라딘'이라 칭한다.
120  시리아의 알렙포 남쪽에 위치한 지역.
121  1160~1199, 무외히둔 왕조의 3번째 군주로 영토 확장에 적극적이었다.

와 이후에도 이집트와 시리아의 왕조들은 해군함대 문제에는 무관심했음을 입증한다.

아부 야으꿉 알만쑤르의 사망 이후 무와히둔 왕조는 약화되었다. 갈리시아 지방의 사람들은 스페인 대부분을 점령했고 무슬림은 해안으로 도피해서 지중해 서쪽의 섬들을 장악했다. 그들은 그 바다에서 과거의 해상정신을 회복했고 지중해에서의 세력도 강화시켰다. 뿐만 아니라 함대를 늘려 무슬림의 해군력은 기독교도들과 동일하게 되었다. 마그립의 자나타족 군주인 술탄 아부 알하산의 시대에 발생한 일도 마찬가지였다. 그가 성전을 수행하려 할 때 그의 함대는 그 수와 장비 면에서 기독교도들의 함대와 맞먹는 정도였다. 그 뒤 함대를 비롯한 무슬림 해상 세력은 다시 약화되었다. 그 이유는 왕조가 쇠락하고 해상생활 관습을 망각했기 때문이었다. 또한 마그립 지방에 유목민의 관습이 범람한 반면 스페인의 관습이 단절되었기 때문이기도 하다. 기독교도들은 지중해에서 그 유명한 해상훈련을 했고 부단한 활동과 바다에 대한 경험을 기억해냈다. 그들은 지중해에서 여러 민족들을 장악했고 반면 무슬림들은 지중해에서 이방인이 되었는데 그 예외가 있다면 해안에 거주하는 소수 주민들이 있었다. 만약 그들이 많은 조력을 얻거나 왕조의 적극적인 격려를 얻었더라면 그들은 분명 목표에 도달하는 방법을 찾을 수 있었을 것이다. 오늘날에도 제독이라는 직위는 서양 왕조에서는 잘 보존되어 있다. 제독이 함대를 어떻게 건조하고 어떻게 항해하는지 잘 알려져 있다. 해안지역에 바다를 필요로 하는 기회가 도래할 때 무슬림들은 이교도를 향해서 거센 바람이 몰아치기를 바랄 것이다. 마그립의 주민들이 예언서들을 신뢰하는 부분은 바로 무슬림들이 반드시 기독교도들을 공격하고 바다 건너에 유럽 기독교도들의 나라를 정복할 것이라는 내용이다. 물론 이런 일은 함대를 이끌고 출항해야만 이루어 질 것이다. 알라는 믿는 자들의 보호자이시고 우리에 대해 충분히 생각하시고 정녕 탁월한 대리인이시다.

## 35장 | 여러 왕조에서 나타나는 칼과 붓의 차이

'칼'과 '붓'은 모두 군주가 국사를 보는 데 도움을 주는 도구임을 인지하라. 그러나 권력의 초석을 준비하는 왕조의 초기에는 붓보다는 칼이 필요하다. 왜냐하면 그런 상황에서 붓은 군주의 권위를 세우기 위한 하인에 불과하지만 칼은 군주를 현실적으로 지원하는 힘이 되기 때문이다. 우리가 언급한 대로 왕조의 아싸비야가 약화되는 왕조 말기도 마찬가지이다. 왕조가 노쇠하면 추종자들의 수가 줄어들고 그렇게 되면 군주는 군부의 지원을 원하게 된다. 왕조는 보호와 방어를 위해 군부를 필요로 하게 되는데 이는 왕조의 초기에 왕권의 초석을 놓기 위해 그랬던 것처럼 그 필요성을 더욱 강하게 느낀다. 따라서 두 경우 모두 칼은 붓보다 강하다. 그런 상황에서 군부는 다수의 고위직을 차지하고 더 큰 혜택을 얻고 더 많은 토지를 소유하게 되었다.

왕조의 중기가 되면 군주는 칼을 점점 멀리하는데 그 이유는 왕조의 권력이 이미 확고하게 자리 잡았기 때문이다. 이제 군주의 관심사는 세금 징수와 권력 장악 그리고 다른 왕조를 압도하려는 시도, 법 집행 등 오직 왕권이 맺은 과실을 향유하는 데에만 집중된다. 붓은 이런 일에 도움이 되며 따라서 왕조는 붓을 더욱 필요로 하게 된다. 왕조의 재앙이 발생하거나 변방의 구멍을 막기 위해 군주의 부름을 받는 경우를 제외하고는 칼은 칼집에 머물게 된다. 이런 상황에서는 붓대를 쥔 자들이 더 많이 고위직을 차지하고 더 많은 혜택과 부를 누리게 되고 군주를 가까이서 모시게 된다. 왜냐하면 붓을 쥔 인사들은 자신들이 누릴 수 있는 과실을 최대한 획득하고 그 힘을 강화해 타인을 압도할 수 있기 때문이다. 그렇게 되면 재상이나 군부 인사들은 불필요한 존재가 되고 군주로부터 멀어져 붓을 쥔 자들의 눈치나 살피게 된다. 이와 관련해서 아부 무슬림은 만쑤르의 명으로 쓴 서신을 이렇게 시작했다. "페르시아의 충고가 우리를 보호하였다. 당신이 대륙을 잠재운다면 나는 재상이 되는 것이 두렵다." 알라의 규범은 인간에게 적용된다. 알라를 찬양할지어라. 그분은 가장 잘 알고 계신다.


## 36장 | 왕과 군주의 독특한 장식들

군주는 운명적으로 화려하고 고매한 장식과 장비들을 지니게 된다. 군주만이 이런 장식을 사용함으로써 왕조 내에서 백성, 신하, 지도계층과 구분되도록 한다. 이제 내가 아는 한도 내에서 널리 알려진 장식들에 관해 언급하겠다. "어떤 지식보다 위에 있느니라."[122]


### 나팔과 깃발

왕권을 보여주는 장식 중에 하나는 깃발을 내걸고 북을 두드리며 나팔을 부는 것이 있다. 아리스토텔레스는 정치와 관련된 자신의 저서에서 이런 것의 기능은 전쟁에서 적에게 공포를 주는 것이라고 했다. 요란한 소리는 심리적으로 공포를 느끼게 한다는 것이다. 우리 모두가 알고 있듯이 전쟁터에서 병사의 감정적인 문제는 매우 중요하다. 이런 이유로 인해 아리스토텔레스가 언급한 것은 어느 정도 옳다고 할 수 있다. 음악이나 좋은 소리를 들을 때 영혼 속에서 기쁨을 느끼는 것은 의심할 여지가 없다. 이렇듯 사기가 충천하면 인간의 정신에 영향을 미쳐 어려움도 쉽게 느끼고 자신이 처한 난관을 극복하려고 죽음도 불사하게 된다. 이런 현상은 동물에게도 나타난다. 낙타는 몰이꾼의 소리에 영향을 받고 말은 휘파람이나 고함소리에 영향을 받는데 이것은 여러분이 익히 아는 사실이다. 그 소리가 음악처럼

---

122 코란 12장 76절.

화음이 있다면 그 효과는 더욱 커진다. 당신은 이와 관련해서 사람들이 음악을 들을 때 발생하는 상황을 알고 있다. 비아랍인들은 이런 효과를 기대하고 북이나 나팔과 같은 악기를 전쟁터로 가져간다. 가수들은 군주의 행렬 뒤에서 악기에 맞추어 노래하고 그렇게 하면 군인들의 사기는 충천하여 죽음도 각오하게 된다. 우리는 아랍인들이 전쟁을 할 때 행렬의 선두에서 운율에 맞춰 시를 읊거나 노래하는 것을 보았다. 이미 그들은 영웅이 되고자 하는 열망으로 충천하여 전쟁터로 달려가 한달음에 적을 물리치고자 한다. 마그립 부족의 일원인 자나타족은 적진을 향할 때 시인을 선발대에 세워 운율에 맞춰 시를 읊게 한다. 시인의 노랫소리는 거대한 산도 움직이게 하고 죽음에 대해 생각해보지 않은 사람도 죽음으로 내보내는데 그런 노래를 '타쓰카이트'라 부른다. 이런 모든 현상의 근원은 영혼에서 샘솟는 기쁨에 있다. 이것은 마치 술에 취하면 흥이 오르고 용감해지는 것과 같다. 다양한 색깔과 길고 짧은 수많은 깃발은 공포를 일으키려는 것일 뿐 그 이상은 아니다. 공포는 인간의 영혼에 내재된 공격 본능을 증가시킨다. 인간의 심리 상태와 그 반응은 경이롭다. 알라는 창조주이고 지식인이다. 여러 왕조와 군주들이 이런 장식을 사용하는 방식은 다양하다. 군주에 따라 이런 장식을 사용하는 정도가 다르다. 이는 그 왕조의 규모와 세력의 크기가 다르기 때문이다. 깃발은 천지창조 이래 전쟁의 상징이었다. 다양한 민족들이 전쟁에서 공격할 때 깃발을 내걸었고 이는 예언자 시대나 칼리파들의 시대에도 계속되었다. 북을 치고 나팔을 부는 것에 대해 말하자면, 무슬림은 이슬람 초기부터 이를 꺼려했다. 무슬림들은 왕권을 예의 없이 거칠게 나타내는 것을 싫어했고 그런 상황을 조성하는 것조차도 거부했으며 진리와는 무관한 허세와 사치도 경멸했다. 그러다가 칼리파위가 왕권으로 변모하면서 무슬림들도 현세적인 화려함과 사치에 젖어들고 이전 왕조의 백성들인 페르시아와 비잔틴 출신의 마왈리들과 함께 살면서 허세와 사치에 물들게 되었다. 특히 무슬림들이 좋아한 것은 장식물이었다. 그들은 장식을 하게 되었고 왕조의 관리들은 장식물로 왕조와 왕가의 특권을 표현하였다. 압바스나 파티마 왕조의 칼리파들은 변방의 총독과 군사령관들에게 깃발을 걸도록 했다. 이들은 칼리파의 궁전을 나서 사절단으로 파견될 때나 공무를 수행할 때 혹은 자신의 집에서 나설 때는 깃발과 나팔의 행렬을 대동하였다. 관리들의 행렬과 칼리파의 행렬이 다른 점은 깃발의 숫자와 색깔 뿐이었다. 혹은 칼리파를 상징하는 특정 색을 차이로 볼 수도 있다. 검은 색은 압바스 왕가의 깃발을 상징하는 것처럼 그들은 검은 색을 깃발의 색으로 정해 하심가의 순교자들을 애도하는 징표로 활용함과 동시에 그들을 살해한 우마이야 왕가에 대한 비난을 표시했다. 그래서 그들은 '검은 색을 사용하는 자'로 불린다. 하심 가문이 분열하자 알리파는 기회가 있을 때마다 압바스 왕조에 대한 반기를 들었다. 알리파는 압바스가와 차별성을 표현하기 위해 자신들의 깃발을 흰색으로 택했다. 그들은 '흰색을 사용하는 자'로 불린다. 흰색 깃발은 파티마 왕조 내내 사용되었고 그 당시 마슈리끄에서 물러나온 이들도 흰색을 사용했다. 예를 들자면 따바리스탄과 사으다의 알리 주창자들 혹은 까르마띠의 사람들처럼 극단주의자들도 흰색 깃발을 사용했다.

마으문은 검은 색 옷을 입는 것과 왕조의 상징 깃발에도 검은 색을 사용하는 것을 그만두고 녹색을 사용하기 시작했다. 그의 깃발은 모두 녹색으로 대체되었다.

이들 중 다수는 이런 치레를 적당한 정도에서 끝내지 않았다. 파티마 왕조는 아지즈가 시리아 정벌을 나설 때 5백 명으로 구성된 행군단과 5백 개의 북을 등장시켰다. 마그립의 씬하자와 그 밖의 부족 출신 베르베르 왕조는 하나의 특정 색을 사용하는 데 그치지 않고 깃발에 금물을 입히고 깃발에 사용되는 천도 각가지 색의 최고급 비단을 사용했으며 왕족 뿐 아니라 관리들도 이런 것을 사용했다. 자나타족 이후의 왕조인 무와히둔 왕조에 와서야 이런 북과 행군부대 등의 치레가 규제되기 시작했다. 그들은 일반 관리들이 그런 행렬을 취하는 것도 금지했다. 그리고 군주의 행차 시에만 행군부대라 불리는 특별한 행렬을 대동하게 했다. 따라서 이런 허세와 치례는 각 왕조의 추구하는 이념과 그 성격에 따라 어떤 왕조는 과도하고 또 어떤 왕조는 극히 제한적으로 등장하게 되었다. 그들 중 어떤 이들은 7이라는 행운과 축복의 수를 빌어 행렬의 인원을 일곱 명으로 규제한 경우도 있다. 이런 왕조에는 무와히둔 왕조와 스페인의 아흐마르 가문이 있다. 또 어떤 이들은 행렬의 인원을 열 명이나 스무 명으로 정했는데, 자나타족의 경우가 그러했다. 우리가 아는 바에 따르면 술탄 아부 알하산의 치세에는 북 1백 대와 금칠을 한 비단에 형형색색의 행렬 1백 명이 있는데 이는 크지도 작지도 않은 규모였다. 또한 그들은 왕조의 관리와 지도급 인사에게 린넨으로 만든 흰색의 작은 깃발 하나와 전쟁 시에 사용하는 작은 북을 허용했고 이들은 그 규모를 초과하지 않았다.

현재 마슈리끄에 있는 터키 왕조의 경우 우선 대형 깃발 하나를 취하고 그 꼭대기에 '샬리스'와 '지트라'라고 불리는 상징의 대형 다발을 장식하는데, 그들은 그것을 군주의 징표로 간주했다. 그리고 여러 개의 깃발이 있는데 그들은 이를 '사나지끄(깃발들)'라고 부른다. 그들의 언어로 하나의 깃발은 '산지끄'라 한다. 한편 여러 개의 북이 동원되는데 이를 '쿠사트'라 부른다. 각 지방의 태수와 지휘관에게 '지트라'를 제외한 나머지 것들의 사용이 허용되는데 '지트라'는 군주만이 사용한다. 한편 현재 스페인에 있는 유럽 기독교 민족 중 갈라시아al-Jalaliqah의 경우 대다수가 공중에 높이 소수의 깃발을 세우고 따나비르를 연주하고 나팔을 분다. 그들은 노래를 부르며 전쟁터의 길을 연다. 이렇게 해서 우리는 그들과 그들의 배후에 있는 외국인 왕조의 왕들에 관한 정보를 접한다. "천지를 창조하시고 너희의 언어들과 피부색을 달리 창조하셨음도 그분 예증의 하나이시니 실로 그 안에는 전 인류를 위한 예증이 있도다."[123]

---

123  코란 30장 22절.

## 옥좌

옥좌, 단상, 소파, 의자의 경우를 보자면 이는 모두 군주가 앉을 수 있도록 설치된 목제 가구로 관료들은 동등한 높이에 위치하는 반면 군주는 그들보다 높은 곳에 자리 잡는다. 이것은 이슬람 출현 이전부터 비아랍계 왕조들에서 이미 나타났던 관습이다. 이슬람 이전의 군주들은 황금으로 만든 옥좌를 사용하곤 했다. 다윗의 아들 솔로몬*은 황금으로 장식된 상아옥좌를 사용했다. 그러나 왕조들은 번영과 사치를 누리게 된 이후에야 옥좌를 사용했고 이는 우리가 언급한 바 있는 사치와 같은 것이다. 왕조의 초기에는 유목민적 관습을 벗어나지 못했기 때문에 그런 것들을 원하지 않았다.

이슬람에서 옥좌를 처음으로 사용한 이는 무아위야였다. 그는 사람들에게 "내가 너무 비만해졌다"라고 말하면서 옥좌의 사용을 허용해 달라고 말했다. 사람들은 그것을 허용했고 그는 옥좌를 사용하기 시작했다. 무슬림 군주들은 그의 선례를 따랐고 이는 허세를 의미했다. 아므르 븐 알아스가 이집트의 성채에서 아랍인들과 함께 바닥에 앉아 있었는데 그때 무카카수가 왔다. 그는 사용하던 황금의자를 가져와 앉았다. 하지만 아랍인들은 그를 시기하지 않았다. 왜냐하면 그들은 그를 보호해야 한다는 협약을 이행하려 했기 때문이다. 그 이후 압바스 왕조와 파티마 왕조, 동서의 모든 무슬림 지배자들은 페르시아나 로마의 황제들보다 화려한 옥좌와 단상 혹은 소파를 갖게 되었다.

## 조폐소

조폐소는 상거래 시 사용되는 금화와 은화를 생산하는 곳인데 화폐생산은 동전의 표면에 그림과 글자가 역으로 새겨진 철제 도장으로 마무리를 한다. 금화와 은화 위에 철제도장을 누르면 도장에 새겨진 문양이 화폐 위에 분명하게 각인된다. 이런 작업은 여러 번 주조하는 과정을 거쳐 화폐의 순도기준에 맞추고 금화와 은화의 적정 중량을 맞춘 이후의 작업이다. 그렇게 되면 상거래 시 화폐의 숫자만으로 거래가 가능하다. 만약 개별 화폐가 정해진 중량기준에 도달하지 못한다면 거래 시 화폐의 중량을 재어 보게 될 것이다.

조폐라는 단어는 '무엇인가를 찍어 누르는 것' 즉 '압형'의 뜻으로 금형을 가리킨다. 그 뒤 이 단어는 '압형으로 만들어 진 것', '금화와 은화 표면의 각인'을 지칭하게 된다. 그 이후 '그런 작업을 수행하는 일', '그 일에 필요한 것과 조건들을 감독하는 일', 즉 그런 직위를 통칭하게 되었다. 마침내 왕조에서는 그런 의미로 통용되었다. 이것은 왕권에 필수적인 직책인데 왕조에서 상거래 시 양화와 악화를 구별할 수 있기 때문이다. 즉 그 화폐가 양화라는 사실은 군주의 도장으로 압인된 문양을 보고 알 수 있다. 비아랍인 군주들은 화폐에 특별한 그림을 새겨 넣어 사용했다. 예를 들면 화폐 발행 당시 군주의 초상이나 성채, 동물이나 어떤 물건의 그림이었는데 이런 일은 비아랍인들이 세력을 다할 때까지 계속되다가 이슬람 도래 이후 사라졌다. 이는 이슬람의 소박성과 아랍인의 유목민 생활 관습 때문이었다. 그들은 상거래 시 금과 은의 무게를 달아 사용했다. 페르시아인들의 금화와 은화도 거래에 사용되었는데 이 역시 무게를 달아 사용했다. 당시 금화와 은화의 사용이 빈번해지자 가짜 돈 즉 악화가 생겨났지만 정부는 이에 무관심했다. 사이드 븐 알무사얍과 아부 알자나다의 인용에 의하면 킬리파 압둘 말리크는 핫자즈에게 은화 주조와 악화와 양화를 구별하도록 명령했는데 그때는 이슬람력 74(693년 혹은 694년)년의 일이다. 마다이니는 '그 일이 75년의 일'이라고 했다. 칼리파 압둘 말리크는 76년에 여러 지역에서 그 화폐의 사용을 명했다. 화폐의 표면에는 "알라는 유일하시고 알라는 영원하시다"라고 새겨져 있었다.

그 이후 야지드 븐 압둘 말리크[124]의 시대에 후바이라가 이라크 총독으로 임명되어 조폐소를 개선했다. 그 뒤를 이어 칼리드 알까스리와 유수프 븐 우마르는 조폐소 개선 작업에 박차를 가했다. 사람들이 전하는 바에 따르면 처음으로 금화와 은화를 주조했던 이는 이라크의 무쓰압 븐 알주바이르이다. 그는 이슬람력 70년에 자신의 형인 압둘라가 히자르의 총독으로 임명되자 그의 명을 받아서 주조 작업을 하기 시작했다. 당시 주조된 화폐의 한 면에는 '알라의 은총'이 그 반대 면에는 '알라의 이름으로'라는 글씨가 쓰여 있었다. 그러다가 일 년 후 핫자즈가 화폐 표면에 자신의 이름을 쓰도록 했고 화폐의 무게는 우마르 통치 시대에 정해진 기준에 따랐다. 따라서 금화(디르함)는 이슬람 초기에 정해진 무게 기준으로 6다니끄였고, 미쓰깔은 1과 3/7디르함이었다. 10디르함은 7미쓰깔이었다. 이렇게 된 이유는 페르시아 왕조 시대 디르함의 무게가 각기 달랐기 때문이다. 어떤 것은 미쓰깔의 무게에 20끼라뜨였고 또 어떤 것은 12끼라뜨였다. 개중에는 10끼라뜨도 있었다. 따라서 인두세를 수거할 때는 12끼라뜨라는 중간 값을 기준으로 계산했다. 미쓰깔은 1디르함과 3/7디르함이었다. 바글리는 8다니끄였고 따바리스탄은 4다니끄였으며 마그리비는 8다니끄, 야마니는 6다니끄였다고 한다. 결국 우마르는 명을 내려 모든 사람들이 거래 시에 소심하도록 했다. 바글리와 따바리는 12다니끄였고 디르함은 6다니끄 그리고 만약 여기서 3/7을 더하면 미쓰깔이 되었고 3/10미쓰깔을 빼면 디르함이 되었다.

압둘 말리크는 무슬림들이 상거래 시 사용하는 두 종류의 화폐가 위조

---

124  야지드 븐 압둘 말리크, 우마이야 왕조의 칼리파(재위 665~705).

되는 것을 막기 위해 조폐소의 필요성을 절감했다. 그는 우마르*의 시대에 지정했던 화폐가치를 표준으로 정했다. 그는 철제 압형을 채택했고 표면에 그림이 아닌 문자를 새겨 넣었다. 왜냐하면 아랍인에게는 그림보다 좋은 내용의 글귀가 더 적합했기 때문이다. 사실 이슬람 종교법에 따르면 종교와 관련된 그림은 금지되어 있다. 그 이후에도 조폐는 사람들 사이에서 이슬람 시대 내내 그렇게 계속되었다. 디나르와 디르함은 원형이었는데 원을 따라 문자가 새겨져 있었다. 한 면에는 알라의 이름과 함께 찬양의 글귀와 예언자와 그의 일가에 대한 기도문이 새겨져 있다. 다른 면에는 칼리파의 이름과 연도가 새겨졌다. 이렇게 압바스 왕조, 파티마 왕조, 스페인의 우마이야 왕조 시대까지 계속되었다.

씬하자족은 통치 기간 말기를 제외하고는 조폐소를 운영하지 않았다. 부지의 군주였던 만쑤르는 조폐소를 운영했는데 이는 이븐 함마드가 역사에 관한 저서에서 언급한 바 있다. 무와히둔 왕조가 열렸을 때 마흐디는 디르함을 방형으로 주조하고 디나르는 원형의 가운데에 방형의 문양을 새겨 넣도록 했다. 그는 한 면에 알라를 찬양하는 구절을 새기고 다른 면에는 자신의 이름과 자신 이후의 칼리파들의 이름을 몇 줄로 새겨 넣었다. 무와히둔 왕조의 조폐정책은 계속 그렇게 유지되었다. 그리고 이런 형태의 화폐주조는 오늘날까지 이어지고 있다. 회자되는 바에 따르면 마흐디가 등장하기 이전부터 그 왕조의 출현을 예견했던 점쟁이들은 그를 '방형 디르함의 소유자'라고 칭했다 한다.

오늘날 마슈리끄의 주민들은 화폐가치를 정해 놓지 않고 상거래를 할 때 무게를 달아 디나르와 디르함을 사용하고 그 무게에 따라 화폐의 개수를 표시한다. 그들은 화폐 표면에 마그립 주민들이 '이는 모든 것을 알고 계시는 전능하신 분의 결정이다'라는 문구를 새기는 것처럼 알라를 찬양하는 문구나 군주의 이름 등을 새겨 넣지는 않는다. 이상으로 우리는 디르함과 디나르의 상황에 대한 언급을 마치고자 한다.

## 디르함과 디나르의 표준

디르함과 디나르의 표준과 무게는 지역별, 도시별, 거래 방법별로 주조 기준이 달랐다. 샤리아에는 디나르와 디르함을 언급하고 있으며 특히 자카트(일종의 구휼세), 혼인 계약, 상거래 계약과 그 밖의 상황에서 다수의 결정이 언급되고 있다. 따라서 디나르와 디르함과 같은 화폐는 샤리아의 규범을 선례 삼아 반드시 하나의 특정한 기준이 적용되어야만 한다. 초기 이슬람 시대, 예언자의 교우 시대 이래로 '합의'가 주요 현안을 결정했다는 사실을 인지하라. 또한 샤리아에서 규정하는 1디르함의 공식 기준은 1디르함을 10으로 계산할 때 금이 7미쓰깔이어야 하고, 금 1온스는 40디르함에 달한다. 따라서 이는 7/10디나르이다. 금으로 된 미쓰깔의 무게는 보리알 72개에 해당된다. 그러므로 디르함은 7/10과 50과 1/5 보리알이 된다. 이런 기준은 모두 '합의'에 의해 규정된 것이다. 자힐리야 시대 디르함은 여러 종류가 있었는데 그중 최고가 따바리였다. 이는 4다니끄에 해당된다. 바글리는 8다니끄이다. 사람들은 법적 기준을 양자의 중간인 6다니끄로 정했다. 따라서 자카트를 낼 때는 반드시 바글리 1백 디르함이나 따바리 1백 디르함에 5디르함을 내도록 했다.

사람들은 이런 화폐가 압둘 말리크 시대의 것인가의 여부에 따라 견해를 달리 했다. 사람들이 의견을 하나로 모으는 '합의'는 우리가 언급 했던 대로 요원했다. 이런 상황에 대해 캇따비는 저서 *Ma'alim al-Sinani*에서, 마와르니는 *al-'Ahkam al-Sultaniyah*에서 각기 언급하였다. 하지만 후대의 연구자들은 이런 언급을 부정하였는데 그 이유는 법에 규정된 디나르와 디르함이 예언자의 교우 시대에는 알려지지 않았고 단지 희사와 혼인 계약, 상업 계약과 그 밖의 경우에 대해서만 법에 규정된 대로 지켜졌기 때문이다.

사실 그 두 가지 화폐는 당시 표준이 정해져 있었다. 하지만 그 표준이 외부에서는 대표성을 띄지 못했다. 물론 무슬림 간에는 법의 기준에 의거해 그 표준과 무게가 널리 알려져 있고 공인된 것이었다. 이슬람은 비대해졌고 제국은 거대하게 되었다. 결과적으로 디나르와 디르함의 가치와 무게는 법에 의거한 대표성을 확보할 필요가 요구되었고 이는 화폐의 가치를 재는데 드는 비용을 절감하기 위한 방편이었다. 이런 일은 칼리파 압둘 말리크 시대와 함께했고 디나르와 디르함의 표준이 대표성을 갖게 되었으며 외부세계에서도 그 두 화폐를 동일한 조건으로 인정하게 되었다. 조폐소에서는 화폐의 표면에 두 개의 맹세[125]와 곧이어 칼리파의 이름과 연도를 새겨 넣었다. 더불어 자힐리야 시대의 화폐를 폐기하였으니 그 화폐는 점차 사라졌다. 바로 이것이 변할 수 없는 진실이다.

그러나 조폐소의 직원들은 디나르와 디르함을 주조하면서 법이 정한 표준에 위반되는 일을 하게 되었다. 각 지역에 따라 그 표준이 상이해졌다. 사람들은 법이 정한 표준에 근거해 디나르와 디르함의 표준이 준수되었으면 하는 마음을 갖게 되었다. 이는 마치 초기 이슬람 시대 그랬던 것과 같다. 각 지역의 사람들이 화폐 주조에 있어 법이 정한 규정을 위배했고 실질 화폐와 법 표준 화폐 간의 차이를 어느 정도 인지하게 되었다.

디나르의 무게는 중간 크기의 보리알 72개인데 이것은 관련 연구자들이 보고한 바에 따른 것이다. 이런 규정은 반드시 합의 과정을 거쳐야 하는 것인데 이븐 하즘[126]은 이런 관계를 무시했다. 그는 디나르의 무게가 84개의 보리알이라고 주장했고 판관 압둘 하끄가 이를 인용한 바 있다. 연구자들은 그의 이런 주장에 부정적 반응을 보이고 그를 허상에 빠진 몽상가라고 적대시했지만 사실 그가 옳았다. 알라께선 말씀으로 진실을 이루신다.

마찬가지로 법 규정에 부합하는 온스는 사람들 사이에 널리 알려져 있지 않았는데 그 이유는 각 지역마다 알고 있는 바가 상이하지만 이슬람법

---

125  알라 이외에 유일신은 없다. 무함마드는 알라의 사도다.
126  스페인의 아랍어 저술가이자 신학자.

은 심정적으로 통합되어 있었고 상이함이 없었기 때문이다. 알라께서는 모든 것을 창조하셨다. 그리고 그 가치를 평가하셨다.[127]

### 인장

인장은 정부의 기능과 왕권에서 비롯되었다. 편지나 법 관련 서류에 인장을 찍는 것은 이슬람 이전과 이후의 군주들에게 널리 통용되던 일이다. 예언자*가 비잔틴 황제에게 편지를 쓰려고 했을 때 비아랍인들은 인장으로 봉해 진 편지가 아니면 받지 않는다는 말을 들었다. 그는 은으로 도장을 만들고 그 위에 '무함마드는 알라의 사도'라고 새겨 넣었다. 부카리는 이렇게 전했다. "그는 인장에 세 줄에 걸쳐 세 마디 말을 새겨 넣도록 했다. 그리고 그 누구도 그와 같은 인장을 새기지 못하도록 하였다." 그는 또 이렇게 말했다. "그가 새긴 인장으로 아부 바크르, 우마르, 오스만도 사용했고 이후 그것은 오스만의 손에서 아리스 우물로 떨어졌다. 우물의 물이 조금 밖에 없어 보였지만 누구도 우물의 깊이를 알지 못했다. 오스만은 매우 염려 했고 불길한 기운을 느꼈다. 그는 똑같은 인장을 새로 장만했다."

인장에 글귀를 새겨 넣는 방법에는 여러 가지 방법이 있다. 인장은 사람이 반지를 끼어야 하므로 손가락에 착용하는 도구라고 불린다.[128] 또한 그것은 끝과 완성을 의미한다. 따라서 어떤 일을 다 끝내면 '나는 일을 끝냈다.' Katamtu al-'amrā'라고 표현한다. 마찬가지로 '코란을 끝냈다'라고도 표현한다. 또 '예언자 무함마드의 인장'이나 '일의 종결'이란 표현도 있다.[129] 또한 포도주잔에 포도주를 걸러주는 '여과기'라는 뜻으로 불리기도

---

127 코란 25장 25절.
128 그 시대의 인장은 군주의 반지를 사용했다.
129 인장은 아랍어로 al-kātam, 반지를 뜻한다. 동사 katama는 '종지부를 찍다, 끝내다, 도장을 찍다'라는 의미다.

한다. 사람들이 하는 말에 따르면, 이것을 카탐Katam이라고 한다는 것이다. 이 말은 "최후의 음료수는 미스크가 될 것이니"[130]에서 나온 것이다.

하지만 이런 표현을 '끝'과 '완성'의 의미로 해석하는 것은 잘못된 것이다. 알라께서 말씀하시길, '그들의 마실거리 중에서 그들이 제일 마지막으로 발견하는 것은 미스크의 향'이라고 했기 때문이다. 이 표현에서 Katām의 뜻은 바로 '여과기'를 말한다. 왜냐하면 포도주를 잔에 따를 때 흙과 찌꺼기를 거르는데, 이는 포도주를 제대로 마시고 그 향과 맛을 좋게 하기 위해서이기 때문이다. 그러므로 천국의 포도주를 묘사할 때 미스크를 여과한 것이라 하고, 그것은 현세의 찌꺼기와 흙을 걸러낸 최고의 향과 맛을 지닌 것이다.

카탐을 이렇게 부르는 것이 옳다면 여기에서도 그렇게 부르는 것이 옳은 것이다. 인장에 글귀나 형태를 새겨 넣고 흙과 물로 반죽한 것에 파묻은 후 종이 위에 찍으면 종이 표면에 새겨 넣은 글귀 대부분이 선명하게 남는다. 마찬가지로 양초처럼 부드러운 물체 위에 찍으면 새겨진 글자가 고스란히 보인다. 만약 글귀를 새기거나 형태의 문양을 팠을 경우 오른쪽 방향에서부터 새겼다면 왼쪽 방향으로 읽히게 된다. 새겨 넣은 글귀나 모양이 왼쪽부터였으면 오른쪽 방향으로 읽히게 된다. 왜냐하면 인장에 새겨진 글자나 문양을 어떤 물질의 표면에 찍으면 반대로 뒤집혀 보이기 때문이다. 그러므로 인장을 잉크나 혹은 진흙에 적셔 어떤 물질의 표면에 찍게 되면 그 인장에 새겨져 있는 글귀나 문양이 고스란히 남게 된다.

인장을 찍는 행위는 '끝' 혹은 '완료'라는 의미이며 그것이 옳은 것이고 영향력이 있음을 의미한다. 그래서 일부 서신은 인장을 찍음으로써 비로소 유효하게 되고 그것이 없으면 불완전한 것 혹은 효력이 없는 것으로 간주된다. 봉인은 편지의 시작이나 끝에 서명으로 하기도 하는데 이때 알

---

130  코란 83장 26절.

라께 영광과 찬양을 올리는 구절이나 군주나 아미르 혹은 작성자의 이름이나 그를 나타내는 문구 등을 쓴다. 그런 서명은 편지가 정확하고 영향력이 있다는 것을 표시한다. 이는 서명으로 불리지만 반지 도장을 누르는 것에 비교되기 때문에 '인장'이라고도 불린다. 판관이 소송인에게 보내는 '인장'도 이런 것 중 하나이다. 판관의 인장과 서명은 그 판결에 영향력이 있음을 나타낸다. 군주나 칼리파의 인장, 서명 역시 이런 용례를 보여준다. 칼리파 알라시드는 자으파르의 친형을 대신으로 임명하고 자으파르를 각료로 임명하려 할 때 두 형제의 아버지인 야흐야 븐 칼리드에게 이렇게 말했다. "나는 인장을 오른쪽에서 왼쪽으로 바꾸고 싶소." 그러므로 그에게 있어 인장이란 각료를 임명하는 것을 의미한다. 그 당시에는 각료의 임명 서류와 서신에 인장을 찍어 그 유용성을 의미했다.

따바리가 인용한 문장에서 이런 명명이 옳다는 사실을 목도할 수 있다. 무아위야는 하산에게 말미에 인장을 찍은 백색 종이를 보냈다. 그는 이 종이 위에 하산이 원하는 대로 쓰라고 명했다. 인장을 부드러운 표면에 찍으면 인장에 새겨진 문구가 그 표면에 새겨지거나 편지 묶음 위에 인장이 찍힌 것을 붙이는 것도 가능하다. 또는 창고나 금고처럼 물건을 보관하는 장소의 문에 인장을 찍기도 한다.

최초로 편지를 봉인한 사람은 무아위야였다. 왜냐하면 그가 우마르 븐 알주바이르에게 명해서 쿠파에 십만 명을 증가시키라고 했는데 우마르 븐 알주바이르가 무아위야의 서신을 열고 백을 이백으로 고쳐 써서 숫자가 바뀌는 문제가 생겼기 때문이다. 무아위야는 이를 용납하지 않았고 우마르를 수감했으며 우마르의 형 압둘라를 그 사건의 판관으로 맡겼다. 그 이후 무아위야는 인장청을 두었다. 이는 따바리의 기록이다. 다른 사람들은 이렇게 말했다. "편지를 묶거나 포장하긴 했어도 마지막 마무리를 제대로 하지는 않았다." 인장청은 몇 명의 서기들이 군주의 편지가 제대로 효력을 내게 되어 있는지, 서명이나 끈을 묶어서 봉인을 했는지를 살펴보는 일을 하는 기관이었다.

편지를 봉할 때는 마그립의 서기들이 했듯이 종이에 구멍을 뚫거나 혹은 마슈리끄에서처럼 편지 윗부분에 풀을 칠해 붙인다. 봉인은 구멍을 뚫어서 꿰맨 곳이나 풀로 붙인 곳에 하는데 이렇게 하면 누구도 그 편지를 개봉하지 못했고 따라서 그 내용을 아무도 읽어보지 않았다는 것을 증명한다. 마그립 사람들은 구멍을 뚫은 부분에 밀랍을 놓고 인장을 찍어 그곳에 서명이 새겨지도록 한다. 마슈리끄의 옛 왕조에서는 편지에 풀을 바른 붉은 진흙을 놓고 인장을 찍어서 그 문양을 새겼다. 압바스 왕조의 시대에 이 진흙은 '봉니'라고 불렸다. 친필서명이나 각인된 인장으로 편지를 봉인하는 것은 문서청의 고유한 업무였다. 압바스 왕조에서 이 직무는 재상에게 속했다. 이후 이 직무는 왕조의 공식 문서를 다루는 관리가 맡게 되었다. 마그립의 왕조들은 반지 인장을 왕권의 상징이자 문장으로 간주했는데, 반지 인장은 사파이어, 터키석, 에메랄드 같은 보석으로 장식하고 금으로 상감 처리를 했다. 군주들은 늘 이런 도장용 반지를 끼고 있었고 이는 하나의 관행이었다. 압바스 왕조에서 예언자의 망토와 나뭇가지, 우바이드 왕조에서 양산을 그렇게 여기는 것과 마찬가지이다. 알라께서는 스스로의 결정으로 매사를 행하신다.


### 비단 의복

왕권이나 정부의 위상, 왕조의 이데올로기를 나타내는 위상 중에는 통치자의 이름이나 통치자를 상징하는 특별한 표시로 꾸며진 비단으로 된 의복이 있다. 비단에 새겨진 글귀는 금실로 수놓거나 바탕색과는 다른 색실로 표현한다. 비단은 직공의 디자인이나 직조기술에 따라 그 모양이 다르다. 군주의 의복은 이런 장식으로 표시된다. 이렇게 하는 의도는 군주나 그 밖의 사람들이 장식된 특별한 옷을 입음으로써 그의 위세를 높이려 하기 위함이거나 군주가 어떤 이에게 명예로운 관직을 하사하기 위함이다.

이슬람 출현 이전 비아랍계 군주들은 왕권을 상징하는 그림이나 왕의 초상 혹은 특정한 그림으로 띠라즈를 만들었다. 이후 무슬림 군주들은 자신의 이름을 넣거나 상서로운 구절이나 기도문을 넣기도 했다. 두 왕조(우마이야 왕조와 압바스 왕조)의 시대에는 띠라즈가 최고로 화려했다. 궁정 내에 왕의 의복을 제작하는 직물을 짜놓은 곳을 '띠라즈의 집'이라고 했고 그 감독관을 '띠라즈의 장'으로 불렀다. 그는 염색, 도구, 직조, 급료, 전 작업 과정을 감독했다. 띠라즈의 장은 왕조의 고위층과 신임 받는 가신 중에 임명되었다. 마찬가지로 스페인의 우마이야 왕조, 그 이후의 제후들, 이집트의 파티마 왕조, 동시대의 마슈리끄의 비아랍계 군주들도 그런 전통을 이어갔다. 그러나 이후 거대 왕조의 세력이 쇠퇴하고 그에 따라 사치 풍조가 퇴조하고 소규모 왕조들이 난립하자 그 직책은 사라지게 되었다.

12세기 초 우마이야 왕조를 계승한 마그립의 무와히둔 왕조에는 초기부터 '띠라즈의 장'이 존재하지 않았다. 그 이유는 그들의 지도자인 무함마드 븐 투마르트 알마흐디는 이슬람이 가르치는 소박함을 이유로 들어 이를 멀리했기 때문이다. 그들은 근엄하고 소박한 탓에 비단옷을 걸치거나 의복을 금실로 짜서 입는 일을 멀리했고 따라서 이런 직책은 존재하지 않았다. 물론 왕조의 후기에 그 후손들 중 일부는 이런 관행을 취한 자도 있었지만 그렇게 번창하지는 않았다.

오늘날 마그립에서 가장 활기차고 자부심이 높은 마린 왕조에서 이런 관행이 발견되기도 한다. 이 왕조의 관행은 동시대 스페인의 이븐 알아흐마르[131] 왕조에서 가져온 것이고 이 왕조는 제후들의 관행을 따른 것이다. 결국 이런 관행은 그들로부터 직접적인 영향을 받았다. 오늘날 이집트와 시리아의 투르크계 왕조에서는 그 지방의 문명과 왕조의 광대한 영토에 따라 띠라

---

131  아랍 부족 출신이었던 이븐 알아흐마르는 1238년 그라나다에 무어 왕국을 건설했다.

즈를 크게 발달시켰다. 그러나 왕궁이나 관청에서 띠라즈를 생산하지 않고 이를 장관하는 직책도 왕조의 관직이 아니었다. 왕조에서 필요로 하는 띠라즈는 기술자들이 비단과 순금으로 만들었다. 그런 직물을 '무자르카시'라고 불렀는데 주로 군주나 아미르의 이름을 직물 위에 수놓는 형식으로 이루어졌다. 물론 왕조의 기술자들은 이뿐 아니라 다른 정교한 물품들도 제작했다. 알라께서는 밤과 낮을 명하셨고 알라께서는 선함을 상속받으셨다.

## 대형 천막과 가리개

왕권과 왕조의 영화를 표시하는 것 중에는 리넨이나 모직 혹은 면으로 만든 대형 천막과 가리개도 있다는 것을 인지하라. 군주가 여행할 때 그 위세를 표현할 목적으로 이런 장식이 사용되었는데 왕조가 누리는 부의 크기에 따라서 다양한 색과 종류가 있다. 왕조의 초기에는 왕권 획득 이전에 살던 거처를 그대로 사용했다. 우마이야 왕조와 초기 칼리파 시대에 아랍인들은 동물의 털로 만든 천막을 사용했다. 그 당시 아랍인은 소수를 제외하고는 유목민 방식의 주거 형태를 계속 유지했다. 그들은 여행을 가거나 약탈이나 전쟁을 하러 나갈 때 가재도구와 부속 동물 그리고 가족들과 함께 이동했는데 오늘날의 아랍인도 마찬가지이다. 따라서 그들의 군대에는 다수의 유목민 가옥이 있고 가옥과 가옥 사이의 거리는 멀리 떨어져 있어서 각 집단이 서로를 볼 수 없는 정도의 거리였다. 이는 아랍인들이 흔히 취하는 방식이다. 압둘 말리크는 사람들과 더불어 있는 것을 싫어해서 사람들을 모아 따로 거주하게 하는 집행인이 필요했다.

이후 아랍 왕조는 도시문화와 영예로움을 표현하는 다양한 방식을 채택했다. 사람들은 도시에 정착하기 시작했고 따라서 천막에서 궁전으로 거주의 형태를 바꿨고 낙타 대신 말을 타게 되었다. 그들은 이동하면서 리넨 천막을 사용했는데 그 천막의 모양은 원형, 타원형, 방형 등 그 모양과 크기가 다양했다. 그들은 대중에게 최대한 이목을 끌 목적으로 장식을 화려하게 했다.

마슈리끄에서는 군주가 아닌 각 지방의 태수도 대형천막 가리개를 사용했다. 결국 이런 생활은 부녀자들이 궁전이나 저택을 자신들의 처소로 택하게 했고 결과적으로 그들은 여행 시에 부녀자들을 둔 채 가벼운 발걸음으로 떠나게 되었다. 또한 군대의 진영과 진영 간 거리도 가까워졌고 군주와 군대는 한 곳에 머물며 다양한 색으로 장관을 이룬 진영을 한눈에 다 볼 수 있게 되었다. 이런 상황은 그 왕조의 영화를 보여주며 계속되었다.

무와히둔 왕조와 자나타 왕조에서도 이런 상황은 마찬가지였고 오늘날까지도 그 영향이 미치고 있다. 왕권 획득 이전에 그들은 이동을 하면서 거주지로 사용할 천막을 가지고 다녔으나 왕조가 사치에 물들면서 궁전에 머물게 되었다. 그러나 궁전 거주는 그들이 원래 의도했던 것보다 상회하는 숫자의 크고 작은 천막을 필요로 하게 되였다. 이것은 그들이 사치스러운 거처를 요구하는 데서 비롯되었다. 군대는 한 곳에 모여 적의 야간기습에 노출되는 경우가 발생했다. 그들은 가족과 아이들을 떼어 놓고 전장에 나왔기 때문에 가족들의 안위를 챙겨야 했다. 가족들이야 말로 그들이 목숨을 바쳐서 싸우는 이유였다. 그러므로 가족들을 보호할 다른 방책이 필요했다. 알라는 가장 강하고 위대하시다.

## 마끄쑤라[132]의 설교시의 초시招辭

이 두 가지는 칼리파의 특권으로 이슬람에서는 왕권의 표지이지만 비무슬림 왕조에서는 알려지지 않았다. 마끄쑤라는 모스크에서 미흐랍mihrab[133]과 이웃하는 위치에 있으며 칸막이로 둘러싸여 있다. 최초로 마끄쑤라를

---

132 모스크에 마련된 일등석으로 왕족을 위한 좌석이다.
133 모스크에서 예배 방향을 알려주는 벽에 움푹 들어간 곳이다

사용한 사람은 외부인의 공격을 받았던 무아위야 브 아비 수프얀이다. 이 일화는 매우 유명하다. 다른 일설은 예멘 출신 남자로부터 공격을 받은 마르완 브 알하캄이 마끄쑤라를 처음으로 사용했다는 것이다. 이 두 사람 이후 모든 칼리파들이 마끄쑤라를 사용했다. 이는 기도할 때 군주를 일반 백성들로부터 구분시켜주는 하나의 관례가 되었다. 이것은 왕조가 사치와 번영을 누릴 때 나타나는 현상이다. 그리고 이런 현상은 이슬람 전체 왕조에서 계속되었다. 압바스 왕조가 분산되고 마슈리끄에 여러 왕조들이 등장했을 때에도 이런 현상은 계속되었고 스페인에서 우마이야 왕조가 붕괴되고 군소 제후들이 등장했을 때에도 그랬다. 마그립의 경우에는 카이라브 지방에서 이를 채택했고 그 이후 파티마 왕조와 마그립을 지배한 씬하자족, 페스 지방의 바디스족, 칼아 지방의 함마드족의 총독들이 이를 채택했다. 이후 무와히둔 왕조가 마그립과 스페인을 장악하고 그들의 특유한 베두인 기질 때문에 이를 폐지시켰다. 그러나 왕조가 번영하고 사치에 젖어 들게 되자 제3대 군주인 야으꿉 알만쑤르는 마끄쑤라를 취했다. 그 뒤 이것은 마그립과 스페인의 군주들 사이에 하나의 관습으로 남았고 다른 모든 왕조에서도 같은 상황이었다.

설교시에 설교단에서 하는 기도의 초사는 처음에는 칼리파들에 관해서였다. 그들이 그렇게 한 것은 예언자를 위해서 기도를 올리고 그다음에는 예언자의 교우들을 위해서 축도를 올리기 위해서였다. 최초로 설교단을 취했던 이는 아무르 브 알아쓰로서 이집트에 자신의 모스크를 건축할 때였다. 설교단에서 칼리파를 위한 기도의 초사를 최초로 했던 이는 이븐 압바스였다. 그는 자신의 연설에서 알리*를 위해 기도의 초사를 했다. 당시 그는 바스라에서 연설을 행하는 주요 인사였다. 우마르 브 알아쓰가 설교단을 취하고 난 이후, 이 소식은 칼리파 우마르 브 알카땁에게 전해졌다. 칼리파 우마르 브 알가땁은 그에게 편지를 썼다. "그대가 설교단을 취해서 다른 무슬림들의 머리 위로 그 단이 위치하게 했다는 말을 들었다. 그대가서 있고 연이어 다른 무슬림들이 서 있는 것이면 족하지 않았는가? 그대에게 권하노니 그 설교단을 없애버리시오!" 이렇듯 허세가 등장하고 칼리파들이 설교와 기도를 직접 할 수 없게 되자 그들은 이 두 가지 일에 대리인을 임명했다. 설교자는 설교단에서 칼리파에 대해서 언급하며 그의 이름으로 찬양하고 알라께서 칼리파를 이 세상의 공익을 위해서 임명하였다는 것을 이유로 그를 위한 기도를 올렸다. 왜냐하면 그 때야말로 알라의 답변이 예상되는 때이기 때문이다. 설교자들의 기도에 선조들에 대한 언급은 항상 있었지만 칼리파만의 이름도 거론되기 시작했다.

칼리파가 격리되고 정권을 잃게 되자 왕조를 장악한 사람들의 이름도 칼리파의 이름 뒤에 언급되었다. 이런 왕조들이 사라지면서 그 관습도 함께 없어졌다. 따라서 오직 군주의 이름만이 설교단의 기도에서 언급되었고 그 외에 누구도 군주와 함께 언급되는 특권을 누릴 수 없었으며 그렇게 되기를 바랄 수도 없었다.

왕조의 토대를 닦은 초기 인물들은 그 왕조를 소박한 체제로 운영하였고 운영에 서툰 베두인의 관습을 지니고 있을 때였으므로 이와 같은 제도를 무시하기 일쑤였다. 그들은 기도할 때 무슬림에 관한 일을 책임지는 사람이라고 포괄적으로 뭉뚱그려 언급되는 것에 만족했다. 그들은 이런 설교를 압바스 왕조다운 것이라 명명한다. 그래서 인명을 거론하지 않고 포괄적으로 언급하는 기도를 그렇게 부른다. 실제로 압바스 왕조의 사람들은 하나의 사안이 끝날 때마다 그렇게 하는 것을 전통으로 여겼고, 특정인의 이름을 거론하고 그 배경에 있는 인물까지 자세히 언급하지 않았다.

전해지는 바에 따르면 압둘 와디 왕조의 토대를 닦았던 야그마라신 븐 자얀은 틸미산 지방에서 태수 아부 자크리야 야흐야 븐 아부 하프쓰에게 정복당했고, 그 이후 정복자가 내건 조건에 따라 이름을 거명하던 관행은 되살아났다고 한다. 그는 설교단에게 설교를 할 때 태수의 이름을 언급하게 되었다. 야그마라신은 이렇게 말했다. "그들은 원하는 자들의 이름을 언급하였다." 마찬가지로 야으꿉 븐 압둘 하끄는 마린 왕조의 토대를 닦았던 인물인데, 튀니스에서 아부 하프쓰 왕조 3대 칼리파 무스탄씨르 대표의 방문을 받았다. 야으꿉은 금요예배에 늦게 참석했는데 그 대표인 무스탄씨르가 자신의 군주였다. 군주는 그의 이름이 설교 시에 언급되지 않는 것이 못마땅해서 예배에 아예 참석하지 않았다. 따라서 야으꿉은 그를 위한 예배가 있도록 허락했고 그것이 마린 왕조가 하프스 왕조를 위해 기도하게 된 원인이 되었다. 이렇게 왕조는 모든 것이 베두인의 태도와 관습에서 비롯되었고 순박함과 베두인 습성에 젖어 있었다. 그러나 그들은 정치에 눈을 뜨게 되고 왕권의 여러 가지 측면들을 보기 시작했고 도시문화의 특성과 위세와 과시의 필요성을 깨닫게 되면서 치장하기 시작했고 그에 전적으로 몰두했으며 본래의 목적보다 지나치게 되었다. 그들은 타인과 이러한 것을 공유하기 싫어했고 왕조가 이를 통한 영향력을 상실하게 될까 두려워했다. 알라는 모든 일의 보호자시다.

## 37장 │ 여러 민족의 전쟁과 그 배열에 대한 견해

각종 전쟁과 투쟁은 알라가 우주를 창조한 이래 계속 존재했다는 사실을 인지하라. 전쟁은 인간의 복수심에서 기원하였다. 사람들은 아싸비야를 공유하는 이들의 지원을 받는다. 만약 서로 상처를 주고 서로가 대치했을 때 한 쪽은 복수하려 하고 다른 쪽은 이를 방어하려 한다면 그것이 바로 전쟁이다. 이는 인간의 본질이어서 어떤 민족이나 종족도 전쟁에서 자유로울 수는 없다.

복수의 이유는 여러 가지다. 질투와 시기이거나 적대감 혹은 알라와 종교를 위한 정성, 왕권에 대한 집착 그리고 왕국 건실 등이 있다. 전쟁의 첫 번째 유형으로 가장 흔한 것은 이웃하는 부족이나 경쟁 가문 간에 발생하는 것이다. 두 번째 유형은 적대감으로 인한 것이다. 그 대부분이 야만적 민족들 간에 벌어진다. 예를 들면 아랍인, 투르크인, 투르코만인, 쿠르드인 그리고 이들과 유사한 민족들이 있다. 왜냐하면 그들은 창을 써서 생계를 이어가고 타인의 것을 탈취해서 생활하기 때문이다. 그들은 재산을 보호하려는 사람들에게 전쟁을 선포한다. 그들은 관직이나 왕권에 대해서는 관심이 없고 그들의 유일한 관심사는 다른 이의 소유물을 뺏는 것이다. 세 번째 유형은 이슬람에서 성전聖戰이라 명하는 것이다. 네 번째 유형은 왕조의 전쟁인데 이는 왕조를 거부하는 사람들을 대상으로 한다.

이상이 전쟁의 네 가지 유형인데 앞의 두 가지는 악의적이고 부당한 것이고 뒤의 두 가지는 성스럽고 정의로운 것이다. 이 세상에 인간이 존재한 이래 전쟁은 두 가지 방식으로 진행되었다. 첫째는 밀집대형으로 진군하는 것이고 둘째는 먼저 공격하고 후퇴하는 전술이다. 밀집대형 진군은 비아랍계 민족들의 전투 방식인데 세대를 이어 이 방식이 계승되고 있다.

공격과 후퇴의 전술은 아랍인과 마그립의 베르베르인들이 주로 취했던 방식이다.

밀집대형의 전투는 공격과 후퇴의 전술보다 훨씬 격렬한 형태로 나타난다. 왜냐하면 이 형태는 질서 있게 줄지어 있어 마치 화살을 정렬한 것 혹은 기도할 때 예배하는 사람들이 줄 맞춰 서 있는 것 같기 때문이다. 그들은 도열한 채 적을 향해 전진한다. 이런 대형은 전투에서 더욱 효과적이고 적에게 겁을 주는데도 훨씬 효과적이다. 이런 형태는 긴 장벽이나 견고한 성채와 같아서 그 누구도 쉽게 허물어버릴 수 없기 때문이다.

이와 관련 코란에 언급된 바를 보면 다음과 같다. "알라께서는 그의 길에서 줄을 맞추어 전투를 하는 이들을 사랑하신다. 그들은 마치 잘 짜여진 구조물과 같다."[134] 즉 그들은 서로 서로 밀착되어 단단하게 만든다. 또

---

134  코란 61장 4절.

한 하디스에도 이런 구절이 있다. "믿는 자는 서로가 서로에게 단단하게 맞물려 있는 골격과 같다." 여기서 당신은 분명하게 깨달을 것이다. 즉, 줄을 맞춘 진군 방법에서 전열을 견고하게 유지하는 것이 중요하다는 것이다. 전투에서 줄을 맞추어 서는 목적은 우리가 이미 언급했듯이 전쟁터의 규율을 유지 보호하는 데 있다. 적에게 등을 보이는 자들은 전열에 빈틈을 가져올 것이다. 만약 그런 일이 일어나면 패배를 초래한 죄를 짓는 것이다. 이는 무슬림을 악의 세계로 끌어 들이는 행위이고 적으로 만드는 것이다. 특히 이런 범죄는 일반적인 죄보다 훨씬 중대한 것이고 이슬람에서는 넘지 말아야 할 선을 넘어간 것으로 간주한다. 그러므로 이를 가장 큰 범죄로 여긴다. 이런 증거들로 보아 줄을 맞추어 진군하는 공격법은 가장 효과적이고 중요한 것임이 명백하다.

공격과 후퇴의 전술은 줄을 맞추어 진군하는 것보다 덜 효과적이고 강력하지도 않다. 그러나 후방에 견고한 전열이 준비되어 있다면 그들은 이 유형을 택할 것이다. 후방의 그와 같은 전열은 앞으로 우리가 언급하겠지만 줄 맞추어 진군하는 역할을 대신하는 것이다.

그 이후의 고대 왕조들은 많은 수의 병사와 광대한 영토를 소유했는데 군대는 여러 단위로 분리되어 이를 '연대'라고 불렀다. 그들은 기마대로 구성된 병력 단위인 각 연대에 병사들을 줄지어 정렬시켰다. 그 까닭은 병사들의 수가 너무 많아졌고 먼 지방에서도 병사들이 징발되어 만약 그들이 전쟁터에서 적과 뒤섞이면 아군끼리 알아보지 못하기 때문이다. 따라서 아군끼리 서로 알아보지 못하고 혹시라도 아군을 공격하는 불상사를 없애기 위해 그들은 군대를 작은 단위로 나누어 서로 알아볼 수 있도록 했다. 그들은 군대를 네 개의 방위에 따라 조직했다. 군대의 우두머리는 군주나 장군이 맡았으며 그 중앙에 위치했다. 이런 배치를 '전투대형'이라고 불렀다. 이는 페르시아, 비잔틴 제국 그리고 이슬람 초기의 우마이야 왕조와 압바스 왕조의 역사에 언급되어 있다. 그들은 군주의 전방에 장군과 깃발과 표식으로 구분한 채 줄지어선 부대를 배치했는데 이를 '전위'라고 불렀다. 군주의 위치 우측에 있는 부대를 '우익', 좌측에 있는 부대를 '좌익'이라 불렀다. 후면에는 '후위'라고 불리는 부대가 있었다. 군주와 그의 참모들은 네 부대의 중앙에 위치했고 이곳을 '중군'이라고 불렀다. 이렇게 잘 조직된 전열이 완성되면 한눈에 들어올 수 있을 정도의 거리였고, 혹은 더 넓은 지역에 분포되더라도 각 부대 사이의 거리는 대부분 하루나 이틀이면 갈 수 있는 정도였다. 이는 병력의 많고 적음을 고려하여 그들을 최대한 활용할 수 있는 형태로 완성한 것이다. 이것이 완성된 다음에 밀집대형으로 진군했다.

무슬림들의 정복전과 마슈리끄의 우마이야 및 압바스 왕조의 역사에서 이와 같은 사실을 확인해 보라. 압둘 말리크 시대의 군대는 전투대형에 있어서 그가 떠난 이후 얼마나 달라졌는지도 확인해 보라. 그의 뒤를 이어 군대를 통제할 누군가가 필요했고 결국 역사에 길이 남게 될 알핫자즈 븐 유수프를 임명하기에 이른다. 스페인의 우마이야 왕조에서도 이런 전투형태는 다수 있었다. 오늘날 우리는 그런 대형에 대해 잘 알지 못한다. 왜냐하면 현재의 왕조들은 병력이 소수라서 전쟁터에서 아군과 적군을 혼동할 일은 없고 양측의 병력이 모두 모인다 해도 작은 마을 하나에 집결될 정도이기 때문이다. 또 모든 병사들은 서로를 알고 있어 전투 중에도 이름이나 별칭을 서로 부른다.


### 후방의 전선 형태

군대의 후방에 있는 대열과 전쟁에서 공격과 후퇴의 전술을 펴는 사람들의 이론 중에 군대의 배후에 고정 물체나 짐승을 이용해서 전선을 형성하는 것이 있다. 그런 경우 병사들이 후퇴할 때 그 물체나 짐승을 피신처로 사용한다. 이를 이용해서 전사들은 전쟁을 지속하고 승리에 한 발이라도 가깝게 다가간다. 밀집대형으로 전투하는 사람들도 지구력과 전투력을 증진시키기 위해 같은 방법을 사용할 수 있다.

밀집대형을 사용한 페르시아인들은 전쟁에서 코끼리를 활용하곤 했다. 코끼리 등 위에 목재 상자를 신고 그 속에 전투원과 무기와 깃발을 실었다. 전쟁을 치르는 병사들의 후방에 코끼리 부대를 마치 성채처럼 줄지어 세워놓으면 병사들의 심리는 안정되고 더욱 강한 자신감이 생긴다.

까디시야 전투를 생각해 보라! 셋째 날 전투에서 페르시아인들은 코끼리 부대를 이용해서 무슬림군을 거칠게 몰아붙였다. 그러다 일부 아랍인들이 반격에 나서 페르시아군과 뒤섞였고 코끼리를 칼로 찔렀다. 코끼리들은 도망쳐서 마다인에 있는 축사로 달아났다. 그러자 페르시아군 진영은 마비되었고 넷째 날 페르시아군은 대패했다.

비잔틴인, 스페인의 고트족 군주들, 그리고 대부분의 비아랍계 민족들은 전열 강화를 위해 옥좌를 활용하곤 했다. 전투가 벌어질 때 옥좌가 세워지고 그 주위에는 군주를 위해 목숨을 버릴 각오가 되어 있는 시종과 수행원 그리고 병사들이 에워싼다. 옥좌의 네 귀퉁이에는 깃발이 세워지고 궁수와 보병들이 울타리처럼 그 주위를 둘러싼다. 옥좌가 놓인 구조물은 제법 커지고 공격과 후퇴를 할 때 병사들은 그곳을 피난처로 사용할 수 있다. 페르시아인들은 까디시야 전투에서 이런 방식을 사용했고 루수툼은 옥좌에 앉아 있었다. 그러나 페르시아의 전열이 무너지고 아랍인 병사가 페르시아 병사와 섞여 옥좌가 있는 곳까지 진군하자 그는 옥좌를 버리고 유프라테스로 도망쳤고 결국 그곳에서 살해되었다.

아랍인과 대부분의 베두인은 이동생활을 하며 공격과 후퇴의 전술을 일삼는 이들인데 그들은 낙타와 짐을 실은 동물들을 여러 겹으로 배치하여 병사들의 피신처로 사용했다. 그들은 이를 '마즈부다'라고 부른다. 어느 민족이나 전투력을 중강시키고 적의 급습을 방어하려고 이런 전술을 사용한다. 이것은 검증된 사실이다.

하지만 오늘날의 왕조들은 이를 완전히 무시하고 있다. 대신 그들은 짐을 실은 동물과 커다란 천막들을 후위에 배치시킨다. 그러나 이런 동물들이 코끼리나 낙타를 대신할 수는 없다. 군대는 패배하고 전사는 전쟁터에서 도망치고 싶은 심정이 들기 마련이다.

이슬람 초기에 모든 전투는 밀집대형을 취했다. 아랍인들은 공격하고 후퇴하는 전술을 알고 있었지만 그들이 밀집대형을 택한 이유는 두 가지가 있다. 첫째, 적들이 밀집대형을 취했기 때문에 그들도 같은 방식을 취할 수밖에 없었다. 두 번째, 그들은 전쟁이라는 시련을 견뎌내고 이를 통해 자신의 신앙을 확고히 하려 했으므로 성전에서 죽음도 불사하는 상태였다.

밀집대형은 죽음을 두려워하지 않는 자에게 가장 좋은 전투방식이다. 전쟁에서 병사들의 후위에 있던 이런 대열을 필요 없는 것으로 만들고 이 대열을 연대의 전투대형으로 만든 최초의 인물은 마르완 브 알하캄으로 카와리지의 다하크와 후바이르를 차례로 전투에서 죽이는 상황에서였다. 따바리는 후바이르의 죽음에 대해 이렇게 언급했다. "카와리지는 샤으반 븐 압둘 달파으라는 별칭을 지니고 있었다. 그리고 마르완이 카라디스에서 그들을 살해 했다. 그 날부터 병사들의 후위에 있던 대열은 아무 쓸모 없게 되었다." 밀집대형의 전투는 후위 대열의 기능이 쓸모없다는 사실을 잊고 있었다. 그러다가 여러 왕조가 사치에 물들면서 병사들의 후위에 대열을 두지 않게 되었다. 그들은 본디 베두인이었고 천막에서 거주했으므로 많은 수의 낙타와 부녀자들이 함께 군영에서 지냈다. 하지만 그들이 왕권의 사치를 향유하면서부터 궁전이나 가옥에서 거주하는 습관에 길들여졌다. 따라서 사막과 유목생활의 관습을 버렸고 낙타와 동물 등에 물건을 싣고 길을 떠나던 시절을 망각하게 되었다. 이제 그들은 길을 떠날 때 집에 부녀자를 남겨두었고 짐과 천막을 싣는 정도의 필요한 동물만을 데리고 갔다. 따라서 짐을 지고 갈 사람들이 절대적으로 부족했다. 이런 것들이 전투 시에 병사들의 후방에 전열로 사용되었다. 하지만 이는 결코 충분하지는 않았다. 왜냐하면 가족이나 재산이 후방에 전열로 있다는 사실과 달리 이런 것들은 병사에게 죽음도 불사하는 용기를 심어주기에는 역부족이었기 때문이다. 사람들은 인내심을 잃었고 일단 두려움을 느낀 병사들은 전열을 붕괴시키는 데 앞장섰다.

장

우리는 군대의 후방대열이 공격과 후퇴의 전술을 사용하는 병사들에게 위안과 용기를 주는 것에 대해 설명했다. 마그립 지방의 군주들이 자국의 군대에 유럽의 기독교도들을 용병으로 고용하였다. 그 이유는 마그립인들은 모두 공격과 후퇴의 전술만을 사용했기 때문이다. 군주는 전방의 병사들을 지원하기 위해 후위에 대열을 배치함으로써 군주로서의 면모를 강화시켰다. 후위대열의 병사들은 반드시 밀집대형으로 붙박이처럼 견뎌낼 수 있는 사람들이어야 했다. 만약 그렇지 못할 경우 공격과 후퇴의 전술을 사용하는 사람들을 버리고 놀라서 달아날 것이다. 그러면 군주와 그 군대는 병사들의 도주로 인해 전쟁에서 패배하게 된다. 마그립의 군주들은 밀집대형을 붙박이처럼 견뎌낼 수 있는 민족 중에서 병사를 고용하였고 그들이 바로 유럽의 기독교도들이었다. 그들은 유럽 기독교도들을 고용하는 것이 이교도의 도움이라는 부담을 인지하면서도 그들을 자국 병사들의 후위에 방어선으로 교육시켰다. 그들은 군주의 후위대열의 병사들이 도주할까 두려워했는데 유럽 기독교도들은 밀집대형을 굳건히 지켜내는 것 외에 다른 것은 알지 못하는 이들이었다. 왜냐하면 그들에게는 밀집대형으로 전투를 치루는 것이 오래된 관습이었기 때문이다. 따라서 기독교도들은 그 누구보다도 이에 적합했다. 그런데 마그립의 군주들은 아랍이나 베르베르 민족들과의 전투에서만 그들을 활용했고 또한 그들도 자발적으로 전투에 참여했다. 하지만 성전에서는 그들을 활용하지 않았다. 왜냐하면 그들이 무슬림에 대항할 가능성이 두려웠기 때문이다. 이것이 오늘날 마그립에서의 상황이다. 우리는 그 이유를 명백하게 언급한 바 있다. 알라는 가장 잘 알고 계신다.


### 장

오늘날 투르크 민족은 활을 쏘아 전투를 치른다고 한다. 그들의 전열은 횡대로 이루어져 세 줄로 나뉜다. 그들은 한 줄씩 차례로 활을 쏘는데, 말에서 내려 화살을 앞에 부려 놓고 앉은 자세로 활을 쏜다. 각 열은 옆에 있는 열이 공격당하지 않도록 보호하며 승리가 분명해질 때까지 계속한다. 이는 흔치는 않지만 훌륭한 전투대형이다.


### 장

이슬람 초기에 주민들은 전쟁을 치를 때 밀집대형 근처 군영 둘레에 참호를 팠다. 이는 야간에 있을 수도 있는 적의 기습에 대비해서이다. 어둠과 황량함은 공포를 배가시키기 때문이다. 따라서 병사들은 도망가고 안전한 곳으로 대피소를 찾고 어둠은 그들에게 수치심을 가려주는 심리적 보호막이 된다. 만약 모든 병사들이 이렇게 행동한다면 군영은 무너지고 군주는 전쟁에서 패배하게 될 것이다. 따라서 그들은 군영 주변에 참호를 파곤 했다. 그들은 일단 영지를 정해 말에서 내리면 천막을 치고 주변 사방에 참호를 파서 적이 야습할 수 없도록 했다.

왕조가 권력을 소유하고 있다면 인력을 모을 수 있다. 즉 가가호호에서 일손을 차출해 인력을 결집시킨다. 하지만 이는 문명이 번영하고 왕권이 강건한 경우에만 가능한 일이다. 문명이 황폐하고 소수의 병사와 노동자만 겨우 동원할 수 있는 쇠약한 왕조가 그 뒤를 따른다면 이런 일은 마치 존재하지도 않았던 것처럼 사라진다. 알라는 최고의 능력자시다.


### 씨핀 전투에서 알리*가 동료들에게 했던 충고

씨핀 전투에서 알리*가 동료들에게 했던 충고를 보라.

그 충고에서 상당한 군사적 지식을 찾아보라.

당시 알리보다 군사적인 문제에 더 밝은 사람은 없었다.

그는 연설에서 이렇게 말했다.

"그대들의 전열을 견고하게 지은 건물처럼 똑바로 펼쳐라!

갑옷과 투구를 장착한 병사를 전진 배치하고,

그렇지 않은 사람은 후방에 두라!

어금니를 꽉 깨물어라.

그러면 그대 머리 위를 내리치는 칼도 막아 내리라!

그대들의 창끝을 무엇인가로 싸두어라.

그러면 그 예리함을 보전할 수 있을 것이다.

눈을 감아라.

그러면 영혼의 안정과 마음의 평온을 얻을 수 있을 것이다.

그대들의 깃발을 기울여 들지 마라.

소리를 줄여라!

그렇게 하면 실패를 쫓고 장중함을 선점할 것이다.

그대들 중 용맹한 이의 손에만 깃발을 들게 하라!

신뢰와 인내에서 도움을 얻어라.

인내한 뒤에 승리가 온다."


아쉬타르는 그날 아즈드를 격려하며 이렇게 말했다. "어금니를 꽉 깨물어라! 그러면 너희의 머리를 가격하는 것도 능히 감당할 것이다. 적을 원수의 아비와 형제라 생각하고 분노를 퍼부어라! 이미 그들은 죽음을 주거지로 정한 자들이다. 또한 이렇게 하는 것은 한 치라도 그들이 앞서지 못하게 하기 위함이고 이 세상에 수치로 존재하지 않게 하기 위함이다."

한편 람투나족의 시인 사이라피는 아부 바크르와 스페인의 부족을 대상으로 이와 같은 충고를 많이 했는데, 그는 타쉬핀 븐 알리 븐 유수프를 찬양하면서 타쉬핀 븐 알리가 전쟁에서 얼마나 열정적인 모습을 보였는지를 묘사하고 또한 전쟁에 대한 충고와 경고의 메시지가 전쟁을 수행하는 정책에 대해 많은 지식과 정보를 알려준다고 언급하였다.

오! 베일을 드리운 사람들이여!

너희 중 누가 고결한 지도자인가?

누가 어둠 속에서 적을 겁먹게 하고 모든 이를 흩어지게 하는가?

자신은 겁먹지 않고 기사들이 도착했으나

그들은 창과의 전투를 계속했다.

그에게서 군대의 충성심은 그들을 혼동에 빠뜨리고,

결국 그들은 돌아갔다.

금속모의 빛이 밤의 어둠 속에서 빛나고

마치 아침의 불꽃이 군인들의 머리에 있는 듯.

자! 이제 어디로 피신처를 구할 것인가?

씬하자족의 후손이여!

너희는 두려움으로 피신처를 삼을 수 있다.

너희는 타쉬핀으로부터 쫓겨났다.

만약 그가 원한다면 너희를 처벌할 수도 있다.

너희 중 눈꺼풀이 없는 눈은 결코 보호받지 못한다.

또한 갈비뼈가 배신한 심장도

너희는 두려움에 떠는 패배자일 뿐 아무것도 아니다.

너희 각자는 발생할 수 있는 모든 악재를 숨죽여 기다리고 있다.

오! 타쉬핀! 밤을 네 군사들의 평계로 만들라.

저항할 수 없는 운명은 쫓을 수 없는 법.

이 중에는 전쟁 정책에 관한 시도 있다.

나는 네게 정치적 조언을 주겠다.

너 이전의 페르시아 왕이 그토록 원했던 것.

내 자신도 경험하지 못했으나

그것은 믿는 자들을 격려하는 추억으로 매우 유용하다.

갑옷을 겹쳐 입어라!

한 톱바인이 기술자에게 그것을 제작해달라고 간곡히 권한다.

뿐만 아니라 훌륭한 인도 단도(短刀)도.

왜냐하면 그것은 두터운 무장에 더욱 효과적이고 더 잘 찢을 수 있으므로.

빠른 말 몇 마리를 타라.

제아무리 견고한 요새라도 소용없다.

야영 시 네 스스로 참호를 파라.

네가 승자가 되어 추격하든 적에게 추격당하든 상관없다.

절대 강을 건너지 마라.

강둑에서 야영하라.

그래야 네 군사를 적들로부터 떼어 놓을 수 있다.

오후에 전투를 개시하라.

그리고 네 후면에 험준한 산을 두어라.

군사들이 협소한 장소에서 곤궁에 빠지면

창을 집중적으로 맞을 수 있다.

당장 적군에게 반격을 하라.

주저하지 마라.

주저하는 기미가 보이는 순간, 비참하게 된다.

아군 순찰대가 열정에 충만하도록 하라.

신뢰할 수 있는 자는 실수가 없는 법.

네게 소식을 전하며 거짓을 고하는 자에게 귀 기울이지 마라!

거짓된 자는 어떤 거짓을 행해도 무감각한 법.


그가 한 말 중에 '처음부터 상대에게 달려들어라. 두려움이 없어질 것이다'가 있는데, 사람들이 전쟁에 관한 시를 쓸 때는 시의 바이트[135]를 다르게 표현하기도 한다. 우마르는 아부 우바이드 븐 마스우드 알싸까피에게 이렇게 말한 바 있다. 당시 그는 페르시아와 이라크 간의 전쟁에 지휘관으로 임명되었을 때이다. 우마르는 이렇게 말했다. "예언자*의 교우들이 하는 말씀을 귀 기울여 잘 듣고 마음에 새겨두라! 매사에 그들과 함께하라. 명백하게 파악할 때까지 서둘러 반응을 보이지 마라! 왜냐하면 이는 전쟁을 치르는 일이기 때문이다. 기회와 멈춤을 알고 서두르지 않는 과묵한 자만이 이 전쟁을 올바르게 수행한다." 그는 다른 기회에 이런 말도 했다. "내가 살리뜨를 지휘관으로 임명하지 못하는 유일한 이유는 그가 너무 서두르기 때문이다. 전쟁에서 서두름은 큰 피해를 가져온다. 만약 그가 서두르지만 않아도 나는 분명 그를 지휘관으로 임명했을 것이다. 전쟁에는 과묵하고 진중한 이가 제격이다."

이것이 우마르가 전쟁터에서 굼뜬 병사들이 돌진하는 병사들보다 많다는 것을 알았을 때 했던 연설이다. 결국 이런 연설은 그 전쟁의 상황을 명백하게 해준다. 이는 사이 라미이가 했던 말과 반대이다. 그러나 그는 상황이 명백해진 이후에 돌진해야 효과적이라고 했다. 지고하신 알라는

---

135  바이트는 아랍시의 운율 단위를 말한다. 제6부 55장 시법과 그 다양한 방법 참조.

가장 잘 알고 계신다.

## 장

　전쟁에서 승리의 요인이 장비와 병사의 수에서 비롯되는 것이긴 하지만 운과 때도 매우 중요하다. 우위를 장악한 대다수 경우는 눈에 보이는 몇 가지 요소들이 하나로 뭉쳐져서 이루어진다는 것이 명백하다. 여기서 눈에 보이는 요소들이란 예를 들면 병사의 수, 적합하고 완벽한 무기, 병사들의 용맹한 정도, 전투대형의 배치, 병사들이 품는 전투에 대한 진정성 등이 있다. 한편 눈에 보이지 않는 내적 요소들로는 사기와 낭설과 오욕으로 점철된 계략이 있다. 이런 것은 인간에게 포기와 좌절을 안겨준다. 예를 들자면 고지대를 선점하여 위에서부터 아래로 전쟁을 치르는 것이다. 저지대에 있는 사람들은 크게 놀라고 당황하여 전열이 흐트러진다. 또한 덤불이나 협곡, 산악지역에 매복해 있다가 덮치는 방법도 있다. 이런 경우 그들은 난관에 봉착하고 결국 도주를 택할 수밖에 없다. 이와 유사한 경우들도 있다. 이러한 내적 요소에 인간의 능력으로 통제할 수 없는 숙명적인 것들도 있다. 따라서 사람들은 공포심에 사로잡히고 군대의 중심에서 혼란이 야기되고 결국 패배하게 된다. 대다수 패배는 이런 내적 요소에 기인하는데, 그 이유는 양측 모두 승리를 위해서 내적 요소들을 활용하기 때문이다. 그러나 전쟁이란 양측 가운데 한쪽만 승리할 수밖에 없다. 그래서 무함마드*는 이렇게 말했다. "전쟁은 계략이다."

　아랍 속담 중에는 이런 말이 있다. "다수의 계략이 한 부족보다 낫다." 그러므로 전쟁에서 승리는 외적 요인보다는 내적 요인에 기인한다는 사실이 분명하다. 내적 요인의 결과로 발생한 것은 '행운'이라는 의미이다. 이는 마치 있어야 할 위치에 있는 것과 같다. 그러니 행운으로 간주하라. 하늘이 관여하는 일이 승리하는 것을 이해하라. 이는 마치 예언자*께서

하신 말씀과 같은 뜻이다. "나는 적들이 느끼는 공포로 승리를 거두었다." 이것이 소수의 사람을 거느렸던 그가 생전에 많은 수의 다신교도들을 상대로 승리했던 사실과 그의 사후 무슬림들이 정복전쟁에서 승리를 거두었던 것을 설명해준다. 전능하신 알라께서 예언자에게 위임하셔 불신자들의 마음속에 공포심을 심어주시니 결국 그들의 마음을 장악하게 되고 그들은 패배하게 된다. 이는 그의 사도*를 위한 기적같이 일어났다. 따라서 적들의 마음속에 일기 시작한 공포는 이슬람 정복전쟁의 수많은 승리의 원인이며, 이것은 눈에는 보이지 않는 숨어 있는 요소다.

투르투쉬[136]는 이렇게 말했다. "전쟁에서 승리의 원인 중에는 한쪽이 다른 쪽보다 더 많은 수의 용맹하고 유명한 기사들을 소유함에 있다. 예를 들어 한쪽이 열 명 혹은 스무 명의 용맹하고 유명한 병사가 있고 다른 쪽은 여덟이나 열여섯 명밖에 없는 경우이다. 이렇게 되면 한 명이라도 더 많은 쪽이 승리를 거두게 될 것이다." 그는 이점을 매우 중요하게 여기고 이에 대한 견해를 밝혔다. 이는 우리가 앞에서 설명한 외적인 요인으로 회귀되는데 그의 주장은 옳지 않다. 전쟁에서의 우위에 대한 올바른 표현은 '아싸비야의 상황'이다. 만약 한 쪽이 모든 사람을 아우를 수 있는 포괄적 아싸비야를 가지고 있고 다른 쪽은 다수의 아싸비야가 모여 있다면 어떻게 될 것인가? 다수의 아싸비야의 경우 이를 하나로 통합하는 데 필요한 에너지 소모로 인해 그들 간의 아싸비야가 약화될 것이다. 그 아싸비야는 여러 분파로 쪼개지는 것이 자명하다. 결국 그들 각각의 그룹이 하나의 위치로 내려앉게 되고 다수의 아싸비야가 공존하는 측은 하나의 아싸비야로 무장된 측에 저항하지 못한다. 그의 주장은 그의 세대와 그의 거주지에선 아싸비야가 망각되었음을 보여준다. 사람들은 방어, 군사적 보호, 단일에 대한 요구를 한 그룹으로 간주했고 그것을 아싸비야나 혈족

---

136 Abu Bakr Muḥammad ibn al-Walīd al-Ṭarṭūshī(1059~1127). 토르토사출신의 무슬림 법학자.

의 개념으로 간주하지 않았다. 우리는 이 책의 앞부분[137]에서 이에 대해 명백하게 다루었다. 하지만 눈에 보이는 표면적 이유도 가치가 있다. 예를 들면 다수의 병력, 전술, 많은 무기, 이와 유사한 것들이 있다. 그렇다면 어떻게 이런 것이 전쟁에서 승리를 보장하게 되는 걸까? 우리는 이 중 어느 것도 계략이나 사기 또는 공포심이나 신에 대한 실망감과 같은 감춰진 이유의 반대에 서 있지 않다고 언급한 바 있다. 그러므로 이 모든 것을 이해하라. 그리고 우주의 상황과 조건을 포괄적으로 이해하라. 알라께선 밤과 낮을 평가하신다.


### 장

전쟁에서 승리의 의미는 유명세처럼 눈에 보이지 않고 자연스럽지 않은 이유에 기인한다. 왕족, 학자, 지도층 인사, 신앙심이 깊은 이, 덕망 있는 이 등의 유명세가 있는 사람 중 어느 누구도 적절한 평가를 받는 경우는 드물다. 많은 사람이 사실은 반대임에도 악행으로 유명세를 얻고 또 많은 사람들이 실제로 받아야 할 것보다 과분하게 유명해지기도 한다. 가끔은 적절한 위치와 정도로 유명세를 얻는 이들도 있기는 하다. 이런 이유로 유명세나 명성은 정보의 결과이다. 명성은 모두 소식에 의해 전파되지만 입에서 입으로 전달될 때 본래 의도에 어긋나는 것들이 개입되기도 하고 여러 가지 상황을 위해 이야기를 적용시키다 보니 무식함과 우둔함이 개입되기도 한다. 본래의 소식에 무언가를 덧입히고 이야기를 붙여 소식의 진실을 감추거나 그 소식을 전달하는 자의 우둔함으로 인해 그 소식에는 칭찬과 찬양, 미화된 상황 등이 첨가되고, 고귀한 양반네들과 현세적인 고관들이 이런 사실을 언급하고 유포하는 데 개입하기도 한다. 그들의

---

137 이 부의 아홉 번째 장을 지칭한다.

영혼은 칭찬을 사랑한다. 사람들은 이 세상을 향해 길게 장사진을 치고 늘어서고, 그들이 그렇게 하는 까닭은 바로 관직의 서열이나 재물에서 비롯된다. 대다수의 사람들은 미덕이나 장점을 바라지 않고 또한 그런 자들에게 관심을 보이지도 않는다. 그러므로 이런 사실을 어디에다 적용하겠는가? 이런 사실들을 통해 알 수 있는 것은 숨겨진 이유에서 비롯된 명성은 현실에 적용되지 않는다는 것이다. 숨겨진 이유로 얻은 모든 것은 당신이 말한 것처럼 바로 '운'으로 간주될 수밖에 없다. 전능하고 지고하신 알라는 가장 잘 알고 계신다.


## 38장 | 징세와 세수 증감의 원인

왕조의 초기에는 징세 부과 금액이 적어도 거두어들이는 총액은 많고 왕조의 말기에는 부과액은 크고 거두어들이는 총액은 적다는 것을 인지하라. 그 이유는 왕조의 초기에는 이슬람의 관습에 따라 구휼세, 지세, 인두세와 같이 종교법에 규정된 세금만을 부과했기 때문이다. 이런 세금은 모두 부과금액이 적다. 당신이 아는 것처럼 재물에 대한 자카트의 정도가 적기 때문이다. 곡식 보시와 가축 보시가 있고 인두세와 지세, 그리고 이슬람법에 규정된 모든 재정 관련 부분, 이 모든 것에는 한도가 정해져 있었다. 통치자는 왕조 초기에 아싸비야와 정치적 우위를 점하고 계속해서 베두인의 관습을 보이게 된다. 베두인의 태도는 다른 사람의 재산에 대해서 관대함과 관용을 보이고, 그것에 의지하거나 함부로 취하지 않는다. 드문 경우를 제외하고는 남의 재산을 사취하지 않는다. 따라서 개인에 대한 부과액은 적다. 그리고 이것들이 합쳐져서 세금의 수익을 이룬다. 만약 백성들에 대한 부과액이 적으면, 백성들은 신명이 나서 일을 하게 된다. 백성들은 적은 세금에 만족하고 생산활동을 증대시킨다. 생산활동이 증대되면 개인에 대한 부과액은 증가하게 되고 그 결과 총세수가 되는 징세액도 증가하게 된다. 왕조가 계속되고 차례로 군주들이 계승되면서 차츰 군주들은 영악해졌다. 베두인의 태도와 소박한 정서는 사라졌고 절제와 자제심도 없어졌으며 탐욕스러운 왕권과 영악함을 추구하는 도시문화의 모습을 보이기 시작했다. 왕족들은 영악하게 된다. 그들은 편안함과 사치에 익숙해졌으므로 필요한 것이 더욱 많아졌다. 따라서 백성, 경작자, 농민 등 모든 납세자들에 대한 징세 금액이 증가되었다. 군주는 보다 많은 세금을 걷기 위해 개인에 대한 부과액과 할당액을 늘렸다. 거래되는 물품에 대한 상세가 부과되었는데, 상세는 성문 앞에서 징수되었고 이에 대해서는 뒤에서 자세히 다룰 것이다. 세금의 부과액은 계속 증가되었는데 이는 왕조가 사치스런 습관에 빠지고 필요한 것이 많아지고 많은 지출을 하게 되었기 때문이다. 세금은 백성들의 어깨를 무겁게 짓누르고 이렇듯 과중한 세금은 그들에게 습관이자 의무가 되었다. 왜냐하면 그와 같은 세액 증가는 점진적으로 일어났고 누가 그렇게 세금을 올렸는지 혹은 누가 징수했는지 어느 누구도 알지 못했기 때문이다. 그것은 백성들에게 의무적인 전통처럼 되었다. 이후 세금 부과액이 정도를 넘어 증가하게 되면 백성들은 생산활동에 대한 즐거움을 느낄 수 없게 된다. 왜냐하면 백성들은 이익이 너무 적다고 생각하기 때문이다. 만약 백성들이 노동을 해서 얻는 이익과 부과세금의 득실을 비교한다면 전반적으로 생산활동의 의욕이 감소될 것이고, 그렇게 되면 개인에 대한 세금 부과액이 낮아져서 세수 총액도 감소된다. 만약 군주가 그와 같은 감소를 인지하면 개인에 대한 부과액을 증대시킬 수도 있는데, 이는 감소분이 보충될 것이라는 판단에서 비롯된다. 그러나 결국 개인에 대한 부과액과 과세액은 그 한계에 봉착하고 그렇게 되면 아무런 이득이 없다. 그런 상황에서는 생산활동에 지출하는 경비는 너무 많고 세금도 많아서 이익을 보장할 수 없다. 결국 개인에 대한 부과액과 할당액을 늘려 징세의 감소 부분을 메우려 할 것이다. 징세 당국은 이런 방법이 백성의 의무라고 여기고 있기 때문이다. 하지만 생산활동에 대한 희망이 사라지면 문명도 파괴된다. 그리고 그 결과는 왕조에게 고스란히 돌아간다. 왜냐하면 생산활동의 수혜자가 바로 왕조이기 때문이다. 그러므로 만약 당신이 이 점을 이해한다면 생산활동을 유발하는 가장 강력한 동인은 최대한 개인의 과세액을 줄이는 것이라는 사실을 알 수 있을 것이다. 그렇게 함으로써 개인은 생산활동에서 이익을 얻을 것이라는 확신을 갖고 기뻐한다. 지고하고 전능하신 알라는 세상 모든 것의 왕이시다. "모든 것을 주관하시는 분이 누구인가?"[138]

## 39장 | 왕조 말기에는 상세가 부과된다

이미 언급한 것처럼 왕조는 초기에 베두인의 생활 태도를 그대로 지니고 있고 사치나 그런 류의 관습이 없기 때문에 왕조가 필요한 것도 매우 제한적이다. 그러므로 왕조의 지출은 소규모이고 이때는 세금의 수입으로 필요한 지출을 모두 해결하고도 남았다는 사실을 인지하라. 하지만 얼마의 시간이 흐르지 않아 왕조는 사치스러운 도시문화와 그 관습을 받아들이고 이전 왕조의 전철을 밟게 된다. 왕가의 지출은 늘어나고 특히 군주의 지출이 많이 느는데 이는 사적인 지출과 대규모의 하사품에 쓸 재물이 필요하기 때문이다. 군주는 조세수입만으로는 이를 충당할 수 없게 되었다. 따라서 왕조는 세금을 증대시킬 필요를 느낀다. 이는 봉급과 하사품을 감당하고 군주 개인의 경비를 충당해야 하기 때문이다. 우리가 살펴본 대로 처음에는 개인에 대한 부과 세금을 늘리고, 그다음에는 사치 풍조의 확산과 방위를 목적으로 군인 봉급을 점진적으로 인상한다. 그리고 그 밖

---

138 코란 23장 88절.

의 경비 지출을 늘리고 그 이후 왕조는 노환임을 깨닫게 된다. 왕조 관계자들은 생산활동에 대한 세금을 부여하지만 조세수입은 줄어들고 돈이 필요한 곳은 늘어난다. 병사에게 주는 봉급과 수당도 늘어난다. 따라서 군주는 새로운 종류의 세금을 보완한다. 즉 상품에 대해서 세금을 부과하는 것이다. 시장에서 거래되는 가격과 그 상품이 지닌 가치에 대해 정해진 액수를 세금으로 부과한다. 이렇게 된 이유는 풍족한 급여로 인한 사치 때문이고 군대와 방위대가 증가했기 때문이다. 왕조 후기에는 세금이 과도하게 증가된다. 이런 상황은 시장을 쇠퇴하게 만들고 결과적으로 문명의 약화를 유도하고 왕조에 영향을 미치게 된다. 이러한 상황은 왕조가 멸망될 때까지 계속 점진적으로 악화된다. 이런 현상들이 압바스 왕조와 파티마 왕조 후기에 마슈리끄의 도시에 나타났다. 성지 순례를 가는 사람들에게도 세금이 부과될 정도였다. 쌀라흐 알던 아윱은 그런 세금들을 모두 폐지하고 백성에게 성군이 되었다. 동일한 현상이 군소 제후들의 시대에 스페인에서도 발생했다. 심지어 무라비뚠 왕조의 아미르였던 유수프 븐 타쉬핀은 세금을 없애기에 이르렀다. 마찬가지로 이 시대 이프리끼야 지방의 도시에서도 이런 일이 발생했고 그곳의 태수들은 세금에 대해 독립적인 견해를 지니고 있었다. 지고하신 알라께서는 가장 잘 알고 계신다.

## 40장 | 군주의 상업활동은 백성에게 해를 끼치고 징세를 어렵게 만든다

앞에서 설명한 대로 만약 왕조가 사치스런 습관, 지나친 소비 그리고 필요한 경비 등을 꾸려야 하는데 세금이 부족해지면 더 많은 재화를 모으고 세금도 높이게 된다는 것을 인지하라. 왕조는 백성들의 상업적 활동에 상세를 부과하고 만약 이미 상세를 부과한 상태라면 이를 더욱 늘린다. 때로는 관리나 세리들을 다그치고 그들의 피를 빨아먹을 정도로 가혹하게 군다. 비록 징세 기록에 이런 것이 나타나지 않지만 상당한 세금을 착복했으리라 간주되는 경우는 많다. 때로는 군주가 징세에 욕심이 생겨 상업과 농업에 개입하는 경우도 있다. 이런 일은 군주가 상인과 농민들이 큰 이익을 거두고 많은 재물을 용이하게 축적하며 그들이 얻는 이윤은 투자한 자본에 비례한다고 생각할 때 발생한다. 그래서 군주는 가축과 곡물을 확보하고 이를 유용하게 만들어 상품을 구입하고 시장의 가격 변동에 부응하여 대처한다. 그는 이렇게 해서 세금을 올리고 이익을 증대시킬 수 있을 것이라고 생각한다. 그러나 이것은 잘못된 생각으로 백성들에게 여러모로 해를 끼친다.

첫째, 농민과 상인은 가축과 상품을 거래하기가 힘들어지는데 그 이유는 다음과 같다. 백성들은 비슷한 규모의 재산을 지니고 서로 경쟁하므로 재원이 고갈되었거나 그와 비슷한 상태에 있다. 그런 상황에 군주가 그들과 경쟁을 하고 더욱이 군주의 재물 규모가 그들과 비교할 수 없을 정도로 어마어마하다면 백성들 가운데 한 사람도 원하는 물자를 획득할 수 없게 되고 그러면 그들은 비탄과 우울함에 빠지게 될 것이다.

군주는 강권을 동원하거나 하여 가장 싼 가격에 물건을 구입하고 다량의 물품을 확보하게 될 것이다. 상황이 이렇게 되면 누구도 군주와 경쟁해서 물건을 구입하려 하지 않을 것이다. 따라서 군주는 판매자에게 가격 인하를 요구하게 된다.

군주가 곡물, 비단, 굴, 설탕 혹은 그 밖의 물품에서 이득을 얻고 그런 종류의 물품을 거래하는 데서 이득이 생기면 시장의 변동 상황이나 물품판매의 적기를 기다리지 않는다. 이는 그가 왕조에서 필요한 물품의 경비를 확보해야 하며 그래서 해당 물품을 취급하는 상인이나 농민들에게 억지로 자신 소유의 물품을 팔 때 일어나는 상황이다. 그는 최고의 가격이나 그 이상의 것에만 만족할 것이다. 상인이나 농민은 이로 인해 유동재산을 모두 소비하고 군주에게서 구입한 상품들은 무용지물이 되고 만다. 그들은 더 이상 이익을 얻고 생계를 꾸리는 일을 할 수 없게 된다. 이제 그들은 돈이 필요하고 궁지에 몰려 결국 경기 침체 때 최저 가격으로 물건을 내다 팔 수밖에 없다. 상인과 농민이 이런 일을 몇 번 반복하게 되면 결국 자산은 바닥나고 더 이상 장사를 할 수 없는 처지가 된다. 이런 일은 반복되고 이는 백성들이 고통과 어려움 속에서 이익을 남기지 못하는 결과를 낳게 된다. 이런 상황은 그들로부터 일하고자 하는 희망을 앗아가 버리고 결국 징세에 차질이 생긴다. 조세수입 대부분은 농민과 상인에게서 나오는 것이고 특히 상세가 도입된 이후 징세의 증가가 있다. 만약 농민이 농업을 포기하고 상인이 상업을 포기하면 조세수입은 없어지거나 과도하게 감소하기 마련이다.

만약 군주가 세금으로 거두는 수입과 직접 상거래를 통해서 얻는 소규모의 이익을 비교해 본다면 그 이익은 얼마 되지 않는다는 것을 알게 될 것이다. 설사 그가 상거래로 이익을 거두었다고 해도 기존의 상인들이 상거래 때 발생하는 세금은 놓치게 된다. 왜냐하면 군주가 거래하는 상품에는 상세가 부과되지 않기 때문이다. 하지만 만약 다른 이가 그런 거래를 한다면 상세가 부과되어 군주에게 조세수입으로 돌아올 것이다. 군주가 상거래를 하는 일은 문명을 위험에 처하게 하고 왕조를 해체할 수도 있다. 만약 백성이 농업이나 상업을 통해서 자본을 증가시키지 못한다면 자본은 감소될 것이다. 그러면 백성들의 상황은 파탄에 이르게 될 것이다. 그러므로 이를 이해하라!

페르시아인들은 왕족이 아니면 왕위를 계승할 수 없었다. 그들은 덕, 종교, 예절, 관용, 용기, 관대함 등의 자질을 소유한 사람을 택했다. 또한 왕이 될 사람은 그런 자질을 소유함과 더불어 공정해야 한다는 조건을 추가로 명시했고 어떤 종류의 사업도 하지 않음으로써 이웃에게 손해를 끼치지 않아야 했다. 뿐만 아니라 왕은 교역에 종사하지 않음으로써 상품의 가격이 인상되지 않게 하고 노예를 하인으로 부리지 않았는데 그 이유는 그들에게서 유익하고 좋은 충고를 들을 수 없게 되었기 때문이다.

군주는 조세수입을 제외하고는 재산을 증식시킬 수 없고, 조세수입의 증가는 자산가들을 공정하게 대우하고 배려함으로써 이루어져야 한다는 사실을 인지하라. 그래야만 백성들은 희망을 품고 자본을 증식시키려는 의욕을 가지게 되고 궁극적으로 군주의 조세수입이 증대하게 된다. 군주가 상업이나 농업 등 조세수입 이외의 부문에 종사해서 수입을 증가시키면 백성들에게 즉시 해를 끼치고 조세수입의 감소와 경작활동의 둔화를 초래한다. 지방에서 아미르나 권력을 지닌 자가 상업이나 농업에 종사하는 경우 수하에 있는 사람들에게서 상품이나 곡물을 자신들이 원하는 가격에 사고 또 수하에 있는 백성들에게 적절한 시점에 자신이 정한 가격으로 판다. 이렇게 되파는 것은 처음 경우(구입하는 것)보다 백성들에게는 훨씬 더 위험하다. 군주는 상인이나 농민과 교류하면서 그들과 몫을 나누기도 한다. 그들이 군주와 거래하려는 목적은 단기간에 이익을 축적하려는 이기심 때문인데, 특히 지세나 상세를 지불하지 않고 교역을 하려는 목적을 지니고 있다. 세금의 면제는 자본증식과 이득창출의 첩경이다. 이들은 조세수입의 감소가 군주에게 미치는 타격에 대해서 이해하지 못한다. 군주는 반드시 이런 사람들을 경계하고 조세수입과 통치에 해를 끼치는 그런 자들의 시도에 미혹되어서도 안 될 것이다. 알라께서는 우리가 자신을 합리화하도록 영감을 주시고, 우리에게 선함으로 이익을 가져다 주신다. 알라는 가장 잘 아신다.

# 41장 │ 군주와 그의 측근은 왕조의 중기에 부를 향유한다

그 이유는 이렇다. 왕조의 초기에 조세수입은 군주의 부족민과 아싸비야를 공유하는 사람들에게 분배되는데, 이때 그 분배의 기준은 그들이 왕조 건립에 공헌한 기여도와 아싸비야의 강도에 상응한다. 왜냐하면 군주는 왕조 건국 초기에 그들의 도움이 필요했기 때문이다. 이는 앞에서 우리가 언급한 것이다. 이러한 상황 하에서 군주는 자신에게 분배되는 조세수입에 관심을 멀리하고, 그러한 주변인들을 통제하는 희망의 성취에 집중한다. 군주는 조세수입 가운데 꼭 필요한 최소한의 금액만을 취한다. 그러므로 재상, 서기, 가신 등 그의 측근과 권속 역시 대체로 가난하다. 그들은 주인에게 예속되어 있어 그들의 지위도 제한되었고, 군주의 권한은 아싸비야를 공유하는 사람들과의 경쟁으로 이미 축소되었다.

그러다가 왕권의 속성이 꽃피고 군주가 백성에 대한 통제력을 장악하면 군주는 그들에게 할당된 몫을 제외하고는 조세수입에 손대지 못하도록 막는다. 그들이 왕조에 기여할 쓸모가 줄어들었기 때문에 그들의 몫도 줄어든다. 그들의 세력은 견제받고 군주의 가신과 추종자들도 왕조의 확립과 정권의 초석을 다지는 일에 동참한다. 이때는 군주가 조세수입 전체나 대부분을 독식한다. 그는 많은 재물을 소유하고 상황에 따라서 경비가 필요한 일에 이를 지출한다. 그의 재산은 늘어가고 창고는 가득 차고 그의 영역은 커지고 백성들을 통제하게 된다. 결과적으로 재상, 서기, 시종, 가신, 경찰과 같은 그의 측근의 지위는 중요해지고, 그들의 지위는 강화되며 부유해진다.

이후 왕조에는 아싸비야가 점차 사라지고, 왕조를 세웠던 부족이 소멸되고 노쇠해지면서 군주는 지지자와 조력자들을 필요로 하게 되는데 이는 다수의 이탈자와 경쟁자들 그리고 봉기 세력들이 있기 때문이다. 군주는 왕조의 붕괴를 염려한다. 결국 그의 조세수입은 그런 조력자들에게 지출되는데, 그들은 다름 아닌 군부 인사나 아싸비야 소유자들을 일컫는다. 군주는 자신의 재물을 지출하고 왕조의 권력을 강화시킨다. 이렇게 해서 우리가 언급한 대로 급여와 일반 비용의 지출이 많아지기 때문에 징세로 인한 수입은 줄어든다. 또한 토지세도 감소하여 왕조는 재화에 대한 필요성을 압박받는다. 군주의 측근과 시종 그리고 서기들은 영화와 사치를 누릴 수 없게 되는데, 이는 군주의 권한이 축소되기 때문이다.

이렇게 되면 군주는 더욱 더 많은 재물을 필요로 하게 되고 군주를 가까이서 모셨던 측근들의 후손은 조상이 축적한 재물을 군주를 돕는 일이 아닌 다른 것에 사용한다. 그들은 조상이 군주에게 헌신하고 진정어린 태도를 보인 것과는 다른 자세를 보인다. 군주는 자신이야말로 조상의 치세에 축적된 재화를 사용할 권리가 있다고 생각한다. 그는 그 재화를 차지하고 측근들로부터 재물을 빼앗아 자신만을 위해서 조금씩 사용한다. 사정이 이렇게 되면 그들은 더 이상 왕조에 애착을 보이지 않게 된다. 군주는 측근과 신하들 그리고 부유한 인물들을 떠나보내고 왕조에는 불운이 깃든다. 결국 군주를 도와 높이 쌓아 올렸던 영광의 건물은 대부분 무너진다.

그러므로 압바스 왕조의 재상가였던 까흐따니 가문, 바르마키 가문, 사흘 가문, 따히르 가문 등에서 이런 현상이 발생했던 사실을 주의 깊게 보라! 또한 스페인의 우마이야 왕조에서도 군소 제후들이 통치하던 시절 샤히드 가문, 아부 압다 가문, 후다이라 가문, 부르드 가문 등에서 이런 일이 벌어졌음을 보라! 현재의 왕조에서도 마찬가지이다. 알라의 순나는 자신의 종에게 적용된다.

절

왕조에 속한 사람들은 이런 폐해가 발생하면 대다수가 관직을 거절하고 군주가 던지는 올가미에서 벗어나려 한다. 이를 위해 그들은 자신들이 모은 왕조의 재산을 가지고 다른 지방으로 향한다. 그들은 그 방법이 재물을 지키고 이익 창출에 있어 더 유리하고 안전하다고 생각한다. 그러나 이는 큰 실수를 범하는 것이고 잘못된 망상을 보여주는 것이다.

한번 관직을 맡은 이후 그만 두는 것은 어렵고 불가능하다는 사실을 인지하라. 만약 군주가 그렇게 판단한다면 측근 신하들이나 그와 아싸비야를 공유하는 자들도 한눈을 파는 것은 불가능하다. 뿐만 아니라 그런 상황이 나타나면 그 결과는 왕국의 파멸과 그 자신의 파탄인 것이다. 왜냐하면 왕조의 번영이 끝난 후에는 왕조의 통치 영역이 축소되고 이때 남는 것은 영광스런 자질과는 먼 사악함뿐이므로 이런 상황에서 왕권의 올가미로부터 벗어나는 것은 어렵기 때문이다. 만약 이렇게 생각하는 사람이 군주의 최측근이나 왕조의 고위 인사라면 이 또한 한눈을 팔 수 있는 기회는 극히 적다. 그 이유는 첫째, 군주는 자신의 부하나 측근뿐만 아니라 모든 백성이 군주의 가슴속에 있는 것을 알아서 대처하는 노예로 보기 때문이다. 따라서 군주는 결코 자신의 비밀과 속내를 훤히 꿰고 있는 그들을 올가미에서 놓아주려 하지 않는다. 그는 누군가가 그들을 통해 자신의 비밀과 처지를 알아낼까 두렵고 그들이 다른 사람의 노예가 되는 것도 원치 않는다. 스페인의 우마이야 왕가가 왕조 관계자에게 순례의 의무를 위해 여행을 떠나는 것을 막은 것도 이런 맥락이었다. 스페인 우마이야 왕조의 군주는 그들이 왕국을 나갔다가 압바스 왕조의 손아귀에 떨어지지 않을까 하는 망상에 사로잡혔다. 그 왕조가 통치하는 동안에는 아무도 성지 순례를 가지 못했다. 스페인의 왕조에 속했던 사람들이 순례를 허락받은 것은 우마이야 왕조의 통치가 끝난 이후 제후들의 통치가 있을 때였다. 두 번째 이유는 군주가 그들을 속박의 굴레에서 벗겨 준다 해도 그 사람의 재산까지 내어 주는 것을 허용하지는 않기 때문이다. 군주는 그 사람의 재산을 자기 재산의 일부로 간주하고 재산의 소유자인 그 사람도 왕조의 일부라고 생각한다. 왜냐하면 그 재산은 다름 아닌 왕조에서 얻은 것이고 군주의 영향력하에서 획득한 것이라고 생각하기 때문이다. 따라서 군주는 그 재산이 그들이 일구어 낸 왕조의 일부이므로 마땅히 자신에게 그 권리가 있다고 여긴다.

매우 드문 경우인데 만약 어떤 사람이 자기 재산을 가지고 다른 지역으로 간다고 하더라도 그 지방의 군주가 그를 주목하고 간접적인 위협이나 협박 혹은 공공연한 강압을 통해 그의 재산을 빼앗아 버릴 것이다. 군주는 이 재산을 마치 공공의 이익을 위해서 사용되어야 할 조세수입이나 정부 재산으로 간주하기 때문이다. 군주가 재력가나 사업을 통해서 재산을 획득한 자를 주목한다면 그 재산은 법과 관례에 따라서 조세수입이나 정부재산으로 간주된다. 이프리끼야 하프스 왕조의 9대 혹은 10대 군주였던 아부 야흐야 자카리야 븐 아흐마드 알리흐야니는 서쪽 해안의 통치자가 튀니스 공격을 준비하며 그에게 요구하는 것을 피해서 왕권의 보호로부터 도망쳐서 이집트에 소속되길 시도한 바 있다. 리흐야니는 여행을 가는 것처럼 트리폴리 항구로 출발했고 자신이 도피하고 있다는 사실을 철저히 은폐했다. 그는 금은보화를 비롯하여 재무청에 보관되어 있던 모든 재화를 취한 뒤 배를 타고 알렉산드리아로 향했다. 그는 정부의 창고에 보관 중이던 상품, 부동산 문서, 보석 심지어 서적까지 몽땅 팔았고 이 모든 재물을 들고 이집트로 향할 수 있었다. 그는 그곳에서 나씨르 무함마드 븐 칼라으의 휘하에 안착했다. 그때가 817년 이었다. 그의 정착은 명예로운 환대로 시작되었고 그의 직위도 높아졌다. 하지만 그의 재물은 조금씩 그가 재물을 획득했던 방법과 같이 계속 없어졌다. 결국 그곳에서 리흐야니의 생활은 과거 자신에게 부여되었던 일용할 양식을 얻는 정도의 것과 다름없이 되었다. 828년 그는 사망했다고 역사서는 기록하고 있다. 이런 예시와 왕조의 관계자들에게 일어나는 총체적 미망의 예는 주로 자신들의 군주가 폐망할 것임을 예상하고 그들 스스로가 구조될 가망성은 없다고 생각할 때 일어나는 일이다. 하지만 그들의 판단은 전적으로 실수였다. 왕조에 봉사하고 급여를 받음으로써 군주가 하사하는 봉급이나 혹은 상업과 농업으로 얻은 재물로 자신들의 생계를 꾸려나가기에 충분했다. 왕조는 대물림된다.

> 영혼은 희망한다. 만약 당신이 그 영혼을 희망한다면
> 만약 당신이 만족하는 작은 것으로 회귀한다면
>
> 정녕 알라는 일용할 양식을 주시는 분이다.
> 알라의 영광과 덕으로 있을 지니, 알라는 가장 잘 아신다.

## 42장 | 군주의 몫이 줄어드는 것은 조세수입의 감소 때문이다

이와 같은 이유는 왕조와 정부가 세상에서 가장 큰 시장이고 또한 이로부터 재정의 기본 요소가 나오기 때문이다. 만약 군주가 재물과 조세수입을 움켜쥐거나 혹은 모두 잃어버린다면 재물과 조세수입은 쓰일 곳에 적절히 사용되지 못할 것이다. 그렇게 되면 군주 측근과 군주를 보호하는 자들의 재산은 줄어들 수밖에 없다. 군주의 측근들 역시 자신의 휘하나 추종자들에게 주는 선물을 끊고 지출도 줄인다. 그들은 지출을 크게 하는 사람들이고 그들의 시출은 다른 누구보다 교역을 활성화시킨다. 그러므로 이런 상황이 되면 시장 경제가 불황에 빠지고 상업적 이익은 줄어들게

된다. 결과적으로 지세도 감소하게 된다. 왜냐하면 지세와 다른 세금은 노동, 상거래, 시장 비용, 이윤 추구를 필요로 하는 사람들에게서 비롯되기 때문이다. 모든 피해는 세액의 감소로 군주의 재산이 줄어들어 왕조에게 영향을 준다. 실제로 왕조는 가장 큰 시장이고, 상거래의 모시장이고 근간이며 수입과 지출의 기본요소이다. 만약 왕조의 상거래가 불황에 빠지고 교역량이 적어지면 그것에 의존하는 시장도 타격을 입고 심각한 상황을 맞게 된다. 돈이라는 것은 군주와 백성들 사이에서 돌고 도는 것인데, 군주가 돈을 묶어 두면 백성들은 돈을 잃어버리는 꼴이 된다. 알라의 순나는 그분의 종을 위해 있는 것이다.

## 43장 │ 부정은 문명의 파괴를 불러 온다

사람들이 재산을 빼앗기면 재물을 모으려는 희망을 잃게 된다는 것을 인지하라! 그렇게 되면 사람들은 재물을 모으려는 목적과 궁극적인 목표가 자신들의 손에서 떠났다고 생각한다. 만약 사람들이 재물의 획득이라는 희망을 잃게 되면 그렇게 하고자 하는 노력도 없어지게 된다. 사람들은 재산을 빼앗기는 정도에 따라 재산을 획득하려는 노력도 약해지는 법이다. 만약 재산을 빼앗기는 정도가 생계 다방면에 걸쳐 심하고 광범위하면 재산을 축적하려는 의지도 급속히 약해질 것이다. 하지만 빼앗기는 정도가 약하다면 재산 축적을 하고자 하는 의지가 줄어드는 정도도 경미해질 것이다. 문명과 그 번영 그리고 시장의 활성화는 노동 생산에 의존하고 이익과 이윤을 위해 사람들이 벌이는 노력에 의존하므로 이 모든 것은 사라지게 된다. 사람들은 생계를 잇기 위해 정부의 관할 지역에서 벗어난다. 따라서 정부 관할의 인구는 줄어들고 거주지에는 사람들이 없고 도시는 황폐해진다. 도시의 황폐는 왕조와 군주의 지위를 붕괴시킨다. 왜냐하면 그들의 지위가 문명의 형태인데 그 형태의 기본 요소가 망가지면 그 또한 망가지기 때문이다.

마스우디가 페르시아인의 역사에 관해 언급했던 것을 보라. 바흐람 브 바흐람[139]의 치세에 종교계의 지도자인 대사제가 왕의 불의와 우매함이 왕조에 미치는 악영향에 대해 왕 스스로가 제대로 인식하지 못하고 무관심한 사실을 다음의 예를 들어 비유했다. 그는 올빼미의 입을 빌어 그런 예를 들었는데, 하루는 왕이 올빼미가 우는 소리를 듣고 대사제에게 그 소리를 알아들을 수 있는가 하고 물었다. 그러자 그는 왕께 이렇게 대답했다. "수놈 올빼미가 암놈 올빼미와 짝짓기를 원하자 암놈은 바흐람의 치세에 황폐화된 마을 스무 곳을 달라고 조건으로 내걸었습니다. 수놈은 이 조건을 수락하였고 이렇게 말했습니다. '만약 바흐람 왕이 계속해서 통치한다면, 나는 황폐한 마을 일천 곳을 알려줄 수도 있다. 이것은 가장 쉬운 소원이다.'" 그때 비로소 왕은 자신의 어리석음을 깨닫고 대사제를 따로 불러 그가 바라는 것이 무엇이냐고 묻자, 대사제는 이렇게 대답했다.

"왕이시여! 왕권의 명성은 오로지 종교법, 알라에 대한 복종, 알라의 명령과 금지를 준수하는 것을 통해서만 완성될 수 있습니다. 왕이 없이는 종교법을 수행할 수 없고 왕의 명성은 백성 없이 있을 수 없습니다. 재화가 없이는 백성을 다스릴 수 없고 노동이 없으면 재화를 얻을 수 없습니다. 그리고 정의가 없으면 노동을 할 방법이 없습니다. 정의는 이 세상 피조물인 인간 사이에 있는 저울입니다. 알라께서는 그 저울을 세우시고 감독자를 두셨으니 그가 바로 군주입니다. 왕이시여! 왕께서는 농경지에 손을 뻗쳐 그 주인과 경작자들로부터 농경지를 빼앗았습니다. 그들은 바로 지세를 내는 사람들이며 전하는 그들로부터 재화를 거두어들입니다. 이제 그들은 노동을 하지 않고 그곳에서 손실을 보거나 말거나 관심이 없습

---

139  사산 왕조의 군주인 바흐람 2세(재위 276~293).

니다. 왕의 측근이라는 이유로 지세에 대해서도 관대한 대우를 받는 자들이 있는데, 토지를 경작하고 지세를 내는 백성들은 부당한 대우를 받습니다. 결국 그들은 농토를 떠나고 거주지를 버립니다. 아주 멀리 가 그곳에서 터전을 잡습니다. 따라서 농사짓는 노동력은 줄어들고 농토는 황폐화됩니다. 재화가 줄어드니 병사와 백성들이 줄고 이웃 군주들은 페르시아의 영토를 탐내게 되었습니다. 그들은 왕권을 지지하던 기본적인 물자의 보급이 끊어졌음을 알기 때문입니다."

왕은 대사제의 말을 듣고 자신의 왕권을 곰곰이 생각해보았다. 그는 측근들로부터 경작지를 빼앗아 원주인에게 돌려주었다. 그들은 과거의 형태를 찾아갔고 농사를 지었다. 약해진 이들은 강건해졌고, 땅이 경작되자 국가도 풍요해지고, 지세의 재물이 증가하고, 군대는 강화되었으니, 적들의 근원은 차단되고 부두에는 선박들이 가득해졌다. 왕은 직접 정사를 챙겼고 그의 치세는 번영을 구가했고 왕권은 잘 정비되었다. 이 이야기는 불의가 문명을 파괴하고 그런 결과는 왕조에 부패와 전쟁을 초래한다는 교훈을 들려준다.

왕조의 대도시에서는 이런 불의가 발생했지만 그곳이 피폐되지 않았다는 사실을 고려하지 마라. 그것은 그런 불의와 도시 인구의 상황간 인과관계에서 비롯되었음을 인지하라. 도시가 크고 인구가 많고 또 그들의 상황이 한없이 다양할 때, 적대적인 행동과 불의로 인해서 발생하는 피해는 단순하고 작다. 왜냐하면 그런 피해는 점진적으로 발생하기 때문이나. 그들의 상황이 다양하고 도시에서의 노동활동도 광범위하다면 그런 피해의 결과는 단시일 내에 나타나지 않는다. 부정을 행한 왕조는 성심껏 도시를 일으켜 세우고, 감춰져 있던 피해는 복구되어 거의 인식되지 못한다. 그러나 이러한 경우는 매우 드물다.

이 모든 것이 의도하는 것은 앞에서도 언급했듯이 문명이 불의와 적대적 행위로 후퇴하고 황폐화되는 것은 피할 수 없는 사실이고 그 최종 피해를 입는 것이 왕조라는 사실이다.

불의는 우리가 생각하는 것처럼 소유주에게 아무런 이유나 보상도 없이 금전이나 소유권을 취하는 것만이 아니다. 사실 불의는 이보다 더 일반적인 것이다. 다른 사람의 소유권을 강탈하는 자, 강제로 노역을 시키거나 부당한 요구를 하거나 종교법이 부과하지 않는 의무를 부과하는 자가 있다면 그는 이미 불의를 행하는 자이다. 부당한 세금을 징수하는 것도 불의를 행하는 것이다. 남을 적대하는 것도 불의이고, 재산을 빼앗는 자, 남의 권리를 막는 자도 불의를 행하는 것이다. 백성에게 강제 노역을 시키는 군주도 불의를 행하는 것이다. 결국 이 모든 것은 고스란히 문명의 파괴로 왕조에게 돌아가고, 백성들의 희망이 상실되어 왕조의 기본 요소인 문명의 파괴가 오는 것이다.

이것이 무함마드가 불의를 금지했을 때 의도했던 지혜라는 것을 인지하라! 불의가 초래한 문명의 부패와 파괴가 바로 그 결과이다. 결국 이는 인간이 종으로써 단절됨을 알리는 소리였고, 샤리아에 그의 의도를 모아 다섯 가지 사항을 필수적이라고 한 것은 주의 깊고 포괄적인 지혜이다. 그 다섯 가지는 종교의 보존, 영혼의 보존, 지성의 보존, 자손의 보존, 재산의 보존이다.

당신이 본 것처럼 불의는 문명을 황폐화시킴으로써 인류의 단절을 초래한다. 따라서 이를 금지하는 지혜가 존재했었다. 불의를 금지하는 것은 중요한 것이었다. 이런 사실을 보여주는 것이 코란과 순나에 많이 나타나 있고 그 대부분을 억제와 제어에 관한 법률에서 다루고 있다.

만약 모든 이가 불의를 행했더라면 그런 행위를 저지하기 위해서 필요한 형벌의 목록은 간통, 살인, 술 중독처럼 모든 사람들이 저지를 수 있는 범죄를 비롯하여 인류를 파멸로 이끄는 온갖 종류의 범죄들의 목록만큼이나 매우 많을 것이다. 그러나 불의는 쉽게 행할 수 있는 것이 아니다. 능력이 있는 자나 군주만이 불의를 행할 수 있기 때문이다. 따라서 불의를 비난하고 불의의 폐단을 반복해서 우려하는 것은 불의를 저지를 수 있는 사람들이 스스로 자제하기를 바라기 때문이다. "그대의 주님은 종들에게 조금도 불공평하지 않으시니라."[140]

## 절

　문명을 파괴시키는 가장 심한 불의와 그중에서도 가장 심각한 것은 백성들을 부당하게 노동에 고용하는 것이다. 노동은 자본주의에서 비롯되었고 생계에 밀접한 관계가 있다. 왜냐하면 생계와 소득은 문명인에 의한 노동 가치를 평가하기 때문이다.

　그들은 노력과 노동을 통해 자본을 획득하고 소득을 창출한다. 그들에게는 노동을 제외한 다른 방법이 없다. 모름지기 백성들은 토지에서 일하는 노동자이고, 이런 노동을 통해 생계 수단을 확보하고 수익을 획득한다. 만약 그들이 자기 분야가 아닌 다른 곳에서 하는 일을 부과 받고 자신의 생계와는 무관한 일에 동원된다면 그들은 아무 수익도 얻지 못하고 그들의 자산인 노동의 대가도 빼앗기게 될 것이다. 결국 그들은 고통받게 되고, 생계의 대부분을 잃게 되고 심지어는 완전히 잃게 될 수도 있다. 만약 그들에게 이런 일이 반복된다면 농사를 지을 희망과 의욕은 없어지고 일체의 노력도 중지될 것이다. 이는 문명의 파괴와 황폐화를 초래한다. 지고하신 알라는 가장 잘 알고 계신다.

## 독점

　문명과 왕조에 더 치명적이고 파괴적인 불의는 백성들의 재물을 조절하는 것이다. 이는 백성들의 물건을 가장 싸게 사고 그들에게 강제로 가장 비싸게 판매하는 것을 말한다. 그들은 비싼 가격을 주장하면서 백성들에

---

140  코란 41장 46절.

게 대금 지불의 연기나 후불이라는 조건을 내 걸기도 한다. 백성들은 이런 손실에 대해 시장에서 그 상품에 대한 상황이 호전되기를 바라는 마음으로 위안 삼는다. 하지만 그들은 결국 싼 값에 물건을 팔게 된다. 이런 형태의 두 차례 거래를 통해 발생한 피해는 그들 자본의 손실로 귀결된다. 이런 일은 도시에 거주하는 상인들과 각 지역에서 물건을 수입하는 자들에겐 일반적이다. 뿐만 아니라 식료품과 과일을 취급하는 상점 주인들 혹은 도구와 장비를 다루는 수공업자들에게도 일반적이다. 다양한 직업과 계층에서 손실은 고루 나타난다. 시간이 흐르면 흐를수록 자본금은 축소된다. 그들은 자본이 없어졌으므로 시장에서 떠나는 방법 외에 달리 살 길을 찾을 수 없게 된다. 여러 지방에서 상품을 매매하러 오는 상인들의 활동은 둔화된다. 시장 경제는 가라앉고 백성들의 생계는 막막하게 된다. 그들은 물건의 매매를 통해 생계를 꾸린다. 만약 시장이 무력해지면 백성들의 생계도 무력해지고 군주의 조세수입도 줄거나 악화된다. 왜냐하면 왕조의 중기나 그 이후에는 우리가 이미 언급했듯이 수입 대부분이 상품에 부과되는 세금에서 나오기 때문이다. 이는 왕조의 붕괴와 도시문명의 쇠퇴로 이어지는데 이와 같은 붕괴는 점진적으로 느낄 수 없이 진행된다.

이런 현상은 재산 탈취를 위한 수단과 명분의 증가로 나타난다. 만약 군주가 백성의 재물을 서슴지 않고 탈취하고, 백성의 재산, 여인네들, 생명, 사적인 비밀, 명예까지 취한다면 그것은 여러모로 파멸을 가져오고 결국 왕조의 급속한 파멸을 초래한다.

바로 이런 폐단으로 인해 샤리아는 이 모든 것을 경고하였고 물건을 사고 팔 때 이윤을 남기는 것은 법에서 허락했지만 재물을 착취하는 것은 금했다. 왜냐하면 이는 다른 사람에게 발생하는 혼란 때문에 문명이 파괴되거나 생계가 박탈되는 결과를 가져오지 못하도록 방지하기 위해서이다.

이러한 현상의 이유는 왕조나 군주가 사치를 일삼다 보니 더 많은 재화를 필요로 하기 때문임을 인지하라! 그들의 지출이 증가하면 법이 허용한 일반적 수입으로는 충분하지 않다. 따라서 군주는 조세수입을 확대시킬 수 있는 방편을 새로 만드는데, 이는 지출에 맞는 수입을 얻기 위함이다. 사치는 계속해서 늘어가고 그로 인한 소비도 늘어간다. 그러면 백성들의 재산을 빼앗으려는 욕구도 더욱 강해진다. 왕조의 권력은 이런 일에 전력을 기울이게 되고 결국 왕조의 영향력은 사라지고 그 정체성도 상실하여 다른 이에게 정복당한다. 알라는 가장 잘 알고 계신다.

## 44장 | 군주에게 접근하는 것을 제한하는 일은 어떻게 발생하는가? 이것은 왕조의 노쇠에 중요 요소다

우리가 앞에서 언급한 대로 왕조는 초기에 왕권 획득을 위한 투쟁과 거리가 멀고 그 이유는 왕조가 권력을 완성하고 정권을 장악하기 위해 반드시 아싸비야를 필요로 했기 때문이라는 것을 인지하라. 아싸비야의 특징은 베두인 생활에 익숙한 태도이다. 종교에 기반을 둔 왕조는 왕권 추구와는 거리가 멀다. 만약 어떤 왕조가 그 통치 초기에 베두인적인 태도를 보인다면 군주는 소박하고 베두인 생활 태도를 간직한 채 백성들과 가깝게 지내며 그들의 의견을 쉽게 듣는다.

그러나 일단 권력이 확고해지면 군주는 모든 영광을 독식하고 백성들과 거리를 둘 필요를 느낀다. 이 시점에서 그는 측근을 많이 두는데 그들과 업무를 사적으로 논의해야 하기 때문이다. 그는 가능하면 대중으로부터 떨어져 있길 원하고, 문 앞에 사람을 두어 왕조의 신하나 측근들만 입장을 허락하고 백성들은 들이지 않는 일을 맡긴다.

그 뒤 왕권이 더욱 발전하고 왕권의 이론과 왕권 자체를 추구하는 때가 되면 군주의 특성은 왕권의 속성으로 대치된다. 그것은 진기하고 특별한 속성으로 예를 들자면 군주를 만날 때 지켜야 하는 예법이 있다. 그러나 일부 사람들은 그런 예법에 무지한 이도 있다. 그런 경우 군주는 그들을 불만족스럽게 여기고 그들 역시 군주를 불쾌하게 여겨 언젠가는 보복을 하겠다고 다짐하기도 한다. 따라서 이런 특별한 예법에 대한 지식은 군주의 측근들만이 습득하게 된다. 군주는 측근을 제외한 사람들과는 아무 때나 만나는 것을 피하는데 이는 무례한 자들을 만나 불쾌해지는 일이 없도록 하기 위해서이고 그로 인해 사람들을 처벌하는 일이 없도록 하기 위해서이다.

그러므로 군주는 처음 현재의 제한보다 더 제한하게 된다. 첫째 제한은 군주와 함께 국사를 논의하는 측근들에 관한 것으로 이들을 제외한 다른 사람들의 접근을 막는 것이었다. 둘째 제한은 군주에 대한 예절을 차릴 줄 아는 사람들과의 만남에 관한 것으로 이들을 제외한 평민들의 접근을 막는 것이다. 첫째 제한은 우리가 언급한 것처럼 왕조의 초기인 무아위야, 압둘 말리크, 우마이야 왕조 칼리파들의 시대에 처음 생겼다. 이런 제한을 실행하는 이는 소위 시종(문 앞을 지키며 군주의 수발을 드는 자)으로 불리는데, 이는 단어의 본뜻에서 올바른 파생을 한 의미로 쓰인 것이다. 그 뒤 압바스 왕조가 등장하고 사치와 영화의 세월로 젖어 들었다. 이는 널리 알려진 일이다. 왕권의 속성은 있어야 할 모든 것을 갖추게 되었다. 이는 두 번째 제한을 필요로 하게 되었다. '시종'이라는 호칭의 의미도 거기에만 국한된 것이었다. 칼리파의 궁정에는 건물 두 채가 있는데, 하나는 특별한 사람들을 위한 것이고 다른 하나는 일반인들을 위한 것이다. 이는 압바스 시대의 역사서에 기록된 바다.

이후의 왕조들은 앞의 것보다 훨씬 더 심한 세 번째 제한을 두게 되었다. 이는 군주를 폐쇄시키려는 시도이다. 왕의 측근과 고위 관료들이 왕족 중 한 사람을 군주로 정하고 정권을 독차지하려 한다. 따라서 이들이 시작하는 일은 그를 부왕이나 측근들로부터 격리시키는 것이다. 그들은 군주에게 그와 같은 사람들과 직접 만나게 되면 군주의 체통이 서지 않고 군주의 예법이 훼손될 것이라는 망상을 심어주었다. 이는 젊은 군주가 다른 사람들과 접촉하지 못하게 하려는 의도였다. 결과적으로 군주는 그들에게만 익숙해져 다른 사람으로 대체할 생각조차 못하게 된다. 세 번째 제한은 분명히 이러한 상황에서 생겨났다. 이는 왕조의 노쇠를 나타내며 왕조의 권력이 고갈되었음을 보여준다. 이것은 왕가의 사람들이 두려워하는 것 가운데 하나이다. 왕조가 노쇠기에 이르고 군주의 정권 독점이 사라지면 왕조를 운영하는 사람들은 그들의 속성상 이런 '제한'을 시도할 것이다. 그들의 심리는 왕권을 독점하려는 열망에 가득차고 군주란 결국 자신들이 '앞에 내세운 자'이니 그런 요구가 당연하다고 간주하기 때문이다.

## 45장 │ 하나의 왕조가 두 개로 나뉘다

왕조의 노쇠가 보여주는 최초의 결과는 왕조의 분열임을 인지하라! 왕권이 번성하여 최고의 사치와 번영에 달하면 군주는 모든 영광을 장악하고 독점하게 되고 그 영광을 어느 누구와도 나누려고 하지 않을 정도로 자부심이 커지기 때문이다. 군주는 자신의 직책을 넘볼 만한 의심이 드는 일족을 파멸시켜 가능한 한 근심의 싹을 모두 제거한다. 따라서 군주와 함께 국사를 도모했던 사람들은 자신의 안위를 걱정하여 먼 곳으로 옮겨가고 그들과 같은 처지의 사람들이 그 주위에 모이게 된다. 왕조의 범위는 이미 작아지기 시작했고 변방에 대한 통제력을 잃게 된다. 도피자의 세력은 계속해서 커지는 반면 왕조의 권력은 약화되어 마침내 왕조는 갈라지거나 아니면 거의 그런 상태가 되는 것이다.

아랍 무슬림 왕조의 경우를 보라! 그 왕국의 권력은 막강했고 중앙 정부에 집중되어 있었으며 그 왕조의 권한은 변경까지 미쳤다. 압두 마나프 가문의 아싸비야는 무다르족 전체에게 절대적으로 영향을 미쳤다. 그래서 그 왕조의 치세에는 어떤 이견도 등장하지 않았다. 단, 왕조의 혁신을 주장하며 죽음을 불사한 카와리지의 등장은 예외이다. 그들은 왕권의 해체나 지도권을 이룩하지 못했고 자신들의 주장을 완성하지도 못했는데 그 이유는 그들 간의 강력한 아싸비야 경쟁 때문이었다. 그 뒤 우마이야 왕조의 권력이 쇠락하자 압바스 왕조가 권력을 장악하게 되었다. 아랍계 왕조는 이미 사치의 최고봉에 달했고 조금씩 위축되기 시작했다. 압둘라흐만 알다킬[141]은 이슬람 왕국에서 멀리 스페인으로 피신했다. 그는 왕국을 새롭게 창건했고 압바스 왕조와의 관계를 단절했다. 이렇게 해서 한 왕조가 둘로 나누어졌다. 그 후 이드리스[142]가 마그립에 피신한 뒤 독립하여 독자적인 권력을 장악했다. 그 이후 유럽의 야만인들과 무길라족, 자나타족이 그의 아들을 아미르로 만들었고 마그립의 양 진영을 장악하였다.

후일 압바스 왕조는 더욱 더 축소되어 갔다. 아글랍 왕조가 분리 저항했고, 시아파(파티마 왕조)가 분리했고 쿠타마족과 씬하자족이 이들을 지지하여 이프리끼야와 마그립을 점령한 뒤 이집트, 시리아, 히자즈 지방을 정복했다. 그들은 이드리스 왕조를 정복하였고 이로써 왕조는 다시 분열되었다. 결국 아랍 왕조는 셋으로 나누어졌다. 압바스조는 아랍 세계의 근거지이자 이슬람의 원천인 중앙에, 우마이야 왕조는 마슈리끄의 칼리파와 고대 왕권을 재생시켜 스페인에, 파티마 왕조는 이프리끼야, 이집트, 시리아, 히자즈 지방에 자리하게 된 것이다. 이 왕조들은 이렇게 붕괴될 때까지 존속했다.

마찬가지로 압바스 왕조는 여러 왕조들로 분리되었다. 가장 멀리에는 사만가의 왕조가 세워졌는데 그곳은 트랜스옥시나와 쿠라산 지방이다. 알라위 왕조는 딜람과 따바리스탄에 터를 잡았고 그 이후에 셀주크 왕조

---

141  스페인 우마이야 왕조의 건국자인 압둘 라흐만 1세(재위 756~788).
142  모로코 지방의 베르베르족을 통치했던 이드리스 왕조(789~921)의 창건자(재위 789~791).

가 등장했고 결국 그들이 그 일대를 모두 관할하였다. 세월이 흐른 후 셀주크 왕조 역시 번영의 시기를 지나고 여러 왕조로 분리되었다. 이는 그들의 역사서에 기록되어 널리 알려졌다.

마그립과 이프리끼야 지방의 씬하자 왕조도 그런 과정을 겪었다. 그 왕조가 바디스 븐 알만쑤르의 치세에 최고조로 발전하자 그의 삼촌인 함마드가 왕조에서 이탈하였고 기존의 왕조와 관계를 단절하였다. 그가 세운 왕국은 아우라스산에서 틸미산과 말위야를 향하는 사이에 있었다. 그는 왕국의 요새를 마실라 지방의 전면에 위치한 쿠타마산에 펼쳤고 그곳에 진을 치고 티따르산에 있는 중심 지역 아쉬르를 장악했다. 그는 바디스 가문의 왕권에 반대하는 다른 왕조를 세웠다. 바디스 가문은 까이라완 지방에 남아 있고 그 두 왕조는 권력이 모두 쇠잔할 때까지 그런 상태로 있었다.

무와히둔 왕조에서도 역시 왕조의 그림자가 서서히 옅어졌을 때 아부 하피스의 후손이 이프리끼야 지방에서 반기를 들고 일어섰다. 그들은 그 지방을 독립적으로 소유하고 자신의 후손을 위해 새로운 왕권을 수립하였다. 그들의 권력이 번영의 극에 달하고 모든 것을 소유하게 되자 그들의 후손 중 4대 칼리파 술탄 아부 이스하끄 이브라힘의 아들인 아미르 아부 자카리야 야흐야는 서부의 여러 왕조들에 대항하여 반기를 들고 바자야, 쿠산티나 지방에 새롭게 왕조를 세웠다. 그는 자신의 아들에게 왕조를 물려주었지만 그 왕조는 두 개의 왕조로 분리된다. 그 이후 튀니스 지방의 하드라의 권좌를 장악하였지만 이후의 후손들에 의해 왕권은 또 분리된다. 이렇듯 이 왕조의 분리는 두세 개의 왕조로 분리가 되고 나서야 끝이 보이는 듯하다. 마찬가지로 이런 왕조의 분리는 스페인의 군소제후의 왕조들, 동방에 위치한 비아랍인 계열의 왕조들 그리고 이프리끼야 지방의 씬하자 왕조에서도 나타났다. 이프리끼야 지방에 있는 각 요새마다 그들의 마지막 왕조가 존재했고 이미 앞에서 언급했듯이 왕조의 권력은 독립적이었다. 현재까지 이프리끼야 지방의 자리드와 자브 왕조의 상황도 마찬가지였다.

이렇게 해서 모든 왕조는 사치와 안락함에 젖어들면서 쇠퇴의 국면에 접어든다. 그리고 통치력의 그늘이 점점 엷어지고 결국 왕조는 분리되거나 그 왕조에 몸담고 있던 사람이 권력을 장악하여 여러 개의 왕조가 공존하게 된다.

분열의 과정은 원래의 지배 가문에 의해서 통제되지 않는 두세 개 이상의 왕조를 탄생시킬 수도 있다. 스페인의 '제후들', 마슈리끄의 비아랍계 군주들의 경우가 그렇다. 이프리끼야의 씬하자도 같은 경우이다. 씬하자 왕조의 말기에 이프리끼야의 각각의 성채에는 독립된 반란자가 있었다. 이에 대해서 우리는 언급한 바 있다. 이 시대의 직전에 이프리끼야의 자리드와 자브의 경우도 마찬가지인데 이에 대해서도 언급할 것이다. 이렇게 각각의 왕조는 사치와 편안함과 세력의 약화에 직면하게 되는데 이는 모두 왕조의 노쇠현상이다. 왕가의 구성원 혹은 왕조의 권력을 행사하는 자들은 나뉘고 결과적으로 왕조는 여러 개로 분열된다. 알라께서는 지상과 지상에 있는 모든 이를 상속받으셨다.


## 46장 │ 왕조가 일단 노쇠기에 들어서면 이를 멈출 수 없다

우리는 앞에서 노쇠의 징후와 그 원인을 하나씩 언급한 바 있다. 노쇠의 여러 원인이 왕조에 영향을 미치고 또한 그것이 자연스러운 일이라는 것도 명백하게 밝힌 바 있다. 만약 노쇠가 왕조에게 있어 자연스러운 것이라면 노쇠의 발생 역시 자연현상이 생기는 것처럼 나타나는 것이다. 이는 노쇠가 생물체의 기질에 영향을 주는 것과 같다. 노쇠는 자연적인 것이고 자연적인 것은 변하지 않으므로 이는 치유할 수도 제거할 수도 없는 고질적인 질환이다.

왕조의 지배자들 중 정치의식을 소유한 자들 다수는 이런 사실을 예의 주시할지도 모른다. 그들은 노쇠가 왕조에 미치는 영향을 주목한다. 그들은 노쇠를 멈추게 하는 것도 가능하다고 생각한다. 그리고 그들은 스스로 왕조를 회복시켜 왕조에 팽배해 있는 노쇠의 기질을 제거해 보려고 한다. 그들은 노쇠가 과거의 통치자들의 부족함과 부주의에서 기인한 것이라고 생각한다. 그러나 그렇지가 않다. 이런 현상은 왕조에게는 자연적인 것이다. 습성은 고칠 수 없다. 습성은 또 하나의 천성과 같은 것이다. 예를 들면 아버지와 일가의 가족들이 비단 옷을 입고 무기나 탈 것에 황금 장식을 사용하는 것을 보고, 그들이 모일 때와 기도할 때 평민들과 격리되어 있던 것을 보면서 자란 사람이 어느 순간 이를 인지했다면 그는 조상들의 관습과 다른 삶을 살 수는 없다. 그런 사람이 거친 옷을 입고 사람들과 어울리며 함부로 사는 것은 불가능하다. 즉 그런 관습은 그가 그런 행동을 하지 못하도록 막고 그가 그런 행위를 하는 것은 욕된 것이라고 믿게 만든다. 만약 그가 실제로 그렇게 한다면 그는 관습에서 벗어난 광인이라는 비난을 공격적으로 받고, 오히려 그의 왕조에 악영향을 미칠 위험성이 있다.

예언자들이 관습을 무시하고 관습에 위배되는 행동을 했던 일을 보라! 만약 예언자들이 신의 가호와 천상의 도움을 받지 않았더라면 어찌되었을까?

왕조가 노쇠하게 되면 아싸비야는 약해지고 인간의 영혼에는 아싸비야 대신에 위세가 자리 잡는다. 아싸비야가 약화된 상태에 만약 위세마저 없어지면 백성들은 조상의 충성심을 떨쳐버리고 감히 맞서게 된다. 따라서 왕조는 가능한 한 위세에 기대어 자신을 방어하지만 결국 모든 것은 끝난다.

왕조 말기에는 때때로 마치 왕조의 노쇠함이 사라져버린 듯 허황된 생각이 나타나기도 한다. 그것은 마치 꺼지기 직전에 환하게 타오르는 촛불의 심지와 같아서 겉으로는 타오를 것처럼 보이지만 사실은 꺼져가는 것이고 소멸하기 전의 마지막 작열에 불과하다. 따라서 이런 점을 고려하라. 지고

하신 알라의 비밀과 알라께서 가치를 부여하신 존재의 인과에 적용되는 그분의 지혜를 무시하지 말 것이다. "각 시대마다 율법이 있었느니라."[143]

## 47장 | 왕조는 어떻게 붕괴하는가

왕권의 토대는 반드시 두 가지 기초 위에 세워져야만 한다는 것을 인지하라! 첫째는 무력과 아싸비야인데 이것은 군대로 표현된다. 둘째는 재물로써, 이는 군대를 지원하고 왕이 필요로 하는 것을 제공한다. 만약 왕조의 이 두 가지 기초가 흔들리면 왕조는 붕괴하게 된다. 우선 무력과 아싸비야의 붕괴에 대해서 설명하고 그다음으로 재물과 세금의 붕괴에 대해서 설명하기로 하자.

왕조의 토대를 쌓고 그 기반을 다지는 일은 이미 언급했던 것처럼 아싸비야에 의해서만 가능함을 인지하라! 이를 위해서는 종속되는 아싸비야들을 통합하는 더 큰 아싸비야가 존재해야만 한다. 바로 이 큰 아싸비야는 군주가 소유하는 아싸비야로 그의 일족과 부족이 모두 포함된다.

왕권의 속성인 사치가 왕조에 퍼지고 왕조의 아싸비야를 공유한 사람들은 코를 잘리게 된다. 제일 먼저 코를 잘리는 사람은 군주와 같은 성을 가진 그의 일족과 친척들이다. 그들은 다른 사람들보다 더 심하게 코를 잘리게 된다. 그들은 왕권, 권력, 승리의 단맛을 누렸으므로 어느 누구보다도 사치에 물들어 있다. 따라서 두 가지의 파괴 요인인 사치와 강권이 그들을 둘러싸고 있다. 권력의 소유자인 군주의 왕권이 공고히 뿌리내리면 그들은 심장병을 얻게 되고 강권은 결국 그들을 피살로 내몬다. 군주가 그들에게 품은 질투는 자신의 왕권에 대한 우려로 바뀐다. 그래서 군

---

143 코란 13장 38절.

주는 그들을 치욕스럽게 하고 살해하기 시작하며 그들이 누리고 있는 사치와 영광을 빼앗는다. 그들은 멸망하고 소수만이 남게 되니 군주가 그들로 인해 얻을 수 있었던 아싸비야도 파괴된다. 바로 이 아싸비야가 다수의 아싸비야들을 모두 포용하고 통합했던 가장 큰 아싸비야였다. 아싸비야의 결속은 흩어지고 그 장악력은 약화된다. 아싸비야는 내부의 측근과 추종자들에 의해서 대체된다. 군주는 새로운 이들을 통해서 아싸비야를 취하지만 그것은 혈연관계가 아니기 때문에 과거의 것처럼 강력한 장악력은 없다. 우리는 앞서 혈연으로 뭉쳐진 아싸비야와 그 위력에 대해 언급한 바 있다. 이는 알라께서 그렇게 만들었을 때의 상황이다.

군주는 일족과 조력자들로부터 자신을 소외시킨다. 다른 집단에 속한 사람들은 이를 눈치 채고 군주와 그의 측근들에 맞서 대담해진다. 따라서 군주는 그들을 하나씩 파괴하고 살해한다.

왕조 후기의 사람들도 이 점에서는 전기의 사람들이 했던 바를 모방한다. 그들은 앞에서 언급한 바 있는 사치의 위험에 빠지게 된다. 그들은 사치와 피살로 얼룩질 위험에 처하고 결국 아싸비야의 손길에서 벗어나 아싸비야의 자부심과 위용도 잊어버린다. 그들은 방어를 위해서 고용된 용병의 처지가 되고 숫자도 줄어든다. 특히 변방이나 항구에 주둔하는 수비군의 수가 축소된다. 결과적으로 변방의 백성들은 왕조에 반항하게 된다. 왕조의 사람들과 그 밖의 사람들로 구성된 반란자들은 앞 다투어 왕조의 중앙에서 변방으로 나간다. 그들은 변방의 주민들을 자기편으로 만들려고 하는데 이는 자신들의 군사적 방어를 위해서이다. 이런 상황은 계속되고 왕조의 권력은 쇠퇴하고 영토는 줄어들어 마침내 반란자들이 왕조의 중심부까지 매우 가까이 접근하게 된다. 그렇게 되면 왕조는 우리가 언급한 것처럼 본래 힘의 정도에 따라서 둘 혹은 세 개의 왕조로 분열한다. 아싸비야를 공유하지 않았던 사람들은 왕조의 국사를 처리해 나가지만 왕조의 아싸비야를 소유한 사람들에게 복종하고 그들의 우위를 인정한다.

이슬람 아랍 왕조들의 경우를 통해 이런 사실을 비추어 보라! 초기에 왕조는 스페인, 인도, 중국까지 그 영향이 미쳤다. 우마이야 왕조는 압두 마나프의 아싸비야를 통해서 모든 아랍인에게 영향을 미치고 있었으며 심지어 다마스쿠스의 술레이만 븐 압둘 말리크[144]가 코르도바의 압둘 아 지즈 븐 무사 븐 누사이르[145]의 살해를 명령하기도 했다. 결국 그는 살해 당했고 그의 명령에 아무도 반기를 들지 않았다. 그 뒤 우마이야 왕조의 아싸비야는 사치에 물들었고 서서히 약화되어 사라지고 왕조는 파괴되 었다.

압바스의 후손이 등장하여 아부 딸립[146]의 후손들을 죽이거나 유배 보 냈다. 그 결과 압두 마나프의 아싸비야는 해체되고 소멸되었다. 아랍인들 은 압바스 왕조에 대항하여 더욱 대담해졌고, 먼 지방에 사는 사람들 예 를 들면 이프리끼야의 아글랍 일족, 스페인에 사는 주민들과 그 밖의 사 람들이 왕조의 권력을 장악하게 되면서 왕조는 분열되었다. 그 뒤 이드리 스 왕조가 마그립에서 떨어져 나가고, 베르베르인들은 그 왕조의 아싸비 야에 복종하면서 그들의 정권을 창립했다. 그들이 이렇게 한 의도는 왕조 의 군대나 수비군들로부터 안전을 도모하기 위해서이다.

만약 정치적 선전을 하는 사람들이 끝내 이탈을 하면 그들은 변경지역 을 장악하고, 그곳에서 자신들의 정치를 선전하고 왕권을 도모하므로 왕 조는 분리된다. 신왕조의 세력은 점점 커지고 기존의 왕조는 점점 더 줄 어들며 기존 왕조의 중심이 영향을 받을 때까지 이런 상황은 계속된다. 그 뒤 왕조 내부의 측근들은 사치에 물들면서 약화되어 소멸되어버린다. 분열한 왕조 전체도 약해진다.

---

144 674~717, 우마이야 왕조의 제7대 칼리파(재위 715~717).
145 초기 아랍인들이 스페인을 정복할 때의 지휘관. 716년 칼리파 술레이만의 명령으로 살 해되었다.
146 무함마드의 삼촌이자 알리의 부친.

이런 상황은 그 뒤에도 한동안 계속되었다. 아싸비야는 필요 없게 되었는데 그 이유는 백성들의 영혼이 오랜 세월 동안 굴종과 복속의 특성에 물들어 있어서 그 여러 세대 중 단 한 사람도 왕조의 시작과 기원을 기억하지 못하기 때문이다. 군주는 아싸비야의 힘을 필요로 하지 않게 되고 자신의 권력을 확고히 하기 위해서는 용병들로 구성된 군대로 수비대를 삼으면 충분했다. 이런 경우 일반적으로 인간의 영혼에 자리 잡고 있는 복종심은 도움이 된다. 만약 어떤 사람이 불복종이나 이탈을 생각해도 다수의 사람들은 그의 생각에 동의하지 않고 반대할 것이다. 그러므로 아무리 노력한다 해도 그런 일은 하지 못하게 된다. 이런 상황에서 왕조는 반란자들과 경쟁자들로부터 더욱 안전해진다. 그리고 왕조에 복종하고 순응하는 특성을 강화시킬 수 있다. 사람들의 이런 복종 심리는 결코 왕조에 대한 배반을 이야기하지 않는다. 또한 그들의 마음에 동요를 일으키지도 않는다. 그러므로 왕조는 집단이나 부족들이 일으킬지도 모를 혼란이나 파괴로부터 어느 때보다 더 안전해진다. 왕조의 권력은 이런 상태에서 존속하는 듯 보이지만 실제로 서서히 쇠잔해간다. 그것은 마치 영양분이 보충되지 않은 몸의 체온과 같다. 그러다가 죽음이라는 운명의 시간을 맞이해서 끝나게 된다. "각 시대마다 율법이 있었느니라."[147] 각 왕조에 생명의 시간이 있고, "알라만이 밤낮을 운용하시며"[148] 그분만이 유일한 통치자이시다.

재물로 인한 붕괴에 대해 말하자면 앞에서 지적했듯이 왕조가 초기에는 베두인의 생활 태도를 지니고 있다는 사실을 기억하라! 그것은 백성들에게 친절함을 베풀고 계획적인 소비생활을 하고 재물 축적을 삼가는 것이다. 따라서 이때는 왕조가 세금에 너무 집착하지 않고 세금의 징수나 회계를 할 때 영악하게 굴지 않는다. 그 당시에는 과도한 소비가 없었고,

---

147   코란 13장 38절.
148   코란 73장 20절.

왕조는 많은 재물을 필요로 하지도 않았다. 이후 지배와 팽창의 시대가 도래 한다. 왕권은 발전하고 이는 사치를 불러오고 이런 이유로 지출이 늘어난다. 군주의 지출과 왕조에 속하는 사람들의 지출 전반이 증가한다. 이러한 경향은 도시민들에게까지 확대되고 병사들의 수당과 왕조 관계자들의 급여 인상이 불가피해진다. 그렇게 되면 사치는 더욱 기승을 부리고 과도한 지출이 생기고 이런 추세는 백성들에게까지도 영향을 미치게 된다. 왜냐하면 백성들이 왕조의 관습과 방식에 따르기 때문이다. 군주는 증세를 목적으로 시장 상품에 대해 상세 부과를 고려하게 된다. 도시민들의 사치는 그들이 번영했음을 보여주는 것이고 정부의 지출과 병사들의 봉급을 위해서 많은 돈이 필요하기 때문이다. 사치의 습관은 더욱 깊어지고 상세商稅로도 감당이 안 된다. 왕조의 지배하에 있는 백성들에 대한 통제력과 강권력은 극에 달한다. 왕조는 백성들의 재물을 상업거래라는 미명하에 착취하거나 명확한 구실조차 제시하지 않고 백성들의 재산을 빼앗으려고 손을 뻗친다.

이 단계에서 왕조의 아싸비야는 이미 노쇠해졌고 더 이상 영향력이 없기 때문에 병사들은 왕조에 대담하게 행동한다. 왕조는 병사들에게 넉넉한 수당과 경비를 제공함으로써 이 상황을 타개하려 하지만 이런 방법을 통해서는 진정한 충성심을 찾을 수는 없다. 이런 상황에서 왕조의 세리들은 많은 재산을 소유하게 되는데, 조세수입이 그들의 수중에 있고 또한 그들의 지위가 더욱 중요해졌기 때문이다. 그들에겐 세금 착복의 혐의가 있다. 세리들은 서로를 비방하는 경우가 흔한데 이는 경쟁심과 시기심 때문이다. 결과적으로 그들은 하나씩 재산을 몰수당하는 불행을 겪고 재산을 잃고 그들의 지위도 점차 사라지게 된다. 왕조는 세리들을 통해서 얻을 수 있었던 위세와 이익을 상실한다. 세리들의 영화가 사라진 뒤에 왕조는 부유한 백성들의 재물로 눈길을 돌린다. 이 단계에서 왕조는 이미 권력이 약해졌고 통제력과 강권력도 취약한 상태가 된다. 이 시기에 군주가 쓰는 정책은 재물로 문제를 해결하는 것이다. 그는 자신의 재물이 줄어들지만 그 방법이 칼보다 더 낫다고 생각한다. 그는 지출과 병사들의 급료에 들어가는 것보다 더 많은 돈이 필요하지만 그 수요는 충족되지 않는다. 왕조의 노쇠는 점점 심해지고 지방의 사람들은 군주에게 더욱 대담하게 반응한다. 왕조는 이런 상황에서 멸망을 향하고 거침없는 요구를 해대는 무리들에 직면하게 된다. 왕조는 이내 기름이 떨어지고 불이 꺼질 등잔의 심지처럼 서서히 그 빛을 잃게 된다. 알라께서 모든 일을 건사하시고 우주를 관할하시는 분이다. 그분만이 그렇게 하신다.

**왕조의 영역 확대는 처음에 극에 달하고 그 뒤 차츰 줄어들어 마침내 왕조는 종말을 고하고 사라진다**

우리는 앞에서 칼리파와 왕권의 부를 언급했다. 이는 본서 세 번째 부에 있다. 각 왕조는 지배 영역과 관할 구역의 일정 몫을 차지할 뿐 그 이상으로 영역을 증가시키지는 못한다. 이는 왕조의 주역 집단이 왕조의 영역을 지키기 위해서 어떻게 분포되는가에 의거한다는 것을 고려하라! 그들의 수가 줄어 없어지면 그 한계는 변경에서 머물게 된다. 변경은 왕조를 사방으로 둘러싸게 된다. 변경의 극대 영역은 선행 왕조가 지배했던 '경계선'과 일치할 수도 있다. 만약 왕조의 주역 집단의 수가 선행 왕조보다 더 많다면 그보다 더 멀리 영역이 확대될 수도 있다. 이 모든 것은 왕조가 베두인의 기상과 거친 용기를 지니고 있을 때에 일어난다. 만약 왕조의 영예와 우위가 확고하고 조세수입으로 인해 급여가 많아진다면, 사치와 도시문화의 파도가 범람하고 새로운 세대들은 이런 상황에 익숙한 채 성장할 것이고, 수비대는 위약해지고 강인함을 상실하게 된다. 결과적으로 그들의 영혼은 겁 많고 게으른 오합지졸이 된다. 그들은 용기와 남성다움을 뿌리째 앗아가는 도시문화의 나약함으로 고통받게 된다. 이는 베두인 생활의 용맹함을 잃어버렸기 때문이다. 경쟁적으로 권력을 추구하여 영예를 얻으려 하고 그 결과 서로를 살해하고, 군주는 이를 막으려고 유명인사와 지도자들을 죽인다. 아미르와 주요 인사들은 사라지고 군주의 추종자와 휘하의 사람들은 늘어난다. 이것은 왕조가 지닌 예리한 칼날이 패이고 왕조의 권력이 산산이 깨지는 결과를 가져온다. 이는 첫 번째 폐해가 왕조에 발생하는 것을 의미한다. 그것은 이미 언급한 것처럼 군인과 수비대와 관계된 일이다. 이와 함께 사치품에 대한 지출이 대두되는데, 이는 왕조 관계자들이 위세를 떨면서 허영과 자만의 한계를 초과하고 음식, 의복, 저택, 무기, 말에 거금을 지출하기 때문이다. 그렇게 되면 왕조의 수입은 그와 같은 경비를 감당하기에는 너무 적고 두 번째 폐해가 나타난다. 그것은 재물과 세금에 관계된 일이다. 왕조의 약화와 파멸은 결국 두 가지 폐해가 존재함으로써 나타난 결과이다. 왕조의 지도자들은 종종 자기들끼리 경쟁하지만 다른 경쟁자나 이웃들에 대항하여 스스로를 방어하기에는 너무 약하다. 변경이나 먼 지방 사람들은 자신들의 배후에 있는 왕조의 허약함을 눈치 채고 자신들의 힘을 과시하고 우쭐대기 시작한다. 그들은 자신들의 관할 지역에 대한 독립적인 통제권을 장악하지만 군주가 그들을 물리치고 원상회복시키기에는 힘이 약하다. 이렇게 되면 왕조의 영역은 초창기에 비해 축소되고 왕조가 통치하는 행정영역은 좁은 지역에 국한된다. 마침내 왕조의 초창기 주력집단이 나약하고 게을러져서 초래한 문제와 재정과 세수의 부족 현상이 축소된 지역에 나타나게 된다.

왕조를 통치하는 사람은 병사, 재무, 행정 기능과 관련 왕조가 채택했던 규정들을 변화시키려고 시도한다. 그 이유는 수입과 지출의 균형을 꾀하고 수비대를 만족시키며 관할 지역을 제대로 통치하고 조세수입을 급료로 적절하게 배분하여 왕조 초기의 제도를 현상황에서 재조성하려는 것이다. 그러나 도처에서 여러 폐단이 속출한다. 이런 과정에서 왕조는 후기에 들어서면 왕조의 초기에 발생했던 일들이 다시 일어난다. 군주는 왕조의 초기 군주들이 했던 것과 동일한 조치만을 생각하고 왕조가 새로운 단계에 들어서 있는데도 과거의 방식을 적용한다. 그는 왕조 곳곳에서 재현되는 폐해를 막아보려 하지만 결국 왕조의 영역은 과거보다 더 협소해지고 왕조의 초기에 일어났던 일들은 반복해서 발생한다.

이전의 규정들을 변화시키려고 하는 사람은 신왕조의 설립자이자 새로운 왕권의 주인과 같다. 결국 왕조는 파괴된다. 왕조의 주변 부족들은 자신을 위한 새 왕조를 건설한다. 결국 이를 통해 알라께서 이미 운명을 정하신 일이 일어난다.

이슬람 왕조에서 어떻게 왕조가 정복과 승리를 통해서 영역을 확대했는가를 살펴보라! 수비대는 증가하고 병사의 수는 하사품과 급료로 인해 증가했다. 우마이야 왕조가 쇠락하고 압바스 왕조가 나타났다. 스페인과 마그립 지방에서의 영역은 축소되었는데 이는 마르완 가문과 말라위 가문의 우마이야 왕조의 건국 때문이다. 그들은 이 두 변경 지역을 압바스 왕조의 영토에서 잘라버렸다. 그 뒤 칼리파 라시드의 자식들 간에 이견이 발생했다. 시아파 선동가들이 각지에서 출현했고 그들의 왕조가 수립되었다. 칼리파 무타왁킬이 사망한 뒤 아미르들은 칼리파를 장악하고 격리시켰다. 멀리 떨어진 지방의 총독들은 자신의 관할 지역을 발판으로 세력을 키웠고 그곳의 조세는 더 이상 중앙정부로 들어오지 않았다. 사치는 더욱 기승을 부렸다. 칼리파 무으타디드가 등장하여 왕조의 규정을 변화시키고 새로운 정책을 도입했다. 그는 총독들이 장악하고 있는 왕조의 규정을 변화시키고 새로운 정책을 도입했다. 또한 총독들이 장악하고 있는 변경 지방을 아미르들에게 선물했다. 예를 들자면 사만 가문에는 트랜스옥시아나 지방을, 따히르 가문에게는 이라크와 쿠라산을, 싸파르 가문에게는 신드와 페르시아 지방을, 뚤루나 가문에게는 이집트 지방을, 아글랍 가문에게는 이프리끼야 지방을 주었다. 그러나 결국 아랍인의 권력은 파괴되었고 비아랍인들이 우위를 장악했다. 부와이흐 왕조[149]와 다일람 왕조[150]가 이슬람 왕조 대신 정권을 장악했고 그들은 칼리파를 격리시켰다. 사만 왕조는 트랜스옥시아나 지방에서 그들을 대신해 정권을 유지하며 남아 있었고 마그립의 파티마 왕조는 이집트와 시리아 지방까지 손을 뻗어 왕국을 소유했다. 그 이후 셀주크 투르크인들의 왕조가 일어나 이슬람 제국에 대한 지배권을 확보했다. 그들은 자신들의 왕조가 멸망할 때까지 줄곧 칼리파를 격리시켰다. 칼리파 나씨르의 시대 이래로 칼리파들은 달무리보다 더 협소한 지역을 통치했다. 아랍인의 통치지역은 이라크, 이스파한, 페르시아, 바레인 정도였다. 왕조는 칼리파의 권력이 타타르와 몽골의 군주 훌라구 븐 뚤리 븐 두쉬 칸의 손에 의해 파괴될 때까지 그런 식으로 유지되었고 몽골인들은 셀주크를 패배시킨 뒤 이슬람 제국의 영토 가운데 셀주크의 수하에 있던 지역을 모두 점유했다. 이처럼 모든 왕조의 영역은 왕조의 초기에 비해 계속해서 줄어든다. 그리고 이러한 과정은 왕조가 붕괴될 때까지 단계적으로 진행된다. 이런 현상은 그 왕조가 강대했거나 약소했거나 상관없이 발생했음을 유념하라. 이렇게 해서 여러 왕조에 대한 알라의 순나는 알라께서 운명을 정하신 대로 멸망하게 된다. "그분을 제외한 모든 만물은 멸망한다."[151]

---

149 932~1062까지 이란과 이라크를 지배했던 왕조. 이 왕조의 사람들은 카스피해 주변에 정착했던 투르크계의 다일람인이었다.

150 다일람은 카스피해 남서 연안에 있는 산악 지대의 옛 이름으로 동쪽의 따바리스탄 서쪽의 길란 지방 사이에 위치한 지방이다. 험준한 지형으로 인해 이 지방의 중심지인 알아무트는 훗날 하산 알싸바의 은신처가 되기도 했다.

151 코란 28장 88절.

## 48장 | 신왕조는 어떻게 생기는가?

만약 왕조가 노쇠와 파멸의 길로 접어들면 신왕조의 태동은 다음과 같은 두 가지 경우로 등장함을 인지하라!

첫 번째는 왕조가 변경에 대한 통제력을 상실했을 때 해당 지방을 다스리는 총독들이 지배권을 장악하는 것이다. 그들은 각자 자기 일족을 위해서 신왕조를 건설하고 적절한 장소에 정착한다. 그의 후손과 추종자들은 왕조를 물려받고 점차적으로 번창하는 왕권을 소유하게 된다. 그들은 종종 왕권을 놓고 치열하게 경쟁하고 부딪히기도 하는데 모두 왕권을 독점하려고 하기 때문이다. 결국 더 강한 힘을 가진 사람이 우위를 장악하고 다른 이의 손에서 권력을 탈취하게 된다. 이것은 압바스 왕조가 노쇠하여 그 영향력이 먼 지방까지 미치지 못할 때 일어났던 현상이다. 사만 왕조가 트랜스옥시아나 지방에서 권력을 잡았고 함 왕조가 모술과 시리아에서, 툴룬 왕조가 이집트에서 권력을 잡은 예가 바로 그것이다. 동일한 현상이 스페인의 우마이야 왕조에서도 발생하여 지방 총독들이었던 '제후들'이 그 영토를 분할해버렸다. 몇 개의 왕조가 분리되었고 그들이 사망한 뒤 그 영토는 일족이나 추종자들에게 넘겨졌다. 신왕조가 이런 식으로 건설될 경우 기존 통치 왕조와 신왕조 간의 전쟁은 존재하지 않는다. 왜냐하면 신왕조의 군주는 독자적인 지도력을 소유하고 있고 게다가 기존의 왕조를 장악하려고 하지 않고 기존의 왕조는 노쇠하여 먼 지역에 대한 지배력을 상실했음을 알고 있기 때문이다. 사실 기존의 왕조는 그렇게 먼 곳까지 지배력을 미칠 힘도 없다.

두 번째는 이웃하고 있는 민족이나 부족의 반란 지도자가 왕조에 대해서 반기를 들고 일어나는 것이다. 그는 사람들의 마음을 사로잡으려고 특정한 목표를 내세우며 선전하는 사람일 수도 있고 혹은 동족들 사이에서 강력한 아싸비야와 권력을 소유한 사람일 수도 있다. 반란 지도자의 세력은 이미 그들 사이에 굳게 자리 잡고 그는 그들의 도움으로 왕권을 장악하려고 시도한다. 그는 기존의 왕조보다 우월하다고 자부심을 가지고 있어 왕권을 얻을 수 있으리라고 내심 확신한다. 이처럼 반란 지도자와 그를 따르는 무리는 왕권 장악을 확신하기 때문에 그들은 계속해서 왕조를 공격하고 패배시킨 뒤 권력을 찬탈한다. 지고하신 알라는 가장 잘 알고 계신다.

## 49장 | 신왕조는 투쟁이 아닌 인내를 통해서 현재 왕조에 대한 지배권을 장악한다

우리는 앞에서 신왕조가 발생하는 두 가지 방식을 언급하였다. 첫 번째는 현 왕조의 영향력이 멀리까지 도달하지 못할 때 해당 지역의 총독이 권력을 장악하는 경우로 그들은 이미 소유하고 있는 것에 만족하기 때문에 현 왕조에게 새로이 요구하는 것이 없다. 두 번째는 정치적 선전을 하거나 현 왕조에 대해서 반란을 일으키는 사람들로 그들은 세력이 충분하기 때문에 반드시 현 왕조에 대한 공격을 하게 된다. 사실 그들에겐 충분한 아싸비야와 자부심을 지닌 일족이 있다. 그들과 현재의 왕조 사이에서 일승일패의 전투가 반복되고 전투는 지배권과 승리를 쟁취할 때까지 계속된다. 일반적으로 그들의 승리는 투쟁에 의해 성취되지 않는다. 그 까닭은 전쟁에서의 승리가 심리적 요인에 큰 영향을 받기 때문이다. 물론 병력의 수, 무기, 적절한 전술 등이 승리를 보장하지만 앞에서도 언급했듯이 이러한 것들은 심리적 원인에 비해 그 영향력이 작다. 계략은 전투에서 활용되는 가장 유용한 수단이고 승리에 가장 큰 영향을 미친다. 하디스에도 "전쟁은 계략이다"라는 구절이 있다.

현재의 왕조는 백성에게 '복종'을 반드시 준수해야 하는 관습으로 만들었다. 이것은 신왕조의 군주에게 장애물로 작용하고 그의 추종자와 지원자들의 열정을 꺾는다. 측근들은 그를 도우려고 하지만 다른 생각을 지닌 사람들의 수가 더 많다. 왜냐하면 현 왕조에 복종해야 한다는 생각으로 인해 신왕조의 지원자들은 이미 실패의 길로 들어서 있기 때문이다. 따라서 신왕조의 군주가 현 왕조에 맞대응하는 일은 거의 없다. 단지 현 왕조의 노쇠가 심화될 때까지 인내할 수밖에 없다. 그렇게 되면 신왕조의 지원자들도 현 왕조에 복종해야 한다는 의무감에서 자유로워진다. 그들은 현 왕조를 공격할 정도가 되고 그 결과는 승리와 지배권의 획득이다.

현 왕조의 지출 규모는 매우 크다. 왜냐하면 왕조 관계자들은 왕권에 깊이 관여하고 있고 조세수입의 상당 부분을 차지하기 때문이다. 그들은 수많은 말과 훌륭한 무기들을 소유하고 있다. 왕권의 위용은 장엄하고 군주는 자발적이건 혹은 강압적이건 간에 그들에게 많은 선물을 하사한다. 그들은 이런 것들로 적을 주눅 들게 한다. 신왕조의 구성원들은 이런 것과는 거리가 멀다. 그들은 베두인적 사고방식을 지니고 있으며 현 왕조의 상황을 들으면 내심 걱정과 두려움을 느낄 뿐이다. 그들은 되도록 전쟁을 피하고 때를 기다리며 현 왕조가 노쇠해지고 아싸비야와 조세수입에서 폐해가 나타날 때까지 계속 기다린다. 이렇게 오랜 기다림 뒤 신왕조의 군주는 현 왕조에 대한 우위를 점할 수 있는 기회를 포착한다. 알라의 순나는 그분의 종에게 적용된다.

신왕조의 사람들은 현 왕조에 비해 혈통과 관습 그리고 여러 측면에서 차이가 난다. 그들은 한껏 자신감이 부풀고 더 이상 인내하지 않으며 왕조를 장악하려 한다. 이런 이유로 그들은 현 왕조의 사람들로부터 점점 더 멀어진다. 따라서 그들은 현 왕조에 관한 정보를 접하지 못하고 공개적이건 비공개적이건 현 왕조에 무심하게 된다. 이것은 두 왕조 사이의 모든 연락과 교류가 끊어졌기 때문이다. 그들은 몸을 움츠린 채 계속 압박하지만 돌발적인 전쟁은 피하려고 한다. 결국 알라의 허락이 있을 때

현 왕조는 종지부를 찍고 그 생명은 중단되며 모든 방면에서 붕괴의 조짐이 나타난다. 그동안 감추어져 왔던 현 왕조의 노쇠와 폐망의 징후가 신왕조의 사람들에게 명백하게 보인다. 현 왕조의 중앙에서 멀리 있던 신왕조의 세력은 더 강성해지고 마침내 돌발적인 전쟁을 하기에 충분한 열정이 자라난다. 걱정과 두려움에 결단을 내리지 못하고 인내로 일관하던 상황은 종료되고 마침내 그들은 지배력을 장악하게 된다.

압바스 왕조의 등장과 관련하여 이와 같은 사실을 고려해보라! 압바스 가문의 시아파는 정치적 선전에 매진하고 그들의 요구를 위해 집결한 후에도 10년 혹은 그 이상의 기간 동안 쿠라산 지방에 머물러 있었다. 한참 후에 비로소 그들은 승리하고 우마이야 왕조에 대한 우위를 확보하게 되었다.

마찬가지로 따바리스탄에 있던 알리의 추종자들이 다일람에서 자신들의 정치적 선전을 했을 때도 이런 상황은 전개되었다. 그들이 어떻게 오랜 인내 끝에 결국 정권을 잡게 되었는지를 보면 우리가 다루고 있는 이 부분이 연상될 것이다. 알리의 추종자들이 누리던 권력이 종말에 달하자 다일람족은 페르시아 왕권과 이라크의 왕권이라 칭하게 된다. 그들은 오랜 세월 인내한 끝에 이스파한을 차지하게 되고 그 이후 바그다드에서 칼리파의 직위를 장악하였다. 우바이드 왕조는 마그립에서 자신들을 선전했는데 아부 압둘라는 시아의 추종자이며 베르베르 부족의 일족인 쿠타마족 출신으로 10년이 넘도록 자신의 정치적 선전을 해왔다. 또 야지드는 이프리끼야의 아글랍족을 대상으로 인내의 세월을 보내다가 결국 그들에게 승리를 거두었고 마그립 전역을 장악하였다. 그들은 이를 이집트의 왕권이라 칭했다. 결국 그들은 30년간 혹은 그에 가깝게 자신들의 정치적 신념을 지키고 선전하며 지내다가 군사적으로 함대 등의 장비가 갖추어지면서 바그다드와 시리아로부터 육상과 해상을 통해 공격의 기치를 높였고 알렉산드리아, 파이윰, 사이드를 장악했다. 사실 그들의 계획은 그곳에서 두 개의 성지즉, 메카와 메디나가 있던 히자즈 지방까지 자신들의 정치적 선전을 펼쳐

보자는 것이었다. 그 이후 그들의 지도자 자우하루가 메디나와 이집트로 내려와 그곳을 모두 장악하였다. 그리고 뚜그즈 왕조[152]를 뿌리 채 뽑아버렸다. 또한 이집트의 한계를 정했다. 결국 이후 이슬람의 영광스런 칼리파가 등장하였고 이스칸다리야 지방을 점령한 이후 60년 혹은 대략 그 정도의 시간 동안 그곳을 통치했다. 투르크 왕조인 셀주크조에서도 마찬가지 현상이 있었다. 그들은 사만 왕조를 장악하고 트랜스옥시아나 지방을 너머서고 30년 가까이 그곳에 거주하였고 쿠라산 지역의 수부크티 가문의 수명을 연장하다가 결국 그 왕조를 장악하게 된다. 이후 바그다드로 진입하여 그곳을 점령하고 며칠 뒤 칼리파위도 차지한다. 그들 이후에는 마찬가지로 타타르족이 617년 사막에서 나왔고 40년 후에야 그들에 대한 완전 정복이 이루어졌다. 마그립족 역시 마찬가지였다. 람투나 출신 무라비뚠 왕조는 마그라와에 있던 왕조들에 대항해서 수년을 끌다가 그들을 장악했다. 무와히둔 왕조는 그들의 종교적 선전에 부응하여 람투나에 대항하게 되었고 30년 가까이 거주하다가 그들과 전쟁을 하여 마라케쉬에 있는 그들의 권좌를 장악하게 된다. 마찬가지로 자나타 부족 출신의 마린 왕조는 무와히둔 왕조에 대항하고 30년 가까이 그런 상태로 지내다가 페스를 점령하고 과거 왕조의 업적과 뿌리를 송두리째 없애버린다. 그 이후 30년간 전쟁을 치르며 지낸다. 결국 그들은 마라케쉬에 있는 그들의 옥좌를 장악하게 되는데 이 모든 과정은 이 왕조의 역사를 언급하는 데 포함되어 있다.

이렇듯 신왕조와 현 왕조의 관계는 공격과 인내로 이어지는 특성을 보인다. 이것이야말로 신께서 자신의 종들을 다루시는 방법이다.

이슬람 정복전쟁에서 발생한 상황의 예를 들어 위에서 언급한 상황에 반대하는 주장을 펼 수는 없다. 무슬림들은 예언자*가 사망한 뒤 3, 4년 만에 페르시아와 비잔틴에 대해서 우위를 점한 것은 사실이다. 그러나 이는

---

152  11세기 이집트에 투르크 총독 무함마드 이븐 뚜그즈가 세운 이크시드 왕조를 말한다.

우리의 예언자*가 행한 기적 가운데 하나라는 사실을 깨달아야 할 것이다. 그 비밀은 무슬림들이 믿음으로 적과의 성전에서 죽기를 각오로 보여준 열정에 있다. 알라께서는 적들의 마음속에 공포와 패배에 대한 두려움을 일게 하셨다. 이 모든 기적 같은 일은 우리가 위에서 언급한 신왕조와 현 왕조 사이의 기다림의 대결과는 다른 것이다. 이것은 우리의 예언자*께서 행하신 여러 기적 중의 하나이고 이슬람에서 이런 기적의 등장은 널리 알려져 있다. 기적들은 통상적인 사건에 유추로 사용되어서는 안 되며 그것을 반대하는 논거가 될 수 없다. 지고하신 알라는 가장 잘 알고 계신다.

## 50장 | 왕조 말기에는 거주민이 넘쳐나고 이에 따른 역병과 기아가 발생한다

왕조의 초기에는 군주의 통치가 너그럽고 공정하다고 앞에서 이미 언급했음을 인지하라. 그 이유는 그 왕조가 포교에 바탕을 둔 경우에는 종교 때문이고 그렇지 않다면 그 왕조가 타인에 대한 호의와 관대함으로 유명한 베두인적 기질에 근간을 두고 있기 때문이다. 만약 군주가 백성에게 관대하다면 백성들은 희망을 품고 의욕을 한껏 부풀리고 출산도 늘어난다. 이 모든 것은 점진적으로 이루어지며 그 효과는 최소한 한두 세대가 지나간 뒤에야 나타난다. 두 세대가 지난 뒤 왕조는 자연적인 수명의 종착점에 도달하고 문명은 풍요와 성장의 정점에 도달한다. 여러분이 앞서 살펴보았던 사실, 즉 왕조 말기에 군주는 백성들을 강압하고 그릇된 통치를 펼친다는 것에 의심을 두지 마라. 그것은 옳은 말이지만 언급한 내용과 상반되지 않는다. 왜냐하면 그때가 되면 백성을 망치고 조세수입이 감소하지만 그와 같은 상황이 초래하는 영향은 시간이 지난 뒤에야 나타나기 때문이다. 이는 자연의 이치가 점진적으로 이루어짐을 의미한다.

그다음으로 왕조 후반기에 기아와 역병이 많아진다. 기아로 말할 것 같으면 당시 사람들 다수가 토지를 경작하지 않았기 때문에 기아 발생은 자연스럽다. 왕조 말기에 군주는 백성의 재산을 침해하기 시작하고 백성들은 큰 손해를 보고 다수가 군주의 정치에서 이탈하고 정변이 발생하는데 이는 왕조 붕괴의 전초이다. 비축된 곡식은 줄어들고 추수의 상황도 나빠진다. 자연현상은 홍수나 가뭄 등을 초래하고 비가 많이 혹은 적게 올 수도 있다. 따라서 곡물, 과일, 목축업도 강우량에 따라서 달라진다. 사람들은 필요한 식량을 확보하기 위해서 곡식을 비축한다. 만약 사람들이 비축한 식량의 양이 부족하면 그들은 기아에 직면하게 된다. 곡가는 치솟고 백성들은 곡식을 구입할 수 없게 되고 결국 그들은 죽게 된다. 수년 동안 곡식 비축이 이루어지지 못하면 사람들은 기아에 허덕이게 될 것이다.

역병은 우리가 언급한 것처럼 기아의 결과이거나 혹은 왕조의 혼란으로 인한 정변 때문이기도 하다. 이 시기에는 빈번한 소요와 살상 그리고 역병이 발생한다. 역병의 가장 큰 원인은 한 도시에 거주하는 인구 과잉으로 공기가 오염되기 때문이다. 인구가 과다한 곳에서는 부패와 오염된 습기가 섞여 공기 오염을 초래한다. 공기는 동물의 정신적 먹이이고 항상 함께하는 것인지라 만약 공기가 오염되면 생기의 성질까지 영향을 준다. 이런 오염은 폐에 강한 영향을 미치게 된다. 만약 오염이 심각하지 않다 해도 부패는 점점 심해지며 그것은 생체의 기질에 영향을 미치는 다양한 열병을 초래하고 인체는 병에 걸려 죽게 된다. 부패와 오염된 습기가 늘어나는 원인은 과밀한 인구와 왕조 말기의 풍요함 때문이다. 이는 왕조 초기에 실시되었던 선정, 관용, 가벼운 세금의 결과라는 것이 명백한 사실이다. 따라서 거주민이 많은 도시와 도시 사이에 공터를 설치할 필요성은 분명해졌다. 그렇게 되면 공기의 소통이 윤활해지고 공기에 영향을 미치는 오염과 부패를 제거할 수 있고 공기가 건강해질 수 있기 때문이다. 역병이 하필이면 마슈리끄의 카이로나 마그립의 페스와 같이 인구가 과도하게 밀집된 지역에서 자주 발생하는 까닭은 바로 이 때문이다. 알라는 원하는 것에 가치를 부여하신다.

## 51장 | 인류문명은 권력의 체계적 수행을 위해 정치가 필요하다

우리는 이미 사회조직이 인간에게 필수 불가결한 것이라는 점을 언급했음을 인지하라! 우리가 말하는 '문명'이 의미하는 것도 바로 그것이다. 사람들은 사회조직에서 자신들이 의지할 수 있는 억제력을 발휘하는 자이자 자신들을 지배하는 자가 반드시 필요하다. 어떤 때는 그 지배가 신에 의해 계시된 종교법에 바탕을 두고 있는데 사람들은 내세에서의 보상과 형벌을 믿기 때문에 그런 지배에 순종한다. 때로는 이성적인 정치에 바탕을 둔 지배가 있는데 사람들이 이에 순종하는 것은 군주가 그들의 이익을 위해서 일한다는 것을 알고 그로부터 보상이 있을 것이라고 예상하기 때문이다. 첫 번째 지배는 현세와 내세에 모두 유용한 것이다. 이를 통해 입법자는 사람들의 궁극적 이익을 알고 내세에서의 구원까지 관장할 수 있기 때문이다. 하지만 두 번째 지배는 오직 현세에서만 유용한 것이다.

우리가 '문명화된 정치'라고 말하는 것은 이 장에서 의미하는 것은 아니다. 철학자들에 의하면 이 용어는 군주가 필요 없을 정도로 백성 각자가 지녀야 할 영혼과 자질의 상태가 뛰어남을 의미한다. 그들은 이와 같은 요구조건을 충족시키는 사회조직을 '이상적 도시'라고 부르며 거기에 나타나는 규범을 '문명화된 정치'라고 부른다. 그들이 뜻하는 정치는 사회조직의 구성원들이 공통의 이익을 실현하기 위해서 감내해야 하는 것을 의미하지 않는다. 그것과는 다르다. 철학자들이 말하는 '이상적인 도시'는 희귀하고 실현 가능성도 희박하지만 그들은 그것을 종교적 의무와 이상적인 평가로 논의할 뿐이다.

앞에서 언급한 이성적인 정치에는 두 가지 유형이 있다. 첫 번째 유형은 대중의 이익에 관심을 둘 뿐 아니라 왕권 확립에 관련한 군주의 이익에도 관심을 두는 것이다. 이것은 페르시아인들의 정치이며 철학적인 면을 지니고 있다. 알라께서는 칼리파 지배의 시대에 우리가 그런 정치로부터 자유롭게 만들었다. 왜냐하면 샤리아의 규정이 대중의 이해와 개인의 이해를 대체하고 예의범절과 왕권의 규범들까지 포괄했기 때문이다.

두 번째 유형은 군주의 이익이 주된 것이다. 그는 백성에 대한 강압과 오만을 통해서 어떻게 왕권을 유지할 수 있는가에 관심을 두는 경우이다. 따라서 대중에 대한 이익은 부차적인 것에 불과하다. 이것은 무슬림이건 이교도이건 모든 군주들에 의해서 실천된 정치의 유형이다. 그러나 무슬림 군주들은 가능한 한 샤리아가 요구하는 바에 의해 정치를 실현하려고 한다. 이슬람사회의 정치적 규범이 종교법, 도덕 등과 혼합되면 이런 규범은 이슬람사회에 자연스레 존재하지만 아싸비야에 대한 배려를 필수로 한다. 최우선은 샤리아이고 그다음으로 무슬림의 도덕에 근거한 규범과 그들의 행동 기록에 근거한 군주의 명령이 있다.

이와 관련 가장 잘 기록된 책은 자신의 아들 압둘라 븐 따히르에게 보낸 따히르 븐 알후세인의 서신으로 당시는 칼리파 마으문이 압둘라를 라카와 이집트 그리고 그 사이의 지방을 다스리라고 임명했을 때이다. 따히르 븐 알 후세인은 이 유명한 서신을 아들에게 보냈는데 그 내용은 그가 임명받은 지방의 태수로서 지켜야 할 자질을 종교, 도덕적인 면과 샤리아적인 정치면을 중점으로 다루며 충고하였다. 그는 아들에게 지도자로서 관대한 성정과 관용의 덕목을 베풀라고 촉구했다. 서신의 내용은 다음과 같다.

따히르 븐 알후세인이 아들 압둘라에게 보낸 서신

자비롭고 자애로운 알라의 이름으로.

알라의 능력으로 반드시 너를 무장하여라. 그분께 필적할 자가 없으니 그분만이 두려움이시다. 그분의 통제력은 영광되고 위대하시니 이에서 멀리함은 그분의 분노를 자초함이라. 너의 백성을 밤낮으로 지켜라. 알라께서 너의 운명을 위해 축복의 말씀을 언급하심으로써 너의 생명력을 부여하신 것을 반드시 사수하라. 너는 종국에 알라께로 향할 것이며 그분의 보살핌을 받고 또한 그분의 책임 하에 있게 될 것임을 기억해야 한다. 이런 모든 노력이 전능하신 알라께서 너를 보호하도록 하고 최후의 날 고통과 난관에서 너를 구해 주도록 한다.

전지전능 하신 알라께서는 이미 네게 최선을 베푸셨고 너를 지켜보시는 은혜를 내리셨다. 그러므로 너는 백성들을 다룰 때 정의롭게 대하고 알라의 진리를 수행하고 그분이 정하신 경계를 그들에게 적용하여야 한다. 또한 백성들을 위험으로부터 보호하고 그들의 여인들과 그들의 직책을 지키고, 그들의 피를 나눈 일가에게도 안전함을 도모해주고 그들이 휴식을 취하도록 보살펴야 한다. 그러므로 네게 부과된 것을 잘 수행하고 알라께 의지하고 그분께 물어보고 네가 앞서 했던 것과 미루었던 것을 모두 그분의 뜻에 맡기도록 하라. 그러므로 너의 이해력과 너의 이성 그리고 너의 시력을 텅 비워라. 그 누구도 너를 알라로부터 멀리하지 못할지니 그분이야말로 네 일의 주인이고 일을 수행하는 주체이다. 알라는 네가 매사를 행하는 모든 것보다 우선이다. 또한 그분은 너의 영혼에 힘을 부여하고 너의 행동을 샘솟게 하는 어떤 것보다 우선이다. 전지전능하신 알라께서 네게 부과하신 하루 다섯 번의 예배와 네 앞에 사람들을 모아 예배드리는 것을 꾸준히 지속해야 한다.

또한 순나에 의거해 이 모든 의식을 행하고 예배를 위해 세정의식을 제대로 하며 '전능하신 알라의 이름으로'라는 구절로 시작하며 네가 코란을 암송하고 부복하여 '알라 이외 신이 없고 무함마드는 알라의 사도이다'를 맹세하고 이 모든 행위를 네 의지에 맡겨 수행할 수 있어야 한다. 너와 더불어 있는 자들 그리고 네 휘하에 있는 자들 모두 이렇게 해야 할 것이며 이런 너의 의무를 열심히 연습하고 행하라. 이것이야말로 전지전능하신 알라의 말씀과 같다. "예배는 수치와 그릇된 행위를 예방하여 주리라."[153]

그 이후 알라의 사도*의 순나에 의거해 이 모든 것을 행하라. 또한 그분의 성정을 닮도록 지속적으로 노력하고 그분 다음으로는 선조 중에 옳은 분의 발자취를 따르도록 해야 한다. 만약 네게 무엇인가 결정해야 할 일이 생기면 전지전능하신 알라께 올바른 길을 인도해 주십사고 간원하고 또한 전지전능하신 알라께서 그 책(코란)에 명하고, 끝내라 하고, 허락하고, 금지한 계시를 준수하면 도움을 얻을 것이다. 그러니 알라의 사도*의 궤적으로 기본을 삼고 그런 다음 전지전능하신 알라의 진리로 너의 행동을 수행하라. 너와 가까운 이 혹은 멀리 있는 이 그리고 네가 사랑하는 자 혹은 네가 증오하는 자 모두에게 정의로써 대하라. 피끄흐의 유물과 법학자들 그리고 종교와 종교인 그리고 전지전능하신 알라의 책, 코란을 제대로 받들고 수행하는 자들을 중요하게 여겨야 한다. 이들 중 최고가 바로 이슬람 법학자들인데 그들은 코란의 가르침대로 수행하라고 촉구한다. 또한 너는 전지전능하신 알라와 가깝게 되는 방법을 체득해야 한다. 알라는 모든 선을 보여주시는 증거이고 선으로 인도하시는 지도자이고 선의 군주이고 모든 죄악을 단호히 막고 끝맺음 지어주시는 분이다. 전지전능하신 알라의 은혜로 인간은 알라를 향한 지식과 존경을 더욱 쌓아가고 내세에 존재하는 높은 단계들을 깨닫게 된다. 사람들이 네가 종교에 임하는 바른 태도를 알게 되면 네 권력을 존중하고 네 군주에게 두려움이 섞인 존경심을 표현하고 네게 친근감을 표시하고 너의 공정함에 대해 신뢰를 보이기 마련이다.

그러므로 너는 모든 일을 처리하고 권력을 행사함에 있어 절제해야 한다. 절제보다 더 분명하게 유용하고 안전하고 나은 것은 없다. 궁극적인 목표는 성실을 추구하는 것이고 성실함은 은혜의 증거이고 은혜는 행복으로 안내하

---

153 코란 29장 45절.

는 인도자이다. 종교생활을 하고 경제적 수단으로 이끄는 순나에 의거해 행동하면 네가 몸담고 있는 현세의 모든 것에 알라의 영향이 있을 것이다.

내세에 대한 물음을 구하는 일, 보상과 올바른 행동, 널리 알려진 순나, 성실과 도움의 지표를 구하는 일, 선을 행하고 이를 위해 노력을 배가하는데 있어 태만하게 굴지마라. 이 세상 모든 일에서 절제는 명예를 가져오고 잘못을 범하지 않게 함을 알아야 한다. 너와 주변 사람들은 지켜주는데 있어 절제보다 더 나은 것은 없다. 그러므로 절제를 통해 너의 업무를 개선된 형태로 완성시키고 네 능력을 높이고 백성 모두가 복되게 하라. 전지전능하신 알라를 생각함에 최선을 다해야 한다. 네 자신과 네 백성들에게 올바른 길을 인도하라. 매사에 알라의 뜻에 따라 방법을 취하라. 그러면 네게 축복이 내릴 것이다.

네가 알라의 명령을 발견하기 앞서 네 일을 위임받을 때 사람들 중 그 누구도 걱정스럽게 만들어선 안 된다. 사람들에 대해 나쁜 생각을 품는 것은 큰 죄악이다. 그러므로 매사에 있어 백성을 먼저 생각하는 좋은 마음을 갖도록 하라. 그들에 대한 생각 이 외의 것은 네 마음에서 추방하라. 그리고 그들에 대해 나쁜 생각을 하는 것은 단호히 거절하라. 그러면 너는 그들의 가능성과 그들의 만족함을 우선으로 생각하게 될 것이다. 네 업무를 수행함에 있어 알라께 적대 행위를 하는 악마의 영혼을 취하지 마라. 그것은 네가 조금이라도 위약함을 보이면 그 틈을 타 네 영혼에 침투해서 삶의 기쁨을 감소시키는 나쁜 생각을 갖게 한다. 그러므로 꼭 기억하라! 너는 전심전력을 다해 선하고 좋은 생각에 몰두해야 한다는 것을. 네 업무에서 사랑했던 것에 만족해야 한다. 너는 사람들에게 모든 업무를 바르게 수행하고 촉구해야 한다. 좋은 생각은 결코 백성에게 애정 어린 마음을 막지 않는 법. 너는 애정 어린 마음으로 매사를 진행하고 해답을 구하고 일을 처리할 수 있다. 네가 직접 업무를 챙기는 것이 네 임무의 근본이고 백성을 보호하고 그들이 필요한 것을 챙겨주고 그들의 짐을 함께 들어주는 것이 네게는 어떤 일보다 쉬운 것이다. 이것은 이슬람을 가장 충실히 실천하는 것이자 순나의 말씀을 가장 잘 수행하는 것이다.

이 모든 것에 네 의지를 성실히 다해라. 네 영혼을 바로 잡는 일을 능숙하게 너만이 할 줄 아는 것처럼 하라. 이는 생산적인 일에 책임을 지는 것이고 최고의 선으로 보상받는 것이고 또한 가장 악한 것이 무엇인지도 깨닫게 되는 유일한 방법이다. 전지전능하신 알라께서 이슬람을 공고한 성과 같은 피난처로 만드셨고 이슬람을 추구하는 자와 지지하는 자를 높여 주셨다.

이슬람을 실천하고 그것이 종교를 향한 방법이고 옳은 길에 도달하는 것이라고 믿는 자와 함께 발을 맞추어라. 죄인들을 다룰 때는 알라의 경계를 높이 세워 그들의 자리를 정하고 그들이 누린 만큼 베풀게 하라. 결코 이를 태만히 해서는 안 된다. 죄를 지어 처벌을 받아야 하는 자에게 처벌을 묵과해서는 안 된다. 네가 이런 업무를 처리할 때 너무 과도하게 하면 너의 선함이 망가진다. 그러므로 이런 업무를 처리할 때는 이미 널리 알려진 대로 순나에 의거해 일 처리를 고집하라. 새로운 것과 불분명한 것에 대해서는 너의 종교 이슬람에 맡기고 네가 볼 수 있는 것으로 인해 문제를 종결할 수 있을 것이다.

만약 맹세한 것이 있다면 꼭 지키도록 하라. 만약 선행을 약속했다면 이를 실천에 옮기도록 하라. 특히 선에 가까이 가도록 하고 선으로써 너를 방어하고 지켜내라. 백성 중에 잘못을 범한 자가 있으면 눈 감아 주어라. 네 혀가 거짓을 말하지 않도록 입을 다물라. 중상을 일삼는 자들을 미워하라. 네가 업무를 수행함에 있어 잘못을 범하는 첫째는 서둘거나 미루는 경우, 거짓을 가까이 하는 경우, 큰 거짓말을 하는 경우이다. 왜냐하면 거짓은 모든 범죄의 우두머리이기 때문이다. 거짓과 중상은 모든 범죄의 결정판이기도 하다. 중상을 일삼는 자는 결점이 있기 마련이고 일을 제대로 처리할 수 없다. 선량한 자, 신뢰할 수 있는 자를 사랑하라. 또한 진심으로 명예로운 자들을 대우하고 천박한 자들을 멀리하며 자비심을 갖도록 하라. 이렇게 함으로써 지고하신 알라의 의도를 따르고 그분의 명령을 귀하게 여기도록 하라. 그 보상은 내세에서 얻게 되리라. 사악한 기쁨과 불의를 멀리하고 이 두 가지에 대한 네 의견을 단호히 말하라. 그렇게 함으로써 백성에게 네가 아무런 해가 되지 않음을 증명하라. 백성을 다스림에 있어 정의로써 부드럽게 정책을 펴고 그들에게 네가 종국에는 알라께서 인도하신 올바른 길로 이끌 것이라는 것을 인식시키고 진심으로 대하라. 화가 날 때는 네 자신을 다스리고 온유함과 인내심을 보여라. 너야말로 날선 성격과 변덕스런 마음 그리고 기만에 빠지기 쉽기 때문이다.

너는 '내가 원하는 대로 할 수 있는 권력자이다'라고 말한다. 하지만 네가 그렇게 말하는 것은 생각이 짧고 전지전능하신 알라에 대한 확신이 부족함을 보여주는 첩경이다. 알라를 성실히 공경하라. 그것만이 그분의 의지와 확신을 의미하는 것이다. 왕권은 지고하신 알라께 귀속되고 알라는 원하시는 자에게 왕권을 허락해 주시고 마찬가지로 원하시는 자에게서 이를 앗아 오시기도 함을 인지하라! 너는 결코 알라의 은총이 변하는 것을 보지 못할 것이다. 그분보다 빠르게 시련을 잠재우는 분을 알지 못할 것이고 권력자 중에 알라의 은총을 무시하는 자 또한 알지 못할 것이다. 만약 권력자가 알라의 은총과 그분의 덕을 따른다면 그 왕조는 그런 권력자들에게 만족할 것이고 전지전능하신 알라께서 그들에게 미덕으로 대하신 것대로 그들 또한 행할 것이다.

네 스스로 욕심을 멀리 두어라. 네 창고와 네가 지켜 쌓아온 보물이 바로 올바름과 강함이 되도록 하여라. 백성을 올바르게 보살피고 백성의 국가에 문명을 세우고 그들의 일거리를 덜어주고 그들의 혈통을 보존하고 걱정거리를 해결해 주는 것이 바로 너의 보물 1호가 되도록 하라.

재물이란 창고에 넣어두고 감추기만 하면 절대 늘지 않는다는 사실을 인지하라. 만약 재물이 백성을 올바르게 인도하고 그들의 권리를 보호하고 그들의 피해를 복구하는 데 사용되면 이는 바로 재물이 늘어나고 보시를 제대로 실천하는 것임을 알아야 한다. 대중은 재물을 옳게 사용하였고 정부는 재물로 조직을 정비하였고 시간은 재물을 잘 이용했으며 명예와 이득 또한 재물을 신뢰하였다. 그러므로 네 보물창고의 보물은 이슬람 문명과 무슬림에게 재물을 고루 나누어 갖게 하는 것이 되게 하라. 믿는 자들의 아미르의 조력자들에게 너의 권력과 그들의 권리를 사용함에 재물을 아껴라. 그렇게 그들의 몫을 치르도록 하고 그들의 업무와 그들의 생계를 개선하는 방향으로 약속하라. 네가 만약 그리하면 결국 그런 복이 네게 갈 것이고 지고하신 알라로부터 더 큰 복을 화답 받을 것이다. 네가 백성들의 세금 문제를 이렇게 다루면 너의 세수는 더욱 가치 있는 것이 될 것이다. 백성들이 너의 공정함과 선함을 접하게 될 때 모든 사람은 너를 향해 자발적으로 복종하게 된다. 내가 원했던 이 모든 것으로 너의 영혼을 치유하라. 이 장에서 내가 너에게 간곡하게 조심하라 했던 것들을 열과 성을 다해 노력하라. 그래서 너의 진실이 유용해지도록 하라. 너의 재물 중 일부는 오직 알라의 길과 그분의 진리를 이룩함에 있어 사용할 만큼은 남겨두어도 좋으니라. 네게 감사하는 자들이 자신이 옳다는 것을 알게 만들라. 현세와 현세의 망상이 너로 하여금 내세의 두려움을 잊게 만든다. 그러므로 너는 네가 해야 할 일을 경시하게 되고 그런 경시는 과도하게 되고 과도함은 멸망과 지옥을 낳게 된다. 항상 너의 업무가 전지전능하신 알라의 뜻 안에 있게 하라. 그분이 주신 보상이 향기롭게 하라. 정녕코 알라의 전능하심은 선함을 완벽하게 만든다. 항상 감사하고 그분께 의지하라. 그러면 알라께서 네게 선과 복을 늘려 주실 것이다. 전지전능하신 알라께서는 감사하는 자들의 감사와 선한 자들의 선함의 정도에 따라 보상하신다.

남의 잘못을 비웃지 마라. 남에게 가혹하게 굴지 마라. 부끄러워할 줄 모르는 자를 축복하지 마라. 불신자를 위해 기도하지 마라. 적을 부드럽게 대하지 마라. 중상모략을 일삼는 자를 신뢰하지 마라. 거짓을 고하는 자를 믿지 마라. 죄인을 곁에 두지 마라. 유혹하는 자를 따르지 마라. 위선자들[154]에게 알라의 축복을 기원하지 마라. 인간을 경멸하지 마라. 헛된 질문에 답하지 마

---

154 예언자 무함마드에게 동조하여 무슬림이 된 메디나의 일부 인사들이다. 그들은 무슬림인 척 했을 뿐 실상은 메카의 이교도를 지지했다. 이들의 지도자는 압둘라 븐 우바이다인데 그는 우후드 전투에서 자신의 기마병 3백 명을 무슬림 진영에서 철수시켜 예언자의 군대를 난관에 빠트렸다.

라. 쓸모없는 일을 하는 자에게 잘 대하지 마라. 웃음을 마음에 담지 마라. 약속을 저버리지 마라. 허풍 떨지 마라. 분노를 표출하지 마라. 희망을 버리지 마라. 기쁨을 너무 떠벌리지 마라. 어리석은 자를 칭찬하지 마라. 내세에 대한 요구를 과하게 하지 마라. 중상 모략하는 자들에게 눈을 돌리지 마라. 불의를 보고도 두렵다고 눈감지 마라. 현세에서 내세의 보상을 요구하지 마라.

이슬람 법학자들과 많이 상담하고 네 영혼이 부드럽고 인내심 있게 되도록 다스려라. 이성과 의견 그리고 지혜가 함께하는 경험론자로부터 조언을 구하라. 대신 사치스럽고 탐욕스런 자들의 의견을 취하지 마라. 그들의 말을 믿지 마라. 그들과 교류해 본들 해가 득보다 크다.

백성을 다스릴 때 탐욕을 부리는 것보다 더 빨리 일을 그르치는 것은 없다. 네가 만약 탐나는 것이 있으면 너는 많이 갖고 백성에게는 적게 베풀 것이다. 그렇게 하면 네 명령은 제대로 서지 못할 것이다. 네가 아무리 그들의 재물을 포기하고 그들을 부당하게 다루지 않으며 사랑을 내세워도 백성은 네 명령을 제대로 수행하지 않을 것이다. 너는 백성과 조력자들에게 최상의 덕을 베풀고 최선의 혜택을 줌으로써 보호자가 되어라.

"누구든 마음이 인색하지 아니한 이들로 번성한 자들이라."[155] 그러므로 진실로 선의 길을 쉽게 만들고 모든 무슬림들이 너의 그림자에서 행운과 자신의 몫을 찾도록 하라. 선함이야말로 신을 섬기는 최고의 덕목임을 확신하라. 그러므로 선을 너의 성정으로 하고 선을 일구어서 사상으로 꽃피워라. 회계장부에 기록되어 있는 병사들을 자세히 관찰하고 그들이 넉넉한 봉급을 받을 수 있도록 하라. 그들의 생계를 풍요롭게 하라. 그렇게 함으로써 전지전능하신 알라께서 그들의 가난을 거두어 가신다. 그들은 너의 명령을 잘 받들고 그들의 마음은 너에 대한 복종으로 성실함과 기쁨이 가득 찰 것이다. 행복을 주는 군주란 병사와 백성에게 정의, 선물, 공정함, 관심, 사랑, 축복, 너그러

---

155  코란 59장 9절.

움으로 가득한 복을 베풀어야 한다.

지고하신 알라의 자리로 정해진 곳은 그 위치에 어떤 것도 존재하지 않는 곳임을 인지하라. 왜냐하면 땅에 거주하는 인간들의 여러 가지 조건들이 알라의 저울을 수평으로 맞추어 놓기 때문이다. 업무를 정의롭게 수행함으로써 백성들의 조건과 상황이 개선된다. 압제받는 이는 정의를 요구하고 사람들은 자신의 권리와 생활의 개선을 꾀하고 자발적인 요구가 등장하고 알라께서는 평화로운 보살핌을 주시고, 생계는 해결되고 종교가 바로 서 순나와 피끄흐가 면면히 흐른다. 전지전능하신 알라의 명을 받드는데 있어 더욱 힘쓰도록 하라. 타락을 삼가고 그 경계를 세우는데 고통스러워도 감내하라. 서두름을 줄이고 쓸데없이 앉아서 걱정만 하는 일을 삼가라. 알라께서 미리 정해 놓은 운명에 순응하라. 네 경험을 이용해 이득을 창출하라. 네 건강을 항시 돌보라. 네 이성적 논리를 항시 쌓아 두라. 적에게 중용으로 대하라. 탐욕을 버려라. 정당한 명분을 대라. 네 백성 중 그 누구도 너에게 아첨하지 않고 또한 비난하지 않도록 하라. 매사를 잘 보살피고 잘 생각하고 잘 정리하여 계획하고 숙고하라. 네 주인이 하시는 것처럼 마음을 넓게 갖고 백성들 모두와 함께하라. 네 영혼에 진리의 잣대를 들이대라. 피 흘리는 일을 서둘러 하지 마라. 피는 전지전능하신 알라께서 위대한 장소에서 결정짓는 것이기 때문이다. 그러므로 권리도 없이 알라의 지침을 함부로 수행하지 마라.

백성에게 부과된 토지세를 잘 살펴보아라. 백성이 내는 토지세를 통해 알라께서 이슬람을 명예와 고매함이 되도록 하셨고 무슬림을 방어하셨고 적에게는 억압과 분노가 되게 하셨다. 또한 그들 중 불신자들에게는 모욕과 불명예가 되게 하셨다. 그분께서는 진리와 정의와 동등함 그리고 일반적이고 공적인 태도로 세금을 내라 하셨다. 그러므로 너는 고매함을 빌미로 귀족에게 추호도 다른 대우를 하지 말 것이며 부자에게도 마찬가지이다. 너를 위해 일하는 서기나 너와 특별한 관계를 지닌 사람 그리고 네 주변에서 너를 보필하는 측근에게도 마찬가지이다. 너는 그들이 감당할 수 없는 것 이상을 취하지 말아야 할 것이며 어떤 일을 처리할 때 과다한 지출을 해서는 안 된다. 사람들 모두가 진리의 명을 받들게 하라. 그렇게 하여 사람들의 마음을 모으고 반드시 대중의 만족을 이루어 내라.

통치하는 전 지역을 네가 지키고 보살피는 곳으로 만들어야 한다는 사실을 인지하라. 네가 통치하는 이들이 너의 백성이라 불리는 것은 네가 그들을 돌보고 보살피며 가치를 부여하기 때문이다. 그러므로 그들로부터 네가 허락받은 만큼의 재물만을 취하라. 그리고 재물을 백성을 위한 일에 쓰고 그들의 상황을 개선하고 그들이 필요한 것을 구입하는데 쓰도록 하라. 너는 첫째로 그들을 생각하고 계획을 잘 세우고 과학적 경험에 비추어 그들을 위한 업무를 수행하며 이 모든 것이 공정한 정책과 겸손과 삼가는 태도에 바탕을 두어야 할 것이다. 그들이 생계를 해결하는 데 수월하게 해 주어라. 네가 권력을 장악하고 백성들이 네게 의지하는 상황에서 이것이야말로 네가 해야 할 필수 의무이니라.

그러므로 백성 중 그 누구도 너를 멀리하게 하지 마라. 네가 백성에게 영향을 미치고 의무를 충실히 수행하면 바로 네 주민에게 번창을 배가시켜주시고 네 일을 칭찬해 주시는 답을 얻게 될 것이다. 네 백성에게서 사랑을 얻을 것이고 너는 옳은 것을 얻기 위해 마음을 쓰고 그렇게 되면 네가 통치하는 영토에 선(善)이 넘치게 될 것이다. 또한 그곳에는 네가 창출해낸 문명이 크게 일어날 것이고 행정구역 전역에서 풍요와 윤택함이 나타날 것이고 수입도 많아 질 것이다. 그러면 네가 관장하는 재물의 양도 넘쳐나고 이로 인해 네게 속해 있는 군대의 병사들을 훈련시킬 때에도 더욱 강화된 훈련을 시킬 수 있을 것이다. 너는 병사들에게 봉급 이외의 상여금을 하사하니 그들의 만족함은 하늘에 닿을 것이다. 너의 정치는 찬양받고 너의 정의로움은 적에게도 영향을 미쳐 그들로부터 인정받게 될 것이다. 네가 하는 모든 업무에 있어 항상 정의와 힘과 준비된 자세를 보여야 할 것이다. 이런 목적들을 위해 경쟁하되 특정한 것을 선호하지 말 것이다. 그러면 너의 업무의 결과는 찬양받게 되리라. 지고하신 알라께서 원하신다면.

네 관할 하에 있는 모든 구역에서 이루어지는 모든 업무가 신뢰를 얻게 하라. 관리들의 행적을 글로 써서 네게 전달되게 하라. 그래야 너는 백성들의 업무를 관장함에 있어 실로 그들과 함께하는 것일지니. 만약 네가 그들에게 명령하기를 원한다면 네가 원한 결과가 무엇인지 잘 살펴보라. 결과에서 안전과 건강을 발견하고 좋은 결과와 많은 이득을 원하면 명령을 내려라! 그렇지 않으면 바로 명령하기에 앞서 식견이 있는 사람과 상의하라. 그 이후에 실행할 준비를 하라. 인간은 원하는 것을 보고 그것이 바로 열망하는 것이 될 것이라고 생각하기도 한다. 이는 그 사람을 기만하고 동시에 기쁘게 한다. 어떤 결과가 될지 심사숙고하라. 그렇지 못하다면 그것은 일을 시작할 자격이 부족한 것이다. 그러므로 네가 원하는 일은 모두 단호함으로 대처하고 전지전능하신 알라의 능력의 도움이 있은 다음에 그 일을 수행하도록 하라. 네가 수행하는 모든 일에 있어 네 주님께 적절한 길로 인도해 주십사 하는 간구를 더 많이 하라.

오늘 네 할 일을 다 끝내고 내일까지 미루지 마라. 그리고 네 스스로가 직접 일을 처리하는 경우가 많게 하라. 내일은 네가 미루었던 오늘 일을 잊기 쉽기 때문이다. 그러므로 오늘이 지나가면 오늘의 일 역시 흘러가 버린다는 것을 인지하라. 만약 네가 일을 미루어 이틀 치의 일이 네게 모이면 병이 날 정도로 일을 해결해야 한다. 하지만 만약 네가 매일 할 일을 다 끝낸다면 네 몸과 마음이 다 휴식을 취할 수 있을 것이다. 그리고 네 주인의 명을 다 수행할 수 있을 것이다.

고귀한 태생의 사람들, 그들 중 장점을 지닌 자를 눈여겨보라! 너는 그들의 진심어린 충고와 명령의 준수를 통해 그들의 순수함을 시험하였고 그들의 자질을 목도하였다. 그러니 이제 그들 중 네게 필요한 자를 선택하고 그들에게 선의로 대하라. 도움이 절실히 필요한 가문의 사람들에게 약속하라. 그리고 그들이 필요로 하는 것을 제공해주어라. 그들의 상황을 개선시켜 곤궁함을 없애도록 하라. 가난하고 불쌍한 자, 네 앞에 와서 부당함을 호소할 능력이 없는 자, 권리를 주장할 줄도 모르는 자들의 일을 처리함에 있어 관심어린 태도로 보살피도록 하라. 또한 그들의 문제를 들을 때는 비밀스럽게 하고, 선한 자를 네 백성 중에 두어 그들이 필요한 것을 네게 알리도록 하라. 너는 알라께서 그들의 업무를 올바르게 조정하심을 제대로 눈여겨보게 될 것이다. 너는 불행한 자들, 그들의 고아나 과부들에게 도움을 약속하여라. 재무청의 자원으로 그들에게 일용할 양식을 주게 하라. 이는 전지전능하신 알라께서 그들을 불쌍히 여기시고 그들을 돕기 위해 믿는 자들의 아미르를 명예롭게 하신 것의 예를 따르는 것과 같다. 이를 통해 알라께서는 그들의 삶을 올바르게 해주시고 축복과 더한 축복으로 그들의 생계를 해결해주신다. 재무청의 재물로 맹인들에게 베풀고 무슬림 병자들을 위해 그들의 피난처가 될 집과 그들을 돌봐줄 사람을 정하라. 의사는 그들의 병을 치료하니 재무청의 경비 지출에서 과도한 지출이 아닌 범위라면 그들이 원하는 것을 들어주도록 하라. 본디 사람이란 아무리 권리와 최고 안전을 보장받는다 해도 그에 만족하지 않는다. 그들이 필요로 하는 것을 통치자의 탓으로 돌리지 않고는 그들의 영혼은 치유되지 않는다. 그들은 더 많이 얻기를 간구하고 더 좋은 대우를 받고 싶어 한다. 어쩌면 사람들의 일을 면밀히 검토하는 이는 이런 요구를 들어주는 것이 귀찮게 여겨질 수도 있다. 왜냐하면 해야 할 일이 많고 사람들의 일을 일일이 언급하고 생각해야 하기 때문이다. 결국 그가 얻는 것은 골칫거리 문제와 도와주어야 할 귀찮은 일 뿐이다. 하지만 이런 자는 정의를 희망하고 서둘러 일을 해결해서 얻는 장점과 일을 늦추어서 얻는 이득을 아는 자는 아니다. 그는 마치 지고하신 알라께 가까이 가는 일을 경시하고 알라의 축복을 구하는 것과 같다.

사람들의 사정을 듣기 위해 귀를 많이 열어 놓고 그들이 네게 말할 수 있도록 침묵하고 그들이 네 보호 하에 있도록 날개를 낮추고 그들에게 너의 기쁨을 보여주어라. 그들을 위해 모든 문제를 논리적으로 생각하고 네 선함과 미덕으로 그들을 불쌍히 여겨라. 네가 그들에게 베풀 때는 그 베풂의 출발이 관대함, 아름다운 영혼, 생산적인 마음, 의무감이 아닌 기쁜 마음에서 나온 것임을 알려 주어라. 그렇게 베푸는 것은 지고하신 알라께서 원하신다면 이득이 나는 거래이니라. 네가 본 현세의 일을 교훈으로 삼아라. 네 앞에서 어떤 사람들이 술탄의 가문이나 지도자의 가문에서 지나갔는지 기억해 두어라. 그리고 네 처지를 온전히 전지전능하신 알라께 맡겨 피난처를 구하라. 그분의 사랑이 있는 곳에 멈추고 그분의 법과 순나에 따라 일하고 그분의 종교인 이슬람과 그분의 책인 코란에 의거해 실천하고 이와 차이가 있거나 어긋나는 일은 피하라. 만약 그렇게 하지 않으면 전지전능하신 알라의 화를 부르게 될 것이다.

네 백성들이 재물을 모으고 또 경비로 지출한 것을 일일이 다 인지하라. 불법적이고 금기된 것을 쌓지 말고 과도한 지출을 하지 마라. 학자들의 회합, 그들의 토론회, 그들이 함께 모여 다니는 일을 많게 하라. 그리고 이 모든 것이 너로 하여금 순나를 제대로 추종 실천하고, 고매한 성정을 사랑하는 취미를 길들이기 위함이 되게 하라. 또한 손님에게 관대히 대하여 설사 잘못을 보았어도 그것을 들추어내지 말고 암암리에 그 일을 처리하라. 그들은 가장 옳은 충고를 해주는 너의 조력자이니라.

네 면전에 있는 신하들과 서기들을 살펴보아라. 매일 그들 중 한 사람씩 시간을 정해놓고 그가 쓴 저서와 심사숙고한 생각, 신하들이나 백성들 그리고 국사에 필요한 것들 중 그가 지니고 있는 것을 살펴보아라. 그런 이후 네가 듣고 보고 이해하고 이성적으로 판단한 것들을 모두 비위내고 그런 관찰과 심사숙고의 과정을 되풀이하라. 진리에 도달하고 결단을 내려야함에 이르려면 그것을 꽉 잡아라. 그리고 전지전능하신 알라께 최선의 답을 구하라. 또한 이에 위배되는 것에 대해서는 관심을 두지 마라. 네 백성들에게 무조건의 친절을 베풀지 마라. 충성스럽고 올바른 자 그리고 무슬림의 업무를 돕는 자 이외에는 그 누구도 받아들이지 마라. 오직 이런 일들에만 전념하라. 내가 네게 보내는 이 서신을 진정으로 이해하고 모든 노력을 기울여 관찰하고 행하도록 하여라. 네가 하는 모든 일에 대해 알게 조언을 구하고 최선의 답을 간구하라. 전지전능하신 알라야말로 항상 옳은 답을 주시는 분이니라. 너의 행동이 가장 위대하고 너의 희망이 가장 선한 것이 되게 하여 전지전능하신 알라께서 이에 만족하시게 하라. 그분의 종교가 법칙이 되고 그분의 백성이 영예롭고 강성해지고 그 종교의 강령이 정의와 올바름의 표본이 될지어다. 나는 전지전능하신 알라께 청하노니 너를 돕는 자들이 더욱 좋아지고 너의 미래에 축복이 있으며 네가 올바른 길로 인도되고 안전하게 보호받으며 평화가 함께하길 바란다.

역사가들은 이 서신이 알려졌을 때 많은 사람들이 감탄을 금치 못했으며 칼리파 마으문에게까지 이 소식이 전해졌다고 기록했다. 결국 칼리파는 이 서신을 읽고 이렇게 말했다고 한다. "이 세상에 이렇게 훌륭한 아버지가 또 있겠는가! 이 자는 덕이 높고 현세와 종교, 절약과 사상 그리고 정치의 모든 것을 두루 통찰하고 있으며 왕권과 백성의 올바른 표본이며 군주를 제대로 지키고 칼리파에게 진실된 복종을 하며 칼리파를 제대로 옹립하는 자이다. 나는 이 자에게 책무를 맡기려 한다." 그리고 칼리파 마으문은 명을 내려 모든 신하들이 그의 지도를 받게 하였다. 이 일은 이 방면에서 내가 아는 한 가장 훌륭한 일이다. 알라께서는 가장 잘 알고 계신다.

## 52장 | 파티마가의 문제에 대한 사람들의 의견과 사태의 진상

무슬림들이 믿고 있는 사실은 다음과 같음을 인지하라. 마지막 때가 되면 반드시 예언자 가문에서 한 사람이 나와 이슬람을 강화하고 정의를 보여주고, 그들은 그를 따르고 그는 모든 이슬람 왕국을 지배하게 되며 '마흐디(구세주)'라고 불릴 것이다. 또한 그의 뒤를 이어 적敵그리스도가 출현하고 최후 심판의 날의 모든 징조들이 나타날 것이다. 그다음으로 예수가 세상에 내려와 적그리스도를 죽이거나 마흐디와 함께 세상에 내려와서 그를 도와 적그리스도를 죽일 것이다. 그는 기도에서 마흐디를 따를 것이다. 이러한 내용들은 이맘들의 전승에 나타난다. 이를 제대로 모르고 부정하는 자들도 마찬가지 논리를 폈다. 하지만 이에 동의하지 않는 사람들은 일부 전승을 근거로 반박하기도 했다.

이제 우리는 여기에서 이 문제와 관련된 전승들을 언급하고자 한다. 그 내용에는 이 문제를 부인하는 자들의 비방과 이를 신뢰하고 전적으로 의존하고 있는 자들을 부정하는 것도 있다. 우리는 수피[156]들의 주장과 의견을 언급하고 당신께 올바른 것을 명확하게 밝혀 줄 것이다. 만약 지고하신 알라께서 원하신다면 우리는 이렇게 말할 것이다.

만약 이맘그룹이 마흐디에 관한 전승을 언급한다면 그중에는 티르미디, 아부 다우드, 밧자르, 이븐 마자흐, 하킴, 따바라니, 아부 야을라 알무실이 있으며 이 전승은 예언자의 교우들로부터 들은 것이다. 예를 들자면 알리, 이븐 압바스, 이븐 우마르, 딸하, 이븐 마스우디, 아부 후라이라, 아나스, 아부 사이드 알카다리, 움무 하비바, 움무 살라마, 싸우반, 꾸르라 븐 이야스, 알리 알힐랄리, 압둘라 븐 알하리씨 븐 자즈으 등이 있다. 그들의 이스나드[157] 역시 언급되는데 이 문제를 용인하지 않는 자들은 이 이스나드를 반대하는 입장이다. 우리는 이제 이 문제에 대해 언급하려 한다. 왜냐하면 하디스 학자들은 이 문제에 대해 부정적인 비판이 긍정적인 비판보다 우선한다는 사실을 용인하고 있기 때문이다. 만약 우리가 어떤 이의 이스나드에 대해 비방하는 기록을 찾게 되면 이것들은 그것이 우둔하다던가, 암송이나 기록을 잘 보존하지 못한다던가, 사상이 불온하다던가 하는 내용으로 이는 모두 올바른 전승에 악영향을 준다.

그러나 이런 부족함이나 오류가 두『싸히흐』의 권위자(부카리, 무슬림)에게도 영향을 미쳤다고는 말하지 마라! 이 두 권위자의 하디스가 가장 옳

---

156  이슬람 신비주의다. 제6부 17장 수피학 참조.
157  이스나드는 하디스에 어떤 이야기가 어떻게 전해졌는지 그리고 그 근거는 어디서부터 인지를 밝히는 사슬과 같은 형식을 말한다. 예를 들면, 갑이 을로부터 들었고 을은 병으로부터 들었으며 병은 사도 무함마드에게서 들었다는 형식을 취한다. 이런 경우 갑·을·병의 학식과 사람 됨, 평판 등을 고려하여 그 전승의 신빙성을 부여하게 된다.

고 정통성을 지니고 있다는 점에 대해서는 무슬림 일반의 합의가 있다. 무슬림사회에서 연속적으로 이루어진 합의는 언급한 두 『싸히흐』를 용인함과 그 내용에 의거해 실행에 옮겨야 할 필요가 있다는 점이다. 합의는 최고의 보고와 최선의 방어이다. 따라서 이 두 싸히흐가 아닌 것을 이와 동일하게 대접할 수는 없다. 우리는 이 문제에 대해 정통성 있는 하디스 학자들의 전승을 근거로 언급할 여지가 있음을 알고 있다.

한편 수하일리의 인용에 따르면 아부 바크르 븐 아부 카이싸마가 마흐디와 관련된 전승을 모두 모으는 일에 깊게 관여했다고 한다. 수하일리는 말했다. 그중에서 가장 기이한 이스나드는 아부 바크르 알이스카프가 *Fawā'id al-Akhbār*에서 언급한 것으로, 그 언급은 말리크 븐 아나스의 말씀을 인용한 것이고 말리크 븐 아나스는 무함마드 븐 알문카디르의 말씀을 인용했고, 무함마드 븐 알문카디르는 자비르의 말씀을 인용했는데, 그는 이렇게 말했다는 것이다. "알라의 사도*께서 말씀하셨다. '마흐디를 불신하는 자는 불신자이고 적그리스도를 불신하는 자는 거짓을 말하는 자이다' 그는 해가 서쪽에서 뜨는 것에 대해서도 비슷하게 말했다. 이는 내 생각이다." 여러분 생각에 이는 지나치게 과하다 싶을 것이다. 알라는 가장 올바른 길로 말리크 븐 아나스를 인도하신다. 아부 바크르 알이스카프는 그들 사이에서 의심받는 자다.

티르미디에 대해 말하자면 그와 아부 다우드는 이븐 압바스의 이스나드에 의지하고 있는데 7대 독경사 중 한 명인 아씸 븐 아부 알나주드에서부터 지르르 븐 후바이쉬에 이르기까지 예언자*에 대한 압둘라 븐 마스우디의 전승에 의존한다. "만약 현세에서 하루 밖에 남지 않았다면 알라께서 그 하루를 길게 만드실 것이다. 그분은 나를 혹은 우리 가문 사람 중에 한 사람을 파견하고 그의 이름이 내 이름이고 그의 아버지 이름이 내 아버지 이름이 되는 것에 동의할 것이다." 이는 바로 아부 다우드의 발언이었는데 그는 이 언술에 더 이상의 견해를 첨가하지 않고 침묵했다. 그의 유명한 서신에 이런 말이 있다. "그가 자신의 책에서 그에 대해 비평적 첨언 없이 침묵한 것은 옳은 일이다." 티르미디의 발언은 이렇다. "현세는 내 가문의 한 사람이 아랍 부족을 통치할 때까지 사라지지 않는다. 그리고 그 사람의 이름은 내 이름과 동일하다." 또 다른 본은 이렇게 전한다. "내 가문에서 한 사람이 이어받을 때까지."[158] 티르미드는 이 두 주장 모두 옳은 전승이라고 보았다. 또한 그는 이 전승을 아부 후라이라에게 가서 멈췄던 이스나드를 가지고 아씸의 주장에 의거해 전달했다. 하킴이 말했다. "싸우리, 슈으바, 자이다와 그 밖의 무슬림 이맘들은 아씸의 주장에 의거해 견해를 펼쳤다." "아씸의 전승은 압둘라의 전승에 근거를 둔 지르르의 전승에 근거를 두고 있는데, 이 모든 것이 싸히흐(옳은 것)이다. 아씸의 정보를 내세워 내가 도달한 것은 그가 무슬림의 이맘들 중의 이맘이라는 것이다. 끝."

아흐마드 븐 한발은 아씸에 대해 이렇게 말했다. "그는 코란독경을 올바르게 하고 신뢰할 수 있는 인물로 아으마쉬가 그의 뒤를 이었다." 슈으바는 하디스를 정착시키는 과정에서 아으마쉬가 아씸을 능가한 이라고 말하곤 했다. 아즐리는 말했다. "아으마쉬는 자리르와 아부 와일라와는 다르다. 그의 독경은 두 사람보다 약하다." 무함마드 븐 사이드는 이렇게 말했다. "아으마쉬는 신뢰할 만한 이였다. 하지만 그의 하디스에는 틀린 것이 많다." 야으꿉 븐 수프얀이 말했다. "그의 하디스에는 혼란과 무질서가 많다." 압둘 라흐만 븐 아부 하팀이 말했다. "내가 아버지께 '아부 주르아가 아씸은 신뢰할 만하다고 합니다'라고 말했다. 그러자 아버지는 '신뢰는 그의 자리가 아니다'라고 했다." 이에 관해 이븐 울라야는 이렇게 말했다. "이름이 아씸인 자는 모두 암송이 나쁘다." 아부 하팀이 말했다. "우리에게 있어 그의 자리는 신심이 있는 위치이고 하디스의 올바름이다. 그러

---

158  티르미디 순나 2230, 아흐마드의 무스나드 377/1.

나 그는 암송가는 아니었다." 한편 나사이의 말은 달랐다. 이븐 히라쉬는 말했다. "그의 하디스에는 그가 잘 알지 못하는 부분이 있다." 아부 자으파르 우까일리는 말했다. "그는 단지 신통찮은 암송을 했을 뿐이다." 다르꾸뜨니는 말했다. "그의 암송에는 무엇인가 있다." 야흐야 알깟딴은 말했다. "아씸이라는 이름의 사람에게선 형편없는 암송을 제외하곤 아무것도 찾을 수 없었다." 그는 또 이렇게 말했다. "나는 슈우바가 말하는 걸 들었다. '아씸 븐 아부 알나주드가 우리에게 연설했지만 도무지 진심이 담겨 있지 않았다.'" 다하비는 이렇게 말했다. "그의 독경은 믿을 만하다. 하지만 그의 하디스는 믿을 만하지 못하다. 큰 신뢰가 있는 상태에서 이해하는 것, 그것이야말로 좋은 하디스이다. 만약 누군가 부카리와 무슬림이 그의 전승을 이어받았다고 주장한다면 우리는 그 두 사람이 그의 전승에 기반을 두고 있는 것은 아니라고 확실히 주장할 것이다." 알라는 가장 잘 알고 계신다.

아부 다우드는 마흐디와 관련된 장에서 피뜨르 븐 칼리파는 알리\*를 전승했다고 전했다. 그리고 피뜨르 븐 칼리파는 까심 븐 아부 무르라의 전승을 따랐고, 까심 븐 아부 무르라는 알리의 전승을 따랐으며 알리는 예언자의 전승을 따랐다. 예언자는 이렇게 말했다. "만약 하루밖에 시간이 남지 않는다면 알라께서는 내 가문에서 한 사람을 대표로 파견하실 것이다. 그 자는 정의로 남은 시간을 가득 채울 것이다. 이는 마치 세월이 부당함으로 가득 채워졌던 것과 같은 이치이다."[159] 피뜨르 븐 칼리파에 대해 말하자면 아흐마드, 야흐야 븐 알깟딴, 이븐 무아얀, 나사이 그리고 그 밖의 사람들이 그를 믿었다. 그러나 아잘리는 이렇게 말했다. "좋은 하디스란 본디 약간의 당파심을 지니고 있다." 한번은 이븐 무아얀이 이렇게 말했다. "시아파적인 신념." 아흐마드 븐 압둘라 븐 유니스는 말했다. "우리

---

159  아부 두와드의 순나 482.

는 피뜨르를 지나쳐 가곤 했다. 우리는 그의 전승을 기록하지 않았고 그는 단지 거절당한 사람이었다." 또 한번은 이렇게 말했다. "나는 그를 개처럼 부르며 지나쳐 가곤 했다." 한편 다르꾸뜨니는 말했다. "그는 필요하지 않다." 아부 바크르 븐 이야쉬는 말했다. "그에 대한 독경 중 내게 남은 거라곤 단지 그의 사악한 이론뿐이다." 주르자니는 말했다. "신뢰가 아닌 거짓" 끝.

아부 다우드는 알리*를 전승한 자들로 하룬 븐 알무기라, 우마르 븐 아부 까이스, 슈아입 븐 아부 칼리드, 아부 이스하끄 알사비이를 차례로 기록하고 그들의 전승을 소개했다. 그는 말했다. "알리가 아들 후세인을 쳐다보고 말했다. '만약 내 아들이 예언자께서 내 아들에게 칭하신 대로 주님이라면 당신들의 주님이라 불리는 한 사람이 십자가에서 벗어날 것이다. 내 아들은 육체적으로는 유사하나 특성 면에서는 유사하지 않다. 그는 이 땅위에 정의가 가득하게 할 것이다.'" 하룬이 말했다. "우마르 븐 아부 까이스가 무따르리프 븐 따리프로부터의 전승을 우리에게 전했다. 무따르리프 븐 따리프는 아부 알하산의 전승을 전했고, 아부 알하산은 힐랄 븐 우마르로부터 전승을 전했다." 나는 알리가 이렇게 말하는 걸 들었지. "예언자*께서 말씀하셨다. '한 사람이 트랜스옥시아나에서 나갈 것인데, 그는 하리쓰라 불리고 그의 앞에 만쑤르라 불리는 자가 길을 닦고 혹은 무함마드 가문을 강성하게 만들 것이다. 이는 마치 꾸라이시 가문이 알라의 사도*에게 길을 준비해 준 것과 같다. 따라서 모든 믿는 자들은 그를 돕거나 그의 부름에 답하는 것이 임무이다.'" 아부 다우드는 이 전승에 대해 침묵했다. 이 전승은 다른 구절에서 하룬에 대해 말했다. "그는 시아의 자손이다." 술레이만은 말하길 "그 전승에 대해서는 여러 견해가 있다"고 했다. 아부 다우드는 우마르 븐 아부 까이스에 대해 말했다. "그에게 큰 문제가 있는 건 아니다. 단지 그의 하디스는 실수투성이일 뿐이다." 다하비는 말했다. "그를 믿는 것은 망상을 믿는 것이다." 아부 이스하끄 알수바이유에 대해 말하자면 만약 하디스를 옳게 전달하는 자들이 그의 전승에 대해 해석한다면 그는 말년에 많은 혼란을 보였고 알리에 대한 이야기는 부분적으로 끊긴 것이 많다고 할 것이다. 마찬가지로 아부 다우드의 하룬 븐 알무기라에 대한 이야기도 그러하다. 두 번째 이스나드에는 아부 알하산과 힐랄 븐 우마르는 알려져 있지 않다. 아부 알하산은 무따르리프 븐 따리프의 이야기에만 등장할 뿐 그에 대해 알려진 바는 없다. 끝.

아부 다우드는 또한 움무 살라마의 전승에 대해서도 주석을 달았다. 마찬가지로 이븐 마자, 하킴도 『무스타드라크*al-Mustadrak*』에서 주석을 달았는데 이는 알리 븐 누파일의 방법을 따랐으며 알리 븐 누파일드는 사이드 븐 알무사얍의 전승을 따랐고 사이드 븐 알무사얍은 움무 살라마의 전승을 근거로 삼았다. 움무 살라마는 이렇게 말했다. "나는 알라의 사도께서 이렇게 말하는 것을 들었다. '마흐디는 파티마의 후손 중에 나온다.'" 하킴은 이렇게 말했다. "알라의 사도께서 마흐디를 언급하면서, '그렇다. 그는 진실이다. 그는 파티마의 후손 중에 나온다'라고 말했다. 하지만 하킴이나 그 누구도 마흐디에 대한 전승에 대해 옳다고 언급하지는 않았다." 아부 자으파르 알무까일리는 이 전승이 약하다고 했다. "알리 븐 누파일은 그의 전승을 따르지 않았고 그 누구도 그 전승을 알지 못했다."

아부 다우드는 움무 살라마의 전승에 대한 주석을 달았는데, 움무 살라마의 전승은 살리흐 븐 칼릴의 전승에 의거한다. 움무 살라마는 말했다. "칼리파가 사망하면 다른 견해가 있을 것이다. 그러면 한 사람이 메디나에서 나와 메카로 도망칠 것이다. 메카 부족의 사람들이 내켜하지 않는 그를 내보낼 것이다. 그들은 그에게 루칸과 마깜 사이에서 충성의 서약을 할 것이다. 시리아의 대표가 그에게 파견될 것이다. 그는 그들과 함께 메카와 메디나 사이에 있는 사막에서 사라질 것이다. 만약 사람들이 그를 발견하면 시리아 일족과 이라크 일족의 성자들이 그에게 올 것이고 그들은 그에게 충성서약을 할 것이다. 모계가 칼브 출신인 한 꾸라이시 출신의 사람이 성장할 것이다. 그는 사람들에게 군사단을 파견하고 그들을 점령할 것이다. 그것이 칼브 대표단이다. 칼브의 노획물을 보지 못했던 자는 성공이 없을 것이다. 그는 재물을 나누어주고 사람들을 위해 예언자의 순나에 의거해 행동할 것이다. 그런 과정으로 이슬람이 그 땅에 정착하게 되고 그는 7년간 있게 될 것이다." 그러나 어떤 이들은 9년간 남는다고 주장한다. 그 이후 아부 다우드는 아부 칼릴의 교정본에 근거하여 이를 전승했고, 아부 칼릴은 압둘라 븐 알하리쓰의 전승을 따랐고 압둘라 븐 하리쓰는 움무 살라마의 전승을 따랐다. 이로서 첫 번째 이스나드에 있었던 모호함이 명백하게 되었다. 이 이스나드를 주장하던 자들은 두 싸히흐에서 언급되었던 사람들이었고 어떤 비난이나 잘못도 발견되지 않은 이들이었다. 사람들은 이렇게 말한 바 있다. 까타다의 전승은 아부 칼릴의 전승에 기인한다. 까타다는 전승을 경험하지 않았다. 권위 있는 전승가로부터 실제로 전승을 들었는가에 대한 여부에 의심이 드는 경우는 전승을 들었다는 것을 명백히 언급하는 때에만 그 전승의 권위는 인정받는다. 전승의 권위는 무조건 마흐디를 언급했다고 허용되는 것은 아니다. 아부 다우드의 경우 그는 여러 장에 걸쳐 마흐디를 언급하였다.

아부 다우드와 그의 추종자인 하킴은 이므란 알깟딴이 까타다의 전승에 따라 해석한 대로 아부 사이드의 알쿠드리의 전승을 따랐다. 한편 까타다는 아부 나드라의 전승을 따랐고, 아부 나드라는 아부 사이드 알쿠드리의 전승을 따랐다. 아부 사이드 알쿠드리는 말했다. "알라의 사도*께서 말씀하셨다. '마흐디는 우리 중에서 나타날 것인데, 이마가 번듯하고 코는 구부러진 형상이다. 그는 과거 이 땅에 압제와 부당함이 가득했던 것처럼 정의가 가득하게 만들 것이다. 그는 칠년을 통치하며 있을 것이다.'" 이는 아부 다우드의 발언이었고 그는 이 전승에 대해 비평을 달지 않았다. 하킴의 주장은 이렇다. "마흐디는 우리 중에서 특히, 예언자의 가문에서 나타날 것이다. 가장 후각이 발달된 코와 구부러진 이마를 지녔다. 그는 이 땅에 압제와 부당함이 가득했던 것처럼 정의가 가득하게 만들 것이다. 그는 이렇게 살 것이다." 그리고 그는 왼손과 오른손의 두 손가락(엄지와 검지)을 밖으로 뻗어 보이고 나머지 세 손가락은 아래로 향해 접었다. 하킴은 말했다. "이것은 무슬림의 조건에 부합하는 옳은 전승이다. 그러나 부카리와 무슬림 두 학자가 이에 대해 설명을 남기지는 않았다."

이므란 알깟딴은 다른 주장을 하였다. 비록 부카리가 이에 대해 인용을 한 바 있지만 그것이 유일한 근원은 아니라는 점이다. 야흐야 알깟딴은 그의 전승을 언급하지 않았다. 야흐야 븐 무아얀은 이렇게 말했다. "그는 강하지 않다." 또 한번은 말했다. "그의 전승은 아무것도 아니다." 아흐마드 븐 한발은 말했다. "바라건대 그가 권위 있는 하디스의 소유자가 되었으면." 야지드 븐 주라이가 말했다. "그는 키블라 가문의 영광을 보곤 했다." 나사이는 말했다. "약하다." 아부 우바이드 알아주리가 말했다. "내가 그에 관해 아부 다우드에게 물어보자 '좋은 전승가'라는 답이 돌아왔다. 그가 들은 것은 좋은 것뿐이었다." 나는 그에 대해 이런 말을 들었다. "그의 전승은 약하다." 그는 이브라힘 븐 압둘라 하산의 시대에 피가 흘러넘치는 결과를 초래한 단호한 파트와를 보였다.

티르미디와 이븐 마자흐, 하킴은 자이드 알암미의 방법을 따라 아부 사이드 알쿠다리의 전승을 따랐고, 자이드 알암미는 아부 씻디끄 알나지의 전승을 따랐고, 아부 씻디끄는 아부 사이드 알쿠드리의 전승을 따랐다. 그는 이렇게 말했다. "어떤 일이 발생할까 두렵다. 그래서 우리는 알라의 사도에게 물었다. 그러자 대답이 왔다. 우리 민족 중에서 마흐디가 나올 것이다. 그리고 5나 7 혹은 9를 살 것이다." 자이드 알삽바크가 말했다. "우리는 물었다. '무엇인가?' 그는 답했다. '사는 기간이다.' 그 사람이 그에게 와 이렇게 말할 것이다. '마흐디시여 제게 주십시오.'" 그는 말했다. "그(마흐디)는 할 수 있는 한 그의 겉옷으로 무언가를 담는 모양을 취할 것이다." 티르미디의 해석은 이렇다. "이것은 좋은 하디스이다." 한편 그는 예언자의 전승을 따른 아부 사이드의 전승을 한 가지 방법 이상으로 전한 바 있다. 이븐 마자흐와 하킴의 말씀은 이렇다. "우리 민족 중에서 마흐디가 나올 것이다. 만약 그분이 단기간 살다 간다면 7년을, 그렇지 않다면 9년을 살 것이다. 우리 민족은 그들이 누려보지 못한 안락한 삶을 누릴 것이다. 대지는 곡식과 과실을 품고 그는 아무것도 아까워하지 않을 것이다. 그때는 재물이 쌓이고 사람들이 모여 말할 것이다. '마흐디시여 제게 주십시오!' 그러면 그는 '취하라'고 말할 것이다." 끝.

자이드 알암미에 대해 살펴보자면 알다르꾸뜨니 아흐마드 븐 한발, 야흐야 븐 무아인 모두가 그에 대해 옳다고 말한 바 있고 게다가 아흐마드는 이렇게 덧붙였다. "그는 야지드 알라카쉬, 파들 븐 이사보다 위에 있다. 그러나 아부 하팀은 '그가 약하고, 그의 전승은 쓰여 지긴 해도 필요로 하진 않다'라고 평했다." 야흐야 븐 무아인은 다른 전승에서 이렇게 말했다. "아무것도 아니다." 또 한번은 "그의 전승은 기록되지만 그것은 약하다"고 말했다. 주르자니는 말했다. "함께 얽혀 있는 것이다." 한편 아부 자르아는 말했다. "강하지 않다. 그의 전승은 약하다." 하부 하팀은 말했다. "그렇지 않다. 이미 슈으바가 그의 전승을 전한 바 있다." 나사이는 말했다. "약하다." 이븐 아디는 말했다. "그의 전승은 약하다. 그러나 슈으바는 그의 전승을 전한 바 있다. 아마도 슈으바는 그의 전승보다 더 약한 것을 보지 못했던 것 같다."

사람들은 이렇게 말히곤 했다. "티르미디의 전승은 무슬림의 『싸히흐』의 전승을 따른 자비르와 아부 사이드의 전승을 해석한 것이다." 티르미디는 말했다. "알라의 사도께서 말씀하셨다. '우리 민족의 마지막에 칼리파가 있을 것이고 그는 재물을 사방에 뿌릴 것이고 그 양은 누구도 셀 수 없을 만큼의 것이다.'" 그는 아부 사이드의 전승에 의하며 이렇게 말했다. "여러분의 칼리파들 중 한 분이 재물을 뿌릴 것이다." 또 다른 인용에 의하면 이렇게 말했다고 한다. "마지막 순간에 칼리파가 있을 것이고 그는 셀 수 없이 많은 재물을 나눌 것이다." 끝.

마흐디에 대한 언급이 없었고 마흐디를 의미하는 어떤 언급도 없었다. 하킴 역시 전승을 전했는데 아우프즈 알아라비는 아부 알씻디끄 알나지의 전승을 따랐고, 아부 알씻띠끄는 아부 사이드 알카다리의 전승을 따랐다. 그를 이렇게 말했다. "알라의 사도께서 말씀하셨다. '대지가 부당함과 어두움 그리고 우리의 적들로 가득해져야만 그때가 올 것이다. 우리 가문에서 이 땅을 정의로 가득하게 채우는 자가 나타날 것이다. 마치 어두움과 적들로 이 땅이 가득했던 것처럼.'"

하킴은 이렇게 말했다. "이것은 두 셰이크의 조건에 합당한 것이다." 하킴은 이 전승을 아부 사아드 알카다리의 전승을 따른 아부 알씻디끄 알나지의 전승을 따른 술레이만 븐 우바이드의 전승에 따라 해석한 바 있다. 알라의 사도께서 말씀하셨다. "우리 민족의 마지막 순간에 마흐디가 나타나고 알라께서 그를 비로 적셔주고 대지는 식물을 싹 틔우고 그분께선 재물을 올바르게 주고 희망은 커지고 우리 민족은 강성해져서 그분은 7년 혹은 8년을 살 것이다." 하킴은 이렇게 말했다. "이 전승은 두 셰이크(부카리와 무슬림)의 기록에는 없었지만 그 이스나드를 고려해볼 때 옳은 것이다." 비록 술레이만 븐 우바이드에 대해 여섯 사람의 하디스 전승가들 어느 누구도 해석을 하지 않았지만 이븐 힙반은 확신에 찬 어조로 그를 언급한 바 있다. 누구도 그의 전승을 언급하지 않았다. 하킴은 아부 사이드의 전승을 따른 아부 알씻디끄 알나지에 대한 아부 하룬 알아바디와 마따르 알와르라끄의 전승을 따른 함마드 븐 살라마의 전승을 따른 아사드 븐 무사의 전승을 인용하였는데, 알라의 사도께서 이렇게 말했다고 했다. "이 대지가 부당함과 어두움으로 가득하면 우리 씨족 출신의 사람이 나타나 7년 혹은 9년을 다스릴 것이고 그렇게 되면 이 대지는 부당함과 어둠이 가득했던 것처럼 정의가 가득하게 될 것이다."

하킴은 이렇게 말했다. "이것은 무슬림의 조건에 비추어 볼 때 옳은 하디스이다. 그가 무슬림을 언급한 것은 그가 함마드 븐 살라마와 그의 스승 마따르 알와르라끄의 전승을 따랐기 때문이다. 함마드의 또 다른 스승으로 아부 하룬 알아부디가 있는데 그는 그 스승에 대해서는 아무런 주석도 달지 않았다. 왜냐하면 그의 전승은 거짓이라는 의심을 받을 정도로 약하기 때문이다.

함마드 븐 살라마의 전승을 따른 아사드 븐 무사는 '순나의 사자'라고 불렸다. 부카리는 말했다. "그는 전승으로 유명하다." 부카리는 자신의 『싸히흐』의 신뢰성 강화를 위해 그를 언급한 바 있다. 아부 다우드와 나사이는 그의 전승이 권위 있는 것이라고 주장했다. 하지만 한번은 나사이가 이렇게 말했다. "그가 하디스를 쓰지 않았더라면 오히려 그에게는 좋은 것이었을 텐데" 무함마드 븐 하즘은 그에 대해 이렇게 말했다. "그의 전승이 그렇게 알려지지는 않았다."

따바라니는 *al-Mu'jam al-'awsaṭ*에서 아부 알씻디끄 알나지의 전승을 따르는 아부 알와실 압둘 하미드 븐 와실의 전승을 인용한 바 있다. 아부 알씻디끄는 하산 븐 야지드 알싸으디의 전승을 따랐고, 하산 븐 야지드는 아부 사이드 알카다의 전승을 따랐다. 따바라니는 이렇게 말했다. "알라의 사도께서 이렇게 말씀하신 것을 들었다. '우리 민족 중에 한 사람이 나와서 나의 순나에 의거해 말할 것이다. 알라께서 그를 하늘에서 내리는 비처럼 내려주실 것이고 대지는 그 순나의 축복을 취하고 이전에 부당함과 압제가 가득했던 것처럼 이 땅을 정의로 가득하게 할 것이다. 따라서 그는 이 민족을 위해 7년간 열심히 일하고 성소에 자리하게 될 것이다.'"

따바라니는 이 전승과 관련 이렇게 말했다. "일단의 사람들이 아부 알씻디끄의 전승에 의거해 해설을 했다. 하지만 그들 중 일부는 그와 아부 사이드 사이에 아부 알와실을 제외하고는 여타의 전승가를 개입시키지 않았다. 따라서 아부 사이드의 전승에 의존한 하산 븐 자이드의 전승을 따랐다고 하겠다.

이븐 아부 하팀은 하산 브 야지드를 언급하였는데 그는 아부 사이드의 전승에 따라 이스나드를 기록했다는 사실 이 외에 그에 대한 더 이상의 소개는 없었다. 다하비는 『균형al-Mīzān』에서 그를 '조금 알려진 자'라고 하였다. 그러나 이븐 합반은 『신뢰al-Thiqāt』에서 그를 언급했다. 아부 알쎗디끄의 전승을 따른 아부 알와씰의 이스나드는 여섯 사람의 하디스 학자 중 어느 누구의 것에도 언급되지 않았다. 단지 이븐 합반은 『신뢰』에서 그의 전승을 따랐다. "그는 아나스의 전승을 따랐고 슈으바와 아탑 브 비쉬르가 그의 전승을 따랐다."

이븐 마자흐는 Kitāb al-Sunan에서 압둘라 브 마스우드의 전승을 따랐는데 야지드 브 아부 지야드의 전승을 통해서였다. 야지드는 이브라힘의 전승을 따랐고 이브라힘은 알까마의 전승을 따랐으며 알까마는 압둘라의 전승을 따랐다. 그는 이렇게 말했다. "우리는 알라의 사도*곁에 있었고 하심가의 청년들이 다가 왔을 때 알라의 사도께서 그들을 보았다. 그분의 눈에는 눈물이 흘렀고 안색이 변했다." 그는 계속해서 말했다. "나는 말했다. 우리는 여전히 당신의 얼굴에서 우리가 원치 않는 무엇인가를 보고 있습니다." 그러자 그분은 말했다. "하심가의 사람들이여! 알라께서는 우리에게 현세 대신에 다른 세상을 선택해 주셨습니다. 우리 가문의 사람들이 나 다음으로 떠돌며 시련을 겪을 것입니다. 그러다가 동쪽에서 한 무리의 사람들이 검은 깃발을 들고 나타나 우리 가문의 사람들과 더불어 선을 구할 것이나 쉽사리 얻지 못할 것입니다. 결국 서로를 죽이고 승자와 패자가 갈리고 그들이 그토록 원했던 것이 주어져도 제대로 받지 못할 것입니다. 마침내 우리 가문의 한 사람이 나타나 이 땅에 부당함과 압제가 가득했건 것처럼 정의가 가득하게 할 것입니다. 그러므로 여러분 중 그런 자를 인지하는 자는 비록 눈밭을 기어서라도 그가 등장하도록 도울 것입니다." 끝.

이 하디스는 하디스 전승가들에게 '깃발들의 하디스'로 알려졌다. 이 하디스의 전승가 아부 지야드에 대해 슈으바는 이렇게 말했다. "그는 하디스를 격상시키는 자였다. 즉 격상되지 않은 하디스들을 격상시키는 자이다." 무함마드 븐 알파일은 말했다. "그는 시아의 위대한 이맘 중 일원이었다." 아흐마드 븐 한발은 말했다. "그는 숙련된 하디스 전승가는 아니었다." 또 한번은 이렇게 말했다. "그의 하디스는 그렇게 옳은 것은 아니다." 야흐야 븐 무아인이 말했다. "약하다." 아즐리는 말했다. "생각해볼 만한 하디스이다. 마지막 부분은 이해할 만하다." 아부 주르아는 말했다. "약하다. 그의 하디스는 쓰이긴 했으나 증거로 사용되지는 않는다." 아부 하팀은 말했다. "그 하디스는 강력하지 않았다." 주르자니는 이렇게 말했다. "사람들이 그의 하디스를 약하다고 평하는 것을 들었다." 아부 다우드는 또 이렇게 말했다. "그의 하디스를 생략한 사람을 한 사람도 알지 못한다. 그러나 나는 그가 아닌 다른 전승가들을 선호한다." 이븐 아디는 말했다. "그는 쿠파 출신 시아이다. 비록 그의 하디스가 약해도 그의 하디스는 쓰이고 기록된다." 무슬림은 그의 전승을 전했지만 그것도 동일한 전승이 다른 이스나드로 전해졌을 때의 상황이다. 이런 이유는 다수의 사람들이 그의 하디스가 약하다는 것을 알기 때문이다. 다수의 이맘들은 이 하디스의 약함을 명확하게 언급한 바 있다. 그들은 압둘라의 전승을 따른 알카마의 전승에 따른 이브라힘의 전승을 근거로 그를 인용하였다. 바로 그의 하디스가 '깃발들의 하디스'이다. 와키우 븐 알자르라흐는 이렇게 말했다. "아무것도 아니다." 마찬가지로 아흐마드 븐 한발도 그렇게 말했다. 한편 아부 꾸다마는 말했다. "아부 우사마가 그 깃발들과 관련 이브라힘의 전승을 따른 야지드의 하디스를 언급하는 것을 들은 바 있다. '그가 내게 오십 번의 맹세를 했더라도 나는 그를 신뢰하지 않았을 것이다. 이것이 이브라힘의 방법인가? 이것이 알까마의 방법인가? 이것이 압둘라의 방법인가?'" 우까일리는 이 하디스를 약한 하디스에서 인용했다. 다히비는 이렇게 말했다. "옳은 것이 아니다."

이븐 마자흐는 야신 알아잘리의 전승을 통해 알리*의 전승을 해석했는데, 야신 알아잘리의 전승은 이브라힘 븐 무함마드 븐 알하나피야의 전승을 따랐고, 그는 자신의 아버지의 전승을 따랐고, 그 아버지는 그의 할아버지의 전승을 따랐다. 알라의 사도께서 말씀하셨다. "마흐디는 우리 가문에서 나온다. 알라께서 어느 날 밤에 마흐디를 통해 성공을 가져다주실 것이다."

야신 알아잘리의 전승에 대해 이븐 무아인이 "고려할 만하다"고 했고 부카리는 "논쟁의 여지가 있다"라고 말한 바 있다. 그가 쓴 이 용어는 약한 전승에 대한 강한 표현이다. 또한 이븐 아디는 *al-Kāmil*에서 야신의 전승을 언급했고 다하비는 『균형』에서 이 하디스를 용인하지 않은 것에 대해 언급한 바 있다. 그는 또 말했다. "이것은 그의 전승으로 알려져 있다."

따바라니는 자신의 책 *al-Muʿjam al-ʾawsaṭ*에서 알리*에 대한 주석을 달았다. 알리는 예언자께 말했다. "알라의 사도시여! 마흐디는 우리로부터 나옵니까? 아니면 우리 이외의 부족에서 나옵니까?" 그러자 예언자는 말했다. "분명 우리로부터 출현할 것이다. 또한 우리를 다신교의 무리에서 구해주고 적이 분명하게 밝혀진 이후 그들의 마음을 우리와 하나로 만드실 것이다. 마치 다신교도의 적대감이 밝혀진 이후 그들의 마음과 우리를 하나로 만든 것과 같다." 알리는 또 말했다. "믿는 자들입니까? 아니면 불신자들입니까?" 그러자 예언자는 말씀하셨다. "미친 자와 불신자이다." 끝.

그의 하디스에는 압둘라 븐 라히아에 대한 언급이 있는데, 그의 전승은 약했다. 또한 우마르 븐 자비르 알하드라미에 대한 언급도 있었는데 그의 전승은 압둘라 븐 라히아의 것보다 더 약했다. 아흐마드 븐 한발은 말했다. "자비르를 인용하는 것은 동의할 수 없다. 내가 듣기로 그는 거짓말을 한다고 한다." 나사이는 이렇게 말했다. "그를 믿을 수 없다", "이븐 라히아는 이성석으로 판단이 안 되는 바보보다 더 심각한 상태의 셰이크였다", "그는 우리와 함께 앉아 있으면서 이렇게 말하곤 했다. '알리는 구름 속에 있다.' 그러다가 구름을 응시하면서 이렇게 말한다. '저것이 알리이다. 그는 벌써 지나쳐 왔다.'"

따바라니는 알리*의 전승에 대해 주석을 달았는데, 알라의 예언자*께서 이렇게 말했다. "최후의 순간에 정변이 있을 것이다. 사람들은 시련 속에 있게 될 것인데 이는 마치 금이 광산에 존재하는 것과 마찬가지이다. 그러므로 시리아 부족을 중상하지 마라. 그러나 사람들은 그들 중 사악한 자들을 비난했다. 그들 중 선한 자들도 있었다. 이내 하늘에서 폭우가 시리아 부족에게 내렸고 그들은 비를 피해 흩어졌고 결국 여우 무리에게 죽임을 당하는 것이 낫다고 생각할 정도가 된다. 그 때 우리 가문에서 한 사람이 출현하고 세 개의 깃발을 앞세운 사람들이 나타날 것인데 그들은 최대 1만 5천 명에서 최소 1만 2천 명이라 했다. 그들의 표식은 '죽여라! 죽여라!'라는 것이고 7개의 깃발을 접하게 될 것인데 각기 깃발 아래 왕권을 요구하는 사람이 있다. 결국 알라께서 그들 모두를 죽음으로 몰아넣을 것이고 알라께선 무슬림들의 통합과 번영으로 그들을 회복시켜 주실 것이다." 끝.

압둘라 븐 라히아는 매우 약한 하디스의 전승가로 알려져 있는데 하킴은 『무스타드라크al-Mustadrak』에서 그에 대해 이렇게 말했다. "옳은 기록이다." 하지만 부카리와 무슬림은 그의 전승을 기록하지 않았다. 그런 다음 하심가의 사람이 등장하고 알라께서 사람들에게 그들의 통합에 대해 답하신다. 하지만 하킴의 이스나드에 이븐 라히아가 포함되지는 않는다. 물론 7의 전승은 좋은 것이기 하다. 하킴은 『무스타드라크』에서 알리*의 전승에 대해 주석을 달았는데, 이는 무함마드 븐 알하나피야의 전승을 따른 아부 알뚜파일의 전승을 통해서였다. 그는 이렇게 말했다. "우리는 알리*와 함께 있었다. 한 사람이 그에게 마흐디에 대해 묻자 이렇게 대답했다. '어리석도다!' 그런 다음 자신의 손으로 7번을 쥐었다 폈다 했다. 그는 이렇게 말했다. '최후의 심판의 날에 그가 나타날 것이다.' 만약 인간이 '알라시여!'라고 말한다면 그는 죽게 된다. 알라는 그를 위해 떠도는 구름처럼 흩어진 사람들을 하나로 모으실 것이다. 하나가 된 그들은 두려워하지 않고 기뻐하지도 않는다. 그들의 수는 바드르 전투에 참여한 머리수[160]를 웃돈다. 선조들은 그들을 능가하지 못했고 후세의 사람들은 그들보다 부족하다. 또한 그들의 수는 딸루트와 함께 강을 건넜던 교우들의 수 정도이다." 아불 뚜파일은 말했다. "이븐 알하나피야가 '너는 그를 원하느냐' 하고 말했다. 그래서 나는 '그렇다'고 답했다. 그러자 그가 '그는 아부 꾸바이스와 아흐마르 지역[161] 사이에서 나타난다'고 말했다. 나는 말했다. '확언컨대 나는 죽을 때까지 메카를 저버리지 않을 것이다.' 그는 메카에서 숨을 거두었다." 하킴은 말했다. "이것은 두 사람의 셰이크 부카리와 무슬림의 조건에 의거한 옳은 하디스이다." 끝.

무슬림의 조건에만 부합하는 이스나드에는 암마르 알두흐니, 유니스 븐 아부 이스하끄가 있다. 부카리는 이 두 사람을 위해 주석을 달지 않았고 아므루 븐 무함마드 알안카지도 이에 포함된다. 부카리는 안카지의 전승을 기록하지 않았다. 암마르 알두흐니를 편애하는 상황이었지만 아흐마드와 이븐 무아인, 아부 하팀, 나사이 그리고 그 밖의 사람들이 그를 신뢰하였다. 알리 븐 알마디니는 수프얀의 권위에 대해 바샤르 븐 마르완이 그의 전승은 믿을 만하지 못하다고 했다고 전했다. 나는 '왜입니까?' 하고 묻자 그(아부 수프얀)는 '그가 지나치게 시아에 편중하기 때문이다'라고 말했다. 이븐 마자흐는 사아드 븐 압둘 하미드 븐 자으파르의 인용에서 아니스 븐 말리크*의 전승에 대해 주석을 달았다. 자으파르의 전승은 알리 븐 지야드 알야마미의 전승을 따랐고, 알야마미는 이크리마 븐 암마르의 전승을 따랐으며, 이크리마 븐 암마르는 이스하끄 븐 압둘라의 전승을 따랐고, 이스하끄 븐 압둘라는 아나스의 전승을 따랐다. 그는 말했다. "나는 알라의 사도께서 이렇게 말하는 것을 들었다. '우리는 압둘 무딸립의 후

---

160  바드르 가문의 수는 313명이다.
161  메카에 있는 두 개의 산.

손이다. 나와 함자, 알리, 자으파르, 하산, 후세인, 마흐디이다.'" 끝.

이크라마 븐 암마르에 대해 살펴보자면 무슬림은 그의 전승을 기록했지만 그것은 다른 이들이 동일한 전승을 전할 때의 경우이다. 일부 학자는 그의 전승이 약하다고 평가했고 다른 이들은 그를 신뢰했다. 아부 하팀 알라지는 이렇게 말했다. "그는 거짓된 자이다. 그러므로 그를 받아들일 수 없다. 단, 그가 직접 들은 경우에는 예외이다." 다하비는 알리 븐 지야드에 대해 『균형』에서 이렇게 말했다. "우리는 그가 누구인지 알지 못한다." 그리고 그는 이렇게 말했다. "압둘라 븐 지야드일 것이다." 사이드 븐 압둘 하미드에 대해서는 야으꿉 븐 아부 샤이바가 신뢰를 보냈다. 야흐야 븐 무아인은 '그는 고려해 볼 만하다'라고 말했다. 싸우리는 그에 대해 부정적 견해를 밝힌 바 있다. 이에 대해 사람들은 그가 여러 가지 대안에 대해 법적 견해를 내고 또 그러면서 실수를 하는 것을 싸우리가 보았기 때문이라고 말했다. 이븐 힙반은 이렇게 말했다. "누구든 그의 뻔뻔함을 아는 자는 그를 필요로 하지 않을 것이다." 아흐마드 븐 한발은 이렇게 말했다. "사아드 븐 압둘 하미드는 '그는 말리크의 서적들에 대해 들었다고 했고 학자들은 그의 언행을 신뢰하지 않았다. 그가 바로 여기 바그다드에 있었고 핫지[162]를 행하지도 않았는데 어떻게 전승가들로부터 직접 들을 수 있단 말인가?'라고 했다."

하킴은 자신의 저서 『무스타드라크』에서 무자히드가 이븐 압바스의 전승을 인용한 바에 대해 주석을 달았다. 무자히드는 이렇게 말했다. "이븐 압바스가 내게 말했다. '만약 내가 당신이 예언자의 일가의 사람들과 같다는 말을 듣지 않았더라면 당신에게 이 하디스를 이야기하지 않았을 것이오.'" 무자히드는 말했다. "그 전승을 부정하는 자들에게는 비밀로 하겠습니다." 무자히드는 말했다. "이븐 압바스가 말했다. '우리 예언자의 가문

---

162 이슬람의 다섯 기둥 중 하나인 성지 순례를 의미한다.

중에 네 사람이 있다. 우리 중에 삽파흐가 있고 문디르가 있고 만쑤르가 있고 마흐디가 있다.'" 이븐 압바스는 말했다. "무자히드가 말했다. '내게 그 네 사람을 분명하게 밝혀 주십시오.'" 이븐 압바스는 말했다. "삽파흐는 자신의 지지자들을 죽이고 자신의 적을 용서하였다. 문디르에 대해 말하 자면 그는 큰 재물을 나누어 주며 자신을 과시하지 않고 꼭 필요한 만큼 최소한 권력만을 취했다. 만쑤르는 적들에게 도움을 베풀었는데 이는 마 치 알라의 사도께서 늘 베풀곤 했던 것과 같고 적들이 이동하는 두 달 내 내 알라를 두려워하며 공포에 떨곤 했던 것과 마찬가지이다. 만쑤르의 적 들은 그를 두려워하며 이동하는 한 달 동안 공포에 떨 것이다. 마흐디에 대해 말하자면 그는 이 땅이 불의로 가득했던 것처럼 이 땅을 정의로 가 득 채울 것이다. 가축들은 사자에게서 안전하게 되고 이 땅은 숨겨진 땅 의 보물을 보게 될 것이다." 그는 말했다. "나는 물었다. '무엇이 숨겨진 땅 의 보물입니까?'" 그는 말했다. "금과 은으로 만들어진 기둥과 같은 것이 다." 끝.

하킴은 이 하디스가 이스나드와 관련 옳은 것이고 다만 두 학자(부카리 와 무슬림)가 이것을 인용하지 않았을 뿐이라고 말했다. 이 하디스는 이스 마일 븐 아브라힘 븐 무하지르가 자신의 아버지의 전승을 따라 인용한 것 이다. 이스마일은 하디스의 기록에 있어 약한 자였고 그의 아버지 이브라 힘은 무슬림이 그의 전승을 인용했음에도 다수의 학자들은 그의 전승이 약하다고 여겼다. 끝.

이븐 마자흐는 싸우반의 전승에 대한 주석을 달았는데 이렇게 말했다. "알라의 사도께서 말씀하셨다. '여러분의 보물을 놓고 세 사람이 싸움을 벌일 것이다. 그들 모두 칼리파의 자손이나 그들 중 어느 한 사람도 보물 을 차지하지 못하고 그러다가 마슈리끄로부터 검은 깃발들이 게양될 것이 다. 그들은 어떤 부족도 행하지 않았던 살상을 저지를 것이나.' 그 후에 그는 또 무엇인가를 언급했으나 내가 기억하지 못한다." 그는 말했다. "너희가 만약 그를 보았다면 눈밭을 기어서라도 그를 주군으로 모셨을 것이다. 그분은 바로 알라의 계승자 마흐디이다." 끝.

이 전승에 언급된 사람들은 『싸히흐』에 수록된 자들이다. 그러나 아부 낄라바 알자르피는 예외이다. 다하비와 그 밖의 사람들은 그의 전승은 거짓된 것이라고 언급했다. 수프얀 알싸우리가 있는데 그의 전승은 거짓과 사기로 유명했다. 이 두 사람은 전승의 근거를 밝히지 않고 아무개의 이스나드라는 정도로만 인용하는 자이다. 따라서 그들의 전승은 받아들여지지 않는다. 이런 범주에 있는 다른 인물로 압둘 라자크 븐 함맘이 있는데 그는 시아에 편중된 자로 유명하다. 그는 말년에 장님이 되었고 판단이 흐려졌다. 이븐 아디는 여러 하디스를 언급했지만 누구도 그의 견해에 동의하지 않았다. 학자들은 그를 시아에 편중된 견해를 지닌 자로 보았다. 끝.

이븐 마자흐는 이븐 라히아를 통해 압둘라 븐 알하리스 븐 자즈으 알자비디에 대해 주석을 달았는데, 이븐 라히아는 우마르 븐 자비르 알하드라미의 전승을 따랐고, 알하드라미는 압둘라 븐 하리쓰 븐 자즈으의 전승을 따랐다. 그는 말했다. "알라의 사도께서 말씀하셨다. '사람들이 마슈리끄에서 나와 마흐디를 위해 길을 준비할 것이다' 즉 그가 그들의 군주이다." 따바라니는 이븐 라히아 혼자 이 전승을 신뢰한다고 말했다. 우리는 이미 알리의 전승과 관련해 따바리니는 이븐 라히아의 하디스 전승을 약하다고 했고 그의 셰이크인 우마르 븐 자비르는 그보다 더 약하다고 했다고 자신의 책 al-Mu'jam al-'awsaṭ에서 언급한 바 있음을 소개했다.

밧자르는 『무스나드』에서 따바리니는 자신의 책 al-Mu'jam al-'awsaṭ에서 예언자의 말씀에 대한 아부 후라이라의 전승에 대해 주석을 달았다. 예언자가 말했다. "우리 민족 중에 마흐디가 있게 되리니 그는 짧게 7년 아니면 8년 아니면 9년을 통치하리라. 그 기간 내에 우리 민족은 예전에 누려보지 못한 영화로운 시절을 누릴 것이다. 하늘이 그들에게 큰 비를 내리고 이 땅에는 풀 한 포기도 보존하지 못하게 되리라. 재물이 쌓이고 한 사람이 '마흐디시여! 제게 주십시오'라고 말하며 일어서면 그는 '가져라' 하고 말할 것이다."

따바리니와 밧자르는 무함마드 븐 마르완 알아잘리가 이 전승을 혼자 지지한다고 말했다. 밧자르는 덧붙여 이렇게 말했다. "우리는 그의 뒤를 따르는 한 사람도 알지 못한다." 비록 아부 다우드와 이븐 합반이 그가 『신뢰』에서 언급했던 것을 이유로 그에게 신뢰를 보낸다 해도 야흐야 븐 무아인은 이렇게 말했다. "그는 옳다." 또 이렇게도 말했다. "그의 전승에 잘못은 없다." 하지만 사람들은 그에 대해 여러 견해로 분분했다. 아부 주르아는 말했다. "그의 전승이 그렇게 옳은 것은 아니다." 압둘라 븐 아흐마드 븐 한발은 말했다. "나는 무함마드 븐 마르완 알우까일리가 여러 개의 하디스를 인용하여 이야기하는 것을 보았다. 나는 목격자이지만 그의 이야기들을 기록하지 않았는데 의도적으로 그렇게 했다. 나의 친구 몇 사람은 그에 대해서 기록했다. 물론 그가 하디스 해석과 기록에 있어 약하다는 내용이었다." 아부 야을리 알무슬리는 자신의 이스나드에서 아부 후라이라에 대해 주석을 달았다. 그는 말했다. "칼릴리 아불 까심*이 내게 이야기했다. '우리 가문에서 한 사람이 나와 그들에게 대항해 싸울 때까지 그 시간은 오지 않는다. 그는 그들을 때리고 결국 그들은 진리를 깨닫게 될 것이다.'" 칼릴리 아불 까심은 말했다. "나는 말했다. '그는 얼마 동안 통치할까요?' 그는 '오와 칠'이라고 했다." 그는 말했다. "나는 말했다. '그것이 무엇인가?' 그러자 그는 '나는 알지 못한다'고 말했다." 끝.

그 전승은 아무르 바쉬르 븐 나히크를 포함하고 아부 하팀은 그의 전승을 증거로 필요하지 않다고 말했다. 두 사람의 셰이크(부카리와 무슬림)는 그의 전승을 필요로 했고 사람들은 그의 전승에 신뢰를 보냈으며 또한 그의 전승에 불신을 보냈던 아부 하팀의 말에 귀 기울이지 않았다. 그 전승은 라자으 븐 아비 라자인 알야쉬카리의 전승을 포함하고 있다. 아부 주르아는 그를 신뢰한다고 했고 야흐야 븐 무아얀은 '그가 약하다'고 했으며 아부 다우드 역시 그렇게 말했다. 한번은 그가 옳다고 한 적도 있다. 부카리는 자신의 『싸히흐』 중에서 하나의 하디스에서 그에 대해 주석을 달았다. 아부 바크르 알밧자르는 자신의 무스나드에서 따바라니는 *al-Kabīr wa al-'awsaṭ*에서 꾸르라 븐 아야스의 전승에 대해 주석을 달았다. 꾸르라는 이렇게 말했다. "알라의 사도께서 말씀하셨다. '이 땅에 부당함과 압제가 가득하게 될 것이다. 이 땅에 부당함과 압제가 가득하게 되면 알라께서 우리 부족 중의 한 사람을 대표로 보내실 것이다. 그의 이름은 내 이름이고, 그의 아버지의 이름은 내 아버지의 이름이다. 따라서 이 땅에 부당함과 압제가 가득했던 것처럼 정의가 가득하게 될 것이다. 하늘은 폭우를 막지 않을 것이고 땅에는 풀 한 포기 보존하지 못할 것이다. 그는 너희와 더불어 일곱, 여덟 혹은 아홉 해를 함께 할 것이다.'" 이것이 의미하는 것은 햇수이다. 끝.

이런 전승을 보인 자로 다우드 븐 알무잡비르 븐 까흐담이 있는데 그는 자신의 아버지의 전승을 따랐다. 이 두 사람의 전승은 매우 약한 것으로 분류된다.

따바라니는 자신의 책 *al-Mu'jam al-'awsaṭ*에서 이븐 우마르에 대한 주석을 달았다. "알라의 사도께서는 무하지룬[163]과 안싸리들의 무리에 계셨었다. 알리 븐 아부 딸립이 그의 왼쪽에 압바스가 그의 오른쪽에 있었다. 압바스와 안싸리 무리의 한 사내가 서로 공격적인 논쟁을 하게 되었다. 안싸리들은 압바스에게 무례하게 말했고 그러자 예언자께서 압바스의 손과 알리의 손을 잡고 이렇게 말했다. '이 사람의 몸으로부터 그가 올 것이다. 이 땅이 부당함과 압제로 가득하게 되면 이 사람의 몸으로부터 나온 후손 중에 그가 올 것이다. 그리고 이 땅을 정의로 가득하게 만들 것이다. 그러므로 너희가 그런 광경을 본다면 너희는 타밈 부족의 그 청년을

---

[163] 예언자 무함마드의 뒤를 따라 메카에서 메디나로 이주한 자들.

반드시 지켜야 한다. 그는 마흐디의 깃발을 지닌 채 마슈리끄에서 올 것이다.' 끝."

압둘라 븐 우마르 알아마리와 압둘라 븐 라히야 역시 이런 이스나드를 전승한 자들인데 두 사람의 전승은 약한 것으로 분류된다. 끝.

따바라니는 자신의 *al-Mu'jam al-'awsat*에서 예언자에 대한 딸하 븐 압둘라의 전승에 대해 주석을 달았다. 예언자가 말했다. "소요가 발생하게 될 것이다. 서로 싸우지 않고는 한쪽이 그 소요를 멈추게 하지 않을 것이다. 결국 하늘에서 부르는 자가 '너희들의 주인은 누구이니라'라고 말해 주게 될 것이다." 끝. 이런 견해를 보인 자로는 무싼나 븐 알쌉바흐가 있는데 그의 전승은 약했다. 이 하디스에는 마흐디에 대한 언급이 없었는데 후대의 사람들은 이 하디스의 여러 장과 번역에 있어 마흐디를 언급했다.

이와 같이 마흐디와 종말의 순간에 그가 출현한다는 사안에 대해 여러 이맘들이 주석을 달은 전승들이 있다. 이런 하디스들은 당신이 보았듯이 다소간의 차이는 있지만 비평과 비난에서 자유로울 수 없었다. 마흐디의 출현설을 부인하는 자들은 무함마드 븐 칼리드 알자나디가 압반 븐 살리흐 븐 아부 아야쉬의 전승을 따른다고 주장하기도 한다. 사실 압반 븐 살리흐는 하산 알바쓰리의 전승을 따랐고, 그는 아나스 븐 말리크의 전승을 따랐으며, 아나스 븐 말리크는 예언자의 말씀에 근간을 두고 있다. "마리아의 자손 예수 이 외에 마흐디는 없다." 또한 야흐야 븐 무아인은 무함마드 븐 칼리드 알자나디에 대해 "그는 신뢰할 수 있다"라고 말했다. 바이하키는 말했다. "무함마드 븐 칼리드는 이 견해를 독자적으로 주장했다." 하킴은 무함마드의 전승에 대해 이렇게 말했다. "그는 무지한 자이다. 사실 그의 기록에 대해서는 여러 가지 이견이 존재한다." 한번은 그가 전달받은 대로 인용을 하였고 이는 무함마드 븐 이드리스 알샤피이의 덕이다. 다른 때는 예언자의 밀씀을 전승한 하산의 전승을 따라 압반이 전승했고 다시 압반의 전승을 따른 무함마드 븐 칼리드의 전승이 전달되기도 했다.

바이하끼는 말했다. "무함마드 븐 칼리드는 사람들에게 약간 알려진 자인데, 그는 버려진 전승의 소유자인 압반 븐 아부 아야쉬의 전승을 따랐다. 아부 아야쉬는 하산의 전승을 따랐고 하산은 예언자의 말씀을 기록했지만 그의 전승은 부분적으로 끊겨 있었다. 따라서 그 하디스는 약하고 혼란스럽다. 사람들은 이렇게 말했다. "예수 이 외에 마흐디는 없다." 즉 예수만이 요람[164]에서 말한다는 것이다. 사람들은 이렇게 의미를 해석함으로써 마흐디에 대한 필요성에 대해 답하거나 혹은 마흐디와 여러 개의 하디스를 모으려고 시도하고 있다. 이것은 마치 초자연적 현상에 관한 주라이즈의 이야기[165]에 빗대어 하는 것이다.

수피들로 말하자면 그들 중 마흐디에 대한 주장을 다루는 자는 없었다. 그들의 논쟁은 신비적 활동에 관한 것, 존재와 영적 상태의 결과에 관한 것이었다. 이맘제를 주장하는 자들과 극단적 시아파는 알리의 정통성을 주장하고 이맘으로서의 알리를 내세우며 예언자의 마지막 의지로 알리가 이맘직을 계승하고 앞의 두 셰이크를 인정할 수 없다는 것이다. 이는 우리가 수피의 이론에서 이미 언급한 바이다. 그 이후 그들은 '신성한 이맘'에 대한 주장을 제기했고 그들의 그런 이론을 담은 다수의 저서가 나왔다. 그들 중 이스마일파가 등장하여 이맘의 신성을 주장하게 되었고 다른 사람들은 윤회의 형태를 빌어 사망한 이맘들이 돌아온다고 주장하고 또 다른 이들은 알리의 죽음으로 단절되었던 자가 올 것을 기다리고 있고 또 다른 이들은 예언자의 가문에서 누군가가 나타날 것을 고대한다. 이런 내용이 바로 마흐디에 관한 여러 개의 하디스의 기록을 근거로 우리가 제시한 것이다.[166]

이후 후대의 수피들은 감각의 이면의 존재를 드러내는 것에 대한 논쟁

---

164  마흐드는 아랍어로 '요람'이라는 의미이다.
165  Jurayi and his mother by Imam Bukhari 참고. Google.
166  해당 부의 28장.

을 벌였다. 그들 중 다수가 영적 상태, 존재의 단일성에 대한 논쟁을 벌였고 특히 이맘제를 주장하는 자와 알라께 도달하는 문제에 관심을 보였다. 극단적 시아파는 이맘의 신성과 수피가 알라께 도달함을 믿는다는 점에서 이 논쟁과 연관을 보였다. 일부 수피들은 성자를 믿었는데 이는 이맘과 지도자들에 대한 극단적 시아의 이론을 모방한 것과 같다. 그들은 시아파의 주장을 수용해서 이론을 현세에서 더욱 발전시켜, 알리*는 하산 알바쓰리에게 망토를 입혔고[167] 하산 알바쓰리가 이런 수피의 주장을 대변하도록 하였으므로 하산 알바쓰리가 수피들이 따르고 지켜야 할 귀감이라고 했고 이 주장은 수피 셰이크 주나이드에게 계승되었다. 그러나 알리가 실제 이와 관련 어떤 일을 했다는 것에 대해 알려진 바 없다. 이런 신비적 방법은 알리만이 전유하는 특수한 것이 아니었다. 사실 예언자의 교우들 모두가 무슬림을 바른 길로 인도하는 데 있어 전령이었다. 하지만 알리만이 이런 방법에 특별한 인물로 간주되는 것은 시아에 대한 편애의 향기가 매우 강하다.

극단적인 시아파의 서적들과 후대 수피들의 서적들은 '기다려지는 마흐디'에 관한 글로 가득하다. 일부 극단적인 시아는 알리에게 편향되어 있고 또 수피 중 일부는 알리에게 감화받은 것임은 두말할 필요가 없다. 알리는 양 진영 모두에게 근간이었다. 그들 중 일부는 달의 삭을 언급하는 점성가들의 주장에 영향을 받았는데 이는 바로 피를 부르는 투쟁에서 비롯된 것이다. 이에 관해서는 다음 부분에서 언급할 것이다. 마흐디의 출현에 대한 후대 수피들의 대표적 주장들은 다음과 같다. 이븐 알아라비 알하티미의 *'anqā' Mughrib*, 이븐 까이스의 『샌들을 벗다*Khala'a al-Na'layin*』, 압둘 하끄 븐 사브아인, 그의 제자 이븐 아부 와띨의 『샌들을 벗다의 주석』 등이 있다. 그들의 주장 대부분은 마흐디의 출현에 관해 수수께끼와

---

167 '망토를 주다' 혹은 '망토를 입히다'라는 표현은 신뢰한다는 의미이다.

은유로 되어 있는데, 그들은 최소한의 설명을 하거나 주석을 달았다. 이 븐 아부 와띨의 주장에 따르면, 그들의 이론은 길을 잃고 앞을 못 보는 상황을 겪은 후에 진리와 올바른 길로의 인도가 등장한다는 예언과 관련 있다. 예언은 칼리파제가 계승하고, 칼리파제는 왕권이 계승하게 될 것이고, 그다음에는 자신의 힘을 과시하고 결국 쓸모없는 일을 하는 통치의 과정을 거치게 된다는 것이다. 그들은 말했다. "알라의 순나에서 잘 알려진 사실은 바로 사건을 원래의 상태로 돌려놓는 것이다. 예언과 진리는 반드시 성자들을 통해 소생하기 마련이다. 다음에는 칼리파가 그 자리를 계승하고 그다음에는 적그리스도가 왕권과 통치의 자리를 차지한다. 다음 단계에서 불신자들이 그 자리를 차지하게 된다." 그들은 이런 사실을 예언, 칼리파제, 칼리파제 이후의 왕제 이렇게 세 단계라고 설명했다. 그러므로 마흐디의 출현을 의미하는 통치 단계 그다음에는 적그리스도의 출현을 의미하는 사기 단계 그다음에는 불신자들이 주인이 되는 단계가 된다. 수피들은 말했다. "꾸라이시 부족에게 있어 칼리파제는 합의에 의한 샤리아의 통치였다. 따라서 이맘제는 꾸라이시 부족보다 예언자와 더 가까운 자의 정통성이 인정될 수밖에 없다." 그러므로 외부적으로 압둘 무딸립의 후손이거나 내부적으로 예언자의 가문 출신이어야 하는 것이다. 이븐 알아라비 알하티미는 자신의 책 'anqā' Mughrib에서 이맘(마흐디)을 '성자들의 도장'이라 불렀다. 또한 이맘은 '예언자들의 도장'이라는 장에서 부카리의 하디스의 언급에 따라 '은빛 벽돌'이라 불렀다. 예언자께서 말씀하셨다. "나와 나 이전의 예언자들은 집을 짓고 완성하는 자와 같은데 마지막 벽돌의 위치를 알지 못한다면 내가 바로 그 벽돌이니라."[168] 수피들은 예언자들의 도장을 건물을 완성하는 벽돌에 빗대어 해석한다. 결국 이 의미는 완벽한 예언을 했던 예언자를 말함이다. 그들은 다양한 통치의 한 형태를

---

168 부카리의 『덕목(al-Manāqib)』 '예언자들의 도장'(3534) 중의 일부다.

예언에 비교했고 완벽한 성자를 도장으로 간주했다. 즉 성자의 마지막 단계를 소유한 성직자를 의미한다. 이는 마치 '예언자들의 도장'이 예언의 마지막 단계를 소유했던 예언자를 의미하는 것과 같다. 하디스에 의하면, 예언자 무함마드는 그런 최후의 단계를 집을 완성하는 벽돌이라 불렸다고 한다. 그 두 가지는 서로 연관이 있다. 예언에서는 금벽돌이 있고 성자에게는 은벽돌이 있다. 이는 금과 은 사이의 차이처럼 두 단계 사이의 차이를 의미한다. 결국 그들은 금벽돌을 예언자에 대한 별칭으로 그리고 은벽돌은 기다려지는 마흐디에 대한 별칭으로 만들었다. 한 분은 예언자의 도장이고 또 한 분은 성자의 도장이다.

이븐 알아라비는 이븐 아부 와띨의 인용에서 이렇게 자신의 견해를 밝히고 있다. "기다려지는 이맘은 무함마드 가문의 일원이고 파티마 가문의 후손이다. 그의 출현은 히즈라 이후 이슬람력 kh, f, j년을 지난 이후에야 있을 것이다. 세 개의 문자는 각기 문자가 지닌 숫자적 가치에 따라 그 의미를 지닌다. 예를 들면, 아랍어 문자 kh,는 600, f는 80, j는 3을 의미한다. 따라서 683년이다. 7세기의 말이다." 그 시간이 되어도 그가 출현하지 않자 마흐디의 출현을 믿는 자들은 그 숫자의 의미가 그의 출생해라고 주장했다. 따라서 그는 710년에 나타난다는 것이다. 그는 마그립 지역에서 출현할 이맘이 될 것이다.

그는 말했다. "그의 출생이 이븐 알아라비의 주장대로 683년이라면 그가 출현할 당시 그의 나이는 26세이다." 또 그는 말했다. "사람들의 주장에 따르면 적그리스도의 출현은 무함마드의 날 중 743년인데, 무함마드의 날의 시작은 예언자의 사망일로부터 꼭 채운 천 년까지를 말한다." 이븐 아부 와띨은 『샌들을 벗다』의 주석에서 이렇게 말했다. "기다려지는 성자는 알라께서 무함마드 마흐디를 지칭하는 명령을 수행하는 자이고 성자의 도장이다." 하지만 그는 예언자는 아니었으며 오히려 에인자의 징신과 친구가 파견한 성자였다. 예언자께서 말씀하셨다. "그 학자는 예언자의 백성에게 존재한다. 마치 예언자께서 자신의 민족에게 존재하는 것처럼." 또 이렇게도 말씀하셨다. "우리 민족의 학자들은 이스라엘 후손의 예언자들과 같으니라. 좋은 소식은 무함마드의 날 초기부터 500년 직전까지 계속되었는데 그때는 바로 무함마드의 날 중간이다. 그런 좋은 소식은 확신할 수 있는 것이었고 때가 가까워졌음을 알리는 셰이크들의 기쁨은 배가 되었다." 그가 말했다. "킨디는 말했다. '이 성자는 바로 정오 예배 때 사람들을 인도해서 예배를 드리는 인물이다. 또한 그는 이슬람을 새롭게 하고 정의를 보여주며 이베리아 반도를 정복하고 그 여세를 볼아 비잔틴까지 밀어붙이고 마슈리끄까지 정복할 인물이다. 결국 그는 콘스탄티노플을 정복하고 그곳의 왕권을 획득하고 결과적으로 무슬림들은 능력이 강화되고 이슬람은 고양되고 하나피 종교가 등장할 것이다. 정오 예배에서 오후 예배까지는 예배시간이다.'" 예언자*께서 말하셨다. "그 사이도 예배드리는 시간이다."

킨디는 이런 말도 했다. "아랍어 글자는 단순한 알파벳이 아니고 코란의 장들을 시작하는 개시開始이며 그 문장의 수는 743개이고 7개의 적예수가 있다. 그다음에 예수가 오후 예배시간에 강림한다. 이 세상은 복되게 되고 양과 재칼과 더불어 갈 것이다. 이후 비아랍인이 예수와 더불어 무슬림이 되고 그 왕국은 160년을 지속할 것이다. 알파벳 문자의 수는 q, y, n[169]이다. 그중 정의로운 왕조는 40년간이다." 이븐 아부 와띨은 말했다. "그의 말은 예수를 제외하고 마흐디가 없다는 것이다." 그 의미는 예수의 올바른 인도와 통치력에 견줄 만한 마흐디는 없다는 것이다. 따라서 예수를 제외하고 그 누구도 요람에서 말을 한다고 할 수 없다는 것이다. 그러나 이 해석은 주라이즈와 다른 이야기들로 반박된다. 『싸히흐』에 이런 내용이 있다. 그(무함마드)는 말하길, "이 상태는 때가 되고 혹은 그들에게 12명의 칼리파가 있

---

[169] q는 100, y는 10, n은 50이다. 따라서 160이다.

을 때까지 계속 존재할 것이다"라고 했는데 그것은 꾸라이시 부족을 의미한다. 그는 이미 그들 중 일부는 이슬람 초기에 있고 또 일부는 이슬람 말기에 있게 될 것이라는 의미를 전달했다. 그는 말했다. "칼리파제는 나 이후로 30 혹은 31 혹은 36년이 지나고 하산의 재위로 종식될 것이다. 무아위야 정권 초기의 칼리파제는 유명무실한 칼리파제가 운영될 것이다." 이는 제6대 칼리파까지이고 제7대 칼리파는 우마르 븐 압둘 아지즈이다. 남은 칼리파는 다섯인데 이들은 알리의 후손 중 예언자의 가문 출신이다. 그(무함마드)의 진술이 이를 뒷받침한다. "당신이야 말로 두 시절을 소유하고 있다." 두 시절은 그 민족의 처음과 마지막을 말한다. 즉, 당신(알리)이야말로 그 민족의 첫 번째 칼리파이고 당신의 후손은 그 민족의 마지막 칼리파이다. '돌아옴'을 강하게 믿고 있는 이들은 이 하디스의 문구로 자신들의 주장을 증명한다. 따라서 그들에게 있어 최초로 돌아오는 칼리파는 석양에서 태양이 뜨는 것과 같은 의미이다.

예언자*께서 말했다. "만약 페르시아의 황제가 사망하면 더 이상의 페르시아 황제는 없다. 만약 비잔틴 황제가 사망하면 그 이후에 더 이상의 비잔틴 황제는 없다. 이 두 사람의 재물은 알라를 위해 다 사용될 것이다." 우마르 븐 알카땁은 페르시아 황제의 재물을 알라를 위해 사용했다. 비잔틴 황제를 멸망시키고 그의 재물을 알라를 위해 사용할 인물이 바로 우리가 언급하고 있는 '기다려지는 이맘'으로 그는 콘스탄티노플을 정복할 것이다. 얼마나 훌륭한 아미르인지! 얼마나 훌륭한 군대인지! 예언자께서 말씀하셨다. "그의 통치기간은 몇 년 지속되었다." 그 기간은 3년에서 9년까지로 보이는데 혹자는 10년까지로 주장하기도 한다. 한편 40년이라는 언급도 있고 다른 인용에서는 70년이라고 하기도 했다. 40년이라는 주장은 그의 통치기간과 그의 사후 그를 이은 4명의 칼리파들의 치세를 통틀어 말하는 것이다. 그는 말했다. "점성가들은 말했다. 그의 사후 그의 가문이 통치하는 기간은 159년이다. 이 통치 기간은 칼리파제이고 정의로운 통치기간이 40년 혹은 70년간 지속되다가 다양한 상황이 전개된 후 통치체제는 왕권이 될 것이다." 이제까지 이븐 아부 와띨의 주장이었다. 끝.

그는 다른 장에서 말했다. "예수의 강림은 무함마드의 날이 3/4 흘렀을 때의 오후 예배 시간이 될 것이다." 그는 말했다. "킨디 야으꿉 븐 알이스하끄는 별들의 합에 관해 언급했던 『점서*Kitāb al-Jufar*』에서 별의 합이 d와 ḥ의 시작점에서 황소자리에 달하면 그때가 이슬람력 698년이라고 했다. 그때 메시아가 강림하고 지고하신 알라께서 바라는 대로 이 땅을 통치하실 것이다." 그는 말했다. "하디스의 언급에 따르면 예수는 다마스쿠스 동쪽의 백색 미나레에 강림한다는 것이다. 그는 사프란의 노란색 옷 사이에서 내려온다. 즉, 그는 두 천사의 어깨에 손을 얹은 채 내려온다는 것이다. 그의 머리는 귀까지 흘러내리고 마치 지하 감옥에서 막 나온 형국을 하고 있다. 그가 머리를 숙이면 무엇인가 떨어지고 그가 머리를 들면 진주 같은 보석이 아래로 흐른다. 그의 얼굴에는 점이 많다." 또 다른 하디스에는 이런 기록이 있다. "그는 중키에 희고 붉은 얼굴이다." 또 다른 하디스에 의하면 "그는 가르브al-Gharb에서 혼인한다. 가르브는 베두인들이 사용하는 양동이이다. 그는 베두인 여성과 결혼하고 아내가 아이를 낳기 원한다는 것이다." 그 하디스는 그의 죽음을 40년 후라고 했다. 또한 예수는 메디나에서 사망하고 우마르 븐 알카땁의 곁에 묻힐 것이라고 도 했다. 그리고 아부 바크르와 우마르가 두 예언자 사이에 보이게 될 것이라고 했다. 이븐 아부 와띨은 말했다. "시아는 그가 바로 무함마드의 가문 출신의 메시아라고 말한다. 일부 수피들은 '예수 이 외에는 마흐디가 아니다'라고 언급된 하디스를 근거로 내세웠다." 그 의미는 무함마드의 샤리아에 관계하는 마흐디를 제외하고는 그 누구도 마흐디가 될 수 없다는 것이다. 그것은 예수가 모세의 종교법을 준수하고 폐지하지 않는 것을 의미한다.

이런 예시들은 많았다. 마흐디가 출현할 시점, 인물, 장소가 구체적으로 제시되었다. 그러나 예견된 시간은 지나가고 그런 징후는 나타나지 않았다. 그러자 또 다른 의견이 새롭게 제시되었고 이는 당신이 보듯 언어적 모호함, 허구적 관념, 점성술적 판단에 근거하고 있다. 그들은 인생을 그렇게 보냈다.

우리와 동시대에 살고 있는 수피들 중 다수는 이슬람의 법규와 진리의 규범을 쇄신할 사람이 출현할 것이라고 말한다. 그리고 그의 출현이 가까운 미래에 일어날 것이라고 말한다. 그들 중 일부는 그 사람이 파티마[170]의 후손일 것이라고 하고 다른 이들은 일반적인 의미로 말하기도 한다. 우리는 이런 이야기를 그들 다수로부터 들었다. 그들 중 가장 위대한 수피 아부 야으꿉 알바디시는 마그립의 성인들의 수장이다. 그는 8세기 초의 인물로 그의 손자이자 우리의 동료인 아부 야흐야 자카리야는 조부의 전승을 따르는 아버지 아부 무함마드 압둘라의 전승을 따라 내게 말했다.

이것이야말로 수피들의 주장으로 우리에게 마흐디와 관련된 하디스에 관한 것 중 가장 최후의 것이다. 반드시 기억해야 할 진실은 어떠한 종교적, 정치적 선전도 이를 지지하는 세력이나 자신을 공격하는 사람들로부터 보호해줄 만한 아싸비야의 힘을 가지지 못한다면 성공할 수 없다는 점이다.

우리는 앞장에서 당신에게 보여주었던 부분적 증거들을 제시하기에 앞서 이런 결정을 내린 바 있다. 파티마 가문의 아싸비야뿐 아니라 사실 모든 꾸라이시 부족의 아싸비야는 이 세상 전 지역에서 소멸되었다. 꾸라이시 부족보다 더 강력한 아싸비야를 획득한 다른 민족들이 발견되었다. 단 예외가 있다면 히자즈 지방의 메카에 있는 이들과 얀부,[171] 메디나 등지에 있는 딸립 가문의 후손으로 하산가家, 후세인가家, 자으파르가家의 잔존 인물들인데, 그들은 이들 지역에 정착해서 지배하고 있다. 그들은 유목민 집단이고 서로 다른 곳에 정착해서 지배하며 다른 의견들을 가지고 있다. 그 수는 수천에 이른다. 만약 마흐디의 출현이 사실이라면 그의 출현

---

170 무함마드의 딸이며 알리와 혼인하여 후세인을 비롯한 시아파 이맘들의 조상이 되었다.
171 아라비아 반도 서부, 즉 제다 북방의 홍해 연안에 위치한 도시.

을 선전하는 방법은 단 한 가지뿐이다. 즉 그는 그들 중 한 사람이어야 되고 알라께서 그들의 마음을 하나로 만들어 그를 따르게 하고 그래서 그가 자신의 목표를 성취하고 사람들의 지지를 얻을 수 있을 정도로 충분한 무력과 아싸비야를 소유하는 것이다. 파티마 가문에 속하는 어떤 사람이 아싸비야나 무력을 소유하지 못한 채, 단지 무함마드 가문이라는 이유만 내세우며 마흐디를 자처하고 나서는 것은 우리가 이미 앞에서 지적한 정당한 이유 때문에 성공을 거둘 수 없을 것이다.

마흐디의 출현을 주장하는 자들 중 지성이나 지식이 부족한 어리석은 일반 대중들은 환경이나 장소에 근거를 두지 않은 채 마흐디의 출현에 대해서 주장하고 단지 파티마 가문에서 출현한다는 하디스만 무작정 언급한다. 그들은 문제의 진정한 의미를 이해하지 못하고 있다. 그들 대부분은 마흐디가 현 왕조에서 멀리 있는 변방에서 출현할 것이라고 믿고 기다릴 뿐이다. 그들 다수는 마흐디의 출현 장소가 이프리끼야의 자브 혹은 마그립의 수스처럼 문명의 변방, 왕조의 중심에서 멀리 떨어진 곳일 거라고 예상한다. 우리는 다수의 우둔한 자들이 마사의 리바트 수도원을 향한다는 사실을 알고 있다. 그들은 그곳에서 그를 만날 수 있다고 생각하기 때문이다. 그들은 그가 그 수도원에 나타나고 그에 대한 충성의 맹세가 있을 것이라고 믿는 것이다.


## 53장 | 예언과 점에 관한 논의를 포함해서 왕조와 민족의 미래를 예견하는 것

인간의 영적인 본능 중에는 앞일의 결과를 예상하고 생사의 문제건 선악의 문제건 자신에게 어떤 일이 벌어질지를 알고 싶어 하는 욕구가 있다는 것을 인지하라. 특히 대중적 사건 예를 들면 이 세상이 얼마나 지속

될지, 왕조들의 존속과 멸망은 언제일지를 궁금해 한다. 이런 일들을 알고 싶어 하는 호기심은 인간이 천성적으로 타고난 본성이다. 그렇기 때문에 많은 사람들은 꿈을 통해서 이러한 것들을 알려고 한다. 왕이나 시장의 상인이거나 간에 그들이 점쟁이를 통해 예언을 듣고자 하는 사실은 이미 알려진 사실이다. 여러 도시에는 점치는 것으로 생계를 유지하는 사람들이 있고 이는 미래를 알고자 하는 사람들의 욕구 때문이라는 것을 알수 있다. 그들은 길거리에서 혹은 가게에서 미래를 알고자 오는 사람들을 상대한다. 도시의 부인네들이나 혹은 그들이 보낸 소년들 중 사려 깊지 못한 사람들은 아침 일찍부터 그를 찾아온다. 그들이 알고 싶어 하는 것은 사업, 지위, 생계, 대인 관계, 분쟁 등에 관한 것들이다. 모래에 선을 그어 모래 점을 치는 사람도 있고 조약돌이나 밀알을 던져 점을 치는 사람도 있으며 거울이나 물을 들여다보고 점을 치는 사람도 있다. 도시에서는 이를 금하고 있고 샤리아는 점의 폐해를 분명히 지적했다. 인간은 보이지 않는 존재에 대해서는 절대적으로 무지하고 오직 알라께서 수면이나 통치라는 수단을 통해 알려 주실 때만 깨닫는다.

이런 것에 관심을 보이는 다수는 왕조의 수명을 알고 싶어 하는 군주나 아미르들이다. 그렇기 때문에 학자들도 이런 일에 관심을 갖게 되었다. 어느 민족에게서나 점쟁이, 점성술사, 성자들의 예언을 발견할 수 있다. 그들의 예언은 전쟁의 결과, 현 왕조의 수명, 현 왕조의 군주들의 숫자와 이름이었다.

아랍사회에도 이런 문제에 관계하는 점쟁이들이 있었다. 그들은 아랍인들이 장차 맞게 될 왕권과 왕조에 대해서 예언했다. 시끄와 사띠흐는 예멘의 통치자 라비아 븐 나쓰르의 꿈을 해석했다. 그 두 사람은 예멘 인들에게 아비시니아 인들이 예멘을 장악하고 훗날 아비시니아 인들이 그곳을 통치하고 그다음으로 아랍인의 왕조가 들어설 것이라고 알려 주었다. 또한 사띠흐는 무바단의 꿈을 해몽했는데 페르시아의 황제가 압둘 마시흐[172]를 통해 사띠흐에게 꿈에 대한 정보를 보냈었다. 사띠흐는 그들에게도 아랍 왕조의 등장을 해몽의 결과로 알려주었다. 마찬가지로 베르베르족에게도 점쟁이는 존재했다. 가장 유명한 이는 무사 븐 쌀리흐로 바누 아프란 출신이었다. 혹자는 그가 가므라족 출신이라고 하기도 한다. 그는 예언의 말을 자신의 부족 언어를 사용해 시로 표현했다. 그 시에는 많은 예언이 담겨 있었다. 그 대부분은 마그립에 자나타족의 왕권이 들어설 것이라는 내용이었다. 그 시는 베르베르인들에게 널리 알려져 있었다. 베르베르인들은 무사를 성인이라고 말하다가 그가 점쟁이라고 주장을 바꾸기도 했다. 그들 중 일부는 무사가 예언자라고 주장했을 지도 모른다. 왜냐하면 그들은 그가 히즈라 이전에 오래 살았다고 생각하기 때문이다. 알라께서 더 잘 아신다.

사람들은 자신들이 살았던 시대의 예언자에게 크게 의존했을 수 도 있다. 그리고 이스라엘의 후손에게 그런 일이 발생했다. 이스라엘 백성들에게 있어 계승하는 예언자들은 그들을 괴롭히는 질문을 받을 때 흡사한 답으로 정보를 제공하곤 했다.

이슬람 왕조에서 그런 예언들은 자주 있었다. 세상이 얼마나 오래 존재할 것인가 혹은 특정한 왕조의 수명에 관한 것이었다. 이슬람 초기에 예언은 무함마드의 교우의 발언에 근거하고 특히 이슬람으로 개종한 이스라엘의 후손의 주장에 근거한 것들이었다. 예를 들자면 카웁 알아흐바르, 와합 븐 무납비 등이 있다. 그들은 전해 내려오는 여러 가지 현상과 잠재적인 해석 등에서 예언할 만한 지식을 찾아냈다.

초기 이슬람 시대가 지나간 이후 사람들은 지식과 전문용어에 집착했고 그리스 철학자들의 작품이 아랍어로 번역되었다. 그 결과로 점성사들의 발언이 예언의 근거가 되는 일들이 많았다. 왕권과 왕조, 대중의 일이

---

172 ʼabd al-Masīḥ bn ʼamrū bn baqīlah al-Ghasānī, 사띠흐의 여형제의 아들이다.

별들의 합에 근거하고 출생과 운세를 연관시켜 어떤 문제가 생겼을 때 천체의 형태로 알 수 있다고 생각했다. 그러므로 이제 전승가들에게 일어났던 일을 언급하고 그다음으로 점성사들의 발언을 들어보기로 하자.

전승가들은 이슬람과 이 세상의 존속에 대해 『수하일리의 책』에 언급된 것을 토대로 주장한다. 사실 수하일리는 따바리의 말을 인용한 것이다. 이 세상의 존속 기간은 이슬람 도래 후 5백 년이라는 것이다. 그러나 이런 주장은 거짓으로 판명되었고 그래서 폐기되었다. 이 문제와 관련 따바리의 견해를 보자면 그는 이븐 압바스의 주장을 전거로 삼았다. 이븐 압바스는 이 세상이 내세의 여러 주 중에 일주일이라고 했다. 하지만 그는 이 주장에 대한 증거를 내세우지는 못했다. 그 말의 비밀은 알라께서 하늘과 땅을 창조했던 7일로 계산될 수도 있다. 코란의 말씀에 따르면 하루가 천년이다. "실로 너희 주님과의 하루는 너희의 셈으로 천 년에 해당하느니라."[173] 그는 말했다. "이는 싸히흐를 믿고 따르는 자들이 확인한 것이다." 알라의 사도*께서 말했다. "너희 이전의 사람들의 기간과 비교하면 너희의 기간은 오후 예배에서 일몰 예배 때까지이다." 그리고 또 말했다. "나와 시간이 이 둘처럼 보내어졌다."[174] 그는 검지와 중지를 가리켰다. 오후 예배에서 일몰 예배까지의 시간은 모든 사물의 그림자가 원사물의 두 배 길이가 되는 때이다. 그리고 이때는 하루의 1/7의 반이 되는 시점이다. 또한 중지는 검지보다 1/4 더 길다. 따라서 이슬람 도래 이후 현세의 기간은 일주일의 1/7의 반이다. 그것은 5백 년이다.

이는 예언자 무함마드*의 말씀에도 나타나있다. "알라께서는 이 민족의 왕국을 세우는데 하루의 반 이상을 필요치 않을 것이다." 이는 이슬람 도래 이전 현세의 존속 기간이 5천 5백 년임을 입증한다.

와흡 븐 알무납비흐는 이와 관련해서 5천 6백 년이라고 주장했고 카읍

---

173  코란 22장 48절.
174  부카리 예언자의 말씀의 장 6505.

의 주장은 현세의 존속 기간 전체는 6천 년이라는 것이다.

수하일리는 말했다. "두 전승가의 주장은 앞에서 따바리가 언급했던 것과 아무 상관이 없다. 현실적으로 다른 결과가 발생했을 뿐이다." "알라께서는 이 민족의 왕국을 세우는데 하루의 반 이상을 필요치 않을 것이다"라는 그(무함마드)의 말씀에 대해 살펴보자면 반 이상의 기간을 부정했다고 암시하는 것은 아니다. 또한 그의 말씀 "나와 시간이 이 둘 처럼 보내어졌다"라는 것은 시간적으로 가까이 있음을 의미하고 그와 시간 사이에 그 이외의 예언자는 없고 샤리아 이외의 법은 없다는 의미이다. 수하일리는 이슬람의 존속 기간에 대한 도움을 얻을까 하는 바람으로 자신의 주장의 근거를 다른 곳에서 찾기도 했다. 그것은 코란의 수라의 시작에 기록되어 있는 문자들인데 반복을 무시하고 모아서 그 수를 계산하는 것이다. 그는 말했다, "문자들은 모두 14개다." 'lm, yst', ḥq, krh이다. 그는 각 문자가 의미하는 수를 더했고 703이 되었다. 그는 예언자 무함마드의 등장 이전에 이미 지나간 천 년에 이 수를 더했다. 이것이 바로 이슬람의 존속 기간이다. 수하일리는 말했다. "이것은 그 문자들이 의도하는 바와 그렇게 다르지 않다." 나는 말했다. "그러나 '그렇게 다르지 않다'라는 것이 문장의 의도를 말하는 것은 아니다."

수하일리가 의존했던 근거는 이븐 이스하끄의 시라에 나오는 유태인 랍비 아크땁의 두 아들 이야기이다. 그 둘은 아부 야시르와 그의 형제 후야이이다. 두 사람이 'alm라는 문자에 대해 들었을 때 이 계산법에 의거해 이슬람의 존속 기간으로 해석한 바 있다. 그 문자의 수가 의미하는 것은 71이었다. 그 두 사람은 이것이 너무 짧은 기간이라고 생각했다. 후야이는 예언자*에게 와서 물었다. "이것 말고 더 있습니까?" 예언자는 말했다. "'alms 그리고 'alr을 더했다. 또 'ailmr를 더했다." 결국 이 모든 문자의 수적 가치를 합했더니 271이 되었다. 후야이는 그것이 너무 길다고 생각했다. 그는 말했다. "무함마드여! 당신의 문제는 우리에게 너무나도 복잡

합니다. 우리는 당신이 이슬람의 존속 기간을 너무 적게 말한 건지 아니면 너무 많이 말한 건지 알 수가 없습니다." 그리고 그들은 사라졌다. 아부 야시루는 그들에게 말했다. "아마도 그분은 너희에게 704라는 숫자를 주었던 것일 수도 있다." 이븐 이스하끄는 말했다. "결과적으로 다음과 같은 코란 구절이 계시되었다." "그 안에는 의미가 분명한 말씀들이 있으며 — 이 말씀들은 성서의 근간이니라 — 상이한 해석을 할 수 있는 다른 것들이 있으나."[175]

그러나 이 이야기에 나온 이런 주장을 이슬람의 존속 기간으로 산정한다고는 말할 수 없다. 왜냐하면 이런 문자들이 숫자를 의미한다는 것은 자연스럽지 않고 이성적이지도 않기 때문이다. 실제로 이것은 사람들이 '문자가 의미하는 수의 가치를 계산하는 법'이라고 부르는 기술적인 과정일 뿐이다. 그렇다. 이것은 오래전부터 널리 알려진 한 방법일 뿐이다. 그 오래된 기술적 과정은 정당성이나 설득력을 지니지 못한다. 아부 야시르와 그의 형제 후야이는 그 방법이 명백한 정당성을 지닌다고 생각하는 사람들 중의 일부였지 유대인 학자들 중의 일부는 아니다. 그들은 히자즈에 거주하는 베두인이었고 기술이나 지식과는 거리가 먼 사람들이었다. 사실 그들은 이슬람 법학이나 자신들의 성서 혹은 종교에 대해서도 무지했다. 일반 대중들이 모든 종교에서 이런 산술법을 취하는 것처럼 그들도 이런 방법을 취했다. 그러므로 수하일리는 자신의 주장을 뒷받침할 증거를 제시하지 못했다.

이슬람 왕조의 명운에 관한 예언은 하디스에 언급되어 있는데 후다이파 븐 알야만[176]의 전승을 근거로 아부 다우드가 기록한 것이다. 후다이파 븐 알야만은 자신의 스승인 무함마드 븐 야흐야 알다하비의 전승을 따

---

175 코란 3장 8절.
176 656년 사망. 그는 예언자 무함마드의 교우 중 일원으로 초기에 이슬람으로 개종했다. 그는 종말론과 관련된 하디스 전승가다.

랐고 다하비는 사이드 븐 아부 마르얌의 전승을 따랐으며 아부 마르얌은 압둘라 븐 파루크의 전승을 따랐고 압둘라 븐 파루크는 우사마 븐 자이드 알리씨의 전승을 따랐고 우사마 븐 자이드 알리씨는 아부 꾸바이짜 븐 다와입의 전승을 따랐고 그는 아버지의 전승을 따랐다. 그는 말했다. "후다이파 븐 알야만이 말했다. '실로 나의 친구들이 잊어버린 것인지 아니면 잊어버린 척하는 것인지 나는 알 수가 없다. 진정 말하건대 알라의 사도*께서는 소요집단의 지도자를 이 세상이 끝날 때까지 두었고 그 자는 3백 명 혹은 그 이상의 사람들과 함께 있었다. 그는 자신의 이름, 아버지의 이름, 자신이 속한 부족의 이름을 우리에게 언급했다.'" 아부 다우드는 이에 대해 침묵했다. 그는 *al-Risālah*에서 자신이 침묵하고 해설을 달지 않은 것은 '싸히흐'라고 밝힌 바 있다. 이런 하디스가 싸히흐라면 그것은 일반적인 것이다. 따라서 일반적인 의미를 설명하고 불분명한 점을 명백히 하는 데는 좋은 전승을 지닌 다른 하디스가 필요하다. 이런 하디스의 전승은 *Kitāb al-Sunan*이 아닌 다른 책에서 다른 형태로 등장했다. 두 싸히흐에 후다이파의 전승이 기록되어 있다. 그는 말했다. "알라의 사도*께서 우리에게 설교를 하기 위해 일어났다. 그분은 그 시간이 올 때까지 자신의 자리에 있게 될 일들에 대해 이야기하는 것을 제외하곤 아무것도 남겨 두지 않았다. 그것을 기억하는 자는 기억했고 잊어버린 자는 잊었지만 그의 교우들은 그것을 가르쳤다." 끝.

부카리는 이렇게 기록했다. "그는 그것을 언급하는 것을 제외하고는 그 시간이 올 때까지 아무것도 남겨 두지 않았다." 아부 사이드 알쿠드리의 하디스를 포함하고 있는 티르미디의 책에는 이렇게 기록되어 있다. "알라의 사도*께서 어느 날 오후 예배를 드리고 나서 연설을 행했다. 그분은 그 시간이 올 때까지 일어날 일들에 대해 우리에게 알려주는 것 이외엔 아무것도 남겨 두지 않았다. 일부는 그것을 기억했고 일부는 잊어버렸다." 끝.

이 하디스들은 모두 두 싸히흐에 기록된 것으로 최후 심판의 날의 소요와 전제조건들에 관한 내용이다. 왜냐하면 이는 입법자*께서 일반성의 용례들을 말씀한 것이기 때문이다. 이와 관련 아부 다우드가 덧붙인 것은 일반적이지 않고 사람들로부터 거부당할만한 것이다. 그러나 이맘들은 아부 다우드의 인품을 논함에 있어 다양한 견해를 보인다. 이븐 아부 마르얌은 말했다. "이븐 파루크의 전승은 수용할 수 없다." 부카리는 말했다. "그의 전승 일부는 인정한다. 그러나 다른 것을 모두 수용할 수는 없다." 이븐 아디는 말했다. "그의 전승들은 기억되지 않는다." 우사마 븐 자이드에게는 두 싸히흐에 기록된 전승이 있다. 그의 전승을 신뢰한 이는 이븐 무아인이다. 그러나 부카리는 우사마 븐 자이드의 전승을 인용할 목적으로 포함시켰다. 야흐야 븐 사이드와 아흐마드 븐 한발은 그의 전승을 약하다고 여겼다. 아부 하팀은 말했다. "그의 하디스는 기록되지만 필요하지는 않다." 아부 꾸바이싸 븐 두아입은 알려지지 않았다. 따라서 이 문제와 관련해서 아부 다우드가 덧붙인 정보는 일반적이지 않고 여러 면에서 약한 것이다.

사람들은 왕조에 관한 특수한 예언을 『점서』에 의존하고 있다. 사람들은 이 책에 전승이나 점성술의 방법을 통한 모든 것이 들어 있다고 생각한다. 그들은 그 이상은 생각하지 못하고 그 책의 근본이나 근거도 알지 못한다. 『점서』의 근원은 자이디야파의 수장인 하룬 븐 사이드 알아잘리의 책이다. 그 책은 자으파르 알싸디끄의 전언을 따른 것으로 예언자 무함마드의 가문에 향후 발생하게 될 사건들에 대한 일반적인 언급과 그중 몇몇 특정인에 대한 개인적인 언급이 함께 있다. 자으파르와 자이디야파의 사람들은 그런 정보를 신의 자비로움과 베일의 제거를 통해 알 수 있다고 주장했다. 베일의 제거는 성인들 중 그들과 같은 사람들에게 나타나는 현상이다. 자으파르는 이런 정보를 송아지 가죽에 글로 썼고 하룬 알아잘리가 자으파르 알싸디끄의 주장을 전승하고 기록했다. 그리고 그 책을 『점서*Kitāb al-Jafr*』라고 불렀는데 그 이유는 그 내용이 담겨진 가죽의 이름을 딴 것이다. 아랍어로 al-Jafr는 어린 것[177]을 의미한다. 그리고 이 이름은 그들에게 이 책을 지칭하는 것이 되었다. 그 책에는 코란의 주석과 자으파르 알싸디끄의 이론을 근거로 이상한 의미에 대한 그의 생각이 들어 있다. 이 책은 계속 전달되지 않았고 그 핵심내용도 알려지지 않았다. 그 책은 증명할 수 없는 불규칙적인 말들을 담고 있을 뿐이다. 만약 전승이 자으파르 알싸디끄에게 '옳은 것'으로 전달되었다면 그로부터 혹은 그의 부족민들로부터의 전승이 있었을 것이다. 그 부족민들은 신의 자비를 받은 자들이다. 그는 일부 친척들에게 그들에게 발생할 사건들을 경고했고 실제로 그가 말한 대로 그런 일들이 발생했다. 그는 숙부 자이드의 아들인 야흐야에게 대재앙을 경고했는데 야흐야는 그 말을 듣지 않고 자우자잔[178]전투에 출정했다 사망했다. 만약 알라의 관대함이 그들 이외의 사람들에게 있었다면 당신은 그들을 지식, 종교, 예언의 영향, 알라께서 고매한 근본을 염려하시는 점 등으로 떠올릴 것이다. 예언자의 일가 사이에 이런 말은 많이 퍼졌다. 이븐 라끼끄가 아부 압둘라 알시이와 자신의 아들 무함마드 알하빕과 함께였던 우바이드 알라 알마흐디의 만남에 대해 이야기한 것을 보라! 또한 그 두 사람(마흐디와 그의 아들)이 아부 압둘라와 이야기한 것을 보라! 그리고 그 두 사람이 어떻게 그를 이븐 하우샵에게 예멘으로 파견했는지도 보라! 이븐 하우샵은 아부 압둘라에게 마그립로 가서 파티마가의 주장을 전파시키라고 명했다. 그는 파티마가의 주장이 그곳에서 끝맺을 수 있다고 생각했고 맡은 바 임무를 수행했다. 그리고 우바이드 알라가 이프리끼야에서 왕조의 난관 이후 마흐디야를 건설하자 그는 이렇게 말했다. "내가 이 도시를 건설했다. 그것은 파티마가가 어

---

177  al-Jafr는 생후 4개월 미만의 어린 염소를 말한다.

178  쿠라산 발크 지역의 광대한 지역으로 마루 알라우드와 발크 사이에 있다. *Mu'jam al-Buldan* 2, p.212. Juzajan 전투를 말한다. *The Caliphate : It's Rise, Decline and Fall from Original Sources* 참조.

느 날 한 시간 정도 이곳을 보호처로 삼도록 하기 위해서이다." 그리고 그는 사람들에게 마흐디야의 광장에서 '당나귀의 주인'이 멈출 곳을 보여주었다. 이 소식은 그의 손자인 이스마일 알만쑤르의 귀에 들어갔다. 당나귀의 주인과 아부 야지드가 마흐디야에서 그를 포위했을 때 만쑤르는 그가 마지막으로 멈춘 장소가 어디인지 궁금했다. 아부 자이드가 할아버지인 우바이드 알라가 지정했던 그 장소에 도착했다는 소식이 들려오자 그는 승리를 확신했다. 그는 그 지방에서 나왔고 아부 자이드를 공격하고 자브 지역의 경계까지 추격해서 그를 죽이고 자신의 뜻을 실현시켰다. 그들에게 이런 이야기는 매우 많다.

## 점성술

점성가들은 왕조에 관해 예언할 때 점성술의 판단에 의지한다. 왕권이나 왕조와 같이 일반적인 사안에 관해서는 특히 두 별의 합이 중요한데 이는 목성이 2십 년에 한 번씩 합을 이루는 것을 기준으로 한다. 그다음 합은 1/3대좌의 삼궁에 있는 다른 징후에서 발생한다. 이렇듯 합은 2십 년마다 같은 방식으로 이동해서 발생한다. 결국 하나의 삼궁에서 12번 반복되고, 첫 번째 삼궁에서 세 번의 합이 되는데 6십 년이 걸린다. 그 이후 이런 과정으로 계속되어 두 번째 삼궁에서 세 번의 합이 되는데 6십 년이 걸린다. 이렇게 세 번째, 네 번째로 이어진다. 따라서 삼궁에서 12번의 반복이 있게 되면 2백 4십 년이 걸리고 네 번의 반복이 있게 된다. 각각의 징후에 있는 합의 이동은 1/3대좌이다. 하나의 삼궁으로부터 그다음 삼궁으로 합이 옮겨가는데 그 의미는 합이 발생했던 마지막 징후의 뒤를 따르는 것이다.

이 중요한 두 별의 합은 대, 중, 소로 분류되고 대합은 두 별이 천구의 동일 위도에서 합하는 것으로 9백 6십 년마다 한 번씩 발생한다. 중합은 삼궁이 12번씩 될 때 발생하는 합이며 2백 4십 년 후에 다른 삼궁으로 옮겨 간다. 소합은 두 별이 동일한 궁의 위도에서 만나는 것을 말하며 2십 년 후에 오른쪽 세 배의 지점에 위치한 다른 궁 안에서 동일한 도$^{度}$와 분$^{分}$의 자리에서 다시 만나게 된다. 예를 들자면 합이 양자리의 1도에서 발생하면 그것은 2십 년 뒤 화살자리의 1도에서 발생한다는 것이다. 또 2십 년 뒤에는 사자자리의 1도에서 발생한다. 이 모든 것은 불의 기운이다. 이것은 모두 소합이다. 그런 다음 6십 년 뒤 양자리의 1도로 회귀한다. 이를 '합의 순환' 혹은 '합의 회귀'라고 부른다. 2백 4십 년 뒤 불의 기운은 흙의 기운으로 바뀌는데 그 순서가 그렇기 때문이다. 이것은 중합이다. 그 이후 흙의 기운은 공기의 기운으로 바뀌고 그다음에는 물의 기운으로 바뀐다. 그다음 9백 6십 년 뒤 양자리의 1도로 회귀하는데 바로 이것이 대합이다.

점성사는 대합이 왕권과 왕조의 교체 혹은 왕권이 한 민족에서 다른 민족으로 넘어가는 것과 같은 중대사를 의미한다고 본다. 중합은 왕권을 추구하는 이나 정복자를 의미하고 소합은 카와리지나 선동가가 등장하는 것 혹은 도시와 문명의 파괴로 본다. 이런 합이 발생하는 중간에 불운의 별인 토성과 화성이 게자리궁에서 30년마다 한 번씩 만난다. 이를 제4번째라고 부르는데 게자리궁에는 예언의 상징으로 토성의 중요성과 화성의 하락이 있다. 이 합은 정변, 전쟁, 유혈 사태, 반군, 군대의 이동, 군인의 불복, 역병, 가뭄 등의 출현을 강력하게 암시한다. 이런 일은 두 별이 합할 때의 행운과 불운의 정도에 따라 계속되거나 끝나거나 한다. 지라스 븐 아흐마드 알하십은 니잠 알물크[179]를 위해 쓴 책에서 이렇게 말했다. "화성이 전갈자리로 귀환함은 이슬람에게 큰 영향을 미친다. 왜냐하면 그것은 별의 지시이기 때문이다. 예언자의 출생은 두 개의 탁월한 별이 전갈

---

179  1018~1092, 셀주크 왕조 제2대와 제3대 술탄을 섬기고 왕조의 전성기를 구축했던 명재상이자 학자였다. 하산 알싸바흐가 보낸 암살단에 의해 사망했다. 그의 대표작은 제3대 말리크 샤를 위해 쓴 『정치의 서』가 있다.

자리에서 합을 이루었을 때 발생한 일이다. 또한 칼리파위에 혼란이 발생하거나 학자와 종교인들이 질병에 많이 걸릴 때 혹은 그들의 상태가 악화될 때도 그 자리에서 합이 일어났다. 일부 성소들이 파괴당했을 때도 바로 그 때이다. 사람들은 알리*의 사망도 그 때 발생한 것이라고 한다. 그러므로 이런 판단이 합의 판단과 더불어 고려된다면 그것이야말로 최고로 신뢰할 수 있는 판단이 될 것이다."

샤다무 알발키는 말했다. "이슬람은 320년이 지나면 종말을 고할 것이다." 하지만 이 말은 거짓임이 입증되었다. 아부 마으샤르가 말했다. "1백 5십 년 이후에 이슬람에 많은 차이점들이 나타날 것이다." 하지만 이 말도 맞지 않았다. 지라스는 말했다. "나는 고대의 서적들에서 점성가들이 페르시아의 황제에게 아랍인들의 왕권과 아랍인 중에서 예언자가 등장할 것이라는 정보를 주었다는 기록을 본 적이 있다. 또한 그들이 언급한 내용 중에는 아랍인들의 별이 금성이고 그때가 가장 찬란하게 빛난다는 것과 아랍인의 왕권은 4십 년간 지속될 것이라는 것도 있다." 아부 마으샤르는 『별들의 합서*Kitāb al-Qarānat*』에서 이렇게 말했다. "운명의 별은 물고기자리에서 27도를 지난 뒤 그 빛을 발하는데 그것은 금성의 영롱함이다. 이때 전갈자리에서 합이 발생하는데 그것이 아랍인을 가리킨다. 아랍인의 왕조가 등장하고 그들 중에 예언자가 나타나고 그가 지니게 되는 왕권의 영향력과 지속 기간은 금성의 영롱함이 지속되는 것에 따라 결정된다. 그것은 대략 물고기자리의 11도를 말한다. 그 지속 기간은 6백 1십 년이 될 것이다. 금성이 움직일 때 아부 무슬림이 등장했고 운명의 별은 양자리의 초입에 도달하고 목성이 그 지역을 다스리고 있다."

야으꿉 븐 이스하끄 알킨디는 말했다. "이슬람의 지속 기간은 6백 9십 3년이 될 것이다. 왜냐하면 금성이 물고기자리의 28도 30분에 있을 때 이슬람의 합이 있었기 때문이다. 따라서 나머지는 11도 18분이다. 1도는 60분이므로 결론적으로 6백 9십 3년이 된다. 이 이슬람의 지속 기간은 철학자들 간에 일치를 본 것이다. 또한 반복을 무시한다는 전제하에 코란 수라들의 시작에 기록되어 있는 문자들의 수치를 계산하여 이 주장에 보탬을 주었다." 나는 말했다. "이것이 수하일리가 언급했던 것이다. 킨디는 우리가 인용한 바 있는 수하일리의 주장을 이어받은 첫 번째 인물로 추정된다." 지라스는 말했다. 후르무즈가 현인 이프리다에게 아르다쉬르의 통치 기간과 그의 자손 그리고 사산의 왕조에 관해서 물었다. 그러자 그는 이렇게 답했다. "그의 왕권을 표시하는 것은 목성이다. 목성은 그가 등장했을 때 가장 영롱한 빛을 보였다. 목성은 가장 번성하고 오랜 통치 기간으로 4백 2십 7년을 허락한다. 그 이후 금성이 빛을 발하게 된다. 금성의 빛이 가장 영롱하게 빛나는 것은 아랍인의 발흥을 의미한다. 따라서 천칭자리에서 합이 발생하고 그 합을 통치하는 것이 금성이므로 아랍인들은 왕권을 소유하게 된다. 그 합이 절정에 달하면 아랍인들이 1천 6십 년 동안 통치한다는 것을 의미한다." 페르시아의 황제 키스라 아누쉬르완이 자신의 재상인 현자 바즈르잠하르에게 페르시아의 왕권이 아랍인에게 옮겨가는 것에 대해 물었다. 그 재상은 이렇게 말했다. "아랍인 중에 지도자가 그의 왕국에서 45년에 탄생하고 그는 마슈리끄, 마그립을 통치할 것입니다. 그때 목성은 금성을 향하고 공기의 기운을 지닌 합은 물의 기운을 지닌 게자리로 옮겨갈 것입니다. 그것이 바로 아랍인임을 지칭하는 징후입니다. 이런 징후는 금성의 주기 기간에 따라 이슬람의 존속 기간이 결정된다는 것을 가르쳐주고 그 기간은 1천 6십 년입니다." 페르시아의 황제 키스라 아브라위즈는 현인 알리우스에게 이에 관한 질문을 했다. 그러자 그 역시 바즈르잠하르가 했던 말과 같은 답을 내어 놓았다. 우마이야 왕조에서 비잔틴의 점성가 테오필루스가 이렇게 말했다. "이슬람은 대합의 기간인 9백 6십 년 동안 계속 될 것이다. 이슬람이 시작되었을 때와 마찬가지로 합이 전갈자리로 회귀하면 이슬람의 합을 보여주는 기관들로부터 별자리가 변하게 되고 그러면 이슬람의 세력이 사그라지거나 이슬람과는 다른 사고

를 지닌 자의 통치가 새롭게 시작될 것이다." 지라스는 말했다. "이 세상의
파괴가 물과 불로 비롯되어 재앙이 존재계를 휩쓸게 되는데 그때가 사자
의 심장이 24도에 달하고 화성의 영역에 들어서 있을 때이다. 그때는 9백
6십 년이 지난 이후이다. 이 의견은 모든 사람들이 일치를 본 주장이다."
지라스는 또 이렇게 말했다. "자발리스탄의 통치자가 마으문에게 현자 두
반을 파견하며 선물을 가득 보냈다. 현자 두반은 마으문에게 점성술의 힘
을 빌어 마으문이 형제의 전쟁에 나가고 따히르를 지휘관으로 임명할 것
이라고 알려주었다." 마으문은 현자 두반이 탁월한 재능을 지녔다고 여기
게 되었고 그래서 자신의 통치 기간에 대해서도 물어보았다. 그러자 현자
두반은 마으문을 끝으로 왕권은 단절되고 동생인 무으타씸의 아들이 왕
권을 이어나갈 것이고 페르시아인들이 5십 3년간 다일람의 칼리파위를
장악할 것이라고 말했다. 또한 알라께서 원하는 대로 되다가 그들의 상태
는 악화일로에 접어들고 마슈리끄의 북쪽에서 등장한 터키 민족이 시리
아, 푸라트, 사이훈까지의 정권을 소유하게 되고 비잔틴을 정복한 뒤 알라
께서 원하는 대로 될 것이라는 예견을 피력했다. 그러자 마으문은 그에게
"너는 어디서 이런 정보를 얻었느냐?"라고 물었다. 현자 두반은 자신의 정
보의 근원은 모두 철학자들의 서책과 샤뜨란지[180]를 개발한 인도인 싸싸
븐 다히르의 점성술에 있다고 답했다. 나는 말했다. "다일람 왕조 이후에
등장하는 터어키민족은 바로 셀주크족을 말한다. 그리고 그들의 왕조는 7
세기 초에 파괴되었다."

　지라스는 말했다. "별의 합이 물고기자리에서 물의 기운을 지닌 삼국으
로 전이하는 일은 야즈다가르드[181] 833년에 있을 것이다. 그 이후 별의 합
은 전갈자리로 이동하고 그때는 53년 이슬람의 합이 있을 것이다." 그는

---

180　서양장기.
181　Yazdagard Ⅲ를 말한다. 그는 이란의 사산 왕조의 29대왕이자 마지막 왕이었다. 632년
　　　즉위.

562　무깟디마

말했다. "물고기자리에서의 합이 별자리 이동의 시작이다. 전갈자리의 합은 바로 이슬람을 의미하는 표시들을 표출한 것이다." 그는 계속 말을 이어갔다. "물의 기운을 지닌 삼궁에서 발생하는 최초의 합의 첫해의 변이는 868년 라잡[182] 2일에 있을 것이다." 그는 더 이상 이 문제에 견해를 덧붙이지 않았다.

점성가들이 특히 한 왕조에 대해 전하는 기록은 중합과 중합 발생 시의 성좌를 근거로 삼는다. 왜냐하면 그들의 생각에 중합은 왕조의 발생, 문명의 면모, 그 왕조를 이끌어갈 민족들, 군주의 수, 군주의 이름, 군주의 수명, 군주의 종교적 신념, 군주의 종파, 군주의 관습, 군주가 치르게 될 전쟁 등을 의미하기 때문이다. 이 견해는 아부 마으샤르가 합에 관해 기록한 책에서 언급한 것과 마찬가지이다. 만약 중합이 이상의 것을 표시한다는 조건이 성립되면 이런 표시는 소합에서 도출될 수도 있다. 따라서 왕조에 관한 논의는 이런 합을 통해 도출되었다.

야으꿉 븐 이스하끄 알킨디는 칼리파 라시드와 마으문의 점성가였다. 그는 이슬람에 관여하는 합에 대한 책을 썼고 시아는 이를 *al-Jafr*라고 불렀다. 물론 그 서명이 탄생된 계기는 자으파르 알사디끄의 공헌으로 탄생된 책이름을 따라 한 것이다. 야으꿉 븐 이스하끄 알킨디는 그 책에서 압바스 왕조의 미래에 대해 언급했는데 그보다 더 완벽한 언급이 존재하지 않는 정도였다. 그는 압바스 왕조의 패망과 바그다드의 함락이 7세기(13세기) 중엽에 있을 것이라는 것 그리고 이 모든 것이 이슬람의 파멸에서 비롯된 것이라고 언급했다. 우리는 이 책을 직접 접하지 못했고 그 책을 읽었다는 사람도 본 적이 없다. 아마도 그 이유는 타타르의 군주 훌라구가 바그다드를 점령하고 티그리스강에 서책들을 모두 던져버렸기 때문이 아닐까 싶다. 당시 훌라구는 바그다드를 점령하고 최후의 칼리파였던 무으

---

182 이슬람력 제 일곱 번째 달이다.

타씸을 살해했다. 이 책과 관련된 일은 마그립에서 있었으니 그것은 바로 *al-Jafr al-Ṣaghīr*라 불리는 책이었다. 분명한 것은 그 책은 압둘 무으민의 후손들이 쓴 것이라는 점이다. 그 책의 내용은 무와히둔 왕조의 초기 상황에 대해 매우 상세한 소개를 하고 있다. 하지만 그 책에 실려 있는 예견들은 왕권의 전반부는 들어맞지만 그 이후는 모두 거짓이다. 압바스 왕조의 경우 킨디 이후의 점성가들과 별자리의 예언에 대한 책들이 있었다. 따바리가 마흐디의 역사에서 압바스 왕조의 추종자인 아부 부다일의 전승을 인용한 것을 보라! 아부 부다일은 말했다. "라비으와 하산이 라시드의 부친 시절에 라시드와 더불어 원정대로 내게 왔다. 나는 한 밤에 그들을 만났다. 그들은 왕조의 미래에 대한 내용을 담은 책을 가지고 있었다. 그 책에 따르면 마흐디의 집권 기간은 10년이었다. 그래서 나는 그들에게 말했다. '이 책이 마흐디에게 알려지지 않을 수는 없다. 게다가 이미 그의 치세는 몇 년이라는 시간이 흘렀다. 만약 마흐디가 이 책을 본다면 당신들이 그에게 사형선고를 하는 것과 다를 바 없다.' 두 사람은 내게 물었다. '방책이 없겠습니까?' 나는 필사가 안바사를 불렀다. 그는 부다일 가문의 마울라였다. 나는 그에게 이 페이지의 내용을 그대로 필사하되 10 대신 40이라는 숫자를 써넣으라고 명령했다. 그는 그렇게 했다. 만약 내가 그 페이지에서 10이라는 숫자를 보지 못했더라면 40이라는 숫자는 원래 그 자리에 있었던 것처럼 완벽했다." 그 이후로 사람들은 시와 산문 그리고 라자즈 운율을 동원해 왕조에 관한 미래를 예견하는 책들을 썼다. 이런 책들은 사람들 사이에 널리 퍼졌고 '예견al-Malāḥim'이라 불렸다. 그중 일부는 이슬람에 대한 일반적인 예측이고 또 일부는 한 왕조에 대한 세부적 견해이었다. 이 모든 것이 유명인사에 관한 것이었다.

## 예견

마그립에 있었던 예견 중에는 이븐 무르라나의 까씨다가 있다. 이것은 따윌[183] 운율을 취하고 'ㅣ' 압운을 지니고 있다. 이 까씨다는 사람들에게 널리 사랑받았다. 일반 대중은 이것을 일반적인 예견으로 간주했고 까씨다 시귀 중 다수를 현재와 미래의 사건에 적용시켰다. 까씨다는 람투나 왕조에 관한 예견으로 우리가 흔히 듣던 것이다. 이 까씨다의 작가는 그 왕조 이전에 살았기 때문에 람투나 왕조가 함무드가의 마울라에게서 세우타를 빼앗고 스페인의 해안을 정복했다는 내용을 언급했다. 마그립인들에게 널리 알려진 다른 까씨다는 '툽바이야'라고 불리는 것으로 다음과 같이 시작된다.

나는 기쁘다. 그러나 그렇게 기쁜 것은 아니다.
새장의 새도 기쁠 것이다. 내가 보는 것으로 인해 기쁜 것은 아니다.
하지만 나는 몇 가지 원인을 기억하므로 기쁜 것이다.

이 까씨다는 오백 바이트 혹은 일천 바이트에 달한다고 한다. 시인은 까씨다에서 무와히둔 왕조에 닥칠 많은 사건들을 언급했고 파티마 왕조와 그 밖의 것들에 대해서도 언급했다. 분명한 것은 그 예견이 거짓이었다는 것이다. 마그립에 떠돌았던 예견 중에는 일부 유대인들이 일구어낸 '자잘zajal' 중에 놀이시가 있는데 그 내용은 시인이 살았던 시대에 두 개의 탁월한 별의 합, 두 불운한 별의 합 그리고 그 밖의 별들의 합에 관한 예견이었다. 시인은 자신이 페스에서 살해될 것이라고 언급했고 실제로 그렇

---

183 고대 아랍시에 사용된 복합운율로 다음과 같은 형태이다.
단장장 / 단장장 / 단장장 / 단장장
단장장 / 단장장 / 단장장 / 단장장

게 되었다. 그 시의 도입부는 다음과 같다.

> 푸른색에서 누구도 다른 선택을 할 수 없다.
> 사람들이여! 부디 이 의미를 이해하길.
> 토성은 이런 표식을 보인다.
> 그리고 형태를 바꾸었다. 그 의미는 평안이다.
> 이마마[184]대신 푸른 색 띠를 매었다.
> 외투 대신 푸른 색 띠.

시인은 까씨다의 말미에 이렇게 노래한다.

> 유대인이 운율의 조화를 이루어냈다.
> 축제의 날 그는 페스에서 십자가에 걸릴 것이다.
> 사막에서 사람들이 그를 찾아와
> 그를 죽인다. 폭동이여!

이 까씨다의 바이트는 5백 개쯤 된다. 그 내용은 무와히둔 왕조를 의미하는 합에 대한 것이다. 마그립에서 널리 알려진 또 다른 시는 튀니스에 자리 잡은 무와히둔 왕조의 하프스가의 미래를 'b'의 운율과 무타까립의 운율로 노래한 것이 있다. 이 시는 이븐 알압바르의 작품이다. 콘스탄틴의 판관이자 위대한 연설가 아부 알리 븐 바디스가 내게 말했다. 그는 그 시인이 노래하는 의미를 알고 있었다. "이 시인 이븐 알압바르는 스페인의 암송가가 아니고 무스탄씨르가 살해한 서기도 아니다. 그는 단지 튀니스의 재단사이고 암송가의 명망에 편승한 사람일 뿐이다." 부친께선 이 까

---

184  아랍 남성들이 머리에 두르는 두건을 말한다.

씨다의 몇 구절을 내게 낭송해주곤 했다. 그리고 일부 구절은 내 기억에 남아 있다. 그 시의 시작은 다음과 같다.

> 나의 변명을 들어주시오. 변덕스러운 시간.
> 미혹함으로 사람들을 기만하는 웃음.

그 까씨다의 내용 중에는 이런 것도 있다.

> 그는 군대의 지도자를 보낼 것이다.
> 그곳에서 감시하며 있을 것이다.
> 그에 관한 소식이 셰이크에게 도달하고
> 누추한 낙타처럼 접근할 것이다.
> 그의 길을 밝혀주는 정의가 등장하고
> 그것은 타인을 유혹할 줄 아는 자의 정책이다.

또 그 내용 중에는 튀니스의 일반적인 상황에 대한 언급도 있다.

> 당신은 그곳이 이미 휩쓸려 사라졌음을 보지 않았는가?
> 사람의 권리가 그곳에 있는가?
> 그러므로 튀니스에서 떠나기 시작하다.
> 알고 지내던 곳에 이별을 고하고 가라.
> 소요와 정변이 그곳을 차지하게 될 것이고
> 유죄의 그늘이 무리를 덮을지니

마그립에서 나는 튀니스의 하프스 왕조에 관한 다른 까씨다를 보았다. 그 시는 제10대 하프스의 군주였던 술탄 아부 야흐야와 그를 계승한 동생 무함마드에 관한 예견을 내용으로 하고 있었다. 그 시인은 말했다.

아부 압둘라, 그의 동생 이후 원본을 필사함에 있어 누가 알와쌉으로 알려
지는가?

그의 동생은 튀니스에서 형의 정권을 계승하지 않았다. 물론 죽는 날까
지 그런 욕망을 품고 있었다.

마그립의 또 다른 까씨다로는 하우시니가 쓴 '놀이 시'가 있다. 그 시는
시인이 사는 지방의 언어와 율격으로 쓰였다. 그 시작은 다음과 같다.

나를 홀로 두시오. 끊임없이 눈물이 흐른다.
비는 멎었지만 눈물은 멎지 않네.
강이 홍수로 덮였다.
그러나 눈물은 끊임없이 흐르고 또 흐른다.
천지간이 젖었다.
당신은 알고 있다. 얼마나 힘든 시간인지.
여름과 겨울이 가고
가을과 봄이 지나간다.
슬픔을 보며 답한다.
내가 울도록 두시오.
울음을 그칠 구실을 주는 이여!
이 시간을 보시오!
이 시간은 어렵고 쓸쓸한 것.

이것은 마그립의 대중들 사이에서 널리 애창되는 장시長詩이다. 사실 이
시의 내용은 어느 것 하나 맞는 것이 없는 거짓이다. 하지만 대중들은 그

시의 내용을 자의적으로 해석하고 지성인들은 낭만적으로 해석하여 수용한다. 마슈리끄에서 나는 이븐 알아라비 알하티미가 쓴 예견의 작품을 접한 적이 있다. 그 작품은 매우 길고 모든 내용이 수수께끼와 흡사하여 알라 이 외에는 해석이 불가능해 보였다. 거기에는 마방진이 펼쳐져 있고 신비스러운 암시, 완벽한 동물의 형상들, 잘린 모가지들, 그리고 이상한 동물들의 상이 있었다. 그 시의 각운은 'l'이었다. 그 시를 읽고 난 느낌은 모든 내용이 뒤죽박죽에 옳은 것이라곤 없는 듯했다. 왜냐하면 그 까씨다는 과학적인 근본이나 천문학 혹은 그 밖의 어떤 근본에서 쓰인 것이 아니었기 때문이다. 나는 이븐 시나와 이븐 우깝이 쓴 예견 작품에 대해서도 들은 바가 있다. 하지만 그것들 역시 옳은 내용은 아니었다. 왜냐하면 합이 말해주는 것만이 옳기 때문이다. 나는 마슈리끄에서 바자리끼라 불리는 수피가 터키 왕조에 대해 쓴 예견의 작품을 접한 바 있다. 그 내용 역시 모두 문자의 수수께끼 같았다. 그 도입부는 다음과 같다.

점서의 비밀을 알고자 한다면, 나의 벗이여!

점의 과학과 그 상속자, 하산의 아버지가 있다.

그러므로 문자의 존재와 이에 해당되는 수를 포괄적으로 이해하라!

잘 묘사하고 영특한 자처럼 행동하시오.

내 앞선 세대에 대해 언급하지 않을 것이오.

하지만 나는 내 다음 세대에 대해서는 언급할 것이오.

바이바르스는 다섯 개의 문자 다음에 'ḥ'를 내어 놓는다.

'ḥ'와 'm'은 수면 중에 있다.

'sh'에는 배꼽 아래의 자국이 있다.

운명을 결정할 권한이 있다.

이집트와 시리아 그리고 이라크의 영토가 모두 그의 것이다.

아드라비잔 그의 영토는 예멘까지이다.

다른 시 구절도 있다.


나와르 가문이 독보적 존재로 부각되었을 때
대담하고 예민한 자는 뚱보라는 의미
연약한 나이에서 행복을 떨쳐 버려라.
's'가 올 것이다.
'n'이나 'q'가 아닌 's'가 온다.
용감한 백성은 지성과 합리적인 의견을 지니고 있다.
'ḥ'가 나을 것이다. 뚱보의 다음은 어디인가?


또 다른 시 구절은 다음과 같다.


'b'다음에 그는 살해된다.
'm'의 왕국은 불명예를 곧 따르게 되리니


이런 시 구절도 있다.


이 자가 절름발이 칼비이다. 그를 잘 대하라!
그의 시대에 정변과 소요가 있을 것이다.
동쪽에서 그들을 앞서오는 군대가 있을 것이다.
'q'에서 벗어나 역시 정변에 물들 것이다.
'd'를 살해한다. 시리아가 그랬던 것처럼.
백성과 조국을 위해 슬픔을 보여 주었다.
갑자기 이집트가 요동친다. 지진으로
지진은 여전히 진정되지 않고
'ṭ'과 'ẓ', '' 모든 문자는 계산되고

멸할 것이다. 그리고 흥청망청 재물을 쓸 것이다.

'q'는 문자들의 집합에 가장 아름다운 것이다.

그를 염려하지 말지어다. 성채는 강공하다.

그들은 형제를 내세울 것이다. 그가 그들 중 가장 나은 자이니.

알리프가 안전하지 않다. 's'가 건립된다.

그들의 통치는 'ḥ'로 끝맺을 것이다.

그들 중 어느 누구도 그 시절에 왕권의 근처에 머물지 못한다.


사람들의 말에 따르면 말리크 알자히르와 그의 아버지가 이집트에 오는 것을 가리키는 것이라고 한다. 그 시 구절은 다음과 같다.


그의 아버지는 떠나온 후에 그에게 온다.

그의 오랜 부재 험난한 인생.


이 까씨다의 바이트는 많은데 그 대부분의 내용이 거짓이다. 이는 마치 고대에 위작이 많았던 것과 같다.

역사가들은 바그다드에 대해 이렇게 기록했다. 무끄타디르 시절에 다니엘이라 알려진 재능 있는 필사가가 바그다드에 살았다. 그는 재주가 탁월해서 문서를 오래된 것처럼 만드는 데 능숙하고 고필체로 왕가의 인명을 기록하기도 했다. 그는 인명을 기록하면서 그들이 누리게 될 관직을 암시하는 표식을 두었다. 그것은 예견의 표식과 같은 것이었다. 그렇게 그는 사람들로부터 세상에서 원하는 것을 얻었다. 그는 어떤 기록부에 'm'을 세 번 반복해서 썼다. 그리고 그것을 지닌 채 무끄타디르의 마왈리였던 무플리흐에게 찾아갔다. 무플리흐는 당시 왕조에서 큰 권력을 누리고 있었다. 그는 무플리흐에게 말했다. "이는 당신을 의미하는 증거입니다. 무끄타디르의 마왈리 무플리흐. 이 모든 단어에 'm'이 있지 않습니까?"

그는 무플리흐에게 그의 관심을 끌만한 관직에 대해 언급했다. 그리고 잘 알려진 그의 정황을 참고로 몇 가지 표식을 덧붙여 만들었다. 그는 무플리흐를 속였고 그 대가로 값진 것을 얻었다. 그 이후 재상 하산 븐 알까심 븐 와합이 관직에서 물러나 있을 때 무플리흐와 교류하였다. 그에게도 흡사한 문서가 있었다. 그는 표식을 보이며 재상의 이름을 언급했다. 그의 예견은 이븐 와합이 18대 칼리파의 재상이 될 것이라는 내용이었다. 또한 그가 재상이 되면 만사가 그의 영향력 아래 들 것이고 적들을 물리치고 이 세상은 그의 통치시기에 크게 발전하여 문명을 이루게 될 것이라는 내용이었다. 이븐 와합은 무플리흐가 그 문서의 해당 장을 보도록 두었다. 그 예견서를 기록한 이는 이런 저런 예견들을 기록해 두었는데 그중 일부는 이미 일어난 일이고 또 일부는 아직 발생하지 않은 일들이었다. 이 모든 것은 바로 다니엘의 솜씨이다. 무플리흐는 그 예견서에 크게 감동받고 그것을 무끄타디르가 보도록 했다. 무끄타디르는 이븐 와합과 관련된 표식에 관심을 보였는데 그런 표식이야말로 그가 재상이 되게 했던 이유였기 때문이다. 거짓에 뿌리를 내린 이런 사기와 수수께끼와 같은 무지함으로 인해 그는 재상이 되었던 것이다. 분명한 것은 이런 예견은 바자리끼의 공헌에 기인한다는 점이다.

나는 이집트의 비아랍인 하나피의 셰이크인 아크말 알딘에게 이런 예견서와 수피들도 따르고 있는 바자리끼에 대해 물어보았다. 사실 아크말 알딘은 수피들의 내부 정황을 잘 알고 있던 터였다. 그는 이렇게 말했다. "그 자는 수염을 깎는 것을 표시로 개혁파임을 자처하는 깔란다리야 출신이다. 그는 베일의 제거로 발생되는 여러 국면에 대해 이야기하곤 했다. 그는 이야기할 때 그가 아는 특정 인물의 표시를 해두곤 했다. 그는 사람들에게 일종의 표식을 지닌 문자들을 수수께끼처럼 제시하곤 했다. 가끔씩 그는 예견의 내용을 짧은 바이트의 시로 쓰기도 했다. 그런 시는 사람들에게 그의 이름을 알려주게 되었고 그들은 그의 작품에 매료되었다. 사람들은 그런 작품을 불가사의한 예견이라고 생각했다. 세월이 흐르면서 그 시는 그런 종류의 인간들이 덧붙인 내용으로 늘어났다. 일반 대중들은 그 수수께끼와 같은 내용을 판독하려 했다. 하지만 그 시를 판독하는 것은 금지된 일과 같은 형국이었다. 왜냐하면 그 시의 내용보다 먼저 세워진 규칙만이 그 수수께끼를 풀 수 있기 때문이다. 따라서 그 문자들이 함유하고 있는 의미를 풀 수 있는 실마리는 그 시에 있을 뿐이다." 그러므로 나는 아크말 알딘의 말을 통해 이 예견서가 나의 영혼에 남긴 불편함을 해결하게 되었다. "그리고 알라께서 저희를 인도하지 아니하셨던들 저희는 길을 찾지 못했을 것입니다."[185] 지고하신 알라께서 가장 잘 알고 계신다.

---

185   코란 7장 44절.

# 제4부

# 지방과 도시 그리고 나머지 문명사회에서 발생하는 조건들. 이에 관련된 선결사항과 후결사항[1]

## 1장 | 왕조는 도시보다 앞서 등장하고, 도시는 왕권의 부차산물이다

우리가 앞에서도 언급했듯이 건축물과 도시계획은 사치와 안정이 야기한 도시문화의 결과이다. 이런 현상은 베두인 생활보다 후에 나타난다. 여러 도시와 그 곳에 세워진 기념물, 거대한 축조물, 건물 등은 특정 소수를 위한 것 이라기보다는 대중을 위해 만들어진 것이 분명하다. 그러므로 이런 일에는 대단한 협력이 필요하다. 하지만 이런 일은 모든 인간이 관심을 갖는 대상은 아니다. 실제로 사람들은 도시를 건설하도록 종용받지만 그런 일을 싫어한다. 결국 사람들이 도시건설을 하도록 만드는 것은 왕권이 휘두르는 당근이나 채찍이다. 왕권과 왕조가 베풀 수 있는 엄청난 양의 재화를 급여나 보상으로 주는 식의 제안이다. 그러므로 도시계획과 건설에는 왕권이 절대적으로 필요하다.

---

1    이븐 칼둔은 이 장에서 현대 사회학자들이 소위 'social morphology'라고 부르는 것을 제시하고 있다. 이는 사회적인 구조에 관한 학문으로 인간집단생활의 방법에 관한 연구이다.

통치자가 생각한 그대로 도시건설이 끝나거나 기후와 토지조건에 따라 건설이 끝났다면 왕조생활은 곧 도시생활을 의미한다. 만약 왕조가 단명하면 도시생활도 왕조의 종말과 그 운명을 같이한다. 그렇게 되면 도시문명은 쇠락하고 피폐해진다. 반면 왕조가 장수하면 그 도시에는 새로운 건축물들이 계속 등장할 것이고 거대한 저택들이 늘어나며 시장의 범위는 더욱 멀리 확장될 것이다. 결과적으로 이런 도시는 확장되어 측량하기 어려울 정도로 광대해질 것이다. 바그다드나 이와 유사한 여러 도시에서처럼 도시의 건설계획은 더 넓은 지역과 더 먼 거리를 대상으로 하게 될 것이다.

카띱[2]은 자신의 저서 『바그다드의 역사*Tārīkh Baghdād*』에서 칼리파 알마으문 시대에 바그다드에 있는 공중목욕탕의 수가 6만 5천 개였다고 기록했다. 바그다드는 문명의 번성을 하나의 성벽으로 감당하는 단일 도시가 아니었고 40개가 넘는 인접 도시들을 포함하고 있었다. 한 도시 안에 거주하기에는 인구가 많았음은 물론이다. 이슬람 시대에 까이라완, 코르도바, 마흐디야와 같은 도시도 마찬가지였고 오늘날 이집트의 카이로도 그렇다고 한다.

한 도시를 건설한 왕조가 붕괴된 이후를 살펴보면 베두인이 도시 주변이나 도시 근처의 산과 평지에 항상 문명을 건설한다. 결국 도시는 왕조가 멸망한 이후에도 존속하게 된다. 마그립에서는 페스와 자야, 마슈리끄에서는 페르시아에서 이런 상황이 발생했으며 그곳의 원주민들이 그 문명의 주역으로 유입되었다. 베두인의 삶이 편해지고 소득이 늘어나면서 그들은 인간의 속성에 있는 안정과 평안을 추구하여 자연스레 도시에 정착하게 된다. 반대로 h시 주변에 거주하던 베두인이 폐망한 왕조의 도시로 유입되지 않으면 붕괴된 도시는 텅 빈 상태로 방치된다. 그렇게 되면

---

2    Abu Bakr Aḥmad ibn al-Khaṭib al-Baghdadi를 말한다.

그 도시는 존속이 어렵고, 문명도 서서히 쇠퇴하여 주민들이 흩어진다. 이집트, 바그다드, 까이라완, 마르디야, 마그립의 함마드 왕조의 성에서 이런 현상이 있었다. 도시를 건설했던 통치자가 멸망한 이후 다른 왕국과 왕조가 그 도시를 왕조의 도읍으로 이용하는 경우도 흔히 볼 수 있는데, 그런 경우 신왕조는 정착하기 위해 새로운 도시를 건설할 필요가 없다. 신왕조는 그 도시를 보호할 뿐만 아니라 왕조의 상황이 개선되고 사치가 심해지며 건물도 늘어나게 된다. 신왕조는 자신의 문명을 새롭게 하는 것이다. 이런 일이 페스와 카이로에서 일어났다. 전지전능하신 알라께선 가장 잘 알고 계신다.

## 2장 │ 왕권은 도시정착을 요구한다

부족이나 집단이 왕권을 획득하면 그들은 반드시 도시를 점령하기 마련인데, 그 이유는 두 가지다. 첫째, 왕권은 이제 평온을 원하고 더불어 짐을 내려놓고 휴식을 갖고, 더 나아가 베두인 생활에서는 찾아볼 수 없는 여러 가지 문명을 갈망하기 때문이다. 둘째, 경쟁자나 저항 세력들이 왕권에 도전할 가능성이 있으므로 이를 방어하기 위해서다. 경쟁자들의 도시는 현재 권력을 장악하고 있는 왕권을 공격하려는 이들의 피난처가 될 수 있다. 도시 점령은 최대의 난제다. 도시는 많은 병사들의 거처로 기능을 하는데 그것은 성벽 너머 전쟁의 폐해로부터 안전한 보호막이 되어 다수의 병력을 필요로 하지 않는다. 이런 군사력과 집단이 필요한 경우는 병사들의 원정길에서 또는 전쟁에서이다. 그러나 도시 거주민은 성벽이 자신들을 보호해주므로 대규모의 집단이나 많은 병사를 필요로 하지 않는다. 도시를 유지하고 존속시키는 경쟁자들은 그 도시를 장악하려는 이들의 힘을 약화시킨다. 만약 경쟁세력이 장악하고 있는 범주 안에 도시들이 있다면 왕조는 이런 무질서를 벗어나 안전을 도모하려 할 것이다. 만약 그런 도시가 없다면 왕조는 우선 문명을 완성하고 부담을 줄이기 위해 도시를 건설해야 하고, 둘째로는 왕조 내부에서 고위층으로 신분 상승을 꾀하거나 저항하려는 무리들에 대한 위협수단으로 도시를 건설해야 한다. 그러므로 왕권이 도시정착과 도시통제를 촉진한다는 것은 명백한 사실이다.

## 3장 │ 강력한 왕권만이 다수의 거대 도시와 높은 기념물을 건설한다

이 점에 대해서 우리는 왕조의 영향력에 여러 건축물과 그 밖의 것이 포함된다고 언급했다. 사실 건축물은 왕조가 얼마나 중요한가와 비례한다. 도시건설은 여러 사람의 노력과 협력에 의해 이루어진다. 왕조가 강력해지고 여러 지방을 거느리게 되면 각 지역에서 노동자들을 모아 그들의 노동력을 건축 작업에 이용할 수 있다. 대다수의 구조물 건축에 공학 시스템이 사용되는데 이는 노동력을 배가시키고 무거운 자재 운반을 가능하게 한다. 왜냐하면 인간의 힘으로만 이런 일을 하기에는 여러모로 충분하지 않기 때문이다. 이런 예 중에는 도르래와 그 밖의 것이 있다. 사람들이 호스로우의 궁전, 이집트의 피라미드, 마그립의 샤르샤르 아치 등과 같은 고대인들의 유물을 보고 고대인들은 집단이든 개인이든 그들만의 힘으로 건축물 건설이 가능했다고 오해할 수 있다. 사람들은 고대인들이 그런 건축물에 비례하는 체격을 지녔고 그들의 체격과 건축물을 짓는 신체적 힘도 비례했을 것이라고 상상한다. 그들은 건축물 건설에 사용된 기계와 도르래 그리고 무엇보다도 토목기술의 존재를 망각했다. 다수의 정복자들은 건축 자세를 운만할 때 사용하는 기계를 보았으므로 우리가 위에서 언급한 내용들이 사실이라는 것을 알 수 있을 것이다.

# 4장 | 하나의 왕조가 거대한 기념물을 독점으로 건축하는 것은 아니다

그 이유는 우리가 이미 앞에서도 언급했듯이 건설 작업은 인간의 힘을 서로 합치고 배가시키는 것을 필요로 하기 때문이다. 인간의 힘으로만 지었든 기계의 도움을 받았든 도저히 이해할 수 없을 정도로 엄청나게 큰 건물도 존재한다. 그러한 건축물을 짓기 위해서는 완공될 때까지 연속적으로 동일한 정도의 힘이 반복, 유지되는 것이 필요하다. 첫 번째 군주가 건물을 짓기 시작하면 다음 군주가 이어서 작업을 하고 세 번째 군주도 이어 계속한다. 각 군주는 노동자들을 모으기 위해 최대한 노력하고 결국 건물이 계획대로 완공되어 우리 앞에 등장한다. 후세에 그 건물을 보는 사람들은 그것이 한 왕조에서 지은 것으로 생각한다. 예를 들자면 마으립 댐[3] 건설에 대한 역사학자들의 전언이 있다. 그들은 그 댐을 사브우 븐 야쉬줍이 건설했고 그곳에 70개의 계곡이 흘렀다고 말했다. 실제로는 그가 생전에 댐 건설을 완공하지 못하고 죽자 힘야르의 왕들이 이어서 그 댐을 완공했다.

카르타고의 건축물과 아드족이 건설한 아치 위의 수로 터널이 이와 같은 경우이다. 그 외에도 거대 건축물의 경우 대부분이 그렇다. 우리 시대의 거대한 건축물 또한 마찬가지이다. 우리는 어떤 군주가 건축 계획을 세우지만 만약 그다음의 군주들이 이를 계승하여 완성하지 못한다면 그것은 긴축 중의 상태 그대로 남게 되고 계획대로 완성되지 못한다는 것을 알 수 있다.

이런 사실을 확인시켜주는 또 다른 경우는 후대의 왕조들이 위대한 건축 기념물들을 부수거나 파괴하지 못한다는 것이다. 파괴가 건설보다 쉬

---

3    사바 왕국의 수도였던 고대 도시 마으립에 있는 댐이다. 코란 34장 참조.

운데도 그렇게 하지 못하는 이유는 이렇다. 본디 파괴는 원래의 상태 즉, 무無로 돌리는 것이지만 건설은 원래의 상태와는 다른 것이기 때문이다. 아무리 파괴가 쉽다 해도 인간의 힘으로 파괴하기에는 역부족인 건물을 보면 그런 건물을 건설하기 위해 엄청난 노동력이 소요되었을 것이고 한 사람의 군주 일대에는 지을 수 없었을 것이라는 것을 깨닫는다.

바로 아랍인들이 호스로우의 궁전을 목격했을 때 이런 일이 발생했다. 라시드는 그 궁전을 부수려고 했다.

이집트의 상징물인 피라미드를 부수려고 했던 마으문의 경우도 마찬가지이다. 그는 피라미드를 부수려고 노동자들을 모았지만 성공하지 못했다. 노동자들은 피라미드에 구멍을 내고 외벽에서 제법 떨어진 내벽 안의 내실로 들어갔다. 하지만 그 작업은 거기서 끝났다. 오늘날에도 그 구멍을 볼 수 있고 우리는 그 구멍을 통해 그들의 노고를 가늠할 수 있다. 어떤 이는 마으문이 외벽과 내벽 사이에 있는 보물을 발견했다고 하기도 한다. 알라께서 가장 잘 알고 계신다.

오늘날 카르타고에 있는 말가의 아치도 이런 경우이다. 튀니스의 도시민은 건물을 짓기 위해 석재를 선별할 필요가 있었고, 건설 기술자들은 그 아치에 사용된 돌이 양질의 것이라고 생각했다. 따라서 그들은 과거에 수차례 그것을 파괴하려 시도했으나 아무리 노력해도 벽면에서 아주 작은 돌만 떨어질 뿐이었다. 이를 보기 위해 많은 사람들이 모여들었는데, 나 역시 어린 시절에 그런 이들을 많이 보았다.


## 5장 | 도시계획의 필수 조건들. 이를 무시할 때 발생하는 결과

도시는 한 민족이 원했던 사치와 그 밖의 것을 얻었을 때 취하게 되는 '주거지'라는 사실을 인지하라. 사람은 안정적이고 고요한 상태를 선호하고 그래서 집에서 거주하기를 원한다. 도시가 주택과 피신처 마련을 위한 것이라면 유해물은 도시로 들어오지 못하도록 막아야 하고 유용한 것과 이에 수반되는 편리한 물건만 들여와야 할 것이다. 유해한 것으로부터 도시를 방어하기 위해 모든 가옥은 성벽 안에 있어야 한다. 도시는 구불구불한 언덕 위나 바다와 강에 둘러싸여 다리를 건너야만 도달할 수 있는 접근하기 어려운 곳에 위치해야 한다. 그래야만 적이 도시를 점령하기 어렵고 도시의 요새화 기능도 배가 되기 때문이다. 유해한 공기가 유입되지 않도록 도시를 보호하려면 신선한 공기가 중요한데 이는 도시민을 질병으로부터 지켜준다. 도시의 공기가 정체되고 공기가 오염되는 경우는 썩은 물, 부패한 연못, 썩은 풀밭과 늪 가까이에 있는 경우이거나 주변의 부패된 환경으로부터 급속도로 영향을 받는 경우이다. 그렇게 되면 도시에 살고 있는 모든 생물은 질병에 걸린다. 이는 확인된 명백한 사실이다.

도시가 좋은 공기로 회복하도록 노력하지 않는 경우에는 질병이 많다. 이런 면에서 마그립 지방의 카비스는 악명이 높다. 그곳 주민이나 방문객들은 대개가 열병에 걸리는데 사람들의 말에 의하면 그곳에 이런 현상이 나타난 것은 최근 일이라는 것이다. 바크리의 전언에 의하면 그 이유는 이렇다. 어느 날 구덩이를 파던 중에 납으로 봉인된 구리 솥이 발견되었는데 봉인을 떼자 연기가 공기 중으로 오르다 그쳤고, 그것이 그곳에서 열병 발생의 시작이었다고 한다. 그 솥 안에 역병을 막는 마법이 들어 있었는데 봉인이 뜯기고 그 마법이 연기가 되어 사라지자 효력이 없어져서 열병과 역병이 나타났다는 것이다.

이런 일화는 대중의 우매함에서 비롯된 것이다. 바크리에게는 그런 이야기를 반박하거나 진실을 꿰뚫어 볼 정도의 학문적 능력이나 안목이 없었다. 그는 들은 대로 전한 것이다. 하지만 진실은 그곳 사람들의 신체에 이상을 가져오고 열병을 일으키는 부패한 공기가 정체되어 있다는 것이다. 만약 그 도시에 공기가 섞이고 팽창하여 좌우로 퍼져 나갔다면 공기의 부패와 그곳의 생물이 질병에 걸리는 일도 줄어들 것이다. 즉, 주민들의 수와 활동량이 많으면 공기는 반드시 섞이기 마련이고 정체된 공기가 새 공기와 섞인다. 하지만 주민의 수가 줄고 공기가 섞이는 일이 일어나지 않으면 공기는 정체되고 그러면 공기 오염이 발생한다는 것은 뻔한 일이다. 이프리끼야에서 문명이 번영하고 인구가 팽창했을 때 가베스지역이 바로 이런 경우였다. 그곳 주민들의 왕성한 활동이 공기를 섞이게 했고 따라서 그 당시에는 독한 기운이나 질병이 그렇게 많지 않았다. 그러다가 주민들의 수가 줄어들고 수질 오염으로 인해 부패된 공기가 정체되면서 독한 기운과 질병이 발생했다. 이것이 진실이다. 우리는 이와 반대의 경우도 보았다. 먼저 거주민의 수가 적고 질병의 발생은 많았다가 거주민의 수가 늘어나자 도시의 공기가 좋아지는 경우이다.

도시의 유용함과 그에 수반되는 것들이 무엇인지를 살펴보자면 많은 것이 있겠지만 우선은 물 문제가 있다. 도시는 강가 혹은 신선한 물이 풍부하게 나오는 샘 부근에 위치해야 한다. 도시 근처에 물이 있다는 것은 주민들에겐 필수적인 문제를 용이하게 해결해 준다. 물이 있다는 것은 대중에겐 대단한 편의를 의미한다. 도시에 수반되어야 할 두 번째 중요한 것은 가축에게 필요한 목초지이다. 거주민들은 기르는 동물을 번식용으로 혹은 우유를 짜거나 탈것으로 이용하기 위해 목초지가 반드시 필요하다. 그러므로 목초지가 가까이 있다면 더욱 유용할 것이다. 세 번째는 경작지이다. 곡식은 기본적인 식량이기 때문이다. 경작지가 가까이 있다면 한결 쉽고 빠르게 곡식을 거둘 수 있다. 그다음에는 연료 및 건축용 나무가 필요하다. 연료용 나무는 난방과 취사용 땔감으로 사용되는 것이 일반적이다. 목재는 집을 지을 때 지붕으로 반드시 필요하다. 또 먼 나라에서 물건을 들여오는 일을 용이하게 하기 위해서는 도시가 바다 가까이 있어야 한다. 그러나 이것은 앞서 언급한 것들만큼 중요하지는 않다.

이 모든 것은 도시 거주민들이 꼭 필요하다고 생각하는 것에 따라 그 순위가 바뀔 수 있다. 도시를 건설하고자하는 군주는 훌륭한 자연적 입지 조건을 선택하지 못할 수도 있다. 혹은 자신이나 추종자에게 가장 중요하다고 생각되는 것에만 관심을 보이고 다른 이의 요구사항을 무심하게 대할 수도 있다. 아랍인들도 이슬람 초기에는 이라크, 이프리끼야에 도시를 건설할 때 그렇게 했다. 그들은 자신에게 중요한 것, 낙타에게 필요한 목초지, 나무, 소금기 있는 물만을 고려했다. 그들은 사람이 마셔야 할 물, 경작지, 땔감, 다른 가축에게 필요한 목초지와 같은 것은 생각하지도 않았다. 이런 도시로는 까이라완, 쿠파, 바스라 등이 있다. 이런 도시는 반드시 갖추어야 할 자연적 조건들을 갖추지 못하고 있기 때문에 멸망하기 쉽다. 해안도시는 적이 공격할 때 많은 사람들이 구하러 올 수 있도록 언덕 위에 혹은 여러 민족의 중간에 위치해야 한다. 왜냐하면 해안에 있는 도시 인근에 아싸비야를 갖춘 부족들이 거주하지 않거나 그 도시의 위치가 험준한 산 위에 있지 않다면, 그 도시는 적선이 침입하는 것을 소홀히 생각하여 적에게 쉽게 길을 열어주는 셈이기 때문이다. 도시민은 유사시에 주변 부족으로부터 보호받을 것이라고 생각하고 있다. 사실 도시 거주민은 남에게 의존하는 습관이 있고 직접 살상이나 전투를 하지는 못한다. 이런 유형의 도시로는 예를 들면 마슈리끄에는 알렉산드리아, 마그립에는 트리폴리, 보네, 살레 등이 있다. 압바스 왕조의 영토는 알렉산드리아에서 바르카와 이프리끼야를 포함하는 지역에까지 도달했지만 알렉산드리아의 지리적 특성을 고려해서 그곳을 '변경도시'라고 불렀다. 그 이유는 알렉산드리아가 해안도시로써 지리적으로 접근하기 쉬웠기 때문이다. 알라께서는 모든 것을 가장 잘 알고 계신다. 이런 이유로 알렉산드리아와 트리폴리는 이슬람 시대에 수차례 적의 공격이 있었다. 지고하신 알라께서 가장 잘 아신다.

지고하신 알라는 지상의 특정 장소를 선택하셔서 성스럽게 하시고 알라를 숭배하는 전당으로 만들었음을 인지하라. 그곳에는 배가 되는 보답과 보상이 있다. 알라는 자신의 사도와 예언자들을 통해 우리에게 이 사실을 알려 주셨다. 이는 자신의 종들에게 자비를 베풀고 그들이 행복해지도록 하기 위해서이다.

두 싸히흐[4]에 의하면 지상에서 가장 아름다운 세 개의 모스크는 메카, 메디나, 예루살렘의 모스크이다. 메카는 아브라함*의 집으로 알라께서는 아브라함에게 그 집의 건설을 명하셨고 사람들에게 그곳으로 순례하도록 권유하셨다. 메카를 건설한 자는 아브라함과 그의 아들 이스마일이다. 이는 코란에 기록된 그대로다. 그는 알라의 명을 그대로 실행했다. 이스마일은 하갈과 그곳에서 거주했고, 주르훔 부족도 그곳에 함께 거주하다가 그 두 사람의 죽음까지 수습했다. 예루살렘은 다윗과 솔로몬*의 집이다. 알라께서 두 사람에게 그곳에 모스크를 건설하라고 명했고 기념물을 세우라 하셨다. 다수의 예언자들과 이삭*의 후손들이 그 주변에 묻혔다. 메디나는 알라께서 예언자 무함마드*에게 그곳으로 이주하여 이슬람을 전파하라고 명하자 그가 이주를 감행한 곳이다. 그는 메디나에 성스러운 모스크를 건설했고 그의 고귀한 무덤은 메디나에 있다. 이 세 모스크는 무슬림의 영광을 보여주는 상징이자 무슬림에게 동경의 대상이고 또한 모든 무슬림의 종교가 얼마나 위대한지를 보여주는 곳이다. 이런 성소 가까

---

4  두 싸히흐는 부카리의 하디스와 무슬림의 하디스를 말한다. 싸히흐는 신뢰도가 높은 하디스를 말한다. 하디스는 예언자 무함마드의 언행을 기록한 것으로 무슬림에게 코란 다음으로 판단의 근거가 된다. 하디스는 전승을 기록하고 있다. 즉, 갑이 어떤 이야기를 했는데 갑이 을로부터 을은 병으로부터 그 이야기를 들었고 결국 마지막 전승자는 예언자 무함마드로부터 그 이야기를 직접 들은 것의 전승 형태를 지니고 있다. 싸히흐가 되려면 전승자의 신심, 인격, 학식 등이 높아야한다.

이서 또는 그곳에서 간절히 기도한 이들이 은총을 입었다는 많은 전승은 이미 잘 알려진 것이다. 따라서 우리는 이제 이 세 개의 모스크가 건설되기까지의 역사적 배경과 세상에 나오기까지의 과정을 언급할 것이다.

메카에 대해 전해오는 말에 따르면 아담이 사람들의 방문이 잦은 집[5] 반대편에 세웠다고 한다. 메카는 홍수로 철저히 파괴되었다. 메카에 관한 정확한 역사적 기록은 존재하지 않는다. 메카의 역사에 관한 기록은 코란 구절에 의지할 뿐이다. "그대여! 기억할지니 아브라함과 이스마일이 그 집(카바)의 주춧돌을 세우며……"[6] 그 이후 알라는 아브라함을 보냈고 그의 아내 사라와 하갈의 이야기는 유명하다. 알라께서 아브라함에게 이스마일과 그의 어머니 하갈을 파란 사막에 두고 오라는 계시를 내렸다. 그래서 그는 그 두 사람을 그 집의 위치에 해당되는 곳에 두고 떠나왔다. 알라의 관용과 자비가 잠잠 우물에 내려졌고 알라께서는 그 두 사람이 우물물을 발견하도록 했고 주르홈 부족이 두 사람이 있는 곳을 지나가다 그 둘을 구조하여 잠잠 인근에서 함께 거주하도록 선처하셨다. 이스마일은 카바 위치에 집을 짓고 살았다. 그는 양을 키우는 헛간의 울타리를 야자수 가지로 둥글게 만들었다. 아브라함*은 시리아에서부터 수차례 두 사람이 사는 곳을 방문했다. 그가 마지막으로 두 사람을 방문했을 때 양의 헛간이 있는 곳에 카바를 건설하라는 계시를 받았다. 그는 아들 이스마일과 함께 카바를 건설했고 사람들에게 그곳으로 순례하도록 권고했다. 그리고 이스마일은 그곳에 계속 살았다. 어머니 하갈이 사망하자 그는 어머니를 그곳에 묻었다. 그 이후에도 그는 주르홈 부족 외삼촌들과 함께 카바의 일을 도맡아 했다. 그 이후로 아말렉인들이 그곳에 왔다. 상황은 그렇게 계속되었다. 사람들은 도처에서 그곳으로 쇄도해 왔다. 전해오는 바에 따르면, 툽바인[7]들도 카바로

---

5    코란 52장 4절.
6    코란 2장 127절.
7    코란에 기록되어 있는 역사적 인물.

성지순례를 오곤 했고 그곳은 사람들에게 더욱 유명해졌다. 어떤 툽바 사람이 카바를 천으로 덮고 그곳을 순결하게 보존하라고 명했고 그곳의 열쇠를 만들었다고 한다. 페르시아인들 역시 그곳으로 순례를 왔으며 그곳에 선물을 바쳤다고 한다. 압두 알무딸립이 잠잠을 팠을 때 발견된 두 개의 황금 가젤은 페르시아인들이 카바에 바친 선물이었다는 것이다. 주르훔 부족은 이스마일의 삼촌이라는 명분으로 카바의 일을 계속 관장하고 있었다. 그러다가 쿠자아족이 그들을 내몰고 그곳을 경영하게 되었다. 이스마일의 후손이 번성하여 결국 그들은 키나나 부족이 되었고 키나나 부족은 꾸라이시와 그 밖의 지족을 낳았다. 카바에 대한 쿠자아족의 경영은 악화되었고 꾸라이시가 그들을 내 몰았다. 꾸라이시족이 쿠자아족을 일소했던 때는 바로 꾸싸아 브 킬랍이 지도자였던 시기였다. 그는 카바를 재건했고 야자수 나무 가지로 지붕을 덮었다. 아으샤[8]는 이렇게 시를 읊었다.

나는 그곳 수도승의 두 벌 옷에 걸고 맹세했다.
그곳은 꾸싸아와 알마다드 브 주르훔이 지었다.


그 이후 카바는 홍수를 당하고 화재가 있었고 파괴되었다고 전해진다. 꾸라이시족은 카바 재건을 위해 자부족의 재원을 사용했다. 배 한 척이 제다 해안에서 파괴되었는데 꾸라이시는 그 배의 목재를 구입해서 카바의 지붕을 덮었다. 카바 울타리의 높이는 1길을 조금 넘었는데, 그들은 울타리의 높이를 18완척으로 만들었다. 그리고 지상에 접해 있던 문은 홍수 방지를 위해 지상에서 1길만큼이나 위로 높였다. 그러나 그들은 카바를 완성할 재원이 부족했고 그래서 그 토대를 축소시키고 6완척과 한 뼘을

---

8    570~625, 이슬람 이전 시대 아라비아 반도의 시인. 시력을 잃은 까닭에 알아으샤(맹인)라고 불리게 되었다.

짧게 만들었다. 그리고 그 지역을 낮은 벽으로 둘렀다. 그 뒤에서 따와프[9]를 하게 되는데 그곳이 바로 히즈르[ㅂ]이다. 카바는 바로 이런 상태로 있다가 이븐 알주바이르가 요새로 만들었다. 야지드 븐 무아위야의 군대가 후사인 븐 누마이르 알수쿠니와 더불어 그곳으로 진군했고 64년(683년) 카바를 공격하여 불을 질렀다. 전해지는 말에 따르면 야지드의 진영에서 이븐 알주바이르를 향해 기름을 사용했다고 한다. 결과적으로 카바의 벽들이 폭파되었고 이븐 알주바이르는 그것을 파괴하고 이전보다 더 좋게 지었다. 그때는 사도의 교우들 간에 재건에 대한 이견이 있고 난 이후였다. 이븐 알주바이르는 예언자*께서 아이샤*에게 했던 말씀을 들어 반대편을 설득했다. "만약 너의 백성이 최근에 불신자가 아니었다면 나는 아브라함의 토대 위에 그 집(카바)을 재건할 것이다. 나는 그곳의 동과 서에 각기 문을 둘 것이다." 이븐 알주바이르는 기존의 건물을 부수고 아브라함*이 만든 토대를 찾아냈다. 그는 그것을 조사하기 위해 메카의 고관들을 불러 모았다. 이븐 압바스는 건물 재건 동안 백성들을 위해 끼블라를 보존하라고 충고했다. 이븐 알주바이르는 그 토대 위에 목재를 놓고 끼블라를 표시하기 위해 커튼을 덮었다. 그는 석회를 구하기 위해 싸나로 사람을 보내 구했다. 그는 건물에 쓰일 원석에 대해 많은 사람들에게 자문을 구했다. 그는 필요한 다양한 돌을 모았고 아브라함의 토대 위에 건물을 짓기 시작했다. 그는 27완척 높이로 벽을 짓고 땅에서부터 문을 두 개 만들었다. 이에 관한 전승이 있다. 그는 방과 벽들을 대리석으로 덮었다. 그리고 황금으로 문의 표면과 열쇠를 만들었다.

그 이후 압둘 말리크 시대에 핫자즈는 투석기를 사용하여 모스크를 파괴했다. 이븐 알주바이르의 대패 이후 핫자즈는 압둘 말리크에게 이븐 알주바이르의 카바 재건을 언급하며 그곳을 압둘 말리크가 재건해야 한다

---

9   무슬림들의 성지 순례의 의식으로 카바 신전 주위를 시계 반대 방향으로 일곱 바퀴 도는 것이다.

고 건의했다. 이에 압둘 말리크는 이제까지 건설된 것을 파괴하고 꾸라이시의 재정으로 카바를 재건하라고 핫자즈에게 명령했다. 그것이 오늘날의 카바이다. 훗날 압둘 말리크는 이븐 알주바이르가 인용한 아이샤의 전승이 싸히흐라는 것을 알고 자신의 행위를 후회했다고 한다. 그는 이렇게 말했다. "이븐 알주바이르가 하던 대로 두었어야 했다." 핫자즈는 카바의 건물 중 흑석이 있는 곳 육 완척을 부수고 꾸라이시의 재원으로 다시 건설했다. 그는 서쪽 문을 벽으로 만들었고 오늘날 카바의 문턱 아래가 당시 동쪽 문이 있었던 자리이다. 나머지는 그대로 두었다. 오늘날 건물 전체는 알주바이르가 건설한 그대로이다. 핫자즈가 건설한 것과 이븐 알주바이르가 건설한 것 사이에 육안으로 보이는 명확한 연결이 벽에 있다. 두 건물은 손가락 두께만큼의 틈이 있었으나 현재는 보수된 상태이다.

그런데 이 사안을 따와프와 관련된 법학자들의 언급에 비추어 보면 문제가 있다. 따와프를 행하는 자는 카바의 하부 토대를 이루고 있는 샤다르완에 기대지 않도록 조심해야 하고 따와프를 카바 내에서 행해야 한다는 것이다. 이런 경고는 카바의 벽들이 그 토대의 한 부분만을 덮고 있고 벽들로 덮이지 않은 부분이 바로 샤다르완이 있는 곳이라는 추측에 의거한 것이다. 법학자들은 흑석에 입 맞추는 것에 대해서도 언급했는데 따와프를 행하는 자는 흑석에 입 맞추고 반드시 바로 일어서야 하고 나머지 따와프는 카바 내에서 행한다는 것이다. 그러나 만약 모든 벽이 아브라함의 토대 위에 건설된 이븐 알주바이르의 건물에 속해 있다면 어떻게 법학자들의 주장이 옳다 하겠는가. 그러므로 양쪽 중 하나를 확신하는 것 외에는 답이 없다. 다수의 사람들이 말하는 것처럼 핫자즈가 전부 다 부수고 다시 지었을 수도 있다. 이때는 이븐 알주바이르가 지은 건물의 토대를 다 포함하지는 않는다는 전제조건이 있다. 두 건물 사이에 균열이 생기고 상부와 하부의 건축 기술의 차이가 보임에 따라 많은 논박을 초래했다. 다른 추정은 이븐 알주바이르가 아브라함의 토대 위에 그 집을 다 짓지 않았을 수도 있다는 것이다. 그는 흑석만 그 위에 지었을 수도 있다. 오늘날 카바는 아브라함의 토대 위에 지어진 것이 아닐 수도 있다는 것이다. 이것은 그렇게 좋은 생각은 아니지만 두 가지 경우 중 하나이다. 알라께서 가장 잘 아신다.

그 건물의 뜰은 모스크의 내부인데 그것은 따와프를 하는 이들을 위한 공간이다. 예언자*와 아부 바크르 시대에는 그곳에 벽이 없었다. 카바로 순례 오는 사람들이 늘어나자 오마르*는 인근의 집 여러 채를 사서 허물고 모스크에 복속시켰다. 그리고 키 높이에 못 미치는 담을 쳤다. 오스만도 같은 일을 했고 이븐 알주바이르, 왈리드 븐 압둘 말리크도 그렇게 했다. 압둘 말리크는 모스크에 대리석 기둥을 사용했다. 만쑤르와 그의 아들 마흐디도 카바를 확장시켰다. 이렇게 계속되던 확장이 멈추고 우리의 시대가 된 것이다. 알라는 카바를 고귀하게 만드셨고 카바에 큰 관심을 보였다. 알라는 계시와 천사들의 강림을 통해 그곳을 이슬람의 요람으로 만들었고, 신을 숭배하는 장소로 만들었으며 무슬림들의 순례지가 되도록 만들었다. 카바의 성스러움은 다른 장소와는 견줄 수 없는 정도이다. 알라는 이슬람에 반하는 자는 그 누구도 하람 모스크에 입장할 수 없도록 하셨다. 하람 모스크에 입장하는 자는 반드시 바느질이 없는 옷[10]으로 몸을 감싸야 한다. 알라께서는 그곳을 피난처로 삼은 모든 이들과 그 영역의 풀밭에 있는 가축들을 위험에서 보호하도록 허락하셨다. 그러므로 그곳에서는 어떤 두려움도 없고 어떤 동물도 사냥될 수 없으며 나무 한 그루조차 장작용으로 절단될 수 없다. 성소의 경계는 메디나 방향에서 탄임al-Tan'im 쪽으로 3마일이고 이라크 방향에서 무까따al-Muqata'산 쪽으로 7마일이고 지라나al-Jiranah 방향에서 쉬읍al-Shi'b으로 9마일이고 따이프al-Ta'if 방향에서 바뜬 나미라Batn Namirah 방향으로 10마일까지이다.

---

10  카바 순례 때 바느질이 없는 옷을 입는 이유는 사치를 거부하고 순수한 마음으로 알라께 다가선다는 의미이다. 순례 때 무슬림 남성이 입는 옷을 이자르(izar)라고 한다.

이것이 메카의 상황이고 역사다. 그곳은 '마을들의 어머니'라고 불린다. 카바라는 이름은 ka'b(cube)에서 비롯되었다. 그곳은 '바카bakkah'[11]라고도 불린다. 아쓰마이는 말했다. "사람들이 서로 그곳을 향해 밀려들어가며 짓눌리기 때문이다." 또 무자히둔은 이렇게 말했다. "바카의 b가 m으로 바뀌었다. 사람들은 '라짐'을 라집이라고 말하기도 한다. 그 두 자음의 조음점이 가깝기 때문에 발생하는 일이다." 반면 나카이는 말했다. "b는 알라의 집을 말하고 m은 그 고장을 말한다." 주흐리는 말했다. "b는 모스크 전체를 의미하고 m은 성소를 의미한다." 이슬람 이전 시대부터 여러 민족들은 메카를 명예와 영광의 전당이라고 여겼다. 그래서 페르시아의 황제 코스라와 그 밖의 통치자들은 그곳에 재물과 보물을 보냈다.

압둘 말리크가 잠잠 우물을 팠을 때 발견한 여러 자루의 칼과 두 마리 황금 가젤에 대한 이야기는 매우 유명하다. 알라의 사도*가 메카 정복 당시 수조에서 황금 7만 온스를 발견했다. 그것은 군주들이 메카에 공납한 선물이었다. 그 가치는 2백만 디나르이고 그 무게는 4백만[12] 온스에 해당된다. 알리 븐 아부 딸립*은 무함마드에게 말했다. "알라의 사도시여! 이 재물을 전쟁에 사용하시길." 그러나 무함마드는 그렇게 하지 않았다. 이후 그는 아부 바크르에게 같은 말을 했다. 그러나 그는 아부 바크르를 움직이지 못했다. 아즈라끼가 이렇게 전했다. 부카리의 기록에 보면 이와 관련 아부 와일에게로 이르는 전승이 있다. 그가 말했다. "나는 샤이바 븐 오스만과 함께 있었다." 그가 말했다. "오마르 븐 알카땁이 나와 함께 있었다." 그는 말했다. "나의 의도는 메카에 금이나 은을 남겨 두지 말자는 것이었다. 그것을 무슬림들에게 나누어주자는 것이었다." 나는 대답했다. "당신은 그렇게 하지 않을 것이다." 그는 물었다. "왜인가?" 나는 답했다. "왜냐하면 당신의 두 교우가 그렇게 하지 않았기 때문이다." 그가 말했다.

---

11    아랍어로 '짓눌리다'라는 의미이다.
12    원문에는 '2백만이 두 번'이라고 표기되어 있다.

"그 두 사람이 바로 표본이 되어야 하는 이들이었다." 아부 다우드와 이븐 마자는 이 이야기를 전했다. 그 재물은 아프따스가 소요를 일으킬 때까지 그대로 있었다. 아프따스는 후세인 븐 알하산 븐 알리 자인 알아비딘으로 그 소요는 199년(815년)에 발생했다. 그가 메카를 정복하자 그는 카바로 가서 그곳에 있던 보물을 모두 취했다. 그리고 이렇게 말했다. "카바가 무슨 돈이 필요한가? 돈은 이곳에 그대로 쌓여 있구나. 우리가 이 전쟁에 돈을 쓰는 것이 더욱 타당한 일이다." 그는 모든 재물을 취했고, 다 사용했다. 그 이후로 카바 내에 재물을 쌓아 놓는 일은 없어졌다.

예루살렘은 아끄싸[13] 모스크이다. 그곳은 사비교도들의 시대에 비너스를 모시던 곳으로 시작되었다. 사비교도들은 의식을 치르며 그곳의 바위에 기름을 부었다. 훗날 비너스상은 없어졌다. 이스라엘의 자손들이 예루살렘을 소유하게 되자 예배용 끼블라로 그 상을 취했다. 그때는 모세*가 이스라엘의 자손들을 이집트에서 탈출시키고 그들이 예루살렘을 소유하게 된 때이다.

알라께서는 그들의 아버지인 이스라엘과 그의 조상인 이삭과 야곱에게 약속했다. 그들은 사막에 정착하였다. 알라는 모세에게 고마 아라비카 나무[14]로 예배소를 만들라 했는데 그 예배소의 재질, 성상 등 자세한 사항은 계시를 통해 알려주었다. 그곳에는 상자, 식기가 있는 탁자, 희생용 제단이 놓였다. 이 모든 것은 토라에 완전하게 묘사되어 있다. 모세는 예배소를 만들었고 그곳에 상자를 놓고 그 안에 깨어진 십계의 명판 대신 만들어진 판들을 넣었다. 그리고 그것을 제단 가까이 놓았다.

알라는 모세에게 아론이 희생미사를 주관하도록 명했다. 그들은 사막에서 자신들의 거처인 천막 사이에 예배소를 설치하고 그곳을 향해 예배

---

13   아랍어로 '아끄싸'는 가장 멀리 있다는 의미이다. 코란 17장 1절 참조.
14   아프리카와 아시아 열대 원산. 낙엽성 소형 활엽 수목으로 높이 7.5m까지 성장한다. 목재는 단단하며 용도는 도구의 자루, 하마차, 농기구, 철도 관계용 재로 쓰인다.

드렸으며 그 앞에서 희생물을 처단하고 계시를 받기 위해 예배소를 찾았다. 그들이 시리아의 땅을 소유하게 되었을 때 이브라힘의 후손과 베냐민의 후손이 거주하는 지역 사이인 성스러운 땅의 길갈에 예배소를 두었다. 그들은 그곳에서 14년간 머물렀는데, 그중 7년은 전쟁을 했고 나머지 7년은 정복 이후로 국가를 분할하는 데 세월을 보냈다. 여호수아가 사망하자 이스라엘의 자손들은 길갈 근처 실루 지방으로 예배소를 옮기고 그 주위를 성벽으로 둘러쌓았다. 그렇게 삼백 년이 지났다. 결국 팔레스타인의 자손이 그곳을 소유하고 그들을 정복하게 되었다. 팔레스타인의 자손들은 예배소와 관련된 이스라엘 자손들의 견해를 반박하였고 코헨(유태교의 사제) 엘리의 죽음 이후 예배소를 놉 지역으로 옮겼다. 이후 사울 시절에는 야민의 자손 영토에 위치한 기브온으로 옮겼다. 다윗*은 예배소와 상자를 예루살렘으로 옮기고 그 위에 특별한 천막을 치고 그 상자를 바위 위에 놓았다. 예배소는 이스라엘 자손들의 끼블라로 남아 있었고 다윗*은 바위 위에 자신의 성전을 건설하려고 마음먹었으나 생전에 이루지 못했다. 그는 아들 솔로몬에게 그 건축을 맡겼고 그 아들은 재위 4년에 성전을 건축했다. 이는 모세* 사후 오백 년 만의 일이다. 그 예배소의 기둥은 청동으로, 전신은 유리로, 그곳의 문과 벽은 금으로 만들었다. 그곳의 성상들과 용기들, 촛대 그리고 열쇠까지 금이었다. 그리고 그 후면에 상자를 둘 무덤을 마련했다. 그 상자 안에는 앞서 언급했던 모세의 십계명이 적힌 법궤가 들어 있었다. 그는 그 상자를 부친인 다윗의 고향인 시온에서 가져왔고 다윗은 성전의 건물을 지을 때 그곳으로 가져 왔다. 이스라엘의 부족인 아스바트와 사제단이 법궤를 운반하였고 이를 지하 무덤에 놓았다. 그리고 예배소, 그릇, 제단들이 각각 준비되었고 이로써 성전의 준비가 끝났다. 그렇게 알라의 뜻대로 이루어졌다. 성전이 건축된 지 800년 후 느부갓네살이 성전을 파괴하였고 토라와 모세의 지팡이를 모두 불태워버렸다. 그리고 그는 성상들을 모두 파괴하고 돌도 흩어버렸다.

그 이후 페르시아의 군주들이 이스라엘의 자손들에게 그곳으로 귀환하도록 허락했는데, 그 당시 이스라엘의 예언자 에즈라는 페르시아 군주 바흐만의 도움을 받아 사원을 재건하였다. 바흐만은 느부갓네살의 포로였던 이스라엘 자손들의 도움으로 태어났다. 바흐만은 다윗의 아들 솔로몬*이 축조했던 건물보다 작은 범위로 그 경계를 만들었고 그들은 그 경계를 넘지 않았다.

아치형 방들은 성전의 아래에 위치하는데 서로가 맞물려 있다. 상층부의 기둥은 하층부의 아치 위에 있다. 많은 사람들은 그것이 솔로몬*의 마구간이라고 생각하지만 사실은 그렇지 않다. 그런 아치형 방들을 건축한 이유는 예루살렘의 성전은 어떤 오염에도 노출되지 않기를 바라는 데 있었다.

그들의 율법에 따르면 땅속에 불결함이 있는데, 그런 불결함은 지층에 의해 표면과 분리되어 있어서 직선은 불결함과 연결될 수도 있다는 것이다. 이런 황당한 망상은 그들에게 진실과 같은 것이었다. 그래서 사람들은 이런 아치형 방들을 건설했고 기둥은 하층의 아치에 연결되고 거기서 선이 끊어진다. 따라서 어떤 불결함도 상위 선으로 연결되지 못한다고 믿었다. 결국 그들은 예루살렘이 망상에서 비롯된 불결함보다 상위에 존재한다고 판단했다. 예루살렘은 순수함과 성스러움에 있어 최상에 있다.

그 이후 그리스의 군주들과 페르시아, 로마의 군주들이 차례로 그곳을 소유했고 그곳의 왕권은 그 기간 동안 이스라엘의 자손들과 사제였던 하스모니아의 후손으로 인해 어려움을 겪었다. 또한 그들의 뒤를 이었던 헤로도스, 그의 아들 시절까지 이런 일은 계속되었다. 특히 헤로도스는 솔로몬*이 지은 건물 위에 예루살렘을 재건축했다. 그는 꼼꼼하게 작업을 했고 완공하기까지 6년이 걸렸다. 로마의 군주 티투쉬[15]가 등장하고 그들을 정복했다. 그들의 재산을 빼앗고 예루살렘과 그곳의 성전을 파괴했다. 그

---

15  로마의 황제(재위 79~81)이다.

는 그 장소를 경작지로 만들라고 명했다. 그 이후 로마인들은 예수*의 종교를 받아들였고 그들은 기독교의 위대함에 채무자가 되었다. 이후 로마의 군주들은 기독교에 대해 다른 입장을 보이다가 콘스탄틴 대제가 등장했고 그의 어머니인 헬레나가 기독교 신자가 되었다. 그녀는 예수께서 묶여 처형당했던 십자가를 찾겠다며 예루살렘으로 갔다. 대사제가 그녀에게 그분은 십자가에 묶인 채 땅바닥에 팽개쳐졌고 그 위에 쓰레기가 더미로 쌓일 만큼 던져졌다고 알려주었다. 헬레나는 그 십자가를 쓰레기더미에서 꺼냈고, 쓰레기가 쌓여 있던 그 장소에 쓰레기 교회를 건설했다고 한다. 그들의 주장에 따르면 그 교회가 세워진 장소가 바로 예수의 무덤 위라는 것이다. 그녀는 성소 건물의 잔재를 찾는 데로 모두 파괴하고 바위 위에 쓰레기를 뿌려 바위를 완전히 덮을 정도로 만들라고 명했다. 그녀는 자신의 행동이 예수의 무덤 위에 유대인들이 했던 행동에 대한 답이라고 여겼다.

이후 사람들은 쓰레기를 치웠고 그곳에 베들레헴을 건설했다. 바로 그곳이 예수*께서 태어나신 곳이다. 그곳은 이슬람이 도래하고 정복전이 펼쳐질 때까지 그렇게 보존되었다. 오마르가 예루살렘을 정복했을 때 그 바위에 대해 물었다. 그가 그곳을 보았을 때 그곳은 쓰레기와 흙으로 뒤덮여 있었다. 그는 그 아래서 바위를 발견하고 그 위에다 베두인의 방식대로 모스크를 건설했다. 그는 알라께서 허락하신 위대함을 거룩하게 만들었다.

그 후 왈리드 븐 압둘 말리크는 알라의 뜻에 따라 메카의 하람 모스크와 예언자*의 모스크인 다마스쿠스 모스크와 마찬가지로 자신의 모스크(바위 모스크) 건설에 전념했다. 아랍인들은 다마스쿠스 모스크를 '왈리드의 궁전'이라 부르곤 했다. 그는 로마의 군주로부터 이 모스크들을 건설하는데 소용될 재물을 강제로 차출했고, 모스크를 모자이크로 징식했으며 결국 그가 제안한 대로 건물이 완공되었다.

이슬람력 5백 년 칼리파제의 마지막 시기는 칼리파의 권위가 약해진 상태였다. 이후 우바이드 왕조에는 시아 출신의 카이로 칼리파들이 있었지만 그들은 권력을 완전히 장악하지 못했다. 그 틈을 타 유럽인들이 예루살렘으로 입성했다. 그들은 예루살렘을 차지했을 뿐만 아니라 시리아의 항구도 장악했다. 그들은 성스러운 바위 위에 교회를 건설했는데, 사실 그들은 교회를 대단히 위대한 것으로 여기고 교회 건설을 자랑으로 삼고 있었다. 그러다가 살라흐 알딘 븐 아윱 알쿠르디[16]가 이집트와 시리아의 왕권을 장악하고 우바이드 왕조의 잔재를 일소하고 시리아로 진군하여 유럽인들과 성전을 치르고 그들을 정복한 후 예루살렘과 시리아의 항구를 장악하게 된다. 그때가 이슬람력 580년 즈음이다. 그는 유럽인들이 건설했던 교회 건물을 파괴했다. 그러자 성스러운 바위가 모습을 드러냈고 그는 그 위에 모스크를 건설했다. 그것이 현존하는 건물이다.

싸히흐의 기록상 약간의 불분명한 부분이 있지만 그렇다고 여러분에게 영향을 주는 것은 아니다. 하디스 기록에 의하면 예언자께서 최초의 모스크가 무엇이냐는 질문에 "메카"라고 답했다는 것이다. 그다음은 무엇이냐는 질문에 "예루살렘"이라고 답했다는 것이다. 또한 두 모스크가 건축된 시차에 대한 질문에 "40년이다"라고 답했다는 것이다. 메카 모스크를 건축하고 예루살렘 모스크를 건축하는 시간 차이가 결국 아브라함과 솔로몬 간의 시간 차이를 의미하는 이유는 솔로몬이 그 모스크를 건축했기 때문이다. 그런데 실질적인 시간 차이는 천 년 이상이다.

하디스에 기록되어 있는 이 대답은 그 위치를 의미하는 것이지 건물을 의미하는 것은 아니라는 사실을 인지하라. 사실 첫 번째 모스크는 알라를 공경하는 장소로 명받은 곳이었다. 이는 솔로몬이 성소를 건축하기 이전에 예루살렘이 성소로 임명받은 것과도 무관하지 않다. 전하는 바에 의하

---

16  1138~1193. 이집트 아이윱 왕조의 시조로 1187년에 십자군을 격퇴하고 예루살렘을 탈환하였다(재위 1169~1193).

면 사비교도들이 그 바위 위에 비너스의 신전을 세웠는데 아마도 그 이유는 예루살렘이 이미 성소였기 때문일 것이다. 이는 자힐리야 시대[17]에 메카 주변과 그 안에 여러 우상을 두었던 것과 마찬가지이다. 비너스의 신전을 세웠던 사비교도들은 아브라함*시대의 사람들이었다. 그러므로 메카를 성소로 만들고 예루살렘을 성소로 만들었던 기간 사이는 40년 정도가 된다. 그렇게 유명했던 신전이 거기에 없다 할지라도 이는 사실이다. 궁극적으로 예루살렘에 신전을 건설한 이는 솔로몬*이니 이 사실을 잘 인지하라! 그러면 이 불분명함을 명확하게 하는 해결책이 보일 것이다.

'야쓰리브'라고 불리는 빛나는 메디나에 대해 언급하자면 아말렉인 야쓰리브 븐 마흘라일이 건설했고 그래서 '야쓰리브'로 불리게 되었다. 이스라엘의 자손들이 아말렉인들로부터 메디나와 히자즈 일부를 빼앗았다. 그 이후 갓산족에 속했던 까일라족의 후손들이 이스라엘 자손들의 이웃이 되었고 메디나를 그들로부터 빼앗았다. 그 이후 예언자*[18]는 교우들에게 그곳으로 이주를 명했고, 알라의 관심은 먼저 그곳에 있었으니 예언자와 아부 바크르, 교우들도 함께였다. 예언자는 그곳에 도착해서 알라께서 미리 약속하신 곳에 모스크와 여러 채의 집을 짓고 성스럽게 만들었다. 까일라[19]의 후손들이 예언자를 손님으로 받아들이고 그에게 도움을 주었다. 그래서 그들은 '안싸리'라고 불린다. 이슬람은 메디나에서 강력한 권력을 장악하고 그 입지를 굳히게 되었고 그곳의 주민들을 복속하게 되니 예언자는 메카까지 정복하고 권력을 소유했다. 안싸리들은 혹시 예언자가 메카로 이주하지 않을까 걱정했고 예언자*는 안싸리들에게 자신이 메

---

17 자힐리야 시대는 이슬람 도래 이전 시기를 말한다. 아랍어로 '무지의 시대'라는 의미다.
18 아랍어 원본에는 '예언자'라는 낱말이 등장하면 반드시 '그분에게 평화와 축복이 있기를'이라는 경구가 따라 나온다. 그러나 원문에서 어떤 경우는 주어가 동사에 포함된 채 등장하면서 '예언자'라는 낱말이 사용되지 않는다. 이때는 자연스레 뒤 따르는 경구도 생략된다. 본 역서에는 아랍어 원본에 따라 번역하다 보니 일부 경우에는 경구가 생략되어 있다.
19 안싸르출신의 한 부족.

카로 이주하지 않을 것이라고 연설에서 밝혔다. 예언자*는 메디나에 이교도 귀족들이 있었지만 그곳에 마음을 빼앗겼다. 싸히흐에는 예언자가 메디나를 선호했다는 것에 대해 명확한 기록이 있다. 단지 그 세부적인 해석에 있어 메카 학자들 간에 차이가 있었다. 라피으 븐 카디즈의 인용을 주장한 기록에 따르면 예언자*는 "메디나가 메카보다 낫다."[20]라고 했다는 것이다. 압둘 와합이 자신의 저서 *al-Ma'unah*에서도 같은 내용을 인용했다. 그뿐 아니라 여러 편의 하디스에도 동일 내용의 인용이 실려 있었다. 아부 하니파[21]와 샤피이[22]는 이와 반대의 견해를 표명했다.

어찌되었건 메디나는 제2성소가 되었다. 그리고 각 지역에서 여러 민족들이 진실한 마음으로 그곳을 향하고 의지했다. 이제 알라가 위대한 모스크들에 관심을 보인 이후 위대한 모스크들이 어떻게 미덕과 장점을 차례로 발전시켰는지 보라! 그리고 우주에 있는 알라의 비밀과 알라가 어떻게 종교와 속세의 여러 사인들을 분류하여 정리하는지를 이해하라.

이 세 개의 모스크를 제외하고는 우리는 지상의 어떤 모스크에 대해서도 정보를 가지고 있지 않다. 다만 예외가 있다면 인도의 섬 중 하나인 사란디바에 있다고 전해지는 아담*모스크 정도이다. 그러나 이것도 그리 크게 주장할 만한 것은 아니다.

고대의 여러 민족들에겐 다양한 사원들이 있었고, 그들의 주장에 따라 종교적인 측면을 강조하여 그 위대함을 부각시켰다. 그중에는 페르시아인의 배화교 성전이 있고 그리스인의 조각상 그리고 아랍인이 히자즈 지방에 건설했던 성소가 있다. 예언자*는 그 성소를 공격하고 파괴하라고

---

20    이 구절은 따바리니의 *al-Mu'jam* 4/343에 있다.

21    699~767, 이슬람 법학자이자 신학자이다. 이슬람 법학 교의를 체계화하여 이슬람의 4대 법학파 중 하나인 하나피 학파를 창시했다. 이라크 쿠파 출신이고 마왈리 상인 집안 출신이다.

22    767~820, 이슬람교의 4대 순니 법학파 중 하나인 샤피이 학파를 창설한 이슬람 신학자이자 법학자이다.

명한 바 있다. 이와 관련하여 마스우디는 이렇게 언급했다. 그것들은 불법적이고 종교의 길에서 벗어난 곳이다. 나는 한 번도 그것들에 관해 관심을 기울인 적이 없고 그에 관한 정보도 접한 바 없다. 그런 장소에 관한 언급은 그저 역사에서 일어났던 사실만으로 족하다. 과연 누가 그런 곳에 관한 정보를 알고 싶어 하겠는가? 알라께서는 바른 길로 인도하고자 하는 대상을 바른 길로 인도하신다.[23]

## 7장 | 이프리끼야와 마그립에는 도시 수가 적다

그 이유는 이슬람 이전 수천 년간 그 지역이 베르베르족의 터전이었기 때문이다. 그들의 문명은 전부가 베두인적인 것이었고 도시문화를 완성할 정도로 계속 지속되지 못했다. 유럽인과 아랍인이 그들을 지배했지만 그곳에 도시문화를 퍼뜨릴 정도로 정착 기간이 길지 않았다. 그들은 여전히 베두인의 사고방식이나 관습을 지니고 있어서 그들의 문화에는 건물이 많지 않았다. 그들은 베두인 생활에 뿌리를 두고 있고, 기술은 거리가 먼 것이었다. 기술은 도시문화의 산물이고 최종은 바로 건축에서 꽃피게 된다. 기술을 습득하기 위해서는 전문성이 필요한데 베르베르인들은 전문 기술을 수용하지 않았고 도시뿐 아니라 건물을 짓는 것조차 관심을 보이지 않았다. 그들은 아싸비야를 지닌 부족이나 혈족관계의 집합체였다. 혈족관계와 아싸비야는 모두 베두인의 삶과 관계가 있다.

도시의 주민은 평화롭고 안정된 삶을 위해 도시를 방어하는 수비대를 항상 주장한다. 당신은 베두인이 도시거주를 우습게 여긴다는 것을 알게 될 것이다. 사치와 재물만이 사람들을 도시로 끌어들인다. 이프리끼야와

---

23  코란 2장 142절.

마그립의 문명은 대다수 혹은 전부가 베두인 문명이고 그곳에는 천막에서 거주하는 이들, 이동용 임시 거처나 산의 오두막에서 거주하는 이들이 대부분이다.

비아랍인의 문명은 전체 혹은 대부분이 촌락이나 도시에 분포되어 있다. 스페인, 시리아, 이집트, 페르시아 등의 지역들이다. 왜냐하면 비아랍인 대부분은 혈통을 보존하고 그 순수성을 지키려는 하나의 혈족집단이 아니고 그런 이들이 있다 해도 극히 소수이기 때문이다. 베두인 거주민 대부분은 공통 혈통의 부족이다. 그리고 공통의 혈통은 긴밀한 유대를 이루는 데 가장 강력하고 결과적으로 아싸비야도 강하다. 아싸비야를 소유한 사람은 베두인으로 거주하는 것에 끌리지만 용기를 소멸시키고 강제적으로 타인의 보호를 받게 만드는 도시 거주를 기피한다. 그러므로 이런 사실과 기타 사항을 잘 이해하라. 알라를 찬양할 지어다. 그분은 모든 것을 가장 잘 알고 계신다.

## 8장 | 이슬람 시대의 건축물은 이슬람의 위용에 비해 수가 많지 않고 이슬람 이전 왕조들에 비해서도 적다

그 이유는 앞서 베르베르족의 경우를 설명했던 것에 있다. 아랍인들 역시 베두인 생활에 그 뿌리를 두고 기술과는 거리가 멀었기 때문이다. 이슬람 도래 이전의 아랍인은 자신들이 장악한 왕조들에게는 외국인이었다. 아랍인이 왕조를 점령하게 되었을 때 도시문명의 형태가 충분히 갖춰질 정도로 시간이 허용되지 않았고 더욱이 그들은 이 민족이 건설했던 건물들에 만족했다. 또한 그들에게는 종교가 최우선이었는데 그 종교는 목적도 없이 건축에만 집중하는 것을 금하고 있었다. 이는 사람들이 오마르에게 "돌로 쿠파의 건물을 건축할 것인가?" 하고 질문했을 때

오마르가 사람들에게 약속했던 것과 같은 맥락이다. 사실 사람들은 이전에 짚단으로 집을 지었는데 화재로 전소된 바 있었다. 오마르는 대답했다. "그렇게 하라. 하지만 누구든 세 채 이상은 초과하지 말아야 할 것이다. 또한 건축하는 데에 너무 오랜 시간을 보내지 말 것이며 반드시 일년이라는 기간을 준수하도록 하라. 이는 너희들이 지켜야 할 왕조의 규정이니라." 오마르는 백성의 대표에게 이 사안을 위임했고 그 대표는 백성이 분수에 넘는 건축활동을 하지 않도록 규정했다. 그러자 사람들이 물었다. "무엇이 저희들의 분수입니까?" 오마르가 답했다. "그것은 지나치지 않은 것과 원래의 목적에서 벗어나지 않는 것을 말한다." 그러다가 이슬람의 지침과 멀어지고 이런 목적에서 멀리 떨어진 상황이 되었을 때 왕권의 속성과 사치의 속성이 왕조를 장악하게 되었다. 아랍인들은 페르시아 민족을 복속시키고 페르시아 민족의 건축물을 수용하게 된다. 결국 안정과 사치가 그들에게 정착되고 그럴 무렵 그들은 많은 건물을 짓는 데 여념이 없게 되었다. 그때는 이미 왕조가 서서히 붕괴하기 시작한 때이다. 그리고 그 기간은 많은 건물을 건설하고 도시계획을 실행할 정도로 충분하지 않았다. 그러나 다른 민족들의 경우는 그렇지가 않다. 예를 들자면 페르시아 민족의 경우가 있다. 그들은 수천 년간 건축물에 집중할 기간이 있었다. 마찬가지로 콥트인, 나바뜨인 그리고 로마인의 경우도 페르시아 민족과 같은 경우였다. 초기 아랍 민족도 이에 해당된다 할 수 있다. 아드족, 싸무드족, 아말렉인, 타바비아족의 경우가 그렇다. 그들이 건축에 집중할 수 있는 기간은 길었고 그들은 건축활동의 뿌리를 내렸다. 그들이 지은 건축물들은 수없이 많았고 오늘날까지도 유물로 남아있다. 그러므로 이런 점을 심사숙고하라. 알라께서는 지상과 지상에 있는 모든 것을 상속받으셨다.

## 9장 │ 아랍인이 계획하고 건설한 건물은 소수의 예외를 제외하고는 빨리 파괴된다

　그 이유는 베두인 문명이 우리가 앞에서 언급한 대로 기술과는 거리가 멀기 때문이다. 건물은 탄탄하게 지어지지 않았다. 알라께서 더 잘 알고 계시지만, 더 적절한 이유가 있는데, 그것은 우리가 말한 것처럼[24] 그들에게는 도시계획을 할 만한 안목이 부족했다는 점이다. 그들은 도시가 들어설 장소, 좋은 공기, 물, 경작지, 목초지 등을 선택해야 했다. 문명을 고려할 때 이런 조건의 차이는 좋은 도시와 그렇지 않은 도시를 만든다. 아랍인들은 이런 조건들과는 거리를 두고 살아왔고 낙타에게 먹이를 제공할 목초지만을 살폈다. 그들은 물이 좋은지 나쁜지 많은지 적은지는 아예 관심조차 기울이지 않았다. 그들은 경작지가 적당한지, 초지에 식물이 잘 자랄지, 공기가 좋은지에 관해서는 아예 물어보지 않았다.

　바람에 관해 살펴보자면 사막은 바람이 부는 방향에 따라 전적으로 달라진다. 베두인은 바람이 순탄할 때 먼 길을 떠난다. 바람은 정주생활이 동반하는 안정된 삶이나 잉여물이 넘치는 생활을 할 때 나빠진다. 그들이 쿠파, 바스라, 까이라완을 계획하면서 낙타에게 먹일 목초지, 사막과의 근접성, 먼 길을 떠나는 경로와의 근접성을 전혀 고려하지 않은 것을 보라! 이 도시들은 도시에게 적합한 자연조건과는 거리가 멀다. 뿐만 아니라 후세내에게 물려줄 문명을 지속할 자원도 지니고 있지 않다. 우리가 이미 언급했던 것처럼 이는 문명을 지속시키기 위해서 필요한 것이다. 사실 그 도시들의 위치는 정주하기에는 적합하지 않았다. 또한 사람들이 안전하게 거주할 수 있게 여러 민족의 중앙에 위치하지도 않았다. 그러므로 아랍인들의 권력과 그들을 지탱하던 아싸비야가 붕괴되자마자 그 도시들

---

24　이 부의 제5장에서 살펴보았다.

은 파괴되었는데 마치 존재하지 않았던 양 소멸되었다. "알라가 명령하는 곳에 그분의 명령을 막아낼 수 있는 것은 아무것도 없다."[25]

## 10장 | 대도시 붕괴의 시작

처음 대도시가 계획되었을 때 그곳에 있던 가옥의 수는 적었고 돌, 석회, 타일, 대리석, 유리, 모자이크, 진주조개와 같이 벽을 장식하는 건축 자재도 적었다는 것을 인지하라. 따라서 그 당시의 도시 건축물은 베두인의 양식을 따랐고 사용된 건축자재도 형편없었다. 도시문명이 거대해지고 주민의 수도 늘고 여러 방면에서 건축 자재가 풍부해지면서 건축 기술이 발달하고 도시문명은 절정에 이르게 된다. 그러나 도시문명이 퇴보하고 거주민의 수가 줄어들면서 건축 기술도 사양 산업이 되었다. 결과적으로 좋은 건물을 짓고 건물에 장식물을 입히는 건축 기술이 모두 퇴보하게 된다. 거주민이 없으므로 건축 작업도 줄어들고 돌, 대리석과 같은 건축 자재의 수입도 줄어든다. 사람들이 건물에 그런 건축 자재를 사용하는 횟수가 줄어들게 되면서 이런 현상은 하나의 산업에서 다른 산업으로 전이되어 영향을 준다. 결과적으로 대부분의 건축기술공장, 성, 가옥 등에 공동화 현상이 나타나는데 이는 성 전체의 거주민 수가 이전보다 적기 때문이다. 사람들이 이 성에서 다른 성으로, 이 집에서 저 집으로 이주하는 이런 현상은 주민 전체가 사라질 때까지 계속된다. 그러다가 그들은 베두인의 생활로 돌아가 건물을 지을 때도 돌 대신 흙을 사용하고 도시의 건물은 촌락의 건물처럼 되고 베두인의 특성을 보이게 된다. 도시는 그런 방향으로 계속 진행되다 결국 붕괴한다. 알라께서는 자신의 피조물에게 이런 규범을 보인다.

---

25   코란 13장 41절.

### 11장

도시민이 안락함을 많이 누리고 경제 규모가 커질 때
도시는 경쟁적으로 선행한다. 이는 도시민이 수적으로
많고 적음에 따라 결정된다

 그 이유는 이미 알려진 대로 인간은 혼자 생계에 필요한 물건을 취할
수 없기 때문이다. 인간은 문명사에서 늘 협동했다. 한 집단이 협동으로
획득한 물건은 그들의 수보다 많다. 예를 들면 주식인 밀의 경우를 보자.
누구도 자신이 먹을 밀 1인분만을 얻는 경우는 없다. 만약 대장장이, 목수,
소를 몰고 땅을 갈고 수확을 하는 농부 여섯 명이나 열 명이 수확을 위해
준비하고 일을 분담하면 그들은 필요한 식량을 획득한다. 그런데 그들이
획득한 식량의 양은 필요한 것의 몇 배가 된다. 이처럼 협력은 노동자들
이 필요로 하는 것보다 훨씬 많은 양을 얻게 한다.

 도시민이 자신들의 필요에 따라 전체 업무를 분담하면 최소한의 노동
으로 족하다. 그래도 노동의 결과는 그들이 필요로 하는 양보다 많게 된
다. 그러므로 물질의 잉여 상태가 되고 사치가 등장한다. 노동을 하지 않
는 도시민 중 이런 물건이 필요한 자는 대가를 지불하고 구입한다. 그러면
원래 노동을 한 이들은 부를 획득하게 된다. 우리는 제5부 이윤과 생계에
서 이에 관해 명백하게 다루겠지만, 강조하자면 이윤은 노동의 가치이다.
노동이 많으면 가치도 많고 결과적으로 이윤도 증가한다. 안락함과 부富
는 사치를 불러온다. 예를 들면 호화 주택과 값비싼 의복, 고급 그릇과 집
기, 하인과 탈것 등이 있다. 이 모든 것은 대가를 지불해야 하는 일이고 그
런 일에는 숙련된 기술자가 선택된다. 그래서 노동과 기술 시장은 많은 지
출을 요구한다. 결국 도시의 수입과 지출은 모두 증가한다. 노동으로 이윤
을 얻는 이들은 번창하게 된다. 도시의 인구가 증가하면 노동력도 증가한
다. 수입에 따라 사치도 늘고 그에 따른 세수稅收와 필요한 물건도 증가한
다. 사람들은 필요한 물건들을 얻을 목적으로 새로운 기술을 고안하게 되

었고 그런 기술의 가치도 증가되었다. 이는 도시에서 수입이 몇 배나 증가하는 결과를 가져왔다. 그 이후 노동 시장은 처음보다 더 많은 비용을 지불하게 되고 이런 경로로 두 번째, 세 번째의 증가를 가져왔다. 증가하는 노동력 전부는 사치와 부에 집중되었는데, 그 이유는 그것이 생계를 의미했던 기본적인 노동과는 다른 것이기 때문이다. 도시는 인구가 증가하면 수입과 안락한 생활 그리고 사치로 인해 세수 또한 증가하기 마련인데 이런 현상은 다른 도시에선 나타나지 않는 경우도 있다. 그러므로 도시의 인구가 증가하면 도시민이 누리는 사치의 정도는 그런 사치생활을 하지 않는 도시의 상태보다 훨씬 커지고 이는 비교되는 두 도시의 다양한 직업군에 동일하게 적용된다. 예를 들면, 판사대 판사, 상인대 상인, 장인ㅌㅅ대 장인, 시장상인대 시장상인, 아미르대 아미르, 경찰대 경찰이 있다.

마그립에서 이런 경우를 생각해보라. 예를 들면 페스의 경우와 비자야, 틸미산, 삽타의 경우가 있다. 양자 간에는 총체적으로 그리고 개별적으로 커다란 차이가 있다. 페스의 판관은 틸미산의 판관보다 상황이 훨씬 좋았다. 이렇게 한 도시의 직업이 다른 도시의 직업과 비교가 되었다. 마찬가지로 틸미산의 경우는 오랑과 알제의 상황과도 비교가 되었다. 오랑과 알제의 상황은 다른 도시의 상황과 비교가 되었다. 이런 식으로 사치와 많은 수입원을 누리는 도시의 경우와 그렇지 않은 도시의 다양한 직업군의 비교는 계속되고 그 끝은 기본적인 생활을 유지하는 도시와 기본 생활조차 유지하지 못하는 도시를 비교하는 것에까지 이르렀다. 결국 이런 차이를 가져오는 원인은 상황이 다른 도시에서 다른 노동을 하는 데 있다. 마치 도시 전체가 하나의 거대한 노동시장과 같다. 모든 시장은 수입에 따라 지출하기 마련이다. 페스의 판관은 수입이 지출을 감당할 정도이고 틸미산의 판관 역시 이와 같은 경우이다. 그러므로 수입과 지출이 커지면 그 상황도 더 좋아지는 법이다. 페스의 상황은 사치를 부를 정도의 노동시장을 감당할 만큼 커졌다. 그곳의 상황도 더욱 좋아졌다. 마찬가지로 오랑, 콘스탄틴, 알제, 바스카라의 상황도 이런 식으로 진행되다가 중국에는 우리가 언급한 것처럼 도시의 노동이 생필품을 살 경비도 지불하지 못하는 상황으로 전락한다. 이런 일은 큰 도시에서 발생하지 않고 소규모의 촌락에서나 일어난다. 여러분은 이런 소규모 도시의 인구가 나쁜 상황에 처해 있고 가난과 빈곤에 가까이 있다는 것을 알 수 있다. 이때는 노동으로 필요한 물품을 구입할 비용을 감당하지 못하게 된다. 그들은 잉여의 소득을 누릴 수 없기 때문에 그들의 이윤은 증가하지 않는다. 아주 드문 경우를 제외하고 그들은 불쌍하고 가여운 처지가 된다.

이런 상황이 계속되다가 결국 최고 빈민자나 걸인이 된다는 사실을 알아야 한다. 하지만 페스의 걸인은 틸미산이나 오랑에 있는 걸인의 형편보다는 나았다. 나는 실제로 페스에서 걸인들이 희생제[26] 때 자신들이 희생제에 쓸 비용을 구걸하는 것을 보았다. 그들은 사치스러운 물건과 먹을 것을 요구하였는데 예를 들자면 고기, 정제버터, 의복, 체나 식기 같은 조리 기구 등이다. 만약 틸미산이나 오랑에서 걸인들이 이런 것을 구걸했더라면 분명 거절당하고 푸대접을 당할 뿐 아니라 비난의 대상이 되었을 것이다.

오늘날 카이로와 이집트의 시민들이 세금의 수입으로 사치와 부를 누린다는 소식이 들리는데 우리는 이에 놀라움을 금치 못한다. 마그립의 빈민 중 다수는 이런 이유로 이집트로 이주하고 있다. 그들은 분명 이집트의 안락한 생활수준이 그 밖의 국가보다 낫다는 소식을 들었을 것이다. 내중은 그 지역의 거주민이 자비를 베푸는 마음이 있고 많은 재물도 지니고 있다고 확신하고 있다. 그들은 여타 도시의 주민보다 훨씬 많이 자선을 베푼다고 믿고 있다. 하지만 사실은 그렇지 않다. 진실은 단지 이집트

---

[26]  이슬람의 최대 축제인 희생제는 선지자인 아브라함이 자신의 큰 아들이자 아랍인의 조상으로 간주되는 이스마일을 알라께 제물로 바치려 했으나 천사 가브리엘의 도움으로 아들 대신 양을 희생했다는 전설에서 비롯되었다. 희생제 때 무슬림들은 양을 도살하고 이웃과 나누는 풍속이 있다.

와 카이로의 거주민이 당신이 속해 있는 도시의 거주민보다 수적으로 많다는 것이다. 그래서 그들의 상황이 좋아진 것이다.

수입과 지출의 상황을 보자면 그것은 모든 도시에서 충분한 정도이다. 수입이 늘면 지출도 늘고 그 반대의 경우도 형성된다.

당신에게 전달되는 이런 종류의 모든 정보를 부인하지 마라. 그리고 그 이유는 단지 거주민의 수가 증가한 것에 있음을 인지하라. 혹은 어려운 이들에게 자선을 베풀기 쉽게 하는 이윤의 증가에서 비롯된 일이라고 생각하라. 이런 예로 들 수 있는 이야기가 있다. 한 도시에서 다양한 집에 있는 멍청한 동물들의 이야기이다. 어떤 집에 왔는지에 따라 동물들의 상황이 얼마든지 달라진다. 부유한 집에는 먹을 것이 넘치는 식탁과 집안 뜨락, 그 주변에는 곡물 알갱이와 먹을 것이 산재되어 있다. 그곳에는 개미와 무늬충이 득실거린다. 그뿐 아니라 큰 쥐들이 떼로 다니고 고양이들도 몰려다니고 하늘에는 새가 무리를 지어 떠다니다 한입 가득 먹이를 물고 떠난다. 그러나 가난한 이의 집에는 하루 끼니만 있을 뿐이다. 그러니 집 안의 뜰에는 개미 한 마리 꼬이는 일이 없고 하늘에는 새 한 마리도 얼씬거리지 않는다. 그 집 어느 구석에도 쥐 한 마리나 고양이 한 마리를 볼 수가 없다. 시인이 노래했다.

> 새는 곡식알이 흩어진 곳에 내려앉고
> 자비로운 이의 집에 들락거린다.

그러므로 이와 관련해서 지고하신 알라의 비밀을 고려하라. 멍청한 동물들이 들끓는 것, 먹거리와 사치가 넘쳐나는 식탁 그리고 활수한 이가 재물을 쉽게 쓰는 용례에서 사람들이 들끓는 이유를 찾을 수 있다. 그런 이들은 대부분 잉여물이 필요 없다고 생각하는데 그 이유는 그들에게 재물이 많기 때문이다. 문명의 상황이 좋아지고 번창함은 그 문명의 크기가 크기 때문에 비롯된 결과임을 기억하라. 지고지순하신 알라는 가장 잘 알고 계신다. 그분은 만물의 절대자이시다.


## 12장 │ 도시에서의 가격

모든 시장은 사람들이 필요한 물건을 가지고 있음을 기억하라. 그중에는 필수품이 있다. 밀, 보리, 콩, 병아리콩, 완두콩, 그 밖의 식용 곡물이 있고, 양파, 마늘 등의 건강식자재가 있으며 양념, 과일, 의복, 기구, 탈것, 건축물 등과 같은 생필품, 기호품, 사치품이 있다. 만약 대도시가 발전하고 인구가 증가하면 식량과 같은 생필품의 가격은 하락하고 양념과 과일 같은 사치품의 가격은 상승한다. 하지만 도시 인구가 줄면 상황은 그 반대로 전개된다. 그 이유는 식자재와 같은 생필품은 수요자가 많아 부족하기 때문이다. 모든 사람은 자신이 일용할 음식이나 집에 비축할 식량의 중요성을 부인하지 않는다. 도시 주민 모두가 이렇게 한 달 혹은 일 년치 식량을 비축하는 일은 일반적인 것으로 된다. 이런 일은 도시 거주민에게만 해당되는 것이 아니고 도시 인근의 주민들에게도 해당된다. 식량을 구입하는 이는 식구들의 몫보다 넉넉한 양을 구입한다. 식량 가격은 재앙이 닥친 경우를 제외하고는 대부분 저렴하다. 재앙이 닥칠 걸 예상해서 사람들이 식량을 독점하지 않는다면 인구가 아무리 많아도 식량이 넉넉하므로 가격 상승 없이 식량은 제공될 것이다.

그 외에 양념과 과일, 사치품에 대해 말하자면 이는 일반적으로 수요가 많은 것은 아니었다. 도시 주민 모두가 사치품을 원하는 것은 아니었고 다수가 원하는 것도 아니었다. 만약 도시가 발달하고 인구가 넘쳐나고 사치품에 대한 요구가 많아지면 그때에 가서 그런 물품에 대한 수요가 생성될 것이고 대부분은 상황에 따라 정해진다. 결과적으로 수요보다 절대적으로 부족하게 된다. 많은 이들은 그런 물품에 값을 매기고 그 물품의 희소성은 부각된다. 사람들은 앞 다투어 이런 물품을 구입하려 하게 된다. 사치를 일삼는 이들은 다른 이들보다 비싼 가격을 지불한다. 왜냐하면 그들은 다른 이들보다 더 절실하게 그런 물품이 필요하기 때문이다. 결국 여러분이 목도하듯 가격만 상승하게 된다.

인구 과잉 도시에서 기술과 노동의 상황에 대해 말하자면 거기에는 높은 가격 설정의 이유가 있고 그 이유는 세 가지로 나뉜다. 첫째, 문명의 발달에 따라 도시에는 사치품에 대한 수요가 많다. 둘째, 기술자와 노동자들이 자신의 업무에 자부심을 지닌 나머지 노동을 많이 하지 않게 되고 도시에 식량이 많으므로 생활하기는 용이하다. 셋째, 돈을 많이 쓰는 이들이 많고 다른 이들의 숙련된 기술을 필요로 하는 사람, 기술을 이용하기를 원하는 이가 많다. 그래서 그들은 노동자들에게 원래의 가치보다 더 많은 대가를 지불하게 된다. 왜냐하면 그들은 노동자들의 업무를 독점하려고 경쟁하기 때문이다. 노동자, 기술자, 전문직 종사자는 더욱 자부심을 갖게 되고 그럴수록 그들이 하는 노동의 가격은 비싸지며 도시주민의 지출은 늘어난다.

인구가 적은 소규모의 도시 거주민들의 식품이 부족한 이유는 그곳의 일자리 부족 때문이다. 그들은 도시가 소규모이기 때문에 식량 부족을 염려한다. 그래서 식량을 쌓아 놓는다. 주민들의 수중에 있는 식품은 귀한 것이 되고 그 가격은 천정부지로 솟는다. 문명의 이기에 대해 살펴보자면, 소규모 도시에서 주민이 적은 경우는 문명의 이기에 대한 수요가 많지 않다. 주민들의 상황이 좋지 않기 때문이다. 그들은 이런 상품에 대해 지출을 꺼리고 가격은 낮아진다.

식품 가격에 세금이 부과될 수도 있다. 이런 세금은 시장과 도시의 성문에서 군주에게 납부하거나 판매물품의 이익에 대한 세금으로 세리에게 납부하게 된다. 따라서 도시의 물품 가격은 베두인 사회보다 훨씬 비싸다. 왜냐하면 베두인 사회에서는 이런 종류의 세금들이 아주 적거나 아예 존재하지 않기 때문이다. 반대로 대도시에서는 많은 세금을 부담하게된다. 특히 왕조의 말기에는 이런 현상이 더욱 두드러진다. 식품 가격에 농업 개선비가 포함될 수도 있다. 식품 가격을 정할 때 이런 것이 고려된다. 이 시대의 스페인에서 이런 일이 어떻게 발생했는지 보라! 기독교도들은 무슬림을 해변으로 몰아넣었는데 그 지역은 농업하기에 척박한 곳이었다. 반면 기독교도들은 좋은 토지를 소유했다. 그들은 그 토지에서 식물과 농작물의 개선을 목적으로 농토의 상황을 개선하고 기름지게 할 필요가 있었다. 그런 비용은 거름과 농업 개선에 도움을 주는 그 밖의 것에 소요되었다. 결과적으로 그들은 무리한 비용을 지불하게 되었다. 이런 것이 고스란히 물품의 가격에 반영되었다. 기독교도들이 무슬림을 해변 지역으로 몰아넣은 이후 스페인의 물가는 상승했다.

이제 스페인 사람들은 거주지에서 물가가 비싸다는 소리를 들으면 식품이나 곡물이 부족하다는 의미로 받아들인다. 하지만 실제로 그렇지는 않다. 그들은 우리가 이미 살펴본 대로 대다수가 농업에 종사하는 이들이다. 그들 중 농업과 무관한 직업은 그리 많지 않다. 예외를 들자면 기술자, 전문직 종사자 그리고 성전을 치르러 조국에 온 사람들이 있을 뿐이다. 군주는 이들에게 아따으[27]를 줄 때 가속까지 고려한다. 아따으는 대부분 식량이나 가축의 먹이다. 그들의 곡물 가격이 비싼 이유는 우리가 언급한 그대로이다.

하지만 이와는 반대로 베르베르족은 식물이 잘 자라는 비옥한 토지를 소유하고 있어 농업에 종사하는 이의 수가 많고 전반적으로 농업이 좋은 형편이었다. 그런 이유로 그곳에는 식량 가격이 낮았다.

알라께서는 밤과 낮을 결정한다. 그분은 유일하게 전능하신 분이고 그분 이외 주님은 없다.

---

27  군주가 신하나 군인에게 주는 급여나 하사품이다.

## 13장 | 베두인 주민은 거대문명 도시에서 거주하는 것이 어렵다

우리가 이미 언급했듯이 거대문명 도시는 사치가 만연하기 때문이다. 그런 곳에는 사치하는 도시민들이 상당히 많다. 사람들이 사치를 추구하는 것은 매우 일반적인 것으로 간주된다. 따라서 사치와 관련된 일은 귀중한 것이 되며 문명화된 시설의 이용을 위해서는 비싼 대가를 치러야 한다. 왜냐하면 사치를 추구하는 경향이 심하고, 군주가 시장과 상거래에 부과한 세금이 너무 많기 때문이다. 이런 세금은 판매 가격에 영향을 준다. 그러므로 문명화된 시설, 식품, 노동은 더욱 비싸진다. 거주민의 지출은 수에 비례한다. 지출이 늘면 자신과 가솔을 위해 생활필수품과 보급품을 구입하려고 많은 재물을 필요하게 된다.

그러나 베두인은 수입이 많지 않다. 베두인은 노동시장이 경직된 곳에 거주한다. 노동시장은 소득의 원천이므로 이런 경우 소득이 없고 재물도 없다. 그러므로 베두인이 대도시 거주민으로 사는 것은 어렵다. 왜냐하면 그런 곳에는 문명 시설을 이용하는데 비싼 비용을 지불해야 하고 물건을 사는 일도 마찬가지이기 때문이다. 베두인은 사막에서 약간의 노동으로도 자신이 필요한 것을 감당할 수 있었다. 그러므로 억지로 재물을 모으려고 하지 않는다. 베두인 중에 도시에 거주하거나 도시 거주를 동경하는 자는 자신의 경쟁 능력이 부족하다는 것을 알고 있다. 일부 예외가 있다면 보통의 베두인적인 사고방식에서 벗어나 재물을 모으거나 필요 이상으로 재물을 획득한 경우 그리고 안락함과 사치를 일삼는 도시민의 목표를 추구하는 경우이다. 이런 베두인은 도시로 이주하고 그의 상황도 그곳 거주민의 상황과 동일하게 되니 세금을 부담하고 사치를 일삼게 된다. 이렇게 대도시 거주민의 시작이 있다. 알라께서는 모든 것을 에워싸고 있다.

# 14장 │ 지방도 번성하고 빈곤한 상황에 따라 차이가 있는 것은 대도시와 마찬가지다

여러 지방의 문명이 번성한다는 것은 거주 민족이 다양해지고 그곳 주민들의 상황이 호전되고 그들의 재물과 거주 도시가 늘어나며 왕조가 더욱 강성해진다는 것임을 인지하라. 그 이유는 앞서 언급했던 노동의 과잉과 재물에 있다. 필수품을 획득하고 난 이후 잉여물은 넉넉함을 의미한다. 이런 상황은 이윤을 가져와 사람들을 부유하게 만든다. 이에 관해서는 우리가 생계와 이윤의 장에서 다루게 될 것이다. 그런 지역이 번영하고 상황이 좋아지면 사치와 부유함이 팽배해지고 왕조는 시장 경제를 위해 세금을 늘리게 된다. 왕조의 재물은 늘고 군주의 콧대는 더없이 높아지며, 군주는 요새와 성을 건설하고 도시계획과 새로운 군사도시 건설에 박차를 가한다.

이런 현상을 마슈리끄의 지방에서 살펴보라. 이집트, 시리아, 비아랍 이라크지역, 인도, 중국, 북부 지역 전체, 지중해 너머의 지방들이 그 예다. 그들의 문명이 발달하자 어떻게 그들의 재물이 커졌는지, 어떻게 그들의 왕조가 거대해졌는지, 어떻게 그들의 도시와 성의 숫자가 늘어났는지, 또 어떻게 그들의 상업과 상황이 발전했는지를 고려해야 한다. 우리가 이 시기에 목도한 것은 기독교 상인들과 마그립의 무슬림들의 상황인데, 그들은 번창했고 상황은 묘사된 것보다 훨씬 더 좋았다. 우리는 마슈리끄 상인들의 상황에 대해서도 듣고 비아랍 이라크, 인도, 중국이라는 극동 거주민의 상황도 듣는다. 우리는 여행자들이 전해주는 이야기를 통해 그곳 사람들이 얼마나 부유하고 번창한지에 대해 듣는다. 아마도 당신은 대부분을 믿지 않으려 할 것이다. 그런 이야기를 듣는 사람들은 그들의 재물이 늘어났다고 생각하거나 영토보다 그들이 지닌 금은보화가 더 많기 때문에 혹은 여러 민족으로부터 차출한 금 때문에 그들이 부유해졌다고 생각하지만 실제는 그렇지 않았다. 우리가 그 지방에 있다고 알고 있는 금광은 수단에 있고 그것은 오히려 마그립에 더 가깝다. 그들의 영토에 있는 모든 상품은 외지와의 무역거래를 위한 것이다. 만약 그들의 재물이 넘쳐날 정도로 풍족했다면 그들은 재물을 목적으로 상품을 수출하지 않았을 것이다.

천문학자들은 그곳에서 이런 현상을 목도했으며 마슈리끄의 상황이 좋은 것과 그곳의 재물이 넘치는 것을 이상하다고 생각했다. 그들은 마슈리끄에서 태어난 이들은 마그립에서 태어난 이들보다 별과 운명의 가호를 더 많이 받았다고 했다. 이는 우리가 언급했던 것처럼 별들의 원리와 영토의 상황 간에 적용되는 측면에서 보자면 옳다. 그들은 그런 천문학적 이유를 제공했다. 그리고 영토하는 이유를 제공하기도 했다. 이는 우리가 많은 문명과 특히 마슈리끄 영토와 그 지방에서의 문명에 관해 언급했던 것이다. 문명이 크면 많은 노동을 통해 큰 이윤을 가져온다. 그래서 마슈리끄 지방은 여러 지방 가운데 번창할 수 있었다. 하지만 이는 순전히 별의 영향만은 아니다. 당신은 우리가 설명했던 것을 잘 이해하고 있다. 그것은 문명의 원리와 그 영토의 문명 그리고 자연 사이의 적용은 필연적이라는 사실이다.

이프리끼야 지방과 바르카 지방에서 이런 발전은 문명에서 비롯된다는 점을 고려하라. 그 지방의 인구가 감소하고 문명이 몰락하면 거주민들은 힘든 상황에 직면하고 결국 빈곤해져서 종국을 맞이하게 되는 것을 고려하라. 그곳의 세금은 줄어들고 왕조의 재정 수입도 줄어든다. 이는 시아(파티마) 왕조와 씬하자 왕조가 번창하고 세금이 늘어나고 지출과 아따으를 주는 상황이 좋았다는 소식을 전하고 난 이후의 일이다. 까이라완에서 이집트까지 통치자의 재물은 대부분의 시간 필요한 만큼 늘어났다. 서기 자우하룬(자우하룬 알카띱)이 이집트를 정복하러 나선 원정길에서 싣고 간 그 왕조의 재물은 1천 짝이었다. 그는 이것을 군인들의 식량과 아따으 그리고 원정 비용으로 마련한 것이다.

마그립 지방은 오래전 이프리끼야 지방보다 열등했고 그래서 재물도 조금 밖에 없었다. 무와히둔 왕조의 상황은 아주 좋았고 세금도 풍부하게 걷혔다. 하지만 이 시대에는 그곳에 거주민의 수가 줄어든 탓에 재정 상황이 그때보다 더 악화되었다. 결과적으로 그곳에서 거주하던 베르베르 거주민 다수는 다른 곳으로 이주했다. 그곳의 상황은 마치 이프리끼야 지방의 상황과 흡사했다. 이프리끼야 지방의 거주민은 지중해에서 수단 지방까지 분포되어 있었는데 이는 수스 알아끄사와 바라카 사이이다. 지금 그곳은 해안가나 구릉지대 근처를 제외하고는 그 대부분이 사막이다. 알라께서는 지상과 지상에 있는 모든 이를 상속받으셨다. 그분은 최고의 상속자이시다.

## 15장 │ 대도시에는 부동산으로 부자가 된 이가 있다

다수의 병영 도시와 대도시에는 부동산으로 부자가 된 사람들이 있는데 이런 일은 단발성이 아니고 어느 한 시대에만 발생하는 것도 아니라는 것을 인지하라. 그 사람은 막강한 소유물을 지닐 정도로 재력이 커진 것은 아니다. 만약 그들이 부자가 된 내용을 전한다면 과연 어떤 이야기를 할 수 있었을까? 사실 그들은 조금씩 단계적으로 소유권을 갖고 부유해졌다. 부친으로부터 물려받은 것 혹은 여러 사람의 재물이 한 사람에게 귀착된 것, 많은 경우가 여기에 해당되고 시장의 변동이 그런 결과를 가져오기도 한다. 왕조 말기가 되면 신생 왕조가 부동산을 소유하게 되고, 수비대는 사라지고 울타리에는 구멍이 뚫리며 도시는 파괴되고 도시에서 부동산으로 인한 이득이 감소됨에 따라 상황은 조금씩 악화된다. 따라서 부동산 가치는 줄어들고 누구든 마음만 먹으면 쉽사리 부동산을 소유하게 된다. 유산으로 받은 부동산도 다른 이의 소유가 된다. 도시는 신생 왕조의 건국을 축하하며 젊음의 생기를 불어넣고 젊은 기운으로 재정비된다. 이와 더불어 부동산에서 부의 가치가 생기니 이는 부동산이 가져오는 큰 이득 때문이다. 부동산의 가치는 커지고 첫 번째 왕조에서는 존재하지 않았던 부동산의 중요성이 대두된다. 이는 그곳의 경제상황을 보여주는데, 부동산 소유자는 도시 거주민 중에 가장 부유층이 되지만 이는 그가 노력해서 얻은 이익은 아니다. 왜냐하면 일개 개인이 그런 일을 이룩하기에는 역부족이기 때문이다.

  부동산 이득에 대해 언급하자면 그것은 부동산 소유자가 생계를 해결하는 데 필요한 것을 조달하기에는 불충분하다. 따라서 부동산의 이득이 사치나 혹은 그 원인이 될 수는 없다. 대부분의 경우 생계를 위한 필수품을 해결하는 정도이다. 우리가 학자들에게서 들은 것은 부동산을 소유하는 목적은 어린 자식을 남겨 두고 떠나야 하는 이들의 두려움에서 비롯된다는 것이다. 그들은 자손이 소득을 창출할 수 없는 동안 부동산 이익으로 교육과 생계를 꾸려가고 제대로 성장하기를 바란다. 그리고 그들이 성장하여 소득을 창출할 수 있게 되면 스스로 자립하길 바란다. 자손 중에는 몸이 약하거나 정신적으로 약자인 경우라서 스스로 소득을 창출할 수 없는 경우도 있다. 그럴 경우 부동산은 그런 자의 경제 상황을 해결해준다. 이것이 그들이 부동산을 소유하는 당위성이다. 부동산으로 재물을 쌓는 것과 사치하는 이들이 재물을 쓰는 것의 상관관계는 밀접하지 않다. 부동산 이득은 시장의 변화에 따라 약간 혹은 아주 드물게 있을 수 있다. 큰 이득을 얻는 것은 도시에서 부동산의 가치와 종류가 결정한다. 그러나 일단 이득을 얻으면 아미르[28]나 통치자의 시선이 뻗쳐 오고 그들은 대부분 해당 부동산을 빼앗으려 하거나 팔라고 권한다. 결국 부동산 소유자는 피해와 상처를 입는다. 알라는 그분의 일에 넘치는 힘이 있다.[29] 그분은 위대한 왕좌의 주님이시다.

---

28  무슬림사회에서 지도자, 군주의 의미로 쓰인다. 예언자 무함마드는 알리에게 '믿는자들의 아미르'라는 별칭을 주었다.
29  코란 12장 21절.

## 16장 | 도시 주민 중 재물을 모은 이들은 계급과 방어가 필요하다

도시 거주민이 일단 재물을 모으고 부동산을 늘리면 도시의 최상위 부자가 되고 그로 인해 세간의 시선이 집중되어 그는 사치하고 세금을 내는 데 지출하게 된다. 지출 면에서 아미르와 군주들과 경쟁하고 결국 통치자들은 그를 시기하게 된다. 적대감은 인간 본성에 있는 것으로 그들은 그의 소유물에 눈독을 들이고 이를 취하기 위해 가능한 모든 계략을 쓴다. 군주는 권력으로 덫을 놓아 그를 잡고, 그런 처벌에 명백한 이유가 있다고 주장한다. 그리고 그의 재물을 빼앗는다. 이럴 경우 대부분 통치자는 승리한다. 정의는 정통칼리파 시대에는 존재했는데 잠시 머물 뿐이었다. 예언자*께서 말했다. "나 이후로 칼리파제는 30년간 지속된다. 그 이후 왕제로 돌아갈 것이다." 그러므로 도시문명에서 유명한 재산가는 반드시 자신을 보호해줄 수비대가 필요하고 군주의 측근이나 군주와 마음을 터놓는 친구 혹은 군주와 아싸비야를 공유한 자로 자신이 의지할 수 있는 사람이 필요하다. 이런 보호자가 있어야 그는 온갖 공격에서 자신을 보호하고 평화롭게 지낼 수 있고 만약 그렇지 못하면 온갖 계략과 법적인 제약의 희생물이 된다. 알라께서 결정하시면 누구도 그 결정을 바꾸지 못한다.


## 17장 | 도시의 정주문명은 여러 왕조로부터 비롯된 것이다. 그런 정주문명은 왕조의 공고함에 뿌리를 둔다

그 이유는 다음과 같다. 정주문명은 문명의 여러 상황 중 필수적인 것에 부가된 상태를 말한다. 다양한 종류의 번영과 여러 민족에게 더해진 무언가를 의미한다. 정주문명은 세분화할 수 있는데 문명의 종류에 따라 많은 전문가가 있다. 그런 문명에는 기술의 계급이 형성되어 있다. 모든 종류의 기술은 책임자와 숙련공을 필요로 한다. 여러 가지 종류의 기술이 늘어나면 기술자도 증가한다. 그리고 그 세대는 그런 기술로 채색된다. 그 기술은 오늘날까지도 연결되고 다양한 기술이 대를 이어 계속된다. 숙련공들은 자신의 기술 분야에서 전문가가 되고 그 분야의 지식에서 탁월한 장인이 되었다. 그런 시간은 오래 지속되고 그 영역은 확장되며 기술의 흡사한 경우가 반복되어 결국 기술은 확고한 뿌리를 내리게 된다. 이런 일은 대부분 대도시에서 발생하는데 그 이유는 문명이 확실하게 뿌리를 내리기 때문이고 더불어 도시 거주민의 상황이 번영했기 때문이다. 이 모든 것은 왕조로부터 비롯되는데 그 이유는 왕조가 백성의 재물을 취하고 왕가의 사람들에게 그 돈을 쓰기 때문이다. 그들의 상황은 재물의 증가보다는 계급으로 인해 더욱 호전된다. 그런 재물은 백성으로부터 온 것이고 그 지출의 수혜자는 왕가의 사람들과 도시 거주민 중 왕가의 사람들에게 속한 자들이다. 그들이 가장 큰 부분을 차지한다. 결국 그들의 재산은 늘어난다. 도시 거주민은 번영으로 인한 세금이 증가하고 전반적으로 기술이 자리를 잡게 된다. 이것이 바로 문명이다. 이런 맥락에서 지리적으로 왕조의 중심에서 멀리 있는 도시의 경우를 살펴보자. 그런 도시는 베두인이 정복했을 것이다. 그곳의 모든 생활 방식은 정주문명과는 거리가 멀어질 것이다. 하지만 왕조의 중심에 위치한 지방의 중간 도시는 그렇지가 않다. 그곳은 권력과 이웃하고 있고 재물이 넘쳐나는 곳이다. 이는 마치 물이 근처 땅을 초록으로 물들이지만 멀리 떨어져 있는 땅은 건조하게 끝나는 것과 같다. 우리는 이미 권력과 왕조가 이 세상의 시장이고 모든 종류의 상품이 시장과 그 근처에 있다는 것을 언급했다.[30] 따라서 시장에서 멀리 떨어지면 상품은 사라진다. 만약 그 왕조가 지속되거나 그 도시에서 왕조의 군주가 한 사람 씩 대를 이어 지속되면 문명은 정착되고 뿌

---

30    제3부 42장에서 언급했다.

리를 내리게 된다.

유대인의 경우를 보라. 그들은 거의 1천4백년가량 시리아를 통치했다. 그들의 문명은 그곳에 깊이 뿌리를 내렸다. 그들은 생계의 상황이나 관습면에서 숙련공이었다. 그들은 다양한 분야에서 전문 기술자가 되었는데 음식, 의복, 집안의 여러 가지 것들이 그 기술의 대상이었다. 심지어 오늘날까지도 그들의 기술이 채택되곤 한다. 시리아에서 정주문명과 그 문명의 관습은 유대인의 문명으로 공고히 자리 잡았다. 그들 이후로 로마 왕조가 그곳을 6백 년간 통치했다. 사실 그들이야말로 문명의 최고를 구가했다.

마찬가지로 콥트인은 3천 년간 이집트를 통치했는데 그들의 문명은 그곳에서 뿌리 깊게 자리 잡았다. 그들의 뒤를 이어 그리스인과 로마인의 통치가 이어졌다. 그 이후 이슬람의 군주가 나타나 모든 면에서 공고히 뿌리를 내렸다. 이집트에는 정주문명의 관습이 계속되고 있다. 예멘에서도 마찬가지 경우이다. 왜냐하면 그곳에는 아랍 왕조가 계속해서 지속되었기 때문이다. 아말렉인, 툽바인이 수천 년을 통치했고 그 뒤를 이어 무다르족이 그곳을 통치했다.

이라크의 경우도 마찬가지이다. 그곳에는 나바뜨인 왕조가 있었고 이후 페르시아 왕조가 있었다. 그 이후로 칼데아인, 카야니아인, 사산 왕조 그리고 아랍인의 통치가 이어졌다. 오늘날까지 시리아, 이라크, 이집트의 주민보다 더 문명화된 자는 이 땅위에 없었다.

스페인에도 문명의 관습은 수천 년 간 공고히 뿌리를 내렸다. 왜냐하면 그곳에는 고트 왕조가 계속 이어졌고 그 이후에는 우마이야 왕조가 이어졌기 때문이다. 두 왕조 모두 위대한 왕조임은 틀림없다. 결과적으로 그곳에는 문명의 관습이 계속되었고 그런 문명은 확고하게 자리를 잡았다.

이프리끼야와 마그립에 관해 언급하자면 그곳에는 이슬람이 도래하기 전까지 거대한 왕조는 존재하지 않았다. 비잔틴인과 유럽인이 이프리끼야 해안에 도착했고 해변을 장악했다. 그곳의 원주민이었던 베르베르인들이 그들에게 복종 했지만 진심은 아니었다. 그들은 잠시 그곳에 머물렀다가 갔다. 마그립의 주민은 이웃에 왕조라고는 찾아볼 수가 없었다. 그들은 바다 건너 고트족에게 복종하고 있었다. 그러다가 알라께서 이슬람을 보내 주시고 아랍인이 이프리끼야와 마그립 지역을 소유하게 되었다. 그곳에 아랍인 군주가 통치하던 시기는 이슬람 초기를 제외하곤 얼마 되지 않는다. 그 당시 아랍인은 베두인의 상태였다. 그들 중 이프리끼야와 마그립에 정착한 이에게서 선조의 문명을 모방한 흔적을 찾아볼 수 없었다. 왜냐하면 그들은 베르베르인이었고 베두인 문화를 깊이 간직하고 있었기 때문이다. 이후 모로코의 베르베르인은 히샴 븐 압둘 말리크[31] 시대 마이사라 알무답파르에게 대항했다. 그들은 아랍인의 명령에는 대항하지 않았다. 하지만 그들은 자신의 명령을 수행하는 독립된 주체였다. 비록 그들이 이드리스에게 충성을 맹세했다 해도 그의 왕조가 아랍인 왕조라고 간주되지는 않았다. 왜냐하면 베르베르인이 그 왕조를 차지했고 게다가 왕조에는 아랍인이 많지 않았기 때문이다. 한편 이프리끼야 지방은 아글랍족[32]이 차지했기 때문에 약간의 문명이 존재했다. 그 문명은 군주의 사치와 번영 그리고 까이라완의 많은 문명에서 비롯된 것이다. 그런 문명은 쿠타마 부족에게 유산으로 전해졌고 이후 씬하자 부족에게 이어졌다. 이 모든 기간이 매우 짧았고 합쳐서 4백 년이 넘지 않았다. 그들의 왕조는 그렇게 흘러갔고 문명의 색은 확고하게 자리 잡지 못한 채 바뀌었다. 아랍 베두인 힐랄 부족이 그곳을 정복했을 때 정주문명의 숨겨진 잔재를 발견했다. 오늘날까지 칼아, 까이라완 혹은 마흐디야 지역에 거주했던 선조는 알려져 있다. 여러분은 가옥이나 관습 등에서 그 문명 이외의 색채를 띠고 있는 잔재를 발견하기도 한다. 이는 이프리끼야에 있는 여러 도시의

31  우마이야 왕조의 칼리파(재위 724~743).
32  바누 타밈 부족의 아미르들과 구성원들이 이프리끼야를 통치하던 왕조이다.

상황이다. 마그립이나 그곳의 도시는 이런 경우가 없다. 왜냐하면 이프리끼야의 왕조는 아글랍 왕조, 시아 왕조 그리고 씬하자 왕조 이래로 가장 오랜 기간 그 뿌리를 깊이 내렸기 때문이다.

마그립에 대해 언급하자면 문명의 커다란 행운이 무와히둔 왕조이래로 스페인에서 그곳으로 전이되었다. 스페인 지방을 장악했던 여러 왕조의 관습이 그곳에 남아 있다. 왕가의 일족들 다수가 자의 반 타의 반 그곳으로 이주했는데 이는 여러분이 아는 것처럼 영토가 확장된 결과였다. 결과적으로 그곳은 문명의 축복과 행운이 있게 되었고 그런 문명은 확고하게 자리 잡았다. 그런 문명의 대부분은 스페인 거주민에게서 비롯되었다. 이후 스페인 마슈리끄의 거주민은 기독교도들이 그곳으로 들어오자 이프리끼야 지방으로 이주했다. 그들은 그곳에 자신들의 도시문명을 세웠는데 그 대부분이 튀니스에서 이루어졌다. 그 문명은 이집트의 문명과 혼재되었는데 그 이유는 여행자들이 이집트의 관습을 소개했기 때문이다. 마그립과 이프리끼야 지방에는 정주문명의 행운이 깃들었지만 결과적으로는 무의미한 일이 되었다. 왜냐하면 마그립의 베르베르족은 거칠고 조악한 베두인 생활로 회귀했기 때문이다. 어찌되었건 이프리끼야에 문명의 잔존이 마그립과 그곳의 도시보다 많은 것은 사실이고 그 이유는 이프리끼야에 선대 왕조들이 마그립보다 많았으며 이집트와 교류를 통해 이집트의 관습에 영향을 받았기 때문이다. 그러므로 이런 비밀을 잘 이해하라. 많은 사람들은 이에 대해 잘 알지 못한다.

왕조의 상황은 그 왕조의 강성하고 위약함, 다양한 민족과 세대, 도시의 발달 정도, 발전과 편안함의 정도 등의 사실에 비례한다는 것을 인지하라. 왜냐하면 왕조와 왕권은 우주와 문명의 형상이고 이 모든 것은 시민과 여러 도시, 다양한 상황을 바탕으로 구성된 것이기 때문이다. 사람들은 징세로 재물을 취했고, 시장과 상거래 활동은 편리함을 추구했다. 만약 군주가 왕가의 사람들에게 아따으를 과하게 주고 재물을 낭비하면 그런 풍조가 만연하여 결국 그 결과는 군주에게 돌아오고 군주는 다시 그들에게 재물을 베푼다. 따라서 그들의 납세와 지출이 그들 자신에게 아따으로 돌아온다. 왕조의 경제 상황에 따라 백성에게 편안함이 주어지고 백성의 편안함의 정도와 백성의 수에 따라 왕조의 재물이 결정된다. 그 재물의 원천은 모두 문명과 문명의 발달에 있다. 그러므로 여러분이 몸담고 있는 왕조의 문명을 잘 살펴보라. 지고지순하신 알라가 판단하고 그분의 판단은 누구도 변경할 수 없다.

## 18장 | 정주문명은 문명의 최종 목표이자 문명의 수명이 다했음을 알리는 징표이다. 또한 문명의 부패를 보여주는 지표이기도 하다

우리는 앞의 설명에서 왕권과 왕조가 아싸비야의 목표라고 명백하게 밝혔다. 또한 정주문명은 베두인 생활의 목표이고 그것이 모든 문명, 베두인 생활, 군주의 거처, 시장 등에서 시작되었더라도 생명이 있는 개체라고 밝혔다. 이성적 판단이건 다른 이의 인용을 빌어서이건 인간은 나이 사십이 되면 힘과 성장이 목표치에 달한다고 분명하게 말했다. 사십에 이르면 분명히 자연적인 성장과 발달이 멈추고 그 다음 단계는 하향곡선을 걷게된다. 여러분이 인지해야 할 것은 정주문명도 이와 마찬가지라는 것이다. 왜냐하면 문명에도 더 이상 발전할 여지가 없기 때문이다. 만약 문명인이 사치와 발전의 극에 달하면 자연적인 것을 요구하기 마련이다. 정주문명은 사치의 상황을 더욱 새롭게 한다. 그것은 다양한 기술에 부가되는 것으로 예를 들면 요리, 의복, 건축, 가구, 집기와 그 밖의 가재도구 등에 있어 전문적인 기술과 같은 것이다. 이 모든 것 하나 하나에 많은 기술이 적용되는데 과거 베두인 생활을 할 때는 전혀 필요하지 않던 것이다. 일단 집안 살림에 이런 것이 모두 적용되고 그 정도가 최고에 이른다면 인간의 탐욕은 계속되기 마련이다. 그런 관습에서 비롯된 영혼은 다양한 색으로 물든다. 이 영혼의 상태는 사치스런 관습에 물들어 도저히 종교적으로 올곧게 설수 없고 세상에서도 똑바로 설수 없다. 종교는 이미 도저히 포기하기 어려운 여러 가지 관습으로 착색되었고 세상에는 여러 관습이 요구하는 바가 너무나 많다. 결국 수입은 이 모든 것을 충당하기에 부족하다.

분명한 것은 이집트가 정주문명의 대표이었고 그곳의 주민들은 지출이 매우 많았다는 것이다. 정주문명의 차이는 문명의 차이에 기인하고, 문명이 가장 번성했을 때 정주문명도 가장 완벽하게 완성된다. 우리는 문명을 구가하던 이집트가 시장의 최고가를 형성하고 있다고 언급했다. 게다가 세금이 더해졌는데 그 이유는 왕조의 말기이긴 했지만 정주문명이 완성되고 있었기 때문이다. 그때는 왕조의 많은 지출을 위해 세금이 부과되던 시기였다. 결국 세금은 물건의 가격을 상승시키는 원인이 되었다. 시장상인과 대상들은 상품이나 지출하는 모든 것에 세금을 부과했다. 심지어는 자신들이 사용하는 일상 용품에도 그렇게 했다. 따라서 세금은 물건값에 포함되었다. 정주문명의 주민들은 지출을 늘리고 낭비하게 되었다. 그들은 그런 관습의 영향을 받았고 그 상황에서 벗어날 수 없었다. 그들은 소득 전부를 지출하게 되었다. 그들은 빈곤층으로 전락했고 결국 가난이 그들을 지배했다. 상품을 살 수 있는 사람들은 적었고 시장은 정체되었으며 도시의 상태는 부패되었다. 이 모든 것은 정주문명과 과도한 사치가 불러온 결과였다.

도시주민이 차츰 부패하는 상황에 대해 언급하자면, 그들은 문명의 관습을 따르는 일에 피곤함과 고통을 느끼고 필요를 충족시키기 위해 사악하게 된다. 도시주민 중 다수는 생계를 해결하기 위해 비도덕적이고 악의적인 행동이나 속임수를 쓴다. 인간의 영혼이 이런 생각을 하고 계략을 꾸민 결과 그들은 거짓, 도박, 사취, 사기, 도둑질, 불신임 등으로 오명을 쓴 범죄자가 된다. 그들은 사치에서 비롯된 탐욕의 폐단이 가져오는 피해자가 되고 사악한 방법도 취하게 된다. 당신은 그들이 솔직하게 사악한 방법과 그 이유에 대해 이야기하고 이에 대해 부끄러워하지 않는 뻔뻔한 면모를 보게 된다. 그들의 이런 행동은 심지어 친척이나 모계 일가에게도 해당된다. 사실 베두인은 이런 친족 관계에 불명예를 가져오는 것을 수치로 생각했다. 그들은 부정과 사기를 늘 염두에 두고 멀리하여 압제적인 상황을 대항하고 자신들의 악행에 내려질 벌을 걱정했다. 이런 일은 알라께서 보호하신 예외의 인물을 제외하곤 대다수 사람들에게 일반적인 일이 된다.

도시는 비난받는 인물처럼 격이 낮은 사람들로 가득해진다. 왕조에서 태어나고 자란 많은 사람들과 교육을 제대로 받지 못한 자들이 함께 섞인다. 왕조는 그들의 수가 너무 많아 무시한다. 그들은 격이 낮은 이웃의 천성에 물들게 된다. 그들은 좋은 가문의 후손이지만 도시에서 겪는 상황이 그들을 변화시킨 것이다. 사람은 서로 닮는다. 아무리 우수한 자질을 소유한 사람이라도 주변 여건과 나쁜 이웃의 영향을 피할 수는 없다. 과거의 그가 어떤 사람이었건 간에 사악함에 물들고 그것이 고착되면 본래의 선함은 부패되어 그의 가문이 지니고 있던 고결함이나 선함은 아무 효과가 없게 된다. 당신은 이런 과정을 통해 과거 왕조의 근본이었고 명망이 높던 많은 가문의 후손들이 어떻게 변하는지 보게 될 것이다. 사악함에 물든 후손은 생활을 영위하기 위해 천성을 부패시킨 채 깊은 물에 빠져 허우적대거나 비천한 직업을 갖게 된다. 만약 어느 도시나 민족에게 그런 자들이 많다면 알라께서는 파멸을 허락하실 것이다. 이는 다음과 같은 그분의 말씀에 있다. "알라가 한 고을을 멸망코자 했을 때 안이한 생활을 영위하던 그들에게 명령을 내렸으되 그들에게 실현되어 알라는 그들을 멸망케 했느니라."[33]

---

33  코란 17장 16절.

당시 사람들은 수입보다 지출을 더 많이 했는데 그 이유는 그들이 지나치게 사치스러운 생활을 했고 그들의 영혼이 그런 관습에 물들었기 때문이다. 그들의 상황은 올바르게 될 수 없었다. 사람들의 상황이 한 명씩 부패하면 도시의 체제가 그런 영향에 점령당하고 파괴된다. 이는 바로 전문적 지식이 있는 자들이 하는 다음의 말을 의미한다. "도시에 오렌지 나무가 너무 많으면 그 도시는 망한다. 일반 대중 다수는 집근처에 오렌지 나무를 심으면 악기가 돈다고 오렌지 나무 심기를 피한다." 하지만 진정한 의미는 그것이 아니다. 특별히 오렌지 나무를 의미한 것은 아니고 정원이나 배수로를 갖추는 일 등 정주문명을 포괄적으로 지적한 것이다. 오렌지 나무, 라임 나무, 상록수나 그와 유사한 수목은 식량으로 쓸 수 있는 것이 아니므로 아무 효용이 없다. 그것은 단지 정주문명의 결과물일 뿐이다. 정원은 보는 눈만 즐겁게 할 뿐이고 사치스런 사고방식을 지닌 자들이 만든 것일 뿐이다. 이것이 앞서 언급한 것처럼 도시 붕괴와 함께하게 되는 까닭이다. 사람들이 하는 말에 따르면 여기에 해당되는 것이 죽협도[34]라고 한다. 죽협도는 붉은 색과 흰 색의 중간색을 띠는데 정원을 아름답게 물들이는 일 이 외에는 아무 쓸모가 없다. 그야말로 사치스러운 사고방식에서 나온 결과이다.

정주문명의 부패 중에는 사치가 심한 탓에 탐욕과 안이함에 지나치게 몰두하는 것도 있다. 먹고 마시는 것에 집착하는 뱃속의 탐욕을 채우는 일이 있다. 그다음으로 여성과 통정하며 기쁨을 얻는 것 심지어는 사통과 남색男色도 있다. 그래서 다음과 같은 다양한 종류의 타락에 이른다. 사통의 경우는 혈통이 섞이는 결과를 가져오고 모든 사람이 자신의 아들을 알지 못하게 되는 옳지 않은 일이다. 왜냐하면 정액이 자궁 안에서 섞일 수 있기 때문이다. 그렇게 되면 자기 자식에 대한 애정을 잃게 되고 자식을

---

34  독성이 있는 분홍색 꽃을 피우는 꽃나무.

보호하는 일도 하지 않아 가문의 가계가 붕괴된다. 이는 가문의 손을 끊는 결과를 가져온다. 또 다른 경우는 직접적인 부패를 초래하는데, 이런 경우가 남색의 관계이다. 이는 아예 후손이 존재할 수 없는 상황을 가져오고 가장 최악의 타락을 의미한다. 결국 남색은 후손의 부재를 초래한다. 사통은 존재하는 것을 존재하지 않는 것으로 만든다. 그래서 말리키 학파는 남색과 관련 여타 학파보다 가장 명백한 입장을 보였다. 말리키 학파는 선을 위한 샤리아[35]의 의도를 고려하였다. 그러므로 이런 것을 잘 이해하고 문명의 최종 목표는 정주문명과 사치라는 것도 고려하라. 만약 문명이 그 목표 지점에 달하면 부패하고 노쇠기에 접어들기 시작한다. 그것은 마치 동물에게 자연적인 수명이 있는 것과 같다. 우리는 정주문명과 사치에서 얻은 특성이 부패의 원천이라고 말할 수 있겠다. 왜냐하면 인간은 할 수 있는 만큼 이득을 가져오고 해를 방어하고 자신의 성격을 옳게 하려고 시도하기 때문이다. 문명인은 자신이 필요한 물품을 직접 구할 수 없다. 너무 온유한 성질 때문에 연약하거나 편하고 사치스러운 환경 속에서 교육을 받아 자기를 남보다 높게 평가하기 때문이다. 두 경우 모두 불완전하다. 문명인은 해를 방어하고 자신의 성격을 옳게 하기 위해 열심히 노력하지 않는다. 왜냐하면 그는 이미 사치에 물들었고 학식과 예절을 지켜야 하는 강압적인 교육에 젖어 용감함을 잃었기 때문이다. 그는 이제 누군가의 보호를 받아야 하는 종속된 존재로 전락했다. 대부분 경우 이런 자는 종교적인 면에서도 부패했다. 왜냐하면 관습적으로 혹은 그의 영혼이 물질적인 소유로 물들어 부패했기 때문이다. 아주 예외적인 경우가 있긴 해도 매우 드물다. 만약 인간이 자신의 능력적인 면에서 부패하고 그 다음으로 그의 성정, 다음으로 그의 종교적인 면에서 부패하면 그의 인간적인 면은 이미 부패한 것이고 이제 남은 일은 진짜로 괴물이 되는 것이

---

35    코란과 순나를 바탕으로 하는 이슬람 성법이다.

다. 이런 점을 고려하면 거칠고 용맹한 베두인의 생활을 하는 이들은 정주문명과 그 특성에 따라 교육받은 이들보다 훨씬 유용했다. 이런 경우는 모든 왕조에 존재했다. 이제 분명한 것은 정주문명은 문명과 여러 왕조에서 비롯된 세상에서 정지 국면에 있다는 것이다.

## 19장 │ 왕권의 권좌인 도시는 왕조의 붕괴로 멸망한다

우리는 이미 문명에 대해 면밀히 살펴보았다. 왕조가 혼란에 빠지면 붕괴 수순을 밟고 군주의 권좌인 도시의 문명도 붕괴한다. 어쩌면 도시는 붕괴와 그리 다르지 않은 파괴로 그 종말을 맞을 수도 있다. 그 이유는 다음과 같다.

첫째, 왕조는 베두인 생활에서 시작하기 마련인데 베두인 생활의 특색은 사람들이 재물 축적에 관심을 보이지 않고 숙련된 기술과는 거리가 멀다는 것이다. 이는 세금을 가볍게 만드는데 사실 세금은 왕조 재정의 원천이다. 따라서 지출이 많지 않고 사치도 적다. 왕권의 권좌였던 도시가 신왕조의 소유가 되면 왕조에서 사치는 약화되고 도시 거주민 아래에 있는 자들의 사치도 약화된다. 왜냐하면 시민은 왕조에 속해 있기 때문이다. 그들은 왕조의 성격을 따르기 마련이다. 만약 그것이 자발적 일이라면 인간의 모방 심리 때문일 것이고, 강제적인 것이라면 왕조의 특성이 모든 경우의 사치를 막으라고 요구하기 때문일 것이다. 세금의 원천이었던 이익이 적으므로 도시문화도 위축된다. 그러므로 사치스러운 관습 중 많은 것이 사라진다. 이는 우리가 말하는 도시의 파멸을 의미한다.

둘째, 왕조는 전쟁을 통해 왕권과 통치력을 장악한다. 적대감이란 두 왕조의 시민 사이에 상반된 존재를 의미한다. 분명 그중 한 왕조가 세금과 사치 면에서 다른 왕조보다 심할 것이다. 한 쪽이 상대를 제압하면 다른 한 쪽은 사라지기 마련이다. 그리고 이전 왕조의 관습은 신왕조에서 인정받지 못할 뿐 아니라 철저히 쓸모없는 것으로 외면당한다. 사치의 경우가 특히 그렇다. 신왕조가 기존의 사치를 거부하므로 사람들도 그런 사치를 알지 못한다. 그러다가 이전과는 다른 사치스러운 관습이 생겨난다. 그리고 새로운 문화가 생성되는 것이다. 이는 첫 번째 문화가 결여되고 부족한 상태에서 발생한다. 도시문명의 혼란을 의미한다.

세 번째, 모든 민족에게는 고향이 있다. 고향은 그들이 태어나 자란 곳이고 그들의 왕국이 비롯된 곳이다. 만약 그들이 다른 이의 고향을 소유하면 그곳은 그들의 고향에 복속되고 그곳의 도시도 그들의 도시에 속하게 된다. 그렇게 되면 그들이 지니는 왕권의 영역도 확장된다. 왕조의 여러 지방 사이에 권좌의 중심이 위치하는데 그 이유는 왕조의 전 영역의 중심과 흡사하기 때문이다. 따라서 새로운 장소가 첫 번째 권좌의 장소에서 멀고 사람들의 마음이 왕조와 군주를 위해 그쪽을 향하고 문명이 그곳으로 옮겨가면 첫 번째 권좌가 있던 도시의 중요성은 축소된다. 정주문명은 앞서 언급했듯이 문명이 풍족한 곳에 존재한다. 따라서 정주문명이 부족한 것은 문명의 혼란을 의미한다. 이런 현상은 셀주크 왕조가 바그다드에서 이스파한으로 권좌를 이동했을 때 발생했고, 그 이전에 아랍인이 마다인에서 쿠파와 바스라로 이동했을 때도 발생했다. 압바스 왕조에서는 다마스쿠스에서 바그다드로 권좌를 이동할 때, 마그립의 마린 왕조에서는 마라케시에서 페스로 권좌를 이동할 때 발생했다. 한 도시에서 왕조의 권좌를 취함은 이전 권좌의 문명을 파괴시킨다는 의미이다.

네 번째, 한 왕조를 정복한 신생 왕조에는 이전 왕조의 왕족과 그 추종자들이 있기 마련인데 그들은 재앙에서 안전한 지역으로 이주해서 살게된다. 도시에서 권좌를 차지하는 이들 중 다수는 왕조의 추종자이다. 그들은 왕조의 초기부터 도시에 거주했던 수비대나 주요인물들이다. 신분과 계급이 다양한 그들 대부분은 왕조와 연계되어 있었다. 그들 중 대다수는 이전 왕조에서 자랐고 그 왕조를 추종하는 자들이다. 그들에게 권력과 아싸비야가 없었더라도 그들은 왕조에 대한 사랑과 굳은 신의를 가지고 있었다. 신왕조는 자연스럽게 이전 왕조의 흔적을 지우고 그들을 권좌의 장소인 도시에서 신왕조의 통제가 가능한 지방으로 이전시킨다. 그들 중 일부는 추방되거나 수감되고 일부는 신왕조의 반감을 사지 않는 경우 그나마 후한 대접을 받는다. 권좌의 중심이었던 도시에는 장사치, 떠돌이 농사꾼, 유랑객, 일반 대중들만 남게 된다. 그들은 신왕조의 수비대와 추종자들이 지배하는 곳에 거처를 꾸린다. 일단 권좌의 중심이었던 도시로부터 문명의 중심이 사라지면 그곳의 인구가 감소하는데 이것은 문명의 붕괴를 의미한다. 그리고 신왕조가 지속되는 동안 다른 문명이 생성된다. 새로운 문명 속에서 다른 정주문화가 왕조의 운명이 된다. 이는 내부가 볼품없는 집을 소유한 자에 비유된다. 그런 집들의 상황은 대개가 그가 원하는 것과 일치하지 않는다. 그는 그런 상황을 바꿀 능력이 있기 때문에 이전의 집을 부수고 새집을 짓는다.

이런 과정을 통해 권좌의 중심이었던 많은 도시가 생겼다. 우리는 이런 사실을 목도했고 정확하게 깨달았다. "알라께서 밤과 낮을 결정하신다."[36]

이렇게 된 이유는 우선 자연적인 성질에 있다. 왕조와 왕권은 문명을 위한 것으로 물질의 형상과 같은 이치이다. 왕조의 존재를 목적으로 문명을 보존하는 형태이다. 철학자들은 이 둘 중 어느 것도 서로에게서 분리될 수 없다고 주장한다. 문명이 없는 왕조는 상상할 수 없다. 마찬가지로 왕조와 왕권이 없는 문명도 불가능하다. 그 이유는 인간의 본성이 억제력을 필요로 하는 공격성을 지니고 있어서 '정치'가 필요하기 때문이다. 샤리아나 왕권은 왕조를 의미한다. 그 둘은 분리될 수 없으므로 둘 중 하나의 붕괴는 나머지 것의 붕괴에 영향을 미친다. 이는 마치 존재하지 않는

---

36  코란 73장 20절.

것이 또 다른 존재하지 않는 것에 영향을 주는 것과 같다. 대붕괴는 왕조 전체의 붕괴에서 비롯된다. 로마, 페르시아, 아랍, 우마이야 왕조, 압바스 왕조가 그 예이다. 개인적 통치권의 붕괴도 있는데 예를 들면, 아누시르완, 헤라클레스, 압둘 말리크 븐 마르완, 라시드가 있다. 하지만 왕조의 다른 인물들이 문명을 이어서 계승하고 문명을 보호하고 존속시킨다. 그들은 서로가 흡사해서 그중 어느 한 사람이 망해도 대붕괴로 이어지는 영향을 주지 않는다. 왜냐하면 왕조는 아싸비야와 권력을 가지고 문명이라는 내용을 운용하는 실재實在이기 때문이다. 아싸비야와 권력은 왕조의 사람들과 더불어 지속되는 것이다. 만약 하나의 아싸비야가 사라지면 다른 아싸비야가 문명에 영향을 주면서 왕조를 지킨다. 하지만 권력에 있는 자들이 모두 사라지면 우리가 언급했던 것처럼 왕조는 대붕괴를 맞이한다. 알라는 원하는 것을 하실 수 있다. "그분께서 뜻을 두실 때 너희를 멸망케 하사 새로운 세대를 두시리니."[37]


## 20장 | 일부 도시에는 특정 기술에 능한 자들이 많다


문명의 속성인 협동으로 인해 도시 거주민은 노동력의 협력을 필요로 한다는 것은 명백하다. 노동력이 요구하는 것은 도시 거주민 일부가 특정 기술을 수행하고 전문직으로 발전시켜 그것으로 생활을 해결하는 것이다. 이런 일은 도시에서는 일반적이고도 필수적이다. 도시에서 노동을 할 때 부주의해서는 안 된다. 그런 경우 아무 이익을 얻을 수 없다. 도시에서는 노동을 해서 생계를 해결해야 한다. 그래서 모든 도시에 전문 노동자가 있다. 재봉사, 대장장이, 목수 등이 그 예이다. 사치스런 관습과 상황

---

37    코란 35장 16절.

은 문명이 발달한 도시에 존재하고 그런 관습과 정주문명을 꽃피운 도시에도 존재한다. 예를 들면, 유리기술자, 염색공, 칠장이, 요리사, 놋쇠 세공인, 도살자, 하인,[38] 세공인 등이 있다. 정주문화 관습의 정도에 따라 사치의 상황이 결정되고 다양한 종류의 기술이 등장한다. 그래서 이런 직종은 그런 도시에만 있었지 그 밖의 곳에는 존재하지 않았다. 구체적으로 도시의 목욕탕을 보자. 목욕탕은 문명이 발달된 도시에만 존재한다. 그것은 사치와 안정에서 비롯된 부휴를 부르기 때문이다. 그러므로 중간 크기의 도시에는 목욕탕이 없었다. 일부 군주와 지도자들이 목욕을 매우 즐겨서 그 건설을 계획하고 목욕탕을 운영했다. 하지만 충분히 많은 사람들의 수요가 있지 않으면 이내 목욕탕은 황폐화된다. 그러면 대중은 목욕탕을 외면하게 되는데 아무런 이득도 없고 생계를 해결하지 못하기 때문이다. 알라는 궁핍하게도 하시며 부유하게도 하신다.[39]

## 21장 | 도시에는 아싸비야가 존재하고 뛰어난 자가 상대를 정복한다

사람이 함께 어울리고 관계를 맺는 것은 인간의 본성이라는 것이 분명하다. 만약 어떤 집단이 단일 혈통이 아니라면 단일 혈통의 집단보다 결속력이 약하다는 것은 앞에서 언급한 바 있다. 이런 관계의 사람들은 단일 혈통 집단이 얻는 아싸비야의 일부만을 얻는다. 도시 거주민은 다수가 결혼으로 친척 관계를 맺는다. 그래서 서로가 친족이나 친척이 된다. 그들은 부족이나 씨족 간에 존재하는 적개심과 신뢰를 지니게 되고 세부 집단으로 쪼개진다. 그러다가 왕조가 노쇠하면 변방에서부터 왕조의 위신이

---

38  집안에서 카펫을 관리하는 일을 주로 하는 이.
39  코란 2장 245절.

추락한다. 대도시의 시민은 스스로를 보살피고 거주 지역을 수비한다. 상류 시민은 자신을 하층민과 구분 짓는다. 인간의 영혼은 천성적으로 정복과 통치를 지속하려 하기 때문에 도시의 셰이크[40]들은 억압적인 왕조나 군주로부터 자유로워지면 다시 독재를 갈망한다. 사람들은 다른 이와 투쟁하고 마왈리, 추종자, 동맹세력들과 연결된다. 그들은 자신의 재산을 불쌍한 자와 군중을 위해 활수하게 베푼다. 그래서 각자 동료와 더불어 집단을 형성한다. 그들 중 어떤 이는 정복자가 되고 정복 후에는 정적을 살해하고 추방한다. 그들의 권력을 완전히 제거하고 날카로운 발톱을 뽑아버린다. 결국 승자는 도시 전체를 독점한다. 그리고 후손에게 물려줄 왕국이 새로 탄생했다고 생각한다. 이런 일은 왕조의 생성과 노쇠라는 과정을 통해 거대한 왕권뿐 아니라 소규모의 왕권에서도 발생한다.

이런 이들 중 일부는 위대한 왕이나 부족, 씨족, 아싸비야, 군대, 전쟁, 지방, 왕국의 주인 이상으로 행동하는 경우가 있다. 그들은 침대에 앉아 기구를 사용하고 지방에서의 행군을 준비하며 반지를 끼고 거만하게 인사를 하고 공포감을 주는 연설을 한다. 그들의 상황을 본 사람들은 과거에 왕족이 아니었던 그들이 왕족보다 더한 행세를 한다고 비웃는다. 사람들을 이런 상황으로 몰아넣는 경우는 왕조가 축소되거나 그들이 왕조의 측근들과 연계되어 결국 아싸비야의 주체가 된 때이다. 하지만 대부분의 사람들은 그렇게 행동하지 않고 자신을 우스갯거리로 만들지 않으며 검소하게 올바른 정신으로 살아간다.

이런 일은 이 시대에서도 발생했는데 바로 이프리끼야 지방의 하프스 왕조[41] 종말에 자리드 지방의 주민에게 일어난 경우이다. 이 사건의 배경은 트리폴리, 카비사, 투자라, 나프타, 카프사, 바스카라, 잡 지역까지 포함

---

40  촌장, 장로, 어르신의 의미다.
41  13세기부터 16세기까지 이프리끼야 지방을 지배한 베르베르 왕조이다. 이프리끼야 지방은 현재의 튀니지와 동부 알제리 지역에 해당된다.

되었다. 수십 년 전부터 하프스 왕조의 국위가 손상되자 그들은 도를 넘게 되었다. 그래서 도시를 정복하고 행정과 징세에서 왕조의 업무를 점령했다. 그들은 중앙 정부에 예의바르게 복종하기도 했지만 진실한 충성의 서약은 아니었다. 그들은 친절하고 온후하고 복종적인 태도를 버렸다. 이 시대에도 그들은 후손들에게 그런 태도를 물려주었다. 그들의 무례하고 교만한 본성은 그 왕조의 말기 군주 시대에 나타났다. 그들은 스스로를 군주의 뿌리 중 하나라고 간주했지만 사실 그들의 신분은 최근까지 평민이었다. 결국 우리의 주인이자 믿는 자들의 아미르인 아부 알압바스는 이런 상황을 일소하고 그들의 손에 있던 권력을 취했다. 이는 우리가 그 왕조에 대해 다룰 때 언급할 것이다. 이런 일은 씬하자 왕조의 말기에도 발생했다. 자리드 지방의 도시들이 각기 독립적 행보를 취하고 그들은 왕조를 장악했다. 그러다가 무와히둔의 셰이크이자 그들의 군주인 압둘 무으민 븐 알리가 그들로부터 권력을 빼앗고 모두 마그립으로 이주시켰다. 그는 또 해당 지역에서 그들의 흔적을 모두 지웠다. 이는 우리가 그에 관해 다룰 때 언급할 것이다. 이런 일이 바누 압둘 무으민 왕조의 말기에 바스바타에서도 발생했다. 그런데 바스바타에서 왕조에 대한 반기는 그 도시의 상류층 가문이 대부분 동참했다. 물론 오합지졸의 일반 대중도 그런 일을 벌이기는 했을 것이다. 아싸비야와 대중과의 연계가 있다면 운명이 지배하는 것이다. 그래서 그들은 이런 명분으로 아싸비야를 잃어버린 지배층이나 상류층을 정복한다. "알라는 당신의 일에 넘치는 힘이 있다."[42]

---

42    코란 12장 21절.

# 22장 | 도시 주민들은 다양한 언어를 사용한다

여러 도시에서 사용되는 다양한 언어는 한 민족의 언어이거나 그 민족을 정복한 세대의 언어이다. 이 시대의 마슈리끄와 마그립에 있는 무슬림 도시의 언어는 아랍어이다. 무다르 아랍어는 이미 손상되었고 이으랍[43]도 변했다. 그 이유는 이슬람 왕조가 여러 민족을 정복했기 때문이다. 종교는 존재와 왕권을 위한 형상이다. 이 모든 것이 종교의 재료이고 형상은 재료보다 우선한다. 이 종교(이슬람)는 샤리아에서 비롯되는데, 이것이 아랍어로 나타난다. 예언자*께서 아랍인이고 따라서 아랍어를 제외한 모든 언어는 그 사용이 금지되어야만 했다. 오마르*가 모든 외국인의 언어를 금지했던 사실을 생각해 보라! 그는 이렇게 말했다. "외국어는 메스껍다. 즉, 사기이다." 이슬람이 여러 외국인들의 언어를 이슬람 왕조 밖으로 내보냈고 그곳에 유일하게 남은 것은 아랍어였다. 외국어는 모든 지역에서 사라졌다. 왜냐하면 사람들은 통치자와 그의 종교를 따르기 때문이다. 그래서 아랍어를 사용하는 것은 이슬람의 상징이고 아랍인에게 복종하는 것이 되었다. 여러 민족들은 그동안 자신들이 사용하던 언어를 버리고 아랍어를 자신들의 언어로 채택하기에 이른다. 그리고 아랍어는 그들이 거주하는 모든 도시에 뿌리를 굳건히 내린다. 비아랍어는 외국어가 되었고 낯선 것이 되었다. 아랍어는 이으랍의 일부 규칙이 변하는 등 외국어와 섞여 고유의 순수성을 잃고 오염이 되었지만 그래도 원천의 상징으로 남았다. 그리고 이슬람 도시 전역에서 정주문화의 언어로 불리게 되었다.

이 시대 이슬람 도시의 거주민 대부분은 아랍인의 후손으로 도시를 소유하고 도시의 사치로 멸망한 이들이다. 그들은 그 도시에 거주했고 땅을 후손에게 유산으로 남겨주었던 비아랍인들보다 훨씬 많았다. 여러 언어는 유산

---

43    아랍어의 어미에 격모음을 붙이는 것을 말한다.

으로 남았고 후손의 언어는 선조의 언어의 영향으로 남았다. 비록 언어의 규칙이 점차 외래어(비아랍어)와의 혼합으로 손상되었지만 말이다. 그들의 언어는 베두인 아랍인의 언어와는 달리 정주문화와 도시 거주자의 상황을 고려해 '정주문화의 언어'라고 불리게 되었다. 베두인 아랍어는 가장 뿌리 깊은 아랍인의 언어이다. 그러나 아랍인 이후 마슈리끄에서 다일람과 셀주크의 비아랍인들이 통치자가 되고 마그립에서 자나타족과 베르베르족이 통치자가 되고 이슬람 제국 전역을 장악하게 되자 아랍어는 손상되었다. 만약 무슬림들이 코란과 순나로서 이슬람을 정성스럽게 보호하지 않았더라면 아랍어는 거의 사라질 뻔했다. 이런 관심이 도시에서 시詩와 칼람[44]을 통해 무다르 아랍어(정주문화의 언어)로 남는 데 도움이 되었다. 그러다가 타타르와 몽고가 마슈리끄에서 세력을 장악하게 되었고 그들은 무슬림이 아니었으므로 아랍어에 대한 관심도 사라졌다. 아랍어는 철저하게 손상되었다. 이라크, 쿠라산, 파리스,[45] 힌드, 신드, 트랜스옥사니아 지역, 북쪽 지방, 비잔틴 영토 등 이슬람 영토 어디에서도 아랍어는 잔존하지 못했다. 시와 칼람에서 사용되던 아랍어의 문체는 사라졌고 단지 명목상 유지된 것은 아랍의 과학을 배우는 데 사용된 기술적 용어와 알라께서 허락하신 이들이 칼람을 보존하기 위한 경우뿐이었다. 정주문화의 아랍어는 이집트, 시리아, 스페인, 마그립에 남았는데 이슬람이 아랍어를 남게 한 것이다. 그래서 아랍어의 일부가 보존될 수 있었다. 이라크와 트랜스옥사니아 지방에 대해 말하자면 그곳에는 아랍어의 흔적이나 정수가 전혀 남지 않았다 그 정도가 얼마나 심한지 과학 서적도 비아랍어로 저술되었다. 마찬가지로 교실에서도 비아랍어로 학습이 이루어졌다. 알라는 가장 잘 알고 계신다. 알라는 밤과 낮을 결정하신다.

---

44    칼람(kalām)은 이슬람의 정통 신학을 말한다. 이 학문을 연구하는 학자를 아흘 알칼람 (ahl al-kalām) 혹은 무타칼림(mutakallim)이라 부른다. 아랍어에서 칼람은 '말'이라는 일반 의미로도 사용된다.
45    페르시아의 남부 지방.

# 제5부

# 생계 수단, 이윤과 기술의 다양한 양상 그리고 이 모든 것에 반영되는 상황과 몇 가지 문제

**1장** │ 생계와 이윤의 실상 그리고 이 두 가지에 대한 설명. 이윤은 인간 노동의 가치이다

인간은 자연적으로 평생 먹을 것이 필요하고 이는 인간이 커 갈수록 더 심해진다는 것을 인지하라. "알라는 부유하고 너희들은 가난하다." 알라 께서는 이 세상에 모든 것을 인간을 위해 창조하셨고 코란의 구절 밖에서 도 인간에게 관대하게 베푸셨다. "그분은 하늘과 대지 위에 있는 모든 것 이 너희에게 순종토록 하였으니."[1] 그분은 인간을 위해 태양과 달이 순종 하도록 했고 바다가 순종하도록 했으며 천체가 순종하도록 했고 가축이 순종하도록 했다. 이런 증거는 아주 많다. 인간의 손은 세상과 세상에 있는 것을 향해 펼쳐져 있다. 이는 알라께서 인간을 후계자로 임명하셨기 때문 에 가능하다. 인류의 손은 도처에 있고 그것은 세상 모든 것에 개입한다. 인간은 보상을 받는 경우를 제외하고 다른 이와 나누기를 거부한다. 인간 은 능력이 있으면 자신의 위약한 한계를 넘어선다. 그리고 알라께서 인간

---

1 코란 45장 13절.

에게 주신 것을 소비해서 이득을 얻고 대가를 치루더라도 필요한 것을 얻으려고 노력한다. "그러므로 알라로부터 저희의 일용할 양식을 구하라."[2]

유익한 비가 농작물에 내리는 경우처럼 인간은 아무 노력 없이 양식을 얻는 경우도 있다. 그러나 이는 특정 경우이고 인간은 대개 양식을 얻기 위해 노력한다. 이 부분에 대해서는 앞으로 다룰 것이다. 만약 인간이 얻는 것이 필수품이면 이는 생계가 되고, 그 이상의 것이면 부를 축적하는 것이 된다. 인간이 얻은 이득이 사람에게 유용하게 쓰이고, 이득을 획득한 자가 얻은 것을 사용하여 그 열매를 맛보면, 이런 경우의 이득은 '생계'라고 한다. 예언자*께서 말씀하셨다. "너희가 소유하고 있는 것이라고는 너희가 먹을 것인데 너희는 그것을 먹어 없앤다. 혹은 너희가 입을 것인데 그 또한 너희가 입어 없앤다." 그러나 어떤 이가 얻은 이익을 사용하지 않고 필요로 하지도 않는다면 그것을 '생계'라고 부를 수 없다. 어떤 이의 노력과 능력으로 획득된 것은 '이익'이라고 부른다. 이는 마치 유산과 같다. 사망한 자는 이를 '이익'이라 부르지 '생계'라 부르지 않는다. 그에게는 그것이 쓸모없기 때문이고, 반면 상속자들이 그것을 사용하면 이는 '생계'라고 불린다. 이것이 바로 정통 무슬림들에게 '생계'라고 불리는 것에 대한 진실이다.

무으타질라는 '생계'라고 부르는데 조건을 두었다. 그것은 소유가 정당해야 한다는 것이다. 만약 소유가 정당하지 못하면 '생계'라고 부르지 않는다. 그들은 찬탈, 금지된 것 등을 '생계'라고 부르는 것에서 제외시켰다. 하지만 지고하신 알라께서는 찬탈자, 압제자, 이슬람 신자[信者], 불신자 모두에게 자비심으로 생계를 해결해 주신다. 무으타질라에게는 이런 주장과 명분이 있지만 지금은 그런 설명을 할 때가 아니다.

노력으로 획득한 이익은 노동을 통해 얻는 생계임을 인지하라. 알라께

---

2    코란 29장 17절.

서 말씀하셨다. "그러므로 알라로부터 너희의 일용할 양식을 구하라"[3] 비록 그것이 알라의 능력일지라도 인간은 노력해야 한다. 결국 모든 것은 알라로부터 출발한다. 따라서 얻는 것 모두와 부자가 되는 것에 인간의 노동이 있어야 한다. 왜냐하면 이윤을 얻는 것은 노동과 같은 것이기 때문이다. 만약 이윤을 얻는 것이 동물, 식물, 광물을 통해서라면 인간의 노동이 필연적이지는 않다. 이에 대해서는 앞으로 보게 될 것이다.

더 나아가 지고하신 알라께서 금과 은이라는 두 가지 광물을 창조하고 가치를 부여하셨다. 그 두 가지는 이 세상 대부분 사람들에게 보급품이고 재산이다. 비록 금과 은을 얻으려 의도했음에도 종종 그 이외의 것을 획득하고 특히 소상인들은 그 두 가지 이외의 것을 얻는다. 소상인들의 상황은 금·은과는 거리가 멀다. 실로 금과 은이야말로 이윤과 재산 그리고 보급품의 근원이다. 만약 이 모든 것이 확립되었다면 인간이 벌어들이는 것은 재물이고, 기술로 부를 축적한다면 그 가치는 노동에서 나온다는 것을 인지하라! 이것이 재물획득의 의미이다. 노동 이외의 것은 없다. 노동은 그 스스로가 재산을 의도하지 않는다. 물론 기술과 함께 하는 경우는 있을 수도 있다. 예를 들자면 목수나 직조공 같은 직업은 목재나 방적과 함께한다. 그 일에서 노동이 많으면 그 가치도 많아진다. 하지만 기술이 아닌 경우 노동 가치의 수입에 유용함과 재산의 가치가 반드시 있는 것은 아니다. 그러므로 노동이 없으면 노동 가치로 얻는 재산도 없다. 많은 경우 노동의 특징은 명백해서 많던 적던 간에 노동의 가치가 지닌 몫이 있다. 사람들 사이에는 식량 가격과 마찬가지로 노동의 특징이 감춰져 있기도 하다. 노동과 소비를 고려해보면 앞서 언급했던 것처럼 곡물 가격에서 주의 점을 발견할 수 있다. 그러나 그것은 농지를 보양하는 일에 감춰져 있다. 그래서 농부들은 이런 사실을 실제로 많이 느끼지 못한다. 분명한

---

3    코란 29장 17절.

것은 효용과 이득 모두 혹은 그 대부분이 인간의 노동 가치이고 이를 '생계'라고 부른다. 이제까지 인간이 수익자이고 이윤과 생계의 의미 그리고 그 두 가지를 부르는 이유에 대한 설명이었다.

만약 노동이 상실되거나 문명의 축소로 노동이 줄어들면 알라께서 이윤의 폐지를 허락하실 것이다. 여러분은 거주민이 적은 도시에서 노동력의 부족으로 어떻게 생계와 이윤이 줄어드는지 혹은 아예 상실하는지 보지 않았던가? 마찬가지로 거주민이 많은 도시는 우리가 앞서 언급했듯이 거주민이 더욱 늘어나고 도시는 더 발전된다. 이와 관련하여 대중은 이렇게 말한다. "도시문명이 쇠퇴하면 생계를 얻을 기회도 줄어든다." 심지어 강이나 우물도 사막에서는 수류가 끊기고 우물에 물이 풍부하면 우물을 파는 일조차도 인간의 노동으로 가능하다. 목축업도 마찬가지이다. 물길을 찾거나 우물 파는 일도 하지 않으면 물이 마르게 된다. 목축업도 쇠퇴하고 사람들은 우물 파는 일이나 목축업을 그만두고 떠나간다. 문명이 꽃피는 곳에 우물이 넘치는 지역들을 보라. 그곳에 황폐함이 깃들면 아예 존재하지 않았던 것처럼 물이 마른다. "알라께서 밤과 낮을 결정하신다."[4]


## 2장 | 생계의 다양한 면모, 그 종류와 방법들

생계란 끼니에 대한 욕구와 그것을 얻기 위한 노력으로 '삶'이란 단어의 'maf'al' 형태라는 것을 인지하라. 생명을 의미하는 삶은 생명을 통해서가 아니면 얻지 못하고 생명은 과장하면 삶의 장소가 된다. 만일 끼니와 이윤의 획득이 관습법에 의거해서 다른 이의 손에 있는 것을 빼앗거나 능력껏 타인을 배제하는 것이라면 '벌금'이나 '세금'이라고 불린다. 만일 야

---

4    코란 73장 20절.

생 동물을 바다나 육지에서 취한 것이면 '사냥'이라 불린다. 그러나 가축의 효용을 추출하는 경우, 예를 들면, 양이나 낙타에서 젖을 짜고 누에에서 비단을 얻고 벌에서 꿀을 얻고 혹은 농작물을 수확하고 과실수에서 열매를 얻는 이 모든 것은 '농업'이라 불린다. 한편 인간의 노동에서 얻는 소득은 다음과 같다. 인간의 노동이 특정의 재료를 사용하는 것으로 예를 들면, 작가, 상인, 재봉사, 직조공, 승마의 기수 등이 있는데, 이를 '기술'이라고 부른다. 혹은 불특정한 재료를 사용하는 경우도 있는데, 모든 전문직과 행위들이 이에 해당된다. 상품이나 교역을 위해 상품을 준비하는 데서 얻는 소득이거나, 여러 지역을 이동 혹은 독점, 시장 상황을 기대하는 것이 모든 것을 무역이라 한다.

이것이 생계의 다양한 양상과 종류들이다. 이는 하리리[5]와 그 밖의 다른 문학가와 철학자들이 언급한 것을 의미한다. 그들은 이렇게 말했다. "생계는 권력, 상업, 농업, 기술이다." 권력은 생계를 위한 자연스런 방법은 아니다. 우리가 그것을 군이 언급할 필요는 없다. 왜냐하면 이미 제3부에서 통치자의 징세 상황 일부를 언급한 바 있기 때문이다. 농업, 기술, 상업은 생계를 위한 자연스런 양상들이라 하겠다. 농업은 그 밖의 모든 업종에 우선하는데 그 이유는 농업이 단순하고 자연에 근간을 두고 있기 때문이다. 농업은 깊은 생각을 할 필요가 없고 지식이 필요하지도 않다. 농업은 인류의 조상인 아담에게서 그 뿌리가 내려온다. 아담이야말로 농업의 스승이고 직접 농사를 지은 사람이다. 이는 농업이 여러 가지 양상들 중에 가장 앞선 것이고 그 기원은 '자연'에 있다고 지적한다. 기술은 생계의 양상 중 두 번째 것이고 가장 최근의 것이다. 왜냐하면 기술이야말로 많은 생각을 하는 것이기 때문이다. 따라서 기술은 베두인 다음에 등장

---

5   Muḥammad al-Qāsim ibn ʿAlī ibn Muḥammad ibn Uthmān al-Ḥarīrī(1054~1122)는 시인이자 언어학자였고 셀주크 왕조의 고위 행정관이었다. 그는 바스라의 하리리로 불렸고, 운이 있는 산문의 정수 마까마를 썼다.

한 정주문명인들에게만 있다. 이런 의미에서 인류의 두 번째 아버지인 이
드리스에게서 그 뿌리가 내려온다고 하겠다. 그는 지고하신 알라의 도움
으로 자신 다음으로 오는 인류에게 기술을 고안해 준 사람이다. 상업에서
이윤을 추구하고 얻는 것은 자연스러운 일인데, 그 방법이 여러 가지다.
상업은 잉여에서 이윤을 발생시키기 위해 구입가와 판매가 사이에서 책
략을 쓴다. 샤리아는 상업에서 이윤을 허락하는데, 그 이유는 상업이 도박
처럼 타인의 것을 공짜로 취하지 않기 때문이다. 그러므로 이것은 합법적
이다. 알라께서는 가장 잘 알고 계신다.


## 3장 | 봉사는 자연스러운 생계유지 방법이 아니다

군주는 정치권력과 군인, 경찰, 서기 등의 사람을 부리는 왕권을 잘 활
용해야만 한다. 그는 각 분야의 전문가를 고용하고 자신의 재물창고에서
급여를 지불함으로써 그들의 생계를 책임진다. 이것은 모두 정치권력의
행사에 포함된다. 정치권력은 그들 모두에게 영향을 미치고 거대한 왕권
은 그들이 종사하는 다양한 분야의 힘의 원천이다. 이런 상황이 발생하는
이유에 대해 보자면, 사치스러운 생활을 하는 사람들은 필요한 것을 직접
처리하지 않거나 그럴 능력이 없다. 그들은 탐닉과 사치스러운 환경 속에
서 자랐기 때문이다. 따라서 그들은 일을 해 줄 사람을 고용하고 자신의
재물에서 급료를 준다. 이런 상황은 인간의 본질적인 남자다움이라는 면
에서 보자면 찬양받을 일은 아니다. 이런 사람은 남에게 의지하는 위약함
을 보이고 지출의 증가를 초래한다. 남자다움의 관점에서는 회피해야 할
나약함과 우유부단함을 증명하는 것이다. 그러나 습관은 인간 본성이 익
숙함에 기울도록 만든다. 인간은 조상의 자식이 아니라 습관의 자식이다.
그런데 신뢰와 만족을 모두 주는 하인을 찾는 일은 어렵다. 요즘의 하인은

네 종류가 있다. 우선, 일을 잘하고 신뢰할 만한 하인이 있다. 능력과 신뢰를 겸비한 자이다. 이 두 가지 면에서 모두 반대되는 경우가 있는데, 능력도 없고 신뢰도 없는 하인이다. 두 가지 중 한 가지만 반대되는 경우도 있는데, 능력은 있고 신뢰가 없거나 능력은 없고 신뢰가 있는 경우이다. 첫 번째 경우의 예를 보자면 능력과 신뢰를 겸비한 자인데, 일반인은 그런 자를 구하기 힘들다. 그런 능력과 신뢰가 있다면 남의 아래서 봉사할 이유가 없고 자신의 힘으로 더 많이 벌 수 있으므로 이런 봉사로 재물을 획득하는 것을 경멸한다. 고위 관직의 아미르들이나 그런 자를 고용할 수 있다. 고위직에 대한 선망은 일반적이기 때문이다. 두 번째의 경우 능력과 신뢰가 모두 없는 하인을 보자면 이는 고용주에게 해를 주므로 그런 자를 고용해서는 안 된다. 아무도 이런 하인을 고용하려 하지 않는다. 이제 남은 경우의 수는 다른 두 종류의 하인으로 신뢰가 있고 능력이 없거나 신뢰가 없고 능력이 있는 경우이다. 이 두 종류에 대한 선호도는 고용주 나름의 이유가 다양하다. 내 생각에는 신뢰가 없어도 능력이 있는 하인이 낫다. 그는 손해를 주지 않는다는 확신을 주기 때문이다. 단, 그가 주인에게 사기나 배신을 할 수 있으므로 최대한 경계해야 한다. 반대로 신뢰가 있어도 능력이 없는 하인은 고용주에게 해를 끼치게 되고 그것은 결과적으로 득보다 실이 많다. 주인은 손해를 막을 방법이 없다. 그러므로 이를 잘 알아두라. 사람을 부리는 데 있어 만족함을 얻고 싶을 때 이를 고용의 원칙으로 삼으라. 지고하신 알라께서는 원하는 바대로 행하실 능력이 있다.

## 4장 | 매장물이나 보물을 찾아 재물을 획득하려는 것은 자연스러운 생계 대책이 아니다

이성적 판단력이 부족한 도시 거주민 다수가 땅에서 재물을 캐려는 황당한 생각에 사로잡힌다는 것을 인지하라. 그들은 그 땅에 거주했던 선대 왕조의 재물이 모두 땅 아래 묻혀 있다고 강력하게 믿고 있다. 보물은 부적으로 밀봉된 상태여서 특별한 향을 피우고 마법을 푸는 주문과 희생의식을 치르지 않고는 밀봉이 개봉되지 않는다고도 믿는다. 이프리끼야의 도시 거주민들은 그 땅에 이슬람이 도래하기 이전 서양인들이 그런 방법으로 재물을 묻어 놓았다고 생각한다. 그들은 그 재물을 발견할 수 있도록 서책에 기록해 두었다고 믿고 있다. 마슈리끄의 주민들 역시 그 땅에 거주했던 콥트인, 동로마인, 페르시아인들이 땅에 재물을 묻어 놓았다고 믿고 있다. 이런 이야기들은 전설과도 같이 사람들에게 전해 내려온다. 보물을 쫓는 자들이 재물이 묻힌 장소라고 추정하여 땅을 파지만 그들은 부적이나 그 재물과 연관된 이야기를 알지 못했으므로 결과적으로 도굴 장소는 텅 비었거나 벌레만 살고 있었다는 것이다. 혹은 그들이 보물을 발견했지만 경비들이 가로막고 있어 일이 성사되지 못했다는 이야기도 있다. 혹은 땅이 흔들려서 그 자리에서 죽을 뻔했다는 허무맹랑한 이야기도 들은 적이 있다.

우리는 마그립에서 다수의 베르베르 학생들이 자연스런 방법으로는 생계를 꾸려갈 수 없는 상황에 처했음을 안다. 그들은 부자들에게 종이 뭉치를 들이밀며 접근한다. 그 종이 뭉치는 귀퉁이가 찢어지고 비아랍어가 쓰여 있는데 그들은 보물을 묻은 자의 비밀스런 암호를 풀어 보물이 묻힌 장소를 알려줄 수 있다고 주장한다. 이런 방법으로 그들은 생계를 해결하려 한다.

도시 거주민들에게 이런 망상이 자리 잡게 된 이유는 무엇인가? 대다수의 경우 끝도 없는 사치의 증가와 사치스런 관습의 증가가 그 이유일 수 있다. 결국 소득의 양상이 그런 사치를 따라잡을 수 없게 되고 그런 사치가 요구하는 것을 받쳐줄 수도 없게 된다. 그러므로 자연스런 방법으로 획득하는 소득이 부족하다 생각되면 그는 아무런 대가를 치르지 않고 큰돈을 벌었으면 하는 바람 이 외에는 다른 생각을 하지 않는다. 그는 이제껏 익숙했던 사치스런 관습을 충족시켰으면 하고 바랄뿐이다. 그것을 얻고자 더 큰 노력을 한다. 그러므로 당신이 보는 그들 대부분은 그런 보물을 찾겠다는 욕망에 사로잡혀 있는데 사실 그들은 왕가의 사람이거나 대도시 거주민으로 사치스러운 삶을 영위했던 이들이다. 예를 들면, 이집트나 그와 같은 도시의 시민들 말이다. 그러므로 우리는 그들 중 대다수가 보물찾기에 완전히 미쳐 있다는 걸 알게 된다. 그들은 연금술을 연마하여 성공하려는 것처럼 여행객들에게 감춰진 보물에 대한 이야기를 물어본다. 마그립의 학생들을 만나게 된 이집트 사람들의 이야기가 우리에게까지 들려온다. 어쩌면 그들이 매장된 것이나 보물을 찾을 수도 있다. 혹은 물이 땅 속으로 흡수되도록 하는 방법을 찾을 수도 있다. 왜냐하면 사람들은 땅 속에 감춰진 보물 대부분이 나일강의 아래 있다고 믿고 있기 때문이다. 나일강 아래 묻혀 있는 보물의 양이 제일 많다고도 믿고 있다. 따라서 거짓 장부의 주인은 나일강 수류 때문에 누구도 보물에 도달할 수 없다는 구실을 대며 사람들을 기만한다. 그는 이런 방식으로 생계를 꾸려간다. 하지만 그런 이야기를 듣는 사람은 물 밑에 있는 보물을 얻을 욕망에 사로잡혀 물을 흡수하는 마법의 방법이 없을까 고민하게 되는데, 이집트 사람들은 그 지역에서 선조로부터 마법을 유산으로 물려받았다고 생각한다. 그들이 마법에 관해 알고 있는 지식과 그 유산이 바라리 지역과 그 밖의 지역에 아직도 남아 있다. 파라오의 마법 이야기는 바로 그들이 마법에 정통한 이들임을 보여준다. 마그립 사람들은 동방의 현인들을 묘사하고 있는 까씨다[6]를 널리 노래하곤

6    까씨다는 이슬람 이전 아라비아 반도에서 즐겨 시의 한 종류다.

했다. 그 시에서 마법으로 물을 흡수하는 방법을 전하고 있다. 그 시는 다음과 같다.

> 물을 땅으로 사라지게 하는 비밀을 구하는 자여,
> 달인의 진실한 말을 경청하시오.
> 그자들의 책에 쓰여 있던 놀라운 말이나 거짓된 말들을 싹 다 잊어버리시오.
> 이제 오직 나의 말, 나의 충고만을 들으시오.
> 만약 당신이 거짓에 속지 않기를 원한다면 말이오.
> 당신은 우물을 경영함에 있어 항상 의심과 망상이 가득했었는데
> 이제 우물물을 메마르게 하길 원한다면
> 당신이 그 우물에 서 있는 형상을 그려보시오.
> 머리는 둥근 형태로 젊은 사자의 머리이고, 두 손은 밧줄을 잡고 있는데
> 그 밧줄은 우물 밑바닥으로부터 올라온 양동이를 끌고 있고,
> 그의 가슴에는 당신이 목도한 것처럼 'h'가 있고
> 이혼한 횟수, 더 이상 반복하지 않도록 하시오.
> 만지는 일 없이 여러 개의 't' 위를 걷고 있는데
> 마치 전문적이고 두뇌가 명석한 지성인이 걷는 것과 같소.
> 모든 것의 주변에 하나의 선이 둥글게 그어져 있는데
> 그 선은 차라리 원보다 네모에 가깝소.
> 새를 죽여 그 위에 피를 뿌리시오.
> 새를 죽인 즉시 피를 뿌려 그 냄새까지 쓰시오.
> 산다락,[7] 유향, 소합향 나무
> 코스투스 나무의 뿌리, 그리고 비단 옷으로 덮으시오.
> 붉은색 혹은 노란색 그러나 푸른색은 아니 되오.

---

7  산다락 나무의 수지, 향료, 혹은 그 나무

초록색이나 너무 우울한 색을 써도 아니 되오.

흰색 털실로 촘촘히 바느질된

혹은 아주 빨간색도 괜찮소.

떠오르는 자는 이미 밝혔듯이 사자이고

불빛이 없는 한 달의 시작이오.

보름달은 수성의 행운과 연결되어 있는데,

토요일에 행운이 작용한다오.


여러 개의 ţ는 그의 두 다리 사이에 있고 그는 그 위를 걷는 것처럼 보인다는 의미다. 내 생각에 이 까씨다는 사기꾼들이 사람들을 속여먹는 방법 중 하나임에 분명하다. 그런 사기꾼들은 이상한 상황이나 사람들이 놀라 입을 벌릴 정도의 특별한 용어를 곧 잘 사용한다. 그리고 그 끝은 거짓인데, 그들은 보물을 숨겨 놓은 곳으로 추정되는 유명한 저택에 거주하고 있다고 주장한다. 그들은 그곳의 땅을 파고 지하 굴을 만들어 보물을 찾을 수 있는 증거나 단서를 미리 배치하고, 지성이 모자라는 이들에게 이런 증거들을 들이민다. 그리고 그들에게 보물이 숨겨졌을 법한 저택을 구입해서 거주하라고 강력하게 권한다. 그들은 상대에게 그런 저택에는 셀 수 없을 만큼의 재물이 묻혀 있다고 헛된 망상을 심어준다. 뿐만 아니라 그들은 상대에게 보물이 묻혀 있는 장소를 알려주는 부적의 비밀을 풀기 위해 필요한 약초나 향을 사야 한다는 명목으로 돈을 요구한다. 그들은 그곳에 가면 반드시 어떤 징조를 발견하게 될 것이라고 주장하는데, 사실 그 징조라는 것은 그들이 미리 준비해둔 것일 뿐이다. 그러므로 그곳에서 얻게 되는 것은 부지불식간에 빠져든 시기의 늪일 뿐이다. 특히 이런 자들은 언술에 있어서 매우 전문적인 용어를 사용하는데 그런 용어의 사용으로 상대를 좀 더 쉽게 유혹한다. 그들은 굴착, 향, 동물의 도살이나 그런 예들을 거론하면서 상대에게는 그런 내용의 이야기를 감춘다.

그들이 하는 말은 사실 과학이나 정보와는 아무 관련이 없다. 그러므로 보물이 만약 있다면 발견되기는 하겠으나 그건 아주 드문 경우이고 또 우연이지 절대 의도대로 발견되는 것이 아니라는 것을 인지하라. 보물을 감추는 것은 일반적이지 않다. 대다수 사람이 재물을 땅에 묻고 그 위에 부적으로 봉인을 한다는 것은 과거에도 없었고 현재에도 없다. 물론 하디스에 언급된 바 있는 매장된 광산물의 존재는 법학자들이 묻었다는 것인데 그 광산물은 자힐리야 시대의 매장물이고 그 발견도 우연히 된 것이지 절대로 사람들이 목적을 지니고 찾아서 된 것이 아니다. 그럴진대 누가 자신의 재물을 땅에 감추고 마법을 걸어 봉인하고 보존하겠는가? 또 어떻게 그 재물을 탐내는 자에게 표식을 남기겠는가? 더욱이 장부나 책에다 재물을 찾을 수 있는 표식을 기록으로 남겨, 결국 대도시나 그 주변의 거주민이 감춰진 재물을 찾게 한단 말인가! 만약 그렇게 한다면 이건 재물을 감추려는 원래의 의도에 모순되는 일이다. 더 나아가 지성인들의 행동은 반드시 이득이나 유용성을 염두에 두고 있다. 재물을 감추어 놓은 자는 그렇게 한 이유가 자식이나 친척 혹은 다른 누군가가 자신의 재물을 갖도록 하기 위해서이다. 만약 그 누구도 못 찾게 재물 전부를 감춰놓으려 한다면 그런 자는 차라리 재물을 몽땅 소비해버리거나 아니면 다음 세대에 올 후손을 위해 감추어 놓는 경우인데 일반적으로 이런 경우는 모두 지성인이 의도하는 바는 아니다.

그들은 "우리 이전 왕조가 소유했던 엄청난 부라고 알려진 그 재물은 도대체 어디에 있는가?"라고 묻는다. 금, 은, 보석, 자산 등의 부는 철, 동, 납, 부동산, 광물 같은 물질과 마찬가지라는 사실을 인지하라. 문명은 인류의 노동으로 이런 것들을 보여주고 증가시키거나 감소시키기도 한다. 이런 것 중에 인간의 손에 의해 발견되는 것이 유물로 전달되는 것일 뿐이다. 어쩌면 한 지역에서 다른 지역으로 한 왕조에서 다른 왕조로 그 목적에 따라 전달되었을 것이다. 그리고 이것이 바로 사람들이 요구하는

'문명'이다. 마그립과 이프리끼야에 재물이 부족한 것이지, 슬라브 국가와 유럽 국가에도 재물이 부족한 것은 아니었다. 마찬가지로 이집트와 시리아에 재물이 부족하다고 인도와 중국에도 재물이 부족했던 것은 아니다. 그런 것은 단지 물질과 획득한 재물인 것이다. 문명은 그런 것들을 풍족하게 하거나 모자라게 하기도 한다. 이 세상에 존재하는 것이 다 그렇지만 광물 역시 소모되는 것이다. 특히 진주나 보석은 다른 것보다 더 빨리 소모된다. 마찬가지로 금, 은, 동, 철, 납, 주석도 소모되고 이런 것의 자산 가치 역시 최단시간에 사라지고 만다. 이집트에서 숨겨진 보물 때문에 발생한 일에 대해 살펴보자면, 그 원인은 이집트가 수천 년 전부터 콥트인의 땅이었다는 데 있다. 그들은 사람이 죽으면 금, 은, 보석, 진주 등을 망자와 함께 묻곤 했는데 이는 선대왕조의 관습에 따른 것이었다. 콥트 왕조가 종말을 맞이하고 페르시아가 그 영토를 소유하게 되자 그들은 무덤을 파고 망자와 함께 매장되어 있던 보물을 찾았으며 이 과정에서 엄청난 양의 보물을 취했다. 왕들의 무덤인 피라미드나 그 밖의 무덤들이 좋은 예이다. 마찬가지로 그리스인들도 페르시아인 다음으로 같은 일을 반복했다. 결과적으로 콥트인의 무덤은 그 당시 보물을 찾는 시험장이 되었다. 그곳에서 매장된 보물찾기는 오랜 시간 이어졌다. 콥트인들은 망자와 함께 재물을 매장하거나 금, 은과 같은 보물을 함께 매장함으로써 망자에 대한 존경과 사랑을 표시하였으므로 콥트인의 무덤은 수천 년 이래로 보물찾기를 할 수 있는 시험장이 되었다. 이집트인은 자신들의 왕국에 그런 무덤들이 존재했기 때문에 보물을 찾으려는 사람들을 수색하는 일에 관심을 기울였다. 결국 왕조의 말기에는 각종 세금이 부과되었고 보물을 찾는 이들에까지도 세금이 부과되었다. 결국 보물찾기에 종사하는 지혜롭지 못한 자들에게 세금이 부과된 것이다. 일이 이렇게 되자 공무 수행자 중 탐욕스러운 이는 보물을 찾아 자신이 취하는 경우도 있게 되었다. 하지만 그들이 얻은 것은 모든 노력에도 불구하고 실망밖에 없다. 알라께서는 파멸한 자들의 도피처이시다. 따라서 이런 일로 사취를 당한 자는 생계를 영위하는 문제에 있어 자신의 게으름이나 부족함이 원인이었어도 알라에게서 도피처를 찾는다. 마치 예언자 무함마드*께서도 알라에게서 도피처를 찾았던 것과 같다. 그리고 그분은 사탄의 길과 사탄의 사취를 멀리하게 되었다. 뿐만 아니라 엉터리나 거짓된 이야기는 하지 않았다. 알라는 그 분 의지에 따라 풍성한 양식을 주시니라.[8]

## 5장 │ 지위는 재물 획득에 유용하다

우리는 모든 종류의 생계수단에서 재물을 소유하고 지위가 있는 자가 아무런 지위도 없는 자보다 훨씬 더 용이하게 부를 축적한다는 사실을 알고 있다. 지위가 높은 자는 사람들의 자발적인 봉사를 받게 되고, 그에게 그런 봉사를 제공하는 자들은 그의 높은 지위를 이용하려는 심산으로 그와 가까이 하기를 원하기 때문이다. 그들은 제공하는 봉사의 내용이 필수적이건 편의적이건 아니면 사치스러운 것이건 간에 높은 지위에 있는 자가 원하는 것이면 다 하려고 한다. 그것도 자신의 돈으로 그런 노동의 대가를 지불한다. 그런데 이런 노동의 제공에는 보상이 있기 때문에 지위가 있는 자는 따로 대가를 지불하지 않고 사람들을 부린다. 뿐만 아니라 고위직에 있는 자는 그런 노동이 가져오는 가치를 매우 크게 누린다. 이는 그가 대가를 치르지 않고 얻게 되는 노동의 가치와 반드시 대가를 치러야 하는 가치 사이의 차이이고 이로 인해 그는 큰 이윤을 얻는다. 지위가 있는 자는 이런 종류의 노동을 공짜로 받기 때문에 최단 기간 내에 부를 축적하게 된다. 시간이 흐르면 재물은 더욱 늘어난다. 바로 이런 의미에서

---

8    코란 2장 212절.

우리는 앞에서 권력이 생계수단의 하나라고 언급한 바 있다. 반면에 아무리 재물이 있어도 지위가 없는 자는 자신이 노력하는 정도에만 비례하는 재물을 축적하게 될 뿐이다. 그런 자들은 대다수 상인이다. 따라서 상인 중에 지위를 소유한 자들은 가장 큰 재물을 소유하게 된다는 사실을 알게 될 것이다. 이를 증명하는 예로 우리는 법학자, 종교인, 신앙심이 깊은 사람들 다수를 들 수 있는데, 그들은 대중에게 좋은 판단을 내려 주는 자로 유명하다. 그리고 대중은 그들에게 재물을 제공함으로써 알라께 가까이 간다고 믿고 있다. 사람들은 자발적이고도 성실한 자세로 그들의 세속적인 상황이나 그들이 이득을 얻는 노동에 발 벗고 나선다. 결국 그들은 순식간에 재물을 얻고 아무런 노력을 하지 않고 얻은 재물로 부자가 된다. 그들은 사람들이 노력과 봉사로 바친 노동의 가치를 얻는다. 우리는 그런 자들을 도시에서 볼 수 있다. 한편 베두인 거주지에서는 사람들이 농업이나 목공업 등에서 그들을 위해 일한다. 모든 이는 집에 앉아 있고 자신의 거처를 떠나지 않는다. 따라서 재물은 증가하고 이익은 더 커진다. 부자는 아무 노력도 없이 더욱 부자가 된다. 재물 축적, 부의 원인에 관한 이런 비밀을 알지 못하는 자가 있다니 그저 놀랍기만 한 일이다. 지고하신 알라께서는 원하는 자에게 아무 조건 없이 생계를 허락하신다.


6장 │ 행복과 이윤은 대다수가 복종하고 아부하는 자들의 몫이다. 이런 천성의 소유자는 행복하다

  우리는 앞에서 이윤은 인간이 노동을 통해 창출하는 가치이고, 인간은 이윤을 추구한다고 언급한 바 있다. 만약 어떤 사람이 노동을 할 능력이 전혀 없다면 그는 이윤을 얻을 수 없다. 노동의 가치는 개인의 노동이나 다양한 종류의 노동과 사람들의 필요 정도에 따라 결정된다. 이에 따

라 노동의 이윤이 증가 혹은 감소하게 된다. 우리는 지위가 부의 증가에 유용하다고 분명히 밝혔다. 사람들은 지위가 높은 자에게는 해를 피하고 이익을 얻을 목적으로 스스로의 노동과 재물을 사용해서 가까이 하려 한다. 그들은 노동이나 재물을 사용하여 지위가 높은 자에게 접근하고 대신에 그의 지위를 이용해서 이득을 얻거나 손해를 피하려는 목적을 달성한다. 그런 노동은 이윤을 가져오고 그 가치는 재물을 의미한다. 따라서 그는 최단 기간에 부를 축적한다. 지위는 사람들 간에 산재해 있고 한 단계씩 상승하는 것이다. 가장 높은 지위란 자신 위에 아무도 없는 통치자를 의미하고 가장 아래에는 아무런 이득이나 손해도 입을 것이 없는 자들이 있다. 그 사이에 다양한 층위가 있다. 알라의 지혜가 자신의 피조물에 영향을 끼친 것이다. 알라께서는 인간의 생계가 정리되고, 인간의 이득이 용이해지고, 인간의 생존이 결정되게끔 하신다. 왜냐하면 인간이라는 종은 이득을 위해 인류 후손들의 협동이 있을 때에야 지구상에 존속이 가능하기 때문이다. 이미 언급했듯이 인간은 혼자서는 존속이 불가능하다. 매우 드물지만 어떤 특별한 이유로 혼자 있게 된다 해도 인간의 존속은 어렵다. 협동은 인간에게 강제로 부과되어야만 가능한데, 그 이유는 인간이 대다수 경우 인류의 이익에 무지하기 때문이다. 알라께서 인간에게 선택할 수 있게 만드셨고 인간의 행동은 생각과 견해가 빚어내는 것이지 자연적 산물은 아니다. 인간은 협력을 금하기도 한다. 그러므로 인간에게는 협력을 의무로 정해야 하고 후손이 인류의 이익을 추구하도록 강제로 정해야만 한다. 이 모든 것은 알라께서 인류의 존속을 보장하도록 하기 위함이다. 이것이 지고하신 알라의 말씀이 전하는 의미이다. 이제 지위는 인간에게 행동을 부과하는 능력이라는 것이 명백해졌다. 여기서 행동이란 아래 사람에게는 허가와 금지를 통해 그들이 해를 입지 않도록 막아주거나 이슬람법과 정치를 펼쳐 공평하고 정의롭게 그들의 이익을 얻도록 해주고 그 밖의 것에 관해서는 자신의 목적을 추구하는 것을 의미한다. 하지만 지위를 올바르게 이용하는 첫째는 신성한 관심 그 자체이다. 둘째는 우연히 관심에 스며드는 것으로 마치 알라의 판단에 스며든 악의 흐름과 같은 것이다. 왜냐하면 물질을 위해서 작은 악의 존재가 있어야만 많은 선의 존재가 있을 수 있기 때문이다. 그러므로 선은 그렇게 사라지지 않는다. 뿐만 아니라 선의 주위는 작은 악으로 둘러싸여 있다. 이것이 이 세상에 불의가 발생하는 의미이다. 그러므로 잘 이해하라! 도시문명의 거주자 중 각 계층은 자기보다 낮은 계층을 다스린다. 하층 계급의 사람 각각은 자신보다 상위계층에 있는 사람들에게 도움을 구한다. 그의 이윤은 자신의 아래 사람들에게 미치는 영향의 정도에 따라 점점 더 증가한다. 지위는 생계의 모든 부분에 걸쳐 사람들에게 영향을 미친다. 어떤 사람의 지위와 신분에 따라 그 영향력은 더 커지거나 혹은 작아진다. 따라서 지위가 그 영향력을 넓게 미친다면 거기서 비롯되는 이윤도 커지고 만약 지위의 영향력이 작다면 이윤도 작아진다. 제아무리 재물이 있어도 지위를 잃어버린 자라면 그가 노동한 만큼의 혹은 그가 소유한 재물만큼의 이윤만 있을 뿐이다. 상인 대다수가 좋은 예이다. 농업인도 대다수가 그렇고 기술자들 역시 마찬가지이다. 그러다가 지위를 잃고 생산품에 대한 이득도 줄게 되면 그들은 가난하게 되고 빠른 속도로 재물을 모으지도 못하게 된다. 결국 그들은 생계를 근근이 꾸려가고 가난을 겨우 막아내게 된다. 만약 이런 체계가 확정되면 지위는 널리 가지를 치고 행복과 복지는 그 지위와 연결된다. 그러므로 당신은 지위를 유용하게 만드는 것이 가장 큰 축복이자 영광된 일이고, 지위를 허용해주는 이는 가장 위대한 축복을 베푸는 자라는 사실을 깨닫게 되었다. 그는 지위를 자신의 수하에 있는 사람에게 허락한다. 결과적으로 지위를 부여한다는 것은 그만큼 영향력이 있는 사람임을 말한다. 지위를 얻고자 하는 자는 복종과 아부를 할 수밖에 없다. 왜냐하면 지위를 허락할 권한을 쥔 자들이 그것을 원하고 만약 그렇게 하지 않으면 지위를 얻을 수 없기 때문이다. 그래서 우리는 복종과 아부가

행복과 이윤을 목적으로 이런 지위를 얻기 위한 수단이라고 언급한 것이
다. 부와 행복을 누리는 사람 다수는 이런 성격을 지니고 있다. 우리는 잘
난 척하고 거드름을 피우는 천성의 소유자는 이런 지위를 얻지 못한다는
것을 알고 있다. 따라서 그런 이들은 노동의 이윤도 줄어들고 결과적으로
가난하게 된다. 잘난 척하고 거드름을 피우는 천성은 비난받기 마련이라
는 것을 인지하라! 그런 성격은 자기 자신이 완벽하다는 망상에서 비롯된
다. 사람들은 그가 지닌 학문이나 기술을 필요로 한다고 생각한다. 학자라
면 박학다식한 학문을 섭렵했고, 작가라면 작품에서 그 영예를 실현했을
것이고, 시인이라면 수사학의 절정을 이루었을 것이다. 자신의 재주는 사
람들이 필요로 하는 것이라고 망상에 사로잡힌 자면 누구나 타인에게 잘
난 척하기 마련이다. 마찬가지로 명문가의 사람도 이런 망상을 한다. 그들
은 조상 중에 군주나 유명한 학자 혹은 어떤 분야에서 탁월한 인물이 있
는 경우인데, 그들은 자신들이 잘난 조상들의 후예이기 때문에 그렇게 잘
난 척할 권한이 있다고 생각한다. 사실 그들은 이제는 이미 사라진 것을
부여잡고 있다. '탁월함'이라는 것은 유산으로 전해지지 않기 때문이다.
마찬가지로 숙련된 기술을 갖고 경험이 많은 사람 중 일부는 자신이 완벽
해서 사람들이 자신들의 능력을 필요로 한다고 믿기 때문에 그런 망상에
빠진다. 당신은 이런 종류의 사람들 모두가 매우 콧대가 높다는 것을 발
견하게 될 것이다. 그들은 절대로 지위가 높은 자에게도 복종하거나 아부
하지 않는다. 그들은 자신이 타인보다 우월하다고 굳게 믿고 있기 때문에
다른 이를 얕잡아 본다. 그들 중 어떤 이는 비록 상대가 군주라 할지라도
복종을 거절하기도 하는데, 그 이유는 복종이 수치이자 굴욕이라고 믿기
때문이다. 그들은 다른 사람들도 이런 생각을 갖고 자신들을 대우해 주었
으면 하고 생각한다. 그러므로 자신들이 생각하는 것보다 훨씬 못 미치게
자신을 대우를 하는 자들을 매우 증오한다. 그는 자신의 기대치에 못 미
치는 대접을 하는 자들에 대해 우려와 슬픔을 보이기도 한다. 그는 자신

이 사람들로부터 부족한 대우를 받고 있다는 사실을 불쾌하게 여긴다. 결국 그는 인간의 속성에 따라 사람들의 미움을 산다. 드문 경우이지만, 그런 자들 중 자신보다 완벽하고 우월한 누군가에게 경의를 표하기도 하는데 이는 강압적이고 압도적인 힘에 의한 경우이다. 이것이 지위에 포함된 모든 것이다. 만약 이런 천성을 가진 자가 지위를 잃으면 여러분에게 밝혔듯이 그에게는 아무것도 남지 않는다. 사람들은 그의 잘난 척하는 천성을 증오하고 약간의 자비도 베풀지 않는다. 사람들의 원성으로 자신보다 높은 계층의 사람에게서 아무런 지위를 얻지 못하면 그에게 돌아오는 것은 사람들과의 교류나 모임에서 제외되는 것이다. 그래서 그의 삶은 피폐되고 가난하거나 혹은 그보다 약간 나은 정도로 남게 된다. 부는 아예 얻지 못한다. 이런 맥락에서 사람들 사이에 유명해진 이야기가 있다. 완벽한 지식인은 운이 따르지 않는다는 것이다. 그는 이미 지식으로 생계를 꾸려나갈 수 있게 되었으므로 운까지 따르지는 않는다는 의미이다. 사람은 자신이 좋아하는 것을 위해 창조되었다. 알라께서 결정자이시다. 그분 이외에 주님은 없다. 왕조에서 이런 성격의 사람들이 서열에 분란을 일으킬 수도 있다. 하위계층의 다수가 서열상 위로 올라오고 상위계층의 다수가 아래로 내려간다. 이런 현상은 그 왕조가 지배력과 권력의 말기에 달했을 때 나타난다. 왕족은 자신들의 왕권을 주장하며 그 왕조에서 분리되고 그 이외의 사람들은 왕조를 떠난다. 사실 왕족은 군주의 통치 하에서 왕권을 제대로 누리지 못했고 그들은 군주의 소유물이었다. 왕조가 지속되고 왕권이 커지면 군주에게 봉사나 조언을 명분으로 접근하는 자들 모두가 군주의 측근이 된다. 평민들은 군주에게 접근하려고 힘껏 시도한다. 그들은 군주나 군주의 측근에게 복종과 아부를 하고 자신의 위치를 공고히 하고 군주가 하사한 관직을 얻는다. 그들은 큰 행운을 얻고 때로는 왕조의 일원으로 편입되기도 한다. 이때 왕조의 신세대는 조상들이 과거 왕조의 어려운 시기를 헤쳐 나왔고, 왕조의 기반을 탄탄하게 만들었다는 사실에 과도한 자부심을 느낀 나머지 군주에게 조차도 콧대를 세우고 조상들의 명예에만 의존한다. 그들은 이런 이유로 무모한 행동을 하고 결과적으로 군주는 그들을 멀리한다. 군주가 선호하는 부류는 과거 조상들의 명예에 의존하지 않고 무모한 행실을 하지 않으며 콧대를 높이지 않는 자이다. 이런 자들은 군주에게 늘 복종과 아부의 태도를 취하고, 군주가 하는 일이면 어떤 일이든 열심히 한다. 이들의 지위는 상승하고 직책도 높아진다. 군주에게 접근하고 그에게서 직위를 얻으려는 사람들은 이들에게 관심을 보인다. 반면 콧대가 높고 과거 조상들의 명예에만 집착하는 왕조의 신세대는 군주로부터 배척당한 채 군주에게 복종하고 아부하는 자들을 증오하며 이런 상황은 왕조가 붕괴할 때까지 계속된다. 이것이 왕조의 자연스러운 붕괴 단계이다. 지고하신 알라는 가장 잘 알고 계신다. 그분 이외에 주님은 없다.

## 7장 | 종교 관련 직종. 판관, 무프티, 교사, 이맘, 연설가, 무앗딘[9]과 같은 이들 대부분은 부자가 아니다

그 이유는 앞에서 언급했듯이 이윤은 노동의 가치이고 노동의 가치는 필요 정도에 따라 다양하기 때문이다. 만약 어떤 노동이 문명사회에서 필수적인 것이라면 이는 일반적인 필요를 의미한다. 노동의 가치가 최고 대우를 받는다면 그 필요성이 절실하기 때문이다. 하지만 대중은 종교 관련 직 종사자들을 그렇게까지 필요로 하지 않는다. 대중은 종교에 접근하는 일에 있어 그들이 지닌 특수한 노동을 필요로 할 뿐이다. 무프티와 판관은 사람들 간에 송사가 발생했을 때 필요할 뿐 대중적이거나 반드시 있

---

9    모스크에서 무슬림들에게 예배 시간이 되었음을 알리는 자이다.

어야 하는 대상은 아니다. 사실 대다수의 경우 이들은 필요하지 않다. 그들에게 관심을 기울이는 자는 유일하게 통치자인데, 이 또한 그가 공공의 이익을 돌봐야 하는 의무를 수행하는 일환일 뿐이다. 군주는 그들에게 정해진 만큼의 급여를 줌으로써 그들이 생계를 꾸리도록 한다. 군주는 그들을 권세가나 일반 대중이 필요한 노동기술을 지닌 사람들과 동등하게 대하지 않는다. 그들의 노동 가치가 종교나 이슬람 법적인 의식을 수행하는 것이어서 더 고결하다 해도 군주는 일반 대중의 필요와 도시 거주민의 수요에 따라 그들의 급여를 정한다. 따라서 그들에게 돌아가는 몫은 적은 편이다. 종교 관련 직종에 종사하는 그들은 천성이 고귀하고 그들이 행하는 노동의 가치 또한 고결하다. 그래서 그들은 자부심을 갖고 지위가 높은 이들에게 결코 복종하지 않는다. 비록 상대가 자신에게 급여를 하사하고 자신은 그것으로 생계를 해결하는 상황일지라도 그들은 그런 일에 단일 분의 시간도 허비하지 않는다.

그들은 깊이 생각하는 일을 하는 고결한 노동에 종사하는 자들이다. 뿐만 아니라 그들은 고결한 노동을 하기 때문에 속세의 사람들과 어울리지 않는다. 그들은 늘 고립되고 외톨이처럼 산다. 그러므로 그들의 재물이 늘어날 리 없다. 나는 몇몇 학자들과 이 점에 대해 토의했었는데, 그들은 내 견해에 동의하지 않았다. 나는 다르 알마으문의 회계장부 일부를 수중에 지니고 있었다. 그 장부에는 당시의 수입과 지출내역이 있었고 나는 판관, 이맘, 무앗딘의 급여를 상세히 보았고 알게 되었다. 그들은 이 장부를 통해서 내가 말한 것이 옳다는 걸 알았고 자신들의 견해를 철회했다. 알라는 창조자이고 능력자이다. 그분 이 외에 주님은 없다.

그 이유는 농업이 자연에 근간을 두고 있는 단순한 방식으로 이루어지기 때문이다. 그러므로 도시 거주민이나 사치를 일삼는 자는 누구도 농업에 종사하지 않는다. 농업에 종사하는 자는 비천한 이들이다. 일부 안싸리들의 집에서 쟁기를 보고 예언자 무함마드가 말했다. "이 집에 들인 것은 비천함뿐이구나." 부카리는 이 말씀을 많이 인용하였고, '농기구 사용의 결과 혹은 정해진 한계 초과를 경고하는 장'으로 번역하였다. 그 이유는 농기구 사용의 결과는 통치와 높은 손[10]을 유도하는 관세에 기인하기 때문이다. 압제와 통치를 하는 자가 세금을 부과하므로 관세를 내는 이는 비천하고 가난하다. 예언자 무함마드*가 말했다. "자카트가 관세로 되지 않는 한 그 시간은 오지 않을 것이다." 이는 백성에게 압제를 행하는 왕권을 지적한 것이다. 이런 군주는 압제로 통치하고 불공정하며 알라께서 인간에게 부여하신 자산에 대한 권리를 망각한 채 백성의 모든 자산이 통치자와 왕조에게 귀속된다고 생각하는 자이다. 알라는 원하는 대로 하는 능력자이시고, 지고하신 알라는 가장 잘 알고 있다.


## 9장 | 상업의 의미와 방법론 그리고 그 종류


상업은 싼값에 물건을 사서 비싸게 파는 방법으로 재물을 늘려 이윤을 획득하는 방법이다. 상업에서 취급하는 물건은 밀가루 혹은 농작물, 동물, 의복까지 다양하다. 여기서 증가된 가치를 '이윤'이라 부른다. 따라서 이윤을 추구하려는 시도는 다음과 같다. 물건을 창고에 두고 시장에서 가격

---

10  높은 손은 제3자의 조정을 의미한다.

이 상승할 때까지 기다린다. 그러면 큰 이윤을 남긴다. 혹은 다른 방편으로 그 물건의 쓰임이 더 많은 다른 지방으로 가져가서 팔면 큰 이윤을 남길 수 있다. 따라서 상인 출신의 셰이크 몇 사람은 상업의 실체를 알고자 하는 이에게 이렇게 말했다. "딱 한 마디로 네게 그 답을 알려주마. 싸게 사서 비싸게 팔아라." 이는 우리가 언급한 바 있는 의미를 가리킨다. 지고하신 알라는 가장 잘 알고 있다. 그분 이외에 주님은 없다.

## 10장 │ 상업으로 이득을 얻는 사람과 상업을 해서는 안 될 사람의 종류

우리는 앞에서 상업의 의미가 상품을 산값보다 비싸게 파는 방법으로 재물을 증식시키는 것이라고 말했다. 상품을 파는 방법에도 시장 상황이 좋아질 때까지 기다리거나 해당 상품에 대한 수요가 많아 훨씬 비싸게 팔 수 있는 지방으로 가져가는 경우가 있다. 상품 구입에 들인 비용에 비해 증식된 이득은 작은 금액이다. 자본이 크면 이윤이 커지는데 작은 것이 모이면 커지기 마련이다. 이윤이 생기게 되는 자본증식의 과정에서 판매자의 손은 이런 자본을 획득하게 된다. 또한 상품을 구매하고 좋은 가격으로 판매하는 과정에서도 자본 증식이 있다. 하지만 정직한 상인은 드물다. 상인들은 수작을 부리거나 이윤을 챙기려고 불공정한 가격을 주장하는데 이런 일은 비일비재하다. 만약 장부의 기록이나 증거가 없었다면 상인들은 자본을 늘릴 목적으로 금지된 거짓말도 했을 것이다. 이런 경우 재판도 별 소용이 없다. 왜냐하면 재판을 해서 명백하게 밝혀도 상인은 어려운 상황으로 인해 고통받기 때문이다. 상인은 소량의 이익을 얻거나 엄청난 고통과 시련을 겪게 된다. 아무것도 얻지 못하는 경우도 있고 자본을 잃는 수도 있다. 만약 송사를 벌이는 것을 두려워하지 않고 해결 방법을 알고 있으며 재판정에 설 강력한 의지가 있다면 논쟁을 통해 공정한 대우받을 가능성이 있다. 그렇지 않다면 그는 지위가 높은 사람의 보호를 받아야만 한다. 그래야만 다른 상인들이 그를 함부로 대하지 않고 판관도 송사의 상대로부터 그의 권익을 보장한다. 첫 번째 경우는 자의에 의한 것이고 두 번째 경우는 강제인데 그는 정당한 대우를 받고 상대로부터 자신의 자본을 돌려받게 된다. 이와 달리 법정에 서고 송사를 벌이는 일을 두려워하거나 자신을 보호해 줄 지위의 친분이 없는 사람은 상업에 종사하는 것을 그만 두어야만 한다. 왜냐하면 대부분의 사람들, 특히 허접한 인간들과 장사치들은 다른 이의 수중에 있는 것을 탐하기 마련이다. 만약 법적 제제가 없다면 사람들의 재물은 강탈당하게 될 것이다. "알라께서 만약 다른 자들로서 이 무리를 쫓아내지 않으셨던들 이 세상은 진실로 불행으로 가득하였을 것이었노라."[11]

## 11장 │ 상인의 성품은 양반과 군주의 성품과 거리가 멀다

상인은 물건을 사서 파는 일을 한다. 그리고 이런 일의 과정에는 기만과 사취가 있기 마련이다. 만약 어떤 상인이 기만과 사취를 덜 행한다면 그에게 그런 성품이 부족한 것이다. 이런 성품은 군주나 양반들이 지니고 있는 인간적인 면모와는 거리가 멀다. 만약 그의 성품이 하층민의 특성인 말싸움을 좋아하는 것과 사취와 불신 등으로 점철되어 타인을 업신여긴다면 그런 성품은 비열함의 극치라고 불릴 만하다. 지도자들은 이런 직종에 있는 자를 멀리하는데 그 이유는 그들의 비열한 성품을 싫어하기 때문이다. 개중에 일부 상인은 이런 성품과 거리가 멀고 자신을 귀히 여기고

---

11    코란 2장 251절.

명예를 지키며 관대한 천성을 지닌 자도 있다. 하지만 이런 경우는 정말 드물다. 알라는 선호하는 자를 바른 길로 인도하시고 그분은 모든 이의 주님이다.

## 12장 │ 상인은 상품을 운송한다

상업에 정통한 상인은 부자나 가난한 자, 군주나 평민 모두가 필요로 하는 상품만을 운송한다. 따라서 그가 운송하는 상품의 비용은 모든 이가 지불하는 셈이다. 만약 소수의 사람들만이 필요로 하는 상품을 운송한다면 그가 운송하는 상품의 비용을 지불하는 일은 어렵게 된다. 소수의 사람들이 그 상품을 모두 구매하는 것은 쉬운 일이 아니기 때문이다. 그렇게 되면 상인은 불황에 직면하고 자연적으로 이윤도 없게 된다. 상인은 사람들이 많이 찾는 상품을 수송할 때 중간 품질의 상품을 선택하는 것이 좋다. 만약 최고급 품질의 상품을 판다면 부자와 왕조의 사람들은 구매가 가능하겠으나 그들의 수가 매우 적다는 문제가 발생한다. 사람들은 중간 정도의 품질을 지닌 상품을 필요로 한다. 따라서 중간 품질의 상품을 운송하면 그만큼 힘이 덜 든다. 상품의 판매가 잘 되는가의 결정은 상품의 질에 달려 있다고 해도 과언이 아니다. 또한 상인이 먼 거리의 지방 혹은 운송로에 위험이 많은 곳에서 상품을 운송하는 경우 더 큰 이윤을 얻게 된다. 그 이유는 상품이 워낙 먼 곳에서 오고 운송로에 위험이 있으므로 그런 상품을 운송하려는 이는 소수이고 상품의 가치는 높아지기 때문이다. 상품의 수가 적으면 귀해지고 가격은 상승하기 마련이다. 반면 가까운 지방으로부터 상품을 운송하고 운송로도 안전한 경우라면 그런 상품을 운송하는 이도 많다. 그러므로 상품의 수가 많아지고 가격은 하락하게 된다. 이런 이유에서 수단 지방으로 가기를 간절히 원하는 상인들은 가장 사치스러운 자들이고 부자들이다. 수단 지방까지의 여정이 멀고도 험난해서 그곳을 찾는 상인들은 공포와 갈증의 난관을 만나게 된다. 여정의 도중에 상인들에게 알려진 일부 장소를 제외하곤 물을 찾을 수 없고 대상의 길잡이만이 그곳으로 길을 인도한다. 그러므로 이렇게 험난하고 먼 길을 택하는 상인은 극소수이다. 결과적으로 우리에게 있어 수단 지방의 상품은 매우 적고 그 가격은 매우 비싸다. 마찬가지로 수단 지방의 사람들에게 우리의 상품이 그렇다. 이렇게 운송된 상품은 높은 가치를 지니게 되고 그런 상품을 운송한 상인은 얼마의 시간이 지나지 않아 부자가 된다. 우리가 살고 있는 이 지방에서 동방으로 상품을 운송하는 경우도 먼 거리와 여정의 어려움 면에서 동일하다. 반면에 한 지역에서 자신이 속해 있는 지방과 도시 사이를 계속 반복적으로 오가며 장사를 하는 상인은 큰 이윤을 얻지 못하는데 그 이유는 상품이 많고, 그런 상품을 운송하는 상인도 많기 때문이다. 알라는 권능과 힘의 주님으로서 일용할 양식을 베푸는 수여자이시라.[12]


## 13장 │ 독점

도시에서 상업에 대한 탁월한 시각과 경험이 있는 자는 농작물을 독점하여 가격이 상승할 때까지 기다렸다 판매하는 일이 매우 위험하다는 사실을 잘 알고 있다. 그들은 기대했던 이익을 얻지 못하거나 다 잃는 경우도 있다. 그 이유는 사람들이 식량을 필요로 하게 되면 선택의 여지없이 식량 구입에 재물을 쏟아 붓고, 마음은 온통 그 재물에만 매달리게 되기 때문이다. 이렇게 사람들의 영혼이 자신의 것에만 매달리면 다른 이의 재

---

12 코란 51장 58절.

물을 대가 없이 챙기는 사람에겐 불운을 가져온다. 이는 예언자 무함마드가 '대가 없이 사람들의 재물을 취하는 것'에 대해 말한 것을 의미할 수도 있다. 이 경우 대가 없이 재물을 취하는 것에 대해 말하고자 하는 것이 아니다. 사람들은 식량 구입에만 매달리므로 선택의 여지없이 그런 비용은 지불하게 되어 있다. 식량이 아니라면 사람들은 반드시 구입할 필요가 없다. 사람들은 다양한 욕구를 지니고 있어 구입하기 전에 신중하게 생각한다. 그런 경우 사람들은 자의적으로 지출한다. 그리고 물건 값을 지불한 이후에도 자신의 영혼을 지불한 재물에 매어두지 않는다. 따라서 독점 상인으로 알려진 자는 자신의 상품을 구입한 사람들이 뿜어내는 심리적 압박을 느끼고 결국 자신의 이윤을 잃게 된다. 알라는 가장 잘 알고 있다.

　나는 이런 상황에 적당한 이야기를 들은 바 있는데 그 이야기는 마그립의 세이크에 관한 것이다. 우리 스승인 아부 압둘라와 알아빌리가 내게 해준 이야기는 다음과 같다. "내가 술탄 아부 사이드의 시절 페스에서 판관 아부 알하산 알말릴리의 집에 있었을 때의 일이다. 그는 정부가 제시한 여러 가지 세금 중 하나를 선택해 자신의 급여에서 내야 했다. 그는 '주세酒稅'를 선택했다. 그의 친구들은 모두 웃었고 놀라워하며 그렇게 선택한 이유를 물었다. 그는 이렇게 대답했다. '세금은 모두 금지된 것이지. 나는 세금을 내야 하는 자의 영혼이 따라오지 않는 것을 선택했을 뿐이라네. 술에 돈을 쓰는 자는 많지 않지. 물론 술을 마시고 즐거워했던 경험이 있는 자는 예외이지만. 그런 이는 술값을 낸 걸 후회하지 않고 그런 것에 마음을 두지도 않아.' 그의 이상한 판단력이었지."

## 14장 | 낮은 가격은 싼 물건을 취급하는 상인에게 해롭다

그 이유는 우리가 이미 언급했듯이 이윤과 생계는 기술 혹은 상업으로 이루어지기 때문이다. 상업은 상품을 구입해 보관하고 시장에서 가격이 오를 때를 기다렸다 파는 것으로 그 차익을 '이윤'이라 부른다. 상업을 하는 이들은 항상 이윤과 생계를 이렇게 얻는다. 그런데 만약 상품이 싼 가격으로 계속 유지되고 음식이나 의복가격도 저렴하기만 하다면 상인은 이윤을 기대할 수 없다. 시장에서 이런 종류의 상품 거래는 둔화되고 상인은 고통받게 된다. 상인은 판매 노력을 게을리하고 결국 자본을 잃게 된다.

우선 이런 예는 농산물의 경우가 있다. 만약 농산물 가격이 계속 저렴하다면 농산물 거래상인과 농부는 시장상황이 그런 상태로 계속되는 동안 이윤의 감소로 고통받게 된다. 결국 그들은 자본을 잃거나 자본의 손실을 겪을 수밖에 없다. 그들은 자본을 다 잃게 되고 경제상황은 나빠지고 가난한 자로 전락하게 된다. 이런 상황은 제분업자, 제빵사 그리고 농산물 관련업종에 종사하는 사람들의 형편에 악영향을 미치고 결국 농산물에서 식품 전체로 그 파급효과는 확대된다. 군인들의 상황도 마찬가지이다. 그들이 군주로부터 받는 급여를 농부의 경작물로 받는 경우를 생각해보자. 농산물 가격이 낮으면 군인들의 세금 가치도 줄어든다. 왕조에 거주하는 군인들이 줄고, 그들은 군주가 주는 봉급으로 생계를 해결하는 자들이므로 결국 그들의 생계는 단절된다. 그들의 형편이 악화되는 것이다. 마찬가지로 꿀과 설탕의 가격이 낮은 상태로 지속되면 이와 관련된 모든 것들의 상황도 타격을 받는다. 결국 이런 상품을 취급하던 상인들은 장사를 그만둔다. 의복도 마찬가지이다. 상품가격이 과도하게 낮은 상태가 계속되면 저렴한 종류의 상품을 취급하는 상인의 생계는 큰 타격을 입는다. 이런 현상은 과도하게 높은 가격이 될 때도 마찬가지로 나타난다. 그러므로 상품을 독점해서 재물을 늘리거나 큰 이득을 보는 경우는 아주 드물다. 사람들은 상품이 중간가격으로 유지되고 시장에서 신속한 변화가 있을 때 생계를 해결하고 이윤도 얻게 된다. 이런 상황은 도시 거주자들 사이에 정착된 세금으로 회귀한다. 대중이 필요로 하는 상품 중에 농산물의 가격이 저렴한 것은 칭송받아 마땅하다. 부자건 가난한 자건 사람들은 식량을 구입할 수밖에 없다. 따라서 특별한 종류의 상품인 농산물에 관해서는 상업적인 면 보다는 영양 공급적인 측면에 더 비중을 두는 게 옳다. "알라는 양식을 주시는 분이고 그분에게는 힘과 견고함이 있다."[13] 지고하신 알라는 위대한 권좌의 주인이다.


## 15장 │ 상인은 지도자의 성품과 거리가 멀고 인간적인 면도 없다

우리는 앞에서 상인이란 구매와 판매에 힘을 쏟고 이득과 이윤을 추구한다고 언급했다. 이런 과정에는 교묘한 언행, 논쟁, 영악스러움, 상대를 설득하고 자신의 주장만을 앞세우는 등의 과정이 반드시 발생하기 마련이다. 이 모든 것은 상업의 특성상 나타난다. 이런 특성은 상인의 지적인 면과 인간적인 면을 사라지게 한다. 인간의 영혼에 영향을 주기 때문이다. 선행은 선함과 지적인 면모를 가져오고, 악행은 이와 반대를 가져온다. 만약 악행이 먼저 오고 반복된다면 그대로 굳어지고 뿌리 깊이 자리 잡게 된다. 선행이 악행보다 늦으면 선행의 영향력은 감소한다. 그 이유는 인간의 영혼에 악행이 끼친 비열함 때문이다. 인간의 기질은 행동에서 비롯된다. 이런 영향력은 어떤 종류의 상인인가에 따라 다르다. 그가 비천하고 악덕상인의 계보를 잇고 상품과 가격에 있어 부정과 발뺌으로 사기와 사취, 부도덕함을 계승하는 자이면 사악함이 더 강하게 된다. 이런 자는 사

---

13  코란 51장 58절.

악함의 극치를 보여주고 인간적인 면모와는 거리가 멀다. 그래서 이런 자들은 반드시 상대방과 말싸움을 벌이려 한다. 이와 다른 두 번째 부류는 우리가 앞에서 언급한 바 있는 사람들이다. 그들은 지위가 높은 자의 보호 하에 있어서 사업을 직접 관장하는 일은 매우 드물다. 따라서 그들의 재물은 이상한 방법으로 한 번에 늘어나거나 집안에서 상속을 받아 늘어난 경우이다. 이런 자는 왕조의 사람과 연결이 될 정도로 큰 재물을 지니고 있고 당대의 거부<sup>巨富</sup>로 유명하다. 그는 세부적인 일을 직접 챙기지 않고 대리인이나 하인에게 시킨다. 한편 판관들은 이들의 권리를 쉽게 인정하는데 그 이유는 평소에 그들로부터 받는 선물에 매우 익숙해 있기 때문이다. 이들은 직접 상거래의 세부적인 업무를 하지 않으므로 그런 사악한 성정과도 거리가 멀다. 이들의 인간적인 면모는 공고히 뿌리내리고 비난살 일과는 거리를 둔다. 하지만 베일 뒤에서 그런 상술의 영향 하에 있는 것은 사실이다. 그들은 대리인이 업무를 제대로 하는 가 감독할 수밖에 없다. 하지만 이런 일은 흔하지 않다. "알라께서 여러분을 창조하셨고 여러분이 만든 것도 그러함이요."[14]

## 16장 | 기술에는 반드시 학문이 필요하다

기술은 인간이 사고하고 행동하는 것과 관련된 소질al-malakah[15]에서 비롯된다는 것을 인지하라. 행동과 사고의 존재는 오감으로 인지하는 육체에서 이루어진다. 육체의 상태는 소질을 더 포괄적이고 완전하고 직접적으로 전달한다. 왜냐하면 이런 육체 상태에서 기술을 연마하는 것은 더 유용한 것이기 때문이다. 소질은 실질적으로 사용되고 수차례 반복되어 하

---

14    코란 37장 96절.
15    이븐 칼둔은 이 책의 전 장에서 인간의 다양한 소질을 이 용어로 사용하고 있다.

나의 싱寺을 뿌리내려 얻게 되는 확고한 성질이다. 소질은 사람의 원래 성질에 비례하여 존재한다. 눈으로 본 것을 전달하는 것이 정보나 지식을 전달하는 것보다 더 포괄적이고 완벽하다. 그런 과정으로 얻은 소질은 정보를 통해 얻은 소질보다 더 완벽하고 뿌리 깊다. 교육의 질과 교사의 소질에 따라 기술을 배우는 학습자의 숙련도와 습관의 획득 정도가 달라진다. 어떤 기술은 단순하고 어떤 기술은 복잡하다. 단순한 기술은 필수품에 관련된 것이고 복잡한 것은 사치품에 관한 것이다. 일반적으로 단순한 기술이 먼저 습득되는데 그 이유는 수요가 많고 필수적인 것에 관계하고 있기 때문이다. 따라서 그것을 먼저 가르치게 되는데 그 교육에는 부족한 부분이 있다. 인간의 사고는 복잡한 것을 포함한 다양한 기술의 원천으로 잠재에서 현실로 변화하는 데 그 과정은 하나씩 점진적으로 발견할 때까지 계속된다. 이런 변화는 한 번에 이루어지는 것은 아니고 오랜 기간 여러 세대에 걸쳐 이루어진다. 그러므로 잠재 상태에서 현실로 끌어내는 것은 한 번에 이루어지지 않고 오랜 시간이 걸린다. 특히 기술이 그렇다. 이런 이유로 당신은 소도시에는 기술력이 부족한 상태이거나 단순한 기술만 있는 것을 알게 된다. 그런 도시가 문명의 발전과 사치품의 요구를 만나 사치품에 필요한 기술이 촉진되면 잠재 상태에서 현실로 변화하게 된다.

기술을 세부적으로 분류해 보면 다음과 같다. 필수품이건 아니건 간에 생계에 관계하는 기술, 인간의 특성인 사고에 관계하는 기술로 학문, 생산 기술, 정지가 있다. 첫째 부류에는 직조, 두살, 목공, 대장 기술 등이 있다. 두 번째 부류에는 책을 베끼고 제본하는 필사와 노래, 시, 교육 등이 있다. 세 번째는 군사 기술이 있다. 알라는 가장 잘 아신다.

# 17장 | 기술은 거주문명의 풍요로 완성된다

그 이유는 도시문명이 완전하지 않고 도시가 문명의 이기利器를 누릴 준비가 되어 있지 않은 상태에서 거주민은 생계에 필수품인 식량 획득에만 관심을 보이기 때문이다. 하지만 도시의 조직이 체계화되고 도시의 노동력이 증가하여 부유해지면 거주민의 관심은 필수품에서 벗어나 사치품의 구입으로 바뀐다. 기술과 학문은 동물과 인간을 구별시키는 사유의 결과이다. 하지만 식량을 획득하려는 욕구는 인간의 동물적 본성도 들어 있다. 이는 필수적인 요구이므로 학문이나 기술을 구하려는 마음보다 우선하고, 학문과 기술은 필수품의 획득 다음 차례이다. 한 지역의 문명의 수준에 따라 양질의 기술이 결정되고 사치와 부의 수요 증가를 창출한다. 베두인 문명이나 소수의 문명은 단순한 기술 이외의 것은 원하지 않는다. 예를 들면 목공, 철공, 바느질, 직조, 도살 등에 사용되는 기술이 있다. 베두인 문명에 이런 기술들이 존재하기는 하나 양질의 기술을 기대할 수는 없다. 꼭 필요한 정도의 수준만 있을 뿐이다. 그 기술은 모두 어떤 것을 위한 수단일 뿐이지 그 자체가 목적은 아니다.

문명의 바다가 창대해지고 사치품에 대한 수요가 증가하면 기술도 세련미를 더하게 된다. 기술의 발달은 정점에 달하고 더불어 다른 기술도 등장한다. 사치의 습관이 요하는 기술들이 그 예인데 도살, 무두질, 제화, 금세공 등이 있다. 문명이 극도로 발달하고 수많은 사치품의 요구가 있고 기술도 최고로 세련되면 이런 종류의 기술들이 나타난다. 도시 거주민은 그런 기술로 생계를 꾸리게 된다. 그런 기술로 벌어들이는 수입이 노동으로 벌어들이는 수입보다 훨씬 크다. 도시에서 사치와 관계된 소질이 빚어내는 기술로는 칠, 구리세공, 욕탕관리, 요리, 제과제빵, 음악 교습, 무용, 타악기 연주가 있다. 책을 복사, 제본, 교정하는 기술의 출판업도 있다. 이 기술은 생각하는 일을 많이 하는 도시 거주민들의 사치가 필요로 하는 것이다. 문명이 과도하게 발달하면 기술도 과도하게 발달한다. 우리는 이집트의 경우를 전해 들었다. 이집트에는 새나 노새를 가르치는 사람, 망상으로 어떤 환상을 불러일으키는 사람, 낙타몰이의 흥얼거림을 교육시키는 사람, 공중에서 줄 위를 걷거나 춤추는 사람, 무거운 동물이나 돌을 들어올리는 사람 등이 있다고 한다. 여기 마그립에는 존재하지 않는 기술이다. 왜냐하면 마그립의 도시문명은 이집트와 카이로의 문명이 이룩한 정도까지 도달하지 못했기 때문이다. 알라께서는 무슬림들에게 문명을 지속시킨다. 알라는 아심과 지혜로 충만하시도다.[16]

## 18장 | 도시문화의 뿌리가 확고하고 그 지속 기간이 길면 기술도 도시에 뿌리를 확고히 내린다

그 이유는 분명하다. 모든 기술은 문명의 이익이고 그 이익이 반복되고 오랜 시간 지속되어 확고하게 뿌리내리면, 그런 특색은 여러 세대에 걸쳐 뿌리가 깊어지고 일단 그렇게 되면 지우기 어렵기 때문이다. 이런 까닭에 우리는 문화가 고도로 발달했던 도시의 경우 그 문화가 쇠퇴해도 고도의 기술이 남긴 흔적을 발견할 수 있다. 물론 이런 흔적은 최근 문명화된 도시에는 존재하지 않는 것이다. 왜냐하면 오래된 문명은 여러 세대 동안 그 뿌리들 깊이 내리는 것이라서 신생 도시문명은 아직 그 경지에 도달하지 못했기 때문이다. 이것은 이 시대 스페인의 경우와 같다. 우리는 스페인의 여러 도시에서 도시의 이익에 관련된 모든 것에 뿌리 깊게 잔존하는 기술들을 발견할 수 있다. 예를 들면 건축, 요리, 노래 기술, 현악기 연주, 무용, 가구를 갖추어 놓은 성채, 잘 계획 정비된 건축물, 금속과 세라믹 용

---

16    코란 2장 32절.

기 몰딩, 연회와 결혼식, 그리고 사치와 사치가 초래한 이익이 요구하는 기술 개발이 있다. 그곳의 주민들은 이런 기술을 더 잘 사용할 줄 안다. 그들이 이런 기술을 잘 활용하는 이유는 아무리 스페인의 문명이 약해지고 그 문명 대부분이 다른 국가들의 문명만큼 이르지 못한다 해도 여타 도시의 사람들보다 훨씬 풍족하게 그런 기술의 맛에 젖어 있었기 때문이다. 앞서 언급한 대로 스페인에는 우마이야 조의 문명이 있었는데 그 이전에는 고트 왕조의 문명, 그 이후에는 군소왕조와 그 밖의 문명이 뿌리 깊게 자리 잡고 있었다. 그러므로 스페인에서는 이라크, 시리아, 이집트의 문명을 제외하면 인근 지역에서 어느 왕조도 이룩하지 못한 정도의 문명을 소유한 바 있다. 그곳에 오랜 기간 왕조가 있었기 때문이다. 따라서 그곳에는 여러 기술이 뿌리를 내렸고 그 기술 수준 또한 매우 세련되었다. 그런 기술의 색채는 그 문명에 착색되었고 절대로 없어지지 않는다. 그것은 마치 물감이 옷에 한번 착색되면 좀처럼 빠지지 않는 것과 같다.

씬하자 왕조 다음에 무와히둔 조의 문명이 있었던 튀니스도 마찬가지였다. 그곳의 기술은 여러 분야에서 완벽함을 보였다. 물론 스페인의 기술 정도까지 도달하지는 못했다. 그러나 튀니스의 정주문명은 근거리에 있던 이집트의 도시문명으로부터 영향을 많이 받았다. 그 이유는 매년 다수의 여행객과 방문객들이 양쪽을 오가는 일이 반복되었기 때문이다. 튀니스 인들은 한동안 이집트에 거주했고 사치스런 습관에 물들고 기술에 관한 지식을 가지고 돌아왔을 것이다. 따라서 튀니스의 도시문명은 이집트의 문명과 흡사하게 되었고 그 이유는 언급한 대로이다. 또한 그 이유 중에는 13세기 스페인 동부로부터 많은 사람들이 튀니스로 이주해 왔기 때문이라는 점도 있다. 튀니스에는 스페인 도시문명이 그 뿌리를 공고히 내렸으나 그 당시의 문명이 오늘날 튀니스에 합당하다고 할 수는 없겠다. 그러나 한번 어떤 색이 물들면 그 근본이 사라지지 않는 한 변화는 잘 일어나지 않는다. 그래서 우리는 까이라완, 마라케시, 이븐 하마다의 성채와 같은 문명의 흔적을 보게 된다. 그런 문명은 현재 파괴되었거나 파괴될 상황에 놓여 있다. 사람들이 이해하는 것은 단지 이런 문명의 흔적을 식별하는 일이다. 사람들은 이런 기술의 흔적을 발견하고 그것을 통해 과거의 존재를 감지한다. 그것은 마치 책에 썼다 지워진 글씨의 흔적과 같은 것이다. 알라는 창조자이시고 지식이 있다.

## 19장 │ 기술은 수요가 많은 경우에 개선되고 증가한다

그 이유는 분명하다. 인간은 자신의 이윤과 생계의 원천인 노동을 무상으로 하지 않기 때문이다. 인간은 자신의 전 생애에서 노동을 제외한 다른 이익을 구할 수 없으므로 이윤을 얻기 위해 자신이 거주하는 도시 내에서 가치가 있는 일을 한다. 만약 기술이 요구되고 그 기술에 대가를 치를 사람이 있다면 시장에서 팔리는 그 기술은 상품의 가치를 지니는 것이다. 따라서 도시 거주자는 기술로 생계를 해결하기 위해 기술을 배우려한다. 하지만 어떤 기술에 대한 수요가 없고 시장에서 팔리지 않는다면 그 기술을 배우려는 사람은 없고 그대로 방치되었다가 결국 사장된다. 이와 관련해서 알리*는 이렇게 말한 바 있다. "모든 인간의 가치는 그 사람이 얼마나 기술에 정통한가에 달려 있다." 이 말은 인간에게 기술은 가치 있는 것이라는 의미이다. 이와 관련한 또 다른 비밀은 기술과 그 기술의 개선을 왕조가 요구한다는 점이다. 왕조는 그 기술의 시장성을 창출하고 기술에 대한 수요가 있게 만든다. 왕조는 필요하지 않지만 도시의 주민들이 필요한 기술이 있다. 물론 그 수요는 왕조만큼은 아니다. 왜냐하면 왕조는 가장 큰 시장이기 때문이다. 왕조에는 모든 기술이 시장을 유지할 만큼 지불할 능력이 있고 그 수요의 다소는 문제되지 않는다. 왕조가 필요로 하는 것은 가장 주요 상품이 된다. 반면 대중이 원하는 기술은 일반적이지 않을 뿐 아니라 그렇게 큰 시장이 형성되지도 않는다. 지고하신 알라는 원하는 것을 능히 하신다.

## 20장 │ 도시문명이 멸망할 때가 되면 기술은 퇴보하기 마련이다

우리는 많은 사람들의 수요가 있을 때 기술이 발전한다는 것을 언급한 바 있다. 도시의 상황이 악화되고 도시문명이 쇠퇴하고 거주민의 수가 줄어들어 사치 풍조도 쇠락하게 되면 도시민들은 필수품만 필요로 하게 된다. 따라서 사치가 불러왔던 다양한 기술들은 퇴보하게 된다. 기술을 소지했던 사람들은 더 이상 그 기술로 생계를 유지할 수 없게 되므로 그 기술을 버리고 다른 일로 전환하거나 자신의 뒤를 이을 문하생도 없이 사망하게 된다. 그래서 화가와 같은 기술직이 사라지고, 금 세공인이나 염색전문인, 서예가, 필사가와 같이 사치가 필요로 했던 기술에서 종사하던 사람들이 사라지게 되는 것이다. 이와는 대조적으로 도시문명이 퇴보해도 그 상황에서 필요한 기술들은 계속 유지가 된다. 알라께서는 창조자이시고 그분은 지고하시다.

## 21장 │ 아랍인은 기술과는 가장 거리가 먼 민족이다

그 이유는 아랍인이 베두인 생활에 가장 깊이 뿌리내리고 도시문명이나 기술 등을 요구하는 생활에서 가장 거리가 멀기 때문이다. 마슈리끄의 비아랍인들이나 지중해 연안에 거주하는 기독교 민족들은 기술에 능숙하다. 그들은 도시문명에 뿌리를 내리고 있고 베두인 생활과는 거리가 멀기 때문이다. 그들은 아랍인들이 사막 깊숙이 들어가고 베두인 생활에 깊이 뿌리내리는데 도움을 주는 낙타를 필요로 하지 않는다. 그러므로 낙타를 위한 목초나 낙타의 새끼를 키우는데 적합한 사막을 찾을 필요도 없다. 우리는 아랍인의 고향과 그들이 이슬람을 전파하며 정복한 지역에서 전반적으로 기술이 덜 발달되어 있다는 것을 알고 있다. 그런 지역들은 다른 지역에서 기술을 수입해 온다는 것도 알고 있다. 외국의 경우를 본다면 중국과 인도 그리고 터키의 영토와 기독교 민족들의 경우가 있는데 그들은 다양한 기술을 발전시켜 왔고 여러 민족들이 그들로부터 기술을 수입했다는 것도 알 수 있다.

마그립의 원주민이었던 베르베르족은 오랜 세월 동안 베두인 생활에 뿌리를 내리고 있었기 때문에 아랍인들과 마찬가지 상황이었다. 이미 여러분에게 언급한 것과 같이 그들의 영토에서 도시의 수는 적었고 기술은 다양하지 못했으며 확고히 정착되지도 못했다. 예외가 있다면 양모를 사용하는 모직업과 동물의 가죽을 다듬고 염색하는 제혁기술 정도다. 그들이 정착생활을 하기 시작하자 제혁 관련 산업은 크게 발전했다. 왜냐하면 그곳에서는 언급했던 두 산업이 가장 큰 관심을 받았고, 모직업과 제혁업의 상품이 가장 흔한 상품이었기 때문이다. 마그립의 원주민들의 상태는 결국 베두인의 상태였다고 말할 수 있다.

마슈리끄의 경우 그곳에는 다양한 기술들이 오랜 세월 동안 뿌리 깊게 내렸다. 그 이유는 페르시아, 나바뜨, 콥트, 이스라엘, 그리스, 로마와 같은 고대민족들이 오랜 기간 동안 그곳을 통치했고 그들은 그곳에 문명을 뿌리 깊게 내렸으며 이에 따른 다양한 기술도 발전시켰기 때문이다.

예멘과 바레인, 오만, 나머지 아라비아 반도의 경우를 보자면 많은 고대민족들이 수천 년간 그곳을 지배한 뒤 아랍인들이 지배하게 되었다. 그곳에는 도시가 발달했고 정주문명과 사치가 극도로 발달되었다. 그곳에 거주했던 민족의 예를 들자면 아드, 싸무드, 아말릭, 힘야르 등이 있다. 그 이후에는 툽바와 남부 아랍의 통치자인 아드와족이 그곳을 통치했다. 그 지역에서 왕조와 문명은 오랜 기간 동안 지속되었고 그 영향도 공고히 뿌리를 내렸으며 다양한 기술이 넘쳤다. 이미 언급한 바 있지만 한 왕조의 통치 이후 그 왕조가 없어져도 그 영향은 한 번에 없어지지 않는다. 그래서 현재까지도 그곳에는 양질의 기술이 남아 있고 그 지역의 특화상품이 되었다. 예를 들면 자수와 직물이 있는데 주로 면이나 실크로 된 의류 및 방직 상품은 최상품으로 간주되고 있다. 알라께서는 이 땅과 그 위의 것들을 상속받으셨고 최고의 상속자시다.

## 22장 │ 한 분야에 소질이 있는 사람이 다른 분야에 소질을 보이는 것은 어려운 일이다

예를 들어 바느질 기술자가 있다고 하자. 그가 바느질 소질이 뛰어나고, 그 기술에 정통하고, 그의 영혼에 기술이 깊숙이 각인된 상태라면, 그 이후 목수나 건축기술에서 소질을 보이는 일은 드물다. 물론 첫 번째 기술에 정통한 상태가 아니거나 그 기술의 영향력이 그의 영혼에 채색되지 않은 상태라면 예외라 할 수 있다. 우리가 이렇게 말하는 이유는 그러한 기술들의 습성은 영혼의 자질이자 영혼의 색채이므로 한 순간에 다 이루어지지 않기 때문이다. 어떤 사람이 태어난 상태 그대로라면 그러한 소질을 받아들이는 데에 더 쉬울 것이고, 그러한 소질을 획득하기 위해 준비 자세를 갖추는 것도 더 잘할 수 있을 것이다. 그러나 그 사람의 영혼이 원시의 상태에서 변질된 다른 소질로 이미 채색되었다면, 이러한 기술을 습득할 준비를 갖추는 것이 어렵고 다른 기술을 습득하는 것은 더 어려운 일이다. 이것은 존재를 통해 확실히 규명된 바 있다. 그러므로 하나의 기술에 정통한 후 다른 기술에 정통하게 되고 그 두 가지 기술에 동일한 정도로 능통하게 되는 것은 매우 드문 경우이다. 학자는 사유를 하는 직업이기 때문에 그들이 바로 이런 전형이라고 할 수 있다. 한 사람이 어떤 학문에 관한 기술을 습득했고 그 기술에 대해서 최대한 정통하다면 그 사람이 동일한 정도로 다른 학문에 대해서도 정통해지는 것은 매우 드문 일이다. 설혹 그렇게 한다 해도 매우 드문 경우를 제외하고는 한정적인 결과만을 가져오게 된다. 이렇게 말하는 이유는 우리가 언급한 것이 자질, 영혼에 깊이 스민 소질의 색으로 자질을 채색하는 것에 대한 것이기 때문이다. 지고하신 알라께서는 가장 잘 알고 계시고 그분 이외에 주님은 없다.

## 23장 │ 기초적인 기술

인간이 습득할 수 있는 기술은 매우 많다. 왜냐하면 문명사에서 노동은 끊임없이 계속되었고 그 종류도 매우 다양했기 때문이다. 따라서 기술의 수도 셀 수 없을 정도로 많다. 그중에는 문명에서 필수적인 것, 매우 고귀한 것이 있다. 그래서 우리는 이 두 가지에 대해서만 언급하고자 한다. 문명에 있어서 필수적인 기술은 농업, 건축업, 재봉, 목수, 직조 등이 있다. 그리고 고귀한 기술은 산파직, 글쓰기, 필사, 노래 부르기, 의학 등을 들 수 있다. 산파라는 것은 문명에 있어서는 필수적인 기술이다. 그리고 아주 일반적인 관심사이다. 왜냐하면 산파의 기술로 인해서 신생아의 생명이 탄생하게 되기 때문이다. 그 기술의 혜택을 보는 대상은 신생아와 산모이다. 의학은 인간의 건강을 잘 보존하고 질병을 막아준다. 의학은 자연과학 중의 한 부분이고 그 대상은 인간의 육체이다. 글쓰기와 필사기술은 인간이 필요로 하는 것을 보존하고 망각하지 않도록 도와주며 인간의 영혼 가장 깊은 곳에 있는 생각을 먼 곳에 있거나 보이지 않는 대상에게 전달해주고 책에 있는 인간의 사고와 학문의 결과를 영원히 보존하고 관념을 위해 존재하는 다양한 단계를 함양하는 일을 한다. 노래를 부르는 것은 인간의 음성과 관계가 있으며 듣는 이에게 그 아름다움을 선사하는 것이다. 이러한 세 가지 기술은 군주나 권세가들이 사적인 모임에서 필요로 하는 것이다. 이러한 기술들은 고귀한 것이지만 그 밖의 것은 그렇지 않다. 다른 기술들은 대다수가 부차적인 기술에 해당된다. 기술이 추구하는 목표나 그 기술을 필요로 하는 수요가 다르기 때문에 그러한 기술들을 대우하는 처신도 달라지기 마련이다. 알라는 올바르게 가장 잘 알고 계시다.

## 24장 | 농업

이 기술은 땅을 일구어 경작을 하고 작물을 보살피고 관개작업을 하고 작물이 익을 때까지 돌보아 곡물을 얻는 것을 그 목표로 한다. 언급한 모든 과정을 거치면 추수를 하게 되는데, 농부는 곡물의 낱알에서 껍질을 벗겨내는 일에 능숙하다. 이 기술은 인류역사상 가장 오래된 기술 중에 하나인데, 그 까닭은 식량을 획득함으로써 인간의 삶이 완벽해질 수 있기 때문이다. 인간은 모든 것이 없어도 식량만 있다면 존속할 수 있다. 이런 관점에서 볼 때 이 기술은 베두인들이 전문적으로 하고 있다고 말할 수 있겠다. 우리는 베두인의 문명이 도시문명보다 앞선 것이라고 이미 언급했다. 그러므로 이 기술은 베두인의 기술이었다. 도시문명에는 이런 기술이 없었고 그러한 것을 알지도 못했다. 왜냐하면 그 도시문명의 상황은 전적으로 베두인의 문명에서 비롯된 이차적인 것이기 때문이다. 마찬가지로 도시문명의 여러 기술 역시 베두인의 기술에서부터 출발된 이차적인 것이고 그것에 종속되는 것이다. 지고하신 알라는 가장 잘 알고 계시다.

# 25장 │ 건축기술

이 기술은 도시문명의 다양한 기술 중에서 첫째이고 또 가장 오래된 것이기도 하다. 그것은 도시에서 인간의 몸을 쉬고 대피하는 용도로 집을 짓는 일에 대한 지식이다. 인간은 본능적으로 자신이 처하게 된 상황에 대해 생각하고 방어책을 도모한다. 그래서 추위나 더위와 같은 외부적인 공격으로부터 자기 자신을 방어할 목적으로 무엇인가를 생각한다. 예를 들자면, 사방이 벽으로 둘러싸여지고 지붕이 덮인 집을 생각해 낸 것이다. 인간의 진면목인 생각하는 기질도 사람마다 그 정도의 차이가 있다. 그러한 차이가 있다 해도 사람들은 집 짓는 일을 적절하게 한다. 그들은 제2지역, 제3지역, 제4지역, 제5지역, 제6지역의 거주민들이다. 베두인들은 집을 짓는 것 같은 행위와는 거리가 멀다. 왜냐하면 그들의 사고는 기술을 깨닫기에는 모자라기 때문이다. 그래서 베두인들은 집을 마련할 여지없이 자연적으로 존재하는 동굴을 거주지로 삼는다.

안식처를 삼으려고 그에 적당하게 집을 짓는 사람들은 점점 많아졌다. 일정 구역에서 그런 사람들의 집이 매우 많아졌다. 그들은 서로를 알지 못했고 밤을 지내는 일이 두렵게 되었다. 결국 그들은 자신들의 터전을 둘러싼 울타리, 즉 보호를 필요로 하게 되었다. 이런 것이 발전해서 하나의 소도시, 대도시가 되었다. 그런 도시에는 거주민들을 서로 간에 방어해 주는 통치권이 생겼다. 사람들은 적으로부터 자신을 보호할 필요를 느꼈고 자기 자신을 위해서 혹은 수하에 있는 보호해야 할 사람을 위해서 성채를 짓게 되었다. 그런 사람들의 예를 들자면 군주와 그에 상응하는 직책에 있는 사람들인데, 예를 들자면 아미르나 부족장을 의미한다. 여러 도시에서 다양한 건축물이 세워졌고, 각각의 도시는 도시 거주민의 지식 정도에 따라 다양한 기술로 표현되는 건축물이 특화되었다. 도시 건축물의 상태는 기후와 거주민들의 재물 정도에 따라 달라진다.

도시 거주민의 상황도 마찬가지이다. 그들 중에는 성채를 짓거나 여러 층이 있고 많은 방과 넓은 뜰이 있는 건물을 짓는 사람들이 있는데 그런 경우는 자식들이 많거나 하인들이 많거나 부양해야 할 식솔들 혹은 추종자들이 많은 경우다. 그런 건축물을 지을 때는 돌로 벽을 쌓고 벽 사이사이에 석회를 바르고 그 위에 색칠을 하고 회반죽을 덮는다. 그런 저택은 가구와 장식들로 멋들어지게 꾸며진다. 이 모든 것은 거주민들이 자신들이 거주하는 장소에 대해 얼마나 관심을 지니고 있는지를 보여주기 위해서이다. 어떤 사람들은 식량을 비축할 목적으로 지하 저장고를 짓는 경우도 있고, 말과 같은 탈것들을 묶어두기 위해 마구간을 짓는 경우도 있다. 집주인이 군인이거나 식솔과 드나드는 손님들이 많은 경우도 여기 해당되는데 아미르나 이와 상응하는 위치의 사람들 역시 이러한 경우다. 하지만 어떤 이는 자기 자신이나 가족, 혹은 아이들을 위해서 작은 집을 짓기도 하는데 그들은 그 이상의 것을 바라지 않기 때문이다. 그들은 형편이 넉넉하지 않기 때문에 인간이 취할 수 있는 자연적 쉼터나 거주지 정도만을 원한다. 이렇게 화려한 집과 문자 그대로의 쉬는 기능만을 하는 집 사이에는 셀 수 없이 다양한 거주 형태가 있다.

이 기술은 왕조의 건설 때나 대도시와 높은 건물들을 짓는데도 필요하다. 사람들은 건축에 최대한의 탁월한 솜씨를 발휘하고 숙련된 기술로 높은 건물을 지었다. 건축기술은 모든 이의 요구를 충족시켜주는 기술이다. 이 기술은 대부분 제4지역과 그 부근에 있는 온대 지역들에 존재한다. 반면 비 온대 지역의 건축기술은 뛰어나지 않다. 그 지역의 거주민들은 짚이나 진흙을 재료로 벽을 만들었고 그것도 아니면 동굴에 들어가서 거주하였기 때문이다. 건축기술자들은 매우 다양하다. 그들은 안목이 탁월하고 재주가 좋지만 일부는 기술이 부족한 자도 있다. 건축의 종류는 매우 다양하다. 어떤 건축물은 다듬어진 돌이나 구운 벽돌을 사용하기도 하는데 그렇게 벽을 세우고 그 사이사이를 진흙이나 석회로 채워 넣는다. 진흙이나 석회가 벽돌 사이에 들어가서 하는 역할은 모든 벽돌들을 마치 하나의 몸처럼 단단하게 연결시켜 주는 것이다. 흙으로 지은 건축물도 있다. 흙집을 지을 때는 우선 두 장의 나무 판으로 벽을 세우는데, 그 나무판의 크기는 해당 지역의 측량 관습에 따라 가로세로의 크기가 정해진다. 그 평균은 주로 4×2척 정도이다. 기본으로 틀을 세우는 거리는 건축가가 기초 거리라고 생각하는 것에 따라 달라진다. 이렇게 해서 두 지점 사이에 나무판을 놓고 그 사이를 끈이나 밧줄로 연결을 시킨다. 나머지 두 측면은 비어 있는 상태인데, 그 사이에 작은 나무판을 세워놓게 되고 그 위의 석회와 물을 섞어 반죽을 한 흙을 얹는다. 그런 과정으로 집의 중심이 완성되고 중심의 여러 부분에 잘 섞은 석회가 사용된다. 그다음에 두 판자 사이의 빈 공간이 찰 때까지 두세 차례 흙을 계속 얹는다. 석회와 흙이 고루 섞여 그 안에 들어가면 결국 하나의 몸체가 탄생하는 것이다. 그다음 두 개의 합판은 첫 번째 형태와 마찬가지로 세워지고, 그런 방식으로 합판들 모두가 한 줄 한 줄 차례대로 정렬되어 끝까지 올라가고 그 벽 전체가 하나로 연결이 된다. 결국 그것은 처음부터 하나의 거대한 판이었던 것처럼 된다. 이러한 것을 '따비아'라고 부르고, 이것을 생산하는 기술자를 '따와압'이라고 부른다. 또 건축기술 중에는 석회로 벽을 뒤덮는 방법도 있는데, 이때는 우선 석회에 물을 부어 녹인 뒤 1주일이나 2주일 정도 그것이 삭을 때까지 기다린다. 석회 혼합물이 적정한 상태가 될 때까지 기다리는 것이다. 이런 과정을 거치면 석회혼합물은 화재의 피해를 피할 수 있을 정도로 응집력을 갖게 된다. 건축가가 과정에 만족하면 그는 벽 위에 준비해 두었던 석회를 얹고 그러면 이것은 하나의 몸체가 되는 것이다. 건축 기술 중에는 지붕을 놓는 작업도 있다. 이런 경우 집의 두 벽 위에 목수 작업이 끝난 목재를 얹고 그 위에 합판을 얹고 못으로 연결한다. 그 위에 흙과 석회를 붓고 잘 섞어 하나의 몸체가 될 때까지 덮어 놓는다. 그리고 그 위에 다시 석회를 얹는다. 건축기술 중에는 장식적인 부분도 있는데, 주로 벽 위에 장식을 하는 것이다. 이는 물을 섞어 일정기간을 둔 석고를 사용하고, 어느 정도 습기가 있는 상태로 굳었을 때 쇠로 된 끌을 사용해서 원하는 모형을 파게 되면 그 위의 아름다운 장식이 남는 것을 말한다. 벽 위의 이런 장식품의 재료는 대리석, 구운 벽돌, 세라믹, 자개, 흑옥 등을 이용한다. 여러 가지 문양의 형태들은 서로 대칭적으로 혹은 완벽하게 다른 형태로 분할되는데 그들이 원하는 기호에 따라 석회로 고정시키고, 그 벽은 마치 미니어처 꽃밭처럼 보이게 된다. 그 밖에도 건축 기술 중에는 수로水路에 관계된 도가나나 저수탱크에 관한 것도 있다. 이 경우는 집에 대리석으로 된 대형 용기를 준비하고 그 가운데에서 물이 흘러 물탱크로 갈 수 있도록 물을 샘솟게 만든다. 그러면 집으로 들어오는 배관의 밖에서부터 수로로 물이 들어오게 된다. 건축의 종류에는 이렇게 다양한 종류가 있다.

건축가들의 기술과 안목도 매우 다양하다. 도시문명이 거대해지고 확장되면서 건축가들의 수도 많이 늘어났다. 통치자들은 건축의 세부상태에 대해 그리고 건축가들에 대해 자신의 견해를 표명하기도 했다. 대도시의 주민들은 인구가 많고 붐비는 도시에서 거주하기 때문에 그들은 공간을 차지하기 위해 공중에서 위아래로 서로 경쟁하는 듯한 모습을 보이고 건물 외곽의 효용도에 있어서도 경쟁하는 모습을 보인다. 만약 벽에 상해가 생길 우려가 예상되면, 이웃집이 법적인 권리를 완벽하게 가졌을 때를 제외하고는 그러한 상해가 발생하지 않도록 조정한다. 수로나 쓰레기를 처리하는 지하나 지상의 도관에 관해서도 그 권리는 매우 세부적으로 나뉘어져 있다. 어떤 사람은 옆집의 벽을 사용하겠다고 권리를 주장하거나 옆집의 처마를 사용하겠다고 권리를 주장하는 경우도 있고, 심지어는 그 옆집의 홈통이나 도관을 사용하겠다고 하는 경우도 있다. 그 이유는 한 집과 옆집 사이가 너무 붙어 있기 때문이다. 또 어떤 사람은 이웃집의 벽이 너무 낡거나 불량해서 붕괴의 위험이 있으니 판관에게 기존의 벽을 허물고 새로 마련하여 자신에게 미칠 수 있는 위험을 예방해 달라고 요구하는 경우도 있고, 세입자들 간에 집이나 안뜰을 분할해서 사용하겠다고 요구하는 경우도 있다. 그렇게 하면 집에서 발생할 수 있는 피해를 줄일 수도 있고 집의 효용가치를 높일 수 있다는 근거 때문이다. 이와 유사한 경우는 매우 많다. 따라서 이 모든 일들은 건축에 안목이 있는 건축 전문가들이 아니고서는 감당할 수 없다. 그들은 건축물의 이음새, 접합 부분, 목재부, 벽의 기울기, 벽의 두께, 집의 형편, 거주지가 분할된 상황, 건물의 활용도, 수도관의 상황 등을 모두 고려해서 집의 건물이나 벽에 물길이 제대로 설치되었는가를 살펴보고, 물길이 어떤 형태로든 건물에 영향을 끼치지 않도록 막아준다. 결국 이런 건축가들은 안목과 경험이 있지만 그런 자질이 없는 사람들도 있다. 이러한 건축기술자들 역시 왕조나 그 권력에 따라 세대 간의 차이가 있는데 탁월한 경우도 있고, 모자란 경우도 있었다.

우리는 여러 가지 기술과 그 기술의 완성은 문명에서 그 수요가 얼마나 많은가와 관련이 있다고 이미 언급한 바 있다. 그러므로 왕조가 초기에 베두인적이었다면 건축에 관한 한 외부의 도움을 요구하는 것이 당연하다. 실제로 그런 일이 왈리드 븐 압둘 말리크 때에 발생했는데, 그는 메디나와 예루살렘에 모스크를 건설하고 또 다마스쿠스에 자신의 모스크를 건설하려고 타지의 기술자를 요청한 바 있다. 그는 콘스탄티노플에 있는 로마의 황제에게 건축에 능숙한 전문가를 보내 달라고 요청했고 황제는 모스크 건설에 능숙한 기술자들을 그에게 보냈다.

건축기술자는 공학의 여러 분야를 숙지해야 하는 것으로 알려져 있다. 그 기술에는 벽의 수직균형을 맞추기 위해 추를 이용하고 물을 길어 올리는 도구를 이용하는 것이 있는데 이것이 바로 공학을 의미하기 때문이다. 결국 건축 관련 지식은 토목에 대한 안목을 요구한다. 마찬가지로 건축에는 무거운 물건을 끌어올리는 것도 포함되어 있다. 만약 거대한 석재를 벽의 원하는 부분에 올려놓아야 한다면 사람의 힘만으로는 부족하다.

그래서 건축가는 밧줄의 힘을 몇 배로 늘려서 작업을 하는데, 이때는 공학적 비율에 의거하여 구멍이 있는 고리에 밧줄을 넣는 형태로 힘을 늘린다. 그러면 무거운 물질도 기중기의 도움으로 가볍게 되는데 이러한 기계를 '도르래'라고 부른다. 이런 기구를 이용하면 큰 힘을 들이지 않고 의도대로 원하는 바를 이루게 된다. 이것은 결국 인간들에게 널리 회자되고 잘 알려진 공학의 원리로 인해 완성된 것이다. 이런 원리로 인해서 거대한 기념비적 구조물들이 이 시대도 존재하는 것이다. 사람들은 그것을 이슬람 이전의 건축물이라고 간주한다. 그 당시 사람들의 몸집이 거대한 구조물을 세울 정도로 컸다라고 생각할 수도 있지만 그것은 사실과 다르다. 그들은 공학적인 원리를 이용해서 거대한 구조물을 세울 수 있었다. 그러므로 이러한 사실들을 잘 이해하길 바란다. 알라께서는 원하는 것을 창조하신다.

## 26장 │ 목공기술

이 기술은 문명사회에서 필수적인 기술 중 하나인데 재료는 나무다. 알라께서는 모든 것을 인간에게 유용하게 만들었다. 그래서 인간이 필요한 것을 얻을 수 있게 했다. 나무도 이런 부류에 속한다. 나무의 쓰임새는 셀 수 없이 많다. 그렇게 셀 수 없이 많은 쓰임 중에 마른 나무의 용도를 보자. 첫 번째 용도는 땔감이다. 인간이 살아가는데 가장 필수적으로 필요한 것이다. 또 방어용으로 쓸 수도 있고, 무게를 지탱하는 버팀목이나 기둥으로 쓸 수도 있다. 나무는 베두인뿐만 아니라 정주민에게도 꼭 필요하다. 베두인의 경우 천막의 기둥이나 말뚝, 여성들이 낙타 안장 위에 탈 때 사용되는 막대기, 창이나 화살에 사용되는 무기로 나무를 사용한다. 정주민의 경우는 지붕이나 문의 잠금장치 혹은 의자를 만드는데 사용한다. 나무는 모든 것의 자재이다. 그리고 그 나무를 대상으로 기술이 이용되어 특수한 형태의 결과물이 나온다.

이러한 기술은 각기 다른 형태로 실현되는데, 그중 하나가 목공이다. 목공기술에는 다양한 단계가 있다. 목공기술자는 우선 나무를 세부적으로 분류할 필요가 있다. 그 재료가 작은 나무 조각인지 나무 판인지를 구분해야 한다. 그 이후 원하는 용도와 형태에 따라서 세부적인 것을 잘 정리하고 조합한다. 이러한 모든 과정에서 목공기술자는 체계적으로 그 세부 단계를 준비하고 나무 조각들을 특정한 형태로 만든다. 우리는 이러한 기술을 수행하는 사람을 목공기술자 혹은 목수라고 부른다. 목수는 문명사회에 있어서 필수적인 존재이다. 도시문화가 발달하고 사치풍조가 대두되면 사람들은 지붕, 문, 의자, 가구 등을 필요로 하게 된다. 그리고 그런 물건에 탁월하고 우아한 기술이 적용된다. 중요한 것은 이러한 물건은 필수적인 것이 아니고 사치품이라는 사실이다. 예를 들면 목수는 문이나 의자에 조각을 하고, 작은 나무 조각들을 대칭으로 배열해서 못으로 고정하여 사람의 눈으로 보면 마치 하나의 조각으로 보이게 만든다. 목수는 자신이 원하는 대로 다양하게 제작할 수 있고 최대한 정교한 기술을 보일 수 있다. 따라서 어떠한 종류라도 목재로 된 것에는 목공기술이 가능했다.

이 기술은 나무판자와 못으로 이루어지는 선박건조에도 필요하다. 선박은 공학의 기술로 빚어낸 하나의 거대한 몸체. 그것은 물고기 모양에 따라 제작되었는데, 물고기가 물에서 헤엄치는 형상이 고려되었고 지느러미와 배로 헤엄치는 방법도 고려되었다. 그런 형태를 지녀야만 물의 저항을 덜 받고 헤쳐 나가는 데 용이하기 때문이다. 그러나 배의 움직임은 물고기가 지닌 동물적 움직임의 형태 대신 바람에 의해 이루어진다. 군함이 바로 이 경우인데 노를 젓는 것으로 배의 진행에 도움을 받기도 한다. 이 기술은 근원적인 부분을 생각해보면 모든 면에서 기하학을 숙지해야만 한다. 하나의 형상을 잠재적인 상태에서 현실의 것으로 전환시킬 때에는 그 기술에 대한 정통한 지식이 있어야 하기 때문이다. 측량할 때는 일반적인 건 특수한 것이건 간에 비율에 대한 지식이 필요하다. 측량은 기하학자에게 의존하게 된다.

이러한 이유로 그리스의 기하학자들은 모두가 목공기술의 장인이었다. 유클리드는 『기하학 원론』의 저자인데 목공기술자였다. 마찬가지로 『원추 곡선론』의 저자 아폴로니우스도 목공기술자였고 메넬라오스와 그 밖의 인물들도 그렇다. 이런 것을 종합해 볼 때 이 세상에서 목공기술의 최초 스승은 노아*라고 간주된다. 왜냐하면 그가 대홍수 때 기적을 행해 배를 만들었고 그것을 구조선으로 사용했기 때문이다. 이 정보가 가능한 것이라면 그는 분명 목수였을 것이다. 누가 그에게 그러한 기술을 가르쳐 주었는지, 그러한 기술을 어떻게 배웠는지에 대한 확실한 증거가 존재하지는 않는다. 왜냐하면 그 이야기는 역사적으로 너무 오래전의 이야기이기 때문이다. 하지만 그 이야기는 목공기술의 위대함을 알려주기는 한다. 왜냐하면 노아의 방주에 대한 이야기 이전에 목공기술에 관한 어떤 언급도 없기 때문이다. 그런 이유로 노아가 그 기술을 습득한 최초의 사람이 된 것이다. 그러므로 이 세상의 모든 기술의 비밀을 잘 이해하도록 하라. 지고지순하신 알라는 가장 잘 알고 계신다.


## 27장 | 직조와 재봉술

온화한 지대의 문명에 거주하는 사람들은 거처를 생각할 때처럼 몸을 따뜻하게 유지하려고 하기 마련이다. 사람은 더위와 추위를 방어하려고 직물로 몸을 감싼다. 그렇게 하려면 실을 잣고 옷을 마련해야 하는데, 이것이 직조다. 베두인은 그 상태로 그치지만 정주문명에 익숙한 사람들은 직조된 천을 조각으로 자르고 다양한 크기의 조각들을 실로 꿰매어서 입을 수 있는 한 벌의 옷을 만든다. 이렇게 신체에 적당하게 옷을 만드는 기술이 재봉기술이다. 인간은 편안한 삶을 추구하기 때문에 직조와 재봉이라는 두 기술은 문명에 필수적인 것이다. 직조는 모와 면을 방적하고 씨줄과 날줄을 사용하여 직물을 단단하게 만드는 것이다. 그런 과정을 거치면 직물이 된다. 그중에는 외투로 사용할 수 있는 양모로 된 겉옷이 있고 또 면이나 린넨 의복도 있다. 그 두 번째 기술, 즉 재봉은 직물을 다양한 형태나 관습에 맞춰 재단하는 것인데, 우선 신체의 기관에 적당하게 조각으로 자른다. 그다음에 그 조각을 숙련된 바느질로 매듭짓고 묶고 덧대고 하는 과정을 거치는데 거기에는 다양한 기술이 필요하다.

두 번째 기술은 정주문명에서 정통한 기술이다. 베두인들은 그러한 기술을 필요로 하지 않는다. 그들은 그저 직물을 몸에 맞춰 덮는 것으로 만족할 뿐이다. 옷을 재단하고 맞추고 바느질 하는 것은 정주문명의 여러 기술 중에 해당되는 것이다. 이점을 잘 이해해야 한다. 바로 그러한 이유로 성지순례를 할 때에는 재봉된 옷을 금한다. 이슬람의 종교법은 이 세상에서 취한 모든 것을 버리고 알라께서 우리를 창조했던 최초의 상태로 그분에게 돌아가라고 말한다. 그래서 인간은 자신의 내면에 어떠한 사치나 쾌락적인 관습도 담아둘 수 없다. 예를 들면 향수, 여자, 바느질된 옷, 신발 등을 말한다. 또한 사냥을 해서도 안 되고, 인간의 영혼과 인성이 물들 수 있는 관습이라면 그 어떤 것에 접해서도 안 된다. 사실 이 모든 것들은 인간이 죽으면 없어지기 마련이다. 그래서 인간은 성지순례에 참여할 때는 최후심판의 날을 맞이하는 것처럼 그의 마음을 주님께 다 받쳐 성실하고 충직한 자세로 임해야 한다. 만약 심신이 모두 충실함과 성실함으로 준비된다면 그는 마치 어머니가 낳아준 그 때와 같이 자신의 죄에서 벗어나게 된다.

이 두 가지 기술은 이 세상에서 매우 오래된 것이다. 인간은 신체 보온을 필수적으로 원하기 때문에 온화한 지대의 문명에 거주하는 인간에게 이 두 기술은 필수적이다. 하지만 더운 지방의 거주민은 보온을 필요로 하지 않는다. 이와 관련해서 제1지역에 거주하는 흑인들은 거의 벗고 산다고 들은 바 있다. 이러한 기술들이 매우 오래된 것이므로 일반대중들은 그 기술이 바로 이드리스의 덕분이라고 말한다. 그는 가장 옛날의 예언자이다. 아마도 사람들은 헤르메스의 덕으로 돌릴지도 모른다. 헤르메스가 바로 이드리스이다. 알라는 창조자이시고 지식인이시다.

## 28장 | 조산기술

이것은 태아가 어머니의 배에서 나오는 일에 관여하는 기술로 특히 태아가 자궁에서 부드럽게 나오도록 하는 기술이다. 앞으로 우리가 언급할 출생 이후 신생아에 대한 대처기술이다. 이 기술에 종사하는 이는 대부분 여성이다. 왜냐하면 조산의 기술자들은 산모의 벗은 몸을 보게 되기 때문이다. 이러한 기술을 행하는 사람들은 '주다'와 '받아들이다'라는 의미에서 산파(받는 자)라고 불린다. 산모가 산파에게 태아를 주고, 산파는 태아를 받기 때문이다.

태아가 어머니의 자궁 안에서 형성과정이 완성되고, 대부분 알라께서 정한 기간 아홉 달을 머물고 나면 알라께서 태아에게 부여한 의지로 인해 태아는 밖으로 나오려고 한다. 그때 태아가 나오는 길은 너무 좁아서 나오기가 매우 어렵다. 이때 발생하는 압력으로 인해 질 벽의 일부가 찢어지고 자궁과 연결되어 있는 부위가 찢어지기도 한다. 이러한 모든 이유로 인해서 산모의 고통은 더 심해진다. 이런 것을 바로 '산고'라고 한다. 이 경우 산파는 산모의 등이나 둔부, 자궁이 있는 아랫배 쪽을 문질러주는데 그렇게 함으로써 태아를 밖으로 내보내는 힘을 보태주고 가능한 한 어려움을 완화시키고, 산모나 태아가 겪는 어려움을 감지하고 이에 대처한다. 태아가 밖으로 나오면 태아와 어머니의 자궁 사이에 연결된 채 남아 있는 탯줄을 처리해야 한다. 탯줄은 태아의 배꼽과 위장을 연결해서 영양분을 공급했던 기관이다. 하지만 이제 탯줄은 신생아에게 필요 없는 기관이므로 산파는 탯줄을 잘라야 하는데, 이때 탯줄의 적당한 지점을 자르고 특히 신생아의 위나 어머니의 자궁에 해가 가지 않는 범주 내에서 자르도록 유념해야 한다. 탯줄을 자른 부위를 불로 처치하거나 산파가 보아 적당하다고 생각되는 형태의 치료를 하게 된다. 태아는 좁은 산도를 통해서 나온 이후라서 뼈가 아직 굳지 않았고 쉽게 휘어지는 상태이다. 그러므로 신생아 기관의 형태에도 변형이 가능하다. 왜냐하면 신생아는 사지가 생성된 지 얼마 안 되어서 그 질료에 수분이 많기 때문이다. 이럴 경우 산파는 신생아의 몸을 마사지 하고 교정해서 신생아의 모든 신체기관이 자연적인 형태를 갖추고 원래 예정된 상태로 되도록 도와주어야 한다. 그다음 산파는 산모를 보살피는데, 산모의 자궁에서 태아의 태반을 추출해 내도록 산모의 복부를 마사지해야 한다. 만약 태반의 추출이 늦어지면 산모에게 위험하다. 왜냐하면 원래의 자연상태로 돌아가려는 근육의 수축이 태반이 채 나오기도 전에 이루어질 수도 있기 때문이다. 태반은 불필요한 것이다. 자궁 내에서 태반이 부패하게 되면 산모에게 치명적인 해가 발생한다. 그러므로 산파는 이 점을 특히 신경 쓰고 아무리 늦었다 하더라도 태반을 자궁에서부터 밖으로 내보내도록 시도해야 한다. 이러한 과정이 끝나면 산파는 다시 신생아를 돌보게 되는데, 신생아의 사지에 식용 기름이나 특정한 분가루를 기름칠하듯 발라서 사지가 더 단단해지도록 만들고, 태아에게 묻어있는 자궁의 분비물을 건조시키고, 아이의 목젖을 들어올려 구개에 기름칠을 해주고 신생아의 비강을 비우기 위해서 신생아의 코에 김을 불어 넣고 환약을 조금씩 입에 넣어 주는데 그 이유는 신생아의 내장이 막히거나 협착을 방지하기 위해서이다. 그 이후 산파는 산모를 돌보아야 한다. 산모는 산통을 겪었고 자궁에 있던 태아가 분리될 때 발생하는 고통에 시달린 상태다. 신생아는 산모에게 자연적 신체기관은 아니었으나 태아가 산모의 자궁 내에 착상된 상태로 산모의 체내 기관처럼 오랜 시간 붙어 있었음으로 그러한 태아가 자궁에서 분리되어 나오는 것은 산모에게는 사지가 절단되는 고통을 가져온다. 그러므로 산파는 태아가 자궁 밖으로 나올 때 생겼던 압력으로 파열된 상처, 고통이 남아 있는 외음부를 치료한다. 우리는 이 모든 처치를 함에 있어 산파가 가장 안목이 있고 적절한 사람이라는 것을 안다. 마찬가지로 수유기의 신생아가 젖을 뗄 때까지의 기간 동안 발생하는 온갖 질병에 대해서도 산파가 능숙한 의사보다 훨씬 낫다. 이렇게 말할 수 있는 이유는 수유기에 있는 신생아의 상태는 잠재적으로만 인간의 신체이고 젖을 때고 나서야 실질적으로 인간의 신체가 되기 때문이다. 그러한 때가 되면 의사가 돌보는 것이 낫다. 여러분들이 보다시피 이 기술은 인간문명에서 필수적인 것이다. 그 기술이 없다면 대부분의 경우 사람의 존재는 완성되지 못한다.

산파의 기술을 필요로 하지 않는 경우가 있다. 알라께서 기적이나 비범함을 베풀어주신 경우이다. 이는 예언자들의 경우인데, 신생아가 본능적으로 스스로 생존하게 되는 본능이 있으므로 이런 경우에는 조산기술 없이도 사람으로서의 존재가 완성된다. 기적의 경우를 살펴보자면 이러한 경우는 많이 발생한 바 있다. 그중에서 전해지는 이야기는 예언자 무함마드*께서 태어나실 때 탯줄이 이미 잘리고 할례가 된 채 두 손은 땅을 짚고 두 눈은 하늘을 응시하고 있었다고 한다. 마찬가지로 예수가 말구유에서 그랬고 그 밖의 다른 인물의 경우도 있다. 본능의 경우에 대해선 알려진 바가 없다. 아둔한 동물들이 본능에 충실한 경우는 있었는데 벌을 그 예로 들 수 있다. 더욱이 인간은 알라의 자비를 혜택받은 자인데 인간이 그들보다 우월하다는 생각을 왜 하지 않겠는가?

신생아에게는 일반적인 본능이라는 것이 있어서 자연적으로 어머니의 품을 찾게 된다는 사실은 인간에게 일반적인 본능이 존재한다는 사실을 분명하게 입증한다. 신성한 관심은 인간이 파악하기에는 너무나도 위대한 것이다. 이제 파라비와 스페인의 철학자들의 견해가 옳지 않았음을 이해해야만 할 것이다. 그들은 이 세상에서 다양한 종류의 존재가 멸망하지 않는 것과 창조된 피조물의 종결이 불가능하다고 논쟁을 벌인 바 있다. 특히 인간의 종이 그렇다는 것이다. 그들은 인간의 종이 한번이라도 단절되면 그 이후로 인간의 존재는 불가능했을 것이라고 주장한다. 단절은 조산술과 관련 있는데, 조산술이 없다면 인간의 존재 유지는 불가능하다는 주장이다. 신생아를 이런 기술의 도움 없이 젖 뗄 때까지 생존이 가능한 존재라고 생각해도 신생아는 근원적으로 살아남지 못한다. 생각하지 않고 생겨난 기술은 없다. 왜냐하면 기술이라는 것은 사고의 결과이고 생각을 하고 난 다음에야 나타나는 것이기 때문이다. 파라비의 이러한 견해에 대해서 이븐 시나는 다른 견해를 주장했다. 즉, 그의 주장은 다양한 종의 단절이 가능하다는 것이다. 그리고 창조세계의 멸망도 가능하다는 것이다. 그는 종의 단절이나 창조세계가 멸망된 이후에 천체의 필요와 별자리가 이상적인 위치로 바뀌는 현상이 발생하면 존재가 회복된다는 것인데, 그의 견해에 따르면 이런 현상은 매우 오랜 기간이 지난 뒤에 한 번씩 그것도 아주 드물게 발생한다는 것이다. 그는 적절한 열기가 기질과 혼합되어 진흙과 적절히 섞여서 일정 기간 발효되면 그것이 인간으로 된다고 주장했다. 그리고 동물은 인간을 위해 이 세상에 보내어졌고 동물은 본능적으로 인간을 양육하고 인간에게 동정심을 느끼도록 창조되었다는 것이다. 즉 인간의 존재가 젖먹이의 단계와 젖을 뗄 때까지 동물의 도움을 받는다는 것이다. 그는 이러한 주장을 『하야 븐 야끄잔의 서신*Risālah Ḥayy bn Yaqẓān*』이라고 불리는 글에서 주장했다. 그러나 이런 결론은 옳지가 않다. 종의 단절을 동의한다 해도 그의 주장은 부족한 것이니 누가 과연 그의 주장을 길잡이로 삼을 것인가?

그러므로 이제 우리가 이븐 시나의 이론을 논쟁으로 받아들인다 해도 인간의 존재를 우매한 동물이 양육하는 그러한 대상으로 설명하고 있으니 여기에 어떠한 주장이 더 필요하겠는가. 그의 주장대로 우매한 동물에게 그러한 본능이 주어졌다면 신생아가 스스로 본능을 따른다는 것을 부정하는 근거는 무엇인가? 한 개인의 본능은 자신의 이익을 위한 것이고 이것은 다른 이의 이익을 추구하는 것보다는 훨씬 타당성 있는 것이다. 그러므로 파라비와 이븐 시나의 두 견해는 그들 스스로가 자신들의 주장이 쓸모없는 것이라는 것을 증명해준다. 나는 이미 여러분께 이것을 언급한 바 있다. 지고하신 알라께서 가장 잘 아신다.

## 29장 | 의술

이것은 베두인이 아니라 도시 거주민이나 정착민이 필요로 하는 기술이다. 이 기술은 마을이나 도시에서 필요로 하는데, 그 이유는 그런 곳에서 의술의 유용성이 알려져 있기 때문이다. 의술은 건강한 사람들에게는 건강을 지켜 주고 병약한 사람들에게는 병을 치유해 주는 것인데, 치유는 적절한 약물의 도움과 병을 치유할 때까지 계속 보살피는 것을 말한다. 병의 근본은 음식이라는 것을 인지하라. 예언자 무함마드*께서도 의학에 관해 하디스에서 언급한 바 있는데, 그것은 의사들 사이에서 전승되었고 반면에 종교학자들 사이에는 의심스러운 대접을 받은 바 있다. 예언자 무함마드*는 "위는 모든 질병의 본산이다. 모든 약의 근원은 식이요법에 있다"라고 말했다. 그 말씀 중에 위가 모든 질병의 근원이라는 것은 명백한 사실이다. 그리고 모든 약의 근원은 식이요법이라는 말에서 식이요법은 배고픈 상태를 의미한다. 왜냐하면 배고픔, 즉 굶주림은 음식을 절제하는 것을 의미하기 때문이다. 따라서 그 의미는 배고픔이 가장 훌륭한 치유의 약이고 모든 약의 근본이라는 것이다. 그 말씀은 즉, 모든 병의 근원은 과식에 있다는 것이고 이는 위에 있는 음식이 채 소화되기도 전에 새로운 음식이 더해지는 것을 의미한다.

이것은 다음과 같은 설명이 가능하다. 알라께서는 인간에게 영양분을 섭취하는 과정을 통해 생명을 이어가도록 창조하셨다. 그래서 인간은 음식을 통해서 영양분을 섭취하고 그것을 소화하고 힘을 내어 인체에 살과 뼈를 지탱해주는 혈액을 만든다. 힘이 커지면 성장력이 인체의 살과 뼈로 전환되는 것이다. 소화란 영양분이 자연적인 열에 의해 단계적으로 끓게 되는 것을 의미한다. 결국 영양분은 인체의 일부분이 되는 것이다. 이것은 다음과 같이 설명될 수 있다. 영양분은 입으로 들어가고 턱은 음식을 씹는데, 그때 입에 있는 열기의 영향을 받아 가볍게 한 번 끓게 된다. 그렇게 되면 영양분의 구성은 약간 변화되는데, 이러한 사실은 음식을 조금 먹고 잘 씹어보면 관찰할 수 있다. 왜냐하면 입속에서 저작활동이 끝난 음식의 성분은 입으로 들어가기 전의 음식의 성분과는 상당히 다르게 변화되었다는 것을 알 수 있기 때문이다. 그다음 음식은 위로 내려가고 위의 열기에 의해서 그곳에서 끓게 되고 즙이 되는데 바로 그것이 한번 끓인 음식의 결정체이다. 다음 단계로 위는 즙을 간으로 보내고 고체의 침전물이 된 음식의 일부는 신체의 두 배출구를 통해서 밖으로 나가게 된다. 간의 열은 그 즙을 끓게 만들고 결국은 그것이 신선한 피가 되는 것이다. 그때 끓는 작용의 결과로 일종의 거품이 생기는데 이것이 바로 황색의 담즙이다. 담즙의 일부는 건조되는데 그것이 바로 흑색 담즙이다. 자연 열은 그 거친 요소들을 끓이기에는 충분하지 않은데 그것이 바로 담이다. 그다음 간은 이러한 요소들을 정맥과 동맥으로 보낸다. 자연 열은 그것을 다시 끓이기 시작한다. 순수한 혈액은 열기와 습한 증기를 생성하는데, 그것은 동물의 정신을 유지할 수 있게 한다. 성장력은 피를 보전하고 살로 바뀐다. 그리고 살의 조밀한 부분은 뼈가 된다. 그다음 신체는 몸에서 불필요한 과잉 물질들, 예를 들면 땀이나 침이나 점액이나 눈물 같은 것을 방출한다. 이것이 바로 영양분이 신체에 흡수된 다음의 과정이고, 음식이 잠재된 상태에서 실제 상태로 변환되는 과정이다.

　모든 병의 근원은 열에 있다. 그 이유는 이렇다. 음식물로 인체에 들어와 다음 단계를 거치는 물질들을 끓이는데 자연적 열만으로는 충분하지 않다. 따라서 영양분은 완벽하게 흡수되지 않는다. 그 이유는 위에 있는 음식이 자연적인 열로 처리를 하기에는 너무 많거나, 위에 기존 음식이 아직 완벽하게 끓지 않았는데 새로운 음식이 들어오기 때문이다. 그러한 경우 자연적인 열은 새로 들어온 음식을 끓이는 데 전력을 다하게 되고 결국 위에 있던 첫 번째 음식은 반 정도만 소화된 상태로 남아 있거나 새로 들어온 음식과 기존의 음식 사이에 어중간한 상태로 남게 된다. 그리고 이것은 제대로 끓지도 않고 영양성분으로 완벽하게 소화 흡수되지도 않게 된다. 위는 그 상태에 있는 음식을 간으로 보내는데 이때 간의 열은 그것을 흡수하기에는 충분하지 않다. 간혹 먼저 위에 남아 있던 음식의 결과물이 간에 그대로 남는 경우도 있다. 간은 이것을 완벽하게 흡수하지 못한 상태에서 정맥으로 그대로 보내게 된다. 인간의 육체는 자신이 필요로 하는 것을 적당히 얻게 되면, 완벽히 흡수되지 않은 잉여물질을 필요 없는 물질, 즉 땀, 눈물, 침 등과 함께 밖으로 배출한다. 가끔은 인간의 육체가 제대로 흡수되지 않은 잉여물의 많은 부분을 처리하지 못할 수도 있다. 그것은 그 상태로 정맥, 간, 위 등에 남게 되고 시간이 흐르게 된다. 소화과정에 있는 이러한 물질이 끓을 만큼 제대로 끓지 않거나 제대로 흡수되지 않은 상태라면 어떤 것이든 부패하기 마련이다. 결론적으로 말하자면 흡수되지 않은 영양분은 부패하게 된다. 우리는 그것을 킬뜨khilt라고 부른다. 부패의 과정에 있는 모든 것은 비정상적인 열을 내고 인간의 신체에서 나는 이런 것을 '열'이라고 부른다.

　음식이 소화되지 않은 채 남아도 부패하게 되고 대변으로 나온 것도 결국은 부패하게 된 것이다. 열은 그 내부에서 발생하고 각 단계를 거치게 된다. 이것이 바로 인간의 몸에서 발생하는 열을 의미한다. 열은 이미 하디스에서 언급했듯이 병의 근원이자 주요 원인이다. 그러한 열을 치유하려면 환자에게 몇 주 동안 영양분을 금해야 한다. 그 이후 환자는 완벽한 치유가 될 때까지 적절한 영양분을 섭취해야 한다. 건강한 상태에서 동일한 과정은 다른 질병을 예방하는 대처법으로 이용된다. 부패가 인간의 기관 중에 어떤 특정한 기관에서만 발생할 수도 있다. 그리고 질병이 그 특정 부위에서만 발생될 수 있고 혹은 인간의 육체가 주요기관이나 혹은 다른 기관에서 영향을 받을 수도 있다. 왜냐하면 사지가 아프고 힘을 못 쓰게 되기 때문이다. 이것은 질병을 의미한다. 그 근원은 바로 영양 섭취에 있다. 이런 일에 대한 대처는 모두 의사의 몫이다.

질병은 정주민들의 거주 지역이나 도시에서 자주 발생한다. 그들은 풍요로운 삶을 살기 때문이다. 그들은 엄청난 양의 음식을 먹고, 한 종류의 특정 음식만 먹는 절제가 부족하다. 그들은 음식을 취함에 있어서 주의가 부족하고 음식을 준비할 때도 마찬가지이다. 그들이 음식을 준비할 때는 좋은 재료들을 많이 다양하게 섞어서 만든다. 예를 들면 향신료, 허브, 과일, 신선하거나 건조한 재료들을 한꺼번에 섞는다. 그들은 스스로를 한 가지 음식 혹은 몇 가지 음식만 먹는 방법으로 절제할 줄 모른다. 우리는 한 가지 단일 요리를 만드는데 다양한 채소와 고기를 40가지나 사용하는 경우를 본 적이 있다. 이런 사실은 영양분에 매우 이상한 기질을 제공하고 그런 음식은 인간의 몸에 전혀 어울리지 않는다. 한 가지 더 주의해야 할 점은 도시의 공기가 부패한 증기의 혼합을 통해 오염되고 그 이유는 도시에 존재하는 많은 잉여물질 때문이라는 것이다. 인간의 정신에 에너지를 부여하는 것이 바로 공기이고 그 공기는 인간의 육체가 소화를 할 수 있는 자연적인 힘에 큰 영향을 준다. 이러한 도시의 거주민들은 절대적으로 운동이 부족하다. 그들은 휴식을 하고 조용히 지낸다. 그들은 몸을 움직여 하는 운동을 하지 않기 때문에 마을이나 도시에서 질병의 발생은 빈번하고 거주민들은 약을 찾는 일이 매우 많다.

반면 베두인들은 소식을 한다. 먹을거리가 적기 때문에 그들은 늘 배고프다. 배고픔은 그들의 습관이 되었고 자연스러운 것이 되었다. 그들은 오랫동안 그렇게 살았다. 베두인들은 조미료나 양념도 약간만 사용하거나 거의 사용하지 않는다. 음식을 준비할 때 향료나 과일을 넣고 끓인다는 것은 베두인들과는 무관한 정주문화의 사치스러움이다. 베두인들은 영양성분을 단일한 재료에서 취하지 여러 가지를 섞어서 취하지 않는다. 그러한 영양성분은 베두인의 육체에 적절한 것이다. 그들이 거주하는 곳의 공기도 비교적 덜 오염되어 있다. 왜냐하면 그곳은 비교적 습기가 적고, 그들이 머무는 곳에는 부패의 조건이 적기 때문이다. 그들은 한곳에 머물지 않고 여기저기 이동함으로 새로운 공기를 접하게 된다. 게다가 그들은 운동을 한다. 그들은 말을 달리거나 사냥을 나가거나 필요한 것을 찾으러 다니고 필요한 것을 얻기 위해 끊임없이 몸을 움직인다. 이러한 모든 이유로 인해서 그들의 소화 능력은 매우 좋다. 베두인들의 경우 위에 아직 음식이 남아 있는데 새로운 음식을 더하는 일은 없다. 따라서 그들의 기질은 병과는 매우 거리가 멀고 정착해서 사는 사람들보다 훨씬 건강하다. 결론적으로 그들이 약을 찾는 일도 적다. 그러므로 사막에 의사가 있을 일도 없다. 그들에겐 의사가 필요할 일이 없기 때문이다. 의사가 사막에서 필요했다면 그곳에 있었을 것이다. 이것이 이전부터 내려온 알라의 법이니라. 알라의 법에는 어떠한 변경도 있지 않음을 알게 되리라.[17]

---

17  코란 48장 23절.

　이것은 인간의 마음속에 있는 대상을 언어를 표시해주는 문자의 형태이다. 이것은 언어적인 지표에 대한 두 번째 것이라고 할 수 있고 매우 고귀한 기술이다. 왜냐하면 글쓰기, 즉 서예라 함은 동물과 구별되는 인간의 여러 특징 중에 하나이기 때문이다. 우리는 글쓰기를 통해 마음속에 있는 것을 보여주고 먼 곳에 있는 사람에게 자신의 의도를 전달할 수 있으며, 어떠한 대상이나 필요에 대해 직접적인 실행을 하지 않더라도 이를 통해 해결할 수 있다. 글쓰기는 지식이나 고대인의 저술을 나타내는 기표로써 고대인들의 학문이나 지식 혹은 그들의 소식을 기록한다. 결국 이 모든 면을 종합해 볼 때 글쓰기는 매우 유용하고 고귀한 것이다. 인간에게 있어서 글쓰기, 즉 서예가 출현한 것은 인간의 마음속에 내재된 힘이 실재實在로 나타난 것을 의미한다. 이는 교육을 통해서 가능하다. 사회나 문명의 완숙도에 따라 도시에는 고품격 서예가 존재하였는데 그 이유는 서예라는 것 자체가 매우 뛰어난 기술 중 하나이기 때문이다. 우리는 이미 앞에서 서예는 문명에 부속된 것이라고 언급한 바 있고 대다수의 베두인은 문맹이기 때문에 쓰지도 읽지도 못하는 사람들이 많았다는 것도 언급했다. 그들 중에 쓰거나 읽는 것이 가능한 사람이 있다 할지라도 글쓰기의 수준이 조잡하고 읽는 능력 또한 그렇게 뛰어나지 않았다. 우리는 대도시에서 서예를 교육하는 일은 도시문명이 고도로 발달한 상태에서 가능하고 가장 탁월한 수사법과 가장 쉬운 방법으로 글쓰기 교육이 이루어진다는 것을 알 수 있는데, 대도시에서 서예의 기술이 절정에 달했기 때문에 가능한 일이다. 마치 이 시대의 이집트가 그러한 것처럼 말이다. 그런 대도시에는 서예를 교육하는 전문적인 선생님들이 있는데 그들은 서예를 배우고자 하는 학생에게 한 획, 한 획에 따른 문체나 문법에 관련된 것을 한 글자, 한 글자 제대로 교육하고 있을 뿐만 아니라 서예의 다양한 조건까지도 직접 교육을 한다. 이러한 곳에서 수행되는 교육의 내용에는 과학적인 방법으로 서예를 하고 결과적으로 서예의 속성은 가장 완벽한 형태로 나타나게 된다.

서예라는 것은 인간이 지니고 있는 여러 가지 기술 중에서 완성된 기술이어야만 하고 그 유용함은 풍요로운 문명사회에서 나타나고 인간이 행하는 여러 기술은 광범위한 상황에서 나타나게 된다. 그렇지만 스페인이나 마그립에서의 서예 교육은 그 정도까지 달하지는 못했다. 구체적으로 말하자면 그곳에서의 서예 교육은 독립적으로 한 자 한 자를 가르치는 정도의 수준에는 이르지 못한 것이다. 따라서 교육자는 학습자에게 서예를 가르치긴 하지만 한 자, 한 자의 개별적인 교육을 받기 보다는 말을 쓰는 것에 만족하고 전체적으로 서예와 비슷한 유사서예를 교육하고 있다. 하지만 서예 학습자에게 교사가 교육하는 것은 어느 정도의 수준까지는 도달하고 서예의 속성 중에 일부를 교육하므로 이러한 것을 '무자이야단'이라고 부르고 있다. 아랍의 서예는 사실 툽바 왕조 때에 서체의 우월함, 정교함, 그 탁월함이 극에 달할 정도로 발달되어 있었다. 당시에는 문명이라든가 문명사회의 사치가 극에 달했기 때문이다. 따라서 이러한 서예를 '힘야리 서예'라고 부른다. 그러다가 서예는 '히라'로 전이되었고 그 이후에는 문디르 가문의 왕조에서 계속 이어졌는데 이유는 바로 아싸비야 정신에 의거하여 툽바 왕조의 가계가 서예에 관심을 보였기 때문이다. 그 당시 아랍의 왕권은 이라크 지역에 자리 잡고 있었다. 그들에게 있어서 서예는 그렇게 탁월한 정도는 아니었다. 반면 툽바 왕조에서는 서예가 매우 탁월한 정도에 이르렀다. 두 왕조 간의 차이가 있기 때문에 이런 결과가 있었는데, 문명과 그 부속품으로 따라다니는 기술적인 것들과 그 밖의 것들이 모두 툽바 왕조에서 도달했던 정도에 이르지 못했기 때문이다. 그러다가 히라에서부터 따이프 가문과 꾸라이시 가문이 서예를 가르치게 되었다. 사람들의 말에 따르면 히라 사람에게서 서예를 학습한 자는 쑤푸얀 븐 움마이야 혹은 하룹 민 움마이야 라고 한다. 그는 아슬람 븐 시드라로부터 서예를 배웠다. 이것은 그럴듯한 말이다. 왜냐하면 시인 이야드가 읊은 시에 따르자면, 이라크의 부족민이 이야드로부터 서예를 배웠다는 사람들의 이야기보다는 타당성이 있기 때문이다. 그 시를 보자면 다음과 같다.

> 이라크의 부족이
> 함께 길을 떠난다. 서예와 붓이 그런 것처럼.

이 말은 어패가 있다. 이야드는 이라크 지역에 정주했지만 그들은 베두인의 생활을 하고 있었고 서예는 문명의 기술에서 비롯된 것이기 때문이다. 하지만 시의 의미는 이야드야 말로 그 어떤 아랍인들보다도 서예나 붓에 가깝게 접근했던 사람이라는 뜻이다. 왜냐하면 그들이 살았던 지역 자체가 여러 대도시의 주변 혹은 도시 외곽에 근접하고 있기 때문이다. 따라서 그 시인은 히자즈 사람은 서예를 히라 사람으로부터 배웠고, 히라 사람은 툽바 왕조와 힘야르 사람으로부터 서예를 배웠다는 것을 말하려는 것이라고 생각된다.

나는 이븐 알압바르의 『타크밀라*al-Takmilah*』에서 압둘라 븐 파르룩 까이라와니 알파리시 알안달루시[18]와 말리크*의 동료 중 일원인 압둘라 븐 파르룩 븐 압둘 라흐만 븐 지야드 븐 안암[19]에 대한 소개를 본적이 있다. 그는 자신의 아버지의 전승을 근거로 하였는데, 그 아버지는 이렇게 말했다. "나는 압둘라 븐 압바스에게 이렇게 말했지. '꾸라이시 가문 사람들이여! 이 아랍어 서체에 대해 내게 설명해 주시오. 당신들은 알라께서 무함마드*를 이 땅으로 보내기 전에 글을 쓸 수 있었습니까? 연결해서 써야 하는 글자를 제대로 연결하고, 띄어 써야 하는 글자를 제대로 띄어 쓸 줄 알

---

18   733~791.
19   693~772(?).

았습니까? 예를 들자면 알리프나 람이나 밈이나 눈[20] 같은 경우 말이오.'
그러자 그는 '그렇다'고 답했다. 나는 '누구로부터 그 방법을 배웠소?'라고
물었고 그는 '하룹 븐 움마이야로부터 배웠소'라고 답했다. '그럼 하룹은
누구로부터 배웠소?', '압둘라 븐 주드안', '그럼 압둘라 븐 주드안은 누구
한테 배웠소?', '안바리의 주민들이오', '그럼 그들은 누구로부터 배웠소?',
'새로 나타난 예멘 사람한테 배웠소', '그럼 그는 누구에게서 배웠소?', '예
언자 후드*의 계시를 기록한 쿨라잔 븐 알까심으로부터 배웠소' 쿨라잔
븐 알까심은 이렇게 말했다.

> 당신들에겐 해 마다 새로운 방법이 있는가?
> 다른 방법으로 설명될 수 있는 새로운 의견을 제시하는가?
> 우리를 괴롭히는 주르흠 부족과 힘야르 부족과 함께 하느니
> 죽음이 삶보다 낫다."

이는 이븐 알압바르의 『타크밀라』에서 인용한 것이다. 그리고 그 책의
마지막에 이븐 알압바르는 이렇게 밝혔다. "나는 이 사실을 아부 바크르
븐 알아시의 전승을 근거로 삼은 아부 알왈리드 알왁까쉬의 전승을 근거
로 한 아부 오마르 알탈라만키의 전승을 근거로 한 문서의 출처인 아부
압둘라 븐 무파르리지의 전승을 근거로 한 아부 사이드 븐 유누스의 전승
을 근거로 한 무함마드 븐 무사 븐 알누으만의 전승을 근거로 한 야흐야
븐 무함마드 븐 쿠샤이쉬의 전승을 근거로 한 오스만 븐 아이윱 알마아피
리 알투니시의 전승을 근거로 한 부흐룰 븐 우바이다 븐 알투지비의 전승
을 근거로 한 압둘라 븐 파르룩의 전승을 근거로 한 아부 바크르 븐 아부
자므라의 책을 통해 알게 되었다."

---

20   아랍어 알파벳의 일부이다.

힘야르족은 글자가 분리되어 있는 무스나드[21]라 불리는 알파벳으로 글쓰기를 했다. 허락을 받은 자들만이 이를 학습할 수 있었다. 무다르족은 힘야르족으로부터 아랍어 문자를 배웠지만 사막에서 배운 여느 다른 기술과 마찬가지로 그들의 글쓰기 능력은 형편없었다. 사막의 기술이란 대체로 제대로 된 기법이 없었으며 정확도와 정밀함은 도무지 찾아볼 수 없었다. 베두인들 간에 차이가 있었다 해도 전반적으로 그들은 기술 없이 잘 지냈다. 따라서 당시 아랍인의 글쓰기는 베두인의 서체와 비슷하거나 같은 것이었다. 오늘 날 아랍 베두인의 글쓰기는 더 나아졌다할 수 있다. 오늘 날의 아랍 베두인은 정주문화와 가깝고 고대 무다르 사람들에 비해 도시와 왕조를 접할 기회가 많기 때문이다. 사막 거주민인 무다르인은 예멘, 이라크, 시리아와 이집트의 거주민들보다도 정주문화의 장소인 도시에서 더 멀리 떨어져 있었다. 따라서 초기 무슬림들의 아랍어 글쓰기는 뛰어나다거나 정확하다고 볼 수 없다. 그들은 베두인 생활에 가장 뿌리 깊이 내린 자들이고 문명과는 가장 거리가 먼 자들이었다. 코란의 철자법과 관련해서 발생했던 사건을 보라! 예언자의 교우들이 코란을 기록할 때 그들의 필체는 올바르지도 수려하지도 않았다. 그들의 글씨는 서예가의 필체와는 많은 부분 달랐다. 그 이후 알라의 사도*의 교우들을 추종하는 이들은 그들의 필체에 은총이 있다고 여겼고 그 필체를 모방하게 되었다. 왜냐하면 교우들은 예언자 무함마드 이후 최고의 인간이고 코란과 예언자의 말씀을 통해 계시에 가장 근접했던 이들로 간주되었기 때문이다. 오늘날에도 사람들은 그 필체의 옳고 그름을 떠나 성인과 학자의 필체를 모방하려 하는데 그 이유는 그것에 은총이 있다고 믿기 때문이다.

이러한 현상의 원인은 필체의 오류보다는 예언자 교우들의 가르침이 더 큰 권위를 지니고 있다고 믿고 있었기 때문이었다. 일부 무지한 자들

---

21    고대 예멘의 알파벳으로 예멘의 남부 아랍어에 사용되었다.

은 무함마드의 교우들은 탁월한 서예 기법을 지니고 있었지만 코란 기록에 있어 올바르지 않고 수려하지도 않은 필체로 기록을 한 것은 나름대로 타당한 이유가 있다고 주장하는데 그런 추정은 신경 쓸 필요가 없다. 그들은 "la-'adhbaḥannahu"에 대해 더해진 알리프[alif22]를 그 예로 들고 있다. 그 의미는 실제로 학살은 일어나지 않았다는 것이다. 그들은 "ta'yyd"에 더해진 야[a23]에 대해 '신성한 능력의 완성'이라고 해석한다. 그 당시에는 임의적인 추정에만 근거한 것들이 많았으며 사람들이 이러한 추정을 하기 시작한 이유는 이러한 추정에 대한 설명이 무함마드의 교우들이 글을 잘 쓰지 못한다는 비난을 없앨 수 있다고 믿었기 때문이다.

　기억해야 할 것은 글쓰기나 서예가 그들이 구현하고자 하는 진리의 완성을 의미하는 것은 아니라는 사실이다. 그것은 바로 도시생활에서 우러나오는 여러 가지 실질적인 기술 중의 한 부분에 불과한 것이다. 기술의 완벽함은 부가적인 것을 의미하지 그 자체가 절대적인 완벽함을 말하는 것이 아니다. 그러므로 글쓰기나 서예에 부족한 부분이 있다 해도 그 원인이 종교나 신앙으로 귀결되지는 않는다. 그것은 단지 삶의 방법에 의해서 그렇게 되는 것일 뿐이다. 그것은 문명이나 문명생활에서 사람들이 서로 협력하고자 하는 것에 따라 나타나는 결과일 뿐이다. 즉, 서예라는 것은 인간의 마음속에서 일어나는 것을 외부로 표출시켜 주는 지표일 따름이다. 우리는 이미 예언자 무함마드*께서 문맹이었다는 것을 알고 있다. 하지만 그분은 자신이 구현하고자 하는 진리를 완벽하게 체득했고 그의 지위 역시 그러했다. 왜냐하면 그분은 고귀했고 그분의 이런 성품이 삶의 방법이나 문명에서 발생하는 하나의 수단으로 간주되는 실질적인 기술 보다는 상위에 있기 때문이다. 그렇지만 우리가 생각하고 있는 진리적인 차원에서 보자면 문맹이라는 것이 완벽한 것은 아니다. 왜냐하면 그것이 완벽함에

---

22　아랍어 알파벳중 첫 글자다.
23　이 부분은 오류로 보인다.

도달하기에는 부족함이 있다고 생각하기 때문이다. 우리는 종교적인 삶에 있어서 상호 간의 협동을 요구하는 사람들이다. 마찬가지로 기술적인 부분에서도 그렇다. 또한 학문적인 분야에서 조차도 그렇다. 따라서 예언자 무함마드에게 있어서 진리라는 것은 우리와는 차이가 있는 것으로 서예의 오류라던가 그 밖의 어떠한 것보다 상위에 있는 것이라고 간주된다.

그 이후 아랍인들은 왕권을 획득했고 여러 대도시를 정복했다. 그리고 왕조들을 장악하였으며 바스라와 쿠파에 거주하였다. 왕조는 글쓰기를 필요로 했고, 서예는 그곳에서 활발하게 꽃을 피웠으며 서예에 관한 기술은 많은 수요가 있게 되었고, 많은 사람들이 그것을 학습하게 되어 결과적으로 서예는 고도의 수준에까지 이르게 되었다. 특히 쿠파와 바스라에서는 그 정교함이라든가 글씨체의 고매함이 상당히 높은 경지에까지 이르렀고, 쿠파체는 이 시대의 전형적인 형태 중 하나로 유명하게 되었다.

그 이후 아랍인들은 여러 지역과 왕조에 흩어져 살게 되었고 그 과정 중에 이프리끼야와 안달루스 지역을 정복하였다. 압바스 가문은 바그다드에서 도시건설을 계획하였는데, 그곳에서는 서예도 발달하여 고도의 경지에 이르렀다. 그때는 이미 아랍인들의 생활이 문명의 정점에 달하고 있을 때였다. 이렇게 문명의 정점에 달하게 된 대표적인 예가 다른 이슬람 아랍 왕조의 중심에 있었다. 그런데 바그다드 서예의 형태는 쿠파에서 있었던 것과는 상이했다. 바그다드 서예의 특징은 미학적인 견지에서 아름다움을 추구했다. 즉, 보기에 가장 아름다운 꼴을 취했다. 이러한 쿠파와 바그다드 서예의 상이함은 여러 도시에서 발견되었다. 바그다드에서 알리 븐 무낄라트 알와지르가 항복한 이후 알리 븐 할랄이 그 지역을 통치하게 되었는데 그는 바로 이븐 알바왑의 유명한 서기였다. 하지만 바그다드와 쿠파 학자의 전통적인 서예 교육은 10세기와 그 이후에 그를 마지막으로 끊겼다. 바그다드 서체의 형태와 규범은 점차 쿠파의 것들과 멀어졌고 결국 완벽히 달라졌다. 그 차이는 항상 작문의 새로운 형태와 발전된 규범을 추구하는 학자들이 조명하기 시작했으며 이는 훗날 서예가인 야꾸트와 왈리 알리 알아자미의 시대까지 계속되었다. 서예의 가르침은 그들에게서 끝났다. 훗날 이런 종류의 서예는 이라크의 서체와는 다른 형태를 띠고 있는 이집트로 옮겨졌다. 비아랍인들은 이라크에서 그 서체를 배웠는데 그것은 이집트의 서체와는 완벽히 달랐다.

현재 알려진 것보다 더 고대의 이프리끼야의 서체는 마슈리끄의 서체와 비슷하다. 스페인은 우마이야 왕조의 영역이 되었다. 그들의 정주문화, 기술, 서체는 특별했고 결국 현재에도 그렇듯이 스페인의 서체는 특별하게 간주된다. 문명과 정주문화는 무슬림 왕조가 있는 여러 곳에 퍼지기 시작했다. 왕권의 지위는 높아졌으며 과학기술은 발전했다. 왕조는 학자들이 책들을 베끼고, 저작하고, 편찬하도록 장려했다. 성채와 왕족의 도서관에는 상상할 수 없을 만큼 많은 양의 책들로 가득 찼다. 다른 지역의 주민들은 이 점에서 그들과 다투었으며 경쟁했다.

그 후 차차 이슬람 왕조에 분열이 일어나기 시작하며 쇠퇴해 갔다. 왕조가 쇠퇴하자 이 모든 것들도 쇠퇴했다. 칼리파의 지위가 사라졌으며 더 이상 바그다드에 특별함은 없었다. 서예와 글쓰기의 기술 그리고 글과 관련된 전반적인 학문으로 이루어졌던 이 문화는 이집트와 카이로로 옮겨졌고 글쓰기의 기술은 그곳에서 연구되었다. 이집트와 카이로에는 글자만을 가르치는 선생님들이 있기에 그들에겐 글자가 어떻게 그려지고 형성되는지에 대한 그들만의 규범도 생겼다. 학생들은 감각적 지각을 통해 글자를 어떻게 그리는지에 대해 학습하고 연습을 통해 글 쓰는 비법을 터득하고 이 모든 것을 과학적 규범에 의해 배우게 된다. 따라서 그들의 글자는 거의 완벽하다 할 수 있다.

반대로 스페인을 통치하던 아랍인들과 그들을 계승한 베르베르인들이 전멸하고 기독교 국가가 권력을 차지하자 스페인의 거주민들은 여러 지역으로 흩어졌다. 무라비뚠 조의 시대부터 지금까지 거주민들은 마그립의 해안부터 이프리끼야까지 널리 퍼졌다. 그들은 도착한 지역에서 주민들과 기술을 공유했고 서부 아프리카를 통치하던 권력하에 살았다. 그들의 서체가 이프리끼야의 서체를 대체하게 되었다. 까이라완과 마흐디야의 관습과 기술이 사람들에게서 잊혀지기 시작하자 그들의 서체 또한 잊혀졌다. 스페인 동부에서 이주한 사람들이 많았던 튀니스와 그 주변국에서 쓰던 스페인 서체가 이프리끼야의 서체를 대체했다. 스페인 사람들이 북서부 아프리카로 왔을 때 그들은 튀니스로 향했으므로 이프리끼야의 고대 서체는 스페인 서체를 쓰는 사람들과 왕래가 적거나 아예 없었던 자리드에 보존되어 있다. 결국 이프리끼야의 서체는 스페인 어의 글쓰기를 대변하는 서체가 되었다. 점차 무라비뚠 조의 흔적은 사라져갔고 문명이 쇠퇴하자 정주문화와 호화로운 생활 역시 퇴보했으며 글쓰기와 글쓰기의 유형 역시 퇴보했다. 정주문화의 타락과 문명의 쇠퇴로 인해 글쓰기를 가르치는 법은 사라져버렸다. 그곳에는 스페인 서체의 흔적이 남아 있는데 그 이유는 정주문화에 존재하던 기술들은 완벽히 사라지기 어렵기 때문이다.

모로코의 마린 조에서 일종의 스페인 서체가 정착하기 시작했는데, 그 이유는 스페인은 마린 조와 가까운 사이였으며 스페인 사람들이 스페인을 떠나 거주하게 된 곳이 마린 조 통치 아래 있던 페스이기 때문이다. 하지만 왕조의 중심에서 멀리 떨어진 지역에서는 글쓰기가 부흥하지 못했으며 처음부터 존재하지 않았던 것처럼 잊혀졌다. 이프리끼야와 두 마그립에서의 시체는 완벽함과는 거리가 멀었다. 이런 책들이 복사되어도 우리는 그런 책들을 비판할 필요가 없다. 복사된 책의 글은 매우 타락되었고 잘못 베낀 일이 많았으며 글자들은 제대로 된 형태를 갖추지 못했기에 이 책들을 연구하는 것은 괴로움이고 읽는데 어려움만 있을 뿐이다. 정주문화의 타락과 왕조들의 타락으로 인해 글쓰기 역시 여느 다른 기술들처럼 큰 영향을 받았다. 알라만이 결정을 내리며 그 누구도 그 결정을 바꿀 순 없다.

이븐 알바왑으로 알려진 아부 알하산 알리 븐 힐랄 알카띱 알바그다디

교수는 'Rā''의 압운과 바시뜨[24]를 사용해 까씨다를 썼는데 그는 이 작품에서 글쓰기의 기술과 가장 탁월한 작품에 관한 사항들을 언급했다. 나는 이 시를 이번 장에 언급해 글쓰기의 기술을 배우고자 하는 사람들에게 도움이 되었으면 하는 바람이다.

> 서예를 하고 싶은 자들이여
> 글자를 제대로 쓰고 싶어 하는 자들이여!
> 만일 당신이 진심으로 글쓰기의 기술을 익히고 싶다면,
> 당신의 스승이 쉽게 가르칠 수 있기를 기도하라!
> 기술을 이용해 품격 있는 작문을 할 수 있는
> 곧고 강한 창을 준비하라.
> 만일 창끝을 뾰족하게 할 생각이라면,
> 가장 탁월한 균형을 생각하라.
> 양쪽 끝을 살펴본 후
> 가장 얇고 좁은 곳을 뾰족하게 하여라.
> 뾰족하게 만들어진 창은
> 너무 길지도 짧지도 않은 적당한 크기를 유지하며
> 뾰족해진 양쪽의 중앙이 창의 중심이 되도록 하라.
> 이를 완벽하게 아는 장인이 한 것처럼
> 조심스럽게 했다면
> 잘라야 하는 끝 부분에 집중하자!
> 이 과정이 가장 중요한 부분이기에.
> 나에게 과정에 대한 비밀을 묻지 마라.
> 나는 숨겨진 이 과정을 가장 소중히 여긴다.

---

24   운율과 관련된 시작 기법 중 하나이다.

내가 하고자 하는 말은

잘라야 하는 끝은 비스듬하거나 원형이 아닌 그 중간이어야 한다는 것이다.

식초와 신 과즙으로 처리한 검댕을 이용해 잉크를 휘저어라.

잉크에 황과 장뇌로 희석된 붉은 색소를 첨가하라.

잉크가 발효될 즈음에

깨끗하고 쾌적한 시험지를 준비하여라.

종이를 자른 후 압축기를 사용해

구겨지거나 더러워진 흔적을 없애라.

그 후 침착하게 모방하라.

침착한 사람만이 원하는 것을 얻을 수 있다.

서두르지 말 것이며 나무 석판이 낡아 떨어질 때까지

글을 쓰기 시작하여라.

글자를 모방하고 선을 그리기 시작할 때

악필을 부끄러워하지 마라.

초반엔 어려울 수 있지만 결국 쉬워질 것이다.

초반에 어려운 것들도 차츰 쉬워진다.

결국 원했던 것을 얻게 되었을 때

마음은 기쁨과 환희로 가득 찰 것이다.

알라에게 감사드리고 그분을 기쁘게 하라.

알라는 감사함을 아는 모두를 사랑한다.

사기가 만연한 이 세상에 남길 수 있는

좋은 글들만 쓰도록 기도하라.

인간이 하는 모든 것은 이튿날 부활의 날에 알라의 천명을

접하게 될 때 마주할 것이다.


말이 머릿속에 있는 생각을 전달하는 것처럼 글은 말을 전달한다는 것을

인지하라! 말과 글은 둘 다 표현하고자 하는 것을 명확히 전달해야 한다.

알라는 "그는 인간을 창조했으며 그에게 명확성을 가르쳤다"[25]라고 했는데, 이 글은 하고자 하는 모든 말을 정확하게 전달한다. 완벽하고 좋은 글이란 명료해야 하는데 이 명료함은 문서의 전통적인 글자들을 명확하게 전달하고 글자를 제대로 배열하고 쓰는 데 있다. 글자들 사이의 연결을 보자면, 한 단어 내에 문자 간의 연결이 기술적으로 이루어진 경우를 제외하고 모든 글자들은 다 독립적인 글자들이다. 연결해서 쓸 수 없는 경우에는 일반법칙이 적용되지 않는데, 예를 들면 글자 앞에 함자가 들어가거나 Rā', Zāy, Dāl, Dhāl이 어두음으로 올 때가 그렇다. 훗날 필경사들은 단어들을 연결하고, 자신들만 아는 암호와 일반인들은 이해하기 어려웠던 단어들을 제거하는 것에 동의했다. 필경사란 정부 문서를 다루고 법원 기록들을 관리하는 공무원들을 칭한다. 그들은 아주 많은 양의 글을 쓰며 글을 잘 쓰기로 유명하기에 자신들끼리만 아는 특별한 암호를 사용해 글을 썼다. 따라서 암호를 모르는 자들에게 글을 쓸 땐 암호를 사용하지 않고 가장 명료하게 쓰려고 노력했다. 암호를 사용하는 글과 비아랍어의 글은 대중들에게 보편적인 사용으로 인정을 못 받기에 자칫하면 필경사들의 글은 비아랍어 글처럼 보일 것이다. 공무원들은 정부문서와 세금이나 병역과 관련해 글을 쓸 때를 빼고는 암호를 쓸 이유가 없다. 그들의 일은 정부 기밀이기에 사람들에게 비밀로 해야 할 의무가 있었고 그러므로 그들은 수수께끼 같은 특수한 암호를 사용했다. 암호로는 향수, 과일, 조류, 꽃의 이름이 많이 사용되며 일반적으로 글자의 유형과는 매우 다른 유형들이 사용되었다. 그들은 글로써 생각을 전달하기 위해 암호 사용에 동의했다. 이따금씩 암호를 발명한 적이 없거나 혹은 암호에 대한 기본 지식도 없는 유능한 서기들이 그들의 지능을 총 동원해 암호를 해독하는 방법을 찾아

---

25   코란 55 장 55절.

내곤 했고 그들은 이 작업을 '수수께끼 풀기'라 명했다. 이에 대한 유명한 글들은 사람들이 쉽게 접할 수 있다. 알라는 가장 잘 알고 현명하시다.

## 31장 | 필사기술

학문서나 기록서에 대한 관심은 예로부터 커졌고 이런 관심은 서책을 필사·제본·교정하게 했다. 이런 일은 왕조가 영토를 확장하고 도시문화의 발전에 따르는 과정에서 발생되는 필수사항이었기 때문이다. 이 시대에는 왕조가 퇴보하고 문명도 사그라지면서 이러한 기술이 사라졌다. 과거 이슬람 세계에서 이러한 필사기술은 특히 이라크와 스페인 지역에서 거대한 물결의 양상을 보였다. 따라서 필사기술은 문명의 부속물이고 왕조의 영역이 확장되면서 나타난 결과물이고, 시장경제의 발달에서 나타난 결과였다. 그 두 지역에서[26] 학문적인 저술과 기록물의 양이 매우 많았고 사람들은 그러한 학술저서와 기록물을 인용하고 싶은 욕구에 사로잡혔다. 따라서 그러한 저서나 기록서물은 필사되고 제본되었다. 특히 필사기술은 필사, 교정, 제본, 서책에 관련된 제반사항, 서책과 함께 발달되었고 특히 문명이 거대하게 발달하면서 그 기술은 더욱 세분화되고 발달되었다. 기록물은 학술적인 작업의 기록, 권력자의 서신과 봉토의 하사문서, 법적인 문서와 세약서 등이었는데 처음에는 가죽으로 생산된 양피지를 사용했다. 이것이 가능했던 것은 당시에 그런 환경이 번성했고 저술물은 적었기 때문이다. 이는 알다시피 이슬람 초기를 의미하는 것이다.

이후 저술과 기록활동이 활발하게 되었다. 통치자의 서신이나 법적인 문서, 계약서 등은 많아졌고 양피지는 부족하게 되었다. 파들 븐 야흐야

---

26  여기서 그 두 지역은 이라크와 스페인을 말한다.

는 제지술이 필요하다고 주장했고, 술탄의 서신이나 계약서나 법적인 문서들은 모두 종이에 쓰이게 되었다. 사람들은 그 이후로 종이를 생산하여 그것을 한 장씩 사용하였고 술탄의 문서나 학문적 기록도 모두 그렇게 했다. 이러한 과정을 거쳐서 필사기술은 최고의 경지에 달했다. 학자들의 관심이나 왕조 사람들의 흥미는 모두 학문적인 기록의 정확성에 의존하게 되었고, 그러한 서류는 전승의 중요성을 고려해 원전의 의미를 정확히 전달했는가의 기능이 부각되었다. 그들에게 있어서 가장 중요한 일은 다름 아닌 원래 말한 것을 제대로 옳게 기록하고 있느냐 하는 정확성이기 때문이다. 이 결과로 전해져 내려오는 말씀은 원 화자의 말씀이 제대로 전달되었는가가 가장 중요한 것으로 간주되었고 법적 결정인 파트와 역시 원래 결정자의 판결을 제대로 전달하고 있는가에 초점을 맞추어 그 근원을 찾게 되었다. 올바르거나 정확한 것이 아니라고 간주되는 전승을 담은 말씀이나 파트와는 존중되지 않았다. 학자들과 전승가들은 모든 시대와 모든 부족과 모든 지역에 있었다. 결과적으로 이야기를 전달하는 하디스의 기술이 가져오는 이득은 단지 전승이 올바른가의 여부에만 초점을 맞추는 것이 되었고, 전승의 가장 큰 결과는 하디스가 옳은 지식을 전달하고 있는가, 결국 그것이 제대로 된 것인가, 또한 그 무쓰나드[27]와 무르쌜[28]과 마끄뚜으[29]와 마으꾸프[30]가 모두 제대로 옳게 된 것인가 하는 데에 있었다. 그리고 이런 현상은 사라졌다. 그래서 그것은 불필요한 일이 되었다. 전승의 과정에서 얻게 되는 결과는 오직 하디스와 파트와를 제대로 전승하는가의 여부뿐이었다. 기록과 학문적인 저작도 마찬가지였다. 원 저자가 어떻게 기록했는가와 그대로 전달하는 데에 초점을 맞추게 되었다. 그

---

27   권위의 사슬
28   첫 전승자는 생략하는 것.
29   제2세대에 와서 중지된 것.
30   예언자 무함마드의 교우들 중 한 명에게서 중지된 것.

러한 것을 인용하고 전승하는 사람은 옳게 전달해야만 했다. 이러한 방법과 과정이 마슈리끄와 스페인에서 있었다. 따라서 우리는 그 당시에 제본된 책들이 해당 지역에서 가장 정확한 상태로 전달 보존되고 있다는 것을 발견하게 된다. 그리고 이 시대 사람들은 가장 정확한 원본을 소유하게 되었다. 많은 지역의 사람들은 오늘날까지도 원본을 제대로 잘 전달하고 인용하고 있으며 손에 꼭 쥐고 놓으려고 하지 않고 있다. 이러한 상황과 방법은 오늘날 마그립에서는 대체적으로 사라졌을 뿐만 아니라 원본에 대한 전승이나 서체의 기술 그리고 정확성을 간파하는 기술 등은 이미 끊어진 지 오래다. 그 이유는 그곳에서 문명이 붕괴되었고 원래 그들은 베두인의 성향을 보였기 때문이다. 주요 전집이나 기록, 서류 등은 베두인의 문자로 필사되었고, 베르베르의 학생들은 표준 아랍어가 아닌 비아랍인의 아랍어로 그것들을 필사하게 되었으며, 읽기와 쓰기, 발음 등에서 많은 오류가 있는 것이 사실이다. 그런 비아랍인의 아랍어는 이해하기가 어렵다. 따라서 드문 경우를 제외하고는 이익을 얻을 수가 없다. 또한 파트와에 있어서도 제법 큰 차이가 있었다. 중요한 말씀들 중 대부분이 어떠한 이론이나 학파에서 제대로 전승되지 않았는데 결과적으로 사람들은 그러한 기록서에 쓰여 있는 대로만 배우게 되었다. 일부 이맘들은 전승을 제대로 하지 못했는데, 그들은 전승을 제대로 할 수 있는 능력이 부족했기 때문에 원본이 의도하는 바를 전달하지 못했다. 이러한 상황이 여전히 스페인의 현실이다. 학문은 스페인에서 거의 단절되다시피 한 상태이다. 오늘날 들리는 소식에 따르면 그러한 전승기술은 마슈리끄쪽에 아직까지 존재한다고 한다. 따라서 어떠한 기록서를 올바르게 기록하는 것은 이를 원하는 자들은 쉽게 행할 수가 있는데 그 이유는 향후에 언급하겠지만 그곳에는 아직도 학문과 전승 기술에 대한 수요가 있기 때문이다. 이집트의 상황은 매우 열악하다. 스페인에서도 그렇지만 이집트는 그것보다 훨씬 더 심한 상태이다. 알라는 전능하시고 가장 잘 아시고 번영이시다.

이 기술은 소리를 분절해서 운이 있는 시를 음악으로 정렬하는 것이다. 이는 정렬된 조화 내지는 균형에 의해서 이루어진다. 이 세상의 모든 소리는 조각으로 분절될 때 연주되고 멜로디가 되는 것이다. 그런 후 멜로디는 서로 간에 정렬된 조화에 의해서 하나로 조합이 된다. 그렇게 되면 듣는 사람은 정렬된 음의 조화를 느끼기 때문에 매우 즐겁게 된다. 그때 발생하는 것은 소리들이 어떻게 배치되는 가에 따른 결과이다. 이러한 사실은 이미 음악학에서 명백하게 밝혀졌는데, 소리들은 서로 간격을 가지고 있다는 것이다. 소리에는 온소리, 반소리, 1/4소리, 1/5소리, 1/11소리가 있다. 이러한 음정 내지는 소리의 간격 차이가 사람의 귀에 도달하면 간단한 소리에서 복합적인 소리까지 다양한 소리를 내게 된다. 그렇게 생성되는 모든 복합소리가 듣기 좋은 것은 아니다. 거기에는 사람이 들었을 때 아주 즐거움을 느끼는 특별한 복합소리가 있는데, 그것은 바로 음악을 전공하는 음악 학자들이 결정하고 토론한 바 있는 소리이다. 그것은 마치 '적절한 자리'를 언급하는 것과 같다. 이런 음악적 정렬은 두들기는 일이건 혹은 악기를 부는 일이건 간에 음악적 멜로디에 있어서 딱딱하고 굳어져 있는 것에서 여러 가지 소리를 분절시킴으로써 운영된다. 이 시대의 스페인에는 이런 것 중에 여러 가지 종류가 있다. 첫째로는 '미즈마르'가 있는데 이는 오보에와 흡사한 악기로 우리는 이것을 '샵바아바'라고 부른다. 그것은 양쪽으로 몇 개의 구멍이 있고 속이 텅 빈 피리모양을 하고 있으며 공기를 불어 넣으면 소리가 나온다. 그 소리는 구멍을 막을 때 중앙의 빈 공간에서 나온다. 소리는 양손의 손가락을 어느 구멍에 놓느냐에 따라 분절된 채 나오고, 음간의 균형 잡힌 정렬이 이루어지게 된다. 그러므로 소리가 서로 연결되고 하나의 하모니를 이루게 되며 결과적으로 듣는 이는 화음을 느끼면서 즐거움을 느끼게 된다. 미즈마르의 다른 종류로 '줄라아마야'

라고 불리는 악기가 있는데 그것은 피리와 같은 형태로 양쪽이 목재로 되어 있고 굽은 모양으로 속이 비어 있으나 둥근 형태는 아니다. 그것은 두 개의 조각이 만든 것이기 때문에 형태가 둥글지 않다. 이것에도 몇 개의 구멍이 있는데 공기를 불어넣으면 아주 높은 음이 난다. '샵바아바'처럼 손가락으로 구멍을 막아서 소리를 분절시켜 음을 만들어 낸다.

오늘날 가장 훌륭하다고 할 수 있는 관악기 중 하나가 금관악기인 '북'인데 이것은 1완척 정도의 길이에 속이 비어 있으며 소리가 나가는 출구를 향해 넓게 펼쳐져 있고 깃펜 형태로 손바닥 크기 만하다. 입으로 불어넣은 공기가 작은 관을 통해서 바람을 넣고 굵고 조밀도가 높은 소리가 나가게 되는데 악기에 몇 개의 구멍이 뚫려 있다. 손가락으로 구멍을 열고 닫을 때마다 멜로디가 형성되고 듣는 이는 기쁨을 느끼게 된다. 현악기 중에도 역시 속이 텅 빈 것이 있는데, 구의 일부 형태를 띠고 있는 것이 있고, 그것은 '바르빗뚜'와 '알라바부'와 같은 것 혹은 '가눈'과 같이 네모난 형태의 것도 있다. 그 악기의 표면에 줄이 있고 그 줄이 상부에서부터 하부에 있는 쐐기모양까지 단단하게 걸쳐져 있기 때문에 필요할 때마다 그 줄을 조이거나 풀어줌으로써 소리가 나게 된다. 현은 다른 나무에 걸쳐져 있거나 활을 양쪽 사이에 조이는 것과 같은 형태가 된다. 현을 칠 때에는 일반적으로 왁스나 혹은 유향수로 칠을 하고 연주를 하게 된다. 손을 가볍게 여러 번 움직이게 되면 음이 분절되고 그것은 하나의 현에서 다른 현으로 옮아가면서 소리를 만들이내며 그러한 대부분의 현악기에서는 왼손이 현의 끝에서 손가락으로 연주를 하는데, 두드리거나 혹은 현을 잡아 뜯거나 하는 역할을 한다. 그러면 듣기 아름답고 균형 잡힌 하모니를 갖춘 소리가 발생하고, 몸통이 금관이나 동으로 되어 있는 것일 때에는 막대기로 연주를 하기도 한다. 그렇게 되면 듣기에 아름다운 소리가 연주되는 것이다.

음악은 모든 깨달음에 있어서 아름다움을 의미한다. 인간의 영혼에 적절한 것이라면 그것을 깨달음으로써 기쁨을 느끼게 되는 것이다. 이러한 경우는 사랑에 빠진 연인들이 사랑받는 마음으로 충만한 상태에서 사랑의 감정을 정신적으로 승화시켜 그들의 사랑을 표현하는 것에서도 알 수 있다. 바로 여기에 당신이 이해해야 하는 비밀이 있는 것이다. 만약에 당신이 그러한 것을 이해하고 싶다면, 음악이야말로 바로 그 원칙을 총 아우르는 통합적인 것이다. 만약에 당신이 그러한 아름다움을 희망하지 않는다면 처음부터 당신과 그러한 아름다움 간에 통합을 이룰 수 있는 방법은 없다. 이런 의미를 다른 표현으로 하자면 존재라는 것은 여러 존재에 참여하는 것이다. 그것은 마치 옛 현인이 말했던 것과 마찬가지다. 만약 당신이 목도한 아름다움과 하나의 기질로 되기를 원한다면 그것과 일체가 될 뿐만 아니라 영혼은 상상 속에서 원칙과 존재의 통합을 의미하는 현실로 나감을 원하게 된다. 따라서 이런 상태야말로 인간이 가장 조화롭고 완벽함을 깨달을 수 있는 기회인데, 바로 사물의 주제가 가장 조화로울 때를 의미한다. 그리고 이것은 가장 인간적인 것을 말하기도 한다. 서예나 소리에 있어서 아름다움을 인지하게 되면 그것은 결국 인간의 본성에 가장 가까운 상태를 말한다. 모든 인간은 보이는 것과 들리는 것에 있어서 본능적으로 아름다움을 추구하게 되어 있다. 들리는 것의 아름다움이라는 것은 소리들이 불편하지 않고 적절하며 제자리에서 조화를 이루는 상태를 말한다. 그러한 소리들은 속삭이거나 내놓고 크게 말하는 것이거나 부드럽거나 강하거나 진동하거나 강제적이거나 그 밖의 다양한 성질을 가지고 있다. 그러나 이러한 모든 것들의 조화로운 하모니, 그것이야말로 아름다움을 표출할 수 있는 필수적인 상태이다.

여러 부분, 모음이 있는 혹은 모음이 없는 자음에서 초래된 이 하모니는 소리의 조화를 이루는 위대한 바다의 하나의 정점이다. 그것은 음악서에서 널리 알려진 것이다. 아랍인들은 그것 이 외에는 다른 것을 느끼지 못했다. 왜냐하면 당시 그들은 학문을 깨우치지도 못했고 어떠한 기술을 알지도 못했기 때문이다. 베두인적 성향이 그들의 기본적인 신념을 주도하고 있었다. 낙타몰이꾼들이 낙타를 몰 때에는 조금씩 흥얼거렸고 청년이 여가가 있을 때 약간씩 흥얼거렸다. 그것은 소리를 계속 반복하고 낮은 소리로 음을 중얼거리는 정도였다. 그들은 이것을 타란눔al-tarannum이라고 불렀다. 그것은 주로 시에 음을 붙였을 때이다. 그리고 라 일라흐 일라 알라흐[31] (타흘릴)를 말할 때 혹은 독경을 할 때, 그들은 타그비르Taghbiyr라고 불렀다. 아부 이쓰하끄 알주자주는 이러한 것을 '가-비르'라고 언급했는데, 그것은 '나머지'를 뜻하며, 내세의 상황을 의미하는 것이었다. 아랍인들은 여러 가지 운율과 멜로디 중에서도 간단한 하모니를 차용했는데, 그것은 이븐 라시끄가 자신의 책 『움다al-'umdah』에서 언급한 바 있다. 그들은 이것을 '싸나드al-ṣanād'라고 불렀다. 대부분의 아랍 사람들은 가벼운 리듬을 탔다. 그 리듬에 맞춰 춤을 추거나 혹은 행진을 할 때 북이나 나팔을 연주했다. 이렇게 음을 타서 노래를 가볍게 부르면 견뎌야 하는 것들을 가볍게 만들 수 있었다. 그들은 이러한 것을 '하자즈al-hazaj'라고 불렀다. 이것은 매우 간단한 의미이다. 모든 것들이 음악적인 정렬에서 나오는데, 그것은 아주 기초적인 것이며 배우지 않아도 충분히 알 수 있는 본능적인 수준이었다.

아랍인이 음을 구사하는 정도는 그들이 베두인이었던 시절과 이슬람 이전 시대에도 마찬가지였다. 그러다가 이슬람이 도래했다. 그들은 이 세상의 많은 왕국들을 장악했고 외국의 정권을 쟁취했으며 이민족을 정복했다. 그들은 기본적으로 베두인의 문명에서 출발했고 그것은 잘 알려진 대로 기본적인 삶에만 만족하는 것이었다. 그들은 이슬람의 질박함과 단순한 삶이나 용맹함을 내세우고 있었으므로 종교나 삶에 있어서 사치스러운 것, 즉 불필요한 것을 원하지 않았다. 결과적으로 그들은 음악을 어

---

31  '알라이외에 신은 없다'는 경구다.

느 정도 멀리했다. 그들은 코란을 독경하거나 시를 홍얼거리는 정도 이외에는 어떠한 홍겨움이나 기쁨을 음악으로 표시하지 않았고, 이는 바로 그들의 기본 신념이었다. 시간이 흐르면서 그들의 생활이 사치와 윤택함, 안락함에 젖어들었다. 그렇게 된 이유는 많은 왕조와 왕국을 정복하면서 전리품을 획득했기 때문이다. 그들은 사치스러운 삶을 살게 되었고 세련된 감각과 여가를 즐기는 생활을 누렸다. 여러 가수들이 페르시아와 로마를 떠나, 히자즈 지방에 도착했다. 그리고 아랍인의 마왈리가 되었다. 그들은 모두가 이단(기타류의 현악기), 타나비르(판도라, 기타류), 마아지프(라이어, 칠현의 수금), 잠마미르(플루트) 등을 연주하며 노래했다. 아랍인은 그들이 구사하는 다양한 음의 멜로디를 들었고, 자신들의 시에 적용시켰다.

메디나에서 나쉬뜨 알파리시와 뚜와이스, 싸입, 압둘라 븐 자으파르의 마왈리가 되었던 하이르와 같은 이들이 등장하였다. 그들은 아랍시를 듣고 멜로디를 붙였다. 그들의 작업은 탁월했고 널리 유명세를 타게 되었다. 그 이후로 마으바드와 그의 동료들, 이븐 수라이즈와 그 부류의 사람들이 그들로부터 이 기술을 배웠다. 노래를 부르는 기술은 조금씩 점진적으로 발전이 되었고 압바스 시대 이브라힘 븐 알마흐디와 이브라힘 알마우씰리, 그리고 이브라힘의 아들 이쓰하끄, 그리고 이쓰하끄의 아들 함마드 때에 와서 거의 완성되었다.

노래는 바그다드에서 발전했다. 이후에도 그에 대한 이야기는 오늘날까지 계속된다. 아랍인들은 놀이나 여가 선용 등을 매우 즐기게 되어 춤을 위해 여러 가지 것들을 함께 취했는데, 예를 들면 의상이나 지팡이 혹은 멜로디를 붙인 시를 사용하게 되었다. 이러한 것들은 하나의 전문적인 것이 되었고 춤출 때 사용하는 또 다른 도구는 '쿠르라즈'라고 불리는 것이 있다. 그것은 나무로 된 말안장 같은 모양인데 여성들이 입는 가운의 끝단에 매달려 있었다. 그래서 춤을 추면서 그것을 흔들면 말을 탄 것처럼 보이는 상황이 연출되어 그 도구를 이용해서 공격하고 도망가고 방어하는 모양의 춤사위를 펼쳤다. 그런 류의 놀이는 연회라든가 결혼식, 명절의 축하연, 그 밖의 여러 가지 오락과 여흥의 자리에 반드시 등장했다. 이러한 현상은 바그다드와 이라크의 여러 병영도시에서 널리 퍼졌고 다른 곳으로도 확장되었다. 마우씰리에게는 지르얍이라는 이름의 견습생 노예가 있었다. 그의 노래 실력은 탁월했다. 그는 이 노예를 시기한 나머지 내쫓았다. 지르얍은 결국 스페인의 아미르인 하캄 븐 히샴 븐 압둘 라흐만에게 속하게 되었다. 아미르는 그의 탁월한 실력을 인정하여서 그를 극진히 대접했고, 그를 영접하기 위해 말을 타고 나왔다고 한다. 그리고 그에게 선물과 봉토와 급여 등을 풍족하게 내렸고 자신의 왕국에 그의 거처를 마련하였으며 술친구에 포함을 시킬 정도로 가까이 두었다. 노래 부르는 기술은 스페인에서 이렇게 계속되었으며 이러한 풍습은 그 지역의 군소 왕조 시기에까지 계속 이어졌다. 특히 세비야에서는 노래 기술이 크게 발달했고 왕조의 영향력이 그곳에서 사라진 이후에도 그러한 기술은 이프리끼야나 서구 쪽으로 전달이 되었다. 그곳의 도시들은 여러 지역으로 나뉘었고 이제 왕조가 멸망하고 문명이 사라짐에 따라 그 기술도 운명을 같이하게 되었다. 왕조의 발전과 더불어 나타나는 모든 기술들이 최고에 도달한 이후에야 사람들은 오락과 여흥을 즐긴다. 따라서 노래를 부르는 기술은 문명사회의 가장 마지막 기술이라고 할 수 있다. 알라는 가장 잘 알고 계시다.


## 33장 │ 글쓰기와 산술의 기술을 소유한 자는 지적이다

우리는 제5부의 16장에서 인간에게는 이성적인 영혼이 있으며 그것은 잠재적으로 존재하는 것이라고 언급한 바 있다. 또한 잠재적인 상태에서 현실 상태로 나아가는 것은 바로 학문을 연마하고, 감각적인 것들을 인지함으로써 가능하다고 언급한 바 있다. 그 이후에 사고력으로 획득할 수 있는 것은 어떠한 실재의 개념과 지성이 되는 것이다. 따라서 사고력은 정신적인 정수가 되는 것이고, 또 그렇게 되어야 만이 정신적인 정수의 존재를 완벽하게 만들게 된다. 그러므로 모든 종류의 학문과 사고는 정신적 정수에 지성을 공급해야 하고, 다양한 기술은 정신적인 정수로부터 무언가를 얻어야 하고, 학문의 법칙은 정신적 정수가 지닌 소질에서 유용화된다. 따라서 시도의 경험은 지성을 쌓게 하고, 기술적인 소질도 지성을 쌓게 하며 완벽한 정주문명도 지성을 발전시키기에 충분했다. 왜냐하면 문명이라는 것은 가정이나 경제문제에 있어서 여러 기술들의 집성체이고 또한 인간의 사회적 관계의 집성체며, 여러 종류의 사람들이 섞여 있는 곳에서 교육을 획득한 집성체기 때문이다. 그 다음 단계로 종교와 문명이 가지고 있는 좋은 예절과 그 전제조건들을 표현하게 되는 것이다. 이런 모든 것이 학문을 정리하는 규범이기 때문에 그로부터 어떠한 이성이나 지성의 개발 내지는 발전이 있게 된다. 글쓰기 기술은 여러 가지 기술 중에서도 가장 유용한 기술이다. 이 기술이야말로 다양한 학문과 여러 가지 개념이나 사고들을 포함하고 있는데 이것은 여러 기술의 다양성을 포함하고 있기 때문이다. 명백한 것은 글쓰기를 통해서 하나하나의 문자로부터 상상 속에서 발화되는 언어로 전이가 가능하고, 상상 속에서의 발화되는 전이로부터 영혼에 존재하는 개념으로 전이가 가능하다는 것이다. 따라서 이러한 전이는 결국 하나의 지시에서 또 다른 지시로 바뀌는 것인데 그 전이가 글 쓰는 것과 관계하는 한 영혼은 이러한 상황을 습관적으로 맞이하게 된다. 결론적으로 글쓰기에는 지시로부터 지시되어지는 것으로 전이되는 특성이 있다. 그것은 지적인 개념을 의미하고 이러한 지적인 개념은 잘 알려지지 않은 학문을 습득하게 된다. 이런 방법을 통해서 지적으로 되는 습관을 얻게 되고 결국 이성이나 지성의 발전이 있게 된다. 결국 지능이 발전되고 또 여러 가지 일에서 영리함을 발휘하게 된다. 왜냐하면 그러한 전이에서부터 지성은 습관화되기 때문이다. 이런 이유로 페르시아 황제는 자신의 저서에서 서기들이 영리하고 지능이 높다는 것을 알았을 때 '디와네'라고 표현했다. 그것은 사탄이나 광기를 의미한다. 사람들의 말에 따르면 그 이후로 서기를 '디완'이라 부르게 되었다는 것이다. 산술 또한 글쓰기에 연관되어 있는데, 그 이유는 산술기술이 수를 가지고 모으거나 해체시켜서 만드는 것이고, 그런 과정에서 어떠한 추리라든가 연역적 사고방식이 많이 필요하기 때문이다. 산술기술을 계속 쓰면 추리와 사고가 습관화되고, 이는 결국 지능을 의미한다. 알라께서 당신들을 어머니의 뱃속에서 세상으로 내보내셨고 당신들은 아무것도 알지 못한다. 알라께서 당신들을 듣고 보고 또 심장으로 느끼게 만드셨다. 그러나 당신들은 감사함에 부족하다.

# 제6부

# 다양한종류의 학문과 다양한종류의 교육방법. 이와 관련된 제반사항, 머리말, 꼬리말

머리말은 다음과 같다. 인간은 사고思考함으로써 동물과 구별되고, 생계를 획득하고, 동족과 더불어 생계를 위해 협동하며, 인간이 숭배하는 대상에 대해 생각해보고, 알라가 보내신 예언자가 가져온 것을 고려하며 이모든 것을 위해 바른 길로 인도되고 있다. 그래서 모든 동물은 인간에게 복종하고 인간의 통제 하에 있게 되었다. 알라께서 우주에 창조된 모든 피조물보다 인간을 위에 두셨다.

## 1장 │ 인류문명에 있어서 학문과 교육은 자연스러운 것이다

인간을 비롯하여 모든 동물은 동물적인 습성을 가지고 있다. 감각적으로 느끼고 이동을 하고 먹이를 먹고 피난처를 구하는 것과 같은 것들이다. 그러나 인간만이 사고를 함으로써 동물과는 구별된 특징을 가지고 있는데 이를 통해 자신의 생계를 구하고, 생계를 위해 동족과 협동하고, 협동을 위해 단체로 모임을 갖으며 알라께서 보내주신 예언자의 말씀을 수용하고 노동을 하고 올바른 것을 추구한다. 따라서 생각하는 사람은 항상 이런 환경 속에서 살게 되고 인간에게 있어서 생각이란 늘 떠나지 않는 것이라서 눈을 한번 깜빡 거리는 사이에도 생각하고 사물을 한번 보는 것보다 더 빨리 생각의 진동이 스쳐 지나가기도 한다. 이러한 사고로부터 비롯되는 것이 학문의 발달이고, 이와 관련된 여러 가지 기술이 있다고 우리는 이미 앞서 언급한 바 있다. 이러한 사고와 관련해서 인간뿐 아니라 동물에게도 부여된 것은 '천성적으로 원하는 것'이다. 따라서 사고는 자신에게 존재하지 않는 것을 지각으로 느껴 획득하려는 바람이 된다. 그래서 자신보다 앞서 학문을 수학했던 사람에게 지식을 구하거나 혹은 그가 쌓아 놓은 것에 더 많은 지식과 깨달음을 부가시키거나 혹은 상당한 정도의 경지에 이른 조상들의 지식으로부터 자신이 원하는 것을 취하게 된다. 그러므로 인간의 사고와 고찰은 현실을 향해 한 단계 한 단계 나아가고, 현실에 반영된 것들을 하나씩 고려하여 그러한 현실이 자신에게 주어진 소질이 될 때까지 지속시킨다. 그렇게 되면 그의 지식은 현실과 더불어 전문적 지식이 된다. 그리고 자라나는 세대의 영혼은 그러한 것을 획득하려고 기대한다. 그들은 지식인을 찾아서 질문을 구하고 이러한 과정을 통해서 교육이 이루어진다. 명백한 것은 학문과 교육이라는 것이 인간에게 있어서 자연스러운 점이라는 것이다. 알라는 가장 잘 아신다.

## 2장 | 지식 교육은 여러 기술 중 하나다

그 이유는 이렇게 설명할 수 있다. 다양한 지식에 정통하다는 것 그리고 그러한 지식을 습득한다는 것은 학문의 기초와 근간을 이해하고, 그 학문이 내포한 여러 문제를 심사숙고하며 그 학문의 원류로부터 지류를 추출하는 등의 모든 것이 가능한 소질을 습득하는 것이기 때문이다. 이러한 소질을 얻지 못한다면 자신이 다루고 있는 분야에 정통할 수 없다. 이러한 소질은 이해나 깨달음에 있는 것이 아니다. 우리는 학문의 과정에서 어떤 문제를 이해하고 깨닫는다. 그런데 이 과정에서 학문의 숙련자와 초심자 간에 별 차이가 없고, 또 지식을 습득하지 못한 자나 그 방면의 전문가 간에도 이해라든가 깨달음에는 그다지 큰 차이가 없다는 것을 알 수 있다. 진정으로 '소질'은 학자나 그 분야에서 정통한 사람에게만 있는 것이지, 그 이외의 사람에게는 허락되지 않는 것이다. '소질'은 이해나 인지로 획득할 수 없다. 이러한 소질은 전체가 육체적인 것이다. 소질이 몸으로 쓰는 것이건 뇌로 쓰는 것이건 간에 육체적인 것이며, 사고와 산술도 이에 포함된다. 육체적인 것은 그 모든 것이 느낌으로 알 수 있는 감각적인 것이다. 그래서 결국은 교육을 필요로 하게 된다. 이러한 이유로 인하여 학문이나 기술에 있어서 교육에 대한 지지는 모든 지역과 세대를 통틀어 저명한 학자들을 필요로 한다.

이와 같은 사실이 보여주는 것은 지식 교육은 그 학문에 관계하는 여러 가지 전문용어를 습득하는 기술을 의미한다. 예를 들자면 유명한 이맘들은 각기 자신이 전문으로 하는 분야의 교육에서 전문용어를 지니고 있고, 모든 기술도 그러하다. 이러한 사실로 알 수 있는 것은 전문용어라는 것이 학문에서 비롯된 것이 아니라는 점이다. 만약 그 전문용어들이 학문에서 비롯된 것이었더라면 모든 사람에게 하나의 용어가 있었을 것이다. 당신은 칼람학에서 옛사람들이나 후대 사람들이 사용하는 용어가 그들의 교육에 있어 얼마나 다양했는지 보지 않았는가. 이슬람의 법원과 아랍어 또한 그렇다. 그래서 모든 학문은 연구된다. 당신은 지식 교육에 있어서 서로 다른 다양한 용어들을 발견하게 될 것이다. 그러므로 교육에 있어서 여러 가지 기술이 있고, 학문은 그 자체로 하나라는 것을 알 수 있다. 그렇게 이해했다면 이 시대에 있어서 학문 교육의 지지는 마그립 사람들로부터 단절된 것 같아 보이지만 그것은 그들의 문명이 파괴되고 왕조가 무력화되면서 나타난 현상이라는 것을 잘 인지하라. 그곳에서는 여러 기술이 부족하게 되었고 기술의 쇠퇴로 인해서 그러한 일들이 일어났다. 까이라완과 코르도바 두 지역은 마그립과 스페인 두 문명의 중심지였다. 그곳에는 지역의 문명이 바다와 같이 넘쳐흘렀었다. 그래서 그 지역에는 다양한 학문과 기술이 있었고, 그것들은 마치 번창한 시장과 끓어 넘치는 바다와 같았다. 그 두 지역에 교육이 공고히 자리를 잡았다.

교육은 두 도시에서 공고히 뿌리를 내렸는데 그 이유는 두 도시의 운명이 길었기 때문이다. 그 두 도시에는 문명이 존재했다. 그러다가 두 도시가 황폐화되었고, 마그립에서의 교육 발전도 줄어들게 되었다. 그 때는 마라키쉬 무와히둔 조가 있을 때였다. 마라키쉬에는 문명이 공고히 뿌리를 내리지 못했었는데, 그 이유는 무와히둔 조가 처음부터 베두인의 성질을 지닌 왕조였기 때문이고, 그 왕조가 시작하고 멸망하기까지의 기간이 짧았기 때문이다. 그래서 그곳은 문명이 잠시만 존재했다.

마라키쉬에서의 왕조가 멸망한 이후, 판관인 아부 알까심 븐 자이툰은 이프리끼야에서 마슈리끄로 이주했다. 그때가 7세기 중엽의 일이다. 그는 그곳에서 이븐 알카띱의 학생들을 만났고, 그들과 더불어 수학했다. 그는 특히 지성적인 판단과 말씀의 인용[1]에 정통했다. 이후 그는 큰 학문을 이루어 좋은 교육을 시킬 수 있는 능력을 획득하여 튀니스로 돌아갔다. 그 이후 아부 압둘라 븐 슈와입 알다칼리가 마슈리끄에서 왔다. 그는 마그립에서 이븐 자이툰에게로 왔고 이집트의 학자와 더불어 수학했으며 튀니스로 돌아와 그곳에서 정착했다. 그의 교육은 매우 유용했고, 튀니스의 주민들은 이 두 사람과 더불어 지식 교육을 받게 되었다. 그 두 사람의 교육은 몇 세대를 거쳐서도 제자들에 의해서 계속 이어졌다. 판관 무함마드 븐 압둘 살람까지 그 교육이 연결이 되었다. 그는 이븐 알하집의 책을 해설을 달았으며 그의 제자였다. 그는 이븐 알이맘과 그의 제자 시절에 튀니스에서 틸미산으로 이주했다. 이븐 알이맘은 이븐 압둘 살람과 더불

---

1    지성적인 판단(al-'qlyyāt)과 말씀의 인용(al-naqlyyāt)는 무슬림 사상의 가장 근본적 학문 추구의 태도이다. 대상을 이성적으로 판단하느냐 그대로 인용하느냐에 대한 논쟁은 끊임없이 이어졌다.

어 수학했고, 한 선생님 아래서 공부했으며 한 학당을 다녔다. 지금도 이븐 압둘 살람의 제자는 튀니스에 있고 이븐 알이맘의 제자는 틸미산에 있다. 그러나 제자들의 수가 매우 소수여서 그들의 학문이 지속되지 못하고 명맥이 끊어질 것 같아 두렵다.

자우와 부족 출신 아부 알리 나씨르 알딘 알미슈달리는 7세기 말엽에 마슈리끄11로 이주했고, 그곳에서 아부 아무르 븐 알하집의 제자들을 만나 그들과 더불어 공부했으며 그들의 교육을 받았다. 그는 쉬합 알딘 알끼라피와 한 학당에서 수학했고, 지성적인 판단과 말씀의 인용에 정통하게 되었다. 그는 큰 학문과 유용한 교육을 습득한 채 마그립으로 돌아갔다. 그리고 부지에 정착하였고 그곳의 학생들을 교육시켰다. 우므란 알미슈달리는 그의 제자 중 한 사람인데 그는 틸미산으로 이주했고, 그곳에 자리를 잡고 계속 교육에 힘썼다. 오늘날에도 부지와 틸미산에는 그의 제자들이 있는데 그 수는 매우 적다.

페스와 그 밖의 마그립 도시들은 양질의 교육에서 제외된 채 있었다. 그 이유는 코르도바와 까이라완의 교육이 단절되었기 때문이다. 그곳에서 그들은 지속적으로 교육을 받지 못했고 따라서 학문에 대한 소질을 습득하거나 학문에 정통하게 되는데 어려움을 겪었다. 이러한 소질을 습득하는데 가장 용이한 방법은 바로 과학적인 학문적 문제들을 토론하고 논의할 때 강한 언어 즉, 명확한 표현으로 주장하는 것이다. 그렇게 하면 문제의 본질에 가까이 가게 되고, 그 문제가 의도하는 바를 얻게 된다. 당신은 어떤 학자들이 평생에 걸쳐서 학회에 붙박이로 수없이 많이 참석을 하지만 그곳에서 발언을 하거나 토론에 참여하지 않은 채 조용히 입을 다물고 있는 것을 볼 수 있다. 그들의 주요 관심사는 오직 암기에만 있어서 필요 이상의 암기를 하는 것이다. 결론적으로 그들은 학문이라든가 교육을 실천하는 소질을 전혀 획득하지 못한다. 하지만 그들은 그러한 소질을 습득했다고 생각하게 된다. 당신은 그러한 자가 토론에 나서거나 혹은 논쟁을 하거나 혹은 현장에서 교육할 때, 학문에 대한 그의 소질이 부족하다는 것을 볼 수 있다. 이러한 자들은 교육과 학문을 지속하는 데 있어서의 부족함을 보인다. 반면에 그들이 암기하는 것은 다른 이들이 암기하는 것보다 훨씬 높은 경지에 이르는데 그 이유는 그들이 너무나도 암기에만 몰두했기 때문이다. 그들은 자신들이 학문적인 소질을 가지고 있고, 암기하는 것이 학문적인 소질에서 비롯된 것이라고 생각한다. 하지만 실상은 그렇지 않다. 그리고 바로 이러한 현상이 마그립에서 일어났다. 그곳에서는 학생들이 학교에 기거하면서 수학하는 기간이 16년인데 튀니스에서는 5년이다.

학교에서 학생들이 머물면서 수학하는 기간은 바로 학생들이 학문적인 소질을 획득하거나 목표하는 바를 획득하지 못해 좌절을 느끼는 최소한의 기간을 의미한다. 마그립에서 그 기간은 매우 길다. 그 이유는 교육의 질이 좋지 않기 때문이다. 그 밖의 이유는 없다.

스페인의 주민들을 살펴보자면 교육방법은 이미 사라졌고, 학문에 대한 열정도 사라진지 오래인데 그 이유는 수백 년 전부터 그곳에 있던 무슬림 문명이 황폐화되었기 때문이다. 그들에게 학문은 아랍어학(문헌학), 문학 정도만이 명맥을 유지하고 있었는데, 스페인 무슬림들이 학문의 발전을 제한했지만 교육은 보존시켰기 때문이다. 따라서 그것은 제대로 보전이 되었다. 한편 그들에게 있어서 피끄흐[2]는 절정을 이룬 후 그림자조차 남아 있지 않게 되었다. 지적인 것은 하다못해 작은 그림자조차도 남아 있지 않게 되었다. 교육이 지속적으로 이루어지지 못한 까닭은 문명은 황폐화되었고 점령한 적들이 그 지역의 주민들을 장악했기 때문이다. 따라서 해안가의 주민 소수만이 그 이후의 사람들보다 좀 더 많이 학문에 몰두했다. 그러나 그 정도는 미미하다.

---

2  피끄흐는 이슬람 법학을 말한다. 일반적으로 무슬림이 이슬람의 샤리아를 이해하는 것을 의미하기도 한다.

마슈리끄를 살펴보자면 교육이 지속적으로 이루어졌고 크게 발전했는데, 그 이유는 문명이 번성한 가운데 교육과 학문에 대한 지속적인 관심과 지지가 있었기 때문이다. 한편으로 학문의 본 고장이었던 위대한 도시들이 황폐화된 것도 사실이다. 예를 들자면 바그다드과 바스라와 쿠파와 같은 곳이 있다. 그렇지만 알라께서는 그러한 도시보다 더 훌륭한 도시로 학문의 전당을 옮겨주셨다. 그래서 기존의 위대한 도시들에서 발전했던 아랍의 학문은 쿠라산이 있는 페르시아 지역으로 옮겨갔고 다른 하나는 마슈리끄에서 트랜스옥시아나 지역으로 옮겨갔는데, 그 후에는 카이로와 마그립의 인근 지역으로 옮겨갔다. 이러한 지역들에서는 문명이 번성하였고 지속적으로 발달하였으며 학문의 지지기반이 확고하게 자리잡았다. 전반적으로 마슈리끄 사람들은 학문을 교육하는 기술에 있어서 더욱 탁월했고 심지어는 여러 가지 기술을 발전시키는 데에 있어서도 같은 태도를 보였다. 그래서 마그립에서 마슈리끄로 학문의 뜻을 품고 이주했던 사람들 다수는 마슈리끄 주민들이 전반적으로 마그립 주민보다는 지성이 더 뛰어나다고 생각한다. 마슈리끄 주민들이 천성적으로 더 지적이라고 믿고 있는 것이다. 그들은 태어날 때부터 마그립 주민들 보다 훨씬 더 지능이 발달했고 이성적인 영혼을 지니고 있다고 생각한다. 심지어 그들은 자신들과 마슈리끄 주민들 간에는 지적 차이가 있다고 섣불리 단정하며 그것을 매우 당연시 여겼다. 그 이유는 마슈리끄 주민들이 학문과 여러 가지 기술에 있어서 재능이 있고 탁월한 지적 능력을 보인다는 판단 때문이었다. 하지만 사실은 그렇지 않다. 마슈리끄와 마그립 주민 간의 차이는 제1지역과 제7지역과 같은 지역적 차이를 제외하고는 큰 차이가 없다. 마그립 주민들의 기질은 거칠고 그들의 영혼도 이에 비례한다. 마슈리끄 주민들이 마그립 사람들보다 우수하다면 그것은 바로 마슈리끄에서 번성했던 문명의 잔재와 지성의 결과물에서 비롯된 것일 것이다. 또한 여러 가지 기술 면에 있어서도 찾아볼 수 있을 것이다. 우리는 이제 그것을 하나하나 제대로 설명하고자 한다.

　마슈리끄 사람들은 문명화되어 있어서 여러 가지 상태나 그들의 생활, 거주 지역, 건물과 종교에 관련된 제반사항 등의 면에 있어서 세련되고 정돈된 상태였다. 그들의 관습, 거래, 행동 모두가 세련되고 예의바른 상태였다. 사람들 또한 예의바른 사람들이었고, 어떠한 것을 취하고 버림에 있어서도 그들의 모든 행위가 그러했다. 심지어 그들의 예의에는 도무지 끝이 없어 보일 정도였다. 이렇듯 마슈리끄 사람들은 상당히 문명화되어 있고, 세련되고 잘 다듬어진 생활을 하고 있었다. 그래서 후대 사람들은 선대 사람들이 이룩해 놓은 기술을 접하게 되었다. 모든 기술이 제자리를 잡고 있었다는 사실은 의심할 여지가 없다. 그래서 그들이 그 각각의 기술을 획득한 결과는 매우 이성적이고 새로운 것이었다. 그들은 새로운 기술을 수용할 수 있는 준비가 항상 되어 있었고, 결과적으로 그 당시 사람들의 지성은 새로운 학문을 인식하는 데 있어서 주저함이 없었다.

　우리는 이미 이집트 주민들이 여러 가지 기술 교육에 있어서 최고의 경지에 도달했다는 것을 들은 바 있다. 예를 들자면, 그들은 집에서 키우는 당나귀 혹은 네 발 달린 동물, 조류 등 우매한 동물에게까지 교육을 시켜 말을 할 수 있게끔 어휘 교육을 한다는 것이다. 이러한 일은 흔치 않다. 반면 이와 대조적으로 마그립 사람들은 타인에게 교육을 시키는 것은 차치하고, 본인들이 이해를 하는 데에도 부족하다. 교육과 기술 그리고 습관적인 여러 행동에 있어서 탁월한 소질은 인간의 지성을 더욱 반짝이게 하고, 사고하는데 빛을 비쳐준다. 그 이유는 여러 소질을 얻기 때문이다. 우리는 이미 인간의 영혼이 지각, 자질로 회귀하는 것 등을 통해 성장한다고 언급한 바 있다. 그러므로 마슈리끄 사람들은 영혼에 지적인 영향을 충분히 미침으로서 지성이 탁월한 사람들이 되었다. 일반 대중들은 이러한 이유를 인간본성의 실질적 차이점에 기인한다고 생각하지만 사실은 그렇지 않다. 당신들은 베두인족의 문화를 본 적이 없으므로 어떻게 그 문명에 지성이 있고, 통찰력이 있는지 알 수 없고, 혹자는 베두인들은 인간적인 실재와 그들의 지성에 있어서 다른 문명과 근본적인 차이가 있다고 생각하지만 실상은 그렇지 않다. 베두인과 마슈리끄 문명인들 간의 차이는 기술적 소질이라든가 예의와 세련된 매너의 유무, 문명이나 문명에 관련된 여러 관습을 접했는가의 여부에서 기인한다. 이런 것들을 베두인은 알지 못한다. 문명사회에서 기술과 그런 기술에 관계된 여러 소질, 좋은 교육이 번창하면, 그런 소질이 부족한 사람은 누구나 여러 소질이 자신의 지성을 완벽하게 만든다고 생각한다. 또한 베두인의 영혼은 생득적으로, 천성적으로 그런 소질 면에서 부족하다고 생각한다. 그러나 실상은 그렇지 않다. 우리는 베두인족 출신 중에서도 천성적으로 지적인 능력이 탁월하고, 어떠한 사물의 성질을 이해하는 데 있어서 가장 높은 이해력을 보여주는 사람들을 보지 않았는가? 또한 문명화된 사람들이 지니는 특징은 결국 기술과 교육을 연마하는 것이다. 따라서 이 두 가지를 연마하는 것은 영혼에 커다란 영향을 미치게 된다. 우리는 앞서 이를 언급한 바 있다. 마찬가지로 마슈리끄 사람들은 교육이라든가 여러 가지 기술을 전수함에 조금 더 많이 발전했고, 더욱 더 확고히 뿌리를 내리고 있었다. 마그립 사람들은 단지 베두인 문화에 가까운 것뿐이다. 무식한 사람들은 베두인들이 인간적으로 어떠한 실재적 자질이 부족하다고 생각하는데 바로 마그립 사람들이 그렇게 생각한다. 그러나 사실은 그렇지 않으니 그것을 제대로 잘 이해하길 바란다. "그분의 뜻대로 창조를 더 하시니."[3]

---

3    코란 35장 1절.

그 이유는 우리가 이미 언급한 것과 마찬가지로 지식 교육이 기술의 총체에서 비롯되기 때문이다. 우리는 이미 다양한 기술이 여러 도시에서 부흥했다고 언급했다. 여러 도시에 존재하는 문명의 정도에 따라 기술의 다소多少가 결정되며 정주문화와 사치 같은 것들도 공존하게 된다. 다양한 기술의 정도는 그 질적인 뛰어남과 양적인 풍부함에도 관계가 있는데 이는 기술이라는 것이 바로 인간의 기본적인 생계를 넘어선 것이기 때문이다. 좀 더 자세히 살펴보자면 이렇다. 문명인은 자신의 노동이 생계를 담당하는 것 이상이 되면, 인간의 본성에 따라 행동양식이 생계 수준 이상의 것을 요구하게 되는데 바로 이것이 학문이고 기술이다. 이런 상황에서 인간은 본능적으로 지식을 추구하고 탐구하게 된다. 따라서 촌락이나 작은 도시에서 자란 사람들은 그렇게 잘 교육받지 못하고 덜 문명화된 상태이다. 그러한 곳에서는 기술적인 것을 의미하는 교육을 찾아보기가 어려운데, 그 이유는 바로 베두인족에게 기술이 절대적으로 부족하기 때문이다. 왜냐하면 베두인들이 기술 교육을 받기 위해서는 기술 교육이 활성화되어 있는 다른 대도시로 이동을 해야만 했기 때문이다. 베두인이 가진 기술은 이 정도다. 반면 바그다드나 코르도바, 까이라완, 바스라, 쿠파의 환경을 살펴보자면, 이런 도시들은 이슬람 초기에 이미 커다란 문명을 경험했다. 그곳에는 정주문화가 융성했고 학문이 번창했다. 그곳에 거주했던 사람들은 학문적 전문용어라든가 다양한 종류의 지식을 발전시켰을 뿐만 아니라 문제를 제기하고 학습법을 연마했다. 그래서 그들은 선조들이 이룬 정도를 능가하게 되었고, 후학들의 귀감이 되었다. 반면에 그곳의 문명이 쇠퇴하게 되었을 때에는 거주민 수도 줄어들었고, 쇠락현상이 전반적으로 일어났으며 그곳의 학문과 교육도 답보내지는 후퇴했고,

그곳의 문명은 다른 이슬람 도시로 전이되었다. 이 시대에 우리는 그러한 학문과 교육이 바로 카이로에 존재하고 있음을 알고 있다. 그곳의 문명은 융성했고 그 도시의 정주문화 역시 수천 년 동안 뿌리가 깊었는데, 그 이유는 다양한 기술이 번영했고, 지식 교육도 그랬기 때문이다. 이러한 상황은 투르크 왕조의 살라흐 딘 븐 아이윱과 그 밖의 사람들의 시대 이래로 오늘날까지 보존되고 있다. 투르크 왕조의 아미르들은 군주가 자신들의 후손을 탄압할까 봐 두려워하는데, 그 까닭은 군주에게 그들은 노예이자 손님으로 간주되었기 때문이다. 그들은 왕조의 권력이 구실을 대고 자신들의 자산을 몰수할까 봐 몹시 두려워한다. 그래서 아미르들은 학교나 소규모 사원, 구빈원 등을 많이 짓고 그런 곳에 기부금을 쾌척한다. 그는 자신의 후손이 계속해서 기부나 업무의 일정 몫을 담당하게끔 한다. 그의 후손은 학교나 소규모 사원, 구빈원 등을 관찰하거나 관련된 제반 역할을 하게 된다. 결국 그들이 원하는 것은 선행善行과 이에 대한 보상으로 후손들의 안전을 도모하는 것이다. 그러므로 종교 기부 액수는 늘어나고 그 유용함도 동시에 커진다. 지식을 추구하는 학생과 가르치는 교사가 늘어나는 이유는 바로 종교 기부금으로 인한 그들의 장학금이 많아졌기 때문이다. 많은 사람들이 이라크나 마그립에서부터 학문을 추구하기 위해 이주했고, 그곳에서는 지식을 추구하는 장이 넓게 형성되고 활성화되었다. 알라는 원하는 것을 창조하신다.[4]

---

4    코란 3장 47절.

학문은 인간의 전유물이고 도시에서 존재하며, 교육과정을 통해 인간에게 습득된다는 것을 인지하라. 학문의 종류는 두 가지이다. 그 첫 번째 종류는 인간에게 매우 자연스러운 것으로 사고를 통해 획득할 수 있다. 또 다른 종류는 전통적인 것으로 먼저 이룩해 놓은 학문을 후대 사람이 취하는 것이다.[5] 첫 번째 것은 철학적인 학문이다. 그것은 인간이 사고력으로 획득할 수 있는 것으로 그 학문의 다양한 주제나 여러 가지 문제점들, 논쟁과 교육방법론에 이르기까지 인간이 생각으로 깨닫게 된다. 그래서 인간은 자신의 견해와 노력으로 학문의 옳고 그름을 구별하게 된다. 왜냐하면 인간은 사고력을 지니고 있기 때문이다. 두 번째 것은 전통적인 학문을 의미하는데 이것은 모두 샤리아의 판례에 의존하고 있다. 법원法源을 인용함에 있어 세부사항을 다룰 때를 제외하고는 지성이 적용되지 않는다. 왜냐하면 연속적으로 발생하는 사건의 작은 부분들은 그 존재만으로는 포괄적 전통의 하위에 포함되지 않기 때문이다. 이것은 유추에 의존하게 된다. 그러나 이러한 유추는, 법원에서 절대로 변하지 않은 채 정보에서 뻗어 나온 것이다. 바로 이것이 전통적인 학문이다.

이러한 전통적인 학문의 근간은 모든 것이 코란과 순나에서 비롯된 법조문이다. 코란과 순나는 알라와 그의 사도로부터 우리에게 의무조항으로 내려온 것이다. 이러한 학문은 코란과 순나에 기록된 것과 연관되어 있고, 그 학문은 결국 유용함을 목적으로 하고 있다. 다음으로 아랍 언어학이 있는데, 아랍어는 바로 이슬람의 언어이고 코란에 쓰인 언어다. 이러한 전통적 학문의 종류는 매우 다양하다. 왜냐하면 지고하신 알라의 결정

---

5  전통이라는 것은 앞 사람의 기록을 그대로 따르고 후대에 전하는 방식을 말한다. 무슬림들이 하디스를 전승하는 것이 대표적 예다. 이 때 전달받는 자가 이성적으로 판단하는 과정이 없는데, 이븐 칼둔은 이 책의 서문에서부터 텍스트 의심을 주장한다.

이나 판단으로 무슬림에게 부과한 것을 알아야 하기 때문이다. 또 그것은 코란과 순나로부터 취해진 합의나 유추로 이루어진 것을 의미한다. 따라서 무슬림은 코란을 고찰해야 한다. 우선 코란의 어휘를 명확하게 학습하는데 이것은 바로 주석학을 의미한다. 코란의 전승, 알라로부터 코란을 받아온 예언자*의 말씀을 정확하게 알아야 하고, 코란 독경의 다양한 방법을 확실히 인지해야 한다. 이것이 바로 코란 독경학이다. 원래 말씀을 하신 예언자*와 순나의 관계를 정확하게 학습하고, 순나의 전승가들에 대해서도 충분한 논의를 거쳐야 한다. 전승가들이 처했던 상황과 성실성을 정확하게 알아야 하는데, 그 이유는 이런 검증을 거쳐야만 그들이 전하는 것에 신뢰를 부여할 수 있기 때문이다. 이것이 바로 하디스학이다.

이렇게 법원으로부터의 법을 도출해낼 때는 그 과정과 방법에 대한 규범이 있어야 한다. 이에 대한 지식이 도출 방법론을 유용하게 만들기 때문이다. 이것이 바로 피끄흐의 근원이다. 그다음으로 무슬림들의 행동과 관련한 알라의 성법聖法에 대한 지식이 있으면 그 열매를 누리게 된다. 그것이 바로 피끄흐다. 그다음으로 의무가 있는데, 육체적인 의무와 심정적인 의무가 있다. 심정적인 의무는 믿음에 관한 것으로 무엇을 믿어야 하고, 무엇을 믿지 말아야 하는지를 선별하는 것을 말한다. 이것은 바로 내면의 정수, 신의 속성, 최후 심판의 날, 천국, 처벌, 운명(운명 예정설) 등과 관련하여 믿을 수 있는 강령이다.

이성적 논증으로 이러한 것에 대해 토론하는 것이 바로 칼람학(신학)이다. 그러므로 코란과 하디스를 연구하기 위해서는 문헌학이 선행되어야만 한다. 왜냐하면 코란과 하디스에 관한 연구는 문헌학에 근거를 두고 있기 때문이다. 그 다양한 종류에는 언어학과 문법학, 바얀학과 문학이 있는데 우리는 이것에 대하여 모두 언급할 것이다.[6] 이러한 전통적인 학문

---

6    본서 6부 45장 참조.

들 모두가 이슬람과 이슬람 학자들에게게만 연관된 것이다. 비록 모든 종교 집단이 전통적 학문을 지녔다 해도 그것은 지고하신 알라께서 내려주신 샤리아학과는 거리가 멀다. 좀 더 전문적으로 살펴보자면 샤리아학은 여타 종교집단의 학문과는 명확히 구분이 된다. 왜냐하면 알라께서 주신 샤리아학은 다른 종교집단의 것을 폐지시켰기 때문이다. 샤리아 이전에 나왔던 모든 종교적 학문들은 폐지되었고, 그것에 대해 연구하는 일도 금지되었다. 종교법은 코란 이외의 다른 계시 서에 관해서 연구하는 것을 금한 바 있다. 예언자 무함마드께서 이렇게 말씀하셨다. "계시서의 백성들을 신뢰하지도 말고, 그들을 거짓말쟁이라고 하지도 말아라." "사람들이 말하길 우리는 우리에게 계시된 것과 당신들에게 계시된 것을 신뢰한다. 우리의 신과 당신의 신은 하나이다."[7] 또 예언자께서는 우마르의 손에 토라 한 장이 들려 있는 것을 보고 역시 화를 내서서 그분의 얼굴의 노기가 드러날 정도였다. 예언자께서는 말씀하셨다. "내가 진실하고 순결한 토라를 가져오지 않았느냐. 모세가 살아 있었더라면 그가 할 수 있는 일이라고는 나를 추종하는 것밖에는 없었다."

전통적인 샤리아 학문은 이슬람이라는 종교 내에서 더 이상 증가할 수 없을 정도로 충분히 발전되었었다. 그리고 그 학문을 고찰하는 학자들의 지적 성숙도는 더할 나위 없이 최고조에 달했다. 전문적인 용어가 정리되었고, 학문 분야의 전문 영역이 가지런히 다듬어졌다. 그 총체적 모습은 탁월함과 세련미의 극한에 달했다. 각각의 분야에 교육을 통한 효용을 끌어올릴 수 있는 전문가가 있었다. 마슈리끄 사람들이 이 방면에서 전문적이었고, 마그립도 그런 상태였다. 우리는 이제 이러한 전문 영역의 다양함을 모두 언급할 것이다. 이 시대에 와서는 마그립의 학문 개발 물결이 정체되었는데 그 이유는 마그립문명이 쇠퇴했고 학문과 교육에 대한 지지

---

7    부카리 7462절.

가 중단되었기 때문이다. 우리는 이러한 현상에 대하여 앞의 장에서 이미 언급한 바 있다. 나는 알라께서 마슈리끄에서 행하신 바를 알지 못한다. 그러나 생각건대 마슈리끄 학문에는 융성함이 있었고, 이러한 학문 교육은 지속되었고, 반드시 있어야 하는 필수적 기술과 흔히 사치나 호화라고 일컬어지는 기술들이 충분히 있었다. 그 이유는 바로 그곳의 문명과 거주 문화가 풍부했으며 또한 학문을 연구하는 자에게 수여되는 지원금이 있었기 때문이다. 그것은 그들의 생계를 보장해주는 종교 기부금에서 부여하는 수당이나 봉급과 같은 형태였다.

## 5장 | 코란 학문에는 주석학과 독경학이 있다

코란은 알라께서 예언자 무함마드에게 계시한 말씀이다. 코란은 무슬림들 사이에서 계속 낭송되어 왔지만 예언자의 교우들은 예언자의 말씀으로부터 코란을 전승할 때 상이한 방법을 취했는데 그 까닭은 그들 간에 어휘와 일부 발음이 달랐기 때문이다. 코란은 그렇게 전승되다가 7개의 특정 독경법이 정해졌다. 대중 앞에서 코란 낭송으로 유명한 사람들이 바로 그 인물들이다. 결국 7개의 독경법이 코란 낭송의 근거로 자리 잡게 되었다. 이후 7가지 방법 이 외에 다른 독경법이 추가되었는데, 그것은 코란을 인용함에 있어서 7개의 독경법만큼 정통성을 인정받지 못했다. 이러한 7개의 독경법은 그 관련 책자도 매우 유명하다. 일부 사람들은 그러한 전승이 지속되는 것에 대해 다른 견해를 보였는데 독경법이 발음의 차이에서 기인하는 것이기 때문이다. 즉, 그들의 주장에 따르면 발음이 반드시 고정되어 있을 필요는 없다는 것이다. 하지만 그렇다고 해서 그들이 코란 전승이 계속되는 것을 비난하는 것은 아니었다. 그러나 다수의 사람들은 그들의 주장을 인정하지 않았다. 그들은 7개의 코란 독경법 전승이 지속되었다고 확신했고, 일부 사람들은 그 독경에서 발음이 상이하다는 점을 주장했다. 예를 들자면 장모음을 길게 발음하거나 알리프를 약하게 하는 것 등인데, 사람들이 들을 때 그러한 것을 분간하기는 쉽지 않기 때문이다. 이는 옳은 말이다. 코란을 읽는 독경사들은 이러한 방식의 독경을 계속했다. 결국에 그것은 하나의 학문으로 정착되었고, 기록되었으며 그렇게 쓰였다. 그러한 코란학은 특수한 기술이 되었고, 매우 독창적인 학문이 되었다. 마슈리끄와 스페인 주민들은 세대를 거쳐서 코란 낭송을 계속 이어나갔다. 그러다가 스페인 동부에서 무자히드가 등장했는데, 그는 아미르가*의 마왈리였다. 그는 특히 코란과 관련된 학문 중에서도 독경 분야를 매우 중요하게 생각했는데 그 까닭은 그의 주인으로부터 그 학문을 체득했기 때문이다. 그의 주인은 바로 만쑤르 브 아부 아미르이다. 만쑤르는 코란 독경학을 교육하고 자신의 궁정에서 코란 독경을 전문으로 하는 행사를 개최하곤 했다. 코란 독경은 매우 중요한 위치를 차지하게 되었다. 그 이후에 무자히드는 마슈리끄의 섬들과 다니아 지방의 아미르 직위에 오르게 되었다. 그가 아미르 직위에 오른 이후 코란 독경학은 활성화되었는데, 그가 코란 독경에 정통했기 때문이다. 그는 이 학문을 보급시키는 데에 관심이 많았다. 그의 시대에 아부 아무르 알다니가 등장했고 그가 코란 독경 분야에 있어서는 최고의 지위를 얻게 되었다. 그는 사람들에게 독경학을 전달하였고 많은 책도 저술하였다. 사람들은 그가 쓴 서적들에만 의존하였고, 그 밖의 서적들은 무시해버렸다. 그의 여러 저서 중에서도 『타으시르*al-Taysīr*』가 가장 유명하다.

여러 세대가 흐른 뒤에 아부 알까심 브 피유라가 샤띠바 가문에서 등장했는데, 그는 아부 아무르가 기록해 놓은 코란 독경을 정정하고 축약시키는 작업을 했다. 결국 그는 하나의 까씨다에 모든 독경사들의 인명을 알파벳순으로 그리고 본인만의 방법으로 담아냈는데 그것은 축약을 의도한 방법이었다. 결국 이 작업은 암기에 용이하고 체계화된 것이었다. 그는 이 학문을 포괄적으로 다루었고 개념화시켜 파악했으며, 사람들은 그것을 암송하고 또 배우고자 하는 학생에게도 사용했는데 이런 일은 마그립과 스페인의 여러 도시에서 일어났다.

이후 코란 독경학에 문자를 바르게 쓰는 것이 추가되었는데 그것은 코란 사본에 일반적으로 글자를 쓸 때와는 다른 의미로 그림처럼 그리는 작업이었다. 코란에는 그러한 경우가 매우 많았다. 예를 들자면 야를 첨가하는데 '나의 손으로'라는 구절에서 '야ʾaʾ'가 하나 첨가되는 경우가 있다.[8] 혹은 '알리프ᵃˡⁱᶠ'를 첨가하는 경우도 있는데 '나는 그를 처형할 것이다.'[9] 또 '실로 그들은 흔들거리며 걷고'[10] 혹은 '와우ʷᵃʷ'를 첨가하는 경우도 있다. '죄인들의 보상'[11] 몇 군데에서는 알리프를 생략하는 경우도 있다. 또 어떤 곳은 하ʰᵃʾ 위에 두 개의 점을 가진 '타마르부따'가 쓰여야 함에도 일반적인 '타ᵃʾ'가 쓰인 경우가 있었다. 이러한 코란의 문자 기록법에 대한 설명은 글자 쓰기와 연관이 있었다. 이 상황은 서체의 용례나 그 규칙이 상이함으로써 등장했고 그것을 정확하게 정리할 필요가 있었다. 그래서 사람들은 이를 학문으로 정하면서 서체의 규칙을 정했다. 마그립에서는 아부 아무르 알다니가 이에 대한 전문가였는데, 그는 이와 관련하여 많은 서책을 썼는데 그중 가장 유명한 서책은 『무끄니으ᵃˡ⁻Muqniʿ』이다. 사람들은 그 책에 매우 크게 의존하게 되었다. 아부 알까심 알샤띠비는 자신의 유명한 까씨다에서 코란의 서체를 정리하였는데 그 까씨다는 '라ᵃʾ'의 운율을 지니고 있었다. 사람들은 그것을 암송하는 데에 열광했다. 쿠란의 서체에 있어서 상이함이 점점 더 커졌고, 어휘와 문자에서도 상이함을 보였다. 아부 다우드 술레이만 븐 나자흐는 무자히드의 마왈리 출신이었는데 그는 이

---

8    코란 51장 47절.
9    코란 51장 47절.
10   코란 51장 47절.
11   코란 51장 47절.

런 사실을 자신의 저서에서 언급하였다. 그는 사실 아부 아무르 알다니의 수하생 중 한 명이었다. 그는 아부 아무르 알다니의 학문을 전수받았고, 그의 작품을 암송하는 것으로 매우 유명했다. 이후 마그립의 현대 작가 중에 카르라주라는 라자즈[12] 시를 지었다. 그런데 그는 『무끄니으』에 상이한 글자체를 덧붙였다. 그 결과물은 마그립에서 매우 유명하게 되었다. 사람들은 그의 시만을 암송했고 아부 다우드와 아부 아무르 그리고 샤띠비의 글자체가 쓰인 서책들을 폐기했다.

## 주석학

코란의 주석학으로 말하자면 우선 알아야 할 것이 코란은 아랍어로 계시되었다는 사실과 아랍어 수사법 체계로 이루어졌다는 사실이다. 따라서 모든 아랍인은 코란을 이해하고, 코란의 어휘와 구문을 통해 그 의미를 명확하게 학습한다. 코란은 절과 장으로 한 절 한 절, 한 장 한 장 계시되어 있는데 그 이유는 유일신의 사상을 명백히 하고 여러 가지 사건에 따라 무슬림에게 부과되는 종교적인 의무를 밝히기 위해서였다. 코란에는 믿음에 관한 구절이 있고 인간의 수족의 의무에 관한 구절이 있으며 앞서 언급했듯이 먼저 계시된 것이 훗날 계시된 것에 의해 대체되는 구절들과 폐지되는 구절들이 있다. 예언자께서는 이 점에 관하여 명확하게 밝혔다. "당시에는 사람들에게 계시된 것을 명확하게 밝히느니라."[13] 그래서 예언자께서는 불분명한 것을 명확하게 설명했고 폐지되는 것과 그것을 대체하는 것을 구별했다. 예언자는 교우들에게 이에 관한 정보를 주었고 그들은 명확하게 인지했다. 예언자의 교우들은 코란의 절이 계시된 이유와 그 절에 인용된 내용의 의도를 예언자로부터 직접 들어서 알았다.

---

12    라자즈는 이슬람 이전 시대의 아랍시의 율격을 말한다.
13    코란 16장 44절.

코란의 절중 '알라의 승리와 정복이 왔을 때'[14]는 바로 예언자의 죽음이나 그와 비슷한 것을 의미하는 것이다. 이러한 것은 예언자의 교우로부터 직접 전승되었다. 그리고 예언자의 교우 이후에는 또 그들을 추종하는 사람들이 그러한 전승을 계속 이어나갔다. 초기 이슬람 시대의 무슬림 간에도 그러한 전승은 계속되었고 결국은 그러한 지식이 독립된 학문이 되어 책으로 기록되었으며, 이에 관한 많은 서적이 발간되었다. 예언자의 교우와 그의 추종자에 관한 많은 기록들이 전승되었고, 그런 형식으로 계속 전승되다가 따바리, 와끼디, 싸을라비와 같은 주석가들에 까지 이르렀다. 그들은 알라께서 예언자의 교우와 그의 추종자들에 관한 행적을 기록하기 원하는 그대로 기록하였다.

이후 언어학은 언어의 주제와 이으랍의 규칙 그리고 단어 결합에서의 수사학 등과 관련된 하나의 기술이 되었다. 이와 관련된 많은 기록이 있게되었다. 사실 이런 주제들은 이전의 아랍인들에게는 하나의 습관이었고 구전이나 기록을 하지도 않았다. 그래서 모든 것들이 쉽게 잊혀져갔다. 이후 언어학자들의 서책에서 그러한 기록들이 발견되었다. 이것은 코란 주석의 필요성이 대두되었기 때문이다. 왜냐하면 코란은 바로 아랍어로 되어 있고 아랍인들의 수사법에 의거하여 기록되었기 때문이다. 코란의 주석은 두 가지로 구분된다. 첫째는 선조의 말씀을 인용한 것에 의존하는 전통적인 주석이다. 그것은 바로 폐지된 말씀과 그것을 대체한 말씀에 대한 지식과 정보가 있고 계시에 대한 이유라던가 코란 구절의 외도 등을 의미한다. 이 모든 것은 바로 예언자의 교우와 그의 추종자들로부터 인용된 것이다. 선조들은 그러한 것을 하나로 모았다. 그러나 그들이 쓴 기록이나 인용은 중요한 것과 중요하지 않은 것, 받아들일 만한 것과 받아들일 수 없는 것을 모두 포함하고 있었다. 그 까닭은 아랍인이 기록하는 것에 익숙한 민족도 아니었고

---

14    코란 110장 1절.

더욱이 학문에 익숙한 민족도 아니기 때문이다. 그들은 베두인의 후손이었다. 인간의 영혼이 알고자 하는 대상들 즉, 우주의 섭리, 창조의 시작, 존재의 비밀 등에 대해 알고자 하면 바로 그들 이전에 계시록을 가지고 있었던 사람들에게 질문하고 의존했는데 그들은 바로 유태인으로 토라의 백성이었다. 유태인 다음으로는 기독교인에게 그러한 질문을 했다. 그러나 아랍인들이 있던 시절 토라의 백성들 역시 베두인이었다. 그래서 그 계시서의 백성들 역시 탁월한 지식의 소유자는 아니었고, 이 유태인들의 다수는 유대교를 종교로 받아들였던 힘야르의 족속이었다. 그러다가 그들이 이슬람으로 귀의했을 때 그들은 기존에 지니고 있던 정보를 그대로 믿고 있었다. 예를 들자면 창조의 시작 부분에 관한 정보라든가 예언에 관한 것 등이다. 그러한 자들을 예로 들자면 카웁 알아크바리, 와흐비 븐 무나이야, 압둘라 븐 살람과 그 밖의 사람들이 있었다. 코란 주석가들은 그들로부터 전승된 인용문으로 주석을 채웠으나 이것은 단순히 그들이 주장하는 내용일 뿐 그 내용은 결코 샤리아법에 의거한 것이 아니었다. 그들이 어떠한 일에 대해 옳은 것이라고 결정을 내리면 사람들은 그것이 옳다고 생각하고 따라야만 하는 상황이었다. 코란 주석가들은 이러한 면에 큰 관심을 기울이지 않은 상태였고 주석서들은 모두 전대의 사람들이 했던 말들을 인용함으로 가득 채우는 데에만 바빴다. 그들의 근본은 베두인이었고, 그들이 인용하고 있는 지식에 대해 입증할 수 있는 능력을 가지고 있지 않은 백성들이었다. 하지만 그들은 당시 사람들에 의해서 능력이 있는 자로 간주되었는데, 그 이유는 그들이 종교계에서 상당히 높은 직위를 지니고 있었기 때문이다. 그 당시에는 이러한 모든 일들이 받아들여졌다. 그러다가 코란 주석가들은 증명과 비평적 시각을 지니게 되었다. 마그립의 현대학자인 아부 무함마드 븐 아띠야는 그러한 주석서들을 모두 축약했고, 그중에서 좋은 것을 선별하는 작업을 했다. 마그립과 스페인에서 회자되는 내용들을 한 권의 책으로 묶어 제대로 정리를 해냈다. 그의 뒤를 이어 꾸르뜨비는 아부 무함마드가 했던 방법을 그대로 답습하여 마슈리77에서 매우 유명한 책을 정리했다.

이제까지가 첫 번째 종류의 주석서에 관한 것이었고 이제 두 번째 종류를 말할 것이다. 두 번째 종류는 언어학적 지식과 이으랍 그리고 의미와 방법을 중시하는 수사법에서 비롯된 언어학에 관계하고 있다. 이는 첫 번째 종류보다는 수가 적다. 왜냐하면 첫 번째의 주석학은 그 자체를 의미하고, 두 번째는 언어가 학문적으로 하나의 기술이 되고난 다음에 이루어졌기 때문이다. 자마크샤리는 이라크의 쿠와리즘족 출신으로서『카샤프al-Kashāf』라는 저서에서 주석학을 다루었다. 그런데 그의 책은 종교적인 강령에 있어서는 무으타질라의 입장을 보이고 있다. 그는 수사적인 방법으로 코란의 절을 분석하며 기존 사람들의 그릇된 주장에 대한 토론과 논쟁을 벌였다. 그러나 순니 정통 신학자들은 그의 주장과는 별개로 자신들의 주장을 계속했고, 대중에게는 그의 함정에 빠지지 말라고 경고했다. 하지만 자마크샤리가 언어와 수사법에 있어 큰 발전을 이룩했다는 점은 인정했다. 코란을 연구하는 사람이 순니 정통학자들의 이론에 의거하여 연구를 계속하고 순나에 관해서 논쟁을 벌이게 된다면 자마크샤리가 파놓은 위험이나 재앙에 빠질 리는 없는 것이다. 그러므로 그러한 사람에게는 자마크샤리의 독특한 이론을 공부할 수 있도록 기회를 주도록 하라. 이 시대에 우리에게 전해지고 있는 일부 이라크 학자들의 저서가 있는데, 대표적인 학자로는 샤라프 알딘 알땁비가 있다. 그는 비아랍 이라크 지역의 타우리자 가문 줄신이다. 그는 사마크사리의 책을 상세히게 설명하고 그 어휘를 그대로 취했지만, 자마크샤리가 무으타질라의 이론에 근거를 두고 있는 것에 대해서는 정당성이 결여되어 있다고 주장했다. 그는 순니 정통신학자들의 견해에 따라서 코란에 있는 여러 절의 수사법을 명백하게 밝혔다. 이것은 참으로 바람직한 결과이다. 이는 어떠한 지식보다도 위에 있느니라.[15]

---

15    코란 12장 76절.

# 6장 | 하디스학

하디스학은 매우 다양하다. 왜냐하면 그중에는 대체되는 문구와 폐기되는 문구에 관한 것이 있기 때문이다. 기존의 것의 폐기를 허락하는 것, 폐기의 발생은 우리의 샤리아에 명기되어 있다. 이는 알라께서 자신의 종들에게 베푸는 친절함이고 알라께서 종들의 복지를 고려하여 그들의 의무를 가볍게 해주는 방편이었다. 코란에 이런 구절이 있다. "우리가 어떠한 구절을 폐기하거나 잊는 경우가 있지만 우리는 그보다 좋거나 혹은 그와 같은 것을 가져온다."[16] 코란과 하디스에 있어서 대체되는 구절과 폐기되는 구절에 대한 지식은 일반적인 일로 간주되었다. 이는 코란 주석학의 범주에 내포되었다. 특히 하디스에서는 학문의 형태로 간주된다. 만약 두 개의 상충되는 정보가 '부정'이나 '확정'으로 대립되면 양자를 하나로 묶는 것은 어려운 일이다. 알려진 바에 의하면 그 둘 중 시기적으로 먼저 것이 폐기되고 나중의 것이 대체된다. 이것은 하디스학 중에서 가장 중요하고 또 가장 어려운 것 중의 하나이다. 주흐리는 이렇게 말한바 있다. 법학자들이 대체되는 구절과 폐기되는 구절을 구분하고 인지하는 것은 매우 어렵고 불가능한 일이다. 샤피이는 바로 이러한 대체되는 구절과 폐기되는 구절을 고려하는 것과 관련하여 공고한 기초를 쌓은 인물이다. 하디스 학문 중에는 이스나드를 고려하는 것이 있는데 이는 완벽한 조건의 이스나드가 하디스의 생명이기 때문이다. 알라의 사도*의 말씀은 진실이어야 하기 때문이고, 진실된 생각을 먼저 하고나서 결정을 내릴 때 독자적인 판단을 하게 되기 때문이다. 그렇게 함으로써 정확하고 정의롭게 하디스에 관한 지식이 성립된다. 하디스에 관한 지식은 종교학자들의 전승에 의존하는데 특히 전승가들이 정의롭고 죄를 짓지 않은 순수함을 지니고 있

---

16  코란 2장 106절.

다는 것을 검증하고 존중하여 그들에 대한 신뢰를 결정짓는다. 우리는 이러한 모든 방편을 동원하여 전승의 수용 여부를 결정을 하게 된다.

하디스를 예언자의 교우와 그 다음 세대의 추종자들로부터 인용하는 전승가들의 위치나 서열은 다양하다. 왜냐하면 그들의 이스나드가 계속 연결이 되는지, 그것이 끊어지고 약한 것인지에 따라서 다르기 때문이다. 만약 한 전승가가 자신이 주장하는 이스나드를 주장했던 이전의 전승가를 만나보지 못한 경우에도 그 이스나드는 전해질 수 있고, 다른 경우 그들이 주장하는 근거가 매우 약하다고 간주될 수도 있다. 이렇듯 이스나드에 대한 신뢰가 다양한 이유는 이스나드가 계속 이어졌는가 혹은 끊어졌었는가에 따라 결정된다. 두 번째로는 전승가가 직접 인용하는 이전의 전승가를 만나 보았는가의 유무에 따라 이스나드에 대한 신뢰의 정도가 결정된다. 이런 다양성은 이스나드를 두 종류로 만드는데 결국 최고의 이스나드는 수용되고 가장 약한 이스나드는 거절된다. 중간 정도의 이스나드에 대해서는 의견이 분분한데 그것 역시 전승가에 대한 신뢰의 정도에 따라 달라진다. 그래서 학자들은 이스나드에 대한 신뢰도에 따라서 특별한 용어를 사용했는데 예를 들자면 싸히흐,[17] 하산,[18] 다이프,[19] 무르살,[20] 문까띠으,[21] 무으딜,[22] 샷디,[23] 가립[24] 등이 있다. 학자들은 이를 개별적으로 분류하였고, 각 이스나드는 전승에 대한 신뢰도 혹은 권위에 따라서 상이하게 간주되었다. 그러다가 그들은 전승자가 채택한 방법에 있어서 읽기, 쓰기, 기록적인 것의 권위를 승인받는 것, 허락을 받는 것, 전승자의 급수가

---

17   가장 좋다. 혹은 가장 옳은 것을 의미한다.
18   좋다.
19   약하다.
20   무함마드의 말씀을 전달한 제1세대가 생략되어 있는 경우이다.
21   권위의 사슬의 한 고리를 생략한 경우이다.
22   사슬의 두 고리를 생략한 경우이다.
23   예외적인 경우이다.
24   흔치 않은 것이다.

서로 다른 것, 학자들 간의 수용과 거절에 관해 보이는 이견 등을 고려하게 되었다.

그들은 하디스의 본문에 있는 어휘들에 대한 토론을 지속했다. 그중에는 가립(흔치 않은), 무슈킬(불분명한), 타쓰히프(발음이나 읽기의 오류), 무프타리끄(차이), 무크탈리프(상이함) 등이 있다. 이것은 하디스 연구가들이 심사숙고하여 결정한 것이다. 초기 이슬람 시대에 하디스 전승 상황은 그 지역의 주민들에게는 잘 알려져 있었고, 전승가 중에는 히자즈 출신, 바스라 출신, 이라크의 쿠파 출신, 시리아나 이집트 출신도 있었다. 그들은 모두 동시대의 매우 유명한 사람들이었다. 히자즈 사람들의 전승 방법이 동시대의 하디스 중 가장 올바른 것이었다. 그들은 정확성과 공정함을 전승의 기본 조건으로 정해놓았고, 잘 알지 못하는 것을 수용하는 일은 절대 없었다. 초기 이슬람 시대 이후 히자즈의 전통적인 방법을 고수하던 자로는 이맘 말리크가 있었는데 그는 메디나의 학자였다. 그 후 그의 동료 중에 이맘 아부 압둘라 무함마드 븐 이드리스 아샤피가 있었고, 그의 동료 중에 이맘 이븐 와합과 이븐 부카이르, 꾸으나비, 무함마드 븐 알하산 등이 있었고 그들 이후로는 이맘 아흐마드 븐 한발[25]이 있었다.

초기에 샤리아학은 구전된 것이었고 선조들은 소매를 걷어붙이고 샤리아가 완벽한 것이 되도록 추구했다. 말리크는 『무왓따아*al-Muwaṭṭā*』를 집필하면서 학자들 간에 동의가 이루어진 가장 옳은 하디스를 법원으로 기록했다. 그리고 그것을 피끄흐 장에 분류하였다. 이후 전승가들은하디스 방법에 대한 지식과 하디스에 관련된 다양한 이스나드에 관련하여 관심을 표명했다. 전승가들이 다양하기 때문에 하디스 전승 방법도 다양했을 것이다. 하디스가 내포하고 있는 의미가 서로 상이하여 다양한 장에서 그러한 하디스가 발생했을 수도 있다. 그리고 하디스 학자인 무함마드 븐

---

25  Aḥmad bin Muḥammad bin Ḥanbal Abu ʿAbd Allah al-Shaybani(780~855). 피끄흐의 한발리학파 창설자이다.

이스마일 알부카리가 그 시대에 등장했고, 그는 『싸히흐』에서 다양한 주제에 따라 정통 전승을 설명했는데, 그의 설명은 히자즈 학자나 이라크 학자 혹은 시리아의 학자들이 취했던 모든 방법들을 총괄하였다. 그는 여러 학자들이 이견을 보이는 것을 제외하고 동의가 이루어진 것을 적용하여 설명하였다. 그는 여러 하디스들을 반복하여 기록하였는데 이는 여러 장에서 나타난다. 사람들은 부카리가 구천 이백 개의 하디스를 기록하고 있지만 그중에서 삼천 개는 반복되는 것이라고 주장했다. 그것은 바로 적용 방법의 차이에서 기인하는 것이고 각 장에 따라 이스나드가 다양하게 해석될 수 있기 때문이다.

그 뒤 무슬림 븐 알핫자지 알꾸샤이리*가 등장했다. 그는 『싸히흐』를 집필하면서 부카리가 하디스의 전승가들의 동의가 이루어진 구절을 인용했다는 점과 관련 부카리의 전례를 모방했다. 그러나 부카리의 하디스에서 반복되었던 부분은 생략했다. 무슬림은 이스나드를 방법론적으로 분류해서 수집했고, 피끄흐의 여러 장에 분류해 넣었다. 그럼에도 불구하고 부카리와 무슬림의 모든 싸히흐를 포괄적으로 포함하지는 못했다. 그래서 사람들은 그 두 저서를 수정했다. 이후 아부 다우드 알시지스타니와 아부 이싸 알티르미디, 아부 압둘 라흐만 알나싸이가 싸히흐보다 더 광범위하게 순나에 관한 책을 썼다. 그들은 순나에 무슬림 행동에 관한 조건들이 충분히 많다는 것을 의도했는데, 그 행동이 이스나드에서 높은 범주에 있다면 싸히흐라는 것이다. 물론 이것은 다 알려진 것이다. 혹 그것이 싸히흐에 속하는 것은 아니라 할지라도 하산이나 혹은 그 밖의 카테고리에서 속한다면 순나와 행동의 기준이 된다는 것이다. 이것이 바로 이슬람에 있어서 유명한 전승 모음집들이다. 그리고 이 책들은 순나와 관련된 하디스 서들의 정통서이다. 하디스 모음집이 많았지만 그 대부분이 이 하디스들에 의존하고 있다.

따라서 이러한 조건과 전문용어들을 모두 아는 지식이 하디스학이다.

대체되는 문구와 폐기되는 문구도 하디스학에서 개별적으로 출발해서 하나의 독립적인 학문이 되었다고 할 수 있다. 마찬가지로 가립도 그러하다. 사람들은 가립에 관해서도 많은 책을 썼고 다양한 저서들이 나왔다. 학자들은 하디스학에 관해 많은 저술을 남겼고, 그 양은 점점 많아졌다. 그 대표적 학자인 아부 압둘라 알하킴의 책은 유명한데, 그는 하디스학을 한층 발전시킨 장본인이며 하디스학의 장점을 부각시키고 보여주었다. 현대 하디스 학자 중에 유명한 사람으로 아부 아무르 븐 알쌀라흐를 들 수 있는데 그는 헤지라력 700년대 초의 인물이다. 그의 뒤를 이어서 무흐이 알디누 알나와위가 있다. 이 학문은 아주 고결한 것이다. 왜냐하면 이 학문이 바로 샤리아를 가져오신 분, 즉 예언자 무함마드의 말씀을 전달하는 순나가 언급하고 있는 지식이기 때문이다.

오늘날은 하디스에서 어떠한 것을 설명하거나 선조의 해석을 수정하는 작업들은 멈춘 지 오래다. 이 시대의 일반적인 현상은 이렇다. 종교 지도자들이 너무 많고 다양한 견해를 보이고 있으며 그들은 시대적으로 서로 가까이 얽혀 있고 각기 독자적인 판단을 내리고 있다. 결과적으로 후대 학자들이 발견할 수 있도록 순나의 일부를 거부하거나 폐기하지 않는다. 이는 그들과는 거리가 먼 것이다. 이 시대의 관심사는 기록된 기본서를 교정하고 그 서적의 저자들로부터의 전승을 통해 기본서들을 더욱 확고하게 하는 것이다. 그들은 다섯 가지 기본서 이 외에 관심을 보이진 않는다. 물론 아주 작은 예외는 있다.

부카리의 『싸히흐』는 가장 권위가 있다. 학자들은 그것을 설명하는 데에 어려움을 느끼고 복잡하다고 말한다. 부카리의 『싸히흐』를 이해하려면 다양한 방법에 대한 지식이 필요하고 히자즈, 시리아, 이라크의 하디스 학자들에 대한 정보와 그들의 상황, 사람들이 그들에 대해 어떠한 견해를 가졌는지, 이 모든 것을 알아야 하기 때문이다. 따라서 부카리의 『싸히흐』를 이해하려면 그의 설명을 포괄적으로 이해할 필요가 있다. 왜냐하면 부카리는 하나의 장에 어떤 주제를 정하고 그 주제와 연관된 이스나드를 언급하고 하디스의 예를 제시하기 때문이다. 그다음으로 그는 다른 주제의 장을 다루고 또 거기에 동일한 하디스의 예를 든다. 왜냐하면 그 하디스의 내용은 이 주제와도 연관이 있기 때문이다. 이런 방법으로 그는 많은 장에 걸쳐서 다양한 주제를 설명하며 그 하디스를 계속 반복한다. 그의 『싸히흐』에 주해를 달려 했던 학자치고 제대로 끝낸 자는 없다. 예를 들자면 이븐 바딸이나 이븐 알무할랍, 이븐 알틴 등이 있다. 우리의 스승들이 하는 말을 들었다. "부카리의 『싸히흐』를 주해하는 것은 모든 무슬림의 의무다." 그 의미는 실제로 무슬림학자 중 한사람도 부카리의 『싸히흐』에 관해 주해를 제대로 끝낸 사람은 없다는 것이다.

무슬림의 『싸히흐』에 대해 말하자면 다수의 마그립 학자들이 이에 대해 관심을 표명한 바 있다. 그들은 무슬림의 『싸히흐』를 연구하는데 혼신의 힘을 바쳤고, 그것이 부카리의 『싸히흐』보다 우월하다는 증거를 수집했다. 이맘 알마자리는 말리키 법학자 출신인데 그는 무슬림의 『싸히흐』에 주해를 달았다. 그리고 그것을 *al-Mu'lim bifawā'id Muslim*라고 칭했다. 이맘 알마자리의 작업은 하디스학의 근원과 법학의 지식을 고루 포함하고 있었다. 이후 판관 이야두는 이맘 알마자리의 작업을 계승했고 그것을 완성시켜서 *Ikmāl al-Mu'lim*이라고 칭했다. 그 뒤를 이어 무흐이 알딘 알나와위는 그 두 사람이 쓴 두 권의 책에 대한 주해를 달고 하나의 완벽한 주해서를 만들었다.

그 밖의 하디스에 대하여 말하자면 법학자들의 견해가 대부분이고 그 주석 대부분이 하디스학에 대한 전문 지식이 아닌 피끄흐 서의 내용이었다. 따라서 학자들은 하디스학에 대한 주석서를 썼고, 이를 통해 하디스학과 그 주제에 필요한 것, 순나에서 행동의 규범이 되는 하디스를 포함한 전승들을 마무리 지었다.

여러분이 꼭 기억해야 할 것은 하디스가 이 시대에도 권위의 정도에 따라서 '싸히흐', '하산', '다이프', '마을룰' 등의 것으로 구분된다는 사실이다. 하디스의 권위자들이 이를 구분하고 널리 알렸다. 하지만 과거의 옳은 것(싸히흐)이 계속 '옳은 것'으로 남아 있지는 않았다. 하디스 학자들은 하디스의 전승과 교정으로 하디스를 알았다. 만약 하디스가 전승이나 교정이 아닌 형태로 전해졌다면 사람들은 그 하디스는 본래의 위치에서 바뀐 것, 즉 변경된 것이라고 생각한다. 그리고 실제로 이러한 일이 발생했다. 이맘 무함마드 븐 이스마일 알부카리에 관한 일화이다. 그가 바그다드에 도착했을 때 하디스 학자들은 그의 능력을 시험해 볼 의도로 그에게 여러 편의 하디스에 관해 질문했다. 하지만 그들은 이스나드를 뒤섞은 채 질문했다. 그러자 부카리는 이렇게 대답했다. "나는 이러한 것을 알지 못합니다. 하지만 내가 들은 바로는 이러합니다." 그리고 부카리는 그들이 뒤섞어 놓은 이스나드를 올바른 상태로 순서에 따라 정리하여 말했다. 그래서 학자들은 그의 능력에 감탄했고 그를 '하디스의 이맘'이라고 결정했다.

독자적인 판단을 하는 종교학자들은 전승에 대해서도 다양한 견해를 보인다는 것을 인지하라! 아부 하니파*는 열일곱 개 정도의 하디스를 전승하고 있다고 알려졌다. 말리크*는 『무왓따아』의 전승만을 싸히흐로 인정했는데 그 수는 삼백 개 정도이다. 아흐마드 븐 한발*은 『무스나드』에서 오만 개의 하디스를 보유했다. 이는 각기 자신의 독자적인 판단에 의한 것이다. 그러나 일부 정의롭지 못한 학자들은 일부 전승가나 학자들이 하디스에 대한 지식이 적기 때문에 제대로 전승을 하지 못한다는 악의적 소문을 내기도 한다. 대학자들은 이러한 소문을 믿거나 흔들리지도 않는다. 왜냐하면 샤리아는 코란과 순나에서 비롯된 것이기 때문이다. 만약 하디스에 대한 연구가 부족한 자라면 그는 전승을 진지하게 연구하고, 올바른 근원으로부터 취하고, 규범을 예언자로부터 직접 취해야 하기 때문이다. 따라서 한 학자가 소수의 전승만을 가졌다고 해서 그가 하디스에 대한 연구가 부족한 것은 아니다. 그들은 주변 학자들로부터 전승에 관해 여러 가지 공격을 받기도 한다. 그들이 전승에 결여된 부분이 있다고 비난을 받기도 한다. 특히 학자들은 대부분이 긍정적인 비판보다는 부정적인 비판을 선호한다. 그들의 독자적인 판단은 학자들에게 결여가 발생할 수도 있는 전승을 피하게 한다. 그래서 그들은 소수의 전승을 한다. 왜냐하면 그들의 전승방법이 약하기 때문이다. 하디스 전승에 있어 히자즈 학자들이 이라크의 학자들보다는 훨씬 더 많은데 그 이유는 히자즈가 예언자 무함마드께서 헤지라를 감행한 도시이기 때문이고, 예언자의 교우들의 본가本家가 있는 곳이기 때문이다. 이라크로 이주했던 사람들은 대부분 전승을 하기 보다는 지하드에 열중했다. 이맘 아부 하니파는 전승이 많지 않은 학자이다. 그가 그렇게 된 데에는 이유가 있다. 그 이유는 그가 전승의 조건을 매우 엄격하게 적용했기 때문이다. 하디스의 전승이 많지 않다는 것은 동일한 행동에 있어서 그것의 반대되는 전승이 대립되면 그 하디스의 전승은 약한 것이 되므로 그의 전승은 적었고, 그가 기록한 하디스도 적었다. 그렇지만 그가 의도적으로 전승을 포기한 것은 아니었고 단지 논란의 여지가 있는 것을 배제했을 뿐이다. 독자적인 판단을 하는 대가들 중 다수가 아부 하니파의 이론에 기대어 판단을 내리고, 그의 이론에 의존하고 그의 견해에 따라서 해당 전승의 수용 여부를 결정한다. 이는 그가 위대한 하디스 전승가라는 것을 보여준다. 그 밖의 하디스 연구가들은 전승의 조건을 폭넓게 적용시켰기 때문에 그들의 하디스는 많다. 아부 하니파의 추종자들은 하니파 이후 전승 조건을 넓게 적용시켰고 따라서 그들의 전승은 많아졌다.

전승가 따하위는 『무스나드』를 기록했다. 이것은 매우 중요한 책이다. 그러나 부카리와 무슬림의 『싸히흐』와 동일하게 간주되지는 않는다. 왜냐하면 부카리와 무슬림이 의존한 조건은 모든 무슬림의 동의가 있었던 것이기 때문이다. 그러나 따하위의 조건은 모든 무슬림의 동의에 바탕을 두고 있지는 않다. 예를 들자면 그는 전승의 권위가 불분명한 것에 대해서도 기록했다. 부카리와 무슬림의 『싸히흐』는 그의 것보다 우수했고 여타의 순나서도 그의 것보다 우수했다. 그가 적용한 조건은 이 모든 것보다 약했다. 부카리와 무슬림의 『싸히흐』는 모두의 동의를 얻는 조건을 충족시켰다고 알려져 있다. 이에 대해 추호의 의심도 할 필요는 없다. 학자들은 좋은 평판을 얻을 권리가 있고 또한 정당한 구실을 댈 권리도 있다. 지고하신 알라는 모든 일의 진실을 가장 잘 알고 계신다.

## 7장 | 피끄흐와 그에 부속되는 상속법

피끄흐는 알라께서 무슬림들의 행위를 의무, 금지, 증오, 허락 등의 다양한 형태로 구분하신 법규에 대한 지식을 의미한다. 이런 법규는 코란, 순나에서 비롯되고, 예언자가 법 지식을 위해 제정했다는 증거에서 비롯된다. 만약 법규가 그러한 증거로부터 도출되었다면 그것은 피끄흐라고 할 수 있다. 선조들은 증거에 대한 해석 차이가 있었지만 그러한 증거를 통해서 법을 도출해 냈다. 그런 차이가 생기는 것은 필수적인 것이다. 증거는 그 대부분이 코란의 원문에서 비롯되었고 그것은 아랍어로 기록되었다. 기록된 원문의 용어가 의도하는 바는 특정한 의미를 담고 있고, 그들은 샤리아의 법규를 적용하는데 견해차가 있었다. 순나 역시 적용 방법이 다양했고, 법을 적용하는 방법의 대부분이 서로 모순되기 때문에 어떠한 한 쪽으로의 결정이 필요했으며 그에 대해서도 다양한 견해가 있었다. 그런데 원문의 형태를 갖추지 않은 것에서 비롯된 증거도 있었다. 그러므로 새로운 문제가 발생했다. 원문 형태를 갖추지 못한 것에서 비롯된 증거에 관해 해석하거나 이를 적용시킬 때는 유사성 확보를 위해 원문에 기록된 경우를 언급한다. 이런 상황으로 인해 상이한 견해가 있었고, 그것은 피할 수 없는 사실이 되었다. 결국 초기 무슬림들과 그들 이후의 종교 지도자들 간에 견해차가 있었다.

예언자의 교우들이라고 모두가 파트와를 낼 수 있었던 것은 아니었다. 파트와를 낼 수 있는 자는 코란을 아는 자들 그리고 코란에서 대체된 구절과 폐기된 구절, 코란의 모호성과 정확성, 코란에서 제시하는 증거들을 익히 아는 자들로 한정되었는데, 특히 증거는 예언자로부터 직접 전해 듣거나 혹은 예언자*의 전언을 직접 받은 자로부터 들은 것이어야 그 조건이 성립되었다. 그래서 이러한 능력이 있는 자들을 '읽는 자'라고 칭하게 되었다. 즉 그들은 '코란을 읽는 자'라는 것이다. 왜냐하면 당시 아랍 사람들은 문맹이 대부분이었기 때문이다. 그들 중에서 '코란을 읽는 자들'은 이러한 이름으로 불렸고, 이들은 그 당시로는 흔치 않은 존재였다. 이런 상황은 이슬람 초기에도 계속되었다. 그러다가 도시가 번성하게 되었고, 코란을 읽음으로써 아랍인들의 문맹은 사라졌고, 그들은 발전하여 피끄흐를 완성하게 되었다. 그것은 하나의 기술과 학문으로 자리 잡았고 이런 전문직종의 사람들은 읽는 자들 중에서 '푸까하(이슬람 법학자)' 혹은 '울라마(학자)'라고 불리게 되었다. 무슬림에게 있어 피끄흐는 두 방법으로 나뉘었는데 첫 번째는 견해나 유추를 하는 사람들의 방법인데 그들은 이라크 학자들이다. 두 번째는 하디스를 연구하는 사람들의 방법이 있는데, 그들은 히자즈의 학자들이다. 사실 이라크에서 하디스에 관한 연구를 하는 사람 수는 앞서 언급했듯이 매우 적었다. 이라크에서는 유추를 하는 사람들의 수가 많았고, 그들은 그 분야에서 전문적으로 하게 되었다. 그러므로 그들은 '견해를 중시하는 학자들'로 불리게 되었다. 이러한 학자들의 무리 중에서 선구자적인 역할을 하는 사람이 바로 아부 하니파이고, 히자즈 학자들의 지도자는 말리크 븐 아나스이고 그 이후로는 샤피이가 있다.

그 이후 한 무리의 학자들이 유추를 부정하고 유추로 내린 결정은 소용이 없다고 주장을 하였다. 그들이 바로 자히리야파이다. 그들은 원문과 합의만이 샤리아의 근원에 대한 유일한 판단의 기준이라고 주장했다. 그들은 명백한 유추나 원문에 기록이 있는 원인조차도 원문보다 덜 중요하다고 했다. 왜냐하면 그들은 원인을 제시하는 원문만이 모든 경우에 법적 결정을 하는 것이라고 생각했기 때문이다. 이러한 학파의 선두는 다우드 븐 알리와 그의 아들이 있었고, 그 두 사람을 추종하는 일부 세력이 있었다. 이렇게 해서 이 세 가지가 무슬림 간의 유명하게 알려진 교파이다.

이렇게 무슬림은 자신들이 주장하는 교리에 따라 나뉘었고 각 학파는 고유의 피끄흐를 발전시켰다. 무슬림들은 각각 자신들만의 교리를 주장했고 그들 중 일부는 예언자의 교우들이 한 주장중 일부를 비방하며 이맘의 절대 무류성에 대한 주장 차이 불가를 견해의 근간으로 삼기도 했다. 그러나 이 모든 것들은 사실 근거 없는 이야기이다. 이러한 형태로 카와리지파가 등장했다. 무슬림 대중은 그러한 교파들을 반기지 않았고 그들 간에는 서로 반목과 비방만이 난무했다. 우리는 그들의 교리 중에 아는 것이 없고 그들의 교리를 전승하지도 않으며, 그들의 발자취를 따라가 보지도 않는다. 다만 그들의 지역적인 구분은 할 필요가 있다. 시아의 교리서들은 시아의 지역에 있었고 그곳은 그들의 왕조가 있었던 마그립, 마슈리끄, 예멘이다. 카와리지 역시 마찬가지이다. 그들 각각의 기록과 저작서 그리고 피끄흐에 대한 견해가 있는데 그것은 이상한 것이라 할 수밖에 없다. 오늘날 자히리야파의 사람들은 종교 지도자들의 쇠락과 더불어 쇠퇴했고 일반 대중들은 그들의 교리를 부정한다. 그래서 그들의 교리는 책에만 남아 있을 뿐이다. 일부 사람들이나 그들의 교리를 받아들인 사람들 중에서도 그 교리서를 믿고 따를 수도 있다. 그들은 자히리야의 법적인 교리를 취하고 그들의 교리를 수용한다. 하지만 그것을 유용화시키지는 못한다. 그들의 교리는 대중과는 점점 멀어지고, 대중의 주장과는 상반되는 것이 되고, 대중들은 그들을 부정하는 지경에 이른다. 다른 각도에서 보자면 그들은 학자들의 도움 없이 자히리야파의 서적을 통해서만 지식을 습득했다는 이유로 혁신가 그룹으로 간주되기도 한다.

이라크 주민들로 말하자면 그들의 교리를 결정한 지도자는 아부 하니파 알누으만 븐 싸비트였다. 피끄흐에 있어서 그의 위치는 독보적이었다. 그를 추종하던 사람들이 이를 입증하고 특히 말리크와 샤피이가 그러했다.

히자즈 지역의 사람들로 말하자면 그들의 이맘은 말리크 븐 아나스 알아쓰바히로 메디나의 이맘이었다. 그는 다른 법원을 추가시킨 것으로 유명했는데 그것은 바로 메디나 사람들의 관행이었다. 왜냐하면 그는 메디나 사람들의 의견을 대표했고 그가 어떤 법규에 대해 취사선택을 결정하면 메디나 사람들은 동의하고 따르기 때문이다. 메디나 사람들은 앞 선 세대의 종교를 따르고 모방하는 자들이었다. 따라서 예언자*와 직접 관계했던 세대까지 거슬러 올라가 해야 할 행위와 해선 안될 행위를 결정하게 되었다. 말리키파는 메디나 사람들의 관행을 주요 법원으로 간주하게 되었다. 그러나 사람들은 이것을 합의가 가져온 여러 문제 중 하나라고 생각했고 이를 부정했다. 합의를 법원으로 사용하는 것은 메디나 사람들에게만 해당되는 것이 아니라 모든 무슬림 전체에게 해당되는 것이기 때문이었다.

합의는 독자적 판단에 기초하여 종교적 사안에 대해 동의하는 것이라는 사실을 인지하라! 말리크는 이러한 맥락에서 메디나 사람들의 관행을 고려하지 않았고, 그는 합의를 후세대가 선세대를 따르는 것이며 이때 궁극적으로는 예언자*의 세대로까지 회귀한다고 보았다. 메디나 사람들이 가장 탁월하므로 그들의 관행을 따르는 것이 필수적이라는 것은 합의의 장에도 언급이 되어 있다. 왜냐하면 그러한 행위가 그 장에 가장 적절한 것이기 때문이다. 그 장의 내용은 메디나 사람을 따르는 것과 합의 사이에 전반적인 동의가 있었음에 대한 언급이 있다. 그러나 합의를 하는 사람들의 동의는 독자적인 견해에서 비롯된 것이고 그것은 근거가 있다. 사람들이 그러한 행위를 취할 것인지 아니면 버릴 것인지에 대한 동의는 이전 사람들의 증언과 전승에 따라 결정된다. 만약 그러한 문제가 예언자*의 행동의 장이나 교우들의 견해, 이전의 법, 교우가 되는 조건 등과 같은 다양한 증거들과 함께 언급되었다면 그것은 그 장의 가장 적절한 것이 된다.

말리크 븐 아나스 이후로 무함마드 븐 이드리스 알무딸립 알샤피이가 대두되었다. 그는 말리크 이후에 이라크로 이주했고 그곳에서 이맘 아부 하니파의 추종자들을 만났으며 그들에게서 학습했다. 샤피이는 히자즈 사람들의 방법과 이라크 사람들의 방법을 혼합하여 그만의 독특한 이론을 만들어냈다. 그는 여러 가지 면에서 말리크와는 다른 견해를 보였다. 그 두 사람 이후에 등장한 인물이 아흐마드 븐 한발이다. 그는 하디스 학자들 중에서 높은 위치에 속해 있었다. 그는 아부 하니파의 추종자들과 함께 공부했으며 하디스에 대한 그들의 풍부한 지식을 공유했다. 결국 그들은 또 다른 이론을 만들어냈다. 이상으로 네 개의 학파가 이슬람 도시에서 전승의 권위를 인정받았다. 전승하는 자들은 그들 이외의 사람들의 주장을 공부했다. 학자들은 이견과 전승의 교정을 막았다. 왜냐하면 이 학문에 전문용어가 지나치게 다양해졌고 독자적인 판단에도 난관이 많았으며 자신들의 견해를 신뢰하지 않은 사람들에게 전승을 전달하는 것을 두려워했기 때문이다. 그래서 그들은 독자적인 판단을 적용하는 데 부족함이 있음을 설명하였다. 그리고 그 사람들이 권위 있는 전승을 수용하도록 했다. 그들은 전승에 약간이라도 '장난'이나 '결여'의 흔적이 발견되면 그런 전승에 대해서는 경고를 했다. 따라서 그들의 제대로 된 전승만이 존속되었다. 각각의 전승가들은 싸히흐를 제대로 전승한 이들의 이론을 따라 작업했다. 결국 오늘날 피끄흐에는 이러한 것만이 존재한다.

오늘날 독자적 판단만을 주장하는 자들은 약간 위축된 상황이고 그들을 따르는 자들도 소수이다. 무슬림들은 이렇게 권위 있는 네 학파의 전승에만 의존하게 되었다. 아흐마드 븐 한발과 그의 전승을 따르는 자는 소수인데 그 이유는 그의 이론이 독자적인 판단과는 너무나 거리가 멀고, 그가 지나치게 전승에 의존하고 있기 때문이다. 그들 대부분은 시리아와 이라크 주변에서 활동했다. 그들은 하디스 전승과 순나에 대해 전문적인 지식을 지니고 있었고, 유추를 최대한 법원으로 간주했다. 그들은 바그다드에서 다수였고 강성했다. 그러다가 바그다드에서 시아와 충돌하였고 이로 인하여 정변이 발생했다. 결국 바그다드가 타타르의 손아귀에 떨어졌고 정변은 멈췄다. 그들 대부분은 시리아로 이주했다. 아부 하니파에 대해서 말하자면 오늘날 그를 추종하는 세력들은 이라크 학자들이고 인도, 중국, 트랜스옥시나, 외국 국가(페르시아나 터키를 지칭함)의 무슬림들이다. 그의 이론은 이라크와 바그다드에서 정통했는데 그의 이론을 수학한 학자들은 압바스 왕조 칼리파의 교우들이다. 그들은 많은 저술활동을 했고, 샤피이와 더불어 논쟁을 했다. 그들의 논쟁은 탁월했고 그러한 논쟁 중에 우아한 학문과 새로운 견해가 등장했다. 많은 학자들이 그들의 저서를 쉽게 구하고 읽었다. 마그립에는 이 이론에 대한 관심이 적었는데, 판관인 이븐 알아라비, 아부 알왈리두 알바지가 여행을 통해 이 이론을 전달했다.

샤피이에 대해 말하자면 그의 추종자는 여타 지역보다 이집트에 많았다. 그의 이론은 이라크, 쿠라산, 트랜스옥시나에 걸쳐 확산되었고 그의 추종자들은 하나피 학파와 함께 법 견해와 교육에 대해 모든 도시에서 논의했다. 그들은 토론과 논쟁의 자리를 많이 마련했고, 다양한 종류의 논쟁서들이 가득했다. 이러한 분위기는 마슈리끄에서도 이어졌다. 이맘 무함마드 븐 이드리스 알샤피이는 이집트에 있는 압둘 하킴가※로 거처를 옮겼고, 이집트 학자들이 그에게서 수학했다. 그에게서 공부를 한 학자들로는 부와이띠, 무잔니와 그 밖의 사람들이 있다. 이집트의 말리키 학파에는 바누 압둘 하캄과 아슈합과 이븐 알까심과 이븐 알마왓즈와 그 밖의 사람들이 있다. 또한 하리스 븐 미스킨과 그의 아들이 있고 판관 아부 이스하끄 븐 샤으반과 그의 동료들도 있다.

정통 법학자들과 이집트의 학자들은 시아의 왕조가 등장하면서 단절되었고, 그곳은 알리파의 법학으로 대체되었고 그 외의 학파들은 모두 사라졌다. 판관 압둘 와합이 바그다드에서 그곳으로 이슬람력 4세기 말[26]에 이주해 왔다. 그는 생계를 해결해야 하는 절실함으로 그곳에 왔다. 우바이드 왕가의 칼리파들은 그에게 존경을 표했고, 그의 장점을 부각시켰으며 압바스 후손들이 어떻게 이러한 훌륭한 학자를 방치했는가 하고 비난하며 그를 반겼다. 그래서 이집트에서 말리크 학파가 잠시 번성하였는데 번성한 시기는 시아파인 우바이드 왕조가 살라흐 딘 유수프 븐 아이읍의 손에 점령당할 때까지였다. 알리파의 법학은 이집트에서 사라졌고, 대신 그 자리에 정통 법학이 대치되었으며 이집트 인들은 샤피이와 그의 추종자들의 법학에 의존하였다. 이들은 바로 이라크와 시리아 지역 출신 법학자들이었다. 샤피이의 법학은 가장 번성했던 상태로 회귀했고 활성화되었다. 그들 사이에서 무흐이유 알딘 알나와위가 유명했는데 그는 시리아 지역에서 아이읍 왕조의 그늘 하에 성장했다. 그리고 잇즈 알딘 븐 압두 알살람이 등장했고 그 이후로 이집트에서 이븐 알라프아가 유명했다. 타끼으 알딘 븐 다끼끄 알이드라는 학자가 있었고, 타끼으 알딘 알쑤부키라는 학자가 이븐 알라프아와 타끼유 알딘 븐 다끼끄 알이드 다음으로 있었다. 그렇게 이 시대 이집트의 셰이크에게까지 이르게 되었는데, 그가 바로 시라즈 알딘 알불끼니이다. 그는 오늘날 이집트에서 샤피이 법학의 대학자일 뿐만 아니라 이 시대의 가장 위대한 종교 학자이기도 하다.

말리크에 대해서 언급하자면 주로 마그립과 스페인 학자들이 그의 이론을 추종했다. 물론 다른 이들도 있었지만 마그립과 스페인 학자들은 소수를 제외하고는 모두 다 그를 추종했다. 마그립과 스페인 사람들은 대부분 히자즈 지방으로 여행했고 그곳에서 여정의 종착점을 맞이했다. 메디나는 그 당시 종교학의 중심지였고 그 학문은 그곳에서 이라크로 퍼져 나갔다. 사실 이라크는 지정학적 위치상 그들의 여정에 포함되는 위치가

---

26  원문에는 이슬람력이라고 밝히지 않았다.

아니다. 학자들은 메디나 학자들로부터 수학하는 것만으로 자신들의 수학 범위를 한정시켰다. 당시 그들의 학자이자 이맘이었던 이는 말리크였고 그 이전에는 말리크의 스승들이 있었고 그 이후에는 그의 제자들이 있었다. 마그립과 스페인의 학자들은 말리크의 이론을 따랐고 그의 전승을 추종했으며 그 밖의 사람은 추종하지 않았다. 사실 마그립과 스페인 사람들 대부분이 베두인의 관습을 지닌 자들이었고 그들은 이라크 학자들이 관심을 보였던 문명 등에는 관심을 보이지 않았다. 마찬가지로 히자즈 학자들 역시 베두인의 관습을 지니고 있었다. 이러한 이유로 말리크의 이론은 그들에게 낯설지 않았다. 그들은 문명을 윤택하게 하거나 교육을 발전시키지 않았다. 반면 문명의 윤택함과 교육은 그들 이외의 여러 학파에서 등장했다. 이맘들의 이론은 각각의 교리를 추구하는 자들에게 매우 전문적인 이론이 되었다. 그렇지만 그들은 독자적인 해석이나 유추에 의존하지 않았다. 그들은 교리상 제기되는 문제를 비교하고 분류했는데 혼돈이 발생할 때마다 그렇게 했다. 물론 이 작업은 그들이 추종하는 이맘의 이론에 의한 전승이 있는 이후의 일이다. 따라서 모든 것은 확고한 습관을 필요로 하게 되었고 그들은 제기된 문제를 비교하고 다양하게 분류하는 법을 택했으며 가능한 한 자신들이 추종하는 이맘의 이론을 추종했다.

이러한 습관이 바로 오늘날의 피끄흐이다. 마그립의 학자들은 모두가 말리크의 이론을 따르고 그의 전승을 추종한다. 말리크의 제자들은 이집트와 이라크에 그의 이론을 전파시켰는데 이라크에서 그런 일을 한 사람 중에서는 판관 이스마일과 그의 동료들이 있고, 그중에는 이븐 쿠와이자만다드[27] 같은 이도 있다. 뿐만 아니라 이븐 알랍반, 판관 아부 바크르 알아부하리, 판관 아부 알후세인 븐 알까사르, 판관 압둘 와합 등이 있었다. 이집트에는 이븐 알까심, 아슈합, 이븐 압둘 하캄, 하리프 븐 미스킨 이외

---

27 그의 본명은 아부 바크르 무함마드 븐 아흐마드 븐 압둘라 알말리키이고, 쿠와이자만다드는 그의 별칭이다. 그는 바스라 출신이고 400년에 사망했다.

에도 동시대의 여러 학자들이 있었다. 야흐야 알라이씨는 스페인에서 이주했고 말리크를 만났다. 그는 『무왓따아』를 그로부터 전승했고, 야흐햐 알라이씨는 말리키의 추종자들 중에 중요한 인물이었다. 이후로 압둘 말리크 븐 하비브가 스페인에서 이주했고 그는 이븐 알까씸과 동시대 사람들로부터 학문을 습득했고 말리키 학파의 이론을 스페인 지역에 전파시키고 그곳에서 『와디하*al-Wādiḥa*』를 기록했다. 그의 제자 중 우트비[28]는 『우트비야*al-'utbiyah*』를 저작하였다. 아사드 븐 알푸라트는 이프리끼야에서 이주하였는데 처음에는 아부 하니파의 추종자들에 관해 기록을 하였고 그 후에는 말리키 법학파를 추종했다. 알리 븐 알까심은 법학 전반을 저술하였고 아사드 븐 알푸라트의 책을 까이라완으로 가지고 왔는데 그 책은 아사드 븐 알푸라트에 관해서 기록한 책이라는 이유로 『아사디야*al-'asadiyah*』라고 불렸다. 수흐눈은 아사드의 휘하에서 수학하였고 마슈리끄로 이주하여 그곳에서 이븐 알까심을 만났고 그의 전승을 잇게 된다. 하지만 그는 아사드의 이론이 보여준 여러 문제에 반대 입장을 표명하였고 많은 부분에서 입장의 차이를 보였다. 수흐눈은 『아사디야』가 제시한 여러 문제들을 기록했다. 이븐 알까심이 그와 더불어서 아사드에 대하여 기록했는데 그는 『아사디야』에서 그가 제고한 부분들에 대해서 삭제해줄 것과 수흐눈의 책을 수용해달라고 요구했다. 그러나 아사드는 이를 거절했다. 그래서 사람들은 아사드의 책을 버리고 『무다와나*Mudawwanah*』라는 수흐눈의 책을 추종하게 된다. 비록 그 책은 각 장에 다양한 문제들을 혼란스럽게 섞은 맹점을 지니고 있긴 했지만 사람들은 수흐눈의 책에 의존하게 되었다. 이 책의 각 장에서 다양한 문제들을 혼합하여 다루고 있다는 이유에서 이 책의 이름은 『알무다와나 와 알무크탈리따*al-Mudawwanah wa al-Mukhtaliṭah*』라고 불리게 되었다. 까이라완의 학자들은 이 책에 심취하였고 스페인의

---

28    무함마드 븐 아흐마드 븐 압둘 아지즈 알우트비이고 255년에 사망한 이슬람 법학자이다.

학자들은『와디하』와『우트비야』두 책에 심취하게 되었다. 이븐 아부 자이드가『알무다와나 와 알무크탈리따트』를 축약하였고, 그것을『무크타싸르al-Mukhtaṣar』라고 불렀다. 까이라완의 법학자였던 아부 사이드 알바라디 역시 그 책을 요약해서『타흐디브al-Tahdīb』라는 제목의 책을 펴냈다. 이프리끼야의 셰이크 다수가 그 책에 의존하여 많은 것을 배웠으며 그 밖의 책들은 의존하지 않았다. 마찬가지로 스페인의 학자들은『우트비야』에 의존하였고 그들은『와디하』와 그 밖의 책들은 배척했다. 말리키 법학자들은 계속해서 이러한 교본을 만드는 작업에 종사하였는데 주요 업무는 설명을 추가하고 명백하게 밝히거나 혹은 그러한 자료를 모으는 것이었다. 이프리끼야의 학자들은『무다와나』를 훌륭한 책이라고 규정했고 이븐 유누스, 라흐미, 이븐 마흐리즈, 투니씨, 이븐 비쉬르 등과 같은 학자들은 이와 관련해서 집필 활동을 했다. 스페인의 학자들은『우트비야』를 훌륭한 책이라고 규정했고, 이븐 라시드와 그 밖의 학자들은 다수의 저서를 지었다. 이븐 아부 자이드는『나와디르al-Nawādir』에 있는 다양한 문제들, 모순된 견해, 진술들을 모았다. 그는 여러 학파들의 진술을 포괄하였다. 궁극적으로 그는 이 책에서 다양한 학파들이 다루고 있는 이론을 자세하게 분류하였다. 이븐 유누스는 자신의 저서에서『무다와나』의 이론 대부분을 인용했다. 말리키 학파의 이론은 코르도바와 까이라완의 두 왕조가 멸망할 때까지 대단히 번성했다. 그 두 왕조의 멸망 이후 그 두 곳은 아부 아무르 브 알하집의 책이 등장할 때까지 마그립의 학자들이 차지하게 되었다. 그는 각각의 장에서 말리키 학파의 학자들이 제시한 다양한 방법을 요약하고 정리하였을 뿐만 아니라 각각의 문제에 대한 그들의 견해를 다양하게 열거하였다. 이 책은 마치 말리키 학파 이론서의 개요와 같이 간주된다. 말리키 학파의 이론은 하리쓰 븐 마스킨, 이븐 알무밧샤르, 이븐 알루하이티, 이븐 라시끄, 이븐 샤스의 시대 이래로 이집트에서 계속 존재했다. 알렉산드리아에는 바누 아우푸, 바누 싸나드, 이븐 알따아 알라 등의 주요 학자들이 있었다. 나는 아부 아무르 븐 알하집이 누구로부터 말리키파의 학문을 전수받았는지는 알지 못한다. 그러나 그는 우바이드 왕조가 멸망하고 알리의 법학이 쇠퇴하고 동시에 샤피이파와 말리크의 정통 법학이 등장함과 더불어 나타났다. 그가 마그립으로 자신의 저서를 가지고 왔을 때가 7세기 말이었고, 마그립의 학생 다수가 그의 이론에 의존하고 있었는데 특히 부지 지역의 학자들이 그랬다. 그들의 셰이크는 아부 알리 나씨르 딘 알자와위였는데 그는 마그립으로 이븐 하집의 책을 가져온 바 있다. 그는 이집트에서 이븐 하집의 추종자들의 지도를 받았고 이븐 하집의 『무크타싸르』라는 책을 사본으로 만들었으며 그 책을 부지에 전파시켰다. 이런 일은 마그립의 여러 도시 전역으로 퍼져 나갔다. 이 시대에 마그립에서 피끄흐를 수학하는 학생들은 그의 이론을 연구한다. 왜냐하면 셰이크 나쓰르 딘이 그 일을 원한다고 말했기 때문이다. 이븐 압두 살람과 이븐 루시드와 이븐 하룬과 같은 그들의 셰이크들은 불분명함에 대해 명확하게 설명을 달았는데 그들은 모두 튀니지 학자 출신이다. 이 분야의 탁월한 학자로 이븐 압두 살람이 있다. 그럼에도 불구하고 그들은 자신들의 학습서로 『타흐딥』을 사용했다. 알라는 올바른 길로 인도하기를 원하는 자를 바르게 인도하신다.

## 8장 | 상속법학

상속법학이라는 것은 유산을 부과하고, 그 몫을 올바르게 정하는 것에 대한 학문이다. 이는 원칙에 따라 유산을 주고, 그것을 조정하는 세부적인 내용을 담고 있다. 만약에 상속인 중 한 사람이 사망하여 상속자 간 몫의 균형이 깨지는 일이 발생하면 원래 상속을 받기로 되어 있던 몫을 계산하여 법적 지분을 갖고 있는 자들 모두가 다른 이변 없이 자신들의 상속을 제대로 받게 조정을 해야만 한다. 이러한 조정은 한두 번의 일이 아니다. 이런 일은 수없이 많이 발생한다. 그런 일이 발생할 때마다 계산을 해야만 하는데 상속의 법적 지분에는 양면성이 있다. 예를 들자면, 상속자가 알려져 있는 경우도 있지만 상속자가 알려져 있지 않은 경우도 있다. 그러므로 이 두 가지 경우를 모두 고려하여 감안해야 한다. 우선 상속되는 몫의 금액을 잘 살피고 상속법의 원칙에 의거하여 상속자들의 몫의 비율을 제대로 분배하게 된다. 이 모든 것은 계산법을 필요로 하기 때문에 사람들은 피끄흐의 여러 장 중에 이 장을 특별히 하나의 별개의 장으로 두었다. 사람들은 계산과 관련된 내용을 모아 개별 학문으로 만들었다. 사람들은 이와 관련하여 많은 서책을 썼고, 그중에서 가장 유명한 것이 최근 스페인의 말리키 학파의 책으로 이븐 싸비트의 책[29]이 있다. 다른 책으로는 판관 아부 알까심 알하우피[30]의 책으로 『무크타싸르』가 있고 그 이후에 자으디라는 학자가 있다. 이프리끼야의 최근 학자들 중에는 이븐 알나무리 알따라불루씨[31]와 그 밖의 사람들이 있다.

샤피이 학파와 하나피 학파, 한발리 학파에 대해서 살펴보자면 그들에게도 상속법과 관련된 많은 저작들이 있는데 그들은 피끄흐 이론과 탁월한 계산법의 능력을 보였다. 특히 아부 알마알리*와 그 학파의 다른 학자들이 그랬다. 상속법은 아주 고귀한 학문이다. 이성과 전통적인 지식과 상속법으로 상속자가 제대로 권리를 취할 수 있게끔 올바르고 확실한 방법으로 집대성 된 것이기 때문이다. 상속법은 상속자가 자신의 몫을 모르거나 혹은 분배를 정확하게 해야 하는 문제에 봉착했을 경우에 필요한 법이다. 여러 도시의 학자들은 상속법에 관심을 기울였다. 상속법과 관련된 저술을 한 학자들은 계산법을 과장하고 산술법을 통해서 답을 도출해낼 필

---

29　447년(1055~56년 사망으로 추정된다).
30　그의 본명은 아흐마드 빈 무함마드 빈 칼라프이고 588년(1092) 사망으로 추정된다.
31　그는 11세기의 인물이다.

요성이 있는 문제들을 부각시켰다. 예를 들면 대수라든가 근을 이용하는 방법 같은 것이다. 그래서 그들의 저서에는 이런 수학적 기법이 가득했다. 사실 이런 수학적 기술들은 일반 사람들 간에 널리 확산되지는 않았다. 사람들이 상속을 받을 때 그런 산술법을 굳이 이용하지도 않았다. 왜냐하면 사람들은 그런 방법에 익숙하지 않았고 굳이 산술법을 이용하는 경우도 드물었기 때문이다. 하지만 산술법은 실제 경험을 유용하게 하고 재산을 상속받는 데 있어 가장 완벽한 형태로 받을 수 있게 한다.

이러한 학문을 하는 학자의 다수는 상속법의 우수성을 부각시키기 위해서 아부 후라이라가 전승한 하디스의 구절을 언급한다. 즉 상속법은 "학문의 1/3이고 또한 그것은 잊혀진 최초의 규율"이라는 것이다. 독경의 대가 아부 누와이무 알하피즈는 상속법이 학문의 절반이라고도 전승했다. 상속법을 연구하는 학자들은 이러한 말씀을 구실로 내세우고 그 말씀의 의미는 상속법이 피끄흐에서 차지하는 중요성이라고 강조했다. 하지만 이는 과한 해석인 것 같다. 상속법의 의도는 알라를 섬기는 것, 관습을 따르는 것, 유산을 상속받는 것이나 그 밖의 것에서 가격을 부과하는 것이다. 따라서 이러한 의미로 해석이 될 때에만 상속법이 1/3이고 1/2이라는 것이 적합한 말이 될 수 있다.

샤리아 학문 전체와 관련해 볼 때 상속법은 전체의 가장 작은 부분일 뿐이다. 이 의미는 상속법은 특정 분야에만 적용된다는 것이다. 이 단어는 여러 기술과 용어가 생겨날 때 법학자들이 만든 신생 용어이다. 이러한 것은 이슬람 초기에는 존재하지 않았기 때문에 단어는 의미 그대로 '부과하다'라는 것에서 파생되어서 일반적인 의미로 사용되었다. 따라서 그것이 절대적으로 의미하는 바는 우리가 앞서 말했던 것처럼 모든 의무의 부과를 말하는 것은 아니다. 이것이 샤리아의 진실이다. 그러므로 초기 이슬람 시대에 적용되었던 뜻으로만 사용되어야 한다. 그것이 사람들이 의미하고자 하는 것에 가장 적절한 것이다.

　　피끄흐의 근원은 가장 위대한 샤리아학에서 비롯되었고, 가장 가치 있으며 가장 유명한 것이라는 사실을 인지하라. 피끄흐는 법과 의무를 명시하고 있는 샤리아의 증거를 고찰하는 것이다. 샤리아의 증거의 근원은 바로 코란을 의미한다. 그다음에는 순나이다. 예언자 무함마드* 시절 무슬림들은 예언자로부터 직접 법을 부여받았고, 코란에서부터 법을 추출했으며 그분의 말씀과 행동으로 법은 명확하게 명시되었다. 뿐만 아니라 그분의 연설에도 법이 담겨져 있었으므로 법적 기준을 전승이나 유추 등에 의존할 필요가 없었다. 그러나 예언자의 사망으로 그 말씀을 직접 듣는 상황이 불가능해졌고 코란이 암송에 의해 계속해서 보전되었다. 순나는 예언자 교우들이 말씀이나 행동으로 보인 견해의 일치를 의미하고 이는 올바른 전승에 의존하고 있으며, 올바른 전승이라는 것은 믿을 만한 판단이 근거가 되는 것이다. 이러한 맥락에서 코란과 순나는 법적인 증거로써 그 지위를 확립하게 되었다. 그 후 예언자의 교우들의 합의는 그들과 다른 견해를 용인하지 않겠다는 합의였고 그것은 코란과 순나 다음의 위치를 차지하게 되었다. 여기에는 오직 무스나드[32]만이 있었을 뿐인데 왜냐하면 사람들은 확고한 증거가 있지 않는 것에 대해서는 동의하지 않았기 때문이다. 따라서 합의는 법적인 문제에 있어서 확고한 증거가 되었다.

　　우리는 코란과 순나에 의거해 이슬람 초기의 무슬림 선주와 예언자의 교우들이 행한 추론의 방법을 관찰해 보았는데 그들은 유사한 경우에서 유추를 했다. 그들은 자신들의 합의로 유사한 경우를 관찰했으며 서로 연관된 경우를 통해 승낙하기에 이르렀다. 예언자* 사망 이후에는 유추가 필요한 사건들이 빈번히 발생했다. 코란이나 순나처럼 명기된 원문에

---

32　무스나드는 하디스 전승이 단절되지 않은 채 잘 이어진 것을 의미한다. 또한 전승가를 의미하므로 인명 앞에 두기도 한다.

서 추출할 수 없는 경우 사람들은 원문을 예시로 유추했고, 비슷한 경우의 것을 결부시켰다. 그래서 학자들은 유사한 두 경우를 비교하여 더 옳은 쪽으로 의견을 모았다. 사람들은 대부분 두 가지 경우 중 하나가 더 옳다고 생각을 한다. 그렇게 교우들의 합의는 법적인 증거가 되는데, 그것이 바로 유추이고 네 번째 증거다.

학자들은 이것이 증거의 근원이라고 의견의 일치를 보였고, 일부 학자는 합의와 유추에 있어서 다른 견해를 보이기도 했지만 이는 매우 소수의 의견이었다. 또 다른 학자들은 이러한 네 가지의 근거를 중시하고, 그 밖의 증거에 대해서는 언급할 필요조차 없다고 생각하는데 그 이유는 그것이 지적知的으로 결여되어 있거나 인용되는 일이 매우 드물기 때문이다. 이 학문 분야의 최초의 연구는 바로 이러한 근거의 존재를 눈여겨보는 것에서 출발했다. 코란으로 말하자면 그것은 기적과 같은 증거이고 코란의 전승에 있어서도 지속성이 이루어지고 있다. 따라서 코란에 대해서는 한 치도 의심할 여지가 없다. 우리가 순나에 대해 전달받은 그 밖의 것들에 대하여 말하자면 그것은 앞서 언급한 바와 마찬가지로 무슬림의 행동에서 반드시 준수되어야 하는 것들에 대해 예언자의 교우들이 합의를 이루어낸 것이다. 그러한 판단의 근거는 예언자의 생애에 있었던 행위에 근거를 두고 있으며 또한 코란에서 언급된 사실들 그리고 예언자께서 여러 지역으로 보낸 서신에서 법을 명하거나 금지하는 형태로 기록되어 있다. 합의에 대하여 말하자면, 그것은 바로 예언자의 교우들의 합의를 의미하는데 이슬람 공동체인 움마의 확고한 무류성에 대해 이견을 보이는 자들을 부정한다는 것이다. 유추에 대해 말하자면 그것은 예언자의 교우들이 합의를 이룬 것이다. 이것은 증거의 근원이다. 순나의 전통은 그 진의를 가릴 필요가 있는데 이때 사용된 방법은 전승 전달방법이나 전승자의 성실함을 심사숙고함으로써 이루어진다. 이는 전승가의 사상에 대한 신뢰성을 중요시하기 때문이다.

따라서 동일한 정보에 대해 두 개의 정보가 상반된다면 거기에는 반드시 대체되는 구절이 있고 폐기되는 구절이 있는데 이것과 관련된 세부적인 설명이 앞으로 있을 것이다. 다음으로 어휘의 의미를 충분히 고려하고, 전적으로 그 의미의 효용 정도를 따져 보는데 이때 그 효용도는 바로 단어의 결합을 통해 따져 보게 된다. 이 작업은 단어와 단어를 고찰하여 전형적인 증거를 인지하는 데 의존한다. 이때 언어학적인 기준은 바로 문법학과 바얀[33]이다. 칼람은 아랍 민족의 습관으로 학문이나 규범이 아니었고 법학자들은 그러한 학문이나 규범을 필요로 하지도 않았다. 왜냐하면 그것은 그들에게 자연스러운 습관이기 때문이다. 그러다가 아랍어의 습관이 오염되자 학자들은 그것을 규범화시켰는데 그 방법이 올바른 전승과 유추를 통해서였다. 그래서 아랍어는 법학자들이 알라의 율법을 알기 위해 필요한 하나의 학문이 되었다. 거기에는 단어 결합에서 도출된 특별한 정보의 유용함이 있는데, 그것은 바로 특별한 증거의 의미와 단어 결합 사이에서 샤리아 법규가 도출된다는 것을 말한다. 이것이 바로 피끄흐다.

이를 위해서는 전형적인 의미에 대한 지식만으로는 충분하지가 않다. 그 특별한 의미가 의지하고 있는 여타의 다른 지식도 있어야만 한다. 법규는 샤리아 학자가 근원으로 삼는 것에 따라 그런 지식에서 도출된다. 학자들은 이런 지식을 이용해 법조항으로 만들었다. 예를 들면 이런 경우가 있다. 언어로는 유추를 설명할 수가 없고, 두 개의 의미가 한 번에 사용될 수는 없다. 또 아랍어 알파벳 와우waw는 정렬된 순서를 의도하지는 않는다. 무슬림이 지켜야 할 의무나 헌신에 관한 명령도 있고, 일을 수행함에 있어서 즉각 해야 하는 것과 연기해야 하는 것에 대한 명령도 있다. 금지는 부패를 대상으로 한 것인지, 건강하고 옳은 것을 대상으로 한 것인지도 구별해야 한다. 절대적인 것이 특정화된 것을 언급하고 있는가에 대한 질문도

---

33    al-bayān은 문장과 문체론으로 간주될 수 있다. 45장 참조.

있다. 또한 문법적으로 결어가 있는 텍스트가 다양하다는 구실로 용납 되는가 아닌가에 대한 의문도 있다. 여러 가지 용례는 이와 같다. 그래서 이모든 것들은 이 학문의 기본에서 비롯된 것이다. 왜냐하면 결국 의미론에 대한 연구에서 비롯된 기본은 언어적인 것이기 때문이다. 유추를 연구하는 것은 이 학문에 있어서 가장 위대한 기초를 보는 것이다. 왜냐하면 거기에는, 특히 유추에 의해 법적 판단을 내릴 때, 근본과 세부사항(가지)을 살펴보는 일이 중시되고 대상에 대한 묘사를 검토하기 때문이다.

이 학문은 이슬람에서 최근 생성된 다양한 학문 중 하나라는 것을 인지하라. 선조들은 사실 이 학문이 필요하지 않았다. 왜냐하면 그들은 천부적으로 언어적인 습관을 지니고 있었으므로 용어 혹은 어휘의 의미를 도출하는 일은 필요하지 않았기 때문이다. 특히 법적 판단을 도출하는 데에 필요하게 된 규범이 있는데, 그것은 대부분이 그들(이슬람 초기의 학자들)에게서 취해진 것이다. 전승에 대해서는 재고해볼 필요도 없었다. 왜냐하면 그 당시 그들의 시대는 전승이 시작된 시대에 가까웠고 그들이 바로 최초의 전승의 주역이었기 때문이다. 그러다가 초기 선조들의 시대가 가고, 모든 종류의 학문은 하나의 기술로 변화했다. 법학자들과 여타 학자들은 이러한 규범과 기본을 습득할 필요성을 느꼈는데 그 이유는 증거로부터 법적 판단을 도출시킬 목적에서였다. 그들은 '피끄흐의 근원uṣūl al-fiqh'[34]이라고 훗날 불리게 된 그 당시 현존하는 학문을 하나의 책으로 펴냈다. 그리고 최초로 그러한 책을 쓴 사람이 샤피이인데 그는 유명한 편지[35]에서 자신의 견해를 밝혔다. 그는 그 편지에서 명령과 금지, 명백하게 밝힘과 전통방식, 폐기와 유추를 통해서 기록되어 있는 결어에 대한 판단을 언급했다. 하나피 법학자들도 이 주제와 관련 책을 썼는데 그들은 이와 관련된 기틀을 확립했고 이에 대한 견해의 폭을 넓혔다. 무타칼리문 역시 이에

---

34 '법원'으로 해석도 가능하다.
35 *al-Risālah*로 명명된 유명한 책이다.

관한 책을 썼다. 중요한 것은 이 주제에 관한 법학자들의 글쓰기가 피끄흐에 더 적절하고 세부사항(가지)에 더 적합하다. 왜냐하면 그들은 그 책에서 증거와 용례를 많이 다루고 있고 법적 관점에 의해 여러 가지 문제를 다루고 있기 때문이다. 무타칼리문은 피끄흐와는 상관없이 그러한 주제들을 다루었고 가능한 한 이성적인 추론에 의지했다. 무타칼리문의 학문은 대부분 그렇게 취급되었기 때문이다. 이들과 달리 하나피 학자들은 법적 견지에서 어떠한 문제를 다루었고 이러한 규범과 기준들을 가능한 한 피끄흐의 문제로부터 유추하여 모았다.

아부 자이드 알답부시는 그러한 학자들 중에 한사람인데 그는 하나피 학자들보다 훨씬 폭넓게 유추에 관한 서적을 썼다. 그는 다양한 연구와 그 과정에서 필요한 조건들을 완결시켰다. 그래서 피끄흐의 근원에 대한 기술적인 부분이 완벽해졌고, 그들이 다루고 있는 문제들은 정렬의 과정을 거치게 되었으며 피끄흐의 기초를 쌓게 되었다. 사람들은 무타칼리문이 취하는 방법에 관심을 가졌다. 무타칼림 학자들의 저서 중 가장 탁월한 것은 바로 이맘 알하라마인의 『부르한*al-Burhān*』, 가잘리[36]의 『무스타쓰파*al-Mustaṣfā*』이다. 그 두 사람은 아샤리파 출신이다. 그 밖에도 압둘 잡바리의 『아흐드*al-ʿahd*』 그리고 잡바리의 책에 대해 설명을 달아 놓은 아부 알후세인 알바스리의 『무으타마두*al-Muʿtamadu*』가 있다. 그 두 사람은 무으타질라 출신이다. 이렇게 네 개의 학파가 이 학문의 기저이자 네 개의 기둥 역할을 했다.

최근 무타칼리문은 이 네 개의 서적들을 요약하였는데 그들은 바로 이맘 파크리 알딘 븐 알카땁과 세이프 알딘 알아미디이다. 파크르 알딘은 『마흐쑬*al-Maḥṣūl*』을 썼고, 세이프 알딘 알아미디는 『아흐캄*al-ʾaḥkām*』을 썼다. 이 학문에 대한 그 두 사람의 접근 방식은 검증과 주장이라는 면에 있어

---

36 1058~1111년, 가장 대표적인 이슬람 신학자. 저서로는 『종교학의 소생(*Kitāb al-Iḥyāʾ*)』이 있다.

서 서로 차이를 보였다. 이븐 알카띱은 증거와 논쟁 쪽으로 치우쳤고, 아미디는 이론을 검증하고 문제들을 추론하는 데에 열광했다. 그의 제자인 이맘 미쓸라 씨라지 알딘 아르마위는 『마흐쑬』, 『타흐씰al-Taḥṣīl』이라는 책에서 축약했고 『하씰al-Ḥāṣil』을 썼다. 한편 쉬합 알딘 알까라피는 이 두 사람이 제안하는 것과 기본 사안을 정리하여서 소책자를 썼는데, 그 책을 우리는 『탄끼하트al-Tanqīḥāt』라고 부른다. 마찬가지로 바이다위도 『민하즈al-Minhāj』에서 다루었다. 초심자들은 이 두 권의 책에 많은 관심을 기울였고 많은 사람들이 그 책을 설명했다. 아미디의 『아흐캄』은 여러 문제에 대해 많은 검증을 담았고, 아부 아무르 븐 알하집이 『무크타싸르 알카비르 Mukhtaṣr al-Kabīr』라고 알려진 자신의 책에서 그것을 축약했다. 『아흐캄』은 다른 책에서도 축약되었고, 학생들도 그 책을 많이 다룬다. 특히 마슈리끄와 마그립의 학자들이 관심을 보여 그 책에 대한 연구와 설명에 몰두한다. 이 학문에 있어서 무타칼리문이 취한 방법의 정수는 바로 이러한 축약들에서 나타난다.

하나피 학파의 방법에 대해서 살펴보자면 우선 학자들이 이에 관해서 많은 책을 썼다는 것이다. 이 방면에서 선대에 나온 책 중에 가장 탁월한 것은 바로 아부 자이드 알답부시의 저서이고, 최근 학자들 중에 가장 뛰어난 작품을 저술한 이는 세이프 알이슬람 알바즈다위이다. 그는 포괄적으로 개념을 정리한 바 있다. 이븐 알사아티는 하나피 법학파 출신인데 그는 『아흐캄』과 바즈다위의 저서를 모아서 책을 썼고, 그 책의 이름을 『바다이으al-Badā'i'』라고 불렀다. 이 시대의 대가들은 읽기나 연구의 자료로 그의 책 『바다이으』를 다룬다. 또 많은 외국인 학자들도 그 책에 대한 설명을 하는 데에 여념이 없다. 이 시대의 상황은 이 정도이다.

이것이 바로 이 학문의 현실이고, 이 분야가 다루는 주제이며 이 시대의 유명한 작품과 저자이다. 알라는 지식으로 우리에게 유용함을 가져다주시고 당신의 관대함으로 우리를 학자로 만드신다.

## 논쟁

논쟁에 대해 살펴보자면, 우선 샤리아의 증거에서 비롯된 피끄흐에는 독자적인 판단을 하는 자들 사이의 이견이 많다는 것을 인지하라. 이런 이견이 발생하는 이유는 그들의 근거와 견해가 다르기 때문이므로 앞에서 언급한 대로 이런 일의 발생은 필연적이다. 이런 견해의 차이는 이슬람에서 매우 넓은 지역으로 확산되었다. 무슬림들은 원하는 근거나 견해에 소속되었다. 이후 이런 상황은 대도시의 학자들이 주축이 된 네 개의 학파로 분리되었는데, 그들은 고매한 사상의 반열에 있었다. 사람들은 그들의 견해를 함부로 수용하지 못하게 했고 그 이외의 다른 견해를 수용하는 것도 금했다. 이는 독자적인 판단이 사라진 것과 관련이 있다. 독자적인 판단을 한다는 것은 너무나 어려운 일이고 독자적인 판단의 본체 학문의 하위 분과가 시간의 흐름과 더불어 많아 졌으며 네 개의 학파 이 외에 새로운 학파를 주장하는 이가 없었기 때문이다. 그러므로 이 네 학파는 이슬람의 근본이 되었다. 각 학파에 속한 이들과 종교적 원문이나 피끄흐의 근원에서 차이를 보이는 법규를 수용한 이들 간에 견해 차이가 있었다.

그들은 자신이 소속한 학파의 주장의 정당성을 입증하기 위해 토론을 벌였다. 이 토론은 올바른 근본과 확고한 방법에 의거해 이루어졌고 각자는 자신이 속한 학파의 근거가 옳다는 것을 증명하려 했다. 그들이 주로 다룬 문제는 샤리아의 제반사항과 피끄흐의 세부 주제였다. 샤피이와 말리크 간의 이견이 있으면 아부 하니파가 한 쪽의 견해에 동의했다. 말리크와 아부 하니파 간의 이견이 있으면 샤피이가 둘 중 한 쪽의 견해에 동의했다. 어떤 때는 샤피이와 아부 하니파의 이견 충돌에 말리크가 둘 중 한 쪽의 견해에 동의하기도 했다. 이런 논쟁에는 주장의 근거, 이견의 이유, 독자적인 판단을 내리게 된 사건의 경위 등을 명백히 밝혀야 한다. 따라서 이런 종류의 학문을 '논쟁'이라 부른다. 논쟁에 참여한 자는 법규와 연관된 규범에 대해 훤히 알고 있어야 한다. 독자적인 판단을 하려면 법규를 알기 위해 기본적인 규범을 알아야 하고 논쟁에 참여한 자는 상대편의 주장을 반박하기 위해 기본 규범을 알아야 한다.

기본 규범은 학파가 주장하는 이론의 근거와 이를 뒷받침하는 증거에 있어서 매우 유용한 지식이고 기본 규범을 인지함으로써 학자는 증명하고자 하는 것을 논쟁할 수 있다. 하나피와 샤피이 학파의 저작이 말리키 학파의 저작보다 많은데 그 이유는 하나피 학파는 여러분이 알다시피 유추를 자신들이 의존하고 있는 다양한 세부 주제의 원칙으로 삼고 있기 때문이다. 따라서 그들은 추측하고 연구하는 이들이다. 말리키 학파에 대해 보자면 그들은 대부분 전승에 의존한다. 그들은 추측하지 않는다. 그들 대부분은 마그립에 있다. 본디 그들은 약간의 기술만 있는 베두인이었다. 가잘리*는 『마아키드*al-Ma'ākhidh*』를 썼고 말리키 학파의 아부 바크르 븐 알아라비는 『탈키쓰*al-Talkhīṣ*』를 썼는데 그는 마슈리끄에서 이 주제를 들여왔다. 아부 자이드 알답부시는 『타을리까*al-Taʿlīqah*』를 썼으며 말리키 학파의 셰이크 븐 알깟싸르는 *ʿuyūn al-adhillah*를 썼다. 이븐 알사아티는 『무크타싸르*al-Mukhtaṣar*』에서 피끄흐의 근원에 관계하는 모든 법적 이견을 수집하면서 관련된 모든 문제에 논쟁을 개입시켰다.


토론

토론은 법학파 학자들과 다른 이들 간에 벌이는 논쟁을 벌일 때 지켜야 할 예절에 대한 지식이다. 토론에서 어떤 견해를 부정하거나 수용하는 일은 다반사였다. 논쟁과 답변을 하는 당사자는 자신의 견해를 증명하는 데 몰두한다. 어떤 경우는 옳고 어떤 경우는 틀릴 수도 있다. 따라서 토론을 주관하는 이는 토론자들이 반박이나 수용할 때 지켜야 할 적절한 행동 규범을 제시해야 한다. 토론자는 어떻게 자신의 논지를 주장해야 하는지, 어떻게 상대의 질문에 답해야 하는지에 대해 준수해야 할 사항이 있다. 언제 토론을 계속 밀어붙여야 할지? 어떻게 패배를 인정하고 멈춰야 할지? 언제 상대의 주장에 끼어들고 반박 의견을 내밀어야 할지? 언제 침묵을 지키고 상대가 토론을 이끌어나가게 두어야 할지 등에 관한 것이다. 따라서 이런 규범은 토론에 있어서 적절한 예절의 기본 규칙에 대한 지식이라고 불린다. 이 규범은 의견을 지켜주거나 파괴시키는 데 도움을 주고 그 의견이 샤리아학이나 다른 주제의 것이라도 상관하지 않는다. 두 가지 방법이 있다. 우선 바즈다위의 방법이 있다. 이것은 특히 기록, 합의, 논증으로 법적 증명에 한정된다. 두 번째는 아미디의 방법이 있다. 이는 학문적 논증이면 어느 것이든 적용되는 것으로 그 대상을 포괄적으로 한다. 그 대부분은 논증이다. 이는 바람직한 방법이다. 동시에 거기에는 많은 궤변이 등장한다. 만약 이성적 시각으로 논제를 본다면 그 대부분은 궤변적인 유추와 비슷한 것이 될 것이다. 그러나 논증과 유추의 많은 형태가 보존되고 반드시 그래야 하는 것처럼 논증의 방법이 사용될 것이다. 아미디는 이에 관해 최초로 책을 썼고 그 방법론은 그에게서부터 시작되었다. 그는 간략하게 쓴 자신의 책을 *Irshād*라고 불렀다. 그의 뒤를 이은 최근 학자로는 나스피와 그 밖의 이들이 있다. 그들은 그의 궤적을 따랐고 그의 방법을 따랐으며 그의 방법에 의존해서 많은 저작을 남겼다. 이 시대에는 이에 대한 관심이 없는데 그 이유는 이슬람 도시에서 학문과 교육이 쇠퇴했기 때문이다. 사실 이는 사치품에 속하지 필수품의 범주에 있지는 않다. 지고지순하신 알라는 가장 잘 알고 성공을 부른다.

# 10장 | 칼람학

이것은 논리적 증거를 제시하여 믿음의 조항들을 옹호하고 초기 무슬림과 정통 무슬림의 교리에서 일탈하는 자들의 생각을 반박하는 학문이다. 믿음의 조항에 있어 비밀은 바로 신의 유일성이다. 이제 우리는 여기서 신의 유일성을 가장 직접적인 방식으로 배우는 이성적 증거들의 세부 사항을 제시하고자 한다. 그다음으로 칼람학의 진실과 그것이 고려하는 바를 설명할 것이다. 우리는 왜 칼람학이 이슬람에서 발생하게 되었으며, 그 발생 배경은 무엇인지도 언급할 것이다.

존재하는 사물들의 세계 속에 발생하는 것은 내면에서 비롯된 것이든 인간적·동물적 행위에서 비롯된 것이든 간에 반드시 자신의 존재 이전의 원인들이 있기 마련이라는 사실을 인지해야 한다. 그 원인들은 습관이 지배하는 세계에서 사물을 완성한다. 모든 원인들 각각은 창조되는 것이기 때문에 반드시 다른 원인을 필요로 하게 된다. 그런 원인들이 계속 발전하다가 종국에는 원인을 만드는 이, 즉 원인의 창조자이자 원인을 존재하게 하는 그분에게 도달한다.

이런 원인들은 발전 과정에서 수가 배가되고 종횡으로 확대된다. 이성이 그것들을 인식하고 그 수를 헤아리려 해도 무력할 뿐이다. 그러므로 인간적·동물적 행위를 포함한 포괄적 지식만이 이 모든 것을 파악할 수 있다. 그런 행위의 원인들 중에는 여러 의도와 의지가 있는데 그 이유는 행동의 존재는 의지 없이 완성될 수 없기 때문이다. 다양한 의도와 의지는 심리적 문제로 그 대부분이 과거의 인식에서 비롯되고 서로 영향을 준다. 이러한 인식이 행위를 하고자 하는 의도의 원인이다. 인식의 원인은 또 다른 인식이며 인간의 정신에서 발생하는 모든 인식의 원인은 알려지지 않았다. 어느 누구도 정신적 문제의 시작이나 순서는 알 수 없기 때문이다. 그것은 알라께서 사고思考에 존재하게끔 한 것으로 상호 간에 연속한다. 인간은 시작과 끝을 알기에는 부족한 존재이다. 대부분 지식은 명백히 자연적 원인들에 둘러싸여 있고, 그러한 원인들은 잘 배치된 방식에 의해 이해되는데 그 이유는 자연이 정신보다 낮은 단계에 있으며 정신에 의해서 파악될 수 있는 것이기 때문이다. 그러나 인식의 범주는 정신보다 더 넓다. 왜냐하면 그것은 정신의 범주 위에 있는 이성에 속하는 것이기 때문이다. 따라서 정신은 인식의 많은 부분을 알지 못한다. 인간은 원인을 탐색하다 포기하고, 방향을 잃고, 멸망의 길로 들어가는 경우가 많다.

우리는 인간이 탐색하다가 스스로 걸음을 멈추고 돌아오는 선택을 할 수가 있다고 생각해서는 안 된다. 오히려 그러한 결정은 우리가 인지하지 못하는 관계에 의해 여러 이유를 관통하는 특색이자 영혼의 색채라 할 수 있다. 만약 우리가 그 대상을 인지했더라면 그런 일이 발생하지 않도록 조심했을 것이다. 그러므로 인간은 처음부터 원인을 탐색하려 하지 말고, 포기함으로써 스스로를 지켜야만 한다. 이런 원인들이 어떻게 영향을 미치는지에 대해서도 알려져 있지 않다. 그것은 습관적인 경험과 명백한 인과 관계로 입증된 바를 통해서 알 수 있다. 우리는 그러한 이유에 대한 고찰을 포기하고 모든 원인들의 제공자에게 전력으로 집중하고, 우리의 정신이 신의 유일성에 완벽하게 채색되도록 하라고 명받는다. 이는 예언자 무함마드*가 우리에게 가르친 것이다. 그는 감각 너머의 것을 보고 있기 때문에 현세의 이득과 우리가 행복해지는 방법을 잘 알고 있다.

예언자 무함마드*께서 말했다. "죽은 자라도 알라 이외의 신은 없다고 증언한 자는 천국에 들어간다." 만일 누군가 원인에 도달하는 것이 불가능하다는 것을 알면 절망하게 된다. 그는 불신자라고 불려도 마땅할 것이다. 만약 어떤 사람이 원인들을 유발시키는 원인이 무엇이고, 그 과정을 알기 위해 사유와 탐색의 바다로 헤엄쳐 들어가려 한다면 단언컨대 그는 성공하지 못할 것이다. 그래서 예언자 무함마드*는 우리에게 원인에 대한 탐색을 금했다. 우리는 다만 신의 절대적 유일성을 인정하라는 명을 받았을 뿐이다. "말하라! 알라는 단 한분이시고, 알라는 영원하시며, 낳지도 않고 태어나지도 아니하나니 그분과 대등한 자는 세상에 없도다."[37]

당신에게 존재하는 모든 사물과 그 원인들을 이해할 수 있으면 존재의 모든 세부사항을 알 수 있다고 부추기는 생각을 믿지 마라. 그러한 권고는 어리석은 것이다. 지각 있는 존재는 자신의 지각의 범위 내에 모든 것이 있고 그것 외에는 없다고 생각한다. 하지만 실재實在는 그렇지 않다. 진리는 그 너머에 존재한다. 예를 들면, 귀머거리는 모든 존재를 자신의 시각, 촉각, 미각, 후각 네 개의 감각에 의한 지각과 이성으로 알 수 있다고 생각한다. 그러한 경우를 보지 않았는가? 청각 관련 모든 기관은 그에게 아무 도움이 되지 않는다. 장님도 마찬가지이다. 시각 관련 모든 기관은 그에게 존재하지 않는 것이다. 만약 이러한 결함을 지닌 자가 조상이나 스승들이 전해 주는 지식을 받아들이지 않는다면 그들은 그러한 것들이 존재한다는 사실조차 인정하지 않을 것이다. 그들은 대다수 사람들을 따라 감각의 세계에 이와 같은 것들이 존재한다는 사실을 인정하는데, 그렇게 하는 것은 그들의 타고난 자질이나 감각적 지각 때문은 아니다. 만약 우둔한 짐승에게 질문을 하고 그들이 답할 수 있다면, 우리는 그들이 이성의 세계에 관해서 어떤 것도 알지 못한다는 것을 알 수 있을 것이다. 그들에게 그러한 세계는 존재하지 않는 것이다. 그런데 우리는 우리의 지각과는 다른 종류의 지각이 존재함을 알게 될 것이다. 왜냐하면 우리의 지각은 창조된 것이고 존재하게 된 것이기 때문이다. 신의 창조는 인간의 창조를 초월한다. 인간의 능력은 부족하고, 존재의 세계는 너무나 광범위하다. "알라는 그들 뒤에서 그들을 포위하시느니라."[38] 그러므로 당신의 지각이 그분의 포위 안에 있음을 알고 예언자 무함마드*가 당신의 믿음과 일과 관련하여 명하는 것을 따르라. 그분은 당신의 행복을 더 갈구하고

---

37 코란 112장 1~4절.
38 코란 85장 20절.

당신의 이익을 더 잘 알고 있다. 왜냐하면 그분은 당신의 지각과 이성 너머의 범주에서 오셨기 때문이다. 그러나 이것이 곧 이성과 이성적 지각을 폄하하는 것은 아니다. 진실로 이성은 올바른 척도이며 이성의 판단은 옳은 것이고 절대로 그르지 않다. 그러나 신의 유일성, 내세, 예언의 진실성, 신의 속성 혹은 이성의 수준 너머에 존재하는 다른 것들과 관련된 것들을 계산할 때 이성을 사용해서는 안 된다. 그것은 불가능한 바람이다.

이는 마치 금의 무게를 측량하는 데에 쓰는 저울로 산을 측정하려고 하는 사람의 우매함에 비유된다. 따라서 이성은 신과 신의 속성을 이해할 수 없다. 이성은 신에 의해 창조된 존재의 세계에 속하는 수많은 원자 가운데 하나일 뿐이다. 만약 당신이 이 점을 분명히 인식한다면 여러 가지 원인들이 상승하여 당신의 이해나 존재의 영역을 초월하여 더 이상 이해될 수 없는 지점까지 이른다는 것을 인정할 수 있다. 그러면 여러 이유들은 관념의 존재를 넘어선다. 그리고 공상의 광야에 홀로 버려진다. 신의 유일성을 인정하는 것은 여러 원인들과 그 영향력의 방식을 이해하는 것이 불가능하다는 것을 인정함이다. 이점에서 모든 원인들을 포괄하는 창조자에 대한 의존과 동의어인 셈이다. 그를 제외하는 어떠한 창조자도 없다. 모든 원인들은 그에게로 연결되고 그의 힘으로 돌아간다. 우리가 알라에 대해 안다는 것은 그가 허용해 준 부분까지일 뿐이다.

신앙이 깊은 사람들에 대해 전해지는 다음과 같은 구절이 그 의미이다. "인지하는데 부족함은 비로 지각이다." 이와 같은 신의 유일성에 대한 표현은 믿음만을 의미하는 것은 아니다. 믿음은 판단에 근거한 확신이므로 이는 영혼의 말씀에서 비롯된 것이다. 믿음은 영혼이 형태를 갖추어 성질을 획득함으로써 완성된다. 행위와 숭배의 목표는 복종과 굴복의 습관을 획득하는 것이고 숭배 대상 이외의 것에 대한 집착에서 마음이 벗어나 결국 신을 향한 길에 들어서는 자가 마침내 성자가 되는 것이다. 교리에서 '지식'과 '상태'의 차이는 마치 어떠한 특질에 대해서 말하는 것과 그것을 소유하는 것과의 차이이다. 이렇게 설명할 수 있다. 많은 사람들이 고아와 불쌍한 자들에게 자비를 베푸는 것이 신에게 가까이 가는 길이고, 권장할 만한 일이라고 말하고, 샤리아에서 그 인용을 빌어 언급한다. 하지만 고아와 불쌍한 자를 막상 보면 연민과 사랑과 자비의 마음으로 그들을 어루만지는 대신에 도망가고 그들에게 손을 대려 하지도 않는다. 따라서 그들의 자비는 '지식'의 단계이지 '상태'나 '자질'의 단계에서 나오는 것은 아니다. 하지만 어떤 이는 불쌍한 자에게 자비를 베푸는 것이 신에게 접근하는 것임을 아는 지식의 단계보다 더 높은 상태의 단계에 도달한 경우도 있다. 그들은 자비라는 자질과 습관을 획득한 사람들이라서 고아나 불쌍한 사람들을 보면 먼저 달려가서 자비를 베풀고 그들은 이런 자선과 동정심을 베푼 것에 대한 보상을 받는다. 그들은 비록 거절을 당한다 해도 이런 베풂을 참을 수 없는 이들이다. 그들은 지니고 있는 모든 것을 베푼다. 당신이 신의 유일성에 대해 지식을 얻는 것과 그것을 자질로 소유하는 것의 관계도 마찬가지이다. 자질을 소유하면 지식은 반드시 생긴다. 이러한 지식은 자질을 소유하기에 앞서 획득한 지식보다 견고한 기반 위에 있다. 그러나 지식이 있다고 반드시 자질이 생기는 것은 아니다. 행동이 따라야 하고 여러 차례 계속 지속적으로 반복되어야만 한다. 그래야만 습관과 자질과 진정한 지식의 획득이 정착되는 것이다. 이렇게 해서 새로운 종류의 지식이 나타나고 그것은 내세에서 유익한 지식이 된다. 실천이 부족한 원초적 지식은 아무 소용도 없다. 이것이 대부분 사람들이 생각하는 지식이다. 그러나 진정한 목표는 습관에서 비롯된 상태의 지식이다.

예언자는 무슬림에게 부여한 모든 것에 완벽함을 두었다. 그가 확신했던 것은 그러한 완벽함은 베푸는 자질에서 비롯된 후천적 지식에 있다는 것이다. 이는 물론 신을 섬기는 것에서 비롯된다. 그러한 숭배의 완벽한 정점은 자질을 획득하여 실천하는 것에 있다. 그 이후 숭배, 근면, 지속을 수용하면 고귀한 열매를 맺는 것이다. 예언자*는 신을 숭배하는 우선된 것과 관련하여 이렇게 말했다. "나의 위로가 이 기도의 중심이 되게 하라." 따라서 예배는 그에게 순수한 상태가 되었다. 그 안에서 예언자의 궁극적 기쁨과 진심 어린 위로가 있었다. 그러나 사람들의 기도 어디에서 이런 것을 찾을 수 있는가? "위선적인 기도를 하는 자들에게 재앙이 있을 것이다. 이들은 그들의 기도 생활을 태만히 한다."[39] "저희들을 올바른 길로 인도하여 주십시오. 그 길은 당신께서 축복하신 길이며 노여움을 받지 않는 자나 방황하는 자들이 걷지 않은 가장 올바른 길입니다."[40]

우리가 이제껏 언급한 바에 의해 명백하게 밝혀진 것은 다음과 같다. 모든 종교적 의무의 목표는 정신에 공고한 뿌리를 둔 습관의 체득이며 그러한 습관을 통해서 정신에 필요한 지식이 생성된다는 것이다. 그것이 바로 신의 유일성이고 신앙의 기본 원리이며 이는 영혼의 의무이건 육체의 의무이긴 간에 행복을 가저다준다. 모든 종교적 의무의 근원이 되는 믿음에는 여러 단계가 있다. 최초의 단계는 말과 일치하는 심정적인 단언이다. 최고의 단계는 마음속의 믿음과 그다음에 나타나는 행동을 통해서 마음을 완전히 통제하고 수족의 움직임이 뒤따르는 단계이다. 결국 모든 행동은 믿음에 의해 종속된다. 이것이 최고 단계의 믿음이며 완전한 믿음이다. 이런 경지에 오른 자는 큰 죄는 물론이고 작은 죄도 짓지 않는다. 믿음을 뿌리 깊은 습관으로 습득한 자는 잠시의 일탈도 막게 된다. 예언자*가 말했다. "신자信者일 때는 간음을 해도 간음한 것이 아니다." 헤라클레이토스가 아부 수프얀 븐 하릅에게 예언사*와 그의 위치에 대해 물었다. "예언자의 교우 중 한 사람이라도 무슬림이 된 이후에 이슬람에 불만을 품고 배신한 자가 있는가?" 그는 "아니오"라고 답했다. 헤라클레이토스는 말했다. "믿음도 마찬가지라서 믿음의 기쁨이 충만하면 심장을 관통하게 된다." 이 말의 의미는 일단 믿음이 습관으로 뿌리 깊게 고착되면 영혼이 믿

---

39    코란 107장 4~5절.
40    코란 1장 6~7절.

음에 반대하는 일은 하기는 어렵고 이는 모든 다른 습관에도 해당된다는 것이다. 왜냐하면 그런 습관은 이미 그 사람의 천성으로 자리 잡았기 때문이다. 이것이 믿음의 최고 단계이다. 이 단계는 무류성 다음의 단계이다. 무류성은 예언자들에게 필수 요소이기 때문이다. 신자들은 이 단계를 자신들의 행위와 확신에 의해 획득하게 된다. 따라서 이런 습관의 공고함은 믿음에 다양한 차이를 가져온다. 그것은 마치 초기 무슬림들이 진술에서 알 수 있는 것과 같다.

부카리*의 '믿음의 장'에 이와 관련된 대목이 많이 있다. 예를 들자면, 믿음은 말과 행동이다. 물론 더할 수도 덜할 수도 있다. 기도와 단식은 믿음의 일부분이다. 라마단을 준수하는 것도 믿음의 일부이다. 부끄러워 할 줄 아는 것도 믿음의 일부다. 이 모든 것이 꾀하는 바는 완벽한 믿음이다. 우리는 완벽한 믿음과 그 습관의 획득에 대해서도 언급했는데 그것은 행위적인 것이다. 완벽한 믿음의 첫 단계인 확신에는 차이가 없다. 그러므로 그 용어의 처음의 의미를 중시하는 자는 믿음을 확신으로 생각하고 그래서 무타칼리문이 말했던 것처럼 그들의 확신에 어떤 차이도 보여줄 수 없다. 그러나 그 용어의 마지막 의미를 고려하고 믿음을 완벽한 믿음인 습관이라고 생각하는 자는 그들의 믿음에 차이를 보여준다. 이것은 '확신'이라는 주요한 진실의 통일에 흠집을 내려는 것은 아니다. 확신은 믿음의 모든 단계에 존재하는데, 그 단계들에서 '믿음'이라는 용어가 최초로 사용되었다. 믿음은 불신자의 의무를 면제해주고, 불신자와 신자信者 사이를 구별하는 매개이다. 그보다 더 약한 것은 소용이 없다. 믿음은 하나의 사실이고 거기에는 차이가 없다. 하지만 우리가 언급한 대로 행위에서 획득된 '상태'에는 차이가 있다. 이를 잘 이해하도록 하라.

입법자(무함마드)는 우리에게 첫 번째 단계에 있는 믿음 즉, 확신을 묘사하였음을 인지하라. 그는 특정한 일들을 명했고, 우리가 성심껏 그 일들을 확신하고 우리의 언어로 인정함과 더불어 우리의 영혼으로 그 일들을 신뢰하도록 부과했다. 그것은 이슬람에 명시된 바 있는 조항들이다. 예언자*께서 믿음에 대해 질문을 받자 이렇게 말했다. "그것은 알라와 그의 천사들, 그의 서적들, 그의 사도들, 최후 심판의 날을 믿는 것이고 또한 운명을 믿는 것이다. 그러므로 좋게 하거나 나쁘게 하라."[41]

이것은 칼람학에 명시되어 있는 믿음에 관한 조항들이다. 이제 칼람학의 진실과 발생 방법을 밝히기 위해 그 조항들을 총체적으로 언급하도록 해보자. 우리는 이렇게 말한다. "입법자는 우리에게 창조주를 신뢰하도록 명했음을 인지하라." 우리가 이미 언급했던 대로 창조주야말로 모든 행위의 유일한 원천이다. 입법자는 이런 믿음이 우리가 죽음에 처했을 때 구원이라는 것을 알려주었다. 그러나 그는 숭배 받는 창조주의 실제에 대해서는 알려주지 않았다. 왜냐하면 그것은 우리의 지각이 인지하기에는 너무나도 난해하고 우리의 수준 이상에 있는 것이기 때문이다. 그래서 그는 우리에게 의무를 부과했다. 첫째, 그분의 존재는 피조물과는 비교될 수 없음을 믿도록 했다. 그렇지 않으면 그분이 그들의 창조주였다는 것은 옳은 것일 수가 없다. 왜냐하면 이런 방법에는 창조자와 피조물 간의 차이가 없기 때문이다. 그리고 입법자는 창조주가 어떤 방법이라도 불완전한 것으로 묘사될 수 없음을 우리에게 믿도록 했다. 그렇게 하지 않으면 창조주는 피조물들과 비슷하게 되기 때문이다. 입법자는 우리에게 그분을 유일한 창조주로 믿도록 했다. 그렇게 하지 않으면 상호 대립 때문에 이 세상을 창조하는 일은 유형화될 수 없다. 나음과 같은 믿음의 조항들이 있다.

알라는 전지전능하신 분이다. 이런 맥락에서 모든 행위는 창조의 행위를 완성하기 위한 증언으로 유형화된다. 그분은 의지를 지니고 있다. 그렇지 않다면 어떠한 피조물도 차이가 생길 수 없을 것이다. 그분은 모든 피조물들의 운명을 결정한다. 그렇지 않다면 의지는 단지 발생하는 무엇인

---

41   부카리 믿음의 장50.

가가 될 것이다. 그분은 죽음 이후 소생을 만든다. 이는 창조주가 피조물을 완성하는 것이다. 만약 피조물이 덧없이 될 운명에 처한다면 창조는 하찮은 것이 될 수도 있다. 피조물은 죽음 이후에도 영원한 존재로 그 운명이 예정되어 있다. 알라는 최후 심판의 날 우리를 구하기 위해서 사도를 보냈고 그 날은 난관이나 행복을 의미하는데, 우리는 그에 관해 알지 못한다. 이는 알라가 인간에게 그 상황을 고지하고 천국은 행복을 의미하고 지옥은 처벌을 의미한다는 두 가능성을 설명함으로써 자신의 자비로움을 완성하는 것이다. 이 모든 것이 바로 믿음의 조항들 중에 가장 중요한 것들로 이성적인 증거에 의해 증명된다. 그런 증거는 코란과 순나에서 비롯된 것이고 충분히 많다. 초기 무슬림들은 그런 증거를 코란과 순나에서 도출해냈다. 학자들은 방법을 제시했고 종교 지도자들은 그런 조항들을 실현했다. 그러나 훗날 이런 믿음의 조항의 세부적인 것에 대해 견해 차이가 발생했다. 그 대부분은 불분명한 구절과 관련이 있다. 이성을 사용하는 토론은 전통적인 방법 이외로 추가되었고 이런 맥락에서 칼람학이 발생했다.

우리는 이제 좀 더 자세히 그 과정을 설명하고자 한다. 코란의 여러 구절에서 인간이 숭배하는 주인은 절대적 신성으로 묘사되어 있고 이에 대해서는 해석이나 의견의 분분함을 가져올 수 없다. 이런 구절은 모두 부정의 진술이고 주제 면에서도 매우 명확하다. 따라서 이를 믿는 것은 의무이다. 입법자*와 교우들, 그들의 추종자들은 명확하게 이 구절들을 설명했다. 그리고 일부 불분명한 구절이 코란에 있었다. 이것은 어떤 때는 신의 본질과 관련해서 어떤 때는 신의 특질과 관련해서이다. 초기 무슬림들은 알라가 인간적인 속성으로부터 완벽하게 자유롭다는 증거를 입증하는데 주력했다. 그런 구절은 매우 많고 분명했기 때문이다. 그들은 신인동형론을 어리석은 주장이라고 생각했다. 그들은 그런 구절들이 신의 말씀이라고 판단했고 그래서 신의 말씀을 믿었고 그 의미를 해석하거나 조사하려 하지 않았다. 이와 관련된 그들의 진술은 많이 있다. "등장한 그대로 읽어라." 그 구절들은 신의 말씀이므로 무조건 믿고 그런 구절들을 해석하거나 바꾸려는 시도는 없었다. 그런 시도는 시련이 될 수 도 있다. 신께 복종하는 것만이 유일한 길이었다. 당시 개혁가들이 존재했는데 그들은 불확실한 구절과 신인동형론을 깊이 연구하고 있었다. 일단의 사람들은 알라에게 손, 발, 얼굴이 있다고 믿으며 신인동형론을 수용했다. 그런데 명백한 육화는 절대 신성의 주장에 위배되는 것이었다. 왜냐하면 육체는 결여나 불완전함을 포함하기 때문이다. 완벽한 신성에 관한 부정적인 구절은 매우 많고 명확한데 이는 신인동형론의 글자 그대로의 의미에 매달리는 것보다 더 적절하다. 그리고 신인동형론의 도움을 얻어 두 주장을 하나로 합치는 것도 좋은 방법이다. 신인동형론에 마음을 두고 있는 그들은 신이 인간의 육체와는 동일하지 않은 육체를 지니고 있다고 진술함으로써 신인동형론이 야기하는 반감에서 탈피하고자 했다. 하지만 이런 주장은 그들에게 어떤 방어막도 되지 못했다. 이는 그 자체에서 모순적이기 때문이다. 만약 부정과 확신이 하나의 '육체'를 대상으로 하면 진술 내에 부정과 확신이 공존한다. 만약 부정과 확신이 상호 위배되면 잘 알려진 개념을 부정하는 것이다. 그러므로 그런 주장을 하는 이는 완벽하고 절대적인 신성을 주장하는 우리의 견해와 함께하는 것이 낫다. 그들은 육체를 신에게 부여된 여러 가지 이름 중에 하나 정도로 인지하는 것 같다. 일은 이렇게 정당성을 인성받았나. 일단의 무리는 신의 속성과 관련해서 신인동형론을 주장했는데, 방향을 향하는 것, 앉는 것, 내려오는 것, 음성, 문자 등을 그 예로 들었다. 그들은 신인동형론을 의미한 것이다. 하지만 그들은 첫 번째 집단의 사람들처럼 '여느 목소리와 같지 않은 목소리', '여느 방향과 같지 않은 방향', '여느 내려옴과 같지 않은 내려옴' 등을 주장하며 결국 인간의 육체와는 연관이 없다고 물러섰다.

먼저의 경우처럼 이 주장 역시 그들에게 방어막이 되기에는 부족했다.

신인동형론과 관련하여 한 가지 남은 방법은 초기 무슬림들의 주장처럼 완벽한 신성을 추구하는 것밖에 없다. 있는 그대로 믿는 것이다. 그 의미를 부정할 필요가 없다. 코란에 분명히 명시되어 있음에도 어떤 이는 부정하기도 한다. 이런 일이 이븐 아비 자이드의 『서신*al-Risālah*』과 『무크타싸르*al-Mukhtaṣar*』 그리고 암송가인 이븐 압둘 바르르와 그 밖의 사람들의 저서에 나타나 있다. 그들은 이런 주장을 전하려 했다. 그러나 그들이 논의하는 명제를 위해 당신의 눈을 감아서는 안 된다. 그리고 학문과 기술이 발달했고 사람들은 모든 분야에 걸쳐 기록과 연구에 매달렸다. 무타칼리문은 신성에 대해 기록했고 무으타질라 혁신가들이 등장했다. 그들은 부정적인 구절에서 신성을 일반화시키는 작업을 하며, 신의 속성으로 간주되던 지식, 권능, 의지, 삶을 부정하기에 이르렀다. 무으타질라의 견해는 절대적이고 유일한 신성은 원시의 상태를 의미한다는 것인데, 이는 신의 속성이 신의 본질이 아니며 그 밖의 것도 아니라는 반박이 있었다. 그들은 예정설을 부인했는데, 운명 예정설은 피조물들에 앞서 신의 의지가 존재한다는 가정 하에 성립되기 때문이다. 그들은 신이 듣고 보는 것은 육체적 요소이므로 이것도 부정했다. 그들의 이런 주장에 대해 듣고 보는 것은 신체상의 형태를 의미하는 것이 아니라는 반박의 견해가 있었는데, 그 견해에 의하면 '듣고 본다'는 것은 들을 수 있고 볼 수 있다는 개념이라는 것이다. 무으타질라는 듣고 보는 것과 마찬가지로 신이 말을 한다는 것도 부정했다. 그들이 이런 주장을 하게 된 이유는 본질적 기능으로서 말하는 것의 속성을 이해하지 못했기 때문이다. 결국 무으타질라는 코란은 창조되었다고 주장했고 이것은 혁신적 견해로 초기 무슬림들의 주장을 뒤엎는 것이었다. 이런 혁신이 가져온 피해는 컸다. 일부 칼리파는 무으타질라의 주장을 받아들였고 사람들이 그것을 수용하게 했다. 그 주장은 초기 무슬림들의 주장에 위배되는 것이었다.

　이 혁신적인 주장은 정통 무슬림들로 하여금 논리적 증거로 믿음의 조항들을 반박하게 만들었다. 무타칼리문의 지도자 셰이크 아부 알하산 알아샤리는 다양한 방법들을 중재했고 신인동형론을 부정했다. 그는 의미적인 속성(절대적이고 완벽한 신성)을 확고하게 했고 초기 무슬림들이 제한한 범위에 의거해 신성을 제한했다. 그는 특별한 경우에도 일반화를 적용할 수 있다고 했고 의미적인 네 가지 속성을 언급했는데, 그것은 듣는 것, 보는 것, 말하는 것이고 이 모든 것은 논리적이고 전통적인 방법으로 이룰 수 있다고 했다. 그는 혁신가들과 이 주제를 놓고 논박을 벌였다. 그가 그들과 벌인 논박의 내용은 복지, 가장 좋은 것, 개선과 개악改惡에 관해서이다. 또한 그는 그들이 부활의 조건, 천국과 지옥, 보상과 처벌에 관련해서 혁신을 위해 마련한 기본 강령들을 완성했다. 그리고 이맘위에 대해서도 언급했다. 당시 이맘위에 대한 혁신적 주장이 등장했는데, 이맘위는 믿음의 조항들 중 하나이고 무슬림 국가와 마찬가지로 예언자가 임명한 것이라는 내용이었다. 그러나 이맘위는 사회적인 이익에 관여할 뿐 믿음의 조항은 아니었다. 그래서 이런 학문에 몰두하는 이들을 '일무 알칼람(칼람학)'을 하는 이들이라 명명하게 되었다. 그 이유는 이 학문이 문자 그대로 말하는 학문이기 때문이다. 이 학문은 학문적 토론이나 논쟁을 포함하지만 행위를 포함하지는 않는다. 그 학문이 무슬림의 심성에 있는 칼람을 확고하게 만드는 투쟁이기 때문일 수도 있다. 셰이크 아부 알하산 알아샤리의 추종자는 많았고 그의 제자들은 그의 주장을 계승했다. 이븐 무자히드와 그 밖의 사람들이 있다. 판관 아부 바낄라니는 그들로부터 학문을 배웠고 그는 이맘위의 문제에 공격을 가했고 그것을 증명해내었다. 그는 논쟁들에 관련된 논리적 전제를 따랐다. 예를 들자면 원자와 진공의 확립이 있다. 그는 우유성偶有性은 다른 우유성을 지속하지 않고, 우유성은 두 순간에 남아 있지 않는다고 했다. 이는 아샤리가 추구하는 이론과 흡사한 면이 있다. 그는 이런 가설을 믿음의 조항에 두 번째로 놓았다. 그들이 의존하는 논쟁에 따르면 만약 논쟁이나 토론이 잘못되었다면 그것을 통해 증명된 것도 잘못된 것이라는 결론에 도달한다. 아샤리의 이런 방법은 완성되었고, 그것은 사고와 관련된 학문과 종교학 중에 최고가 되었다. 그러나 그 방법에 사용된 논증의 형태는 기술적으로 완벽하지 못할 수 도 있는데, 그 당시 이슬람에서 증명하는 기술이나 논리적 기술이 그렇게까지 발달하지는 않았기 때문이다. 설령 그런 것이 일부 있다 해도 무타칼리문은 그런 기술을 취하지 않았는데 그 이유는 그것이 철학과 매우 근접했기 때문이다. 철학은 종합적으로 종교법적인 강령들과는 명백히 다른 것이었다. 따라서 그들은 그런 기술을 거부했다.

아샤리학파의 지도자 판관 아부 바크르 알바낄라니 이후에 이맘 알하라마인 아부 알말리가 있었다. 그는 『샤밀*al-Shāmil*』을 받아썼고 그 이론을 더 확장시켰다. 그리고 『이르샤드*al-Irshād*』에서 그 내용을 축약했다. 사람들은 교리의 조항과 관련해서 이 책을 지침서로 이용했다.

이후 이슬람에 논리학이 퍼졌다. 사람들은 논리학을 연구했고 논리학과 철학을 구분했다. 왜냐하면 논리학은 논증에 필요한 규범이고 척도이며 다른 학문들이 주장하는 바의 옳고 그름을 검증하는 데에만 사용되었기 때문이다. 학자들은 초기 신학자들이 정한 규범과 전제조건들을 철저히 연구한 뒤 자신들이 터득한 상이한 점을 논증을 통해 반박했다. 그들이 사용한 논증의 대부분은 물리학이나 형이상학에 관한 철학적 논의에서 비롯된 것이다. 학자들은 이 전제조건들을 논리학의 척도로 삼았고 그들이 사용하는 논거가 신학이 아닌 다른 분야에서 적용되는 것이기 때문에 논거가 오류이면 논증된 것도 오류라는 것을 믿지 않았다. 이 학자들은 과거의 연구자들이 사용했던 전문용어와 다른 것을 사용했기 때문에 '현대학파'라고 불렸다. 그들은 믿음의 조항에 있어 견해를 달리하는 철학자들을 비판했다. 그들은 철학자들을 적으로 간주했는데 그 이유는 다수의 경우 혁신파의 견해와 철학자들의 견해가 상호 연관되어 있기 때문이었다. 새로운 신학적 입장을 취하고 저술을 한 최초의 학자는 가잘리였고,

이븐 알카떱이 그의 뒤를 이었다. 다수의 학자들이 그를 따랐고 그들의 전통을 고수했다. 후대 학자들은 철학서적들을 혼합하는 데에 집중했다. 그들은 신학과 철학이 다루는 문제가 유사하기 때문에 그 주제가 동일하다고 생각했다.

무타칼리문은 대부분 창조자의 존재와 속성에 대해 연구하고 이를 존재와 그 조건을 통해 입증하려 한다는 것을 인지하라! 그러나 육체에 대한 철학적 방법은 칼람학의 방법과는 달랐다. 철학자들은 움직이거나 정지하는 육체를 연구하지만 무타칼리문은 창조자의 존재를 입증하기 위해 육체를 연구하는 것이다. 마찬가지로 형이상학적인 것에 대한 철학적 연구는 그 속성이 무엇인가를 연구하고 절대적 존재를 연구하지만 칼람학의 연구는 존재를 가능하게 한 그분을 입증하기 위해 존재를 연구한다. 일반적으로 무타칼리문에게 연구의 주제는 종교법이 정해놓은 신조들을 이성적 논증으로 증명하는 방법에 관한 것이다. 그래서 그들은 혁신자들을 배척하고 신조에 대한 의심과 염려를 제거한다. 만약 당신이 칼람학이 어떻게 학문으로 성장했고 어떻게 학자들의 의견이 단계적으로 편입되었는지, 학자들이 믿음의 조항에 대해 정당성을 입증하기 위해 증거와 논의들을 어떻게 주장했는지를 모두 성찰한다면 비로소 당신은 이 학문의 특징에 대해서 우리가 이미 언급한 바를 이해하고 이 학문이 그 이상은 아니라는 것을 알게 될 것이다.

그러나 오늘날의 학자들은 이 두 가지 방법을 섞었다. 칼람의 문제와 철학의 문제를 혼합했고 그 결과로 두 학문이 서로 구별하기 어려울 정도가 되었다. 따라서 칼람학이나 철학을 구하고자 하는 자는 바이다위가 『따왈리으*al-Tawāli'*』에서 그렇게 했던 것처럼 학자들의 서적에서 얻을만한 것이 없다. 그러나 일부 학문이 의미하는 이러한 방법은 이론을 확정하기 위해 여러 가지 이론을 연구하고 그 정당성의 주장에 심취한다. 칼람학의 신조에 대한 선조들의 방법은 초기 무타칼리문의 방법에 병행했고 그 근원은 바로 『이르샤드』이다. 믿음의 조항에 있어 철학을 논박하고자 하는 자는 반드시 가잘리와 이븐 알카땹의 책을 필독해야 한다. 앞선 세대에 사용된 전문용어와 위배된다 할지라도 그 학문이 다루는 주제에 혼용이 일어나지는 않는다. 사실 최근 학자들의 방법에는 여러 가지 혼용이 있다. 일반적으로 칼람학은 오늘날의 학자들에게 필수적인 학문은 아니다. 왜냐하면 이단과 혁신자들은 이미 파멸되었고 정통 종교 지도자들이 저술과 논의를 통해서 우리를 이단과 혁신자들로부터 보호해주며 이성의 논증이 필요할 때면 방어와 승리를 통해 우리를 보호해주고 있기 때문이다. 알라는 신자信者들의 벗이시다.

## 11장 | 실제 사건이 발생하는 세계는 사고思考의 끝에서 시작된다

존재의 세계는 원소와 같은 순수한 본질, 그 영향들 그리고 원소에서 생기는 세 가지 물질인 광물, 식물, 동물을 포함한다는 사실을 인지하라. 이 모든 것들은 신의 능력에 연결된 것이다. 또한 존재의 세계는 생물이 의도적으로 하는 실제 행동을 포함하고 이것 역시 신이 부여한 능력에 연결돼 있다. 그런 행동 중에는 질서가 있는 행동이 있는데, 인간의 행동이 바로 그렇다. 물론 그중에는 질서가 없는 것도 있는데 인간 이외의 생물들의 행동이 그 예이다. 그 이유는 사고는 자연적이거나 의도적 사건 사이에 질서를 지각하기 때문이다. 만약 사물의 존재를 의도한다면, 그 사건들 간의 질서가 존재해야 하므로 이유, 원인 혹은 조건들을 반드시 이해해야 된다. 이것들은 전반적으로 사건의 원리다. 또한 사건의 원칙이기 때문에 뒤에 올 것을 먼저 오게 하거나 앞에 올 것을 뒤에 오게 하는 일은 불가능하다. 그 원리는 선행하는 다른 원리를 지니고 있을 수도 있다. 그 원리가 상향할 수 있고 끝날 수도 있다. 만약 둘이나 셋 혹은 그보다 더 여러 단계를 거쳐 최후 원리에 도달하면, 사고가 궁극적으로 의도했던 마지막 원리로 시작되는 행동을 하게 되고 그것이 행동에서는 처음이다. 이렇게 해서 그는 사고의 시작이었던 마지막 원인까지를 계속 따르게 된다. 만약 어떤 이가 지붕을 생각한다면 지붕을 지지하는 벽, 벽을 고정시키는 기초 공사에 대한 생각이 마음속에서 차례로 생길 것이다. 그것이 마지막 사고다. 하지만 그가 행동을 할 때는 사고의 마지막 단계인 기초공사로부터 시작해서 벽을 세우고 지붕을 만든다.

이 의미는 "행동의 시작이 사고의 마지막이고 사고의 시작이 행동의 마지막이다"라는 것이다. 따라서 외연적으로 인간의 행동은 상호관계하는 사물의 질서에 대한 사고를 제외하고는 완성될 수가 없다. 이런 단계를 거친 후에야 행동을 시작한다. 이런 사고의 시작은 마지막 이유고 행동의 마지막이다. 또한 행동의 처음은 최초의 이유고 즉 사고의 마지막이다.[42] 이런 순서를 보자면 인간의 행동에는 질서가 있음을 알 수 있다.

인간 의외의 생물의 행동에 대해 말하자면 그것은 질서가 없다. 왜냐하면 행위자를 억제하는 사고가 없기 때문이다. 동물은 감각으로만 지각하고 그 지각이라는 것도 연결이 없이 흩어져 있다. 왜냐하면 사고만이 유일하게 연결을 할 수 있기 때문이다. 존재의 세계에서 가치를 인정받는 감각은 질서를 지니고 있었다. 질서가 없는 것은 이에 부차적인 것이다. 따라서 동물의 행동은 인간의 행동에 종속적이다. 인간의 행동은 사건이 발생하는 존재의 세계와 그 안의 것들을 지배한다. 모든 것들이 인간에게 종속적이다. 이것은 "내가 지상에 대리자를 놓고자 하노라"[43]의 말씀이 의미하는 바이다. 이런 사고력은 인간을 다른 생물과 구별시키는 유일하고 특수한 자질이다. 사고력에 있어 인과 관계를 얼마나 질서 있게 소유하느냐가 인간성의 척도라 할 수 있다. 어떤 이는 두 단계나 세 단계의 인과 관

---

42   이 문장은 앞의 견해에 위배되므로 원문의 오류로 보인다.
43   코란 2장 30절.

계를 세울 수 있고 다른 사람은 그것을 초월하기도 하고 또 다른 이는 여섯 단계까지 하기도 한다. 따라서 그의 인간성은 더 높은 단계가 된다. 장기를 두는 사람을 생각해보면 어떤 이는 세 수에서 다섯 수까지 앞을 본다. 하지만 어떤 이는 사고력이 모자라서 그럴 수가 없다. 그러나 이 예시는 적절하지 못하다. 왜냐하면 장기놀이는 습관으로 체득되고 인과관계에 대한 지식은 자연스러운 것이기 때문이다. 그럼에도 불구하고 내가 장기의 예를 든 이유는 언급한 것에 대한 이해를 돕기 위해서이다. 알라는 인간을 창조하셨고 다른 모든 것들보다 선호하셨다.

## 12장 │ 경험적 지성과 그 생성방법

당신은 철학서적에서 철학자들이 "인간은 본질적으로 문명적이다"라고 주장하는 것을 들었을 것이다. 그들은 예언이나 그 밖의 존재를 고착화시키려고 이 구절을 언급한다. 문명이라는 표현은 아랍어의 어휘 '도시 madīnah'에서 비롯되었고 '인간의 사회'를 지칭하는 것이다. 그 의미는 인간은 홀로 살 수 없으며 인간의 존재는 다른 인간들과 더불어 있을 때에만 완결된다는 뜻이다. 혼자서는 인간의 존재나 생활이 완전하게 될 수 없다는 의미이다. 그는 절대적으로 자신이 필요한 것을 얻기 위해 다른 사람의 도움이 필요하다. 그런 도움은 우선 협의를 필요로 하고 그다음에는 참여를 요구한다. 그런데 타인과의 교류에 있어 목적[44]의 통합을 이루려면 대립과 분쟁을 겪게 되는데 이 과정에서 혐오와 애증, 우정과 적대감에 직면하게 된다. 이는 민족과 부족들 간의 전쟁과 평화를 초래한다. 이런 일은 우연히 발생하지 않는다. 신은 인간에게 사고력을 통해 질서

---

44 원문에는 a'rāḍ로 되어 있으나 a'ghrāḍ가 맞는 의미로 생각되어 고쳐서 해석했다. 원문참조.

있는 행동을 하도록 능력을 주었다. 또한 정치적 성향과 철학적 규범에 따라 인간이 질서를 유지하도록 했다. 인간은 그런 규범을 이용해서 해로운 것을 이로운 것으로, 악을 선으로 바꿀 수 있다. 인간은 올바른 경험을 통한 행동으로 먼저 해로움과 그것이 초래하는 효과가 무엇인지를 구별하게 된다. 따라서 인간은 동물과 구별된다. 어떤 행동이 질서 있고 그것이 유해함을 가져오지 않는다는 것을 사고하는 작용의 결과이다.

이런 관념들은 감각으로부터 완전히 분리된 것은 아니고 심각한 고찰을 필요로 하지도 않는다. 그 관념들 모두 경험에 의해 인지된다. 그것은 감각과 관련된 부분적 관념들이며 옳고 그름은 실제 사건에서 나타난다. 관념을 학습하는 자는 실제 사건을 통해서 그 효용을 얻게 된다. 인간은 각자 자신의 능력대로 타인과 교류하면서 겪는 사건에서 얻은 경험을 통해 이런 지식을 획득하게 된다. 그는 필요한 것과 반드시 해야 할 일, 해서는 안 될 일을 깨닫게 된다. 그리고 타인과 교류할 때 필요한 습관을 획득하게 된다. 평생 이런 과정을 거치는 사람은 매사에 통달하게 된다. 경험은 시간을 필요로 하기 때문이다. 알라는 인간의 다수가 조상, 스승, 어르신들을 모방하고 그들의 가르침을 받으면 경험을 통한 지식 획득보다 단시간에 그런 지식을 배울 수 있도록 만들었다. 따라서 인간은 사건들을 오랜 시간 연구하고 관념을 도출할 필요가 없게 된다. 하지만 이에 대한 지식이나 전승이 없고 다른 사람의 말을 잘 듣고 배우려고 하지 않는 이는 오랜 시간 교육을 받아야 된다. 그들은 이런 일에 익숙하지 않고 그들이 얻는 깨달음도 일정하지 않다. 따라서 그들의 예절과 타인에 대한 태도는 결점을 보이고 나쁘다는 평을 얻게 된다. 그들은 타인과의 관계 속에서 자신의 생계유지도 힘들게 된다. 이는 그 유명한 말씀의 의미다. "부모가 교육시키지 못한 사람은 시간이 교육시킬 것이다." 즉 부모, 교사와 어르신들로부터 타인과의 교류를 배우지 못한 사람들은 세월을 지내며 만나게 되는 사건들을 통해 자연스레 깨우치는 방법에 의존하게 된다. 결국 세월이 그의 교사다. 인간은 본질적으로 타인과의 협력 없이는 존재할 수 없으므로 이것은 필수적이다.

　이것이 경험적 지성이다. 이것은 명확히 밝힌 것처럼 행동이 초래하는 분별적 지성 이후에 획득된다. 이 두 가지 지성 다음으로 사유적 지성의 단계가 있는데 학자들이 그에 대해 충분히 설명했으므로 나는 이 책에서 더 논의할 필요가 없다고 생각한다. 알라께서는 너희에게 귀와 눈과 심장을 주셨다. 그러나 너희는 조금만 감사한다.[45]


## 13장　|　인간의 지식과 천사의 지식

　우리는 올바른 직관으로 우리의 내면에 세 가지 세계가 존재한다는 것을 목도한다. 첫 번째는 감각의 세계이다. 우리는 감각을 통해 세계를 지각하고 동물도 이 세계를 공유한다. 다음으로 우리는 인간의 고유한 자질인 사고력을 알고 있다. 우리는 사고력을 통해 인간적인 영혼의 존재를 필수적인 지식으로 배운다. 이 지식은 감각적 지각 너머에 학문적 지각이 존재한다는 사실을 통해 알 수 있다. 따라서 우리는 이 세계를 감각의 세계 너머에 있는 또 다른 세계라고 생각한다. 그다음에 우리는 의지나 향방처럼 마음에서 일어나는 영향력을 통하고, 실제활동을 향하는 상태를 발견함으로써 우리 위에 존재하는 세 번째 세계를 알게 된다. 우리 위에 있는 세계로부터 우리를 보내는 행위자가 존재한다는 것을 알게 된다. 그것은 영혼과 천사의 세계다. 그 세계에는 본질들이 있는데 우리와 본질들 사이에 차이가 존재함에도 우리에게 발휘하는 영향력의 존재는 사실이다. 높은 정신세계와 본질들은 수면 상태에서 보는 것을 통해 알게 될 수

---

45　코란 16장 78절.

도 있다. 수면 중에 본 것이 현실과 부합하면 우리는 그 꿈이 진실된 것이고 진실의 세계에서 비롯된 것이라는 것을 알게 된다. 그러나 미약한 꿈은 감각에 의해 우리 내면에 저장되어 있던 상상의 영상일 뿐이다. 우리가 감각에서 부재하는 이후에 사고가 감각에 유영하면서 생기는 것이다. 이런 영혼의 세계보다 더 명확한 것을 발견할 수는 없다. 우리는 총체적으로 이 세계를 알지 부분적으로 느끼지는 않는다.

형이상학자들은 영혼의 세계와 그 순서의 본질에 존재하는 세부사항을 이성이라고 불렀는데 거기에는 논리학에서처럼 논리적 증명의 조건이 성립되지 않기 때문에 아무것도 확실하지 않다고 했다. 왜냐하면 토론의 조건 중에는 그 제안이 근본적이고 본질적이어야 한다는 것이 있기 때문이다. 영혼적 본질은 본질의 무지함이다. 그러므로 논리적 토론은 거기에 적용되지 않는다. 이런 세계에 대해 우리가 인지하는 것은 믿음으로 설명되고 확립된 종교법에서 얻을 수 있는 것밖에 없다. 세 개의 세계 중 우리가 가장 잘 인지하는 것은 인간의 세계이다. 왜냐하면 인간세계는 우리가 몸과 영혼으로 인지할 수 있는 것이기 때문이다. 우리는 감각의 세계를 동물과 공유하지만 지성과 영혼의 세계는 천사와 공유한다. 물론 천사들의 본질은 그 세계의 본질과 동일한 것이다. 그들은 육체와 물질에서 완전히 자유롭고, 순수한 지성을 지니고 있다. 즉, 지성과 생각하는 자와 생각의 대상이 하나이다. 이는 지각과 지성인 현실의 본질이다. 천사의 지식은 항상 자연에 적용되어 획득된다. 그들은 어떤 결여도 보이지 않는다.

인간의 지식은 처음엔 획득하지 않았지만 이후 그들의 본질에서 알려진 형태가 된다. 이것은 모두 획득된 것이다. 정보의 형상이 획득한 본질은 물질적 영혼이다. 존재의 형상은 차츰차츰 습득하는 지식의 형태로 존재하며 죽음에 도달함으로써 완성하게 된다. 그 형상이 대상을 삼은 목적물들은 부정과 확신 사이의 끊임없는 망설임이다. 둘 중 하나는 양극단을 연결하는 중간을 요구한다. 그것이 도달하여 목적물이 알려지게 되면 지식과 알려진 대상 사이에 적용을 설명해야 한다. 그런 적용은 기술적이고 논리적인 토론으로 분명해지기도 한다. 그러나 그런 증거는 베일 뒤의 것에서 온 것이다. 그것은 천사의 지식이라는 의미가 아니다. 그 베일이 제거되면 지각적으로 보게 된다. 인간이 자연적으로 무지한 이유는 지식 획득에 있어 망설이기 때문이라는 사실로 분명히 밝혀질 수도 있다. 지식은 기술로 획득하는 것이다. 그 이유는 기술적인 조건들을 생각함으로써 얻고자 하는 것을 얻기 때문이다. 베일의 제거는 디크르를 실행할 때 가능하고 그 실행을 위한 최상의 조건은 모든 죄와 악행을 금하는 기도이다. 또 베일의 제거는 음식을 자제함 그중 최고는 단식인데 바로 이때 가능하다. 또한 알라께 헌신함으로써도 가능하다. 알라는 인간이 알지 못하는 것도 가르쳐 주셨느니라.[46]

## 14장 | 예언자들의 지식

우리는 이런 종류의 사람이 인간적인 투쟁과 상태를 벗어났으며, 신성한 상태가 그를 유지한다는 사실을 알고 있다. 예언자들은 지각 능력, 욕망과 분노 같은 투쟁의 힘, 육체 상태와 관련하여 인간적인 면모를 통제하고 다스린다. 그러므로 예언자들은 인간적인 상태에서 벗어나 있다. 그들은 신에 대해 자신이 아는 바가 요구하는 것을 통해 신을 숭배하고 신의 이름을 암송한다. 그들은 신성한 상태에서 받은 계시를 전달함으로써 사람들에게 신에 관한 정보를 전달한다. 그들은 하나의 방법과 규범에 의해 이슬람 공동체 움마를 올바르게 인도하는데 그것은 신이 그들의 본능에 부여한 자질과 같이 변하지 않는다. 우리는 이 책의 앞부분에서 초자

---

46   코란 96장 5절.

연적 지각과 관련하여 언급한 바 있다. 존재 계는 모두가 위아래로 자연적 배열에 의해 간단하거나 복합적인 세계가 존재하고 이들은 서로 연결되어 있다고 밝힌 바 있다. 이 모든 세계에 있는 각 지평의 마지막에 본질이 준비하고 있다. 왜냐하면 위 혹은 아래의 세계로부터 본질은 항상 이동할 준비가 되어 있고 이것은 자연스러운 일이다. 이는 마치 단순한 육체적 요소에서 발생하는 일과 같다. 대추야자와 포도 넝쿨이 식물계의 가장 끝에 있고 동물계의 가장 끝에 있는 달팽이나 조개와 함께 연결되어 있다. 마찬가지로 영리한 원숭이는 자신이 속한 세계의 가장 끝에서 사고의 소유자인 인간과 함께 있다. 양쪽 세계의 끝에 있는 이런 준비된 상황은 모든 세계의 경계에 있는데 모든 의미는 그 세계들이 연결되어 있다는 것이다.

인간의 세계 위에 있는 정신세계가 있다. 그 세계의 영향, 우리에게 지각과 의지의 능력을 부여하는 것을 통해 알 수 있다. 정신세계의 본질은 순수 지각과 순수 이성인데 그것은 천사의 세계이다. 이 모든 것은 인간의 영혼이 언젠가는 찰나라도 천사가 될 수 있도록 인간성이 천사성으로 변환될 준비를 하고 있다는 것을 의미한다. 이후 영혼은 인간성으로 돌아온다. 인간의 영혼은 천사성의 세계에서 인간에게 전해 줄 천사의 말씀을 전달받는다. 이것이 천사들의 말씀이고 계시라는 의미이다. 모든 예언자들은 본능적으로 이런 자질을 지니고 마치 그것은 그들의 천성과 같다. 그런 변환을 겪을 때 그들에게 숨이 막히고 조여 오는 느낌이 나타난다는 것은 잘 알려져 있다. 그런 상태에서 그들의 지식은 눈으로 직접 보는 것이며 오류나 실수가 없고 과오나 망상도 개입되지 않는다. 그런 완벽한 일치는 본질적이다. 왜냐하면 초자연의 베일이 벗겨지고 분명하게 직접 보기 때문이다. 예언자들이 그런 상태에서 벗어나 인간성을 회복한다 해도 이런 분명함은 없어지지 않는다. 그들은 이런 상태에 이르는 자질을 본능적으로 지니고 있기 때문에 그런 경험은 계속 반복되고 결국 그들이 이 세상에 보내진 이유인 이슬람 공동체를 바른 길로 안내하라는 것이 완성할 때까지 연결된다. 그러므로 이를 잘 이해하라. 이 책의 앞부분에서 여러분께 언급한 바를 다시 보길 바란다. 초자연적인 현상과 관련하여 이미 충분히 설명한 바 있다. 알라는 성공을 주신다.

## 15장 | 인간은 본질적으로 무지하지만 지식을 획득한다

우리는 앞에서 인간이 동물에 속하지만 지고하신 알라께서 인간에게 사고력을 부여하여 동물과 구별시켰고 인간은 사고를 통해 자신의 행동을 질서 있게 한다고 설명한 바 있는데 이것은 분별적 지성에 대한 언급이다. 인간이 유용하거나 유해한 생각을 타인으로부터 배워서 획득할 수도 있는데 그것은 경험적 지성에 대한 언급이다. 인간이 가시적이건 아니건 존재하는 사물을 존재 그 자체로 인식하는 경우가 있는데 그것은 사유적 지성에 대한 언급이다. 이런 사고력은 인간 내면에 존재하는 동물성이 완성된 이후에 얻게 되는데 그것은 분별에서부터 시작된다. 분별력이 생성되기 전에는 지식이 없고 동물과 다를 바 없다. 인간의 존재는 정자, 피, 살로 이루어졌지만 이후에 인간이 획득하는 것은 모두 신이 인간에게 부여한 감각적 지각과 사고이다. "너희에게 귀와 눈과 심장을 주셨으며"[47] 분별력을 지니기 이전의 최초의 상태의 인간은 지식이라고는 없기 때문에 물질에 불과하다. 인간은 신체 기관을 통해 지식을 획득함으로써 자신의 형상을 완성시킨다. 그러므로 인간적 본질은 존재의 완벽함을 이룩한다. 예언자의 계시 시작 때 지고하신 알라의 말씀을 보라.

"창조주이신 주님의 이름으로 전하도록 하라. 그분은 응혈로부터 인간

---

47  코란 16장 78절.

을 창조하셨으니, 이르라! 너의 주님은 가장 관대한 분이시며 붓으로 인간에게 가르침을 주셨으며, 인간이 알지 못하는 것을 가르쳐 주셨느니라."[48] 즉 인간은 본디 응혈과 살로 된 존재였으나 이후 생득적으로 지니지 못했던 지식을 얻게 되었다는 것이다. 우리는 인간이 본질적으로 무식했으나 이후 지식을 획득했다는 사실을 알게 되었다. 고귀한 코란 구절은 계시를 시작하면서 이 구절을 언급하였고 이로써 인간은 존재의 첫 단계에서 알라의 축복을 받았다는 것을 보여준다. 즉, 그것은 인간성과 두 가지 상태인 본능적인 것과 획득적인 상태를 의미한다. 이것이 계시의 시작에 있었다. 알라는 모든 것을 아시고 현명하시다.[49]

## 16장 | 코란과 순나의 불확실함을 밝힌다.
또한 이러한 불확실함으로 생긴 정통파와
혁신파의 여러 주장을 언급한다

알라께서는 우리를 구원과 축복으로 인도하기 위해 예언자 무함마드*를 보내셨고, 예언자에게 아랍어로 쓰인 고귀한 경전을 계시했으며 그 경전인 코란을 통해 우리에게 구원과 축복을 내려주는 종교적인 의무를 일러주었음을 인지하라. 이 과정에는 알라의 본질을 우리에게 알리기 위해 신의 이름들과 속성들에 대해 언급하고, 우리에게 연계되어 있는 정신에 대해서도 언급하고 있으며, 우리에게 보내진 사도*와 신을 연결하는 계시와 천사에 대해서도 언급하고 있다. 또한 이러한 언급에는 최후의 날과 최후의 날이 도래했음을 알려주는 징표들도 있는데 그 시간은 명시되지 않았다. 고귀한 코란의 일부 장에는 그 도입부에 알파벳 문자들이 쓰여

---

48  코란 96장 1~5절.
49  코란 4장 17절.

있다. 하지만 우린 그 의미를 알 수 없다. 코란에 보이는 이러한 것을 '불확실한 것'이라고 부른다. 그리고 그러한 불확실한 것을 추종하는 사람들은 비난을 받았다. "알라는 이러한 계시를 너희에게 내리신 분이다. 그 계시에 어떠한 구절은 명백해서 경전의 근간이 되고 일부 구절은 불확실하다. 마음이 사악한 자는 불확실한 구절에 얽매여 그 감추어진 의미의 결함을 추구하고 자신의 마음대로 해석하려 한다. 하지만 알라 이 외에는 그 불확실한 구절의 진정한 의미를 아는 자는 아무도 없다. 지식의 구조가 탄탄한 사람들은 이렇게 말한다. 우리는 이것을 믿습니다. 그리고 이것은 모두 알라로부터 주어진 것입니다."[50] 예언자 무함마드*의 교우 중 초기 무슬림 학자들과 그 다음 세대 학자들은 위 구절에서 '명백한 것'이 '분명하고 확정적인 의미'라고 이해했다. 따라서 법학자들은 용어의 사용에 있어서 '명백한 것'의 개념을 '의미가 분명한 것'이라고 정의했다. 그러나 불확실한 구절에 대해서 사람들은 다른 견해를 지니고 있었다. 그들은 불확실한 구절들의 정확한 의미 파악을 위해 연구와 해석이 필요하다고 했다. 왜냐하면 그것이 다른 구절이나 이성에 바탕을 둔 논리와 대치되기 때문이다. 그래서 그 뜻이 모호하고 불확실한 것이 되었다. 이와 관련하여 이븐 압바스는 "불확실한 구절들을 믿되 그것을 따라 행동할 필요는 없다"라고 말했다. 무자히드와 이크라마는 이렇게 말한 바 있다. "분명한 구절들과 이야기들을 제외하곤 모든 것이 불확실하다." 그리고 판관 아부바크르와 이맘 알하라마인 역시 이 말에 동의한 바 있다. 한편 싸우리와 샤으비 그리고 초기 무슬림학자들 중 일부는 이렇게 말한 바 있다. "불확실한 것은 우리의 지식으로는 알 수 없는 것이다. 그것은 마치 어떠한 지정된 시간의 조건이나 최후 심판의 날에 나타나는 징표에 관한 것들 그리고 코란의 일부 장의 도입부에 있는 아랍어 알파벳과 같은 것이다." 그런

---

50    코란 3장 7절.

데 바로 이 말과 관련해서 성서(코란)의 어머니라는 구절[51]은 성서에서 가장 주된 것이고, 불확실한 것은 가장 작은 부분이라는 것이다. 이는 확실하게 의미를 밝힌 것에 대해서만 응답을 한 것일 뿐이다. 그 이후 불확실한 것을 번역하려고 하는 사람들 혹은 우리의 언어인 아랍어에서 조차도 그 의미를 이해할 수 없지만 그것을 이해하려고 시도하는 사람들은 비난의 대상이 되었다. 그들은 '잘못하는 자들' 즉, '진실에서 벗어나 있는 자들'로 불렸고 구체적으로 불신자들이나 진디끄들 그리고 멍청한 개혁가들을 의미했다. 그들이 불확실한 것을 해석하려는 의도로 믿는 자들에게 혼란을 주거나 다신론자 등의 문제를 언급했다면 그들은 개혁이라는 미명 하에 위에서 언급한 대로 행동하는 것이다.

그 이후 알라께서 그 구절에 대해 우리에게 밝히시기를, 당신이야말로 그러한 불확실한 구절을 번역할 수 있고, 그분 이 외에는 그것을 아는 자가 없다고 했다. 그는 말했다. "알라 이 외에 그것을 해석할 사람은 없다." 그 이후 위의 말씀을 믿는다는 학자들의 믿음은 칭송되었다. 코란에는 이런 구절이 있다. "뿌리 깊은 지식을 내린 자들이 말하기를 우리는 그것을 믿는다."[52] 따라서 초기 무슬림들은 그 코란 구절에서 '뿌리 깊은 지식을 가진 자들'을 새로운 문장의 시작으로 간주했고, 그들은 접속사에 큰 무게를 실었다. 왜냐하면 보이지 않는 것에 대한 믿음이 보이는 것에 대한 믿음보다 더 큰 찬양을 의미하기 때문이다. 그들은 보이지 않는 것에 대한 강한 믿음으로 그 구절을 해석했기 때문이다. 그리고 코란 구절의 '우리가 할 수 있는 것은 모두 우리의 주님이 가져다주신 것이다'[53]라는 말씀을 강조했는데 이것은 바로 불확실한 것을 해석하는 것은 인간의 능력 밖이라는 것이다. 단지 코란에 쓰인 어휘들이 아랍인이 사용하고 의미를 두

---

51    코란 43장 4절.
52    코란 3장 7절.
53    코란 3장 7절.

는 것이라 할지라도 이것은 인간의 능력으로는 부족한 것임을 증명한다. 그런 까닭에 이런 구절에 관해서는 전승도 불가능했다. 알라께서 주신 것이 우리에게 도달하고 우리가 그것에 대한 지식을 얻는다 할지라도 우리는 스스로가 감지한 것을 완벽하게 파악을 할 수는 없다. 그것은 우리의 힘 밖의 일이다. 그래서 아이샤는 이렇게 말한 바 있다. "너희들 중 누군가가 코란에 대해서 토론을 하는 것을 본다면 그들은 알라의 심기를 불편하게 하는 자이니 그들에게 경고를 하라." 이것이 바로 불확실한 구절에 대한 초기 무슬림의 이론이다.

불확실한 구절에 대한 여러 가지에 대해 살펴보았으니 그 구절들에 대한 사람들의 다양한 의견을 검토해보도록 하자. 불확실한 구절에 관련되어 있는 시간이나 시간의 조건들, 최후 심판의 날의 증표가 나타나는 시간들, 악마가 지옥에 간다고 믿는 천사들의 수 혹은 그와 비슷한 용례들에 대해 살펴보자면 이 모든 것은 역시 불확실한 구절에 관한 것이다. 왜냐하면 이것은 일반적인 어휘나 그 밖의 것으로는 설명이 되지 않기 때문이다. 이것은 알라께서 영향력을 발휘하신 사건들이므로 그것은 알라께서만 알고 계시고 그분이 보내신 예언자의 책에 기록되어 있는 것이다. "그 사건들에 대한 지식은 알라만이 가지고 계시다."[54] 불확실한 것들을 해석하고, 시도하고, 생각해보려는 자들의 태도는 놀랍기만 하다. 한편 코란의 몇몇 장의 도입부에 있는 개별의 아랍어 문자들에 관해 살펴보자면 그 진실은 단지 알파벳이라는 것뿐이다. 그것은 의도적으로 쓰인 것이라고 보기는 어렵다. 이 점과 관련하여 자마크샤리는 이렇게 말한 바 있다. 그 알파벳은 코란을 흉내 낼 수 없는 그러한 것을 의미한다. 왜냐하면 계시된 코란은 아랍어로 쓰였고 그 당시 사람이라면 누구든 아랍어 알파벳을 썼기 때문에 코란이 책으로 저작이 된 이후 쓰여 있는 여러 가지 지시

---

54  코란 7장 187절.

들의 차이가 존재할 가능성은 있다. 이러한 문제의 해결은 올바른 전승을 통해서 가능한데 그들(전승가들)의 말은 '순수'와 '인도'를 의미하는 '따하'를 강조하기 때문이다. 올바른 전승은 매우 어려운 일이다. 계시, 천사, 정신, 진느, 의미와 관련된 불확실한 구절을 살펴보자면 일반 사람들은 이러한 용어들을 수용하지는 않았다. 왜냐하면 그것은 매우 불확실한 것이기 때문이다. 사람들은 이러한 불확실한 구절에 최후 심판의 날에 나타나는 조건들 즉, 천국, 지옥, 적敵그리스도, 최후 심판의 날 전에 나타나는 혼란 등을 다 포함시켰다. 뿐만 아니라 익숙한 관습이 아닌 것들과 상이한 모든 것들도 포함시켰다. 그들이 옳을 수도 있지만 대다수 무타칼리문은 그것에 동의하지 않았다. 여러분이 그들의 책에서 볼 수 있듯이 그들은 이러한 용어들이 매우 중요하다고 강조했다. 따라서 남아 있는 유일한 불확실한 구절은 바로 알라의 속성에 관계된 것들로 알라께서는 자신의 책 코란에 자신의 예언자, 즉 무함마드*를 통해서 스스로를 묘사한 바 있는데 그것이 바로 알라의 일부분이 결여되어 있다거나 위약하다고 할 수도 있는 의미를 내포하고 있다는 것이다. 초기 무슬림들 이후에 이러한 현상들에 대해 사람들은 다양한 견해를 보이고 학자들은 서로 토론했고 혁신가들은 이러한 이론들을 분류하기에 이르렀다. 우리는 그들의 이론과 잘못된 것에 반해 올바르게 영향을 미치는 것들을 살펴보기로 하자.

　알라께서 코란에 자기 자신을 빗대어 지식이 있는 자, 권능한 자, 생명이 있는 자, 듣는 자, 보는 자, 말하는 자, 대단한 자, 자비로운 자, 선한 자, 베푸는 자, 위대한 자로 언급했음을 인지하라. 또한 알라 자신을 양 손, 두 눈, 얼굴이 있고 다리가 있으며 말을 하고 그 밖의 여러 가지 성질의 것들로 언급했음을 기억하라. 이러한 알라의 모습 중에는 참된 신성을 의도하는 것도 있다. 예를 들면 지식, 권능, 의지, 모든 것의 으뜸 조건이 되는 생명과 같은 것이다. 알라의 모습을 묘사한 것 중에는 완벽한 성질을 의미하는 것들도 있다. 예를 들자면 듣다, 보다, 말하다가 있다. 그러나 일부 묘사 중에는 부족함으로 오해되는 부분도 있는데 그것은 앉다, 내려가다, 오다 등이다. 또한 얼굴과 양 손, 두 눈은 피조물의 성격을 띠기도 한다. 그 이후로 예언자 무함마드*는 "우리는 최후 심판의 날, 보름달을 보는 것처럼 그분을 보게 되고 따라서 그분을 본다 해도 아무런 해가 없다"고 언급했고, 그것은 싸히흐로 간주된다.

예언자의 교우와 그 이후의 추종자들은 신성의 특질과 완벽함을 이렇게 못 박았다. 그리고 신성에 대해 부족한 것으로 오해받을 수 있는 부분에 대해서는 침묵으로 일관하며 그 의미에 대해서는 언급하지는 않았다. 초기 무슬림학자들 이후의 사람들은 이 부분에 대해 다양한 견해를 제시했다. 특히 무으타질라 학파는 이러한 알라의 모습을 묘사한 것은 순전히 마음의 문제라고 생각했다. 그들은 이것을 신의 속성과 관계된 특성이라고 규정하지 않았다. 그들은 이것을 '타우히드', 즉 알라의 유일성이라고 불렀다. 그들은 인간이 자신의 행동을 책임지는 창조자라고 주장했고, 인간의 행동에는 알라의 의지가 관여되는 것은 아니라고 했다. 특히 악행과 죄악이 여기에 해당되었다. 신성은 인간이 저지르는 악행을 금지하는 것이다. 그들은 인간을 위해 최선이 무엇인가 하고 관찰하는 것이 알라의 의무라고 주장했다. 그리고 그것을 바로 '정의'라고 불렀다. 이전에 무으타질라는 운명을 부정한다고 말한 바 있다. 그들의 주장에 따르면 모든 것은 지식에서 비롯되고, 그 의지와 능력에서 비롯되는 것이다. 싸히흐에 언급된 바에 따르면 압둘라 븐 우마르는 마으바 딘 알주한니와 이런 말을 한 자들의 견해를 부정했다. 결국 예정설을 부정하는 이론은 와씰 븐 압두 알가잘리에 이르러서 정점에 달했고 그는 바로 하산 알바쓰리의 제자였다. 그때가 바로 말리크 븐 마르완의 시대였다. 그 이후 무암마르 알살라미까지 이르게 되었고 무으타질라 학파는 자신의 견해를 철회했다. 무으타질라 학자들 중에는 아부 알후다위 알알라프가 있었는데 그는 무으타질라의 수장이었다. 그는 자신의 이론을 우스만 븐 칼리드 알따윌로부터 취했고, 우스만 븐 칼리드 알따윌은 와씰로부터 그 이론을 취한 바 있다. 와씰은 바로 운명의 예정설을 강력하게 부인했던 사람이다. 그는 존재론적인 특성을 부정하면서 철학자들의 견해를 따랐는데, 그 이유는 당시 철학자들의 견해가 득세를 하고 있었기 때문이다.

그리고 이브라힘 알낫잠[55]이 등장했다. 그는 운명의 예정설을 믿었고 무으타질라의 추종자들은 그를 따랐다. 그는 철학 작품들을 많이 공부했다. 그래서 신성에 대한 묘사의 존재에 대해서 단호하게 부정했고 무으타질라의 기본적인 강령을 만들었다. 그 이후로 자히즈,[56] 카으비,[57] 줍바이야 등이 등장했다. 그들이 취한 입장과 그들의 학문적인 방법론을 바로 '칼람학'이라고 부른다. 그 의미는 글자 그대로 보자면 '말하는 학문' 혹은 '말'이다. 이렇게 부르게 된 이유는 이 학파가 논쟁과 토론을 중요시했기 때문이고, 그것은 바로 칼람에서 근거하고 있기 때문이다. 또 다른 견해로는 말하는 것의 특성이나 성격을 부인했기 때문이라는 견해도 있다. 샤피이는 이렇게 말했다. "그들은 야자나무로 매를 맞고 끌려나오는 대접을 받아도 당연하다." 위에서 언급한 이 사람들이 무으타질라 학파에 깊이 관여하고 있던 사람들이다. 그들은 이론의 일부를 공고히 만들었고 나머지 것들을 거부했다. 결국 셰이크 아부 알하산 알아샤리가 등장했고 그는 일부 무으타질라 학자들과 논쟁을 벌였는데 그 주제는 신이 인

---

55  무으타질라 학파의 대가. 835~845년 사이에 사망한 것으로 추정.

56  al-Jāḥiz(868년 사망)는 바스라 출신으로 압바스 시대 위대한 무으타질라 사상가이며 산문 문학의 대가다. 그는 칼리파 마흐디(775~785)부터 무흐타디(869~870)까지 12명의 칼리파 재위 기간을 지냈다. 그의 작품은 다양한 주제에 걸쳐 있고, 문학과 정치, 철학까지 망라한다. 그중 가장 대표적인 작품들을 살펴보자면 다음과 같다. 자히즈의 해박한 지식과 독서의 깊이를 보여주는 백과사전적 문학서인 *Risālah al-Tarbī' wa al-Tadwīr*, 아랍인의 수사학적 탁월함을 증명한 *al-Bayān wa al-Tabyīn*, 동물에 관한 총체적인 지식서인 *al-Ḥayawān*, 코란의 창조설에 관해 논의한 *Risālah Khalaq al-Qur'an*, 수전노들의 기담을 모아 놓은 *al-Bukhalā'* 도둑들에 관한 이야기 *al-Luṣūṣ*, 까이나에 관한 서신 *Risālah al-Qiyān*, 여성에 관한 서신 *Risālah al-Nisā'* 등이 있다.

57  931년 사망 추정. 그의 이름은 딸라 븐 아흐마드 알바라키 알카으비이다.

간의 복지에 관여해야 하는가에 대한 것, 무엇이 인간을 위한 최선인지를 알아보아야 한다는 것에 관해서였다. 결국 그는 무으타질라의 이론을 폐지했고 압둘라 븐 사이드 븐 쿨라입,[58] 아부 압바스 알깔라니시, 하리쓰 븐 알아사드 알무하십[59] 등의 견해를 수용하고 따랐다. 그들은 바로 정통적인 접근으로 초기 무슬림들의 견해를 추종했던 사람들이다. 아부 알하산 알아샤리는 위에서 언급했던 학자들이 칼람학에 대해 논쟁했던 것을 더욱 더 강화시켰다. 그는 지식과 능력, 의지, 생명이 신의 속성이자 특징으로 존재한다고 단언했다. 이러한 신의 속성은 상호 반목하고 대립하는 논쟁에 있어서 주된 것이었고, 결국 그들은 예언자의 기적이 올바르다는 것을 확고하게 정립시켰다. 아샤리의 주장은 신의 속성 중에 말하고, 듣고, 보는 것이 존재한다고 단언하였는데 얼핏 보자면 이러한 속성들은 혹시라도 '결여'와 관계가 있는 것처럼 보일 수도 있다. 왜냐하면 지금 말한 속성들은 바로 물질적인 음성이라든가 형이하학적인 글자들과 연관 지을 수 있기 때문이다. 그러나 아랍인들은 칼람을 다른 뜻으로도 생각하고 있었다. 그것은 '글자 그대로의 음성이 나오는 것이 아니라 영혼의 주변으로 가는 것'으로 간주했기 때문이다. 문자 그대로만의 칼람이라는 것은 처음 말한 종류의 칼람과는 모순될 수도 있다. 학자들은 그러한 신의 영속적인 칼람을 묘사한 것이다. 따라서 앞서 제기했던 결여라는 견해는 제거됨이 마땅하다. 그 학자들은 신의 속성 중에 말하는 것을 아주 원시적인 것이고 일반적인 적용으로 생각했고 또 한편으로는 다른 속성들의 경우에도 일반적인 경우로 생각을 했다. 코란은 두 가지 의미를 내포하고 있는 경우가 있다. 그것은 신의 속성에 있어서 원시적이고 지속적인 것이다. 이것이 바로 연설의 기본이 되는 것이다. 하지만 다른 문제점은 그것이 창조되었다는 것이다. 그것은 문자로 나타나는 소리들의 조합으로 이루어졌고 인간의 목소

---

58    9세기 후반부의 인물.
59    855년 사망으로 추정되는 아랍의 산문작가.

리로 코란이 낭송된다는 사실이다. 우리가 이러한 것을 어떠한 원시시대의 것이라고 말할 때에는 첫 번째의 의미를 말하는 것이다. 그리고 낭송될 수 있거나 혹은 들을 수 있는 것이라고 부를 때 이것은 바로 코란의 낭송과 성문화된 사실을 언급하는 것이다. 이맘 아흐마드 븐 한발은 코란에 대해 '창조된 것'이라는 단어가 사용에 반대했다. 다른 문제는 신의 속성 중에 듣고 보는 것에 관한 것인데, 이것 역시 인간 육신의 일부라는 개념으로 간주될 수가 있다. 그러나 언어적으로만 해석하자면 이것은 들을 수 있고, 볼 수 있는 개념으로 해석될 수 있다. 따라서 그렇게 해석을 한다면 이것 역시 신의 속성 중에 결여를 의심하게 하는 추정은 삭제되어야함이 마땅하다. 왜냐하면 우리는 신의 속성과 관련된 진짜 두 가지 문자적인 의미를 보았기 때문이다. 신의 속성 중에 앉고, 오고, 내려가고, 또 얼굴과 손, 눈 그 밖의 것들의 경우가 있는데 무타칼리문은 이러한 것에 실질적이고 언어적 의미를 포기했는데 그 이유는 언어적 의미는 이러한 신의 속성이 결여된 것으로 보일 수도 있기 때문이었다. 결여된 것이거나 혹은 신인동형론으로 주장될 수도 있다는 가능성이었다. 왜냐하면 그것은 의무적인 해석이 가능했기 때문이다. 특히 아랍인은 해석을 하는 데 있어서 어려움에 직면하여 진짜 의미를 알 수 없을 때에는 은유적인 해석을 하곤 했다. 예를 들자면, 코란의 구절에 이러한 것이 있다. "넘어지려는……"[60] 또 이와 유사한 경우도 있다. 아랍인들이 잘 쓰는 방법은 용납되지 않은 것이거나 혁신이 아닌 것들임에 분명하다. 특히 신의 속성과 관련한 은유적인 해석은 초기 무슬림들이 보여주었던 견해와는 반대인 것이다. 그들은 사실 모든 것을 신에게 위임했다. 그러나 무타칼리문은 초기무슬림들을 추종했던 사람들, 즉 참신한 사고를 지녔던 학자들과 최근에는 한발리파의 추종자들이 이러한 신의 속성의 중요성과 관련하여 과오를 범했다는 사실을 받아들이게

---

60    코란 18장 77절, "그들 둘은 막 넘어지려는 담을 보고 그가 그것을 고쳐 세우니."

되었다. 그래서 무타칼리문은 이러한 학자들이 신의 속성을 규정함에 있어서 '어떻게'라는 방법론에 있어서 문제가 있었다는 사실을 알게 되었고, 코란 7장 54절, 52절에 있는 '알라께서 옥좌에 앉으셨다'는 부분과 관련하여 그들은 이렇게 말했다. 우리는 그가 앉는다는 사실을 인정한다. 왜냐하면 우리는 그분의 말씀을 부정하는 것을 두려워하기 때문이다. 그러나 우리는 어떻게 말해야 하는지 모르겠다. 왜냐하면 신인동형론의 이론을 두려워하고 있기 때문이다. 신인동형론의 주장은 다음과 같은 부정적인 구절들에 있어서 부정되고 있다. 예를 들자면 "그와 같은 분은 존재하지 않는다." 코란 42장 11절, 9절, 코란 23장 91절, 93절. "알라는 악인들이 말씀한 것 위에 계시다. 그리고 그는 자식을 낳지도 않고 태어나지도 않는 분이다."[61] 이러한 사람들은 그들이 알라가 앉는다는 속성을 확고하게 하기 위하여 신인동형론이라는 주제 하에 이러한 구절들이 있었다는 것을 깨닫지 못했다. 왜냐하면 그들은 사전편찬자들의 주장에만 의존했고, '앉다'는 단어는 어떠한 장소에만 적용이 된 것이며 그것은 무언가 육신의 상태와 관련된 것이라고 믿었기 때문이다. 그러나 그러한 부정은 단지 단어에만 영향을 미쳤지 다른 위험은 없었다. 그들이 피해야 할 것은 신성을 부정하는 것이다. 그들은 인간에게 불가능한 의무를 부과하는 것을 혐오했는데, 그것은 망상이다. 왜냐하면 불확실한 구절들은 어떠한 의무도 초래하지 않기 때문이다. 그들이 주장하고 있는 바가 초기 무슬림들의 견해라고 말했다. 하지만 사실 초기무슬림들은 그러한 견해를 보이지 않았다. 초기무슬림들의 견해는 신의 속성과 관련된 모든 것도 신에게 위임했고, 그들은 그러한 속성들을 굳이 이해하고 거기에 대해 언급을 하려 하지도 않았다. 한 발리파는 신의 속성 중에 '앉다'라는 주제로 많은 논쟁을 벌였고 그들의 정당성은 말리크의 견해에 있었다. 즉 말리크의 견해에는 '알라가 앉다'는 사

---

61    코란 112장 3절.

실은 알려져 있다. 그러나 그 알라가 어떻게 앉는지에 대해서는 알려져 있지 않다는 것이다. 말리크는 '앉다'는 행위 자체가 신의 속성을 결정짓는 것으로 의미하지는 않았다. 말리크는 '앉다'라는 것의 문자 그대로의 의미를 알고 있었고, 그것이 육신의 행위와 관련된 것이라는 것도 알고 있었다. 그러나 그러한 일이 어떻게 일어날 수 있겠는가? 왜냐하면 모든 속성의 진실이 어떻게 신에게 일어나는가에 대해서는 인간으로서는 알 수가 없기 때문이다. 그래서 이러한 학자들은 장소에 대해서도 많은 논쟁을 벌였다. 그들은 흑인 여자 노예의 일화를 언급했다. 예언자 무함마드*께서 그녀에게 물었다. "알라는 어디에 계시는가?" 그러자 대답했다. "하늘에 계십니다." 그 말을 듣자 예언자께서 그 노예의 주인에게 명했다. "그녀를 풀어주어라. 그녀는 믿는 자이니라." 예언자*는 그녀에게 진실한 믿음이 있는지에 대해서는 언급하지 않았다. 그러나 그녀가 알라의 계시 즉, 신은 하늘에 있다는 계시의 구절을 곧이곧대로 믿고 있었기 때문에 그녀를 '믿는 자'라고 단언하게 된 것이다. 그래서 그녀는 깊은 지식의 뿌리를 둔 사람이 되었다. 즉, 불확실한 구절을 해석하기 위해선 확실한 의미를 찾아내는 것이 지식의 뿌리를 둔 사람들의 행위이다. 분명한 것은 알라가 계신 장소의 존재를 부정한다는 것이다. 이것은 신의 필요성을 부정하는 논쟁으로부터 출발했고 또 하나는 신의 속성을 전면으로 부정하는 부정적인 증거들로부터 출발한 것이다. 예를 들자면 이런 구절이 있다. "그분과 같은 이는 없느니라."[62] 또 이와 흡사한 구절들도 있다. "그분께서는 천국과 이 땅 위에 계십니다."[63] 그러나 동시에 두 장소에 존재하는 것은 불가능하다. 따라서 이러한 구절은 신이 특정 장소에 존재한다는 것을 보여주는 명백한 것은 아니라고 말할 수 있다. 그러나 그 이외의 무언가 다른 의미를 가지고 있는 것이다. 이러한 학자들은 그 이후에 신의 속성 중 얼굴과 눈과 손, 오는 것, 내

---

62    코란 42장 9, 11절.
63    코란 6장 3절.

려가는 것, 말하는 것, 음성 등의 주제로 단순한 의미를 여러 가지 방법으로 확대 해석했다. 그들은 이러한 단어가 인간의 육체를 언급한 것 이상으로 다른 의미를 가지고 있을 것이라고 추정했다. 그래서 그들은 신은 이러한 속성의 의미, 즉 육체적 속성의 의미를 벗어나고 있다고 단언했다. 모든 학자들이 이러한 방법을 따랐다. 정통 아샤리 학파의 학자들과 하나피 학자들은 이런 이들의 견해를 피했고, 그들은 이 점과 관련하여 이런 이론을 주장하는 사람들의 강령을 폐기하려고 시도했다. 하나피 학자들 간에는 부카라에서 하나피 학자들과 이맘 무함마드 븐 이스마일 알부카리 간에 일어났던 일화가 매우 유명하다. 신인동형론은 신이 육체를 가지고 있다는 이론과 어느 면에서는 흡사하지만 신이 가지고 있는 육체가 인간의 육체와는 다르다는 것이다. 여기에서 육체는 무슬림들이 종교적, 전통적으로 생각하는 신과의 연관성에서 사용되지는 않았다. 그러나 그들은 대담하게도 그러한 어휘가 존재한다는 사실만으로 그렇게 단언했다. 그들은 거기에서 멈추지 않고 이 문제를 심화시켰고, 신의 유형 혹은 육체를 강조하기에 이르렀다. 그들은 육신과 관련된 것을 추정했고, 모순되게도 신은 인간의 속성과는 다르다는 쪽으로 주장을 하게 되었다. 따라서 그들은 신의 육신은 인간의 것과는 다른 무엇이라고 언급한 것이다. 그러나 아랍어에서 육신 혹은 육체라는 것은 좀 더 깊은 무언가를 가지고 있고 한정되어 있는 것이다. 다른 번역을 보자면, 예를 들어 육신이라는 것은 그 자체가 지속되는 무엇이거나 혹은 어떠한 요소의 구성으로 이루어진 것이다. 이것은 바로 무타칼리문이 사용하는 용어에서 아랍어가 보여주는 것 이상으로 다른 의미를 부가시키는 결과다. 따라서 신인동형론은 혁신적인 것이다. 결국 초기 무슬림들 즉, 정통 순니 이론가들의 이론과 참신한 사고를 하는 학자들, 개혁가들, 무으타질라 학자들 간의 차이점은 우리가 이제껏 보여준 여러 가지 예시와 설명들로 명확해졌다. 참신한 사고를 하는 학자들 간에는 극단적인 사람들도 있는데 그들은 '무샵비하'라고 불린다. 왜냐하면 그들은 공개적으로 신인동형론을 주장하고 나서기 때문이다. 그리고 이와 관련된 이야기는 "신의 수염이나 생식기에 대해서는 묻지 마라. 차라리 뭐든지 다른 것을 물어라"라는 구절에서 찾아볼 수가 있다. 이 문제를 연구하는 사람들이 흥미 위주로 설명하려는 의도가 아니라면 이렇게 혼란스러운 신의 속성과 관련된 것을 동일한 견해로 만들려는 노력은 무리이다. 따라서 순니 철학자들의 책은 개혁이라든가 개혁가들이 올바른 증거를 내밀며 주장했던 장황한 논박에 대해 반대하는 논쟁들로 가득하다. 그러나 우리는 여기서 그들의 주장에 대해서 간단히 언급을 한 것이다. "저희를 이 기쁨으로 인도하여 주신 알라께 찬미를 드리나이다. 알라의 인도하심이 없었다면 저희는 인도되지 못하였으리라."[64]

명백한 단어나 의미에 대해 증거를 내밀 수 있는 단어는 매우 불분명하다. 예를 들지면 계시, 천사, 영혼, 진느 혹은 연옥 등과 같은 것이 있다. 뿐만 아니라 최후 심판의 날의 조건들, 적그리스도, 최후 심판의 날보다 선행하는 혼란이나 정변, 그리고 그것을 관장하고 통제하는 조건들 등 그밖의 이해하기 어렵거나 익숙하지 않은 모든 것들에 대하여 우리는 아샤리 학파들이 생각했던 것과 동일한 견해를 가지고 있다. 아샤리 학파는 순니를 추종하는 학파이다. 따라서 우리가 불확실하게 말할지라도 거기에는 어떠한 불확실한 구절이 없다. 따라서 우리는 이제 그것을 명확하게 설명하고자 한다. 인간세계는 존재하는 것 중에 가장 고귀한 것임을 인지하라. 인간세계에서도 인간성은 동일하지만 각각 독특한 상태를 보이는 여러 단계가 존재하고 각 단계마다 인간성의 본질도 다르다.

**첫 번째 단계** : 인간의 육체적 세계로 인간의 외적인 감각, 생존을 위한 사고, 현재의 존재가 실행하는 모든 활동이 있다.

**두 번째 단계** : 꿈의 세계로 상상의 형상이다. 인간의 내면에 존재하는 상

---

64    코란 7장 43절.

상의 형상이 시간, 장소, 신체적 조건에 구애받지 않은 상태에서 인간의 외면 감각이 일부를 지각한다. 이때 그는 자신이 존재 해 본적도 없는 장소에서 상상의 형상을 보게 된다. 그러한 지각이 옳은 것이면 그것은 현세와 예언자가 약속했던 내세에서도 기쁨을 누린다는 의미이다. 이 두 단계는 모든 인간에게 일반적이지만 앞서 설명했듯이 지각은 서로 다르다.

세 번째 단계 : 예언의 단계로 이것은 알라께서 특별히 선별한 인간들 가운데 가장 고귀한 자에게만 해당된다. 알라는 그들에게 신에 대한 지식, 신의 유일성, 천사를 통해 전달한 계시, 인간의 외면 상태와는 다른 조건들에 대해서 인류의 개선이라는 의무를 부여한 바 있다.

네 번째 단계 : 죽음의 단계로 여기서 인간은 외면의 생명과 이별하고, 부활이 이루어지기 전까지 '연옥'이라 불리는 곳에 머문다. 인간은 그곳에서 생전의 행위에 따라 축복을 누리거나 형벌을 받는다. 그러다가 대부활의 날이 오면 큰 보상을 받아 천국의 축복을 누리거나 지옥의 형벌은 받는다. 첫 번째, 두 번째 단계는 직관으로 인식된다. 그러나 세 번째 예언의 단계는 기적과 예언자의 특수한 상태로 인식된다. 네 번째 단계는 새로운 소생과 연옥의 상황, 부활 등과 관련하여 예언자들에게 전달된 신의 계시를 통해 확인된다. 더욱이 이성적 논리도 그 존재를 필요로 한다. 알라는 코란의 여러 구절에서 죽은 사람의 소생을 언급하며 우리의 주위를 환기시켰다. 그 구절 중 가장 옳은 것은 이렇다. 만약 이 세상에서 눈으로 보이는 것 이 외에 사후 아무것도 존재하지 않고, 죽은 자에게 적절한 조건이 준비되어 있지 않았다면, 처음부터 인간의 존재 자체가 쓸모없는 일이다. 만약 죽음이 비존재라면 인간은 비존재로 돌아가게 된다. 그렇다면 알라께서 처음부터 인간을 창조할 이유가 없다. 그러나 현명한 알라께서 그러한 일을 하셨을 것이라 생각하는 것 자체가 어리석은 일이다. 이 네 단계의 존재가 확인되었으니 우리는 인간의 지각이 그 단계들을 어떻게 달리 인식하는지를 알아보자. 이는 불확실한 구절의 문제가 지닌 복잡함을 보

여줄 것이다. 첫 번째 단계에서 인간의 지각은 명백하고 분명하다. 지고하신 알라는 말했다. "알라께서는 너희가 아무것도 모르는 동안 너희 어머니의 자궁으로부터 너희를 내보내셨으며 너희에게 귀와 눈과 심장을 주셨다." 이 지각으로 인간은 지식의 습관을 체득하고 인간의 실체를 완성하고 자신을 구원하는 신에 대한 숭배의 의무를 수행한다.

수면의 단계인 두 번째 단계에서 인간의 지각은 눈으로 보는 외적인 감각 단계의 지각이다. 물론 사지가 깨어 있을 때와 같지는 않다. 그러나 단지 잠이 든 상태에서도 의심 없이 모든 것을 지각한다. 사람의 사지는 일반적인 방식에 따라 사용되지 않을 뿐이다. 이 상태의 특징에 대해서 사람들은 두 그룹으로 나뉜다. 첫 번째 그룹은 철학자들인데, 상상의 상像은 사고 활동을 통해 외적감각과 내적감각의 연결 부위인 공통감각으로 전달된다고 주장한다. 외적 세계의 오감으로 공통 감각의 느낌을 상으로 그린다는 것이다. 만약 알라나 천사로부터 비롯된 신뢰할 수 있는 상과 악마적 상이 모두 상상 작용에서 비롯된 것이라면 어떻게 전자를 더 확실하게 느끼느냐는 것이다. 두 번째 그룹은 무타칼리문이다. 그들의 주장은 이렇다. 꿈은 알라께서 감각 안에 창조해 놓으신 지각이라는 것이다. 이 지각은 깨어 있을 때와 마찬가지로 수면 중에서도 일어난다. 단지 우리는 그것이 어떻게 일어나는 것인지 알 수 없다. 수면 중의 지각은 감각적 지각이 여러 단계에서 작용하고 있음을 보여주는 가장 명백한 증거이다.

세 번째 단계, 즉 우리는 예언자의 단계에서 감각적 지각이 어떻게 일어나는지 알지 못하지만 예언자들은 직관으로 더 명확한 지식을 지니고 있다. 예언자는 알라의 말이나 천사의 말을 듣고 천국과 지옥과 하늘의 옥좌를 본다. 예언자는 일곱 하늘을 통과해 올라가며 그때 부라크[65]를 타고 하늘에 있는 예언자들을 만나 그들과 함께 기도를 한다. 그는 감각적 지각을

---

65  시선이 닿는 대로 어디든지 단숨에 뛸 수 있다는 전설의 명마로서 여인의 얼굴을 하고 있다.

느끼는데 이는 마치 육체적 단계나 꿈의 단계에서 느끼는 것과 같다. 그런데 이때 그는 사지로 느끼는 인간의 통상적인 지각의 방법이 아니라 알라께서 그를 위해 창조한 필수 지식을 통해서 인식하게 된다.

이와 관련한 이븐 시나[66]의 지적에 대해서는 관심을 가질 필요가 없다. 그는 예언을 꿈의 단계로 격하시켰고 인간의 상상이 하나의 영상을 공통감각으로 전한다고 주장했다. 그러나 철학자들의 주장에 대한 반박은 꿈의 경우보다 더 강력하다. 왜냐하면 이미 언급한 대로 우리는 앞서 상상에 의한 전달 과정이 본질적으로 동일한 것이라는 것을 언급했기 때문이다. 만약 계시가 상상에 의한 것이라면 계시와 예언자의 꿈은 확실성과 실체라는 점에서 동일한 것이다. 그러나 실제는 그렇지 않다. 당신은 예언자 무함마드가 계시를 받기 여섯 달 전에 꿈에서 본 것을 알고 있다. 꿈은 실질적인 일로 느껴지지만 그것은 계시의 시작이며 도입부이다. 계시도 마찬가지이다. 예언자 무함마드에게 계시는 무척 어려운 것이었다. 이는 싸히흐에 기록된 바에 따라 알 수 있다. 코란에도 개별의 구절이 예언자에게 계시된 바 있다. 이후 알바라아의 장(9장)이 그에게 계시되었다. 그는 타북 지방에서 낙타를 타고 공격하고 있을 때였다. 만약 계시가 단지 생각이 상상으로 되는 결과이고, 상상에서 공통감각으로 전이된다면 이러한 계시의 과정들 간에 차이가 있어서는 안 된다.

네 번째 단계, 즉 무덤에 들기 전 연옥에 머무는 단계로 인간이 육체에서 이탈하거나 육체를 회복하여 깨어나는 때까지를 말한다. 이때 망자에게는 감각적 지각이 있다. 무덤에서 망자는 두 천사를 보고 두 천사는 망자에게 질문을 한다. 그는 두 눈으로 자신이 천국이나 지옥에서 처하게 될 자리를 본다. 자신의 장례식에 참석한 사람들의 모습과 그들의 말을 듣고, 그들이 떠나갈 때 나는 발자국 소리도 듣는다. 망자는 사람들이 자

---

66  980~1037, 이슬람의 가장 대표적인 철학자 중 한사람으로 '아비시나'라고도 불린다.

신을 위해 신의 유일성을 말하고, 신앙의 두 가지 신조를 읊는 것이나 그 밖의 모든 것을 듣는다. 싸히흐에 따르면 알라의 사도*가 바드르의 우물 곁에 멈춰 섰다고 한다. 그 우물에는 꾸라이시 출신의 다신교도들의 시체가 들어 있었다. 그는 그들의 이름을 소리 내어 불렀다. 그러자 우마르가 사도*에게 물었다. "알라의 사도시여! 망자에게 말을 하시는 겁니까?" 사도가 말했다. "그들의 손에 내 영혼이 남아 있다. 내가 말하는 것을 너희가 그들보다 잘 듣는다 할 수 없다." 이후 망자가 소생하고 대부활의 날이 되면, 망자는 자신의 눈과 귀로 천국과 지옥에 있는 여러 단계의 축복과 형벌을 보고 듣는다. 그가 생전에 보고 들었던 것과 동일하다. 망자들은 천사를 보고 자신의 주님을 본다. 이에 대해 싸히흐의 기록을 보면 다음과 같다. "너희는 부활의 날 너희의 주님을 볼 것이다. 그것은 마치 보름달을 보는 것과 같고, 이때에 너희에게는 아무 해가 없을 것이다."[67] 망자의 이런 지각은 생전에는 없었다. 그것은 감각적 지각이다. 이는 알라가 창조한 필연적 지식에 의해 사지四肢에서 발생한다. 그 비밀은 인간의 영혼이 육체와 육체적 지각에서 성장한다는 사실을 아는 데에 있다. 만약 영혼이 육체에서 분리된 상태, 즉 잠에 들거나 사망하거나 혹은 예언자가 계시를 받는 상태에서 인간적인 지각이 천사적 지각으로 변화하면 영혼은 육체와 분리되나 지각의 수단은 여전히 지니고 있다는 것이다. 이와 같은 지각의 수단을 통해 영혼은 다른 단계에서 지각하는 것이 가능하다. 이러한 지각은 영혼이 육체와 분리되기 전보다는 높은 차원의 것이다. 가잘리도 이에 대해 언급했다. 그는 이 주장보다 한걸음 더 나아가 인간의 영혼이 육체에서 분리된 뒤에도 하나의 상을 띄고 있다고 주장했다. 그 상에는 육체와 마찬가지로 두 눈과 두 귀 그리고 지각을 획득하는데 필요한 신체의 각 부분들이 모두 있다는 것이다.

---

[67]    부카리, 타우히드(7434, 7435) 무슬림, 마사지드(633).

나는 가잘리의 주장이 지각 이 외에도 사지를 사용함으로써 획득되는 습관을 가리킨다고 생각한다. 당신이 이 모든 것을 이해한다면 지각이 앞서 말한 네 단계에 모두 존재한다는 것을 알게 될 것이다. 그러나 지각은 현세 생활에서의 것과 동일하지는 않다. 왜냐하면 지각에 영향을 미치는 다양한 조건에 따라 그 강약이 달라지기 때문이다. 무타칼리문은 이런 사실에 대해서 알라는 지각으로 필수적인 지식을 획득한다고 주장했는데, 이는 우리가 이미 설명한 것과 같은 내용이다. 이것으로 우리는 불확실한 구절에 대한 의견을 명확하게 밝혔다. 만약에 우리가 불확실한 구절에 대해 더 깊이 논의한다면 이에 대한 우리 지각이 모자란다는 것을 알게 될 것이다. 알라는 원하는 자를 바른 길로 인도하신다.

## 17장 | 수피학

이 학문은 이슬람에서 샤리아와 관련된 여러 학문 중 하나이다. 이 학문의 근원은 수피의 방법이 여전히 초기 무슬림들, 무함마드의 교우들 그리고 그들의 후손들에게 진실의 길이며 올바른 길로 인도하는 지침이라는 주장에 있다. 수피학의 근원은 신의 숭배, 지고하신 알라를 향한 완벽한 헌신, 현세의 거짓에 대한 혐오, 금욕, 대중이 쾌락·재물·고위직 추구의 속세에서 벗어나 신을 숭배하는 고독 등에 있다. 수피학의 이러한 점들은 무함마드의 교우들과 초기 무슬림들에게는 일반적인 것이었다. 세속적인 욕망이 8세기와 그 이후에 점차 증가했다. 사람들은 세속적인 욕망에 집착했다. 신의 숭배로 특성화된 자들은 수피적인 명칭으로 불리게 되었다. 꾸샤이리*는 "수피라는 이름은 아랍어에서 파생된 것이 아니고 그것을 유추할 근거도 없다. 분명한 것은 이것이 별칭이라는 것이다. al-ṣafāʾ(순수함), al-ṣuffah(긴 의자)에서 파생되었다는 것은 언어학적 유추와는 거리가 멀다. 마찬가지로 그들은 양털만 입은 것은 아니기에 al-ṣūf(양털)에서 파생되었다는 주장도 거리가 멀다"라고 말했다.

그러나 내 생각에 대다수의 수피는 양털을 걸치므로 그 어원은 al-ṣūf에서 나온 것이다. 그들은 화려한 옷을 입는 사람들과는 다르게 소박함의 상징인 양털 옷을 입는다. 수피는 세속에서 벗어나고 알라를 숭배하는데 헌신하기 위해 금욕을 행한다. 그들은 황홀한 경험으로 발생하는 특정한 통찰력을 개발했는데 그 내용은 다음과 같다. 인간은 지각 능력으로 동물들과 차별되는데 인간의 지각 능력은 두 종류가 있다. 첫째, 인간은 지식으로 지각 능력을 지니고 있다. 여기서 지식이란 확실한 것, 사고, 의구심, 공상 등에서 얻어진 것이다. 둘째, 인간은 기쁨, 슬픔, 긴장, 휴식, 만족, 분노, 인내, 감사 등의 상태를 인지할 수 있다. 인간의 이성적 정신과 행동은 인지, 자유 의지, 특정 상태에 의해 발생된다. 이러한 인지 능력을 통해서 인간은 동물과 구분된다. 지식은 논증의 힘에서 발생되고, 기쁨과 슬픔은 고통스럽거나 기쁜 상황을 감지했을 때 발생되고, 힘은 휴식으로부터 오며 게으름은 피곤에서 오는 것처럼 두 가지 지각 능력은 서로 영향을 준다. 같은 이치로 수피 수련자는 노력의 결과로 어떠한 상태를 접하게 된다. 그 상태가 신성한 숭배이면 수련 수사의 내면에서 지속되고 고착화될 것이다. 혹 신성한 숭배가 아닌 경우라면 마음을 움직이는 슬픔 혹은 기쁨, 활기 혹은 무기력 등에 영향을 끼치는 자질 일 수 도 있다. 단계$^{maqām}$는 오름차순 방식을 띤다. 수피 수련자는 알라와의 합일과 행복을 바라는 경지인 영적 인식$^{maʿrifah}$[68] 을 깨닫게 될 때까지 계속해서 단계를 상승하게 된다. 무함마드*는 "알라 이 외에 어떠한 신도 존재하지 않는다고 인정하고 세상을 떠나는 자는 천국으로 갈지어다"라고 말했다. 따라서 수피 수사는 이런 단계를 하나씩 밟아 올라가는데 이 모든 것의 기반은 충실함과

---

68    이슬람 사전에서는 maʿarifah를 지식의 길로 번역한 바 있다. 이슬람 사전 p.414 참조.

성실함 그리고 믿음이다. 그 결과로 그 사람의 상태와 자질이 나타난다. 이 상태와 자질은 또 하나의 다른 상태로 그 다른 상태는 또 다른 상태로 이어져 알라와의 합일과 영적 인식을 인지하는 상태가 된다. 이때 그 결과에서 어떤 결점이 발견되면 그 전 단계에 흠이 있었다고 가정할 수 있으며 이는 마음속의 발상 혹은 영감에까지도 적용된다. 모든 결과는 행동으로부터 유발되며 결과의 흠도 행동의 흠으로부터 발생되기에 수피 수련자는 자신의 행위를 세심히 살피고 내면에 감춰진 의미를 연구해야 한다. 그는 이 모든 것을 신비스러운 경험으로 겪게 되며 이후로 수련자 자신과 사람들의 행동을 세심히 살피게 된다. 대다수의 사람들이 자신의 내면을 세밀히 살피는 것에 무관심하므로 이를 실행하는 사람도 아주 적다.

내면을 세밀히 살피는 경지까지 도달하지 못한 독실한 신자들은 신성한 숭배를 지속함으로써 얻는 만족과 순응을 획득하는 방법으로 나름 최선의 복종을 한다. 수피들은 복종 행위의 결과를 신비스럽고 황홀한 경험으로 받아들이고 자신들에게 또 다른 결점이 있는가를 알기 위해 집중하고 조사한다. 수피의 길은 스스로 무엇을 하고 무엇을 하지 않는가에 대한 세심한 고찰과 자신들이 한 노력의 결과인 여러 종류의 신비스럽고 황홀한 경험에 대한 논의에 달려 있으며 이는 수피 수련자가 한 단계 단계 수행을 함으로써 확고해 진다. 수련자는 이 단계에서는 더 높은 단계로 가려고 노력한다. 수피는 교육할 때 그들만의 특별한 용어를 사용한다. 수피에게는 다른 종교적 법학자들은 알지 못하는 자신들 만의 특별한 규율이 있다. 종교법에 관계되는 학문은 두 종류로 나뉘는데 한 가지는 법학자와 법률 고문의 특별한 분야이다. 이 분야는 신성한 숭배, 관례적인 행위, 그리고 상호 간의 거래를 관리하는 일반적인 법률과 관계되어 있다. 다른 한 가지는 수피들에 관한 특별한 분야이며 이는 경건한 노력, 내면에 대한 세심한 고찰, 자기검토를 하는 과정에서 발생하는 신비하고 황홀한 경험의 종류에 대한 논의, 하나의 신비스러운 경험에서 또 다른 경험으로 가는 방식, 그리고 신비스러운 경험에 사용되는 신비주의 전문용어의 이해와 관련되어 있다.

여러 학문이 체계적으로 기록되자 법학자들은 피끄흐와 그 원전 그리고 칼람과 코란의 해석 등에 관한 저작을 했다. 이런 방법을 연구하는 이들은 그들의 방법 내에서 저작을 했는데 몇몇 수피들은 금욕주의, 자기검토, 성인들을 모방하여 해야 하는 것과 하지 않아야 하는 것들에 대해 글을 썼고 무하시비가 쓴 *al-Riʿayah*를 그 대표적 예로 들 수 있다. 다른 수피 저자들도 수피의 행위와 상태에 따른 신비롭고 황홀한 경험들에 대해 책을 썼다. *al-Risālah*의 저자 꾸샤리와 *ʿawārif al-Maʿārif*의 저자 수흐라와르디와 다른 저자들의 저서들도 예로 들 수 있다. 가잘리*는 *al-Iḥyāʾ*에 이 책들을 언급했고 금욕주의와 성인들을 모방하는 행위를 관리하는 규율에 대해 체계적으로 기록했다. 그는 수피의 행실과 풍습에 대해 설명했고 그들의 전문용어에 대해서도 언급했다. 시간이 흐를수록 수피학은 이슬람에서 체계적으로 다루어지는 학문이 되었지만 이전에 신비주의는 신성한 숭배와는 관련이 없다고 여겨졌으며 이것과 관련된 규율들은 남성들의 가슴에 존재했었다. 코란의 해석, 하디스학, 피끄흐, 그 원전 그리고 그 밖의 것들 모두 이처럼 간주되었다.

신비주의적 노력, 은거 생활, 그리고 디크르[69] 등은 감각의 베일을 제거하는 데 있어 마치 규율처럼 수반되는 행위들이다. 수피는 인간이 인지할 수 없는 신성한 세계를 바라보며 그들의 영혼은 그 세계에 속한다고 믿고, 베일을 제거하는 이유는 영혼이 외면의 통찰력에서 내면의 통찰력을 갖게 되면 감각은 쇠퇴하고 영혼은 더 강인해진다고 믿기 때문이다. 디크르의 도움으로 영혼은 우위를 점하고 더욱 성장하게 된다. 디크르활동은 영혼의 양식이며 영혼은 지속적으로 성장한다. 이전이 단지 지식이었다면 현재는 생생한 현실이 되었다. 감각적인 통찰력의 베일은 제거되고 영

---

69　디크르는 '기억하다', '불러내다'라는 아랍어에서 파생된 말로 수피의 염송 행위를 말한다.

혼은 근본적인 존재에 대해 인지하기 시작했다. 이는 통찰력과 같은 맥락으로 간주된다. 영혼은 이제 성스러운 선물, 신성한 존재에 대한 학문, 알라로부터 발생되는 것들을 수용할 준비가 되어 있다. 영혼은 자신의 진실한 면을 알게 되고 천사들이 있는 그곳으로 점점 가까이 다가간다. 신비주의적인 행위를 하는 사람들은 베일을 제거하고 다른 사람들과는 다른 시각으로 현실을 바라본다. 그들은 미래에 일어날 많은 일들을 예측한다. 자신의 마음과 초자연적인 능력의 도움으로 자신들에게 복종하는 하등의 존재에게 영향력을 미친다. 위대한 수피는 베일을 제거하는 행위나 하등의 존재에 대해 많은 신경을 쓰지 않는다. 그들은 입에 담으면 안 되는 것들에 대한 정보를 발설하지 않는데 만약 그런 일이 발생하면 시련이라 생각하고 피하려 한다. 무함마드의 교우들*은 이러한 신비주의적인 노력을 실천했다. 알라의 은총을 충만하게 독차지할 수 있었지만 그들은 그런 은총의 혜택에만 관심을 두지는 않았다. 이런 점에서 아부 바크르*, 우마르* 그리고 알리*의 도덕성에 대한 묘사는 많은 정보를 담고 있다. 이점에서 꾸샤이리의 al-Risālah에 언급된 수피들은 그들의 뒤를 이었다.

최근의 신비주의자들은 감각적인 통찰력 너머의 베일을 제거하는 행위와 논의에 집중했고 이런 점에서 그들의 신비주의적 행동은 달랐다. 그들은 영혼이 완벽하게 성장하고 자신의 중요한 통찰력을 얻을 수 있을 때까지 감각적인 통찰력에 굴욕감을 주거나 디크르로 이성적인 영혼을 성장시키는 여러 가지 다른 방법들을 가르쳤다. 일단 영혼이 이러한 경지에 도달하면 존재는 이미 영혼을 지각하는 것에 집중한 것이라는 것이 그들의 주장이다. 그들은 존재의 본질을 노출시키고 현실의 본질을 상상한다. 이 모든 것은 가잘리*의 al-Iḥyā'에 신비주의적 행위의 유형에 대해 언급한 뒷부분에 명시되어 있다.

수피는 올바름에서 기인한 것이 아니면 베일을 제거하는 것을 완벽하게 옳다고 생각하지 않는다. 일체의 음식을 취하지 않으며 속세에서 벗어난 마법사, 기독교인, 다른 수행자들은 정직함 없이 베일을 제거할 수 있을지도 모른다. 하지만 우리는 올바름에서 유래된 베일 제거만을 의도한다. 이를 거울에 비유해서, 볼록렌즈나 오목렌즈라면 거울에 비친 물건은 본래의 모습과는 다른 왜곡된 모양으로 보일 것이며 만일 거울이 평면이라면 그 물건은 본래의 모습을 보인다는 것이다. 내가 아는 한 영혼의 상태에 관련하여 정직함은 평면거울과 같은 이치이다. 이러한 베일의 제거와 관련된 현대의 수피는 상등과 하등의 본질에 대해 논의하며 알라의 왕국, 영혼, 알라의 능력, 알라의 위치, 그 밖에 비슷한 것들의 본질에 대해 논한다. 이에 관계되지 않은 사람들은 그들의 신비주의적이고 황홀한 경험을 이해할 수 없다. 법학자들은 이러한 수피의 행위를 일부분 용인하고 일부분은 반대한다. 이에 관련된 증거들은 모두 직감에 의한 것이기 때문에 그들의 이러한 접근이 수용되어야 하는지 혹은 거절되어야 하는지 결정할 수 없다.

부연설명을 하자면 신앙에 대해 논의하는 하디스 학자들과 법학자들은 종종 알라는 그의 피조물들과는 다르다고 언급한다. 무타칼리문은 알라는 분리되지도 혹은 연결되지도 않는다고 하며 철학자들은 그분은 우리의 세상 안에 속하지도 속하지 않는 것도 아니라고 한다. 최근 수피는 알라는 자신이 창조한 피조물과 하나로 결합되어 있다고 주장한다. 알라가 육체를 지녔거나 인간과 동일하다는 의미이다. 따라서 인간의 전체 혹은 작은 부분이라도 알라가 없으면 비어 있는 것이라고 간주한다. 그러므로 우리는 이런 주장의 세부사항을 명백히 밝히고 각각의 진실을 설명하려 한다. 우리는 분리에 두 가지 의미가 있다고 말한다. 그중 하나는 '시공간에서의 분리'를 뜻할 수도 있는데 그 반대어는 연결이다. 이런 점에서 분리는 신이 어떤 공간에 있음을 의미한다. 그것은 신인동형론al-tajsīm이던 신이 인간과 비슷하다al-tashbīh[70]는 의미이건 간에 그렇다는 것이다. 일

---

70 이슬람 사전에는 이 용어의 의미를 '실존하는 모든 것이 알라를 닮고 있다'로 정의했다.

부 선조 학자들도 알라의 분리에 대해 비슷한 주장을 했다고 들은 적이 있다. 하지만 여러 가지 다른 해석 모두 가능하다. 무타칼리문은 이러한 종류의 분리를 인정하지 않았다. 그들은 창조주가 피조물로부터 '분리된 다는 것'은 있을 수 없는 일이고 우주 공간에 있는 것들에만 해당되는 '연결 되었다는' 정의도 창조주와 피조물들 간에 있을 수 없다고 했다. 한 문장에서 어떤 것이 그 개념의 결여로 설명되는 동시에 그 개념의 반대되는 것으로 설명된다는 것은 그 묘사가 적절한가의 여부에 달려 있다. 만약 동시에 설명이 되지 않는다면 그 문장은 옳지 않은 것으로 판단 될 수밖에 없다. 사실 어떤 것이 한 개념의 결여로 설명되는 동시에 그 개념의 반대로 설명 되는 것은 가능하다. 따라서 하나의 대상이 현명하지 않지만 무지하지도 않은 것으로, 힘이 세지도 않지만 약하지도 않은 것으로, 글을 깨우치지 않았지만 문맹은 아닌 것으로 묘사될 수 있다. 앞서 말한 방법으로 알라가 분리되었다고 적절하게 설명하는 것은 제대로 된 단어의 의미로 설명할 수도 있다는 가능성을 예상할 수 있다. 하지만 중요한 것은 이러한 설명을 달 수 없는 창조주에게는 적용할 수 없다. 이븐 알틸림사니는 이맘 알하라마인의 *Sharḥ al-Luma'*에서 이렇게 말했다. "창조주는 세상과 분리되었다거나 연결되었다고 할 수 없으며 그는 세상 안에 존재하지도 밖에 존재하지도 않는다." 이 주장은 우주가 아닌 곳에 존재하는 물질이 있다는 추정에 기반을 두고 있다. 무타칼리문은 그들의 존재를 인정하지 않았다. 인정한다면 창조주와 동급이라는 의미를 갖게 되기 때문이다. 이는 추정에 근거하는 신학에 많이 언급되어 있다.

분리의 다른 의미는 '별개의 것이며 다른 것'이다. 창조주는 창조물로부터 그의 본질, 정체성, 존재, 그리고 속성 때문에 분리되었다고 불리고 그 반대의 의미는 다른 것들과 하나가 된, 섞인, 합쳐진 것이라 할 수 있겠다. 이런 점에서 알라의 분리는 초기 무슬림들, 종교학자들, 고대 수피들, *al-Risālah*에 언급된 사람들과 추종자들의 견해이다.

감각적인 통찰력이 체계적이고 이성적이라 생각하는 최근의 일부 수피의 생각에 따르면 창조주는 정체성, 존재 그리고 자신의 속성 안에서 창조물들과 하나가 된다는 것이다. 그들은 이 주장이 플라톤과 소크라테스와 같은 아리스토텔레스 전 세대의 철학자들이 주장한 것이라고 간주했다. 이것이 바로 칼람학에서 알라와 창조물들 간의 완전한 일체에 대해 무타칼리문이 주장하는 논박이다. 그렇다고 해서 그들이 두 가지 본질이 존재하지 않으며 그중 한 가지는 다른 한 가지 안에 구성되며 효력이 없어져야 한다고 주장한 것은 아니다. 만일 그렇다면 그 두 가지는 별개의 것이 될 것이며 이는 그들이 원하는 바도 아니다. 수피가 주장하는 신과의 결합은 기독교인들이 얘기하는 예수 그리스도*의 육체화와 같은 맥락이다. 이것이 더 낯선 이유는 새 것에 태고의 것이 육체화되거나 결합되는 것이기 때문이다. 이런 수피의 주장은 시아의 이맘에 대한 주장과 같다. 시아와 수피가 주장하는 신과의 결합에는 두 가지 방법이 있다.

첫째, 태고의 신의 본질은 지각되는 것과 이해할 수 있는 모든 피조물 사이에 내재되어 있으며 그들과 일체가 되어 있다. 그 모든 피조물들은 신의 징후이며 신의 본질이 없다면 피조물들은 아무것도 못할 정도로 완벽한 통제를 받고 있다. 이것이 바로 육체화를 믿는 사람들의 의견이다.

둘째, 절대적인 통일을 믿는 자들도 있다. 육체화를 믿는 자들은 신과의 결합이라는 개념에 모순되는 차이의 존재를 감지했고 따라서 그들은 태고의 신과 피조물의 본질, 존재, 자질 간에 차이가 존재함을 부인했다. 그들은 감각과 이성으로 인지한 징후들을 공상이라고 주장했다. 그들은 공상을 지식, 사고, 의심의 연속물로 간주하지 않고 현실에 존재하지 않고 인간의 지각에만 존재한다고 보았다. 표면적으로 그리고 내면적으로도 실제 존재하는 것은 고대의 신뿐이며 향후 가능한 한 이 사실을 주장할 것이다. 이 사실을 지성으로 이해하려면 인간의 지각에 대한 이해에서 그랬던 것처럼 추측과 논증에 의존해서는 안 된다. 이런 종류의 통찰력은 천사의 지각에 부합한 것인데 인간에게 전이된 것이다. 예언자들은 선천적인 기질로 이런 능력을 얻고 성인들은 신의 안내를 받고 얻게 된다. 이를 과학적 방법으로 얻고자 한다면 그것은 실수이다.

학자들은 간혹 존재를 들춰냄과 존재의 현실적 순서에 관한 수피의 의견을 현시 이론에 접근하여 설명하곤 했다. 그래서 모호함은 모호함으로 해석했다.

예로 이븐 알파리드의 까씨다에 대한 해설자 파르가니를 들 수 있다. 그는 해설의 서문에서 창조주와 그의 규율의 존재의 근원과 관련하여 모든 존재는 통합의 징후인 존재의 단일성[71]의 자질로부터 나온다고 말했다. 이 두 가지는 단일성의 정수로 고귀한 본질에서부터 나왔으며 사람들은 이를 계시라 부른다.

수피가 생각하는 1급 계시는 본질의 계시 그 자체이다. 수피로부터 전해져 내려오는 전통적 예언 내에 있는 알라의 말씀에 따라 창조와 출현을 지시하므로 아래의 문장은 완벽함을 의미한다. "나는 감춰진 보물이었다. 그리고 알려지고 싶었다. 나를 알리기 위해서 피조물들을 만들었다." 이 완벽함은 낮은 단계의 존재와 현실의 세분화에 있다. 수피들은 이것을 관념의 세계, 완벽한 존재, 은총 받은 현실로 간주한다. 그리고 이 모든 것에 자질의 현실, 판자와 붓, 예언자들과 사도들의 실체 그리고 모든 무슬림들이 있다. 이 모든 것은 무슬림의 특수한 현실이다. 이런 현실로부터 다른 현실들이 이미지의 단계인 초미립 물질의 존재에 나타난다. 이 후로는 신의 능력, 신의 옥좌, 천체, 요소의 세계 그리고 구성요소의 세계가 나타난다. 이 모든 것은 수선ratq의 세계에 있지만 계시를 거친다면 찢어야 할fatq 세계에 속하게 될 것이다. 끝.

이 학파는 계시, 징후, 존재의 학파라고 불리는데 그것은 논리적인 유추

---

71  수피 교의의 가장 중요한 표현으로 실재하는 모든 것은 오로지 실재할 수밖에 없다는 것이다.

를 연구하는 사람들에게는 모호하므로 완벽하게 이해할 수 없다. 예지 능력이 있고 직감의 경험이 있는 사람들의 이론과 논증을 앞세우는 학자들 간에는 견해의 차이가 크다. 수피의 체계에는 종교적 규율이 인정되고 있지 않으므로 이 방면으로는 아무것도 인정받지 못한다. 마찬가지로 그들 중 다른 이들은 절대적 일치를 단언하는 쪽으로 향했는데 이것은 포괄성과 세분화에 있어 앞서 언급했던 이론들보다 더 낯설다. 그들은 존재에는 존재하는 것의 현실, 존재의 상 그리고 그 재료를 통해 세분화된 하나의 능력이 있다고 주장한다.

여러 가지 요소는 이런 능력에서 비롯된 것이고 마찬가지로 그 요소의 재료 역시 자신을 나타낼 수 있는 내재된 능력을 통해 출현된다. 합성물들은 자신을 구성했던 능력 안에 내재된 능력들을 포함 하고 있다. 예를 들어 광물의 능력은 광물을 구성하는 물질의 능력과 광물의 능력 그 자체도 함께 포함한다. 다른 예로 동물의 힘은 광물의 능력과 자신의 힘을 다 포함한다. 동물의 힘과 비교하자면 인력 역시 같은 맥락이다. 하늘은 인력과 다른 무엇인가를 지니고 있다. 마찬가지로 정신적인 존재, 아무런 특수화를 거치지 않은 여러 능력들을 합쳐 놓은 것을 '신력'이라 한다. 신력은 전체적이건 부분적이건 간에 존재하는 모든 것에 고루 분포된 능력이며, 외부적이고 내부적인 것들, 형상과 물질로 결합되었다. 모든 것은 하나가 된다. 일치는 신의 본질 그 자체이다. 현실에서 신의 본질은 유일하고 단순하지만 이를 나누는 것은 우리의 다른 시각이다. 예를 들어 인간과 동물의 관계를 살펴보자면, 인간이 동물에 속한다는 것은 명백하며 이 점은 눈에 보인다. 수피는 존재하는 모든 것에서 찾아볼 수 있는 종과 그 종과 속의 관계를 제시하며 이를 이미지 이론에 따라 일반적인 것에서 특정한 것으로 제시하곤 한다. 수피는 이런 다양함이 공상과 상상으로 나타난다고 믿었으므로 구성요소나 다양함의 사상에서 벗어나고 싶어 했다.

이븐 디흐까나의 논의를 살펴보면 완전한 일치에 대해 언급하는 수피의 이론은 철학자들이 그들의 존재는 빛에 달려 있다고 언급하는 색깔에 대해 설명하는 것과 비슷하다. 빛이 없다면 색은 존재 않는다. 수피는 존재하는 지각 가능한 모든 것을 일부 감각적 추론의 능력에 달려 있다고 보고, 이해할 수 있는 모든 것들과 상상 속의 물건들은 논리적 추론의 능력에 달려 있다고 본다. 따라서 존재하는 모든 것은 이를 인지하는 인간 능력의 존재에 좌우된다. 만약 인간 중 그 누구도 통찰력이 없다고 가정한다면, 존재의 특성화는 발생하지 않을 것이며 존재 그 자체는 아주 유일하고 간단한 것이 될 것이다.

현존하지 않는 특성화는 인지하는 사람들을 위한 것이기 때문에 열기와 냉기, 단단함과 부드러움, 토지, 물, 불, 천국 그리고 별은 이것을 인지하는 감각들이 존재하기 때문에 있는 것이다. 이는 통찰력에서만 존재하며 분별을 위한 인지능력이 존재하지 않는다면 '나'라는 단일적인 통찰력 이외에 다른 특성화는 것은 없을 것이다. 그들을 이 같은 상황을 수면 중인 사람과 비교 가능하다고 여긴다. 수면 중에는 외부의 인지 감각이 없어지며 그 상태에서는 상상으로 특성화되는 것 이외의 지각 능력을 모두 잃게 된다. 같은 맥락으로 깨어 있는 사람은 자신이 지니고 있는 인간의 통찰력을 통해서만 특성화된 통찰을 할 수 있다. 인간 안에 물건을 인지할 수 있게 하는 그 무언가가 없다면 특성화도 없을 것이며 이것이 바로 수피들이 의미하는 '상상'이다. 그들이 말하는 '상상'은 인간의 통찰력의 일부분인 상상이 아니다.

이는 이븐 디흐까나의 논의에 나타난 수피의 의견들 중 극히 일부분의 설명이며 오류가 많다. 우리는 여행을 하는 지역이 더 이상 눈에 보이지 않아도 그 지역이 존재한다는 것을 확신한다. 우리는 모든 것을 바라보고 있는 하늘, 별들 그리고 우리로부터 멀리 떨어져 있는 모든 것들의 존재에 대한 확고한 지식을 가지고 있다. 인간은 이것들에 대해 확신하며 이러한 지식을 의심하는 사람은 아무도 없을 것이다. 더불어 최근의 유능한 수피들은 베일이 제거된 상태에서 수련자는 종종 존재의 통일을 느낄 수 있으며 그들은 이를 '통합의 상태'라 한다는 것이다. 그리고 그들은 존재하는 것들을 구분하기 시작하며 이를 '구별의 상태'이라 표현한다. 이것은 앎의 단계이다. 수피들은 수련자가 통합의 계곡을 피할 수 없으며 그것은 수련자를 어렵게 만들 것이라고 생각한다. 왜냐하면 수련자가 시험에 들어 그동안의 모든 노력이 무너질 위험이 있기 때문이다. 여러 종류의 신비주의는 다 설명되었다.

감각 너머에 있는 베일의 제거에 대해 논의하는 최근의 무타칼리문적 성향의 수피들은 이 주제에 더욱 깊은 관심을 갖기 시작했으며 그들 중 다수는 육체화하기와 존재의 단일성으로 관심을 돌렸다. 그들은 이와 관련된 설명을 여러 장에 적었으며 설명은 하라위의 *Kitab al-Maqāmāt*와 그 밖의 저서들에서 찾아볼 수 있다. 이븐 알아라비와 이븐 사브인의 제자들이 그의 뒤를 이었으며 이븐 알아피프, 파리드 그리고 나즘 알딘 알이스라일리와 그들이 쓴 작품들이 그 뒤를 이었다.

초기 수피들은 계시와 이맘에 관해 뚜렷한 주장을 보이는 라피다[72] 출신인 이스마일파들과 접촉했었다. 각 교파는 각각의 신조를 주장하고 있었는데 서로의 이론과 믿음은 합쳐지고 동화되었다. 수피의 논의에서는 앎의 최고권위자를 의미하는 '기둥qutb' 이론이 언급되었다. 수피는 영적 능력의 단계에서 알라가 자신의 뒤를 이을 그노시스 주의자에게 영적 단계를 전해주기 전까지는 아무도 그 단계에 도달할 수 없다고 생각한다. 이븐 시나는 *al-Ishārāt*에 명시된 수피학 관련 부분에서 "그 장엄한 진실은 너무나도 높은 경지에 있어서 그 진실을 구하는 자나 한 때 그 경지에 도달해본 자나 모두 어렵기는 마찬가지다"라고 말한다. 이것은 논리

---

72  아랍어로 '거부하다(rafaḍ)'에서 유래된 단어이다. 이는 예언자 무함마드의 혈통임을 주장하는 시아가 아부바크르와 그 이후의 칼리파들을 인정하지 않는다는 의미에서 시작되었다. 순니 무슬림이 시아를 칭할 때 사용한다.

적인 주장이나 종교적 규율에 기반을 둔 증거를 통해 확인된 이론은 아니다. 이는 어떻게 보면 연설의 수사적 표현이라 할 수 있으며 시아가 믿는 계승에 대한 이론과 같다. 신비주의는 시아의 발상을 따른 것이 확실하며 결국 이 발상을 믿게 되었다. 수피는 또한 시아가 자신들의 '최고위자'에 대해 언급하는 것과 동일한 방식으로 '기둥' 뒤에 오는 '성인'들의 존재에 대해 말한다. 그들이 자신들의 개념에 시아의 방식을 너무 많이 차용하였기 때문에 전달자들에게 신비주의 방법과 행실의 기본 조건인 수피의 외투를 걸치게 할 때 결국 알리 시대로 퇴보하게 만들었고 이는 분명 시아의 영향이다. 무함마드의 교우 중 알리*는 행실, 복장, 특정한 상황 덕분에 성공한 것이 아니다. 아부 바크르*와 우마르*가 알라의 사도*를 계승하는 가장 금욕적이고 독실한 사람들이었다. 사실 무함마드의 교우들은 모두 종교적으로 신심이 깊었고, 엄격했고, 금욕적이고, 경건한 모습을 모범으로 보였으며 이 사실들은 그들의 인생사에 나타나 있다. 시아는 알리가 무함마드의 교우들 중 유일하게 시아의 믿음과 특정한 덕목을 지니고 있기에 성공했다고 주장한다. 시아의 이스마일파가 등장하고 이맘위에 대한 그들의 주장이 대두되었을 때 이라크에서 수피는 시아 이스마일파의 세상의 내면과 외면 사이를 비교하는 이론을 차용했다. 시아의 이스마일파는 인간의 지도력과 종교적 규율로 인도하는 것이 이맘의 의무라 여겼다. 따라서 분열을 막기 위해 이맘은 종교적 규율에 명시된 것처럼 단 한 명만 존재해야 한다는 것이다. 이와 비슷하게 수피는 인간에게 알라의 영적 인식을 가르치는 것을 '기둥', 즉 수석 그노시스주의자의 의무라 여겼으며 현재의 이맘처럼 단 한 명만 있어야 하며 그 사람은 이맘과 대응 관계에 있는 사람이라 여겼다. 사람들은 그 사람의 주위에 영적 기류가 많다는 점에 착안해서 그를 '기둥'이라 불렀다.

위에 언급한 것들은 수피 관련서 중 파티마가에 관한 논의에서 언급된다. 초기 수피는 파티마가에 대해 동의하지도 반대하지도 않았다. 최근 수피의 주장은 시아의 논의와 신조들로부터 파생된 것이다. 알라는 우리를 진실로 이끄신다.

이 순간이 우리의 셰이크이며 스페인의 그노시스 주의자이자 수석 성인인 아부 마흐디 이사 븐 알자야트의 말을 인용하기에 적절하다고 생각한다. 그가 자주 하던 말은 절대적 일치의 이론을 주장하는 하라위의 *al-Maqāmāt*의 몇 구절과 연관된다.

> 유일무이하신 분과의 일치를 공표하는 자는
> 그분의 진정한 유일성을 부인하는 자로 간주되었으므로
> 어느 누구도 그분과의 일치를 공표하지 않았다.
> 신의 속성에 대해 이야기 하는 자가 신과의 일치를 선언한다면
> 유일하신 분이 무효화되는 이중성이다.
> 자신과의 일치를 그분이 공표하는 것이 진정한 통합의 선언이다.
> 이런 속성으로 그분을 묘사한다면 이는 탈선이다.

하라위를 변호하기 위해 아부 마흐디는 사람들이 어떻게 '유일무이하신 분과의 일치를 공표'한 사람들에게 '부인하는 자'라는 표현을 쓸 수 있는지, 어떻게 그의 노력을 알리는 자들에게 '탈선'이라는 표현을 할 수 있는지에 대해 설명하는 것은 어렵다고 말한다. 따라서 그들은 위에 언급한 구절들을 반대하며 저자를 공격하고 경멸했다. 하지만 하리위가 속한 수피교의 주장에 따르면 신과의 통합을 선언하는 것은 태고의 것을 인정해 창조함의 본질 자체를 거부하는 것이 된다. 존재 자체가 현실이며 존재이다. 위대한 신비주의자 아부 사이드 알카르라즈는 "겉으로 드러난 징후와 내재되어 숨겨진 것의 본질은 진실이다"라고 주장했다.

수피는 신성한 현실과 이중적인 존재 다수가 출현하는 것은 단지 상상이며 감각적인 느낌과 비교하면 사진이나 거울에 비친 모습의 단계밖에

되지 않는다고 했다. 태고의 본질을 제외한 모든 것은 존재하지 않는 것으로 판명되었으며 그들은 이것이 "알라에겐 있었지만 그에겐 없었다. 그는 이제 과거의 그와 같은 상태에 있다"라는 문장이 의미하는 바라고 생각한다. 알라의 사도*가 신뢰한 바 있는 라비드의 문장 역시 같은 의미를 가지고 있다고 간주된다.

참으로 알라를 제외한 모든 것은 무의미하다.

수피에 의하면 '신과의 일치를 선언하고 신의 노력을 설명하는 자'에 대한 설명은 다음과 같다. 신과의 일치를 선언하는 피조물은 그 자신이며, 신과의 일치에 대한 선언은 피조물이 신과의 일치를 선언하는 행위이며, 일치로 선언된 태고의 존재는 그가 숭배하는 주인이다. 신과의 일치에 대한 선언은 피조물의 본질 부인이라고 여겨졌지만 현재는 피조물의 본질은 신과의 일치 선언과 관련해서 여러 방식으로 확실히 명시되어 있다. 따라서 신과의 일치는 사실 인정되지 않으며 신과의 일치를 선언했다는 주장은 거짓이 된다. 이는 그와 함께 집안에 있는 다른 이에게 "당신 말고는 이 집에 아무도 없다"라고 말하는 것과 같은 이치이다. 상대방은 즉시 "당신이 아무런 존재도 아니라면 그 말이 사실일 것이다"라고 답한다. 어느 학자는 "알라가 시간을 창조했다"라는 문장은 시간의 창조는 시간보다 먼저 행해져야 하지만 그 행위는 반드시 어느 시간에 행해져야 했다는 의미를 띠고 있기에 기본적인 모순을 포함한다고 말한다.

이러한 것들은 현실을 제대로 표현하는 어려움과 그것들과 관련된 진실을 완벽히 전달하지 못하는 언어의 무능함 때문에 발생한다. 만일 신과의 일치를 선포하는 자와 그 대상이 동일하고 그 밖의 모든 것은 아무 존재도 아니라는 확신만 있다면 신과의 일치에 대한 선언은 제대로 된 것이다. 이것이 바로 수피의 주장인 "알라만이 알라를 안다"는 의미다. 흔적이 있음에도 진실을 일치시키는 사람을 반대하지는 않는다. 이는 "독실한 자들의 선행은 신과 가까운 사람들의 나쁜 행실일 지도 모른다"는 내용의 장에 속한다. 왜냐하면 이것은 반드시 구속, 노예 상태 그리고 이중성이기 때문이다. '통합'의 단계까지 오른 사람이 아무리 자신의 위치를 알아도 이는 사실 결여 조건이었다. 왜냐하면 그들은 자신의 불완전함은 노예상 태로부터 비롯된 기만이라는 것, 통찰력이 이를 제거할 수 있다는 것, '통 합'[73]의 본질을 사악함으로부터 정화시킬 수 있다는 것을 알기 때문이다. 이런 주장에 동조하는 사람은 절대적 일치의 이론을 믿는다. 그들은 영적 인지가 유일무이한 자를 향한다고 주장한다. 시인의 이 말은 최고 경지(마 깜)에 이르고자하는 욕망과 경고와 개념 이해를 위해 나온 것이지만, 이중 성이 발생하고 절대적 합일을 획득하게 된다. 헌신한 사람은 쉴 수 있고, 일치를 받아들이는데 곤욕을 겪는 사람은 알라의 "나는 그의 귀이자 그의 눈이다"라는 말씀에 익숙해져야 할 것이다. 만일 개념들만 제대로 이해한 다면 사용된 단어에 관한 논쟁은 발생하지 않을 것이다. 이 모든 것은 이 단계보다 위의 단계에 무엇인가 존재하며 우리는 아무런 지식도 없으므 로 함부로 말하지 못한다는 것을 의미한다. 이 정도면 충분하다고 생각한 다. 이 같은 사안을 너무 깊이 파고들면 베일을 더 아래로 낮게 만든다. 이 것이 잘 알려진 수피의 주장이다. 여기서 셰이크 아부 마흐디 븐 알자야 트의 인용이 끝난다. 이는 이븐 알카띱이 사랑에 대해 쓴 『고귀한 사랑에 대한 정보$_{al\text{-}Ta'rif\ Bilḥubb\ al\text{-}Sharif}$』라는 책의 인용이며 나는 이 인용구를 셰이크 아부 마흐디에게서 몇 번 들은 바 있다. 그가 내게 말한 건 너무 오래전이 라 이븐 알카띱의 작품을 직접 보는 것이 내 기억 보다 훨씬 정확할 것이 다. 알라는 성공을 주신다.

다수의 법학자들은 최근 수피의 이런 주장들을 부인하기로 했으며 그 들은 수피와 관련된 모든 것들을 반대했다. 사실 수피와 토론하는 것은 어떤 구분을 요구한다. 수피는 네 가지 주제에 대해 논의한다. 첫째, 경건

---

73  문맥에 따라 '통합' 혹은 '일치'라고 번역하였다.

한 노력, 신비주의적인 황홀한 경험 그리고 자신의 행동을 검사하는 것에 대해 토론한다. 그들은 더 높은 단계로 올라갈 수 있는 기반을 만들어 주는 신비주의적 경험을 얻기 위해 이런 것을 토론한다. 둘째, 그들은 베일의 제거와 신의 노력, 신의 능력, 신의 위치, 천사들, 계시, 예언, 신령, 그리고 초자연적이든 가시可視적인 것이든 모든 존재의 현실과 같은 감지되는 초자연적 현실에 관해 토론하며 창조자가 왜 피조물들을 창조했느냐와 같은 창조의 순서에 대해 토론한다. 셋째, 여러 나라의 피조물들의 신의 은총과 관련된 다양한 활동과 연관된 주제이다. 넷째, 곧이곧대로 받아들이기엔 의심스러운 표현들과 관련된 주제이다. 이런 표현들은 여러 수피들에 의해 사용되어 왔다. 수피의 전문용어에 따르면 이런 표현을 '황홀한 발언shatahat'이라 한다. 그 표현 자체는 이해하기가 어렵다. 이는 부인되어야 하는 것으로 혹은 인정해야 하는 것으로 혹은 어떤 해석이 필요한 것으로 보일 때가 있다.

신비주의적이고 황홀한 경험을 위한 경건한 노력과 이런 경험들이 유발할 수 있는 결점들에 관한 자기성찰을 반대할 필요는 없다. 수피의 이런 신비주의적인 경험들은 올바른 것이며 이를 깨닫는 것은 행복을 향한 길이다.

수피가 경험한 마깜의 상태, 초자연적인 것에 대한 정보, 피조물을 대상으로 하는 행위는 옳은 것이므로 일부 종교학자가 반대한다고 해도 절대 부인될 수는 없다. 아부 이스하끄 알이스파라이니 교수는 이것이 예언적 기적과 혼동될 수 있기에 부인되어야 한다고 했다. 하지만 정통파의 학자들은 기적은 예언적인 계시의 일치로 발생한다는 '어려운 도전'이라는 주장을 언급하며 기적과 신의 은총으로 한 행위를 구분한다. 그들은 거짓말쟁이의 주장으로 기적이 일어날 수도 있기에 이는 불가능하다고 한다. 우리의 논리는 '기적은 정직함을 나타낸다는 것'이다. 그렇다면 그 정의에 따라 기적이란 확인될 수 있어야 한다. 만일 거짓말쟁이가 기적을 행했다면 이는 확인될 수 없으니 결국 말도 안 되는 소리다. 게다가 현실은 신의 은총으로 한 행위의 발생을 증명하므로 이를 부인하는 것은 부정적인 접근이다. 모든 사람이 알고 있듯이 이런 신의 은총이 행위로 나타나는 것은 무함마드의 교우와 초기 무슬림들이 경험 했다.

베일의 제거, 높은 것을 받아들임 그리고 피조물들의 순서에 관한 수피의 논의는 모호한 문장의 범주 안에 포함된다. 이는 수피의 직감에 의한 경험에 기반을 두고 있으므로 이런 직감에 의한 경험이 부족한 사람들은 도저히 신비스러운 경험을 할 수 없다. 언어는 지각되는 일반적인 개념의 표현을 위해 만들어졌으므로, 이런 점을 고려해보면 수피가 주장하는 말을 전달할 수 있는 언어는 없다. 따라서 우리는 이러한 사안에 관해 함부로 수피의 의견을 논평하면 안 된다. 우리가 코란과 순나의 모호한 문장들에 대해 신경을 쓰지 않는 것처럼 수피의 의견도 그렇게 대우해야 한다. 알라가 허락하여 일반적인 종교적 규율을 알아듣는 것처럼 이런 신비주의적인 말도 알아듣는 사람은 반드시 환희를 느끼게 된다.

마지막으로 수피들이 '황홀한 말'이라 부르고 무슬림 정통파의 비난을 사는 의심스러운 표현들이 있다. 이와 관련해서 수피들을 공정하게 대하는 방법은 우선 그들이 지각과는 거리가 먼 사람들이라는 것을 인지하는 것이다. 그들에게 영감이 있으며 결국 그들은 말할 의도가 없는 영감에 관한 말들을 내뱉는다. 지각과 거리가 먼 사람과 이야기를 나누면 안 되지만 말을 하도록 강요받은 사람들은 예외다. 유능함과 모범적인 모습으로 알려진 수피는 이와 비슷한 맥락에서 믿음에 따라 행동해야 한다고 간주된다. 신비주의적인 경험을 표현할 전통적 방법이 없기에 이를 표현하는 것은 매우 어려우며 야지드 할비스타미와 여러 사람들도 이런 난관에 직면한 적이 있다. 하지만 유능하지 않은 수피의 말에 관해서는 의심을 해소할 방법이 명확하지 않기 때문에 비난을 감수해야 한다. 더욱이 지각과 거리가 멀지 않고 이런 종류의 말을 할 때 '상태'에 도달하지 않은 수피 역시 비난받을 법하다. 법학자와 위대한 수피는 할라즈가 지각과 거리가 멀진 않지만 자신의 상태를 통제할 수 있을 때 무아지경으로 말한 것이므로 사형해야 한다고 주장했다. 알라는 어리석지 않다.

꾸샤리의 *al-Risālah*에 언급된 초기 수피이자 유명한 무슬림들은 베일의 제거나 초자연적인 힘을 얻고 싶어 하지 않았다. 그들의 관심은 모범을 중요하게 간주하고 최대한 모범적인 인생을 사는 것에 있었다. 그들은 초자연적인 경험을 할 때마다 그 자체를 간과하고 오히려 피하려 했다. 그들은 이 경험을 고난이자 역경으로 여겼으며 영혼의 일반적인 지각이 만든 것이라 생각했다. 그들은 인지는 모든 존재하는 것들을 구성할 수 없다고 생각하고 알라의 지식이 훨씬 방대하며, 피조물들은 뛰어나고 알라의 종교적 규율들은 여느 신비주의적인 경험 보다 훨씬 좋은 가르침이라 여겼다. 따라서 그들은 자신들이 경험한 초자연적인 인지에 대해 아무런 언급도 하지 않았으며 오히려 이것들에 대한 토의를 금하고 지각의 베일이 제거된 동료가 그 사안에 대해 논의하려 하면 이를 막았다. 그들은 베일 제거 전에 감각적인 통찰의 세계에서 하던 모범을 따르며 모범적인 삶을 추구했고 동료에게도 이런 방식을 추구하도록 권장했다. 이것이 수피 수련자의 모범적인 상태이다. 알라는 옳은 것으로 인도한다.

## 18장 | 해몽학

이 학문은 법관련 학문의 한 종류로 학문이 기술로 간주되고 학자들이 이 학문에 대해 기록할 무렵 생겼다. 꿈의 상상력과 꿈의 해석은 지금 존재하는 것처럼 고대에도 있었다. 이 학문은 이슬람교 이전의 종교학파에도 존재했지만 우리가 무슬림의 꿈 해석에 만족하므로 이외의 것은 우리의 관심사가 아니다. 모든 인간은 꿈의 상상력이 있으며 이러한 상상은 해석되어야 한다. 코란에 언급된 바에 의하면 정직한 요셉은 이미 모든 상상력의 해석을 마쳤다. 예언자* 무함마드와 아부 바크르도 이에 대해 언급했다고 싸히흐는 전한다. 꿈의 상상력은 초자연적인 인지의 한 종류다. 무함마드*는 "올바른 꿈의 상상력은 예언의 마흔여섯 번째 부분이다" 라고 했다. 그는 또한 "하나 남아 있는 기쁜 소식의 전달자는 좋은 사람에게 나타난 좋은 꿈의 상상력이다"라고 했다.

예언자*에게 내려진 계시는 꿈의 상상력으로 시작되었다. 모든 꿈의 상상력은 항상 새벽이 찾아오듯 찾아왔다. 무함마드가 아침 기도를 마치고 주위 사람들에게 "밤새 꿈의 상상력을 경험한 사람이 있는가?"라고 물었다. 그는 꿈의 상상력으로부터 무슬림의 승리나 자신의 능력이 성장하는 것과 같은 좋은 소식을 얻기 위해 이런 질문을 했다.

초자연적인 꿈의 상상력을 지각하는 이유는 마음의 혼 때문이다. 이는 심장의 구멍에서 뿜어 나오는 부드러운 증기인데, 혈관을 타고 신체 모든 곳으로 퍼진다. 이런 과정을 거쳐 동물적 힘과 감각이 완성된다. 영혼은 오감을 인지하고 외부적인 능력을 관리하느라 노곤할 수도 있다. 몸이 차가운 밤기운으로 덮이면 영혼은 각자 있던 곳에서 마음(심장)으로 모인다. 영혼은 다음날 활동을 위해 휴식을 취하고 이때 외부적인 능력 역시 잠시 멈추며 육체는 수면상태에 든다. 마음의 혼은 인간의 이성적 영혼은 본질을 통해 그 세상 모든 것을 감지한다. 따라서 현실과 본질은 간혹 초자연적 통찰력을 얻기 위해 사안을 이성적으로 생각하는 일이 방해 받는 경우가 있다. 거기에는 육체를 지배하는 베일과 그 베일의 힘과 감각이 있다. 그 베일이 아니었다면 영혼은 자유롭고 통찰력의 핵심인 현실로 돌아갔을 것이다. 그리고 인지할 수 있는 모든 것을 이해 할 수 있을 것이다. 그러므로 통찰력의 일부라도 자유로워지면 몰두는 줄어들고 그러면 스스로의 세계를 잠깐 볼 수 있게 된다. 초자연적 통찰력은 베일의 제거 정도에 따른다. 그는 이제 외부적인 감각의 몰두가 줄어든 상태에 있는 것이다. 따라서 그는 그 세계에서 자신에게 적합한 통찰력을 수용할 준비 상태에 있다. 그가 자신의 세계를 통찰하는 힘을 인지하면 몸으로 들어온다. 그가 계속 신체에 머물면 신체적 감각을 인지하는 것말고는 아무것도 할수 없다. 신체가 지식을 인지하게 되는 것은 뇌와 관련되어 있다. 그 능력 중 가장 활발한 것은 상상력이다. 감각으로 인지한 여러 개의 상으로부터 가상의 상을 만들고 기억 속에 넣어 추측과 추론이 필요할 때까지 저장해 둔다. 영혼은 가상의 상으로부터 정신적, 지적 상들을 추출한다. 이런 추출은 지각에서부터 이해할 수 있는데 단계가 올라가며 상상력은 양자의 중재자라 할 수 있다. 또한 영혼이 특정한 지각을 얻는 단계에 도달하면 이를 상상력으로 전달해 적합한 그림으로 만들고 그 지각들은 상식이 된다. 수면 중인 사람은 이것이 감각을 통해서 얻어진 것이라고 생각한다. 따라서 통찰력은 상상력의 중재로 이성적인 영혼에서 감각적 인식으로 변한다. 이것이 바로 꿈의 상상력이다.

앞의 설명은 진짜 꿈의 상상력과 가짜인 혼란스런 꿈의 차이를 나타낸다. 이 두 가지 모두 수면 중에 상상력에서 나오는 그림들이다. 하지만 만약 이 그림들이 이성적인 영혼에 감지되어 내려왔다면 꿈의 상상력인 것이고, 만일 사람이 깨어 있을 때 그림들을 저장하는 기억에서부터 내려왔다면 혼란스런 꿈이다.

진짜 꿈의 상상력은 자신의 진실함과 온전함을 증명하는 징후가 있어서 꿈의 상상력을 가진 사람은 알라가 꿈을 통해 준 기쁜 소식을 인지하게 된다. 첫 번째 징후는 꿈의 상상력을 얻자마자 바로 잠에서 깨어나는 것이다. 이는 마치 최대한 빨리 깨어나 감각적 지각을 다시 얻기를 바라는 것같이 보인다. 만일 계속해서 잠을 잤다면 그에게 주어진 통찰력에 큰 영향을 미쳤을 것이다. 따라서 그런 상태를 벗어나 항상 영혼이 형체가 있는 행동을 하는 감각적인 통찰력으로 도망가게 된다.

다른 징후는 꿈의 상상력의 모든 세부사항들이 기억력에 저장되는 것이다. 방치하거나 잊는 것은 아무런 영향을 끼치지 못하며 정신 안에 기억되게 하려면 생각하거나 기억하는 것 역시 필요 없다. 꿈을 꾼 사람이 깨어날 때 그 꿈의 상상력은 그림으로써 머릿속에 남으며 지워지는 것은 아무것도 없다. 그 이유는 영혼의 지각은 시간이 흐르면서 발생하는 것이 아니며 연속적인 순서도 없이 한 번에 발생하는 일이기 때문이다. 혼란스러운 꿈은 반대로 뇌의 능력에 따라 좌우되고 상상력을 통해 기억력에서 상식으로 바뀌기 때문에 시간이 지남에 따라 발생한다. 이 과정은 신체에서 일어나는 반응이며 모든 신체 반응은 시간 안에서 일어난다. 따라서 이 과정은 무엇인가를 인지하기 위해서 어떤 것이 먼저고 그 후에 무엇이 오는 지를 나타내는 연속적인 순서를 요한다. 뇌의 모든 능력에 영향을 미치는 건망증은 이 부분에 영향을 끼친다. 하지만 이는 이성적인 영혼의 통찰력에는 적용되지 않는다. 이성적인 영혼의 통찰력은 시간 안에서 발생되지도 않고 연속적인 순서를 필요로 하지도 않으나 영혼 안에 깃든 통찰력은 한 번에 가장 짧은 순간으로 깃든다. 따라서 사람이 잠에서 깨어나면 꿈의 상상력은 얼마 동안은 그의 머릿속에 남아 있게 된다. 만일 그 상상력이 강인한 인상을 남기면 아무리 방치해도 사라지지 않는다. 하지만 만일 사람이 잠에서 깨어난 후 꿈속의 상상력을 기억하려는 노력이 필요하고, 이미 많은 부분을 잊었다면 꿈의 상상력은 진짜가 아닌 가짜의 혼란스런 꿈이다. 이러한 징후는 예언의 계시에 속한다. 알라는 그의 예언자*에게 "코란을 계시받음에 서둘러 그대의 혀를 움지이지 말라. 우리가 그것을 모아 그대로 하여금 암송케 하리니 우리가 그것을 읽은 후에 그대가 따라 읽으라. 그런 후 우리가 그것을 설명하여 주리라"[74]라고 말했다. 꿈의 상상력은 싸히흐에 언급되어 있는 것처럼 예언과 계시와 관련되어 있다. 따라서 무함마드*는 "꿈의 상상력은 예언의 마흔여섯 번째 부분이

---

74   코란 75장 16~19절.

다"라고 말한 것이다. 이와 같은 맥락으로 꿈의 상상력이 지닌 특징은 예언의 특징들과 관련되어 있다. 이를 믿을 수 없다고 치부해서는 안 된다. 알라는 자신이 창조하고 싶은 모든 것들을 창조한다.

해몽에 관해 이야기하자면 이성적인 영혼은 무엇인가를 인지한 후 상상력으로 그 인지를 넘긴다. 상상력은 그 인지와 관련된 형태를 그림으로 만든다. 예를 들어 위대한 지도자에 대한 발상이 인지된다면 상상력은 바다의 모습을 묘사하고 적대감에 대한 발상을 인지한다면 뱀의 형태로 묘사한다. 따라서 사람이 꿈에서 깨었을 때 바다 혹은 뱀을 봤다고만 기억하게 된다. 바다는 감각에 의해 전달된 그림이며 그 그림 너머의 발상이 있다는 것을 아는 해몽가는 이것을 비교하기 시작한다. 그리고 인지된 발상의 특징들을 구성하는 많은 자료로 제대로 된 해석을 하기 시작한다. 따라서 해몽가는 바다가 지도자의 특징 중 하나인 방대함을 나타내므로 바다는 지도자를 뜻한다는 것을 알게 된다. 또한 뱀은 해를 끼칠 수 있기 때문에 적으로 간주될 수 있다. 혈관은 용기의 의미를 가지고 있기에 여자를 뜻한다. 꿈의 환상은 가끔 명백하고 분명하거나 인지된 발상들이 나타내는 그림들과 매우 흡사해서 해석이 필요 없을 수도 있다. 싸히흐에는 "꿈의 환상은 알라가 내린 꿈의 환상, 천사가 내린 꿈의 환상, 그리고 사탄이 내린 환상 세 가지로 나뉜다"라고 언급되어 있다. 알라가 내린 꿈의 환상은 분명해서 해석이 필요 없는 부류이고 천사가 내린 꿈의 환상은 해석이 필요한 진짜 꿈이며 사탄이 내린 꿈의 환상은 '혼란스런 꿈'이다.

영혼이 인지를 상상력에 전달할 때 상상력은 감각적인 관습 내에서 전달받은 것을 묘사한다는 사실을 인지하라. 감각적인 통찰력은 그런 틀에 존재하지 않았으므로 상상력은 아무것도 그려 낼 수 없다. 장님으로 태어난 사람은 아무것도 인지한 적이 없기에 바다를 보고 지도자라고 느낄 수 없으며 뱀을 보고 적이라고 느끼거나 혈관을 보고 여자를 연상할 수 없다. 장님은 자신에게 익숙한 청력이나 후각을 이용한 인지를 상상력으로 전해 연관되는 그림들을 만들어낸다. 따라서 꿈을 해석하는 사람들은 이 모든 것을 대응할 능력을 가지고 있어야 하지만 가끔 꿈에 혼란을 가져오며 규율을 망치기도 한다.

해몽학은 해몽가가 기반을 두고 있는 해석과 설명에 대한 기본적인 규범의 지식을 나타낸다. 예를 들어, 바다는 지도자를 나타낸다고 하지만 다른 쪽에선 분노, 걱정, 재앙을 의미하기도 한다. 같은 맥락으로 뱀은 적을 나타낸다. 하지만 다른 쪽에선 비밀을 가지고 있는 사람, 인생 등을 나타낸다고 한다. 꿈을 해석하는 사람들은 마음으로부터 우러나 사물을 바로 알아야 하며 이들 중 어떤 것이 특정한 꿈의 환상을 해석하기에 적당한가를 자료를 통해 해석한다. 이 자료는 깨어 있는 상태 혹은 수면 상태에서 만들어졌을 수 있다. 또한 꿈의 해석자가 부여받은 특별한 자격이나 그의 영혼 자체가 만들어낸 것일 수도 있다. 모든 사람들은 자신들이 해야 할 운명인 것에는 성공적이다. 이 학문은 초기 무슬림들에게 지속적으로 전달되었다. 무함마드 븐 시린은 해몽가들 가운데서 가장 유명한 사람이다. 해몽에 관한 몇몇 규범들은 그의 저서이며 사람들은 이 규범을 대대로 전해왔다. 키르마니는 이븐 시린의 뒤를 이었다. 최근 무타칼리문은 꿈의 해석에 대해 많은 작품들을 썼다. 현대 마그립 학자들이 사용하는 서적은 까이라완 출신의 학자 이븐 아부 딸립 알까이라와니가 쓴 *al-Mumatt*ʻ*i*를 포함한 여러 책들과 살리미가 쓴 유용하고 간결한 *al-Ishārah* 그리고 뒤니스에서 아부 라시드가 쓴 *al-Marqabah al-ʻulyā*이다. 예언과 꿈은 서로 관계가 있으며 올바른 관습에 따르면 꿈은 예언적 계시에서 중요한 역할을 하기 때문에 꿈 해석학은 예언의 빛과 함께 눈부시게 빛나는 학문이다. 알라는 초자연적인 현상을 인지한다.

인간에게는 사고가 있으므로 지적 학문은 인간에게 자연스러운 일이
다. 따라서 지적 학문은 특정 종교인에게만 국한된 것이 아니라 학문을
배우고 연구할 수 있는 모든 종교인들이 연구할 수 있다. 이 학문은 문명
이 존재한 이래 인류에게 존재했다. 이 지적 학문은 철학과 지혜의 학문
이라고 불리고, 네 개의 하부 학문으로 이루어져 있다. 첫째는 논리학으로
인간이 알고자 하는 사실을 이미 알려진 사실에서 유용화하는 과정에서
발생하는 오류로부터 마음을 보호하는 학문이다. 이 학문의 효용은 존재
론과 그 방해물을 연구하는 자에게 옳고 그름을 구별하도록 하고 그로써
연구자는 창조된 사물들에 관한 진리를 자신이 생각할 수 있는 범위 내에
서 긍정이나 부정으로 표현하게 된다. 둘째, 학자들은 광물, 식물, 동물 그
리고 천체, 자연의 운동을 유발시키는 영혼 등을 연구한다. 이런 학문을
자연학이라고 하는데, 이것이 지적 학문 가운데 두 번째 것이다. 셋째, 학
자들은 정신적인 것에 대하여 연구하는데 이 학문을 형이상학이라고 하
며 지적 학문들 가운데에 세 번째이다. 넷째, 측량에 관한 연구이다. 이 연
구는 다시 세부적으로 네 개의 학문을 포함하는데 '수학'이라고 불린다.
그 첫 번째는 기하학이다. 이것은 측량에 관한 연구인데 수를 구성하는
점에서는 비연속이거나 도형처럼 연속적인 것이 있다. 선과 같이 일차원
적이거나 면처럼 이차원적이거나 혹은 입체와 같이 삼차원적이기도 하
다. 측량과 그 과정에서 발생하는 것을 그 자체로써 혹은 상호 간의 결합
으로 연구하는 것이 기하학이다. 수학의 두 번째는 산술이다. 이것은 '수'
라는 비연속적인 양에 관한 연구로 우연적 특징에 관한 지식이다. 수학
의 세 번째 분야는 음악인데, 소리와 멜로디의 상호관계와 이를 수로 측
정하는 것에 대한 지식으로 결과적으로는 음악적 선율에 관한 지식이다.
네 번째 분야는 천문학인데, 이는 천체의 형태를 구성하고 움직이거나 고

정된 별들의 숫자와 위치 등을 확정한다. 이러한 지식은 눈에 보이는 천체 운동을 통해 획득된다. 이상이 철학적 학문의 근본 7가지이다. 논리학이 가장 처음이고 다음이 수학인데, 그 아래에 산술, 기하학, 천문학, 음악이 속한다. 그다음으로 자연과학이 있으며, 마지막으로 형이상학이 있다. 이들 각각의 학문에는 하위에서 분화한 분과가 있다. 자연과학의 한 분과가 의학이고, 산술의 한 분과가 산술학, 상속법학, 거래산술학이다. 천문학의 한 분과가 천문표이다. 이는 별의 운행을 계산하여 도출된 자료에서 별들의 정확한 위치를 알아내는 규칙이다. 별에 관한 연구의 다른 분과에는 점성술이 있다. 이제 우리는 이러한 학문들에 대하여 하나씩 살펴보기로 한다.

우리는 역사적인 정보에 의해 페르시아와 로마 민족이 이러한 학문을 이슬람 출현 이전의 왕조에서 크게 발전시켰음을 알고 있다. 페르시아와 그리스 왕조에서는 고도의 문명이 발달해 있었고, 이슬람 출현 직전의 왕조로써 그들의 도시에서 학문은 이미 크게 융성했다. 칼데아인과 그 이전에는 시리아인, 시리아인과 동시대인 콥트인은 주술과 점성술, 이에 관련된 주문과 부적에 관심을 보였다. 페르시아와 로마 민족은 그들로부터 이러한 것들을 배웠는데, 특히 콥트인들은 이것에 정통했다. 코란에는 하르투와 마르투 이야기[75]와 마법사에 관한 언급이 있다. 또한 상이집트의 사원에 있던 사람들에 관한 이야기도 있다. 훗날 여러 종교가 차례로 등장했고, 이를 금지하고 불법화시켰기 때문에 이러한 학문들은 마치 처음부터 존재하지 않았던 것처럼 사라져버렸다. 그러한 기술을 가진 사람들은 소외된 채 명맥만 유지했다. 그와 같은 기술의 건전성에 대해서는 알라께서 가장 잘 아신다. 그러나 샤리아의 칼날은 기술의 등장에 저항했고, 기술을 경험해보는 것도 금했다. 페르시아인들에 대해 말하자면, 그들에게

---

75　코란 2장 102절.

지적인 학문은 중요한 역할을 했다. 페르시아 왕조는 강력했고 지속적인 왕권을 영위했기 때문이다. 전해오는 바에 따르면 지적 학문은 페르시아에서 그리스로 전달되었는데 이는 알렉산드로스가 페르시아의 황제 다리우스를 죽이고 아케메네스 왕국을 장악했을 때의 일이다. 그는 페르시아인들의 서적과 학문을 획득했다. 그러나 무슬림들이 페르시아를 정복하고 도무지 양을 짐작할 수 없을 정도로 많은 서적과 문서들을 보게 되자 사이드 븐 아부 와카스는 우마르 이븐 알캇땁에게 편지를 썼고, 그것들을 모두 빼앗아 무슬림들의 전리품이 되도록 해달라고 요청했다. 그러나 오마르는 이렇게 답신했다. "그 서적과 문서들을 모두 강물에 던져버려라. 만약 그것들이 담고 있는 내용이 올바른 인도라면 알라께서 우리에게 더 올바르게 인도해 주실 것이다. 그러나 거기에 담긴 내용이 올바르지 않은 것이라면 알라께서 우리를 그것들로부터 보호해 줄 것이다." 그래서 무슬림들은 결국 그 서적들을 강물에 던지거나 불에 태워버렸다. 결과적으로 페르시아인들의 학문은 그렇게 사라졌고 우리에게 전달되지 않았다.

로마 왕조는 그리스인들에게 속했던 왕조였고 그들에게는 지적 학문이 중요한 위치를 차지했다. 그리스의 학문은 철학의 대가들과 그 밖의 유명한 학자들에게 정통했다. 소요아리스토텔레스학파의 철학자들, 특히 스토아학파들은 지적 학문 교육을 위한 좋은 방법을 알고 있었다. 그들은 햇빛과 추위를 막아 주는 주랑에서 연구했던 것으로 알려졌다. 이 학파의 전통은 현자 루끄만으로부터 그의 제자인 술통 속의 소크라테스, 소크라테스의 제자인 플라톤, 플라톤의 제자인 아리스토텔레스, 아리스토텔레스의 제자인 아프디시아스의 알렉산드로스와 테미스티오스와 그 밖의 인물로 이어졌다. 아리스토텔레스는 페르시아인들을 정복하고 그 왕국을 차지한 알렉산드로스의 스승이었다. 그는 그리스 학자들 중 가장 탁월했고 최고의 명성을 누렸다. 그는 최초의 교사라고 불렸고 전 세계적으로 유명했다. 그리스인의 왕조가 파괴되고, 로마 황제들이 권력을 장악하고 기독교를 수용했다. 종교집단과 종교법은 그들에게 지적 학문을 멀리하도록 했다. 그러나 지적 학문들의 저술은 창고 안에 보존된 채 영원히 살아 있었다. 로마인들이 시리아를 차지했지만 고대 학문서적들은 그들의 지배하에서도 존속되었다.

　　이후 알라가 이슬람을 보내주었고 무슬림은 대단한 승리를 거두었다. 그들은 로마를 비롯하여 다른 민족들의 영역까지 장악했다. 초기의 무슬림은 단순했고 다양한 기술들에 관해서도 관심이 없었지만 무슬림 지배와 왕조가 번성하고 과거 어떠한 민족도 누려보지 못했던 도시 문명을 발전시키게 되었다. 무슬림은 다양한 기술과 학문에 정통하게 되었고 철학적 학문에 대해서 연구하기를 원했다. 그들은 기독교의 주교나 사제들로부터 학자들의 이름을 들었고, 인간의 사고력에 힘입어 그러한 생각을 하게 되었다. 칼리파 아부 자으파르 알만쑤르는 로마의 황제에게 수학서들의 번역본을 보내달라고 요청했다. 황제는 그에게 유클리드의 책과 자연과학에 대한 일부 서적들을 보내 주었다. 무슬림들은 그것을 읽고 그 내용을 연구했으며 그 밖의 다른 분야에 대한 지적 호기심도 점점 커졌다. 칼리파 마으문의 시대가 왔다. 그는 학문적 지식에 대한 기본 소양도 있었고 학문에 대한 열정도 남달랐다. 그의 학문에 대한 열망은 지적 학문의 육성을 목적으로 행동에 옮겨졌고 로마 황제들에게 사신을 보내어 그리스인들의 학문 저술을 아랍어로 번역하게 했다. 그는 이를 위해 번역가들을 파견했다. 결과적으로 방대한 양의 자료들이 보존, 수집되었다. 무슬림 학자들은 그리스의 학문을 열심히 연구했다. 그리고 여러 분야에서 정통하게 되었다. 그들이 학문에서 이룩한 발전은 최고의 경지에 달했다. 그들은 여러 점에서 최초의 교사라 불렸던 아리스토텔레스와 이견을 보였다. 그래서 그들은 수용되어야 할 의견과 거부되어야 할 의견에 대해 가장 결정적인 권위자로 간주되었다. 그만큼 그들의 명성이 위대했다. 이후 그들은 다양한 주제에 관해 체계적인 저술을 남기기 시작했고 지적인 학문의 영역에서 선배 학자들의 능력을 뛰어넘었다. 그들 중 가장 뛰어난 인물들로 예를 들자면 마슈리끄에서는 아부 나쓰르 알파라비와 아부 알리 븐 시나가 있고, 스페인에서는 판관 아부 알왈리드 븐 루시드와 재상 아부 바크르 븐 알싸이그 등이 있다. 그 외에도 지적인 학문이 최고의 경지에 많은 다른 학자들이 있었다. 그들은 대단한 명성을 떨쳤다. 많은 학자들은 수학이나 이와 관련된 점성술, 주술, 부적에 관한 학문에 자신의 능력을 집중했다. 가장 유명한 학자로는 마슈리끄의 자비르 븐 하얏, 스페인의 마슬라마 븐 아흐마드 알마즈리티와 그의 제자들이 있었다. 지적 학문들과 학자들은 무슬림들에게 침투했고 많은 사람들이 지적인 학문을 연구하고 그 견해를 수용하도록 유혹했다. 이 방면에서 혹여라도 잘못을 범한 자가 있다면 죄를 받을 것이다. 이후 마그립과 스페인에서 문명의 바람이 멈췄고 학문은 문명의 쇠퇴와 더불어 약화되었다. 정통파 종교(순니)학자들이 주시하는 것 혹은 일부 개인이 하는 작업을 제외하고는 그 두 곳에서 학문적 활동은 사라졌다. 우리는 마슈리끄, 특히 페르시아와 트란스옥시나의 주민들은 여전히 지적인 학문에 집중하고 있다는 말을 듣는다. 그곳의 주민들은 지적인 학문들이나 전통적인 학문에서 탁월하다고 하는데 아마도 그 까닭은 그들의 문명이 풍요롭고 도시문화가 굳건하다는 것에 기인한다고 볼 수 있다. 나는 이집트에서 쿠라산의 히라의 위대한 학자의 작품들을 접했다. 그 학자는 사하드 알딘 알타프타자니였는데 그의 일부 저작은 칼람, 법학의 근원, 바얀 등에 관한 것이었다. 그는 이러한 학문에 깊은 자질을 지니고 있었다. 그의 저작들은 그가 얼마나 철학에 관해 연구했는지, 지적 학문 분야에 있어서 선구자였는지를 증명한다.

우리는 이 시대 로마인들의 지방과 유럽의 기독교들이 거주하는 지중해 북부 연안 지방에 철학적 학문들이 융성하다는 말을 들었다. 그곳에는 이러한 학문들이 다시 연구되고 많은 학교에서 교육이 이루어지고 있다고 한다. 뿐만 아니라 포괄적인 저술이 많이 이루어지고 공부하는 학생들도 많다고 한다. 그곳의 실제상황이 어떠한지는 알라께서 가장 잘 아실 것이다.


## 20장 │ 수와 관련된 학문들

그중의 첫 번째는 산수이다. 산수는 등차수열이나 등비수열로 나열될 때 수의 특성에 대한 지식이다. 예를 들면, 등차수열에서 수는 하나가 더 많은 수가 뒤 따라 오는데 첫 번째와 마지막 수를 합친 것은 결국 첫 번째와 마지막 수에서 일정 간격으로 동일하게 멀어진 두 수를 합친 것의 합과 같다. 만약 등차수열의 숫자들이 홀수 개이라면 첫 번째와 마지막 수의 합은 바로 그 수열의 가운데 있는 숫자의 두 배와 동일하다. 이 수열은 홀수와 짝수도 가능하고 짝수만으로도 가능하고 홀수만으로도 가능하다. 만약 등비수열에서 첫 번째 수가 두 번째 수의 반이고, 두 번째 수가 세 번째 수의 반이거나 혹은 첫 번째 수가 두 번째 수의 1/3이고, 두 번째 수가 세 번째 수의 1/3이라면 첫 번째 수와 마지막 수의 곱은 등비수열의 첫 번째 수와 마지막 수에서 동일한 간격으로 떨어져 있는 두 수라면 어떤 것이라도 그 둘을 곱했을 때의 합과 동일하게 나온다. 등비수열의 첫 번째 수와 마지막 수의 곱은 그 수열의 숫자들이 홀수 개이면 수열의 가운데 수의 제곱과 동일하다. 예를 들면 그 수열은 2, 4, 8, 16 같은 2의 배수가 있다. 삼각수열, 사각수열, 오각수열, 육각수열에서 기인된 수의 특성도 있다. 숫자들은 1부터 마지막 수까지 줄들을 더해가면서 점진적으로 줄에 위치하는데, 이렇게 삼각수열이 형성되고 또 다른 삼각수열은 그 변들 아래 연속적인 줄로 위치한다. 각 삼각수열은 자기 앞의 변을 더한 만큼 증가한다. 그리고 사각수열이 형성된다. 그러면 각 사각수열은 자기 앞의 변을 더한 만큼 증가한다. 그리고 오각수열이 형성된다. 그렇게 계속된다. '변'들의 다양한 진행은 형태들을 만든다. 가로줄은 1, 2, 3과 같은 수가 진행되고 삼각수열, 사각수열, 오각수열 등이 차례로 진행된다. 세로줄은 각종 수와 특정의 수적인 조합들을 포함한다. 세로와 가로로 수의 합과 어떤 수를 다른 수로 나눈 결과는 숫자의 분명한 특성을 보여준다. 이것들은 귀납적 방법으로 도출되었다. 이런 수와 연관된 문제들은 수학의 체계적인 규칙으로 남는다. 같은 방식이 짝수, 홀수, 2의 제곱, 2에 의해 곱해진 홀수, 2의 곱에 의해 곱해진 홀수와 관련된 수의 특성에도 적용된다. 이 학문은 이런 분야만을 다루었고 다른 것은 다루지 않았다.

이 학문은 교육의 여러 부분 중 최초이고 가장 극명한 부분이다. 이것은 수학을 증명하기 위해 사용되었다. 선대와 후대의 철학자들은 이에 관한 책을 남겼다. 그들 대부분은 일반적으로 이 분야를 교육의 범주 내에 두었고 따라서 이에 대한 독립적인 연구서를 쓰지는 않았다. 그러다가 이븐 시나가 『치유』와 *al-Najāh*에서 이를 기록했고 선배 학자들도 이 분야를 기록했다. 그러나 후대의 학자들은 이 주제를 기피했는데 그 이유는 이 분야의 활용도가 증명할 때만 사용되었지 실제 계산에서는 높지 않았기 때문이다. 학자들은 규명되어 있던 그대로의 규칙을 전했는데 예를 들면, 이븐 알반나는 *Rafʿ al-Ḥijāb*에서 그렇게 했다. 지고하신 알라는 가장 잘 아신다.


### 산술

산술이라는 기술은 산수의 한 분과이며 합과 분할로써 수의 셈을 하는 것이다. 수를 합치는 것은 개별 단위를 더하는 것으로 바로 덧셈을 말한다. 하나의 수를 다른 수의 단위만큼 배가시키는 것은 곱셈을 말한다. 한편 수에서 다른 수를 빼는 것으로 셈을 하는 것이 뺄셈이다. 마지막으로 어떠한 수를 다른 수의 동일한 부분으로 나누는 것이 나눗셈이다. 이러한 수의 합과 분할은 정수와 분수에서 가능하다. 분수는 어떠한 수와 다른 수의 관계를 말하는데 이런 수의 합과 분할은 근에서도 발생한다. 근이란 자신의 곱을 통해서 제곱수에 이르는 수를 말한다. 분명하게 떨어지는 수를 유리수라 하고 그 곱의 수도 분명하게 떨어진다. 유리수는 계산할 때 특별한 어려움이 없다. 그러나 분명하게 떨어지지 않는 수를 무리수라 하고, 그 곱은 유리수가 되기도 한다. 예를 들자면 3의 제곱근은 그 수의 제곱이 3이다. 혹은 그것이 무리수가 되는 경우도 있는데, 예를 들자면 3의 근과 같은 경우이다. 이러한 경우 계산할 때에는 특별한 주의를 기울여야 한다. 근 역시 합과 분할이라는 원칙에 포함이 된다. 즉, 산술이라는 기술은 새로운 학문이다. 상거래 계산에 있어서도 필요한 것이다. 학자들은 이에 관해 많은 저작을 남겼고, 특히 도시에서 아이들 교육에 많이 활용된다. 아이들에게 최상의 교육은 산술에서 시작된다고 말한다. 왜냐하면 산술은 분명한 지식, 체계적인 증거로 이루어져 있기 때문이다. 대부분 이러한 교육은 올바르게 훈련되어 지성이 형성된다. 전해오는 바에 따르면 학습 초기 단계부터 산술을 공부한 자는 그 성품도 진실하게 된다고 한다. 그 이유는 산술이 올바른 기반과 영혼의 논쟁에 기인하기 때문이다. 따라서 이러한 성질은 학습자에게 하나의 자질이 되고, 학습자는 진실함에 친근해지고 익숙해져서 진실을 하나의 명분으로 지키게 된다는 것이다. 이 시대의 마그립에서 산술과 관련된 가상 탁월한 저작 중에는 *al-Ḥiṣār ul Ṣaghīr*가 있는데 이 저작은 이븐 알바나이 알마르라쿠쉬의 책이다. 그는 그 책에서 아주 정교하게 산술의 법칙들을 요약해 놓았는데, 그 내용은 매우 유익하다. *Rafʿ al-Ḥijāb*이라 불리는 책은 앞의 책의 내용에 주석을 달고 설명해 놓았는데 이 책은 초보자에게는 좀 어려운 편이다. 왜냐하면 그 내용에는 확고한 이론적인 증명들로 이루어져 있기 때문이다. 나는 우리의 스승들이 이 책이 볼만한 가치가 있다고 말하는 것을 들은 적이 있다. 사실 그럴 만도 한 책이다. 그리고 그 책에서 저자는 이븐 무느임의 *Fiqh al-Ḥisāb*이라는 책과 아흐다부의 *Kāmil*이라는 두 책과 내용면에서 경쟁했다. 저자는 그 두 책들의 증명을 요약하였으며 이 두 책에서는 암호체계로 되어 있는 것을 눈에 보이고 확실한 의미가 있는 것으로 변경시켰다. 사실 그것은 문자로 이루어진 비밀이라고 할 수 있다. 그렇지만 이 모든 것들은 어렵다.

## 대수학

산수의 한 분과가 대수이다. 이것은 기지수와 미지수 사이에 특정관계가 성립될 경우 기지수로부터 미지수를 도출하는 기술이다. 학자들은 미지수의 곱셈을 위해 전문용어를 고안했다. 그 첫 번째가 수數인데 이를 이용하여 구하려는 미지수와 그 수와의 관계를 통하여서 미지수의 값을 도출한다. 두 번째는 물物이다. 왜냐하면 미지의 모든 것은 결국은 물을 지칭하기 때문이다. 이것은 근根라고도 하는데 그것은 2차방정식에서 자신을 제곱해야 하기 때문이다. 세 번째로는 승乘[76]이 있는데, 이것은 미지수의 제곱이다. 그 이상은 각기 두 요소의 승에 의존한다. 그다음으로 문제에 제시된 대로 셈을 하는데 언급한 바 있는 수, 물, 승 중에서 두 가지나 그 이상의 단위 사이에서 성립되는 방정식을 만든다. 이 요소들은 서로 대비되고 나누어진 부분은 정상의 형태로 돌아온다.[77] 그리고 방정식은 옳은 것이 된다. 방정식은 가능하면 가장 최소의 차수로 축소되는데 대수에 있는 세 가지 형태이다. 즉 수, 물, 승이다. 방정식의 양 변이 모두 하나

---

76  곱이라고도 한다.
77  이 부분은 아랍어로 자브라(jabra)라는 동사를 썼는데, 그것은 '부러진 뼈 조각을 맞추다', '정상으로 돌려놓다', '무엇을 강제로 하게 하다'라는 의미가 있다. '일물 자브르'는 '알제브라'로 바뀌어서 대수라고 쓰이게 되었다.

의 요소일 때 값이 결정된다. 곱 또는 근의 값이 수와 방정식을 이룰 때 그 값은 결정되고, 곱이 근과 방정식을 이루면 곱의 값은 그 근의 곱에 의해서 결정된다. 만약 한 변에는 한 요소, 다른 변에는 두 요소로 구성되면 두 요소가 있는 변은 곱하는 방법을 통한 기하학적인 작업을 할 수 있다. 그러나 양변이 모두 두 요소가 있을 때에는 방정식을 구하는 것이 불가능하다. 수학자들이 주장하는 방정식의 최대 개수는 여섯 개다. 즉 수, 근, 곱이 단일항인 경우인 방정식과 복수항인 방정식으로 여섯 개를 의미한다. 방정식에 있어서 최초로 저작을 남긴 인물은 아부 압둘라 알카와르지미이다. 그 이후에는 아부 카밀 샤자우 븐 아슬라무가 있고 사람들은 이 학자들의 영향을 따랐다. 방정식의 최대 개수가 여섯 개라는 것과 관련하여 그는 가장 대표될 만한 저작을 남겼다. 그리고 스페인의 학자들 다수가 그의 책에 설명을 달았고 더욱 발전시켰다. 그중에서도 가장 뛰어난 책은 『키탑 알꾸라쉬이』라고 말할 수 있다. 우리는 자들이 방정식의 최대 개수가 6개라는 정의를 넘어 20개 이상의 방정식을 도출했으며 그들은 그 모든 작업에서 기하학적인 증명으로 명백한 답을 제시했다고 들은 바 있다. 대단한 일이다.

### 거래 시의 산술과 상속법

산수의 분과에는 상거래 산술이 있다. 이깃은 도시에서 상거래 시에 저용되는 산술을 의미한다. 이런 거래에는 상품의 판매, 측량, 자가트[78]가 있다. 상업 거래에서 수와 관계된 것이다. 이때 사람들은 산수의 기술을 활용하는데, 주로 미지수와 기지수, 분수, 정수, 근 등을 활용하게 된다. 이러한 상거래의 기술을 제기하는 목적은 학생들과 수학자가 끊임없는 반복

---

78　이슬람에서 말하는 5주의 하나로 구휼세다.

과 연습을 통해서 경험을 하고 산수 기술에서 자질을 공고하게 하기 위함이다. 스페인의 수학자들 중에는 많은 저서를 남긴 이들이 있는데, 그중에서도 가장 유명한 상거래 관련 저서를 남긴 이는 알자흐라위와 이븐 알쌈므흐, 마슬라마 알마즈리디의 제자인 아부 무슬림 븐 칼둔[79]이 있다.

산수의 한 분과에는 상속법이 있다. 이는 적법한 상속자들에게 분배될 재산의 몫을 정확하게 결정할 때 활용되는 계산에 관한 기술이다. 상속자가 여러 사람이거나 상속자 중 일부가 사망하여 상속되는 몫을 재분배할 때에 특히 필요하다. 혹은 유산의 전체의 몫이 상속자들의 몫을 다 합쳤을 때 보다 넘는 경우도 있고, 상속자 중 일부는 다른 상속자를 인정하지만 모두의 인정을 받지 못한 경우에도 활용이 된다. 이 모든 것은 전체 유산에서 상속자 각각의 몫이 얼마인지 정확한 액수를 정하고 이를 위해 복잡한 계산이 개입된다. 이 계산에는 정수와 분수, 근, 미지수와 기지수 등이 사용되고 상속법과 관련된 여러 조항과 문제들을 해결하는데 적용된다. 이 기술은 적법한 상속분이나 상속자로 인정받거나 거부되는 상태, 혹은 유언과 그 밖의 것들에 관련된 법적 문제와 관련된 것이다. 따라서 이는 법학의 일부이고 상속법이라고 불린다. 법학자들이 발전시켜온 법에 의거하여 분배의 정확한 몫을 결정하는 일을 했으므로 당연히 그 작업 내에 산수가 포함된다. 상속법과 관련된 학자들은 예언자의 하디스를 거론하며 거기에 상속법의 덕목이 언급되어 있다고 주장하곤 한다. 예를 들자면 상속법은 이슬람 학문의 1/3이다. 그것은 여러 학문 중에 처음으로 없어진 것이라는 구절이다. 하지만 나는 이런 하디스에 언급된 것이 개별적인 의무에 대한 언급이지 그것이 상속법에 관한 언급이라고 생각하지 않는다. 왜냐하면 상속법은 양에 있어서 지식의 1/3이 되기에는 매우 적기 때문이다. 이 분야에 대해서 고대나 현대의 많은 학자들이 저술을 남겼다. 그중에서 탁월

---

79  1057~1058년 사망으로 추정되며 이븐 칼둔의 일가이다.

한 저술은 바로 말리키의 이론에 근거한 것으로 이븐 싸비트의 책, 판관 아부 까심 알하우피의『무크타싸르*al-Mukhtaṣar*』, 이븐 알무남마르의 책, 자으디와 쑤르라디와 그 밖의 사람들의 저서도 있다. 그중 알하우피의 책이 가장 탁월하다고 볼 수 있다. 우리의 스승인 아부 압둘라 무함마드 븐 술레이만 알샷띠도 그 책에 대해 설명을 한 바 있고 명확하고 포괄적인 설명을 남겼다. 이맘 알하라마인은 이 분야에서 샤피이의 이론에 근거하여 저술을 남겼으며 학문의 폭을 넓히고 근거를 공고하게 했다. 그렇게 해서 하나피와 한발리파의 이론을 확장시켰으며 그 밖에도 하나피의 이론가들과 한발리파의 추종자들도 이 주제에 관하여 많은 저작을 남겼다.

## 21장 | 기하학

이 학문은 양에 관한 고찰이다. 그것은 양의 근본적인 속성을 연구하며 선, 면, 입체와 같이 연속적이거나 수와 같이 불연속적이다. 예를 들면 모든 삼각형의 합은 세 각의 합이 두 개의 직각의 합과 같다는 것이다. 또한 평행선은 무한대로 연장되어도 교차하지 않는다. 두 선이 교차할 때 마주 보는 각은 동일하다. 4의 배수 중 첫째와 셋째의 곱이 둘째와 넷째의 곱과 동일하다. 이 기술에 관한 그리스인들의 번역서로는 유클리드의 책이 있다.『원리와 기둥의 책*Kitāb ul-Uṣūl wa al Arkān*』이라 불리는 이 책은 학생들을 위한 가장 간단한 책이다. 이 책은 칼리파 아부 자으파르 알만쑤르 시대에 이슬람세계에 그리스인의 저술들 중 최초로 번역되었다. 이 책에 대한 번역자가 여러 사람이므로 번역본도 여러 가지 이다. 그중에는 후나이나 븐 이스하끄, 싸비트 븐 쿠르라, 유수프 븐 알핫자즈가 있다. 이 책은 15권으로 구성되어 있는데 네 권은 평면, 한 권은 비례, 또 한 권은 평면들의 상호관계, 세 권은 수, 제10권은 무리수와 유리수 즉, 근에 관한 것이고 나머지 다섯 권은 입체에 관한 것이다. 학자들은 유클리드의 책으로 다수의 축약본을 만들었다. 이븐 시나는 『치유』를 쓴 바 있고, 여타 학자들도 이에 관한 주석서를 썼다. 또한 이븐 아비 알잘라트는 『이크티싸르』를 썼다. 이것은 기하학의 근원이 되었다. 기하학은 학습자의 지성에 불을 밝히고, 학습자의 사상을 올바른 길로 인도한다는 사실을 인지하라. 그 이유는 기하학의 모든 증거가 명백하고 질서정연하기 때문이다. 기하학의 추론에는 정리와 질서만이 있기 때문에 오류가 발생할 가능성은 거의 없다. 따라서 끊임없이 기하학을 생각하는 마음은 오류에 빠질 위험이 적다는 것이다. 기하학을 아는 사람들은 이렇게 분명한 방법으로 지성을 얻게 된다. 사람들의 말에 따르면 플라톤의 문 앞에는 다음과 같은 구절이 쓰여 있었다고 한다. "기하학자가 아닌 자는 입장하지 말라." 우리의 스승들은 이렇게 말하곤 했다. "기하학이 우리 사상에 주는 영향은 마치 비누가 옷에 주는 영향과 같다. 따라서 때를 벗겨 내고 기름과 먼지를 씻어 준다." 앞서 설명하였듯이 기하학에는 정리와 질서가 있기 때문이다. 이 학문의 한 분과로는 구와 원주곡선에 관한 기하학도 있다. 구에 관한 그리스인의 저술은 두 가지가 있는데, 테오도시우스[80]와 메넬라오스[81]가 구의 표면과 단면에 관해 쓴 것이다. 수학 교육에서 테오도시우스의 책을 메넬라오스의 책보다 먼저 가르친다. 그 이유는 후자의 증명들 가운데에 다수가 전자에 의존하기 때문이다. 천문학의 증명을 이 두 책에 의존하고 있기 때문에 두 책은 천문학을 배우려는 사람들에게 필수적이다. 천문학의 논의는 천체의 운동이 빚어낸 천구, 천구의 단면, 원들에 관한 것이다. 따라서 구의 표면과 단면은 구의 법칙에 대한 지식에 의존하게 된다. 원추곡선에 관하여 살펴보자면 그것 역시 기하학의 한 분야이다. 이 학문은 원추형의 입체에서 발생하는 도형과 단면을 연구하는 것이다. 이것은 초보적인 기하

---

80   트리폴리 출신으로 기원전 1세기 이전에 살았던 그리스의 수학자.
81   *Sphaerica* 세 권을 저술한 그리스의 수학자.

학을 근거로 기하학적 증명을 통하여 원추의 특성을 증명한다. 그 효용은 입체와 관련된 기술에서 나타난다. 예를 들자면 목공이나 건축이 있다. 또한 거대한 동상이나 희귀하고 거대한 기념물을 제작하는 방법, 도르래 같은 기계장치나 기술로 거대한 구조물이나 짐을 운반하는 방법에도 유용하다. 이 학문과 관련하여 일부 학자들은 책에서 경이로운 기술과 기계적 장치를 언급한 바 있다. 그 책이 담고 있는 기하학적 증명들이 이해하기 어려울지도 모른다. 하지만 그 책은 사람들의 손에 들려 있고, 이는 바누 샤키르의 덕으로 간주된다.

## 측량

이것은 토지를 측량할 때에 필요한 기술이다. 즉, 뼘이나 척 등의 단위로 일정한 토지를 측량하거나 그러한 방식으로 측량된 토지와 다른 토지를 비교 측량할 때 사용된다. 토지 측량은 농지, 토지, 과수원 등의 지세를 산정하거나 동업자나 상속자들 사이에 택지나 토지를 분할할 때 필요하다. 학자들은 이 분야에 대해 대단히 많은 저술을 남겼고 그것은 훌륭하다.

## 기하학의 분과에서 비롯된 논쟁

기하학의 또 다른 한 분과가 과학이다. 이것은 시각 인지성의 오류가 발생하는 이유를 어떻게 그런 오류가 생기는가 하는 것에 관한 지식으로 명백하게 밝혔다. 시각은 광선으로 생긴 원추형에 생기고 그 원추의 정점이 시점이고 그 바닥이 바로 대상물이다. 그런데 가까운 것들은 크게 보이고 멀리 있는 것들은 작게 보이는 오류가 빈번히 발생한다. 작은 물체도 물밑이나 투명체 뒤에서는 크게 보인다. 빗방울이 떨어질 때에는 직선으로 보이고 불은 원처럼 보인다. 이 학문은 기하학적인 증명으로 이러한 오류들이 발생하는 이유와 그 방법을 설명한다. 또한 과학은 위도가 다를 경우, 모습이 다른 이유도 명백하게 밝힌다. 초승달의 선명도나 식의 발생에 관한 지식도 위도가 다르다는 것에 근거를 두고 있다. 다수의 그리스인들은 이 학문에 대하여 책을 많이 썼고, 무슬림들 중에서 가장 유명한 저자는 이븐 알하이쌈이다. 다른 학자들도 이 학문에 대해서 책을 썼다. 이것도 수학의 한 분과인 것이다.

## 22장 | 천문학

이것은 항성과 혹성의 운동을 연구하는 학문이다. 천문학은 그러한 운동이 일어나는 방식을 이용해서 천체의 형태와 위치를 도출해낸다. 이때 감각에 의해 지각되는 운동에 대한 연구는 천체의 형태와 위치를 도출하는데 천문학은 춘분과 추분의 세차 운동의 존재를 통해서 지구의 중심은 태양의 천구의 중심과 다르다는 것을 증명한다. 또한 별의 순행과 역행을 통해서 거대한 천구의 내부에 작은 천구가 있다는 것을 증명한다. 그리고 항성의 운행을 통해서 여덟 번째 천구의 존재를 증명하기도 한다. 하나의 별에 다수의 적위가 있다는 사실을 통해 그 별의 천구가 다수 존재한다는 것을 증명하기도 한다. 천체의 운행과 그것이 어떻게 일어나는지, 그 종류가 무엇인지는 관찰로 가능하다. 우리는 이러한 연구를 통해 춘분과 추분의 세차 운동, 여러 층에 있는 천구들의 질서, 별들의 순행과 역행 등을 알게 된다.

그리스인들은 천문학 관찰에 지대한 관심을 보였다. 그들은 특정한 별의 운행을 관찰하기 위해 특별히 고안된 도구를 사용했는데 이를 '천체의'라고 불렀다. 천체의의 운행과 천구의 운행이 일치한다는 것을 증명하는 것과 그러한 기술은 그리스인들에게 전통으로 이어졌다.

이슬람에서는 천문 관측에 크게 주의를 기울이지 않았다. 그러다가 칼리파 마으문의 치세에 약간의 관심이 있었고 학자들은 천체의를 제작하려 했지만 결국 완성시키지 못했다. 칼리파 마으문의 사망 이후로 천문학에 대한 관심은 자연스레 잊혀졌다. 이후 고대의 관측 자료에 의존하였지만 시간의 흐름에 따라 별들의 운행도 변화가 있으므로 그러한 자료는 도움이 되지 못했다. 천문관측에 사용된 도구의 운동은 천구와 별의 운행에 대략 일치하는 것이지 정확하게 일치하지는 않았다. 시간이 흐르면 그 차이가 분명히 나타난다. 천문학은 고귀한 기술이다. 널리 알려진 것처럼 하늘의 형태나 천구의 질서에 대한 정보를 주는 것이 아니라 천구의 형태가 이러한 운행의 결과에서 빚어질 수밖에 없었다는 것을 알려준다. 여러분은 하나의 사물이 두 개의 상이한 결과를 가져오는 것이 불가능한 것만은 아니라는 사실을 알고 있다. 따라서 우리가 별들의 운동이 필수적이라고 말하면 그것은 필수적이라는 사실로부터 필수적으로 되는 것의 존재를 증명하는 것이다. 그것이 전적으로 그런 운동의 진정한 특질을 말해주지는 않는다. 그럼에도 불구하고 천문학은 위대한 학문이고 수학의 여러 기둥들 가운데 하나이다. 천문학에 관한 최고의 저술은 『천문학대전*al-Majisti*』이다. 그 저자는 프톨레마이오스이다. 이 책의 주석가가 입증했듯이 그는 그리스인 군주 프톨레마이오스는 아니다. 이븐 시나가 했듯이 무슬림 철학자들은 프톨레마이오스의 책을 축약했고, 그것을 『치유의 수학』에 삽입했다. 스페인의 철학자 이븐 루시드, 이븐 알싸므흐, 이븐 아부 알쌀라트드도 이 책을 『축약』에서 축약했다.

### 천문표

천문학의 지류 중에 천문표에 관한 학문이 있다. 이것은 수의 법칙에 따른 계산의 기술이다. 각각의 별이 운행의 과정에서 보이는 특징, 천문학적 입증이 보여준 운행상 빠름, 느림, 순행, 역행 등에 관한 연구이다. 이 학문은 천문학의 원칙에 따라 별들의 움직임을 계산하여 특정한 시간에 별이 천구의 어느 위치에 있는지를 알려준다.

이 기술에는 일정한 원칙이 있는데 월, 일이나 과거의 날짜 등을 알기 위한 서론이자 기초로 활용된다. 또한 이 기술에는 원칙이 있는데, 원지점, 근지점, 적위, 다양한 운동에 관한 지식과 편의를 위해 연구자들이 정리된 도표에 이것들의 상호 간 영향을 기록한다. 이러한 기술을 통해서 특정한 시간에 별의 위치를 도출하는 일을 조정과 제표라고 부른다. 바타니, 이븐 알캄마드와 같은 초기와 후기의 학자들은 이 주제에 관해 많은 저술을 남겼다. 오늘날의 마그립 학자들은 7세기 초 튀니스 출신인 이븐 이쓰하끄가 만들었다고 하는 천문표를 참고서로 사용하고 있다. 전해지는 말에 따르면 그의 책은 천문관측에 근거한다는 것이다. 시칠리아에 살며 천문학과 수학에 정통한 한 유태인이 직접 천문을 관측했고 이를 통해 얻은 별들의 상태와 운행에 관한 정보를 그에게 보냈다는 것이다. 마그립의 주민들은 사람들이 주장하는 바에 따라 천문학과 조정과 제표를 연구했다. 이븐 알바나으는 이러한 연구를 축약했고, 이는 『방법』이라 불렸다. 사람들은 그의 작업에 열광했는데 그 이유는 작업하기가 쉬웠기 때문이다. 천구 상의 별의 위치를 필요로 하는 것은 천문학적 판단을 위해서이다. 별의 위치가 인간세계에 어떠한 영향을 주는지 즉, 왕권, 왕조, 인간의 활동 등의 사건의 존재에 어떤 영향을 주는가를 알기 위해서이다.


## 23장 | 논리학


논리학은 사물의 본질을 알기 위한 경계와 신뢰를 위한 논증에서 옳고 그른 것을 깨닫게 하는 것이다. 왜냐하면 지각의 근원은 오감에 의해서 지각되는 감각이기 때문이다. 이성의 소유 유무를 막론하고 살아 있는 모든 것은 이 지각에 동참한다. 인간이 동물과 구별되는 것은 감각에서만 추출되는 것들을 지각한다는 사실이다. 이것이 가능한 이유는 이렇다. 하나의 형상은 상상 속에서 모든 감각적 대상물을 획득하기 때문이다. 그것은 보편적인 것이다. 다음 단계로 마음은 공통되는 대상물들과 달리 공통성을 보이는 대상물을 서로 비교하고 결과적으로 두 대상물에 모두 일치되는 하나의 형상을 획득하게 된다. 이러한 과정을 거쳐 계속 보편화가 된다. 여기서 보편화는 일치되는 다른 보편화를 인정하지 않으므로 매우 단순하다. 예를 들어 인간으로 구성된 종이라는 형상을 유출한다. 다음 단계로 인간은 동물과 비교되고, 인간과 동물이 서로 공통되는 유類라는 형상이 도출된다. 다음 단계는 식물과 비교되고 마침내는 최고의 유인 실체에 도달한다. 이 실체와 일치되는 그 무엇도 없기 때문에 이성은 거기에서 추상의 작업을 중지한다. 알라는 인간에게 사고의 능력을 주었고, 인간은 사고를 통해 학문과 기술을 인식한다. 지식은 그것이 사물의 본질을 위한 개념인 경우라면, 즉 판단을 수반하지 않는 원시적 지식을 의미한다. 아니면 어떠한 사물이 바로 그것이라는 판단이 수반하는 믿음을 의미한다. 따라서 인간의 사고는 보편적인 것들을 통합적 의미로 상호 간에 모으고 구하고자 하는 것을 획득한다. 결국 마음에 외부로부터 있는 것들로 이루어진 보편적 형상을 얻게 된다. 마음의 그런 형상은 개별적 대상물의 본질을 아는데 유용하다. 한편 인간의 사고가 어떠한 사물을 '바로 그것이다'라고 판단하는 경우는 통각이다. 그 목표는 지각으로의 환원이다. 왜냐하면 지각의 효용은 사물의 실체에 대한 지식을 획득하는 것이고 그것이 곧 통각적 지식의 목표이기 때문이다. 이것이 바로 사고의 경로이다. 인간의 사고는 옳은 길로 갈수도 있고 그렇지 않을 수도 있다. 따라서 인간의 사고력이 지식을 얻으려 할 때 옳은 길을 선택할 수 있는 분별력이 필요하다. 이것이 논리학의 규범이다.

고대인들이 처음 논리를 언급할 때, 그들은 논리를 문장이나 구조처럼 따로 분리해 논의했다. 논리학의 방법은 개선되지 못했고, 그 문제점들은 하나로 모이지 못했다. 그러다가 그리스인 아리스토텔레스가 등장했다. 그는 논리학의 연구를 개선하고 문제점과 세부사항들을 체계화시켰다. 그리고 논리학을 철학의 첫째 분야이고 철학의 입문으로 만들었다. 이러한 까닭에 그는 '최초의 교사'라고 불리고 논리학에 대한 그의 저술은 원전[82]이라고 불린다. 이 책은 8권으로 구성되어 있다. 4권은 추론의 형식이고 나머지 4권은 추론이 적용되는 소재에 대한 것이다. 따라서 통각적으로 구하고자 하는 것은 여러 가지 종류가 있다.

그중 일부는 본질적으로 분명한 것이고 다른 일부는 가설적이다. 그 단계도 여러 가지이다. 따라서 논리학은 유용화가 가능한 구하고자 하는 것으로부터 추론을 연구하는 것이고, 무엇이 그 지식을 선행해야 하는지 또 구하고자 하는 지식은 분명한지 아니면 가설인지에 대하여 연구하는 것이다. 논리학은 특정 대상이 구하고자 하는 것을 표현하는 것이 아니라 추론에 대하여 연구하는 것이다. 논리학 연구의 우선은 소재에서 출발한다고 한다. 이는 분명한 것이나 가설적인 지식을 주는 소재를 대상으로 한다는 의미이다. 논리학의 둘째는 형상과 절대적인 추론의 결과물을 대상으로 한다. 이러한 이유에서 논리학에 관한 책은 8권이다.

제1권 : 마음에서 오감의 추상이 도달하는 가장 높은 단계인 유<sup>類</sup>를 다룬다. 이보다 더 높은 단계의 유는 존재하지 않는다. 이를 『범주론<sup>Kitāb al-Maqūlāt</sup>』이라고 부른다.

제2권 : 통각의 주제들과 그 종류를 다룬다. 『명제론<sup>Kitāb al-'Ibārah</sup>』.

제3권 : 추론과 추론의 결과상을 전반적으로 다룬다. 『유추의 서<sup>Kitāb al-Qiyayās</sup>』라 부른다.

제4권 : 『논증론<sup>Kitāb al-Burhān</sup>』이다. 이것은 분명한 결과의 유추에 대하여 연구한다. 그 유추의 전제가 왜 분명한 것이어야 하는가와 분명한 지식을

---

82    organon을 의미한다. 이는 그리스어로 잘못으로부터 사상을 방어한다는 의미이다.

가져오는 다른 조건들을 다룬다. 예를 들면, 그 전제의 존재가 본질적이고 일차적이어야 한다는 것이 있다. 이 책은 한정과 정의에 대한 논의도 포함한다. 사람들이 그런 정의에서 구하고자 하는 것은 한정짓는 것과 한정되는 것 간의 일치를 위한 분명함이지 그 밖의 것은 아니다. 따라서 고대인들은 이 책에서 정의와 한정을 전문적으로 다루었다.

제5권 : 『변증론*Kitāb al-Jadal*』이다. 변증은 논쟁 시 상대의 주장을 중단시키고 침묵하게 하는 방법으로 유용한 유추이다. 이를 위해 사용되는 유명한 방법들을 언급한다. 이 책은 이와 관련된 다양한 주제들도 언급한다. 이 책은 유추의 과정에서 구하고자 하는 것의 양 끝의 중간을 분명히 구분지어 소개하고 반대의 주제도 언급하고 있다.

제6권 : 『궤변론*Kitāb al-Safsaṭah*』이다. 궤변은 진실이 상반된 것을 말하는 유추이다. 토론자는 궤변으로 상대를 혼란에 빠뜨린다. 이 책은 몹쓸 것을 다루지만 논자에게 궤변적 추론을 알려주고 이를 경고하기 위해 쓰여졌다.

제7권 : 『수사학*Kitāb al-Khiṭābah*』이다. 수사학은 연설자가 대중에게 영향을 미쳐 그가 원하는 대로 대중을 조종하는 방법에 대한 유추이다. 이는 연설의 형식에서도 필수적으로 사용된다.

제8권 : 『시학*Kitāb al-Shi'r*』이다. 시는 사람들이 어떠한 것을 수용하거나 기피하도록 하는 목적으로 은유와 비유를 유용화시키는 유추이다. 상상의 명제에 대해서도 필수적으로 사용된다. 이것이 고대인들에게 있는 8권의 논리서이다. 그리스의 철학자들은 논리가 개선되고 체계화된 이후 외연의 본질이나 그것의 일부 혹은 우연에 상응하는 형상을 목적으로 다섯 가지의 보편적인 것에 대한 논의가 필요하다고 생각했다. 이 다섯 가지는 유, 차이, 종, 특성, 일반적 사건이다. 그들은 다섯 가지에 대해 책을 썼고, 그것은 이 분야의 입문서가 되었다. 따라서 논리학에 관한 책은 9권이 되었다. 이들 모두는 이슬람권에서 번역이 되었다. 무슬림 철학자들은 이에 대해 주석을 달거나 축약을 했다. 예를 들면 알파라비나 이븐 시나, 그다음으로 스페인의 철학자인 이븐 루시드를 들 수 있다. 이븐 시나의 『치유의 서』는 철학의 일곱 가지 학문을 포괄한다.

근래의 철학자들은 논리학의 용어를 바꿨다. 그들은 다섯 가지 보편적인 것에 결실을 맺었다. 그것은 『논증론』에서 가져온 한정과 설명에 대한 견해이다. 그들은 『범주론』을 폐기했는데 그 이유는 이에 대한 논리적 연구가 그냥 발생한 것이지 본질적인 것이 아니라고 생각했기 때문이다. 그들은 『명제론』에 명제의 반대에 대한 논의를 달았는데 사실 이것은 고대인들의 서적들 중 『변증론』에 포함되었다. 그러나 그것은 어떤 면에서 보자면 『명제론』에 포함된다. 그 이후 그들은 추론에 대해 논의할 때 일반적으로 추론이 구하고자 하는 결과물 내에서 논의했을 뿐 그 소재는 고려하지 않았다. 그들은 추론이 적용되는 소재에 대한 연구인 다섯 가지의 서적을 방치했다. 즉, 『논증론』, 『변증론』, 『수사학』, 『시학』, 『궤변론』이다. 일부 학자들은 이따금 이 책들에 대하여 언급하지만 그런 책이 존재하지 않는 것처럼 무시하는 것이 대부분이다. 그러나 이 책들은 이 분야에서 매우 중요한 기초이다. 그 이후 그들은 논리학에 대해 열띤 토론을 했고, 논리학이 다양한 학문들을 위해 고안된 도구가 아니라 그 자체가 중요한 것이라고 주장하며 연구했다. 그 결과 그들은 논리학에 관한 논의를 발전시켰다. 이런 논의의 중심에는 우선 이맘 파크르 알딘 븐 알카띱이 있다. 그다음으로 아프달루 알딘 알카완지가 있는데 이 시대에는 마슈리끄에서 그의 책이 대세이다. 그의 저서 중 『비밀공개*Kashf al-ʾasrār*』가 있는데, 이 책은 장편이다. 또한 *Mukhtaṣir al-Muʾjaz*는 교육에서 최적이다. 또한 *Mukhtaṣir al-Jumal*은 네 개의 장으로 구성되어 있고, 논리학과 그 근원에 관한 개요이다. 이 시대의 학습자들은 이 책을 많이 보고 그것에서 유용성을 얻는다. 선조들의 서적들과 그 방법들은 마치 존재하지 않았던 양 무효화되었다. 그것을 실로 논리학의 열매와 논리학의 유용성으로 가득했는데도 말이다. 알라는 옳은 것으로 인도하신다.

이것은 물체를 운동과 정지라는 관점에서 연구하는 학문이다. 자연학은 천체, 원소, 원소로부터 만들어진 인간, 동물, 식물, 광물에 대해 그리고 지상의 샘물과 지진, 대기 중의 구름, 증기, 천둥, 번개, 폭풍 등에 대해 연구한다. 물체의 운동의 시작은 인간이나 동물, 식물 등에서 다양한 형태로 나타나는 영혼이 있다. 이 주제에 관한 아리스토텔레스의 책들은 학자들의 손에 들려 있다.[83] 이 책들은 마으문 시대의 철학서들과 함께 번역되었다. 학자들은 그의 방식을 따라 책을 썼고 설명과 주석도 달았다. 이 분야에서 가장 포괄적인 저술은 이븐 시나의 『치유의 서』인데 그는 이 책에서 우리가 언급했던 철학의 일곱 가지 학문 모두를 다루었다. 이븐 시나는 『구제의 서*Kitāb al-Najāh*』와 『지침서*Kitāb al-Ishārāt*』라는 책에서 『치유의 서』를 축약했다. 그는 대부분의 문제에서 자신의 견해를 주장하며 아리스토텔레스의 견해를 반대했다. 이븐 루시드 역시 아리스토텔레스의 책들을 축약하고 주석을 달았지만 그는 아리스토텔레스의 견해를 따랐다. 그 이후 학자들은 이 분야에서 많은 책들을 썼다. 그러나 위에서 언급한 책들이야말로 이 시대에 가장 유명한 것이고 그 분야를 대표하는 책들이다. 마슈리끄의 사람들은 이븐 시나의 지침서에 많은 관심을 표명했고 이맘 이븐 알카띱은 그럴듯한 설명을 달기도 했다. 아미드 역시 동일한 작업을 했다. 나씨르 알딘 알뚜씨는 ㄱ 작품에 대한 설명을 달았다. ㄱ는 '카와스'로 알려져 있는데, 그는 『지침서』의 많은 문제에 관한 이맘 이븐 알카띱의 주장을 조사했다. 그는 이븐 알카띱의 연구보다 한수 위였다. 알라께서는 올바른 길로 가고자 하는 자를 바르게 인도하신다.

---

83 아리스토텔레스의 유명한 저서로는 『자연』, 『하늘』, 『영혼』, 『알메카니아』, 『동물의 역사』 등이 있다.

# 25장 | 의학

이 기술은 자연학의 한 분과이다. 의학은 인체를 질병과 치유라는 관점에서 연구하는 기술이다. 의사는 약과 음식으로 건강을 보존하고 질병을 치료하려고 시도한다. 이에 앞서 인체의 질병을 구분하고 그 원인이 무엇인지를 확인해야만 한다. 각 질병에 어떤 약이 있는지도 알아야 한다. 의사는 약의 효능과 성분에 따라 처방하고 환자의 증상을 살펴 질병의 진전 정도와 약효의 가능성을 알아낸다. 첫째, 환자의 피부색과 배설물, 맥박 등을 통해 알 수 있다. 의사는 자연의 힘을 모방한다. 왜냐하면 자연의 힘은 건강과 질병을 결정하는 요소이기 때문이다. 의사는 질병을 불러일으키는 물질의 본질이나 계절, 환자의 나이에 따라서 자연을 모방하고 부가적인 행위를 취하는 것이다. 이 모든 것을 취급하는 학문이 의학이다. 학자들은 사지의 일부를 개별적인 것으로 분류하여 각기 독립적인 분야로 만들기도 했다. 예를 들면 눈, 안질환, 안약 등을 들 수 있다. 학자들은 신체의 부분의 효용도를 하나의 기술 분야로 덧붙였다. 즉 동물의 사지, 각 기관이 어떤 유용성을 목적으로 창조되었는가 하는 것이다. 비록 이것이 의학의 주제는 아니지만 학자들은 이를 의학의 부속으로 만들었다.

갈레노스는 이 분야에서 매우 중요하고 유용한 책을 쓴 바 있다. 그는 이 분야에서 고대의 권위자이고 그의 책들은 아랍어로 번역되었다. 전해 오는 바에 따르면 그는 예수*와 동시대인이고 스스로 방랑생활을 하다 시칠리아에서 사망했다고 한다. 그의 의학서들은 후대의 모든 의사들에게 정전과 같은 존재였다. 이슬람권에는 이 분야에서 탁월한 의사들이 있었다. 예를 들자면 라지,[84] 마주시,[85] 이븐 시나 등이 있다. 스페인 출신의 의

---

84  865~925년.
85  10세기의 인물.

사들도 역시 많았는데 그중 가장 유명한 사람은 이븐 주흐르[86]이다. 오늘날 유명한 무슬림 도시들에는 의술이 쇠퇴했는데 그 이유는 문명의 발달이 정지하거나 쇠퇴했기 때문이다. 의학은 도시문화와 사치가 있을 때 요구되는 기술이기 때문이다.

문명화된 베두인은 대개 일부 사람들이 체험으로 얻은 의학을 가지고 있는데 그들은 이러한 기술을 부족의 장로나 어르신들로부터 물려받는다. 이러한 기술 중에 일부는 옳은 것도 있으나 그것은 엄연히 자연의 법칙에 의거한 것도 아니고 인체의 기질에 일치되는 것도 아니다. 아랍인들 사이에는 이러한 종류의 의학이 많았다. 이 분야에서 유명한 의사들이 있었다. 예를 들면 하리스 븐 칼라다와 그 밖의 인물이 있다. 종교 기록에 전승된 의학은 이처럼 부족적인 것이지 신의 계시에서 비롯된 것이 아니었다. 그것은 아랍인의 관습의 일부였다. 의학은 예언자가 처했던 상황을 언급하는데 포함되어 있고 그러한 상황을 언급하는 것은 관습이었다. 의학이 종교법에 언급된 특별한 것임을 언급하는 것은 아니다. 예언자 무함마드는 우리에게 종교법을 알려주려고 파견되었지 의학이나 그 밖의 것 등 여러 관습을 알려주기 위해 파견된 것은 아니었다. 그러므로 이런 일이 야자나무의 수정에 대한 개선책과 관련해서 발생했다. 예언자 무함마드*는 이렇게 말했다. "너희들이 이 세상의 일에 대해 더 잘 알고 있다." 하디스에 있는 의학 관련 언급을 법적인 것이라고 해석해서는 안 된다. 하지만 그것이 알라의 축복이나 종교적 믿음에 사용되는 경우는 매우 유용할 것이다. 그렇다 해도 그것은 인간의 기질적인 면모를 다루는 의학에서 비롯된 것은 아니고 진정한 신앙의 결과이다. 꿀로 복통을 치유했다는 등의 일이 그 예라고 할 수 있다. 알라는 올바른 곳으로 인도하신다. 그분 이 외에 주님은 없다.

---

86  1162년 사망, Avenzoar로 불리기도 했다.

# 26장 │ 농학

이 기술은 자연학의 한 분과이다. 농학은 관개, 치료, 토질 개선, 적절한 계절 선택 등의 방법으로 식물의 성장을 연구한다. 이 모든 작업은 식물에게 유익하고 성장에 도움을 준다. 고대인들은 농업에 지대한 관심을 보였고 농업에 대한 그들의 연구는 식물의 재배와 성장, 식물의 특징과 영적인 성질에서 나타나는 문제점 등을 마법의 장에서 사용될법한 구조와 별들의 영적인 성질과 연결시키는 일반적인 것이었다. 따라서 고대인들은 이러한 목적으로 농학에 관심을 보였다. 그리스인들의 책 가운데 하나인 『나바뜨인의 농업서*Kitāb al-Falāḥah al-Nabaṭīyah*』는 아랍어로 번역되었는데 이 책은 나바뜨족 출신의 학자가 썼다. 이 책은 위대한 지식에 관한 내용을 포함하고 있는데, 무슬림들이 이 책의 내용을 연구했고, 그들은 마법의 장은 금지된 것이기 때문에 그에 관한 연구도 금지되어야 한다고 주장했다. 그들은 그 내용 중에 식물의 재배와 치료 혹은 이에 관련된 내용만을 연구했다. 그들은 그 밖에 다른 분야는 전반적으로 생략했다. 이븐 알아왐은 『나바뜨인의 농업서』를 이런 방식에 의거하여 축약했고 그 책의 나머지 내용은 무시했다. 이 축약서로부터 마슬라마는 우리가 마법의 장에서 다루게 되겠지만 마법에 대부분의 주제들을 인용했다. 현대 학자들이 농업에 대해 저술한 책들도 많은데 그 책들 역시 식물의 재배와 치료, 식물에게 해를 끼칠만한 것으로부터 식물을 보호하는 방법 등에 관한 내용일 뿐 그 밖의 내용은 다루지 않았다.

형이상학은 절대적인 존재를 연구하는 학문이다. 우선 육체적·정신적인 것에 관여하는 일반적 사안들인 본질, 단일성, 복수성, 필연성, 가능성과 그 밖의 것을 연구한다. 그다음으로 정신적인 것인 존재의 기원을 연구한다. 그다음으로 존재가 정신적인 것으로부터 생성되는 방식과 순서를 연구한다. 그다음으로 영혼이 육체와 분리된 뒤 존재의 기원으로 회귀한 이후의 상황을 연구한다. 형이상학을 연구하는 학자들에게 형이상학은 고귀한 학문으로 간주된다. 그 이유는 형이상학이 학자들에게 존재를 있는 그대로 인식하도록 해주기 때문이다. 그들의 주장에 따르면 이는 행복의 정수이다. 학자들의 주장에 대한 반응은 그 이후에 나타날 것이다. 학자들이 학문을 배열할 때 형이상학을 자연학 다음에 두기 때문에 그들은 이 학문을 '자연학 다음에 오는 학문'이라고 불렀다. 형이상학에 관한 아리스토텔레스의 책들은 학자들의 손에 들려 있다. 이븐 시나는 『치유의 서』, 『구제서』에서 이를 축약했고 스페인의 철학자 이븐 루시드 역시 그것을 축약했다. 현대학자들은 무슬림들의 학문에 관한 글을 체계적으로 기록했다. 가잘리는 학자들의 견해를 반박했다. 그 이후 현대의 무타칼리문은 칼람의 문제들을 철학적 문제들과 혼합시켰다. 그 이유는 칼람의 주제와 형이상학의 주제가 상당히 유사했기 때문이다. 또한 양자가 다루는 문제들도 흡사했기 때문이다. 따라서 칼람과 형이상학은 하나가 되었다. 이후 학자들은 자연학과 형이상학의 문제를 체계적으로 변경하여 두 학문을 하나의 학문으로 섞어버렸다. 학자들은 하나의 학문이라는 틀 안에서 칼람을 일반적인 사안으로 제시했다. 그다음으로 육체적인 것들을 논하고 다음으로 정신적인 것을 논한다. 그렇게 끝까지 가게 되었다. 이맘 이븐 알카띱은 『미슈리끄의 연구들』에서 이런 방법을 취했고, 그 이후 무타칼리문 역시 그렇게 따랐다.

칼람은 철학적인 문제들과 혼합되었고 신학서들은 철학으로 가득 채워졌다. 이것은 마치 신학과 철학이 양자의 주제와 문제가 추구하는 목적이 하나인 것처럼 보이게 되었다. 이것은 옳은 것임에도 사람들에게 불분명함을 가져다준다. 왜냐하면 칼람의 문제는 샤리아에서 도출된 신앙의 신조들이다. 그런데 그 신조들은 무슬림 선조들이 이성을 고려치 않은 채로 전달한 것이다. 따라서 이성은 종교법이나 그 관점과는 관계가 없다. 무타칼리문이 논증을 전개하는데 이성을 언급하지는 않았다. 그들은 알려져 있지 않았던 것을 입증하기 위해 논증을 전개하는 과정에서 진리를 추구하지 않는다. 그것은 철학의 문제이다. 그들이 이성적 논증을 전개했던 때는 신앙의 신조와 이에 대한 무슬림 선조들의 입장을 지지하고 신앙의 신조에 대한 지각이 이상적인 것이라고 주장하는 혁신자들을 논박하기 위해서이다. 따라서 이성적 논증은 초기 무슬림들이 전수받고 신뢰했던 것처럼 전승된 증거들에 의해 옳은 것으로 인정받은 이후에야 가능했다. 이 두 가지 입장 간에는 큰 차이가 있다. 예언자 무함마드*의 지각은 이성적 관점의 지각보다 그 영역이 광대함으로 철학자들의 지각보다 더 광범위했다. 그 입장은 알라의 빛에서 나온 것임으로 철학자들의 지각 보다 위에서 그것을 내포한다. 따라서 그의 지각은 나약한 사유와 제한적인 지각 아래에 있지 않다. 만약 무함마드*가 우리를 어떤 지각으로 인도하면 우리는 우리 자신의 지각보다 그것을 선택하고 신뢰해야만 한다. 비록 그것이 이성과 반대라 해도 이성적 지각으로 그 옳음을 증명하려 해서는 안 된다. 우리는 접하게 되는 현실을 믿음과 지식이라고 굳게 믿어야 한다. 우리가 이해하지 못하는 이런 일에 대해 침묵하고 이 모든 것을 예언자 무함마드에게 위탁하고 우리의 이성을 배제시켜야 한다.

만약 무타칼리문이 이성적 논증을 사용한다면 칼람의 혁신으로 초기 무슬림들의 신조에 반대하는 이단과의 논쟁에서이다. 그들은 이단자들에게 그들이 주장하는 것과 같은 종류의 논증으로 반박할 필요가 있다. 따라서 이런 때는 사변적 논증과 이를 통한 초기 무슬림들의 신조를 보호해야 한다고 주장한다.

반면 자연학적, 형이상학적 문제들을 교정하고 거부하는 것은 칼람의 주제가 아니며 무타칼리문의 사유와 같은 종류도 아니다. 그러므로 이 두 분야를 구별할 수 있도록 잘 알아야 한다. 특히 근래의 학자들이 저술에서 이 두 분야를 혼동하여 사용하고 있기 때문이다. 사실 이 두 분야가 다루는 주제와 문제는 다르지만 증빙함에 있어 구하고자 하는 문제가 동일한데서 혼동이 온다. 무타칼리문은 마치 이성적 증거를 통해서 신앙을 연구하는 것처럼 보이지만 그것은 아니다. 무타칼라문은 이단의 주장을 반박하고 그들이 탐구하고자 하는 것은 진실의 부가이다.

또한 수피 중 일부 극단세력은 최근 몰아적 경험을 언급하면서 형이상학과 칼람의 문제를 자신들의 문제와 혼동하고 이 모든 것을 하나의 토론으로 만들었다. 예를 들면 그들의 토론은 예언, 합일, 육화, 유일성과 그 밖의 것에 대해 이루어졌다. 중요한 것은 이 세 분야의 지각은 서로 다르다는 것이고 학문과 지식의 측면에서 수피의 지각은 가장 멀리 떨어져 있다. 왜냐하면 그들은 지각을 언급할 때 직관적 체험을 주장하고 이상적 증거를 기피하기 때문이다. 직관적 체험은 학문적 지각과 연구에서 가장 멀다. 이에 대해 우리는 이미 언급한 바 있고 앞으로도 언급할 것이다. 알라께서는 옳은 길로 가고자 하는 자를 바르게 인도하신다. 알라는 옳게 가장 잘 아신다.

## 28장 | 마술과 주술의 학문

이것은 인간의 영혼이 아무런 도움 없이 혹은 하늘의 도움으로 어떻게 원소의 세계에 영향을 미치는가를 다루는 학문이다. 이때 도움이 없이 영향을 미치는 경우가 마술이고, 하늘의 도움을 받아 영향을 미치는 경우가 주술이다. 이러한 학문은 종교법에 소개되어 있지는 않다. 왜냐하면 이러한 학문은 유해하고 사람들이 알라가 아닌 별이나 그 밖에 것을 향하게 하기 때문이다. 이 주제에 대한 책들은 사람들 사이에 없는 것이나 마찬가지이다. 모세*의 예언 이전에 나바뜨인이나 칼데아인과 같은 고대 민족들의 서적들은 예외이다. 모세 이전의 예언자들은 누구도 종교법을 제정하지는 않았다. 그들의 책은 설교, 신의 유일성, 천국과 지옥에 대한 언급을 다루고 있다. 이 학문은 시리아인과 칼데아인 출신의 바빌론 주민과 콥트 출신의 이집트인에게 있었다. 그들은 이에 대한 저서와 흔적을 남겼는데 일부를 제외하고는 번역된 것이 없다. 예를 들자면 이븐 와흐시야의 『나바뜨인의 농업서*Kitāb al-Falāḥah al-Nabaṭīyah*』 정도이다. 사람들은 이 책으로 마술학을 알게 되었고 이를 전문적으로 다루게 되었다. 그 이후에 『일곱 행성의 책들』, 황도의 위치에 대해 쓴 인도인 띰띰의 책이 있다. 이후 이슬람권의 대표적인 마술사인 자비르 븐 하이얀이 마슈리끄에서 등장했다. 그는 대중의 서적들을 정밀하게 검토했고 그 기술을 도출했다. 그는 마술의 핵심을 밝혀냈으며 이에 관한 여러 권의 책을 썼다. 그는 자연적 마술의 기술도 많이 다루었다. 왜냐하면 그것이 마술의 부수적인 것이기 때문이다. 그 이유는 하나의 형상에서 다른 형상으로 육체적 변화는 기술이 아니라 영혼의 힘으로 가능하고 그것은 마술의 일종이기 때문이다.

그 이후 스페인인 이맘 마슬라마 븐 아흐마드 알마즈리띠가 수학과 마술학 분야에 등장했다. 그는 이 분야의 모든 책들을 축약했고 교정했으며 자신의 저서 *Ghāyat al-ḥakīm*에서 다양한 방법들을 모두 집대성했다. 그 이후 누구도 이 분야의 책을 쓴 이는 없다.

우리는 여기서 마술의 진실에 대해서 서론만을 밝혀보고자 한다. 인간의 영혼들은 동일한 종이지만 상이한 특수성을 지니고 있다. 그것은 여러 종류이다. 각각의 종류는 다른 종류에는 존재하지 않는 특수성이 있다. 그러한 특수성은 오직 그 종류의 영혼에만 있는 본능적 자질이 되었다. 예언자들*의 영혼은 고유한 성질이 있는데 이를 이용해 인간의 정신을 탈피하고 천사의 정신에 도달해서 그 순간 천사가 되는 경지를 준비하게 된다. 이는 이미 언급했듯이 계시를 의미한다. 그 순간 예언자는 신성의 지식과 천사의 연설을 접한다. 이에 부속되는 것이 피조물에 대한 영향력이다. 마술사의 영혼에는 피조물에게 영향을 주고, 별의 영혼을 끌어오는 힘이 있으며 영혼의 힘 혹은 악마적 힘을 이용한 영향력도 있다. 예언자의 영향력은 신의 도움이고 특히 신성한 것이다. 하지만 주술사의 영혼에는 악마적인 힘을 이용한 초자연적인 것들을 관찰하는 성질이 있다. 이렇게 각각의 영혼의 종류는 다른 종류의 영혼에는 존재하지 않는 특성이 있다.

마술적 영혼에는 세 단계가 있다. 이제 이 세 단계를 설명해보자. 첫 번째 단계는 도구나 도움 없이 의지로만 영향력을 발휘한다. 철학자들은 이것을 '마술'이라고 부른다. 두 번째 단계는 천체나 원소의 성질 혹은 숫자의 특성으로부터 도움을 받아 영향력을 발휘하는 것으로 사람들은 이를 '주술'이라 부른다. 이것은 첫 번째 단계보다는 약하다. 세 번째 단계는 상상의 힘으로 영향력을 발휘하는 것이다. 이런 종류의 영향력을 지닌 사람은 상상력에 의존하며 상상 속에서 자신의 행위를 구체화시킨다. 그는 환영이나 형상, 그림 등 원하는 것을 상상 속에서 접한다. 그런 뒤에 그는 영혼의 힘으로 영향을 끼쳐 그러한 대상을 감각으로 끌어내린다. 그리고 그 대상이 외부에 있는 것처럼 관찰한다. 하지만 실제는 아무것도 없다. 예를 들면 어떤 이는 정원이나 강, 성 등을 보았다고 말하지만 실제로는 아무것도 없는 것이다. 철학자들은 이를 '요술'이라 부른다.

이상이 마술의 여러 단계이다. 마술사는 인간의 모든 힘이 그렇듯이 이러한 특수 자질을 지니고 있다. 그것은 훈련을 통해 잠재 상태에서 현실로 나온다. 모든 마술적 훈련은 다양한 종류의 공경, 숭배, 복종, 겸허의 방법 등을 통해 천체와 별, 높은 세계, 악마를 향하고 있다. 따라서 마술적 훈

런은 알라 이외의 다른 존재를 숭배하는 것인데 알라 이외의 것을 향하는 것은 불신앙이다. 그러므로 마술은 불신앙이며 불신앙은 당신이 보았듯이 마술의 재료와 동기에서 비롯된다고 하겠다. 법학자들은 마술사를 죽이는 것에 관해 여러 견해를 보였다. 즉 불신앙이 마술 행위의 전제가 되기 때문에 죽이는 것인가, 혹은 마술의 부패한 행위와 그것이 피조물에 미치는 부패한 영향력 때문에 죽이는 것인가에 따라 다양한 견해가 있었다. 이 모든 것은 마술에서 비롯된다. 마술의 처음 두 단계는 외부에 존재하는 실재적인 것이지만 마지막 세 번째 단계는 실재적인 것이 아니기 때문에 학자들은 마술의 실재성에 대해 견해를 달리한다. 그것은 실재적인가 아니면 상상의 것인가? 그것이 실재라고 말하는 사람들은 처음의 두 단계를 생각한 것이고, 그것이 실재적이지 않다고 하는 사람들은 마지막 세 번째 단계를 생각한 것이다. 이들은 마술에 대해서는 이견이 없지만 마술의 단계들이 보이는 유사성으로 인해 이견을 보인다. 알라는 가장 잘 알고 계신다.

이미 언급했듯이 마술의 영향력으로 인해 지성인들 간에는 마술의 존재에 대한 의심이 없음을 인지하라. 코란도 그것에 대해 언급하고 있다. "믿지 아니한 자들은 바로 이 반역자들이며 사람들에게 거짓과 허위(씨흐르)를 전파하였노라. 그리고 이들은 바빌론에서 두 천사 하르투와 마르투에게 계시되어진 것을 추구한다고 주장하나니, 그러나 이 두 천사는 '우리는 다만 시험이니 믿지 말고 다만 우리가 말하는 것을 거부하라'라고 말할 때까지 아무에게도 가르침이 없었노라. 그리하여 사람들은 그들로부터 남자와 그 배우자를 그들이 구분하는 것을 배웠으나 이들은 알라의 말씀에 의지하지 않고서는 아무것도 그것으로 해하지 아니하였노라."[87]
싸히흐에 의하면 알라의 사도인 무함마드*는 어떠한 마술에 걸렸고 무언

---

87  코란 2장 103절.

가를 하는 것처럼 상상하기에 이르렀다고 한다. 하지만 실제 그는 아무것도 하지 않고 있었다. 사실 그의 머리 빗, 빗에서 떨어진 머리카락, 대추야자의 꽃가루 등에 마법이 걸려 있었고 다르완 우물에도 마법이 파묻혀 있었다. 그래서 알라께서는 그들에게 "나는 매듭에 숨을 불어넣는 여인들의 사악함을 피해 알라께 은신한다"는 시구를 게시했다. 아이샤*는 "그가 마법이 걸린 매듭을 두고 코란을 낭독하자 매듭이 풀렸다"고 말했다.

바빌론의 주민은 나바뜨인과 시리아 출신의 칼데아인들 이었는데 그들 간에는 마술이 성행했다. 코란은 마술에 대해서 언급한 바 있고 이에 대한 전승도 있다. 모세가 예언 사역을 하던 시기에 바빌론과 이집트에서는 마술이 성행했다. 마술사들은 모세가 행한 기적이 자신들이 행하는 것과 같은 종류라고 주장했다. 상이집트에 남아 있는 고대이집트 사원들은 이를 증명하는 기념물이다. 우리는 직접 마술사가 대상對象의 초상을 어떻게 그리는지 보았다. 마술사는 그 대상에 대해 주문을 거는데 그 사람의 이름, 특징 등을 상세히 묘사해서 형상을 그린다. 그리고 특정 문구나 의미상의 문구를 반복하여 그 형상이 곧 대상인 것처럼 그에게 말을 건다. 그다음으로 마술사는 저주의 주문을 반복하는데 그러는 동안 입속에 침이 고이면 그 것을 초상화에 내뱉는다. 마술사는 준비한 매듭을 초상 위에 놓는다. 그 이유는 마술에서 매듭은 필수적인 것이고 어떠한 조짐을 의미한다고 생각하기 때문이다. 마술사는 진느[88]를 끌어들여 자신이 침을 뱉을 때 참여할 것을 약속받는다. 그 사람의 형상에는 유해한 정신이 깃들게 된다. 이러한 유해한 정신은 주술사가 뱉는 침에 달라붙어 있었다. 이렇게 함으로 더욱 더 많은 유해한 정신이 배출된다. 우리는 마술사들이 옷이나 가죽 조각을 지적하고 비밀스럽게 주문을 중얼거리면 갑자기 그

---

88  마신으로 해석할 수 있다. 인간에게 이로운 선한 마신과 인간에게 해로운 악한 마신으로 구분되고, 이슬람에 귀의한 무슬림 마신과 비무슬림 마신도 있다. 우리가 흔히 램프의 요정 '지니'라고 부르는 것이 아랍어의 '진느'에서 나온 것이다.

물건이 갈기갈기 찢기는 것을 보았다. 마찬가지로 초원에 있는 양의 배를 지목한 뒤 배를 가르는 시늉을 하면 갑자기 그 동물의 내장이 배에서 땅바닥으로 쏟아지는 것도 보았다. 우리는 이 시대에도 인도에서 마술사가 어떤 사람을 지목하면 그의 심장이 몸 밖으로 빠져나오고 그는 죽는다는 이야기를 들었다. 그의 심장을 사람들이 찾아보아도 몸에는 없다고 했다. 마찬가지로 마술사들이 석류를 지목한 뒤에 그 석류를 열어보면 씨앗이 없었다고 했다.

우리는 수단이나 터키에서도 마술사가 구름에 마술을 걸어 특정지역에 비를 내리게 했다는 이야기를 들은 바 있다. 우리는 이러한 마술 작업이 수에 관련하여 특히 약수로 나누어 떨어지는 숫자를 사용하는 엄청난 마술을 목도한 바 있다. 그 숫자는 rkrfd인데 하나는 220이고 다른 하나는 284이다. 220과 284의 관계를 보자면 220은 각각 1/2, 1/3, 1/4, 1/6, 1/5과 같은 것이다 그래서 이 숫자의 약수를 다 모으면 다른 수와 동일해진다. 따라서 이 두 수를 서로 약수로 나누어떨어지는 수 아랍어로는 '서로 화합하는 수'라고 부른다.

주술사가 두 개의 인형을 설치해두고 이 수를 쓰면 연인과의 결합에 영향을 준다는 이야기가 있다. 그 둘 중 하나는 비너스의 운명의 별인데 우선 여자의 집이나 높은 곳에 그것을 둔다. 그리고 사랑스럽고 수용하는 태도로 달을 바라본다. 두 번째 운명의 별이 첫 번째 운명의 별이 있던 장소에서 일곱 번째 지점에 오면 두 개의 인형 중 하나를 그곳에 둔다. 두 개의 약수를 각각의 인형에 써 두는데 큰 수가 사랑받는 사람을 의미한다. 그런데 나는 여기서 큰 수의 의미가 수가 많은 것을 의미하는지 약수의 큰 수인지는 알지 못한다. 이러한 과정을 거치면 연인 간의 친밀감은 증가되고 그 두 사람은 쉽사리 헤어지지 못한다는 것이다, 이는 *al-Ghāyāh*의 저자와 마술 분야에 대해 글을 쓴 다른 이들이 밝힌 내용이다. 그리고 이는 실험으로 입증되었다.

마찬가지로 사자 인장은 조약돌의 인장으로도 불린다. 마술사는 강철 골무에 꼬리를 늘어뜨린 사자가 두 쪽으로 갈라진 조약돌을 물고 있는 그림을 새기는데, 이때 사자의 앞다리에 똬리를 튼 뱀이 사자의 머리를 향하고 뱀의 입은 벌어진 채 사자의 입을 마주보고 있다. 또한 사자의 등 뒤에는 전갈이 기어가는 모습을 그린다. 마술사는 이런 그림을 잘 새겨 넣기 위해서 태양의 빛이 사자를 비출 때를 기다린다. 바로 이 때야말로 태양과 달의 두 빛이 아주 적당하고, 태양과 달은 각각의 불행으로부터 안전하다고 믿기 때문이다. 이때가 되면 마술사는 미스깔 정도나 혹은 그보다 적은 양의 금을 사용해서 그림을 각인하고 사프란을 녹인 장미꽃물에 담근 뒤 노란색 실크조각에 그 인장을 싼다. 마술사들은 이러한 마술의 과정을 겪은 인장을 쥐는 자는 군주의 측근이 되거나 혹은 군주의 신하가 되고 혹은 그러한 영향력을 이용해서 군주를 자신의 목적으로 이용할 수 있는 힘을 지니게 된다고 주장한다. 마찬가지로 군주 역시 이러한 인장으로 신하들을 다스리는 능력과 힘을 얻게 된다고 주장한다. 이것이 바로 마술 관련 저자들이 *al-Ghāyāh*와 그 밖의 저서에서 언급한 것이다. 이것 역시 실험으로 증명되었다. 태양에는 정육면체의 마술의 방이 있는데 마술사들의 주장에 의하면 태양이 정점, 즉 자신의 최고 위치에 달하고 불행으로부터 안전해지며 달이 평화롭게 왕가의 위치에 있게 되면 그곳에 마술의 방이 생긴다는 것이다. 그때 열 번째 집의 주인은 왕가의 별의 주인을 사랑스럽고 수용하는듯한 태도로 바라보고 그 방향을 향해 왕가의 번영을 기원하고 염려와 애정의 시선을 보낸다. 그리고 마술사가 새긴 인장은 향수에 적셔진 뒤 노란색 비단에 보관된다. 마술사들은 그 영향력이 바로 통치자와 친교를 나누고 그의 신하가 되거나 통치자와 가까이 어울리게 되는 것이라고 굳건히 믿는다. 이와 유사한 것들이 많이 있다.

　　*al-Ghāyāh*의 저자 마슬라마 븐 아흐마드 알마즈리띠는 이러한 작업을 체계적으로 기록했고 이 기술을 포괄적으로 다루었으며 거기에서 제기

되는 문제들에 대해 완벽하게 답했다. 이맘 파크르 알딘 븐 알카떱은 이 주제에 대해 책을 썼고, *Sirr al-Maktūm*이라고 부른다는 것을 우리는 이미 언급한 바 있다. 마슈리끄에서 사람들은 그의 책을 많이 읽는다. 하지만 우리는 그렇지 않다. 우리 생각에 이맘은 그 분야의 전문가는 아니었다. 오히려 그 반대였을 수는 있다. 마그립에는 이러한 마술작업을 하는 이들 중에 '찢는 자들'이라는 마술사가 있다. 앞에서 언급했듯이 그들은 옷이나 가축을 지목하고 마술을 걸면 그 대상물이 찢어지기 때문이다. 그들이 양의 배를 지목하고 찢는 시늉을 하면 양의 배가 터진다. 오늘날 이러한 자들을 '찢는 자'라고 부른다. 역시 그 이유는 그들이 한 마술의 대부분이 가축을 찢는 것이기 때문이다. 그런 까닭에 가축의 주인들은 아끼는 가축을 마술사에게 주는 것을 몹시 두려워한다. 한편 마술사들은 이런 마술을 극도로 비밀스럽게 행하는데 그 이유는 통치자를 두려워해서이다. 나는 마술사들의 한 무리를 만났고 그들이 마술을 하는 것을 직접 보았다. 그들은 내게 그들이 이단의 기도 방법과 진느와 별들의 영적기운에 접해서 집중된 의지와 연습을 한다고 알려주었다.

그들은 이런 과정을 종이에 기록했는데 이를 'al-Khazīriyah'라고 부른다. 그들은 함께 이것을 연구한다. 이렇게 집중된 연습과 의지를 통해 그들은 마술을 행하게 된다. 그들의 영향력은 자유인, 동물, 노예에게만 미칠 수 있다. 이에 마술사들은 "우리는 돈으로 계산할 수 있는 것에만 마술을 건다. 즉, 소유와 매매가 가능한 것이어야 한다"라고 주장한다. 이것이 마술사들의 주장이다. 내가 그들 중 몇 명에게 질문을 던지자 이렇게 답이 돌아왔다. 그들의 마술 행위는 명백히 존재한다. 우리는 이러한 마술을 많이 보았고 전혀 의심할 바 없이 우리의 눈으로 목도했다.

이것이 마술과 주술의 상황이다. 양자는 이 세계에 영향을 미친다. 철학자들은 양자의 영향력은 모두 인간 영혼의 영향력에서 비롯되었다는 사실을 수용하고 난 이후에 마술과 주술을 구별했다. 그들은 인간의 영혼에 영향력이 존재한다는 것을 증명했다. 그들은 인간의 영혼이 자연적 흐름이 아닌 것이나 육체적인 이유로 육체에 영향을 준다는 사실을 들어 인간의 영혼에 영향력이 존재함을 증명했다. 그와 같은 영향력은 때로 기쁨에서 생기는 열기와 같은 정신적인 것이고 때로는 상상에서 생기는 영혼의 상像이기도 하다. 벽의 가장자리를 걷거나 높이 설치한 줄 위를 걷는 경우 떨어진다는 상상이 강하면 반드시 떨어진다. 이런 이유로 많은 사람들은 그런 상상을 떨쳐버릴 수 있을 때까지 연습을 반복함으로써 그런 행위를 습관화한다. 그리고 그렇게 훈련을 한 이는 낙상의 두려움 없이 벽의 가장자리나 높은 밧줄 위를 걷게 될 것이다.

영혼의 영향력이 가져오는 결과와 추락이라는 상상이 빚어낸 영혼의 상상력의 결과는 명백해졌다. 따라서 영혼이 자연적, 육체적 이유 없이 자신의 육체에 영향을 미칠 수 있다면 자신의 육체가 아닌 것에도 그러한 영향을 미칠 수 있는 것이다. 이러한 종류의 영향력이라는 면에서 영혼의 정도는 하나이다. 왜냐하면 영혼은 영혼에 담겨 있는 상태도 아니고 또 육체에 매어 있는 것도 아니기 때문이다. 따라서 영혼이 여러 육체의 흐름에 영향력을 줄 수 있다는 사실은 분명해졌다. 철학자들이 마술과 주술을 구별한 것은 마술사는 마술을 할 때 특정한 도움을 필요로 하지 않으나 주술사는 별의 정기나 숫자의 비밀, 사물에 존재하는 특수성과 같이 천체의 위치가 원소의 세계에 미치는 영향 등에서 도움을 얻으려 하기 때문이다. 철학자들의 주장에 따르면 마술은 정신과 정신의 결합이고 주술은 정신과 물체의 결합이라는 것이다. 그 의미는 높은 하늘의 자연은 낮은 곳인 땅의 자연과 연결되어 있고, 높은 곳의 자연은 즉, 별의 영적 기운을 의미한다. 이런 이유로 주술사는 대체로 점성술의 도움을 필요로 한다. 마술사의 능력은 후천적인 것이 아니고 그런 종류의 영향력을 행사하는 특수한 자질은 본능적인 것이다. 그들은 기적과 마술도 구별하였다. 기적이란 그런 영향력이 영혼에 있는 신의 권능이다. 따라서 기적은 그러한 영향력을 발휘할 때 신의 정신적 원조를 받는다. 마술사는 자신의 힘이나 영혼적 능력의 도움으로 일을 처리하고 어떠한 경우에는 악마의 지원을 받기도 한다. 양자 간에는 이성적인 힘이나 실체, 사물의 본질에 있어서 차이가 있다. 하지만 우리는 외적인 조짐으로만 그 차이를 알 수 있을 뿐이다. 기적은 선한 사람이 선한 의도로 선행을 하는 영혼에 존재하고 그것은 예언을 선행하는 일종의 도전인 셈이다. 반면 마술은 악한 사람에게 존재하고 대체로 악한 행동에 이용된다. 예를 들자면, 부부 사이를 갈라놓고 적에게 상해를 주는 등등이다. 그것은 악을 추구하는 영혼에 있다. 이것이 바로 형이상학자들이 주장하는 양자의 차이이다.

수피들 일부와 지고하신 양반네들도 이 세상사의 여러 상황에 영향력을 발휘하는 사람들이다. 그러나 이것은 마술의 종류는 아니다. 이들의 태도와 신조는 예언의 결과이자 예언의 부속물이기 때문이다. 따라서 그들의 상태, 그들의 믿음, 그들이 알라의 말씀을 얼마나 준수하는 가에 따라 신의 도움으로 얻은 위대한 능력이 허락된다. 만약 그들 중 누군가가 악행의 능력을 지녔다면 그러한 일을 할 수는 없다. 그가 그러한 일을 하기에는 너무나 위대하고 성스러운 명령으로 구속되어 있기 때문이다. 그에게 허락되지 않은 일은 결코 행하지 않는다. 그럼에도 불구하고 그들 중 이런 일을 행하는 자가 있다면 그는 진실한 길에서 벗어난 것이고, 자신의 위치를 잃게 되는 것이다. 기적은 알라의 정신과 성스러운 힘의 지지로 일어났다. 그러므로 어떤 마술도 기적에 반대할 수는 없다.

파라오의 마술사, 모세의 지팡이의 기적이 어떻게 그들의 거짓말을 재빨리 간파했는지를 보라. 그들의 마술은 마치 존재하지 않았던 것처럼 사라졌다. 마찬가지로 예언자*가 무와위다타이니에서 계시를 받았을 때 매듭의 숨을 불어넣는 사악한자가 있었다. 이와 관련하여 아이샤*는 말했다. "그가 마법에 걸린 매듭 중 하나에 코란을 낭독하자 그 매듭이 풀렸다." 마술은 알라의 이름이 강한 믿음으로 언급될 때 절대 오래가지 못한다. 역사가들은 페르시아 황제의 깃발은 금으로 짜인 백만 폭의 마법을 숨기고 있었다고 전했다. 그것은 천체의 특정한 위치가 되면 관측되는데 까디시야전투에서 루스툼이 살해되던 날 땅에서 발견되었다. 이는 페르시아 민족이 대패하고 뿔뿔이 흩어진 이후의 일이다.

이것이 바로 주술사들이 주장하는 징표로써 전쟁에서의 큰 승리를 의미한다. 깃발은 마술에 속해 있으므로 근본적으로 패배하지 않는다. 그러나 사도의 교우들이 지닌 강한 믿음에서 나온 성스러운 기운과 그들이 알라를 암송하는 것에는 어떠한 영향도 미칠 수 없었다. 그렇게 되면 즉시 모든 마법의 매듭은 해체되고 마법의 행위로 이루어졌던 것들이 소용이 된다. 샤리아에는 마술과 주술과 요술 간의 차이를 두지 않았다. 다만 이 모두를 하나의 금지된 장에 두었을 뿐이다. 그 이유는 예언자 무함마드가 우리에게 허락한 것은 우리가 무슬림으로서 내세나 현세에서 어떻게 올바른 길을 갈 것인가 하는 것이기 때문이다. 우리가 마술에 관심을 갖지 않는 까닭은 그것이 해를 가져오거나 실제로 상해를 발생시키기 때문이다. 주술 역시 이와 마찬가지로 취급된다. 왜냐하면 마술과 주술의 영향력은 하나이기 때문이다. 점성학도 이에 해당된다. 알라 이외의 대상을 향하는 결과는 신앙의 믿음을 부패시킨다. 따라서 그러한 행위는 그 상해로 인해 금지된다. 선한 무슬림이라면 자신을 올바르게 인도하지 않는 것을 멀리해야만 한다. 샤리아는 마술, 주술, 요술 이 모두 해를 끼치는 것으로 보았고 하나의 장에 두었다. 이것들은 모두 불법적이고 금지되는 것이다.

무타칼리문은 기적과 마술을 구분했는데 그 구분점을 도전al-taḥaddī에 두었다. 즉, 기적은 '발생할 것이다'라는 강력한 요구와 염원에 의해 발생한다는 것이다. 그들은 이러한 도전에서 벗어난 마술은 결코 발생하지 않는다고 말한다. 한편 거짓말쟁이가 행한 기적은 실질적 능력이 없는 것이다. 왜냐하면 기적이 증명하는 바는 믿음이고 그것은 이성적이어야 하기 때문이다. 이성적인 영혼의 특성은 바로 신뢰이다. 따라서 거짓으로 기적이 발생했었다면 신뢰하는 자는 거짓말쟁이가 되는 것이다. 결국 거짓말쟁이는 절대로 기적을 일으킬 수 없다.

현자들이 기적과 마술의 차이라고 생각하는 점은 이미 언급한 대로 선과 악이 극한에 있을 때의 차이이다. 마술사는 선을 생산하지 못하고 선한 의도로 마술을 사용하지 않는다. 기적을 행하는 사람은 악을 생산하지 않고, 기적은 악한 목적을 위해서는 사용되지 않는다. 양자는 각기 태생적 근원에서부터 양극에 있는 것과 같다. 알라는 원하는 자를 바른 길로 인도하시고 그분은 영예로운 분이니 그분 이 외에 주님은 없다.

이러한 영혼적 영향력과 관련된 것 중에 사악한 눈이 있는데, 이는 사악한 눈의 영혼에서 비롯되는 영향력이다. 예를 들면 어떠한 물건이나 상황이 어떤 이의 눈에 좋아 보이는 경우 그는 본능적으로 그 대상을 좋아하게 되고, 좋아하는 마음이 너무나 강렬한 나머지 소유자에게서 그것을 빼앗고 싶은 질투심과 욕망이 발생한다. 그리고 그 소유자의 파멸을 간절히 기원한다. 이것은 그 눈의 천성적인 자질이다. 이것과 영적인 영향력과의 차이를 보자면 사악한 눈은 선천적이므로 뒤에 있지 않고, 소유자의 선택에 의지하지 않고, 더욱이 후천적으로는 획득할 수 없다는 점에 있다. 이러한 영향력을 행사하는 것 중에는 후천적이 아니어도 그런 영향력의 발산이 소유자의 선택에 의지하는 경우가 있다. 영적인 영향력이 선천적이라 함은 그러한 힘을 소유한 자의 잠재적 능력이 그렇다는 것이다. 그러나 그의 행동이 자신의 의지와 상관없이 자동적인 행동이라고는 할 수 없다. 이러한 이유로 사람들은 마술이나 성인의 기적으로 살인을 하는 자는 죽어야 마땅하다고 주장한다. 그러나 사악한 눈으로 살인을 한 사람에게는 그렇게 해서는 안 된다고 했다. 왜냐하면 이 경우는 그 스스로 살인을 원하거나 의도하지 않았어도 그러한 힘을 발휘할 수밖에 없었기 때문이다. 알라께서는 구름 속에 있는 것을 가장 잘 알고 비밀 속에 있는 것도 명확히 꿰뚫는다.

# 29장 │ 문자의 비밀학

오늘날 이 학문은 문자마술al-Sīmiyā이라고 불린다. 이 용어는 수피들의 용어에서 주술을 의미했는데 이런 의미로 전이되었고 일반적인 사용이 특수하게 된 경우이다. 이 학문은 이슬람 초기 이후 발생했다. 수피 중 극단주의자들이 등장했고 그들은 감각의 베일 제거에 몰입하고 초자연적인 현상을 실현했다. 초자연적인 현상이 나타났고 원소의 세계에 있는 수피의 행위가 있었으며, 그들은 이 행위에 대한 특수용어 기록을 포함한 저작 활동을 했다. 그들은 한 분으로부터 존재의 하강이 있었다고 주장한 바 있다. 그들은 언어 행위를 완벽하게 하는 것은 천체와 별의 영혼 간의 상관 관계에 있다고 주장했다. 문자의 성질과 비밀은 언어에 살아 숨 쉬고 있는데 문자는 이 규칙에 따라 존재에 살아 있다. 존재는 최초의 창조에서 여러 단계를 거쳐 전이하고 그 비밀에 관해 표현한다. 따라서 문자의 비밀에 관한 학문이 발생되었고 그것은 문자의 마술학의 하위 부류 중 하나이다. 그 주제는 한정되지 않고 셀 수 없이 많은 문제를 다룬다. 이에 관한 저작을 한 학자는 많은데, 예를 들자면 바우니와 이븐 알아라비 그리고 그 두 사람의 뒤를 이은 다른 이들도 있다. 결국 그들이 얻은 것은 좋은 이름들과 존재에 살아 있는 비밀로 둘러싸인 문자들에서 비롯된 성스러운 단어들을 통해 이루어지는 자연세계의 성스러운 영혼의 행위이다.

문자의 비밀은 다양한데, 그중에는 문자에 존재하는 원래의 기질이 있다고 주장하는 이가 있다. 그들은 요소를 나눈 것처럼 문자를 기질에 따라 네 가지 부류로 나누었다. 각 성질은 자신의 소속 그룹에서 실질적으로 자신의 행위를 보여주는 문자의 그룹에 전문적으로 대응한다. 그러므로 문자들은 우리가 '쪼개짐'이라 부르는 기술적 규범에 따라 종류가 분리되는데 불의 문자, 공기의 문자, 물의 문자, 흙의 문자로 나뉜다. 이는 요소의 구분에 의한 것이다. Alif는 공기의 문자이고 Bāʾ는 공기의 문자이고,

Jīm은 물의 문자이고 Dāl은 흙의 문자이다. 이렇게 4개의 문자와 기질의 연결이 끝나면 다시 불, 공기, 물, 흙의 순으로 문자에 대입된다. 불의 요소를 특징짓는 문자는 7개인데, Alif, h, ṭ, m, f, s, dh이다. 마찬가지로 공기의 문자도 7개인데 그것은 b, w, y, n, ḍ, t, ẓ이다. 물의 문자 역시 7개인데 j, z, k, ṣ, q, th, gh이다. 흙의 문자도 7개인데 d, ḥ, l, ʿayn, r, kh, sh이다.

불의 문자는 냉한 기운의 질병을 막아주고 감각적이거나 점성술적이거나 간에 열의 힘을 증가시킬 필요가 있을 때 그 역할을 한다. 예를 들면 전쟁, 살상, 파괴와 관계하는 화성의 힘을 강화하는 것을 들 수 있다. 물의 문자는 열병을 막아주고 감각적이거나 점성술적이거나 간에 냉기의 힘을 증가시킬 필요가 있을 때 그 역할을 하는데 달의 힘을 증가시키는 좋은 예가 있다. 이런 주장을 하는 학자들은 문자에 존재하는 행위의 비밀이 숫자의 비율과 관계 있다고도 주장한다. 그래서 알파벳의 문자는 관습과 성질이라는 잘 알려진 알파벳의 수를 증명하고, 알파벳 간에는 수의 가치와의 관계 유지를 위해 그런 행위가 발생한다는 것이다. 예를 들면 b, k, r은 각각의 위치에서 2를 의미하는데 b는 일 단위의 2이고, k는 십 단위의 2이고, r은 백 단위의 2를 의미한다. 마찬가지로 d, m, t는 4를 의미하는데 4와 2는 배의 차이가 있다. 수의 의미를 포함한 단어가 쓰인 마방진이 있는데 문자의 수는 적절하게 배열된 마방진의 한 줄을 보여준다. 문자의 비밀, 숫자의 비밀의 행위는 양자 간의 화합을 목적으로 혼합된다. 이런 문자와 성질의 화합 혹은 문자와 숫자 간의 화합의 비밀은 이해하기에는 어려운 사안이다. 이는 학문적 지식이나 유추로 해결될 문제가 아니다. 왜냐하면 수피들이 행하는 베일의 제거와 신비스러운 경험을 맛보는 것을 의미하기 때문이다. 바우니는 이렇게 말했다. "문자의 비밀을 지성적 유추로 도달할 수 있는 문제라고 생각하지 마라. 그것은 신성을 목도하고 신성의 축복이 내린 방법에서 해결되는 것이기 때문이다." 자연세계에 있는 행위는 이런 문자와 문자로 구성된 단어들과 그런 존재의 영향으로 힘을 얻게 되는데 이는 부정될 수 없는 일이다. 왜냐하면 문자마술의 권위자 다수는 지속적으로 이런 작업을 했고 공고하게 만들었기 때문이다. 이런 행위와 주술사들의 행위를 하나로 생각하는 이도 있는데 사실은 그렇지가 않다. 부적의 진실과 부적이 주술사들의 행위에 주는 영향은 강제적인 실체에서 나온 정신적 힘이고, 그 힘은 강제적으로 발휘되는데 이때는 천체의 비밀이나 수의 비율을 이용하고 부적의 정신을 끌어오는 연기를 이용한다. 이런 것의 결과적 이득은 상위의 성질과 하위의 성질을 하나로 묶는 것인데 그들은 이것이 공기, 흙, 물, 불로 구성된 종합적 발효 물질이라고 간주했다. 그 물질은 본질이나 형상을 변화시킨다고 믿었다. 마치 육체에 적용되는 영약과 같아서 물질을 변화시킬 수 있는 발효의 영향력으로 보았다. 그들은 연금술의 주제는 육체에 있는 육체라고 주장했는데 그 근거는 영약이나 육체의 여러 부분이 형태를 지닌 것이기 때문이라는 것이다. 그들은 주술의 주제는 육체에 있는 정신이라고 생각했고 그것은 상위의 성질을 하위의 성질과 하나로 묶는 것이라고 생각했다. 하위의 성질은 육체이고 상위의 성질은 정신이다. 실제로 주술사와 문자마술을 행하는 사람의 차이는 자연세계의 행위를 모두 학습한 이후에 발생하는데, 그런 행위는 인간의 영혼과 인간의 마음과 관련이 있다. 왜냐하면 인간의 정신은 자연으로 이루어져 있고 본질적으로 자연이 인간의 정신을 다스리기 때문이다. 주술사의 행위는 천체의 영혼을 초빙해서 형상이나 숫자적 비율의 도움으로 묶는 것이다. 그래서 자연적 성질로 변환에 영향을 주는 기질을 얻게 되고 이 기질은 이 과정을 통해 얻은 것을 발효시키는 데도 영향을 준다. 문자마술을 행하는 자의 행위는 성스러운 빛과 성스러운 지지를 통해 베일을 제거하고 수행자들의 도움으로 이루어진다. 자연은 그들이 자발적으로 기꺼이 일하게 만들고 그러므로 그들은 천체의 힘이나 그 밖의 것의 도움을 필요로 하지 않는다. 왜냐하면 그들이 지니고 있는 힘은 이 모든 것보다 상위에 있기 때문이다.

주술사는 천체의 정신을 가져 오려고 영혼에 힘을 불어넣는데 약간의 운동을 필요로 한다. 이는 분명 중요한 일을 담당한다. 이와 달리 문자의 마술을 행하는 자들의 운동은 가장 큰 것이다. 그것은 베일이라는 존재물의 행위 존재의 행위를 의도하지 않는다. 그런 행위는 신성의 관대함이 그들에게 내려지는 것처럼 우연히 발생한다. 문자의 마술을 행하는 자는 알라의 비밀과 신성의 진실에 대한 지식이 없다. 그것은 '보는 것'과 베일의 제거의 결과이다. 그는 자신을 단어와 문자의 성질 간의 관계에 한정시켰다. 이런 능력으로 자신의 행위를 가능하게 하고 그들은 유명하다. 그들과 주술사들 간의 차이가 없다면 주술사들이 그들보다 더 신뢰할 만하다. 왜냐하면 그들은 과학적이고 자연적인 법칙과 일목요연한 규범에 의존하기 때문이다. 그러나 단어로 작업을 하는 이는 단어의 실체, 성실함으로 얻는 관계의 영향력에 의해 일어나는 베일의 제거 능력이 부족하므로 그들은 증거의 기술적 표준지식을 지니고 있지 못하고 그러므로 그들의 위치는 주술사들보다 아래에 있다. 단어로 작업을 하는 이는 어구의 힘과 별의 힘을 섞기도 하는데 그는 일정 시간 동안 알라의 선한 이름들 혹은 그런 이름들로 구성된 것을 암송하고 때로는 그냥 이름들을 암송하기도 한다. 이런 시간은 그 이름에 해당하는 별의 운세의 영향에서 비롯된다. 바우니가 자신의 저서 al-'Anmāṭ에서 그렇게 행한 바 있다. 그들은 별과 단어 간의 관계가 흐릿한 존재에서 비롯되었다고 생각하는데 그것은 바로 단어의 완성을 위한 일시적 상태이다. 사실 그 세부적 구분은 관계에 따라 진실에서 아래로 내려왔다. 그들은 그 관계가 보는 것Mushāhadah에 의해 다스려진다고 생각했다. 그러므로 단어로 작업을 하는 자가 보는 능력은 부족하지만 전통에 의해 관계를 인지하면 그의 행위는 주술사(부적으로 작업을 하는 자)의 행위에 해당되는 것이다. 우리는 부적으로 행위를 하는 이가 그보다 더 신뢰할 만하다고 언급한 바 있다. 부적으로 행위를 하는 이도 자신의 작업과 별의 힘을 섞기도 하는데, 이때 그들은 말의 표현과 별의 관계를 언급하는 주문의 힘을 사용한다. 그러나 그들은 문자로 작업을 하는 이들처럼 구문의 관계가 '보는 상황'에서 효과를 발생한다고 생각하지는 않는다. 부적으로 행위를 하는 이들은 자신들의 마법적인 방법의 근원이 원하는 것에 의지한다. 즉, 별들은 존재의 세계에 있는 실체, 우연, 본질, 의미 등에 관여하고 문자와 단어들 역시 그곳에 있다는 것이다.

그러므로 모든 별은 자신이 전문적으로 담당하는 몫이 있다. 이런 근거에 의해 그들은 코란의 장과 절을 분리하는 이상하고도 인정할 수 없는 방법으로 나눈 바 있다. 마슬라마 알마즈리띠가 al-Ghāyah에서 이런 작업을 했다. 바우니도 자신의 저서 al-'anmāṭ에서 그들의 방법을 고려했다는 것은 분명하다. 그 책을 철저히 조사해보고 또 그 책의 주장과 7개 별의 시간에 따른 분류를 파헤쳐본다면 당신은 바로 al-Ghāyah를 만나게 될 것이다. 그러므로 al-Ghāyah가 주장하는 별들과 염원 빌기의 관계를 자세히 관찰하면 그것은 모든 별이 자신만의 담당하는 몫이 있고 그들은 이를 '별들에게 빌기'라고 명명했다는 것을 알게 될 것이다. '별들에게 빌기'는 문자마술에 관한 물질이거나 창조의 근원, 모든 것에 관여하는 일시적 상태에 존재했던 관계에 속한다. "너희에게 알려진 것은 조금 밖에 되지 아니하노라."[89] 입법자(예언자 무함마드)께서 모든 학문을 금한 것은 아니다. 마술을 금하신 것은 사실이다. 그러나 우리는 우리에게 주신 지식에 만족한다.

그들은 문자마술학의 하위 범주에 문자의 표현들을 연결시켜 질문에 대한 답을 찾는 것을 도출했다. 그들은 이런 연결이 미래의 사건에 대한 정보를 알려주는 원천이라고 상상한다. 사실 그것은 퍼즐과 눈속임 같은 것이다. 그들은 이와 관련해서 많은 주장과 토론을 했다. 그중 가장 경이로운 것은 바로 삽티가 주장하는 자이라자의 세계이다. 우리는 자이라자에 관해 앞에서 언급한 바 있다. 이제 자이라자의 방법에 대해 명확하게 설명할 것이다. 그다음에 그 안에 담겨진 진실을 공개할 것이다. 그것은

---

89    코란 17장 85절.

초자연적인 산물이 아니다. 그것은 단지 단어 간에 형성되는 질문과 답의 적용일 뿐이다. 우리는 이전에 이에 대해 설명했다. 우리는 지금 소개할 까씨다가 옳다고 주장하는 것은 아니다. 그러나 이 일을 명백하게 보여주기 위해 여러 까씨다 중에서 가장 좋은 본을 준비했고, 바로 이것이다.

수바이티는 알라를 찬양하며,

인류를 위한 알라의 사도,

예언자인 무함마드를 얻기 위해 기도하며,

주위에 있는 사람들과 추종자들과 함께 만족감을 보인다.

이것이 여러분이 부르게 될 세계의 자이라자가 아닌가?

여러분의 오감과 이성으로 느끼게 될 것이다.

그 상황을 구성할 줄 아는 사람은

그 육체를 알 것이며,

높은 곳에서 내려오는 지시들을 얻게 될 것이다.

누구든 묶을 줄 아는 자는 권력을 얻을 것이며

모든 권력을 얻은 것으로 알려질 것이다.

그 자는 신의 세계에 현실을 놓은 것으로 보인다.

이는 디크르를 수행하여 완성된 이들의 상태이다.

이는 당신이 평생 숨겨져야 할 비밀들이다.

이들을 원 모양으로 세워 ḥ 혹은

시와 산문 속에서 왕좌나 식탁처럼 정리된 ṭ로

균형을 맞추어라.

그들 영역의 관계에 상응하는 원들을 만들고

높은 곳까지 올라가는 별들을 그려라.

현을 지지하고, 그것을 위해 문자를 그려라.

자유로워지려 하는 문자들을 반복하여라.

지르(zir)[90] 형태를 만들고, 집도 만들어라.

빛이 나올 때면 bamm[91]으로 증명하라.

자연 요소를 위한 기술자로 학문을 내세우고

음악을 위해 사분면에 대한 지식을 사용하라.

음악과 문자, 악기에 대한 지식을 사용하라

원을 그려 문자들을 제 위치에 배열하라.

그 세계를 자유롭게 만들고 영역들을 도표로 그려라.

우리에게는 왕조 말기에 나타난, 자나타 왕조의 아미르가 있었으니

스페인의 한 지역을 원하는

바누 나쓰르와 함께 승리도 왔다.

왕들, 기사들, 지식인들,

당신이 원한다면 공석인 직위를 취하라.

튀니스를 지배하던 무와히둔 왕조의 마흐디

동쪽의 지도자, 마방진을 세워

그 지역에 주문을 걸었다.

당신이 원한다면, 언어의 오류 없이 라틴어로 표현하라.

알폰소와 바르셀로나를 위해 r이 적당한 문자이다.

그들의 프랑은 dh이며 ṭ로 완성이 된다.

키나와의 지도자들은 자신의 q를 가리켰다.

우리 종족의 이으랍은 부드러워졌다.

이디오피아의 인도, 신드, 그리고 호르무스

타타르의 페르시아, 그 너머의 사람들 ……

그들의 비잔틴 왕은 왔고, 그들의 야즈다주르드(yazdjurd)는

k에 속한다. 콥트 사람들은 긴 l로 표현되고,

---

90    음악용어에서 '고음의 현'을 말한다.
91    저음부, 베이스의 현.

압바스, 그들 모두는 고결하다.

그러나 마법이 중단될 때 결국 터키인이다.

만약 당신이 지도자를 정확히 알고 싶다면

그들을 데려와 순서 표에 등록하라.

글자의 규범과 과학에 의거해, 또한 그들의 본성에 따라.

그 과학을 아는 자는 우리의 과학도 알 것이다.

그는 존재의 비밀을 알게 되어 완벽해질 것이다.

그러므로 자신의 지식을 견고하게 하고 주님을 알고

ḥ와 m으로 상처 입은 예견에 대한 지식을 얻는다.

이름이나 운율이 생각나면 좋고

현자는 그를 죽여야 한다고 판단한다.

문자들이 여러분에게 다가가면 받아드리도록 노력하라.

시바와이흐의 문자들은 여러분에게 분절되어 올 것이다.

변형해 더욱 견고하게 하고, 맞서고, 바꾸어라.

당신의 고귀한 노랫소리로 그것이 떨게 하라.

묶이고 가라앉을 때, 그는 대부분을 안다.

이성적으로 묘사하라. 그렇게 하라.

떠오르는 별을 선택하고 그 의미를 알아내어라.

뿌리를 뒤바꾸고 주기에 따라 똑바르게 펴라.

어떤 이는 감지할 것이다.

그는 그의 목적을 달성할 것이며

증거를 제시하듯 문자들을 배열할 것이다.

만약 그 이가 행운이고 별들이 더 행운이라면,

당신과 왕권이 적당하다 생각되면, 높은 곳의 그 이름에 닿는다.

그들의 d의 운율 난폭한 소리

화음 같은 종소리를 내면 당신은 제자리음을 찾는다.

그들의 지르의 현, ḥ는 그들의 bamm과 mathna에 있다.

mathlath는 j에 드러난다.

천체와 같이 만들고 순서표로 정리하라.

a b c와 나머지 알파벳들을 그들의 수치에 의해 쓰고

계량의 변칙을 허락하여라.

시의 운율에도 이 같은 상황이 온다.

우리의 종교의 원칙, 우리의 피ㄲ흐의 원칙

문법의 지식 유지하고 지속시켜라!

거대한 화음을 위해 벽을 세워라!

"알라는 위대하다.", "유일신은 알라뿐이다"라고 말하라.

당신은 자연스러운 운과 천상의 비밀에서 몇 구절을 추출한다.

이를 합치면 그 수에 포함된 가치를 얻을 것이고,

그리고……

몇 구절은 추출되고 20을 곱하고

1000은 자연적으로, 주기표의 주인이시여!

그는 당신에게 곱셈의 완벽한 기술을 보여준다.

당신의 소원은 이루어지고

높은 세상도 펼쳐질 것이다.

그들의 지르로 사즈으를 만들고 박자에 맞춰 찬양하라.

지르의 원형으로 배열하라. 그리고 획득하라.

그들의 문자의 비밀로부터

마방진과 준비한 문자의 원칙대로 배열하고

연결된 형태로 다시 배치시켜라.


(아랍어 문자와 수의 나열)[92]

무게의 비례와 그 방법론, 그 반대의 능력 그리고 자연적 혼합물의 위치와 의학이나 연금술 간의 관계에 따라 구별되는 정도의 능력을 밝히는 것에 대한 토론.

아! 자비르의 과학과 더불어 의학의 제자여,
연속성으로 능력의 정도를 아는 자여!
당신이 의학을 원하면
방법을 보여줄 균형의 법칙과 그 관계가 반드시 성립되어야 한다.
당신은 옳은 약물로 치유될 것이다.
당신이 만든 혼합물은 옳게 드러날 것이다.

정신적인 의학.

당신은 원한다. 태양 565와 그의 마음을
화성 목성과 완전한 일곱을 위해
고통과 병을 치유하길 원한다.
마찬가지로 그 구조를
어디에서 전해져 왔건 옳게 하라.

(아랍어 문자와 수의 나열)

지도자와 그 자손들이 태어난 곳에 영향을 끼치는
광선의 모습.

---

92  아랍어 문자가 독립적이지 않은 상태로 나열되어 있어 번역하기 부적당하다. 괄호 역자 첨가.

광선에 대한 지식은 어렵다.


그러나 순례를 하면 우리의 이맘이 계신 장소가 있다.

그는 별들의 위도가 수직이 되었을 때 나타난다.

경도와 위도 사이에 확실한 곳이 있다.

그 의미를 아는 자는

그것의 연결이 된다.

1/4의 위치가 낙담의 자리에서

그들은 60도 떨어진 위치로, 따라오는 것보다 3배 많은 표시가 있다.

1/4절기에 더하면 이것이 유사점이다.

그 근원과 아인('ain)[93]과 함께 실행된다.

두 1/4의 관계로부터 당신의 빛과 ṣ[94]를 곱하라.

1/4절기는 드러난다.


아랍어 문자와 수의 나열


여기 이 일은 지도자들을 위한 것이다. 법칙의 실행은 한결같고 이보다 더 진기한 것은 없다.


(아랍어 문자와 문장과 수의 나열)[95]


정신적인 영향과 주님의 인.

---

93    아랍어 알파벳 중 하나이다.

94    ṣad, 아랍어 알파벳 중 하나이다.

95    이 부분은 손 글씨로 기록되어 있다. 12줄 중 일부 구절만 번역이 가능할 뿐 대부분 수사
      와 선 등의 조합인데 이를 완벽히 이해하기는 어려울 듯싶다. 원본 참조.

알라를 찬양하는 법의 비밀을 아는 제자여,

알라의 선한 이름으로 당신은 부딪힐 것이다.

그들은 마음을 다해 당신을 따를 것이다.

그들의 지도자처럼 태양 아래서 이루어질 것이다.

모든 이가 당신을 향해 묶이는 것을 보게 될 것이다.

정녕 당신의 말만이 그 밖의 것은 무시된다.

이 목적을 위한 당신의 방법과

당신 이외의 사람에게 내가 말하는 그 방법

당신이 존재계에서 살기 원하면

군건한 종교와 함께할 것이다. 혹은

두 알눈(Dhu al-Nūn)과 주나이드(al-Junayd)처럼 예술의 비밀과 함께

비스땀의 비밀에서 나는 당신이 덥혀 있는 것을 본다.

당신은 높은 곳에서 새롭게 탄생된다.

인도인들과 수피들이 말한 것처럼

예언자의 길은 진실로 반짝인다.

가브리엘과 동급은 없다.

당신의 용기는 "알라 이외 유일신은 없다"라고 말하고

당신의 활은 동쪽에

목요일은 새 출발 마침내 일요일이 온다.

금요일 역시 이름들과 함께

월요일에 선한 알라의 이름을 완성 시킨다.

t와 더불어 h에도 비밀이 있다.

나는 이것들과 더불어 당신을 본다.

사으드의 시간 그들의 조건은 시간에 조각되어 있다.

무쓰타키의 향을 얻고

뒤이어 부활의 마지막

진실한 일곱 mathani[96]의 기도가 이어진다.

별빛의 연결, 내게 들린다.


(아랍어 문자와 수의 나열)


당신의 오른손에 쇠 반지가 있다

모든 것이 당신의 머리에 …… 하지만 기도에는 없다.

당신의 심장이 부활의 날 경구를 기록할 명판이 되게 하여라.

그 구절을 사람들이 잠든 사이에 읊어라.

그 구절에는 존재에 대한 비밀이 그 밖의 것은 없다.

위대한 구절이므로 정확하게 하라.

당신이 공헌하면 '기둥'이 될 것이다.

권위자들로부터 비밀들을 얻게 될 것이다.

처음엔 사리(Sari)가 읊었으며 그 이전에 마으루프(Ma'ruf)가 읊었다.

할라즈(al-Hallāj)는 비밀을 누설했기에 살해되었다.

쉬블리(al-Shibli)는 그들이 수피들의 높은 경지에 달할 때까지

계속 일 했다.

당신의 심장에서 불순물을 씻어내라.

어서 빨리 디크르를 실행하라. 최대한 헌신적으로 하라.

이 사람들의 비밀은 오로지 과학의 비밀을 알고 이에 능숙한 추종자들만

이 얻어냈다.


(아랍어 수와 문자의 나열)

---

96  코란 15장 87절 참조.

사랑의 위치, 영혼의 경사의 위치, 노력의 위치, 복종, 숭배, 사랑, 열병, 전멸의 전멸, 관측, 헌신, 그리고 영구적이고 수동적인 우정의 위치.

자연적인 작용.

비르지스에게는 사랑을 위한 마방진을 갖고 있다.
그 혼합물은 주석과 구리로 완성된다.
은이 있다고 말하기도 한다.
당신이 행운의 위치를 높인다.
달을 위해 빛이 더 많아지도록 하라.
당신은 태양이 이를 수용하도록 한다.
그들의 인도를 위해 향을 피우는 날
한 시간 동안
향을 피운 기도는 절대적이다. 당신은 그렇게 했다.
기도에는 뜻이 있다.
뚜사이만에서 비롯된 기도는
들리는 바에 의하면 더운 열기로 문자들
혹은 사람들에 관한 요구이다.
당신은 d와 l을 새긴다.
이것이 얻게 되는 마방진이다.
만약 그 징후가 만족스럽지 않으면,
d가 쓸모없는 자이납의 w처럼 보인다.
b를 옳게 해 당신이 만족할 곳으로 두라
그 나머지는 적다.
그들의 상태에 따라 문제들을 새겨라.
당신이 무엇을 더하던 당신의 행동과 비례한다.

마리얌의 열쇠와 비례한다. 둘의 행동이 비슷하다.

뻬스따미는 그녀의 장(surah)을 읊는다.

당신에게 목적을 부여하니

길 잃은 자가 되어 야만인을 증명할 증거를 찾아라.

천 개 혹은 만 개의 구절을 뒤져서라도

그 안엔 비밀이 있으니, 찾으려 하면 보일 것이다.


마지막을 위한 단계.


당신에게 높은 세계에서 보내준 초자연적인 힘이 있다.

보석으로 둘러싸인 집을 찾아라.

유수프는 아름답고 그와 비슷하고

산문으로 코란을 느린 속도로 암송하며 현실로 계시된

그의 손에 인내가 초자연적 힘에 말씀이

그러므로 나이팅게일과 경쟁하듯 악기를 연주한다.

바흘룰(Bahlul)은 그녀의 아름다움에 광인이 되었다.

그녀가 비스땀에게 나타났을 때 그는 버림받아

곧 죽었다. 그녀의 사랑은

주나이드와 바쓰리(Basri)가 마셨고 그의 육신은 잊혀졌다.

코란을 느리게 암송하라한다.

관계없이 알라의 아름다운 이름을 지닌 자

그런 이름을 지닌 자는

지혜를 얻고 높은 곳의 이웃이 된다.

만약 당신이 제대로 행동하면

놀라운 것을 보여주는 초자연적인 힘에 대해 정보를 줄 것이다.

이는 진정한 승리이고 이를 얻을 수 있는 것은 행운이다.

이것에서 아래와 같은 세부사항이 있다.


증거, 최후진술, 믿음, 이슬람, 금지.


이것은 우리의 시이며 그 수는 90이다.

말, 끝, 도표를 위한 별도의 구절이다.

나는 수가 기록되지 않은 구절들을 생산하는

90이란 구절에 놀랍기만 하다.

비밀을 이해하는 자는 누구든 그 자신을 이해하도록 하라.

선택받은 자이며 자격이 있는 그들에게

우리의 비밀을 보여주기 위해

금지되었으나 합법적인

이 모호한 논평을 이해하도록 하라.

적합한 사람을 찾길 원하면, 굳은 맹세를 하게하고

여행과 종교로 그들을 대하라.

비밀을 누설한 당신과 들은 사람들이 구원받고

당신은 높은 곳의 지도자가 될 것이다.

압바스의 후손은 그의 비밀을 깊은 곳에 숨겨 놓는다.

그는 행복을 얻고 높은 직위를 얻는다.

예언자는 지도자로서 사람들에게 나타났고


영혼들은 자신의 존재를 보이기 위해 육체에 들어갔고

높은 곳의 권위를 이용해 그 육체를 살해하려 했다.

우리의 무 존재는 없어져 버리고, 그 후 우리는 '존재'라는 옷을 입는다.

이로써 우리의 운율은 끝났다. 우리를 승격시켜 줄 예언자의 인장을 위해

알라께 기도하라.

권위 있는 알라여! 영광스럽고 지고하신 분이여!

우리 인간들을 완벽하게 하고 지도해준,

안내자이자 중재자이신 무함마드는 우리의 이맘이고

그의 교우들, 고결하고 높은 이들을 위해 기도하라.


(아랍어 문자와 숫자 몇 구절의 나열)


### 알라의 도움으로 자이라자의 세계에서 질문의 답을 구하는 행위의 방법

창공의 정도에 의하면 질문의 답은 360가지일 수 있다. 운세에 따른 질문의 답은 다른 질문에 따라 각각 해답이 있고, 그 질문들은 자이라자의 현의 문자들과 시 구절의 문자들을 찾아내는 것에 연관되어 있다.

**알림** : 현과 도표의 문자들은 세 가지 기본적인 유형이다. 수사로 간주되는 아랍어 문자들. 구바르ghubar 문자들.[97] 이 문자들은 각각 다른 취급을 받는다. 4주기 이하일 때 일부는 보이는 대로 수용된다. 4주기 이상이면 문자들을 찾는 행위에 필요한 10 혹은 100으로 사용된다. 지맘 문자들. 이 문자들은 구바르 문자들과 동일하게 취급되나 다른 가능성을 가지고 있기도 하다. 하나는 1000으로 쓰일 수 있고 다른 하나는 10000으로 쓰일 수 있으며, 이것들은 아랍어 문자들과 5 대 1의 비율로 쓰인다. 각 분야에 이 종류의 문자 세 개와 다른 종류의 문자 두 개를 쓸 수 있다. 만약 기본적인 4주기보다 많으면, 빈 곳은 수직으로 위치한다. 4주기 이하이면 채워진 분야만 유효하다.

질문에 대한 이 행위에는 일곱 가지 원칙이 있다. 현의 문자 수. 12로 나누어진 주기 유지. 완성에는 8개의 주기가 존재하고 미완성에는 6개의 주

---

97    ghubar는 '먼지'를 뜻한다.

기가 항상 존재한다. 운세의 정도에 대한 지식. 황도 십이궁의 지도자. 가장 주요한 주기는 항상 하나이다. 중요 주기에 운세를 더한 결과. 주기에 운세를 더한 것과 황도 십이궁의 지도자를 곱한 값. 황도 십이궁의 지도자에 운세를 더한 값.

이 모든 행위는 3가지 주기에 4를 곱한 값, 즉 12가지 주기 안에서 일어난다. 이 3가지 주기 간의 관계, 각 성장에는 시작점이 있다. 그 후 주기는 4배 혹은 3배가 되도록 곱해진다. 이 주기는 6에 2를 곱한 결과일 수도 있기에 또 다른 성장을 만들어 낼 수 있다.

이 주기들은 '결과'를 만들어 낸다. 결과들은 주기에 내재되어 있으며 1개에서 많게는 6개까지 있을 수 있다.

어떤 이가 "현의 문자들 중에 운세는 궁수자리의 제1도에 있고 그다음에 질문의 문자에 있을 때 자이라자가 현대 과학인가 고대 과학인가?"라고 묻는다면, 우리는 궁수자리의 시작점의 현의 문자에 상응하는 쌍둥이자리의 시작점의 현과 세 번째로 물병자리의 시작점의 현을 중간 지점까지 연결한다. 여기에 우리는 질문들의 문자들을 더한다.

문자들의 숫자를 살펴보면 제일 작은 수가 88이며 제일 큰 수가 96이다. 이 숫자는 완성된 주기의 총 합이다. 우리의 질문은 93가지 문자로 이루어져 있는데 만약 96개 이상이 된다면 12개 주기를 모두 짧게 만들어야 한다. 우리는 이때 딱 떨어지는 것과 남는 것을 모두 보유해야 한다. 우리의 질문에는 일곱 개의 주기가 있고 나머지 수는 9이다. 운세가 12도에 달하지 않으면 문자들에 맞춰진다. 만약 12도가 되면 주기나 숫자는 문자들에 맞춰지지 않는다. 운세가 24도 이상이면 숫자들은 다시 맞춰진다.

운세는 1에 고정되어 있고, 운세의 지도자인 황도 십이궁은 4에 고정되어 있으며 주요한 주기는 1에 고정되어 있다. 운세와 주기의 수가 더해져 2가 된다. 이 합은 별자리의 지도자와 곱해져 8이 된다. 황도 십이궁에 운세를 더하면 5가 된다. 이것이 일곱 가지 원칙이다.

운세와 주요한 주기를 궁수자리의 지도자로 곱한 결과가 12보다 적으면 도표 맨 끝 '8의 옆'에 입력되어 점차 위로 올라간다. 만일 곱한 값이 12보다 많으면 주기의 수로 나뉘고 나머지 수는 '8의 옆'에 입력되며, 숫자의 끝에 징표를 새긴다. 지도자와 운세의 합인 5는 도표의 가장 위 부분에 입력된다. 그 후 5주기 집단의 수량을 연속적으로 센다. 이 행위는 그 수가 도표의 반대편에 도달해 멈출 때까지 계속된다. 만약 반대편의 빈 곳에 도달하면 주기가 알리프ᵃ, 바ᵇ, 짐ʲ, 혹은 자이ᶻ에 도달할 때까지 계속해야 한다. 우리가 하는 이 행위에서 숫자는 알리프에 도달하기 때문에 3개의 주기가 남는다. 따라서 3을 3으로 곱해 9라는 결과를 만들며 이것이 첫 번째 주기의 숫자이다. 세로와 가로의 합을 더하면, 이는 8의 분야에 속하게 된다.

첫 번째 주기의 숫자인 9는 8의 왼쪽 방향을 향해 있는 부분과 맞닿은 도표 부분의 앞에 들어간다. 결국 람-알리프라는 문자에 이르게 되지만 합성 언어는 나오지 않고 t, 즉 400을 뜻하는 지맘 문자가 된다. 그리고 시 구절임을 암시하는 징표가 새겨진다.

다음은 지도자의 주기의 수들을 더한 결과인데 현의 문자들에 삽입될 13이라는 수가 나온다. 그리고 그 수 역시 떨어져 시 구절임을 암시하는 징표를 보인다.

아래의 법칙은 문자가 자연계의 질서에 따라 순환한다는 사실을 보여준다. 첫 번째 주기의 수인 9를 황도 십이궁의 지도자 4와 더하면 13이 된다. 13에 2를 곱하면 26이 되고 이 수에서 운세의 정도를 뺀다. 이 경우 운세의 정도는 1이다. 최종 답은 25가 되고 앞의 뺄셈에 따르고 이렇게 반복하면 압운시의 끝에 1이 나오기까지 25, 다음엔 2번의 23, 2번의 22가 나온다. 답이 24가 나오는 경우라도 이 수는 이미 25에서 1을 뺀 수이기 때문에 절차는 계속된다.

두 번째 주기는 첫 번째 주기의 문자들과 지도자가 운세와 주기를 곱해서 나온 값 8을 더한다. 답으로 17과 나머지 수 5가 나온다. 이 숫자로 첫 번째 주기에서 멈추었던 8의 옆으로 5단계 올라가 표식을 한다. 도표의 앞에 17을 넣고 그 후에 5를 넣고 비어 있는 분야는 세지 않는다. 이제10의 주기를 다룬다. 이 주기에서 500을 의미하는 th문자를 찾을 수 있는데 이 주기가 10단위이기 때문에 th는 n과 같이 취급된다. 따라서 500은 주기 단위가 17이기 때문에 50이 된다. 만약 주기 단위가 27이면 100단위의 수였을 것이고 n이 되었을 것이다.

이제 시작점에서 숫자 5를 넣고 어떤 숫자와 만나는지 메모한다. 만나는 1을 뒤집으면 5가 나오는데, 이 1과 5를 더해 6을 만든다. w를 메모하고 시 구절의 숫자라는 4를 표식 해 둔다. 4를 운세와 주기의 곱셈의 값 8에 더하여 12를 만들고 위에 나온 두 번째 주기의 나머지 수 5를 12에 더해 17을 만든다. 현의 문자들 사이에 17을 삽입하고 그 수가 1이 되므로 알리프라 정하고 시 구절이라는 표식을 한다. 현의 많은 숫자들 중 두 번째 주기의 답인 3을 둔다.

세 번째 주기는 8에 5를 더해 13과 나머지 수 1을 만든다. 8의 측면에 한 단계 올라가고 시 구절에 13을 넣는다. 이 숫자는 q를 의미하고 여기에 표식을 한다. 현의 문자에 13을 넣으면 s가 나오고 여기에도 시 구절임을 표식한다. 13의 주기의 나머지 수였던 1을 대입하면 s가 나온다. 현을 s 옆에 두면 b가 나오는데 b에는 시 구절이라는 표식을 한다. 아래 방법은 '기운 주기'라고 한다. 13에 2를 곱한 후 주기의 나머지 1을 더하면 27이 나온다. 27은 시 구절의 현에 따르면 b이다. 13은 도표의 앞부분에 위치하고 어떤 부분과 접하는 지 기록해야 한다. 이 수에 2를 곱하고 13의 나머지 수 1을 더하면 j가 나온다. 결국 합은 7이 되고 이에 상응하는 문자는 z이다. z에도 시 구절이라는 표식을 해 둔다. 7에 2를 곱하고 13의 나머지 수 1을 더하면 시 구절인 15가 나오는데 이것이 세 번째 주기의 마지막 단계이다.

네 번째 주기는 전 주기의 나머지 수를 더해 얻은 9가 있다. 여기에 운세와 주기를 곱하면 곱셈은 네 부분으로 이루어진 주기들의 첫 번째 부분에서 끝난다.

다음으로 현에서 두 문자를 고르고 8의 측면으로 9단계 상승하고 시 구절에서 마지막으로 고른 문자의 주기의 9를 넣는다. 여기에 해당하는 아홉 번째 문자는 r인데 여기에도 표식을 한다. 9 역시 도표의 앞부분에 들어가고 어떤 문자와 접하는지 기록한다. 이때 접하는 문자는 j이며 숫자 1을 뒤집어 나오는 알리프가 나오게 한다. 이 문자는 시 구절에 해당되는 r의 뒤로부터 두 번째 문자이다.

이것 역시 기록하고 표시해 두어야 한다. 그리고 두 번째부터 9를 세는데 알리프가 한 번 더 나온다. 이것 역시 표시한다. 현에서 문자를 하나 더 고르고 9에 2를 곱하면 18이 나온다. 현의 문자들 사이에 18을 넣으면 결국 문자 r에 도달한다. 시 구절이라는 것을 의미하는 숫자 8과 4를 이 문자에 표시한다. 현의 문자들 사이에서 18을 대입시키면 s가 나온다. s는 2로 표시해 둔다. 2에 9를 더하면 11이 나오고 11을 도표의 앞부분에 넣는다. 결국 알리프와 만나고 6으로 표시해 둔다.

다섯 번째 주기의 숫자는 17이고 나머지 수는 5이다. 8의 측면으로 5단계 상승하고 현에서 문자 2개를 고른다. 5에 2를 곱하고 곱한 값을 이번 주기의 숫자인 17에 더하면 27이 나온다. 이 수를 현의 문자에 대입하면 t가 나온다. t는 32로 표시하고 32의 기저인 2를 17에서 뺀다. 답은 15기 나오며 이 수를 현의 문자에 대입하면 q가 나온다. q는 26으로 표시된다. 26을 도표의 앞부분에 넣으면 구바르 문자 2에 이르는데 이 문자는 b이다. b는 54로 표시된다.

그 다음 현에서 2개의 문자를 추출해서 여섯 번째 주기에 사용한다. 이번 주기의 숫자는 13이며 나머지 수는 1이다. 이로써 그 순서의 주기는 25라는 것이 확실해 진다. 주기들은 9, 5, 17, 5, 13과 1이다. 5에 5를 곱해

25를 만든다. 이것은 시 구절의 순서와 관계되는 주기이다. 8의 측면으로 주기를 한 단계 삭제한다. 언급했던대로 13은 두 번째 주기의 둘째 구성의 성장이므로 시 구절에 포함되지 않는다. 하지만 1과 시 구절에 포함되는 b로 이르게 한 54에 포함되는 4를 더하면 5가 된다. 이 5에 주기의 숫자 13을 더하면 18이 되고 이 수를 도표 앞부분에 넣어 접하는 문자를 기록한다. 이때 도달하는 문자는 알리프이며 12로 시의 한 구절이라는 표시를 해둔다. 현에서 또 다시 두 개의 문자를 고른다.

이때 질문 안의 문자들을 잘 살펴보아야 한다. 이미 등장했던 문자들은 시 구절과 끝에서부터 연결되었다. 질문의 문자들로 표시 해두어 숫자로만 시 구절이 가능하게 해야 한다. 이 작업은 향후 질문의 문자들에 해당된다. 향후 모든 문자들은 시 구절과 끝에서부터 짝을 짓고 표식을 얻게 된다.

알리프라는 문자 표식을 얻게 된 단위 2에 18을 더한다. 합은 20이 된다. 현의 문자들에 이 수를 대입하면 문자 r에 도달한다. r은 96으로 시의 한 구절이라고 표시해 둔다. 이로써 현의 문자에 관련된 주기는 끝난다. 현에서 2개의 문자를 뽑아 일곱 번째 주기를 만든다. 이것은 두 가지 '발명' 중에 두 번째 시작을 알린다. 이번 주기에는 숫자 9가 있고 여기에 1을 더해 두 번째 증가에는 10이 된다. 만약 그 10이 그 비율에 해당되고 주된 주기에서 나오면 훗날 12주기에 더해진다. 총 10이라는 숫자를 갖게 되는데 98 측면으로 10을 도표의 앞부분에 두고 상승하면 500에 이른다. 하지만 이 500은 50, n으로 읽힌다. 이것을 두 배로 불려 q에 접하게 하고 이 q는 52로서 시 구절이라고 표시된다. 52에서 2가 빠지고 주기의 숫자인 9가 다시 한번 빠지면 41이 된다. 41을 현의 문자들에 대입시키면 1에 이르고 시 구절에도 41을 삽입해 1에 도달한다. 이것이 바로 두 번째 증가의 범위이다.

두 개의 표식으로 시 구절임을 표시하는데 첫째는 마지막 알리프에, 둘째인 24는 첫 알리프에 표시한다. 현에서 두 개의 문자를 선택해서 여덟 번째 주기가 된다. 주기의 숫자는 17이며 나머지 수는 5이다. 17을 58 측면에 두고 시 구절에 5를 삽입하면 아인$^{ayn}$, 70이 된다. 이것 또한 표식을 얻는다.

5를 도표에 넣고 5와 접하는 1을 구절에 해당되는 숫자 48이라 표시한다. 두 번째 기저를 위해 48에서 1을 빼고 주기의 5를 더한다. 합은 52가 되고 이 숫자를 도표의 앞부분에 삽입하면 구바르문자 2에 도달한다. 이것은 더 큰 숫자이어야 하기 때문에 100단위에 속하게 된다. 따라서 200으로 간주되는 r이 된다. r은 24로서 시 구절이라 표시된다. 96에 도달하면 처음으로 돌아가고 24부터 다시 시작한다. 주기의 5를 24에 더하고 1을 빼면 28이 된다. 28의 반을 시 구절에 넣으면 8에 도달하고 8에 상응하는 문자 ḥ에 표시한다. 아홉 번째 주기에 해당되는 숫자는 13이고 나머지 수는 1이다. 8의 측면으로 한 단계 상승시키고 이번 주기는 여섯 번째 주기보다 숫자가 크기 때문에 여섯 번째 주기와는 다른 과정을 따른다. 이번 주기는 두 번째 증간에 위치하고 황도 십이궁 4부 중 3/3번째의 시작이자 3부 중 3/4의 마지막 부분이다. 따라서 주기의 13과 황도 십이궁의 3부의 4를 곱하면 52가 나온다. 52를 도표의 앞부분에 삽입하면 구바르문자 2에 도달한다. 이것은 100단위이고 따라서 200으로 읽힌다. 이에 해당하는 문자는 r이고 48로서 시 구절임을 표시한다. 주기의 13에 기저의 1을 더한 14를 시 구절에 삽입하면 h에 도달한다. h는 28로 표기된다. 그 후 14에서 7을 빼 7만 남는다. 두 개의 문자를 현에서 고르고 7에 넣으면 l에 도달한다. 여기에도 시 구절임을 표시한다. 열 번째 주기에 해당하는 수는 9이다. 이 수는 3부의 4번째 시작점이다. 8의 측면으로 9단계를 올라가면 빈 곳이 있다. 다시 9단계를 상승하면 앞에서 일곱 번째에 도달한다. 그 후 9단계를 두 번 올라가고 여기에 2를 곱해야 하므로 9에 4를 곱한다. 36을 도표에 넣으면 지맘 문자 4에 도달한다. 10단위이어야 하지만 주기의 수가 적기 때문에 1단위로 취급한다. 결국 문자 d에 도달한다. 만일 36에 기저의 1을 더하면, 이 극은 시 구절에 포함되고 표식을 갖는다. 만일 변형 없고, 곱셈이 없는, 9를 도표의 앞부분에 두면 8에 도달한다. 8에서 4를 빼면 4이다. 이것이 여러분이 원하는 답이다. 만일 9에 2를 곱한 18을 도표의 앞면에 두면, 10단위 지맘 문자 1에 도달할 것이다. 9를 곱할 때 사용했던 2를 빼면 8이 남고 그 반은 4이다. 이것이 여러분이 원하는 답이다. 만일 9에 3을 곱하면, 27을 도표의 앞면에 두었을 것이고 지맘 문자 10에 도달했을 것이다. 9를 시 구절에 넣으면 알리프에 도달한다. 9와 기존의 9를 구성했던 3을 곱한 후 1을 뺀 결과인 26을 도표의 앞부분에 둔다. 이 결과인 200이라는 숫자는 문자 r에 상응한다. r은 96이고 시 구절이라는 표시를 한다. 현에서 두 개의 문자를 골라 열한 번째 주기를 만든다. 이 주기의 수는 17이며 나머지는 5이다. 첫 번째 주기에서 했던 것처럼 8의 측면으로 5단계를 상승한다. 5를 도표의 앞면에 넣으면 빈 곳에 도달한다. 거기에서 접하게 되는 숫자 1을 시 구절에 넣는다. 이는 r-s에 이르며 4로 표시된다. 만일 도달한 곳이 가득 찬 곳이면, 1을 3으로 대신한다. 17에 2를 곱하고 1을 뺀 후 4를 더하면 37이 된다. 이 37을 현에 대입하면 h에 이른다. h는 6으로 표시된다. 5에 2를 곱한 10을 구절에 대입하면 1에 도달하고 이 1은 20으로 표시된다. 또 두 개의 문자를 현에서 골라 열두 번째 주기를 만든다. 이 주기의 수는 13이며 나머지 수는 1이다. 8의 측면으로 1단계 상승시킨다. 이 주기는 마지막 주기이자 2개의 발명 중 마지막이며 3개의 4부 배치와 4개의 3부 배치의 마지막에 해당된다.

도표의 앞부분에 있는 1은 8개 단위인 지맘 문자의 8에 도달한다. 이번 주기에 해당되는 수는 1뿐이다. 만일 12의 4부 배치에 4 이상이거나 12의 3부 배치에 3이상이었다면 ḥ(8)에 도달했을 것이다. 하지만 d(4)에 도달하고 74로 시 구절이란 표시를 얻는다. 이에 상응하는 수는 5이고 여기에 기저의 5를 더하면 10이 된다. 10에 대응하는 y에도 표식이 새겨진다. 이 y

에 등수를 매긴다면 4번째이고 현의 문자에 숫자 7을 넣는다. 이것을 '문자의 탄생'이라 부르고 f가 있다. 7에 1을 더하면 8이 나온다. 이 8을 현에 대입하면 s에 도달한다. s는 8로 표시된다. 이 8에 주기에서 10을 초과한 3을 곱한다. 그 이유는 3개의 4부 배치의 마지막이기 때문이고 그 값은 24이다. 24를 시 구절에 넣고 이에 상응하는 수 200(r)에 표식을 한다. 여기에 96이 새겨지는데 이것은 2번째 문자 주기의 마지막 숫자이다. 역시 현에서 두 개의 숫자를 골라 첫 번째 결과물을 적는다. 결과의 수는 9이며 이는 12개의 주기로 나누었을 때 항상 나오는 현의 문자의 나머지 수이다.

숫자 9에 현의 90문자의 초과량인 3을 곱한 후 12주기의 나머지 수인 1을 더하면 28이 나온다. 28을 현의 문자에 대입하면 나오는 문자는 알리프이고 숫자 96으로 표기된다. 만일 90문자 주기의 숫자인 7에 현의 90문자의 초과량인 3과 12주기의 나머지 수인 1을 더한 값인 4를 곱해도 28이 나온다. 8의 측면으로 9단계 상승시켜 도표에 9를 넣으면 지맘 문자 2가 나온다. 9와 지맘 문자 2에 상응하는 숫자 3을 곱한 후 현의 숫자 7을 더하고 12주기의 나머지 수인 1을 빼면 33이 나온다. 이 수를 구절에 집어넣으면 5가 나오며 (h)라고 표시한 후 9에 2를 곱하고 그 결과인 18을 도표의 앞부분에 대입한다. 표면에 있는 숫자 1을 현의 문자들에 대입하면 m에 도달하고 그 문자에도 표시를 해둔다. 현에서 두 숫자를 골라 두 번째 결과물을 적는다. 결과는 17이며 나머지 수는 5이다. 8의 측면으로 5단계를 상승한다. 5에 90의 초과인 3을 곱하면 15가 되는데 여기에 12주기의 나머지 수인 1을 더해 나온 값 16을 구절에 대입하면 t에 도달한다. 이 t는 64로 표기된다. 5에 90의 초과량인 3을 더하고 12주기의 나머지 수인 1을 더하면 9가 나온다. 이 수를 도표 앞부분에 대입하면 지맘 문자 30이 나온다. 이때 표면에 나와 있는 수는 1이고 여기에 시 구절이라는 알리프를 표시한다. 이것은 구절의 9번째이므로 9를 도표 앞부분에 대입해 10단위의 3에 도달한다. 결과로 l(30)에 도달하고 여기에도 표시를 해둔다. 3번째 결과물을 글로 적으면 결과로 나온 수는 13이며 나머지 수는 1이다. 8의 측면으로 1단계를 올리고 90의 초과량인 3과 12주기의 나머지 수 1을 13에 더한다. 그 답은 17인데 여기에 결과물 1을 더하면 18이 된다. 이것을 현의 문자에 대입하면 l에 도달하고 표식을 얻는다. 작업은 끝났다.

　앞에서 언급한 질문의 예는 이렇다. 현의 문자들 중에 운세는 궁수자리의 제1도에 있고 그다음에 질문의 문자에 있을 때 자이라자가 현대과학인지 고대 과학인가를 알고자했을 뿐이다.


　　　현의 문자들.[98]
　　　질문의 문자들.[99]


　첫째 주기 9, 둘째 주기 17, 나머지 수 5, 셋째 주기 13, 나머지 수 1, 넷째 주기 9, 다섯째 주기 17, 나머지 수 5, 여섯 번째 주기 13, 나머지 수 1, 일곱 번째 주기 9, 여덟 번째 주기 17, 나머지 수 5, 아홉 번째 주기 13, 나머지 수 1, 열 번째 주기 9, 열한 번째 주기 17, 나머지 수 5, 열두 번째 주기 13, 나머지 수 1, 첫 번째 결과 9, 두 번째 결과 17, 나머지 수 5, 세 번째 결과 13, 나머지 수 1.[100]


　　그 주기는 마지막 구절의 1에 도달하기까지 25, 두 번의 23, 두 번의 21이 있다. 문자는 재배치되고, 알라는 가장 잘 아신다.


　이것이 자이라자 세계로부터 압운의 형태인 답을 추출하는 것에 대한

---

98　현의 문자들은 73개의 아랍어 문자가 독립형과 어두형의 형태로 중복된 채 나열되어 있다. 이를 로마자 전사로 표현하는 것은 무의미해 보인다.
99　20개의 아랍어 문자가 중복 나열되어 있다.
100　도표와 아랍어 문자 나열 생략.

마지막 사설이다. 자이라자를 사용하지 않고 다른 방법으로 문제의 답을 찾는 사람도 있다. 그럴 경우 답은 압운의 형태가 아니다. 그들의 생각엔 자이라자를 통해 압운된 해답을 얻는 비법은 말리크 븐 우하이브의 구절과 관계 있다. 이런 방법으로 말리크의 압운된 답을 얻는다. 하지만 다른 방법들로는 압운된 답을 구할 수 없다. 문자의 마법에 능숙한 사람들은 바로 이런 자들이다.

### 문자의 연결에 관한 비밀에 대한 연구에 관한 절

알라께서 다음의 문자들이 모든 문제의 답이 될 수 있다는 것을 우리 모두에게 알려주신다. 그 문자들은 나뉘는 성격으로 답을 주고 43개의 문자로 구성되어 있다 :

alif, w, l, alif, 'ayn, z, s, alif, l, m, kh, y, d, l, z, q, t, alif, f, dh, s, r, n, gh, sh, r, alif, k, k, y, b, m, d, b, j, t, l, h, h, d, th, l, th, alif.

일부 전문가들은 이 문자들의 이중자음이 각각 두 개의 문자를 나타내는 구절이 되도록 조합했다. 그들은 이것을 '기둥'이라 불렀고 다음과 같이 말했다 :

여러분에게 있는 그 중대한 문제.
진중함으로 해결될 대단한 의구심을 홀로 지니라.

당신이 만약 질문에서 답을 얻고자 하면 질문에서 반복되는 문자들을 모두 제거하고 나머지를 남겨두어라. 그리고 기본 구절 '기둥' 안에 질문에 남아 있는 문자와 비슷한 문자들을 하나씩 제거하고 나머지는 남겨 둔다. 두 종류의 나머지를 한 문장 안에 배열하는데 기본 구절에서 남은 문자를 처음에 두고 그 뒤에는 남아 있는 질문의 문자를 배열한다. 이 작업은 두 종류의 나머지 문자들이 모두 제거되거나 두 종류 중 한 종류라도 먼저 제거될 때까지 계속된다. 만일 한 종류의 문자가 먼저 없어지면 나머지는 그대로 둔다. 만일 나머지 문자들을 섞어 배열한 문자의 수와 제거되기 전의 기본 구절의 문자 수가 일치하면 이것은 성공이다. 다음으로 음계의 균형을 맞추고 총 48개의 문자 수를 맞추기 위해서 다섯 개의 n을 더한다. 이러한 문자들로 제곱표를 채운다. 첫줄의 마지막이 둘째 줄의 처음이 되며 표가 다 채워져 처음으로 돌아올 때까지 계속 이렇게 처리된다. 이 '부분' 내의 문자들은 서로의 움직임에 따라 변화한다. 그다음 가장 작은 약수로 제곱 분할을 해 각 문자의 현을 찾고 그 현을 각 문자의 반대편에 둔다. 이후 문자들의 가장 기본적인 관계를 밝히고 목적을 위해 만들어진 표를 통해 이것들의 자연력, 영적 능력과 규모, 초자연적 기질, 기본을 나타낸다. 표는 아래와 같다.[101]

각 문자에 천구에 있는 말뚝 4개의 기저를 곱한 후 이에 해당되는 현을 알아낸다. 말뚝과 인접한 것, 즉 사와끼트를 주의해야 한다. 그 이유는 그 관계가 복잡하기 때문이다. 이 결과는 1단계의 발산이다. 그 이후 전체 구성요소에서 새로운 기저를 빼면 세계가 창조되는 순간의 남는 가장 기본적인 모습을 볼 수 있다. 그러면 추상적인 것이 이곳으로 전이된다. 그리고 영혼의 중간 수평선이 생긴다. 전체 구성요소에서 1단계의 발산을 빼면 순수한 세계이자 합성된 것과는 거리가 먼 중재의 세계가 펼쳐진다. 이 세계는 영혼의 중간 수평선과 곱해지고 그 이후 최고의 수평선이 생긴다. 이 수평선으로 1단계의 발산이 전이되고, 그 세계를 구성하는 기본 요소들을 4단계 발산에서 빼면 3단계 발산이 남는다. 구성요소의 모든 정

---

101 수기로 기록된 도표에 수자와 문자가 기입되어 있으나 번역하기에 부적합하여 생략했다. 원문 참조.

보들은 항상 4단계 발산과 곱한다. 그 결과는 첫 번째 특수화의 세계를 창출해 낸다. 둘째 요소와 2단계 발산을 곱하면 두 번째 특수화의 세계가 창출된다. 마찬가지로 세 번째 요소, 네 번째 요소도 각각의 특수화 세계를 창출한다. 이제 모든 특수화의 세계를 더하고 전체의 세계에서 이를 빼면 '관념의 세계'가 생성된다. 관념의 세계를 가장 높은 수평선으로 나누면 첫 번째 서면 정보가 되고 나머지는 중간 수평선으로 나누어 둘째 서면 정보가 된다. 마찬가지로 세 번째, 네 번째도 창출된다. 만일 4번 이상의 분할을 원하면 특수화의 세계, 발산의 단계, 수를 포함하고 있는 마방진 이 모든 것의 수를 늘려야 한다. 알라가 우리 모두를 인도할 것이다.

만일 관념의 세계를 1단계 발산으로 나누면 구성요소의 세계의 첫 번째 서면 정보를 만들 수 있다. 이 작업은 마지막 존재까지 지속된다. 그러므로 이를 이해하고 인정하라. 알라는 지도자이시다.

문자의 비밀에 능숙한 이가 제시하는 해답을 구하는 또 다른 방법은 다음과 같다. 문자의 과학은 중요한 과학이고, 여러분은 알라의 기운으로 힘을 얻는 다는 사실을 인지하라. 이 사실을 인지하는 학자는 다른 어떤 과학으로는 알 수 없었던 새로운 사실들을 발견하게 된다. 문자의 비밀이 지닌 과학을 실행하려면 특정한 조건들이 충족되어야 한다. 학자들은 이런 도움으로 창조의 비밀이나 자연의 법칙을 알게 될 수도 있다. 학자들은 철학의 연구 결과인 문자 마법과 연금술을 연구한다. 베일이 제거되고, 학자들은 심장의 휴식에 있는 비밀에 대해 알게 된다. 니는 마그립의 몇몇 학자들이 문자 마법의 비밀을 터득하고 있다는 것을 밝힌 바 있다. 알라의 도움으로 그들은 존재에 관련한 탁월한 업적을 이루어냈다.

모든 미덕은 노력으로 이루어진다는 것을 인지하라. 좋은 습관은 인내를 동반할 때 모든 성공의 열쇠이며, 같은 원리로 노력 부족과 성급함은 실패의 지름길이다. 만약 모든 문자의 비밀을 알고, 문자의 과학의 시초인 마지막 숫자까지 알기를 원한다면 각 문자에 해당하는 숫자를 알아야 한다. 문자의 조화는 각 문자들이 물질주의의 능력으로 구성되었음을 의미한다. 숫자는 제곱이 되고 결과는 각 문자에 정신적 능력이 있다는 것이다. 이것이 각 문자의 '현'이다. 분음점이 있는 문자들은 이 작업을 할 수 없고, 분음점이 없는 문자들만 이 작업이 가능하다. 그 까닭은 추후에 설명할 것이다. 모든 문자의 형태에는 신성한 영역, 권위자들 세계에 상응하는 형태가 있다는 것을 인지하라. 자이라자의 표에 기록된 대로 움직이거나 정지될 수 있고 하등의 영역 혹은 고등의 영역이 있다.

문자들의 능력은 세 부류로 나뉜다는 것을 인지하라. 첫째는 중요도가 가장 낮고 문자가 기록된 후에 나타나는 능력이다. 특정 문자들이 속해 있는 영적인 세계를 기록된다. 문자들이 영적인 기운이나 집중력을 보일 때마다 육신의 세계에 영향을 끼친다. 두 번째는 사고의 영역에 해당하는 문자의 능력인데 이는 문자의 정신적인 능력이 발휘되었기 때문에 발생한다. 이 능력은 고등 영역의 정신적인 능력 혹은 물질주의 세상에 존재한다. 세 번째는 내면의 초자연적 능력이 문자 생성에 집중될 때이다. 발음되기 이전의 문자는 영혼에 존재한다. 그러다가 발음이 되면 문자의 형태나 웅변의 형태가 된다.

문자의 본질은 모든 창조물에 기여한 열기와 건조함, 열기와 냉기, 냉기와 습도, 냉기와 건조와 같다. 이것은 여덟 가지 비밀을 포함하고 있다. 열기는 공기와 불을 포함하고 각각은 표현하는 문자가 있다. alif, h, t, m, f, sh, dh, j, z, k, s, q, th, z가 공기와 불을 나타낸다. 냉기는 땅과 물을 포함하고 d, h, l, ʿayn, r, kh, gh, b, w, y, n, s, t, d가 이 둘에 상응하는 문자들이다. 습도는 공기와 물을 포함하고 j, z, k, s, q, th, z, d, l, ʿayn, r, kh, gh가 나타내며 건조함은 불과 땅이 섞여 : alif, h, t, m, f, sh, dh, b, w, y, n, s, t, d로 나타낸다. 이것이 그들 사이의 관계이고 자연을 나타내는 문자들의 상호 해석과 네 가지 자연요소를 통해 나타나는 하등과 고등 세계에 관한 문자의 정보에 관한 해석이다. 제시된 문제를 해결하고 싶으면 질문자의 운세나 질문의 내용을 정확히 인지해야 한다. 그리고 점성술의 네 현의 문자들, 1·5·7·10을 동일하게 차례대로 문자에 맞게 쓰고 그 현에 상응하는 숫자들을 알아야 한다. 숫자들을 더하고 비율을 맞추면 원하는 답을 직접 혹은 간접적으로 구하게 된다. 이런 방식은 모든 질문에 해당된다. 만일 운세에 관여하는 문자의 능력과 더불어 질문자의 이름과 물건에 대해 알고 싶으면 '위대한 계산'에 따라 문자의 수를 모두 더하면 된다. 만약 그 운세가 양자리이면 양자리 뒤의 4번째 자리는 게자리이고, 7번째는 천칭자리, 그리고 10번째는 염소자리인데 그것은 가장 강한 현이다. 각 별자리의 이름과 연결되는 물건은 누락되었으므로 원 내부의 유리수 중 각 황도 십이궁에 포함되는 수를 찾아야 한다. 그 후 문자를 맞게 쓴 것에서 비롯된 모든 배수를 제거한다. 각 문자 아래에 이 경우에 해당하는 수를 적어 놓는다. 이와 동일한 작업을 네 가지 요소의 문자에 해당되는 수를 대상으로 한다. 모든 숫자들을 다시 문자, 현의 정도, 능력, 성향들을 고려해 배열한다. 문자들을 나열해 놓은 후 곱해야 할 것은 모두 곱한다. 그리고 나온 숫자들을 모두 더해 답을 찾으면 결국 답이 나온다.

운세가 양자리인 경우, 이것은 비연속적인 문자들 h-m-l로 이루어져 있다. ḥ의 수는 8, 즉 4, 2, 1로 나누어 질 수 있다. 이 숫자들에 의해 d(4), b(2), alif(1)이 산출된다. m의 수는 40이기에 2, 4, 5, 10, 20으로 나눠진다. 이 숫자들에 의해 [m(40)], k(20), y(10), h(5), d(4), b(2)가 산출된다. l의 수는 30이며 2, 2/3, 3, 5, 6, 10으로 나눠진다 이 숫자들에 의해 k(20), y(10), w(6), h(5), j(3)가 산출된다. 이런 작업이 질문에 있는 모든 문자와 문제와 관련된 모든 이름의 문자들에 대입된다. 각 문자의 제곱을 가장 작은 약수로 나누면 문자의 현을 알 수 있다. d의 수가 4이면 4의 제곱은 16이다. 16을 가장 작은 약수, 즉 2로 나누면 이 문자의 현이 나온다. d의 현은 8이다. 각 현은 문자의 반대편에 위치하고 문자에 맞게 쓰기를 설명하면서 언급된 기본 관계가 밝혀진다.

## 문자의 법칙으로 마음에 감춰진 것을 증명한다

만약 누군가 원인 모를 병의 병명을 묻거나 그 병의 치유를 위해 어떤 약을 써야 하는 지를 물으면 그 질문한 사람에게 병명조차 없는 이 병의 이름에 대입될 수 있는 무언가를 말해 보라 하라. 그러면 그가 당신에게 말한 것이 이 병을 설명하는 단초가 된다. 만일 이 문제에 대해 철저히 알기를 원한다면 그의 말을 운세의 이름, 요소, 질문한 자, 날짜, 시간과 함께 모두 적는다. 그렇지 않다면 질문한 자가 사용한 단어만 쓰면 된다. 예를 들어 질문한 자가 '말faras'이라고 했다면, f-r-s의 수와 그 약수를 기록한다. f의 수는 80이기에 약수는 m(40), k(20), y(10), h(8), d(4)가 된다. r의 수는 200이며 약수는 q(100), n(50), k-h(25), k(20), y(10)이다. s의 수는 60이며 약수는 m(40), l(30), k(20), y(10), w(6), j(3)이다. W는 완전수이므로 약수 4, 3, 2가 있고, s 역시 완전수이므로 약수 40, 30, 20, 10이 있다. 만약 문자들을 약분하고 두 요소의 공통점을 찾으면 해당 단어의 문자의 수가 더 많은 쪽이 우세하다고 할 수 있다. 그리고 특정 물건의 이름의 요소들이 의미하는 문자의 수와 약분을 하지 않은 문자의 수를 더한다. 이 작업은 질문한 자의 이름에도 해당된다. 결과적으로 더 강하고 좋은 숫자가 더 우세하다.

〈표 1〉을 통해서 알 수 있는 것은 땅이 우세하다는 것이다. 땅의 본질인 냉기와 건조함은 우울함의 본질이기도 하다. 따라서 환자들은 우울증을 겪고 있다고 가정할 수도 있다. 약수로 나눈 문자들을 조합해 적절한 문장을 만들면 목에 통증이 있다는 결론이 나오고, 이에 적절한 약은 관장약이고 적절한 음료는 레몬주스이다. 이 모든 것은 '말'이라는 단어의 문자가 지닌 숫자의 능력이 가져온 것이고, 이것은 간략한 예시이다.

이름의 구성요소의 능력을 알고 싶다면 다음과 같이 해보길 권한다. '무함마드'라는 이름의 비연속적 문자 m-ḥ-m-d의 경우를 보자. 천구의

〈표 1〉 구성요소의 능력에 대한 처방

| 불 | 땅 | 공기 | 물 |
|---|---|---|---|
|  | w | j |  |
| hhhh | yyyy | kkkk | h |
| mm | n | q | l |

〈표 2〉 구성요소의 능력에 대한 처방

| 불 | 땅 | 공기 | 물 |
|---|---|---|---|
| ··· | bbb | jjjjjj | dddddd |
| hhh | www | zzzzz | ḥḥḥḥḥḥ |
| ttt | yyy | kkkkkk | llllll |
| mmm | nnn | ṣṣṣṣṣṣ | ······ |
| fff | ḍḍḍ | qqqqqq | rrrrrr |
| sss | ttt | th th th th th th | kh kh kh kh kh kh |
| dh dh dh | ẓẓẓ | gh gh gh gh gh gh | h sh sh sh sh sh |

구성요소를 토대로 네 가지 요소들을 나열하고 각 요소 당 문자와 숫자를 쓰면 〈표 2〉와 같다.

〈표 2〉를 통해 당신은 물의 요소가 가장 강하다는 것을 알 수 있다. 왜 냐하면 그것이 20개의 문자를 지니고 있기 때문이다. 물이 다른 요소보다 우세하다. 다른 이름에도 같은 작업을 행한다. 이것을 문자의 현, 사이라 자의 우세를 돕는 현, 질문을 혼합하는 기초를 만든 말리크 븐 우하이브 의 구절의 현에 더한다. 그의 구절은 다음과 같다

여러분의 그 중대한 문제.

진중함으로 해결될 대단한 의구심을 홀로 간직하라.

이것은 알려지지 않은 것을 밝히는 데 도움이 되는 유명한 현으로 이븐 알라깜과 그의 동료들은 이것에 크게 의지했다. 이것은 모든 상황에 대입이 가능하고 완성도가 높으며 스스로 해결하는 작업이다. 이 현에 관한 작업은 다음과 같다. 질문의 문자를 '세분화'해 비연속적이고 섞은 채로 나열한다. 반복된 문자는 두 개로 계산하므로 이번 현의 문자의 수는 43개이다. 문자들이 혼합되는 과정에서 반복되는 질문의 문자들은 제거되고 남아 있는 기본 문자에서 질문의 문자와 비슷한 문자들 역시 모두 제거된다. 남은 두 부류의 문자들은 한 문장으로 나열되고, 첫 문자는 '기둥'에서 남은 문자이고 두 번째는 질문에서 남은 문자이다. 이 작업은 두 종류의 나머지 문자들이 모두 사용될 때까지 계속된다. 결국 43개의 문자에 다섯 개의 n이 더해져 48이 되면 이들은 균형을 잡는다. 그 후 나머지를 순서대로 적고 만약 조합된 후의 문자의 수가 본래의 문자 수와 일치하면 성공한 것이다. 조합된 문자들은 제곱표를 채우고 첫 줄의 마지막은 둘째 줄의 처음이 되고 그 표가 다 채워지고 다시 첫 줄이 될 때까지 이렇게 처리된다. 이 '부분' 안의 문자들은 서로 이동하고, 문자의 현은 각자 상응하는 문자의 반대편에 위치한다. 이제 문자들의 기본 관계를 밝히기 위해 만들어진 표로 이것의 자연력, 영적 능력, 영적 규모, 초자연적 기질, 기본을 나타낸다.

각 문자에 천구에 있는 4개의 기둥의 기저를 곱하면 그 현을 알 수 있다. 이때 말뚝과 인접한 것은 피해야 한다. 그 이유는 양자의 관계가 복잡하기 때문이다. 이 결과는 1단계의 발산이다. 모든 구성요소에서 새로 생성된 것의 기저를 제외하면 세계가 창조되는 순간의 기본적인 모습을 볼 수 있다. 이제 추상적인 사안을 구성하는 요소들이 이동해 온다. 그러면 영혼의 중간에 수평선이 생긴다. 전체 구성요소에서 1단계의 결과를 빼면 순수하고 합성된 것과는 거리가 먼 중재의 세계가 펼쳐진다. 이 세계는 영혼의 중간 수평선을 곱하면 가장 높은 수평선이 생긴다. 이 수평선으로 1단계의 발산이 이동하고 이 현상을 구성하는 기본 요소들을 4단계 발산에서 빼면 3단계 발산이 남는다. 구성요소가 지니고 있는 모든 정보들은 항상 4단계의 발산과 곱하게 된다. 이 곱셈의 결과는 첫 번째 특수화의 세계를 만든다. 둘째 요소와 2단계 발산을 곱하면 두 번째 특수화의 세계가 만들어지고 세 번째와 네 번째도 동일하다. 모든 특수화의 세계를 더해서 전체의 세계에서 빼면 관념의 세계가 남는다. 관념의 세계를 가장 높은 수평선으로 나누면 첫 서면 정보가 된다. 이런 과정은 완성될 때까지 지속되고, 이 작업에 대한 서문이 이븐 와흐시야, 부니와 다른 이들의 책에 있다. 이 작업은 형이상학적 규범에 적용되는 자연 발생적이고 확고한 규범을 따른다. 그리고 자이라자의 구성, 신성한 학문, 철학적 마법이 이 작업의 주변에 있다. 이 작업은 오직 질문의 발상과 관련된 해답을 얻는데 도움을 준다는 것을 인지하라. 이 작업은 초자연적인 것에 대해서는 답을 주지 않는다. 앞에서 언급한 것처럼 이 작업은 게임에 비유된다. 이것은 우리가 언급했던 문자마술에 속해 있지 않다. 알라는 우리에게 영감을 준다. 그분은 믿을 수 있어 도움을 청할 수 있고 우리에게 과분한 보호자이시다.

## 30장 │ 연금술학

이것은 인공적으로 금과 은을 만드는 재료를 연구하고 그 제조 과정을 설명하는 학문이다. 연금술사들은 모든 피조물의 기질과 힘에 대한 지식을 획득한 이후 그것을 면밀히 연구한다. 그들은 금과 은으로 변하게 될 재료를 발견하는데, 뼈, 깃털, 알, 배설물과 같은 동물의 모든 것을 그 연구 대상으로 삼는다. 연금술은 이런 재료가 잠재상태에서 현실로 전환되는 과정을 설명한다. 예를 들면 육체와 물질이 승화와 증류의 방법으로 자연의 일부로 분해되는 것, 용해 물질이 석회화 과정을 거쳐 고체로 된 것, 견고한 물질을 절구통으로 분말로 만드는 것 등이 있다. 연금술사들은 이러한 기술로 연금약액[102]이라고 불리는 자연의 물질을 얻는다고 주장한다. 납, 주석, 구리와 같이 금이나 은의 형태로 전환 가능한 광물질에 불로 열을 가한 후 연금약액을 첨가하면 그 물질이 순금으로 바뀐다는 것이다. 연금술사들은 이런 작업을 신비스럽게 보이기 위해 연금약액을 '정신'으로 그 약액이 첨가되는 물질을 '신체'라는 전문용어로 과장되게 사용한다. 그들은 이런 전문용어를 설명하고 물질을 금과 은으로 변환시키는 기술적 작업의 형태를 연금술학이라고 주장한다.

예나 지금이나 사람들은 연금술에 대해 책을 많이 썼다. 그중에는 연금술사가 아닌 자들의 저술도 있다. 그 대표적인 예가 자비르 븐 하이얀인데 사람들은 그가 연금술을 특화시켰다고 간주하여 이를 '자비르의 학문'이라고도 부른다. 그는 연금술에 대해 70여 편의 글을 남겼는데 그 모두가 수수께끼 같은 내용이다. 사람들은 그의 글 속에 있는 내용을 모두 이해하는 자만이 연금술의 비밀을 풀 수 있다고 생각한다. 최근 마슈리끄의 철학자 중 뚜그라이를 위시한 철학자들은 연금술에 관한 기록과 연구서를 쓴 바 있다. 스페인의 철학자 중 마슬라마 알마그리띠는 *Rutbat al-Ḥakīm*이라 부르는 자신의 저서 후반부에서 연금술을 마술이나 주술과 연결시켰고, 그는 이 두 가지 기술이 철학의 결과이고 과학의 열매라고 주장했다. 더 나아가 이 두 가지 학문을 인지하지 못한 자는 과학과 철학의 참된 열매의 맛을 보지 못한 자라고 단언했다.

그가 자신의 저서에서 한 주장과 그 밖의 사람들이 각기의 저서에서 전개한 주장은 그런 전문용어에 익숙하지 않은 이들에겐 모두 수수께끼와 마찬가지이다. 우리는 이들이 그런 상징과 수수께끼에 집착하는 이유가 무엇인지 언급할 것이다. 이 주제의 대가 중 이븐 알무가이리비는 사전의

---

102  아랍어 ikhsir는 영어 elixir로 표기된다. 연금술에서 비금속을 금으로 변화시킬 수 있다고 생각되었던 물질.

알파벳 순서에 따라 운문적인 글을 쓴 바 있는데, 그의 시에서 가장 탁월한 부분은 온통 수수께끼와 암호와 같아서 도무지 이해하기가 어렵다. 연금술에 관한 일부 저술이 가잘리의 것으로 알려져 있으나 잘못된 것이다. 왜냐하면 그의 높은 지각은 그런 분야에 대한 연구를 하게 하거나 연금술 이론을 수용하게 두지 않았을 것이기 때문이다. 아마도 연금술 관련 이론이나 주장은 마르완 븐 알하캄의 의붓아들인 칼리드 븐 야지든 븐 무아위야의 것일 수 있다. 분명한 것은 칼리드가 아랍인종이고 베두인의 정신을 지니고 있었으며 그는 총체적으로 과학이나 기술과는 거리가 먼 상태였다는 것이다. 그렇다면 어떻게 그가 익숙하지 않은 기술을 이용하여 물질의 자연 성질을 간파하는 지식을 습득하고 그런 것을 대상으로 심도 있는 연구를 했는가 하는 의문이 든다. 게다가 그 당시 의학은 아직 소개되지도 않았을 때이다. 아마도 동명이인의 인물로 그런 기술에 능통한 자가 있을 수는 있다.

여기서 나는 아부 바크르 븐 비쉬른이 아부 알사무흐에게 이 기술에 관해 쓴 서신을 전하고자 한다. 이 두 사람은 모두 마슬라마의 제자로 여러분이 이 문제에 가치를 부여한다면 연금술에 관한 그의 견해는 입증 될 것이다. 이븐 비쉬른은 본 목적에서 벗어난 그 서신의 서두 이후에 이렇게 말했다. 이 고귀한 기술의 전제는 사실 우리의 선조들에 의해 이미 언급된 바 있고 철학자들은 상기의 전제를 보고한 바도 있다. 이런 전제는 광물질의 생장, 돌과 보석의 생성, 지역과 장소의 속성에 긴힌 지식에서 비롯된다. 그러나 그 지식은 널리 알려져 있으므로 우리는 더 이상 여기서 언급하지는 않겠다. 나는 여러분에게 이 기술을 얻기 위해 필요한 것이 무엇인지는 밝히도록 한다. 우리는 그 지식에서부터 시작하기로 한다. 사람들은 이 학문을 배우고자 하는 학생은 우선 세 가지의 사실을 반드시 알아야 한다고 했다. 첫째, 그것이 존재하는가? 둘째, 무엇이 그것을 존재하게 하는가? 셋째, 어떻게 그것이 존재하는가? 연금술을 수학하는 학생이 이 세 가지 것을 잘 알게 되면 그 학생은 자신의 목적에 도달하고 이 학문에 관해 알만큼 알게 되는 것이다. 연금술의 존재에 관한 문제, 연금술을 존재하게 만드는 어떠한 힘을 입증하는 것에 관한 것 그리고 우리가 여러분에게 이미 언급한 바가 있는 연금약액, 이 모든 것이 바로 만족할 만한 대답이 될 것이다. 우선 무엇이 연금술을 존재하게 만드는가 하는 질문에 대해서는 연금술학자들은 암석이 연금술을 작용하게 만드는 것이라고 주장하며 연구한다. 즉, 잠재상태의 힘이 우리가 생각할 수 있는 모든 것에 의해 작용을 받게 된다는 것이다. 왜냐하면 잠재상태의 힘은 네 가지의 자연 요소로부터 오기 때문이다. 즉, 잠재상태의 힘은 최초의 그 자연적인 구성요소로부터 기원이 됐고 종국에는 그 형태로 되돌아가는 것이다. 그러나 그것은 잠재적으로만 사용이 될 뿐, 실질적으로는 사용되지 않는다. 예를 들자면, 세분화가 가능한 어떠한 물질이 있고 세분화가 불가능한 물질도 있다. 세분화가 가능한 것은 치유되고 실행될 수 있는 것이다. 바로 이러한 것이 잠재상태에서 실질적인 상태 혹은 현실적인 것으로 전이될 수 있는 것이다. 반면에 세분화가 불가능한 것은 치유되거나 실행될 수 없다. 왜냐하면 거기에는 잠재력만 존재하기 때문이다. 또한 이것이 세분화가 될 수 없었던 이유는 자신의 속성을 다른 것에 침잠시키고 작은 것을 지배하는 큰 힘의 장점을 지니고 있기 때문이다. 여러분이 반드시 알아야 할 것은 세분화에 가장 적절한 돌은 바로 이런 작용에 사용할 수 있다는 것이어야 한다는 것이다. 더불어 그런 돌의 종류와 힘과 작용, 분해나 응집의 종류, 정화도, 석회화, 흡수도, 전이도 등도 알아야 한다. 이러한 기본적인 연금술의 원칙을 알지 못하는 사람들은 결코 성공하거나 좋은 결과를 얻을 수는 없다.

여러분은 그 돌이 다른 것의 도움을 받아야 하는지 아니면 그 자체로 작용이 가능한지의 여부를 알아야 한다. 그리고 그 돌이 그 자체로 작용이 이루어지는 동안 하나의 돌이 된 것인지, 그런 이유에서 돌이라 불리게 된 것인지도 알아야만 한다. 또한 여러분은 어떻게 그것이 이루어졌는지 또 구성요소의 양이 얼마나 되는지, 어떻게 그 정신이 스며들었는지, 영혼이 그 안으로 들어갈 수 있도록 만들어졌는지를 알아야 한다. 또한 영혼이 돌에 한번 들어간 이후 불로써 그것을 갈라낼 수 있는지 여부도 알아야 하고 만약 불가능하다면 왜 그런지 그리고 그러한 방법이 될 수 있는 필요한 조건이 무엇인지 이 모든 것을 알아야만 하는 것이다.

모든 철학가들은 영혼을 칭송했고 영혼이 육체 내에서 육체를 지배하고 떠받치고 그리고 방어한다고 생각했음을 인지하라. 영혼이 육체를 떠나면 그 육체는 죽은 것이고 식기 마련이다. 그것은 움직이거나 스스로 방어할 수 없다. 왜냐하면 거기엔 더 이상 생명이나 빛이 없기 때문이다. 나는 육체와 영혼의 관계에 대해서 언급했는데 그 이유는 이러한 연금술학이 인간의 육체와 비슷하기 때문이다. 그것은 바로 어떠한 정규적인 음식물에 의해서 지탱이 되고 그것은 또 생명에 의해서 지속되며, 빛을 내는 영혼에 의해 유지되고 이 모든 것들이 바로 육체가 활동을 할 수 있게 하고 영혼의 생명력을 지탱할 수 있게 하기 때문이다. 인간은 이러한 내적인 구성요소의 불협화음으로 인해 고통을 받게 된다. 만약에 인간이 지니고 있는 구성요소가 조화를 이룬다면, 그리고 외부적인 어떤 사건의 영향을 받지 않는다면 내부에 있는 어떠한 모순이나 영혼은 신체를 이탈할 수가 없다. 그러한 경우 인간은 영생을 누리게 된다. 모든 것을 주관하시는 분을 찬양하라. 그분은 지고하시다.

자연의 요소는 연금술의 작용을 생산해내고, 작용이 발생하는 자연적인 요소들은 처음에는 밀어내는 방법을 취하지만 끝에는 발산 과정을 취하게 된다는 사실을 인지하라. 그 자연의 요소들이 어떠한 극한점에 도달하게 되면 구성요소의 첫 단계로는 회귀할 수 없다. 우리는 이러한 점을 인간과 관련하여 언급한 바 있다. 또한 실체나 물질의 자연성은 세분화될 수 있지만 그것들은 서로서로 부착되어 하나로 되었고 이것은 영혼이 어떠한 힘과 역동성을 갖게 되는 경우와 흡사하고, 육체가 구성요소를 지니고 맥박이 뛰는 그러한 상황과도 비슷한 것이다. 구성요소에 관해서 낯선 부분이 있는데 그것은 바로 약한 요소가 강인한 힘을 보이고 세분화와 결합, 하나의 것으로 완성되는 힘을 지니고 있다는 것이다. 이러한 맥락에서 나는 '강인한', '약한'이라는 용어를 사용한다. 첫 번째 요소의 단계에서 존재하지 않는 것은 전이하는 구성요소들 간의 불협화음일 때만 일어난다. 이것들은 두 번째 결합에서는 발생하지 않는데, 그 이유는 이미 구성요소 간의 화합을 이루고 있기 때문이다.

초기의 연금술사들은 이렇게 말했다. 분해와 분할은 생명과 지속성을 의미한다. 연금술의 작용을 생각해보건 데 구성은 죽음과 존재하지 않는 것을 의미한다. 이 말을 바꾸자면, 연금술의 작용에 관해서는 구성이 죽음과 존재하지 않음을 의미하는 반면 분해와 분할은 생명과 지속성을 의미한다는 것이다. 이것은 미묘한 의미를 가지고 있다. 왜냐하면 철학자들은 생명과 지속성이라는 말을 사용함으로써 비존재에서 존재로 전환을 의미했기 때문이다. 그 구성요소가 첫 번째 구성요소의 상태에 머물러 있는 한 의심할 바 없이 그것은 비존재의 상태이다. 그러나 두 번째 구성이 발생하면 비존재는 더 이상 존재하지 않는다. 즉, 두 번째 구성은 분해와 어떠한 분할 이후에만 일어나는 일이기 때문이다. 따라서 분해와 분할이라 함은 연금술적인 작용이 특화되는 상황이다. 만약 그것이 용해되는 물질에 적용된다면 그것은 그 내부에서 퍼지게 될 것이다. 그 이유는 육체 안에서 형태를 가지고 있지 않은 정신이 자리 잡게 되는 것이다. 그 실체가 존재하지 않는 한 무게도 존재하지 않는다. 여러분은 이러한 사실을 보게 될 것이다. 만약 알라께서 원하신다면. 그분은 지고하시다.

여러분은 부드러운 것을 섞는 것이 거친 것을 섞는 것보다 용이하다는 사실을 인지해야만 한다. 이러한 사실에 견주어보아 유사하다 할 만한 예가 있는데, 정신과 육체를 섞는 경우이다. 내가 이것을 언급하는 이유는 여러분이 연금술의 작용에 대해서 훨씬 더 쉽게 이해할 수 있으리라는 기대 때문이다. 연금술의 작용이 거친 물질적인 상태에서 발생한다는 것보다는 부드러운 정신적인 상태에서 발생한다는 사실을 알게 된다면 훨씬 더 잘 이해할 수 있으리라는 믿음 때문이다. 돌은 정신보다 불에 내구성이 있다는 것은 논리적으로 합당한 이야기이다. 마찬가지로 금이나 철, 구리와 같은 것들은 황이나 그 밖의 다른 정신적인 요소들보다 불에 내구성이 있다. 따라서 내가 말하고자 하는 바는 그 물질이라는 것은 시작 단계에서는 정신적인 것이었다는 것이다. 자연적인 과정의 열이 그 물질에 영향을 미치고 그것은 거친 것 혹은 응집되는 물질로 전이되었다는 것이다. 불은 그것들을 다 소진해버리지는 않는다. 왜냐하면 그 요소들이 극한으로 거칠고 또 응집되는 것이기 때문이다. 최대한의 작용을 보이는 불이 적용되고 난 이후 다음 단계인 영혼으로 바뀐다. 즉, 그것은 처음에 창조된 상태로 되돌아가는 것이다. 만약 불이 부드러운 정신에 다시 영향을 미친다면 그것들은 기체화되어 날아가고 더 이상 불을 감당해낼 수가 없다. 그러므로 여러분이 반드시 알아야 될 것은 무엇이 그 물질을 이런 상태로 가지고 오는지 그리고 무엇이 정신을 이런 상태로 만드는 것인지를 알아야 한다. 이것이 바로 여러분이 인지해야 할 가장 중요한 지식이다.

정신은 증발하고 가연성이다. 정신은 부드럽고 연소성이기 때문이다. 정신은 습기와 연결이 되면 불에 잘 타게 된다. 불이 습기를 감지하면 습기에 달라붙게 되는데 그 이유는 습기가 가볍게 날아다니고 또 불과 유사하기 때문이다. 불은 그 습기가 다 소비될 때까지 멈추지 않는다. 똑같은 상황이 이 물질에도 적용될 수 있다. 불이 접근하면 그 물질은 날아간다. 왜냐하면 그 물질 역시 약간의 응집성을 가지고 있고 매우 거칠기 때문이다. 그러나 그 물질들은 불에 잘 타진 않는다. 그것은 흙과 물로 구성되어 있기 때문이고 물은 불에 대응하는 능력이 있기 때문이다. 물의 부드러운 요소는 물질을 부드럽게 만들고, 함께 섞어버리는 오랜 과정을 통해서 거친 요소들과 하나로 섞이게 된다. 따라서 불에 소멸되는 모든 것은 불의 영향으로 부드러운 요소가 거친 요소로부터 분리되기 때문에 발생되는 것이고, 또 분해와 적응 없이 서로 합병하기 때문에 발생하는 것이다. 그러므로 결합과 상호침투의 결과는 집합체이지 혼합의 상태는 아니다. 부드러운 요소와 거친 요소는 불의 영향으로 쉽사리 나눠지고 이는 마치 물과 기름이 작용하는 것과 같다. 내가 이에 대해 언급을 하는 것은 여러분이 요소와 관련하여 구성과 그 반대에 관한 사실을 인지할 수 있게 하기 위함이다. 이제 여러분은 이에 관해서 충분한 지식을 얻었다고 생각된다.

여러분은 연금술의 요소인 혼합물이 상호작용한다는 것을 인지해야 한다. 그 혼합물은 하나의 물질에서 분리된다. 그리고 하나의 질서가 하나의 처리 과정을 통해 혼합물을 모은다. 이때 일부나 혹은 그 전체에 낯선 것이 개입되지 않는다. 이러한 맥락에서 철학자들은 만약 당신이 요소를 취급하고 요소를 구성하는 것에 대해 정통하다면 그리고 요소에 낯선 것을 개입시키지 않는다면 당신은 알고자하는 것에 관해 충분한 지식을 가진 것이라고 말했다. 왜냐하면 연금술의 요소는 하나의 구성요소이고 그 안에 낯선 것을 절대 포함시키지 않기 때문이다. 그 요소에 낯선 것을 개입시키는 사람은 사실을 왜곡시키는 것이고 실수를 저지르는 것이다.

같은 기원의 물질은 연금술적인 요소로 인해 적절하게 용해가 된다는 것을 인지하라. 그것은 그 요소의 부드러움과 민감함을 고려해 볼 때 연금술적인 요소와 흡사하게 된다. 연금술적인 요소는 그 내부에서 확장되고 그것이 어디로 가던 간에 따라가게 된다. 왜냐하면 그러한 물질이 거친 상태로 있는 한 그 물질은 확장되거나 짝을 맞추지 않고, 정신의 도움 없이는 물질의 분해가 불가능하기 때문이다. 당신은 이러한 맥락에서 이 문구를 이해해야만 한다.

동물적인 물질에 있어서 이러한 분해는 사실이라는 것을 인지하라. 그것은 멸망하거나 축소되지도 않는다. 그러한 사실은 그 요소들을 전이시키고 잡고 믿을 수 없이 경이로운 색깔과 개화를 선사한다. 하지만 모든 물질이 이러한 방식으로 분해되는 것은 아니다. 즉, 이것은 생명에 위배되기 때문이다. 그러나 이런 방식으로 분해가 발생되는 조건은 분해의 과정이 물질에 동의하고 불의 화염으로부터 물질의 요소를 방어하고 더 이상 거칠어 질 수 없는 상태가 되고 그래서 물질의 요소가 적절한 부드러움과 거침의 정도로 전이되는 경우이다. 그 물질이 분해와 제련의 극한에 도달하면 그 물질은 힘을 얻게 되는데 그 힘은 바로 무언가를 잡고 스며들고 전이되는 것을 의미한다. 각기의 작용이 처음부터 신뢰할 수 있는 것은 아니기 때문에 연금술의 작용은 좋은 것은 아니다.

　자연의 차가운 요소는 사물을 말리고 그 습기를 묶는다는 것을 인지하라. 반면 열기는 사물의 습기를 유발하고 그래서 건조함을 묶어버린다. 나는 열기와 냉기를 하나로 취급하는데 그것은 모두 활동적이고 습기와 건조함은 수동적이기 때문이다. 서로 상반된 그 두 가지의 수동성은 서로 바라보고 있고 이런 상태에서는 물질을 생성시킨다. 그러나 열기는 냉기보다 훨씬 더 활동적이다. 냉기는 전이되지 않고 사람을 움직이게 하지도 않는다. 반면에 열기는 동력의 원인이 된다. 생성을 유발시키는 열기는 성질이 약하다. 그것은 아무것도 이루어 내지를 못한다. 만약 열기가 어떠한 사물에 영향을 주는 것이 극대화된다면 거기에는 냉기가 존재하지 않는다. 열기는 사물을 불태우고 파괴해버린다. 이러한 까닭에 약간의 냉기가 연금술적인 작용에서는 필요한 것이다. 그래야만 서로 상반된 두 힘이 균형을 잡고 불의 열기에 대항하는 보호막이 생성되기 때문이다. 철학자들은 불을 태우는 것만을 경고한 바 있다. 그들은 연금술사들에게 구성요소를 청결하게 만들고 심호흡도 청결하게 하여 그 요소들로부터 더러움이나 습기를 완전히 제거하고 불에서 비롯될 수 있는 위험한 요소나 청결치 못한 것들을 멀리 하라고 명령했다. 이것이 바로 연금술에 대한 그들의 원칙과 기본 관념이다. 연금술적인 작용은 불로 시작하고 불로 끝난다.

철학자들은 불타는 것을 조심하라고 말하곤 했다. 그들은 불에서 발생할 수 있는 위해한 작용을 멀리 두어야 한다고 강조한 것이다. 그렇게 하지 않으면, 두 가지의 위해한 작용이 물질에 반해서 하나로 합쳐지고 파괴를 가속할 수가 있다. 모든 것은 자체 내에서 소멸되고 부패가능하다. 왜냐하면 그 자체의 요소는 서로 상반되고 내부에서 불협화음을 이루고 있기 때문이다. 그러므로 두 가지 상반된 요소의 중앙에 위치하는 것이 중요하다. 또한 위해한 요소와 그것을 파괴시키는 행위를 제외하면 그 요소를 강성하게 하고 도와주는 어떤 것도 찾을 수가 없게 될 것이다. 현인들은 정신이 반복적으로 육체라는 물질로 되돌아간다고 말했음을 인지하라. 정신은 불과의 투쟁에 있어 더 큰 능력을 지니고 있다. 정신은 결합되는 순간에 바로 그 불과의 접촉으로 인해서 나타나기 때문이다. 나는 여기서 요소적인 불을 의미한다. 그러므로 이를 잘 인지하라.

우리는 이제 철학자들이 언급했던 연금술적인 작용을 가능하게 한 돌에 관해서 언급하려고 한다. 물론 철학자들은 이에 관해 다양한 의견을 지니고 있었다. 일부 철학자들은 그 돌이 동물 안에서 발견된다고 하고 다른 사람들은 그 돌이 식물에서 발견된다고 하고, 또 다른 사람들은 광물, 또 다른 사람들의 의견에 의하면 모든 것에서 발견된다고 한다. 지금 여기서 우리는 이런 주장들을 논쟁의 중심에 두고 살펴보고자 하는 것은 아니다. 그렇게 하면 긴 시간 토론을 필요로 할 것이기 때문이다. 앞에서 이미 '연금술적인 작용은 잠재 상태로 모든 것에 존재한다'라고 언급한 바 있다. 이것이 바로 그렇다. 우리는 무엇이 연금술적인 작용을 잠재 상태로 혹은 현실에서 가져오는가를 알고 싶을 뿐이다. 우리는 하르라니의 주장을 고려해 보고자 하는데, 그는 모든 염색이 두 가지 종류로 구성되어 있다고 주장한 바 있다. 한 가지는 사프란처럼 물질을 이용하는 방법이다. 그것은 흰색 옷에 염색을 할 때 주로 이용된다. 사프란은 그 물질 내에서 변화를 유발하고 사라지고 분해된다. 두 번째 종류의 염색은 한 물질이 다른 물질이나 또 다른 색으로 전환되는 것을 의미한다. 예를 들면, 나무는 그 자체 내에서 흙으로 전환되고 동물은 식물로 궁극적으로 흙은 식물이 되고 식물은 동물이 된다는 것이다. 그러나 이것이 성립되려면 반드시 살아 있는 정신의 도움과 물질을 생성하고 정수를 변화시키는 힘이 있는 활동적인 자연의 도움이 있어야만 한다. 만약 그렇게 되면 나는 연금술적인 작용도 반드시 동물이나 식물 내에서 이해되어야 한다고 주장한다. 이를 증명하기 위해서 살펴보아야 할 것은 '동물과 식물이 생명을 유지하기 위해 음식을 필요로 하고 또 생존과 형체 유지를 위해서 음식을 필요로 한다'라는 사실이다. 식물은 동물이 지닌 것만큼 부드러움과 힘을 지니고 있지 못하다. 현인들은 식물에 의존해서 이야기하는 경우는 드물었다. 동물이야말로 세 가지 순열의 가장 마지막 단계에 있다. 광물은 식물로 바뀌고 식물은 동물로 바뀐다. 그러나 동물은 그것보다 훨씬 더 부드러운 어떠한 것으로도 바뀌지 않는다. 동물은 오히려 거친 상태로 귀속하게 된다. 더욱이 중요한 사실은 동물이 이 세상에서 살아 있는 정신을 지니고 있는 유일한 것이라는 사실이다. 그 정신은 이 세상에서 가장 부드러운 것이다. 그것은 자체적으로 동물에만 깃들여 있는데 그것이 동물들과 흡사하기 때문이다. 정신은 식물에도 존재한다. 그러나 그것은 그렇게 중요하진 않다. 식물에 존재하는 정신은 매우 거칠고 둔탁하다. 게다가 그 정신은 식물 내에서 수몰되고 감춰져 있다. 그 이유는 그 자체가 거칠기 때문이고 또 식물의 물질이 거칠기 때문이다. 식물은 움직일 수 없다. 그것은 그 자체가 거친 것에 이유가 있고, 그 정신이 거친 것도 이유가 된다. 움직일 수 있는 정신은 숨겨져 있는 정신보다 훨씬 결이 곱고 부드럽다. 전자는 음식을 수용한다. 그것은 움직일 수 있고 숨 쉴 수 있다. 후자는 겨우 음식을 수용한다. 살아 숨 쉬는 정신과 비교해 볼 때 그것은 흙이 물에 비교되는 것보다 나을 바가 없다. 이것이 식물을 동물에 비유하는 방법이다. 그러므로 연금술적인 작용에 동물을 이용하는 것이 훨씬 더 발달된 방법이고 훨씬 더 간단한 방법이다. 지성이 있는 사람이 이를 안다면 쉬운 것을 시도하고 어려운 것은 그대로 둘 것임이 분명하다.

옛 현인들은 생명의 존재를 구성요소인 어머니와 그에서 생성된 청년으로 구분하였음을 인지하라. 이것은 매우 잘 알려진 것이고 또 이해하기도 쉽다. 현인들은 구성요소를 그렇게 구분하였고 존재를 생명이 있는 것과 죽은 것으로 나누었다. 그들은 움직일 수 있는 것은 모두 활동적이고 살아 있는 것이라고 확신했고 움직이지 않는 것은 수동적이고 죽어 있는 것이라고 확신했다. 그들은 모든 것을 대상으로 이러한 구분을 했다. 심지어는 용해가 가능한 물질과 광물적인 약에도 구분을 했다. 불에서 녹는 것은 무엇이든 휘발성이 있고 가연성의 것이다. 그러므로 그들은 이것을 살아 있는 것이라고 불렀다. 그러나 그 반대의 것은 죽어 있는 것이라고 불렀다. 동물과 식물은 즉 그들이 살아 있는 것이라고 부르는 네 가지 요소로 구분되었고 그들이 죽어 있는 것이라고 명명한 것은 분해될 수 없는 것이었다.

현자들은 생명이 있는 모든 부분들을 연구했다. 눈에 보이는 네 가지 성분으로 분해 될 수 있는 것 중에서 그들은 연금술에 적당한 것을 찾지 못했다. 그들이 찾은 유일하게 적절한 것은 바로 돌이었는데 그것은 동물에 있는 돌이었다. 그들은 돌을 취하고 그것을 연금술과 관련하여 취급해 보았다. 그리고 그들이 원하는 것을 획득하였다. 그들은 광물이나 식물에서도 비슷한 질의 것을 획득할 수 있었는데, 이는 다양한 광물이나 식물의 약이 결합되고 섞이고 다시 분리된 이후의 과정을 겪어야 했다. 예를 들자면 솔장다리 같은 것이 있다. 그것은 네 개의 성분으로 분해가 가능한 것이다. 광물은 물질과 정신과 숨을 포함하고 있는데 뿐만 아니라 그 영향력을 행사하는 다른 물질도 생성한다. 우리는 이 모든 것을 시도해 보았다. 동물이 훨씬 더 발전적이었다. 동물을 취급하는 것이 훨씬 쉬웠고 그래서 동물에 존재하는 돌이 무엇인지 알아야 하고 어떻게 발견되었는지도 알아야만 한다. 우리는 동물이 창조된 것 중에 상위의 것이라는 것을 명백히 밝힌 바 있다. 이러한 맥락에서 동물로부터 구성된 것이라면 그것이 무엇이건 간에 식물로 구성된 것보다는 훨씬 더 부드럽다고 말할 수 있다. 마찬가지로 식물은 흙보다 훨씬 부드럽고 그 이유는 식물이 흙에서부터 창조된 것이기 때문이다. 식물이 흙의 순수한 정수와 부드러운 물질로부터 창조된 것이기 때문이다. 그러므로 식물은 부드럽고 민감할 수밖에 없다. 동물의 돌은 마치 식물이 흙에서 차지하고 있는 위치와 동등하다. 사실 돌을 제외하면 생명이 있는 것 중에 어떠한 것도 네 개의 요소로 분해될 수 있는 것이 없다. 이러한 말의 의미를 잘 이해해야 한다. 지성이 결여된 일부 바보 같은 사람을 제외하고는 이를 모를 수는 없다. 나는 여러분에게 돌의 본질과 종의 관해서 정보를 제공한 바 있다. 이제 여러분에게 그 돌을 어떻게 취급해야 하는지 그 다양한 방법에 대해 설명하고자 한다. 알라께서 원하신다면 우리는 여러분에게 우리가 알게 된 것처럼 정보를 제공할 것이다. 그분을 찬양할 지어다.

이제 연금술의 취급 과정을 설명할 단계가 되었다. 우선 그 고귀한 돌을 집어 들어라. 그리고 그것을 호리병박과 증류기에 넣어 두어라. 물과 공기와 흙과 불이라는 네 개의 요소를 분리시켜라. 그것들은 바로 물질과 정신과 영혼과 염색이다. 흙에서 물을 분리시키고 불에서 공기를 분리시키고 각기의 용기에 분리해서 두어라. 그리고 그것을 뜨거운 불로 계속 씻어서 불이 그 안에 있던 검정을 다 없애도록 하라. 안에 있는 물질의 거칠음이 다 소진되도록 하라. 다음으로 조심스럽게 그것을 희게 만들고 그 안에 숨겨져 있는 수분의 나머지 잔여 량을 다 증발시켜라. 그렇게 되면 하얀색 물이 될 것이고 그것은 일말의 검정이나 먼지 혹은 부조화가 들어 있지 않는 상태로 될 것이다. 이러한 근본적인 요소를 고려해서 그것을 검정이나 혹은 부조화로부터 깨끗하게 청결하게 하라. 그리고 반복적으로 씻어서 승화시키고 최종적으로는 아주 부드럽고 민감하고 순수한 것이 될 때까지 이러한 행위를 반복해야 한다. 그렇게 하면 알라께서 너에게 성공을 주실 것이다. 그다음으로 연금술 작용의 주변 합성물질을 보자. 이것 역시 이런 순서를 밟으면 된다. 물질의 합성은 짝을 지어 결합하거나 혹은 부패할 때만이 가능하다. 짝을 지어 결합하는 것은 부드러운 것과 거친 것이 혼합되는 것이다. 부패는 정화와 분쇄를 의미한다. 그것은 다양한 부분이 합쳐지고 물이 그런 것처럼 여러 요소가 합쳐져서 그 내부에서 더 이상의 혼란이나 결핍이 존재하지 않는 하나의 형태를 만드는 것이다. 이러한 조건 하에 거친 성분은 부드러운 성분을 잡아채는 힘을 갖게 된다. 정신은 불의 반대 힘을 가지고 있고 그래서 그 불을 견뎌 낼 수가 있다. 영혼은 스스로가 스며들고 어떠한 물질에 유입이 된다. 이러한 상태는 합성 이후에야 존재한다. 용해성의 물질이 정신과 짝을 이루면 그것은 그 내부에서 서로 섞이게 되고 상호 침투하게 되는데 그 이유는 그 성질이 서로 흡사하기 때문이다. 그래서 이러한 혼합의 결과는 하나의 물질이 되는 것이다. 정신이 육체와 섞이는 것, 그 사실은 바로 정신이 행복이나 부패, 어떠한 지속성이나 참을성 같은 것에 영향을 받는다는 것이다. 영혼이 물질과 정신과 섞이고 연금술적인 취급의 과정을 통하면 그 영혼의 모든 부분들 즉, 정신과 물질이라는 그 두 개의 부분과 혼합이 된다. 결국 그 영혼과 두 개의 부분은 하나의 것이 되고 바로 그것은 한 치의 부조화도 포함하지 않고 보편적인 특정의 위치에 존재하는 것이다. 여기서 보편적인 특정의 것은 바로 상호 간의 조화가 완벽해서 손대지 않은 상태의 요소들을 의미한다. 이 합성이 용해성의 물질과 접하게 되고, 불이 끊임없이 적용되고 안에 있는 수분이 표면으로 나타나게 되면, 그 합성은 용해 가능한 물질 내에서 녹아내린다. 수분은 연소를 포함하고 그 자체가 불에 부속된다. 그러나 불이 습기에 부속되기를 원하면 불과 물의 혼합은 영혼과의 하나됨으로부터 습기를 방해하게 된다. 왜냐하면 불은 순수해져야만 기름과 하나가 되기 때문이다. 마찬가지로 물은 불을 싫어한다. 그래서 불이 끊임없이 물에 적용되고, 증발시키고 나면 물과 혼합이 되는 건조한 물질은 물을 내부로 밀어 넣고 물이 증류되는 것을 방어한다. 그 물질은 수분을 잡고 있는 원인이고, 수분은 기름을 지속시키는 원인이고, 기름은 염색을 종속시키는 원인이 되고, 염색은 바로 색깔을 나타나게 하는 원인이 되며 빛과 생명이 없는 어두운 것에 있는 유질의 지표이다. 이것은 올바른 물질이다. 연금술적인 작용은 바로 이러한 방법으로 나타난다. 알에 대해서 이야기해 보자. 현자들은 알이라고 불렀는데, 여러분이 떠올리는 알이 달걀을 의미하는 것은 아니다. 현자들은 알이라고 칭함으로써 그렇게 적절한 이름을 선택한 것은 아니라는 사실을 인지하라. 그들은 알이라고 부르게 된 이유를 알과 흡사하고 알에 비유될 수 있기 때문이라고 설명했다. 어느 날 나는 마슬라마와 둘이 남게 되자 물어봤다. "뛰어난 현자시여! 어째서 현자들은 동물적인 혼합물을 알이라고 부르게 되었습니까? 멋대로 부른 것입니까, 아니면 그렇게 하기로 한 특정한 이유가 있습니까?" 그는 "거기에는 아주 심오한 의미가 있네"라고 대답했다. 나는 다시 말했다. "현자시여! 연금술과 알이 무슨 관계가 있으며 어째서 그들이 알이라고 부르게 되었는지를 알고 싶습니다." 그는 "알은 구성물과 관계해서 매우 흡사하다네. 많이 생각해 보시오. 그렇다면 그 의미를 이해하게 될 것입니다"라고 답했다. 나는 그의 곁에서 많이 생각을 하고 있었다. 그러나 그 의미를 이해할 수는 없었다. 그는 내가 깊은 생각에 빠져 있는 것을 보고 나의 영혼이 이미 생각에 침잠되어 있는 것을 알았는지, "아부 바크르여! 그 이유는 바로 요소의 혼합과 요소의 구성에 있어 색의 양과 관계하여 그 두 가지 사이에 존재하는 관계 때문이라네"라고 말해주었다. 그가 그렇게 말하자 어둠이 걷히고 빛이 들어왔다. 그리고 나는 지성으로 이해하게 되었다. 나는 일어서서 집으로 갔고 지고하신 알라께 감사드리며 그 형태를 표현하기 위해 기하학적인 도형을 만들어 보았다. 그것은 바로 마슬라마의 진술이 옳았음을 증명한다. 내가 이제 이 서신에서 여러분에게 그것을 보여주고자 한다. 예를 들자면,

합성물이 완벽해지면 그 안에 있는 공기의 요소는 알 안에 있는 공기의 요소에 비견될 수 있고, 합성물 내에 있는 불의 요소가 지니고 있는 비율과 알 안에 있는 불이 지니고 있는 요소가 동일하다는 것이다. 이러한 방식으로 동일하게 나머지 요소 즉, 흙과 물에도 적용이 가능하다. 내가 여러분에게 말할 수 있는 것은 이러한 방법으로 두 가지의 것이 상호 간 비례하게 된다는 것이다. 예를 들면, 알의 표면은 HZWḤ이다. 건조한 합성물의 최소한의 요소를 취하고 동일한 양으로 수분의 요소를 취하면 우리는 그 두 가지를 대상으로 건조한 요소가 수분의 요소를 흡수해서 그 힘을 획득할 때까지 실험을 계속한다. 이 말에는 어떤 비밀이 있는데 당신에게 숨기지는 않겠다. 우리는 정신의 동일한 양을 마찬가지 방법으로 취하고 정신은 물을 의미한다. 그러면 혼합물은 여섯 개의 동일한 부분을 구성하게 된다. 우리는 이것을 전체로 취급하며 거기에 동일한 양의 공기를 더한다. 그것은 영혼을 의미한다. 자 이제는 세 개의 부분이 되었다. 그러므로 전체는 아홉 개의 동일한 부분으로 구성되었다. 그리고 복합물의 표면으로 둘러싸인 이 물질의 두 면의 합위에 두 개의 요소를 놓게 된다. 복합물의 표면으로 둘러싸여 있는 처음의 두 면은 물과 공기의 요소로 추정된다. 그것은 AḤD의 두 면을 의미한다. 그리고 그 표면인 ABJD이다. 알의 표면을 감싸고 있는 두 면은 물과 공기로 대표되는데, 그것은 바로 HZWḤ의 두 면이다. ABJD의 표면은 HZWḤ의 표면과 흡사하다. HZWḤ의 표면은 바로 영혼이라 불리는 공기의 요소이다. 같은 방식이 이 복합물의 표면에 BJ면에 적용될 수 있다. 당신이 내게 설명해주기를 요구했던 단어는 바로 성스러운 땅이다. 그것은 상위와 하위 요소의 복합을 의미한다. 구리는 제거된 검정의 물질이고 원자가 될 때까지 잘게 칼질이 된 물질인데 그것은 바로 녹반[103]으로 붉은색을 입었고 그런 과정을 거친 후에 구리가 되었다. '마그

---

103  녹색의 광물.

니시아'는 정신이 냉각되어 있는 연금술사들의 돌인데, 그 안에 불과 투쟁할 목적으로 정신이 수감되어 있는 상위의 자연요소가 있다. '후르푸라'는 붉은 빛깔인데 그것은 바로 자연의 요소가 만들어 낸 것이다. 납은 각각 다른 세 개의 힘을 지니고 있는 돌이다. 그러나 그것은 형태와 종에 있어서 서로 흡사한 각각 다른 세 개의 힘이다. 그중에 하나가 정신적이며 빛을 내고 깨끗하다. 그것은 아주 능동적인 힘이다. 두 번째 것은 영혼의 것이고 움직이며 매우 예민하다. 이것은 첫 번째 힘보다는 거칠다. 그 중앙은 첫 번째 힘의 바로 아래에 놓여 있다. 세 번째 힘은 흙의 힘이다. 그것은 고체이고 수렴성이다. 그것은 흙의 중앙으로 되돌아가는데, 그 이유는 중력 때문이다. 이것은 영혼적, 정신적인 것을 모두 쥐고 있는 힘이고 그 요소로 둘러 싸여 있다. 이제 해야 할 말은 개혁이 무지함을 혼동시키기 위해서 존재한다는 것이다. 이런 대 전제를 알고 있는 사람은 그 밖의 모든 것을 분배할 수 있다. 이것이 모두 당신이 내게 물은 질문에 대한 답이다. 나는 이 서신에서 당신에게 모든 것을 설명했다. 알라의 도움으로 바라는 바를 얻게 되길. 그럼 이만.

이븐 비쉬르의 말은 이렇게 끝났다. 그는 마슬라마 알마즈리띠의 제자 중의 한 사람이었고 스페인에서 연금술과 주술과 마술에 관한 권위자였다. 그때가 바로 3세기와 그 이후이다. 여러분은 연금술사가 사용하는 표현이 얼마나 비밀스럽고 수수께끼와 같으며 모호한 것인지를 알 것이다. 이것은 바로 연금술 자체가 자연적인 기술에서 비롯되지 않았음을 증명하는 바이다. 연금술과 관해서 우리가 믿어야 하고 현실에서 확인되는 것은 그것이 정신적 영혼이 영향력을 발휘하고 자연세계에서 발생하는 하나의 종류라는 점이다. 영혼이 선하다면 그것은 기적적인 신의 은총의 일부이고, 영혼이 사악하다면 주술의 일종이 될 것이다. 신의 은총은 보이는 것이다. 그러나 주술은 마술적인 힘으로 질료의 성질을 변화시키기 때문에 주술일 뿐이다. 주술사는 그의 주술을 위해 반드시 어떠한 물질을 사용을 한다고 사람들은 믿고 있다. 예를 들자면 파라오의 주술사는 밧줄과 지팡이를 이용하여 주술을 행했다. 보고된 바에 따르면 남쪽에 있는 흑인과 인도의 주술사들, 북쪽에 있는 터키의 주술사들은 공기나 비를 사용해서 그 밖의 것들을 만들어냈다고도 한다.

연금술은 금이 아닌 물질에서 금을 창조하는 것이다. 이것은 마술의 일종이다. 이 문제와 관련해서 이 분야에서 유명한 현자는 자비르나 마슬라마 혹은 그들의 비무슬림 선조들이 있는데 그들 모두 이러한 주장을 따랐다. 그들은 수수께끼 같은 표현을 사용했다. 그들은 샤리아가 마술의 다양한 종류를 허용하지 않는다는 사실로부터 연금술을 보호하고 싶었기 때문이다. 그것은 순수한 이유일 뿐 그들이 다른 사람들과의 교류를 원치 않았던 것은 아니다. 이와 관련해서 마슬라마는 연금술과 관한 자신의 저서를 『루뜨바트 알하킴』이라고 명명했고, 주술과 부적에 관한 책을 『가야트 알하킴*Ghāyat al-ḥakīm*』이라고 명명했음을 비교해보라. '가야'라는 것은 아주 일반적인 것이고, 반면 '루뜨바'는 한정적인 것이라고 표현하고 싶었기 때문이다. 가야는 바로 최후의 목적이고 그것은 어떠한 루뜨바, 즉 정도나 순위, 계급을 나타내는 것보다는 상위의 단계이기 때문이다. 루뜨바의 문제들이 바로 가야의 여러 가지 문제들 중 일 부분인 것이다. 혹은 루뜨바의 문제들은 가야의 문제들과 동일한 주제를 다루고 있는 것이다. 이 두 가지의 용어를 사용하는 마슬라마의 의도는 바로 우리가 하고자 하는 말이 무엇인지 정확히 알려준다. 우리는 이제 주술사의 연금술의 성과가 바로 자연적인 기술의 결과라고 믿고 있는 사람들이 잘못되었음을 설명하고자 한다. 알라께서는 현명하시고 모든 것을 알고 계신다.

이 장과 그다음 부분은 중요하다. 왜냐하면 학문은 문명 도시에서 발달하기 때문이다. 학문이 종교에 미치는 해악은 크다. 따라서 이 학문이 연구하는 대상이 무엇인지를 분명히 밝히고 이에 관한 올바른 입장을 보여주어야 한다. 이성적인 사람들은 모두 존재와 감각 너머의 것은 사유와 이성적 추론으로 감각의 원인을 인지한다고 주장했다. 철학자들은 신앙의 신조가 이성적 지각에 속하기 때문에 전승에 의해서가 아닌 이성적 사유에 의해 적립된다고 생각한다. 이런 자들을 철학자라고 부르고 그 의미는 '지혜를 사랑하는 사람'이라는 것으로 그리스어에서 왔다. 그들은 이성적 지각을 연구하고 그 목표를 찾으려고 혼신의 노력을 기울인다. 그들은 규칙을 세우고 이성으로 진리와 허위를 구분할 수 있게 하였는데 이를 '논리'라고 명명했다. 논리는 사유를 통해 진리와 허위를 구분할 수 있게 하고, 개별적인 존재에서 나온 개념에 존재한다. 인간은 우선 개별적인 존재로부터 모든 존재에게 적용되는 형상을 추출하는데 이는 마치 인장이 진흙이나 밀랍에 찍혀진 조각과 일치하는 것 같다. 감각으로부터 나온 이 대상을 첫 번째 이성이라고 부른다. 전체적 개념은 다른 개념들과 결합되고 마음속에서 구분되면 그때 첫 번째 이성에 참여하는 다른 개념들이 추출된다. 거기에 또 다른 개념이 결합되어 둘째, 셋째의 추상화 작업이 진행되고 결국 이 과정은 모두 개념과 개별적인 현상에 공통되는 단순하고 전체적 개념에 도달하게 된다. 이것이 최고 단계의 종료이다.

감각의 세계가 아닌 것에서 도출된 추상화된 개념들 모두는 여러 학문을 생산하기 위해 서로 결합하는데, 이것을 두 번째 이성이라고 부른다. 사고는 이와 같은 추상화된 이성을 연구하고 존재를 있는 그대로 이해하려한다. 철학자들은 통각을 지각보다 중요하게 생각했다. 그 이후 교육을 받는 중에 지각을 통각보다 중요하다고 생각하게 되었는데 그 이유는 완성된 지각이 그들이 탐구하는 목표이고 통각은 단지 이를 수행하기 위한 수단이라고 생각했기 때문이다. 우리는 논리학자의 저술에서 지각이 중요한 것이고 통각은 지각에 의존하는 것이라는 것을 쉽게 발견할 수 있다. 하지만 이는 의식에 도달하기 위한 의미로 수행해야 하지 이것을 완전한 지식 획득의 의미로 이해해서는 안 된다. 이는 가장 위대한 학자인 아리스토텔레스의 견해이다. 그 이후 철학자들은 행복이 이성적 사유와 논증을 통해서 감각이나 그 너머에 있는 모든 존재를 깨닫는 것에 있다고 주장한다.

그들이 존재에 대해 지각으로 얻는 것은 사유의 주제를 세분화하는 것으로 다음과 같다. 우선 관찰과 감각으로 낮은 차원의 물질이 있다는 것을 인지하는 것이다. 그 이후 그들의 지각이 약간 발전해 동물에게 존재하는 운동과 감각을 통해 영혼의 존재를 느끼게 된다. 그다음 그들은 영혼의 힘을 통해 이성의 권력을 느끼게 된다. 그리고 그들의 지각은 멈춘다. 그들은 이렇게 인간의 본질에 대해 했던 방식과 동일하게 천체에 대해서도 적용했고 결론을 냈다. 그들은 인간과 마찬가지로 천체에도 영혼과 이성이 반드시 존재한다고 주장한다. 그들은 이 천체를 체제가 10이라는 수 단위라고 보았다. 그중 9는 정수와 복수에서 유래되었고 마지막 열 번째인 1은 첫 번째인 것이고 단수라고 보았다. 그들은 행복이 이런 방법으로 존재를 지각하는 데에 있고 그런 지각으로 영혼을 교육시키고 재련시키고 장점을 창조한다고 주장한다. 만약 선과 악을 구별하게 하는 샤리아가 계시되지 않았더라도 인간은 이성과 사유, 선행을 지향하고 악행을 지양하는 등으로 행복을 느낀다고 생각한다. 즉, 영혼이 덕성을 성취하면 기쁨을 얻고 도덕성에 대한 무지는 영원한 고통을 얻게 된다는 것이다. 이것이 그들의 견해이고 저승에서의 행복과 형벌의 의미이다.

이 분야의 대가는 이 학설과 문제들을 설명하고 저술에서 학문으로 승화시킨 이로 비잔틴 제국의 마케도니아 출신의 아리스토텔레스이다. 그는 플라톤의 제자이고 알렉산드로스의 스승으로 '최초의 교사'라 불린다.

그 의미는 '논리학의 교사'라는 것이다. 그의 출현 이전에는 제대로 된 논리학이 존재하지 않았다. 그는 논리학의 규칙을 체계화하고 그 문제들을 설명하고 논리학에 대한 포괄적인 설명을 한 최초의 인물이다. 그는 논리학의 규칙에 있어서 매우 훌륭한 업적을 남겼다. 그 이후 이슬람에서 이러한 학설이 수용되었고 아주 작은 부분을 제외하고 사람들은 아리스토텔레스의 견해를 추종했다. 압바스 왕조의 칼리파들은 고대 철학자들의 저서를 그리스 어에서 아랍어로 번역하도록 명령했다. 다수의 무슬림학자들은 그 저술들을 비판했는데 일부 학자들은 그들의 학설을 수용하고 논쟁을 벌이고 세부적인 문제에 있어서는 상이한 의견을 표명했다. 그중 가장 유명한 자가 사이프 알다울라의 통치 시기인 10세기의 아부 나스르 알파라비와 니잠 알물크의 통치 시기인 11세기에 이스파한에서 부이의 후손인 아부 알리 븐 시나와 그 밖의 학자들이다.

철학자들의 견해는 모든 면에서 틀리다는 사실을 인지하라. 그들의 주장에 따르면, 모든 것을 첫 번째 이성에 돌리고, 신을 향하는 과정에서 첫 번째 이성의 이론에 만족한다. 이것은 첫 번째 이성 너머에 존재하는 신의 창조의 단계들을 무시한다는 것이다. 존재는 그런 이론으로 설명하기에는 훨씬 광대하다. "그분은 내(너희)가 알지 못하는 것을 창조하셨다."[104] 그들은 이성을 확립시키는 데에만 열중했고 그 너머에 있는 것에는 무지했다. 그들은 자연학자들과 비슷하다. 이들은 물질의 존재를 확인하는 것에만 열중하고 신이 펼쳐 놓은 존재의 세계에 포함된 물질 너머의 존재에 대해서는 무지했고 영혼과 이상을 무시했다. 철학자들이 논증에서 보인 존재에 대한 주장이나 논리학의 규칙을 검증하기 위한 주장은 그들의 목적을 달성하기에는 너무나도 부족했다. 물질적인 존재에 대한 그들의 주장은 '자연학'이라 불리는데, 이것은 부족한 모습 그대로 나타났다. 그 이

---

104  코란 16장 8절.

유는 그들의 주장에서처럼 합리적 규범과 추리가 낳은 사유의 결과와 외부의 것 사이의 일치가 분명하지 않다는 것이다. 왜냐하면 마음의 판단은 모두가 보편적이지만 외부세계의 존재는 그 실체에서 개별적이기 때문이다. 마음의 보편적 판단과 외부세계의 개별적 실체 간의 일치를 방해하는 것이 그 실체에 있을 수도 있다. 감각에서 목도 되는 일치성은 관찰 가능한 것의 증거를 지니고 있다. 그러나 논리적 논의에서 그러한 증거를 찾을 수는 없다. 그러므로 어디에서 그러한 분명함을 찾을 수 있는가? 마음의 움직임은 상상 속의 형상으로 개별적인 존재와 일치하는 첫 번째 이성에 있다. 그러나 이차적인 추상화에 의해 생기는 두 번째 이성에는 있지 않다. 첫 번째 이성은 외부 세계와 일치하기 쉽기 때문에 감각의 세계처럼 그 판단은 분명하다. 왜냐하면 존재의 세계의 개별적 현상들과 이론적으로는 완벽히 일치하기 때문이다. 따라서 우리는 이 점에 관한 철학자들의 주장에 경의를 표한다. 그러나 우리는 이를 고려하지는 말아야 할 것이다. 무슬림은 자신이 명령받지 않은 것은 그대로 두어야 하기 때문이다. 자연학의 문제들은 우리의 종교나 생활에서 중요성을 지니지 않는다. 따라서 우리는 그런 것들을 그대로 두어야 한다.

감각 너머에 있는 존재의 세계에 있는 것에 대해 철학자들은 '형이상학', '자연 다음의 학문'이라 부른다. 사실 그 본질에 대해 아는 것이 없다. 인간은 거기에 도달할 수 없고 그것을 논리적 증명으로 입증할 수도 없다. 그 이유는 외부의 개별적 존재들로부터 이성을 추상화하는 것은 우리의 지각에서 가능하고 거기에서 보편성이 도출될 때에만 비로소 가능한 것이기 때문이다. 우리는 우리와 정신적 본질 사이에 있는 감각의 장막으로 정신적인 본질을 지각할 수 없고, 거기에서 다른 본질을 추상화할 수도 없다. 따라서 우리는 이에 대해 논리적 증명이 불가능하고 그 존재의 고착에 대해 지각하지 못한다. 단, 인간의 영혼의 문제, 이에 대한 지각의 상황, 특히 대상을 직관으로 체험하는 꿈은 그 예외이다. 그것 너머의 정신세계의 본질과 속성은 불분명해서 확인할 길이 없다.

철학자들은 이에 대한 입장을 명확히 했다. 그들은 논리적 증명의 전제는 본질적인 것이어야 한다는 조건을 두었기 때문에 비물질적인 것은 논증으로 증명할 수 없다고 했다. 철학자 중의 위인인 플라톤은 말했다. "신성에 관해서 명확한 결론을 내릴 수 없고, 인간이 신성에 관해 말할 수 있는 가장 올바른 것은 추측이다." 만약 우리가 노력과 고생 이후에 겨우 추측하게 된다면 처음의 추측만으로 충분한 것이다. 그러므로 이러한 학문들과 그 효용은 무슨 이득이 있겠는가? 우리는 감각 너머에 있는 존재의 세계에 대해 확실히 알고 싶지만 철학자들에겐 그러한 추측 정도가 인간 사고의 최대치인 것이다.

철학자들의 주장에 의하면 행복은 논리적 증명을 통해 존재를 인식함에 있다는 것이다. 이 주장은 부인되어야 할 것이다. 그 이유는 다음과 같다. 인간은 두 개의 부분으로 이루어진 복합물이다. 하나는 육체적인 부분이고 다른 하나는 정신적인 부분으로 이것은 육체적인 것과 섞여 있다. 이 각각의 부분은 특정의 지각을 소유하고 있으나 그것을 지각하는 부분은 하나이다. 그것은 바로 정신적인 부분이다. 때로는 정신적인 지각을 지니고 또 때로는 육체적인 지각을 지닌다. 그러나 그것이 정신적 지각을 지닐 때에는 매개체 없이 자체의 본질을 통해서 지각하지만 육체적 지각을 지닐 때에는 뇌나 감각과 같이 신체의 기관을 매개체로 해서 지각하게 된다.

지각을 지닌 사람은 누구나 자신이 지각하는 것을 즐거워한다. 예를 들면 최초로 매개체를 통해 육체적 지각을 하게 된 아이의 경우 빛이나 소리에 얼마나 즐거워하는지를 알 수 있다. 따라서 영혼이 매개체 없이 자체의 본질을 통해 지각할 때 얼마나 더 큰 기쁨과 즐거움을 느끼게 될 것인지에 대해 두말할 필요가 없다. 정신적인 영혼이 매개체 없이 자신의 본질을 통해 지각한다고 느끼면 말로 표현할 수 없는 기쁨과 즐거움을 얻는다. 그런 지각은 사유와 학문을 통해 획득하는 것이 아니다. 그것은 감각적 지각의 베일을 제거하고 모든 육체적 지각을 망각해야만 얻을 수 있다.

수피들은 영혼이 이런 지각을 얻음으로써 커다란 기쁨을 성취하는 것에 큰 관심을 보인다. 따라서 그들은 훈련으로 육체적인 힘과 지각을 죽이려 시도하는데 심지어 뇌의 사고력도 그 대상에 포함시킨다. 영혼은 육체에서 나오는 혼란과 방어를 없애면 자신의 본질에 있는 지각을 획득하게 되고 이때 수피들은 말로 표현할 수 없는 정도로 큰 기쁨과 즐거움을 느낀다. 철학자들의 이런 주장은 정확하다고 생각되고 인정해야 할 것이다. 그렇다고 그들의 생각을 납득한다는 의미는 아니다.

그들의 주장에 따르면 논리적 증명과 이성적 증거가 이런 종류의 지각과 기쁨을 준다는 것이나 내가 본 바로 이는 허위이다. 논리적 증명과 증거는 육체적 지각에 속한다. 왜냐하면 이는 상상이나 사고, 기억과 같은 것인데 이는 두뇌의 힘이 만든 결과이기 때문이다. 영혼이 매개체 없이 수행하는 지각을 획득하려 할 때 우선해야 할 일은 두뇌의 힘을 모두 죽이는 것이다. 그 이유는 두뇌의 힘이 그러한 종류의 지각에 반대하기 때문이다. 철학자들은 이븐 시나의 『치유의 서』, 『지침서』, 『구제서』, 이븐 루시드가 축약한 아리스토텔레스의 저서를 대상으로 책장을 뒤죽박죽 뒤져서 논증을 학습하고 거기서 행복의 조각이라도 얻으려 했다. 그러나 그들은 그런 행위가 행복의 장애물이라는 것을 알지 못했다. 그들이 주장하는 근거는 아리스토텔레스, 파라비, 이븐 시나의 주장으로 인간은 살아 있을 때 능동적 이성의 지각을 획득하고 합일을 이룬 사람은 이러한 행복을 얻게 된다는 것이다.

철학자들이 주장하는 능동적 이성이란 감각의 베일이 제거된 상태의 단계로 정신세계에서 최고 단계이다. 그들은 능동적 지성과의 합일이 학문적 지각에 의한 것이라고 생각한다. 그러나 여러분은 그것이 오류임을 이미 보았다. 아리스토텔레스와 그의 동료들이 말한 합일과 지각은 영혼의 매개체 없이 자신의 본질을 통해서 이루어지는 지각을 의미했고, 그러한 지각은 감각적 지각의 베일이 제거되었을 때만이 가능한 것이기 때문이다.

철학자들의 주장을 살펴보자면 지각에서 비롯되는 기쁨은 약속된 행복이라는 것인데 이 역시 오류이다. 철학자들은 감각너머에 아무런 매개체 없이 도달 가능한 영혼에 의한 지각이 있다고 주장한다. 이것은 큰 기쁨이지만 그렇다고 내세에서의 행복과 동일한 것이라고는 말할 수 없다.

그들의 주장에 따르면 이런 존재를 지각하는 행복은 있는 그대로 지각하는 것이라는데, 이 주장 역시 오류이다. 그 주장은 우리가 신의 유일성과 관련해서 이미 언급했던 망상과 그릇됨에 기초를 두고 있다. 즉, 지각을 지닌 존재는 누구나 자신의 지각을 한정짓는다는 것이다. 우리는 이것이 잘못된 것이고 그 이유는 존재가 포괄되거나 지각되기에는 너무 광범위하고 정신적인 것도 육체적인 것도 아니라고 설명한 바 있다.

철학자들의 학설에 대해 우리가 언급한 모든 것의 결론은 인간의 정신적인 부분이 육체의 힘에서 분리되면 우리의 지식으로 포괄하는 존재인 특별한 종류의 지각을 깨닫게 된다는 것이다. 그러나 존재의 전체는 포괄 될 수 없으므로 이것이 모든 존재에 있는 보편적 지각은 아니라는 것이다. 이와 같은 지각에서 얻는 즐거움은 어린아이가 크면서 처음 감각적 지각으로 얻게 된 기쁨과 같다. 그러므로 우리가 노력하지 않는다면 모든 존재를 지각하는 예언자 무함마드가 우리에게 약속한 행복을 성취하는 것은 불가능하다. 철학자들의 주장은 인간이 창조주의 은덕으로 끊임없이 자신을 개신하고 덕목을 수용하고 비난받을 일을 기피한다는 것이다. 이 말은 영혼이 매개체 없이 자신의 본질로 지각하는 커다란 기쁨은 내세의 약속된 행복과 동일하다는 주장과 관련 있다. 그 이유는 악이 영혼에서 육체적 습성과 그 습성에서 비롯된 변화를 가져오고 결국 지각의 획득을 방해하기 때문이다.

우리는 이미 행복과 불행의 영향이 육체적 정신적 지각너머에 있다고 밝힌 바 있다. 철학자들이 알게 된 영혼의 재련은 원칙에 따라 이루어지는 정신적 지각에서 비롯된 기쁨에서 만이 유용하다. 철학자들의 지도자 아부 알리 븐 시나는 *al-Mabda' wa al-Ma'ād*에서 이렇게 말했다. "정신의 부활과 그 상황은 이성적 논증과 추론으로 우리가 도달할 수 있다. 왜냐하면 그것은 자연적이고 한 방향으로 진행되기 때문이다. 따라서 우리는 이를 논리적으로 증명할 수 있다. 육체의 부활과 그 상황은 논리적 증명으로 지각할 수 없다. 왜냐하면 일정한 방향으로 진행되는 것이 아니기 때문이다. 그것은 진정으로 샤리아에 의해 설명되었다. 그러므로 이런 상황에 관해서는 샤리아를 고려해야만 한다."

따라서 논리학은 여러분이 확인했듯이 철학자들의 목적에는 충분치 못하다. 그것은 샤리아와 그 분명한 의미에 배치되는 것들을 담고 있다. 이 학문에는 하나의 이점이 있는데, 그것은 증거와 논점을 정리하고 마음을 예리하게 갈고 탁월한 자질을 습득하고 논증을 가져온다는 것이다. 따라서 논리학은 자연학과 수학뿐 아니라 그 이후의 학문인 형이상학에서도 활용된다. 이런 학문은 논리적 증명이 매우 중요하고 주요 방법으로 활용되기 때문에 학자들은 정확한 증명과 추론을 습관화하게 된다. 이런 학문이 철학자들의 목표에 도달하지는 못해도 우리는 이를 통해 철학적 사유 중 가장 좋은 원칙을 알게 된다. 이것이 논리학의 성과이다. 우리는 논리학의 해를 알고 있지만 동시에 이를 통해 세상 사람들의 학설과 의견을 알게 된다. 따라서 논리학에 대한 연구자들은 그 유해한 면을 조심해야 한다. 논리학을 연구하려는 자는 우선 샤리아를 숙지하고 코란 해석학과 피끄흐를 철저히 연구한 이후 시작해야 한다. 이슬람의 학문에 대한 지식이 없는 사람이 논리학을 먼저 접해서는 안 될 것이다. 이슬람의 학문적 지식이 없는 자는 그 논리학의 유해성에서 안전하지 못하기 때문이다. 알라의 인도하심이 없었다면 저희는 인도되지 못하였으리라.[105]

---

105　코란 7장 43절.

# 32장 | 점성술의 무용함, 점성술을 지각하는 것의 유약함과 그 목표의 유해성

점성가들의 주장에 의하면 이 기술은 개별적이건 결합된 것이건 간에 별의 힘에 관해서 그리고 원소의 생성에 대한 별의 영향력에 관해 지식을 제공하고, 이를 통해 원소로 이루어진 세계에서 사건 발생 전에 알려준다는 것이다. 점성가들은 천체와 별의 위치에서 보편적이건 개별적이건 간에 앞으로 발생할 사건에 대한 지시를 알아낸다. 고대 점성가들은 경험을 통해 별의 힘과 영향에 관한 지식을 획득한다고 생각했다. 하지만 사실 모든 인간의 경험을 결합해도 이것은 불가능하다. 왜냐하면 경험은 수많은 반복으로 지식과 추측을 낳기 때문이다. 그러나 천체에서 별의 운행은 매우 오랜 기간에 걸쳐 이루어지고 더욱이 이것이 반복되려면 상상할 수 없을 정도로 긴 시간이 필요하게 된다. 따라서 세상 사람들의 인생을 모두 합쳐도 그런 경험을 얻기에는 시간적으로 부족하다. 위약한 점성가들은 별의 힘과 그 영향에 관한 지식이 계시에 있었다고 주장하는데 이것은 헛된 소리이다. 그 주장이 쓸모없음을 보여주는 증거가 있다.

가장 분명한 증거 중에는 예언자들이 오히려 일반인보다도 점성술에서 가장 멀리 있다는 사실이 있다. 그들은 신의 계시가 오는 경우를 제외하고는 초자연적인 것에 대한 정보를 전달하지 않는다. 그러므로 어떻게 그들이 그 기술을 통해서 초자연적인 것에 관한 정보를 만들고 자신의 추종자들에게 종교법을 전했겠는가. 프톨레마이오스와 현대의 그의 추종자들은 별이 미래를 보여주는 것은 자연적인 지시라고 생각했다. 이것은 원소로 된 존재는 별이 획득한 기질에서 비롯된 것이라는 주장이다. 원소의 두 빛은 태양과 달의 활동과 그 영향이라는 것은 분명하다. 태양의 활동은 계절의 변화와 과일과 곡식의 숙성 등에 영향을 미치고, 달의 활동은 습도, 물, 물질의 부패 과정, 과일의 성장 등에 영향을 미친다고 말했다.

그는 이런 주장도 했다. "우리는 태양과 달 다음에 오는 별에 관해 두 가지 방법을 가지고 있다. 첫째는 만족스럽진 못하지만 점성가들의 전통을 따르는 것이다. 둘째는 각각의 별을 태양에 비교하여 지식을 얻는 것인데 우리는 태양의 성질과 그 영향에 대해 이미 알고 있다. 우리는 어떤 별이 태양과 합을 이루어 태양의 힘과 기질을 강화시키는 것이 가능한지를 관찰한다. 만약 그 합으로 태양의 힘과 기질이 강화된다면 그 별이 자연에서 태양과 일치되는 기질이라는 것을 알 수 있다. 혹은 별이 태양의 힘과 기질을 약화시키면 우리는 그 별이 태양과 반대 기질이라는 것을 알게 된다. 우리가 별들의 개별적 힘을 알게 되면 결합되었을 때의 경우에 대해서도 알 수 있다. 별들이 서로에 대해 1/3대좌, 1/4대좌, 혹은 그 밖의 각도에서 대좌하는 경우에 알 수 있다. 이는 12궁의 성질에서도 알 수 있고 태양과의 비교에서도 알 수 있다."

우리가 별의 힘에 대해서 모든 것을 알게 되면 그 힘이 대기에 영향을 미친다는 것도 알게 된다. 이로 인한 대기의 기질은 대기 아래에 있는 피조물들에게 영향을 주는데 정액과 씨앗의 형태를 결정하게 된다. 그 기질은 정액과 씨앗으로 만든 물질의 기초이고 그 조건들은 영혼과 육체를 따른다. 왜냐하면 정액과 씨앗의 성질은 바로 피조물의 성질이기 때문이다. 프톨레마이오스는 이렇게 말했다. "그러나 점성술은 아직까지도 추측일 뿐 분명한 것은 아니고 신의 예정인 신의 명령의 일부도 아니다. 그것은 존재에게 있어 공통된 자연의 원인 중 하나이고 신의 명령은 모든 것에 선행한다." 이런 내용은 그의 책에 나타나있다. 이는 점성술의 약점을 보여준다. 존재에 대한 지식이나 추측은 이에 관여하는 모든 원인, 행위자, 그 행위의 대상, 형태, 목적 등에 관한 지식에서 비롯된다. 점성가의 주장에 따르면 별은 행위자일 뿐이고 행위의 대상은 원소의 부분이다. 더욱이 별의 힘이 유일한 행위자는 아니다. 별의 힘과 함께 행위의 대상물의 원소에 영향을 미치는 다른 힘도 존재한다. 예를 들자면 정액에 존재하는 아버지 종의 생성력, 종에서 세부 유형을 각기 구별시키는 특수한 힘 등을 말한다.

만약 우리가 별의 힘을 완전히 알게 된다 해도 그것은 존재에 작용하는 여러 원인 중 하나일 뿐이다. 그 이후에도 그 지식을 채워 나가기 위해서는 별의 힘과 영향에 대한 지식뿐 아니라 추측이 필요하다. 점성가는 별의 위치와 영향을 기본으로 미래를 추측할 수 있다. 추측은 생각하는 이의 사고에 있는 힘이지 일어날 일의 원인이 아니고 이 기술의 근본도 아니다. 그러나 추측을 하지 않으면 점성가의 주장은 추측에서 의심의 수준으로 하락하게 될 것이다. 별의 힘에 대한 점성가의 지식이 정확하고 결함이 없어도 상황은 이런 것이다. 우선 별의 위치를 알기 위해 별의 운행을 계산하는 지식이 필요하다. 그러나 모든 별들이 각각의 특성을 지니고 있다는 것은 증명되지 않았다.

프톨레마이오스가 다섯 개 별의 힘을 알기 위해 그 별들을 태양과 비교하는 방법에는 약점이 있다. 왜냐하면 태양의 힘은 모든 별들의 힘보다 우월하고 태양은 별들을 지배하기 때문이다. 따라서 별이 태양과 합이 된다 해도 태양의 힘이 그 합으로 인해 증가 혹은 감소되는지는 알 수 없다. 이것은 점성술로 모든 원소의 세계에서 발생하게 될 존재를 알 수 있다는 주장과 다른 것이다. 더욱이 별들이 그 아래에 영향을 미친다는 주장도 쓸모없는 소리일 뿐이다. 왜냐하면 신의 유일성에 관한 장에서 신 이외에는 어떠한 행위자도 없다고 입증된 바 있기 때문이다. 무타칼리문도 결과인 사물과 원인이 어떻게 연결되는지 알 수 없고, 이성이 표면상으로 분명한 영향의 결과에 대해 내리는 결론조차 의심스럽다고 주장한 바 있다. 아마 그 관계에는 널리 알려진 형태의 영향이 아닌 다른 무엇인가가 있을지도 모른다. 고차원이건 저차원이건 간에 모든 피조물들에게서처럼 신의 능력이 양자를 연결하고 있는 것이다. 특히 이슬람의 샤리아는 모든 현상을 지고하신 알라의 능력으로 돌리고 그 밖의 다른 것과는 연관시키지 않는다.

예언도 별의 힘과 영향을 부인한다. 예를 들자면 무함마드의 말씀 중에 다음과 같은 것이 있다. "어떤 일식이나 월식도 누군가의 죽음과 출생을 의미하지는 않는다." 알라께서 말씀하시길, "내 백성 중 일부는 나를 믿는다. 그러나 다른 이들은 나를 믿지 않는다. '우리는 알라의 축복으로 비를 얻었습니다'라고 말하는 이들은 나를 믿고 별을 믿지 않는 이들이다. 그러나 '우리는 이런저런 별자리의 도움으로 비를 얻었다'라고 말하는 이들은 나를 믿지 않고 별을 믿는 것이다." 이는 『싸히흐』에 언급되어 있다.

그러므로 샤리아의 관점에서 보면 이 기술의 쓸모없음은 명백하고 이성적인 관점에서 보아도 점성술의 성취는 미약한 것일 뿐이다. 더욱이 점성술은 인류문명에 해를 미친다. 설명이나 확인이 불가능하지만 종종 점성가의 판단이 진실로 입증되기 때문에 대중의 믿음에 해를 주기도 한다. 무지한 사람들은 이에 미혹되어 모든 점성가의 판단도 진실하리라고 믿지만 이는 사실이 아니다. 그것은 창조 이외의 다른 존재에서 원인을 찾는 것이다. 왕조에서 위기가 나타날 때 점성술이 영향을 미친다고 믿는 경우도 있다. 이를 통해 왕조의 적과 경쟁자는 반격과 반란을 도모하게 된다. 우리는 이를 목격한 바 있다. 점성술은 종교와 왕조에 모두 유해하므로 문명화된 민족에게 금지해야 한다. 우리의 의무는 선의 도움을 받아 선을 획득하고 해악의 원인은 피해야 하는 것이다.

이것이 이 학문의 타락과 해악을 인지한 자가 해야 할 일이다. 점성술 자체가 건전한 것이어도 무슬림 중 어느 누구도 이에 관한 지식이나 습관을 지녀서는 안 된다. 사실 이 기술을 연구하는 사람이나 그것을 완전히 안다고 생각하는 사람이 실제상황에서 가장 무지하다. 종교법은 점성술의 연구를 금하고 문명인은 더 이상 이 학문의 학습을 함께 도모하지 않는다. 소수이긴 하나 이 기술에 매혹된 사람들은 자기 집 한구석에서 사람들로부터 격리된 채 대중의 감시하에 점성술에 관해 학습해야 할 것이다. 점성술은 세분된 분야의 복잡한 주제이고 난해하다. 그러므로 어떻게 고립된 상태에서 학습하는 사람이 그 기술을 통달할 수 있겠는가?

피끄흐는 종교적으로나 세속적으로나 그 유용함이 보편화되어 있고 더욱이 그 원천은 코란과 순나에 있다. 또한 무슬림 대중들이 이를 탐구하고 가르친다. 피끄흐를 가르치는 강의, 토론회, 교육 등이 많다. 그럼에도 불구하고 여러 시대와 세대에 걸쳐 소수의 사람만이 피끄흐를 통달할 수 있었다. 상황이 이럴진데 샤리아가 패기하고 불법과 금기로 간주되는 점성술 같은 주제를 누가 배울 수 있겠는가? 더욱이 점성술은 대중에게서 은폐되었고 그 자료는 접근하기 어려운 상태이다. 점성술의 기본원리와 세부사항을 인지한 연구자는 여전히 수많은 추측에 의존해야 하는데 어떻게 그런 학문을 연구할 수 있다는 말인가? 누가 이런 어려움을 극복하고 그런 주제에 대해 통달할 수 있을까? 이 모든 점을 고려할 때 점성술에 관한 우리의 견해는 명백해질 것이다. 알라는 초자연적 비밀을 인지하신다. 그리고 자신의 초자연적 비밀을 누구에게도 드러내지 않는다. 이 시대의 우리의 친구 몇 사람은 아랍인이 술탄 아부 알하산의 군대를 정복했을 때 이 사안을 경험해 보았다. 그들은 까이라완에서 그 군대를 포위했는데 당시 아군과 적군은 모두 지쳐 있었다. 튀니스 시인 아부 알까심 알라하위는 이렇게 노래했다.

나는 항상 알라께 용서를 구한다.

인생은 덧없이 사라졌다.

튀니스에서 아침, 그리고 저녁을 지낸다.

아침은 알라께 속한 것이고 저녁 역시 그렇다.

두려움, 굶주림, 죽음

소란과 역병이 들끓는다.

사람들은 반란과 전쟁에 있다.

반란의 끝 좋은 결과는 드문 법

아흐마드의 사람들은 알리에 대해 생각한다.

이 파멸과 고통의 원인이라고

다른 이들이 말했다. 그는

산들바람을 품고 당신께 올 것이다.

알라는 모든 이의 위에 존재한다.

알라는 두 사람의 종에게

뜻대로 운명을 주셨다.

물러서고 달려가는 별을 관찰하는 자여!

그 별들은 무엇을 했는가?

당신은 매일같이 변명으로 일관한다.

오늘 그 일이 이루어질 것이라고.

목요일은 다른 날에게 자리를 내주었다.

토요일이 왔고 수요일이 되었다.

보름이 지났고 이십 년이 흘렀다.

삼십 년이 되었고 이제 끝이다.

당신의 주장은 아무것도 보여주지 않았다.

멍청함인가? 경멸인가?

우리는 알라께 속해 있다.

우리는 알고 있다.

운명은 절대 사라지지 않는다는 것.

나는 알라의 종인 것이 기쁘기만 하다.

당신은 달이나 태양에 만족하겠지만

천체를 주유하는 그것들은 결국 노예들

여성 남성 노예들이다.

그들의 운명도 이미 결정되어 있다.

남의 운명을 결정하지 못한다.

인간을 다스릴 능력이 없다.

인간의 지성이 태고의 상황에 대해 실수를 범했다.

죽음이나 무존재에 이르는 것

그들은 요소의 존재를 능가하는 판단자로 임명되었으나

물과 공기에서 창조되었다.

달콤함 대 씁쓸함을 고려하지 않고

그 둘 모두 흙과 물에서 영양분을 얻는다.

알라는 나의 주님.

나는 알지 못한다.

무엇이 원자이고 진공인지

무엇이 끈기이고 전멸인지

나는 정녕 사고 파는 것의 결과가 아니라면

아무것도 알 수 없다.

나의 교리와 종교는

사람들이 성자이어야 하고

설명이나 규칙이 없어도

논쟁이나 의심 없이

초기 이슬람의 기준을 따르고 우리의 기준으로 삼는 한

초기 이슬람을 기준으로 삼는 것은 얼마나 훌륭한 일인가!

당시 무슬림들은 해야 할 일을 인지했고

불명료한 소리는 어디에도 존재하지 않았다.

이 시절의 아시리아여!

여름과 겨울에서 교훈을 얻은 적이 있는가?

나는 사악함을 사악함으로 갚는다.

선은 선으로 보답받는다.

내가 알라께 순종한다면 나는 구원받을 것이다.

내가 불복종한다면 …… 그래도 희망은 있다.

나는 창조주의 통제하에 있다.

성스러운 옥좌와 대지가 그분께 복종하는가?

승리는 당신에게 있지 않다.

성스러운 판결과 운명은 이미 정해져 있다.

아샤리에게 그의 추종자들에 대해 알려 주었더라면

그는 그들이 말하는 것과 나는 무관하다고 할 것이다.

## 33장 │ 연금술학의 열매에 대한 부정과 연금술의 존재를 불가능하다고 여김. 이를 실행하여 오는 해

자신의 생계를 제대로 꾸려나가지 못하는 사람들의 탐욕이 연금술을 실행하도록 한다는 것을 인지하라. 그들은 이것이 돈벌이의 올바른 방법이라고 여기고 연금술사는 다른 사람들보다 수월하게 재산을 얻을 수 있다고 믿는다. 하지만 그들은 자신의 노력을 고난이나 역경과 맞바꿔야 하고 권세가들의 박해나 재물의 지출을 감수해야 한다. 그들은 지위를 잃고 자신의 비밀이 드러나면 완전히 파괴된다. 그들은 연금술이 돈벌이가 되는 기술이라고 여기지만 연금술을 실행에 옮기도록 한 것은 단지 인위적으로 모든 광물의 공통적인 성분을 이용해 한 광물을 다른 광물로 변화시킬 수 있다는 생각이었다. 그들은 은을 금으로 변화시키려 했고 구리와 주석을 은으로 변화시키려 했다. 그들은 이것이 자연의 영역 내에서 실현 가능한 일이라고 믿었다.

연금술에는 여러 가지 과정들이 있다. 이 과정은 연금술적인 처치나

'고귀한 돌'이라 불리는 물질의 처치를 목적으로 발명된 물질에 대한 견해에 의존하고 있는데, 그 물질은 분뇨, 피, 머리카락, 달걀, 혹은 다른 무엇인가가 될 수 있다. 물질들은 각각 지정된 후 다음의 방법으로 처리된다. 우선 그 물질을 단단한 돌 위에 놓고 절굿공이를 사용해서 가루로 만든다. 분쇄되는 동안 그 물질은 다른 물질로 변화되고 연금술사는 필요한 약을 투여한 후 물에 넣고 불린다. 물에 불린 후 그 물질에 있는 수분이나 흙을 제거하기 위해 햇빛에 말리거나, 불에 굽거나, 승화시키거나, 석회화시킨다. 만일 이 과정으로 연금술사들의 기대를 만족시키거나 연금술의 원칙적 요구 사항에 적합하게 처리되면, 그 결과물은 액체 물질인 '영약'이 될 것이다. 연금술사들은 이 영약이 불에 달궈진 은에 첨가된다면 은은 금으로 변하고, 불에 달궈진 구리에 첨가된다면 구리는 은으로 변한다고 믿었다.

능숙한 연금술사들은 영약이 4개의 요소로 만들어진 물질이라고 생각한다. 연금술적인 과정과 처치는 물질에게 특정한 성질과 자연력을 부여한다. 이 능력은 원래의 물질과 접촉한 모든 물체를 흡수하고 자신만의 형체와 성질로 변화시킨다. 마치 이스트가 밀가루 반죽을 흡수해 빵 안에 이스트만의 느슨함과 가벼움을 만들어 빵이 뱃속에서 쉽게 소화되고 영양분으로 빠르게 변화되는 것처럼 이 능력 역시 자신의 특징과 능력을 그 물체에 전달한다. 이와 같은 방법으로 금은의 영약 역시 자신과 접촉한 모든 광물들을 흡수하여 그들의 형체를 금과 은으로 바꾼다. 이것이 일반적인 연금술사들의 이론 전부이다.

우리는 연금술사들이 지속적으로 물질과 생계수단을 찾는 희망을 품고 연금술의 과정을 실험하는 것을 볼 수 있다. 그들은 초기의 연금술사들의 책에서 유래된 처치의 규율과 원칙들을 공유한다. 그들은 서로 이 책들을 돌려보며 그 안에 담긴 수수께끼 같은 표현들과 비밀의 뜻과 해석에 대해 토론한다. 대부분의 내용은 수수께끼와 같다. 이러한 책들은 자비르 븐 하이얀의 『70통의 서신*al-Rasāil al-Sabʿīn*』, 마슬라마의 *Ruṭbat al-Ḥakīm*, 뚜그라이와 무가이리비의 저작들이다. 하지만 연금술사들은 이러한 노력을 어디에서도 얻을 수 없게 되었다.

나는 한때 이와 비슷한 것들을 우수한 스페인어 학자인 나의 선생님, 아부 알바라카트 알발라끼끼[106]와 이야기한 적이 있다. 나는 특정한 연금술의 책에 그의 주위를 환기시켰다. 그는 오랜 시간 동안 이를 조사하더니 내게 돌아와 말했다. "나는 이 저자에게 그의 노력은 실패로 끝 날 것이라고 장담할 수 있다."

연금술사들은 자신들의 죄를 경미한 위조죄라고 주장했다. 이는 명백한 위조죄의 유형으로 금으로 은을 덮거나, 은으로 구리를 덮거나 두 금속을 1 대 2 혹은 1 대 3의 비율로 섞는 것이다. 또 다른 위조의 유형으로는 다른 비슷한 광물로 한 광물을 대신하는 것이다. 구리를 수은의 퇴적물로 표백하고 부드럽게 하는 것을 예로 들 수 있다. 따라서 이는 전문가를 제외하곤 모든 이들에게 은으로 보일 수 있다.

이러한 위조범들은 자신이 만든 제품을 시중에서 공식적인 인장이 새겨진 돈을 벌기 위해 사용한다. 그들은 손쉽게 많은 사람들을 속인다. 이 방식은 이 세상에 존재하는 직업 중 가장 경멸받을 만한 직업이다. 위조범들은 다른 사람들의 재산을 빼앗기 위해 음모를 꾸미고, 다른 사람들의 재물을 독차지하기 위해 구리로 은을 사고 은으로 금을 산다. 그들은 도둑이고 혹은 도둑보다 훨씬 질이 나쁘다.

여기 마그립에 있는 이러한 사람들은 대부분 베르베르족의 '학생'이며, 그들은 자신들의 활동지를 외딴 곳이나 멍청한 사람들이 사는 곳으로 정한다. 그들은 베두인의 모스크를 방문해 부유한 베두인들에게 자신들이 금이나 은을 만들 수 있다고 확신시킨다. 사람들은 대부분 금과 은에 매

---

106　아부 알바라카트 무함마드 븐 무함마드 븐 이브라힘 븐 알핫즈 알발라끼끼이다.

우 큰 애정을 지니고 있다. 그들은 금과 은을 찾기 위해 모든 재산을 탕진할 각오가 되어 있다. 그들의 이러한 태도로 인해 베르베르족 학생들은 돈벌이가 가능하다. 그들은 권세가들의 감시 아래 행동을 조심스레 하지만 결국 금이나 은을 만들 수 없다는 것이 드러나고 망신을 당하게 된다. 그들은 그곳을 떠나 다른 곳으로 장소를 옮겨 그들의 사업을 새로이 시작한다. 그들은 부자들을 현혹한다. 이렇게 그들은 지속적으로 돈벌이를 위해 노력한다. 이렇게 무지의 끝을 달리고 잔인하며 도둑질로 생계를 이끌어 가는 사람들과는 말을 섞을 가치가 없다. 그들을 치료할 수 있는 유일한 방법은 정부가 그들을 통제할 수 있는 강력한 방법을 강구하는 것이다. 그들의 행위는 통화의 악화와 사회 전반에 해를 끼치는 사안이기에 발각 시에는 손을 잘라야 한다. 유통되는 통화는 모든 이의 재산이다. 지도자는 이를 온전하게 지키고 이를 망치는 자에게 강력한 제제를 가해야 할 의무가 있다. 이런 기술을 도입하는 자는 사취를 좋아하지 않고 심지어 몹시 혐오하고 자신들은 위조 행위를 싫어하고 통화와 무슬림의 화폐를 파괴하는 행위와는 무관하다고 주장한다. 그들은 단지 연금술이나 영약으로 은을 금으로, 납을 구리로, 주석을 은으로 바꾸는 방법을 모색할 뿐이다. 이 주제와 관련해서 우리는 그들과 이야기 나누고 그들의 업적을 조사할 수 있다. 하지만 우리는 연금술의 목적을 달성하거나 만족할 만한 결과를 낸 사람이 한 명도 없다는 것을 알 수 있다. 연금술사들은 그들의 인생을 연금술에 소비하고, 막자와 분쇄기를 사용해 새료를 승화시키고 석회화하고 약물을 찾고 모으는 데서 비롯되는 위험을 감수한다. 사실 그들은 연금술의 목적을 달성하고 성공한 다른 연금술사들의 이야기를 들려준다. 그들은 이러한 이야기를 듣고 토론하는 것에 만족한다. 그들은 이러한 이야기의 사실 여부에 한 치의 의심도 가지고 있지 않다. 그들은 무엇인가에 미쳐 있는 사람이며, 그들을 매료시킨 이야기는 상상 속에나 나올 것 같다. 만약 누군가가 그들에게 그 이야기가 실제 관찰에 의해 검증되었냐고 물어본다면 그들은 알지 못한다고 한다. 그들은 "들어봤지만 본 적은 없다"라고 말한다. 이 대답은 연령대와 세대를 불문하고 모든 연금술사들에게 해당된다.

이러한 기술의 실행은 세상에서 가장 오래된 것임을 알아야 한다. 고대와 현대의 학자들이 모두 이에 대해 토론을 나눴다. 이러한 이유로 우리는 그들의 모든 견해들을 보고해야 하고 문제의 진리라고 생각되는 것을 명시해야 한다. 알라는 올바른 것에 대해서는 성공을 부여한다.

우리는 말한다. "철학자들은 자신들의 연금술에 대한 토론을 일곱 가지 가단성 있는 광물의 상태에 기반을 둔다. 그것은 금, 은, 납, 주석, 구리, 철, 그리고 카르시니다." 여기서 의문점은 이 일곱 가지 금속들이 각각 다른 종을 구성하고 있다는 차이점이 다른 것인지 아니면 같은 종의 다른 유형들을 구성 하고 있다는 특정한 성질이 다른 것인가 하는 것이다. 아부 나쓰르 알파라비와 그를 따르는 스페인의 철학자들은 모든 금속들이 하나의 단일 종으로 구성되어 있으며 그 차이점은 습함, 건조함, 부드러움, 단단함과 같은 특징들과 노란색, 하얀색, 검정색과 같은 색에 있다고 주장했다. 모든 것은 같은 한 종의 다른 유형들이다. 아부 시나와 그를 따르는 자들은 다양한 금속에는 특정한 차이가 있고 각각 다른 종으로 구성되어 있으며 각자 다른 권리와 스스로의 특정한 차이와 속이 존재한다고 주장했다.

아부 나쓰르 알파라비는 실수를 변형시켜 인위적으로 치료할 수 있으므로 하나의 금속을 다른 금속으로 변형시킬 수 있다고 짐작했다. 이러한 관점으로 그는 연금술을 가능하고 용이한 것이라고 정의 내렸다.

반대로 아부 시나는 모든 금속이 다른 종에 속해 있다고 주장하고 연금술의 존재는 부인되어야 하며 불가능한 것 이라고 추정했다. 그의 이런 추정은 특정한 차이가 인위적인 방법으로 영향 받을 수 없다는 주장에 기반을 두고 있다. 이 모든 것은 창조자이며 결정하는 자인 전능의 알라에 의해 창조되었다. 이들의 본 성질은 전혀 알 수 없으며 감지될 수도 없다.

그렇다면 어떻게 인위적인 방법으로 변형시키는 시도를 할 수 있을까?

위대한 연금술사 뚜그라이는 아부 시나의 주장에 오류가 많다고 했다. 그는 연금술의 처지와 과정은 다른 특정한 것을 창조하는 것이 아니라 단지 특정한 차이를 받아들이도록 물질을 조절시키는 것이라고 했다. 본래 주어진 물질이 조절되었을 때 다른 특정한 차이를 창조자와 창작자로부터 부여받는다. 이는 광택을 내고 윤기가 나게 하는 것의 결과로써 햇볕이 몸 위에 내리쬐는 것과 같은 것으로 볼 수 있다. 우리는 왜 그런지 그 이유를 알 필요는 없다.

뚜그라이는 이렇게 말했다. "사실 우리는 어떤 동물의 특정한 차이에 대해 무지하더라도 이들의 자연 발생에 대해선 알 수 있다. 전갈은 흙과 짚으로부터 만들어졌고 뱀은 머리카락으로 만들어졌다는 예를 들 수 있다. 농학자는 벌들이 멸종되었을 때 이들은 송아지로부터 다시 생성된다 하였고, 발굽이 갈라진 동물들의 뿔이 꿀로 가득 차고 흙은 무언가가 심어지길 고대할 때 발굽이 갈라진 동물들의 뿔에서 갈대가 자라고 이는 사탕수수로 변화한다고 말했다. 그렇다면 광물에서도 비슷한 관찰을 못할 이유가 무엇이겠는가? 이것들은 모두 주어진 물질에 인위적인 방법이 가미되어 발생한 일이다. 처치와 과정은 물질에 차이를 받아들이도록 훈련시키는 것뿐이지 그 이상 그 이하도 아니다." 그는 계속 말했다. "우리는 금과 은에 관한 시도를 계속한다. 우리는 금과 은의 형태를 받아들일 수 있는 기초적인 준비를 마친 특정한 물질을 확보한다. 우리는 이 물질이 금과 은의 특정한 차이를 받아들일 만한 완벽한 준비를 마칠 수 있을 때까지 그 물질을 다룬다."

이것이 뚜그라이의 주장의 요지다. 그가 아부 시나에 대해 펼친 반박은 옳다. 하지만 우리에게는 연금술사들의 주장에 반박할 또 다른 논지가 있다. 이는 연금술의 존재 자체가 불가능하며 연금술을 옹호하던 뚜그라이와 아부 시나의 견해를 포함한 모든 가정들은 옳지 않다는 것이다.

연금술의 과정에 대한 그의 주장은 다음과 같다.

연금술사들은 기본 준비를 마친 물질을 확보한다. 그들은 연금술의 과정에서 자연이 광산에 있는 물질들을 금과 은으로 변화시키는 과정을 모방한다. 그들은 이 과정에서 전력을 극대화시키고 자연상태에서 완벽하게 만들어지는데 걸리는 시간보다 시간을 단축시키려고 한다. 물질의 전력을 높이면 실행 과정에 드는 시간을 줄일 수 있다고 한다. 광산에 금이 생성되기까지 태양이 회전하는데 걸리는 시간은 1,080년이다. 만일 이 과정에 필요한 전력을 본래보다 높인다면 금을 생성하는 데 걸리는 시간은 1,080년보다 적게 걸릴 것이다. 연금술사들은 과정 중에 본래의 물질에 이스트처럼 만드는 구성요소를 부여해 그 물질을 원하는 물질로 변화시킨다. 이런 방식에는 언급했던 '영약'이 등장한다. 이제 생성된 모든 요소들은 각각 다른 비율의 4개의 요소들의 결합을 포함한다는 것을 알 수 있을 것이다. 만약 이것들이 모두 같은 비율이라면 혼합물은 생기지 않을 것이다. 따라서 반드시 다른 것보다 양이 많은 것이 존재해야 한다. 혼합물로 생성된 모든 것은 생성을 돕고 형태를 유지하게 만들어 주는 자연열을 가지고 있어야 한다. 뿐만 아니라 생성되는 동안 만족스런 결과를 얻을 때까지 각기 다른 단계를 거쳐야 한다. 사람이 정액에서 혈전으로 그리고 핏덩어리가 되고 그 후엔 형체를 가지게 되어 배아가 되고 갓난아기가 되고 젖먹이가 되어 성장을 멈출 때까지 이르는 연속적인 단계들처럼 말이다. 다른 부분들의 비율은 각 단계의 양과 질에 따라 다르다. 만약 그렇지 않다면, 첫 번째 단계와 마지막 단계는 동일한 결과를 낼 것이다. 앞서 말한 자연열 역시 각 단계마다 다르다.

이제 금이 광산에 있는 1,080년 동안 얼마나 많은 단계들과 조건을 거쳤는지 염두에 두어야 할 것이다. 연금술사들은 그 물질이 완성될 때까지 광산이 행한 자연의 과정을 모방해야 한다. 실행하는 자가 특정 기술의 도움으로 자신이 도달하고자 하는 목표가 무엇인지 인지하는 것이 이 기술의 조건이다. 현대의 명언에는 이러한 취지의 글이 있다. "실천의 시작은 고민의 끝이며 고민의 끝은 실천의 시작이다." 연금술사들은 여러 단계에서 금이 생성되는 다양한 조건들과 각 단계에 해당하는 구성 물질의 비율들, 자연열에 의해 나타나는 다른 결과들, 각 단계에서 소요되는 시간의 차이, 자연적 성장을 대체하거나 보충하는데 필요한 양의 전력 등을 알아야 한다.

이 모든 것은 포괄적인 지식을 가지고 있는 알라만 알고 있을 뿐 인간의 과학기술로는 밝혀낼 수 없다. 연금술의 도움으로 금을 만들었다고 주장하는 것은 인위적인 방법으로 정액에서 사람을 만들었다고 하는 것과 다를 바 없다. 만약 우리가 어떤 사람에게 인간에 대한 모든 지식을 부여한다고 가정해보자. 그를 구성하는 비율, 성장의 단계들, 그가 어떻게 자궁에서 만들어졌는지에 대한 지식을 부여하고 그가 이 모든 것의 세부사항까지 알게 된다면 우리는 그에게 인간을 창조할 수 있는 능력을 준 것이다. 하지만 이러한 지식을 가지고 있는 사람이 세상에 어디에 있을까?

이해를 돕기 위해 논박의 짧은 수정안을 소개하겠다. 연금술사들이 연금술을 행하는 기본적인 방법과 연금술적인 처치를 위해 주장하는 견해들은 인위적인 방법으로 어떤 특정한 광물의 물질이 생성될 때까지 자연적인 광물을 모방한다는 것이다. 이러한 기술적인 실행 이전에 모방하고자 하는 자연광물의 다양한 단계들 혹은 작동시키고자 하는 강한 물질들의 정교하고 연속적인 감시가 있어야 한다. 현재에는 이러한 단계들이 무수히 많다. 인간의 지식으로는 이보다 적은 수의 단계조차도 이해하지 못한다. 이는 인간, 동물, 식물의 창조를 원하는 것과 마찬가지다.

이것이 논박의 전부이고 내가 아는 한 가장 믿을 만한 논박이다. 이는 금속들의 특정한 차이점과 자연의 관점에 의거하지 않고, 완전한 이해가 불가능한 인간의 무능력에 의거해 연금술의 불가능을 증명한다. 아부 시나의 발언은 이 같은 것을 언급하지 않는다.

연금술의 불가능을 증명하는 다른 측면도 있다. 이는 연금술의 결과와 관련되어 있는데 다음과 같다. 금과 은을 흔하지 않게 만들어 인간들의 돈벌이와 자본 축적의 기준점이 되게 한 것은 알라의 현명한 계획이었다. 만일 현재에 인위적으로 금과 은을 확보할 수 있는 방법이 있다면 이러한 알라의 현명한 계획은 실패로 돌아갈 것이다. 금과 은은 대량으로 생산되어 그것을 소유하는 것이 무의미하게 될 것이다.

연금술의 불가능을 증명하는 또 다른 측면이 있다. 자연은 항상 가장 빠른 지름길을 택한다. 자연은 더욱 복잡하고 오래 걸리는 길을 택하지 않는다. 만일 연금술사들이 생각하는 것처럼 인위적인 방법이 자연이 광산에서 택하는 방법보다 더욱 안전하고 빠르다면 금과 은의 생성을 위해 이 방법 대신 자연이 현재 사용하는 방법을 택하지 않았을 것이다.

뚜그라이가 자연과 비슷한 경우인 전갈, 벌, 뱀들의 자연 발생과 연금술적인 과정을 비교한 것은 자연현상들이 관찰되고 증명된 것과 같이 연금술 과정도 논리적으로 오류가 없다는 것을 나타낸다. 하지만 세상 그 어느 곳에도 연금술과 그 방법의 정당성을 관찰했다고 적혀 있는 기록이 없다. 연금술사들은 항상 명확한 답을 얻지 못했다. 그들은 거짓된 정보만 얻을 뿐이었다. 만일 한 사람이라도 정확한 방법을 찾았더라면 그의 자손, 학생, 동료들이 이를 보존했을 것이고, 그 방법은 동료들을 통해 전해져 내려왔을 것이다. 이런 발견의 정당성은 훗날에 성공적인 성과를 내었을 것이다. 이런 지식은 결국 널리 알려졌을 것이며 우리들 중 누군가는 배웠을 것이다.

연금술사들은 영약이 이스트와 비슷해 자신과 접촉하는 모든 것을 자신의 것으로 변형시키는 혼합물이라고 주장했다. 알아야 할 것은 이스트는 반죽을 소화시키는데 적합하게 변형시킨다는 것이다. 이 과정은 분해 과정이며 물질을 분해하는 과정은 가장 쉽고도 기본적인 과정에 해당된다. 하지만 영약의 의의는 한 광물을 더욱 최상의 것으로 변형시키는 데 있다. 창조는 분해보다 훨씬 어려운 과정이다. 따라서 이스트는 영약의 비교 대상이 되지 못한다.

만약 자비르 븐 하이얀, 마슬라마와 다른 철학자들이 생각하는 것처럼 연금술이 존재한다 해도 확실한 것은 이것이 자연기술의 범주 안이나 기술 과정의 범주 안에 포함되지 않는다는 사실이다. 연금술사들의 연금술에 대한 연구는 마치 물리학자들이 물리를 연구하는 것과는 다르다. 연금술은 마치 할라즈와 다른 이들이 펼치는 마술과 신비한 세계의 연구라고 할 수 있다. 마슬라마는 이와 같은 것을 *al-Ghāyah*에서 언급한 바 있으며, 그가 *Rutbah al-Hakīm*에서 보이는 연금술에 대한 관점 역시 그렇다. 자비르의 관점 또한 같다. 연금술에 대한 이 같은 관점은 널리 알려져 있기에 더 이상 언급할 이유가 없다.

그들이 이해한 바에 따르면 연금술은 기술로 창조할 수 없는 것이고 그 이상의 것으로 우주의 창조물이다. 나무와 동물이 하루 혹은 한 달 만에 만들어 지는 것이 아니기에 이들은 그렇게 창조되지 못한다는 것이다. 같은 의미로 금 역시 하루 혹은 한 달 만에 만들어지지 않는다. 본래의 생성 방법은 자연의 범주 혹은 기술의 실행을 넘어선 무언가의 도움을 받아야만 변화할 수 있다. 따라서 연금술을 하나의 기술로써 사용하고자 하는 사람들은 돈도 잃고 시간도 낭비하게 된다. 연금술의 처치는 '소득 없는 처치'라고 불리기도 한다. 연금술은 자연과 기술을 넘어선 것의 결과이기에 완전하다고 할 수 있다. 이는 물 위를 걷기, 공기를 타고 다니기, 벽을 뚫고 다니기와 같은 신의 은총을 받아 성인들만 할 수 있는 행위 혹은 자연의 본래의 과정을 넘어선 행동들과 다를 바 없으며 새의 창조 혹은 이와 비슷한 예언자들이 행한 기적적인 일들과도 다를 바 없다. "만일 너희가 나의 허락 아래 찰흙으로 새의 형체와 비슷한 무언가를 만들고 그것을 날린다면, 나의 허락 아래 그것은 새로 변할 것이다." 알라의 말씀이다.

연금술의 기적이 행해지는 방법은 그것이 누구에게 행해지는가에 따라 다르다. 만약 다른 사람에게 전해 줄 수 있는 성실한 자에게 전달된다면, 이런 경우 다른 사람에게 빌려준 것과 같은 의미이고 그는 어찌됐던 연금술을 실행할 수 있게 될 것이다. 하지만 만일 누구에게도 전해 줄 수 없는 쓸모없는 사람에게 전달된다면 아무도 연금술을 실천하지 못할 것이다. 물론 이 모든 가정은 연금술의 기적이 신비롭고 마술과 같다는 전제 하에서 이다.

연금술의 기적은 그것이 기적이든 신의 은총이든 마법이든 간에 초자연적이고 신비로운 행위의 결과라는 것이 분명하다. 따라서 연금술을 연구한 모든 철학자들은 마법과 자연의 신비로운 행위들을 깊이 숙지하고 있는 사람들만이 이해할 수 있는 수수께끼 같은 표현을 사용한다. 하지만 자연의 본래의 과정을 따르지 않는 물질들이 무한하기에 이것들 모두를 이해할 수 있는 사람은 없다. 알라는 우리가 하는 것 모두를 파악하고 있다.

앞서 말한 것처럼 연금술에 대한 욕구는 농업, 상업, 혹은 공예와 같은 보통 방법의 돈 벌이를 할 수 없는 자들의 무능력에서 온다. 무능력한 자들은 그런 합법적인 직업으로 생계 해결을 어려워한다. 그들은 연금술처럼 한 순간에 부자가 될 수 있는 정상적이지 않은 직업을 원한다. 그래서 연금술은 대게 궁핍한 사람들이 실행하고자 한다. 경제적 위치가 연금술의 당위성의 결정적인 요인이라는 것은 연금술의 가능성과 불가능성을 토의하는 철학자들에게도 해당되는 사항이다. 연금술의 불가능을 주장하는 아부 시나는 아주 부유한 사람이자 고관이었으며 가능하다고 지지하는 파라비는 돈 벌이를 하지 못하는 가난한 사람이었다. 이것은 연금술을 하고자 하는 사람들의 태도에 대한 당연한 의심이다. 알라는 생명을 유지시켜 준다. 그분에게는 강한 능력이 있고 그분 이 외에 주는 없다.

인간이 지식 획득과 학문 성취를 추구할 때 다량의 서적이나 교육에 관련된 수많은 전문용어들과 방법은 본래의 목적을 달성하는데 해를 끼치는 것 중 하나라는 사실을 인지하라. 그러나 학자들은 이 모든 자료를 숙달하고 충분한 지식을 지니고 있어야만 한다. 학자들은 관련된 모든 저술이나 그 대부분을 알고 그 저술에 언급된 방법을 숙지해야 한다. 그러나 어떤 학자가 한 분야와 관련된 모든 저술을 알기 위해서는 평생 동안 전념해도 그 완벽한 성취는 불가능하고 따라서 학문성취도 있을 수 없다. 예를 들자면 말리키 법학파의 『무다와나*al-Mudawwanah*』를 들 수 있다. 그 책에는 법학에 관한 수많은 설명이 수록되어 있다. 또 이븐 유니스의 책, 라크미와 이븐 바시르의 책, 이와 관련된 주석이나 소개 등도 있다. 마찬가지로 이븐 하집의 책과 그 주변서들도 좋은 예가 된다. 그리고 학습자는 까이라완의 방법과 코르도바, 바그다드, 이집트의 방법과 최근 각 학파들의 방법을 구별할 수 있어야 한다. 이 모든 것을 숙지해야 한다. 그런 자에게만 파트와를 내릴 수 있는 권한이 주어진다. 이 모든 것이 하나의 변주이자 의미이다. 학습자는 이 모든 것에 대한 포괄적 지식을 습득해야 하고 그들 간의 차이를 확실히 인지해야 한다. 평생에 걸쳐 하나의 주제에 매달리게 된다.

만약 교사와 학습자의 연구가 해당 학파의 주제에만 한정된다면 그 작업은 많은 일이 아니다. 이에 대한 교육은 용이하고 수월하게 접근할 수 있다. 하지만 이런 일은 치유될 수 없는 재앙인데 그 이유는 관습이 고착되기 때문이다. 그것은 변경할 수 없는 본성과 같은 것이 된다. 시바와이흐[107]의 『키탑*al-Kitāb*』과 관련 서적들, 바스라학파와 쿠파학파, 바그다드학

---

107    Abū ibn ʿUthmān ibn Qanbar al-Bishri가 본명이고 시바와이흐로 불린다. 796년 즈음 사망으로 추정된다. 페르시아 출신으로 유명한 아랍어 문법학자이다. 비아랍인에게 아랍

파, 스페인학파, 그 이후의 학자들, 고대의 방법론, 현대의 방법론, 이븐 알하집과 이븐 알말리키 등의 경우를 보자. 이 모든 것을 소화하려면 학습자는 매우 많은 양의 학습을 해야 한다. 평생을 다 바쳐도 다 끝내지 못할 수도 있다. 극히 드문 경우를 제외하고는 누구도 이 일에 선뜻 나서려 하지 않을 것이다. 이 시대의 마그립의 경우를 보자. 우리는 이집트의 아랍어학자 이븐 히샴의 저작들을 많이 읽는다. 그는 자신이 아랍어학의 습관을 완벽하게 획득할 수 있었다고 밝혔다. 사실 시바와이흐나 이븐 진니를 비롯한 몇 사람을 제외하고는 그 습관의 획득이 이루어지지 않았다. 하지만 그는 언어 습관을 탁월하게 획득했고 종합적인 지식을 쌓았으며 성실히 연구한 결과 그런 열매를 맺은 것이다. 이 사실은 학문의 우수함은 선조에게만 한정되는 것이 아니고 특히 앞서 언급한 위대한 학파, 방법론, 저작의 수와 상관이 없다는 것이다. 그러나 알라께서는 자신이 원하는 자에게 우수성을 수여하신다. 사실 이븐 히샴의 경우는 매우 드문 예이다. 분명한 것은 학습자가 평생을 바쳐 알려고 해도, 예를 들면, 아랍어학을 완전히 습득하는 것은 시간상 충분하지 않다는 사실이다. 아랍어학은 단지 그가 학습하려는 것의 일부이자 매개체인데도 말이다. 그러므로 어떻게 위대한 결과물을 기대할 수 있겠는가? 그러나 알라께서는 바른 길로 인도하고자 하는 대상을 올바른 길로 인도하신다.

## 35장 | 저술 시 명심해야 할 목적. 그 이외의 것은 불필요하다

인간의 영혼은 학문의 창고라는 것을 인지해야 한다. 알라는 그 창고에 사고와 학문적 지식 그리고 지각을 심어주었는데, 이것은 실체에 대한 인

---

어 교육과 올바른 코란 교육을 목적으로 아랍어 문법서를 쓰기 시작했으나 훗날 그의 저서 *al-Kitāb*은 모든 이에게 아랍 문법의 지침서가 되었다.

식에서 시작하고 그 실체의 본질적 속성에 대해 직접 혹은 간접적으로 긍정이나 부정을 하게 된다. 궁극적으로 인간의 사고력은 긍정이나 부정을 통해 해결해야만 하는 상황을 맞이하게 된다. 인간은 이런 노력을 통해 자신의 마음속에 학문적 형상을 확립하고 그 형상의 정당성을 입증하기 위해 또한 자신을 수련하기 위해 교육이나 토론을 통해 타인과 교류해야만 한다. 이런 교류는 어휘로 조합된 말을 통해 구두 표현으로 이루어진다. 말은 음들의 조합이고 목젖과 혀로 음의 파열에서 생기는 다양한 음성인데, 이는 알라가 인간의 신체 기관과 혀를 빌어 창조한 것이다. 인간은 생각을 말로 타인과 교류할 수 있는데 이것이 사고를 교류하는 첫 단계이다. 그 단계에서 가장 중요한 것은 학문이지만 인간의 마음에 있는 진술과 희망도 포함된다. 보이지 않는 곳에 존재하는 이, 몸이 멀리 떨어져 있는 이, 후세의 사람, 동시대인이 아니어서 만나본 적도 없는 사람에게 자신의 생각을 보내는 것이 두 번째 단계이다. 이것은 글의 교류로 이루어진다. 글이란 손으로 쓰는 형상인데 글의 형태는 관행에 의해 각각의 문자와 단어를 지시한다. 사람들은 글로 표현된 말을 매개로 생각을 보낸다. 글은 교류의 두 번째 단계이며 전달의 두 부분 중 하나이다. 인간은 글을 통해 사고에서 가장 중요하고 고귀한 부분인 학문과 지식에 관한 정보를 나타낸다. 학자들은 모든 학문적 사유를 글을 통해 책에 담고 그 결과 현재 부재한 사람들, 후대의 사람들이 그 혜택을 받게 된다. 이런 일을 하는 사람이 저술가이다. 세상 모든 곳에 글로 된 저작은 많고 이 저작은 모든 종족과 시대에 전승된다. 그러나 이런 저작들은 종교법과 조직의 차이, 민족과 왕조에 관한 정보의 차이로 다양한 견해를 지니고 있다. 철학적 학문은 그 다양한 견해나 차이를 보이지 않는다. 그 이유는 육체적이건 정신적이건, 전체적이건 원소적이건, 추상적이건 물질적이건 간에 존재하는 모든 사물에 대해 존재하는 대로 지각하려는 사고의 본질 때문에 차이점을 보이지 않는 것이다. 차이를 보이는 경우는 다른 종교에 대한 종교적 학문, 역사적 정보의 표면적 성격이 다른 역사적 학문이다.

인간은 다른 형태와 모습의 글을 사용한다. 이와 같은 글은 붓 혹은 문자라고 불린다. 힘야르 문자인 무쓰나드는 힘야르인과 예멘의 고대 주민들의 문자이다. 그것은 무다르족 아랍인의 문자와 다른데 이는 마치 그들의 언어가 서로 다른 것과 같다. 그들은 모두 같은 아랍인에 속한다. 양측은 각자의 언어적 표현에서 발전된 원칙을 지니고 있는데 그것은 다른 집단의 원칙과는 다르다. 또 다른 문자가 있는데 그것은 시리아 문자이다. 그것은 나바뜨인과 칼데야 인의 문자인데 나바뜨인과 칼데야 인이 고대 세계에서 가장 강력한 민족이었고 문자의 역사도 오래되었기 때문에 그 글도 자연적인 문자로 생각하기 쉽지만 이는 공상에 가까운 무지한 생각이다. 왜냐하면 선택의 결과로 빚어진 행동은 그 어떤 것도 자연적인 것이 아니기 때문이다. 사람들의 눈에 시리아 문자는 자연적인 것으로 보일 수 있어도 그것은 만들어지고 사용된지 오래되어 사람의 마음 속에 깊이 뿌리내린 습관일 뿐이다. 다수의 어리석은 사람들은 아랍어에 대해서도 동일한 생각을 한다. 그들은 아랍인들이야말로 천성적으로 아랍어를 훌륭하게 할 수 있다고 생각하지만 이것은 사실과 다르고 헛된 생각일 뿐이다. 또 다른 문자로는 히브리 문자가 있는데 이것은 이스라엘족인 셀라와 그의 아들 에베르의 후손의 문자이다. 또 다른 문자는 라틴문자인데 이것은 라틴계 비잔틴인의 문자이다. 그들은 독자적인 언어를 소유하고 있다. 각 민족은 자민족만의 글을 가지고 있는데 예를 들면 투르쿠인, 유럽 기독교인, 인도인 등이 있다. 이 중 세 종류의 문자만이 흥미를 끄는데, 첫째는 시리아 문자로 그 역사가 오래되었다는 특징이 있고. 그다음으로는 아랍 문자와 히브리 문자인데 그것은 코란과 토라가 아랍어 문자와 히브리어 문자로 계시되었기 때문이다. 셋째로는 로마인들의 문자를 표기하는 라틴 문자이다. 로마인들이 전적으로 토라에 근거를 둔 기독교를 채택했을 때 그들은 토라와 이스라엘 선지자들의 글을 번역하여 용이하게 법을 도출하려고 했다. 그들은 다른 어떤 언어보다도 자신들의 언어에 많은 관심을 기울였다. 나는 그 밖의 다른 문자들에 대해서는 관심이 없다.

이제 저술 시 유념해야 할 사항과 일곱 가지 목적을 설명하기로 한다. 첫째, 주제가 있는 학문을 제기하고 세부적으로 장과 절을 나누고 문제점들을 논의하는 것 혹은 유능한 학자들이 마음속에 떠오르는 문제점과 연구 주제를 제기하는 것이 있는데, 이를 저장물의 형태로 만들어 후손에게 혜택을 줄 수 있도록 해야 한다. 법학 분야에서 그런 예가 있다. 샤피이는 최초로 전승을 근거로 법적인 문제를 논의했고 그에 대한 설명을 했는데 그 이후 하나피 학파가 유추의 문제를 제기했고 논의한 바 있다. 후대의 학자들은 이런 자료들을 오늘날까지 활용한다.

둘째, 일부 학자는 고대 학자들의 논의와 저술을 이해하는 것이 어려운 일이라고 주장할 수도 있다. 만약 그가 알라의 도움을 받아 그 자료를 이해할 수 있게 된다면 그는 이런 문제와 관련해서 어려움을 느끼는 다른 사람들에게 도움을 주고 더 나아가 자신의 지식으로 다른 사람들이 그 문제를 이해하는데 용이하게 접근하게 되기를 희망할 것이다. 특히 이것은 이성적, 전승적 학문에 관한 자료를 해석하기 위한 접근 방식으로 고귀한 학문의 일부이다.

셋째, 후대의 학자들 중 일부는 유명한 고대의 학자들이나 스승 혹은 이름난 권위자들의 저술 중에 오류나 실수를 발견할 수도 있다. 그리고 이에 대한 분명한 증거를 발견하게 된다면 그는 후대의 학자들을 위해 그것을 증명하게 될 것이다. 왜냐하면 선대의 저작은 오랫동안 넓은 지역에서 회자되었고 그 저자의 명성과 학문에 대한 사람들의 의존도를 고려해 볼 때 그러한 오류를 일시에 없앤다는 것은 불가능하기 때문이다. 그러므로 오류의 발견은 글로 남겨 후대의 학자들이 알 수 있도록 해야 한다.

넷째, 일부 분야의 불완전한 주제들을 구분하여 그 문제점과 세부사항들을 지적해야 할 필요가 있다. 일부 학자가 이러한 문제점을 인지하면 부족한 부분을 보충하여 그 분야가 모든 문제점과 세부사항에서 완전하게 되도록 만들어야 할 것이다.

다섯째, 특정 학문은 장의 구분 없이 다루어 질 수도 있는데 이런 문제를 인식한 학자는 문제점들을 각기 관련 장에 질서 있게 배열해야 할 것이다.

여섯째, 어떤 학문의 문제점들은 다른 학문의 개별 장안에 존재할 수도 있다. 탁월한 학자라면 그 특정 학문이 독자적인 주제라는 사실을 인지하고 이를 수집할 필요를 느끼게 될 것이다. 그는 새로운 분야를 만들어 내는 것이다. 또한 새로운 분야가 인간의 사고력으로 발달시키는 학문 가운데 포함되도록 만든다. 이것은 바얀학에서 발생했던 일이기도 하다.

일곱째, 학문적 저술 중 일부는 지나치게 장황하므로 반복을 없애고 정확하게 축약할 수도 있다. 그러나 축약은 원 저자의 의도를 손상시키지 않는 범위에서 근본적인 것은 삭제되지 않도록 주의해야 한다.

위의 언급이 저술 시 명심해야 할 것들이다. 이 밖의 것들은 불필요하고 탁월한 학자들이 주장했던 바른 길로부터의 일탈일 뿐이다. 일부 학자는 원 저자의 작품을 표현이나 내용에 배열만 변경하여 마치 자신의 것인 양 꾸미는 기만행위를 하기도 한다. 어떤 이는 특정분야의 필수적인 자료를 삭제하거나 불필요한 자료를 첨가하고 뿐만 아니라 정확한 진술을 잘못된 것으로 바꾸고 쓸모없는 자료를 삽입하기도 한다. 이것은 모두 무지와 파렴치의 결과이다. 아리스토텔레스는 저자가 지켜야 할 덕목들을 열거하면서 마지막 항목에 "그 밖의 모든 것들은 쓸모없는 것이고 욕심일 뿐이다"라고 말했는데 이는 무지함과 무례함을 뜻한다. 알라는 가장 올바른 길로 인도하신다. 지고하신 알라는 가장 잘 아신다.

# 36장 | 학문적 주제를 다루는 데 있어 지나치게 많은 개설서는 교육에 해를 가져온다

  최근 많은 학자들은 다양한 학문의 방법과 내용을 간략하게 만드는 데에 집중하고 있다. 그들은 학문의 방법과 내용을 알기 원하고 각 학문에 대해서 개설서를 제시한다. 개설서는 각 분야의 모든 문제점과 논지들을 다룰 때 많은 의미를 함유한 간단한 말로 표현하고 있다. 이 방법은 좋은 문체를 해치고 독자의 이해에도 어려움을 가져온다. 학자들은 각 분야에서 중요하지만 분량이 많은 학문 저술을 축약하여 학생들이 전문 지식을 획득하는데 도움을 주는 경우가 있다. 그러나 이런 방법은 교육 과정과 학문 성취에 악영향을 줄 뿐이다. 왜냐하면 학생들은 아직 축약된 결론을 받아들일 준비가 되어 있지 않은 상태이고 그런 초급자에게 그 분야의 최종 결과를 제시하는 것은 혼란을 가져오기 때문이다. 이는 학생들에게 나쁜 교육방법이다. 이런 경우 학생들도 많은 노력을 기울여야 한다. 왜냐하면 학생들은 수많은 개념들이 녹아 있고 이해하기 힘든 축약된 표현들을 접하게 되므로 이를 면밀하게 조사하고 그 분야의 문제점을 인지해야만 하기 때문이다. 따라서 축약된 개설서의 문장은 보통 난해하고 복잡하다. 이를 이해하려면 많은 시간을 투자해야 한다. 개설서가 파생시킨 문제는 이뿐만이 아니다. 개설서를 통해서 교육받은 학생이 얻게 되는 학문적 습관은 비록 그 개설서가 결점이 없다 하더라도 포괄적이고 긴 저술을 연구해서 획득하게 되는 학문적 습관에 비해 훨씬 열등하다. 후자는 반복과 장황한 문장으로 가득차 있지만 이는 모두 완전한 습관을 체득하는 데에 도움을 주는 것이다. 만약 반복이 없다면 그런 교육으로 얻는 습관은 열등한 것이고 그것이 바로 축약본으로 학습한 경우이다. 본래 축약본의 목적은 학생들이 전문 지식을 용이하게 습득하도록 하는 데 있지만 오히려 학생들이 유용하고 확고한 습관을 체득하는 데 있어 방해물이 되기 때문에 곤란을 가져온다.

# 37장 │ 학문 교육의 옳은 방법

　학생들에게 학문을 가르치는 것은 점진적으로 진행되어야만 효과가 있음을 인지하라. 교사는 우선 학생들에게 각 분야와 관련된 개별 사항과 기본적인 문제점들을 제시하고 요약하여 이를 가르쳐 준다. 이 과정에서 교사는 학생의 지적 능력을 파악하고 학생이 그 학문의 최종목적지에 도달할 때까지 제시될 자료를 어느 정도 이해할 수 있는지를 알게 된다. 학생은 이런 과정에서 학문에 관한 습관을 획득하게 된다. 그 습관은 완전한 형태의 것은 아닐 수도 있다. 이때 교사가 최대한 해야 할 일은 학생이 그 분야를 이해하고 문제점을 파악하도록 하는 것이다. 그다음에 교사는 학생에게 다시 그 학문을 제시하고 한층 높은 단계의 가르침을 준다. 이 단계는 요약이 아니라 완전한 설명과 주석의 제시이다. 교사는 현재 대두되는 견해들의 차이를 설명하고 학문의 최종 목적지에 도달할 때까지 그런 견해차이가 어떻게 작용되는지를 설명해야 한다. 이 과정을 거쳐 학문적 습관은 한층 더 개선될 것이다. 그 이후 교사는 확고한 기반을 다진 학생을 다시 그 학문으로 인도하고 좀 더 복잡한 것, 애매한 것, 불분명한 것 등을 설명한다. 이제 교사는 그 분야와 관련된 모든 비밀을 파헤치고 학생은 그 분야에 관한 공부를 마칠 때 쯤 올바른 습관을 체득하게 된다. 이것이 가장 효과적인 교육방법이다. 여러분이 보다시피 이 방법은 세 번의 반복을 요구한다. 일부 학생은 세 번씩 반복하기 이전에 학문의 최종 목적지에 도달하기도 하는데 이는 그 학생의 천성과 자질에 기인한다. 우리는 이 시대의 많은 교사들이 이런 효과적인 교육방법에 대해 무지한 것을 발견한다. 그들은 학생들에게 적절하지 않은 학문적 문제들을 제시하여 교육을 시작하며, 학생들에게 그러한 문제들을 풀 수 있도록 집중하라고 요구한다. 교사들은 이것이 경험에서 비롯된 올바른 교육이라고 생각하고 학생이라면 당연히 그런 문제를 알아야 한다고 주장한다. 그러나 실제로 교사들은 시작 단계에서 이해할 준비가 되어 있지 않은 학생에게 학문의 최종 결과를 제시하여 혼란을 준다. 학문적 지식과 이해에 대해 준비 능력과 수용 능력은 점진적으로 발전한다는 것을 명심하라. 시작 단계에 있는 학생은 일부 문제를 제외하고는 아무것도 이해할 수 없다. 학생의 이해력은 불완전하고 매우 일반적이라서 감각적 지각에서 비롯된 형상의 도움으로 이해한다 해도 그 정도는 기초적인 수준일 뿐이다. 이후로 그의 준비능력은 점진적으로 발전하고 그 분야의 문제점에 직면하여 반복적으로 접하면 불완전한 이해가 차츰 더 높은 이해의 단계에 도달하게 된다. 학생 내부에서 습관이 된 준비성과 지식 획득이 실체화되고 마침내 해당 분야의 문제점들에 대한 총체적인 지식을 획득하게 된다. 아직 이해할 능력이 부족하고 이해할 준비성도 갖춰지지 않은 초보 단계의 학생에게 학문의 최종적 결과를 제시하면 학생은 그 학문의 결과를 이헤할 정도로 명민하지 않기 때문에 그 학문을 수용하거나 이해할 수는 없다. 그러므로 그런 학생에게 학문이란 어렵고 전념하기 싫은 대상이 되고 결국 학생은 학문을 기피하게 될 것이다. 이것은 잘못된 교육의 결과이다. 교사는 학생이 학습의 첫 단계에 있건 마지막 단계에 있건 상관없이 학생의 수용능력에 상응하는 적절한 책을 제시하고 학생의 능력을 뛰어넘는 것에 대한 질문을 지양해야 한다. 학생이 책의 처음부터 끝까지 모두 이해하고 그 목적이 무엇인지를 인지한 후 하나의 습관을 체득하고 다른 책에 그 습관을 적용할 단계에 도달하기 이전에 교사가 학생에게 그 특성한 책에 포함되지 않은 영역의 문제를 제시해서는 안 된다. 학생이 한 분야에서 학문적 습관을 체득하게 된다면 이것은 다른 분야를 배울 준비를 한다는 의미이고 마침내 학문을 통달하게 될 것이다. 그러나 만약 교사가 학생을 혼란스럽게 하면 학생은 학문을 이해할 수 없게 되고, 나태해지고, 결국 사고 작용을 멈추게 된다. 그는 낙담하여 학자가 되는 일이나 학문과 교육을 받는 일을 기피하게 될 것이다. 교사는 책을 가르칠 때 강좌 사이에 지나치게 많은 단락을 나누거나 긴 휴식을 두어 교육의 지속을 방해하지 말아야 한다. 만약 그렇게 되면 학생은 서로 다른 문제점들 간에 연결을 잊어버리거나 단절을 느끼기 때문에 그와 같은 중단은 학문적 습관의 체득을 어렵게 한다. 만일 어떤 분야의 시작부터 끝까지가 학생의 마음속에 고스란히 남아 있다면, 학문적 습관은 보다 쉽게 획득되고 굳게 뿌리를 내리게 될 것이다. 습관은 계속적이고 반복적인 행동을 요구한다. 만약 학생이 어떻게 행동하는지를 잊어버리면 특정한 행동의 결과인 습관도 잊어버리게 될 것이다. 유익하고 필요한 교육방법은 학생에게 두 분야를 동시에 가르치지 않는 것이다. 만약 두 분야를 동시에 가르친다면 학생은 두 분야에 주의를 기울여야 하고, 한 쪽을 이해하려면 다른 쪽에 집중하지 못하게 되고 둘 다 제대로 이해하고 습득하기 힘들게 된다. 결국 학생은 두 분야가 다 어렵다고 판단하고 두 분야에서 모두 실패하고 만다. 만약 그 학생이 자신이 연구하려는 분야에 집중하고 한 곳에만 전념한다면 보다 쉽게 배울 수 있다.

## 인간의 사고

학생들은 내가 공부하는 데에 유익한 사실을 알려주고 있다는 것을 인지해야 한다. 만약 여러분이 내 충고를 수용하고 열심히 따라한다면 진귀한 보물을 발견하게 될 것이다. 나는 여러분이 좀 더 쉽게 이해할 수 있도록 다음과 같은 설명을 하고자 한다. 알라께서 모든 피조물을 창조할 때 인간에게 '사고력'이라는 특별한 선물을 부여하셨다. 이것은 뇌의 중앙에 있는 힘에 의해 영혼 안에서 이루어지는 작용이다. 때로는 사고가 질서정연한 인간의 행동의 시작이고 또 때로는 과거에는 알려져 있지 않던 무언가에 대한 인식의 시작이기도 하다. 사고력이 하나의 대상을 향하면 그 대상의 양극단을 지각하고 긍정이나 부정을 택하게 된다. 이때 그 대상이 하나이면 양극단을 연결하고 있는 중간을 인식하는 경우는 없다. 그러나 대상이 복합적이라면 양극단 사이의 중간을 인식하기도 한다. 이렇게 사고력은 대상을 발견한다. 동물과 구별되는 인간의 사고력은 이런 방식으로 작용하는 것이다.

논리학은 하나의 기술로써 선천적인 사고력과 사유가 작용하는 방식에 관한 지식이다. 논리학은 묘사를 통해 올바른 작동과 그릇된 작동을 구별하게 된다. 올바른 작동이 사고력의 본질이나 가끔은 오류를 범하기도 한다. 그 까닭은 결론이 도출되는 전제의 순서와 배열의 혼란 때문이다. 어떤 대상의 양극단을 그 대상 본연 이외의 형태로 인식하기 때문이다. 논리학은 그런 오류에 빠지지 않도록 도와준다. 논리학은 인간의 사고력이 작동하는 방식에 부합되고 이에 수반되는 기술적 과정이다. 그 때문에 대부분의 경우에는 논리학이 없어도 학문은 가능하다. 세상에서 가장 유명한 사상가들 다수가 논리학의 기술 없이도 학문적 업적을 성취한 바가 있다. 그들은 학문에 대한 의도가 진실하고 자신에게 가장 큰 도움을 주는 알라의 자비에 자신을 완전히 맡긴 사람들이다. 그들은 선천적인 사고력을 최대한으로 활용했고 알라께서 창조하신 그 사고력으로 대상에 대한 중용의 개념과 지식을 획득했다.

기술적 과정인 논리학 이 외에도 연구의 과정에는 또 다른 분야인 말에 대한 지식이 있다. 글은 문자의 형태로, 말은 혀를 통해 인간의 마음속에 있는 개념을 표현하다. 여러분은 연구 대상에 대해 사고 단계에 도달하기 위해서는 이 모든 과정을 거쳐야만 한다.

우선 글로써 말을 표현하는 방식이 있는데, 이것이 가장 쉽다. 그다음으로 추구하는 개념을 말로 표현하는 방식이 있다. 다음 단계는 추론을 위해 논리학에서 말한 그대로 원칙대로 개념들을 적절하게 배열하는 것이 있다. 그다음으로 마음 속의 추상적 개념들이 있는데, 이를 인지하기 위해서는 인간이 지닌 선천적인 사고력의 도움을 받고 알라의 관대함에 의존하여 연구하고자 하는 대상을 획득해야 한다. 모든 사람이 이 단계를 빨리 통과하고 교육 과정의 모든 난관을 통과할 수는 없다. 심지어 논쟁은 말의 장막 앞에서 마음을 멈추게 하고 마음은 혼란스러운 논쟁과 회의로 어려움을 겪기도 한다. 그렇게 되면 마음은 탐구하는 대상을 얻지 못한다. 매우 제한된 소수의 사람만이 알라의 인도를 받아 심연으로부터 자신을 구출할 수 있다.

만약 여러분이 이와 같은 난관으로 고통을 받거나 마음 속의 불안이나 혼란스러운 회의 등으로 이해하는 데 어려움을 느낀다면, 과감히 그 모든 것을 던져버리고 말의 장막과 회의의 장애물을 없애버리도록 하라. 그리고 모든 기술적 과정에서 탈피하여 여러분의 선천적 사고력의 영역으로 도피하라. 여러분은 그 안에서 마음껏 사유하고 추구하는 대상이 무엇이건 간에 마음을 그 속에 깊이 침잠케 하라. 이전 세대의 위대한 사상가들의 위치에 들어가도록 하라. 알라께서 자비로 도움을 베풀어 그들이 미처 깨우치지 못했던 것들을 알려주신 것처럼 여러분도 자신을 알라의 도움에 전적으로 의지하라. 그러면 알라의 빛이 여러분 위에 비치고 알라께서는 여러분을 원하고자 하는 대상에게로 인도해 주실 것이다. 영감은 중용의 개념을 보여줄 것이다. 왜냐하면 알라께서는 인간의 사고가 필연적으로 그것을 지향하도록 만드셨기 때문이다. 그 순간에 중용의 개념으로 무장하고 논증의 형태로 돌아가 그 속에 침잠하고 그 이후 논리학의 기술적 원칙을 적용해 보라. 그리고 말의 형식으로 의복을 입고 허리띠를 단단히 매고 안전하게 차린 뒤 구어의 세계로 등장하라.

논리적 증명이나 참과 거짓을 구별하는 것과 관련된 말의 논쟁과 회의는 모두 기술적이고 일반적이다. 그것이 일반적이고 기술적인 특징을 보이기 때문에 수많은 측면들은 비슷하거나 동일하다. 만약 여러분이 그런 것들로 인해 멈춘다면 진리를 발견하지 못할 것이다. 왜냐하면 진리는 자연적으로 존재할 때만 발견할 수 있기 때문이다. 장막은 여러분이 찾고자 하는 대상을 가리고 인간의 사고가 그것을 획득하는 것을 방해할 것이다. 최근 사상가들 대부분이 이런 경우에 직면해 있다. 과거에 비아랍어를 모국어로 사용했기 때문에 정신적 결함이 있던 사람들, 지나치게 논리에 의존하거나 편파적인 사람들도 그러한 경우이다. 그들은 논리학이 진리를 인식하는 자연적 수단이라고 굳게 믿고 있다. 그러나 그들은 논거와 논거의 회의와 불안을 느끼면 혼란스럽게 되고 회의 상태에서 벗어날 수 없게 된다. 앞에서도 언급했듯이 진리를 인식하게 하는 자연적 수단은 인간의 사고가 온갖 상상에서 해방되고 알라의 자비에 완전히 의존했을 때 발휘되는 자연적 힘이다. 논리학은 사고의 과정을 묘사할 뿐이다. 여러분이 어떤 문제를 이해하려고 하면 난관에 봉착할 수 있는데 그럴 때 이점을 명심하고 알라의 자비를 구하라. 그러면 알라의 빛이 여러분에 비치며 올바른 길로 인도하실 것이다.

## 38장 | 보조학문에 대한 연구를 확장할 필요는 없고
그 문제점들도 세분화할 필요가 없다

　문명인들 사이에 알려진 학문에는 두 종류가 있다. 하나는 자체로서 요구되는 학문으로 예를 들면 코란의 해석이나 예언자의 전승 그리고 피끄흐, 칼람학과 같이 종교적인 학문들과 자연학이나 형이상학과 같은 철학이 있다. 또 다른 하나는 이런 학문들을 위한 보조적 학문으로, 예를 들면 종교적 학문들을 보조하는 아랍어학이나 산술학, 칼람학을 보조하는 논리학 등이 있다. 자체로 요구되는 학문은 논의와 연구를 확장하거나 이와 연관된 문제점들을 세분화하여 토론하고 서로 다른 견해들을 제시해도 무방하다. 이런 논의와 연구의 확장과 토론은 학생들의 습관을 확고하게 해주고 그들이 연구하고자 하는 그 학문들의 개념을 좀 더 명확하게 설명한다. 그러나 아랍어학, 논리학처럼 보조적인 학문들은 다른 학문에 도움을 주는 역할이므로 그에 합당한 범위까지만 연구되어야 한다. 이런 보조학문에 대한 논의가 확장되고 그 문제점이 세분화될 필요는 없다. 왜냐하면 이는 보조학문으로서의 본 목적에서 멀어지기 때문이다. 어떤 학문에 대한 보조적인 역할에서 벗어나고 사람들이 그것에 집중하게 되면 이는 시간낭비이다. 이 학문은 세부적으로 나누어진 큰 주제를 지니고 있기 때문에 그것에 대한 습관을 체득하는 것은 어렵다. 학자가 그런 체득을 하기까지 지나치게 오랜 시간이 소요되므로, 이 학문은 그 자체로서 요구되는 학문을 습득하는 데에 오히려 장애가 될 수 있다. 사실 본래의 학문이 더 중요하고 그에 따른 문제들을 이해하기에도 인생은 매우 짧다. 따라서 본래 학문을 위해서라는 의도로 보조학문에 전념하는 것은 중요하지 않은 것을 붙잡고 시간을 낭비하는 것이다. 최근에 학자들은 문법학이나 논리학, 피끄흐의 근원(법원학)연구에서조차 우를 범했다. 그들은 원래의 학문에 더 많은 자료를 보태고 주석을 통해 다른 자료를 보태는 방법으로 논의를 연장시켰다. 심지어 그들은 보조학문을 세부적으로 나누고 문제점을 늘려 이제는 그것이 더 이상 보조학문이 아니라 자체로 요구하는 학문이 되게 만들었다. 보조학문은 본래 학문이 필요로 하지 않는 문제들을 다루었고 결국 이 학문은 시간 낭비이자 학생들에게 해가 되는 존재로 전락했다. 본래의 학문이 보조학문보다 더 중요한 것이 사실임에도 학생들이 보조학문에 몰두하느라 시간을 쓴다면 본 학문을 연구하지 못하게 된다. 따라서 교사들은 보조학문을 소개할 때 그것을 지나치게 깊이 연구하거나 관련된 문제들을 세분화시킬 필요가 없다고 강조해야 한다. 그들은 연구에 몰입하는 학생들에게 항상 각자의 목표를 정하고 그 목표에서 멈추라고 충고해야만 한다. 만약 자신이 보조학문을 심화 연구하겠다고 결정하거나 자신의 능력이 가능하다고 확신한다면 스스로 선택하도록 하라. 인간에겐 각자의 운명이 있다.

# 39장 │ 이슬람의 도시에서 이루어지는 아동 교육의 다양한 방법들

　아동에게 코란 교육은 이슬람의 상징이라는 것을 인지하라. 무슬림들은 모든 도시에서 코란을 교육한다. 왜냐하면 교육은 코란의 시구와 예언자의 전승에 바탕을 둔 투철한 신앙과 신조를 아동들의 마음속에 심어 줄 수 있기 때문이다. 코란은 교육의 기본이고 이후 습득되는 모든 습관의 기초가 되었다. 어려서 배운 것은 그 이후의 어떤 교육보다도 인간의 마음속에 뿌리 깊게 박히고 그 이후 배운 모든 지식의 기본이 되기 때문이다. 인간의 마음에 각인되는 최초의 인상은 모든 학문적 습관의 기초가 되고 그 기초는 마치 건물의 기초와 같은데, 이후의 운명을 결정짓게 된다. 아동에게 코란을 가르치는 방법은 코란 교육이 가져오는 습관에 대한 견해 차이에 따라 다르다. 마그립에서는 아동의 교육을 코란 교육에만 한정하고 코란의 필사법과 이에 관한 코란 전문가들의 차이점과 문제점을 가르친다. 마그립에서는 아동이 코란을 숙달하기 이전에는 교실에서 전승, 법학, 시학, 아랍어학 등을 가르치지 않는다. 일부 아동은 코란을 숙달하기도 전에 학교를 그만두는 경우도 있는데 이런 경우 아동은 아무것도 배우지 못하게 되는 것이다.

　이것이 마그립의 도시민들과 그들을 따르는 베르베르족 코란 교사가 아동을 교육하는 방법이다. 성인이 된 이후 코란을 학습하려는 사람들도 이런 방법을 취한다. 마그립인들은 코란 필사 학습과 암기에서 다른 민족들보다 월등하다. 스페인에서는 아동 교육을 읽기와 쓰기에 집중한다. 코란이 이슬람과 모든 학문의 기초이므로 그들은 코란 교육을 기본으로 여긴다. 하지만 아동에 대한 교육을 코란으로만 한정시키지는 않는다. 그들은 아동들에게 시와 작문 등을 교육시키고, 아랍어에 관한 전문 지식과 서법도 교육시킨다. 사실 그들은 코란을 다른 과목보다 우선적으로 간주하지 않고 성년이 될 때까지 가장 중요한 교육은 글쓰기로 간주한다. 이런 과정을 거쳐 아동들은 아랍어와 시에 대한 지식을 획득하고 탁월한 수준의 서법을 익히게 된다. 만약 스페인에 학문적 교육의 전통이 남아 있다면 학문적 지식을 획득할 수 있겠지만 그 전통은 더 이상 남아 있지 않기 때문이 이는 불가능한 일이다. 오늘날 스페인의 아동은 초등교육 이상의 지식을 획득하지 못한다. 만약 올바른 교사를 만나면 그 이상의 공부를 할 수는 있을 것이다. 알라께서 인도하는 사람은 이것만으로 충분하다.

이프리끼야에서는 아동 교육을 코란과 전승 교육에 집중하고, 학문적 원리와 이와 관련된 문제점들도 교육한다. 하지만 어디까지나 그들 교육의 중점은 코란에 대한 지식과 다양한 교정본에 의해 코란을 숙지하는 것이다. 그들은 코란 낭독법을 중시하고 그다음으로 쓰기를 강조한다. 그들의 코란 교육은 마그립이나 마슈리끄의 방법보다 스페인의 방법에 가까운데 그 이유는 그들의 교육 전통은 기독교도가 스페인을 정복하게 되자 스페인인들이 튀니스로 와서 보호를 요청했던 역사와 연관이 있기 때문이다. 그들은 스페인 장로들로부터 교육방법을 전수받았고 이후 이 장로들이 튀니스의 아동들의 교사가 되었다.

들리는 바에 의하면 마슈리끄에서도 혼합된 교육을 한다고 한다. 나는 그들이 중점을 두는 교육이 무엇인지 알지 못한다. 그들은 코란 교육 뿐 아니라 아동이 성장한 이후에는 종교학에 관한 저술과 원리 교육에 힘쓴다고 들었다. 하지만 그들은 코란 교육과 글쓰기 교육을 혼합하지는 않는다. 그들은 특별한 원칙을 두고 특별한 교사가 글쓰기 교육을 하도록 하는데 다른 기술교육과 마찬가지로 학교의 교과가 아닌 별도로 교육된다. 그들이 아동 교육에 석판을 사용하는 것은 글쓰기 교육이 낮은 수준이라는 것을 알게 한다. 만약 더 훌륭한 글쓰기 교육을 원하는 아동은 성장한 이후 본인의 관심과 희망으로 전문가에게 배워야 한다.

이프리끼야와 마그립의 교육의 경우 그들의 교육은 코란에만 한정되기 때문에 언어적 습관이 전반적으로 부족하다. 왜냐하면 인간은 코란과 같은 것을 만들어낼 수 없고 코란의 방법을 사용하거나 모방할 수 없기 때문에 어떤 면에서도 학문적 습관을 체득할 수 없다. 따라서 코란 교육을 받아도 아랍어의 습관을 획득하지 못하고 어색한 표현을 사용하게 된다. 이런 상황은 이프리끼야인들에 비해 마그립인들이 더 심각한데, 이미 설명했듯이 전자의 경우에는 코란 교육뿐 아니라 학문적 원리와 이에 관련된 용어들을 교육하기 때문이다. 그들은 어느 정도 훈련을 거쳐 모방할 능력을 갖게 된다. 그러나 그들은 학문적 용어로만 구성된 지식을 터득했음으로 그들의 습관은 좋은 문체를 사용하기에는 부족하다.

스페인인들의 경우 그들의 교육은 시, 작문, 아랍어학 등에 대해 전반적으로 이루어지므로 아동들은 어려서부터 아랍어에 익숙해질 수 있는 습관을 획득하게 된다. 하지만 그들은 다른 모든 종교적 학문에는 익숙하지 않은데 그 이유는 그러한 학문들에 기초가 되는 코란과 전승에 대한 공부가 부족하기 때문이다. 그들은 글을 쓰는 방법을 알고 문학적 교육을 받는데 이는 성인이 될 때까지 교육을 더 받았는가에 따라 상황이 조금씩 다르다.

판관 압둘라 븐 알아라비[108] 자신의 『여행al-Rihlah』에서 교육에 관해 언급한 바 있는데 그것은 옛것의 장점과 새것의 현황에 관한 것이다. 일반적인 스페인의 교육방식과 마찬가지로 그는 아랍어와 시의 교육을 무엇보다도 중요하게 생각했다. 그는 이렇게 말했다. "아랍인들에게 있어 시는 보물이다. 현재 아랍어의 변질된 상황을 감안한다면 시와 아랍어학을 우선 가르쳐야 한다. 그리고 학생들은 산술학을 배우고 그 기본원칙을 학습해야 한다. 이런 준비과정을 끝내고 코란을 준비하면 훨씬 더 좋을 것이다." 그는 또 이렇게 말했다. "처음 공부하는 아동에게 코란을 가르치는 요즘 교사들은 얼마나 사려 깊지 못한지? 아동들은 이해하지도 못한 채 계속 따라 읽고 중요하지도 않은 것을 계속 공부하고 있다." "학생들은 이

---

108  12세기의 인물로 1148년 사망했다.

슬람의 원리, 샤리아학의 원리, 논증법, 예언자의 전승 및 이에 관련된 학문들을 차례로 공부해야 한다." 그는 명석하고 충분한 능력이 있는 학생이 아니라면 두 가지 분야를 동시에 교육시키는 것도 금했다. 이것이 판관 압둘라의 조언인데, 좋은 방법이다. 일반적으로 코란 교육이 가장 우선시 되는데, 그 이유는 내세의 축복과 보상에 대한 희망이 있기 때문이다. 또한 철부지 아이들에게 악영향을 미쳐 공부를 멀리하게 만들 수 있는 것들에 대한 두려움 때문이기도 하다. 아이들이 어릴 때 코란을 교육받지 않으면 코란 학습 기회를 잃을 것이라고 생각한다. 아이들은 부모 슬하에 머무는 동안 권위에 복종하지만 성장하면 청년이 된 그들을 다루는 것은 쉽지 않다. 따라서 아이들이 부모 슬하에 있고 부모와 교사의 권위가 영향을 미치는 동안 코란을 교육해야만 한다. 그러나 만약 아이가 성장해서도 공부를 계속하고 교육을 받는다면 판관 아부 바크르가 언급한 방법은 마슈리끄나 마그립의 어떤 방법보다도 더 좋은 것이다. 그러나 알라는 원하는 것을 판단하고 지고하신 그분의 판단을 거역하는 일은 없다.

## 40장 │ 학생들에 대한 지나친 엄격함은 해를 초래한다

그 이유는 다음과 같다. 교육을 할 때 학생들에게 엄격하게 대하는 것은 특히 어린아이들의 경우, 나쁜 습관을 낳고 해를 가져온다. 불의와 강압 하에 자란 학생, 노예, 하인들은 불의와 강압에 압도되므로 그들은 항상 억압받는 느낌으로 인해 활력을 잃어버리고 결과적으로 게을러지거나 거짓말을 하고 불성실한 자가 된다. 그들은 처벌이 두려워 원래 생각하는 것과 달리 행동한다. 따라서 그들은 거짓과 기만을 배우며 결국 이런 것이 그들의 습관과 성격이 된다. 그들은 사회적, 정치적 집단에서 생존하기 위해 획득해야 할 자신과 가정을 보호하려는 인간적인 자질을 상실하고 타인에게 의존하게 된다. 심지어 그들의 영혼은 좋은 자질을 취하려는 노력도 하지 않을 정도로 게을러진다. 그들은 잠재력을 발휘하지 못한 채 인간성을 얻지도 못한다. 결국 그들은 가장 낮은 상태의 인간이 되기 쉽다.

이것은 압제를 겪고 불의를 당하게 된 모든 민족이 공통적으로 보이는 현상이다. 자립과 자위의 개념을 알지 못하고 그런 능력이 없는 사람을 살펴보면 이런 사실을 확인할 수 있다. 유태인의 못된 성품을 살펴보자면, 그들에 대해서 전문용어로 불성실과 기만성인 '쿠르즈khurj' 자질이 있다는 것을 알게 된다. 이유는 위에서 설명한 그대로이다. 교사는 학생들을 교육시킬 때 지나치게 엄하고 혹독하게 대해서는 안 된다. 이것은 아버지가 아들을 교육시킬 때도 마찬가지이다. 아부 무함마드 븐 아부 자이드가 책에서 교사와 학생의 관계와 그 규율을 이렇게 언급했다. "만약 아이들에게 체벌을 가하는 경우 교사는 3번 이상의 매질은 안 된다." 칼리파 우마르는 말했다. "샤리아에 의해 훈육 받지 않은 자는 알라에 의해 교육받지 못한 것이다." 그는 인간의 영혼은 체벌이 주는 굴욕에서부터 보호받아야 된다는 것과 샤리아가 규정한 처벌의 수준은 인간을 통제하기 위해 적절한 정도여야 한다는 것을 주장한 것이다. 왜냐하면 샤리아는 피교육자에게 최상의 것이 무엇인지를 알고 있기 때문이다.

최상의 교육방법 가운데 칼리파 알라시드가 아들 아민의 스승이었던 칼라프 븐 아흐마르에게 알려준 방법이 있다. 칼라프 븐 아흐마르는 말했다. "라시드가 내게 아들인 아민을 가르치라고 명하면서 이렇게 말했다. '아흐마르여! 믿는 이들의 수장인 나는 당신에게 내 아들의 영혼의 생명인 심장의 열매를 맡기노라. 내 아들을 단단히 붙들어 그대에게 복종하도록 하시오. 내 아들을 대할 때에는 내가 그대에게 부여한 지위를 지키도록 하시오. 코란 읽는 법과 역사를 가르치시오. 시를 전수해주고 예언자의 순나를 가르치시오. 어떠한 경우에 연설을 해야 하는지, 또 어떻게 연설을 시작하는지에 대해서도 내 아들에게 가르치시오. 그리고 적절한 경우를 제외하고는 웃지 못하도록 하시오. 친척들의 방문에 예의를 갖추도록 교육하고, 군 지휘관들의 방문에는 명예로운 자리를 허락하도록 교육하시오. 촌음을 아껴 좋은 교육을 하기에 힘쓰시오. 그러나 중요한 것은 내 아들이 상심하지 않으면서 교육받게 하라는 점이오. 그렇다고 항상 관대하라는 것은 아니라오. 그렇게 하면 여가를 즐기는 것에 익숙해질 것이오. 가능한 한 부드러운 방법으로 옳게 인도해 주되 만약 그대가 그런 방법을 원하지 않는다면 엄격하게 대해야 할 것이오.'" 끝.


## 41장 │ 학자는 지식탐구 여행과 스승과의 만남으로 교육의 완성을 보게 된다

그 이유는 인간이 학문, 교육, 스승과의 만남, 모방 등을 통해서 지식과 성격을 완성하기 때문이다. 이 중에 차이가 있는 것은 스승과 개인적인 접촉으로 얻은 습관은 다른 경우보다 뿌리 깊다는 것이다. 좋은 스승을 많이 접하면 그 제자는 학문적 습관을 더 확고하게 할 수 있다. 학생들은 다수의 교육에 사용되는 전문용어들로 혼란스러워한다. 다수의 학생들은 그런 전문용어가 학문의 일부라고 생각하지만 이는 잘못된 생각이다. 그들의 잘못된 생각을 교정할 수 있는 유일한 방법은 교사들과의 접촉을 갖는 것이다. 교사들은 서로 다른 용어를 사용하므로 이 문제는 자연스럽게 해결될 수 있다. 다양한 학자들과 교사들과의 만남을 통해 학생은 교사들이 사용하는 용어의 차이를 인식하고 구별하고 그 용어와 관련된 학문을 깨닫게 된다. 학생은 이제 용어가 지식 전달을 위한 수단이라는 것을 알게 되고 확고한 학문적 습관을 획득하기 위해 노력하게 될 것이다. 학생은 자신의 지식을 개발, 향상시키고 다른 지식과의 차이도 알게 된다. 그는 다양한 교사들과 개인적으로 접촉하면서 자신의 습관도 확고하게 될 것이다. 이것은 알라께서 학문의 길로 향하도록 도움을 주시고 바른길로 인도하는 사람들의 경우이다. 지식탐구 여행은 유용한 지식 획득, 좋은 교사, 학자들과의 만남, 자기 완성을 위해서도 꼭 필요한 것이다.

## 42장 │ 학자는 그 누구보다 정치와 거리가 멀다

그 이유는 학자들이 많은 생각과 관찰, 의미에 침잠하여 이 모든 것을 감각에서 추출하고 관념에서 끌어내는 것에 익숙하기 때문이다. 그들은 특수한 주제나 종족, 민족, 인간집단이 아닌 일반적 사안으로 이 모든것을 통제하여 일반화시킨다. 학자들은 마음속에 있는 보편적 생각을 외부의 구체적 사실에 일치시키려고 한다. 그들은 피끄흐의 유추를 사용해서 어떤 것을 다른 것과 비교한다. 그들이 도출해낸 결론이나 의견은 관념적인 것으로, 학자들은 자신의 연구와 사유가 끝난 뒤 그런 관념을 외부 사실들과 일치시키려고 한다. 그들의 판단과 사고는 모두 관념에 의한다. 따라서 유추의 일치는 연구와 관찰이 끝나야만 가능하다. 혹은 전체가 일치하지 못하는 경우도 있다. 왜냐하면 외부 사실은 관념적인 것에서 분화된 것이기 때문이다. 샤리아 규율은 코란과 순나의 기록과 전승들로부터 도출된 경우이다. 우리는 외부 사실이 샤리아 규율과 일치할 것으로 예상하지만 이성적 학문에서는 그 반대다. 이성적 학문은 견해의 온당함을 증명하기 위해 외부의 사실과 일치되기를 요구받는다. 학자들은 이렇게 모든 지적 활동에서 사고와 관련된 사항들을 다루는데 익숙하지만 그 밖에 대해서는 거의 알지 못한다. 정치가들은 외부 사실들과 정치와 연관된 사항들에 대해 관심을 갖는다. 그런데 외부의 사실들은 비교될 수 있는 다른 것을 지니지 않을 수도 있고 혹은 일치시키려는 보편적 생각과 반대의 것을 지닐 수도 있다. 존재하는 사실과 조건들은 상호 비교가 항상 가능한 것은 아니다. 왜냐하면 이것은 어떤 면에서는 유사성을 보여도 다른 면에서는 차이가 있기 때문이다. 학자들은 늘 일반화와 유추에 의한 결론에 익숙해져 있다. 그들은 정치 관찰 결과도 자신의 견해 내에서 유추한다. 따라서 그들은 많은 잘못을 범하고 사람들은 학자들의 정치적 견해를 신뢰하지 못한다. 지성인은 학자와 같은 부류에 있다. 그들은 법학자들과 마찬가지로 사고와 유추에 통찰력을 집중함으로 오류를 범하게 된다. 건강한 보통 사람이나 지성인이라도 평범한 사람들은 그렇게 생각하지 않기 때문에 마음속의 생각을 외부 사실과 일치시키려 하지는 않는다. 그들은 외부의 모든 사실을 있는 그대로 판단하고 각각의 상황과 개인들을 개별로 판단한다. 따라서 그들은 유추나 일반화를 추구하지 않고, 지각되는 사물을 유추할 뿐 그것을 더 이상 확장시키지 않는다. 시인은 말했다.

> 너무 멀리 가지 말지어다.
> 수영을 할 때
> 안전함은 해안에 있느니.

사람들은 이런 사람의 정치활동에 대한 생각을 신뢰할 수 있다. 그는 올바른 생각으로 동료들을 대하고 적절한 생활을 하고 손해를 보지 않는다. 우리는 이런 사실을 통해 논리학이 지나치게 추상적이고 감각에서 멀리 있기 때문에 오류를 범할 수 있다는 사실을 알게 된다. 논리학은 제2의 이성을 고찰한다. 우리가 물질적 세계에서 제2의 이성과 일치를 추구하면 논리학적인 결론을 도출하지 않고 오히려 반대되는 것을 발견할 수 있다. 제2의 이성은 추상화가 적고 감각에 대한 상상과 형상의 결과인 제1의 이성과는 다르다. 왜냐하면 제1의 이성은 감각의 면모를 유지하고 감각과 일치를 확인시켜주기 때문이다. 지고하신 알라는 가장 잘 알고 계시고 성공을 부른다.

# 43장 | 이슬람 세계 학자의 대부분은 페르시아인이다

아주 드문 경우를 제외하고 종교적, 이성적 학문을 다루는 무슬림 학자들 다수가 페르시아인 이라는 것은 이상하지만 사실이다. 아랍 출신 학자일지라도 페르시아어와 페르시아 교양을 배웠으며 그 스승은 페르시아인이다. 이슬람은 아랍인의 종교이고 샤리아의 창시자가 아랍인이지만 이것은 사실이다. 그 이유는 이슬람이 단순한 상황과 사막생활에서 태동되었고 학문과 기술이 없었기 때문이다. 알라의 명령을 담고 있는 샤리아는 권위자들의 가슴속에 있는 것이다. 그들은 무함마드로부터 직접 혹은 무함마드의 교우를 통해 전해들은 지식으로 코란과 순나와 같은 샤리아의 원천을 알고 있었다. 그들은 아랍인이었다. 그러나 그들은 학문적 교육, 저술, 세계적인 저작 등에 대해 지식이 없었고 그런 것이 필요로 하지도 않았다.

상황은 이렇게 예언자의 교우들과 그다음 세대까지 흘러갔다. 샤리아를 알고 전수하는 자를 '독경사'라 불렀는데 그들은 문맹이 아니고 코란을 읽을 줄 알았다. 당시 무함마드의 교우들은 베두인이었고 문맹이었는데 이는 일반적 상황이었다. 코란을 읽을 줄 아는 사람을 '코란 독경사'라고 불렀고 이는 그들이 문맹이 아니라는 것을 표시했다. 그들은 알라로부터 내려온 코란과 순나를 읽는 자들이었고 그들은 샤리아 법규를 오직 코란과 하디스를 통해서만 알게 되었다. 예언자 무함마드*는 말했다. "나는 너희들에게 두 가지를 남겨 두었다. 너희는 그 두 가지를 잡고 있는 한 절대 길을 잃지 않을 것이다. 그것은 코란과 나의 순나이다." 칼리파 라시드의 재위시기에 구전의 문제점이 대두되었다. 전승이 계속되면서 원래의 것에서 너무 멀어져 문제가 생겨 전승을 글로 기록해야 할 필요가 제기되었다. 왜냐하면 전승은 이슬람 시작 이래로 오랜 시간이 흘렀기 때문이다. 당시 학자들은 기록이 없으면 전승이 사라질지도 모른다고 우려하기 시작했다. 전승자의 이스나드와 실례를 평가하여 많은 전승자들의 이스나드 중 옳은 것과 약한 것을 구별해야 할 필요성이 생겼다. 구체적인 사안들이 발생했고 이와 관련해서 더 많은 법률이 코란과 순나에서 도출되었다. 아랍어도 원래의 모습을 잃어버리고 부패되기 시작했으므로 문법적인 원칙을 정해야 했다. 종교적인 학문들은 법과 원칙을 정해 비교, 유추하는 습관을 지니게 되었다. 아랍어의 원칙에 대한 지식과 법의 도출, 유추의 원칙 등이 필요했고 게다가 수많은 혁신과 이단의 발생으로 논증을 통해 이슬람의 신조를 방어해야만 했다. 이 모든 것이 각각 고유한 교육과 습관을 지닌 학문이 되었고 그 학문은 기술이 되었다.

우리는 이미 앞에서 도시민들이 기술을 연마하고 베두인들은 기술과 가장 거리가 멀다는 사실을 언급했다. 따라서 학문은 도시문화에 속하고 아랍인들은 학문을 알지 못했고 제대로 습득하지도 못하는 상황이 되었다. 그런데 그 당시 도시민은 페르시아인이거나 혹은 이슬람에 귀의한 개종자들이었다. 기술과 직업을 포함해 모든 도시문화는 페르시아인들이 주도하게 되었다. 페르시아 제국시대 이래로 그들에게는 도시문화가 뿌리 깊게 있었으므로 그들이 학문에 능숙한 것은 당연한 일이었다. 아랍 문법학의 창시자인 시바와이흐 그 이후 파리시와 자자즈 등은 모두 페르시아 출신 학자이다. 그들은 아랍어를 교육받으며 성장했고 그 과정에서 아랍인들과 접촉하며 아랍어에 대한 지식을 습득했다. 그들은 문법의 원칙을 고안했고 이후 후세에 도움이 되는 개별 학문으로 만들었다.

무슬림에게 필요한 전승을 보존한 전승학자 대부분은 페르시아인이거나 페르시아인 같은 이들이었는데, 그 이유는 이 분야가 이라크에서 확산되었기 때문이다.

피끄흐의 원천을 연구했던 학자들도 모두 페르시아인이고, 칼람학과 코란주석학 대부분도 마찬가지였다. 페르시아인을 제외하고는 그 누구도 학문을 보존하고 저작을 남기지 않았다. 예언자*의 말씀의 진실성이 입증된 것이다. "만약 학문이 하늘에서 가장 높은 곳에 존재한다면 그것을 차지하는 것은 페르시아인들일 것이다."

아랍인은 베두인 생활을 탈피하고 문명을 깨닫고 문명을 주도하게 되었으며, 압바스 왕조에서 지도자의 위치를 담당하고 통치에 전념해야 했으므로 학문에 관심을 기울이지 못했다. 그들은 왕조의 사람들이었고 왕조 정책의 보호자이자 실행자였다. 또한 그들은 학문을 하나의 기술로 간주했으므로 학자가 되는 것을 경시했다. 정치지도자들은 기술, 직업, 이와 연관된 모든 것들을 경시했다. 그들은 이런 업무를 페르시아인과 아랍-페르시아 혼혈인들에게 맡겼다. 그리고 이들이 이런 종류의 일을 도맡아 하는 것이 마땅한 일이라고 간주했다. 아랍인 지도자들은 이들의 종교와 학문은 그런 것을 배우는 것에 대해 모멸감을 느끼지 않는다고 생각했기 때문이다. 하지만 아랍인들이 정권을 상실하고 페르시아인들이 정권을 장악하자 샤리아와 관련된 학문들은 샤리아 학문과 관련 없는 비아랍인 권력자에게 낯선 것이 되었다. 페르시아인 출신 권력자들이 자신들에게 아무런 득이 되지 않는 샤리아학을 전파하는 일에 전문가가 되었다. 샤리아학을 선전하고 대중에게 보급한 학자들 대다수가 페르시아 출신인 까닭은 바로 이것이다.

이성적 학문에 대해 살펴보자면 그것은 학자와 저술가들이 특성화되고, 학문이 하나의 기술로 정착된 이후 이슬람에 등장했다. 아랍인들은 이성적 학문에도 관심을 갖지 않았고 결국 이깃도 페르시아인들이 주도하게 되었다. 이런 상황은 정주문명이 페르시아인과 그들이 거주하는 도시인 이라크, 쿠라산, 트랜스옥시아나 등에 있는 동안 이슬람의 모든 도시에서 계속되었다. 그런 도시들이 황폐화되자 알라께서 학문과 기술을 습득하도록 만든 정주문명도 도시에서 사라지게 되었다. 학문은 페르시아인들에게서 전반적으로 사라졌다. 왜냐하면 그들이 베두인적인 태도를 보였기 때문이다. 학문은 정주문명이 풍성한 도시로만 한정되었다. 오늘날

카이로보다 정주문명이 풍족한 곳은 없다. 그곳은 세상의 어머니이고 이슬람의 위대한 중심지이며 다양한 학문과 기술의 원천이다. 일부 정주문명이 트랜스옥시아나 지역에 잔존하기도 한다. 그곳의 왕조가 정주문명을 지원했기 때문이다. 따라서 그곳에도 일부 학문과 기술이 남아 있다. 이는 부인할 수없는 사실이다. 그곳의 학자들이 쓴 저작들이 우리에게 이런 사실을 알려준다. 그는 사으드 알딘 알타프타자니이다. 페르시아 출신 중 그 이외의 인물로는 이맘 이븐 알카띱, 나쓰르 알딘 알뚜시가 있는데, 그들 이후로는 탁월한 페르시아 학자를 본적이 없다. 그러므로 이 사실을 심사숙고 잘 관찰하면 우주의 여러 상황에서 경이로움을 보게 될 것이다. 알라는 원하는 것을 창조하시고 그분 이 외에 유일신은 없다. 그분에게 왕권과 은총이 있으니 그분은 모든 것의 위에 계시다. 알라의 은총이 있기를.

## 44장 │ 비아랍인은 아랍어 모국어 화자보다 학문 습득이 어렵다

그 비밀은 모든 학문적 탐구가 관념적 의미와 상상적 의미에 있기 때문이다. 연구의 대부분이 코란과 순나의 말씀의 재료와 단어에 대한 것인 샤리아 관련 학문들도 이에 해당되는데 그 대부분이 상상을 다루기 때문이다. 이성적 학문의 경우도 마찬가지인데, 이 경우는 관념을 다룬다. 언어는 어떤 의미가 마음속에 생기는 것에 대한 설명이고 한 사람이 다른 사람에게 토론이나 교육, 소질의 획득을 위해 지속적 학문 탐구를 통해 전달하게 된다. 단어와 언어적 표현은 마음속에 존재하는 것들 사이에 있는 매개이고 장막이며 존재하는 것들을 이루어주고 최종 의미를 부여한다. 따라서 그 단어에서 의미의 도출은 반드시 이루어져야 하고 이를 위해 언어적 의미에 대한 지식과 언어학적 소질이 있어야 한다. 그렇지 않다면 연구자는 마음속에 있는 생각을 도출하는 것 뿐 아니라 그것을 표현하는 것도 힘들게 된다. 어떤 사람의 소질이 단어의 의미에 대해 확고해서 한 단어를 들으면 마음속에 그 단어에 대한 의미가 자연적으로 떠오르고 의미와 이해 사이의 장막이 제거되고 의미에 존재하는 것을 연구하는 일만 남는 경우가 있다. 이런 것은 모두 말과 표현을 통한 교육인데, 학생이 공부할 때 책과 문자로 된 자료에 의존하고 학문적인 제반사항을 책을 통해서 이해할 필요가 있다면 글로 쓰인 문자와 상상 속에 존재하는 구어 사이의 또 다른 장막에 직면하게 된다. 왜냐하면 글로 쓰인 문자는 구어를 표현하는 특수한 지시를 가지고 있기 때문이다. 학생이 만약 그 지시를 깨닫지 못하면 그 문자가 표현하는 바를 알 수 없다. 안다 해도 부족하게 알게 되고 그렇다면 문자가 표현하는 의미도 부족하게 이해할 것이다. 학생은 자신과 학문적 소질의 체득, 즉 목표로 하는 것 사이에 또 다른 장막을 만나게 되는데 이것은 첫 번째 장막보다 더 두텁다. 만약 그의 소질이 말과 문자의 의미에 있어 확고하다면 그와 의미사이의 장막은 제거될 것이다. 그는 단지 지시된 것에 대한 연구를 이해하는데 몰두하면 된다. 말과 문자 그리고 의미적 관계는 모든 언어에 존재한다. 그러므로 학생들이 어릴 때 그 소질을 체득하면 보다 단단하게 뿌리내릴 수 있다.

이슬람이라는 종교가 통치하는 영역은 매우 광범위하고 그 안에 수 많은 민족들이 있다. 문맹이 지배적이었던 이슬람 초기의 학문은 예언과 코란으로 이루어졌다. 고대의 학문은 이슬람의 예언과 코란으로 인해 씻겨나갔고 문맹은 하나의 풍조이자 이슬람이 상징이있나. 이슬람 왕조의 왕권과 영예는 정주문명과 세련된 교육을 추구하게 되었다. 무슬림은 전승으로 유지되었던 샤리아 학문들을 하나의 기술로 만들었고, 그들에게도 학문적 소질이 생겼고 기록과 저술이 많아졌다. 그들은 여러 민족의 학문 습득을 희망했다. 그래서 번역으로 그것을 자신들의 학문으로 만들었고, 자신들의 관점을 첨가시켰다. 비아랍어로 된 저술들을 아랍어로 번역하였고 그들의 지각 수준을 능가하게 되었다. 비아랍어로 된 책들은 폐기되었고 사라졌다. 모든 학문은 아랍어로만 쓰여 지게 되었고 저술도 아랍어로만 이루어졌다. 학자들은 아랍어의 문자가 지시하는 것에 대한 지식을 필요로 하게 되었다. 비아랍어는 사라졌고 따라서 이에 관한 연구도 사라졌다. 뿐만 아니라 관심도 사라졌다.

언어는 혀에 있는 소질이다. 마찬가지로 글쓰기는 손에 있는 소질이며 기술이다. 처음에 비아랍어에 대한 소질이 있었던 혀는 아랍어 통달에 어려움을 보인다. 왜냐하면 이미 하나의 기술에서 소질을 가진 한 사람이 다른 기술을 통달하기는 어렵기 때문이다. 이는 명백한 사실이다. 어떤 이가 아랍어나 문자의 의미를 익힘에 있어서 부족하다면 그가 그 의미를 이해하는 것은 어려운 일이다. 그러나 비아랍어의 소질이 확고히 자리 잡기 이전에 아랍어의 소질을 훈련하는 경우는 예외다. 비아랍계 아동이 언어 소질 고착 이전에 아랍인들과 더불어 교육받는 경우인데, 이때는 아랍어가 그의 모국어처럼 되고 아랍어 단어에서 의미를 이해하는 것도 부족함이 없게 된다. 이것은 아랍어 소질이 정착하기도 이전에 비아랍어를 학습한 경우도 마찬가지이다. 대다수의 비아랍계 학자들이 공부하거나 학습 현장에서 책의 주석을 뚜렷하고 큰 소리로 읽는다. 이런 방식으로 그들은 단어와 의미 간에 장막을 걷고 의미를 보다 쉽게 이해하게 된다. 표현과 문자에 있어 완벽한 소질을 지닌 사람은 큰소리로 낭독할 필요가 없다. 그런 자에게 있어 문자는 말을 이해하는 것, 말에서 의미를 이해하는 것으로 이미 단단히 뿌리내린 기질과 같이 되어 있기 때문이다. 그와 의미 사이의 장막은 이미 제거되었다. 말하기와 글쓰기를 지속적으로 연습하게 되면 그 언어에 대한 확고한 소질을 지니게 된다. 이는 우리가 다수의 비아랍계 학자들의 경우에서 발견할 수 있다. 하지만 매우 드문 일이긴 하다. 우리는 비아랍계 학자들과 견줄만한 아랍계 학자들을 비교해 보았다. 아랍인들의 능력이 더 크고 그 소질도 더 강하다는 것을 알 수 있다. 비아랍계 학자들은 아랍어보다 먼저 획득한 비아랍어 때문에 반드시 어려움을 겪게 된다. 이 진술이 다수 무슬림 학자들이 비아랍계라고 말했던 앞의 내용과 반대되는 일은 아니다. 왜냐하면 비아랍계가 뜻하는 바는 혈통 상 아랍인이 아니라는 것이다. 그들은 오랫동안 도시문화를 영위했고 이는 그들이 다양한 학문적 기술과 소질의 주인이었음을 말해준다. 하지만 언어적으로 비아랍이라는 것은 이것과는 다르다. 여기서는 그 의미다. 이러한 기술은 그리스인들이 학문에 있어서 확고한 발전을 이루었다는 것과도 반대되지 않는다. 그들은 모국어와 고유한 그들만의 문자로 학문을 배웠다. 이슬람사회에서 학문을 연구하는 비아랍계 무슬림은 모국어 외의 언어로 지식을 습득했고 이것이 앞서 언급한 대로 그들에게 장막이 된 것이다. 이는 비아랍계 민족, 예를 들면 페르시아인, 비잔틴인, 투르크인, 베르베르인, 유럽계 기독교인 모두에게 있어 일반적 현상이다.

## 45장 │ 아랍어에 관한 학문들

아랍어학에 있어 4개의 기둥은 어휘학'ilm al-Lughah, 문법학'ilm al-Naḥw, 바얀학'ilm al-Bayān, 문학'ilm al-'adab이다. 이에 대한 지식은 이슬람 법학자에게 필수적이다. 모든 샤리아는 코란과 순나에서 비롯되었고, 코란과 순나는 아랍어로 기록되었으며 무함마드의 교우와 다음 세대가 이를 전승했다. 그들은 모두 아랍인이었다. 코란과 순나에서 발생하는 어려움을 설명한 것도 아랍어이다. 따라서 샤리아학을 하고자 하는 사람은 아랍어에 관련된 학문들을 알아야 한다. 이 학문들이 보이는 차이는 말이 전달하고자 하는 의미에서 강조하는 면이 다르기 때문에 발생한다. 이 중 가장 중요한 것이 문법학이다. 문법은 의도하고자 하는 기본 원리를 명백하게 해주기 때문이다. 우리는 문법을 통해 주어와 목적어, 명사문의 주부와 술부를 알 수 있게 된다. 문법을 알지 못한다면 정보의 근원을 얻을 수가 없다. 만약 대부분의 자료가 기존의 의미를 지닌 채 남아 있지 않았더라면, 수식과 피수식을 지시하는 이으랍과 달리 변화하지 않았다면 어휘학은 가장 중요한 대우를 받을 자격을 얻었을 것이다. 그러나 그것은 통째로 변화하고 아무 흔적을 남기지 않았다. 그래서 문법학이 어휘학보다 더 중요하게 되었다. 문법학을 모르면 전반적으로 상호 간의 이해에 해를 가져온다. 그러나 어휘학은 그렇지 않다. 지고하신 알라는 가장 잘 아시고 성공을 부른다.

## 문법학

일반적으로 알려진 바에 의하면 언어란 화자가 의도하는 바를 표현하는 것임을 인지하라. 그 표현은 말뜻을 전달하려는 목적을 지닌 혀의 활동이다. 따라서 언어는 혀에 뿌리내린 소질이 되어야 한다. 언어는 각 민족이 지닌 고유의 용어에 의해 존재한다. 아랍인들은 그런 방식으로 습득한 언어 소질에 있어 가장 뛰어나고, 의도하는 바를 표현함에 있어 가장 명확한 소질을 지니고 있다. 왜냐하면 아랍어에는 말로 하지 않아도 의미를 전달하는 지시가 많기 때문이다. 예를 들자면 주어를 목적어나 소유격과 구분하는 모음, 다른 낱말을 쓰지 않고도 동사를 실체로 바꿀 수 있는 문자가 있다. 이는 아랍어에만 있는 특징이다. 아랍어 이외의 언어는 어떤 의미나 상태를 표현하려면 그에 상응하는 낱말이 반드시 있어야 한다. 그런 이유로 우리는 외국어로 표현하는 경우 아랍어로 표현하는 것보다 훨씬 길다는 것을 발견한다. 이것은 예언자*의 말씀이 의미하는 바이다. "나는 가장 포괄적인 낱말을 사용해 말한다. 그러므로 내 말은 간단하다." 자음, 모음, 조음 위치 이 모든 것은 명확한 방법으로 전하려는 의미를 보여준다. 아랍인들은 그 의미를 따로 교육받을 필요가 없었다. 아랍어는 그들의 혀에 박힌 소질이고, 이것은 한 세대에서 다음 세대로 자연스럽게 전달되었다. 마치 오늘날 아이들이 우리의 언어를 배우는 것과 같다.

이슬람이 출현하고 아랍인들은 여러 민족과 왕조의 수하에 있던 왕권을 획득하기 위해 히자즈를 떠났고 비아랍인들과 섞였다. 그들은 비아랍인들이 아랍어를 말하면서 범하는 오류를 계속 들었고 결과적으로 그들의 언어 소질이 변하게 되었다. 듣기는 언어 소질에서 가장 중요하다. 아랍인들은 본래의 언어 소질과 다른 것을 듣는 것에 익숙해졌고, 본래의 언어 소질은 타락하게 되었다. 학자들은 본래의 언어 소질이 타락하고 그 기간이 길어지는 것에 대해 두려움을 느꼈다. 그렇게 되면 코란과 하디스를 이해하는 것에도 지장이 오지 않을까 하는 것이 가장 큰 두려움이었다. 그들은 자신들의 말하는 방법으로부터 아랍어의 언어 소질에 대한 규칙을 일반적이고 보편적인 형태로 고안했다. 그들은 다양한 말의 종류를 문법의 범주 내에서 해석하고 유사한 것끼리 연결시켰다. 예를 들면 동사문의 주어는 주격을, 목적어는 목적격을 취하고 명사문의 주어는 주격으로 표시하는 것이 있다. 그다음에 그들은 이런 모음 변화에 따라 그 의미가 달라지도록 했다. 이런 것을 '이으랍'이라 불렀고, 그런 변화에 따라 지배소라 불렀다. 모든 것이 고유의 특이한 용어로 되었다. 이 분야에서 최초로 책을 쓴 이는 키나나족 출신의 아부 알아스와드 알두왈리이다. 전해오는 바에 따르면 알리*는 아랍어 소질이 변질될 것을 두려워한 나머지 그에게 아랍어 소질의 보전을 명했고 그는 철저히 조사한 끝에 문법으로 그 답을 내놓았다.

그 이후 다수의 학자들이 이와 관련된 서적을 썼고 칼리파 알라시드 시대에 칼릴 븐 아흐마드 알파라히디가 대미의 장식을 하게 되었다. 당시 아랍인들이 문법을 가장 필요로 했던 이유는 아랍인들의 순수한 언어 소질이 사라지고 있었기 때문이다. 따라서 그들은 언어기술을 교육하고 그 세부사항을 완성시켰다. 시바와이흐는 칼릴의 문법을 취했고 문법을 완성하고 문법의 논증과 그 용례를 확장시켰다. 그리고 그는 자신의 유명한 문법책을 냈는데, 그 책은 이후 쓰인 모든 문법책의 정전이 되었다. 그리고 아부 알리 알파르시와 아부 알까심 알잣자즈는 문법을 공부하는 이들을 위해 축약된 문법서들을 썼다.

그 이후 이 기술에 관한 토론은 길게 이어졌다. 쿠파와 바스라 학자들 간에 이견이 발생했다. 그 두 도시는 아랍인들에게 언어학의 양대 고도시이다. 학자들은 논증을 제시하며 토론했고 교육방법에 대해서도 분명한 입장 차이를 보였다. 코란의 아야트에 대한 이으랍에 대한 견해차가 많았는데 그 이유는 그들 간에 해석하는 문법의 차이 때문이었다. 이런 상황은 학습자들에게 오랜 시간 계속되었다. 최근의 학자들은 그들의 이론을 축약했고 전수된 모든 이론을 크게 축약했다. 이븐 말리크는 *al-Tashīl*과 그 밖의 문법책에서 문법의 축약을 시도했다. 자마크샤리는 *al-Mufaṣṣal*라는 문법 축약본을 썼으며 이븐 알하집은 *al-Muqaddamah*를 썼다. 이븐 말리크는 *al-Kāfiyah al-Shāfiyah, al-ʾalfiyah*에서 문법을 체계화시켰고, 이븐 무으띠는 *al-ʾarzuzah al-ʾalfiyah*에서 문법 관련 저술의 목록을 일목요연하게 정리했다. 아랍어 문법 교육의 방법은 다양하다. 현대 학자들은 과거의 학자들과 그 방법에서 다르다. 쿠파학자, 바스라학자, 바그다드학자, 스페인학자 모두 그 교육방법이 다르다.

문법학은 여러 학문의 퇴보, 문명의 쇠락과 더불어 사라질 뻔했다. 우리는 이 시대의 마그립에 이집트의 자말 알딘 븐 히샴이 공헌한 결과의 디완이 있다는 소식을 들었다. 그는 이 책에서 모든 문법 규칙을 전체적으로 또 세부적으로 이으랍에 의거해 논했다. 그는 문자, 단어, 문장에 관해서도 논했다. 하지만 그는 문법의 모든 장에 걸쳐 있는 반복 부분을 생략하고 자신의 저서를 이으랍과 관련해서 *al-Mughnī*이라 불렀다. 그는 코란에 사용된 이으랍의 장점을 들어 설명했는데, 각 부, 장으로 나누어 기본 법칙에 의한 설명을 두었다. 우리는 이 책을 통해 그가 문법학에 관해 대단한 지식과 능력을 지니고 있다는 사실을 알 수 있다. 그는 이븐 진니를 추종하고 그의 교육용어를 따르는 모술 학파의 문법학을 취했다. 그는 이런 학문적 성과를 통해 그의 언어적 소질과 지식을 보여주었다. 알라는 원하는 만큼 인간에게 더 주신다.


## 어휘학

이 학문은 언어가 뜻하는 바를 명확히 밝혀준다. 아랍어의 소질이 타락하자 문법 학자들은 '이으랍'이라고 부르는 어말 모음을 보전하기 위한 법칙들을 고안했다. 그러나 비아랍인들과의 접촉은 계속되었고 언어의 타락은 계속되어 많은 어휘들에 영향을 받을 정도로 심해졌다. 아랍어로 말하기 대부분이 원래의 자리를 잃었고, 이런 현상은 비아랍인들이 아랍어 구사에 있어 아랍화가 덜 진행된 상태로 원래 아랍어와 상반되는 용어들을 사용한 결과이다. 따라서 아랍인들은 저술과 기록을 통해 순수 아랍어를 보존해야 할 필요성을 느꼈다. 그들은 이런 현상이 계속되면 코란과 하디스에 대한 올바른 이해와 전승에 문제가 생길 것이라는 두려움을 느꼈다. 다수의 언어학자들은 저술 작업에 착수했고 기록하기 시작했다. 이 과정에서 대표적인 학자는 바로 칼릴 븐 아흐마드였다. 그는 『아인*al-ʾain*』의 저자이다. 그는 이 책에서 아랍어 알파벳으로 조합이 가능한 모든 방식, 예를 들자면 2자음, 3자음, 4자음, 5자음으로 구성된 단어들을 다루었다. 5자음으로 구성된 단어는 아랍어 조합에서 가장 긴 것이다.

2자음 단어 수의 총합은 1부터 27까지의 등차수열의 합이다. 27은 아랍어 알파벳의 합보다 하나가 작은 수이다. 하나의 알파벳은 나머지 27개의 알파벳과 하나씩 연결된다. 그러므로 27개의 2자음 단어가 나온다. 그 다음 두 번째 알파벳은 나머지 26개의 알파벳과 하나씩 연결되고, 이런 방법으로 세 번째, 네 번째가 계속되어 스물일곱 번째까지 되는데 스물일곱 번째는 스물여덟 번째 마지막 알파벳만 연결된다. 이렇게 해서 1부터 27까지의 등차수열의 합이 된다. 수학자들이 사용하는 유명한 방법으로

도 그 값을 구할 수 있는데 그 내용은 다음과 같다. 수열의 처음과 끝을 더하고 그 합에 합한 수의 1/2을 곱한다. 그 결과는 두 배가 되는데 그 이유는 문자의 전치와 후치의 경우 모두를 계산했기 때문이다. 따라서 그 결과는 2자음 단어의 총계이다.

3자음 단어 수의 총합은 2자음 단어 수의 총합에 1부터 26까지의 등차수열의 합을 곱한 것이다. 왜냐하면 각각의 2자음 단어는 자음 하나씩만 더하면 3자음이 되기 때문이다. 그러므로 2자음 단어는 26개의 나머지 자음 각각과 한 번씩 연결된다고 보면 된다. 1부터 26까지의 등차수열의 합에 2자음 단어수를 곱하면 그 답이 나온다. 그 결과에 3자음 단어의 조합 가능 수인 6을 곱한다. 그러면 알파벳 자음에서 조합이 가능한 3자음 단어의 수가 도출된다. 마찬가지로 4자음과 5자음도 적용된다. 칼릴은 이런 방법으로 아랍어 문자의 가능한 조합의 수를 밝혀냈고 잘 알려진 정리 방법으로 알파벳에 관한 장을 정리했다. 그는 조음점의 구분을 중시했다. 그래서 인후음에서 출발하여 구개음, 치음 그리고 순음의 순으로 정리했다. 그는 약자음을 제일 끝에 두었는데 그것은 비현실적인 자음을 의미한다. 그는 인후음인 아인으로부터 출발했다. 그 이유는 아인이 인후에서 가장 깊숙한 곳에서 나는 음이기 때문이다. 그런 이유로 그 책을 『아인』이라 불렀다. 선조학자들은 서명을 정할 때 이런 방법을 쓰곤 했다. 그들은 자신들의 저작에 제일 중요하게 생각되는 첫 단어나 절을 서명으로 정하곤 했다. 그는 그중에서 잘 쓰이는 것과 잘 쓰이지 않는 것을 분명히 구분했는데, 4자음과 5자음이 잘 쓰이지 않는 경우이다. 왜냐하면 아랍인들은 4자음과 5자음이 무겁다고 생각했기 때문이다. 그다음으로 2자음 순인데 2자음은 사용이 그렇게 빈번하지 않기 때문이다. 사용 빈도가 가장 높은 것은 3자음이다. 칼릴은 이 모든 것을 『아인』에 담았고 포괄적으로 설명했다.

10세기 스페인의 히샴 알무아야드를 위해 글을 썼던 아부 바크르 알주바이디는 『아인』을 축약했으나 그 주요 문법은 고스란히 담고 있다. 그가 생략한 부분은 사용빈도가 매우 적은 단어들이었다. 또한 사용 용례에 대한 설명도 과감히 생략했다. 그는 학습자가 기억하기에 우수한 축약본을 만들었다.

　한편 마슈리끄의 학자인 자우하리는 *al-Ṣiḥāḥ*을 썼는데 이 책은 일반적인 알파벳 순서를 따르고 있다. 그는 함자에서 출발하고 끝자음에 따라 알파벳을 배열했다. 그 이유는 사람들이 대부분 단어의 끝자음에 관심을 갖는다고 생각했기 때문이다. 그는 각 끝자음에 개별 장을 두었고 그 장안에 단어의 첫 자음 순으로 알파벳을 배치했다. 그는 칼릴을 모방해서 아랍어를 나열했다.

　스페인 학자 중에 다니아[109] 출신의 이븐 시다는 알리 븐 무자히둔 왕조에서 *al-Muḥkam*을 썼는데 이 책은 『아인』의 배열을 따른 개략서이다. 그는 단어의 어원과 파생을 추가했고 결과적으로 그 책은 가장 탁월한 사전이 되었다. 튀니스의 하프스 왕조 군주의 동료였던 무함마드 븐 아부 알후세인이 그 책을 축약했다. 그는 단어의 끝자음을 고려하고 그 순서에 따른 배열을 염두에 두어 *al-Ṣiḥāḥ*의 단어 배열방식을 따랐다. 따라서 두 책은 한 배에서 태어난 쌍둥이와 같다.

　언어학자 쿠라으는 *al-Munjid*를 썼고 이븐 두라이드는 *al-Jamharah*를 이븐 알안바리는 *al-Zāhir*를 썼다.

　이것이 모두 우리가 알고 있는 언어학서의 근원이다. 물론 특정 단어의 종류만 수록한 간략한 책들도 있다. 그런 책들은 장의 일부나 어떤 경우는 선 장을 수록하고 있어도 결과적으로 포괄적이지 못하다. 반면 위에서 언급한 책들은 가능한 모든 단어의 조합을 수록하고 있다. 이 밖에 사전학에서 언급할 만한 것은 자마크샤리가 은유적 용례에 대해 쓴 *ʾasās al-Balāghah*가 있다. 자마크샤리는 이 책에서 아랍인들이 사용하는 은유적

---

109　스페인의 알리칸테(Alicante)주의 도시명.

단어들을 모두 명확하게 설명했다. 이 책은 실로 그 효용성이 높다.

아랍인들은 일반적인 것에 특정 의미를 부여하는 데 익숙하고, 특정한 사안에는 그에 쓰이는 특정 어휘를 고집한다. 그래서 우리는 의미와 쓰임을 명확하게 구별했다. 사람들은 언어의 법체계를 필요로 했다. '하얗다'는 것은 일반적 의미로 어떤 것이든 흰색이 있으면 해당되는 말이었다. 백마는 아슈합ashuhab이라는 특정 단어로 불렸고 흰 사람은 아즈하르azhar로 흰양은 아믈라흐amlah로 불렸다. 결국 이 모든 경우에 일반적으로 쓰이던 '하얗다'라는 단어는 아랍어 문법에 어긋나는 단어가 되었다. 싸을라비[110]는 이런 방법으로 저작을 하는데 전문적이었고 저서명을 *Fiqh al-Lughah*라 칭했다. 이 책은 언어학자 자신이 관련 주제 분야에 있어 적절한 아랍어 사용에서 일탈하지 못하도록 보존한 독보적인 것이었다. 즉, 원 의미만을 아는 것은 단어를 결합하는 데 있어 충분하지 않으므로 실제 아랍인들이 사용하는 것을 알아야 한다는 것이다. 특히 시와 산문을 쓰는 문인들이 이런 정확한 지식을 가장 필요로 하는데, 그 이유는 개별 단어나 결합의 상태에서 언어적 의미를 잘못 사용하는 오류를 피해야 하기 때문이다. 이런 오류는 이으랍의 오류보다 훨씬 심각한 해이다. 후대의 학자들 중 일부는 동음이의어에 대한 책을 쓰고 그 범위를 정했다. 비록 끝까지 성공하지는 못했으나 그의 작품은 개략서의 성격을 보인다. 이 분야에 관해 현존하는 축약서들은 언어의 전파와 많은 사용을 다루며 학습자가 언어를 쉽게 암기하는데 목표를 두고 있다. 이븐 알시키트의 *al-'alfāẓ*, 싸을라비의 *al-Faṣiḥ* 등이 있다. 많은 저서 중 일부는 언어학적 측면에서 약한 것도 있는데, 학습자가 쉽게 배우도록 한다는 취지와 관련 가장 중요한 관점에서 차이를 보인다. 알라는 창조자이고 학자이다. 그분 이외 주님은 없다.

---

110  Abu Ishaq Ahmad Ibn Muhammed Ibn Ibrahim Al-Thalabi는 11세기의 이슬람신학자이다. 그는 특히 코란에 관한 학문에 정통했고 코란주석을 달았다.

장

　전승은 언어로 이루어졌고 특히 아랍인으로부터 전승되었음을 인지하라. 그들은 이런 경우에 이런 표현을 사용했다는 것을 기록했는데 그들이 그런 의미를 의도적으로 고안했다고는 말하지 마라. 그것은 불가능하고 아주 거리가 먼 이야기이다. 왜냐하면 그들 중 어느 한 사람도 그런 방법을 인지한 상태가 아니었기 때문이다. 마찬가지로 언어라는 것은 그 사용을 알지 못하는 것을 유추해서 성립될 수도 없다. '포도즙'이라는 단어의 사용에 대해 보자면 '술 취하도록 하는 것'의 의미로 사용된다. 왜냐하면 그 표현은 유추에서 비롯된 것인데, 유추라는 것은 샤리아가 그 유추의 올바름을 증명하는 것이기 때문이다. 그런데 어휘학에는 그런 것이 없고 단지 이성만이 있을 뿐이다. 그것은 대중의 뜻을 따른 올바른 판단을 의미한다. 물론 판관[111]과 이븐 수라이흐와 같은 일부 학자들은 유추에 완전히 의지하는 경우도 있다. 그러나 이를 부정하는 편이 낫겠다. 언어의 의미를 어휘적 정의로 한정지으려는 공상도 하지 마라. 왜냐하면 그런 한정지음은 결국 숨겨진 어휘의 의미는 명백하게 알려진 의미라는 것을 보여줌으로써 원의미로 회귀하기 때문이다. 어휘학은 이런 단어가 이런 의미로 사용된다는 것에 대한 연구이다. 그 차이는 명백하다.


바얀학

　이 학문은 아랍어학과 어휘학 이후에 이슬람에서 발생했고 아랍어 언어학의 하위에 있다. 왜냐하면 이 학문은 낱말과 그 낱말이 가져오는 관념에 관계하기 때문이다. 그리고 이 낱말로 의미를 나타내게 된다. 따라서

---

111　판관 바낄라니로 추정된다.

화자는 청자에게 전하고 싶은 말을 전하는데, 그것은 수식하거나 수식받는 개별적인 단어들의 개념이나 어떤 것을 다른 것으로 유도하는 단어들에 대한 개념이거나 명사, 동사, 불변사 같은 단어들에 대한 지시이다. 경우에 따라서는 화자가 전달하고자 하는 것이 수식하는 것과 수식받는 것의 구별이나 시상의 구별일 수 있는데 이런 경우는 모음 변화에 의해 표현된다. 그것이 이으랍이고 말의 기본골격이다. 이 모든 것이 문법학에 속한다. 사실과 지시할 필요의 사안 중에는 화자와 행위자의 상태, 행위의 조건이 있다. 이것 역시 효용의 완성을 위해 표현되어야 한다. 화자에게 이 모든 조건이 갖추어진다면 그의 말은 최상의 효용을 거둘 것이다. 그러나 이것 중 하나라도 부족하다면 그것은 아랍어라 할 수 없다. 아랍인들의 언어는 광범위하고 이으랍과 명확함을 완벽히 행하는 것 이 외에도 특정의 상황에 꼭 쓰이는 특정 표현이 있다.

당신은 아랍인들이 이렇게 말하는 것을 보지 못했는가? "자이드가 왔다 내게"라는 말은 "왔다 내게 자이드가"[112]라는 말과 그 의미가 다르다. 즉, 화자가 강조하는 대상이 무엇이냐에 따라 '자이드' 혹은 '나'가 문두에 위치한다. 그러므로 "왔다 내게 자이드가"라고 말하는 경우 화자가 중요하다고 생각하는 것은 '오다'라는 사실이다. 그러나 "자이드가 왔다 내게"라는 말의 경우 화자가 중요하다고 생각하는 것이 '자이드'이다. 이렇게 문장의 여러 부분들이 표현되고 관계대명사, 지시 대명사, 정관사 등은 적당한 제 위치에 놓인다. 마찬가지로 한 문장에서 강조하고 싶은 부분을 표시하는 방법도 다양하다. 예를 들면 다음과 같다. "자이드는 서 있다.", "정말로 자이드는 서 있다.", "정말로 자이드는 실로 서 있다." 이 모든 것은 각각 지시하는 의도가 다르다. 첫 번째 문장은 강조사 없이 아무런 정보가 없는 사람에게 정보를 제공한다. 두 번째 문장은 강조사가 개입되

---

112 "왔다 내게 자이드가"는 우리말 어순 상 부자연스럽지만 강조를 논하는 맥락에서 아랍어 어순 그대로 번역했다.

어 "정말로"라는 표현이 있고 자이드의 상태에 대한 판단을 주저하는 자에게 정보를 제공한다. 세 번째 문장은 자이드가 서 있다는 사실을 부정하는 자에게 정보를 제공한다. 따라서 세 문장은 모두 다르다. 마찬가지로 다음과 같은 예도 있다. "그 남자가 내게 왔다"를 "한 남자가 내게 왔다"로 바꿔 말하기도 한다. 남자를 한정하지 않은 것은 그의 위대함을 강조하고 그가 어느 누구와도 비견할 수 없는 사람이라는 것을 전하고 싶기 때문이다. 이 문장은 우선 외부의 것[113]이 적용되는 진술문이 되거나 청유나 권유처럼 외부의 것이 적용되지 않는 명령문이 된다. 만약 두 번째 문장에 이으랍이 있다면 두 문장 사이에 접속사는 생략된다. 만약 두 번째 문장에 이으랍이 없다면 접속사 없이 속성을 나타내는 한정사, 강조, 명사의 대용이 되거나 접속사가 있어야 한다. 그 주어진 상황은 늘이기나 줄이기를 요구하고 결국 말al-Kalām은 두 가지의 상황에 따라 성립된다. 말 그대로가 아니라 어휘로 이해되는 경우도 있는데 이 경우는 개별적인 단어에 적용된다. 당신은 말한다. "자이드는 사자이다." 이 경우 당신의 의도는 자이드가 진짜 사자라는 것이 아니라 그가 용감하다는 것을 표현하고자 하는 것이다. 이를 은유라 부른다.

당신은 표현하고자 하는 바를 복합적인 어휘로 표현하려고 할 수도 있다. 그래서 이렇게 말한다. "자이드는 재가 가득 든 솥을 가지고 있다." 당신이 표현하고자 하는 것은 그 문장으로 관대함과 환대를 말하고 싶은 것이다. 왜냐하면 많은 재는 그 두 가지에서 비롯되기 때문이다. 결국 재는 그 두 가지 의미를 보여준다. 이것은 모두 개별적이건 복합적이건 간에 어휘가 보여줄 수 있는 것에 더해지는 것이다. 이것은 실제 형태와 상황이다. 실제는 의도하는 특정 상황에 따라 어휘의 상황과 형태가 지시한다. 따라서 바얀이라 불리는 이 학문은 말의 다양한 상황, 위치 등에 대한

---

113　화자와 청자 간의 이미 알고 있는 정보를 말하는 것으로 추정된다.

연구를 포함하고 세 가지 종류로 구분된다. 첫째는 주어진 상황을 단어에 적용시키는 형태와 조건에 대해 연구하는 수사학al-balāghah이다. 두 번째는 단어가 의미하는 것과 의미되는 것에 대한 연구인즉, 은유와 환유에 대한 연구를 말한다. 이를 바얀이라 부른다. 학자들은 여기에 세 번째 연구를 덧붙인다. 그것은 말을 아름답게 장식하는 것에 대한 연구이다. 그 장식에는 문장을 부분으로 나누어 사즈으를 취하는 경우, 단어들 간의 유사성을 보여 주는 경우, 어떤 의미를 표현할 때 암시하고 동일 단어로 한층 더 수수께끼 같은 의미를 표현하는 경우, 대구 사용의 경우 등이 있다. 이를 미사여구학al-badi'이라 한다.

현대 학자들은 이 세 종류를 통틀어 '바얀학'이라고 부른다. 그것은 두 번째 종류의 명칭인데 그들이 그렇게 칭하는 이유는 고대의 학자들이 처음 그렇게 토론했기 때문이다. 그 이후 그 학문에 대한 문제들이 하나씩 뒤따르게 되었다. 자으파르 븐 야흐야, 자히즈, 꾸다마[114] 그리고 그 밖의 학자들이 이 주제와 관련해서 충분하지는 못하지만 견해를 글로 밝혔다. 그 이후 제기된 문제들은 점차 해결되어가는 중이었고 사카키가 적극적으로 이 문제를 다루어 우리가 앞에서 언급했던 대로 장별로 잘 정리하였다. 그는 자신의 책을 al-Miftāḥ fi al-Naḥw wa al-Taṣrīf wa al-Bayān라 불렀으며 바얀을 이 책의 일부에 수록했다. 후대의 학자들은 그의 책에서 바얀이라는 이 주제를 취했고 그것을 축약해서 당대에 널리 분포되고 효용이 있는 정전으로 만들었다. 사카키가 al-Tibyān에서 했던 것처럼 이븐 말리크는 al-Miṣbāḥ에서, 잘랄 알딘 알까즈위니는 al-ʾiḍāḥ와 al-Takhlīṣ에서 바얀을 다루었다. al-Takhlīṣ는 al-ʾiḍāḥ보다는 분량면에서 적다. 이 시대의 마슈리끄의 학자들은 다른 것보다도 사카키의 저서에 담긴 설명과 교육에 큰 관심을 보인다. 총체적으로 마슈리끄의 학자들은 마그립의 학자

---

114  873~948, '아부 알파라즈'로도 불렸다. 시리아계 아랍학자이다. 저서로는 *Kitāb al-Kharaj, Kitāb al-Alfāẓ, Kitāb Naqd al-shi'r*가 있다.

들보다 이 학문에 관심이 더 많다. 그 이유는 아마도 이 학문이 사치스러운 것이기 때문일 것이다. 바얀학은 언어학 중에서도 사치스러운 학문이고, 사치스러운 학문은 문명의 풍요에서 발생한다. 마슈리끄는 마그립보다 문명이 풍요롭다고 우리는 이미 언급한 바 있다. 혹은 그 이유를 마슈리끄의 주민 대부분인 비아랍인의 관심에서 찾을 수도 있겠다. 자마크샤리의 코란 주석이 좋은 예라 할 수 있는데 그 주석은 전적으로 바얀학에 의거해 이루어졌다. 반면 마그립의 주민들은 특히 미사여구학al-badiʿ에 능숙했는데 그들은 이 학문을 시문학에 적용했다. 그들은 이 학문을 세부적으로 구분하고 발전시켰다. 그들은 아랍어의 모든 부분을 고려할 수 있다고 주장하지만 사실 그들은 어휘를 윤색하는 것에 집착했다. 미사여구학은 배우기 쉽지만 수사학과 바얀학은 그 이론과 세부사항이 미묘하고 복잡해서 그들이 학습하기 어렵다. 그래서 그들은 이 두 학문을 멀리했다. 이프리끼야의 이븐 라시끄는 미사여구학에 관한 책을 썼는데, 그 책은 유명한 *al-ʿumdah*이다. 이프리끼야와 스페인의 많은 사람들은 그 책의 방법을 따랐다. 이 학문의 결과는 코란의 경이로운 특성을 이해하는 데 있음을 인지하라. 왜냐하면 코란의 경이로운 특성은 모든 상황의 요구를 말이나 이해로 지시하는 데 있기 때문이다. 그것은 어휘를 사용하는 진술의 가장 완벽하고 최고의 단계이다. 코란은 어휘선정과 조합에 있어 탁월하고 완벽한 경지에 있다. 이것이 바로 이해하기에는 부족한 코란의 경이로운 특성이다. 일부 사람들은 아랍어를 접한 결과로 혹은 아랍어의 소질을 지닌 까닭에 맛을 느낄 수 있는 능력이 있어 코란의 경이로운 특성의 일부를 이해할 수도 있다. 그들은 지니고 있는 능력만큼 이해한다.

따라서 예언자로부터 코란을 직접 들은 아랍인들은 코란의 경이로운 특성을 이해하는 데 있어서도 후대의 무슬림들보다 한 수 위이다. 그들은 화술의 달인이었고 누구도 가능하지 않은 대단한 언어 능력을 지니고 있었다. 코란 주석가들은 이 학문이 필요했다. 선대의 주석가들 대부분은 이 학문을 고려하지 않았다. 그러다가 자마크샤리가 나타났다. 그는 코란의 주석을 쓰면서 이 학문의 법칙에 따라 코란의 각 구절을 면밀히 연구했다. 이런 그의 노력은 코란의 경이로운 특성을 부분적으로나마 밝혀냈다. 이 장점은 그의 주석이 다른 학자들의 주석과 구별되게 만들었다. 그가 수사법에서 다른 의미로 코란의 구절을 해석함으로써 혁신가(무으타질라 학파)의 주장을 지지했으므로 다수의 정통 무슬림들은 그의 수사학적 탁월함을 알면서도 그를 거부했다. 하지만 정통 무슬림들의 강령에 정통한 이들 중에서도 이 학문을 어느 정도 경험한 자는 있다. 그들은 그의 주장을 반박할 수 있지만 그의 업적이 혁신적이라는 것도 알고 있다. 그래서 그들은 그와의 충돌을 피했고 그들의 종교적 신념에는 아무런 해도 일어나지 않았다. 그런 인물들은 혁신이나 종파의 믿음으로 인해 위기에 처하지는 않는다. 그들은 코란의 경이로운 특성을 깨닫기 위해 혁신을 포함한 자마크샤리의 주석서를 고찰해야 한다. 알라는 올바른 길을 원하는 자를 바르게 인도하신다.

## 문학

이 학문은 반대 견해를 확고하게 하거나 반대를 부정하는 대상을 지니고 있지 않다. 언어학자에게 있어 이 학문의 목적은 그 열매에 있다. 즉, 아랍인의 문체와 화법에 따라 우수한 시와 산문을 쓰는 것이다. 그들은 아랍인의 연설과 탁월한 시와 빼어난 사즈으 그리고 어휘학과 문법의 문제들을 수집하고 흩어진 자료에서 아랍어 문법을 추출하고 또 아랍인들의 전쟁을 암송하고 그들의 시에 나타난 관련 시 구절을 이해한다. 또한 유명한 가계와 대중의 소식 중에 중요 사안을 언급하기도 한다. 이 모든 것의 목표는 아랍문학 연구자가 아랍인의 연설, 문체, 수사법의 방법 등에 대해 어둠 속에서 조사하도록 내버려 두지 않는다. 왜냐하면 이 모든 것을 충분히 이해하고 암기해야 언어의 소질을 얻을 수 있기 때문이다. 따라서 모든 것을 이해할 필요가 있다.

그 이후 아랍어학자들은 이 학문을 정의하려고 했고 이렇게 말했다. "문학은 아랍인의 시와 역사를 외우고 모든 학문의 면모를 숙지하는 것이다." 그들은 언어학에 관한 학문들 혹은 샤리아에 관계하는 학문들을 원하는데, 특히 코란과 하디스를 의미한다. 그러므로 이 밖의 학문들은 아랍인의 말과 관련이 없다. 그러나 최근 학자들이 시와 산문에서 암시를 통해 미사여구학을 중시하고 과학적인 용어를 사용하는 것은 예외로 볼 수 있겠다. 따라서 문학가들은 그런 암시를 이해하기 위해 과학적인 용어를 알 필요가 있다. 우리는 우리의 세이크들이 강의에서 이 학문의 근원은 네 작품이라고 말하는 것을 들었다. 그것은 이븐 꾸타이바[115]의 *Adab al-Kātib*, 무바르라드[116]의 *Kitāb al-Kāmil*, 자히즈의 *Kitāb al-Bayān wa al-Tabyīn*, 아부 알리 알깔리 알바그다디의 *Kitāb al-Nawādir*이나. 그 밖의 다른 책들은 모두 이 책들에 의존하고 또 그로부터 나온 것이다. 문학에 대해 쓴 최근 작가들의 작품은 많다.

이슬람 초기에는 노래도 이 학문에 속해 있었다. 노래는 시의 멜로디였기 때문에 시를 따랐다. 압바스 왕조의 서기와 고관들은 직접 시에 멜로디를 붙여 읊곤 했다. 왜냐하면 그들은 아랍인의 문체와 방법을 체득하길 갈망했기 때문이다. 그들의 그런 행동은 덕성이나 남자다움에 흠이라고 간주되지 않았다. 판관 아부 알파라즈 알이스파하니는 자신의 저서『노래 *al-Aghānī*』에서 아랍인들의 역사와 시, 계보, 전쟁, 왕조들을 상세히 다루었다. 그 작품의 기초는 칼리파 알라시드를 위해 가수들이 선곡한 100곡의 노래이다. 따라서 이 책은 가장 포괄적이고 종합적이다. 사실 그 책은 아랍인들의 디완(기록)이고, 시 · 역사 · 노래 · 모든 상황들에 있어 선조들의

---

115  828~886, 쿠파 출생의 페르시아계 무슬림으로 하디스 학자, 언어학자이다.

116  Abu al-ʿAbbas Muḥammad Ibn Yazid(826~898). 바쓰라 출생의 아랍인 문법학자이다. 바쓰라 학파의 대표학자이면서 시바와이흐의 주장에 부분적으로 반대했다.

다양한 덕목을 수집한 것이다. 우리가 아는 한 그 책에 필적할 것은 없다. 그 책은 바로 문학가들이 이루고자 하는 최고의 목표이다. 이제 우리는 언어와 관련된 학문들에 대해 우리의 총평으로 돌아가려 한다. 알라는 올바른 곳으로 인도하신다.

## 46장 │ **언어는 기술적인 소질이다**

모든 언어는 기술과 흡사한 소질임을 인지하라. 그것은 혀에 있는 소질이며 의미를 표현하기 위한 것이다. 그러한 표현이 적절한지 부족한지는 그 소질의 완성이나 결함 정도에 따라 다르다. 이것은 개별적인 언어들을 고려하는 것이 아니라 단어의 결합, 즉 문장의 구조에 관한 것이다. 만약 어떤 이가 완벽한 소질을 체득해서 개별적 단어들을 결합해 의도하는 의미를 제대로 표현할 수 있고 상황이 요구하는 것에 맞추어 말에 적용하는 작문이 가능하다면, 화자는 청자에게 자신이 의도하는 뜻을 제대로 전달하게 된다. 이것이 능변 혹은 수사법이다. 소질은 반복적 행동을 제외하면 획득될 수 없다. 왜냐하면 행동은 한 번 발생하지만 그것이 반복되면 속성이 되고 이후에 계속 반복되면 하나의 상태가 되기 때문이다. 그 이후 더 많은 반복이 계속되면 하나의 소질이 확고하게 뿌리를 내린 속성이 된다. 아랍어의 소질이 아랍인들 간에 존재하는 상태에서 아랍인 화자는 자기와 동일 세대에 속하는 사람들의 말을 듣고 그들의 대화방식과 의도를 표현하는 방법을 듣는다. 마치 아이가 개별적 단어들의 의미 사용을 듣는 것과 같다. 아이는 우선 그런 것들을 배운다. 그 이후 단어들이 결합되는 것을 듣고 그것도 배운다. 각기 화자들이 말할 때마다 매순간 아이는 새로운 것을 듣고 자신도 반복 연습하여 마침내 그것은 소질이 되고 확고한 뿌리를 내린 속성이 된다. 결국 그 아이는 아랍인의 일원이 된다.

이런 방식으로 아랍어는 한 세대에서 다음 세대로 전승되고 비아랍인과 아이들이 익히게 된다. 그러나 아랍인들은 비아랍인들과 접촉함으로써 자신들의 언어 소질을 타락시켰다. 이는 사람들이 말하는 "아랍인에게 아랍어는 자연스러운 것이다"라는 뜻이다. 즉, 그들은 최초의 소질로 아랍어를 갖게 된 것이다. 그들 이외의 사람들은 최초의 소질로 아랍어를 습득하지 못했다. 그리고 이 소질은 무다르어가 외국인들의 언어와 섞이면서 타락했다. 그 타락의 원인은 말을 표현함에 있어 과거 아랍인들이 했던 방법을 따르지 않고 다른 방법을 듣고 자란 세대에게서 찾을 수 있다. 따라서 그들은 원하는 바를 표현은 하지만 그것이 아랍어 표현방법만은 아니라는 것이다. 왜냐하면 아랍인과 비아랍인이 다수 섞여 있는 상황이기 때문이다. 물론 그들은 아랍인의 표현을 듣기도 하므로 아랍어와 비아랍어의 표현이 섞이게 되었다. 그들은 이런 저런 표현들을 취했고 소질을 새롭게 만들었고 그것은 처음의 소질에서 결여된 결과물이다. 이것이 바로 언어의 타락을 의미한다.

이런 이유로 꾸라이시족의 언어가 가장 정확하고 순수한 아랍어다. 왜냐하면 그들은 모든 면에서 외국인들과 멀리 떨어져 있었기 때문이다. 그 다음으로 꾸라이시 부근의 부족 중에 싸끼프, 후다일, 쿠자아, 바누 키나나, 가뜨판, 바누 아사드, 바누 타밈 등을 들 수 있다. 그다음으로 먼 거리에 있던 부족으로는 라비아, 라큼, 주담, 갓산, 이야드, 꾸다아, 예멘의 아랍인등이 있는데 그들은 페르시아, 비산틴, 아비시니아 인등과 이웃하고 있었으므로 그들의 아랍어 소질은 완벽하지 못했다. 아랍어학자들은 아랍어의 정확성과 타락성을 논쟁함에 있어 꾸라이시 부족에게서 얼마나 멀리 있는가의 정도에 따라 결정했다. 전능하고 지고하신 알라는 가장 잘 알고 계시고 성공을 부른다.

## 47장 │ 현재의 아랍어는 무다르와 힘야르의 언어와는 다른 독자적인 언어이다

이는 다음과 같다. 현재 사용되는 아랍어는 원하는 것과 뜻을 명확하게 요구하는 것에 있어서 무다르의 언어의 방식을 이어받았다. 잃어버린 것이 있다면 주어와 목적어의 차이를 나타내는 모음이 사라졌다는 것이다. 그 대신 현재는 문장 내의 위치나 구문론의 조합을 사용해 자신이 말하고자 하는 것을 나타낸다. 하지만 그 명확성이나 수사법은 무다르어가 훨씬 위대하고 견고하다. 단어들은 나타내고자 하는 의미를 가지고 있었다. 모든 의미들은 필연적으로 자신들이 필요한 특정한 상황에 둘러싸여 있다. 따라서 상황은 의미의 결과이기에 이들이 나타내고자 하는 의미를 나타낼 수 있도록 상황을 조정해 주는 것이 당연하다. 모든 언어에서 상황은 관습에 의해 정해진 표현으로 된 하나의 규율로 정해진다. 하지만 아랍어는 단어를 앞에 배치할지 뒤에 배치할지, 생략, 모음으로 끝나는 단어들의 경우처럼 단어들을 문장으로 만들 수 있는지에 대한 가능성과 상태에 의해 정해진다. 따라서 아랍어 문장은 앞서 말한 것과 같이 가능성을 표명하는 여러 방법에 따라 달라진다. 그러므로 아랍어는 다른 언어에 비해 표현이 간결하다.

이러한 이유로 무함마드*는 "나는 가장 포괄적인 언어를 받았으므로 말로 옮길 때는 간결하게 할 수 있다"라고 했다. 이사 븐 우마르의 이야기를 떠올릴 수 있을 것이다. 어느 문법학자가 그에게 "나는 아랍어에서 중복되는 것을 많이 발견한다. 이 세 문장, '자이드는 서 있다', '보아라, 자이드는 서 있다', '자이드는 정말로 서 있다'는 다 같은 의미를 가지고 있다"라고 했다. 그러자 이사는 "아니다! 그 세 문장은 각기 다른 의미를 가지고 있다. 첫 번째 문장은 자이드가 이전에 무엇을 했는지에 대해 모르는 사람에게 정보를 주는 것이다. 두 번째 문장은 자이드가 서 있다는 소식을 들었지만 이를 믿지 않는 사람에게 정보를 주는 것이다. 그리고 세 번째 문장은 자이드가 서 있다는 것을 알고 있지만 집요하게 부정하는 사람에게 정보를 주는 것이다. 그러므로 문장의 의미는 전달하고자 하는 여러 상황에 따라 달라진다"라고 답했다.

이러한 수사법과 바얀의 정확성은 오늘날의 아랍어 관습과 방법에도 스며들어 있다. 상황을 제대로 이해하지 못하는 몇몇 전문적인 문법학자들이 수사법은 더 이상 존재하지 않고, 아랍어는 타락했다고 하는 터무니없는 소리에 귀 기울일 필요 없다. 그들은 자신들이 연구하는 특정 학문의 규칙이었던 이으랍의 손상 때문에 이런 주장을 하는 것이다. 이런 주장은 독단적인 태도와 무능력에서 비롯된 것이다. 사실은 본래의 의미를 아직까지도 지니고 있는 아랍어 단어를 많이 찾아볼 수 있다. 아랍어는 여전히 이야기하고자 하는 바를 여러 가지 방법으로 명확하게 전달할 수 있다. 아랍인들은 여전히 그들의 언어에 산문과 시의 많은 예를 차용한다. 아직까지도 많은 모임과 행사에는 달변의 연설가와 시인들이 참석하여 자리를 빛낸다. 언어의 참된 맛과 완벽한 성질이 보인다. 성문화된 언어 중에 유일하게 더 이상 존재하지 않는 것은 고대 무다르어의 어말 이으랍이다. 이으랍은 무다르어에 있어 유일하고 의무적 방법이었다. 무다르어를 염려했던 이유는 아랍인들이 이라크, 시리아, 이집트, 마그립 지방을 점령한 이후 비아랍인들과 접촉함으로써 일어난 언어의 파괴 때문이었다. 당시의 아랍어 습관은 기존에 있던 것과 다른 형태를 보였고 무다르어는 다른 언어로 변해갔다.

코란이 무다르어로 계시되었고, 하디스의 전승 역시 무다르어로 전해졌고, 코란과 하디스는 이슬람교의 기반이 되었다. 가장 우려했던 점은 그 언어가 없어졌을 시에 코란과 하디스의 전승을 이해할 수 없으며 사라져버릴지도 모른다는 것이었다. 따라서 문법의 체계적인 기록이 필요했다. 아랍어에 대한 지식은 부분, 장, 전제, 그리고 문제들이 존재하는 과학과 같은 존재가 되었다. 학자들은 이것을 문법과 아랍어의 기술이라 불렀다. 이는 마음으로도 알 수 있는 학문, 글로써 확실해진 학문이 되어 알라의 책과 예언자*의 순나를 이해하도록 이끌었다. 만일 우리가 현대 아랍어에 관심을 갖고 문법을 발전시킨다면 현재 존재하지 않는 이으랍의 가능성과 현대 언어에 존재하는 고유의 문법을 발견할 것이다. 일부 문법은 무다르어에 있던 것과는 다르게 현재의 아랍어의 어미에만 해당되기도 하는데, 언어와 언어의 소질은 우연히 발생하는 것이 아니다.

무다르어와 힘야르의 언어는 유사했다. 무다르어에는 힘야르어에서 온 다수의 단어와 여형 변화가 있다. 이 사실은 우리에게 전해진 기록들로 증명된다. 이는 무다르어와 힘야르 언어가 같은 것이라고 여기며 무다르어의 어법으로 힘야르의 언어를 이해하고자 하는 지식이 짧은 사람들의 견해에 반대된다. 예를 들어 몇몇 사람들은 힘야르어의 단어인 'qayl 지도자'가 'qawl 말하다'로부터 파생되었다고 생각하지만 이는 틀린 생각이다. 힘야르어는 무다르어와 단어의 의미, 어형 변화, 모음에서 다르고 힘야르어와 무다르어는 무다르어가 현재 아랍어와 갖는 관계와 같은 관계를 지니고 있다. 유일하게 다른 점은 앞서 언급한 바와 같이, 샤리아를 위한 무다르어에 대한 관심이다. 이는 학자들로 하여금 법칙을 도출하고 발전시키게 만들었다. 우리로 하여금 현재 아랍어에 대해 이런 일을 하게 만들 수 있는 것은 아무것도 없다.

오늘날 거주지와 상관없이 아랍인이 지닌 언어의 고유한 특징은 q 발음이다. 그들은 도시 거주민이 발음하는 것과는 다르게 아랍어 언어학 서적에 언급되어 있듯이 제일 뒷부분의 혀가 그 위의 연구개를 만나는 모양으로 소리 내어 발음한다. k 역시 올바르게 발음된다면 q가 발음되는 연구개 부근에서 소리를 내지만 그들은 오로지 k의 발음으로 소리 내지 않고 k와 q의 중간 발음으로 소리 낸다. 그들이 서부에 살든 동부에 살든 무관하다. 이는 많은 민족과 인종 사이에서 아랍인의 언어적 특징으로 각인되었다. 그들만이 가지고 있는 특징이다. 이는 너무 특징적이기에 아랍화하고 싶어 하거나 아랍인과 연관되고 싶어 하는 사람들은 q 발음을 따라하려 한다. 이러한 q 발음은 무다르어에서 온 것이라는 것이 분명하다. 현재 동부와 서부에 거주하는 가장 대규모이고 지도력을 갖춘 아랍인들은 만쑤르 븐 이크리마 븐 카싸파 븐 까이스 븐 아일란의 후손이다. 현재 그들은 이 세상의 거주 지역에서 가장 수가 많고 가장 강인한 민족이다. 그들은 무다르의 후손들이다. 그들과 카흘란가漆의 모든 아랍인은 위에 언급한 q 발음 화자의 본보기다. 그들이 이 발음을 발명한 것은 아니지만 이 발음은 그들에 의해 대대로 전해져 왔다. 이는 고대 무다르어의 발음이었다는 것을 말해준다. 시아 법학자들은 이것이 예언자*가 쓰던 발음 일지도 모른다고 주장했다. 그들은 현대의 아랍인처럼, "올바른 길al-Şirāṭa al-Mustaqīma"이라는 첫 쑤라Surah[117]를 q 발음이 나지 않게 읽는다면 실수를 범하는 것이며 그 기도는 유효하지 않다고 했다. 나는 어디서부터 이런 일이 발생했는지 모른다. 도시 거주민이 그 발음을 만든 것도 아니다. 그들 역시 자신들의 조상으로부터 전해받은 것이며, 조상들은 무슬림이 지배했을 때와 그 이후에 도시에 정착한 무다르인이다. 또한 아랍 베두인들이 q 발음을 만든 것도 아니다. 하지만 아랍 베두인은 도시의 비아랍인과 접촉이 적었다. 따라서 그들의 언어적 특성은 조상들의 언어에서 고스란히 내려 왔다고 할 수 있다. 동부와 서부의 모든 아랍 베두인들은 같은 q 발음을 하고 있다. 아랍인은 이 특성으로 혼혈 아랍인과 도시 거주민으로부터 확실히 구분된다. 아랍 베두인이 발음하는 q와 아랍인 조상들의 발음했던 q의 조음점이 동일하다는 것은 사실이다. q의 소리가 발음되는 곳은 연구개부터 k가 발음되는 곳까지 넓다. 연구개에서 발음하는 것은 도시 사람들이 쓰는 방법이다. k에 가까운 발음일

---

117 코란 1장 6절.

수록 오늘날 아랍 베두인의 발음에 가깝다. 이러한 사실은 코란의 첫 수라에 있는 q 발음을 제대로 하지 않으면 기도가 무효하다는 주장을 반박한다. 대도시의 법학자들은 모두 이에 반대하는 견해를 보였다. 아랍 베두인이 q 발음을 지속한 것은 그것이 초기의 아랍 베두인 조상들과 예언자의 발음이라는 것을 증명한다. 아랍 베두인들이 발음하는 q가 더 바람직하고 적합하다고 할 수 있다. q 발음과 k 발음은 인접해서 생성되기 때문에 q가 k에 동화된다는 가정도 있을 수 있는 일이다. 만일 도시인의 발음처럼 연구개의 깊숙한 곳에서 발음되면 q는 k의 조음 위치 근처에서 소리 나지 않을 것이고 그 음에 동화되지도 않을 것이다. 아랍 언어학자들은 이 q가 k와 가깝다고 언급한 바 있다. 그것은 오늘날 아랍 베두인들이 발음하는 음이다. 언어학자들은 이 발음을 q와 k의 중간 발음으로 간주하며 독자적인 음소라고 정했다. 이는 사실과 거리가 멀다. 우리가 언급한 것처럼 q는 q 소리가 날 수 있는 광범위한 조음 위치의 끝부분에서 발생한다. 언어학자들은 마치 그 조음 방식이 고대 아랍인들의 방식이라는 것을 모르는 것처럼 q를 아랍어의 소리가 아니라고 공개적으로 비난했다. 이 q 발음은 조상으로부터 대대로 물려받은 아랍어 특유의 상징이다. 이것이 바로 이 발음은 초기 아랍인들의 소리내는 방식이며 예언자*의 언어였다는 것의 증거이다. 도시 거주민이 발음하는 q는 본래의 q소리에서 온 것이 아니라 비아랍인과의 접촉에서 초래된 결과라는 주장이 있다. 그들은 이렇게 그 발음을 고수하지만 이는 아랍어 소리가 아니다. 오히려 우리가 언급했던 것처럼 그 둘은 조음점이 넓은 하나의 소리라는 것이 더 적합하다. 그러므로 잘 이해하라. 알라는 올바른 인도자이다.

## 48장 | 정주민과 도시민의 언어는 무다르어와는 다른 독자적 언어이다

　도시민과 정주민들이 사용하는 언어는 고대 무다르어도 이 시대의 아랍 베두인들의 언어도 아니고, 무다르어와 이 시대의 아랍 베두인들의 언어와도 다른 독자적인 언어라는 것을 인지하라. 그것은 무다르어와 가장 거리가 멀다.

　이것이 독자적인 언어라는 사실은 너무나 명백하다. 문법학이 실수를 받아들인다는 변화가 이를 증명한다. 게다가 그들의 거주지에 따라 사용하는 전문용어가 다르다는 것 또한 이를 증명하였다. 마슈리끄의 거주민들과 마그립의 거주민들의 언어는 많은 차이를 보이고 있다. 스페인의 동쪽과 서쪽 역시 마찬가지이다. 그들은 모두 표현하고자 하는 생각을 자신들만의 언어로 표현할 수 있다. 이것이 말과 언어의 의미이다. 우리가 앞서 현대 아랍 베두인들의 언어와 관련해 언급했던 이으랍의 실종은 그들에게 그다지 중요하지 않다.

　현재 도시에서 사용되는 언어가 현대 아랍 베두인들의 언어보다 고대 아랍어와 차이가 많이 나는 이유는 비아랍인과의 접촉에 기인한다. 비아랍인과의 접촉이 많을수록 고대 아랍어와의 차이는 더욱 커진다. 앞서 말했던 것처럼 언어 소질은 가르침으로 생겨나고 새로운 소질들은 아랍인들의 옛 언어 소질과 비아랍인들의 언이 소질의 융합으로부터 생겨난다. 아랍인이 비아랍인들과 자주 접할수록 고유의 언어 소질과 차이가 있는 소질을 획득하게 된다. 이프리끼야의 도시, 마그립, 스페인과 마슈리끄도 비슷한 성향을 띈다. 이프리끼야와 마그립에서 아랍인들은 그 지역의 토착민인 베르베르인과의 접촉이 많았다. 베르베르인이 거주하지 않는 도시는 없을 정도였다. 아랍어에 비해 비아랍어의 지배가 우세했다. 따라서 앞서 언급했던 이유들로 인해 비아랍권의 성향이 우세한 언어가 생겼다.

그 지역들에서 사용되는 언어들은 다른 방언들에 비해 고유 아랍어와 더 큰 차이를 띈다.

아랍인들은 동쪽의 페르시아와 터키도 통치했다. 그리고 그들과 섞였다. 특히 농부, 노예였던 포로, 유모 등과 섞여 살면서 자연스레 그들의 언어에 영향을 받았다. 그들의 언어 소질은 오염되었다. 그들의 언어도 이와 비슷하게 오염되었고 결국엔 다른 언어로 변형되었다. 이와 같은 변화는 갈리시아인과 유럽 기독교인들과의 관계로 인해 스페인 사람들에게도 나타났다. 그 지역의 도시민들 모두는 기존의 무다르 언어와 다른 자신들만의 언어를 사용하게 되었다. 또한 서로 상이한 언어를 사용하게 되었다. 언어 소질은 그들의 인종에 뿌리를 두고 있는 다른 언어였다. 알라는 그가 원하는 것은 무엇이든 창조하신다.


## 49장 | 무다르 언어의 교육

우선 알아야 할 점은 현재 무다르 언어의 소질은 사라지고 오염되었다는 것이다. 이 시대의 아랍 베두인들은 코란이 계시되었을 때의 언어인 무다르 언어와는 다른 언어를 사용한다. 앞서 언급했던 것처럼 비아랍인과의 혼합으로 무다르 언어는 다른 언어가 되어버렸다. 하지만 언어 역시 소질이기 때문에 다른 소질들을 배우는 것처럼 배울 수 있다. 고대 무다르 언어의 소질을 획득하고자 하는 사람들은 코란, 하디스, 선조들의 말, 연설, 사즈으 문체와 시 그리고 다양한 지식서에 쓰인 어휘 등을 통해 그들의 문체를 암기해야 한다. 학습자가 그들의 운문과 산문을 다량 암송하고 그들과 함께 살면 그들로부터 말을 배운 것처럼 된다. 이들은 생각을 표현할 때 지식을 지닌 고대 사람들의 문체, 표현법, 단어 배열을 사용하게 된다. 언어 소질은 암송과 실용적인 사용으로 획득되고 빈번하게 사용함으로써 더욱 견고하게 된다. 그 외에도 학습자는 아랍인들의 문장 구조에서 발견되는 탁월한 문체를 제대로 이해하고 좋은 문장을 쓸 필요를 느낀다. 그래야만 제대로 된 언어의 맛을 느낀다. 후에 언급하겠지만 이는 올바른 언어 소질과 좋은 문장에서 비롯된다. 학습자의 암기와 사용의 빈도에 따라 그들의 운문과 산문의 표현력은 좋아질 것이다. 이러한 언어 소질을 얻은 학습자야 말로 무다르 언어를 안다고 할 수 있다. 그런 학습자는 뛰어난 수사법을 잘 이해한다. 무다르 언어는 이런 식으로 연구되어야 한다. 알라는 인도 하고 싶은 자는 누구든 인도하신다.

## 50장 | 무다르어의 소질은 아랍어학과 다르며 이는 교육에서 생략되어도 무관하다

그 이유는 아랍어학은 언어 소질의 규칙과 형태에 대한 지식이기 때문이다. 그것은 방법론에 대한 지식이지 방법론 그 자체는 아니다. 소질 그 자체도 아니다. 오히려 공예기술에 대한 이론적 지식은 있지만 공예를 할 수 없는 사람과 비슷하다고 할 수 있다. 재단에 대해 모든 것을 알고는 있지만 재단에 익숙하지 않은 것을 예로 들 수 있다. 이런 사람들은 재단에 대해 이렇게 설명할 것이다. "바늘구멍에 실을 일단 넣는다. 맞닿은 두 재료에 바늘을 집어넣는다. 반대쪽으로 일정한 긴격을 두고 바늘을 뺀다. 바늘을 넣기 시작한 쪽으로 다시 한번 바늘을 빼는데 처음 바늘이 들어간 구멍 바로 옆쪽으로 뺀다. 따라서 두 개의 구멍에 간격이 조금 있게 만든다." 이런 식으로 이 사람은 묶는 방법, 바느질하는 방법, 구멍을 만드는 법과 같은 재단하는 방법들을 설명할 것이다. 하지만 그가 설명한 것들을 실제로 하라 한다면 그는 절대로 성공할 수 없을 것이다.

마찬가지로 목수 일에 대해 잘 아는 사람은 나무토막을 자르는 법에 대해 질문 받으면 이렇게 설명할 것이다. "나무토막 위에 톱을 놓는다. 한 사람이 톱 한 쪽 끝을 잡고 다른 사람이 그 반대쪽을 잡는다. 그 둘은 서로 밀고 당기고 하며 뾰족한 톱니가 나무토막을 다 가를 때까지 왔다 갔다 한다." 만약 이러한 사람들에게 직접 하라고 요구하면 하지 못할 것이다.

이으랍을 인지하는 것과 실제 언어 소질과는 위에 언급한 것들과 비슷한 관계를 지니고 있다. 규칙에 대한 지식은 어떻게 사용하는지를 아는 것이지 실제로 사용된다고 말할 수는 없다. 따라서 규칙에 대해 포괄적인 지식을 가지고 있는 뛰어난 문법학자들과 유능한 아랍 언어학자들에게 형제나 친구에게 두 줄 정도의 글로 부당한 대우에 대한 항의를 써보라고 하면 실수를 범하는 것을 종종 볼 수 있다. 그들은 아랍 언어학의 규칙에 의거해 의도하는 말을 표현하지 못한다. 우리는 훌륭한 언어 소질을 가지고 있어 운문이나 시를 통해 매우 잘 표현하는 자가 이으랍 규칙이나 더 나아가 아랍 언어학의 규칙 자체를 모르는 경우도 볼 수 있다.

그러므로 언어 소질은 아랍어의 기술이 아니고 총체적으로 아랍어의 기술에서 배제되어도 된다는 사실을 알 수 있다. 이으랍에 대해 잘 알며 언어 소질의 사용도 잘 하는 학자들이 있다. 하지만 이는 흔하지 않으며 우연일 뿐이다. 보통 시바와이흐의 책을 자세히 연구한 학생들이 그렇다. 그 이유는 시바와이흐는 규율에 얽매이지 않았으며 자신의 저서에서 아랍 속담이나 구절과 표현에 중점을 두었기 때문이다. 그의 저서들은 언어 소질을 기르는데 도움이 될 만한 자료들을 담고 있다. 따라서 부지런히 그의 책을 공부하고 이해하는 학생들은 아랍어 수사법에 큰 도움을 받는다. 어디서든 어떤 규칙 아래서든 아랍어가 정확하게 쓰인다면 학생의 기억 속에 남아 언어 소질의 중요성을 인식하게 되며 그가 언어 소질의 모든 것을 배웠다라고 느끼게 된다. 따라서 그의 책은 더 많은 가르침을 준다.

시바와이흐의 책을 제대로 연구하지 못한 일부 학생들은 이를 이해하지 못했다. 그래서 그들은 언어학을 하나의 기술로 획득했지만 언어 소질을 얻지는 못한다. 문법학적 규칙만 담겨 있고 아랍시, 아랍 수사법에 대해서는 아무것도 담고 있지 않은 현대 학자들의 책을 연구하는 학생들은 언어 소질과 그 중요성을 거의 알지 못한다. 그들은 자신이 아랍어에 대한 지식이 어느 정도 쌓였다고 생각지만 사실 그들은 아무런 지식도 가지고 있지 않다. 스페인에 있는 아랍 언어학자들과 아랍어 선생님들은 다른 어떤 이들보다 성공적으로 언어 소질을 가르치고 습득시킨다. 그들은 유명한 아랍 구절과 속담들을 이용하며 수업에 사용할 많은 아랍어 단어들을 선택한다. 따라서 언어 소질의 습득은 기초반의 가르침에서 많이 이루어진다. 학생들은 영혼의 감화를 받으며 받아들일 준비를 마친다.

그러나 그들 이외의 사람들 특히 마그립과 이프리끼야의 거주민들이나 그 밖의 사람들은 아랍 언어학을 단순히 연구하는 학문중 하나로 여겼다. 그들은 아랍어 화법의 단어 조합을 포괄적으로 이해하는 작업을 고려하지 않았다. 그들은 이으랍을 사용했지만 이는 아랍어의 구조를 고려하는 측면이 아니었다. 이런 이유로 아랍 언어학은 이성적 논리와 논증의 총체적인 규칙처럼 되었고 언어의 소질이나 방식과는 거리가 멀게 되었다. 이 사실은 그 도시들과 인접 지역에까지도 영향을 미쳐 그 지역 전체는 전반적으로 언어 소질과는 거리를 두게 되었다. 그들은 마치 아랍어를 연구한 적이 없는 것처럼 되었다. 이러한 상황은 중요한 구절, 단어의 배합, 아랍어의 체계성에 대한 연구를 배척하며 학생들의 지속적인 연습의 필요성을 무시했기 때문이다. 이에 대한 연구야 말로 아랍어의 소질을 획득하게 함에 있어 최고의 방법이다. 문법학적인 규칙들은 단지 교육의 목적을 달성하기 위한 수단일 뿐이다. 하지만 학자들은 이용하지 않아도 될 것들을 이용했고, 이것은 일종의 학문이 되어버렸다. 과일에서 과즙만 빠져 말라버린 것이라고 할 수 있겠다. 이것은 아랍어의 소질은 오로지 아랍 수사의 문헌들이 담고 있는 지식만으로도 습득이 가능하다는 것을 보여준다. 학생들은 스스로가 사용할 단어 조합을 상상할 것이다. 그러므로 이들은 아랍인들과 함께 살며 의사표현을 하는 데 있어서 개인적으로 가까웠던 그들과 같은 위치에 서고 결국 자신이 하고자 하는 말을 그들처럼 분명하고 당당하게 표현할 수 있게 될 것이다. 알라는 매사에 능하시다. 알라는 초자연적인 것을 알려주신다.


## 51장 | 바얀 전문가들의 용어인 '맛'이라는 단어의 해석과 그 의미 분석. 비아랍 출신으로 아랍화된 자들은 습득하지 못한 것

'맛'이라는 단어는 바얀의 여러 분야에 회자됨을 인지하라. 그 의미는 혀가 수사법의 소질을 획득했다는 것이다. 수사법이란 말을 의미에 적용시키는 것으로 이때 적용은 일치와 단어들의 결합이 효용을 내는 특성을 통해 이루어진다. 아랍어 원화자 중에 수사법이 탁월한 자는 아랍어 문체와 화법에 따라서 유용한 표현을 하고, 그런 형식에 따라 말하려고 노력한다. 그가 꾸준히 아랍어로 말하기를 시도하면 결국 그런 소질을 얻게 된다. 적절한 단어의 조합은 그에게 간단한 문제이다. 이런 방법으로 그는 아랍어 수사법의 방법에서 거의 어긋나지 않게 된다. 만약 그런 규칙에 준하지 않는 단어의 조합을 들으면 그는 이를 거부하고 그의 귀는 불편함을 느껴 심지어는 거의 듣지 않게 되고 그가 획득한 소질이 아닌 것을 거부하게 된다. 단단히 뿌리를 내린 소질은 마치 자연적이고 탁월한 자질인 것처럼 보인다. 언어에 있어서 소질의 중요함을 인지하지 못하는 사람들 다수는 아랍인이 이으랍과 아랍어 수사법을 정확하게 하는 것은 자연적인 일이라고 생각한다. 그들은 이렇게 말한다. "아랍인들은 자연스럽게 아랍어를 구사한다." 그러나 사실은 그렇지 않다. 정확한 아랍어 구사는 말을 배열하는 데 있어 언어 소질의 결과고 그 소질은 정착하고 단단하게 뿌리를 내린 것이다. 그리고 그것은 선천적 기질과 자연스러운 것으로 보일 뿐이다.

이미 언급했듯이 이러한 소질은 아랍어 말하기를 연습하고 듣기를 반복해서 단어의 결합이 지닌 독특한 습성을 이해하여 획득한 것이다. 그것은 바얀 전공자들이 고안한 학문적 규칙에 대한 지식으로 획득되는 것은 아니다. 사실 학문적 규칙은 아랍어에 대한 지식에 유용하지만 발화되는 장소에서 실제적인 소질을 획득하는데 도움을 주지는 않는다. 이는 이미 앞에서 언급한 바이다. 이런 사실이 입증되었다면 혀에 유창함의 소질이 있는 경우 언어의 배열을 아랍인의 단어 배열과 일치하는 훌륭한 체계로 안내한다. 그런 소질을 지닌 자는 아랍어의 고유한 단어 배열과 특정한 방법에서 벗어나려 해도 그렇게 하지 못한다. 왜냐하면 그는 부적절한 화법에 익숙하지 않고, 그의 뿌리 깊은 소질은 그런 말을 용인하지 않기 때문이다. 만약 어떤 말의 표현이 아랍인의 유창함에서 어긋난다면 그는 즉각 그것을 회피하고 뱉어버리는데 자신이 연습했던 아랍인의 표현법이 아니라는 것을 인지하기 때문이다. 그가 이런 사실을 문법학자나 바얀 전공자들처럼 논증하기에는 부족할 수도 있다. 이것은 아랍인들의 표현을 그들과 동등하게 될 때까지 지속적으로 연습해서 얻은 실존적 문제이다.

예를 들어 보자. 한 아이가 아랍인으로 성장하고 교육받으면 아랍어의 이으랍과 수사법을 습득하여 아랍어를 완전히 구사하게 된다. 하지만 그가 그렇게 되는 데까지 문법에 대한 지식은 없다. 그는 언어적 소질과 습관이 몸에 배어 완벽한 아랍어를 구사하는 것이다. 마찬가지로 그의 다음 세대에도 이렇게 전개된다. 아랍이 시와 연설을 외우는 과정을 통해 그렇게 되는 것이다. 그는 언어 소질을 습득하고 아랍인의 일원으로 태어나고 교육받은 사람처럼 되는 것이다. 이때 문법은 상관이 없다. 이 소질이 뿌리를 내려서 공고해지면 바얀 전공자들의 용어로 '맛'이라 하는 것을 알 수 있다. 맛은 음식을 인지하는 주제이다. 그렇지만 언어의 소질은 혀에 있고, 혀는 음식을 인지하는 장소인 것처럼 말의 장소임으로 맛이라는 이름이 은유적으로 사용된다. 음식이 혀에서 감각적으로 지각되는 것처럼 말도 혀의 존재적 명제이므로 그것을 '맛'이라 부른다. 이제 분명히 알았다면 당신은 페르시아인, 비잔틴인, 마슈리끄의 투르크인, 마그립의 베르베르인이 아랍어에 익숙하지 않은 것과 그들은 아랍인과의 접촉으로 어쩔 수 없이 아랍어를 하게 되었다는 사실을 인지할 것이다. 그들은 아랍어의 언어 소질을 충분히 획득하지 못해서 이 맛을 느낄 수 없다는 것도 알게 될 것이다. 왜냐하면 그들은 과거에 모국어인 다른 언어적 소질을 지니고 어느 정도 인생을 지냈기 때문이다. 그들은 아랍인이 사용하는 개별 단어들과 그 결합을 활용하는 정도의 언어구사력으로 도시민들과 함께 살 수밖에 없었다. 도시민들은 아랍어의 소질을 이미 상실했고 이방인이 되어버렸으며 아랍어의 소질이 요구하지 않는 언어 소질을 지니게 되었다. 아랍어의 언어적 소질의 규칙을 아는 사람들도 책에서 쓰인 규칙을 통해 소질을 배웠을 뿐 그 소질을 다른 방법으로 체득하지는 못했다. 따라서 그들은 당신이 아는 것처럼 그 소질의 원칙을 알 뿐이다. 사실 언어 소질은 아랍어를 꾸준히 연습하고 익숙해지도록 반복해야만 획득할 수 있는 것이다. 당신은 시바와이흐, 파리시, 자마크샤리 그리고 여타의 인물들이 아랍인이 아니고 그럼에도 아랍어의 소질을 획득한 인물들이라는 것을 들었을 것이다. 그러므로 실제로 이 인물들을 비아랍인이라 칭하는 것은 그들의 혈통에만 국한된 것임을 알아야 한다. 그들의 성장과 교육은 아랍인들이나 혹은 그들로부터 교육받은 이들에 의해 이루어졌다. 그러므로 그들은 아랍어를 완전하게 구사할 수 있었다. 그들은 유년기에 아랍인 가정에서 태어난 아랍 아이처럼 성장하고 아랍어를 모국어로 인지하고 아랍인이 된 것이다. 그러므로 그들이 혈통에서 비아랍인이라 할지라도 언어적인 면에서는 비아랍인이 아니다. 왜냐하면 그들은 이슬람이 최고의 번영을 구가할 때 살았고 청소년기에 아랍어를 인지했기 때문이다. 아랍어 소질의 영향은 사라지지 않았고 도시 거주민들도 아랍어 소질을 제대로 지니고 있던 때다. 그리고 그들은 아랍어를 꾸준히 연습하고 공부하여 완벽하게 구사할 수 있었다.

오늘 날 비아랍인이 도시에서 아랍어 화자와 함께 할 경우 그가 처음으로 발견하게 되는 것은 기대했던 아랍어가 완전히 사라졌다는 것이다. 그는 도시 거주 아랍인의 언어 소질이 원래 아랍어의 소질과는 상이하다는 사실을 알게 된다. 만약 그가 아랍어를 꾸준히 연습하고 학교에서 아랍시를 공부하고 주요 대목을 암송하는 등의 방법을 동원한다 해도 우리가 앞서 언급했던 것처럼 아랍어 소질을 획득하게 되는 일은 매우 드물다. 왜냐하면 그곳의 아랍어 습관 자체가 변이되었기 때문이다. 그러므로 그런 시도를 해도 결과는 성공적이지 않다. 만약 혈통으로 비아랍인이지만 언어적으로 비아랍어와는 아무 접촉이 없었던 사람이 있다고 가정해 보자. 그가 암송과 학습으로 아랍어 소질을 습득하려 한다. 어쩌면 성공할 수도 있을 것이다. 하지만 매우 드물다. 이미 앞에서 언급했던 것들이 사라졌기 때문이다. 어쩌면 수사법적인 문법을 중시하는 이들 다수는 이를 통해 아랍어의 '맛'을 획득하게 된다고 주장할 수 도 있다. 하지만 틀린 말이다. 왜냐하면 그들이 주장하는 대로 수사법적인 문법에서 얻은 소질은 표현의 소질이 아니기 때문이다. 알라께서는 올바른 길로 인도하고자 하는 대상을 올바른 길로 인도하신다.


52장 │ 도시민은 교육으로 언어적 소실을 체득하는 일에
　　　 역부족이다. 아랍어에서 더 멀어진 사람은 언어적 소질을
　　　 체득하기도 더 어려워진다


그 이유는 학생들이 비아랍인들이 구사하는 수사 표현의 영향을 받은 언어만 사용하며 자랐고 더욱이 바람직한 아랍어의 소질과는 양립할 수 없는 소질을 먼저 얻었기 때문이다. 도시에서는 기존의 아랍어 가 다른 것

으로 대체되었다. 대체된 다른 언어는 다름 아닌 이 시대의 정주민의 언어이다. 아이들에게 아랍어를 먼저 가르치려는 선생님들이 있다. 문법학자들은 이런 교육이 문법을 통해서 이루어진다고 믿는다. 하지만 이는 옳지 않다. 아이들에게 아랍어와 아랍어 수사법의 직접적인 접촉을 통해 언어학적 소질을 교육할 수도 있다. 다른 무엇보다도 문법이 이 접촉에서 중요하다는 것이 사실이긴 하다. 교육대상자가 비아랍어에 뿌리를 두고 있으면 있을수록, 무다르어와 멀리 있으면 있을수록 무다르어를 학습하기가 어렵고 이 언어의 소질을 얻기도 힘들어진다. 이 경우 무다르어 소질과 양립할 수 없는 그 힘은 견고하다. 도시 거주자들의 경우를 비교해보자.

이프리끼야와 마그립의 거주민들은 비아랍어에 뿌리를 깊이 두고 있으며 고대 언어에서 가장 멀다. 그들은 고대의 언어 소질을 교육으로 습득하기가 어려웠다. 이븐 알라끼끄는 까이라완의 서기가 동료에게 쓴 편지를 전했다. "아 나의 친구여! 너를 잃는 슬픔을 견딜 수 없을 나의 친구여! 아부 사이드는 우리에게 말을 가르쳐 주었다. 네가 오는 사람들과 함께 한다고 말했다고.[118] 오늘 우리는 방해받았기에 우리는 밖으로 나가지 못했다. 우리 집안사람들, 개의 불결함처럼 그들은 거짓말을 했다. 그들이 한말 중에 사실은 하나도 없다. 이렇게 너에게 편지를 쓴다. 친구여 그립다." 이렇게 그들의 언어 소질은 무다르어에 있다. 그 이유는 위에서 설명한 그대로다.

마찬가지로 그들의 시는 올바른 언어 소질과는 거리가 멀었고 오늘 날까지도 그렇다. 이프리끼야에는 이븐 라시끄 와 이븐 샤라프를 제외하고는 내세울만한 시인이 존재하지 않는다. 그곳의 시인들은 최근의 이주민들이며 오늘날까지도 그들의 시어 수사법은 계속 퇴보하고 있다. 스페인 사람들은 시와 운문에 관심이 있고 열정적이었으므로 언어 소질을 획득하는데 이프리끼야 사람들보다 성공적이었다. 이븐 하이얀이란 역사학자는 그들

---

118 원문의 이 부분은 문법적 오류로 보인다. 이븐 칼둔이 비아랍어 사용자의 시를 예로 들어 아랍어 문법의 오류를 지적하려는 것으로 간주된다.

의 언어에 관련된 전 분야를 선도했으며 그 자신이 아랍어 소질을 지닌 본
보기였다. 군소 왕조의 시대에 이븐 압두 랍비흐와 까스탈리 등의 시인들
도 있었다. 스페인에서 언어와 문학은 번창했고 훗날 기독교인들이 우위를
점해 사라질 때까지 계속되었다. 기독교인들이 스페인을 통치하게 되자 사
람들은 자신들의 자유 시간을 보낼 취미를 잃었고 문명도 퇴보했다. 결국
다른 것들과 마찬가지로 언어와 문학도 퇴보했다. 스페인 사람들의 언어
소질은 더 이상 그 목적에 부합하지 않았기에 결국 밑바닥까지 떨어졌다.

스페인 문학자의 마지막 세대 중에는 세비야의 학생인 살리흐 븐 샤리
프와 말리크 븐 알무르힐이 있었는데 그때는 바누 알아흐마르 왕조의 초
기였다. 이 시기에 스페인은 가장 총애하는 자들을 이프리끼야 해안으로
보냈다. 그들은 세비야에서부터 세우타까지, 스페인 동부에서 이프리끼
야까지 돌아다녔지만 아랍어 언어학을 교육하는 전통이 곧 사라졌으므
로 그들의 임무도 끝났다. 아랍어는 이프리끼야 해안의 주민들이 배우기
에는 너무 어려웠는데 그 이유는 그들의 혀가 아랍어 소질과 공존할 수
없는 베르베르어에 먼저 적응되어 심하게 꼬이기 때문이다.

그 이후 과거에 그랬던 것처럼 아랍어 소질은 스페인에 존재했다. 이
븐 시린, 이븐 자비르, 이븐 알지얍과 그들의 동기들이 나타났다. 그 후에
는 이브라힘 알사힐리 알뚜와이진과 그의 동기들이 뒤를 이었다. 그들 이
후 이 시대에는 적의 맹렬한 비난으로 사망한 이븐 알카띱이 있는데 그에
게는 알려지지 않은 언어 소질이 있었다. 이후 그의 제자들이 뒤를 이었
다. 전반적으로 스페인에서 언어 소질은 많은 부분을 차지한다. 이에 대한
교육은 매우 쉽다. 왜냐하면 이미 언급했던 것처럼 이 시대에도 언어학과
문학에 대한 관심과 지원이 꾸준히 이루어지고 있기 때문이다. 왜냐하면
현재 언어 소질이 망가진 비아랍인 화자는 그 지역에 갑자기 등장한 이들
이다. 그들이 사용하는 언어(비아랍어)는 스페인 주민, 해안에 거주하는 베
르베르인의 언어에 뿌리를 두고 있지 않다. 비록 그들이 그곳의 주민이

고 그들의 언어는 도시를 제외한 모든 지역의 언어라는 것이 사실일지라도 이는 자명하다. 도시 거주민들은 비아랍어의 바다와 베르베르의 알 수 없는 말에 흠뻑 젖어들었고 결국 교육을 통한 언어 소질을 획득하는 일은 어렵게 되었다. 이는 스페인의 거주민들과는 다른 상황이다. 우마이야 왕조와 압바스 왕조 때의 마슈리끄 주민들의 상황과 스페인 사람들의 언어 소질의 완성과 개선에 대한 상황은 같다. 그 시대에는 특별한 경우를 제외하고는 모두 비아랍인과의 접촉이 드물었다. 따라서 그때의 언어 소질은 다른 어느 때보다 훨씬 견고했다. 마슈리끄에 아랍인과 그들의 후손이 많았기 때문에 뛰어난 시인들과 서기들이 매우 많았다.

『노래의 서』의 시와 산문을 한번 살펴보자. 이 작품은 아랍의 기록 보관소다. 이 책에 그들의 언어, 역사, 전쟁, 무슬림의 강령, 예언자*의 전기, 칼리파와 통치자들의 업적, 시, 노래 그리고 그들에 관한 모든 것이 기록되어 있다. 아랍에 대해 이 책보다 상세히 기록한 작품은 없다. 이런 언어 소질은 우마이야와 압바스 왕조의 통치 기간에 마슈리끄에서 견고하게 확립되었다. 그 시대의 시인과 문학자들의 언어 소질은 대부분 자힐리야의 시인과 문학자들에 비해 뛰어났다. 하지만 결국 아랍인들은 힘을 잃었다. 그들의 언어는 파괴되었으며 수사학 역시 쇠퇴했다. 그들의 권력과 왕조는 종말을 맞이했고 비아랍인이 왕권과 권력을 소유하게 되었다. 이러한 변화는 다일람과 셀주크 왕조 시대에 일어난 일이다. 그들은 도시인과 접촉했고 결국 도시인이 우위를 점하게 되었다. 결국 그들의 언어가 만연하게 되었고 비아랍어의 수사적 소질들이 도시 인구와 그곳에 정주하는 사람들을 다스리게 되었다. 사람들은 점점 아랍어에서부터 멀어져 갔다. 아랍어를 연구하는 사람들조차 그 소질을 얻지 못하게 되었다. 이러한 상황은 그들의 언어가 현재 처한 상황과 비슷하다고 볼 수 있다. 이는 그들의 시와 산문 모두에 영향을 끼친다. 알라는 원하는 것을 창조하고 선택한다. 지고하신 알라는 가장 잘 알고 그분 이외 주님은 없다.

# 53장 │ 말은 운문과 산문으로 구분된다

　아랍어와 아랍인의 화법은 두 분야로 구분됨을 인지하라. 하나는 운율이 있는 시로 그것은 운율이 있는 말이고, 각 행은 하나의 문자로 끝나는데 이것이 각운이다. 두 번째는 운율로 이루어지지 않은 말인데 그것은 산문이다. 이 두 가지는 모두 말에 있어 다양한 분야로 나누어진다. 운문을 보자면 찬양시, 풍자시, 애도시가 있다. 산문을 보자면 사즈으가 있다. 사즈으는 행으로 나타나기도 하고 끝나는 행들이 연속적이기도 한데 각운을 공유하는 두 단어들이 서로 얽히는 것도 있다. 이것을 사즈으라고 부른다. 산문에는 단순 산문도 있다. 이 경우 문장은 계속되어 행으로 나뉘지 않고 각 운이나 다른 것으로 구분되지 않는다. 산문은 설교나 기도에 주로 사용되고 대중들을 격려할 때나 공포심을 주려 할 때도 사용된다. 코란으로 말하자면 산문임에도 언급한 두 종류에서 열외의 것이다. 그것은 단순 산문도 운이 있는 산문도 아니다. 각장의 절[119]들은 말씀이 끝나는 곳에서 맛을 보여주는 지점에 도달한다. 그리고 말씀은 다음절에서 반복된다. 이때 압운 산문인 글자를 반드시 사용하지 않아도 되고, 각각의 운을 사용하지 않아도 된다. 코란의 말씀은 이렇다. "알라께서 계시를 내리사 가장 아름다운 말씀으로 성서를 주셨나니 때로는 서로 유사하게 하여 때로는 반복 하셨더라. 그들의 주님을 두려워한 이들의 피부는 떨리고",[120] "우리는 지혜를 가진 백성을 위해 말씀을 세분화했느니라."[121] 그래서 절들의 끝이 '나누는 자들fawāṣil'이라고 불린다. 그것은 운율이 있는 산문이 아니다. 사즈으에서 필수적인 것이 코란에는 필수가 아니고, 시의 압운도 필수가 아

---

119　코란은 114개의 수라로 되어 있고 하나의 수라는 여러 개의 아야트로 되어 있는데, 본서에서는 편의상 수라를 장으로, 아야트를 절로 혼용 표기했다.

120　코란 39장 23절.

121　코란 6장 97절. "지혜를 가진 백성을 위해"는 코란 구절의 의미 전달을 위해 그대로 썼으나 본서의 원문에는 생략되어 있다. 한국어와 아랍어의 어순 차이에서 기인하는 문제이다.

니다. 코란의 모든 절들을 마싸니라 부르는 것은 그런 이유에서 일반적이다. 이것은 특히 코란의 첫 수라(장)에 쓰였는데 아틸라쓰의 일곱 달을 위한 별처럼 그 장에서 많이 반복 사용되었기 때문이다.

글의 각 분야에는 사람들 특유의 기법이 사용되었으며 이 기법들은 다른 분야에 적합 하지 않고 사용될 수도 없다는 것을 인지하라. 이에 대한 예로는 시로 분류되는 나십,[122] 설교로 분류되는 알라를 찬송함과 기도, 연설로 분류되는 축복을 내리기 위한 정형화된 문구 등을 들 수 있다. 현대 작가들은 산문을 쓸 때 시 분야의 기법을 차용하곤 한다. 그들은 글을 쓸 때 많은 운을 포함한 산문과 의무적으로 넣은 운을 사용했고, 말하고자 하는 것 앞에 나십을 넣었다. 이런 식의 산문을 살펴보면 그것은 시가 된 느낌을 주고 운율의 부재를 제외하면 시와 큰 차이점을 찾아볼 수 없다.

최근 서기들은 이러한 방법을 정부 서신에 사용하기 시작했다. 그들은 좋아하는 방법으로 산문을 썼으며 다른 분야의 방법들을 섞기도 했다. 특히 마슈리끄 사람들은 일반적인 산문 형태를 거부했으며 이 형태를 잊으려 했다. 어리석은 일부 서기들로 인해 현재 정부 서신은 위에 설명된 방식으로 기록된다. 이는 올바른 수사법에 어긋난다. 말과 말한 사람과 언급된 사람이 처한 상황의 조화를 찾는 것이 올바른 방식이라고 할 수 있다. 최근 서기들은 시 쓰는 방법을 이용해 운 단 산문을 쓰려 한다. 하지만 정부 서신을 작성할 때 이 방법을 사용해선 안 된다. 시에는 일반적인 화법에서 찾아보기 힘든 재치 넘치는 글과 유머와 진중함이 적절하게 섞인 표현들이 사용되며 장황한 묘사 혹은 속담의 사용이 자유롭고 직유와 은유적 표현들의 사용도 잦다. 의무적으로 넣은 잦은 운 역시 재치 있고 볼

---

122 나십은 이슬람 이전 아라비아 반도에서 융숭한 발전을 이룩했던 시의 도입부를 말한다. 시인은 시의 도입부에서 청중의 이목을 집중시키기 위해 주로 연애담을 소개했다. 그는 떠나간 연인, 천막을 거두고 난 흔적 등을 바라보며 지나간 사랑을 회상한다. 특히 이므룰 까이스의 무알라까트의 나십이 가장 탁월한 것으로 간주된다.

만하다. 위에 언급된 시의 기법들은 지도자가 대중을 상대로 격려하거나 위협하는 상황 혹은 정부나 왕조의 권위, 위엄과는 어울리지 않는다. 정부 서신을 작성하는 올바른 방법은 운은 없지만 의도적이지 않은 언어 소질에 따라 발생하는 운은 가끔씩 존재하는 그런 직접 화법과 주어진 상황에 적절히 부합하는 정통 산문을 쓰는 것이다. 여러 상황들은 각자에게 맞는 특정한 표현 기법이 존재하기에 장황함 혹은 간결함, 생략 혹은 주장, 직접적 제시 혹은 암시, 환유어 혹은 은유의 사용과 같은 다양한 기법들을 필요로 한다.

정부의 서신에 시의 기법을 넣어 작성한 일은 비난을 받아 마땅하다. 하지만 우리가 아직까지 이러한 방법을 사용하는 이유는 비아랍권 사람들의 언어 소질은 그 주어진 상황에 부합하는 형태를 띤 연설을 소화하지 못하기 때문이다. 그들은 올바른 연설을 하지 못하며 유창한 실력을 소유하기까지 오랜 시간이 걸린다. 대신 그들은 위에 언급된 운이 포함된 산문을 통해 자신들이 처한 상황에 적합한 형태의 연설을 꿈꾸고 전달하려는 바를 제대로 전달하지 못하는 무능함을 숨기려 한다. 그래서 그들은 운을 달고 수사적 표현을 이용해 연설을 꾸미고 자신의 무능함을 만회하려 한다. 결과적으로 그들은 다른 모든 것을 도외시한다. 오늘날 서기들과 마슈리끄의 시인들은 이 기법을 가장 많이 사용하며 약간 과장하자면 모든 종류의 연설에 사용한다고 할 수 있다. 그들은 말장난이나 대조법을 사용하려할 때 기존 단어들과 충돌이 있으면 이으랍을 마음대로 조작한다. 그들은 올바른 모음에 신경 쓰지 않고 말장난을 하며 심지어 말장난에 맞지 않는 단어들을 말장난과 맞게 엉터리로 쓰기도 한다. 이런 엉터리 글들을 여태 주장한 비판적인 관점으로 연구한다면 우리의 주장이 옳다는 것을 알게 될 것이다. 알라는 자비로움으로 성공을 가져오신다. 그분은 가장 잘 아신다.

그 이유는 이미 언급한 것처럼 혀에 있는 소질 때문이다. 만일 어떤 소질이 그 자리를 선점했다면 이후 새로운 소질이 고착되기는 어렵다. 왜냐하면 소질의 수용과 획득은 본능적 상태가 더 쉽기 때문이다. 선행하는 소질이 있다면 그것은 새로운 소질의 수용을 방해하고 신속하게 수용하는 것도 가로막는다. 결과적으로 상호 간에 충돌이 발생하고 새로운 소질이 완성되는 것은 어렵다. 이 현상은 모든 기술적 소질에 해당된다. 우리는 이미 이와 관련된 사항을 적절한 장에서 증명한 바 있다. 언어도 여기에 해당된다. 언어도 기술과 마찬가지로 혀의 소질이다. 비아랍어 습관을 먼저 획득한 사람을 보라. 그가 아랍어 습득에 있어 얼마나 부족한지! 따라서 페르시아어 소질을 먼저 획득한 페르시아인이 아랍어 소질을 완벽하게 획득하는 것은 어렵다. 제 아무리 그들이 아랍어를 완벽히 학습한다 해도 부족함은 상존한다. 베르베르인, 비잔틴인, 유럽 기독교도들도 마찬가지이다. 여러분은 그들 중 극히 예외적인 경우만이 아랍어 소질을 제대로 습득한다는 것을 보게 될 것이다. 그 이유는 그들의 혀에 다른 언어의 소질이 먼저 고착되었다는 것밖엔 없다. 이런 상황의 학생이 아랍인과 함께 아랍어 책으로 교육받는다 해도 지식을 완전하게 습득하기에는 부족함이 있다. 그 유일한 이유는 언어 때문이다. 언어는 기술과 흡사하다고 언급한 바 있다. 하나의 기술과 다른 기술이 병행할 수는 없다. 어떤 기술에 능통한 사람은 다른 기술을 능숙하게 하거나 숙달하는 것이 어렵다. 알라는 너희와 너희가 하는 것을 창조하셨다.

이것은 아랍어를 말하는 여러 분야 중 하나다. 아랍인들은 그것을 시라고 부르는데 시는 다른 모든 언어에도 존재한다. 그러나 지금 우리는 아랍인의 시에 대해서 언급할 것이다. 다른 언어를 말하는 사람들은 자신의 언어로 표현하려고 하는 대상을 시에서 발견할 수 있다. 그러나 각 언어는 수사법에 있어 고유의 원칙이 있다. 아랍어에 있어 그 원칙은 낯선 경향과 힘찬 방법이다. 그것은 동일한 운의 조각으로 나뉘고 각 조각의 마지막 문자를 통일하는 방법이다. 이 각각의 조각을 바이트[123]라고 부른다. 각 바이트의 마지막에 공통으로 있는 동일 문자를 각운이라 하고 이렇게 만들어진 것을 까씨다[124]라고 부른다. 아랍시에서 단어들의 결합으로 구성된 시행은 그 자체가 의미를 지닌 하나의 단위이다. 그것은 그 자체만의 말이고 앞이나 뒤의 바이트로부터 독립적이다. 칭송 나십 혹은 애도 시에 각 바이트는 그 자체로써 완전하다. 그러므로 각 바이트에 독립적 의미를 부여할 수 있다. 시인은 작품 내에서 하나의 분야로부터 다른 분야로, 하나의 목표에서 다른 목표로 옮겨 가고 이로써 하나의 주제에서 두 번째 주제로 옮겨가는 것이다. 이때 처음의 주제는 다음 주제와 상치함이 없이 매끄럽게 진행된다. 예를 들면, 시인은 나십에서 칭송으로, 사막이나 떠나 버린 영지에 대한 묘사에서 행진이나 말, 환영에 관한 묘사로, 칭송의 묘사에서 자신의 부족이나 군대에 대한 묘사로, 애도에서 망자에 대한 찬양으로 옮겨간다.

하지만 시인은 하나의 운율에서 유사한 운율로 전이하는 자연적인 성질을 억제하고 시 전체가 하나의 운을 유지하도록 노력한다. 많은 사람들은 운의 유사성으로 그 차이를 느끼지 못할 수도 있다. 운에는 운율학이

---

123 '집'이라는 의미로 아랍시에서는 운율의 단위를 말한다.
124 '복합 정형 장시'라고 하며 이슬람이 도래하기 이전부터 아라비아 반도에 있었던 시이다.

포함하고 있는 특정한 조건과 규칙이 있다. 아랍인들은 시에서 자연스레 발생하는 운이 아닌 것도 사용했다. 운율학을 하는 이들은 그런 특별한 운율들을 '부후르'라고 부른다. 그들은 열다섯 개의 운율로 제한하는데 그 이유는 아랍인들이 시에서 열다섯 개 이외의 다른 운율을 사용하지 않는 다고 생각했기 때문이다.

아랍인들에게 있어 시는 화술 중 매우 고귀한 것이었음을 인지하라. 그 들은 시를 아랍인의 학문과 역사, 옳고 그름을 판단하는 증명의 근거이자 대다수 학문과 지혜의 근원으로 삼았다. 아랍인에게 있어 시의 소질은 다 른 습관들처럼 뿌리 깊었다. 아랍어와 관련된 모든 습관들은 기술과 말의 지속적인 연습으로 획득되었는데 그렇게 되면 시를 짓는 습관이 어느 정 도 획득되었다. 말의 여러 분야 가운데 현대인들이 하나의 기술로 그 습 관을 획득하려 할 때 가장 어려운 것이 시이다. 왜냐하면 시의 각 바이트 는 독립적이라서 그 자체만으로도 의미를 지닌 말이다. 이를 위해서 시인 은 시적인 표현들을 아랍시의 경향에 맞출 수 있을 때까지 그 습관을 필 요로 한다. 그는 자체적으로 독립할 수 있는 하나의 바이트를 만들고 같 은 방식으로 다른 바이트를 만든다. 그는 자신이 표현하고자 하는 다양한 주제들을 연속적으로 제시한 이후 각 바이트들이 시의 다양한 주제에 따 라 조화롭게 되도록 만든다. 시의 형식은 어렵고 시 원칙은 낯설기 때문 에 시의 방법을 훌륭하게 만들기 위해서는 자연적 성정이 시련을 겪고, 말의 영감을 불어넣기 위해서는 사고가 날카로워야 한다. 이를 위해서는 단지 아랍어 소질만으로는 부족하고, 아랍인들이 전문적으로 사용하는 방법을 지키려면 세련된 기술이 필요하다.

시인들이 사용하는 '기법'이라는 단어의 중요성과 그 의미를 알아보자. 그들은 기법을 통해 자신들이 조합한 단어들을 직조하는 베틀 혹은 단어 들을 채워 넣는 틀을 표현하고자 함을 인지하라. 기법은 이으랍이 문장 의 의미를 이루는 기초를 표현하고자 하는 것과 같은 것이 아니다. 수사법과 바얀al-bayān[125]이 특정한 단어 조합을 이용해 완벽한 의견 전달을 표현하는 것과 같은 것도 아니다. 아랍인들이 시에 사용하는 운율과 같은 것도 아니다. 위의 세 가지 방식은 시의 범주에서 벗어난 것들이다. 시의 기법이란 단어를 조합할 때에 항상 발생하는 조합의 운율을 의미한다. 이는 우리의 마음이 가장 중요한 독립적인 단어 조합에서 금형이나 베틀처럼 상상력이 발휘되는 단어 조합으로 생각하게 하는 것이다. 아랍인은 단어 조합의 소리 중 이으랍이 올바르며 고유의 소리를 가지고 있다고 여기는 것들만 엄선해 건축가가 틀을 이용하거나 베 짜는 사람이 베틀을 이용하는 형태처럼 변형시킨다. 물론 틀은 여러분이 표현하고자 하는 모든 단어 조합을 충분히 수용할 수 있을 만큼 넓고 단어는 아랍어 소질에 적합한 소리의 형태가 된다. 따라서 말의 각 분야에는 특유한 기법들이 존재한다. 집터의 흔적에 대해 묻는 아래의 시는 집터의 흔적에 대한 표현으로 시작된다.

오! 높은 절벽위에 있는 마야의 집.[126]

동료들을 멈춰 세우고 질문하는 형식은 다음과 같다.

여보게 두 사람 멈춰보게, 그 집에 거주하던 사람들이 왜 급하게 떠났는지 알려주겠나?[127]

아니면 동료들에게 집터의 흔적을 보며 눈물 흘릴 시간을 부탁하는 경우도 있다.

---

125  바얀은 아랍어학과 관계 있는 학문이다. 이것에 대해서는 45. 아랍어와 관계 있는 학문들을 참조.
126  나비가 알두브야니의 까씨다의 도입부이다.
127  다으빌 알카자이의 까씨다이다.

거기 두 친구여! 멈춰 보게. 천막을 쳤던 자리를 보며, 내 사랑을 기억하고
울 수 있도록 해주게.[128]

아니면 불특정 인물에게 전해진 답에 대해 묻는 식의 예를 보면 다음과
같다.

당신은 묻지 않았는가? 천막을 거두고 떠난 흔적이 당신에게 어떤 소식을
전하지 않았는가?

아니면 집터의 흔적을 보고 불특정 인물이 인사하도록 한다든지.

가즐 근처의 집들을 위해 울어라.

아니면 비를 내려달라는 기도 형식이라든지

쏟아지는 비가 버려진 천막의 흔적들을 엷게 하여라,
그리고 기름진 푸른 초목으로 덮게 하여라.

아니면 번개에게 비를 달라고 요청하는 식이라든지,

오! 번개여, 아브라끄에 있는 야영지를 한번 보라.
그리고 암 낙타[129]들이 모인 것처럼, 구름들을 모이게 하여라.

---

128  이므룰 까이스의 무알라까트의 도입부이다.
129  베두인에게 암 낙타는 축복의 상징이다. 낙타는 그들의 생활에 밀착된 동물로 이동, 짐 운
반뿐 아니라 젖, 치즈, 고기의 음식 활용과 뼈의 공예품 활용까지 다양한 용도를 지니고
있다. 특히 암 낙타는 출산으로 부의 증가를 가져오기 때문에 더 큰 축복으로 간주된다.

아니면 비가悲歌에서 비탄하며 사람들에게 애도를 요청하는 식으로 표현되어 있다. 예를 들어보면 다음과 같다.

> 그렇게 하라. 그 사건이 불쾌하게 설명되고 취급되도록 하라.
> 눈물을 쏟지 않는 눈에 통하는 변명이란 없다.[130]

아니면 일어난 사건의 중요성을 강조하는 형식이라든지

> 나무로 된 판자에 누구를 싣고 가는지 당신은 보았는가?
> 어떻게 그 부족의 모임에 불이 꺼졌는지 보았는가?[131]

아니면 모든 존재는 소멸로 인해 슬픔과 애도를 가져온다든지

> 푸른 목초여! 보호해줄 사람이나 수호자가 없다.
> 죽음은 용사를 긴 창과 위대한 능력으로 앗아갔다.[132]

아니면 여류 시인[133]의 시 구절에 있듯이, 슬픔을 표하지 않는 것에 대해 불만을 나타내는 식으로 표현된다.

> 오 카부르의 나무들이어! 왜 초록빛을 보이는가?
> 마치 이븐 따리프에 대한 슬픔을 느끼지 못하는 것처럼.

---

130  아부 탐맘이 무함마드 븐 하미드 알뚜시를 애도하는 까씨다의 도입부이다.
131  샤리프 알라디가 아부 이스하끄 알싸비를 애도하는 까씨다의 도입부이다.
132  샤리프 알라디가 자신의 아버지를 애도하는 까씨다의 도입부이다.
133  라일라 빈트 따리프를 말한다.

아니면 죽은 자의 공격에서 벗어나 쉴 수 있음을 축하해 주는 식으로 표현된다. 예를 보면 다음과 같다.

라비아 븐 니자르! 창을 내려놓아라.
죽음이 항상 급습 해오던 너의 적대자를 데려 갔노라.

이런 예는 말과 그 이론 분야에도 얼마든지 있다. 말에 있어 구조의 정렬 형태는 한 문장이거나 그렇지 않을 수 있는데 명령문, 진술문, 명사문, 동사 문, 동격으로 연결되거나 이어지지 않는 문장, 분리되거나 연결된 문장일 수도 있다. 이는 아랍어의 단어 결합에 관한 것이다. 각 단어의 위치의 단어 결합의 경우이다. 이렇듯 아랍시의 지속적 연습으로 기본적인 틀을 배우게 된다. 이 기본적인 틀은 마음에 있는 것이고, 특정한 단어 조합이 그 기본 틀에 적용된다. 따라서 말을 하는 사람은 건축가나 베 짜는 사람에 비유된다. 틀을 저버리는 건축가나 베틀을 떠나 베 짜는 사람은 성공하지 못한다. 수사법의 규칙들을 아는 것으로 충분하다고 할 수는 없다. 우리는 이렇게 말한다. "수사법의 규칙은 단지 과학적이고 유추적인 기본 법칙이고, 유추를 전문으로 하는 형식으로 단어 조합에서 효용을 가져온다." 그것은 이으랍의 규칙에 대한 유추와 마찬가지로 올바르고 과학적인 유추이다. 하지만 지금 설명하고자 하는 시의 기법은 유추와는 아무 관계가 없다. 이 기법은 영혼에 뿌리를 깊게 둔 하나의 기관이다. 그것은 아랍시에서 지속적인 단어 조합으로 가능한 것이다. 아랍어와 바얀의 과학적 규칙들이 작시 作詩를 가르칠 수는 없다. 시에서 사용되는 아랍어 화법의 유추와 과학적인 문법이 다 옳은 것도 아니다. 시인들이 사용하는 것은 시인의 말을 제대로 연구하는 자들에게 정보를 주는 것이고 여기에는 유추적인 규칙도 포함된다. 이런 방법과 앞서 언급한 시적 표현인 틀을 만드는 상상 기법으로 아랍시를 공부하려 한다면, 이는 아랍인들이 사용하는 단어 조합을 연구해야

가능하지 유추가 의도하는 방법으로 연구해서는 안 된다.

따라서 상상의 틀을 획득하려면 아랍시와 말을 암기해야 한다. 이런 틀은 시 뿐 아니라 산문에서도 찾아볼 수 있다. 아랍인들은 자신들의 말에 시와 산문 모두를 사용했으며 각 종류의 기법을 사용했다. 시에서 사용되는 기법은 같은 음보와 각운, 동일어가 있다. 산문에서는 마치 하나의 규율인 듯, 동일어의 대칭과 유사성이 관찰된다. 간혹 운문조의 산문 혹은 정통 산문도 있다. 아랍어는 각 분야의 틀이 잘 잡혀 있다. 사람들은 아랍어의 틀을 사용해 실력을 향상 시킨다. 이 틀은 아랍어에 대한 전문 지식을 가지고 있는 사람만 얻을 수 있으며 따라서 그들의 마음에는 특정한 틀의 추상적인 관념의 결과로 만들어진 절대적이고 보편적인 틀이 형성되게 된다. 그들은 마치 건축가가 틀을 기초 공사에 사용하고 베 짜는 사람이 베틀을 사용하듯 그 보편적인 틀을 이용해 자신들의 말을 구성한다. 따라서 말의 구성에 대한 연구는 문법학자와 문학 평론가인 문장가와 운율학자 모두 다르다. 하지만 이런 연구는 시인들에게는 의무적이며 꼭 해야만 하는 일이다. 만약 이런 모든 특성들이 말에 포함된다면 미묘한 통찰을 거쳐 각 틀로 분류되고 이를 '기법'이라 부르는데, 오로지 아랍시와 산문에 전문적인 지식이 있는 사람만 이러한 통찰력을 가진다. 이제 '기법'이 무엇인지 알았으니 시의 정의와 묘사를 통해 더욱 명백한 정의를 내려 보자. 하지만 어느 학자도 명백한 정의를 내린 적이 없었다.

한편 시를 운율을 둔 연설로 간주하는 운율학자들은 여기서 우리가 다루고 있는 시에 대한 의견에 반대했다. 운율학은 시가 연속적인 모음으로 여러 바이트의 일치를 보이는 경우와 모음의 일치를 보이지 않는 바이트들의 경우를 보여준다. 이는 운율만을 말하는 것이며 단어나 그 의미와는 무관하다. 운율학자들이 내린 시의 정의는 그들만의 것이라 할 수 있다. 여기에서 우리는 이으랍, 수사법, 운율, 시 특유의 표현의 틀을 고려할 것이다. 운율학자들이 내린 정의는 시에 적합하다고 할 수 없기 때문에 우리가 연구하고 있는 시의 진정한 뜻을 알려줄 수 있는 정의가 필요하다. 우리는 이렇게 정의한다. "시란 은유와 묘사를 통해 감정을 표현하는 유창한 말이며, 운율이 있는 문자들로 구성된 행으로 분리되어 있고, 각 행은 전·후행과 별개이며, 아랍인 특유의 기법이 사용된다." 우리가 정의한 바에 따르면 '유창한 말'이란 하나의 종류일 뿐이다. '은유적 표현과 묘사'는 은유적 표현과 묘사가 없고 그래서 시라 할 수 없는 유창한 말과의 차이를 의미한다. '운율이 문자로 구성된 행으로 분리된다'는 것은 시로 간주할 수 없는 산문으로부터 시를 구분 짓는다. '행은 전·후행과 별개이며'는 이 같은 형식 일 수밖에 없는 시의 진정한 모습을 대변한다. '특유의 기법을 쓴다'는 잘 알려진 시의 기법을 쓰지 않는 것과 시를 구분 짓는다. 시에는 산문이 지니지 못한 특유의 기법들이 존재하기에 시에서 반드시 있어야 하는 해당 사항들이 없으면 그것은 시가 아니라 단지 시적인 말일 뿐이다. 압운된 말도 시의 기법을 쓰지 않는다면 시가 아니다. 따라서 우리가 소개한 대부분의 문학가들은 무타납비와 마아르리가 아랍시의 기법을 따르지 않았기 때문에 그들의 압운시는 시가 아니라는 의견을 제시한다. 우리가 내린 시의 정의 중에 아랍시의 기법 사용 여부는 아랍시를 비아랍권의 시와 구분한다. 물론 이 말은 시가 아랍 세계는 물론 비아랍권에도 존재한다고 믿고 있는 사람들에게 해당된다. 반대로 시는 아랍권에만 있다고 믿는 사람들에겐 해당되지 않으며 그들은 아랍시 특유의 기법보다는 아랍인이라는 단어를 뺀 '특유의 기법'이라 칭한다.

이제까지 시의 정의에 대한 논의가 끝났으니 작시作詩에 대해 논의해보자. 시 제작에서 시적인 기법에 대한 규율은 몇 가지 조건에 의해 형성됨을 인지하라. 첫 번째 조건은 아랍시에 대한 전문 지식을 얻는 것이다. 지식을 얻게 되면 시를 쓸 때 베를 짜는 베틀처럼 기반이 되는 자연스러운 소질을 형성하게 된다. 암기의 소재는 가장 진실되고 순수한 시에서 골라야 한다. 선택된 시는 최소한 이븐 아부 라비아, 쿠싸이르, 두 알룸마, 자리르, 아부 누와스, 아부 탐맘, 부흐투리, 라디으, 아부 피라스와 같은 탁월한 무슬림 시인의 시여야 한다. 선택된 대부분의 시는 이슬람 시대의 시와 자힐리야의 시로 구성된 『노래의 서』에서 추출될 것이다. 탁월한 고전 시 암기가 부족한 자의 시는 수 많은 암송의 흔적만 있을 뿐 어떤 감화나 울림을 주지 못한다. 고전시 암기가 부족하거나 시라고 부르기 어려운 결과를 내어 놓는 자는 실패자다. 이런 자들은 시에 관여 안 하는 것이 더 바람직하다. 시인들이 고대의 시적 소재에 대한 지식을 많이 얻고 이를 통해 재능을 갈고 닦았다면 여태까지 만들어진 위대한 시의 전철을 밟기 위해 스스로 압운을 달기 시작하게 될 것이다. 지속적으로 연습하면 압운을 다는 습관은 더욱 확고하게 될 것이다. 작시를 잘 하기 위해서는 시적 소질의 사용을 방해하는 고대 소재에서 얻은 지식을 모두 지우고 부수적인 문학적 형태도 기억 속에서 지워버려야 한다. 그 방법을 마음으로 알게 된다면 마치 비슷한 단어들도 같은 베틀에서 직조할 수 있는 것처럼 지식이 지워져도 저절로 방법을 알게 될 것이다. 그 이후 시인들은 혼자만의 시간이 필요하게 된다. 아름다운 강과 꽃을 보거나 음악을 듣는 것도 좋다. 그들은 재능을 향상시키기 위해 마음가짐을 새롭게 하며 기쁨을 즐겨야 한다. 앞서 언급한 조건들과 더불어 시인들은 충분한 휴식을 필요로 하며 활동적 이여야 한다. 그래야 그들은 재능을 더 발휘하고 머릿속에 그려놓은 베틀과 같은 틀을 만들 수 있는 침착함을 얻게 된다.

"이렇게 하기 위해 가장 좋은 시간은 막 잠대에서 벗어나 아침 공복 상태로 정신은 깨어 있는 채로 목욕을 할 때이다"라는 말이 있다. 또한 *Kitab al-ʿumdah*에서 이븐 라시끄는 "시작詩作을 자극하는 것은 사랑과 술에 취한 상태"라고 말했다. 그는 시에 대해 매우 헌신적으로 그가 시를 쓸 때는 이전에는 시가 없었던 것처럼 시를 쓴다. 그는 "만약 위에 열거한 모든 것을 하고도 시인이 시를 쓰는 것을 어렵게 느낀다면 그는 차라리 시를 포기하는 것이 낫다. 더 이상 그 자신에게 시를 쓰라고 강요해선 안 된다"라고 했다. 시인은 구절이 형태를 갖추기 시작할 때부터 압운을 생각해야 한다. 대부분 압운은 느슨하며 불안정하기 쉬운데 만일 시인이 머릿속에 압운을 생각해두지 않는다면 제대로 된 곳에 압운을 적기가 힘들다. 따라서 시인은 시작부터 끝까지 압운을 염두에 두어야 한다. 만일 구절은 만족스럽지만 전체 시의 흐름이 매끄럽지 않다면 그 구절을 다른 적합한 곳을 찾을 때까지 남겨 두어야 한다. 모든 구절은 독자적인 요소이기에 전체 흐름에 맞는 곳에 배치되어야 하며 구절의 배치는 시인에게 달렸다. 시가 완성되면 시인은 자세히 작품을 검토해야 하며 만족스럽지 못한 부분이 있다면 주저 없이 과감하게 제거해야 한다. 하지만 인간은 자신의 시에 현혹되기 마련이다. 그것은 자신의 생각을 표현하고, 재능을 창작으로 옮긴 것이기 때문이다. 그러므로 시 구절 배치의 중요성에 대해 아무리 이야기해도 소용없다.

　시인들은 가장 올바른 단어 조합을 사용해야 하며 언어 소질을 해칠 법한 시적 자유에서 벗어난 언어를 사용해야 한다. 이유는 언어 습관의 결여를 초래하기 때문이다. 그렇게 되면 말의 우아함에 손상을 가져올 수도 있다. 권력을 가지고 있는 자들은 시인들이 가장 모범적인 언어 습관을 얻을 수 있을 지도 모른 다는 생각에 그들에게 시적 자유를 금했다. 시인들은 그런 단어 조합을 되도록 멀리해야 했고 독립적인 단어보다 훨씬 의미 전달이 빠르게 되는 조합만 사용해야 했다. 한 구절에 너무 많은 발상을 담아 복잡하게 만드는 것도 피해야 한다. 가장 훌륭한 구절은 구성하고 있는 단어들이 전달하고자 하는 의미와 일치하거나 그 의미보다 더욱 방대한 것을 의미한다. 만일 구절에 너무 많은 발상들이 포함되면 복잡해서 청자들의 이해를 방해할 수 있다. 따라서 청자들의 취향은 구절의 수사법을 이해하는 데 방해가 된다. 시란 단어를 이해하기 이전에 마음으로 이해할 수 있어야 좋다고 할 수 있다. 이런 까닭에 우리의 스승들은 스페인 동부의 시인 아부 바크르 븐 카파자의 시는 한 구절에 너무 많은 발상이 포함되어 있다고 비평했고, 무타납비와 마아르리의 시는 아랍의 시 기법을 쓰지 않았다고 비판했다. 그들은 무타납비와 마아르리의 작품을 시보다 격이 떨어지는 '압운된 연설'이라고 치부했다. 그 사실 여부에 대한 판단은 여러분의 취향에 달렸다.

시인들은 에둘러 말하거나 가식적인 글쓰기를 피해야 하며 쓸수록 진부해 지는 저속한 표현 역시 꺼려야 한다. 이러한 단어들의 사용은 수사법의 질을 떨어뜨린다. 시인들은 너무 많이 알려져 진부해진 발상들도 피해야 한다. 왜냐하면 이 역시 수사법의 질을 떨어뜨리기 때문이다. 그런 발상들은 너무 진부해서 아예 의미를 잃어버리기도 한다. 예를 들자면 '뜨거운 불'이나 '우리 위에 있는 천당'이 있다. 무의미와 수사법은 서로 반대되는 개념이기에 시는 의미를 잃고 수사법의 질도 하락한다. 이런 이유로 신비스럽고 예언적인 주제에 관한 시는 매우 탁월한 기법의 시인들만 소화할 수 있다. 이런 시가 다루는 발상은 널리 알려져 있기 때문에 진부해졌을 가능성이 크며 따라서 몇 편의 시만 좋은 것으로 평가 받는다. 만약 이제까지 언급된 모든 조건들을 다 이해하고서도 시를 쓰는 것이 어렵다면 지속적인 연습이 필요하다는 뜻이다. 재능은 마치 지속적으로 우유를 짜야만 우유가 나오는 젖통 같기에 방치되면 말라버린다.

시의 주제와 배우는 법은 이븐 라시끄의 *Kitab al-'umdah*에 명시되어 있으며, 이 책은 우리가 알고 있는 시에 관한 정보들을 다루고 있다. 시의 주제에 대해 좀 더 알고자 하는 사람들은 그의 도움을 받도록 하라. 그 책에는 알고자 하는 모든 것이 포함되어 있다. 이제까지 언급한 사실만으로도 충분히 많은 정보가 되었으리라 생각한다. 알라는 우리를 지지하신다.

사람들은 시의 조건에 따라 시를 써왔다. 아래에 언급될 이븐 라시끄의 시는 주제에 대해 가장 잘 표현한 작품이라고 생각한다.


알라께서 시를 저주했다!

우리는 얼마나

바보 같은 시들을 접했던가!

그들은 괴상한 표현들을 선호한다.

청자에게 편하고 명백한 표현들보다

터무니없는 표현을 옳은 것이라고 하고,

저급한 표현을 소중하다 한다.

옳은 것을 무시한다.

그들은 무지해서 자신들의 무지함을 알지 못한다.

우리는 아니지만 다른 이들은 그들을 탓한다.

하지만 우리는 그들을 용서한다.

시에는 조화로운 운율들이 있고,

다양한 묘사가 있다.

각 부분들이 동일 형식을 취한다.

처음과 끝은 이 안에서 동일하게 표현된다.

모든 표현은

당신이 원하는 대로 다가온다.

설령 그렇지 않다 해도

시에는 너무나 아름다운 문체가 있고

그 아름다움은 보는 이에게 명백하다.

시어들은 마치 얼굴과 같고

생각들은 눈과 같다.

이는 한 사람에게 있을 법한 모든 소망을 채워준다.

낭송하는 자는 그 아름다움을 숭배한다.

시에서 고귀한 자를 찬양한다면

모든 이는 풍부하게 시작해야 하며

나십은 쉽고 정확해야 한다.

칭송은 진실되고 명백하게 해야 한다.

듣기 좋지 않은 말은 피해야 한다.

제 아무리 올바르고 운율이 맞는다 해도.

당신이 그를 풍자할 때

천박한 말을 사용하는 자들의 방법을 고려해야 한다.

풍자의 솔직한 문장들을 고려해야 한다.

인유에 의지하며 내재된 위약함을 고려해야 한다.

시는 언제나 그들을 애도해야 한다.

곧 떠나게 될

출발, 낙타의 등에 실려 길을 떠나게 될 연인.

당신도 슬픔을 억눌러야 한다.

눈의 눈물을 줄여야 한다.

친구에 대해 불신을 표현할 때,

협박과 상냥함과 가혹함으로.

결국 당신은 불신하는 그를 떠날 것이다

조심스럽게 확신에 찬, 강하면서 약하게

가장 올바른 시는 시로써 가장 탁월한 것이며

형태가 명백해야 한다.

낭송될 때

모든 사람이 이런 시를 짓고 싶다고 느끼게 해야 한다.

그 시와 비슷한 것을 짓는 것이

불가능 하다고 느껴지도록.


시인 나시 역시 이런 주제를 노래했다.


시는 당신이 펼쳐놓은 것의 앞부분을 비틀어 놓는다.

당신이 졸라맨 허리띠

여러 차례 수리한 틈새와 같고

그 간결함으로 맹인의 눈을 뜨게 한 것이다.

당신은 가깝고도 먼 것들을 모으고

당신이 모아 우물물처럼 고여 있는 물과 봄의 물

당신이 제공한 것의 쓰임을 알려 하지 않고

만약 고귀하고 관대한 자를 칭송한다면

그의 빚을 갚아야 하면

당신은 그에게 시의 가장 소중한 것을 선물해야 한다

소중한 것과 그를 구별해야 한다.

시는 다양한 유형을 사용하는 것에 관대해져야 하고

다양한 확장과 합의로 이해하기 쉬워야 한다.

만약 시에 애절한 거주지나 그곳에 살았던 사람들이 등장하면

슬퍼하는 자는 그의 상처에서 물이 샘솟게 해야 한다.

만일 당신이 의심스러운 일을 암시하고자 한다면

투명한 것과 불투명한 것 사이에 두어야 한다.

청자는 그 의심들을 혼합한다.

만일 당신이 작을 실수로 친구를 신뢰하지 않는다면

불신의 엄격함을 상냥함으로 덮어야 한다.

당신은 그를 온화함으로 감싸고

슬픔과 불만에도 그는 자신감을 회복할 것이다.

사랑하는 사람을 공격하고 싶다면

그녀가 당신과 헤어지려 할 때,

시로 유혹하고, 영리함으로 그녀를 노예로 만들려 한다.

시에 내재된 의미로 그녀를 흥분시켜야 한다.

당신의 실수에 대해 사과하고 싶다면,

기발하고 명확하게 행해야 한다.

당신의 죄는 당신의 시에서 영향을 받은 사람의 눈에 나타날 것이며,

그는 아무 잘못도 하지 않았다고 맹세하며

스스로에 대한 불신을 나타낼 것이다.


## 56장 | 시와 산문의 기술은 의미가 아니라 말에 있다

시와 산문 모두 말의 기술이고 의미가 아니라 말로 하는 것이며 말이 기본이고 의미는 그 뒤를 따른다. 따라서 시와 산문에서 말의 소질을 획득하려는 자는 아랍어의 좋은 용례를 암기하고 자주 사용하여 무다르어의 소질이 확고하게 자리 잡을 때까지 이를 계속해야 한다. 그는 비아랍인이었기에 겪어야 했던 부정확한 아랍어를 탈피하고 아랍인 사이에서 성장한 아이처럼 아랍어 소질을 획득하게 된다. 결국 아랍어 사용에 있어 아랍인의 일원이 된다. 앞에서 언급한 바처럼, 언어는 발화와 관련된 소질 중 하나고 여타의 소질처럼 혀의 반복으로 그 소질을 얻을 수 있다. 그런데 혀와 발화는 어휘와 관계 있고 의미는 마음속에 있다. 모든 사람은 의미를 지닐 수 있고 원하는 것을 생각하게 된다. 이를 위해 특별한 기술이 필요하지 않다. 그러나 생각을 표현하기 위해 말을 만들 때는 기술이 필요하다. 말은 의미를 담는 금형과 같은 것이다. 바닷물을 담는 용기는 금, 은, 조개, 유리, 도자기 등으로 만들 수 있으나 그 속의 물은 모두 동일하다. 물이 가득 찬 용기의 특징은 그 재료에 따라 다른 것이지 그 속의 물에 따른 것은 아니다. 이와 같이 언어의 특징과 그 수사법은 말을 만드는 데 있어 다양한 단계와 말이 원래의 의도에 제대로 적용되는지에 따라 다르다. 그러나 그 안에 생각은 동일한 것이다. 아랍어 소질이 획득되어야 말을 만들 수 있는데 그 방법을 모르거나 의도하는 바를 표현하는 데 능

숙하지 못하면 일어서고 싶어도 능력이 없어 일어서지 못하는 것과 같다. 알라께서는 당신들이 배우지 못했던 것을 알려주신다.

## 57장 │ 다량의 암기로 언어 소질은 체득된다. 좋은 암기로 좋은 언어 소질을 얻는다

아랍어를 배우려는 사람은 다량의 암기를 해야 한다고 언급한 바 있다. 암기로 생긴 좋은 소질은 암기한 것의 질과 그 양에 따라 결정된다. 이슬람적인 아랍의 고전시나 산문을 암기한 사람은 최근 작가들의 작품을 암기한 사람보다 좋은 소질과 고급 수사법을 지니게 될 것이다. 여기서 이슬람 시대 아랍의 고전작가의 예를 들면 하비브, 아타비, 이븐 알무으타즈, 이븐 하니, 샤리프 알라디, 이븐 알무까파으, 사흘 븐 하룬, 이븐 알자야트, 바디으, 싸비으 등이 있고 최근 작가의 예를 들면 이븐 사흘, 이븐 알나비흐, 판관 바이사니, 이마드 알이스파하니 등이 있는데 이들은 선조 문인들보다 못하다는 평을 듣는다. 이는 문학적 감각을 지닌 비평가들에게는 명백한 사실로 알려져 있다. 좋은 질의 문학을 암기하거나 들은 것을 따라하면 언어의 질이 향상된다. 학습자가 암기하는 자료 수준을 향상시키면 그가 획득하는 소질의 수준도 향상 될 것이다. 왜냐하면 이러한 성질은 소질의 모양대로 형성되고 소질의 힘은 그것을 배양시켜 성장하기 때문이다. 영혼은 선천적 성질에서 하나의 종에 속한다. 하지만 지각의 강약에 따라서 인간의 영혼은 차이가 있는 것이다. 따라서 영혼의 차이는 지각, 소질 혹은 외부조건에 의해 만들어진 종류의 차이에 따라 생긴 것이다. 그리고 그 차이를 잠재상태에서 현실로 전환시키게 된다. 앞에서도 언급했듯이 영혼은 점진적으로 소질을 체득하게 된다. 시적 소질은 시의 암기에서 생성되고 글쓰기 소질은 압운산문이나 단순산문의 암기에서 생성된다. 학문적 소질은 학문과의 접촉, 다양한 지각, 연구, 사유 등을 통해 이루어진다. 피끄흐의 소질은 피끄흐와의 접촉, 여러 문제에 대한 고찰, 그 문제들을 세부화함, 원칙에서 가지를 도출함을 통해서 이루어진다. 신비주의적 소질은 신에 대한 경배, 디크르, 가능한 한한 타인으로부터의 고립으로 나타나는 외적 감각의 무력화 등으로 이루어지는데, 수행자는 내적 감각과 정신으로 회귀하는 소질을 획득하고 신비주의자가 된다. 다른 소질도 마찬가지이다. 어떤 특정한 소질의 옳고 그름은 그 소질이 생성된 배경의 조건에 따른다. 고급의 수사법적 소질은 고급 소재의 암기에서 비롯되므로 법학자들이나 학자들은 항시 수사법이 부족하다. 그 이유는 그들이 암기하는 소재에 있다. 그들이 암기하는 소재에 가득 한 과학적 법칙과 법률 용어는 수사법의 올바른 방법과 거리가 멀기 때문에 그들은 질 낮은 수사법을 쓰게 되는 것이다. 법률과 과학에 사용되는 표현들은 수사법과는 아무 상관이 없으므로 그런 소재가 우선 머릿속을 차지하고 마음을 차지한다면 결과로써 발생되는 언어 소질은 수사법과는 거리가 멀게 되고 그런 소재와 관련된 표현들은 아랍어 화법에서 벗어난 표현이 된다. 이는 법학자, 문법학자, 무타칼리문, 철학자와 가장 순수하고 고귀하며 진실된 아랍어 표현법에 대한 지식을 암기하지 않은 자들이 쓴 시에서 발견된다.

우리의 훌륭한 동료이자 『박학다식한 이*al-'alāmah*』의 저자인 아부 알까심 븐 리드완은 다음과 같은 이야기를 해주었다. "하루는 당대의 뛰어난 문헌 학자이자 술탄 아부 알하산의 서기인 아부 알압바스 븐 슈아입과 얘기를 나누게 되었다. 나는 그에게 이븐 알나흐위의 까씨다 첫 부분을 저자를 말하지 않은 채로 읊어주었다.

나는 버려진 거주지의 흔적 옆에 선채
새로운 것과 없어져 가는 것의 차이점이 무엇인지 알지 못 했다.

그는 즉시 내게 "그 시는 법학자가 쓴 것이 아닌가?"라고 했다. 나는 어떻게 알았느냐고 물었고, 그는 "저자가 '차이점이 무엇인지'라는 표현을 썼으며 그 표현은 법학자의 표현이자 올바른 아랍어 표현 기법이 아니다"라고 했다. 나는 그의 판단력에 감명받고 그 시는 이븐 알나흐위의 작품이라고 말해 주었다.

서기와 시인들은 자신들이 암기하는 소재들을 심사숙고해서 고른다. 그들은 산문과 일치하는 아랍 연설의 기법을 많이 접하기에 그들은 좋은 소재를 아랍 연설에서 선정한다.

어느 날 나는 작시와 글쓰기에 탁월했던 바누 알아흐마르 출신의 스페인 왕조의 재상인 아부 압불라 븐 알카띱과 이야기를 나누었다. 나는 그에게 말했다. "나는 외운 건 얼마 안 되지만 그래도 시에 대해 폭 넓은 이해를 하고 있고 코란과 하디스뿐 아니라 여타 아랍 연설에 대한 지식도 있다. 하지만 시를 쓰는 것엔 어려움을 느끼고 있다. 아마도 과학적 시와 작문의 규율에 대한 지식이 나를 지배하기 때문인 것 같다. 나는 코란 낭송과 철자법에 관한 샤띠비의 '큰 시'와 '작은 시'를 외웠고 마음에 새겨두었다. 그리고 이븐 알하집의 법학과 법학의 근원에 대해 쓴 두 작품과 카완지가 논리에 대해 쓴 문장 *al-Tashīl*의 일부와 다수의 교육 규범도 연구했다. 나의 머릿속은 이 연구에 대한 생각으로 가득 찼고, 결국 코란과 하디스 그리고 아랍 연설에 대한 좋은 소재들을 암기함으로써 얻게 된 나의 소질을 망치고 나의 재능의 발전을 막게 되었다." 그러자 이븐 알카띱은 경이로운 눈으로 나를 보더니 "내게 이런 말을 할 수 있는 사람은 당신뿐일 것"이라고 했다.

이 부분에서 여러분에게 분명하게 말할 수 있는 것은 "어째서 아랍 무슬림의 시와 산문이 자힐리야 시대의 것보다 한층 탁월한 수사법과 문학적 취향을 지니게 되었는가" 하는 것이다. 하산 븐 싸비트, 우마르 븐 아부 라비아, 후타이아, 자리르, 파라즈다끄, 누사이브, 가일란 두 알룸마, 아흐와스와 바쉬샤르의 시들, 우마이야 시대의 아랍 작품, 설교, 산문, 지도자들 간의 논고를 포함한 초기 압바스 시대의 문학 작품들이 나비가, 안타라, 이븐 쿨쑴, 주하이르, 알까마 븐 아바다와 따라파 븐 알압두의 시들보다 수사법에서 한 수 위이고 이슬람 이전 저자들의 산문과 논고들보다 질이 높다. 올바른 취향과 성향은 수사법으로 비평가들에게 위의 주장의 합당함을 증명해 줄 것이다.

이 같은 결과가 나온 이유는 이슬람 시대의 시인들은 인간이 함부로 모방할 수 없는 코란과 하디스에서 고급의 연설을 배웠기 때문이다. 고급연설은 그들의 머리와 마음속에 들어갔고 그들은 이런 언어 기법을 습득하게 되었다. 그들의 천성은 고급스럽게 변했고 수사법의 소질은 고급의 연설을 배우지 못한 이슬람 이전의 사람들이 접할 수 없었던 경지까지 도달했다. 그들의 시와 산문은 선조들의 것보다 질이 좋아졌으며 뛰어났다. 그들은 코란과 하디스의 고급 연설을 배운 이후 시작의 솜씨도 더욱 견고해졌다. 감각이 있고 수사법을 옳게 이해하는 여러분이 이상의 설명을 재고해본다면 여러분의 문학적 감각은 위의 설명이 옳다고 할 것이다.

한번은 셰이크이자 오늘날 그라나다의 수석 판사인 샤리프 아부 알까심에게 무슬림 아랍인들이 어째서 이슬람 이전 아랍인들보다 고급의 수사법을 사용하는지 물어보았다. 아부 알까심은 세우타에서 샬루빈의 제자들과 함께 공부했으며 시 분야에서 높은 권위를 지니고 있다. 그는 문헌학에 대해서도 심도 깊이 연구했고 지식도 풍부했다. 따라서 그는 충분히 이 질문에 대답을 줄 수 있다고 생각했다. 그는 잠시 생각하더니 내게 "알라께 맹세코 나는 잘 모르겠다"라고 했다. 그래서 나는 "이 문제에 대한 내 생각을 당신에게 알려주겠다. 그럼 당신도 이해를 할 수 있지 않을까 싶다" 하고 내가 생각하는 바를 알려 주었다. 그는 너무 놀라 말을 잇지 못했으며 내게 "법학자시여! 당신이 방금 한 말은 금으로 글을 써[134] 새

---

134  '금으로 글을 쓴다'는 표현의 기원은 이슬람 이전 무알라까트로 거슬러 올라간다. 무알라까트는 아랍시중 탁월한 것을 골라 비단에 금물로 시를 써 높은 곳에 걸어두었던 것이

겨 놔야 할 정도로 놀랍습니다"라고 말했다. 그 이후로 그는 항상 나에게 존중을 표했으며 내 강의를 경청했고 이 학문에 관한 나의 탁월함을 인정했다. 알라는 인간을 창조했으며 그들에게 명확성을 가르쳤다.

## 58장 │ 자연적인 말과 인위적인 말의 의미. 인위적인 말의 장단점에 대한 방법론

말은 표현과 연설이고 의미를 전달하는 데 있어 비밀과 정신이 있음을 인지하라. 만일 말이 의미를 전달하지 않는다면 불모지나 마찬가지이다. 문학 비평가들은 의미 전달의 완벽함은 수사법이라고 정의한다. 그들은 수사법이 어떤 상황에 필요한 조건에 순응하는 단어 조합으로 이루어진다고 생각했다. 상황을 제대로 이해하고 그 상황에 필요한 조건에 순응하는 단어 조합을 다루는 규율을 이해하는 것이 수사법 과목이다. 상황과 조건들은 아랍어에서 파생되었고 하나의 법칙으로 자리 잡았다. 단어 조합의 방식은 구문의 상호의존적인 두 부분의 관계를 나타내고 중요한 아랍어 법칙을 포함하는 조건과 원리의 개입이 있다. 단어 조합의 예를 들면, 전치 혹은 후치, 한정 혹은 비한정, 암시 혹은 명확한 언급, 제한 혹은 확고한 문장 등이 있다. 이상의 상황은 구성하는 조건과 법칙의 도움으로 여러 관계의 상황을 암시하는데 수사학에서도 일므 알마아니'ilm al-ma'ānī[135]라 부르는 분야다. 아랍어의 법칙은 일므 알마아니에 있다고 하겠다. 왜냐하면 관계는 자신을 감싸고 있는 상황을 지적하는 것의 일부임을 보여주기 때문이다. 이으랍이나 관념을 지배하는 법칙의 결여로 주어진 상황의 조건을 표현하지 못하는 단어 조합은 자신과 상황의 조건에 순응하지 못

---

다. 아랍문학에서 무알라까트는 찬란한 문학적 유산으로 간주된다.
135  일무 알마아니는 생각을 표현하는 학문이다.

할 가능성이 크며 이것은 사용 가치가 없는 불모지다.

주어진 상황에 대한 조건들이 모두 표현된 후에 단어에 대한 정의와 그 것이 표현하고자 하는 생각이 무엇인가 하는 작업이 뒤를 잇는다. 단어 조합의 전통적인 의미는 특정한 생각이나 발상을 가리키지만 인간의 마음은 그 발상의 결과로 제시된 것 혹은 결과 일지도 모르는 발상에 의문을 품는다. 결국 은유나 환유를 사용해 간접적으로 사용하는 것은 무엇인가를 묻게 된다. 생각의 이동은 마음에 있는 상황의 조건을 나타냄에서 얻는 기쁨보다 더 큰 기쁨을 가져다준다. 이 모든 것은 이를 증명한 주장의 결과적 성취이며, 그 성취는 모두 알다시피 기쁨을 가져다주는 많은 것들 중 하나다. 머릿속에 많은 발상들이 떠돌아다니는 것에도 특정 조건과 법칙이 존재한다. 이 법칙은 바얀al-bayan이라 불리는 특별한 기술이 되었다. 이것은 주어진 상황의 조건을 나타내는 일므 알마아니의 자매 학문이며 단어 조합의 정의와 발상에 관계한다. 일므 알마아니의 법칙은 정의에 영향을 준다는 가정하에 단어 조합에 해당되는 상황들과 관련되어 있다. 알다시피 단어와 생각은 상부상조한다. 따라서 일므 알마아니와 일므알바얀은 둘 다 수사법의 한 부분이며 두 학문이 함께 상황의 조건에 일치하는 암시와 순응을 만들어 낸다. 조건에 순응하지 못하거나 완벽한 암시를 제시하지 못하는 단어 조합은 질 낮은 수사법으로 여겨지며 수사학자들은 이러한 단어 조합을 동물들이 만들어 내는 의미 없는 소리와 동일한 것으로 치부한다. 사람들은 그러한 단어 조합의 암시는 상황의 조건에 순응하는 아랍어가 아니라고 생각하고 수사법은 아랍어 연설의 근본, 재능, 영혼이며 본성이라고 주장한다.

언어학자들이 말하는 '자연스러운 말'은 의도하는 의미를 전달하여 결국 완벽한 본성과 재능을 가진 종류의 말을 한다는 것을 인지하라. 그것은 하나의 표현이자 의미 있는 말이지 발화만 하는 것은 아니다. 자연스런 말을 하는 화자는 그의 머릿속에 있는 이야기를 가장 완벽하고 분명한 형태로 전달하고자 한다. 따라서 상황의 조건을 파악하고 완벽한 암시를 사용하고 언어 구사의 재능에 따라 표현된 단어 조합은 각기 다른 종류의 예술적 장식을 하는데, 어떤 면에서 이는 올바른 말의 탁월함을 대표한다. 이러한 예술적 꾸밈은 장식용으로 사용되는 사즈으, 각 행의 마지막을 동일 구절로 만들기, 동일 문자 이음어를 사용해 불분명한 발상을 암시, 단어와 관념 사이의 친밀감을 발생시키는 대조법 등이 있다. 이는 말을 탁월하게 만들고 귀에는 기쁨을 가져다주고 의미를 나타내는 모든 것에 달콤함과 아름다움을 더한다.

이같은 기법은 함부로 모방할수 없는 코란의 수많은 구절들에서 발견된다. "스스로를 감추는 밤과, 스스로를 드러내는 낮"[136] 혹은 "알라를 믿으며 경외하며 가장 아름다운 것을 믿는 여러분에 관해서는……",[137] 혹은 "하지만 현세의 인생을 벗어나고 선호하는 여러분에 관해서는……"[138] 구절의 마지막까지 이러한 말이 계속된다. "그들은 그들이 옳은 일을 하고 있다고 믿는다."[139] 이와 같은 예는 매우 많다. 하지만 그러한 구절들은 단어 조합으로 수사적 표현이 전달되기 이전에 의미가 완벽하게 나타나야 한다. 자힐리야 시대의 말에서도 이런 예는 발생했는데 의도치 않게 수사적 표현이 사용된 경우이다. 사람들은 주하이르의 시에서 그런 예를 찾아볼 수 있다고 말한다.

초기 무슬림들은 수사적 표현을 자발적으로 혹은 의도적으로 썼으며 시인들은 이 표현으로 많은 놀랄만한 일들을 행했다. 처음으로 수사적 표현에 대해 올바른 지식을 얻게 된 사람들은 하비브 븐 아우스, 부흐투리와 무슬림 븐 알왈리드이다. 그들은 기술을 얻는데 혈안이 되었고 매우

---

136 코란 92장 1~2절.
137 코란 92장 5~6절.
138 코란 79장 37~38절.
139 코란 18장 104절.

놀랄 만한 일들을 했다. 전해 오는 바에 따르면 처음으로 수사적 표현에 흥미를 지닌 자는 밧샤르 븐 부르드와 이븐 히르마이고 그 두 사람은 *al-Lisān al-'arabī*에서 발견되는 마지막 시인이라고 한다. 이후 그 두 시인을 따르는 시인으로는 이므르 븐 쿨쑴, 아타비, 만쑤르 알누마이리, 무슬림 븐 알왈리드와 아부 누와스이고 그 이후로는 하비브와 부흐투리가 뒤를 따랐다. 그 이후로 수사적 표현의 기술에 완벽한 형태를 부여한 이븐 알무으탓즈가 출현했다. 까이스 븐 다리흐의 구절과 같은 인위적인 기술이 사용되지 않은 자연스런 말의 예를 한번 살펴보자 :

나는 홀로 천막들 사이를 나와
몰래 나 스스로에게 여러분에 대한 이야기를 해야겠다.

혹은 쿠싸이르의 구절을 보자.

나와 그녀 사이의 관계가 끝난 후 앗자에 대한 나의 열정은
구름이 만드는 그늘을 진정으로 원하는 사람이 되었는데
그가 낮잠을 자려고 자리 잡으면 바로 없어져 버리는 그런 구름이다.

이것이야말로 인위적이지 않은 좋은 작품으로 견고한 단어 조합이 자연스러운 시이다. 만약 나중에 인위적인 기술이 이 시에 더해졌더라면 미적으로 더 좋아졌을 것이다.

밧샤르와 하비브와 같은 시인들의 시대 이후 인위적인 말이 증가했고 그 뒤를 이어 수사적 표현에 완벽한 형태를 부여한 이븐 알무으탓즈가 등장했다. 이 시인들은 훗날 시를 위해 그들만의 베를 짜는 인물들의 본보기가 된다. 수사학 표현의 기술을 연구하는 사람들은 이 표현을 여러 가지로 세분화된 분야의 전문용어와는 다른 용어로 사용한다. 많은 이들은

미사여구가 의미를 나타내는 것과 관련이 없지만 장식과 광채가 있다는 면을 고려하여 수사법의 일부라고 여긴다. 하지만 수사적 표현에 종사했던 초기의 인물들은 이것을 수사법의 일부로 여기지 않았으며 이들을 특정한 정의를 내리지 않은 문학의 일부로 간주했다. 이는 *Kitab al-'umdah*를 쓴 이븐 라시끄와 스페인 문학자들의 의견이다. 그들은 수사적 표현을 하나의 기술로 사용할 때의 필요한 조건을 언급했는데, 미사여구를 인위적이지 않은 방법으로 사용하되 의도된 의미를 표현해야 한다는 것이었다. 미사여구의 자연스런 사용은 강요되지 않았으므로 언어학적으로 결함이 있다 할 수 없다. 미사여구의 강요적 사용은 기본적인 단어 조합을 묵살하는 것이 되어 결국 말의 의미를 암시하는 토대를 망친다. 이는 모든 수사법을 제거하고 장식만 남기는 것이다. 이것은 실제로 현대에서 많이 발생하는 상황이다. 하지만 수사법에 대해 고귀한 취향을 지닌 자들은 미사여구가 가득한 현대의 글을 경시하고 이 원인을 작가들이 더 나은 글을 쓰지 못하는 무능함으로 돌린다. 나는 언어와 언어의 자연스러운 사용에 통달한 우리의 셰이크 아부 알바라카트 알발라피끼 교수가 "내가 가장 바라는 것은 언젠가 시와 산문의 수사적 표현의 기술과 관련된 분야들을 모두 연구하는 사람에게 가장 엄한 벌을 주고 공개적으로 맹렬히 비난하여 그의 제자들이 이러한 인위적인 기술에 관여하지 못하게 경고하는 것이다. 그렇지 않으면 그 제자들은 그 표현에 너무 빠져 진정한 수사법을 잊을지도 모르기 때문이다"라고 말하는 것을 들었다. 수사적 표현을 사용함에 있어 염두에 두어야 할 다른 조건은 적게, 가능한 한 하나의 시 안에 꾸미고 뛰어나게 만들기에 충분한 두세 개 구절 이하로 사용해야 한다는 것이다. 이븐 라시끄와 다른 이들은 "수사적 표현이 너무 과하면 시에 흠을 내는 것밖에 없다"고 하였다. 아랍어에 관한 한 당대 최고의 연구자였던 우리의 셰이크 판관 아부 알까심 알샵티는 "시인이나 서기는 여러 종류의 수사적 표현을 사용할 수 있지만 너무 과하면 흠이 된다. 수사적 표현은 말을 꾸미고 아름답게 하는 데에 의의를 둔다. 수사적 표현은 마치 얼굴의 점과 같다. 한두 개 있으면 아름답지만 너무 많으면 사람을 못 생겨 보이게 만든다"라고 말하곤 했다. 초기 이슬람 시대와 자힐리야 시대의 산문은 시와 같은 형태를 지녔다. 기존에는 압운이나 인위적 기술을 사용하지 않았고 문장과 단어 구조 간 균형을 맞춘다는 것을 암시하기 위해 구분된 행간의 균형을 신경썼다. 따라서 그 안에는 사즈으나 기술의 빈번한 사용도 없었다. 부와이흐가*의 서기 이브라힘 븐 힐랄 알사비가 나타나기 전까지만 해도 그랬다. 그는 인위적인 기술과 압운에 흥미를 갖기 시작했으며 이것들을 이용해 믿기 어려운 일들을 행하곤 했다. 하지만 사람들은 그가 이를 술탄의 연설에 사용한다는 이유로 그를 비판 하곤 했다. 하지만 군주들은 비아랍어에 익숙했고 수사법에 능숙해서 칼리파의 권위를 보여주는 것과는 거리가 멀었다. 따라서 그 이후 작가들은 더 인위적인 글을 썼다. 사람들은 점점 정통 산문이 언제 쓰였는지 조차 기억하지 못했고 군주의 공문은 사적인 편지처럼 변했고 아랍어는 공용어가 되었다. 좋은 것과 나쁜 것이 서로 섞여 불가분하게 되었다. 위의 모든 언급은 인위적이고 강요적인 말은 수사법의 기초에 관심을 두지 않기 때문에 자연적인 말보다 하등의 것이라는 것을 보여준다. 이 사실의 옳고 그름을 판단하는 것은 여러분의 취향에 달렸다. 알라는 여러분을 창조 했으며 여러분이 알지 못한 것들을 일러주신다.

시는 아랍인들을 경쟁하게 만든 학문과 역사 그리고 그들의 지혜를 포함한 아랍인의 기록임을 인지하라. 사람들은 우카즈[140]의 축제에 모여 시를 읊곤 했으며 시인들은 각자 뛰어난 사람들의 비평을 받기 위해 작품을 제출했다. 이므룰 까이스, 후즈르, 나비가 알두브야니, 주하이르 브 아비 술마, 안타라 브 삿다드, 따라파 브 알압두, 알까마 브 압다, 아으샤와 무알라까트의 다른 아홉 명의 저자들은 결국 자신들의 시가 조상 이브라힘의 집인 신성한 안식처(카으바)의 귀퉁이에 걸릴 수 있도록 경쟁한 것이다. 그들 중 가장 힘 있고 무다르족 사이에서 가장 옳은 위치를 유지한 사람만이 자신의 시를 걸 수 있는 영광을 얻었다. 이 같은 이유로 몇몇 시들은 무알라까트라 불린다. 그 후 이슬람 시대가 시작되자 아랍인들은 그들의 관습을 포기했다. 그들은 무슬림의 예언과 계시에 더 큰 관심을 기울였고 코란의 언어학적 기법에 경외심을 표했다. 아랍인들은 한동안 침묵을 유지했고 시와 산문에 대한 언급을 꺼렸다. 이러한 상황이 지속되었으며 올바른 지도법은 무슬림들에게 익숙해지기 시작했다. 더 이상 시를 금지한다는 계시가 들리지 않게 되었으며 예언자*는 시를 경청했고 시인들에게 시에 대한 보상을 내렸다. 이러한 상황이 지속되자 아랍인들은 시에 대한 자신들의 오랜 관습을 되찾기 시작했다. 우마르 브 아비 라비아는 당대의 뛰어난 꾸라이시 출신 시인이었다. 그는 이따금씩 자신의 시를 감동 하며 듣는 이븐 압바스에게 들려주곤 했다. 이후로 강력한 왕권과 위대한 왕조가 설립되기 시작했다. 아랍인들은 칭찬받을 만한 시를 칼리파에게 가져갔고 칼리파는 시의 우수성과 시인의 위상을 고려하여 자비로운 보상을 내렸기에 시인들은 작품을 통치자에게 헌사했다. 사람들은 시를 통해 진귀한 이야기, 역사, 사전

---

140  이슬람 이전 아라비아 반도에서 우카즈 시장은 상인뿐 아니라 시인들의 모임 장소로도 유명했다.

학, 고귀한 연설을 배웠으며 자신의 자식이 시를 외울 수 있도록 했다. 우마이야 왕조와 초기 압바스 왕조 때에는 이런 경향이 지속되었다. 『이끄드』의 저자가 칼리파 라시드와 밤새 즐긴 연회에서 아쓰마이에 대해 어떤 견해를 밝혔는지 보라. 그들이 시와 시인에 대해 나눈 대화에서 칼리파 라시드는 이 주제에 대해 확고한 신념과 올바른 지식을 가지고 있음을 알 수 있다. 그는 시를 연구하는데 흥미를 보였고 좋은 시와 나쁜 시를 구분할 수 있으며 방대한 양의 시를 외울 수 있었다. 그 이후 비아랍어권에서 성장하여 기술로써 배운 아랍어를 구사하며 부족한 아랍어 지식을 지닌 비아랍인들이 몰려 왔다. 시인들은 아랍어를 사용하지 않는 비아랍인 통치자를 위해 다른 이유가 아닌 단지 그들의 마음에 들기 위해 좋은 시를 썼다. 이런 시를 쓴 사람들로 하비브, 부흐투리, 무타납비, 이븐 하니와 그 후의 시인들이 있다. 그 이후로는 언급한 것과 같이 초기 이슬람 시대의 아랍인들이 시를 사용한 것과 같은 상황이 더 이상 존재하지 않았고 그들이 시를 쓰는 이유는 단지 호의를 구걸하거나 대가를 받기 위함이 대부분 이었다. 이러한 경향 때문에 그 이후 야망과 높은 직위를 가지고 있는 무슬림들은 시를 무시했다. 이후 상황이 바뀌어 높은 직위의 지도자들이 시에 흥미를 보이는 것은 흠이나 잘못으로 간주되었다. 알라께서 밤과 낮의 변화를 만든다.


## 60장 │ 이 시대의 아랍인과 도시민의 시


시는 아랍어에만 있는 것이 아니고, 아랍어건 외래어건 간에 모든 언어에 존재한다는 것을 인지하라. 페르시아나 그리스에도 시인들이 있었고 아리스토텔레스는 자신의 저서 『논리학』에서 그리스의 시인 호메로스를 찬양한 바 있다. 힘야르족에게도 시인이 있었다. 언어의 기준과 이으랍을 기록했던 무다르 언어의 타락이 심해지자 비아랍어와의 혼합에 따라 여러 언어들이 타락하게 되었다. 결과적으로 아랍인은 이으랍과 언어적 주제 다수에 있어서 조상과 다른 언어를 구사하게 되었다. 도시민들도 어말모음과 문법적 변화에 있어 무다르어와는 다른 언어를 갖게 되었다. 이 언어는 오늘날 아랍 유목민들이 사용하는 언어와도 다르다. 도시민의 언어도 지역에 따라 다르다. 따라서 마슈리끄의 도시민은 마그립의 도시민과 다른 지역 사투리를 말하고 그것은 스페인의 도시민들이 사용하는 것과도 다르다.

시는 어떤 언어를 사용하든 간에 사람들에게 자연스레 존재하는데 그 이유는 여러 개의 자음과 모음의 유무에 따라 만들어지는 조화로운 운율이 인간의 본성에 내재하기 때문이다. 시는 무다르 언어라는 하나의 언어가 소멸한다 해서 같이 소멸하는 것은 아니다. 무다르족은 시 분야에 탁월한 재능을 보였다. 비아랍어의 영향을 받은 아랍 베두인 중에 모든 인종적, 지역언어적 집단들이나 도시에서 정주문화를 누리던 이들은 시를 수용하려 노력하고 자신들의 언어에 맞춰 시를 지으려 했다. 현 세대의 아랍인은 비아랍적 영향을 받았고 조상들의 언어인 무다르어를 포기했으나 완벽히 아랍어를 구사했던 조상들처럼 모든 운율에 따라 시를 짓는다. 그들의 시작 활동에는 시 이론과 나십, 칭송, 조시, 풍자 등의 목적을 지닌 까씨다 등이 있다. 그들은 하나의 주제에서 다른 것으로 전환하기도 하고 시가 목표하는 바를 언급하기도 한다. 그들이 지은 까씨다의 대다수는 시인의 이름으로 시작되었다. 그다음으로 나십이 온다. 아랍인 중에서 마그립 지역에 거주하는 이들은 이런 까씨다를 '아쓰마이'의 이름을 따라 '아쓰마이야'라 부른다. 그는 마그립 시의 위대한 전승가이다. 아랍인 중에서 마슈리끄 거주민은 이런 시의 종류를 베두인의 시라고 부른다. 그들은 음악적 기교가 아닌 단순한 멜로디를 취하기도 한다. 그리고 그것을 노래로 부른다. 그들은 하우라니의 이름을 따라 그 노래의 이름을 부른다. 하우라니라는 이름은 이라크와 시리아의 변경 지명인 하우란에서 따온 것이다. 그곳은 지금까지도 베두인 아랍인의 거주지이다.

그들에게는 4행으로 구성된 유명한 다른 종류의 시가 있다. 그 시의 4번째 행은 다른 세행과는 운율이 다르다. 4번째 운율은 까씨다 전체의 각 연에서 계속된다. 이것은 최근 아랍과 비아랍인 혼혈 시인들이 지었던 사행시나 오행시와 유사하다. 아랍인들은 이 시대에도 이런 시를 지을 때 수사학적 탁월함을 입증한다. 그들 중에는 시 분야에서 대가도 있고 그렇지 못한 경우도 있다. 오늘날 대부분 언어학자들은 이런 시를 인정하지 않는데 그 이유는 그런 시가 문법, 어말모음 등에서 오류투성이고, 그렇기 때문에 자신들의 문학적 취향과 다르다고 확신하는 이유에서이다. 그러나 이런 오류는 아랍어에서 어말모음을 사용하는 소질이 없어졌기 때문이다. 만약 언어학자들이 그들의 언어 소질을 그대로 지녔더라면 그런 시의 수사법에서 시의 참맛과 자연스러움을 느꼈을 것이고, 시의 특징과 관점이 제대로 전달되었더라면 그런 결과는 없었을 것이다. 어말모음은 수사법과 관계가 없다. 수사법은 표현하고자 하는 말과 존재하는 상황과의 일치에 관한 것이지, 어말이 주어를 표시하는 우ᵘ이냐 목적어를 나타내는 아ᵃ이냐와는 무관하다. 이런 것은 아랍어의 결함을 지적한다. 의미는 특정한 언어 3소질을 지닌 사람들의 용어에 따른다. 따라서 그 용어가 소질에서 비롯된 것이면 의미도 정확하게 이해될 것이다. 만약 지시된 의미가 보여주고자 하는 것이나 상황이 요구하는 것과 일치되면 수사법도 옳은 것이다. 문법학자들이 주장하는 원칙은 이런 것과는 아무런 관계가 없다. 시의 문체나 주제는 이말모음만 생략했을 뿐 모든 것이 그대로 다 있다. 그들의 시어 대부분은 마지막 자음에 모음이 없다. 그들은 주어와 목적어, 주부와 술부를 어말 모음이 아닌 구문론적 방법으로 구분한다. 이런 시중 하나가 샤리프 븐 하심이 자지야 빈트 사르한을 위해 울며 읊은 것으로 그는 그녀가 부족을 따라 마그립을 향해 떠난 것을 노래하고 있다.

샤리프 이븐 하심이 말했다

불행에 대해 불평하고 영혼의 고통에 대해서.

그는 서둘러 말했다

어떻게 자신의 마음이 달아났는지

베두인 소년이 그의 영혼에 고통을 안겨준 이후

영혼이 고통에 대해 얼마나 불평하는지 알려주었다.

작별의 아침이 왔을 때,

알라는 그 사실을 아는 자를 파괴할 것이다.

영혼은 마치 예리한 칼로 얇게 베인 느낌을 받으며

순수한 인도 강철로 만들어진 칼날

씻겨주는 손안에 갇혀 울어대는 양이 되어

그는 양을 묶은 끈을 잡고

가혹함은 아카시아의 가시와 같다.

두 개의 족쇄로 양의 다리와 머리를 채우고

양을 문질러 씻는 동안 밧줄의 끝 부분을 잡고 있다.

내 눈은 눈물을 흘리기 시작했다

물레방아를 돌리는 이가 조정하는 듯

아무리 최소한이라도 눈물은 많이 흐르도록 고안된 것처럼

비구름에서 쏟아지는 비처럼

사파 초원에 흐르는 비처럼

무겁게 번개를 막아낼 정도로 엄청난 양이다.

나의 이 노래는 급습의 준비이며,

이는 바그다드의 가난한 사람들이라도 일으켜 세운다.

출발을 알리는 자의 외침이 있고, 사람들은 짐을 지킨다.

채권자들은 채무자들을 억압했다.

그녀가 떠나는 것을 막아라. 디얍 븐 가님!

마디 왈리드 무까르랍은 그녀의 여행을 조정한다.

하산 븐 사르한이 그들에게 말했다. 서쪽으로 향하라!

무리를 앞으로 몰아라! 나는 그들의 보호자이다.

그는 달리고 손에는 총명함과 인내 그리고 맹세가 있을 뿐

그 외에는 아무것도 찾을 수 없다.

아비스 출신의 자얀 알사이흐는 나를 떠났다.

그는 힘야르의 화려함과 떠남을 만족하지 않았다.

친구이다! 동료이다! 내게 주장 했던 그는 날 떠났다

내겐 주변을 돌아갈 보호물이 남아 있지 않다.

그는 그들에게 다시 말한다. 빌랄 븐 하심[141]

목마른 영토의 바다는 평안하다

바그다드의 입구와 영토는 내게 금지된 구역이다.

우리는 그곳으로 들어갈 수도 나아갈 수도 없다

두려워서 시작 하지 못하고 있다.

나의 영혼은 이븐 하심의 영토로부터 돌아 선다

태양으로 혹은 한낮의 더위로 죽음이 내게 올 것이다.

시녀들이 지핀 불들은 불꽃을 피우기 위해 밤새 이어지고

피난처를 찾아 그들은 포로를 결박한다.


그들의 시 중에는 자나타의 아미르인 아부 사이디 알야프라니에 대한 조시弔詩가 있는데 그는 이프리끼야와 자브 시역에 있던 그들의 적이었다. 그에 대한 그들의 조시는 조롱조였다.


순수한 뺨을 지닌 수으다가 말했다

가마의 무게를 견디는 낙타에게 비탄을 보이며

---

141 '빌라드'가 '빌랄'로 표기된 오류로 보인다. 몇 줄 아래는 '이븐 하심의 영토(빌라드)'로
나오기 때문이다.

무릎 꿇고 출발할 준비로 있는 낙타, 그녀는 애통하게 말했다

최근 마그립의 시인 중에는 칼리드 븐 함자 븐 우마르가 있는데 그는 쿠움족의 셰이크이다. 또 아울라드 아부 알라일리도 있는데 그는 그들의 적인 아울라드 무할힐을 비난하는 시를 지었고 적들의 시인 시빌 븐 미스키야나 븐 무할힐이 자부족의 우수성을 쿠움에게 자랑했던 시에 답했다.

그가 말한다. 불운을 호흡했던 사람의 말
그는 불운으로 고통을 겪은 자이다.
가장 큰 불운을 당한 자는 악취를 풍긴다.
만약 운율을 맞춘 시를 열심히 읊었다면
그러나 가장 달콤한 운율을 낭송하고
나를 비난하는 자가 잠들었을 때 나는 즐겁고
이는 발견될 것이다.
그 시의 연에서처럼 비평가에 대해 입이 가벼운
나의 것처럼 비판적인 학자들에 의해서 잘 만들어진.
내가 그들을 언급하는 것은, 고귀한 자들이여!
어린 사자의 불행 그리고 이것이 그 대답이다.
그는 고귀한 너의 태아를 돌본다.
고통스러운 사람들은 악취를 풍긴다.
당신은 모든 명예를 가져갔다.
필요하지도 않았지만
당신은 낙타의 소유자에게 낙타가 비난받을 만한 것을 말했다.
당신의 말은 마틴 븐 함자의 어머니에 관한 것이고
그 땅의 보호자이고 폐허를 재건하는 사람
당신은 정녕 알지 못합니까?

그가 녹여 버린 야흐야가(家)의 수장을 만난 후에

그것들을 키웠다는 사실을.

선동가의 우두머리, 시빌! 불타오르는 자여!

당신은 감히 지옥에 다가설 용기가 있어

그 불에 몸을 녹인 사람을 본적이 있습니까?

그가 꺼버린 지옥의 불이 다시 타오르기 시작했고,

그는 두려워하지 않으며 용감하게 다시 한 번 불을 껐다.

그리고 그 불은 두 번째로 꺼진 후에 다시 타오르기 시작했다…….


그의 영웅적 행위로 사람들이 그가 원하는 이 시점에,

카읍가(家)의 사람들에게, 그는 두려움의 대상이기에 피하게 된다.

결국 그에게 명확해 졌다.

그들은 자신의 한계를 바라보는 정도까지 실행한 다는 것을

또한 그들은 그가 가장 두려워해야 할 대상 중에 속해 있다는 것을.


동일한 시에 있는 비난의 구절은 다음과 같다.


당신이 소유물에 대해 자랑할 때마다

나는 더 많은 것을 소유한다.

나의 소유물은 굳은 연결고리와 영광으로 구성되어 있기 때문이다.

나에게는 품위가 있다. 이의 도움으로 모든 조직들을 물리칠 수 있고,

목과 등의 칼들로 적대적인 사람들을 물러서게 할 수 있다.

만약 소유물이 신부들의 필수 조건이라면

우리는 그들에게 구애할 수 있다. 창에 겨누어진 전리품으로.

그들의 지참금은 독사의 혀만큼 민첩하고 야위었다.

푸르스름한 회색의 말들 이하의 것은 없었다.

오 나의 친척들이여! 굴욕은 어린 청년들이 환영해야 하는 것이 아니다.
너희들의 포로가 말을 타고 여행을 떠날 때
그들은 의심 없이 운명이 몰래 뒤쫓을 거라는 것을 안다.
이 세상은 너무나 빠르게 변하기 때문이다.

동일한 시에 있는 떠나는 여성들에 대한 구절은 다음과 같다.


사막을 건너며, 적들을 두려워하지 않고
낯선 환경을 가르며 출발하는 여자들
그 눈은 본다. 시빌에게 말하라!
야생 소들 …… 그것을 잡을 수 있는 친구가 있다!
당신은 이른 아침 소들을 들고 가는 사람들을 목격한다.
모든 이들이. 각각 ……
매일 몇 사람은 사막의 표지판 사이에 있는 소들에 의해 죽고,
문란한 난봉꾼은 그녀들에게 입맞춤할 기회조차 없다.
그들의 시에는 지혜로운 금언들도 있다.


불가능을 추구하는 당신은 어리석기 짝이 없다.
당신을 멀리 하려는 것들을 멀리하는 것이 옳다.
사람들이 자신의 문을 닫아 당신을 배제하게 하라!
낙타 위에 올라타면 신은 문을 열어 주실 거다.


시빌의 시 구절에는 쿠웁이 그들의 혈통을 타르잠 부족에서 찾는다고
언급한다.


나이가 많건 적건 타르잠 부족의 후손들은

자신들의 폭력성에 대해 모두가 불평하게 만든다.


칼리드는 자신의 시에서 자부족민이 무와히둔의 셰이크인 아부 무함마드 븐 타프라킨과 동맹을 맺은 것에 대해 비난했다. 그는 튀니스의 술탄인 아부 야흐야의 아들인 아부 이스하끄의 아들의 권력을 차단하고 독재로 이끈 자이다. 사실 이런 일은 이 시대에도 발생한다.


유명하고 자비로운 영웅 칼리드는 웅변가다운 연설을 한다.

그의 말은 항상 옳다.

신중함, 현명함, 혼란도 없는 연설이다.

그의 논리적 연설을 피해갈 자는 아무도 없다.

기발한 생각이 떠올랐다.

설득력이 강해서도 아니고,

비난을 받을만한 일을 하기 위해서도 아니다.

나는 그 연설을 보물처럼 여긴다.

아! 얼마나 소장 가치가 있는 것인가,

생각을 담고 있는 보물!

어떤 보물이든 언젠가는 발견되기 마련이다

이제 나는 당당하게 드러내며

부족 내에서

카읍가(家), 우리의 가장 가까운 혈육,

우리의 사촌들이 자행한 일에 대해 말한다.

그 부족이 정복당했을 때, 우리는 그들을

진정한 친구이자 이웃으로 환대했다.

그들의 적으로부터 방어해 주었다.

내가 하는 모든 말이 사실이라는 것은 알고 있을 터.

포상으로 우리의 재물 일부를 주었다.

이는 공식적인 법령으로 기록되었다.

그들은 필요에 의해 우리에게 왔다.

우리의 고결함이

스스로를 자비롭게 만들었고, 많은 선물을 그들에게 선사했다.

다른 이들은 우리를 적의로 공격한다.

우리는 그들을 책망한다. 그들에게 심란함을 주었던 이유들이 없어질 때까지.


다른 이들은 고관 댁 하인들에 대해 불만을 품었다

밖에서 그들이 중요한 일을 하고 있을 때 그들을 외면해버린 하인들.

우리는 그들에 맞서 하인들을 방어했다.

그는 그들에게 하인들을 들이라 명했다.

얄리피와 라밥의 주인의 의견에 맞서서.

그동안 우리는 그들을 승격시킬 방법을 강구했다.

우리는 절대로 그들을 배신하지 않는다.

우리는 튀니스의 땅을 우리의 보호 아래 소유물로 지배했다

빠른 말들과 우리 목의 위험을 감수한 후에.

…… 지도자의 지배가 미치지 않는 곳

카옵가(家).

우리 부족의 수장이 저항한 결과,

그들은 적대적인 연합에 맞서 우리를 도왔다.

그들은 우리를 모든 구속으로부터 자유롭게 해주었다,

양 한 마리 작은 재물조차 없는 사람이

재물로 풍부하게 되고,

포로가 된 여성들의 주인들이 그들을 팔아 오색 비단으로

치장할 수 있을 때까지.

그들은 무리지어 가는 동물에 올라탔다 ······ .

많은 양의 ······

그들은 특별한 경우에만 마주칠 수 있는

많은 양의 가축들을 얻었다.

그들은 옛날의 바르마키가(家) 혹은

디얍 시대의 힐랄과 비슷하게 되었다.

그들은 위험할 때마다 전쟁의 화염이 다 타오를 때까지

우리의 방패막이가 되어 주었다.

그 후 그들은 어둠속에서 집으로 돌아갔다.

하지만 비난에 대한 두려움은 없었다.

귀족들의 나라는 절대로 비난받지 않기 때문이다.

그들은 부족민에게 털로 안을 댄 외투를 입혔고

자신은 보통의 외투를 입었다.

그들 중에는 정보를 얻지 못한 자가 있다.

그의 건망증에 대한 내 소견은

그가 제 정신이 아니라는 것이다.

그는 우리와 상관없는 일들로 우리를 의심한다.

그가 용서의 길로 들어설 수 있도록 기도합시다!

그는 옳지 않고, 그의 오류와 관련된 모든 것들 역시 그렇다.

사악한 의심을 품는 자들은 비난받을 만하다.

계산적이지 않고 나눔을 베풀던 영웅의 죽음

어디에서 위안을 얻을 수 있을까!

부하들은 그를 잃은 슬픔에 괴로워하고 있다.

살아생전 그의 모습은 비를 가져오는 구름에 비유되었다.

그들은 구름 아래 비가 내리는 곳을 찾아 나섰고

자신들이 염원했던 것은 신기루일 뿐이란 것을 알았다.

그는 선물을 줄 때 무엇이 적합한지 알았다.

아주 작은 선물을 줄 때도 그는 옳았다.

죽음의 화살이 그를 쓰러뜨렸기 때문에

우리는 작은 위안도 받을 수 없다.

튀니스의 넓은 땅은 그에게 너무나도 좁았다.

지는 해가 흩어진 구름들과 함께 사라졌다.

그는 곧 여기서 떠나며


비밀스럽게 베일에 가린 채로

매혹적인 눈과 날씬하고 요염한 하녀에게서 떠날 것이다.

그는 그들이 까눈의 아름다운 음악과 리벡의 소리로 거만해지고,

그들이 즐거워 할 때 즐거워한다.

그는 자신에 대해 확신이 없으므로, 그들은 그를 타락의 길로 인도한다.

젊은이임에도 그들과 자주 이야기를 나누었다.

그는 그들과 행복한 나날을 보냈다. 그의 명령은 잘 실행되었다.

그곳에는 맛있는 음식과 좋은 음료가 있었다.

이븐 타프라킨에게 이제 과거의 우정은 존재하지 않는다.

대신 그는 죽음을 맞이했다.

만약 그가 탁월한 지능의 소유자였다면

까마귀조차 깊은 바다 속으로 들어가려 했을 것이다.

뜻밖의 일들은 행동으로 옮길 줄 아는 위대한 사람들이 필요하다.

사람들이 하나로 단합할 때까지 ……

빼앗았던 긴 창과 화살 통이 피로 물들 때까지

우리의 왕권을 원하는 노예들이

후회하지 않을 때까지 ……

오! 당신, 빵을 먹을 땐 양념과 곁들여 먹기를 좋아하는 당신,

당신은 좋은 재료를 독으로 양념했다.

주그바 부족의 씨족 소속인 바누 아미르의 이 시대의 지도자중 알리 븐 우마르 븐 이브라힘은 자신의 사촌이 씨족의 지도자가 되고자 열망을 보이는 것에 대해 비난했다. 그 내용은 다음과 같다.

…… 시적인 연설의 달콤한 문장들은

공예가 손에 놓인 진주처럼 예쁘게 수놓아져 있으며

비단결 같은 실에 정연하게 걸려 있으면

나는 이것을 가져와서 일의 원인을 보여준다.

낙타들이 새끼들과 함께 떠나는 상황에서 헤어지게 되었을 때

이로써 부족이 두 개로 나뉘고.

사람들이 나뉘었을 때

절대로 우리를 비난하는 사람들을 만나지 않았으면 한다!

하지만 그가 그들과 함께 떠나간 날

나의 마음은 쑤셨다.

마치 가시에 찔린 것처럼

대장장이가 구부러진 집게로 만들어내는 불꽃처럼

나의 마음은 나무를 절단하는 사람 손에 있을지도 모른다.

나무를 자르기 위해 바보 같은 톱을 가지왔을 사람.

우리 모두 헤어짐의 고통 속에서 벗어나자고 말할 때마다,

나는 헤어짐을 공표하는 사람들을 만나거나 그들에게 둘러싸인다.

아! 그곳, 어제는

큰 부족의 사람들, 많은 노예들이 있었을 그곳

경주의 기수들을 위해 말들을 꽉 동여매었을 노예들,

그중 몇몇은 밤의 어두움 속에 깨어 있고, 어떤 이들은 잠자고 있을 그들.

소들이 평야나 산길에서 나타나

모이고 바라보는 사람들을 기쁘게 하는 소

부모를 놀래키거나 만족시키는 어린 까마귀들

큰 무리의 야생 소와 타조로 붐볐을 그곳.

오늘은 버려진 천막의 흔적들과 원형의 작은 언덕 위를 맴돌며

울부짖는 올빼미 밖에 없다.

나는 아주 오랜 시간 힘없이 많은 눈물을 흘리며 그 장소에 의구심을 품었다.

내가 얻은 것은 마음속의 적막감뿐이었고

이유도 알 수 없는 병을 얻었으며 나의 마음은 정상이 아니다.

이제, 당신은 만쑤르 븐 알리에게 안부의 말을 전해야 한다.

안부의 말 이후에 행복이 따라올 것이다.

그에게 말하라. 아부 알와파여! 악한 기운인 그대여!

당신은 막대를 들고

깊이를 가늠할 수 없이 어둡고 깊은 격동의 물속에 들어왔다.

손쉽게

대지와 언덕 위로 넘친다.

당신은 자신을 인도할 수단을 그 안에서 측정하지 못했다.

불어 난 물은 수영선수도 건널 수 없다.

당신이 그곳에 들어갔다는 것은 실패의 원인

특정한 지식이 부족한 사람들을 도와주었다.

침입자여! 그들은 실수를 범했고 살아남지 못할 것이다.

영원한 세상은 없다.

…… 당신은 볼 것이다.

그들의 의견은 임시방편일 뿐이었다는 것을.

꿰맬 수 없는 넝마 조각 같은.

쓸모도 없고 바람직하지도 않은

높은 곳에 있는 벽지의 소도시

그들이 차지할 수 없는 곳들이 존재한다.

예언자와 회합과 매년 방문객들이 오는 회의장 구석구석들

만약 생명이 밤을 위해 내 안에 있다면

당신은 쓴 와인을 맛보게 될 것이다.

 …… 우리는 계속 사막을 뒤따른다,

모든 창과 칼로,

등 위에 귀족을 태울 만한 자격이 있는

바람처럼 달리는 말과

이빨을 가는 짧은 꼬리와 갈기의 말

마구 안에서 신경질적으로 재갈을 씹는 말

불모의 지구는 한동안 우리를 잉태할 것이며,

적이 시끄럽게 모이는 동안 많은 영웅, 탄탄한 낙타, 군인들

좁은 산길에서 우리를 출산할 것이다.

나는 그들을 이끄는 지도자로서

나의 뾰족한 창으로 전쟁을 알리는 신호를 저지했다.

우리는 당신이 평야의 올빼미인 아부 알리,

통치자가 고기를 갈망하는 사냥꾼들을 만날 때,

빚을 값을 수 있을 수 있게

욕심 많은 매처럼 당신의 목초지를 향해 갈 것이다.

아부 함맘은 비틀거리는 말을 샀고

귀중한 말들을 많이 방생했다.

그는 해 끼친 것을 발견하지 못하는 이웃들을 풀어주며,

적을 두려워하고

비굴한 사람들의 권위를 수용하지 않는 사람들을 놓아주었다.

당신은 왜 그들을 돕기 위해 자금을 제공하지 않는가,

그렇다면 그들은 자신들을 위해 만들어진 경로를 따라 갈 텐데.

그들은 처음과 끝의 주그바의 영광이다.

낙타를 타는 사람은 자신의 여자를

사막으로 향하는

새끼 낙타들 사이에서 흔들었을까

평지와 낮은 언덕 사이에서

사막의 높은 곳을 건너가는 그의 뒤로 ……

낙타들이 새끼들과 떠났을 때 ……

그를 따라가서 얼마나 많은 전리품을 싣고 돌아올지

영광의 동료

그 후 통치자는 폭군같이 다가오며,

그는 아침 일찍, 아직 어두운데 여행을 떠난다.

비둘기의 노래를 이해하고 연설을 잘하는 시인은

당신에게 작별 인사를 보낸다.


하우란 지역에 있던 아랍인의 시중에는 남편의 죽음을 당한 여인이 동맹 부족인 까이스 부족에게 사람을 보내어 남편의 복수를 선동하는 내용이 있다. 그녀는 이렇게 시를 읊고 있다.


용맹한 부족 여인, 움무 살라마는 이야기한다.

아주 사랑스러운 사람에 대해

알라여! 그 사람을 위해 애도하지 않는 자들을 모두 겁먹게 만드소서!

잠드는데 익숙하지 않은 그녀는 긴 밤을 지새우고

그녀의 집과 가족에게 발생한 일 때문에

그녀가 돌아서는 모든 곳, 큰 비탄과 슬픔이 있었다.

살해당한 남편과의 이별은

그녀의 위치를 바꾸었다.

까이스여! 당신들은 시합 알딘을 잃었지만

복수를 거부했다.

이것이 당신과

그의 우정인가?

그들이 나를 응원해주고

내 심장에 타오르는 불꽃을 식히기 위해 편지를 보냈을 때 나는 말했다.

"앞머리와 수염은 빗으면서

하얀 살의 처녀들,

그 아름다움을 보호하지 않는 건 참으로 부끄럽구나!"


## 스페인의 무왓샤하와 자잘

스페인의 주민에 대해 말하자면 그들은 스페인 전역에서 시의 다양한 방법과 예술성을 발전시키며 시에 대한 애착을 보여주었다. 시는 세련미의 절정을 누리게 되었고 최근 시인들은 새로운 시를 개발했고 이를 '무왓샤하'라 불렀다. 그들은 무왓샤하에 많은 줄과 가지를 두고 다양한 운율을 넣었으며 특정 개수의 줄과 가지를 하나의 연으로 만들었다. 각 연의 가지에는 동일한 수의 운이 포함되어야 하고 시 전체의 가지에 동일한 운율이 있게 만들었는데 최대로 긴 것은 7연까지이다. 각 연은 많은 가지를 내포하고 있고 그 가지는 목적과 방법에 따라 운용된다. 까씨다와 마찬가지로 무왓샤하 역시 사랑[142]이나 칭송을 노래한다. 무왓샤하의 시인

---

142  원문에는 '나십'으로 표현되었다. 나십은 아랍시의 정형인 까씨다의 도입부를 지칭하는
데 까씨다에서 도입부는 주로 떠난 연인에 대한 그리움이나 사랑을 표현하며 청자의 주

들은 극도의 경쟁을 벌였고 귀족이나 평민의 구분 없이 무왓샤하를 즐겼는데 그 이유는 무왓샤하가 매우 다루기 쉽고 이해하기 쉬웠기 때문이다. 스페인에서 무왓샤하를 고안한 이는 아미르 압둘라 븐 무함마드 알마르와니의 시인 중 일원이었던 무깟담 븐 무아피르 알까브리다. 이후 *al-'iqd*의 저자 아부 압둘라 아흐마드 븐 압두 랍비흐가 그에게서 무왓샤하를 전수받았다. 그 후 시인들에 대한 언급은 없었고, 둘의 무왓샤하도 사양길로 접어들었다. 이후 무왓샤하에서 최초로 우수성을 보인자는 마리아 al-Meria의 군주 무으타씸 븐 쑤마디흐의 시인이었던 압바다 알깟자자[143]이다. 알아을람 알바딸라이우시[144]는 아부 바크르 븐 주흐르[145]가 이렇게 말하는 것을 들었다.

"모든 무왓샤하 시인은 압바다 알깟자자의 무왓샤하에 빚이 있다."

> 보름달 늦은 아침의 태양 모래 언덕의 가지 달콤한 향기의 사향.
> 어쩜 이렇게 완벽하고 눈부시게 멋지며 활기 넘치고 향기로울 수가 있을까!
> 의심의 여지없이 누군가 그녀를 본다면 그녀와 사랑에 빠지고 손해를 볼 것이다!

사람들은 군소왕조 시대에 있었던 동시대의 무왓샤하 시인들 중에 압바다를 능가하는 이는 없었다고 주장했다. 그리고 무쌀리야가 등장했다. 톨레도의 군주 마으문 븐 디 알눈의 시인이었던 이븐 라피으가 그의 뒤를 이었다. 학자들은 다음의 시에서 볼 수 있듯이 그가 무왓샤하의 도입부에서 탁월함을 보인다고 평했다.

---

의를 환기시키는 기능을 수행한다.
143  11세기 스페인의 시인.
144  12세기 스페인의 문인이자 학자.
145  1091~1161, 스페인의 외과의사, 약제사, 이슬람 학자.

그는 가장 독창적인 멜로디를 노래한다.
거친 개울은 정원의 잔디를 가로질러 흐른다.

그의 무왓샤하 종반은 다음과 같다.

당신은 용감하고 무엇에도 굴복하지 않는다.
어쩌면 당신은 마으문일지도 모른다 적의 동료를 위협하는 야흐야 븐 디눈.

그 이후 무라비뚠 왕조에서 무왓샤하의 경쟁은 치열했고 그중에는 탁월한 작품도 등장했다. 경쟁의 우승자는 아으마아 알뚤라이띨리, 야흐야 븐 바끼가 있다. 뚤라이띨리의 사랑스런 무왓샤하 중에 다음과 같은 것이 있다.

어떻게 모든 표시들이 나를 감정에 복 받치게 하고
사막의 대상들이 순결하고 상냥한 처녀들과 함께 사라졌을 때
침착할 수 있는가?

다수의 셰이크들이 전하는 바에 따르면 스페인 사람들은 무왓샤하의 시인 무리가 세빌리아에서 회합을 갖고 각자 세련된 무왓샤하를 지었다고 한다. 아으마아 알뚤라이띨리는 자신의 삭품을 낭송하기 위해 앞으로 나왔고 그 유명한 무왓샤하를 다음과 같이 시작했다.

웃으면 진주알 같은 이를 드러내었고 달과 같은 예쁜 얼굴을 보여주었다
사랑받는 이의 아름다움을 접하기에는 시간이 너무 짧다.
하지만 나의 가슴은 포용할 수 있다.

이븐 바끼는 자신의 무왓샤하를 불태웠고 다른 이들 모두가 그를 따랐다. 알아을람 알바딸라이우시는 이븐 주흐르가 이렇게 말하는 것을 들었다고 했다. "내가 이제껏 유일하게 질투를 느꼈던 무왓샤하는 바로 이븐 바끼의 작품이었다." 그것은 다음과 같다.

아흐마드를 보라! 그 누구도 도달할 수 없는 영광의 정상을 보라!
서부가 그를 성공하게 했고
동부여! 우리도 그 같은 사람을 내어주어라!

아으마아 알뚤라이띨리와 이븐 바끼의 동시대에 아부 바크르 알아브야드라는 무왓샤하 시인이 있었다. 그리고 유명한 선율의 작가인 철학자 아부 바크르 븐 바자도 그 시대의 인물이다. 그가 사라고사의 군주이자 자신의 주군이었던 이븐 티팔위트의 연회에 참석했고 그곳에 있던 끼야나[146]들이 그의 무왓샤하를 노래했다는 유명한 일화가 있다. 그 노래는 다음과 같다.

당신의 옷자락이 어디에 끌리든 그렇게 하게 하라!
사랑받는 사람을 향한 사랑의 취기와 술의 취기를 합쳐라!

군주인 이븐 티팔위트에 대한 칭송의 무왓샤하가 이렇게 노래되었고 그 무왓샤하의 끝은 다음과 같다.

성공한 아부 바크르 통치자를 위해
신이 승리의 깃발을 들게 하여라!

---

146 끼야나는 가무와 학식을 겸비한 기생으로 주로 연회의 흥을 돋우는 일을 했다. 그 주인이 까이나를 대여, 임대할 수 있다.

그 무왓샤하가 끝났고 이를 들은 이븐 티팔위트는 이렇게 외쳤다. "너무나도 놀랍도다!" 그는 흥에 겨워 자신의 옷을 찢고 계속 말했다. "그 처음과 끝이 얼마나 아름다운가!" 군주는 시인 이븐 밧자가 집으로 가는 길에 황금을 밟지 않고는 갈 수 없도록 후한 상을 내리겠다고 약속했다. 그러자 현명한 이븐 밧자는 군주의 지나친 사랑이 오히려 화를 불러올 수도 있다고 판단하여 자신의 신발 바닥에 금을 붙이고 집으로 돌아가는 꾀를 썼다. 아부 알카땁 븐 주흐리는 아부 바크르 븐 주흐리의 모임에 참석했다. 그 자리에서 아부 바크르 아브야드의 무왓샤하에 대한 이야기가 나왔고 참석자 중 한 사람이 아부 바크르 아브야드의 무왓샤하를 비하하는 발언을 했다. 그러자 아부 바크르 븐 주흐리는 말했다. "어찌 다음과 같이 탁월한 시를 지은 시인에게 함부로 평할 수 있는가?" 아부 바크르 아브야드의 시는 다음과 같다.

나는 카밀레 꽃이 피는 목초지 위에서 술을 마시는 것으로
기쁨을 느끼지 않는다.
날씬한 엉덩이의 그녀가 오전이나 오후에 허리를 굽혀 말을 하지 않는 이상
왜 오후의 술은 나의 뺨을 때리고
왜 북풍은 나의 옷이 가리고 있는 균형 잡힌 가지를 구부리는 것일까?


이것이 마음을 시리게 하는 것들이나.
그가 걷는 방식은 나를 혼란스럽게 한다.
죄를 점점 더 가볍게 보게 한다! 빨간 입술과 고른 이!
그는 사랑을 절대 포기하지 않을 사람
어떤 이유로도 그가 접근할 수 없음에도
그와 함께할 희망을 포기하지 않을 사랑에 빠진 이의 갈증을 식혀라.

무와히둔 왕조의 시인들 이후에 무함마드 브 아부 알파들 브 샤라프가 등장해 유명해졌다. 하산 브 두와드리다는 말했다. "나는 하팀 브 사이드가 이렇게 시의 시작을 알리는 걸 보았다."

　　　태양은 달과 함께 있는 것이 술과 좋은 친구와 같다.

다음의 시를 지은 이븐 하르두스.

　　　한밤의 만남과 행복
　　　신으로 인해 돌아오다!

다음의 시를 지은 이는 이븐 무와힐이다.

　　　휴식은 고운 치마와 목도리 혹은 향수의 향기로 만들어진 것이 아니다.
　　　휴식은 자신이 사랑하는 사람과 만났을 때이다.

아부 이스하끄 알루디니도 있다. 이븐 사이드는 아부 알하산 사흘 브 말리키가 한 이야기를 전해주었다. 그 이야기는 다음과 같다. 아부 이스하끄가 연장자인 이븐 주흐르의 거처에 갔는데 당시 아부 이스하끄는 히쏜 이스탑바에 거주한 탓에 베두인 복장을 하고 있었다. 주인은 손님을 알아보지 못했고 아부 이스하끄는 모임의 좌석 제일 끄트머리에 앉았다가 토론이 무르익어갈 무렵 다음과 같은 자신의 무왓샤하를 읊었다.

　　　어둠은 새벽의 하얀 눈동자에 흐르고 강물은 습지 식물의 초록 옷을 입고 있다.

이븐 주흐르는 그 시를 듣고 상기된 나머지 "당신이 이런 시를 읊다니!" 하고 의심하자 아부 이스하끄는 "나를 시험해보라" 답했다. 그는 "누구신가?" 하고 물었고 손님은 자신의 정체를 알려주었다. 이븐 주흐르는 말했다. "상석에 앉으시죠. 어찌 당신을 알아보지 못했을까요?" 이븐 사이드는 말했다. "이 사람들이 참여했던 경쟁의 우승자는 아부 바크르 브 주흐르였다. 그의 무왓샤하는 동과 서에 알려졌다." 그는 말했다. "나는 아부 알하산 사흘 브 말리키가 사람들이 이븐 주흐르에게 '당신의 무왓샤하 중에 가장 탁월하고 가장 고귀한 것은 무엇입니까?' 하고 묻자 다음의 시를 말했다고 들은 적이 있다."

사랑에 미친 사람은 왜 그 취한 사랑에서 깨어나지 않는 것인가?
술도 없이 얼마나 취한건가!
열망이 꽉 찬 슬픔에 잠긴 사람은 왜 향수병에 걸린 건가?
운하를 따라 다린사향의 향기 같은 산들바람을 즐기고
쾌적한 장소의 아름다움으로부터 새 삶을 받을 뻔 했던 그때의 낮과 밤이
언젠가는 돌아올 수 있을까? 그 강물은 울창한 녹색 나뭇잎의 훌륭하고 거대한 나무 그늘을 지니고 있고
흐르는 물은 위와 아래의 떨어진 잎사귀를 나른다.

그 이후 유명한 자잘을 지었던 이븐 하윤이 있나.

그의 화살은 손에 맞든 눈에 맞든 죽음보다 위험하다.

그는 다음의 까씨다도 지었다.

나는 아름답게 만들어졌고 유능한 궁수로 알려졌다.

한 순간도 싸움을 멈추지 않는다.
내 손이 화살로 하는 것을
나의 두 눈으로도 한다.

당시에는 이븐 주흐르, 이븐 하윤과 더불어 무흐르 븐 알파라스도 유명
했는데, 이븐 사이드는 이븐 주흐르가 다음과 같은 무흐르 븐 알파라스의
시를 들었다고 말했다.

신께서 만드신 목초지에 있는
힘스의 강가에서 지낸 하루는 얼마나 황홀했던가!
우리는 어둠이 저녁을 마무리 짓고 있을 때
운하의 입구로 갔고
금색의 병에 꽂힌 사향의 봉인을 풀었다.

이븐 주흐르는 "이런 아름다운 외투를 우리는 어디서 구할 수 있나?"라
고 말했다. 무흐르는 무따르리프와 같은 지역에 거주하고 있었다. 이븐 사
이드는 부친을 대신하여 무따르리프가 이븐 알파라스의 거처에 들어왔
다고 알렸다. 그러자 그는 일어나서 예를 차려 손님을 맞이했다. 무따르리
프가 그렇게 하지 말 것을 권하자 이븐 알파라스는 "다음과 같은 시의 주
인에게 내가 어찌 일어나 예를 갖추지 않겠는가?"라고 말했다.

적중한 추파에 심장들은 반해버렸다.
감정 없이 어떻게 살아 갈 수 있겠어?

이후 무르시아에 이븐 하즈문이 있었다. 이븐 알라이스의 전언에 따르
면 야흐야 알카즈라지야가 이븐 알라이스의 연회에 왔다가 자신이 지은

무왓샤하를 읊었다. 그러자 이븐 하즈문이 "의무감에서 비롯된 무왓샤하는 결코 참된 무왓샤하가 아니다"라고 평했다. 야흐야는 물었다. "그렇다면 어떤 예가 있습니까?" 이븐 하즈문이 답했다. "나의 것과 같은 예를 들 수 있다."

내게서 멀어지려는 그대여!
당신과 함께 할 수 있는 방법이 있는가?
당신의 사랑이 상사병 환자에게서 잊힐 수 있다고 생각하는가?

그라나다에 아부 알하산 사흘 븐 말리크가 있었다. 이븐 사이드는 자신의 부친이 그의 시를 즐기곤 했다고 한다.

동쪽 아침의 개울은 모든 곳에서 바다가 되어버리고
비둘기들은 마치 물에 빠질 것을 두려워하는 것처럼 구슬프게 울어댔다.
이른 아침에 나무 잎 사이에서 슬프게 울어댔다.

그 당시 세비야[147]의 아부 알하산 븐 알파들이 매우 유명했다. 이븐 사이드는 부친을 대신하여 말했다. "나는 사흘 븐 말리크가 이븐 파들에게 '오 이븐 파들이여! 당신은 다음과 같은 무왓샤하로 여타 시인들 중에서도 탁월[148]하구려!' 하는 말을 들었다."

이미 지나간 시간에게 유감을 표한다.
저녁이면 열정이 사라진다.

---

147  스페인 남부에 위치한 도시로 안달루시아 지방의 예술, 문화, 금융의 중심지이다.
148  아랍어로 이븐 파들은 '탁월함의 아들'이라는 의미이다. 여기서 사흘 븐 말리크는 이븐 파들의 이름에 빗대어 그의 무왓샤하가 탁월하다고 표현했다.

홀로 내 의지와 상관없이 능수버들 석탄이 밝게 불타는 곳 옆에서 밤을 보낸다.

머릿속에는 버려진 천막의 잔재를 포용하고

상상 속에서 그들의 자취에 입을 맞춘다.

이븐 사이드는 또 아부 바크르 븐 알싸부니가 아부 알하산 알답바즈에게 여러 차례 그의 무왓샤하를 칭송하는 것을 들었고 답바즈는 다음의 시를 통해서만 아부 바크르 븐 알싸부니를 칭송하는 걸 들었다고 말했다.

나를 떼어 놓는 그의 사랑에 맹세한다.

갈망하는 자들의 밤은 새벽이 없다.

아침은 얼어붙었고 움직이지 않는다.

나의 저녁은, 내 생각에 아침이 없다. 저녁이여! 네가 영원한 것인가?

독수리의 날개를 잡아 놓아 천상의 별들이 전진하지 못하는 것인가?

이븐 알싸부니의 최고 작품 중 하나는 다음과 같다.

사랑에 빠져 슬프게 여위어 가는 자들에게 무엇이 문제인가?

그를 위해 슬퍼하자!

그를 치료했어야 할 의사는 그를 더욱 아프게 만들었기에.

사랑하는 이는 그를 피하고,

수면 역시 이런 행동을 모방하여 그를 피한다.

잠은 나의 눈꺼풀을 학대한다.

연인의 모습을 보지 못함을 의미하지만 나는 슬퍼하지 않는다.

그가 원했던 것처럼 오늘 그와의 만남을 희망했던 것은 실망으로 끝났다.

얼마나 슬픈 일인가!

나를 멀리하는 그를 이성적으로든 비이성적으로든 원망하지 않는다.

해안가 거주민 중 유명한 무왓샤하의 저자인 이븐 칼라프 알자자이리가 그 이름을 널리 알렸다.

아침의 손길이 꽃의 화로 안에 밝은 불꽃을 밝혔다.

이븐 카르즈 알밧자니의 유명한 무왓샤하는 다음과 같다.

행운이 시간의 웃음 속 치아를 들어내며 당신을 맞이했다.

최근 무왓샤하의 시인들 중 유명한 이는 이븐 사흘로 처음에는 세비야의 시인이었으나 후에는 세우타[149]의 시인이 되었다. 그의 시 중 다음과 같은 것이 있다.

히마의 작은 영양은 머물게 된 그곳에서
사랑하는 이의 마음에 불을 지핀 것을 알고 있을까?
마치 동풍의 선동가 마냥 격하게 두근거린다.

앞서 언급했던 재상 아부 압둘라 븐 알가띱은 스페인과 마그립의 시인으로 그의 시는 다음과 같다.

큰 비가 쏟아지고 당신을 도우리
아! 스페인에서 만날 그 시간이여!

---

149 지중해 지브롤터 해협 입구에 해당하는 모로코 북해안에 위치한 스페인의 고립영토.

당신과의 만남은 꿈이다

잠과 은밀한 순간에서.

시간은 선사한 다양한 소원들을

미리 정해진 순서대로

축제의 메카로 초대되는 순례자들처럼

하나씩 하나씩 두 개씩 두 개씩 진행한다.

비는 목초지 전체에서 반짝거렸다.

아름다운 꽃들은 비속에서 웃음 짓고 있었다.

누으만은 사마의 권위를

말리크가 아나스의 권위를 알린 것과 같이 알린다.

빛나는 하얀 얼굴의 태양이 없었기에

사랑의 비밀을 어둠 속으로 숨긴 저녁에,

아름다움은 사랑하는 이를 수놓은 의상으로 감싸고

그는 가장 멋진 의상을 우습게 생각할 정도였다.

별들은 만족스러운 결과를 남기고

곧은 경로로 기울어지며 떨어졌다.

만족스러운 상황은

서로 같이 있는 것을 즐기고 있을 때,

눈 깜빡이는 사이에 지나갔다는 것

혹은 아침의 별들이 사라지는 것처럼

갑작스럽다는 것을 제외하면

흠이 없다.

별똥별은 우리 위로 떨어졌고

수선화는 감명을 주었다.

비탄에서 벗어난 사람이 자신의 내면에서 목초지를 느끼는 것

그 외에 무엇을 바랄 것인가?

꽃들은 그의 사취에서 안전하게 이 기회를 붙잡고

그를 두려워하지 않게 되었다.

개울의 물은 자갈들과 속삭였다.

사랑에 빠진 자들은 옆의 친구들뿐 외롭다.

그들은 사랑하는 자의 아름다움 때문에 질투의 시선으로 장미를 보고,

들끓는 분노를 장미의 색으로 덮는다.

그는 총명하고 이해심 많은 도금 양을 바라보며

남몰래 밝은 귀로 듣고 있다.

사랑하는 와디 알샤다의 부족민들이여,

나의 마음속엔 당신들의 거처가 항상 존재한다.

당신을 향한 나의 갈망은 제아무리 넓은 땅이라도 아우를 수 있다

동에서 서까지 얼마만큼의 땅인지 구별할 가치도 없다.

우리의 친밀했던 시간을 회상하면

당신을 보살피는 그를 이 슬픔에서 해방 시킬 수 있다.

알라를 두려워하라!

순간으로 살아가는

열정적인 연인을 부활시켜라.

당신에 대한 존경이 그의 마음을 구속했다.

그 마음이 깨어지길 바라는가?

그는 멀리 있지만

희망적인 생각, 나의 마음속엔 당신들 중 한 사람은 가까이 있다.

서쪽에서 뜬 달은 그가 행복할 때

그를 향해 깊은 사랑에 빠진 나를 불행하게 만들었다.

선한 사람이든 악한이든 그를 사랑할 때

신성한 약조와 협박을 구분 짓지 않는다.

그의 눈과 꿀과도 같은 달콤한 입술로 매혹한다.

영혼에 생명을 불어넣는 숨결처럼

그는 화살을 겨냥하고 "신의 이름으로"라고 말한 후 쏘았다.

나의 마음은 열정이라는 야수의 먹이가 되었다.

그가 아무리 부당하고, 나의 희망이 좌절되어도

사랑하는 이의 마음이 갈망으로 무너지더라도

그는 영혼의 동반자이다.

한 사람을 사랑하는 것은 죄가 아니므로

그의 요구는 사랑의 아픔으로 다친 그녀의 가슴과 마음에 있다.

그의 눈빛은 결정하고 그의 뜻대로 된다.

부당한 취급을 당하는 사람들을 위해 정의를 실현 하고

경건한 영혼들을 보상하고 악행을 하는 자를 벌하는 그는

사랑하는 이의 가여운 영혼에 주의를 기울이지 않는다.

내 마음이 왜 이러는 것일까?

매번 동풍이 불 때마다 그리움에 휩싸인다.

운명의 명판에

신성한 글이 적혀 있다. "나의 벌은 참으로 가혹할 것이다."

걱정과 우려가 많아도

항상 감정을 다스리기를 간절히 바란다.

마음의 그루터기 안에서 열정의 불이 타올랐다.

저녁의 마지막 어둠 후에 남은 아침처럼

나의 활력소를 조금만 남겨 두었다.

아! 나의 영혼을 운명의 결정에 굴복 시키고

남은 시간을 신께 향하고 뉘우침의 시간으로 사용하라.

내가 사랑하는 이에게서 받은

그러나 이제는 사라진 호의나 비난을 받았던

지난 시간을 되새기지 마라.

성스러운 코란의 천상의 표본으로부터 전달받은 성공으로 영감을 받은 자여!

끝과 시작이 고귀한 자여!

무리의 수장, 성령으로 승리의 보름달 같은 자애로운 주인이여!

현실을 직시하라.


마슈리끄의 시인들은 의무적으로 무왓샤하를 썼는데 가장 탁월한 시인 중 한 사람으로 이븐 사나 알물크를 들 수 있다. 그는 동과 서에서 두루 유명했으며 그의 작품은 다음과 같이 시작된다.


아 사랑하는 자여!

우리가 장뇌 위의 사향석류를 볼 수 있게

당신 얼굴에 빛을 가리고 있는 베일을 벗어라,

아 구름이여!

장신구로 언덕 위를 둘러싸고

구불거리는 개울을 팔찌로 해라.


무왓샤하는 스페인 주민들 사이에서 널리 전파되었는데 무왓샤하가 지닌 예술적 가치, 세련된 언어, 내재된 운 등이 견인 역할을 했다. 도시주민들은 무왓샤하에 친숙해졌고 급기야 사용하는 정주문명의 언어를 어말모음을 생략한 채 무왓샤하의 형식으로 만들어 사용하기에 이르렀다. 그들은 새로운 형식을 만들어냈고 이를 '자잘'이라 불렀다. 그들은 오늘날까지도 이런 형식의 시작詩作 활동을 하고 결국 그 분야에서 대단한 업적을 가져왔다. 자잘은 수사법의 지평을 넓혔는데 이는 그들이 사용하는 외국어의 영향을 받았다. 자잘 형식을 최초로 고안한 시인은 아부 바크르 븐 꾸즈만이다. 사실 그 이전에 스페인에서 자잘이 노래되긴 했다. 하지만 그의 시대에 와서야 자잘의 미적 가치가 드러났고 예술적 의미도 부각되었으며 무엇보다도 그 우아함이 살아났다고 할 수 있다. 그는 무와히둔 왕조의 인물이다. 그는 자잘의 선구자이다. 이븐 사이드가 말하길, "나는 그의 자잘이 마그립에서보다 바그다드에서 더 많이 애송되는 걸 들었다"고 했다. 그는 계속 말을 이었다. "우리 시대 자잘의 대부인 아부 알하산 븐 주흐드르 알이시빌리[150]가 말하길, '자잘의 본좌인 이븐 까즈만을 그 누구도 따라올 수 없다'고 했다." 그는 친구들과 큰 정원을 거닐다 정자에 앉았는데 그 앞에 대리석으로 된 사자상의 입에서 물이 뿜어져 나와 바닥의 돌 표면에 흘렀다. 이븐 까즈만은 이렇게 시를 읊었다.

> 의연하게 단 위에 서있는 나무
> 넓적다리처럼 두꺼운 뱀을 삼킨 사자
> 마지막 숨을 거칠게 쉬는 사람처럼
> 바위를 오르는 뱀은 큰 소리를 낸다.

이븐 까즈만은 코르도바에 집이 있었지만 종종 세비아에 왔고 그곳의 강변에서 좋은 시간을 보내곤 했다. 어느 날 자잘 시인들이 회합을 갖고 놀이 삼아 강에서 배를 탔다. 그들은 재력가의 집에서 미소년을 데려와 함께 놀았다. 그들은 낚시 배에 타고 있었고 당시 상황을 시로 읊었다.

> 내 마음은 자유를 갈망하지만 사랑에 굴복 당했기 때문에 얻을 수 없다.
> 보다시피 내 마음은 완전히 절망적이다. 휴식 없이 고통에 시달리고 있다.
> 마음은 어둡게 된 눈꺼풀로 외롭고 절망적이다.

---

150 이름 끝에 지명을 형용사 형태로 사용하는 경우이다. 의미는 '세비아의'이다.

그리고 아부 아므루 븐 알자히르 알이시빌리가 말했다.

> 그가 붙잡혔다.
> 열정의 바다에 진입한 자들 모두 잡혔다.
> 무엇이 그에게 고통과 고난을 주는지 알 수 있을 것이다.
> 그는 사랑 놀음을 원했고
> 많은 사람들은 그 놀음에서 죽어나갔다.

그리고 아부 알하산 알무끄르리 알다니가 말했다.

> 좋은날, 모든 것들이 나를 만족시켰다.
> 음료와 나를 에워 싼 멋진 남성들
> 물고기가 냄비 안에 있을 때
> 새는 버드나무 위에서 지저귄다.

그리고 아부 바크르 븐 마르틴이 말했다.

> 당신이 "나는 강으로 돌아가야 해"라고 할 때
> 그렇게 되길 원한다.
> 당신은 말한다. "휴양과 낚시."
> 그가 낚고 싶은 것은 물고기가 아니다.
> 그 작은 그물 안에 걸리는 것은 사람의 마음이다.

그리고 아부 바크르 븐 까즈만이 말했다.

> 그가 작은 그물을 올리기 위해서 소매를 걷을 때

물고기 한 마리가 그를 향해 뛰어 오르는 것을 볼 수 있다.
물고기들은 그 손 안에 잡히고 싶은 것이 아니다
그의 작은 손에 입맞춤 하고 싶은 것뿐이다.

그들이 활동했던 시기의 스페인 동부에는 무흘리프 알아스와드가 있었는데 그는 탁월한 자잘을 지었으며 그중 다음과 같은 것이 있다.

나는 포획되었다. 나는 두려웠다.
사랑은 나에게 많은 난관을 안겨 주었다.

사랑하는 이의 눈부시게 빛나는 얼굴을 바라보면,
얼굴은 터질 듯이 붉어진다.
연금술의 제자여! 연금술은 내 눈 안에 있다.
내가 은을 바라보면 금으로 변한다.

그들 이후 마드갈리스가 우승자가 되었던 시경선이 있었는데 그는 경탄할 만한 자잘을 지었다. 그의 유명한 자잘 중에 다음과 같은 것이 있다.

쏟아지는 비는 태양의 빛을 이긴다.
하나는 은빛을 띠고 다른 하나는 금빛을 띤다.
식물은 마시고 취하고 나뭇가지는 춤추며 흥분한다.
편지는 우리에게 오려 하고 그리고 부끄러워하며 돌아간다.

그의 유명한 자잘 중에 다음과 같은 것이 있다.

밝은 햇빛이 나타나 별들은 혼란스러워한다.

우리 모두 일어나 게으름을 털어내자!

병 안의 와인은 꿀보다 달콤하게 다가온다.

나의 행동을 질책하는 자여!

알라께서 당신의 말이 행동과 같게 하소서!

당신은 와인이 죄를 짓고 지능을 망친다고 말하지.

히자즈로 가시오! 그편이 나을 것이다.

이런 필요 없는 말을 하는 이유가 무엇인가?

당신은 메카로 순례를 가고 메디나를 방문하고

나는 술만 마시게 해주오!

행동할 능력이 없다면

의도가 행위보다 효과적이다.

그들 이후 세비야에서 이븐 주흐두르가 등장했다. 그는 마요르카 정복을 기념한 모든 자잘 중에서 독보적인 존재였다. 그의 자잘은 다음과 같이 시작된다.

알라의 완전함을 반대하는 사람은 즉시 말살될 것이다.

나는 진실을 반대하는 사람을 상대할 이유가 없다.

이븐 사이드는 "나는 그를 만났다"라고 말했다. 나 역시 유명한 자잘의 시인인 그의 제자를 만났고 그 시는 이렇게 시작한다.

바라건대, 사랑하는 이를 만나면 그의 귀에 이런 말로 유혹할 것이다

왜 작은 영양의 목을 쏘고, 왜 자고새의 부리를 훔친 것인가?

그들 이후로 문학의 대가 아부 알하산 사흘 븐 말리크가 등장했다. 그

리고 그 후로 이 시대에 우리의 벗 재상 아부 압둘라 븐 알카땁이 등장했는데 그는 산문과 운문의 대가로 이슬람 세계에서 그를 필적할 자가 없었다. 그의 탁월한 시는 다음과 같다.

> 내가 새롭게 시작할 수 있도록 술잔을 섞고 나의 것을 채워라!
> 돈은 오로지 낭비하기 위해 있는 법.

수피적 방법으로 지은 그의 시를 보자면 다음과 같다.

> 많은 연시들이 일출과 일몰 사이에 탄생했다.
> 떠난 자들은 전에 존재하지 않는 그리고 언젠가는 죽을 사람들이다.
> 절대로 죽지 않는 신은 남아 있다.

또 다른 그의 시는 다음과 같다.

> 아들아! 떨어져 있는 것이 나의 가장 큰 불운이다.
> 너와 가까이(qarīb) 있을 수 있을 때가 나의 배(qarib)[151]를 보류하게 놔둘 때이다.

스페인에서 재상 이븐 알카땁의 시대에 과디스[152] 출신의 무함마드 븐 압둘라 알아짐이 있었다. 그는 자잘의 대가였고 마드갈리스의 시 구절과 비교할 만한 자잘을 지었다.

---

151 qarīb과 qarib은 '가까이'와 '배'를 의미하고 시인은 비슷한 음의 단어를 배열하여 말장난을 표현하고 있다.
152 스페인 남부 안달루스 지방의 그라나다 주에 있는 도시.

태양 빛이 오자 별들은 혼란스럽다.


그 시는 다음과 같다.


영리한 자들아!

태양이 양자리에 가까이 다가간 후로 소멸이 허락되었다.

매일 새롭게 불멸을 약속하라!

한 순간이라도 지루하게 하지 마라!

초록의 목초지가 있는 곳에서 그들을 쫓게 하라!

바그다드를 홀로 두고 나일강에 대해 거론 하지 마라.

탁 트인 40마일의 장소보다 이 지역의 평야가 좋다.

바람이 위로 앞뒤로 불 때

눈에 안티몬이 들 정도의

먼지도 보이지 않는다.

여기는 벌떼가 있을 만큼 쾌적한 곳도 없는데

어떻게 이렇게 다를 수 있을까?


오늘날 자잘은 스페인에서 대중적인 시 예술이 되었다. 심지어 시에 방언으로 15개의 운율을 두기도 했고 이를 자잘이라 불렀다. 그들의 시를 보면 다음과 같다.


오랜 시간 당신의 눈을 흠모했다.

당신의 마음에 연민이나 부드러움 따윈 없다.

어째서 나의 마음이 당신으로 인해

대장장이의 쟁깃날 같이 되었는지 알 수 있을 것이다.

눈물은 흐르고 불은 타오른다.

왼쪽 오른쪽으로 하는 망치질.

알라께서는 기독교도들을 습격하기 위해 만들었지만

당신은 연인의 마음을 습격한다.


금세기 초 이런 형식의 시작활동을 하는 이로 문인 아부 압둘라 알루시가 있다. 그의 작품 중에는 술탄 이븐 알아흐마르를 찬양하는 다음의 까씨다가 있다.


아침이 왔다. 일어나라 나의 벗이여.

음악에 감동받고 어서 다시 마시며 기쁨을 즐기자.

새벽의 금괴는 빨간색을 저녁의 시금석에 비볐다.

어서 일어나 부어라!

당신은 이가 하얗고 깨끗한 순금인 것을 알게 될 것이다.

사실 은색이지만, 새벽의 붉은 빛이 금색으로 만들었다.

와인은 인간생활에 통용되는 중요한 것이다.

연인의 눈빛은 통용되는 그것의 빛에서 나온 것이다.

나의 벗이여, 오늘이야 말로 우리가 살아 갈 수 있는 날이다!

저녁 역시 우리가 입맞추고 포옹하며

다시 만난 사랑의 침상에서 뒹굴 수 있는 시간이다.

인색한 날이 지나가고 풍요로운 시간이 왔다.

좋은 운이 손에서 빠져나가도록 허락할 이유가 있는가?

이미 쓴 맛을 봤기에,

이제는 향기 가득한 와인과 음식을 먹는다.

지켜보는 자는 묻는다. 문인들은 와인과 사랑에 왜 이렇게 자비로운가?

나를 불신하는 자들은 이에 놀란다,

나는 답한다. 당신들은 무엇이 놀라운가?

시인은 알라께서 말하고 글에 적어 놓은 것과 같이,

잘 생긴 남자를 사랑할 수 없는가?

처녀의 아름다움을 빼앗고 다른 이의 아름다움은 신경 쓰지 않는

교양 있는 시인으로부터 아름다움을 얻을 수밖에 없다.

잔은 사용할 줄 모르는 사람들에게 금지되어 있다.

명민하고 약하고 혹은 방종한 사람들

자신이 저지를 수 있는 죄는 용서된다.

나의 마음을 사로잡는 아름다움

말로서 표현할 수가 없다.

자신을 굽고 있는 석탄의 불도 끌 수 있을 정도로 뚱뚱한,

잘생긴 어린 사슴은

뜨겁게 타고 있는 능수버들 석탄으로 나의 마음에 모닥불을 피울 때.

사자들이 보기만 하면 마음을 움직일 수 있는

상상만 해도 마음을 움직이는 잘생긴 어린 영양은 도망간다.

그녀는 이것들을 웃음으로 부활시키고

이들은 슬픔 후에 기쁨을 느낀다.

그녀는 인장을 새긴 반지와 같은 입과 고른 이

설교자는 이들에게 입 맞추라고 한다.

제대로 묶었지만 뚫지는 않는 것!

무엇인가를 원하는 거무스름한 그녀의 입술.

사향과 비교하는 것 자체가 모욕이다.

머리카락은 내가 그녀와 떨어져 지내는 밤조차도 놀랄 만큼

까마귀 날개와 같은 검은색이고,

머리카락이 떨어지는 몸은 우유 빛,

양치기가 양 떼를 보았을 때보다도 하얗고 작은 두 가슴을 가지고 있다.

나는 무언가가 이렇게도 단단할 수 있다는 것을 알지 못했다.

풍만한 가슴 아래로는 잘록한

누가 찾는다면 찾기가 너무 어려울 정도로 얇은 허리가 있다.

굳이 말하자면 나의 종교보다도 얄팍하다.

이리 와서 당신의 노예를 바라봐 주시오 나의 여인이여!

내게 거짓은 없소.

어떤 종교와 어떤 이성이 내게 남아 있을까?

당신은 당신을 따라 다니는 그 누구도 허락하지 않는다.

그녀는 관찰자가 자신이 사랑하는 이를 관찰할 때보다

진지하고 무거운 엉덩이를 가지고 있다.


당신이 있을 때는 성과 같은 이곳이

당신이 떠나면 동굴과 같다.

당신의 좋은 점들은 마치 통치자의 것과 같다,

혹은 모래 같기도 하다.

누가 셀 수 있을까?

그는 도시의 기둥이다.

그는 순수한 아랍어를 쓴다.

그의 지능과 행동은 뛰어나다.

그는 천성적인 시인이고, 글 솜씨는 탁월하다!

그가 얼마나 노련하게 적들의 가슴을 긴 창으로 뚫는지!

그가 얼마나 날카롭게 그들의 목을 내리 치는지!

말해 보라! 누가 그의 좋은 점들을 세거나 짐작할 수 있는지?

태양은 그의 빛을 부러워하고, 달은 그의 야망을,

비는 그의 자비로움을, 별들은 그의 위치를 부러워한다.

그는 자비로움의 말을 타고 자비로워질 수 있도록 배려한다.

우리는 매일 그가 선사하는 명예의 옷을 입는다.

그의 높디높은 영광의 향수로 우리는 하루를 향기롭게 즐긴다.

그의 다정함은 그를 찾는 모든 이에게 선물이다.

그는 찾아오는 이들을 빈손으로 보내는 일이 없다.

그는 감추어진 진실을 들춰냈다.

거짓은 절대로 숨겨질 수 없다.

그는 시간이 망쳐버린 신을 향해 붕괴되는 경건함의 기둥을 다시 세웠다.

그를 만나는 사람은 그에게 희망을 거는 만큼 그를 두려워한다.

얼굴은 다정해도 그가 얼마나 험악해질 수 있는지!

찌푸리고 있는 전쟁에 그는 웃으면서 다가갔다.

그는 우수하다. 그보다 우수한 사람은 세상에 없다.

그가 전쟁의 핵심에 칼을 휘두른다면,

단칼에 끝나므로 다시 한 번 칼을 휘두를 필요가 없다.

그는 선택받은 자와 이름이 같다. 예언자 무함마드.

알라께서 그를 지도자로 선택했다.

사람들은 그를 무슬림의 지도자인 칼리파로 인지한다.

그는 군대를 지도하고 말을 장신구로 꾸민다.

모든 이들은 고개를 숙이고 최고 권위자에게 복종한다.

그들은 그의 손에 입을 맞추고 싶어 한다.

그의 집, 바누 나쓰르는 그 시대의 보름달이다.

그들의 영광은 끊임없이 상승하고 절대 멈추지 않는다.

그들은 최고로 고상하고 고결하다.

그들은 최고로 겸손하고 수치심을 느끼지 않는다.

지구가 도는 이상,

태양이 뜨고 별이 빛나고,

이 시가 노래로 불릴 때까지,

절대로 지지 않는 하렘의 태양이여!

알라께서 그들을 지키게 하소서.

    그리고 마그립의 도시민들은 무왓샤하와 마찬가지로 중첩된 운율을 사용한 새로운 형식의 시를 창안했는데 자신들이 사용하는 거주문명의 언어를 사용했고 이를 '지역 운율'이라 불렀다. 이를 처음 창안한 이는 페스에 안착한 이븐 우마이르이다. 그는 무왓샤하의 방법으로 시의 일부를 썼는데 이때 어말 모음의 법칙을 약간 벗어났다. 그 시작은 다음과 같다.

> 강둑 위의, 아침이 가까워진 정원의 가지 위의
> 비둘기의 통곡 소리는 나를 울게 하였다.
> 아침의 손바닥은 어둠의 색채를 닦아냈고,
> 이슬방울들은 카밀레 꽃 위에 흘렀다.
> 나는 아침 일찍 목초지에 갔다.
> 이슬은 여기저기
> 처녀의 가슴 위의 보석처럼 흩어져 있었다.
> 수차의 눈물은
> 열매 주위의 뱀이 꿈틀거리는 것처럼 떨어졌다.
> 가지들은 넓적다리의 발찌처럼 구부러져 있었다.
> 이슬들은 접혀진 꽃받침 사이로 뚫고 나왔고
> 바람은 꽃에서 사향 내음을 퍼뜨렸다.
> 하늘의 상아색은 어두운 사향의 구름이 가렸다.
> 산들바람은 꽃향기를 널리 퍼트렸다.
> 나는 가지의 나뭇잎 위 비둘기를 보았다.
> 이슬방울에 깃털이 젖어 있었다.
> 상사병에 걸린 사람처럼 구슬프게 구구 소리를 냈다.
> 빨간 부리와 색칠된 다리로 새로운 깃털의 망토를 자신 위에 덮었다.

잘 정돈된 보석 목걸이를 하고 있었다.

가지 사이에서 한 쪽 날개는 방석으로, 한 쪽 날개는 자신을 덮으며,

상사병에 걸린 사람처럼 앉아 있었다.

비둘기는 마음의 열정에 불만을 품기 시작했고,

그래서 부리를 가슴에 박고 울었다.

나는 말했다. 비둘기여! 나는 더 이상 잠들 수 없구나.

제발 울음을 멈추지 말아다오.

비둘기가 답했다. 나는 내 눈물이 마를 때까지 울었다.

나를 떠나 다시 돌아오지 않은 그 어린 새를 위해

눈물 없이 늘 구슬프게 울었다.

나는 노아의 방주 때부터 울음과 비탄에 빠진 것에 익숙했다.

이것이 바로 충직과 신의이다.

보라! 나의 눈은 고통으로 충혈되었다.

하지만 인간들은, 만약 한 사람이 고통스러워하고 일 년만 지난다면,

그가 말했다. 나는 이렇게 눈물 흘리고 애도하는 것에 지겨워졌다.

나는 말했다. 비둘기여! 만약 네가 나처럼 고통의 바다에 빠졌다면,

너는 나를 위해 눈물과 한숨으로 애도해 주겠지.

만약 당신의 마음이 나와 같다면,

네가 지금 앉아 있는 가지는 재로 변해버렸겠지.

나는 얼마나 많은 시간을 이별로 고통받았기에,

누구의 눈도 나를 보지 못하는 것인가?

나의 몸은 빈약하고 병약하다.

나의 빈약함은 관중의 눈으로부터 나를 숨겨준다.

만약 죽음이 찾아든다면 그 자리에서 바로 숨을 거둘 것이다.

죽은 사람들은, 나의 친구여! 결국 휴식을 즐기게 된다.

그가 나에게 말했다

만약 목초지의 강이 애도할 수 있다면

내가 연인에게 숨기고 있는 두려움 중

영혼은 나의 마음으로 돌아올 것이다.

나는 눈물 때문에 변색되었다.

이 하얀색은

나의 마지막 모임 때까지 나의 목에 남아 있을 것이다.

나의 부리의 끝 부분에 대한 이야기는 유명하다.

나의 몸이 재처럼 회색일 때 남아 있는 작은 불씨와 같다.

모든 비둘기들이 나를 위해 울고 애도해 준다.

사랑하는 이와 헤어지는 고통을 겪어 본 사람은 애도해 줄 것이다.

우리는 여기서 휴식의 공간을 찾을 수 없기에

세상의 기쁨이여 안녕!


페스의 주민들은 이런 시를 좋아했고 열광하기에 이르렀다. 그들은 그 방식대로 시를 지었다. 기존의 시와는 다르게 어말모음을 생략했다. 이런 시를 듣는 이의 수가 많아졌고, 그런 현상은 커졌다. 그들은 시의 종류를 다양하게 만들었는데, 예를 들자면 무즈다위즈, 카지, 말아바, 가잘과 같은 것이 있다. 압운의 상이함이나 작가가 표현하고자 하는 바에 따라 그 이름은 다양하게 불리었다. 그들 중 마그립의 타자출신 이븐 슈자으의 무즈다위즈는 다음과 같다.


돈은 세상의 장신구이고 영혼의 원동력이다.

아름다운 사람아! 돈은 아름답지 않은 표정을 짓는다.

돈이 많은 사람은 대변인처럼 높은 지위를 얻게 된다.

돈이 많으면 그렇지 않아도 위대한 사람이 된다.

그러나 돈이 없어지면 위대한 사람도 위축된다.

하나는 나의 마음을 뒤틀리게 만들고, 다른 하나는 질투를 만든다.

이는 운명으로 가는 의지의 희망이 없다면 터져 버리고 말 것이다.

진정으로 위대한 자는

족보도 없고 영향력도 없는 사람과

피난을 가야 할 것이다.

이런 반전은 나를 슬프게 하고,

이 때문에 나는 자신을 감추려고 옷을 머리부터 덮어쓴다.

꼬리는 앞으로와 머리가 되고,

강은 수차로부터 물을 빌려 온다.

인간의 나약함이 초래한 결과 인가?

시간의 부패가 초래한 것일까?

우리는 무엇을 비난해야 할 지 모른다.

어떤 사람이 '아무개의 아버지'라는 사람에게 와서

"제발!"이라고 한다면 그가 답하기까지 얼마나 긴 시간이 필요한가!

신께 감사하게도 개의 피부에서 술탄의 영혼을 볼 수 있을 만큼 오래 살았다.

위대한 영혼을 가진 자들은 대게 약한 근원을 지니고 있다.

그들은 이쪽에 있고 영광은 다른 곳에 있다.

사람들은 그들을 늙은 바보로 보는데

그들은 자신을

단단한 근원을 지닌 왕국의 출중한 인물로 본다.


이런 종류의 작시활동을 한 시인들 중에는 무즈다위즈 형식의 시작활동을 했던 이븐 슈자으가 있는데 그의 시는 다음과 같다.


이 시대의 잘생긴 이에게 마음을 주는 사람들은 피곤하다.

떠나는 것이 낫다 아니면 그 아름다움은 당신을 노리개로 쓸 것이다.

잘생긴 사람 중에 약속을 깨지 않은 자는 한 사람도 없다.

당신이 믿을 수 있고 당신을 믿을 수 있는 사람은 얼마 없다.

그들은 애인의 자부심이지만 그들을 거부한다.

그들은 의도적으로 사람들의 마음을 깨어 놓는다.

그들이 통정한다면 자신들의 시간에 그들을 찢어 놓는다.

그들이 약속을 한다면 무슨 일이 있어도 지키지 않는다.

사랑하는 잘생긴 이가 있다. 그에게 나의 마음을 주었다.

나의 볼을 그의 발을 위한 신발처럼 만들었다.

그에게 나의 마음 한가운데 자리를 내 주었다.

나는 말했다. 아! 마음이여, 당신에게 자리 잡은 그를 존중해 주어라!

당신이 겪게 될 창피는 개의치 마라!

격렬한 열정의 힘에서 벗어날 수 없기에,

나는 그에게 나의 통제권을 고스란히 내주었다.

나는 그를 나의 주인으로 모시는 것에 만족한다.

당신이 내가 그를 만날 때의 상황을 볼 수 만 있다면!

나는 연못 위에 뒤집힌 채 둥둥 떠서 죽어가는 딱정벌레 같다.

나는 그가 무슨 생각을 하고 있는지 단번에 알 수 있다.

나는 그가 말을 꺼내기도 전에 무엇을 원하는 지 알 수 있다.

나는 설령 그가 원하는 것이 봄의 포도 주스거나 겨울의 이른 밀이어도

대령하려 노력한다.

이스파한까지라도 구하러 간다.

그가 무엇이든 필요하다고 말하면, 나는 말한다. "곧 가져오리다."


그 시는 마지막까지 이렇게 진행된다.

이런 시인들 중에는 틸미산의 알리 븐 알무왓진이 있다. 최근 메크네스 인근 자르훈에 카피프(맹인)라고 알려진 탁월한 시인이 있다. 그는 이

런 형식으로 시 창작을 했다. 내 기억에 새겨진 그의 최고작중 하나는 술탄 아부 알하산과 바누 마린이 이프리끼야로 여행했을 때 그는 까이라완에서의 패배를 묘사했고, 패배에 대한 위로를 전하고 그들이 이프리끼야를 침공한 것에 대해 비난한 이후 다른 이에게 발생한 사건을 묘사함으로써 그들을 격려했다. 그 시의 형식은 '말아바'로써 그 시작은 시인이 의도하는 바를 시의 도입부에서부터 우아하게 보여주는 최고의 정석으로 간주된다. 이를 '탁월한 시작'이라 부른다. 그의 시는 다음과 같다.

어느 때나 굽실거림으로 통치자의 마음을 얻는 사람은 찬양받기를!
우리가 그를 따른다면, 그는 많은 도움을 준다.
우리가 그를 거역한다면, 그는 온갖 모욕으로 벌한다.

그는 시를 이렇게 진행하다가 주제의 전이 이후 마그립의 군대에 대해 질문을 던진다.

양이 되어라! 양치기가 되지는 말지어다!
양치기는 자신이 돌보는 양떼를 책임 져야 하기 때문이다.
우리를 이슬람으로 초대한 자애롭고, 고귀하고, 완벽한 예언자를 위해, 바른 길로 선도하는 칼리파를 위해, 두 번째 세대의 사람들을 위해 기도를 시작하자!
그다음에 말하고 싶은 것은 뭐든 말하라.
아 순례자들이여! 사막을 건너
그곳의 주민들에게 왕국을 설명하라!
아름다운 페스여! 왕의 의도대로 명석한 자의 군대는 끌려갔는가?
아 순례자들이여! 당신이 보러간 예언자로 인해서,
당신이 모래 언덕을 건넌 이유가 된 사람을 위해서,

나는 당신에게 검은 이프리끼야에서 죽은 서쪽의 군대에 대해,

또한 당신과 순례자들을 위해 선물을 제공해주고,

히자즈의 사막을 호화로운 도시로 만든 지도자에 대해 물어보려고 왔다.

그곳에는 경사지를 내려다보는 댐 같은 것이 생겼고,

협곡은 폭우로 갈라진 틈이 생겼다.

군대는 소돔처럼 으스러졌고 짓밟혔다.

이제 나에게 말해 보시오, 주가르가 그들의 감옥의 수장이 되었는가?

만약 튀니스의 서쪽과 서쪽의 나라 사이에 동쪽에서 서쪽으로

한 겹은 철, 한 겹은 동으로 된 알렉산더 대왕의 장애물이 있었더라도,

새들이 답하거나, 바람이 우리에게

새들로부터 특별한 소식을 실어 왔을 것이다.

성가시고 안 좋은 일들을

굳이 읊는다면

돌들은 피를 흘리며 터질 것이며,

작은 언덕은 급류에 굴러 떨어져 휩쓸려 갈 것이다.

당신의 날카로운 판단으로 내게 알려주시오.

나를 위해 심사숙고해주시오.

왕이 보내온 비둘기나 배달원이 유명해져,

압두 알무하이만 알끼싸쓰의 소식과 뾰족탑에서 퍼진 정보를

일곱 번이나 밝혔는지를 알고 있는가.

그들은 벌거벗은 채로 무방비상태의 무시당하고 집도 없고 힘도 없는 사람이다.

그들은 실패와 까이라완의 진입을

어떻게 그려야 할지 모른다.

아부 알하산 나의 신이여! 우리는 확고한 규정 때문에 법정의 문턱에 왔다.

우리를 튀니스로 보내 주시오!

당신은 우리로 충분하고, 자리드와 자브는 필요하지 않다.

당신은 검은 이프리끼야의의 아랍인들을 어떻게 할 것인가?

혹시 우마르, 카땁의 아들, 파루끄, 마을의 정복자, 암살된 칼리파의 이야기를 모르는 것인가?

그는 시리아와 히자즈의 주인이 되었고, 페르시아의 왕위를 차지했으며,

이프리끼야의 일부를 정복했다.

그는 뛰어난 명성의 소유자이고

그는 종종 "이프리끼야로 우리의 친구들은 분산될 것이다"라고 말하곤 했다.

모든 것의 에메랄드인 파루끄는

이프리끼야에 관해 단호하게 말했다.

이는 오스만의 시대까지는 조용히 지냈다.

이븐 알주바이르는 증명된 정보에 따라 이를 정복했다.

관청에 전리품이 도착했을 때

오스만은 죽었고 분위기는 바뀌었다.

사람들은 세 명의 군주에 의해 나뉘어졌다.

침묵으로 다루어진 것은 진실로 간주되었다.

만약 이것이 경건한 초기이슬람의 상황이었다면,

그 후에 어떻게 했어야 하는가?

점쟁이들은 작은 책자에,

수성괴 토성의 기록에,

쉬끄와 사티흐와 이븐 무르라나 같은 이들은

자신들의 글에 언급한다

마린가(家)의 생명이 튀니스의 벽에 기대야 한다면,

마린가는 자신의 중요성을 잃는다.

영향력 있는 군주, 이사 븐 알하산이 나에게 말한 것을 기억하라.

그는 내게 말했다. 나는 모든 것을 알고 있는 사람이어야 한다

하지만 운명이 다가올 때면 나의 눈은 멀 것이다.

나는 당신에게 말한다.

무엇이 마린 왕조를 페스에서 디얍의 아랍으로 데리고 왔는가?

나의 주인이 튀니스의 왕인 이븐 야흐야의 죽음에서 득을 얻기를!

그 이후 그는 술탄과 군대의 여행을 묘사하는데 그 여행의 끝까지, 이프리끼야의 아랍화라는 그의 임무를 끝낼 때까지를 포함했고 그 과정에 갖가지 낯선 기법을 사용했다. 튀니스의 주민들 역시 자신들의 방언으로 말아바 형식의 시를 지었으나 그 대부분이 우수하지 못하고 그런 이유로 내 기억에 남아 있는 것은 한편도 없다.

## 마슈리끄의 무왓샤하와 자잘

바그다드의 대중 역시 '마왈리야'라 부르는 시를 사랑했다. 마왈리야의 하부에 까우마, 칸와칸이 있고 칸와칸의 아래 무프리드가 있고 그 아래 바이타인이 있는데 이 각각의 형식은 다양한 운율을 지니고 있다. 대부분의 절은 압운을 지닌 네 개의 가지로 이루어진 짝을 이루고 있다. 이집트 사람들은 시작詩作에 있어 바그다드 사람들을 따랐고 대단한 시를 만들었다. 그들은 시작에 있어 방언으로 극도의 수사법적 문체를 풍부하게 사용했으며 결과적으로 탁월한 작품이 생산되었다. 나는 싸피 알힐리의 디완에서 이런 문구를 보았다. "바시뜨 운율인 마왈리야는 네 개의 가지와 네 개의 압운이 있다. 이를 선율과 중첩된 바이트라고 부른다. 이것은 와시뜨를 사용하는 시인들이 고안한 것으로 칸와칸은 하나의 각운과 반행에 다양한 운율을 지니고 있다. 바이트의 첫 반행은 두 번째 반행보다 길고 약자음 중 하나를 반드시 각운으로 쓴다." 이것이 바그다드 시인들의 창작물의 특징이고 다음 시가 그 예이다.

눈꺼풀의 깜빡임은 설명이 필요 없는 대화이다.

아둔한 자의 어머니는 멍청한 자들의 말을 알아듣는다.

싸피의 이야기는 끝났다. 내 기억에 남아 있는 탁월한 작품 중 하나는 바로 다음의 것이다.

방금 생긴 상처는 아직도 피가 흐른다.

사랑하는 형제여! 나의 살인자는 사막에서 즐거운 시간을 보내고 있다.

그들은 말했다. 우리가 당신의 복수를 해주겠다. 나는 말했다. 그것은 더 나쁘다.

내게 상처 입힌 자가 나를 치유할 것이다. 그것이 더 좋을 것이다.

다른 시인은 이렇게 말했다.

나는 천막의 문을 두드렸다. 그녀가 말했다. 문을 두드리는 자 누구인가?

내가 말했다. 도둑도 강도도 아니고 사랑에 빠진 자이다.

그녀가 미소를 보냈다. 그녀의 이에서 번개가 비쳐 내게로 오는 듯했다.

나는 혼란스러워하며 돌아섰고 눈물의 바다에 빠졌다.

다른 시인은 이렇게 말했다.

우리의 만남에서 그녀는 내게서 떠나지 않을 것이라는

확신을 줄 수 없던 시기가 있었다.

내가 나의 열정에 대해 불평했을 때, 그녀는 말했다.

당신께 나의 눈을 주겠다.

하지만 잘생긴 젊은이가 그녀의 눈을 사로잡았고,

나는 그녀에게 우리의 관계를 상기시켰지만,

그녀는 이렇게 말했다. 나는 당신에게 신세를 지고 있다.

다른 시인은 이렇게 말했다.


내게 항상 영향을 끼치고 취하게 만드는 것은 와인,

와인 상인과 술 따르는 사람을 불필요하게 만든다.

잔인한 늙은 매춘부가 나를 격앙시키며

나는 이를 창자 속에 감추지만

어쩔 수 없이 내 눈으로 뿜어져 나온다.

다른 시인은 이렇게 말했다.


사랑의 아이들과 함께 하고 싶은 당신,

헤어짐은 얼마나 큰 마음의 고통을 가져올 것인가! 아아!

나는 이미 마음을 맡겼다. 하하.

나의 참을성은 바흐

내 눈에 모든 이들은 카흐.

당신은 다흐.

흰 머리가 나를 뒤덮을 때 그녀를 불렀다.

내게 긴 입맞춤을 해주시오 마야!

그녀는 내 마음을 태워버리며 말했다.

나는 절대로 목면이 살아 있는 사람의 입을 가릴 것이라고 생각하지 않는다.

시인은 이렇게 말했다.

그는 나를 바라보며 미소 지었다.

내 눈물의 비구름이 그의 치아가 보여준 번개를 앞섰다.

그는 베일을 벗었다. 보름달이 뜨는 듯 보였다.

그는 검은 머리를 숙였다. 마음은 그 그물 안에서 사라졌다.

그는 그의 머리가 갈라진 새벽의 끈으로 우리를 다시 한 번 옳은 방향으로 이끌었다.

다른 시인은 이렇게 말했다.

낙타를 타는 자여! 동물들에게 소리 질러라.

새벽이 되기 직전 사랑하는 사람이 사는 곳에 멈춰라!

부족민에게 외쳐라. 누구든 보상을 원하는 자!

일어나 헤어지고 죽은 자를 위해 기도하라.

다른 시인은 이렇게 말했다.

당신을 바라보던 나의 눈은 별들을 관찰하고 불면증을 채우며 밤을 새웠다.

헤어짐의 화살들은 내게 명중했고 나를 결코 지나치지 않았다.

나의 위안은 알라께서 당신에게 큰 보상을 내려 주리다. 죽음이다.

다른 시인은 이렇게 말했다.

당신의 지역에서, 잔인하지만 아름다운 자여!

나는 맹렬한 사자를 괴롭히는 어린 영양을 사랑했다.

순결한 여자들의 마음을 사로잡는 구부러진 가지.

이것이 밝게 빛날 땐 보름달과도 비교할 수 없다.

다음 시는 두바이트라 불린다.

나는 사랑하는 이를 창조자 앞에 맹세했다.
그는 그의 영혼을 이른 아침에 보내겠다고.
그를 향한 나의 갈망의 불꽃은 밤새 타오른다.
어쩌면 이 불이 그를 인도하겠지.

수사법에 대한 지식과 이를 획득할 수 있는 감각은 그 언어에 익숙하고 자주 사용하고 특히 몇 세대에 걸쳐 그 언어의 화자인 자에게만 허락된다는 것을 인지하라. 우리는 이미 아랍어의 소질을 얻게 될 때까지의 과정을 언급한 바 있다. 그러므로 스페인의 주민은 마그립 사람의 시에서 제대로 된 수사법의 감흥을 느낄 수 없다. 마그립인도 스페인의 시나 마슈리끄의 시에서 동일한 감흥을 느낄 수는 없다. 역시 마슈리끄인은 스페인의 시나 마그립의 시에서 그들과 동일한 수사법적 감흥을 느낄 수 없다. 왜냐하면 각각의 방언과 언어 구조가 상이하기 때문이다. 그들 각자는 자신이 사용하는 언어의 수사법에 능통하다. 뿐만 아니라 자신들이 사용하는 언어로 쓰인 시의 맛을 제대로 볼 수 있다. "하늘과 땅의 창조와 너희의 서로 다른 언어와 색깔이 있으니라. 실로 여기에 지식을 가진 자들을 위한 징표가 있도다."[153]

---

153  코란 30장 23절.

## 맺음말

우리는 본 목적에서 매우 벗어났다. 그러므로 우리는 문명의 본질과 그에 관계된 여러 사항들을 담고 있는 이 첫 번째 책을 이제 마치려 한다. 우리는 이 책에서 위의 문제들을 충분히 다루었다. 아마도 우리 다음에 오는 이는 알라로부터 올바른 생각과 분명한 지식을 허락받은 이로서 우리가 기술한 것보다 훨씬 더 심층적으로 이 문제들을 다룰 것이다. 어떤 학문 분야를 새로이 고안하는 자는 그 문제가 다루는 모든 것을 열거할 수는 없다. 오히려 그는 그 학문의 주제와 세부사항을 다양하게 하고 관련 사항들을 다룰 것이다. 그러면 그 이후 후학들이 문제를 부가하고 차츰차츰 완성을 향해 나아갈 것이다. 알라는 너희가 알지 못하는 것을 알고 계신다.

이 책의 저자 — 알라여 그를 용서하시길 — 는 말했다. "나는 수정과 교정에 앞서 이 책의 서론을 포함한 초고를 5개월 만인 779년 중반에 끝냈다. 그 이후 나는 이 책을 수정하고 교정했다. 그리고 책 서두에서 내가 언급했던 것처럼 각 민족의 역사를 부록으로 첨부했다. 지식은 오직 위대하고 지혜로운 알라로부터 온다.

## 저자 및 작품 소개

## 저자 소개

아부 자이드 압둘 라흐만 븐 무함마드 븐 칼둔Abu Jaid Abd al-Raman bn Muhammad bn Khaldun은 1332년 튀니지의 수도 튀니스에서 출생했다. 예멘의 하드라마우트Hadramaut 출신인 그의 조상은 이슬람 이전 시대에 히자즈(사우디 아라비아 서부) 지방으로 이주하였다. 그들은 8세기에 스페인 정복길에 나선 지도자 칼리드 븐 오스만Khalid bn Uthman을 따라 스페인으로 이주했다. 13세기 기독교도들의 스페인 점령이 시작되자 이븐 칼둔 일가는 서북 아프리카로 이주했고 튀니스에 정착했다. 당시 튀니스는 마그립 지역의 학자와 문인 뿐 아니라 안달루스 학자들까지도 모이는 학문과 문화의 중심지였다.

학자였던 부친의 영향으로 이븐 칼둔은 어려서부터 양질의 교육을 받을 수 있었다. 그는 코란 암송 이외에도 하디스, 샤리아, 피끄흐, 아랍어학 등 다양한 분야를 깊이 있게 학습했다. 신비주의자이자 수학자와 철학자로도 알려진 아빌리al-Abili로부터 수학, 논리, 철학 등을 배웠다.『무깟디마 al-Muqaddimah』에서 그가 소개하는 초자연적인 현상에 관한 지식과 정보는 당시 마그립의 전통을 반영하는 면도 있으나 스승인 아빌리의 영향을 받은 것으로 간주된다. 또한 그는 이븐 루시드Ibn Rushid, 이븐 시나Ibn Sina의 저서를 탐독함으로써 아리스토텔레스의 사상, 철학, 의학 등을 배웠고 자신만의 사상의 틀을 확고하게 정립하게 되었다.

이븐 칼둔은 청년기에 들어서 두 가지 사건을 겪는다. 첫 번째 사건은

1348년에 발생한 흑사병의 창궐이다. 그는 흑사병으로 부친과 여러 스승을 잃게 된다. 두 번째 사건은 1349년 대다수 학자와 문인들이 튀니스를 통치하던 마린 왕조의 아부 알하산<sup>Abu al-Hasan</sup>을 따라 흑사병을 피해 페스로 이주한 것이다. 이븐 칼둔은 튀니스에서 더 이상 학문을 계속할 수 없게 된다. 1350년 그는 튀니스의 이븐 타프라킨<sup>Ibn Tafrakin</sup>의 정부에서 서명관리로 임명되어 첫 공직의 임무를 시작했다. 1354년 마린 왕조의 술탄 아부 이난<sup>Abu Inan</sup>의 초청으로 페스에 도착하고 술탄의 서기가 되었다. 그곳의 까라윈 대학에서 수업을 듣고 여러 학자, 문인들과 교류하며 학문에 정진했다. 1357년 술탄 아부 이난<sup>Abu Inan</sup>의 정권하에서 하프스 왕조의 아부 압둘라<sup>Abu Abdullah</sup>와 교류했다는 죄목으로 투옥되었다. 이후 새로운 군주 술탄 아부 살림<sup>Abu Salim</sup>의 치세에 국무상이 되었다. 1361년 마린 왕조의 술탄이 사망하자 이듬해인 1362년 스페인 그라나디의 군주였던 무함마드 5세의 초청을 받고 그라나디로 건너갔다. 그라나디의 술탄 정부에서 외교활동을 하다 아프리카의 부지에로 향했다.

1366년 부지에 술탄의 명을 받아 베르베르족을 평정했으나 정쟁에 휘말려 베두인 마을로 피신했다. 1370년 페스와 틀렘센의 전쟁 때 틀렘센에 도착했다가 1372년 페스로 귀환했다. 당시 북아프리카 지역은 여러 왕조의 부침<sup>浮沈</sup>이 극심했다. 그는 자신의 사상을 바탕으로 이상 정치를 실현하려 했지만 현실과의 괴리감을 인정할 수밖에 없었다. 왕권 찬탈을 위한 정쟁과 그 과정에서 벌어지는 음모와 배신을 여러 차례 경험한 이븐 칼둔은 정치에 좌절을 느꼈고 공직에서 은퇴하여 저술에 몰두했다. 그는 투진 지방 살라마 가문의 한 성채에서 4년을 지내며 1377년에 『무깟디마』를 완성했다. 1378년 튀니스로 돌아와 술탄 아부 알압바스<sup>Abu al-'abbas</sup>에게 *Kitab al-'ibar*(무깟디마를 서론으로 하는 역사서 전권)를 헌정했다. 당시 튀니스의 학자들과 정치인들은 그를 시기했고, 그는 1382년 술탄으로부터 성지순례를 허락받고 그곳을 떠나 이집트의 알렉산드리아를 거쳐 카이로에 입성했다. 정치적 격변기였던 북아프리카와 달리 카이로는 맘루크 왕조의 통치하에 경제적 문화적 번성기였다. 당시 맘루크 왕조의 군주였던 말리크 알자히르 바르꾸끄al-Malik al-Zahir Barquq는 이븐 칼둔의 학문과 정치적 식견을 높이 평가했고, 그를 말리키파의 대판관에 임명했다. 그러나 튀니스에서 알렉산드리아로 오던 배가 난파되고 그의 가족들이 모두 사망하는 사건이 발생했다. 그는 공직에서 사임하고 1387년 미루어왔던 성지순례를 떠난다. 그는 순례를 마치고 돌아와 다시 관직에 복귀하고 강의를 한다.

1400년 몽골의 대 중동 침입이 있었고, 그는 맘루크 술탄의 명을 받아 다마스쿠스에 도착해서 티무르대제와 협상을 벌였다. 1401년 카이로로 귀환한 이븐 칼둔은 대법원장을 맡았으나 1406년 3월 16일 사망했고 그의 무덤은 카이로 외곽에 있다.

그가 『무깟디마』에서 다루고 있는 내용을 크게 둘로 정리할 수 있다. 첫째, 그는 최초로 역사를 학문으로 정착시켰다. 이를 위해 그는 기존 역사서에서 기록된 사실을 그대로 기록하지 말고 그 기록이 타당한가를 먼저 살펴보고 이성적으로 판단할 것을 주문했다. 둘째, 시간과 지리에서 오래고 방대한 무슬림사회의 근간인 알라의 섭리를 잘 따르면서도 과학에 대한 심오한 탐구 정신을 제기했다. 신과 과학의 조화를 시도했다고 보인다.

# 무깟디마

이븐 칼둔Jbn Khaldun(1332~1406)의 역작 *Kitab al-'ibar*[1]는 전 7권에 달하는 방대한 작품이다. 이 책의 서문에 해당되는 『무깟디마』는 *Kitab al-'ibar*의 제1권으로 690쪽 분량이다. 14세기의 저작 『무깟디마』에서 이븐 칼둔은 문명의 본질을 해부하고 있다. 후대의 역사학자들은 이븐 칼둔이 『무깟디마』에서 최초로 역사를 학문으로 체계화시켰다고 높이 평가하고 있다.

이븐 칼둔의 『무깟디마』의 구성을 살펴보면 다음과 같다.

> 1부 : 우주의 문명은 자연스러운 것이다. 인간의 문명 일반과 이에 관련된 부문들
>
> 2부 : 베두인 문명, 야만 민족, 여러 부족들에 대한 상황
>
> 3부 : 일반적인 왕조, 왕권, 칼리파위, 정부의 관직
>
> 4부 : 지방과 도시 그리고 나머지 문명사회에서 발생하는 조건들
>
> 5부 : 생계수단, 이윤과 기술의 다양한 양상
>
> 6부 : 다양한 종류의 학문과 교육방법

이 목차를 보면 이븐 칼둔이 우주와 인간의 문명, 베두인 문명, 왕조, 왕권, 정부의 관직, 노시문녕사회, 생계수단, 이윤과 기술, 학문과 교육 등을 차례로 기술하고 있음을 알 수 있다.

제1부는 역사학의 중요성을 언급하고 기록의 오류를 문제로 제시한다.

---

1    *Kitāb al-'ibar wa dīwān al-mubtada' wa al-khabar fi ayyām al-'Arab wa al-'Ajam wa al-Barbar wa man 'āṣarahum min dhawī al-sulṭān al-akhbār*이다. 서명(書名)이 긴 탓에 아랍 세계에서는 보통 *Kitāb al-'ibar*로 축약해서 부른다. 이를 번역하면 『충고의 서, 아랍인과 페르시아인과 베르베르인 그리고 동시대의 위대한 군주들에 관한 총체적 역사서』이다.

이런 오류를 방지하기 위해서는 역사학자들이 무조건적 기록 행위를 삼가고 사건의 배경과 진위를 검토한 후에 기록해야 한다고 주장했다. 일견 '독자의 텍스트 의심'을 연상시키는 이 진술은 그가 『무깟디마』에서 펼치는 첫 번째 주장이라는 점에서 그 의의가 크다. 왜냐하면 그의 첫 번째 주장은 인간의 합리적 사고와 논리를 요구하기 때문이다. 또한 그는 1부에서 지구상 문명지역을 소개한다. 이드리스Idris의 지도를 바탕으로 세계를 일곱 기후대로 분류하고 각 기후대를 열 개의 지역으로 세분화하여 각 지역의 산, 바다, 섬, 강, 거주민 등을 기록하였다. 이 지도의 제1기후대에 '실란섬'이 있는데, 이것이 '신라'의 표기로 한국을 의미한다. 이런 지리적 소개는 기후가 인간의 성격 및 문명에 미치는 영향을 설명하기 위해서다. 1부의 후반부에 초자연적 지각능력, 예언의 진실, 계시, 주술, 꿈에 관한 설명이 있는데, 이는 예언과 혼동되는 주술이나 초자연적인 힘을 정확히 구분해주려는 의도로 보인다. 그가 이에 대한 설명을 1부에 둔 것은 당시 마그립 사회가 초자연적인 힘에 대해 큰 관심을 보이고 있었다는 사실과, 이븐 칼둔 자신도 신비주의에 많은 관심을 지니고 있었다는 것을 동시에 알려준다.

제2부 베두인 문명, 야만 민족, 여러 부족들에 대한 상황에서 이븐 칼둔은 베두인이 시간적으로 도시민보다 앞서 등장한다고 주장했다. 그는 문명화의 근원으로 알려진 사회학적 문제들을 언급하면서 베두인과 도시민을 차례로 정의했다. 우선 베두인을 농경과 목축을 하는 자들로 정의했다. 베두인은 다시 두 부류로 나뉘는데, 그 첫째가 경작 생활을 하는 이들이다. 이들은 정착해 살며 촌락이나 산간에 거주하는데, 베르베르인과 아랍인이 있다. 두 번째 부류는 이동생활을 하는 이들이다. 이들 중 일부는 양, 소를 키우며 목초지나 구릉에 거주한다. 예를 들자면, 베르베르인, 투르크인, 슬라브인이 있다. 두 번째 부류 중 일부는 낙타를 키우며 사막 깊숙이 이동하는 이들인데, 아랍인, 유목 베르베르인, 자나타족, 쿠르

드족, 투르크인이다. 반면 도시민은 도시와 근교에 거주하는 이들로 기술이나 상업을 생계 수단으로 삼는다. 도시생활을 하기 이전의 베두인은 도시민보다 선량하고 용감하지만, 일단 도시민이 된 이후에는 법률에 의존하게 되고 결과적으로 용기와 저항 정신을 잃게 된다. 이븐 칼둔은 2부에서『무깟디마』의 핵심 용어라 할 수 있는 '아싸비야'를 집중적으로 논의한다. '아싸비야'는 혈연 집단이나 그와 유사한 집단에 존재하는 연대의식이다. 그는 부족의 '아싸비야' 개념을 강조했고, 지도력은 '아싸비야'를 지닌 집단의 몫이고 '아싸비야'의 궁극적인 목표는 왕권이라고 정의했다. 이후 '아싸비야'는『무깟디마』전체에 걸쳐 지속적으로 언급된다.

제3부에서는 왕조, 왕권, 칼리파위, 정부의 관직 등에 관한 진술이 있다. 이븐 칼둔은 왕권의 속성을 영광의 독점, 사치, 안정과 평정을 구하는 것이라고 소개한 후 왕권의 속성상 왕조는 영광을 독점하고 왕조는 사치와 안정된 생활을 한 이후 노쇠기에 접어든다고 주장했다. 그의 주장에 따르면 왕조도 개인처럼 자연적인 수명이 있다는 것이다. 왕조와 왕권, 칼리파위에 관한 진술 이후 최고의 핵심은 칼리파위가 왕권으로 변화하면서 겪게 되는 과정과 이에 대한 다양한 견해를 소개한 것이다. 또한 이맘위의 문제에 관한 시아파의 주장을 상세하게 소개하였다.『무깟디마』에는 사건에 대한 진술 이후에 그와 관련된 시詩나 서신書信이 삽입되어 있다. 이는 중세 아랍산문문학의 전형적인 구성방법인데, 서기를 언급한 장에 실린 '서기 압둘 하미드가 동료 서기들에게 보낸 서신'은 서기의 역할 뿐 아니라 인간의 도리를 되새겨 볼 만한 금과옥조金科玉條다. 그 밖에도 3부에서는 영화를 누리는 왕조의 사치품으로 나팔과 깃발, 옥좌, 조폐소, 인장, 대형 천막과 가리개 등을 언급하고 그 기원을 소개했다. 특이한 점은 이븐 칼둔이 전쟁의 장에서 보여준 해박한 군사지식이다. 그는 각종 전투대형과 특정 민족에 적합한 전투대형의 예를 거론했다. 전쟁을 승리로 이끄는 요소를 '군사적 우세'라는 외부적인 요소와 '전사들의 사기 및 믿음'이

라는 내적 요소로 구분하여 설명하기도 했다. 이븐 칼둔은 여러 대목에서 모든 사건의 배경과 인간의 내면을 연결시키고 있어 그의 인본주의 철학관을 볼 수 있다. 이 점은 모든 것이 알라게 달려 있다고 믿는 이슬람의 주장에 자칫 위배되는 것으로 비칠 수도 있다. 아마도 이븐 칼둔은 이 점을 고민했던 것 같다. 그는 『무깟디마』의 전全 장에서 이 세상에 유일한 창조주인 알라의 권능을 지성이나 이성으로 재려 하지 말라고 경고하고 있다. 3부에는 왕조 말기에 부과되는 상세商稅의 폐단, 군주의 상업 활동이 백성에게 해를 끼치고 징세를 어렵게 만든다는 내용도 있다. 이어서 소개된 따히르 이븐 알후세인이 아들 압둘라에게 보낸 장문의 서신은 '군주의 덕목'을 되새겨보고 인간의 관계 속에서 선善을 추구하라는 충고의 내용이다. 한편 3부에는 파티마가家의 문제에 대한 의견도 수록되어 있는데, 역자는 이 장이 칼리파위가 왕권으로 변화되는 장에 이어서 수록되었다면 시아의 주장, 마흐디의 주장 등과 더불어 더 균형 잡힌 구성이 되었을 것이라고 생각한다.

제4부에서는 지방과 도시와 여러 문명사회를 언급했다. 그는 왕조가 도시보다 시간적으로 먼저 성립되었고 도시는 왕권의 부차적인 산물이라고 주장했다. 그리고 도시의 가격에 대해 언급한 뒤 재물을 모으려는 도시민은 계급과 직위가 필요하다는 결론을 내렸다. 그는 또 왕권의 권좌인 도시는 왕조의 붕괴로 멸망하게 된다는 논리를 펼치며 도시민의 삶을 자세히 설명했다. 도시민은 베두인 시절 지녔던 용맹함, 강인함, 순박함의 정신을 모두 잃어버리고 자신의 신변과 재물을 보호하기 위해 경호원을 필요로 하게 되고, 다양한 기술직이 도시에서 넘쳐나게 된다는 것이다.

5부에서는 생계수단, 이윤과 기술의 다양한 양상에 대해 설명했다. 이븐 칼둔은 "이윤은 인간 노동의 가치다"라고 단언 했다. 이는 앞서 살펴본 군주의 상업 활동이 백성에게 폐가 된다는 주장과 도시에 다양한 기술직이 발전할 수밖에 없다는 진술 그리고 인간은 지식을 습득함으로써 다양한 기술이 발달하게 된다는 지적 등과 더불어 이븐 칼둔의 경제관을 명백하게 보여준다. 그는 재물을 단시간에 늘리려면 고위직에 있어야 한다는 현실적인 세태도 지적했다. 사람들은 고위직에 대한 선호도가 높아서 자비를 부담하면서까지 고위인사에게 접근하고 그의 사업을 도와주려 한다는 것이다. 따라서 직책이 없는 상인은 순수 이윤만 획득하지만 상인이 고위직에 있는 자와 결탁하면 가장 단 시간 내에 최대의 이익을 얻게 된다는 것이다. 한편 그는 인간이 어떤 기술을 획득한 후 다른 기술을 동일한 정도의 숙련도로 획득하는 것은 어려운 일이라고 단언했다. 그는 다양한 기술에 대해서도 소개했는데 예를 들면, 농업, 건축기술, 목공기술, 직조와 재봉기술, 조산기술, 의학기술, 글쓰기, 서예, 필사기술, 음악기술 등이 있다. 특히 그는 조산술에 대한 기록에서 조산원이 생명을 다루는 전문 직업인으로 신생아가 젖을 뗄 때까지는 의사보다 더 필요한 존재라고 언급했다.

제6부에서는 다양한 학문과 교육방법을 소개했다. 그는 인류문명에 있어서 학문과 교육은 자연스러운 것이고, 지식 교육은 여러 기술 중 하나라고 소개했다. 그는 코란의 주석학과 독경학, 하디스학, 피끄흐, 상속법, 칼람학 등을 소개함으로써 이슬람 관련 학문의 발전과정을 역사적 사건 위주로 자세히 소개했다. 또한 인간의 행위가 발생하기 위해서는 사고思考가 그 첫 걸음이라고 주장했는데, 이 부분 역시 그의 인간 중심적 철학을 볼 수 있는 대목이다. 이와 더불어 경험적 시성과 ㄱ 생성방법을 소개했고 예언자들이 인간은 알 수 없는 초자연적인 세계에 대한 지식을 획득하는 방법에 대해서도 자세히 설명했다. 이와 관련 그는 인간의 지식, 천사의 지식, 예언자들의 지식을 차례로 소개했다. 6부의 후반부에서 가장 큰 비중을 차지하는 것은 '자이라자'와 관련된 수數의 비밀이다. 그는 아랍어에 관한 학문을 문법학, 어휘학, 바안학, 문학 등으로 명쾌하게 설명했다. 마지막으로 아랍어의 기원과 아랍어가 외국인 도시 거주민들의 영향을

받아 타락했다는 사실을 언급하면서 언어를 기술적인 소질의 관점에서 설명했다.


## 『무깟디마』의 출판 및 번역


### 『무깟디마』의 초기 출판

① 1858년 이집트 셰이크 나쓰르 알후라이니(Naṣr al-Hūrainī)의 지도하에 출판, 파르시본.

② 1858년 파리 출판. 프랑스의 동양학자 카트레메르(Etienn Quatremère)의 지도하에 출판.

③ 1868년 이집트의 불락(Bulaq) 출판.

④ 베이루트의 알부스타니(al-Bustanī) 출판.

⑤ 이집트 알마크타바 알티자리야(al-Maktabah al-Tijāriyyah) 출판.

⑥ 1879년 베이루트의 알마뜨바아 알아다비야(al-Maṭbaʿah al-ʿadabiyyah) 출판.

⑦ 1956년 베이루트의 다르 알키탑 알루브나니(Dār al-Kitāb al-Lubnāī) 출판.

⑧ 1957년 이집트 라즈나 알바얀 알아라비(Lajnah al-Bayān al-ʿArabī) 출판.


### 『무깟디마』 번역

① 1806년 드 사시(Isaac Sylvestre de Sacy)가 『무깟디마』 일부 불어로 번역.

② 1860년 파샤 압둘 라띠프(ʿabdu al-Laṭīf)가 『무깟디마』 터키어 완역본 출판.

③ 1862년 드 슬란(de Slane)이『무깟디마』프랑스어 완역본 출판.

④ 1958년 로젠탈(F.Rosenthal)이『무깟디마』영어 완역본 출판.

⑤ 1960년 셰이크 이나얄라(Inayalla)가『무깟디마』우르드어 번역 출판.

⑥ 1977년 후안 페레스(Juan Feres)가 멕시코에서『무깟디마』스페인어 번역 출판.

⑦ 1978년 다우드(Dawood)가 로젠탈의 영역본 축약.

⑧ 1985년 지안까를로 삐찌(Giancarlo Pizzi)가 밀라노에서『무깟디마』이탈리아어 번역 출판.

⑨ 1987년 森本公誠『무깟디마』일본어 번역 출판.


## 『무깟디마』의 국내 번역

① 1990년 김용선,『무깟디마』일부 번역, 삼성출판사.

② 2003년 김호동,『역사서설』, 다우드의 영역 축약본 번역, 까치.

③ 2012년 김정아,『무깟디마』, 이븐 칼둔의 원본 번역, 소명출판.

④ 2020년 김정아,『무깟디마』, 아랍어본 번역, 소명출판

| | |
|---|---|
| 612 | 무함마드 최초로 계시를 받다. |
| 614 | 페르시아 팔레스타인 점령. |
| 619 | '슬픔의 해'. 무함마드의 첫 부인 카디자와 숙부 아부 딸립 사망. |
| 622 | 헤지라. 무함마드가 무슬림 신자들과 함께 야쓰리브로 이주. |
| 624 | 바드르 전투. |
| 625 | 우흐드 전투. |
| 630 | 무함마드 메카 입성, 우상 파괴. |
| 632 | 무함마드 메디나에서 사망. 아부 바르크 초대 칼리파에 선출. |
| 633 | 야마마 전투. |
| 634 | 우마르 제2대 칼리파 즉위. |
| 636 | 칼리파 우마르 '디완'을 만들다. |
| 637 | 아랍 군이 까디시야 전투에서 사산조 군대를 격파하고 이라크를 정복하다. |
| 644 | 우마르 사망. 오스만 제3대 칼리파 즉위. |
| 651 | 칼리파 오스만의 명으로 코란이 현재의 형태를 갖춤. |
| 656 | 칼리파 오스만의 살해, 제1차 이슬람 내전 발발, 알리 제4대 칼리파 즉위. |
| 657 | 씨핀 전투. |
| 661 | 알리의 살해, 우마이야조 시작. |
| 680 | 후세인 카르발라 전투에서 우마이야 군대에게 살해됨. 칼리파 야지드 1세의 통치. |
| 683 | 제2차 내란 발발(~692). |
| 691 | 예루살렘에 바위의 돔 건설. |
| 696 | 칼리파 압둘 말리크, 아랍어를 재무 행정의 공용어로 채택. |
| 705 | 다마스쿠스에 우마이야 모스크 건립. |
| 711 | 따리끄 장군이 이끄는 이슬람군, 스페인 침입. |
| 714 | 이라크의 총독 핫자즈 븐 유수프 사망. |
| 717 | 우마르 븐 압둘 아지즈 즉위(~720). |
| 732 | 쁘와띠에 전투에서 아랍군 패배. |
| 743 | 왈리드 2세 즉위(~744). |
| 748 | 무으타질라의 창시자 와씰 븐 아따 사망. |
| 750 | 아부 알압바스 알삽파흐 즉위. 압바스조 건립. |
| 754 | 칼리파 만쑤르 즉위(~775). |

| 755 | 스페인의 압둘 라흐만, 압바스 칼리파로부터 독립을 선포하고 신 우마이야조 건립. |
| --- | --- |
| 762 | 만쑤르 바그다드 건설. |
| 767 | 이슬람 4대 법학파 중 하나피 학파의 창시자 아부 하니파 사망. |
| 768 | 무함마드 전기 작가 이븐 이스하끄 사망. |
| 770 | 칠 이맘파의 마지막 이맘 무함마드 븐 이스마일 사라짐. |
| 786 | 하룬 알라시드 칼리파 즉위. |
| 788 | 스페인의 신 우마이야조 칼리파 히샴 븐 압둘 라흐만 즉위(~796). |
| 791 | 문법학자 칼릴 븐 아흐마드 사망. |
| 795 | 이슬람 법학자이자 『무왓따아』의 저자 말리크 븐 아나스 사망(713~). |
| 796 | 신 우마이야조 칼리파 하캄 즉위(~822). |
| 800 | 아글라브조 까이라완을 점령. 고대 시가의 전승자 칼라프 알아흐마르 사망. |
| 810 | 시인 아부 누와스 사망. |
| 813 | 칼리파 알마으문 즉위(~833). |
| 825 | 문법학자 아부 우바이다 사망. |
| 830 | 문법학자 아쓰마이 사망. 수피주의자 아부 술라이만 알다라니 사망. |
| 847 | 칼리파 무타와킬 즉위(~861). |
| 849 | 스페인의 무슬림 신학자 야흐야 븐 야흐야 사망. |
| 850 | 압바스 시대 시인, 『하마사』의 저자 아부 탐맘 사망. 철학자 킨디 사망. |
| 861 | 맘루크 군 칼리파 무타와킬 암살. |
| 869 | 자히즈 사망. |
| 870 | 『싸히흐』의 저자 부카리 사망. 열두 이맘파의 마지막 이맘 무함마드 븐 알하산 사망. |
| 874 | 사만조 건립(~999). 『싸히흐』의 저자 무슬림 사망. |
| 889 | 『시와 시인들의 서』의 저자 이븐 꾸타이바 사망. |
| 897 | 『하마사』의 저자 부흐투리 사망. |
| 898 | 『카밀』의 저자 무바르라드 사망. |
| 909 | 튀니스에 파티마조 건립(~1171). |
| 912 | 압둘 라흐만 3세 즉위(~961). |
| 922 | 수피주의자 할라즈 사망. |
| 923 | 따바리 사망(838~). 의학자 라지 사망. |
| 929 | 함단조 건립(~1003). |
| 932 | 부와이흐조 건립(~1055). |
| 936 | 압바스조 칼리파 실권 상실. |
| 950 | 철학자 파라비 사망. |
| 956 | 『황금풀밭과 보석광산』의 저자 · 역사학자 마스우디 사망. |

| 967 | 『노래의 서』의 저자 아부 알파라즈 알이쓰파하니 사망. |
|---|---|
| 969 | 파띠마조의 이집트 정복과 카이로 건설. |
| 970 | 셀주크 투르크, 마슈리끄에서 칼리파조 영토로 진입. |
| 988 | 아즈하르 모스크에 대학 건립. 『피흐리스트』 완성. |
| 995 | 『피흐리스트』의 저자 이븐 알나딤 사망. |
| 1007 | 『마까마』의 작가 바디아 알자만 알하마다니 사망. |
| 1020 | 『샤흐나마』의 저자 피르다우시 사망. |
| 1031 | 코르도바의 우마이야조 멸망. 군소 왕국의 시대 열림. |
| 1037 | 셀주끄조 건립(~1300). 철학자 이븐 시나 사망. |
| 1055 | 셀주끄조 바그다드 입성. |
| 1056 | 무라비뚠 건립(~1147). |
| 1057 | 시인 아부 알알라 알마아르리 사망(973~). |
| 1070년경 | 『움다』의 저자 이븐 라시끄 사망. |
| 1071 | 스페인의 시인 이븐 나이둔 사망(1003~). 시칠리아, 노르만족에 점령당함. |
| 1073 | 의학자·철학자인 이븐 시나 사망(980~). 수피주의의 최고 권위자인 꾸샤이리 사망. |
| 1086 | 무라비뚠조 스페인 진출. |
| 1094 | 파티마조 칼리파 무스탄씨르의 사망. 하산 알사바흐 암살단 지휘. |
| 1096 | 십자군 전쟁 시작. |
| 1099 | 십자군 예루살렘 점령. |
| 1111 | 이슬람 신학자 가잘리 사망. |
| 1122 | 『마까마』의 작가 하리리 사망. |
| 1130 | 무와히둔조 건립(~1269). |
| 1143 | 코란 해석 학자 자마크샤리 사망. |
| 1164 | 시리아 무슬림 군대 이집트 원정. |
| 1171 | 살라딘 파티마조를 멸망시킴, 아이윱조(~1250). |
| 1187 | 살라딘 예루살렘 탈환. |
| 1193 | 살라딘 다마스쿠스에서 사망. |
| 1219 | 칭기즈 칸의 서정(西征) 시작. |
| 1229 | 스페인의 지리학자 야꾸트 사망. |
| 1240 | 이슬람 신비주의자 이븐 알아라비 사망(1165~). |
| 1244 | 무슬림의 예루살렘 재탈환. |
| 1250 | 이집트와 시리아에 맘루크조 건립(~1517). |
| 1258 | 몽골군 바그다드 공략. 압바스조 멸망. |
| 1406 | 이슬람 최대의 역사 사상가 이븐 칼둔 사망(1332~). |